“十三五”国家重点出版物出版规划项目

经 济 科 学 译 丛

高级微观经济理论

第三版

Advanced Microeconomic Theory

Third Edition

Geoffrey A. Jehle
杰弗里 · A. 杰里
Philip J. Reny
菲利普 · J. 瑞尼
／著

谷宏伟　张嫚　王小芳　／译

中国人民大学出版社
· 北京 ·

总　序

自新中国成立尤其是改革开放 40 多年来，中国经济的发展创造了人类经济史上不曾有过的奇迹。中国由传统落后的农业国变成世界第一大工业国、第二大经济体，中华民族伟大复兴目标的实现将是人类文明史上由盛而衰再由衰而盛的旷世奇迹之一。新的理论来自新的社会经济现象，显然，中国的发展奇迹已经不能用现有理论很好地加以解释，这为创新中国经济学理论、构建具有中国特色的经济学创造了一次难得的机遇，为当代学人带来了从事哲学社会科学研究的丰沃土壤与最佳原料，为我们提供了观察和分析这一伟大“试验田”的难得机会，更为进一步繁荣我国哲学社会科学创造了绝佳的历史机遇，从而必将有助于我们建构中国特色哲学社会科学自主知识体系，彰显中国之路、中国之治、中国之理。

中国经济学理论的创新需要坚持兼容并蓄、开放包容、相互借鉴的原则。纵观人类历史的漫长进程，各民族创造了具有自身特点和标识的文明，这些文明共同构成了人类文明绚丽多彩的百花园。各种文明是各民族历史探索和开拓的丰厚积累，深入了解和把握各种文明的悠久历史和丰富内容，让一切文明的精华造福当今、造福人类，也是今天各民族生存和发展的深层指引。

“经济科学译丛”于 1995 年春由中国人民大学出版社发起筹备，其入选书目是国内较早引进的国外经济类教材。本套丛书一经推出就立即受到了国内经济学界和读者们的一致好评和普遍欢迎，并持续畅销多年。许多著名经济学家都对本套丛书给予了很高的评价，认为“经济科学译丛”的出版为国内关于经济理论和经济政策的讨论打下了共同研究的基础。近三十年来，“经济科学译丛”共出版了百余种全球范围内经典的经济学图书，为我国经济学教育事业的发展和学术研究的繁荣做出了积极的贡献。近年来，随着我国经济学教育事业的快速发展，国内经济学类引进版图书的品种越来越多，出版和更新的周期也在明显加快。为此，本套丛书也适时更新版本，增加新的内容，以顺应经济学教育发展的大趋势。

“经济科学译丛”的入选书目都是世界知名出版机构畅销全球的权威经济学教材，被世界各国和地区的著名大学普遍选用，很多都一版再版，盛行不衰，是紧扣时代脉搏、论述精辟、视野开阔、资料丰富的经典之作。本套丛书的作者皆为经济学界享有盛誉的著名教授，他们对于西方经济学的前沿课题都有透彻的把握和理解，在各自的研究领域都做出了突出的贡献。本套丛书的译者大多是国内著名经济学者和优秀中青年学术骨干，他们不仅在长期的教学研究和社会实践中积累了丰富的经验，而且具有较高的翻译水平。

本套丛书从筹备至今，已经过去近三十年，在此，对曾经对本套丛书做出贡献的单位和个人表示衷心感谢：中国留美经济学会的许多学者参与了原著的推荐工作；北京大学、中国人民大学、复旦大学以及中国社会科学院的许多专家教授参与了翻译工作；前任策划编辑梁晶女士为本套译丛的出版做出了重要贡献。

愿本套丛书为中国经济学教育事业的发展继续做出应有的贡献。

中国人民大学出版社

前 言

在准备第三版的时候，我们希望老读者能感受到，本书在内容上做到了与时俱进，讲授的方式也是亲切友好的；而对新读者来说，我们的目标是，要把现代微观经济理论的核心内容讲述得既简单明了，又面面俱到。

正是基于这样的考虑，本书每一章都作了更新。明显的改动有：第 5 章中增加了一个新的导论，其中介绍了基于或有商品的一般均衡问题；第 6 章除了沿用对阿罗定理（Arrow theorem）的简单证明之外，还增加了对 Gibbard-Satterthwaite 定理的发展的介绍；第 7 章的内容有增有减，尤其是在介绍贝叶斯博弈的时候；最大的变化出现在第 9 章，该章在私人价值的情形下，用拟线性效用函数讲述了机制设计理论。此外，我们还对一些关键的结论作了补充和整合，希望这些改动能够对读者有所帮助。

我们始终坚信，勤练习是学习的最佳方式。在这一版中，每一章的练习题都有所增加，有些练习题还作了更新和改动，目的是让读者对本书重点内容的学习能得到深化和精炼，或者另辟蹊径。书末提供了个别练习题的答案或解题指南。我们仍然为读者提供了网上论坛，供大家交流练习题答案使用（网址是：http://alfred.vassar.edu）。

书末依旧为学生提供了数学附录，这些附录兼具深度与广度，内容涉及集合论、实分析、拓扑学、微积分以及现代的优化理论，这些内容对学习和掌握现代微观经济学都是不可或缺的。本版的读者还会在其中发现一个有关拉格朗日和库恩-塔克方法的更完美的表述，以及对最大值定理和两个分离定理的最新补充。以单变量的微积分和简单的线性代数作为学习的起点能为读者打下一个良好的数学基础，即便是对那些已经有了一定数学基础的学生来说，我们也建议在开始学习的时候仔细阅读一下这两个数学附录的内容，以便在需要回忆或参考某些内容的时候，知道其大概的位置。

在开始介绍具体内容之前，有必要同新读者就数学在本书中的作用说两句。你会经常看到我们仅仅是出于数学上的便利来进行假设，这么做的原因很简单：科学的其他分支都这么干！这些对“现实”的抽象能让我们发挥数学方法的强大威力，逻辑上的严谨性也使分析不囿于直觉和经验的范畴。现实世界并非无摩擦的平面或完全真空，但经济学和物理学一样，允许我们进行这样的假设，以便将视角集中在问题的重要方面，确立理论的基准，评价对现实的体验和观察。这并不是说你必须对理论的每一个“不现实的”或形式的部分都要悉数接纳，恰恰相反，要始终以批判的眼光看待它们，不断反思其优势与不足。在构建理论之前要深思熟虑。不过，从现在开始，我们就按理论的本来面目去理解它，至于那些批判，还是在课下交由你自己处理吧。

最后，我们要向一些读者和同事表示感谢，他们指出了前几版中存在的一些错误，并作了有益的评论，他们敏锐的目光和准确的判断使这一版比前面的版本更加完善。我们在这里无法向每个人表示谢意，但必须对 Eddie Dekel、Roger Myerson、Derek Neal、Motty Perry、Arthur Robson、Steve Williams 以及 Jörgen Weibull 等人极富洞察力的评论致以诚挚的谢意。

目　录　　Contents

第一部分　经济主体

第二部分　市场和福利

第三部分　策略性行为

数学附录

第一部分

经济主体

第1章 消费者理论

现代经济学中的很多理论都是以消费者理论为基石的。本书的前两章将考察现代消费者理论的一些核心特征，在将来的学习中，你会了解这个理论在经济学家的思考方式中的重要性。经济学有诸多分支，（几乎）对每个分支而言，不管你如何理解、构建和应用它，消费者理论都将如影随形、反复出现。

1.1 基本概念

所有的消费者选择模型都由四个部分组成：消费集、可行集、偏好关系以及行为假设。虽然它们之间的某些差异常被忽略，但从概念上看，确实互不相同。这个基本的结构既一般、基础，也灵活多变。在一个既定问题中，通过对这些组成部分的形式加以详细界定，很多和选择有关的情景就可以被正式地描述和分析了。虽然我们将要关注的是那些左右经济学家对个体消费行为看法的特殊形式，但有一条最好牢记："消费者理论"在本质上仍然是丰富多彩的选择理论的一种。

消费集（consumption set）的概念简单直白。假设消费集 X 代表消费者能够想到的所有选择或消费计划的集合（与实际上是否可行无关）。现在我们想了解的是选择的普遍性，这些选择萦绕在消费者的脑海，又不囿于当前所处的现实环境。所以，消费集有时候也被称为**选择集**（choice set）。

我们用一些无限可分的单位来衡量每一种商品。令 $x_i \in \mathbb{R}$ 代表商品 i 的数量，假设每种商品的数量必须在非负时才有经济意义，而且你总能想到有些数量为零的商品。此外，假设存在任意 n 种数量有限且固定的商品，令 $\mathbf{x}=(x_1, \cdots, x_n)$ 代表包含这些商品的向量，我们把 $\mathbf{x}$ 称作一个**消费束**（或**消费组合**，consumption bundle）或者消费计划（consumption plan）。一个消费束 $\mathbf{x}\in X$ 也可以由 $\mathbf{x}\in \mathbb{R}^n_+$ 中的一个点来表示。我们常常会出于简化的目的而只考虑那些位于非负象限的消费集，也就是 $X=\mathbb{R}^n_+$，这时候很容易发现，下列条件全都满足。

假设 1.1 消费集 X 的性质

消费集起码应满足如下条件：

1. $X \in \mathbb{R}^n_+$；
2. X 是闭的；
3. X 是凸的；
4. $\mathbf{0} \in X$。

可行集（feasible set）的含义一目了然。令 B 代表所有可选择的消费计划，在给定的消费场景中，这些计划既可能，也可行。我们现在想要知道的是，当消费者处于特定的经济环境中时，有哪些选择是可行的。考虑了消费者获得商品时所面临的一些实际的、制度的和经济的约束之后，余下的可行集 B 就是消费集 X 的子集。在一个特定的情境下，我们对这些事实的描述决定了 B 所必须具有的特定结构和其他性质。但眼下，我们暂且简单地认为 $B \subset X$。

一种**偏好关系**（preference relation）通常说明了具体环境中消费者的能力受到的某些限制（如果有的话），这涉及消费者选择的一致性和非一致性的形式，以及消费者对不同选择目标的偏好信息。偏好关系对所有的选择理论都非常重要，在消费者行为理论中，关系的具体形式异常精巧，这为后面的特定研究奠定了坚实的基础。

在我们详细介绍了一些**行为假设**（behavioural assumption）之后，模型也就“建成了”。这些假设说明了消费者做出的最终选择以及确定选择的最终目标所依据的指导原则。我们假设消费者追求一致性，并会依据个人的喜好选择一个最偏好的可行方案。

1.2 偏好和效用

这一节将考察消费者的偏好关系，并探讨它和现代的流行语“效用”一词的联系。不过，在开始之前，我们先简单介绍一下经济学家思想的演变，这将有助于我们对后面内容的理解。

早期的“需求法则”是建立在某些严格假设的基础之上的。在埃奇沃思（Edgeworth）、穆勒（Mill）以及其他功利主义哲学家的古典理论中，“效用”是某种物质，“快乐”和“痛苦”也是被充分定义了的实体，可以衡量和进行人际比较。此外，“边际效用递减规律”被看做是一条心理定律，那时候的需求定理就是在这个基础上建立的。这显然都是一些关于人类内心活动的极端严格的假设。

经济学家试图将理论基础尽可能一般化的努力推动了消费者理论的晚近发展。只要条件允许，他们就会尽量将那些或明或暗的假设剔除，同时小心呵护那些具有预见性的核心理论。帕累托（Pareto，1896）就可测量的“效用”对需求理论的重要性产生了怀疑；斯勒茨基（Slutsky，1915）首次在不使用可测量的客观效用概念的情况下对需求理论进行了考察；希克斯（Hicks，1939）证明，边际效用递减规律不是需求定理成立的必要条件和充分条件。最后，德布鲁（Debreu，1959）完成了标准的需求理论的简化，它和我们下面要介绍的理论几乎一模一样。今天的理论和这些先驱们的工作密不可分，但更简单明了、严谨周密，也更一般化。

1.2.1　偏好关系

可以用几个公理性特征来描述消费者的偏好。在这种建模方法中，我们尽量用很少的（具有一定意义又特点鲜明的）假设来刻画偏好的结构和性质，接着按照一定的逻辑来构建余下的理论，然后通过演绎的方式推导出有关行为的预测。

发展这些**消费者选择公理**（axioms of consumer choice）的目的，是为了用正规的数学手段表示消费者行为的基础及其对选择对象的态度。此外，它们也在形式上说明了，消费者可以选择，并且这些选择在某方面是一致的。

我们用消费集 X 上的一种二元关系 $\succsim$ 来正式地表示消费者的偏好。如果 $\mathbf{x}^1 \succsim \mathbf{x}^2$，我们就说，对这个消费者而言，"$\mathbf{x}^1$ 至少和 $\mathbf{x}^2$ 一样好"。

用二元关系来刻画偏好的做法值得考虑。它传递了这样一种观点：打开始起，我们的理论就很少关注消费者本人，它只要求消费者能进行二元比较即可，也就是说，他们同时只需比较两种消费计划，然后从中做出选择。下面这些公理就是比较所必须遵循的一些基本的标准。

公理 1：完备性。对于 X 上所有的 $\mathbf{x}^1$ 和 $\mathbf{x}^2$ 而言，要么 $\mathbf{x}^1 \succsim \mathbf{x}^2$，要么 $\mathbf{x}^2 \succsim \mathbf{x}^1$。

公理 1 将消费者可以做出比较的观点标准化了，也就是他们有辨别的能力，也具备评价不同选择的必要信息，这意味着消费者可以就任意两组不同的消费计划进行检验，并确定是"$\mathbf{x}^1$ 至少和 $\mathbf{x}^2$ 一样好"，还是"$\mathbf{x}^2$ 至少和 $\mathbf{x}^1$ 一样好"。

公理 2：传递性。对于 X 上任意 3 个元素 $\mathbf{x}^1$、$\mathbf{x}^2$ 和 $\mathbf{x}^3$ 而言，如果 $\mathbf{x}^1 \succsim \mathbf{x}^2$，且 $\mathbf{x}^2 \succsim \mathbf{x}^3$，则 $\mathbf{x}^1 \succsim \mathbf{x}^3$。

公理 2 就消费者选择的一致性条件给出了一个非常具体的形式。尽管我们只要求消费者有同时比较两个选择的能力，但传递性假设要求那些成对的比较可以按照某种一致的方式联系起来。乍一看，要求对选择的评价符合传递性，既简单易懂，也理所应当。实际上，要是选择不满足传递性的话，直觉上就会感觉到非常奇怪。尽管这个公理具有争议，一些实验也证明了在不同情况下，人的真实选择的确并不总是满足这个要求，但我们还是在对消费者的描述中将它保留了下来（虽然有些许不安）。

将这两个公理放在一起，意味着消费者可以按照由好到坏的次序给消费集 X 内任意有限个数的要素完整地排序——这不排除有一些选择难分优劣（你可以尝试证明一下）。总结一下，通过用一种偏好关系来表示消费者偏好的办法，可以使消费者建立起一套排序。

定义 1.1　偏好关系

如果消费集 X 上的二元关系 $\succsim$ 满足公理 1 和公理 2，它就被称为一种偏好关系。

在谈论消费者偏好的时候，我们还要用到另外两种关系，它们全部由偏好关系$\succsim$决定，并且可以公式化为严格偏好和无差异这两个概念。

定义 1.2　严格偏好关系

消费集 X 上的二元关系$\succ$被定义为：

$\mathbf{x}^1 \succ \mathbf{x}^2$，当且仅当 $\mathbf{x}^1 \succsim \mathbf{x}^2$ 且 $\mathbf{x}^2 \not\succsim \mathbf{x}^1$。

关系$\succ$是从$\succsim$中推导出来的，被称作“严格偏好于”；或者，在$\succsim$清楚的时候被简单地称作严格偏好关系。$\mathbf{x}^1 \succ \mathbf{x}^2$ 读成“$\mathbf{x}^1$ 严格偏好于 $\mathbf{x}^2$”。

定义 1.3　无差异关系

消费集 X 上的二元关系$\sim$被定义为：

$\mathbf{x}^1 \sim \mathbf{x}^2$，当且仅当 $\mathbf{x}^1 \succsim \mathbf{x}^2$ 且 $\mathbf{x}^2 \succsim \mathbf{x}^1$。

关系$\sim$是从$\succsim$中推导出来的，被称作“无差异”；或者，在$\succsim$清楚的时候被简单地称作无差异关系。$\mathbf{x}^1 \sim \mathbf{x}^2$ 读成“$\mathbf{x}^1$ 与 $\mathbf{x}^2$ 无差异”。

严格偏好关系和无差异关系都是以偏好关系为基础的，它们把握住了我们常说的“严格偏好于”和“无差异”的一般含义。正因为都源于偏好关系，所以它们也都具有偏好的若干（但不是全部）性质，比如，都具有传递性，但都不具有完备性。

用这两个新增加的关系，我们能更具体地表示消费者对任意两个选择的排序。对任意一组 $\mathbf{x}^1$ 和 $\mathbf{x}^2$，三种互斥的可能关系中只有一种成立：$\mathbf{x}^1 \succ \mathbf{x}^2$，或 $\mathbf{x}^2 \succ \mathbf{x}^1$，或 $\mathbf{x}^1 \sim \mathbf{x}^2$。

就偏好要反映选择的能力以及表现出某种一致性这点来说，我们已经简单地做了公式化的处理。现在要考虑的是，如何将满足前面几条公理的一组偏好用图形表示出来。出于这个以及日后使用的目的，我们用偏好关系来定义一些相关的集合，这些集合以消费集中的某个选择为基点，为其他选择排序。

定义 1.4　由偏好关系推导出的 X 中的集合

令 $\mathbf{x}^0$ 为消费集 X 中的任意一点，对每个这样的点来说，我们可以定义如下 X 的子集：

1. $\succsim(\mathbf{x}^0) \equiv \{\mathbf{x} \mid \mathbf{x} \in X,\ \mathbf{x} \succsim \mathbf{x}^0\}$，称作“至少和 $\mathbf{x}^0$ 一样好”的集合；
2. $\precsim(\mathbf{x}^0) \equiv \{\mathbf{x} \mid \mathbf{x} \in X,\ \mathbf{x}^0 \succsim \mathbf{x}\}$，称作“不比 $\mathbf{x}^0$ 好”的集合；
3. $\prec(\mathbf{x}^0) \equiv \{\mathbf{x} \mid \mathbf{x} \in X,\ \mathbf{x}^0 \succ \mathbf{x}\}$，称作“比 $\mathbf{x}^0$ 差”的集合；
4. $\succ(\mathbf{x}^0) \equiv \{\mathbf{x} \mid \mathbf{x} \in X,\ \mathbf{x} \succ \mathbf{x}^0\}$，称作“比 $\mathbf{x}^0$ 好”（或偏好于 $\mathbf{x}^0$）的集合；
5. $\sim(\mathbf{x}^0) \equiv \{\mathbf{x} \mid \mathbf{x} \in X,\ \mathbf{x} \sim \mathbf{x}^0\}$，称作“与 $\mathbf{x}^0$ 无差异”的集合。

图 1-1 画出了在 $X=\mathbb{R}^2_+$ 中满足公理 1 和公理 2 的假定偏好集。消费集中的任意一点，比如 $\mathbf{x}^0=(x_1^0,\ x_2^0)$，表示由一定量的（$x_1^0$ 单位的）商品 1 和（x_2^0 单位的）商品 2 组成的消费计划。根据公理 1，消费者可以将 $\mathbf{x}^0$ 和 X 中的其他任意计划相比较，然后确定其他计划和 $\mathbf{x}^0$ 相比的优劣：是其他计划至少和 $\mathbf{x}^0$ 一样好，还是 $\mathbf{x}^0$ 至少和其他计划一样好。给定上述基于 $\mathbf{x}^0$ 定义的不同集合，公理 1 和公理 2

告诉我们，消费者必须从三种互斥的关系中选出一个来表示 X 中的每一点和 $\mathbf{x}^0$ 的关系：都比 $\mathbf{x}^0$ 差；和 $\mathbf{x}^0$ 无差异；或者，都比 $\mathbf{x}^0$ 好。因此，对于任意一组 $\mathbf{x}^0$ 来说，整个消费集被分成 $\prec(\mathbf{x}^0)$，$\sim(\mathbf{x}^0)$ 和 $\succ(\mathbf{x}^0)$ 三个部分。

图 1-1 中的偏好看起来有点奇怪，虽然只呈现出最具限制性的结构，但完全符合前两个公理。已有的假设无法剔除图中那些“不规则”的地方，比如，无差异集 $\sim(\mathbf{x}^0)$ 内“过宽”的无差异区域，或者“缺口”和“曲线”的部分。只有再增加几项关于偏好的条件才能将它们排除在外。

我们考虑关于偏好的一些新假设，其中一个没有什么行为上的内容，只关乎偏好表达的数学方面；其他的假设直接同消费者对消费集中的目标的偏好有关。

第一个假设是公理，它仅对偏好施加了某种拓扑学上的规则，其基本作用要到将来才能了解。

从现在起，我们明确假定 $X=\mathbb{R}^n_+$。

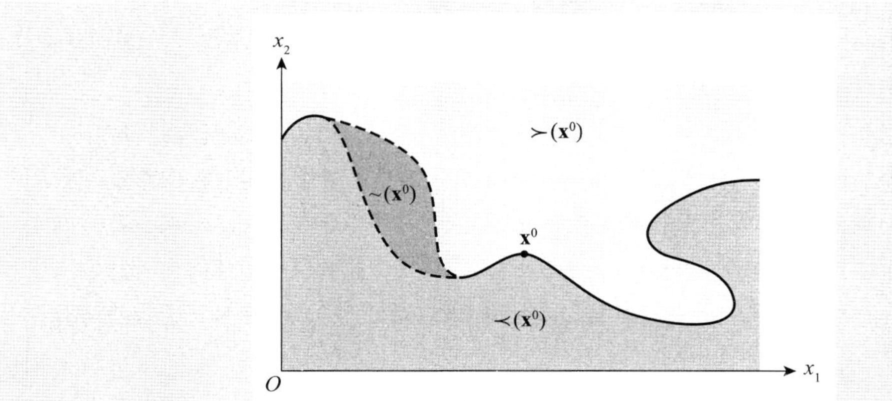

图 1-1　满足公理 1 和 2 的假设性偏好

公理 3： 连续性。对所有的 $\mathbf{x}\in\mathbb{R}^n_+$，“至少和 $\mathbf{x}^0$ 一样好”的集合 $\succsim(\mathbf{x}^0)$ 以及“不比 $\mathbf{x}^0$ 更好”的集合 $\precsim(\mathbf{x}^0)$ 在 $\mathbb{R}^n_+$ 上都是闭的。

回想一下，如果一个集合的补集在特定的定义域上是开集的话，这个集合在该定义域上就是一个闭集。因此，说 $\succsim(\mathbf{x})$ 在 $\mathbb{R}^n_+$ 上是闭集，也就相当于说它的补集 $\prec(\mathbf{x})$ 在 $\mathbb{R}^n_+$ 上是开集。

连续性公理确保偏好不会出现突然的逆转。实际上，该公理等于是说，如果在一个消费组合（或消费束）的序列中，每个元素 $\mathbf{y}^n$ 都至少和 $\mathbf{x}$ 一样好（或者没有 $\mathbf{x}$ 好），且 $\mathbf{y}^n$ 收敛于 $\mathbf{y}$，则 $\mathbf{y}$ 也至少和 $\mathbf{x}$ 一样好（或者没有 $\mathbf{x}$ 好）。注意，由于 $\succsim(\mathbf{x})$ 和 $\precsim(\mathbf{x})$ 都是闭集，而 $\sim(\mathbf{x})$ 是二者的交集，所以，后者也是一个闭集。这样看来，公理 3 将图 1-1 中左上方的无差异集中的那个开域排除在外了。

同之前在经济学课堂上学到的内容相比，新补充的关于偏好（taste）的假设赋予了偏好（preference）更多的结构和规则，这类假设必须与所分析的特定选择问题相适应。接下来我们将考虑几个有关偏好的重要假设，它们常出现在标准的消费者理论当中，在这里，我们想知道的是，这些假设对偏好结构有什么单独的和共同的影响。在阐述每类假设的时候，我们将逐渐增加约束条件，而约束最多的版本，也就是我们最常用的那个。因此，我们将这些公理用带撇（“′”）的数字标了出来，表明它和相关公理的替代关系。和对应的没有加撇的公理相比，它们在概念上非常相似，只不过约束要少（或者宽松）一些。

表示普通商品的偏好时，我们想表达的一个基本观点是，“欲望”从本质上讲是无穷无尽的。换一种不那么严格的表述方式，这句话的意思是说，对消费者所能想到的、自己偏好的那些消费计划来说，我们总可以对其组成部分进行调整。这些调整可能会使该计划所包括的商品都增加、都减少或者有增有减。通过这个假设，我们排除了消费者幻想自己拥有想要的一切并得到彻底满足的可能。该假设的正式表述方式如下，假设 $B_\varepsilon(\mathbf{x}^0)$ 表示以 $\mathbf{x}^0$ 为中心且半径为 ε 的开球[①]：

公理 4′：局部非饱和性。对所有的 $\mathbf{x}^0 \in \mathbb{R}^n_+$ 和 $\varepsilon > 0$，总存在着某些 $\mathbf{x} \in B_\varepsilon(\mathbf{x}^0) \cap \mathbb{R}^n_+$，使得 $\mathbf{x} \succ \mathbf{x}^0$。

公理 4′是说，在任何一个既定的 $\mathbf{x}^0$ 的领域中，无论该领域有多小，总存在一点 $\mathbf{x}$，使得消费者认为 $\mathbf{x}$ 比 $\mathbf{x}^0$ 好。该公理对无差异集有显著的影响，它排除了（类似图 1-2 中 $\mathbf{x}^1$ 周围的）“无差异区域”存在的可能性。要理解这一点，想象一下：如果存在这样一个“无差异区域”，就可以从中找到某些 $\varepsilon > 0$ 和 $B_\varepsilon(\mathbf{x}^1)$，而后者只包含了和 $\mathbf{x}^1$ 无差异的那些点。由于公理 4′要求，无论我们选择的 $\varepsilon > 0$ 是多少，总是至少存在一个偏好于 $\mathbf{x}^1$ 的点（或者比 $\mathbf{x}^1$ 更好的点）。两者矛盾，所以这样的“无差异区域”不存在。图 1-3 表示的偏好既满足了公理 4′，也满足了公理 1 至公理 3。

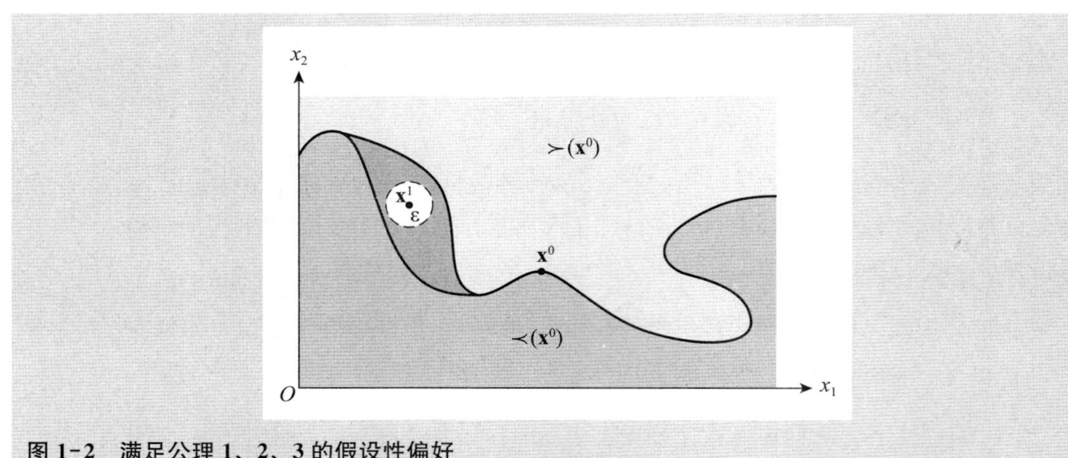

图 1-2　满足公理 1、2、3 的假设性偏好

① 参见书末“数学附录”中的定义 A1.4。

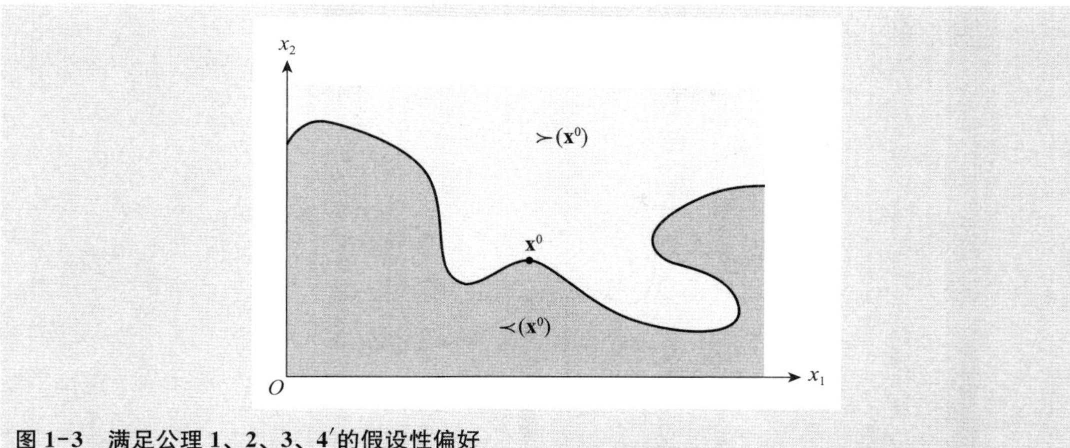

图 1-3　满足公理 1、2、3、4′的假设性偏好

有关需求和欲望的一个更严格的观点也很常见。根据这一观点，多总比少好。尽管局部非饱和性要求总存在着一个更受偏好的选择，但该公理并没有排除这样一种可能，即在这个更受偏好的组合中，某些甚至全部商品的数量都更少了。特别是它并不意味着，增加消费者所拥有的每种商品的数量就必然会使其境况变好。换一种说法，消费者总是喜欢那些商品数量多（而不是少）的消费计划。严格单调的公理就说明了这一点。在符号表述上，如果组合 $\mathbf{x}^0$ 中的每种商品的数量至少和组合 $\mathbf{x}^1$ 中的一样多，就写成 $\mathbf{x}^0 \geqslant \mathbf{x}^1$；如果组合 $\mathbf{x}^0$ 中的每种商品的数量严格多于组合 $\mathbf{x}^1$，就写成 $\mathbf{x}^0 \gg \mathbf{x}^1$。

公理 4： 严格单调。对所有的 $\mathbf{x}^0$，$\mathbf{x}^1 \in \mathbb{R}^n_+$，如果 $\mathbf{x}^0 \geqslant \mathbf{x}^1$，则有 $\mathbf{x}^0 \succsim \mathbf{x}^1$；如果 $\mathbf{x}^0 \gg \mathbf{x}^1$，则有 $\mathbf{x}^0 \succ \mathbf{x}^1$。

公理 4 说的是，如果一个商品组合所包含的每种商品的数量至少同另一个组合一样多，该组合就至少和另一个组合一样好；如果每种商品的数量都严格多于另一个组合，它就严格好于（或偏好于）另一个组合。该公理对无差异的结构和相关集合的影响也很明显，首先，公理 4 蕴含着公理 4′，一个偏好若满足了公理 4，就会自动地满足公理 4′，因此公理 4 对无差异的结构和相关集合的影响与公理 4′类似且要多一些，特别是，公理 4 排除了位于 $\mathbb{R}^2_+$ 中的无差异集中“向上弯曲”或者斜率为正的部分。此外，它还要求“比它好”的集合要位于该无差异集之上，而“比它差”的集合要位于该无差异集之下。

为了帮助理解这部分内容，我们按照公理 4 画出了图 1-4。图中，位于 $\mathbf{x}^0$ 的右上方或左下方的点不可能和它处于同一个无差异集中。那些位于 $\mathbf{x}^0$ 右上方的点（比如 $\mathbf{x}^1$），所包含的两种商品的数量都要多于 $\mathbf{x}^0$，所以这个区域内的点一定严格好于 $\mathbf{x}^0$；同样，位于 $\mathbf{x}^0$ 左下方的点（比如 $\mathbf{x}^2$），所包含的两种商品的数量要少于 $\mathbf{x}^0$，根据公理 4，这些点一定比 $\mathbf{x}^0$ 差。这样看来，两个区域内的点都不可能和 $\mathbf{x}^0$ 位于同样的无差异集中。对任意的 $\mathbf{x}^0$ 而言，所有位于其右上方的无差异集中的点都被包含在集合 $\succ(\mathbf{x}^0)$ 中，而所有位于其左下方的无差异集中的点都被包含在集合 $\prec(\mathbf{x}^0)$ 中。图 1-5 给出了同时满足公理 1、2、3 和 4 的一组偏好。

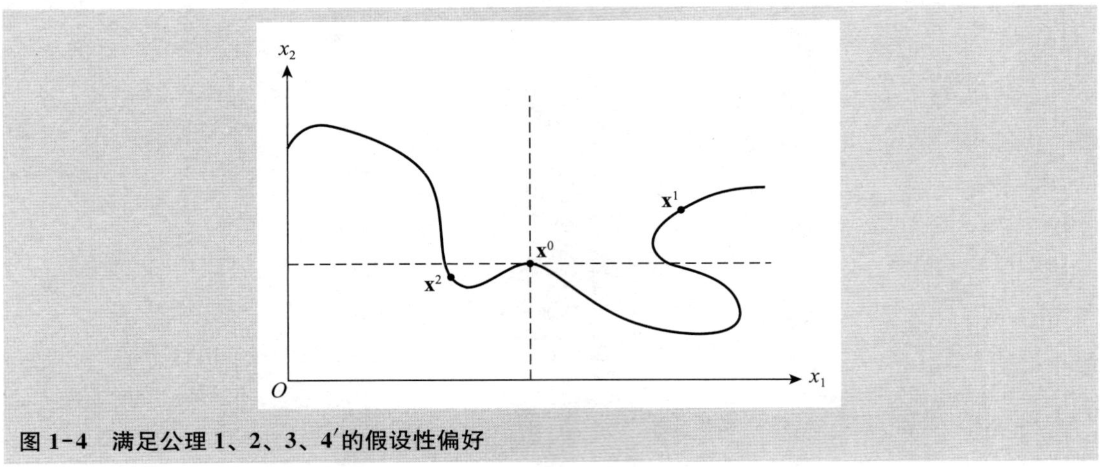

图 1-4　满足公理 1、2、3、4′的假设性偏好

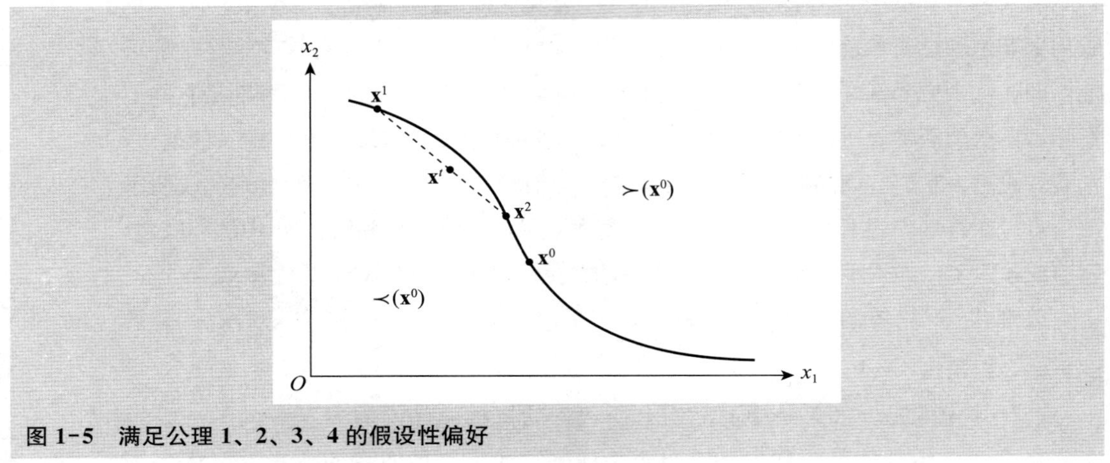

图 1-5　满足公理 1、2、3、4 的假设性偏好

图 1-5 中的偏好同我们以前在经济学课堂中看到的那种就非常接近了，但是还是有差别，很重要的一条是，位于$\sim(\mathbf{x}^0)$左上方的非凸部分在以前学习的时候被明显排除在外——这是通过有关偏好的最后一个假设来实现的。下面将介绍这个公理的两个不同的版本，然后考察一下它们各自的含义和目的。

公理 5′： 凸性。如果 $\mathbf{x}^1 \succsim \mathbf{x}^0$，则对于所有的 $t\in[0, 1]$ 而言，有 $t\mathbf{x}^1+(1-t)\mathbf{x}^0 \succsim \mathbf{x}^0$。

该公理的一个更严格的表述如下：

公理 5： 严格凸性。如果 $\mathbf{x}^1 \neq \mathbf{x}^0$ 且 $\mathbf{x}^1 \succsim \mathbf{x}^0$，则对于所有的 $t\in(0, 1)$ 而言，有 $t\mathbf{x}^1+(1-t)\mathbf{x}^0 \succ \mathbf{x}^0$。

首先需要注意的是，公理 5′或公理 5——连同公理 1、2、3 和 4 一道——会把无差异集中凹向原点的那部分排除在外（如图 1-5 中位于左上方的那部分）。为了说明原因，我们在无差异集中选择两个不同的点，由于 $\mathbf{x}^1$、$\mathbf{x}^2$ 和 $\mathbf{x}^0$ 没有差异，我们显然会认为 $\mathbf{x}^1 \succsim \mathbf{x}^2$，这两个点的凸组合（比如 $\mathbf{x}^t$）将位于集合$\prec(\mathbf{x}^0)$中——这显然违反了公理 5′或公理 5。

对于我们即将发展的消费者理论来说，即便增加了公理 5′，也不会使其丧失一般性，有没有这个公理，理论的预测性内容都一样。虽然换成严格一些的公理 5 后，上述论断就不再成立，但这样做却能使分析大为简化。

从直觉上理解消费者偏好的凸性至少有两种方法。图 1-6 中的偏好符合公理 5′和公理 5 的要求。仍然假设我们需要在 $\mathbf{x}^1 \sim \mathbf{x}^2$ 间选择。同组合 $\mathbf{x}^2$ 相比，点 $\mathbf{x}^1$ 所代表的组合中，商品 x_2 的比例要大一些；相反，在组合 $\mathbf{x}^2$ 中，商品 x_1 的比例要大一些。虽说这两个组合中都有一种商品的比例很高，但消费者认为它们是无差异的。现在，$\mathbf{x}^1$ 和 $\mathbf{x}^2$ 的任何一个凸组合，比如 $\mathbf{x}^t$，包含的 x_1，x_2 数量上会相对"平衡"一点，没有 $\mathbf{x}^1$，$\mathbf{x}^2$ 那么极端。加入了公理 5′或公理 5 后，消费者就不会偏好极端的组合了。公理 5′要求，任何一个类似于 $\mathbf{x}^t$ 这样的相对平衡一点的组合都不会比（消费者认为无差异的）极端组合差。公理 5 则更进一步，它要求消费者认为相对平衡的组合要严格好于极端组合。在任何一种情况下，我们都要求消费者的偏好要在一定程度上满足平衡消费的特征。

描述消费者偏好凸性含义的另一种方法将视角集中在了无差异集本身的曲率上。当 $X=\mathbb{R}^2_+$ 时，无差异曲线的斜率（绝对值）被称为**商品 2 对商品 1 的边际替代率**(marginal rate of substitution of good two for good one)。在任何一点，该斜率都衡量了：消费者为了使交换前后无差异，想多得到 1 单位的商品 1 而愿意放弃的商品 2 的数量。

如果偏好是严格单调的，那么任何形式的凸性都要求无差异曲线至少是弱凸向原点的。与之等价的条件是，当我们从组合 $\mathbf{x}^1$ 移动到 $\mathbf{x}^2$ 的时候，边际替代率不增加。将条件放松一些，这意味着同拥有较多的 x_2 和较少的 x_1 的情况相比，当消费者拥有较少的 x_2 和较多的 x_1 时，他用 x_2 换取 x_1 的意愿会更小一些。公理 5′要求，当我们沿着一条无差异曲线从左上方向右下方移动而保持效用不变时，用 x_2 换取 x_1 的比率要么不变、要么递减；公理 5 走得更远，它要求比率严格递减。图 1-6 中的偏好就表现出了这个性质，有时候我们称之为消费上的**边际替代率递减规律**（principle of diminishing marginal rate of substitution)。

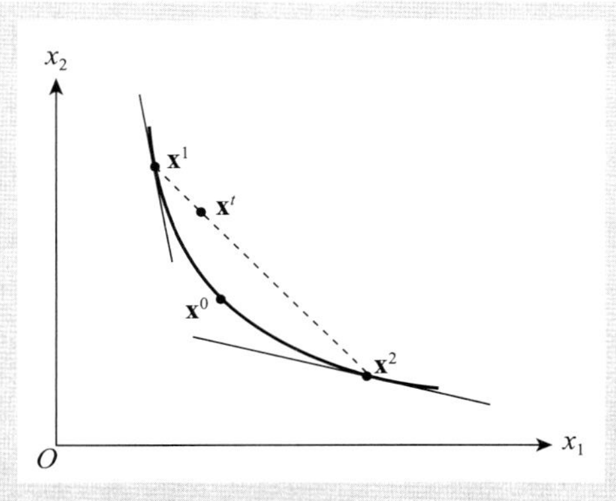

图 1-6　满足公理 1、2、3、4、5′或 5 的假设性偏好

1

我们已经仔细地考察了描述消费者偏好的一系列公理，目的是正确评价这些公理（单独地或共同地）对消费者偏好的结构和形式的意义。概括而言，可以按下列方式对这些公理加以梳理。完备性和传递性公理说明了一位消费者可以对选择进行前后一致的比较；连续性公理旨在保证“至少和……一样好”和“没有……好”的集合在拓扑学上是存在的，其首要目的是基于数学上的考虑；其他所有的公理都刻画了消费者对选择目标的偏好（或喜好）。通常，我们要求该偏好表现出某种（或弱或强的）非饱和性和（或弱或强的）平衡性。

1.2.2 效用函数

在现代经济理论中，效用函数是一个常用的工具，它恰到好处地概括了消费者偏好关系所包含的信息。实际运用中，有时候直接使用偏好关系和相关集合能简单一点，而有些时候（特别是当一个人想使用微积分的手段时）用效用函数会方便一些。在现代经济理论中，偏好关系表达了偏好最原始的和基本的特征，而效用函数只是“代表”和概括了偏好关系所传递的那些信息。可以用如下方式来正式地定义一个效用函数。

定义 1.5 表达偏好关系$\succsim$的效用函数

实值函数 u：$\mathbb{R}^n_+ \to \mathbb{R}$。如果对所有的 $\mathbf{x}^0$，$\mathbf{x}^1 \in \mathbb{R}^n_+$，有 $u(\mathbf{x}^0) \geqslant u(\mathbf{x}^1) \Leftrightarrow \mathbf{x}^0 \succsim \mathbf{x}^1$，则该实值函数 u 就被称作是代表了偏好关系的一个效用函数。

因此，对一个效用函数来说，如果给消费者所偏好的组合赋予一个更大的数值，那么该函数就代表了一种偏好关系。

理论家们自然就会想，一种偏好须具备哪些性质才能保证它可以由一个连续的实值函数来表示呢？这个问题很重要，因为当我们在消费理论中使用效用函数而不是偏好关系本身的时候，很多问题的分析会变得格外简单。

从数学上看，这是个关于表示偏好关系的一个连续效用函数的存在性的问题。鉴于之前我们已经仔细地考察过确保存在性的若干公理，所以该问题最终又变成了这些公理的一个子问题（或子集）。可以证明，任何一个具备完备性、传递性和连续性的二元关系都可以由一个实值的效用函数来表示。[①]（有的练习题会让你证明，对于某种表达方式来说，这三个公理是不可或缺的）。把这些公理结合在一起，就要求消费者能够做出基本一致的二元选择，而且偏好关系要具备一定的拓扑学上的“正则性”。尤其需要注意的是，偏好的这种可表达性同任何有关消费者偏好的假定（比如凸性或单调性）无关。因此，在研究中，用一个连续的效用函数来表示偏好关系的方法大有用武之地。

现在我们再来仔细考察另一个结论，虽然它的一般性有所欠缺。除了上面

① 例如，可以参见 Barten 和 Bohm（1982）的论述，而经典的参考资料来自 Debreu（1954）。

提到过的三个最基本的公理之外，我们又增加了偏好必须具有严格单调性的条件。尽管从可表达性角度看，这个条件不是必需的，但它使问题的纯数学方面得到简化，并增加了证明的直觉性。注意，我们并没有就凸性做任何形式的要求。

定理 1.1　代表偏好关系$\succsim$的实值函数的存在性

如果二元关系$\succsim$是完备的、传递的、连续的以及严格单调的，那么就会存在一个表示该关系的连续实值函数 u：$\mathbb{R}^n_+ \to \mathbb{R}$。

注意，这只是一个存在性定理，仅仅说明了在某种条件下，存在至少一个表示偏好关系的连续实值函数。这样的函数可能不止一个（实际上常常如此），但该定理可没说究竟有多少个以及必须具有什么样的形式，等等。因此，只要我们能找到一个连续的、能代表给定偏好关系的函数，就证明了该定理，这也正是下面的证明中所使用的招数。

证明：令关系$\succsim$是完备的、传递的、连续的以及严格单调的，$\mathbf{e}\equiv(1,\cdots,1)\in\mathbb{R}^n_+$为单位向量，定义一个映射 u：$\mathbb{R}^n_+ \to \mathbb{R}$使得如下条件被满足[①]：

$$u(\mathbf{x})\mathbf{e}\sim\mathbf{x} \tag{P.1}$$

首先，假设我们理解了这句话的含义和作用。简单来说，(P.1) 意味着"在定义域$\mathbb{R}^n_+$上取任意一点 $\mathbf{x}$ 并指派给它一个数 $u(\mathbf{x})$，使得商品组合 $u(\mathbf{x})\mathbf{e}$——每种商品都有$u(\mathbf{x})$单位——同 $\mathbf{x}$ 无差异（位于相同的等级上）"。

此时立刻会出现两个问题。首先，是否总是存在一个满足 (P.1) 的数 $u(\mathbf{x})$？其次，这个数是否被唯一地决定，使得 $u(\mathbf{x})$ 是个定义明确（well-defined）的函数？

为了解决第一个问题，先固定 $\mathbf{x}\in\mathbb{R}^n_+$，然后考察如下两个实数子集：

$$A\equiv\{t\geqslant 0 \mid t\mathbf{e}\succsim\mathbf{x}\}$$

$$B\equiv\{t\geqslant 0 \mid t\mathbf{e}\precsim\mathbf{x}\}$$

注意，如果 $t^*\in A\cap B$ 的话，那么 $t^*\mathbf{e}\sim\mathbf{x}$。假设 $u(\mathbf{x})=t^*$ 满足 (P.1)。因此，只要我们能证明 $A\cap B$ 非空的话，也就回答了第一个问题。这正是我们将要详细介绍的内容。

根据练习题 1.11，$\succsim$的连续性意味着 A 和 B 在$\mathbb{R}_+$上都是闭的，严格单调性又表明，对所有的 $t'\geqslant t$ 而言，$t\in A$ 就意味着 $t'\in A$。因此，A 必定是 $[\underline{t},\infty)$ 上的一个闭区间。同理，B 在$\mathbb{R}_+$上是严格单调且闭的，意味着它在 $[0,\bar{t}]$ 也必定

① 对于 $t\geqslant 0$，向量 $t\mathbf{e}$ 是$\mathbb{R}^n_+$中的点，因为 $t\mathbf{e}=t(1,\cdots,1)=(t,\cdots,t)$，所以点的坐标等于 t。如果 $t=0$，$t\mathbf{e}=(0,\cdots,0)$，正好在原点；如果 $t=1$，$t\mathbf{e}=(1,\cdots,1)$，正好是 $\mathbf{e}$；如果 $t>1$，$t\mathbf{e}$ 同原点的距离就会大于与 $\mathbf{e}$ 的距离；如果 $0<t<1$，$t\mathbf{e}$ 就会介于原点和 $\mathbf{e}$ 之间。所以，应该清楚的是，对于任何 $t\geqslant 0$ 的选择，$t\mathbf{e}$ 都是位于$\mathbb{R}^n_+$中由原点发出的、经过 $\mathbf{e}$ 的射线上的一点。如图 1-7 中 45°线上的某点。

1

是闭的。现在对于任意的 $t\geqslant 0$ 而言，$\succsim$的完备性表明，要么 $t\mathbf{e}\succsim\mathbf{x}$，要么 $t\mathbf{e}\precsim\mathbf{x}$。也就是说，$t\in A\cup B$，但这意味着$\mathbb{R}_+=A\cup B=[0,\ \bar{t}]\ \cup\ [\underline{t},\ \infty]$。我们的结论是$\underline{t}\leqslant\bar{t}$，使得 $A\cup B\neq\varnothing$。

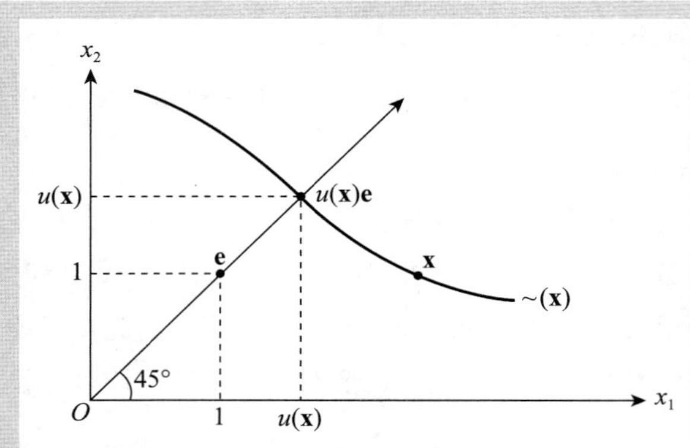

图 1-7 构造映射 u：$\mathbb{R}^n_+\rightarrow\mathbb{R}_+$

现在转向第二个问题。我们必须要说明，只存在唯一的 $t\geqslant 0$ 使得 $t\mathbf{e}\sim\mathbf{x}$ 成立。这就简单多了，因为如果 $t_1\mathbf{e}\sim\mathbf{x}$ 并且 $t_2\mathbf{e}\sim\mathbf{x}$ 的话，那么根据$\sim$的传递性（参见练习题 1.4），有 $t_1\mathbf{e}\sim t_2\mathbf{e}$；再根据单调性，必有 $t_1=t_2$。

于是，我们可以得出这样的结论：对于任意的 $\mathbf{x}\in\mathbb{R}^n_+$，必恰好存在一个数 $u(\mathbf{x})$，使得（P.1）得到满足。我们已经通过为 X 中的每个组合指派一个数的方式构造了效用函数，接下来要说明该函数代表了偏好$\succsim$。

考虑两个商品组合 $\mathbf{x}^1$，$\mathbf{x}^2$ 及它们各自的效用函数 $u(\mathbf{x}^1)$ 和 $u(\mathbf{x}^2)$，根据定义 $u(\mathbf{x}^1)\mathbf{e}\sim\mathbf{x}^1$，$u(\mathbf{x}^2)\mathbf{e}\sim\mathbf{x}^2$，于是，有如下关系：

$$\mathbf{x}^1\succsim\mathbf{x}^2 \tag{P.2}$$

$$\Leftrightarrow u(\mathbf{x}^1)\mathbf{e}\sim\mathbf{x}^1\succsim\mathbf{x}^2\sim u(\mathbf{x}^2)\mathbf{e} \tag{P.3}$$

$$\Leftrightarrow u(\mathbf{x}^1)\mathbf{e}\succsim u(\mathbf{x}^2)\mathbf{e} \tag{P.4}$$

$$\Leftrightarrow u(\mathbf{x}^1)\geqslant u(\mathbf{x}^2) \tag{P.5}$$

此处，（P.2）$\Leftrightarrow$（P.3）是根据 u 的定义；（P.3）$\Leftrightarrow$（P.4）是根据$\succsim$和$\sim$的传递性以及 u 的定义；而（P.4）$\Leftrightarrow$（P.5）则是依据$\succsim$的严格单调性。将（P.2）至（P.5）结合在一起，意味着（P.2）$\Leftrightarrow$（P.5），使得当且仅当 $u(\mathbf{x}^1)\geqslant u(\mathbf{x}^2)$ 的情况下，有 $\mathbf{x}^1\succsim\mathbf{x}^2$——这正是我们想要证明的结论。

现在只需要证明，代表$\succsim$的效用函数 u：$\mathbb{R}^n_+\rightarrow\mathbb{R}$ 是连续的。定理 A1.6 充分说明，$\mathbb{R}$ 中每个开球的 u 下面的逆像在 $\mathbb{R}^n_+$ 中也是开的。由于 $\mathbb{R}$ 上的开球只是一个开区间，这等于说，对每个 $a<b$ 来说，$u^{-1}((a,\ b))$ 在 $\mathbb{R}^n_+$ 中是开的。

现在，

$$u^{-1}((a,b))=\{\mathbf{x}\in\mathbb{R}_+^n \mid a<u(\mathbf{x})<b\}$$
$$=\{\mathbf{x}\in\mathbb{R}_+^n \mid a\mathbf{e}\prec u(\mathbf{x})\mathbf{e}\prec b\mathbf{e}\}$$
$$=\{\mathbf{x}\in\mathbb{R}_+^n \mid a\mathbf{e}\prec\mathbf{x}\prec b\mathbf{e}\}$$

第一个等式源于逆向的定义；第二个等式是根据$\succsim$的单调性；而第三个等式用到了$u(\mathbf{x})\mathbf{e}\sim\mathbf{x}$和练习题1.4。将等式右侧的最后一个集合重新表述一下，有：

$$u^{-1}((a,b))=\succ(a\mathbf{e})\cap\prec(b\mathbf{e}) \tag{P.6}$$

根据$\succsim$的连续性，集合$\precsim(a\mathbf{e})$和$\succsim(b\mathbf{e})$在$X=\mathbb{R}_+^n$中是闭的，而（P.6）右侧的两个集合是它们的补集，进而在$\mathbb{R}_+^n$中是开的。因此，根据练习题A1.28，作为$\mathbb{R}_+^n$上两个开集的交集，$u^{-1}((a,b))$自身在$\mathbb{R}_+^n$上也是开的。■

定理1.1非常重要，有了它，我们可以随意地使用原始的集合论或数值方式（一个连续的效用函数）来表示偏好。但效用的表示从来都不是唯一的，这是我们在学习效用函数时必须掌握的一点。如果某种函数u代表着一个消费者的偏好，那么函数$v=u+5$或者$v=u^3$也可以代表这种偏好，因为后两个函数对商品组合的排序与u相同。如果我们对偏好关系施加的所有要求能够为一个商品组合在消费集中的位置排序，并且如果我们对表示偏好关系的效用函数的所有要求就是它能够反映出商品组合的这种排序（这是通过对赋予不同偏好的数值加以排序的方式实现的），那么任何一个按照和u同样的次序为商品组合赋值的函数都能代表该偏好关系，而且和u一样定义明确。

这个结论在文献中有不同的叫法，有时候被称作是效用函数的正单调变换的不变性，有时候被叫做效用函数的正单调变换的唯一性。不管用哪种方式，意思都一样：如果我们对偏好关系的全部要求是商品组合间的排序是有意义的，那么所有代表这种关系的效用函数要能够恰当地向我们传达出这种序数方面的信息。倘若我们知道一个函数能做到这一点，它的任何变换，只要维持对商品组合的排序不变，就和该效用函数具有同样的功能。

从恰当的角度理解表达问题，在一定程度上让我们放开了手脚，同时又施加了新的约束。一方面，如果一个函数u代表了消费者的某种偏好，我们可以将其随意地变换为更简单和容易操作的形式，只要不改变它对商品组合的排序即可；另一方面，我们也要记住，无论一个既定的效用函数给特定的商品组合赋予何值，它也仅仅只是给这些数字做了排序。[①] 该结论虽然易于证明，但非常重要，所以也有必要正式地交代一下，而证明部分则留做练习题。

---

① 有些学者对“效用函数”的现代用法和“效用”的古典的功利主义观点之间的可能混乱格外敏感，后一种观点认为“效用”是衡量快乐和痛苦的单位。他们抛弃过时的术语，只是简单地说偏好关以及它们的“代表函数”。

定理 1.2　效用函数的正单调变换的不变性

令$\succsim$是$\mathbb{R}^n_+$上的一个偏好关系，假设$u(\mathbf{x})$为代表该关系的效用函数。对每个$\mathbf{x}$而言，当且仅当对所有的$\mathbf{x}$，有$v(\mathbf{x})=f(u(\mathbf{x}))$时，其中$f$：$\mathbb{R}\to\mathbb{R}$在$u$的集值上是严格递增的，则$v(\mathbf{x})$也代表这种偏好关系。

为了完成对消费者偏好的表述，我们常对偏好做一些假设。对偏好施加的任何结构自然而然地反映在代表该偏好的效用函数上。同样，当我们假设效用函数具有连续性之外的性质时，实际上就是对背后的偏好关系做了另外的假设。因此，有关偏好的公理和效用函数特定的数学性质两者是等价的。在结束这一节之前，我们会简要地考察一下这些命题。根据相关定义，下面的定理很容易证明，为了让你充分理解它们，练习题会要求你给出证明。（参考书末的数学附录 A1，其中分别介绍了严格递增、拟凹以及严格拟凹的函数。）

定理 1.3　偏好的性质和效用函数

令u：$\mathbb{R}^n_+\to\mathbb{R}$代表$\succsim$，则：

1. $u(\mathbf{x})$是严格递增的，当且仅当$\succsim$是严格单调的；

2. $u(\mathbf{x})$是拟凹的，当且仅当$\succsim$是凸的；

3. $u(\mathbf{x})$是严格拟凹的，当且仅当$\succsim$是严格凸的。

到目前为止，我们重点介绍了效用函数的连续性以及确保该函数存在的偏好关系的若干性质，稍后我们会用微积分的方法来分析问题，当然，可微是一个比连续性更强的条件。从直觉上看，连续性只是要求偏好不会出现突然的逆转，但并不排除出现“弯折”或其他连续的形式，这代表着一些奇怪的行为。可微则特别剔除了这些情况，确保无差异曲线是一条连续的“平滑”曲线。因此，效用函数的可微性是对偏好施加一个比连续性更强的约束。和连续性公理一样，这只是需要一个恰当的数学条件，我们就不再赘述了，读者可以参见 Debreu（1972）的文章。在本书中出现的效用函数，只要需要，我们都假定它是可微的。

当函数可微的时候，会有一些具体的称谓，我们应该对此有所了解。$u(\mathbf{x})$对x_i的一阶偏导数叫做**商品 *i* 的边际效用**（marginal utility of good *i*）。在两种商品的情况下，我们将商品 2 对商品 1 的边际替代率定义为无差异曲线斜率的绝对值，可以用两种商品的边际效用来表示，下面就来证明这一点。假设存在任意组合$\mathbf{x}^1=(x_1^1,\ x_2^1)$，由于经过$\mathbf{x}^1$的无差异曲线正好是平面$(x_1^1,\ x_2^1)$上的一个函数，令$x_2=f(x_1)$为描述这个关系的函数。因此，随着$x_1$的变化，组合$(x_1,\ x_2)=(x_1, f(x_1))$会描出那条经过$\mathbf{x}^1$的无差异曲线，于是，对于所有的$x_1$，有：

$$u(x_1, f(x_1))=\text{常数} \tag{1.1}$$

现在，在组合$\mathbf{x}^1=(x_1^1,\ x_2^1)$中，我们将商品 2 对商品 1 的边际替代率表示为$\mathrm{MRS}_{12}=(x_1^1,\ x_2^1)$，它等于经过$(x_1^1,\ x_2^1)$的无差异曲线的斜率的绝对值，即：

$$\mathrm{MRS}_{12}=(x_1^1,x_2^1)\equiv|f'(x_1^1)|=-f'(x_1^1) \tag{1.2}$$

由于 $f'<0$，又根据（1.1），有 $u(x_1, f(x_1))$ 为 x_1 的常函数，因此，其关于 x_1 的导数必为零。即：

$$\frac{\partial u(x_1,x_2)}{\partial x_1}+\frac{\partial u(x_1,x_2)}{\partial x_2}f'(x_1)=0 \tag{1.3}$$

将（1.2）和（1.3）结合在一起，意味着：

$$\mathrm{MRS}_{12}(\mathbf{x}^1)\equiv\frac{\partial u(\mathbf{x}^1)/\partial x_1}{\partial u(\mathbf{x}^1)/\partial x_2}$$

同样，当存在两种以上的商品时，我们仍将商品 j 对商品 i 的边际替代率定义为二者的边际效用之比。

$$\mathrm{MRS}_{ij}(\mathbf{x})\equiv\frac{\partial u(\mathbf{x})/\partial x_i}{\partial u(\mathbf{x})/\partial x_j}$$

当边际替代率严格为正的时候，$\mathrm{MRS}_{ij}(\mathbf{x})$ 也是一个正数，它告诉我们，在不改变消费者效用水平的情况下，一单位商品 i 可以交换的商品 j 的比率。

当 $u(\mathbf{x})$ 在 $\mathbb{R}^n_{++}$ 上连续可微且偏好严格单调时，每种商品的边际效用必严格为正，也就是说，对“几乎所有”的组合 $\mathbf{x}$ 和所有的 $i=1$，…，n 来说，都有 $\partial u(\mathbf{x})/\partial x_i>0$①；当偏好严格凸的时候，两种商品的边际替代率沿着效用函数的任何一个等值面（level surface）变化都是严格递减的。更一般地，对所有拟凹的效用函数来说，其二阶偏导的海塞矩阵（Hessian matrix）$\mathbf{H}(\mathbf{x})$ 将满足：

$$\mathbf{y}^{\mathrm{T}}\mathbf{H}(\mathbf{x})\mathbf{y}\leqslant 0，\text{对所有的 }\mathbf{y}，\text{使得}\nabla u(\mathbf{x})\cdot\mathbf{y}=0$$

如果取严格的不等式，则说明从 $\mathbf{x}$ 沿着方向 $\mathbf{y}$ 运动（$\mathbf{y}$ 与经过 $\mathbf{x}$ 的无差异曲面相切，$\nabla u(\mathbf{x})\cdot\mathbf{y}=0$），效用会下降（$\mathbf{y}^{\mathrm{T}}\mathbf{H}(\mathbf{x})\mathbf{y}<0$）。

1.3 消费者问题

我们已经对偏好的构建和表达作了详细的介绍，但这只不过是消费者选择理论的四个组成部分中的一个，这一节将介绍余下的几个部分。将它们组合在一起，可以对多数经济理论中的主要行为人（卑微的单个消费者）做正式的描述。

从最抽象的水平上看，每个消费者都有一个消费集 $X=\mathbb{R}^n_+$，其中包含了消费上所有能想到的选择，他对这些选择的倾向和态度由定义在 $\mathbb{R}^n_+$ 上的偏好关系 $\succsim$ 来

---

① 读者可能会感到奇怪，“几乎所有”一词指的是除了 Lebesgue 测度为零的集合之外的所有组合，不过就算不熟悉 Lebesgue 测度，也能了解这些限定词的含义。考虑一个只有一种商品 x 的情况，其中效用函数为 $u(x)=x+\sin(x)$。由于 u 严格递增，故代表了严格单调的偏好。不过，虽然 $u'(x)$ 对几乎所有的 x 都是严格为正的，但每当 $x=\pi+2\pi k$，$k=0$，1，2，…时，其值总为零。

1

描述；消费者所处的环境限制了他的现实选择，而这些约束共同构成了可行集 $B \subset \mathbb{R}^n_+$；最后，假设消费者的目标是根据偏好关系选择自己最喜欢的且可行的方案。正规的表述是，消费者寻求：

$$\mathbf{x}^* \in B\text{，使得对所有的 } \mathbf{x} \in B\text{，有 } \mathbf{x}^* \succsim \mathbf{x} \tag{1.4}$$

为了能使分析继续，特做如下假设（除非特别说明，否则它们一直成立）。

假设 1.2　消费者的偏好

消费者的偏好在 $\mathbb{R}^n_+$ 上是完备的、传递的、连续的、严格单调的以及严格凸的，因此，根据公理 1.1 和 1.3，该偏好可以由一个实值的效用函数 u 来表示。u 在 $\mathbb{R}^n_+$ 上是连续的、单调递增的以及严格拟凹的。

在两种商品的情况下，偏好可以由一组无差异曲线表示，如图 1-8 所示，它们的效用水平集不相交、凸向原点，并且向右上方递增。

接下来，再看一下消费者面临的环境和可行集的结构。我们关注的是市场经济（market economy）中的消费者个体，这是一套行为人（agent）之间的交易活动由市场调节的经济体系。一种商品就是一个市场，商品 i 的价格是 $p_i > 0$，$i = 1, \cdots, n$。此外，单个消费者没有市场势力，这意味着整个市场的规模对于某个消费者而言是非常大的，无论个人的购买量有多少，都不会对市场价格有明显的影响。正式的表述是，在消费者眼中，市场价格的向量（$\mathbf{p} \gg \mathbf{0}$）是给定的。

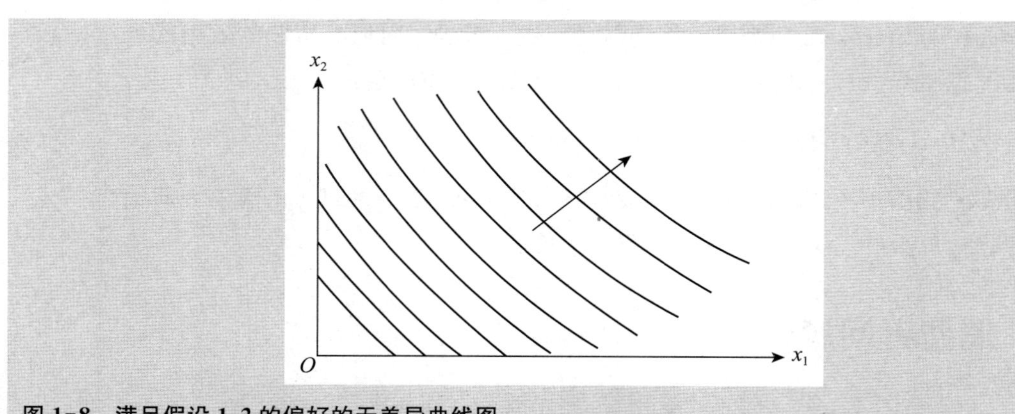

图 1-8　满足假设 1.2 的偏好的无差异曲线图

消费者一开始拥有一笔固定的货币收入，$y \geqslant 0$。按市场价格 p_i 购买 x_i 单位第 i 种商品需要花费 $p_i x_i$ 美元，支出不能超过收入，所以 $\sum_{i=1}^{n} p_i x_i \leqslant y$；或者更简洁一点的表示是，$\mathbf{p} \cdot \mathbf{x} \leqslant y$。我们可将消费者所处的经济环境方面的假设概括为一个可行集 B，称为**预算集**（budget set）：

$$B = \{\mathbf{x} \mid \mathbf{x} \in \mathbb{R}^n_+,\ \mathbf{p} \cdot \mathbf{x} \leqslant y\}$$

在两种商品的情形中，B 由图 1-9 阴影部分的区域及其边界上的所有组合构成。

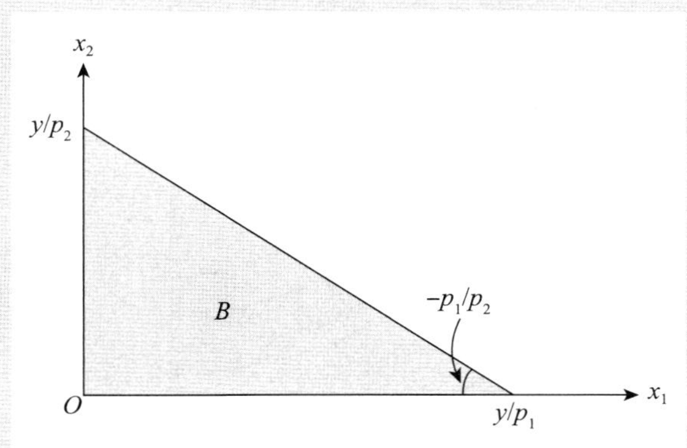

图 1-9 两种商品情况下的预算集，$B=\{\mathbf{x} \mid \mathbf{x}\in\mathbb{R}^n_+, \ \mathbf{p}\cdot\mathbf{x}\leqslant y\}$

只要你想，我们现在就可以用那些熟悉的语言来重新表述消费者问题。根据假设 1.2，偏好可以由一个消费集 $\mathbb{R}^n_+$ 上严格递增和严格拟凹的效用函数 $u(\mathbf{x})$ 来表示；在有关可行集的假设条件下，总的支出不能超过收入。于是，消费者的问题（1.4）等价地被表示为预算约束下的效用函数的最大化问题。消费者的**效用最大化问题**（utility-maximisation problem）可以正式地写成：

$$\max_{\mathbf{x}\in\mathbb{R}^n_+} u(\mathbf{x}) \qquad \text{s.t.} \qquad \mathbf{p}\cdot\mathbf{x}\leqslant y \tag{1.5}$$

注意，如果 $\mathbf{x}^*$ 是问题的解，那么对于所有的 $\mathbf{x}\in B$ 来说，都有 $u(\mathbf{x}^*)\geqslant u(\mathbf{x})$。这意味着对所有的 $\mathbf{x}\in B$ 来说，均有 $\mathbf{x}^*\succsim\mathbf{x}$。也就是说，（1.5）的解实际上也是（1.4）的解，反之亦然。

应该仔细观察一下这个问题的数学结构。就像刚才注意到的那样，在有关偏好的假设下，效用函数 $u(\mathbf{x})$ 是一个实值、连续的函数。预算集 B 是一个非空的（它包含 $\mathbf{0}\in\mathbb{R}^n_+$）、闭的和有界的（所有的价格均严格为正）集合，因而是一个 $\mathbb{R}^n$ 上的紧集。根据 Weierstrass 定理（定理 A1.10），我们进而可以确定 $u(\mathbf{x})$ 在 B 上存在一个最大值。此外，因为 B 是凸的，加之目标函数严格拟凹，故而 $u(\mathbf{x})$ 在 B 上的最大值唯一。由于偏好严格单调，解 $\mathbf{x}^*$ 满足预算方面的等式约束，它位于预算约束的边界上，而不是边界内。因此，当 $y>0$ 且 $\mathbf{x}^*\geqslant 0$ 但 $\mathbf{x}^*\neq 0$ 时，我们知道至少会有一种商品 i 的数量为正（$x_i^*>0$）。在两种商品的情况下，该问题的一个代表性的解如图 1-10 所示。

显然，解向量 $\mathbf{x}^*$ 由消费者问题的诸多参数决定。在 $\mathbf{p}$ 和 y 给定的情况下，解是唯一的。这样我们就可以把（1.5）的解恰当地看成是由价格和收入集到数量集 $X=\mathbb{R}^n_+$ 的函数。进而常写成 $x^*=x_i(\mathbf{p}, y)$，$i=1, \cdots, n$；或者向量的形式，$\mathbf{x}^*=\mathbf{x}(\mathbf{p}, y)$。一旦被视为 $\mathbf{p}$ 和 y 的函数，效用最大化问题的解就是普通的**马歇尔需求函数**（Marshallian demand function）。对商品 i 来说，当收入和（除商品自身价格以外的）其他全部商品的价格固定不变时，需求量 x_i 和价格 p_i 之间的关系的图形就是标准的需求曲线。

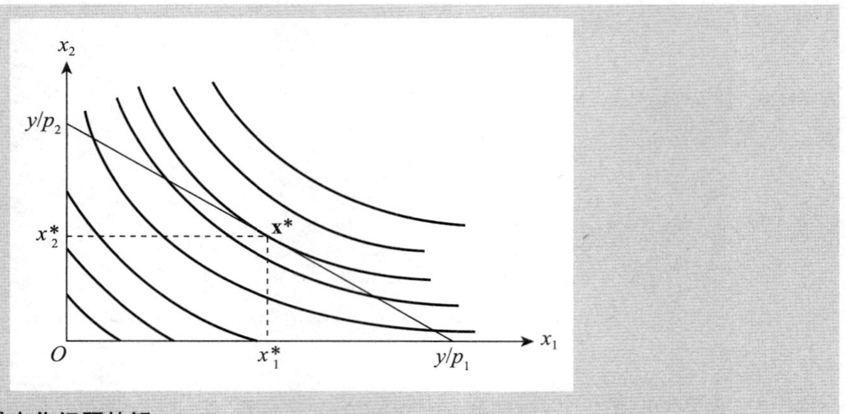

图 1-10 消费者效用最大化问题的解

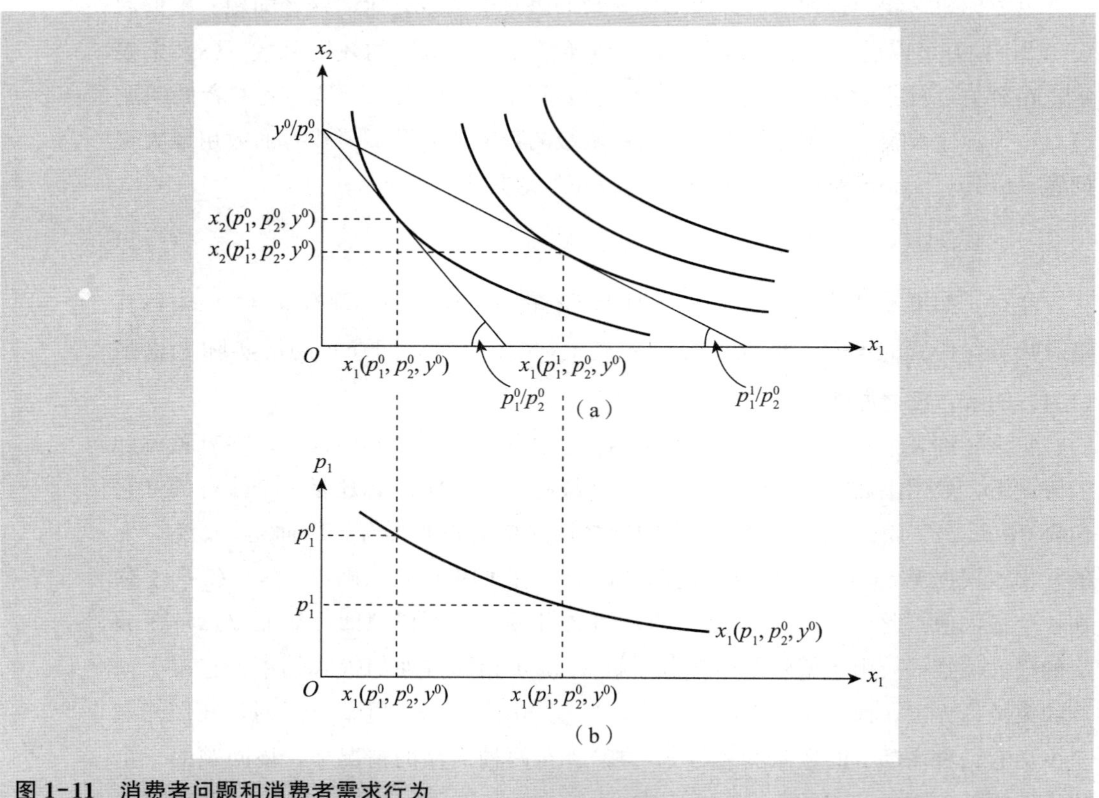

图 1-11 消费者问题和消费者需求行为

图 1-11 画出了消费者问题和消费者行为之间的关系。在图（a）中，消费者面临的价格分别是 p_1^0，p_2^0，收入是 y_0，这个消费者问题的数量解——也是既定价格和收入水平下的效用最大化的解——分别是 $x_1(p_1^0,\ p_2^0,\ y^0)$ 和 $x_2(p_1^0,\ p_2^0,\ y^0)$。在图（b）中，我们用纵轴衡量商品 1 的价格，横轴衡量商品 1 的数量。把价格 p_1^0 和该价格水平下对商品 1 的需求量（价格 p_2^0 和收入 y^0 不变）标出来，就能得到该消费者对商品 1 的马歇尔需求曲线上的一个点。在同样的价格和收入水平下，当

$p_1^1 < p_1^0$ 时，该消费者问题和效用最大化问题的解数量变为 $x_1(p_1^1, p_2^0, y^0)$ 和 $x_2(p_1^1, p_2^0, y^0)$。如果我们将 p_1^1 和该价格水平下商品1的需求量画出来，可以在图(b)中得到商品1的马歇尔需求曲线上的另一个点。考虑了 p_1 的所有可能取值，就可以在图(b)中画出消费者对商品1的整条需求曲线。随着收入和商品2价格的变化，这条需求曲线的形状和位置也会有所不同，这一点很容易理解。但总的来说，位置和形状始终是由消费者潜在的偏好关系的性质决定的。

如果我们在 $u(\mathbf{x})$ 的条件中加入可微性这一条的话，就可以使用微积分方法来进一步探讨需求行为。回忆一下，消费者的问题是：

$$\max_{\mathbf{x}\in\mathbb{R}_+^n} u(\mathbf{x}) \qquad \text{s. t.} \qquad \mathbf{p}\cdot\mathbf{x}\leqslant y \tag{1.6}$$

这是个有一个不等式约束的非线性规划问题。我们已经知道，解 $\mathbf{x}^*$ 存在且唯一。如果把约束写成 $\mathbf{p}\cdot\mathbf{x}-y\leqslant 0$，就得到了拉格朗日函数：

$$\mathcal{L}(\mathbf{x},\lambda)=u(\mathbf{x})-\lambda[\mathbf{p}\cdot\mathbf{x}-y]$$

假设解 $\mathbf{x}^*$ 严格为正，我们可以使用库恩-塔克（Kuhn-Tucker）方法来判断这个解的特征。如果 $\mathbf{x}^*\gg\mathbf{0}$ 是(1.6)的解，根据定理A2.20，存在一个 $\lambda^*\geqslant 0$，使得 $(\mathbf{x}^*, \lambda^*)$ 满足如下库恩-塔克条件：

$$\frac{\partial\mathcal{L}}{\partial x_i}=\frac{\partial u(\mathbf{x}^*)}{\partial x_i}-\lambda^* p_i=0, \quad i=1,\cdots,n \tag{1.7}$$

$$\mathbf{p}\cdot\mathbf{x}^*-y\leqslant 0 \tag{1.8}$$

$$\lambda^*[\mathbf{p}\cdot\mathbf{x}^*-y]=0 \tag{1.9}$$

现在，根据严格单调性，(1.8)必取等式，进而(1.9)成了多余的条件，所以这组条件可精简为：

$$\frac{\partial\mathcal{L}}{\partial x_1}=\frac{\partial u(\mathbf{x}^*)}{\partial x_1}-\lambda^* p_1=0$$

$$\vdots$$

$$\frac{\partial\mathcal{L}}{\partial x_n}=\frac{\partial u(\mathbf{x}^*)}{\partial x_n}-\lambda^* p_n=0$$

$$\mathbf{p}\cdot\mathbf{x}^*-y=0 \tag{1.10}$$

它们向我们提供了哪些关于(1.6)的解的信息呢？存在两种可能性，要么 $\nabla u(\mathbf{x}^*)=0$，要么 $\nabla u(\mathbf{x}^*)\neq 0$。在严格单调的情况下，第一种情况出现的概率不大，只要简单假设 $\nabla u(\mathbf{x}^*)\neq 0$ 就行了。根据严格单调性，对某些 $i=1, \cdots, n$，有 $\partial u(\mathbf{x}^*)/\partial x_i>0$。由于对所有的 i 都有 $p_i>0$，加之 $\lambda^*=u_i(\mathbf{x}^*)/p_i>0$，从(1.7)来看，拉格朗日乘子在解的位置明显严格为正。这样，对于所有的 j 来说，$\partial u(\mathbf{x}^*)/\partial x_j=\lambda^* p_j>0$，也就是说，在最优点，边际效用与所有商品价格成比例。换句话说，对于任何两种商品 j，k 来说，上述条件可以概括为：

1

$$\frac{\partial u(\mathbf{x}^*)/\partial x_j}{\partial u(\mathbf{x}^*)/\partial x_k}=\frac{p_j}{p_k} \tag{1.11}$$

其含义是：在最优点的位置，任何两种商品的边际替代率都等于它们的价格之比。在两种商品的情形下，条件（1.10）要求经过 $\mathbf{x}^*$ 的无差异曲线的斜率等于预算线的斜率，并且 $\mathbf{x}^*$ 位于预算线上而不是线内，如图 1-10 和图 1-11（a）所示。

对局部最优来说，条件（1.10）通常只是一个必要条件（参见 A2.3 节的最后部分），但对于眼下特定的问题而言，这些必要的一阶条件实际上也是全局最优的充分条件，这点有必要正式说明一下。

定理 1.4　消费者的一阶条件的充分性

假设 $u(\mathbf{x})$ 在 $\mathbb{R}^n_+$ 上是连续且拟凹的，$(\mathbf{p}, y)\gg\mathbf{0}$。如果 u 在 $\mathbf{x}^*$ 处是可微的，并且 $(\mathbf{x}^*, \lambda^*)\gg\mathbf{0}$ 是（1.10）的解，那么，$\mathbf{x}^*$ 就是在价格为 $\mathbf{p}$ 和收入为 y 时消费者最大化问题的解。

证明：我们将用到练习题 1.28 所证明的结论：对所有的 $\mathbf{x}$，$\mathbf{x}^1\geqslant 0$，由于 u 是拟凹的，只要 $u(\mathbf{x}^1)\geqslant u(\mathbf{x})$ 且 u 在 $\mathbf{x}$ 处可微，就有 $\nabla u(\mathbf{x})(\mathbf{x}^1-\mathbf{x})\geqslant 0$。

现在，假设 $\nabla u(\mathbf{x}^*)$ 存在且 $(\mathbf{x}^*, \lambda)\gg\mathbf{0}$ 是（1.10）的解，那么

$$\nabla u(\mathbf{x}^*)=\lambda^*\mathbf{p} \tag{P.1}$$

$$\mathbf{p}\cdot\mathbf{x}^*=y \tag{P.2}$$

如果 $\mathbf{x}^*$ 不是效用最大化的解，必有某个 $\mathbf{x}^0\geqslant\mathbf{0}$，使得

$$u(\mathbf{x}^0)>u(\mathbf{x}^*)$$

$$\mathbf{p}\cdot\mathbf{x}^0\leqslant y$$

由于 u 是连续的且 $y>0$，前面的不等式意味着

$$u(t\mathbf{x}^0)>u(\mathbf{x}^*) \tag{P.3}$$

$$\mathbf{p}\cdot t\mathbf{x}^0<y \tag{P.4}$$

对某些 $t\in[0, 1]$ 接近于 1，令 $\mathbf{x}^1=t\mathbf{x}^0$，有

$$\begin{aligned}\nabla u(\mathbf{x}^*)(\mathbf{x}^1-\mathbf{x}^*)&=(\lambda^*\mathbf{p})\cdot(\mathbf{x}^1-\mathbf{x}^*)\\&=(\lambda^*)\cdot(\mathbf{p}\mathbf{x}^1-\mathbf{p}\mathbf{x}^*)\\&<\lambda^*\cdot(y-y)\\&=0\end{aligned} \tag{P.5}$$

其中，第一个不等式来自（P.1），第二个不等式来自（P.2）和（P.4）。不过，根据（P.3），$u(\mathbf{x}^1)>u(\mathbf{x}^*)$，（P.5）和本证明开始部分的事实矛盾。■

利用这个充分性的结论，足以解出（1.10）的解 $(\mathbf{x}^*, \lambda^*)\gg\mathbf{0}$。需要注意的是，（1.10）是一个有 $n+1$ 个方程和 $n+1$ 个未知变量（$(x_1^*, \cdots, x_n^*, \lambda^*)\gg\mathbf{0}$）的系统。

就像下面这个例子一样，用这些方程可以求出需求函数 $x_i(\mathbf{p}, y)$，$i=1, \cdots, n$ 的解。

例题 1.1

函数 $u(x_1, x_2)=(x_1^\rho+x_2^\rho)^{1/\rho}$ 被称为 **CES 效用函数**（CES utility function），其中 $0\neq\rho<1$。容易证明，该效用函数代表着严格单调且严格凸的偏好。

消费者的问题是：找到一个非负的消费组合作为如下问题的解：

$$\max_{x_1, x_2}(x_1^\rho+x_2^\rho)^{1/\rho} \quad \text{s.t.} \quad p_1x_1+p_2x_2-y\leqslant 0 \tag{E.1}$$

为了求解这个问题，先构造相关的拉格朗日函数：

$$\mathcal{L}(x_1, x_2, \lambda)\equiv(x_1^\rho+x_2^\rho)^{1/\rho}-\lambda(p_1x_1+p_2x_2-y)$$

由于偏好是单调的，预算约束在解的位置采取了等式的形式。假设存在一个内点解（或内解），库恩-塔克条件和普通的拉格朗日一阶条件相同，在解 x_1，x_2，λ 的位置上，下列等式必然成立：

$$\frac{\partial\mathcal{L}}{\partial x_1}=(x_1^\rho+x_2^\rho)^{(1/\rho)-1}x_1^{\rho-1}-\lambda p_1=0 \tag{E.2}$$

$$\frac{\partial\mathcal{L}}{\partial x_2}=(x_1^\rho+x_2^\rho)^{(1/\rho)-1}x_2^{\rho-1}-\lambda p_2=0 \tag{E.3}$$

$$\frac{\partial\mathcal{L}}{\partial\lambda}=p_1x_1+p_2x_2-y=0 \tag{E.4}$$

对（E.2）和（E.3）进行整理，然后用（E.3）除以（E.2），再整理，我们就将含有 3 个未知数的 3 个方程化简为只含有 2 个未知数（x_1，x_2）的 2 个方程：

$$x_1=x_2\left(\frac{p_1}{p_2}\right)^{1/(\rho-1)} \tag{E.5}$$

$$y=p_1x_1+p_2x_2 \tag{E.6}$$

首先，将 x_1 的表达式（E.5）代入（E.6），得到一个只含有 x_2 的方程：

$$\begin{aligned} y &= p_1x_2\left(\frac{p_1}{p_2}\right)^{1/(\rho-1)}+p_2x_2 \\ &= x_2\left(p_1^{\rho/(\rho-1)}+p_2^{\rho/(\rho-1)}\right)p_2^{-1/(\rho-1)} \end{aligned} \tag{E.7}$$

对（E.7）求解，得到 x_2 的解为：

$$x_2=\frac{p_2^{1/(\rho-1)}y}{p_1^{\rho/(\rho-1)}+p_2^{\rho/(\rho-1)}} \tag{E.8}$$

将（E.8）代入（E.5）中，得到 x_1 的解为：

$$x_1=\frac{p_1^{1/(\rho-1)}y}{p_1^{\rho/(\rho-1)}+p_2^{\rho/(\rho-1)}} \tag{E.9}$$

1

方程（E.8）和（E.9）是消费者问题（E.1）的解，它们是消费者的马歇尔需求函数。如果我们定义一个参数 $r=\rho/(\rho-1)$，可以将（E.8）和（E.9）以及马歇尔需求简写成：

$$x_1(\mathbf{p},y)=\frac{p_1^{r-1}y}{p_1^r+p_2^r} \tag{E.10}$$

$$x_2(\mathbf{p},y)=\frac{p_2^{r-1}y}{p_1^r+p_2^r} \tag{E.11}$$

注意，消费者问题的解只同参数 p_1，p_2，y 有关，根据（E.10）和（E.11），不同的价格和收入水平将导致不同的需求量。为了推出这个结论，可参见图 1-12。在价格和收入分别为p_1，$\overline{p}_2$和$\overline{y}$的时候，消费者问题的解为 x_1，x_2，而（p_1，x_1（p_1，$\overline{p}_2$，$\overline{y}$））是消费者对 x_1 的需求曲线上的一点。 □

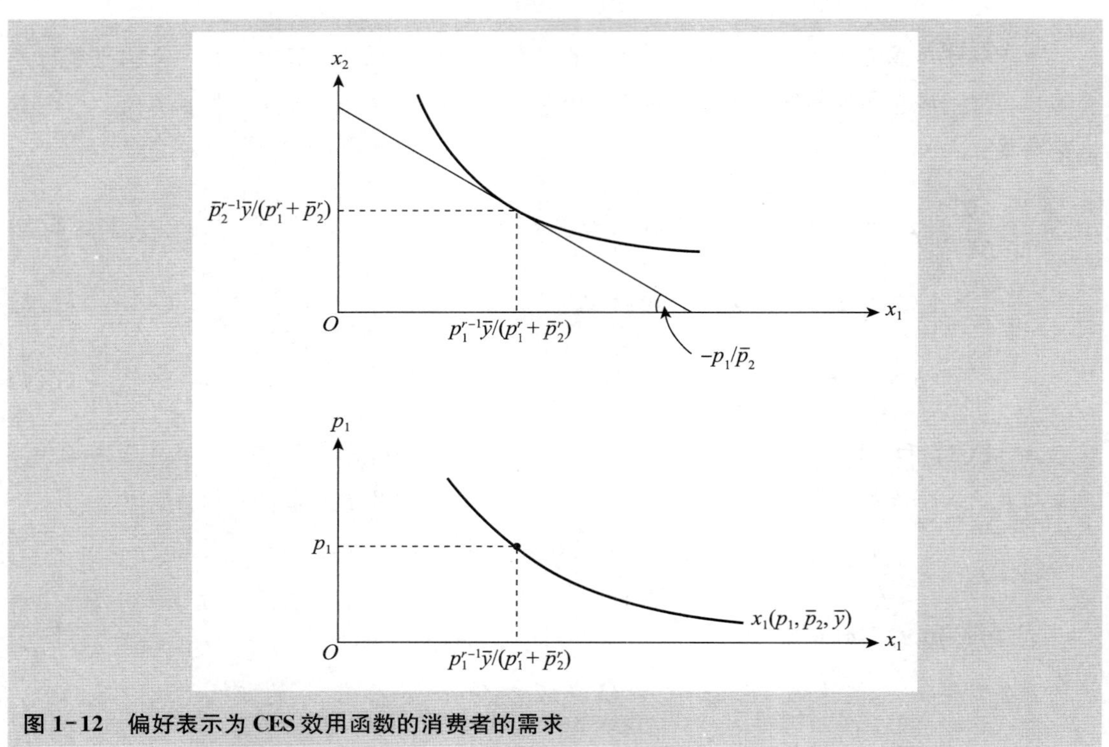

图 1-12 偏好表示为 CES 效用函数的消费者的需求

最后，有必要就（由消费者最大化问题推导出来的）需求函数 $\mathbf{x}(\mathbf{p}，y)$ 的性质再说两句。（根据定理 A2.21，也就是最大值定理）这里做了若干假设以确保 $\mathbf{x}(\mathbf{p}，y)$ 在$\mathbb{R}^n_{++}$上是连续的，但通常我们的需要远不止于此。我们希望能了解曲线的斜率，进而希望$\mathbf{x}(\mathbf{p}，y)$是可微的。从这个角度来看，只要用得上，我们就假设 $\mathbf{x}(\mathbf{p}，y)$ 是可微的。为了让你了解其中的含义，我们给出如下结论，但不予证明。

定理 1.5　可微的需求函数

令 $\mathbf{x}^* \gg \mathbf{0}$ 为价格 $\mathbf{p}^0 \gg \mathbf{0}$ 和收入 $y^0 > 0$ 时消费者的最大化问题的解，如果

- u 在 $\mathbb{R}^n_{++}$ 上是二阶连续可微的；
- 对某些 $i=1, \cdots, n$，有 $\partial u(\mathbf{x}^*)/\partial x_i > 0$；并且
- u 的加边海塞矩阵在 $\mathbf{x}^*$ 有一个非零的行列式；

则 $\mathbf{x}(\mathbf{p}, y)$ 在 $(\mathbf{p}^0, y^0)$ 处是可微的。

1.4　间接效用函数和支出函数

1.4.1　间接效用函数

前面介绍过的普通效用函数是定义在消费集 X 上的，它直接表示了消费者的偏好，也因而被称作**直接效用函数**（direct utility function）。给定价格 $\mathbf{p}$ 和收入 y，消费者会选择效用最大的商品组合 $\mathbf{x}(\mathbf{p}, y)$，由此获得的效用水平是消费者在目前的（由 $\mathbf{p}$ 和 y 确定的）预算约束下所能获得的最大效用。价格和收入不同，预算约束就不一样，进而消费者的选择及所获得的最大效用也会有所差异。可以用一个实值函数来概括价格、收入和最大效用值之间的关系，该函数 v：$\mathbb{R}^n_+ \times \mathbb{R}_+ \to \mathbb{R}$ 定义如下：

$$v(\mathbf{p}, y) = \max_{x \in \mathbb{R}^n_+} u(\mathbf{x}) \qquad \text{s.t.} \qquad \mathbf{p} \cdot \mathbf{x} \leqslant y \tag{1.12}$$

函数 $v(\mathbf{p}, y)$ 被称作**间接效用函数**（indirect utility function），它是消费者的效用最大化问题所对应的最大值函数。当 $u(\mathbf{x})$ 连续时，由于最大化问题（1.12）必定有解，所以 $v(\mathbf{p}, y)$ 对所有的 $\mathbf{p} \gg \mathbf{0}$ 和 $y > 0$ 来说都是一个定义明确的函数。此外，如果 $u(\mathbf{x})$ 严格拟凹，问题的解唯一，并且可以写成 $\mathbf{x}(\mathbf{p}, y)$ ——消费者需求函数——的形式。消费者在价格 $\mathbf{p}$ 和收入 y 时所能获得的最大的效用水平就是选择 $\mathbf{x}(\mathbf{p}, y)$ 时的效用，因此：

$$v(\mathbf{p}, y) = u(x(\mathbf{p}, y)) \tag{1.13}$$

从几何上看，我们可以把 $v(\mathbf{p}, y)$ 看做是既定价格 $\mathbf{p}$ 和收入 y 水平下，消费者能达到的最高的无差异曲线的效用水平，如图 1-13 所示。

间接效用函数具有如下性质，约束等式关于 $\mathbf{p}$ 和 y 的连续性保证了 $v(\mathbf{p}, y)$ 在 $\mathbb{R}^n_{++} \times \mathbb{R}_+$ 上对 $\mathbf{p}$ 和 y 也是连续的（参见 A2.4 节）。实际上，决定预算约束位置的参数（$\mathbf{p}$, y）的任何“小幅变化”只会引起消费者所获得的最大效用水平的“小幅变化”，进而 $v(\mathbf{p}, y)$ 是连续的。在下面的定理中，我们把 $v(\mathbf{p}, y)$ 其他的一些特征列出来。

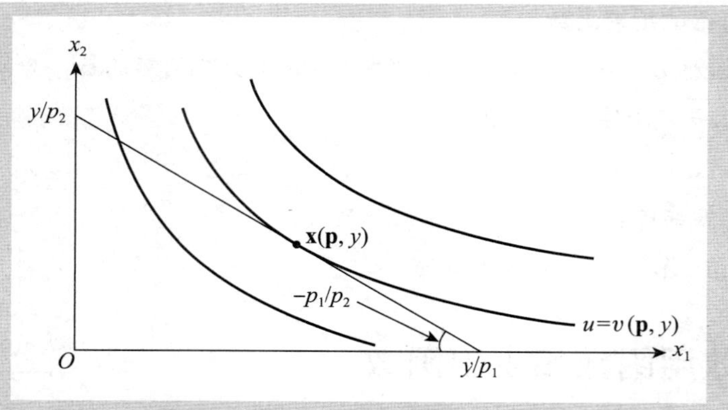

图 1-13　价格 p 和收入 y 时的间接效用函数

定理 1.6　间接效用函数的性质

如果 $u(\mathbf{x})$ 在 $\mathbb{R}_+^n$ 是连续且严格递增的，则（1.12）定义的 $v(\mathbf{p}, y)$：

1. 在 $\mathbb{R}_{++}^n \times \mathbb{R}_+$ 上是连续的；
2. 关于（$\mathbf{p}$，y）是零阶齐次的；
3. 关于 y 是严格递增的；
4. 关于 $\mathbf{p}$ 是递减的；
5. 关于（$\mathbf{p}$，y）是拟凹的。

此外，它还满足

6. 罗伊等式：如果 $v(\mathbf{p}, y)$ 关于（$\mathbf{p}^0$，y^0）是可微的，并且 $\partial v(\mathbf{p}^0, y^0)/\partial y \neq 0$，则

$$x_i(\mathbf{p}^0, y^0) = -\frac{\partial v(\mathbf{p}^0, y^0)/\partial p_i}{\partial v(\mathbf{p}^0, y^0)/\partial y}, \ i=1,\cdots,n$$

证明：性质 1 可由定理 A2.21（最大值定理）得出，这里不再给出具体的证明过程。

性质 2 容易证明。对所有的 $t>0$，我们必须得到 $v(\mathbf{p}, y) = v(t\mathbf{p}, ty)$。但是 $v(t\mathbf{p}, ty) = [\max u(\mathbf{x}) \ \text{s.t.} \ t\mathbf{p}\cdot\mathbf{x} \leqslant ty]$，它显然等价于 $[\max u(\mathbf{x}) \ \text{s.t.} \ \mathbf{p}\cdot\mathbf{x} \leqslant y]$，因为约束两端除以 $t>0$ 并不影响满足它的消费组合集（见图 1-14），于是有：$v(t\mathbf{p}, ty) = [\max u(\mathbf{x}) \ \text{s.t.} \ \mathbf{p}\cdot\mathbf{x} \leqslant y] = v(\mathbf{p}, y)$。

从直觉上讲，性质 3 和性质 4 只是说，消费者预算约束的放松并不会使最大化的效用水平下降，而束紧也不会使最大化的效用水平上升。

为了证明性质 3，我们要做一些额外的假设（虽然没有这些假设，性质 3 同样成立）。出于简化的目的，我们暂时假设（1.12）的解严格为正且可微，$(\mathbf{p}, y) \gg \mathbf{0}$，对于所有的 $\mathbf{x} \gg \mathbf{0}$ 来说，$u(\cdot)$ 可微，$\partial u(\mathbf{x})/\partial x_i > 0$。

前面说过，由于 $u(\cdot)$ 严格递增，（1.12）的约束在最优值处一定是束紧的，因而（1.12）等价于：

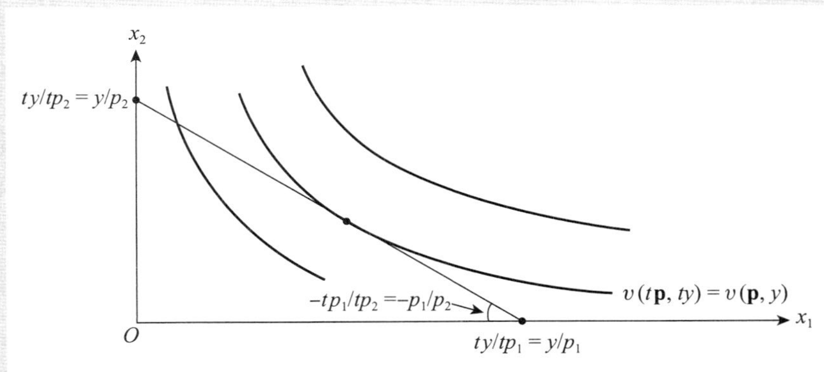

图 1-14　间接效用函数关于价格和收入的齐次性

$$v(\mathbf{p},y)=\max_{\mathbf{x}\in\mathbb{R}^n_+} u(\mathbf{x}) \qquad \text{s.t.} \qquad \mathbf{p}\cdot\mathbf{x}=y \tag{P.1}$$

公式（P.1）的拉格朗日函数为：

$$\mathcal{L}(\mathbf{x},\lambda)=u(\mathbf{x})-\lambda(\mathbf{p}\cdot\mathbf{x}-y) \tag{P.2}$$

现在，对于$(\mathbf{p},\ y)\gg\mathbf{0}$，令$\mathbf{x}^*=\mathbf{x}(\mathbf{p},\ y)$为（P.1）的解。根据刚才所做的假设，$\mathbf{x}^*\gg\mathbf{0}$，利用拉格朗日定理，存在一个$\lambda^*\in\mathbb{R}$，使得

$$\frac{\partial\mathcal{L}(\mathbf{x}^*,\lambda^*)}{\partial x_i}=\frac{\partial u(\mathbf{x}^*)}{\partial x_i}-\lambda^* p_i=0,\quad i=1,\cdots,n \tag{P.3}$$

注意，因为p_i和$\partial u(\mathbf{x}^*)/\partial x_i>0$都是正的，所以$\lambda^*$的值也为正。

（刚才做出的）可微性假设允许我们利用定理 A2.22（包络定理）建立一个函数$v(\mathbf{p},\ y)$，它关于y是严格递增的。根据包络定理，最大值函数$v(\mathbf{p},\ y)$关于y的偏导数等于$(\mathbf{x}^*,\ \lambda^*)$处拉格朗日函数对$y$的偏导数：

$$\frac{\partial v(\mathbf{p},y)}{\partial y}=\frac{\partial\mathcal{L}(\mathbf{x}^*,\lambda^*)}{\partial y}=\lambda^*>0 \tag{P.4}$$

因此，$v(\mathbf{p},\ y)$关于$y>0$是严格递增的；又因为v是连续的，进而$v(\mathbf{p},\ y)$关于$y\geqslant 0$是严格递增的。

定理 4 也可以由包络定理得出，不过在这里，我们将提供一个更基础的、不依赖任何其他假设的证明。考虑$\mathbf{p}^0\geqslant\mathbf{p}^1$并令$\mathbf{x}^0$为$\mathbf{p}=\mathbf{p}^0$时（1.12）的解。由于$\mathbf{x}^0\geqslant\mathbf{0}$，$(\mathbf{p}^0-\mathbf{p}^1)\mathbf{x}^0\geqslant 0$，所以，$\mathbf{p}^1\mathbf{x}^0\leqslant\mathbf{p}^0\mathbf{x}^0\leqslant y$，进而$\mathbf{x}^0$为$\mathbf{p}=\mathbf{p}^1$时（1.12）的可行解，这样我们就得到了想要的结果：$v(\mathbf{p}^1,\ y)\geqslant u(\mathbf{x}^0)=v(\mathbf{p}^0,\ y)$。

性质 5 说的是，消费者喜欢平均消费而不是极端消费。我们的目的是要证明$v(\mathbf{p},y)$关于价格和收入向量$(\mathbf{p},\ y)$是拟凹的，而证明的关键在于预算集。

令B^1，B^2和B^t分别是价格和收入为$(\mathbf{p}^1,\ y^1)$，$(\mathbf{p}^2,\ y^2)$和$(\mathbf{p}^t,\ y^t)$时的预算集，其中$\mathbf{p}^t\equiv t\mathbf{p}^1+(1-t)\mathbf{p}^2$并且$y^t\equiv y^1+(1-t)y^2$，则：

$$B^1=\{\mathbf{x}|\mathbf{p}^1\cdot\mathbf{x}\leqslant y^1\}$$

$$B^2=\{\mathbf{x}|\mathbf{p}^2\cdot\mathbf{x}\leqslant y^2\}$$

$$B^t=\{\mathbf{x}|\mathbf{p}^t\cdot\mathbf{x}\leqslant y^t\}$$

假设我们能够证明，消费者在预算 B^t 下可以做出的选择，在预算 B^1 或 B^2 下同样可行；进而他在预算 B^t 下能够获得的效用，在预算 B^1 或 B^2 下同样也可以获得。当然，他在预算 B^t 下所能够获得的效用的最大值不会比在预算 B^1 或 B^2 下的最大值都大。但如果真是这样的话，在 B^t 下实现的效用的最大值不会大于后两种情况中最大的那个。因此，如果我们的假定正确，会有：

$$v(\mathbf{p}^t,y^t)\leqslant\max[v(\mathbf{p}^1,y^1),v(\mathbf{p}^2,y^2)]\quad\forall t\in[0,1]$$

该式同“$v(\mathbf{p},y)$ 关于（$\mathbf{p}$，y）是拟凹的”这个论断等价。

因此，我们有足够的理由说前面关于预算集的假定是正确的。现在要证明：对于所有的 $t\in[0,1]$，如果 $\mathbf{x}\in B^t$，那么 $\mathbf{x}\in B^1$ 或 $\mathbf{x}\in B^2$。倘若选择让 t 取某个极值的话，则 B^t 就会和 B^1 或 B^2 中的某个相等，所以这种关系自然成立。现在就只剩下证明：对于$t\in(0,1)$，该结论同样成立。

假设结论不成立，这样就总能找到某个 $t\in(0,1)$ 和 $\mathbf{x}\in B^t$，使得 $\mathbf{x}\notin B^1$ 且 $\mathbf{x}\notin B^2$，于是有：

$$\mathbf{p}^1\cdot\mathbf{x}>y^1$$

且

$$\mathbf{p}^2\cdot\mathbf{x}>y^2$$

由于 $t\in(0,1)$，我们可以将上面的第一个式子乘以 t，第二个式子乘以 $(1-t)$，不等式仍然成立：

$$t\mathbf{p}^1\cdot\mathbf{x}>ty^1$$

以及

$$(1-t)\mathbf{p}^2\cdot\mathbf{x}>(1-t)y^2$$

两式相加，可得：

$$(t\mathbf{p}^1+(1-t)\mathbf{p}^2)\cdot\mathbf{x}>ty^1+(1-t)y^2$$

或

$$\mathbf{p}^t\cdot\mathbf{x}>y^t$$

最后一个式子表明 $\mathbf{x}\notin B^t$，这同开始的假设相矛盾，故对所有的 $t\in[0,1]$，如果 $\mathbf{x}\in B^t$，则 $\mathbf{x}\in B^1$ 或 $\mathbf{x}\in B^2$。根据之前的讨论，我们可以得出：$v(\mathbf{p},y)$ 关于（$\mathbf{p}$，y）是拟凹的。

最后，我们再来考察性质 6——**罗伊等式**（Roy's identity）。这个式子的意思是，消费者对商品 i 的马歇尔需求只不过是间接效用函数对 p_i 和 y_i 的偏导数之比改变符号的结果（注意性质 6 中的负号）。

由于证明中要用到包络定理，所以我们还会求助于之前额外做出的假设（练习题 1.35 让你在不使用这些假设的情况下证明这个结论）。令 $\mathbf{x}^* = \mathbf{x}(\mathbf{p}, y)$ 是（1.12）的解且严格为正，先前介绍过，此时必存在一个满足（P.3）的 λ^*。根据包络定理，$\partial v(\mathbf{p}, y)/\partial p_i$ 由下式给出：

$$\frac{\partial v(\mathbf{p},y)}{\partial p_i}=\frac{\partial \mathcal{L}(\mathbf{x}^*,\lambda^*)}{\partial p_i}=-\lambda^* x_i^* \tag{P.5}$$

不过，根据（P.4），$\lambda^* = \partial v(\mathbf{p}, y)/\partial y>0$，于是（P.5）变为：

$$-\frac{\partial v(\mathbf{p},y)/\partial p_i}{\partial v(\mathbf{p},y)/\partial y}=x_i^*=x_i(\mathbf{p},y)$$

得证。 ■

例题 1.2

在例题 1.1 中，直接效用函数是 CES 形式的，$u(x_1, x_2)=(x_1^\rho+x_2^\rho)^{1/\rho}$，其中，$0\neq\rho<1$，马歇尔需求为：

$$\begin{aligned}
x_1(\mathbf{p},y)&=\frac{p_1^{r-1}y}{p_1^r+p_2^r}\\
x_2(\mathbf{p},y)&=\frac{p_2^{r-1}y}{p_1^r+p_2^r}
\end{aligned} \tag{E.1}$$

其中 $r\equiv\rho/(\rho-1)$。根据（1.13），我们将这个结果代入直接效用函数中，就可以得到间接效用函数，然后进行移项、整理，得：

$$\begin{aligned}
v(\mathbf{p},y)&=[(x_1(\mathbf{p},y))^\rho+(x_2(\mathbf{p},y))^\rho]^{1/\rho}\\
&=\left[\left(\frac{p_1^{r-1}y}{p_1^r+p_2^r}\right)^\rho+\left(\frac{p_2^{r-1}y}{p_1^r+p_2^r}\right)^\rho\right]^{1/\rho}\\
&=y\left[\frac{p_1^r+p_2^r}{(p_1^r+p_2^r)^\rho}\right]^{1/\rho}\\
&=y(p_1^r+p_2^r)^{-1/r}
\end{aligned} \tag{E.2}$$

可以证明，（E.2）具有定理 1.6 列出的有关间接效用函数的全部性质。容易看出，$v(\mathbf{p}, y)$关于价格和收入是零次齐次的，因为对于任何的 $t>0$，有：

$$\begin{aligned}
v(t\mathbf{p},ty)&=ty((tp_1)^r+(tp_2)^r)^{-1/r}\\
&=ty(t^r p_1^r+ t_r p_2^r)^{-1/r}\\
&=tyt^{-1}(p_1^r+ p_2^r)^{-1/r}
\end{aligned}$$

$$=y(p_1^r+p_2^r)^{-1/r}$$
$$=v(\mathbf{p},y)$$

想了解该函数关于 y 是递增的而关于 $\mathbf{p}$ 是递减的，先将（E.2）分别对收入和价格求微分，得：

$$\frac{\partial v(\mathbf{p},y)}{\partial y}=(p_1^r+p_2^r)^{-1/r}>0 \tag{E.3}$$

$$\frac{\partial v(\mathbf{p},y)}{\partial p_i}=-(p_1^r+p_2^r)^{(-1/r)-1}yp_i^{r-1}<0,\quad i=1,2 \tag{E.4}$$

为了验证罗伊等式，将（E.4）与（E.3）相比，并利用（E.1）的结论，有：

$$(-1)\left[\frac{\partial v(\mathbf{p},y)/\partial p_i}{\partial v(\mathbf{p},y)/\partial y}\right]=(-1)\frac{-(p_1^r+p_2^r)^{(-1/r)-1}yp_i^{r-1}}{(p_1^r+p_2^r)^{-1/r}}$$

$$=\frac{yp_i^{r-1}}{p_1^r+p_2^r}=x_i(\mathbf{p},y)\quad i=1,2$$

（E.2）关于（$\mathbf{p}$，y）是拟凹函数，我们把这个证明工作留作练习题。 □

1.4.2 支出函数

间接效用函数是一个简洁有力的工具，它概括了消费者的市场行为的主要信息。另一个与之相伴且同样有用的指标叫做**支出函数**（expenditure function）。为了构造间接效用函数，我们将市场价格和收入固定，然后观察消费者可能获得的最大效用水平；为了构造支出函数，同样需要令价格保持不变，但（就消费者获得的效用水平）提问的方式会有所不同。具体来说，该问题是：在一组既定的价格水平下，消费者为了获得一定的效用而必须花费的最少的货币支出是多少？在这个函数的构建过程中，我们忽略了消费者收入会产生的影响，仅仅关注消费者为了获得特定的效用水平而必须花费的支出。

要更好地理解这类问题，观察图 1-15 并将其与图 1-13 比较。在图 1-15 中，每条平行线都标出了价格为 $\mathbf{p}=(p_1，p_2)$ 时同样的支出所能买到的全部商品组合 $\mathbf{x}$。对于一个不同的总支出水平 $e>0$，$e=p_1x_1+p_2x_2$ 会定义一条**等支出线**（或等支出曲线，isoexpenditure），每条等支出线的斜率相同（$-p_1/p_2$），但在横、纵坐标的截距有所不同，分别是 e/p_1，e/p_2。等支出线离原点越远，代表购买商品组合所需要的支出就更多；反之，离原点越近，代表购买商品组合所需的支出更少。如果我们将效用固定在 u，无差异曲线 $u(\mathbf{x})=u$ 给出了能让消费者获得这一效用水平的全部商品组合。

等支出线 e^3 和无差异曲线 u 没有任何交点（或切点），这意味着在当前的价格水平下，e^3 这些美元还不足以获得 u 水平的效用。但 e^1，e^2 和 e^* 同 u 至少都有一个交点（或切点），表明这些支出水平都能确保消费者获得效用 u。构造支出函数时，我们要找到消费者获得 u 水平效用的最小支出，或者和无差异曲线 u 至少有一个交点的最低的等支出线。答案很明显，就是 e^*。于是，价格为 $\mathbf{p}$ 的时候，获得效用 u 的成本最小的商品组合是 $\mathbf{x}^h=(x_1^h(\mathbf{p},u),x_2^h(\mathbf{p},u))$。如果我们把价格 $\mathbf{p}$ 时获得效用 u 的最小支出组合写成$e(\mathbf{p},u)$，它显然应该和组合 $\mathbf{x}^h$ 的成本相等，即 $e(\mathbf{p},u)=p_1\mathbf{x}_1^h(\mathbf{p},u)+p_2\mathbf{x}_2^h(\mathbf{p},u)=e^*$。

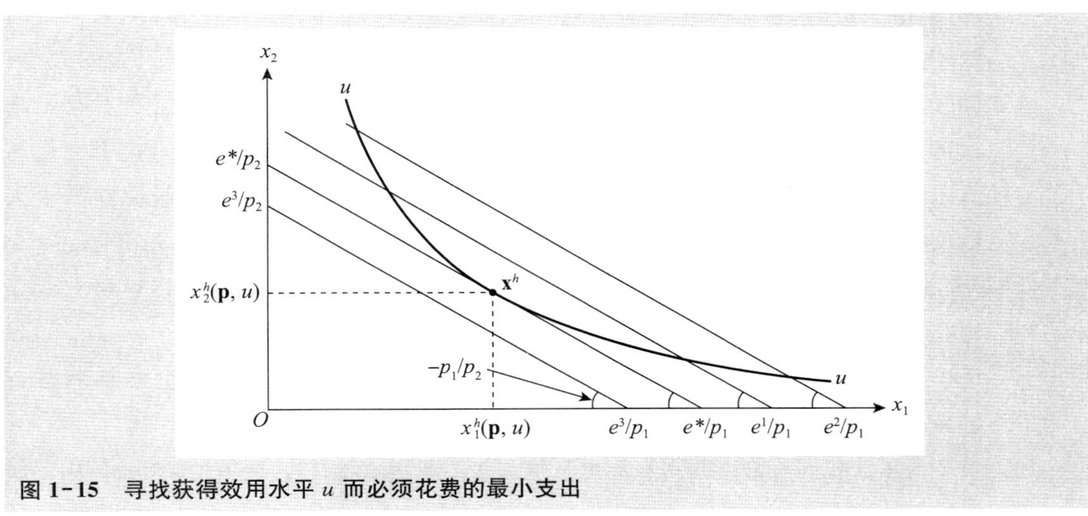

图 1-15　寻找获得效用水平 u 而必须花费的最小支出

更一般的情况是，我们用最小值函数来定义**支出函数**（expenditure function）。对于所有的 $\mathbf{p}\gg\mathbf{0}$ 和可获得的效用水平 u，有：

$$e(\mathbf{p},u)\equiv\min_{\mathbf{x}\in\mathbb{R}_+^n}\mathbf{p}\cdot\mathbf{x}\quad \text{s.t.}\quad u(\mathbf{x})\geqslant u \tag{1.14}$$

为了将来使用方便，令 $\mathcal{U}=\{u(\mathbf{x})\mid\mathbf{x}\in\mathbb{R}_+^n\}$ 表示可获得的效用水平的集合，于是$e(\cdot)$的定义域为$\mathbb{R}_{++}^n\times\mathcal{U}$。

需要注意的是，由于对 $\mathbf{p}\in\mathbb{R}_{++}^n$ 和 $x\in\mathbb{R}_+^n$ 来说，$\mathbf{p}\cdot\mathbf{x}\geqslant 0$，所以，$e(\mathbf{p},u)$ 是一个定义明确的函数。于是，数值集 $\{e\mid e=\mathbf{p}\cdot\mathbf{x}$，对某些 $\mathbf{x}$ 和 $u(\mathbf{x})\geqslant u\}$ 以 0 为下界。此外，因为 $\mathbf{p}\gg\mathbf{0}$，可证明该集合是闭的，因此它含有一个最小的数值。注意，该最小值问题的任何解向量都是非负的，并且同 $\mathbf{p}$，u 的取值有关。同样需要留意的是，如果 $u(\mathbf{x})$ 连续且严格拟凹的话，解就是唯一的，我们进而可以将解写成函数 $\mathbf{x}^h(\mathbf{p},u)\geqslant\mathbf{0}$。前面提到过，如果 $\mathbf{x}^h(\mathbf{p},u)$ 是该问题的解，在价格 $\mathbf{p}$ 时获得效用 u 所必需的最小支出就正好等于购买组合 $\mathbf{x}^h(\mathbf{p},u)$ 的成本，或者

$$e(\mathbf{p},u)=\mathbf{p}\cdot\mathbf{x}^h(\mathbf{p},u) \tag{1.15}$$

我们已经看到，消费者的效用最大化问题与其可观察的市场需求行为密切相关。实际上，该问题的解（马歇尔需求函数）表明：消费者在面临不同价格和收入时，我们应该看到消费者对每种商品的购买量有多少。现在将支出最小化问题的解

$\mathbf{x}^h(\mathbf{p}, u)$ 解释为另一种“需求函数”，只不过没法直接观察罢了。

设想一下，如我们将消费者获得的效用固定在任意一个水平 u 上，随着价格变化，他的购买行为会如何调整？这里能想到的“需求函数”是效用不变的那种，我们完全忽略了消费者的货币收入和实际上可以获得的效用水平。实际上，我们知道，在消费者拥有一定收入时去改变商品的价格，其购买量和所获得的效用常常都会变化。要了解假说性需求函数的构造方式，必须想象这样一个过程：每当我们降低商品价格并推断消费者获得的效用时，都可以通过减少消费者的收入来“补偿”，进而发现使消费者回到初始效用水平的那个效用损失的大小。同样，当提高价格导致效用损失时，我们也必须想象出通过提高消费者收入来增加一个足以补偿该损失的效用。整个过程将价格变化引起的任何效用变化与收入的一个假想性调整所产生的补偿性效用变化相匹配，而这个假说性需求函数反映了该过程的净效应，所以它也常被称为**补偿性需求函数**（compensated demand functions）。约翰·希克斯（John Hicks，1939）是第一个以这种方式介绍它的经济学家，因此，该函数常以**希克斯需求函数**（Hicksian demand functions）而知名。下面将会说明，支出最小化问题的解 $\mathbf{x}^h(\mathbf{p}, u)$ 恰好是消费者的希克斯需求向量。

为了让我们头脑中的观点能更清楚一些，观察图 1-16。在图 1-16（a）中，如果我们把消费者所能获得的效用水平固定在 u，当市场价格分别为 p_1^0 和 p_2^0 时，他所面临的预算线的斜率必为 $-p_1^0/p_2^0$。注意，消费者效用最大化的选择同支出最小化的结果（$x_1^h(p_1^0, p_2^0, u)$ 和 $x_2^h(p_1^0, p_2^0, u)$）相同。如果我们降低商品 1 的价格（$p_1^1<p_1^0$），同时等比例减少收入以使消费者仍处于无差异曲线 u 上，那么新的预算线的斜率现在就变为 $-p_1^1/p_2^0$，效用最大化的选择是 $x_1^h(p_1^1, p_2^0, u)$ 和 $x_2^h(p_1^1, p_2^0, u)$。和以前的做法相同，固定商品 2 的价格 p_2^0，在图 1-16（b）中画出商品 1 的自身价格和对应的、消费者愿意“购买”的假说性需求量（前提是效用仍然维持在 u 水平上），如该图所示，会得到一条“可能的需求曲线”。这个过程就是给定效用水平 u 下商品 1 的希克斯需求曲线的构建方法。很显然，不同的效用水平（或无差异曲线）对应着不同的希克斯需求曲线，但每条曲线的形状和位置始终由背后的偏好决定。

简而言之，支出最小化问题的解 $\mathbf{x}^h(\mathbf{p}, u)$ 恰好是希克斯需求的向量，这是因为在图 1-16 中，消费者面临的假说性“预算约束”所对应的支出水平正好等于价格既定时获得一定效用水平所必需的最小支出。

因此，（1.14）中定义的支出函数包含了一些有关消费者希克斯需求的重要信息，虽然稍后才能了解这种构建方式的解析意义，可眼下我们要关注那些非常简单的部分，这些信息从支出函数中就可以得到。只需要经过简单的微分就可以由支出函数推导出希克斯需求，下面的定理介绍了支出函数的这些性质。

定理 1.7　支出函数的性质

如果 $u(\cdot)$ 是连续且严格递增的，那么（1.14）所定义的 $e(\mathbf{p},u)$ 是：

1. 当 u 取 $\mathcal{U}$ 中的最低效用水平时，它为零；
2. 在定义域 $\mathbb{R}^n_{++}\times\mathcal{U}$ 上是连续的；
3. 对所有的 $\mathbf{p}\gg\mathbf{0}$，它是严格递增的且关于 u 无上界；
4. 关于 $\mathbf{p}$ 是递增的；
5. 关于 $\mathbf{p}$ 是零次齐次的；
6. 关于 $\mathbf{p}$ 是凹的。

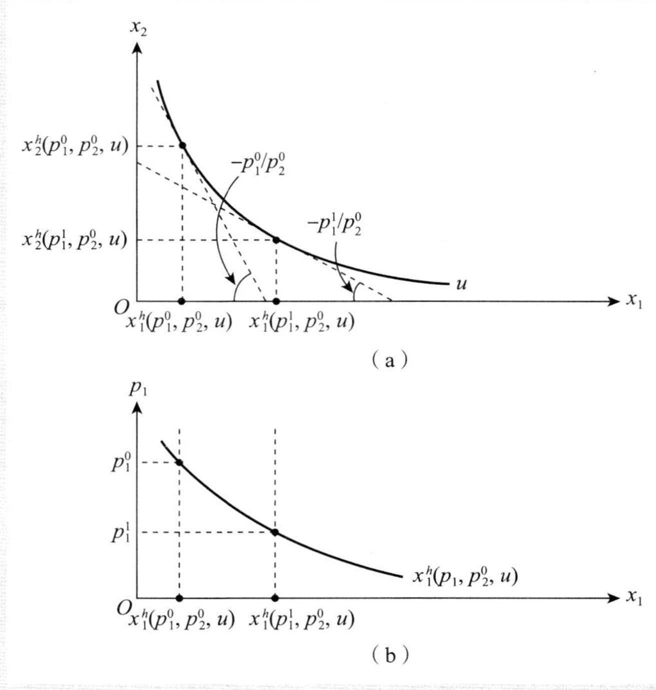

图 1-16　商品 1 的希克斯需求

此外，如果 $u(\cdot)$ 严格拟凹的话，有：

7. 谢泼德引理（Shephard's lemma）：在 $(\mathbf{p}^0, u^0)$ 处且 $\mathbf{p}^0\gg\mathbf{0}$，$e(\mathbf{p},u)$ 关于 $\mathbf{p}$ 是可微的，并且

$$\frac{\partial e(\mathbf{p}^0,u^0)}{\partial p_i}=x_i^h(\mathbf{p}^0,u^0),\quad i=1,\cdots,n$$

证明：要证明性质 1，只需注意，由于 $u(\cdot)$ 是在 $\mathbb{R}^n_+$ 上严格递增的，$\mathcal{U}$ 的最小值是 $u(\mathbf{0})$，鉴于 $\mathbf{x}=\mathbf{0}$ 时获得的效用为 $u(\mathbf{0})$，需要的支出为 $\mathbf{p}\cdot\mathbf{0}=0$，因此 $e(\mathbf{p},u(\mathbf{0}))=0$。

性质 2 的连续性源于定理 A2.21（最大值定理）。

虽然无须做进一步的假设性质 3 也会成立，但接下来的证明还是在如下假设下

完成的：$\forall\, \mathbf{p}\gg\mathbf{0}$ 和 $u>u(\mathbf{0})$，$\mathbf{x}^h(\mathbf{p},\ u)\gg\mathbf{0}$ 是可微的；并且对于 $\mathbb{R}^n_{++}$ 上的 $\forall\, i$，$u(\cdot)$ 可微且 $\partial u(\mathbf{x})/\partial x_i>0$。

现在，由于 $u(\cdot)$ 连续且严格递增，加之 $\mathbf{p}\gg\mathbf{0}$，(1.14) 的预算必然是束紧的。因为如果 $u(\mathbf{x}^1)>u$ 的话，就会存在一个 $t\in(0,\ 1)$ 充分地接近于 1，使得 $u(t\mathbf{x}^1)>u$；此外，$u\geqslant u(\mathbf{0})$ 意味着 $u(\mathbf{x}^1)>u(\mathbf{0})$，进而 $\mathbf{x}^1\neq\mathbf{0}$。因此，根据 $\mathbf{p}\cdot\mathbf{x}^1>0$，有 $\mathbf{p}\cdot t\mathbf{x}^1<\mathbf{p}\cdot\mathbf{x}^1$。所以，当约束不是束紧的时候，就会有一个更便宜的商品组合也满足该约束。进而在最优点，约束一定是束紧的。这样的话，我们可以把 (1.14) 写成：

$$e(\mathbf{p},u)\equiv\min_{\mathbf{x}\in\mathbb{R}^n_+}\mathbf{p}\cdot\mathbf{x}\quad \text{s.t.}\quad u(\mathbf{x})=u \tag{P.1}$$

该问题的拉格朗日函数为：

$$\mathcal{L}(\mathbf{x},\lambda)=\mathbf{p}\cdot\mathbf{x}-\lambda[u(\mathbf{x})-u] \tag{P.2}$$

现在，由于 $\mathbf{p}\gg\mathbf{0}$ 并且 $u>u(\mathbf{0})$，所以有 $\mathbf{x}^*=\mathbf{x}^h(\mathbf{p},\ u)\gg\mathbf{0}$ 为 (P.1) 的解，进而根据拉格朗日定理，存在一个 λ^*，使得：

$$\frac{\partial\mathcal{L}(\mathbf{x}^*,\lambda^*)}{\partial x_i}=p_i-\lambda^*\frac{\partial u(\mathbf{x}^*)}{\partial x_i}=0,\quad i=1,\cdots,n \tag{P.3}$$

注意，由于 p_i 和 $\partial u(\mathbf{x}^*)/\partial x_i$ 都是正的，所以 λ^* 也为正。在新的假设下，现在我们使用包络定理可以证明 $e(\mathbf{p},\ u)$ 关于 u 是严格递增的。

根据包络定理，最小值函数 $e(\mathbf{p},\ u)$ 关于 u 的一阶偏导数等于拉格朗日函数对 u 的一阶偏导数在 $(\mathbf{x}^*,\ \lambda^*)$ 处的取值，因此，

$$\frac{\partial e(\mathbf{p},u)}{\partial u}=\frac{\partial\mathcal{L}(\mathbf{x}^*,\lambda^*)}{\partial u}=\lambda^*>0$$

对于所有的 $u>u(\mathbf{0})$，上式均成立，加上 $e(\cdot)$ 是连续的，所以我们可以得出结论：对所有的 $\mathbf{p}\gg\mathbf{0}$，$e(\mathbf{p},\ u)$ 在 $\mathcal{U}$ 上关于 u 是严格递增的（含 $u(\mathbf{0})$）。

e 关于 u 无上界这条性质基于如下事实，即 $u(\mathbf{x})$ 连续且严格递增，具体证明留待练习题 1.34。

因为性质 4 源于性质 7，所以这条性质我们要稍后再来证明。性质 5 留作练习题。

想证明性质 6，需说明 $e(\mathbf{p},\ u)$ 是一个关于价格的凹函数。根据凹性的定义，令 $\mathbf{p}^1$，$\mathbf{p}^2$ 为任意两个正的价格向量，设 $t\in(0,\ 1)$ 以及 $\mathbf{p}^t=t\mathbf{p}^1+(1-t)\mathbf{p}^2$ 为 $\mathbf{p}^1$，$\mathbf{p}^2$ 的任意一个凸组合，支出函数是凹的，如果

$$te(\mathbf{p}^1,u)+(1-t)e(\mathbf{p}^2,u)\leqslant e(\mathbf{p}^t,u) \tag{P.4}$$

想知道这种情况是否属实，只需简单留意一下既定价格水平下支出函数最小化的含义。假设 $\mathbf{x}^1$ 是价格为 $\mathbf{p}^1$ 时获得效用 u 的最小支出，$\mathbf{x}^2$ 是价格为 $\mathbf{p}^2$ 时获得这一效

用水平的最小支出，$\mathbf{x}^*$ 是价格为 $\mathbf{p}^t$ 时的最小支出。于是，价格为 $\mathbf{p}^1$ 时为了获得效用 u 而购买 $\mathbf{x}^1$ 所费的成本，一定不会超过价格和效用不变时购买的其他任意组合所费的成本；同样，价格为 $\mathbf{p}^2$ 时购买 $\mathbf{x}^2$ 所费的成本也一定不会超过价格和效用不变时购买的其他任意组合所费的成本。如前所述，对于所有的 $\mathbf{x}$ 和所获得的效用水平 u，如果：

$$\mathbf{p}^1 \cdot \mathbf{x}^1 \leqslant \mathbf{p}^1 \cdot \mathbf{x}$$

并且

$$\mathbf{p}^2 \cdot \mathbf{x}^2 \leqslant \mathbf{p}^2 \cdot \mathbf{x}$$

那么，这种关系也必定适用于 $\mathbf{x}^*$，因为 $\mathbf{x}^*$ 也能获得 u 水平的效用。因此，基于（既定价格和效用的）支出最小化的含义，我们知道：

$$\mathbf{p}^1 \cdot \mathbf{x}^1 \leqslant \mathbf{p}^1 \cdot \mathbf{x}^*$$

并且

$$\mathbf{p}^2 \cdot \mathbf{x}^2 \leqslant \mathbf{p}^2 \cdot \mathbf{x}^*$$

这就好办了，由于 $t \geqslant 0$ 而且 $(1-t) \geqslant 0$，我们将第一个式子乘以 t，第二个式子乘以$(1-t)$，然后相加，再利用 $\mathbf{p}^t$ 的定义，可得：

$$t\mathbf{p}^1 \cdot \mathbf{x}^1 + (1-t)\mathbf{p}^2 \cdot \mathbf{x}^2 \leqslant \mathbf{p}^t \cdot \mathbf{x}^*$$

式子的左侧是价格为 $\mathbf{p}^1$，$\mathbf{p}^2$ 时获得效用 u 所必需的最小支出水平的凸组合，右侧是价格为这些价格的凸组合时获得同样效用所必需的最小支出。简而言之，该式同（P.5）一样，说明了：

$$te(\mathbf{p}^1, u) + (1-t)e(\mathbf{p}^2, u) \leqslant e(\mathbf{p}^t, u) \quad \forall t \in [0,1]$$

这正是我们要证明的。

要证明性质 7，我们需要再次使用包络定理，只不过这次 $e(\mathbf{p}, u)$ 是对 p_i 微分：

$$\frac{\partial e(\mathbf{p}, u)}{\partial p_i} = \frac{\partial \mathcal{L}(\mathbf{x}^*, \lambda^*)}{\partial p_i} = x_i^* \equiv x_i^h(\mathbf{p}, u)$$

结果和需要的一样。由于 $\mathbf{x}^h(\mathbf{p}, u) \geqslant \mathbf{0}$，性质 4 也同时被证明了。（练习题 1.37 要求你在不增加假设的情况下证明性质 7，并用同样的方式再证明性质 4。） ■

例题 1.3

假设直接效用函数是 CES 形式的，$u(x_1, x_2) = (x_1^\rho + x_2^\rho)^{1/\rho}$，其中，$0 \neq \rho < 1$。我们要推导出相应的支出函数。因为偏好是单调的，支出最小化问题（1.15）为：

$$\min_{x_1,x_2} p_1x_1+p_2x_2 \quad \text{s.t.} \quad (x_1^\rho+x_2^\rho)^{1/\rho}-u=0 \quad x_1\geqslant 0,x_2\geqslant 0$$

其拉格朗日函数为：

$$\mathcal{L}(x_1,x_2,\lambda)=p_1x_1+p_2x_2-\lambda[(x_1^\rho+x_2^\rho)^{1/\rho}-u] \tag{E.1}$$

假设两种商品都存在内解，约束条件下最小值的一阶条件确保 x_1，x_2，λ 的解满足方程：

$$\frac{\partial\mathcal{L}}{\partial x_1}=p_1-\lambda(x_1^\rho+x_2^\rho)^{(1/\rho)-1}x_1^{\rho-1}=0 \tag{E.2}$$

$$\frac{\partial\mathcal{L}}{\partial x_2}=p_2-\lambda(x_1^\rho+x_2^\rho)^{(1/\rho)-1}x_2^{\rho-1}=0 \tag{E.3}$$

$$\frac{\partial\mathcal{L}}{\partial \lambda}=(x_1^\rho+x_2^\rho)^{1/\rho}-u=0 \tag{E.4}$$

通过消掉 λ 之后，问题简化为含有两个未知数和两个方程的方程组：

$$x_1=x_2\left(\frac{p_1}{p_2}\right)^{1/(\rho-1)} \tag{E.5}$$

$$u=(x_1^\rho+x_2^\rho)^{1/\rho} \tag{E.6}$$

将（E.5）代入（E.6）中，有：

$$u=\left[x_2^\rho\left(\frac{p_1}{p_2}\right)^{\rho/(\rho-1)}+x_2^\rho\right]^{1/\rho}=x_2\left[\left(\frac{\rho_1}{p_2}\right)^{\rho/(\rho-1)}\times 1\right]^{1/\rho}$$

令 $r\equiv\rho/(\rho-1)$，求解 x_2，得

$$\begin{aligned}x_2&=u\left[\left(\frac{p_1}{p_2}\right)^{\rho/(\rho-1)}+1\right]^{-1/\rho}=u[p_1^{\rho/(\rho-1)}+p_2^{\rho/(\rho-1)}]^{-1/\rho}p_2^{1/(\rho-1)}\\&=u(p_1^r+p_2^r)^{(1/r)-1}p_2^{r-1}\end{aligned} \tag{E.7}$$

将（E.7）代入（E.5），得：

$$\begin{aligned}x_1&=up_1^{1/(\rho-1)}p_2^{-1/(\rho-1)}(p_1^r+p_2^r)^{(1/r)-1}p_2^{r-1}\\&=u(p_1^r+p_2^r)^{(1/r)-1}p_1^{r-1}\end{aligned} \tag{E.8}$$

（E.7）和（E.8）的解同最小值问题的参数 $\mathbf{p}$，u 有关，这就是希克斯需求，所以，我们可将这两个式子写成：

$$x_1^h(\mathbf{p},u)=u(p_1^r+p_2^r)^{(1/r)-1}p_1^{r-1} \tag{E.9}$$

$$x_2^h(\mathbf{p},u)=u(p_1^r+p_2^r)^{(1/r)-1}p_2^{r-1} \tag{E.10}$$

想构造支出函数，根据方程（1.15），将（E.9）和（E.10）代入目标函数（E.1）中，得：

$$\begin{aligned}e(\mathbf{p},u)&=p_1x_1^h(\mathbf{p},u)+p_2x_2^h(\mathbf{p},u)\\&=up_1(p_1^r+p_2^r)^{(1/r)-1}p_1^{r-1}+up_2(p_1^r+p_2^r)^{(1/r)-1}p_2^{r-1}\end{aligned}$$

$$=u(p_1^r+p_2^r)(p_1^r+p_2^r)^{(1/r)-1}$$

$$=u(p_1^r+p_2^r)^{1/r} \tag{E. 11}$$

方程（E. 11）就是我们想求的支出函数，证明该函数具有一般性质的任务留作练习题。

□

1.4.3　间接效用函数同支出函数之间的关系

虽然说间接效用函数和支出函数在概念上明显不同，可它们之间的联系就像马歇尔需求函数和希克斯需求函数那样，明显密切相关。

特别是，令（$\mathbf{p}$，y）固定不变且 $u=v(\mathbf{p}, u)$。根据 v 的定义，这意味着在价格为 $\mathbf{p}$ 的时候，效用 u 是消费者在收入为 y 时所能获得的最大效用。因此，在价格为 $\mathbf{p}$ 时，如果消费者希望效用水平至少达到 u 的话，收入 y 足矣。不过，回想一下，$e(\mathbf{p}, u)$ 是获得不小于 u 水平的效用所必需的最小支出，进而 $e(\mathbf{p}, y)\leqslant y$。于是，$v$ 和 e 的定义意味着如下不等式成立：

$$e(\mathbf{p},v(\mathbf{p},y))\leqslant y, \quad \forall(\mathbf{p},y)\gg\mathbf{0} \tag{1.16}$$

接下来，令（$\mathbf{p}$，u）固定不变且 $y=e(\mathbf{p}, u)$。根据 e 的定义，这意味着在价格为 $\mathbf{p}$ 的时候，收入 y 是消费者获得不小于 u 水平的效用所需的最低收入。因此，在价格为 $\mathbf{p}$ 时，如果消费者的收入为 y，他获得的效用水平至少是 u。由于 $v(\mathbf{p}, y)$ 是价格为 $\mathbf{p}$ 和收入为 y 时所能获得的最大效用，这意味着 $v(\mathbf{p}, y)\geqslant u$，于是 v 和 e 的定义也意味着如下不等式成立：

$$v(\mathbf{p},e(\mathbf{p},u))\geqslant u \quad \forall(\mathbf{p},u)\in\mathbb{R}_{++}^n\times\mathcal{U} \tag{1.17}$$

下一个定理表明，在若干熟悉的有关偏好的假定之下，前面两个不等式实际上都会取等式。

定理 1.8　间接效用函数和支出函数的关系

令 $v(\mathbf{p}, y)$ 和 $e(\mathbf{p}, u)$ 分别为消费者的效用函数和支出函数，其中效用函数是连续且严格递增的。那么，对于所有的 $\mathbf{p}\gg\mathbf{0}$，$y\geqslant 0$，并且 $u\in\mathcal{U}$:

1. $e(\mathbf{p}, v(\mathbf{p}, u))=y$;

2. $v(\mathbf{p}, e(\mathbf{p}, u))=u$。

证明： 由于 $u(\cdot)$ 在 $\mathbb{R}_+^n$ 上是严格递增的，它在 $\mathbf{x}=\mathbf{0}$ 时取最小值，但没有最大值；此外，由于 $u(\cdot)$ 是连续的，可获得的效用值的集合 $\mathcal{U}$ 必为一个区间。因此，对于 $\bar{u}>u(\mathbf{0})$，有 $\mathcal{U}=[u(\mathbf{0}), \bar{u}]$，其中 $\bar{u}$ 可能有限，也可能是 $+\infty$。

为了证明1，将 $v(\mathbf{p}, y)\in\mathbb{R}_{++}^n\times\mathbb{R}_+$ 固定，根据（1.16），有 $e(\mathbf{p}, v(\mathbf{p}, y))\leqslant y$，实际上，我们想表明该式将取等式。如果不是这样的话，即 $e(\mathbf{p}, u)<y$，其中 $u=v(\mathbf{p}, y)$。注意，根据 $v(\cdot)$ 的定义，$u\in\mathcal{U}$，所以，$u<\bar{u}$。根据定理 1.7，$e(\cdot)$ 是连续的，我们可以找到一个足够小的 $\varepsilon>0$，使得 $u+\varepsilon<\bar{u}$ 且 $e(\mathbf{p}, u+\varepsilon)<y$。令 $y_\varepsilon=$

$e(\mathbf{p}, u+\varepsilon)$，(1.17) 意味着 $v(\mathbf{p}, y_\varepsilon)\geqslant u+\varepsilon$。由于 $y_\varepsilon<y$ 而且 v 关于收入是严格递增的（定理 1.6），所以有 $v(\mathbf{p}, y)>v(\mathbf{p}, y_\varepsilon)\geqslant u+\varepsilon$。但 $u=v(\mathbf{p}, y)$，进而意味着 $u\geqslant u+\varepsilon$，与前面相矛盾。因此，$e(\mathbf{p}, v(\mathbf{p}, y))=y$。

为了证明 2，将 $(\mathbf{p}, y)\in\mathbb{R}^n_{++}\times[u(\mathbf{0}), \bar{u}]$ 固定。根据 (1.17)，有 $v(\mathbf{p}, e(\mathbf{p}, u))\geqslant u$。现在需要再次证明上式必取等式。如果不是这样的话，假设 $v(\mathbf{p}, e(\mathbf{p}, u))>u$。有两种情况要考虑：$u=u(\mathbf{0})$ 和 $u>u(\mathbf{0})$。这里只考虑第二种，第一种留作练习题。令 $y=e(\mathbf{p}, u)$，于是有 $v(\mathbf{p}, y)>u$。现在由于 $e(\mathbf{p}, u(\mathbf{0}))=0$，加之 $e(\cdot)$ 关于效用是严格递增的（定理 1.7），所以 $y=e(\mathbf{p}, u)>0$。根据定理 1.6，$v(\cdot)$ 是连续的，我们可以找到一个足够小的 $\varepsilon>0$，使得 $y-\varepsilon>0$ 并且 $v(\mathbf{p}, y-\varepsilon)>u$，进而在价格为 $\mathbf{p}$ 时，收入 $y-\varepsilon$ 足以让消费者获得的效用大于 u。因此，必然有 $e(\mathbf{p}, u)<y-\varepsilon$，但这和 $y=e(\mathbf{p}, u)$ 这一事实矛盾。 ■

到目前为止，如果我们想推导一个消费者的间接效用函数和支出函数的话，必须要处理两个单独的约束最优化问题：一个是最大化问题，另一个是最小化问题。但这个定理为我们提供了一条由一种最优化推导出另一种最优化的捷径，因此，我们只需要解出一个最优化问题即可。选择哪个，个人自便。

为了深入地了解这种方法，让我们先假设效用最大化问题的解已经求出，也有了间接效用函数。我们只知道间接效用函数关于收入变量是严格递增的，接下来假设价格不变，函数的唯一变量是收入，这样就可以把间接效用函数转换为收入变量的一个函数。前面介绍过：

$$v(\mathbf{p},e(\mathbf{p},u))=u$$

等式两边求反函数（称为 $v^{-1}(\mathbf{p}: t)$），有：

$$e(\mathbf{p},u)=v^{-1}(\mathbf{p}:u) \tag{1.18}$$

然后把它代入目标函数。无论等式 (1.18) 右侧的具体形式如何，我们知道它都恰好对应着消费者的支出函数——如果我们求支出最小化问题，最终就能得到这个函数的具体表达式。

相反，假设我们选择求支出最小化问题并得到了支出函数 $e(\mathbf{p}, u)$。在这种情况下，我们知道 $e(\mathbf{p}, u)$ 关于 u 是严格递增的，再次假设价格是不变的，这样就求出了支出函数关于效用变量的反函数，写成 $e^{-1}(\mathbf{p}: t)$。将这个反函数用于定理 1.8 两侧的第一项，我们会发现，在任意收入水平 y 上估计支出函数关于效用的反函数时，会直接求解出用 $\mathbf{p}$ 和 y 表示的间接效用函数。

$$v(\mathbf{p},y)=e^{-1}(\mathbf{p}:y) \tag{1.19}$$

方程 (1.18) 和 (1.19) 再次表达了效用最大化和支出最小化问题的紧密关系。从概念上讲，它们相当于一枚硬币的两面；从数学上看，间接效用函数和支出函数是我们精心挑选的，它们互为反函数。

例题 1.4

我们可以利用前面的例题得出的结论说明这个过程。在例题 1.2 中，我们已经通过 CES 直接效用函数求出了间接效用函数。对于任意的 $\mathbf{p}$ 和收入 y，有：

$$v(\mathbf{p},y)=y(p_1^r+p_2^r)^{-1/r} \tag{E. 1}$$

如果收入等于 $e(\mathbf{p},u)$，必有：

$$v(\mathbf{p},e(\mathbf{p},u))=e(\mathbf{p},u)(p_1^r+p_2^r)^{-1/r} \tag{E. 2}$$

接下来，根据定理 1.8 的第二条，我们知道，对于任意的 $\mathbf{p}$，u：

$$v(\mathbf{p},e(\mathbf{p},u))=u \tag{E. 3}$$

将（E. 2）和（E. 3）结合在一起，有：

$$e(\mathbf{p},u)(p_1^r+p_2^r)^{-1/r}=u \tag{E. 4}$$

根据（E. 4）解 $e(\mathbf{p},u)$，得到支出函数的表达式：

$$e(\mathbf{p},u)=u(p_1^r+p_2^r)^{1/r} \tag{E. 5}$$

简要浏览一下例题 1.3，会发现这个支出函数同支出最小化问题直接求解出来的那个支出函数相同。

将分析的过程颠倒一下，假设我们拥有了支出函数，想推导的是间接效用函数。对 CES 直接效用函数来说，例题 1.3 告诉我们，对任意的 $\mathbf{p}$ 和效用水平 u，有：

$$e(\mathbf{p},u)=u(p_1^r+p_2^r)^{1/r} \tag{E. 6}$$

进而，对于效用水平 $v(\mathbf{p},y)$，我们有：

$$e(\mathbf{p},v(\mathbf{p},y))=v(\mathbf{p},y)(p_1^r+p_2^r)^{1/r} \tag{E. 7}$$

根据定理 1.8 的第一项，对任意的 $\mathbf{p}$ 和 y，有：

$$e(\mathbf{p},v(\mathbf{p},y))=y \tag{E. 8}$$

将（E. 7）和（E. 8）结合起来，我们得到：

$$v(\mathbf{p},y)(p_1^r+p_2^r)^{1/r}=y \tag{E. 9}$$

根据（E. 9）求出间接效用函数 $v(\mathbf{p},y)$ 的表达式：

$$v(\mathbf{p},y)=y(p_1^r+p_2^r)^{-1/r} \tag{E. 10}$$

回头看一下例题 1.2，可以确定，（E. 10）正是我们通过效用最大化问题直接求出的那个表达式。 □

将注意力从问题的解转移到效用最大化和支出最小化问题本身，能让我们对两者的关系有更进一步的了解。效用最大化问题的解是马歇尔需求函数，而支出最小化问题的解是希克斯需求函数。不能简单地根据这两个优化问题的密切关系就得出它们的解也是如此，下面这个定理清楚地阐明了希克斯需求和马歇尔需求之间的联系。

定理 1.9　马歇尔需求函数和希克斯需求函数之间的对偶性

根据假设 1.3，我们得出希克斯需求函数和马歇尔需求函数之间有如下关系：对所有的 $\mathbf{p}\gg\mathbf{0}$，$y\geqslant 0$，$u\in\mathcal{U}$，以及 $i=1, \cdots, n$，有：

1. $x_i(\mathbf{p}, y)=x_i^h(\mathbf{p}, v(\mathbf{p}, y))$；

2. $x_i^h(\mathbf{p}, u)=x_i(\mathbf{p}, e(\mathbf{p}, u))$。

第一个等式说明了，在价格 $\mathbf{p}$ 和收入 y 时的马歇尔需求等于该价格和某一效用水平的希克斯需求，其中的效用水平是消费者在当前价格和收入水平下所能达到的最大效用；第二个等式意味着，任意价格 $\mathbf{p}$ 和效用水平 u 时的希克斯需求等于该价格和某一收入水平的马歇尔需求，其中的收入等于价格 $\mathbf{p}$ 下实现效用 u 所必需的最小支出。

简单地说，定理 1.9 表明，(1.12) 的解也同时是 (1.14) 的解，反之亦然。具体而言，如果 $\mathbf{x}^*$ 是 $(\mathbf{p}, y)$ 下 (1.12) 的解，该定理告诉我们，$\mathbf{x}^*$ 也是 $(\mathbf{p}, u)$ 下 (1.14) 的解，其中，$u=u(\mathbf{x}^*)$；反过来，如果 $\mathbf{x}^*$ 是 $(\mathbf{p}, u)$ 下 (1.14) 的解，那么它也是 $(\mathbf{p}, y)$ 下 (1.12) 的解，其中 $y=\mathbf{p}\cdot\mathbf{x}^*$。图 1-17 说明了这个定理，在图中，$\mathbf{x}^*$ 显然可以被看做是 (1.12) 或 (1.14) 的解，也正是在这个意义上，$\mathbf{x}^*$ 具有了对偶的本质。

证明：下面将给出第一部分的证明，第二部分的证明留做练习题。

根据假设 1.2，u 是连续且严格拟凹的，所以 (1.12) 和 (1.14) 的解存在且唯一。于是，马歇尔需求函数和希克斯需求函数都是定义明确的函数。

为了证明第一种关系，令 $\mathbf{x}^0=\mathbf{x}(\mathbf{p}^0, y^0)$，$u^0=u(\mathbf{x}^0)$，这样根据 $v(\cdot)$ 的定义，有 $v(\mathbf{p}^0, y^0)=u^0$，又根据假设 1.2，$u(\cdot)$ 是严格递增的，进而 $\mathbf{p}^0\cdot\mathbf{x}^0=y^0$。从定理 1.8 来看，$e(\mathbf{p}^0, v(\mathbf{p}^0, y^0))=y^0$，或者等价地，$e(\mathbf{p}^0, u^0)=y^0$。不过，由于 $u(\mathbf{x}^0)=u^0$ 且 $\mathbf{p}^0\cdot\mathbf{x}^0=y^0$，这意味着 $\mathbf{x}^0$ 是 $(\mathbf{p}, u)=(\mathbf{p}^0, u^0)$ 时 (1.14) 的解，因此 $\mathbf{x}^0=\mathbf{x}^h(\mathbf{p}^0, u^0)$，并且 $\mathbf{x}(\mathbf{p}^0, y^0)=\mathbf{x}^h(\mathbf{p}^0, v(\mathbf{p}^0, y^0))$。■

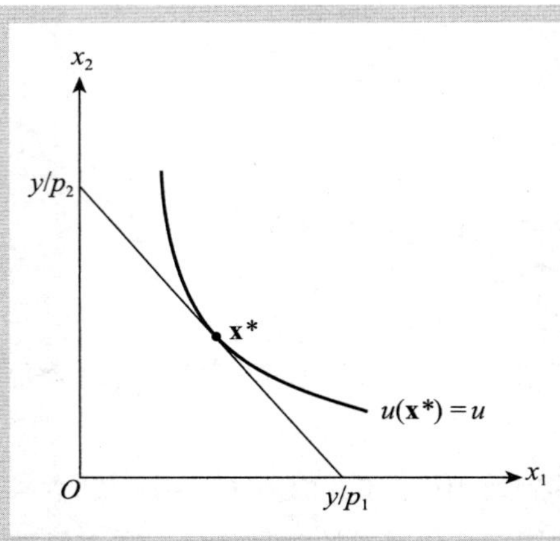

图 1-17　支出最小化和效用最大化

例题 1.5

利用 CES 函数来证明定理 1.9。根据例题 1.3，希克斯需求为：

$$x_i^h(\mathbf{p},u)=u(p_1^r+p_2^r)^{(1/r)-1}p_i^{r-1},\quad i=1,2 \tag{E. 1}$$

又根据例题 1.2，间接效用函数为：

$$v(\mathbf{p},y)=y(p_1^r+p_2^r)^{-1/r} \tag{E. 2}$$

将（E. 2）中的 v 替换为 u 后代入（E. 1），有：

$$\begin{aligned}x_i^h(\mathbf{p},v(\mathbf{p},y))&=v(\mathbf{p},y)(p_1^r+p_2^r)^{(1/r)-1}p_i^{r-1}\\&=y(p_1^r+p_2^r)^{-1/r}(p_1^r+p_2^r)^{(1/r)-1}p_i^{r-1}\\&=yp_i^{r-1}(p_1^r+p_2^r)^{-1}\\&=\frac{yp_i^{r-1}}{p_1^r+p_2^r},\quad i=1,2\end{aligned} \tag{E. 3}$$

（E. 3）中最后一个表达式的右侧给出了马歇尔需求，这也是我们在例题 1.1 的效用最大化问题中求出来的结果。定理 1.9 的第一个等式得证。

接下来证明第二个等式。假设我们已经从例题 1.1 中得到了马歇尔需求：

$$x_i(\mathbf{p},y)=\frac{yp_i^{r-1}}{p_1^r+p_2^r},\quad i=1,2 \tag{E. 4}$$

并且从例题 1.3 中得到了支出函数：

$$e(\mathbf{p},u)=u(p_1^r+p_2^r)^{1/r} \tag{E. 5}$$

将（E. 5）代入（E. 4）中求得 y：

$$\begin{aligned}x_i(\mathbf{p},e(\mathbf{p},u))&=\frac{e(\mathbf{p},u)p_i^{r-1}}{p_1^r+p_2^r}\\&=u(p_1^r+p_2^r)^{1/r}\frac{p_i^{r-1}}{p_1^r+p_2^r}\\&=up_i^{r-1}(p_1^r+p_2^r)^{(1/r)-1},\quad i=1,2\end{aligned} \tag{E. 6}$$

（E. 6）最后一个式子的右侧给出了希克斯需求，这也是我们在例题 1.3 中通过求解消费者的支出最小化问题而直接得到的一个结果。 □

我们用图 1-18 给这部分做个结论，图中给出了定理 1.8 和定理 1.9 的四种关系。在图1-18（a）中，消费者的收入为 y，面临的价格是 $\mathbf{p}$，获得最大效用水平 u 时选择的商品组合为（x_1^*，x_2^*），对应的无差异曲线写成 $v(\mathbf{p},\ y)$。在图 1-18（b）中，（p_1，x_1^*）是商品 1 的马歇尔需求曲线上的一点。接下来考虑消费者支出最小化的问题，假设我们的目标是找到获得效用 u 所需的最小支出，于是，价格为 $\mathbf{p}$ 时的最低的等支出线显然会与之前效用最大化问题中的预算约束相同，而且，支

1

出最小化的选择同样会是（x_1^*，x_2^*），在图（b）中，（p_1，x_1^*）是商品 1 的希克斯需求曲线上的一点。

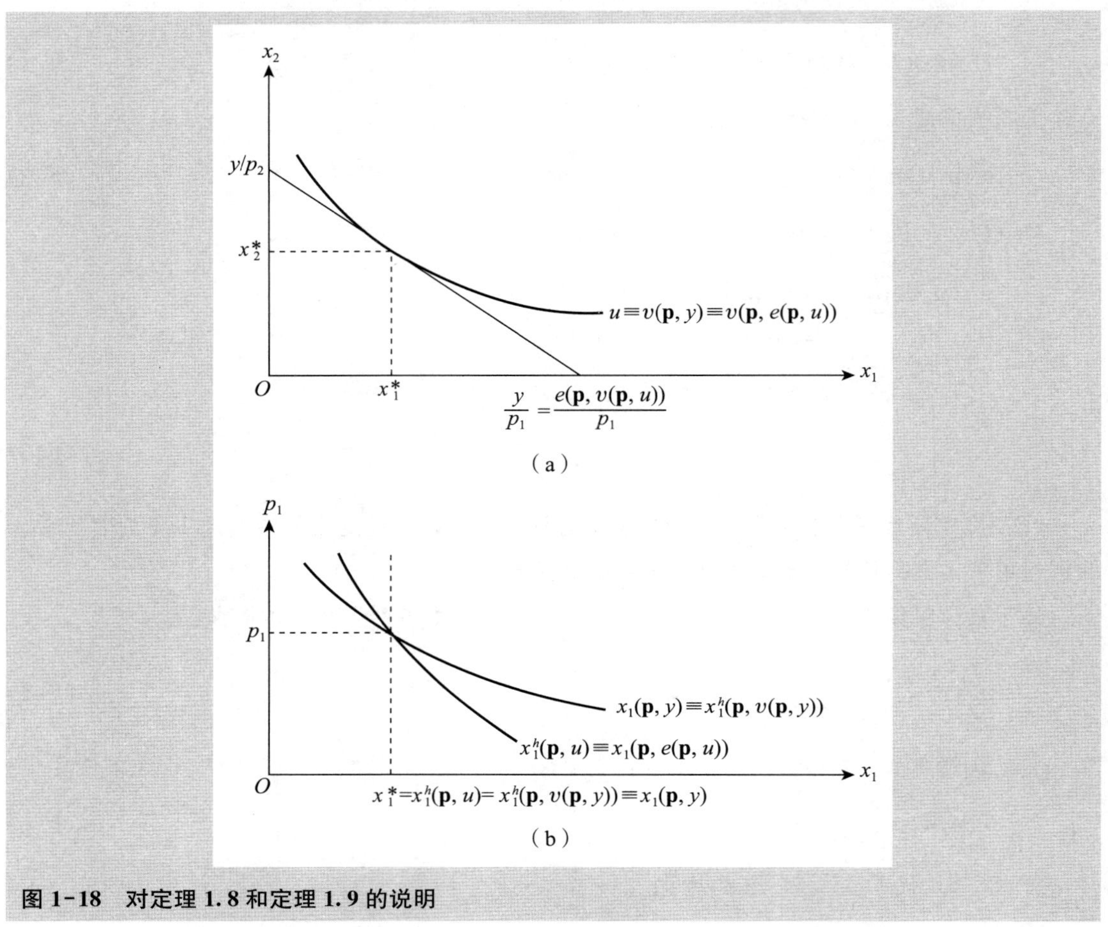

图 1-18　对定理 1.8 和定理 1.9 的说明

将两个问题放在一起考虑，由于预算线和等支出线的截距相同，进而收入 y 等于获得效用 $v(\mathbf{p}, y)$ 所需的最小支出，或者 $y=e(\mathbf{p}, v(\mathbf{p}, y))$。效用 u 既是在价格 $\mathbf{p}$ 和收入 y 时可获得的最大效用（进而有 $u=v(\mathbf{p}, y)$），也是在价格 $\mathbf{p}$ 和收入等于获得 u 所需的最小支出时所能获得的最大效用（进而有 $u=v(\mathbf{p}, e(\mathbf{p}, u))$）。最后需要注意的是，（$p_1$，$x_1^*$）必位于下列三条线上：(1) 当价格为 $\mathbf{p}$ 且效用为 u 时的商品 1 的希克斯需求曲线；(2) 当价格为 $\mathbf{p}$ 且效用为 $v(\mathbf{p}, y)$ 时的商品 1 的希克斯需求曲线，以及 (3) 当价格为 $\mathbf{p}$ 且收入为 y 时的商品 1 的马歇尔需求曲线。因此，$x_1(\mathbf{p}, y)=x_1^h(\mathbf{p}, v(\mathbf{p}, y))$，并且，$x_1^h(\mathbf{p}, u)=x_1(\mathbf{p}, e(\mathbf{p}, u))$，证毕。

1.5　消费者需求的性质

消费者行为理论引发了大量关于市场行为的预测。我们会看到，如果偏好、目标以及环境真如模型所述的话，需求行为就必然会呈现出某些可观察的特征，通过对这些需求行为的理论约束和实际行为进行比较，就可以对理论加以检验。一旦理论有了一定的置信度，就会更有作为。比如，为了从统计上估计消费者的需求系统（或方程组，system），理论所预测的需求行为的特征可以用来限制那些允许使用的待估参数的数值，理论的这方面应用有助于我们提高估计结果的统计精度。因此，不管是出于理论还是实证的目的，我们都要尽可能地从效用最大化的消费者模型中挖掘出一些内容，它们对可观察需求行为的含义极端重要，这也正是本节的主要工作。

1.5.1 相对价格和真实收入

在度量一些重要变量的时候，由于“货币幻觉”的存在，导致人们真正（或应该）关注的（即真实的商品）问题变得模糊不清，经济学家进而喜欢使用实际（或真实）量而不是货币量，相对价格和真实收入就是这样的两个指标。

某种商品的**相对价格**（relative prices）是获得一单位该种商品所必须放弃的另一种商品的数量。如果 p_i 是商品 i 的货币价格，它表示的就是一单位商品 i 的美元数量，而商品 j 的货币价格则表示一单位商品 j 的美元数量。用商品 j 表示的商品 i 的相对价格，就是获得一单位商品 i 所放弃的商品 j 的数量，用相对价格 p_i/p_j 表示：

$$\frac{p_i}{p_j}=\frac{\$/1\text{ 单位 }i}{\$/1\text{ 单位 }j}=\frac{\$}{1\text{ 单位 }i}\cdot\frac{1\text{ 单位 }j}{\$}=\frac{1\text{ 单位 }j}{1\text{ 单位 }i}$$

真实收入（real income）指消费者用全部收入可以购买的某种商品的最大数量。真实收入反映了消费者对所有资源的总的支配（或动员，command）能力，这是通过对单个实际商品的潜在支配来衡量的。如果消费者的货币收入是 y，那么 y/p_j 就是用商品 j 表示的真实收入，用 j 的单位数量来表示，由于：

$$\frac{y}{p_j}=\frac{\$}{\$/1\text{ 单位 }j}=1\text{ 单位 }j$$

我们从效用最大化的消费者模型中可以得到的最简单的推论是：只有相对价格和真实收入才会影响行为，这个结论有时候也可以用消费者的需求行为没有“货币幻觉”来表述。为了弄明白这一点，简单回忆一下图1-14，在图中，货币收入和所有的商品价格都等比例变化，使得消费者的预算约束（这是用任意一种商品衡量的真实收入）的斜率（相对价格）和截距保持不变，从而需求行为也不变。从数学上讲，这意味着消费者的需求函数关于价格和收入是零阶齐次的。在我们的模型构建中，货币收入只起到一个记账单位的作用，要是有实际影响的话，反而会让我们觉得奇怪。

为了将来作参考，我们把这点和“消费者常常把钱花光”的观察结合起来，并为它们命名。

定理 1.10　齐次性和预算平衡性

根据假设 1.2，消费者的需求函数 $x_i(\mathbf{p}, y)$，$i=1, \cdots, n$ 在所有价格和收入上是零次齐次的，它满足预算的平衡性，对所有的 $(\mathbf{p}, y)$，有 $\mathbf{p}\cdot\mathbf{x}(\mathbf{p}, y)=y$。

证明：我们在定理 1.6 的第二部分中已经证明了齐次性的问题，那时候得到的结论是：间接效用函数是一个零次齐次的函数。所以，

$$v(\mathbf{p},y)=v(t\mathbf{p},ty)\text{，对所有的 } t>0$$

等价的表述是：

$$u(\mathbf{x}(\mathbf{p},y))=u(\mathbf{x}(t\mathbf{p},ty))\text{，对所有的 } t>0$$

现在，由于在 $(\mathbf{p}, y)$ 和 $(t\mathbf{p}, ty)$ 处的预算集是相同的，所以选择了其中的一个，则另一个也是可行的。因此，前面的等式和 u 的严格拟凹性意味着：

$$\mathbf{x}(\mathbf{p},y)=\mathbf{x}(t\mathbf{p},ty)\text{，对所有的 } t>0$$

或者每种商品的需求（$x_i(\mathbf{p}, y)$，$i=1, \cdots, n$）关于价格和收入都是零阶齐次的。

前面已经说过多次，$u(\cdot)$ 是严格递增的，所以消费者会把所有的收入都用尽或花光。如果不是这样的话，只要收入有剩余，每种商品就可以再买一些，进而效用也一定会增加。从现在开始，我们把这种关系称作**预算平衡性**（budget balancedness）。 ■

在分析需求行为的时候，齐次性允许我们将货币尺度完全拿掉。通常的做法是，在 n 种商品中任意挑出一个来做记账单位（或一般等价物），以充当货币的角色。如果货币价格是 p_n 的话，我们令 $t=1/p_n$，再根据齐次性，得：

$$\mathbf{x}(\mathbf{p},y)=\mathbf{x}(t\mathbf{p},ty)=\mathbf{x}\left(\frac{p_1}{p_n},\cdots,\frac{p_{n-1}}{p_n},1,\frac{y}{p_n}\right)$$

总而言之，在 n 种商品中，每种商品的需求只和 $n-1$ 个相对价格和消费者的真实收入有关。

1.5.2　收入效应和替代效应

在消费者行为模型中，当价格变化时，我们预测需求量会作何反应？这是个重要的问题。一般来说，其他条件不变，当一种商品的价格下降时，我们倾向于认为消费者会增加购买量；反之，当价格上涨时，消费者会减少购买量。可实际情况并不总是这样，如图 1-19 所示。在每个子图中，效用最大化的消费者有着严格单调的、凸的偏好，价格由市场决定。在图（a）中，商品 1 的价格下降导致其需求量（或购买量）增加，这和我们想的一样；相反，在图（b）中，价格下降并没有使商品 1 的需求量发生变化；而在图（c）中，价格下降反而使商品 1 的需求量绝对地减少了。每种情况都符合我们的模型，那么，从理论上讲，一个人的需求行为对（相对）价格的变化究竟有什么样的反应呢？

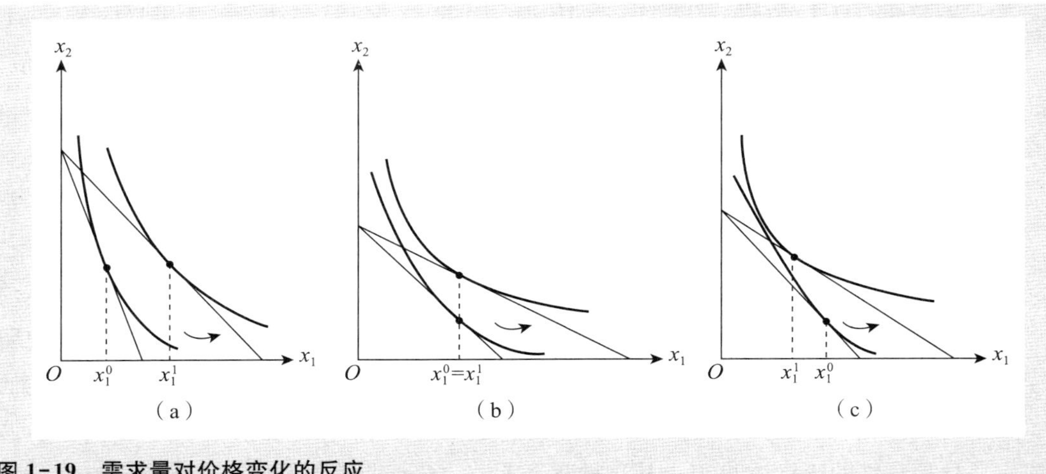

图 1-19　需求量对价格变化的反应

我们还是先从直觉上来看。当一种商品的价格下降时，从概念上看，至少有两个各自独立的原因令我们相信需求量会发生变化。首先，该种商品变得（与其他商品相比）相对便宜了，由于所有的商品都是我们想要购买的，此时，即便消费者所能动员的资源没有任何变化，我们仍然能够预期，消费者会用相对便宜一点的商品来替代相对昂贵的商品，这就是**替代效应**（substitution effect，SE）；但与此同时，只要价格变化了，消费者所能控制或者动员的资源就不会不变。任何一种商品的价格下降都会使他按照自己认为合适的方式来改变对（全部）商品的购买。这种因购买力一般性地增加而对需求量产生的影响叫做**收入效应**（income effect，IE）。

虽然直觉告诉我们，价格变化的总效用（total effect，TE）从概念上可以分解成两个各自独立的部分，可要真想把这个思想用于分析具体问题，还必须进一步完善。将收入效应和替代效应的直观感受形式化（或模型化），办法有很多，下面介绍的这种办法是由希克斯（Hicks，1939）首先贡献的。

价格变化总效应的希克斯分解始于对效用水平的一个观察，即消费者在变化前的初始价格水平下所获得的效用有多少。对替代效应这个主观概念的形式化如下：如果相对价格变到新的水平之后，把消费者可以获得的最大效用仍维持在变化前的水平上，消费上将发生的这种（假设性的）变化就是替代效应。收入效应被定义为总效应减去替代效应之后的部分。需要注意的是，由于收入效应被定义成一种差值或剩余，进而总效应始终恰好等于替代效应和收入效应之和。这个结论乍一看有点奇怪，但图 1-20 至少会使你看到：总效应是收入效应和替代效应在概念上合理的对应结果，而且整个解析过程精巧无比。

先看一下图 1-20（a），假设消费者最初面临的价格是 p_1^0，p_2^0，收入是 y，两种商品的初始购买量分别是 x_1^0，x_2^0，获得的效用是 u^0。现在，如果商品 1 的价格下降，$p_1^1<p_1^0$，价格变化给商品 1 在消费上带来的总效应是消费量增加到 x_1^1，给商品 2 带来的总效应是消费量减少到 x_2^1。要使用希克斯分解，先想象一下如下场

景：在商品 1 的价格下降到 p_1^1 的同时，使消费者维持在初始的无差异曲线 u^0 上。这就好比令消费者面临新的相对价格但减少他的收入，以使其面临虚线表示的预算约束，然后让他再次最大化自身效用水平。在这种情况下，因为商品 1 现在变便宜了，所以消费者会增加对它的消费，从 x_1^0 变为 x_1^s；但同时，由于商品 2 变贵了，他就会减少对这种商品的消费，从 x_2^0 变为 x_2^s。这种消费上的假想变化就是商品 1 和商品 2 的希克斯替代效应，我们将其视为在消费者个人境况不变的情况下，由“纯粹”的相对价格变化所导致的结果。现在看一下对总效应剩余部分的解释，因为在 x_1^0 和 x_2^0 分别变为 x_1^s 和 x_2^s 之后，从 x_1^s、x_2^s 到 x_1^1、x_2^1 的部分还有待说明。注意，这部分变化的含义是，在新价格和初始效用水平 u^0 下，消费者因为真实收入增加，从虚线表示的预算线移动到最终的预算线所导致的消费上的具体变化，变化后最终的价格线同 u^1。从这种意义上说，希克斯收入效应代表着（价格变化后）由类似“纯粹”收入变化所引起的消费变动。

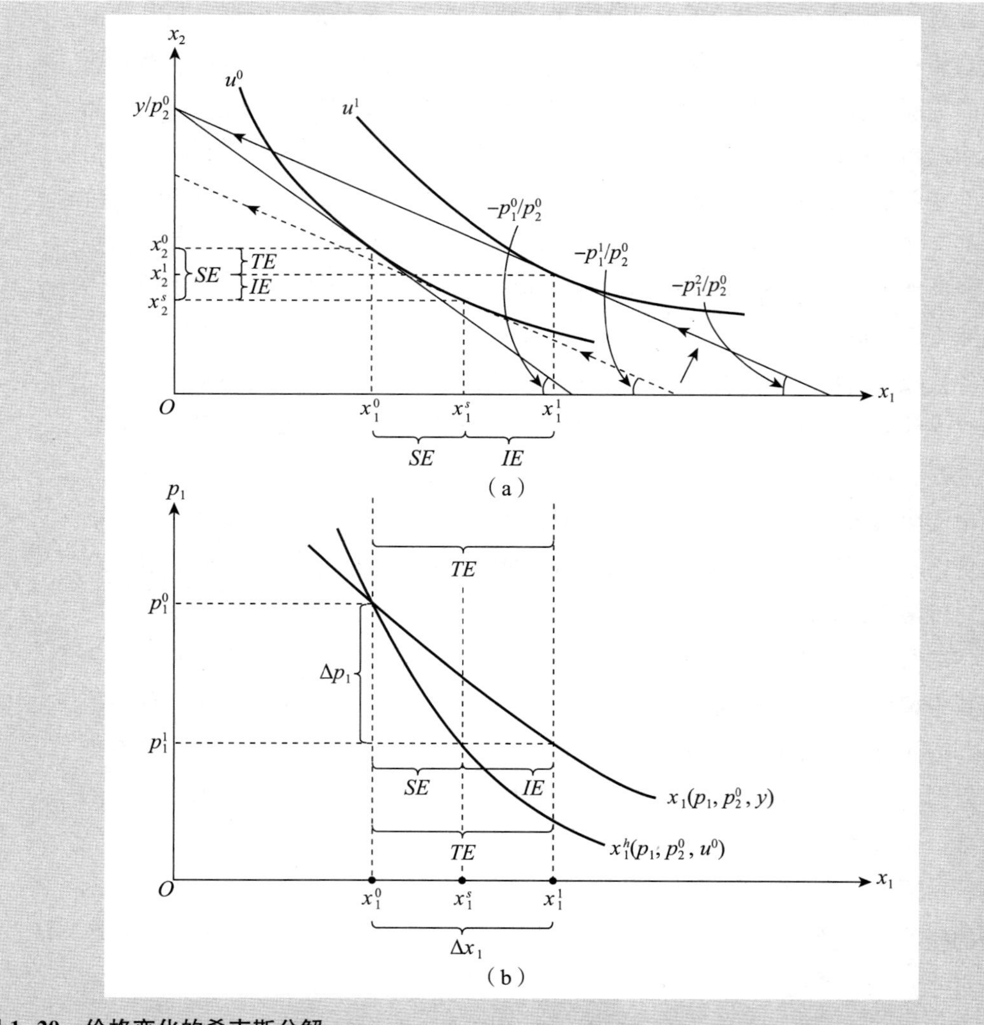

图 1-20　价格变化的希克斯分解

现在再看一下图 1-20（b），这里我们忽略商品 2，只考察商品 1 的变化。显然，点（p_1^0，x_1^0）和（p_1^1，x_1^1）都位于商品 1 的马歇尔需求曲线上，同理，相对于初始的效用水平 u^0，点（p_1^0，x_1^0）和（p_1^1，x_1^s）也都位于商品 1 的希克斯需求曲线上。我们会发现，希克斯需求曲线精确地表现出了商品自身价格变化的希克斯替代效应，而马歇尔需求曲线表示的是自身价格变化的总效应。两者的差在数量上正好是自身价格变化所导致的希克斯收入效应。

价格变化后，希克斯分解为我们提供了一个简洁的分析方法，以便将引起需求行为变化的两种不同力量分开。我们可以利用这些思想，采取更准确和一般化的方式把它们表示出来，而且还能证明它的分析用途非常广泛。总效应、替代效应和收入效应之间的关系由**斯勒茨基方程**（Slutsky equation）概括，有时候也把它叫做“需求理论的基本方程”，接下来我们就来详细地研究这个方程的价值。

本章余下的部分将用到假设 1.2，此外，只要用得上，我们就可以随意地进行微分。

定理 1.11　斯勒茨基方程

令 $\mathbf{x}(\mathbf{p}, y)$ 为消费者的马歇尔需求系统，u^* 是消费者在价格 $\mathbf{p}$ 和收入 y 时获得的效用水平，那么：

$$\underbrace{\frac{\partial x_i(\mathbf{p},y)}{\partial p_j}}_{TE}=\underbrace{\frac{\partial x_i^h(\mathbf{p},u^*)}{\partial p_j}}_{SE}\underbrace{-x_j(\mathbf{p},y)\frac{\partial x_i(\mathbf{p},y)}{\partial y}}_{IE},\quad i,j=1,\cdots,n$$

证明：这个有名的定理证明起来虽然简单，但你要小心地跟着我们的思路以免犯错。先来回忆一下希克斯需求函数和马歇尔需求函数之间的某种关系。根据定理 1.9，我们知道，对任意价格和效用水平 u^* 来说：

$$x_i^h(\mathbf{p},u^*)=x_i(\mathbf{p},e(\mathbf{p},u^*))$$

由于这个等式对于所有的 $\mathbf{p}\gg\mathbf{0}$ 都成立，所以即便我们将两侧对 p_j 求微分，结果仍相同。等式的左侧只和价格直接相关，它代表了希克斯需求，直接微分就行；右侧是马歇尔需求，它不仅通过价格项直接同价格相关，还通过收入项的支出函数同价格间接相关，进而在求微分的时候需要使用链式法则。明白了这点后，就可得出：

$$\frac{\partial x_i^h(\mathbf{p},u^*)}{\partial p_j}=\frac{\partial x_i(\mathbf{p},e(\mathbf{p},u^*))}{\partial p_j}+\frac{\partial x_i(\mathbf{p},e(\mathbf{p},u^*))}{\partial y}\,\frac{\partial e(\mathbf{p},u^*)}{\partial p_j}\tag{P.1}$$

现在如果我们仔细观察（P.1）并牢记初始效用水平 u^* 的含义，就可以做一些重要的替代。根据假设，u^* 是消费者在面临 $\mathbf{p}$ 和 y 时的效用水平，因此，$u^*=v(\mathbf{p}, y)$。于是，在价格为 $\mathbf{p}$ 和效用为 u^* 时的最小支出等于价格为 $\mathbf{p}$ 和效用为 $v(\mathbf{p}, y)$ 时的最小支出。不过，根据定理 1.8，我们知道，消费者在价格 $\mathbf{p}$ 和该价格及收入 y 下获得的最大效用时的最小支出等于收入 y，因此：

$$e(\mathbf{p},u^*)=e(\mathbf{p},v(\mathbf{p},y))=y\tag{P.2}$$

此外，定理 1.7 告诉我们，（P.1）中的支出函数对 p_j 的偏导数正好是效用为 u^* 时商品 j 的希克斯需求，由于 $u^*=v(\mathbf{p}, y)$，它也必定是效用为 $v(\mathbf{p}, y)$ 时商品 j 的希克斯需求，或者：

$$\frac{\partial e(\mathbf{p},u^*)}{\partial p_j}=x_j^h(\mathbf{p},u^*)=x_j^h(\mathbf{p},v(\mathbf{p},y))$$

观察一下等式最右侧的那一项，根据定理 1.9，我们知道，在价格 $\mathbf{p}$ 和收入 y 下获得最大效用时的希克斯需求又等于在价格 $\mathbf{p}$ 和收入 y 时的马歇尔需求！因此，我们有：

$$\frac{\partial e(\mathbf{p},u^*)}{\partial p_j}=x_j(\mathbf{p},y) \tag{P.3}$$

［提醒一下，此处（P.1）中的支出函数对价格的偏导数是商品 j（而不是 i）的马歇尔需求。］

要完成这个证明，将（P.2）和（P.3）代入（P.1），得：

$$\frac{\partial x_i^h(\mathbf{p},u^*)}{\partial p_j}=\frac{\partial x_i(\mathbf{p},y)}{\partial p_j}+\frac{\partial x_i(\mathbf{p},y)}{\partial y}x_j(\mathbf{p},y)$$

将上式重新整理一下，就得到了我们想要证明的结论：

$$\frac{\partial x_i(\mathbf{p},y)}{\partial p_j}=\frac{\partial x_i^h(\mathbf{p},u^*)}{\partial p_j}-x_j(\mathbf{p},y)\frac{\partial x_i(\mathbf{p},y)}{\partial y} \quad i,j=1,\cdots,n$$

■

斯勒茨基方程为替代效应和收入效应提供了一个简洁的解析表达式，也为我们增添了一个“核算框架”，它详细地说明了既定价格变化引起的两种效应如何构成总效应，但方程本身并没有回答出我们在一开始所强调的任何问题。实际上，你可能会认为，这只是增加了从理论演绎出可观察的行为的难度，毕竟我们到目前为止所做的唯一工作是将一个可观察的总效应分解为（1）一个可观察的收入效应，以及（2）一个不可观察的替代效应。例如，考虑一种特殊情形的自身价格变化，看看斯勒茨基方程能告诉我们什么。根据定理 1.11，有：

$$\frac{\partial x_i(\mathbf{p},y)}{\partial p_i}=\frac{\partial x_i^h(\mathbf{p},u^*)}{\partial p_i}-x_i(\mathbf{p},y)\frac{\partial x_i(\mathbf{p},y)}{\partial y} \tag{1.20}$$

方程左侧是商品 i 的马歇尔需求曲线斜率，代表着需求量对价格变化的反应，这就是我们要解释的部分。不过，为了达到分析的目的，我们显然需要了解一下等式右侧第一项的含义，可这一项是希克斯需求曲线的斜率，是无法直接观察到的。既然看不到，还怎么了解呢？

好在，不管是否看得见，我们的理论都提供了一些有关希克斯需求（进而关于替代效应项）的信息，这样的话，通过利用斯勒茨基方程，我们对替代效应项的了解就转化为对可观察的马歇尔需求的了解，这就是斯勒茨基方程的作用，也是我们要采用的策略。下面从自身价格效应的一个初步结论开始，看看会发生什么。

定理 1.12 负的自替代（own-substitution）项

令 $x_i^h(\mathbf{p}, u)$ 代表商品 i 的希克斯需求，则：

$$\frac{\partial x_i^h(\mathbf{p},u)}{\partial p_i} \leqslant 0, \quad i=1,\cdots,n$$

证明：这个定理告诉我们，希克斯需求曲线必定始终如图 1-16 所示，向下倾斜，与自身价格负相关。这点很容易证明。

支出函数的导数性质（定理 1.7 的性质 7）告诉我们，对任意的 $\mathbf{p}$，u 而言：

$$\frac{\partial e(\mathbf{p},u)}{\partial p_i} = x_i^h(\mathbf{p},u)$$

再次对 p_i 求微分，得：

$$\frac{\partial^2 e(\mathbf{p},u)}{\partial p_i^2} = \frac{\partial x_i^h(\mathbf{p},u)}{\partial p_i}, \; i = 1,\cdots,n$$

根据定理 1.7 的性质 6，支出函数是 $\mathbf{p}$ 的一个凹函数，因此，根据定理 A2.5，它的所有的自身价格的二阶偏导都是非正的，得证。 ■

现在，我们已经具备了阐明一个现代的“需求定理”所需的全部条件。像埃奇沃思和马歇尔这样的古典经济学家认为，“效用”是可以度量的，他们对边际效用递减规律深信不疑。于是，古典的需求定理断言，“价格下降，需求量增加”。这个论断看起来倒是经常和人们的行为相符，但是也存在一些棘手的问题，“吉芬悖论”（Giffen's Paradox）就是其中最有名的一个。虽然意外情况并不多见，但它们似乎表明，确实有一些商品在价格下降的时候出现了需求量减少的情况，这显然违背了人们普遍接受的观点，古典理论没法提供解释。

和古典理论相比，现代理论对偏好的假定要少一些，从这个意义上讲，它的约束更少且适用性更广，实际上，它甚至都可以解释“吉芬悖论”。回头看一下图 1-19（c），注意，随着自身价格下降，x_1 的需求量也减少了。现代理论并不排除这种情况，进而也就没什么“悖论”可言了。但增加一般性的代价是，现代的需求定理与之前的古典版本相比，更模棱两可、含糊不清。

我们用一些熟悉的术语来表述这个定理。价格不变的情况下，如果商品的需求量随着收入的增加而增加，它就是**正常品**（normal goods）；如果商品的需求量随着收入的增加而减少，它就是**低档品**（或劣等品，inferior goods）。

定理 1.13 需求定理

正常品自身的价格下降会导致需求量增加；如果自身价格下降，需求量反而减少了，这种商品必为低档品。

证明：如果运用定理 1.11，很容易从定理 1.12 推导出这个结论，证明留做练习题，由你自己完成。 ■

实际上，我们对希克斯替代项和马歇尔需求的了解远远超出定理 1.12 和定理 1.13 所介绍的。而为了能让之前的简单论述再前进一步，我们将深入探讨替代项系统的含义。第一个发现是，“交叉替代项”是对称的。

定理 1.14　对称的替代项

令 $\mathbf{x}^h(\mathbf{p}, u)$ 表示消费者的希克斯需求系统，假设 $e(\cdot)$ 是二阶连续可微的，则：

$$\frac{\partial x_i^h(\mathbf{p},u)}{\partial p_j}=\frac{\partial x_j^h(\mathbf{p},u)}{\partial p_i},\ i,j=1,\cdots,n$$

证明：该结论的意义晦涩难懂，不过，这种对称性同消费者偏好关系的传递性假设密切相关！眼下我们不打算纠缠于这种关系之中，还是把它留待本书的后面部分再做介绍。

在定理 1.12 的证明中，我们注意到，支出函数对价格的一阶偏导数就是希克斯需求函数，所以支出函数对价格的二阶偏导数相当于希克斯需求对价格的一阶偏导数，因此，

$$\frac{\partial}{\partial p_j}\left(\frac{\partial e(\mathbf{p},u)}{\partial p_i}\right)=\frac{\partial}{\partial p_j}(x_i^h(\mathbf{p},u))$$

或者对所有的 i，j，

$$\frac{\partial^2 e(\mathbf{p},u)}{\partial p_j \partial p_i}=\frac{\partial x_i^h(\mathbf{p},u)}{\partial p_j} \tag{P.1}$$

根据扬格定理（Young's theorem），支出函数的微分次序变化不会影响计算的结果，所以：

$$\frac{\partial^2 e(\mathbf{p},u)}{\partial p_i \partial p_j}=\frac{\partial^2 e(\mathbf{p},u)}{\partial p_j \partial p_i}$$

将它和（P.1）结合在一起，可得出如下结论：

$$\frac{\partial x_i^h(\mathbf{p},u)}{\partial p_j}=\frac{\partial x_j^h(\mathbf{p},u)}{\partial p_i},\quad i,j=1,\cdots,n$$

■

想象一下，如果我们把消费者的需求系统中的所有 n^2 个替代项安排在一个 $n\times n$ 的矩阵中，对角线上都是自替代项，非对角线上都是交叉替代项。定理 1.12 和 1.14 向我们提供了这个矩阵的大致情况。定理 1.12 表明，矩阵的主对角线上的元素都是非正的，而定理 1.14 表明，该矩阵是对称的。实际上，我们对替代项矩阵的了解远不止这些：它必然还是个负半定矩阵。

定理 1.15　负半定替代矩阵

令 $\mathbf{x}^h(\mathbf{p}, u)$ 代表消费者的希克斯需求系统，令

$$\sigma(\mathbf{p},u)\equiv\begin{pmatrix}\frac{\partial x_1^h(\mathbf{p},u)}{\partial p_1} & \cdots & \frac{\partial x_1^h(\mathbf{p},u)}{\partial p_n}\\ \vdots & & \vdots\\ \frac{\partial x_n^h(\mathbf{p},u)}{\partial p_1} & \cdots & \frac{\partial x_n^h(\mathbf{p},u)}{\partial p_n}\end{pmatrix}$$

为**替代矩阵**（substitution matrix），其中包含了所有的希克斯替代项，则矩阵 $\sigma(\mathbf{p},u)$是负半定的。

证明：回忆一下，在前一个定理的证明中，上面这个矩阵中的每一项都是支出函数对价格的二阶偏导数。特别的，我们还知道，对所有的 i 和 j 来说，$\partial x_i^h(\mathbf{p},u)/\partial p_j=\partial^2 e(\mathbf{p},u)/\partial p_j\partial p_i$，这样的话，该定理的证明就水到渠成了。在矩阵形式中，一定有

$$\begin{pmatrix}\frac{\partial x_1^h(\mathbf{p},u)}{\partial p_1} & \cdots & \frac{\partial x_1^h(\mathbf{p},u)}{\partial p_n}\\ \vdots & & \vdots\\ \frac{\partial x_n^h(\mathbf{p},u)}{\partial p_1} & \cdots & \frac{\partial x_n^h(\mathbf{p},u)}{\partial p_n}\end{pmatrix}=\begin{pmatrix}\frac{\partial^2 e(\mathbf{p},u)}{\partial p_1^2} & \cdots & \frac{\partial^2 e(\mathbf{p},u)}{\partial p_n\partial p_1}\\ \vdots & & \vdots\\ \frac{\partial^2 e(\mathbf{p},u)}{\partial p_1\partial p_n} & \cdots & \frac{\partial^2 e(\mathbf{p},u)}{\partial p_n^2}\end{pmatrix}$$

等式右侧的矩阵恰好是支出函数对价格的二阶偏导数的海塞矩阵。根据定理1.7，支出函数是价格的凹函数；再根据定理A2.4，凹函数的海塞矩阵是负半定的。由于两个矩阵相等，从而替代矩阵也是负半定的。 ■

希克斯需求系统无法直接观察，我们在上面耗了这么多的时间，现在终于可以谈点消费者可观察的消费行为之外的东西了。在看着“需求定理”的时候，有关其作用的问题会在脑海中闪过，我们不禁要问：消费者行为模型对不可观察的自替代效应究竟意味着什么？于是，我们用斯勒茨基关系将其转换为另一个命题：在消费者可观察的马歇尔需求函数中，自身价格反应和收入反应之间的某些关系必然成立。从目前我们对整个替代项系统的了解来看，没有必要将自己限制在自身价格和收入变化上。实际上，我们可以利用替代矩阵的信息就所有的价格和收入变动给整个可观察的马歇尔需求系统带来的影响作一个综合性的推理。

定理 1.16　对称和负半定的斯勒茨基矩阵

令 $\mathbf{x}(\mathbf{p},y)$ 为消费者的马歇尔需求系统，将第 ij 位的斯勒茨基项定义成：

$$\frac{\partial x_i(\mathbf{p},y)}{\partial p_j}+x_j(\mathbf{p},y)\frac{\partial x_i(\mathbf{p},y)}{\partial y}$$

将整个关于价格和收入反应的 $n\times n$ 阶斯勒茨基矩阵写成如下形式：

$$\mathbf{s}(\mathbf{p},y)=\begin{pmatrix}\frac{\partial x_1(\mathbf{p},y)}{\partial p_1}+x_1(\mathbf{p},y)\frac{\partial x_1(\mathbf{p},y)}{\partial y} & \cdots & \frac{\partial x_1(\mathbf{p},y)}{\partial p_n}+x_n(\mathbf{p},y)\frac{\partial x_1(\mathbf{p},y)}{\partial y}\\ \vdots & & \vdots\\ \frac{\partial x_n(\mathbf{p},y)}{\partial p_1}+x_1(\mathbf{p},y)\frac{\partial x_n(\mathbf{p},y)}{\partial y} & \cdots & \frac{\partial x_n(\mathbf{p},y)}{\partial p_n}+x_n(\mathbf{p},y)\frac{\partial x_n(\mathbf{p},y)}{\partial y}\end{pmatrix}$$

则 $\mathbf{s}(\mathbf{p}, y)$ 是对称且负半定的。

证明： 这个证明非常简单，令 u^* 代表消费者在价格 $\mathbf{p}$ 和收入 y 时所获得的最大效用，于是有 $u^* = v(\mathbf{p}, y)$。根据定理 1.11 的斯勒茨基方程，求出第 ij 位替代项，得：

$$\frac{\partial x_i^h(\mathbf{p}, u^*)}{\partial p_j} = \frac{\partial x_i(\mathbf{p}, y)}{\partial p_j} + x_j(\mathbf{p}, y)\frac{\partial x_i(\mathbf{p}, y)}{\partial y}$$

如果我们现在写出矩阵 $\mathbf{s}(\mathbf{p}, y)$ 的话，根据这个矩阵，矩阵中的每个元素很显然和希克斯替代矩阵 $\sigma(\mathbf{p}, u^*)$ 中对应的要素相等。根据定理 1.14，替代矩阵对所有的 u 都是对称的，并且根据定理 1.15，它关于所有的 u 也都是负半定的，所以矩阵在 u^* 处既是对称的，也是负半定的。鉴于两个矩阵相等，所以斯勒茨基矩阵 $\mathbf{s}(\mathbf{p}, y)$ 也必定是对称和负半定的。 ■

当我们对已有的理论进行检验或者将其付诸实践的时候，定理 1.10 和定理 1.16 可以被当作一个出发点。在任何一个估计马歇尔需求系统的经验（或实证）研究中，如果系统的主体是价格接受的、效用最大化的消费者，我们要求消费者的需求满足齐次性和预算平衡性，而且伴随的斯勒茨基矩阵是对称的和负半定的，这都给参数的合理取值设定了一系列的限制。该理论还有哪些可验证的含义呢？这个问题留到下一章再回答吧，下面介绍一些重要的弹性关系。

1.5.3 一些弹性关系

为了完成对消费者需求的讨论，我们再来近距离地观察一下消费者对价格和收入变动做出的反应的预算约束含义。在这一部分中，前面留下来的那些重型武器我们全部弃之不用，相反，只需牢记如下结论：预算约束为消费者对环境变化做出的反应施加了一种规则和秩序。

如果消费者的马歇尔需求函数为 $\mathbf{x}(\mathbf{p}, y)$，预算平衡性意味着，在每一个价格和收入集上，预算约束必定以等式的形式成立（束紧的），或者，

$$y = \sum_{i=1}^{n} p_i x_i(\mathbf{p}, y)$$

由于等式对所有的 $\mathbf{p}$，y 都成立，所以即使价格或收入出现变化，等式也不会受到影响，消费者需求对这些变化的反应必定以一种始终保持预算约束等式成立的方式加总在一起，可以对预算约束采用多种**比较静态**（comparative statics）的实验以确定加总的方式。有些时候，我们会利用在需求系统的各种导数间必然成立的一些关系直接地将其表示出来；而现在，我们将用那些在需求的价格和收入弹性间一定成立的关系来表达。得出结论的方法和前一种是等价的，但后者更直观，也更便于使用。

定义 1.6　需求弹性和收入份额

令 $(\mathbf{p}, y)$ 为消费者对商品 i 的马歇尔需求，进而令

$$\eta_i \equiv \frac{\partial x_i(\mathbf{p}, y)}{\partial y} \frac{y}{x_i(\mathbf{p}, y)}$$

$$\epsilon_{ij} \equiv \frac{\partial x_i(\mathbf{p}, y)}{\partial p_j} \frac{p_j}{x_i(\mathbf{p}, y)}$$

以及：

$$s_i \equiv \frac{p_i x_i(\mathbf{p}, y)}{y}\text{，所以，} s_i \geqslant 0\text{，以及 } \sum s_i = 1$$

符号 η_i 表示商品 i 的**收入弹性**（income elasticity），它衡量了收入百分之一的变动所导致的 i 的需求量的百分比变化；符号 ϵ_{ij} 表示商品 i 的**价格弹性**（price elasticity），它衡量了价格 p_j 百分之一的变动所导致的 i 的需求量的百分比变化。如果 $j=i$ 的话，ϵ_{ii} 就是商品 i 的**自价格弹性**（own-price elasticity）。[①] 如果 $i \neq j$，ϵ_{ij} 就是商品 i 对价格 p_j 的**交叉价格弹性**（cross-price elasticity）。符号 s_i 代表购买商品 i 的花费所占的**收入份额**（income share），或者消费者收入的比例，s_i 非负且其和等于 1。

定理 1.17 消费者需求的加总

令 $\mathbf{x}(\mathbf{p}, y)$ 为消费者的马歇尔需求系统，符号 η_i、ϵ_{ij} 及 s_i 的含义同上，$i, j = 1, \cdots, n$。收入份额、价格和需求的收入弹性之间必存在如下关系：

1. 恩格尔加总（Engel aggregation）：$\sum_{i=1}^{n} s_i \eta_i = 1$；

2. 古诺加总（Cournot aggregation）：$\sum_{i=1}^{n} s_i \epsilon_{ij} = -s_j$，$j = 1, \cdots, n$。

证明：我们先回顾一下预算约束的相关知识，对所有的 $\mathbf{p}$ 和 y 来说，有：

$$y = \mathbf{p} \cdot \mathbf{x}(\mathbf{p}, y) \tag{P. 1}$$

恩格尔加总的意思是，收入弹性的加权值必为 1。为了证明定理的第一个结论，将（P. 1）对收入求微分，得：

$$1 = \sum_{i=1}^{n} p_i \frac{\partial x_i}{\partial y}$$

将等式两边的每一项同时乘以并除以 $x_i y$，整理得：

$$1 = \sum_{i=1}^{n} \frac{p_i x_i}{y} \frac{\partial x_i}{\partial y} \frac{y}{x_i}$$

根据定义进行替换，有：

$$1 = \sum_{i=1}^{n} s_i \eta_i$$

① 注意，此处没有为自价格弹性下定义，我们经常这么做，目的是要保证当需求量和自身价格负相关时，求出来的弹性结果仍是一个正数。

1

古诺加总的意思是，总可以用一种特定的方式对自价格弹性和交叉价格弹性的加权值求和。为了证明第二个结论，我们来考察一下单独一种商品的价格 p_j 变化的影响。令（P.1）的两边对 p_j 求微分，有：

$$0=\left[\sum_{i\neq j}^{n}p_i\frac{\partial x_i}{\partial p_j}\right]+x_j+p_j\frac{\partial x_j}{\partial p_j}$$

式中，我们把第 j 项拿出来单独进行微分，以此来强调在对 $p_jx_j(\mathbf{p},\ y)$ 项微分时必须使用乘法法则。注意，我们可以将上式各项组合、整理，得：

$$-x_j=\sum_{i=1}^{n}p_i\frac{\partial x_i}{\partial p_j}$$

两边同时乘以 p_j/y，得：

$$\frac{-p_ix_j}{y}=\sum_{i=1}^{n}\frac{p_i}{y}\frac{\partial x_i}{\partial p_j}p_j$$

等式右侧加总的每一项的分子分母同时乘以 x_i 得：

$$\frac{-p_jx_j}{y}=\sum_{i=1}^{n}\frac{p_ix_i}{y}\frac{\partial x_i}{\partial p_j}\frac{p_j}{x_i}$$

根据定义进行替换，证明完毕：

$$-s_j=\sum_{i=1}^{n}s_i\epsilon_{ij},\quad j=1,\cdots,n$$ ■

定理 1.10 至定理 1.17 共同给出了效用最大化行为的逻辑含义。齐次性告诉我们，需求一定会对价格和收入的同时整体性等比例变化做出反应；预算的平衡性要求消费者将收入用尽或花光；当需求函数系统对一般的价格变化做出反应时，斯勒茨基方程给出了一些“定性的”或“符号限制”方面的信息。此外，它还向我们提供了一些关于需求对价格反应的不可观察部分的洞见，包括收入效应和替代效应。最后，加总关系表明了将需求函数系统中的需求量“组合”在一起所必须采取的方式，这些需求量先是对收入变化做出反应，然后再对某一种价格变化做出反应。在下一章中，我们将探讨理论的其他含义，表 1-1 对目前为止学到的知识点做了总结。

表 1-1　消费需求的性质

马歇尔需求		
齐次性	$\mathbf{x}(\mathbf{p},y)=\mathbf{x}(t\mathbf{p},ty)$	对所有的$(\mathbf{p},y)$，且 $t>0$
对称性	$\frac{\partial x_i(\mathbf{p},y)}{\partial p_j}+x_j(\mathbf{p},y)\frac{\partial x_i(\mathbf{p},y)}{\partial y}=\frac{\partial x_j(\mathbf{p},y)}{\partial p_i}+x_i(\mathbf{p},y)\frac{\partial x_j(\mathbf{p},y)}{\partial y}$	对所有的$(\mathbf{p},y)$，且 $i,\ j=1,\cdots,n$

续表

马歇尔需求		
负半定	$\mathbf{z}^T\mathbf{s}(\mathbf{p},y)\mathbf{z}\leqslant 0$	对所有的$(\mathbf{p},y)$和$\mathbf{z}$
预算平衡性	$\mathbf{p}\cdot\mathbf{x}(\mathbf{p},y)=y$	对所有的$(\mathbf{p},y)$
恩格尔加总	$\sum_{i=1}^{n}s_i\eta_i=1$	
古诺加总	$\sum_{i=1}^{n}s_i\epsilon_{ij}=-s_j$	对所有的$j=1,\cdots,n$
希克斯需求		
齐次性	$\mathbf{x}^h(t\mathbf{p},u)=\mathbf{x}^h(\mathbf{p},u)$	对所有的$(\mathbf{p},u)$且$t>0$
对称性	$\dfrac{\partial x_i^h(\mathbf{p},y)}{\partial p_j}=\dfrac{\partial x_j^h(\mathbf{p},y)}{\partial p_i}$	对所有的$i,j=1,\cdots,n$
负半定	$\mathbf{z}^T\sigma(\mathbf{p},u)\mathbf{z}\leqslant 0$	对所有的$\mathbf{p},u$和$\mathbf{z}$
二者的关系		
斯勒茨基方程	$\dfrac{\partial x_i(\mathbf{p},y)}{\partial p_j}=\dfrac{\partial x_i^h(\mathbf{p},u)}{\partial p_j}-x_j(\mathbf{p},y)\dfrac{\partial x_i(\mathbf{p},y)}{\partial y}$	对所有的$(\mathbf{p},y)$，$u=v(\mathbf{p},y)$ 且$i,j=1,\cdots,n$

1.6　练习题

1.1　令$X=\mathbb{R}_+^2$，证明X满足假设1.1所规定的消费集的全部五条性质。

1.2　令$\succsim$表示偏好关系，证明：

(a) $\succ\subset\succsim$

(b) $\sim\subset\succsim$

(c) $\succ\cup\sim=\succsim$

(d) $\succ\cap\sim=\varnothing$

1.3　对下述论断给出证明或解释。

(a)“既不是$\succ$也不是$\sim$”是完备的；

(b) 对X中任意的$\mathbf{x}^1$，$\mathbf{x}^2$，如下关系只能有一个成立：$\mathbf{x}^1\succ\mathbf{x}^2$，或$\mathbf{x}^2\succ\mathbf{x}^1$，或$\mathbf{x}^1\sim\mathbf{x}^2$。

1.4　证明：如果$\succsim$表示偏好关系，则关系$\succ$和$\sim$都满足传递性。接着说明：如果$\mathbf{x}^1\sim\mathbf{x}^2\succsim\mathbf{x}^3$，则有$\mathbf{x}^1\succsim\mathbf{x}^3$。

1.5　如果$\succsim$表示偏好关系，对于任意的$\mathbf{x}^0\in X$，证明：

(a) $\sim(\mathbf{x}^0)=\succsim(\mathbf{x}^0)\cap\precsim(\mathbf{x}^0)$；

(b) $\succsim(\mathbf{x}^0)=\sim(\mathbf{x}^0)\cup\succ(\mathbf{x}^0)$；

(c) $\sim(\mathbf{x}^0)\cap\succ(\mathbf{x}^0)=\varnothing$；

(d) $\sim(\mathbf{x}^0)\cap\prec(\mathbf{x}^0)=\varnothing$；

(e) $\prec(\mathbf{x}^0)\cap\succ(\mathbf{x}^0)=\varnothing$；

(f) $\prec(\mathbf{x}^0)\cap\sim(\mathbf{x}^0)\cap\succ(\mathbf{x}^0)=\varnothing$；

(g) $\prec(\mathbf{x}^0)\cup\sim(\mathbf{x}^0)\cup\succ(\mathbf{x}^0)=X$。

1.6　一名“普通”消费者的某个偏好可能不满足有关凸性的公理，试举例说明。

1.7　证明：根据公理5′，对任意的$\mathbf{x}^0\in X$，集合$\succsim(\mathbf{x}^0)$是一个凸集。

1.8　画出一个无差异集的图形，要求无差异曲线是平行的、有负斜率的直线，偏好沿着右上角方向递增。我们知道类似的偏好满足公理1、2、3和4，证明它们也满足公理5′；证明它们不满足公理5。

1.9　画出一个无差异集的图形，要求无差异曲线是平行的直角线，它们在$x_1=x_2$处弯折。如果该偏好沿着右上角方向递增，满足公理1、2、3和4′，证明它们也满足公理5′；它们满足公理4吗？满足公理5吗？

1.10　画出一个满足公理1、2、3和4的无差异集，它有的地方凸向原点，有的地方是“直线”形的。证明该偏好符合公理5′但违反公理5。

1.11　证明：如果$\succsim$是连续的，那么定理1.1

证明中的集合 A 和 B 在 $\mathbb{R}$ 上是闭的。

1.12 假设 $u(x_1, x_2)$ 和 $v(x_1, x_2)$ 都是效用函数。

(a) 证明：如果 $u(x_1, x_2)$ 和 $v(x_1, x_2)$ 都是 r 阶齐次的，那么 $s(x_1, x_2) \equiv u(x_1, x_2)+v(x_1, x_2)$ 也是 r 阶齐次的。

(b) 证明：如果 $u(x_1, x_2)$ 和 $v(x_1, x_2)$ 都是拟凹的，那么 $m(x_1, x_2) \equiv \min\{u(x_1, x_2), v(x_1, x_2)\}$ 也是拟凹的。

1.13 当 $x_1^1 > x_1^2$ 或 $x_1^1 = x_1^2$ 以及 $x_2^1 \geqslant x_2^2$ 的时候，如果$\succsim$关系满足 $\mathbf{x}^1 \succsim \mathbf{x}^2$，则消费者在 $\mathbf{x} \in \mathbb{R}_+^2$ 上有一个“字典式”的偏好。

(a) 画出这类偏好的无差异图；

(b) 能用一个连续的效用函数表示这类偏好吗？为什么？

1.14 假设偏好关系$\succsim$可以用一个连续的效用函数来表示，证明$\succsim$满足公理 1、2 和 3。

1.15 证明：只要 $\mathbf{p} \gg \mathbf{0}$，则预算集 B 就是一个紧的且凸的集合。

1.16 根据假设 1.2，证明正文中如下论断：

(a) 如果 $\mathbf{x}^*$ 是消费者问题的解，则 $\mathbf{x}^*$ 是唯一的；

(b) $\mathbf{x}^*$ 将花光消费者所有的收入，且满足 $y = \mathbf{p} \cdot \mathbf{x}^*$。

1.17 假设偏好是凸的，但不是严格凸的。给出一个令人信服的解释，说明消费者问题的解是存在的但不是唯一的。用一个包含两种商品的例子来说明你的答案。

1.18 考虑一个只有两种商品的情形，该消费者问题的解是 $x_1^* > 0$，$x_2^* = 0$。阐明和（1.11）相似的那些条件，用类似图 1-10 的图形显示出解的特征并说明你的答案。

1.19 证明定理 1.2。

1.20 假设偏好关系可以用一个柯布-道格拉斯形式的效用函数表示，$u(x_1, x_2) = Ax_1^{\alpha} x_2^{1-\alpha}$，$0<\alpha<1$ 并且 $A>0$。如果存在内解的话，求出马歇尔需求函数。

1.21 我们已经知道，$u(\mathbf{x})$ 的正单调变换不会改变函数的性质，一个常见的变换是对数变换，$\ln(u(\mathbf{x}))$。对前面练习题中的函数作对数变换，然后利用变换后的效用函数推导马歇尔需求函数，并证明该需求函数和之前推导的那个在本质上是相同的。

1.22 将前一个练习题的结论一般化。假设偏好可由效用函数 $u(\mathbf{x})$ 表示，存在内解，消费者的需求函数 $\mathbf{x}(\mathbf{p}, y)$ 由（1.10）中的条件决定。现在考虑一个效用函数 $f(u(\mathbf{x}))$，其中 $f'>0$。说明在两种情况下，刻画消费者问题的解的特征的一阶条件可以简化成同样的一组方程。需要得出的结论是：对效用函数的正单调变换并不会改变消费者的需求行为。

1.23 证明定理 1.3。

1.24 令 $u(\mathbf{x})$ 表示某些消费者的偏好，它在 $\mathbf{x} \in \mathbb{R}_+^n$ 上是单调的。说明下面的方程 $f(\mathbf{x})$ 是否也代表了同样的偏好。在每一种情况下，你都需要用一个观点或者反例来证实你的答案。

(a) $f(\mathbf{x}) = u(\mathbf{x}) + (u(\mathbf{x}))^3$；

(b) $f(\mathbf{x}) = u(\mathbf{x}) - (u(\mathbf{x}))^2$；

(c) $f(\mathbf{x}) = u(\mathbf{x}) + \sum_{i=1}^{n} x_i$。

1.25 消费者具有一个凸且单调的偏好，两种商品 x_1，x_2 的消费量都是非负的。

(a) 如果 $u(x_1, x_2) = x_1^{\alpha} x_2^{1/2-\alpha}$ 代表了这种偏好，参数 α 的取值会有哪些限制？请解释；

(b) 给定这些条件，计算马歇尔需求函数。

1.26 消费者消费两种商品，收入和商品价格均为正，其效用函数是：

$$u(x_1, x_2) = x_1$$

推导马歇尔需求函数。

1.27 消费者消费两种商品，收入和商品价格均为正，其效用函数是：

$$u(x_1, x_2) = \max[\alpha x_1, \alpha x_2] + \min[x_1, x_2],$$

$0<\alpha<1$

推导马歇尔需求函数。

1.28 在定理 1.4 的证明中，我们用到了如下事实：如果效用函数 $u(\cdot)$ 拟凹，且关于 $\mathbf{x}$ 可微，以及$u(\mathbf{y})\geqslant u(\mathbf{x})$，那么$\nabla u(\mathbf{x})\cdot(\mathbf{y}-\mathbf{x})\geqslant 0$。下面分两步来证明这个事实：

(a) 如果$u(\mathbf{x})\geqslant u(\mathbf{y})$，$u(\cdot)$拟凹且关于$\mathbf{x}$可微意味着$u((1-t)\mathbf{x}+t\mathbf{y})$关于$t$的导数在$t=0$时的值一定是非负的；

(b) 计算$u((1-t)\mathbf{x}+t\mathbf{y})$关于$t$的导数在$t=0$时的取值，说明结果等于$\nabla u(\mathbf{x})\cdot(\mathbf{y}-\mathbf{x})$。

1.29 行为人1可以活无限期，他终生只有1单位的商品用来消费。商品可以存储，但没有利息。第t期的商品消费为x_t，其终生效用函数为：

$$u(x_0,x_1,x_2,\cdots)=\sum_{t=0}^{\infty}\beta^t\ln(x_t),\ 0<\beta<1$$

计算每一期的最优消费是多少。

1.30 在两种商品的情形里，间接效用函数在价格空间的水平集为$\{(p_1,\ p_2)\mid v(p_1,\ p_2,\ y)=v^0\}$，其中$v^0\in\mathbb{R}$。有时我们将其称为**价格无差异曲线**（price-indifference curve），画出这个图形，对其斜率、曲率以及效用的变动方向进行说明。

1.31 说明例题1.2中的间接效用函数是价格和收入的拟凹函数。

1.32 在定理1.6中，我们要求$u(\mathbf{x})$是严格递增的。现在，如果我们要将偏好的这个要求拿掉，必须对定理1至定理6做什么样的修改？用两种商品的例子来论证和说明你的观点。

1.33 令$v(\mathbf{p},\ y)$代表行为人的间接效用函数。说明函数的任意正单调变换都不会改变需求行为，且间接效用函数的任意单调转换都可以当成行为人的间接效用函数。

1.34 说明如果$u(\mathbf{x})$是连续且严格递增的，那么对每个$\mathbf{p}\gg\mathbf{0}$来说，$e(\mathbf{p},\ u)$关于u是没有上界的。

1.35 利用性质5完成对定理1.7的证明。

1.36 按照下列步骤，用另一种方法证明罗伊等式：

(a) 利用v的定义，说明如果$\mathbf{p}^0\gg\mathbf{0}$且$\mathbf{x}^0=\mathbf{x}(\mathbf{p}^0,\ y^0)$，那么$v(\mathbf{p},\ \mathbf{p}\cdot\mathbf{x}^0)\geqslant v(\mathbf{p}^0,\ \mathbf{p}^0\cdot\mathbf{x}^0)$，$\forall\,\mathbf{p}\gg\mathbf{0}$；

(b) 证明：$f(\mathbf{p})=v(\mathbf{p},\ \mathbf{p}\cdot\mathbf{x}^0)$在$\mathbb{R}^n_{++}$的$\mathbf{p}=\mathbf{p}^0$处取最小值；

(c) 假设f关于$\mathbf{p}^0$可微，在$\mathbf{p}^0$处其梯度是多少？

(d) 利用(a)到(c)来证明罗伊等式。

1.37 按照下列步骤，用另一种方法来证明谢泼德引理：

(a) 利用e的定义，说明如果$\mathbf{p}^0\gg\mathbf{0}$且$\mathbf{x}^0=\mathbf{x}^h(\mathbf{p}^0,u^0)$，那么对所有的$\mathbf{p}\gg\mathbf{0}$，有$e(\mathbf{p},\ u^0)\leqslant\mathbf{p}\cdot\mathbf{x}^0$，当$\mathbf{p}=\mathbf{p}^0$的时候，取等式；

(b) 证明$f(\mathbf{p})\equiv e(\mathbf{p},u)-\mathbf{p}\cdot\mathbf{x}^0$在$\mathbb{R}^n_{++}$的$\mathbf{p}=\mathbf{p}^0$处取最大值；

(c) 假设f关于$\mathbf{p}^0$可微，在$\mathbf{p}^0$处其梯度是多少？

(d) 假设$e(\mathbf{p},\ u)$关于$\mathbf{p}$可微，利用(a)到(c)来证明罗伊等式。

1.38 证明在例题1.3中，根据CES形式的直接效用函数得到的支出函数满足定理1.7给出的全部性质。

1.39 通过说明$\mathbf{x}^h(\mathbf{p},\ u)=\mathbf{x}(\mathbf{p},\ e(\mathbf{p},\ u))$来完成对定理1.9的证明；

1.40 根据罗伊等式和定理A2.6，用另一种方法证明“$x_i(\mathbf{p},\ y)$关于价格和收入是零阶齐次的”。

1.41 证明：希克斯需求关于价格是零阶齐次的。

1.42 证明定理1.13给出的现代“需求定理”，接着证明“需求定理”中的每个表述的逆命题都不为真。

1.43 出于解释的目的，我们分别推导了定理1.14和定理1.15，但实际上第二个定理包含着第一个。说明当替代矩阵$\sigma(\mathbf{p},\ u)$是负半定的时候，所有的自替代项都是非正的。

1.44 在两种商品的情形中，说明如果一种商品是低档品的话，另一种商品必为正常品。

1.45 固定$\mathbf{x}^0\in\mathbb{R}^n_+$，定义$\mathbf{x}^0$处的**斯勒茨基补偿需求函数**（Slutsky-compensated demand function）为$\mathbf{x}^s(\mathbf{p},\mathbf{x}^0)$，$\mathbf{x}^s(\mathbf{p},\ \mathbf{x}^0)=\mathbf{x}(\mathbf{p},\ \mathbf{p}\cdot\mathbf{x}^0)$。因此，在$\mathbf{x}^0$处的斯勒茨基补偿需求的含义是，随着价格变化对

1

消费者的收入做出补偿，使得消费者总是能够买得起商品组合 $\mathbf{x}^0$。令 $\mathbf{x}^0=\mathbf{x}(\mathbf{p}^0, y^0)$，说明：

$$\frac{\partial x_i^s(\mathbf{p}^0,\mathbf{x}^0)}{\partial p_j}=\frac{\partial x_i^h(\mathbf{p}^0,u^0)}{\partial p_j},\ i,j=1,\cdots,n$$

其中，$u^0=u(\mathbf{x}^0)$。于是，希克斯补偿需求和斯勒茨基补偿的斜率相同。因此，斯勒茨基矩阵是斯勒茨基补偿的斜率的矩阵，这也是其名字的最初由来。

1.46 在消费者需求系统中，我们能推导出在价格弹性和收入弹性之间必定存在另外一组关系，其中一个可由齐次性直接得到，实际上，它可以被视为对这个原理的重新表述，证明：$\sum_{i=1}^{n}\epsilon_{ij}+\eta_i=0$，$i=1$，…，$n$。

1.47 假设 $u(\mathbf{x})$ 是一个线性齐次的效用函数：

(a) 说明支出函数关于 $\mathbf{p}$ 和 u 是乘法可分的，它可以写成 $e(\mathbf{p}, u)=e(\mathbf{p}, 1)u$ 的形式；

(b) 说明收入的边际效用同 $\mathbf{p}$ 有关，但同 y 无关。

1.48 假设函数关于 $\mathbf{p}$ 和 u 是乘法可分的，所以 $e(\mathbf{p}, u)=k(u)g(\mathbf{p})$，其中 $k(\cdot)$ 是某个变量的正单调函数，g：$\mathbb{R}_+^n\to\mathbb{R}_+$。说明每种商品的（马歇尔）需求的收入弹性都等于 1。

1.49 下面给出的信息是关于需求函数和消费者将全部收入用于两种商品的支出模式方面的：(1) 在当前价格水平上，消费者在两种商品上的花费相同；(2) 在当前价格水平上，商品 1 的自价格需求弹性等于-3。

(a) 在当前价格水平，商品 2 的需求量对商品 1 的价格弹性（也即交叉弹性）是多少？

(b) (1) 和 (2) 在任何价格水平上都成立吗？为什么？

1.50 某人消费一种商品 x，他的间接效用函数为：

$$v(p,y)=G\left(A(p)+\frac{\overline{y}_\eta y^{1-\eta}}{1-\eta}\right)$$

其中，$A(p)=\int_p^{p0}x(\xi, \overline{y})\mathrm{d}\xi$。

$G(\cdot)$ 是某个变量的正单调函数。

(a) 推导出消费者对 x 商品的需求，说明它有着一个固定的收入弹性 η；

(b) 假设消费者的收入为 $\overline{y}$，x 的价格从 p 上升到 p'，$p'>p$。说明价格变化导致的消费者的效用变化可以用 $-\int_p^{p'}x(\xi, \overline{y})\mathrm{d}\xi<0$ 来衡量，请解释这个测度的含义。

1.51 考虑效用函数 $u(x_1, x_2)=(x_1)^{1/2}+(x_2)^{1/2}$。

(a) 算出需求函数 $x_i(p_1, p_2, y)$，$i=1, 2$；

(b) 算出 p_2 变化对 x_1 的影响的斯勒茨基方程的替代项；

(c) 区分 x_1 和 x_2 之间的关系（互补还是替代）。

1.52 对所有价格和收入水平而言，假设 $\underline{\eta}$，$\overline{\eta}$ 分别代表着 x_i 商品的需求收入弹性的上、下限，则：

$$\underline{\eta}\leqslant\frac{\partial x_i(\mathbf{p},y)}{\partial y}\frac{y}{x_i(\mathbf{p},y)}\leqslant\overline{\eta}$$

说明对任意的 y 和 y^0，有：

$$\left(\frac{y}{y^0}\right)^{\underline{\eta}}\leqslant\frac{x_i(\mathbf{p},y)}{x_i(\mathbf{p},y^0)}\leqslant\left(\frac{y}{y^0}\right)^{\overline{\eta}}$$

1.53 行为人 A 和 B 的支出函数如下。在每一种情形中，两人可观察的行为是相同还是不同？解释原因。

(a) $e^A(\mathbf{p}, u)$ 和 $e^B(\mathbf{p}, u)=e^A(\mathbf{p}, 2u)$；

(b) $e^A(\mathbf{p},u)=k(u)g(\mathbf{p})$，其中，$k'(u)>0$，以及 $e^B(\mathbf{p}, u)=2e^A(\mathbf{p}, u)$。

1.54 n 种商品的柯布-道格拉斯效用函数为：

$$u(\mathbf{x})=A\prod_{i=1}^{n}x_i^{\alpha_i}$$

其中，$A>0$，$\sum_{i=1}^{n}\alpha_i=1$。

(a) 推导马歇尔需求函数；

(b) 推导间接效用函数；

(c) 求出支出函数；

(d) 求出希克斯需求。

1.55 假设

$$u(\mathbf{x}) = \sum_{i=1}^{n} f_i(x_i)$$

是严格拟凹的，对于所有的 i，$f_i'(x_i)>0$，消费者面临着固定价格 $\mathbf{p}\gg\mathbf{0}$，收入为 $y>0$。假设 $\mathbf{x}(\mathbf{p}, y)\gg\mathbf{0}$。

(a) 证明：如果一种商品在 $\mathbf{x}(\mathbf{p}, y)$ 上表现出边际效用递增，那么其他所有商品在此处必定是边际效用递减的。

(b) 证明：如果一种商品表现出边际效用递增而其他所有商品表现出边际效用递减，则该种商品是正常品而其他所有商品都是低档品。

(c) 证明：如果所有商品在 $\mathbf{x}(\mathbf{p}, y)$ 上都表现出边际效用递减，则所有商品都是正常品。

1.56 如果下列函数都是合格的间接效用函数，则 α_i，$f(y)$，$w(p_1, p_2)$，$z(p_1, p_2)$ 需要满足什么条件？

(a) $v(p_1, p_2, p_3, y)=f(y)\ p_1^{\alpha 1} p_2^{\alpha 2} p_3^{\alpha 3}$；

(b) $v(p_1, p_2, y)=w(p_1, p_2)+z(p_1, p_2)/y$。

1.57 Stone-Geary **效用函数**具有如下形式：

$$u(\mathbf{x}) = \prod_{i=1}^{n} (x_i - a_i)^{b_i}$$

其中，$b_i\geqslant 0$，且 $\sum_{i=1}^{n} b_i = 1$。$a_i\geqslant 0$ 常被解释成各种商品的“生存”水平。

(a) 导出相应的支出函数和间接效用函数。注意，前者关于效用是线性的，而后者是“可自由支配的收入”(discretionary income) $y-\sum_{i=1}^{n} p_i a_i$ 的一个比例。

(b) 证明：当商品 x_i 的购买量超出其生存水平 a_i 之后，b_i 衡量了用于购买该种商品的“可自由支配的收入”所占的份额。

1.58 你在上一道题的 (a) 部分中推导出的 Stone- Geary 支出函数属于 Gorman **函数**的一种特例：

$$e(\mathbf{p},u)=a(\mathbf{p})+ub(\mathbf{p})$$

其中，$a(\mathbf{p})$，$b(\mathbf{p})$ 都是线性其次且凹的。说明：对一名有这种支出函数的消费者来说，随着 $y\to 0$，每种商品的需求的收入弹性接都近于 0，随着 $y\to\infty$，每种商品的需求的收入弹性都接近于 1。

1.59 如果 $e(\mathbf{p}, u)=z(p_1, p_2)p_3^m u$，其中 $m>0$。如果要使该函数成为一个合理的支出函数，$z(p_1, p_2)$ 需要满足什么条件？

1.60 假设 $x_1(\mathbf{p}, y)$，$x_2(\mathbf{p}, y)$ 在 $(\mathbf{p}^0, y^0)$ 处的收入弹性相等。说明在该点有 $\partial x_1/\partial p_2=\partial x_2/\partial p_1$。

1.61 说明斯勒茨基关系可以用弹性来表示：

$$\epsilon_{ij} = \epsilon_{ij}^{h} - s_j \eta_i$$

其中，ϵ_{ij}^{h} 是商品 x_i 的希克斯需求对价格 p_j 的弹性，其他各项的含义见定义 1.6。

1.62 根据**希克斯第三定理** (Hicks' third law)：

$$\sum_{j=1}^{n} \frac{\partial x_i^h(\mathbf{p},u)}{\partial p_j} p_j = 0, \quad i = 1,\cdots,n$$

或者等价于弹性的形式：

$$\sum_{j=1}^{n} \epsilon_{ij}^{h} = 0, \quad i = 1, \cdots, n$$

证明这个式子，说明它也同样适用于如下情况：一个消费者具有如同练习题 1.54 那样的 n 种商品的柯布-道格拉斯效用函数。

1.63 效用最大化的消费者在价格 $(8, p)$ 的需求系统的替代矩阵是

$$\begin{pmatrix} a & b \\ 2 & -1/2 \end{pmatrix}$$

求出 a，b 和 p。

1.64 下列命题是否正确？

(a) 对所有的 i，j 而言，如果两种商品的消费比率 x_i/x_j 同收入水平无关，那么所有商品的收入弹性都等于 1；

(b) 当不同商品的收入弹性固定不变且相同的时候，它们必定全部为 1；

(c) 如果效用函数是位似的，收入的边际效

用和价格无关，只和收入有关。

1.65 说明效用函数是位似的，当且仅当所有的需求函数关于价格和收入都是乘法可分的，而且具有$\mathbf{x}(\mathbf{p},\ y)=\phi(y)\mathbf{x}(\mathbf{p},\ 1)$形式。

1.66 消费者在收入 y^0 和价格 $\mathbf{p}^0$ 时的效用为 $u^0=v(\mathbf{p}^0,\ y^0)$。当价格变为 $\mathbf{p}^1$ 的时候，其生活成本会受到影响。为了估计价格变化的影响，我们**将生活成本指数**（cost of living index）定义为：

$$I(\mathbf{p}^0,\mathbf{p}^1,u^0)\equiv\frac{e(\mathbf{p}^1,u^0)}{e(\mathbf{p}^0,u^0)}$$

(a) 证明：随着维持基期效用 u^0 所需的费用增加（或下降），$I(\mathbf{p}^0,\ \mathbf{p}^1,\ u^0)$ 将大于（或小于）1；

(b) 假设消费者的收入也由 y^0 变为 y^1。说明只要 y^1/y^0 大于（或小于）$I(\mathbf{p}^0,\ \mathbf{p}^1,\ u^0)$，消费者的境况就会变好（或坏）。

1.67 上一题介绍了生活成本指数。假设消费者的直接效用函数是 $u(x_1,\ x_2)=\sqrt{x_1}+x_2$。

(a) 令基期价格为 $\mathbf{p}^0=(1,\ 2)$，基期收入为 $y^0=10$，假设 $\mathbf{p}^1=(2,\ 1)$，求出指数 I；

(b) 基期和当期价格和 (a) 中的一样，但基期的效用为 u^0，说明指数 I 的值和基期效用水平有关；

(c) 证明：当消费者有着位似的偏好时，对任意的价格 $\mathbf{p}^0$，$\mathbf{p}^1$，I 都同基期的效用无关。

1.68 证明：我们总可以用 $\partial\ln[e(\mathbf{p},\ u^*)]/\partial\ln(p_i)$ 来衡量花在商品 x_i 上的收入份额，其中 $u^*\equiv v(\mathbf{p},\ y)$。

第2章　关于消费者理论的若干专题

本章将探讨关于消费者理论的其他专题。我们先从对偶理论开始，彻底考察效用、间接效用以及支出函数之间的联系。接下来会研究经典的“可积性”问题，我们想知道，一个关于收入和价格的函数必须要满足哪些条件，才能成为一个合格的效用最大化消费者的需求函数。我们的理论为可观察的需求行为施加了各种约束，而该问题的答案就会给这些约束提供一个完整的说明。“显示偏好”是构建需求理论的另一种方法，本章也会给予关注。最后，通过探讨不确定条件下的选择问题，我们将对个体消费者的介绍做一个总结。

2.1　对偶：一个详细的说明

前面说过，效用最大化问题和支出最小化问题的解在某种意义上是相同的，定理1.9郑重其事地表达了这个思想。本节将进一步探讨直接效用函数、间接效用函数以及支出函数之间的关系。我们将表明，从若干有关偏好的公理出发来推导出消费者理论，尽管看起来顺理成章、一气呵成，但基于支出行为的公理也能发展出一个同样（或等价）的理论。实际上，对每一个关于价格和收入的函数来说，一旦具有了支出函数的全部性质之后，也就成为支出函数了，一个性状良好（well-behaved）的效用函数就能生成这样的支出函数。结论本身很有趣，当用它来完整地刻画消费者需求行为理论的可观察特征时，其真正的意义就一目了然了。这个令人惊讶的特征源于所谓的“可积性定理”，下一节会详细介绍。考虑到该结论的重要性，本节可视为后面内容的铺垫。

2.1.1　支出和消费者的偏好

考虑任意一个价格和效用的函数 $E(\mathbf{p}, u)$，它可不一定就是支出函数。现在，假设 E 满足定理 1.7 提到的支出函数的所有性质（性质 1～7），即关于 u 是连续的、严格递增的和无上界的，而关于 $\mathbf{p}$ 是递增的、一阶齐次的、凹的和可微的。所以，它“看起来像”一个支出函数，我们将证明，它一定是支出函数。特别地，我

2

们会介绍，在$\mathbb{R}^n_+$中必存在一个效用函数，它的支出函数恰好是E，而本章确实也会明确给出一个构建此类效用函数的方法。

为了了解函数的构建方式，如图 2-1（a）所示，选择（$\mathbf{p}^0$，u^0）$\in\mathbb{R}^n_{++}\times\mathbb{R}_+$，并取$E$值，得到$E(\mathbf{p}^0, u^0)$的数值，再用这个数构建消费集上的“半空间”：

$$A(\mathbf{p}^0,u^0)\equiv\{\mathbf{x}\in\mathbb{R}^n_+\mid\mathbf{p}^0\cdot\mathbf{x}\geqslant E(\mathbf{p}^0,u^0)\}$$

注意，$A(\mathbf{p}^0, u^0)$是一个包含了超平面$\mathbf{p}^0\cdot\mathbf{x}=E(\mathbf{p}^0, u^0)$及其上方所有点的闭的凸集。现在保持$u^0$不变而选择一个新的$\mathbf{p}^1$再建一个闭的凸集：

$$A(\mathbf{p}^1,u^0)\equiv\{\mathbf{x}\in\mathbb{R}^n_+\mid\mathbf{p}^1\cdot\mathbf{x}\geqslant E(\mathbf{p}^1,u^0)\}$$

对所有的$\mathbf{p}\gg\mathbf{0}$不断地重复这个过程，最后会形成一个无限的交集：

$$A(u^0)\equiv\bigcap_{\mathbf{p}\gg\mathbf{0}}A(\mathbf{p},u^0)=\{\mathbf{x}\in\mathbb{R}^n_+\mid\mathbf{p}\cdot\mathbf{x}\geqslant E(\mathbf{p},u^0)\text{，对所有的 }\mathbf{p}\gg\mathbf{0}\}\tag{2.1}$$

图 2-1（b）的阴影部分画出了$A(\mathbf{p}, u^0)$的一个有限的交集，从中大致可以看出$A(u^0)$的样子。可以想象一下，随着考察的价格逐渐上升，会有更多的集合并入这个交集中，阴影部分的面积会越来越接近一个拟凹实值函数的上优集。这样你会察觉到，用这些集合可以构建一个间接效用函数，它代表着凸且单调的偏好。的确如此！下面的定理就说明了这一点。

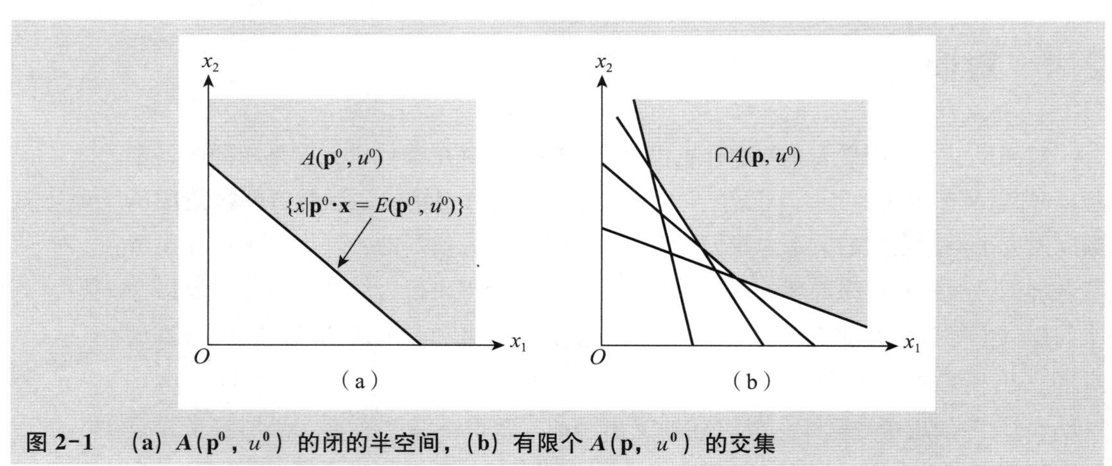

图 2-1 (a) $A(\mathbf{p}^0, u^0)$ 的闭的半空间，(b) 有限个 $A(\mathbf{p}, u^0)$ 的交集

定理 2.1 由支出函数来构建效用函数

令E：$\mathbb{R}^n_{++}\times\mathbb{R}_+\rightarrow\mathbb{R}_+$满足定理 1.7 给出的关于支出函数的全部 7 条性质，$A(u)$同（2.1）中的一样，函数u：$\mathbb{R}^n_+\rightarrow\mathbb{R}_+$由下式给出：

$$u(\mathbf{x})\equiv\max\{u\geqslant0\mid\mathbf{x}\in A(u)\}$$

那么，该函数必为递增的、无上界的且拟凹的。

你可能会奇怪，为什么要用这种方式来定义$u(\mathbf{x})$呢？毕竟用$E(\mathbf{p}, u)$来给$\mathbf{x}\in\mathbb{R}^n_+$赋值的方式多种多样。为了了解个中原因，让我们暂且忘了$u(\mathbf{x})$的含义，假设$E(\mathbf{p}, u)$其实就是由某个效用函数$u(\mathbf{x})$生成的支出函数。现在，怎么利用$E(\mathbf{p}, u)$的信息再推导回$u(\mathbf{x})$呢？注意，根据支出函数的定义，对所有的$\mathbf{p}\gg\mathbf{0}$，有$\mathbf{p}\cdot\mathbf{x}\geqslant E(\mathbf{p}, u(\mathbf{x}))$；而且对某些价格来说，该式常以等式成立。这样的话，鉴于E关于u是严格递增的，所以$u(\mathbf{x})$就是u的最大值，使得$\mathbf{x}\in A(u)$。于是，当$E(\mathbf{p}, u)$真的是一个支出函数的时候，刚才所做的构建工作恰好就是倒推出生成该支出函数的效用函数。前面的过程告诉我们，证明所采用的策略是：先说明$u(\mathbf{x})$是一个由定理2.1所定义的且满足了相关公理的效用函数；然后再表明，E实际上就是由$u(\mathbf{x})$所生成的一个支出函数（这正是定理2.2的内容）。下面给出定理2.1的证明。

证明：注意，根据$A(u)$的定义，我们可以将$u(\mathbf{x})$写成：

$$u(\mathbf{x})\equiv\max\{u\geqslant 0\mid \mathbf{p}\cdot\mathbf{x}\geqslant E(\mathbf{p},u)\ \forall\,\mathbf{p}\gg\mathbf{0}\}$$

首先必须要做的工作是明确定义$u(\mathbf{x})$这个函数，也就是必须证明集合$\{u\geqslant 0\mid \mathbf{p}\cdot\mathbf{x}\geqslant E(\mathbf{p}, u)\ \forall\,\mathbf{p}\gg\mathbf{0}\}$包含了最大的元素。原因大致如下：首先，我们将该集合称为$B(\mathbf{x})$，因为$E(\mathbf{p}, u)$关于u是无上界且递增的，所以$B(\mathbf{x})$必有上界以及一个最小的上界值$\hat{u}$。因为$B(\mathbf{x})$是一个闭集，必可证明$\hat{u}\in B(\mathbf{x})$，具体原因略去不表。

明确定义了$u(\mathbf{x})$之后，再来考虑一下$u(\mathbf{x})$递增的问题。

如果$\mathbf{x}^1\geqslant\mathbf{x}^2$，那么

$$\mathbf{p}\cdot\mathbf{x}^1\geqslant\mathbf{p}\cdot\mathbf{x}^2\quad\forall\,\mathbf{p}\gg\mathbf{0}\tag{P.1}$$

由于$\mathbf{x}^1$所有的成分都不会小于$\mathbf{x}^2$，根据$u(\mathbf{x}^2)$的定义，有：

$$\mathbf{p}\cdot\mathbf{x}^2\geqslant E(\mathbf{p},u(\mathbf{x}^2))\quad\forall\,\mathbf{p}\gg\mathbf{0}\tag{P.2}$$

将（P.1）和（P.2）结合在一起，意味着

$$\mathbf{p}\cdot\mathbf{x}^1\geqslant E(\mathbf{p},u(\mathbf{x}^2))\quad\forall\,\mathbf{p}\gg\mathbf{0}\tag{P.3}$$

因此，$u(\mathbf{x}^2)$满足条件$\mathbf{x}^1\in A(u(\mathbf{x}^2))$，但$u(\mathbf{x}^1)$是满足$\mathbf{x}^1\in A(u)$的最大的$u$，于是有$u(\mathbf{x}^1)\geqslant u(\mathbf{x}^2)$，这表明$u(\mathbf{x})$是递增的。

$u(\cdot)$在$\mathbb{R}^n_+$上无界源于$E(\cdot)$关于$\mathbf{p}$是递增的、凹的、齐次的和可微的等性质，以及u的定义域是全部的$\mathbb{R}^n_+$这个事实。这里就不再赘述了（可参考定理2.2的证明）。

为了证明$u(\cdot)$是拟凹的，我们必须说明，对所有的$\mathbf{x}^1$，$\mathbf{x}^2$以及二者的凸组合$\mathbf{x}^t$来说，有$u(\mathbf{x}^t)\geqslant\min[u(\mathbf{x}^1), u(\mathbf{x}^2)]$。为了了解这一点，假设$u(\mathbf{x}^1)=\min[u(\mathbf{x}^1), u(\mathbf{x}^2)]$，由于$E$关于$u$是严格递增的，进而$E(\mathbf{p}, u(\mathbf{x}^1))\leqslant E(\mathbf{p}, u(\mathbf{x}^2))$以及

$$tE(\mathbf{p},u(\mathbf{x}^1))+(1-t)E(\mathbf{p},u(\mathbf{x}^2))\geqslant E(\mathbf{p},u(\mathbf{x}^1))\quad\forall\,t\in[0,1]\tag{P.4}$$

根据$u(\mathbf{x}^1)$，$u(\mathbf{x}^2)$的定义，有：

2

$$\mathbf{p}\cdot\mathbf{x}^1\geqslant E(\mathbf{p},u(\mathbf{x}^1)),\quad \forall\,\mathbf{p}\gg\mathbf{0}$$
$$\mathbf{p}\cdot\mathbf{x}^2\geqslant E(\mathbf{p},u(\mathbf{x}^2)),\quad \forall\,\mathbf{p}\gg\mathbf{0}$$

将两个式子各自乘以 $t\geqslant 0$ 和 $(1-t)\geqslant 0$，然后相加，利用（P. 4），有：

$$\mathbf{p}\cdot\mathbf{x}^t\geqslant E(\mathbf{p},u(\mathbf{x}^1)),\quad \forall\,\mathbf{p}\gg\mathbf{0}\text{ 以及 }t\in[0,1]$$

因此，根据 $u(\mathbf{x}^t)$的定义，有 $u(\mathbf{x}^t)\geqslant u(\mathbf{x}^1)=\min[u(\mathbf{x}^1),\ u(\mathbf{x}^2)]$，得证。■

定理 2.1 说明，我们可以从支出函数出发来构建一个效用函数，它表示了凸且单调的偏好，当然，偏好的性质远不止于此。如果我们由这个偏好和效应函数出发，会推导出一个相关的支出函数，我们从终点又回到了起点！

定理 2.2　引致效用 u 的支出函数是 E

令 $E(\mathbf{p},\ u)\in\mathbb{R}^n_{++}\times\mathbb{R}_+$ 满足定理 1.7 规定的支出函数的全部 7 条性质，$u(\mathbf{x})$ 是像定理 2.1 那样由 E 推导出来的，那么对于所有的非负的价格和收入，有：

$$E(\mathbf{p},u)=\min_{\mathbf{x}}\mathbf{p}\cdot\mathbf{x}\quad \text{s. t.}\quad u(\mathbf{x})\geqslant u$$

即 $E(\mathbf{p},\ u)$ 是由引致效用（或派生效用，derived utility）$u(\mathbf{x})$ 生成的支出函数。

证明：保持 $\mathbf{p}^0\gg\mathbf{0}$ 和 $u^0\geqslant 0$ 不变，假设 $\mathbf{x}\in\mathbb{R}^n_+$ 满足 $u(\mathbf{x})\geqslant u^0$。注意，由于 $u(\cdot)$ 像定理 2.1 那样可由 E 推出，于是，必有：

$$\mathbf{p}\cdot\mathbf{x}\geqslant E(\mathbf{p},u(\mathbf{x})),\quad \forall\,\mathbf{p}\gg\mathbf{0}$$

此外，由于 E 是一个递增的效用函数，并且 $u(\mathbf{x})\geqslant u^0$，必有：

$$\mathbf{p}\cdot\mathbf{x}\geqslant E(\mathbf{p},u^0)\quad \forall\,\mathbf{p}\gg\mathbf{0}\tag{P. 1}$$

于是，对任意价格 $\mathbf{p}^0$，有：

$$E(\mathbf{p}^0,\ u^0)\leqslant\mathbf{p}^0\cdot\mathbf{x}\quad \forall\,\mathbf{x}\in\mathbb{R}^n_+\quad \text{s. t.}\quad u(\mathbf{x})\geqslant u^0\tag{P. 2}$$

可（P. 2）意味着：

$$E(\mathbf{p}^0,u^0)\leqslant\min_{\mathbf{x}\in\mathbb{R}^n_+}\mathbf{p}^0\cdot\mathbf{x}\quad \text{s. t.}\quad u(\mathbf{x})\geqslant u^0\tag{P. 3}$$

我们想表明（P. 3）的第一个不等式是束紧的（取等式）。为了证明这一点，需要找到（单独的）一个 $\mathbf{x}^0\in\mathbb{R}^n_+$，使得：

$$\mathbf{p}^0\cdot\mathbf{x}^0\leqslant E(\mathbf{p}^0,u^0)\quad \text{以及}\quad u(\mathbf{x}^0)\geqslant u^0\tag{P. 4}$$

这显然意味着（P. 3）等式右侧的最小值不会大于 $E(\mathbf{p}^0,\ u^0)$。

为了构建（P. 4），根据欧拉定理（定理 A2. 7），由于 E 关于 $\mathbf{p}$ 是可微的、一阶齐次的：

$$E(\mathbf{p},u)=\frac{\partial E(\mathbf{p},u)}{\partial\mathbf{p}}\cdot\mathbf{p}\quad \forall\,\mathbf{p}\gg\mathbf{0}\tag{P. 5}$$

其中，我们用 $\partial E(\mathbf{p},\ u)/\partial\mathbf{p}\equiv(\partial E(\mathbf{p},\ u)/\partial p_1,\ \cdots,\ \partial E(\mathbf{p},\ u)/\partial p_n)$ 来表示 E

对价格的偏导数向量。此外，由于 $E(\mathbf{p}, u)$ 关于 $\mathbf{p}$ 是凹的，定理 A2.4 告诉我们，对于所有的 $\mathbf{p} \gg \mathbf{0}$，有：

$$E(\mathbf{p}, u^0) \leqslant E(\mathbf{p}^0, u^0) + \frac{\partial E(\mathbf{p}^0, u^0)}{\partial \mathbf{p}} \cdot (\mathbf{p} - \mathbf{p}^0) \tag{P.6}$$

估计 $(\mathbf{p}^0, u^0)$ 处 (P.5) 的值，然后将它和 (P.6) 结合在一起，有：

$$E(\mathbf{p}, u^0) \leqslant (\partial E(\mathbf{p}^0, u^0)/\partial \mathbf{p}) \cdot \mathbf{p} \quad \forall\, \mathbf{p} \gg \mathbf{0} \tag{P.7}$$

令 $\mathbf{x}^0 = \partial E(\mathbf{p}^0, u^0)/\partial \mathbf{p}$，注意，由于 E 关于 $\mathbf{p}$ 是递增的，所以 $\mathbf{x}^0 \in \mathbb{R}^n_+$，我们可将 (P.7) 整理为：

$$\mathbf{p} \cdot \mathbf{x}^0 \geqslant E(\mathbf{p}, u^0) \quad \forall\, \mathbf{p} \gg \mathbf{0} \tag{P.8}$$

这样的话，根据 $u(\cdot)$ 的定义，必有 $u(\mathbf{x}^0) \geqslant u^0$；此外，计算 (P.5) 在 $(\mathbf{p}^0, u^0)$ 处的值，得到 $E(\mathbf{p}^0, u^0) = \mathbf{p}^0 \cdot \mathbf{x}^0$。因此，对于选择 $\mathbf{x}^0$，我们构建了 (P.4)，并且证明：

$$E(\mathbf{p}^0, u^0) = \min_{\mathbf{x} \in \mathbb{R}^n_+} \mathbf{p}^0 \cdot \mathbf{x}^0 \quad \text{s.t.} \quad u(\mathbf{x}) \geqslant u^0$$

由于 $\mathbf{p}^0 \gg \mathbf{0}$ 且 $u^0 \geqslant 0$ 不受限制，我们就证明了 $E(\mathbf{p}, u)$ 正好是 $\mathbb{R}^n_{++} \times \mathbb{R}_+$ 上 $u(\mathbf{x})$ 的支出函数。 ■

前两个定理告诉我们，在任何时候，只要我们写出的价格和收入的函数满足了定理 1.7 的 7 条性质，它就是一个合格的支出函数，并隶属于某些满足一般公理的偏好。我们可以令函数对商品价格求微分，从而得到相关的希克斯需求系统。如果背后的偏好是连续且严格递增的，对 u 求反（逆）函数，就会得到间接效用函数，然后再用罗伊等式推导出马歇尔需求系统。我们一直认为这个需求系统具备了效用最大化所要求的全部性质，因此，出于理论的目的，你可以在下列方案中选择：从直接效用函数出发，通过求解一个特定的优化问题，推导出希克斯需求和马歇尔需求；或者从支出函数出发，经过一个更简单的相反路线和微分，得到消费者的需求系统。

2.1.2　凸性和单调性

回忆一下，在介绍过偏好的凸性公理之后，我们断言，“不管有没有这个公理，理论的预测内容是一样的”，现在到了检验这个论断并考察凸性假设意义的时候了。

为了眼下的讨论，我们只假设 $u(\mathbf{x})$ 是连续的，从而它不必是递增的，也不必是拟凹的。

令 $e(\mathbf{p}, u)$ 是由 $u(\mathbf{x})$ 推导出的支出函数，如你所知，$u(\mathbf{x})$ 函数的连续性确保了 $e(\mathbf{p}, u)$ 被明确界定，此外，它也是连续的。

接下来，找出一个效用函数 $w(\mathbf{x})$，它是我们按惯用的方式从 $e(\cdot)$ 中得到的，即：

2

$$w(\mathbf{x})\equiv\max\{u\geqslant 0\,|\,\mathbf{p}\cdot\mathbf{x}\geqslant e(\mathbf{p},u)\ \forall\ \mathbf{p}\gg\mathbf{0}\}$$

回忆一下定理 2.1 的证明，我们知道 $w(\mathbf{x})$ 是递增和拟凹的，因此，无论$u(\mathbf{x})$ 是否拟凹或递增，$w(\mathbf{x})$ 都具备这两个性质。$u(\mathbf{x})$ 和 $w(\mathbf{x})$ 显然不必相同，他们之间到底有什么关系呢？

根据 $e(\cdot)$ 的定义，我们有 $e(\mathbf{p},\ u(\mathbf{x}))\leqslant\mathbf{p}\cdot\mathbf{x}\ \forall\ \mathbf{p}\gg\mathbf{0}$，于是，对所有的 $\mathbf{x}\in\mathbb{R}^n_+$ 来说，很明显，$w(\mathbf{x})\geqslant u(\mathbf{x})$。现在我们根据 $w(\mathbf{x})$ 的定义推导出想要的那个不等式。

对任意的 $u\geqslant 0$ 而言，$u(\mathbf{x})$ 在 u 水平的上优集（比如，$S(u)$）被包含在 $w(\mathbf{x})$ 在 u 水平的上优集（比如，$T(u)$）中，而且由于 $w(\mathbf{x})$ 是拟凹的，故而 $T(u)$ 凸的。

现在来看一下图 2-2。如果 $u(\mathbf{x})$ 恰好是递增和拟凹的，$S(u)$ 的边界就是图 2-2（a）中斜率为负的凸的无差异曲线 $u(\mathbf{x})=u$，需要注意的是，边界上的每一点都是在某一价格向量 $\mathbf{p}\gg\mathbf{0}$ 时获得效用 u 的支出最小化组合。因此，如果 $u(\mathbf{x}^0)=u$，那么对某个 $\mathbf{p}^0\gg\mathbf{0}$，有 $e(\mathbf{p}^0,\ u)\leqslant\mathbf{p}^0\cdot\mathbf{x}^0$。不过，鉴于 $e(\cdot)$ 关于 u 是严格递增的，这意味着$w(\mathbf{x}^0)\leqslant u=u(\mathbf{x}^0)$。鉴于 $w(\mathbf{x}^0)\geqslant u(\mathbf{x}^0)$ 始终成立，于是必有 $w(\mathbf{x}^0)=u(\mathbf{x}^0)$。由于 u 是任意选取的，这表明对所有的 $\mathbf{x}$，都有 $w(\mathbf{x})=u(\mathbf{x})$。不过，从定理 2.1 和定理 2.2 来看，再考虑到（假设）$u(\mathbf{x})$ 拟凹和递增的性质，得出这个结论就没什么可奇怪的了。

图 2-2（b）中的图形很有意思，这里的 $u(\mathbf{x})$ 既不递增，也不拟凹，但 $S(u)$ 的边界没有变，还是无差异曲线 $u(\mathbf{x})=u$。

需要注意的是，无论价格向量是怎样的，无差异曲线上的某些点从未使获得效用 u 的支出最小化。图 2-2（c）中粗线的部分表明，此处的组合在某个正价格向量下实现了支出的最小化。对那些位于粗线部分的 $\mathbf{x}$ 中的某些组合来说，和以前一样，仍然有$w(\mathbf{x})=u(\mathbf{x})=u$，但由于 $w(\mathbf{x})$ 拟凹且递增，$w(\mathbf{x})=u$ 这条无差异曲线必定如图 2-2（d）所画的那样。因此，只有要求 $w(\mathbf{x})$ 严格递增和拟凹时，它才会不同于 $u(\mathbf{x})$。

给定无差异曲线之间的关系，如果某一商品组合能够在 $\mathbf{p}\cdot\mathbf{x}\leqslant y$ 的约束下最大化$u(\mathbf{x})$，它也自然能够在 $\mathbf{p}\cdot\mathbf{x}\leqslant y$ 下最大化 $w(\mathbf{x})$（注意，逆命题并不成立）。因此，由一个非递增、非拟凹的效用函数（比如 $u(\mathbf{x})$）所生成的任何一种可观测的需求行为，也同样可由一个递增且拟凹的效用函数（比如 $w(\mathbf{x})$）所生成。也正是从这个意义上讲，有关偏好的单调性和凸性的假设对我们的消费者需求理论才没有可观测的含义。①

① 在结束本节之前，我们将指出在单调性结论方面需要注意的一个地方。需求行为由前面第二种情况中 $u(\mathbf{x})$ 所生成的事实是由递增函数 $w(\mathbf{x})$ 取决于消费者只面临非负价格的假设来体现的。例如，在两种商品的情形下，如果有一种商品的价格（比如 p_2）为负，那么我们将处于图 2-2（e）所描述的状况。这里 $\mathbf{x}^*$ 对效用函数 $u(\mathbf{x})$ 是最优的，但对递增函数 $w(\mathbf{x})$ 并不是最优的，因此，如果价格可以为负，没有可观测的结果，单调性并不成立。

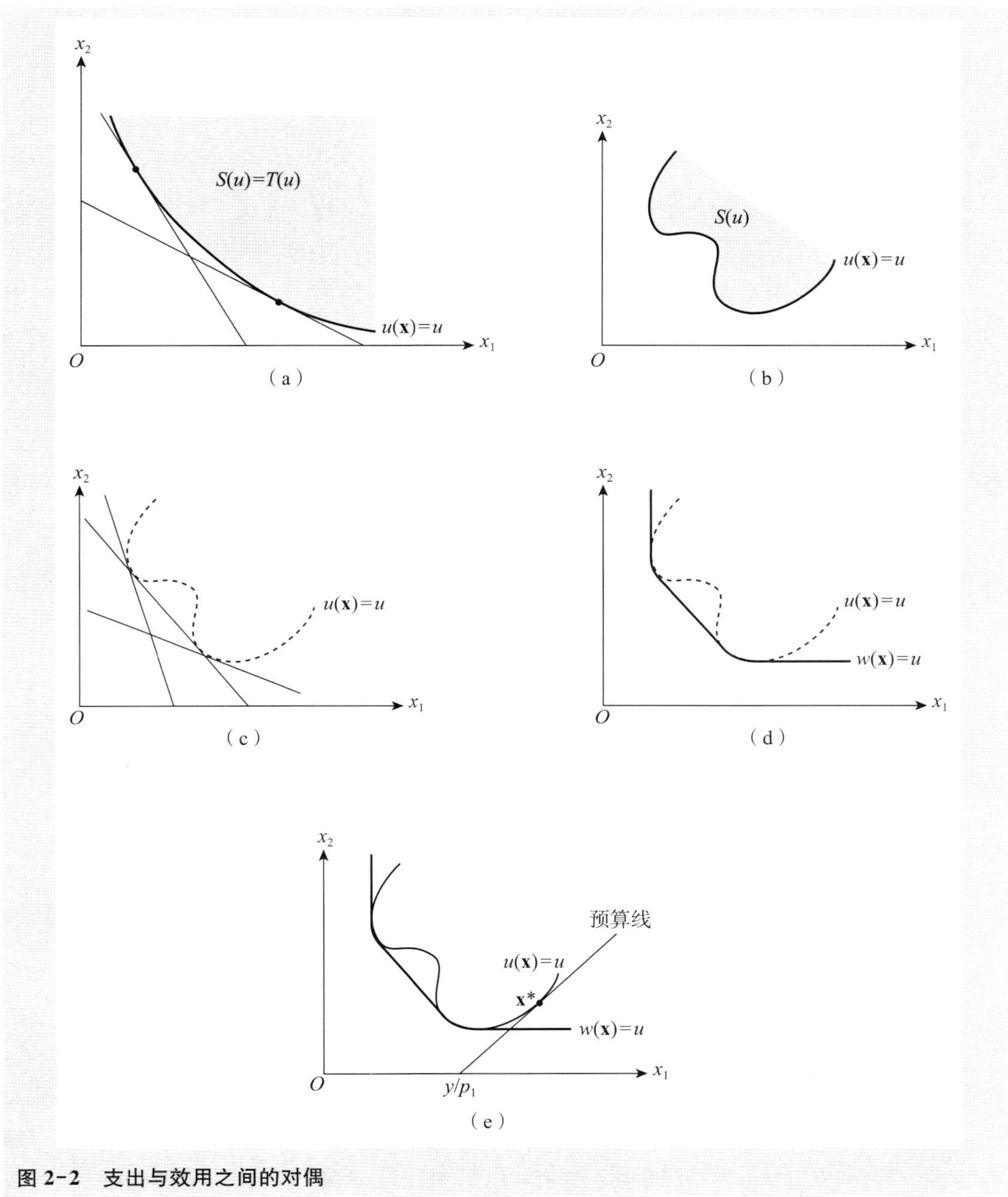

图 2-2　支出与效用之间的对偶

2.1.3　间接效用和消费者偏好

我们已经看到，对偶关系能让我们的分析从支出函数过渡到直接效用函数。鉴于支出函数和间接效用函数关系密切（比如，它们彼此之间互逆），毫不奇怪，我们可以从间接效用函数开始分析，最终回到潜在的直接效用函数那里。这一节将概括出直接效用函数和间接效用函数之间的对偶关系。

假设 $u(\mathbf{x})$ 是由间接效用函数 $v(\mathbf{p},\ y)$ 生成的，根据定义，对每一个 $\mathbf{x}\in\mathbb{R}^n_+$ 以及 $\mathbf{p}\gg\mathbf{0}$，都有 $v(\mathbf{p},\ \mathbf{p}\cdot\mathbf{x})\geqslant u(\mathbf{x})$。另外，典型地，存在某个价格向量，使得该不等式取等式形式。于是，显然有：

$$u(\mathbf{x})=\min_{\mathbf{p}\in\mathbb{R}^n_{++}} v(\mathbf{p},\mathbf{p}\cdot\mathbf{x}) \tag{2.2}$$

因此，（2.2）为我们提供了一种由间接效用函数生成的信息倒推出效用函数 $u(\mathbf{x})$ 的方法，下面的定理说的就是这个结论，尽管假设不是最弱的。

定理 2.3　直接效用和间接效用之间的对偶

假设 $u(\mathbf{x})$ 是拟凹的，它在 $\mathbb{R}^n_{++}$ 上是可微的且偏导数严格为正，则对所有的 $\mathbf{x}\in\mathbb{R}^n_{++}$ 而言，由 $u(\mathbf{x})$ 所生成的间接效用函数 $v(\mathbf{p},\ \mathbf{p}\cdot\mathbf{x})$ 在 $\mathbb{R}^n_{++}$ 上都得到了一个关于 $\mathbf{p}$ 的最小值，并且：

$$u(\mathbf{x})=\min_{\mathbf{p}\in\mathbb{R}^n_{++}} v(\mathbf{p},\mathbf{p}\cdot\mathbf{x}) \tag{T.1}$$

证明：根据之前有关定理 2.3 的讨论，（T.1）的左侧永远不会大于右侧，因此，对每个 $\mathbf{x}\gg\mathbf{0}$ 来说，足以证明存在某个 $\mathbf{p}\gg\mathbf{0}$，使得

$$u(\mathbf{x})=v(\mathbf{p},\mathbf{p}\cdot\mathbf{x}) \tag{P.1}$$

考虑 $\mathbf{x}^0\gg\mathbf{0}$，并令 $\mathbf{p}^0=\nabla u(\mathbf{x}^0)$，那么根据假设，有 $\mathbf{p}^0\gg\mathbf{0}$；此外，令 $\lambda^0=1$，$y^0=\mathbf{p}^0\cdot\mathbf{x}^0$，有：

$$\frac{\partial u(\mathbf{x}^0)}{\partial x_i}-\lambda^0 p_i^0=0,\quad i=1,\cdots,n \tag{P.2}$$

以及

$$\mathbf{p}^0\cdot\mathbf{x}^0=y^0 \tag{P.3}$$

于是，$(\mathbf{x}^0,\ \lambda^0)$ 满足消费者最大化问题（$\max u(\mathbf{x})$ s. t. $\mathbf{p}^0\cdot\mathbf{x}=y^0$）的一阶条件，而且根据定理 1.4，由于 $u(\mathbf{x})$ 是拟凹的，这些条件足以保证 $\mathbf{x}^0$ 是在 $\mathbf{p}=\mathbf{p}^0$ 以及 $y=y^0$ 时消费者问题的解。因而 $u(\mathbf{x}^0)=v(\mathbf{p}^0,\ y^0)=v(\mathbf{p}^0,\ \mathbf{p}^0\cdot\mathbf{x}^0)$，所以，对于 $(\mathbf{p}^0,\ \mathbf{x}^0)$，（P.1）成立。不过，由于 $\mathbf{x}^0$ 任意取值，因此，就每一个 $\mathbf{x}\gg\mathbf{0}$ 而言，（P.1）仅对某些 $\mathbf{p}\gg\mathbf{0}$ 才成立。 ■

和支出函数的情况相同，我们可以用（T.1）来证明，如果函数 $v(\mathbf{p},\ y)$ 具备了定理 1.6 所描述的间接效用函数的全部性质，那么它实际上就是一个间接效用函数。这里不给出证明的过程，有兴趣的读者可以参见 Diewert（1974）的文章。

最后，我们发现可以把（T.1）写成另一种形式，这样用起来有时会更加方便。因为 $v(\mathbf{p},\ y)$ 关于 $(\mathbf{p},\ y)$ 是零阶齐次的，只要 $\mathbf{p}\cdot\mathbf{x}>0$，就有 $v(\mathbf{p},\ \mathbf{p}\cdot\mathbf{x})=v(\mathbf{p}/(\mathbf{p}\cdot\mathbf{x}),\ 1)$。因此，如果对于 $\mathbf{p}\in\mathbb{R}^n_{++}$，$\mathbf{x}\gg\mathbf{0}$ 和 $\mathbf{p}^*\gg\mathbf{0}$ 使 $v(\mathbf{p},\ \mathbf{p}\cdot\mathbf{x})$ 取最小值，那么对于 $\mathbf{p}\in\mathbb{R}^n_{++}$ 而言，$\hat{\mathbf{p}}\equiv\mathbf{p}^*/(\mathbf{p}^*\cdot\mathbf{x})\gg\mathbf{0}$ 就会使 $v(\hat{\mathbf{p}},\ 1)$ 取最小值，使得 $\mathbf{p}\cdot\mathbf{x}=1$；加之 $v(\mathbf{p}^*,\ \mathbf{p}^*\cdot\mathbf{x})=v(\hat{\mathbf{p}},\ 1)$，因此，（T.1）可以写成：

$$u(\mathbf{x})=\min_{\mathbf{p}\in\mathbb{R}^n_{++}} v(\mathbf{p},1) \quad \text{s. t.} \quad \mathbf{p}\cdot\mathbf{x}=1 \tag{T. 1'}$$

在用 $v(\mathbf{p}, y)$ 推导 $u(\mathbf{x})$ 的时候，使用（T. 1）还是（T. 1′）无关紧要，哪个方便就用哪个。（T. 1）的缺点在于解的多重性：由于 v 是齐次函数，如果 $\mathbf{p}^*$ 是（T. 1）的解，那么对于所有的 $t>0$，$t\mathbf{p}^*$ 也是它的解；这样的话，比如，我们就不能像下面那样使用定理 A2. 22（包络定理），正是由于这个原因，（T. 1′）要更胜一筹。 ■

2

例题 2. 1

现在我们用一个具体的例子来推导出间接效用函数。假设 $v(\mathbf{p}, y)=y(p_1^r+p_2^r)^{-1/r}$，根据例题 1. 2 的最后一部分，我们知道该函数具备了一个间接效用函数所必需的全部性质，我们将利用（T. 1′）推导出 $u(\mathbf{x})$。令 $y=1$，有 $v(\mathbf{p}, 1)=(p_1^r+p_2^r)^{-1/r}$，因此，间接效用函数将是一个最小值函数：

$$u(x_1,x_2)=\min_{p_1,p_2}(p_1^r+p_2^r)^{-1/r} \quad \text{s. t.} \quad p_1x_1+p_2x_2=1$$

首先，求解该最小化问题，然后给出目标函数在解点的，值以便形成最小值函数。拉格朗日函数的一阶条件要求 p_1^*，p_2^* 满足：

$$-((p_1^*)^r+(p_2^*)^r)^{(-1/r)-1}(p_1^*)^{r-1}-\lambda^*x_1=0 \tag{E. 1}$$

$$-((p_1^*)^r+(p_2^*)^r)^{(-1/r)-1}(p_2^*)^{r-1}-\lambda^*x_2=0 \tag{E. 2}$$

$$1-p_1^*x_1-p_2^*x_2=0 \tag{E. 3}$$

由（E. 1）和（E. 2），消去 λ^*，得：

$$p_1^*=p_2^*\left(\frac{x_1}{x_2}\right)^{1/(r-1)} \tag{E. 4}$$

将（E. 4）代入（E. 3）之后再使用（E. 4），经过简单的运算，得到的解为：

$$p_1^*=\frac{x_1^{1/(r-1)}}{x_1^{r/(r-1)}+x_2^{r/(r-1)}} \tag{E. 5}$$

$$p_2^*=\frac{x_2^{1/(r-1)}}{x_1^{r/(r-1)}+x_2^{r/(r-1)}} \tag{E. 6}$$

将其代入目标函数中，得到 $u(x_1, x_2)$，有：

$$\begin{aligned}u(x_1,x_2)&=\left[\frac{x_1^{r/(r-1)}+x_2^{r/(r-1)}}{(x_1^{r/(r-1)}+x_2^{r/(r-1)})^r}\right]^{-1/r}\\&=\left[(x_1^{r/(r-1)}+x_2^{r/(r-1)})^{1-r}\right]^{-1/r}\\&=(x_1^{r/(r-1)}+x_2^{r/(r-1)})^{(r-1)/r}\end{aligned}$$

定义 $\rho\equiv r/(r-1)$，得：

$$u(x_1,x_2)=(x_1^\rho+x_2^\rho)^{1/\rho} \tag{E. 7}$$

这是（也应该是）我们在例题 1.2 中一开始使用的 CES 直接效用函数。□

2

上面得到的对偶性结论是消费者的反需求函数。在这一章用到的普通形式的马歇尔需求函数中，我们始终将需求量表示为价格和收入的函数，可有些时候，需求函数的逆形式用起来更得心应手。现在，我们就将商品 i 的需求量表示为该商品和其他全部商品数量的函数，写成 $p_i=p_i(\mathbf{x})$。如下面的定理所说的那样（假设函数是可微的），对偶理论为我们推导反需求函数系统（或方程组）提供了一个捷径。

定理 2.4　（Hotelling，Wold）对偶和反需求函数方程组

令 $u(\mathbf{x})$ 是消费者的直接效用函数，则商品 i 在收入 $y=1$ 时的反需求函数为：

$$p_i(\mathbf{x})=\frac{\partial u(\mathbf{x})/\partial x_i}{\sum_{j=1}^{n}x_j(\partial u(\mathbf{x})/\partial x_j)}$$

证明：根据 $\mathbf{p}(\mathbf{x})$ 的定义，对所有的 $\mathbf{x}$，有 $u(\mathbf{x})=v(\mathbf{p}(\mathbf{x}),1)$ 以及 $[\mathbf{p}(\mathbf{x})]\cdot\mathbf{x}=1$，因此，基于上面的定理 2.3 以及规范化的需要，有：

$$u(\mathbf{x})=v(\mathbf{p}(\mathbf{x}),1)=\min_{\mathbf{p}\in\mathbb{R}^n_{++}} v(\mathbf{p},1)\quad \text{s. t.}\quad \mathbf{p}\cdot\mathbf{x}=1 \tag{P. 1}$$

现在考虑（P. 1）中最小化问题的拉格朗日函数，

$$\mathcal{L}(\mathbf{p},\lambda)=v(\mathbf{p},1)-\lambda(1-\mathbf{p}\cdot\mathbf{x})$$

利用包络定理，有：

$$\frac{\partial u(\mathbf{x})}{\partial x_i}=\frac{\partial\mathcal{L}(\mathbf{p}^*,\lambda^*)}{\partial x_i}=\lambda^* p_i^*,\quad i=1,\cdots,n \tag{P. 2}$$

其中，$\mathbf{p}^*=\mathbf{p}(\mathbf{x})$，$\lambda^*$ 是拉格朗日乘子的最优值。设 $\partial u(\mathbf{x})/\partial x_i>0$，有 $\lambda^*>0$。

将（P. 2）乘以 x_i 并加总，得：

$$\begin{aligned}\sum_{i=1}^{n}x_i\frac{\partial u(\mathbf{x})}{\partial x_i}&=\lambda^*\sum_{i=1}^{n}p_i^*x_i\\&=\lambda^*\sum_{i=1}^{n}p_i(\mathbf{x})x_i\\&=\lambda^*\end{aligned} \tag{P. 3}$$

因为 $[\mathbf{p}(\mathbf{x})]\cdot\mathbf{x}=1$，结合（P. 2）、（P. 3）以及之前的 $p_i^*=p_i(\mathbf{x})$，就能得到要证明的结果。■

例题 2.2

再考虑一下 CES 效用函数的情况。如果 $u(x_1,x_2)=(x_1^\rho+x_2^\rho)^{1/\rho}$，那么，

$$\frac{\partial u(\mathbf{x})}{\partial x_j}=(x_1^\rho+x_2^\rho)^{(1/\rho)-1}x_j^{\rho-1}$$

两边同时乘以 x_j 后加总（$j=1$，2），会形成要求的比率，利用定理 2.4 得到收入 $y=1$ 时的

反需求函数方程组：

$$p_1 = x_1^{\rho-1}(x_1^{\rho}+x_2^{\rho})^{-1}$$
$$p_2 = x_2^{\rho-1}(x_1^{\rho}+x_2^{\rho})^{-1}$$

需要注意的是，当我们用 $r \equiv \rho/(\rho-1)$ 进行替换之后，它们恰好是例题 2.1 中的一阶条件（E.5）和（E.6）的解。这不是巧合，一般来说，消费者效用最大化问题的解是关于价格的马歇尔需求函数，其对偶问题（标准的间接效用最大化问题）的解是关于数量的反需求函数。 □

2

2.2 可积性

第 1 章已经证明了，效用最大化的消费者的需求函数必须满足零阶齐次、预算平衡性、对称性、半负定、古诺加总和恩格尔加总。可实际上在这些条件中，有的略显多余。特别是，我们知道，根据定理 1.17 的预算平衡性就能得出两个加总的结论，其中有一个就多余了。在剩下的四个条件中，预算平衡性、对称性和半负定的确各自独立，零阶齐次也可以由其他条件得出。正如下面这个定理所说的那样，预算平衡性和对称性实际上就意味着齐次性。

定理 2.5 预算平衡性和对称性意味着齐次性

如果 $\mathbf{x}(\mathbf{p}, y)$ 满足预算平衡性，并且它的斯勒茨基矩阵是对称的，则该函数关于 $\mathbf{p}$，y 是零阶齐次的。

证明： 先回忆一下定理 1.17 的证明，当预算的平衡性得到满足时，我们可以将预算等式对价格和收入求微分，于是对每个 $i=1, \cdots, n$，有：

$$\sum_{j=1}^{n} p_j \frac{\partial x_j(\mathbf{p}, y)}{\partial p_i} = -x_i(\mathbf{p}, y) \tag{P.1}$$

以及

$$\sum_{j=1}^{n} p_j \frac{\partial x_j(\mathbf{p}, y)}{\partial y} = 1 \tag{P.2}$$

固定 $\mathbf{p}$，y，然后对所有的 $t>0$，令 $f_i(t) = x_i(t\mathbf{p}, ty)$。我们必须证明 $f_i(t)$ 关于 t 不变，或者对所有的 $t>0$ 有 $f'_i(t)=0$。

将 f_i 对 t 求微分，得：

$$f'_i(t) = \sum_{j=1}^{n} \frac{\partial x_i(t\mathbf{p}, ty)}{\partial p_j} + \frac{\partial x_i(t\mathbf{p}, ty)}{\partial y} y \tag{P.3}$$

现在，根据预算平衡性，$t\mathbf{p} \cdot \mathbf{x}(t\mathbf{p}, ty) = ty$，所以两边同时除以 $t>0$，有：

$$y = \sum_{j=1}^{n} p_j x_j(t\mathbf{p}, ty) \tag{P.4}$$

2

将（P. 4）中的 y 代入（P. 3），然后整理，得：

$$f'_i(t)=\sum_{j=1}^{n}p_j[\frac{\partial x_i(t\mathbf{p},ty)}{\partial p_j}+\frac{\partial x_i(t\mathbf{p},ty)}{\partial y}x_j(t\mathbf{p},ty)]$$

中括号里的部分是斯勒茨基矩阵的第 ij 项，根据假设，它是对称的。这样的话，即便将括号中的 i、j 交换，等式仍然成立。因此，

$$\begin{aligned}f'_i(t)&=\sum_{j=1}^{n}p_j[\frac{\partial x_j(t\mathbf{p},ty)}{\partial p_i}+\frac{\partial x_j(t\mathbf{p},ty)}{\partial y}x_i(t\mathbf{p},ty)]\\&=[\sum_{j=1}^{n}p_j\ \frac{\partial x_j(t\mathbf{p},ty)}{\partial p_i}]+x_i(t\mathbf{p},ty)[\sum_{j=1}^{n}p_j\ \frac{\partial x_j(t\mathbf{p},ty)}{\partial y}]\\&=\frac{1}{t}[\sum_{j=1}^{n}tp_j\ \frac{\partial x_j(t\mathbf{p},ty)}{\partial p_i}]+x_i(t\mathbf{p},ty)\ \frac{1}{t}[\sum_{j=1}^{n}tp_j\ \frac{\partial x_j(t\mathbf{p},ty)}{\partial y}]\\&=\frac{1}{t}[-x_i(t\mathbf{p},ty)]+x_i(t\mathbf{p},ty)\ \frac{1}{t}[1]\\&=0\end{aligned}$$

这里倒数第二个等式源于（P. 1）和（P. 2）并在（$t\mathbf{p}$，ty）处取值。 ■

因此，如果 $\mathbf{x}(\mathbf{p},\ y)$ 是一个效用最大化的需求方程组，我们就可以将目前发现的可观察行为的含义概括为：

- 预算平衡性：$\mathbf{p}\cdot\mathbf{x}(\mathbf{p},\ y)=y$；
- 半负定：伴随的斯勒茨基矩阵 $\mathbf{s}(\mathbf{p},\ y)$ 必为半负定；
- 对称性：$\mathbf{s}(\mathbf{p},\ y)$ 必对称。

我们想知道这个总结是否全面，有没有漏掉什么；也就是说，从消费者行为的效用最大化模型中得到的可观察行为的含义就只有这些吗？是否还有我们没发现的其他含义？没有了！我们可以证明这个总结确实是完备的——根据效用最大化的消费者理论，为需求行为施加的约束就只有这些。

可是，怎么证明这个结论呢？求解的方法精妙无比，可以追溯到 Antonelli (1886)，其思想是：假设我们已经有了一个关于价格和收入的向量值函数，而且我们也知道如何去构建一个效用函数——该函数恰好生成了一个同其需求函数一样的函数。于是，初始的函数显然一定会与我们的效用最大化的消费者理论一致，因为它实际上就是一个需求函数，隶属于拥有我们构建的效用函数的那个消费者。Antonelli 意识到，如果我们在分析之初所用的关于价格和收入的向量值函数正好满足上述三个条件，实际上就一定会存在一个效用函数，它生成了这个值函数并将它作为自己的需求函数。由需求函数倒推出消费者效用函数的问题被称为**可积性问题** (integrability problem)。

其含义再明显不过了，根据 Antonelli 的洞见，如果一个关于价格和收入的函数满足上述三个条件，那么它必定是某个效用最大化的消费者的需求函数。我们已经知道，仅当一个价格和收入的函数满足同样条件的时候，它才是某个效用最大化

的消费者的需求函数。结合两者，一定会得出如下结论：（仅仅）这三个条件，就能为我们的消费者行为理论提供一个完备且确定的检验。也就是说，当且仅当需求行为满足预算平衡性、半负定以及对称性的时候，需求行为和效用最大化理论才是一致的。结论如此之强，确保了如下命题的成立。

定理 2.6　可积性定理

当且仅当一个连续可微函数 $\mathbf{x}$：$\mathbb{R}^{n+1}_{++} \rightarrow \mathbb{R}^n_+$ 满足预算平衡性、对称性以及半负定时，则它是由某个递增、拟凹的效用函数（效用函数是连续、严格递增和严格拟凹的）所生成的需求函数。

我们现在大致介绍一下 Antonelli 研究的证明，但使用的是由 Hurwicz and Uzawa（1971）发展的现代方法，他们的证明套路是对对偶理论功能的完美诠释。

证明：（简要说明）我们已经证明了“仅当”的部分，这对证明命题的“当”的部分来说足够了。假设某个函数 $\mathbf{x}(\mathbf{p}, y)$ 满足预算平衡性、对称性和半负定，我们必须证明存在这样一个效用函数，它可以生成 $\mathbf{x}(\cdot)$ 并将其作为自身的需求函数。

考虑任意一个支出函数 $e(\mathbf{p}, u)$，它由某个递增的效用函数 $u(\mathbf{x})$ 生成，再假设这个 $u(\mathbf{x})$ 生成了马歇尔需求函数 $\mathbf{x}^m(\mathbf{p}, y)$。到目前为止，$\mathbf{x}(\cdot)$ 和 $e(\cdot)$，$\mathbf{x}(\cdot)$ 和 $u(\cdot)$ 以及 $\mathbf{x}(\cdot)$ 和 $\mathbf{x}^m(\cdot)$ 之间不必存在任何关系。

但是仅仅出于论证的需要，假设 $\mathbf{x}(\cdot)$ 和 $e(\cdot)$ 之间有如下关系：

$$\frac{\partial e(\mathbf{p},u)}{\partial p_i} = x_i(\mathbf{p}, e(\mathbf{p},u)), \quad \forall (\mathbf{p},u),\ i=1,\cdots,n \tag{P.1}$$

这样，我们可以就 $\mathbf{x}(\mathbf{p}, y)$ 同 $e(\mathbf{p}, u)$ 推导出的效用函数 $u(\mathbf{x})$ 之间的关系说点什么吗？实际情况是，可以！如果（P.1）成立，则 $\mathbf{x}(\mathbf{p}, y)$ 就是由效用函数 $u(\mathbf{x})$ 生成的需求函数，即 $\mathbf{x}(\mathbf{p}, y) = \mathbf{x}^m(\mathbf{p}, y)$。

我们现在简单介绍一下其中的原因。注意，如果谢泼德引理适用的话，（P.1）的左侧将等于 $\mathbf{x}^h(\mathbf{p}, u)$，所以（P.1）意味着

$$\mathbf{x}^h(\mathbf{p},u) = \mathbf{x}(\mathbf{p}, e(\mathbf{p},u)) \quad \forall (\mathbf{p},u) \tag{P.2}$$

此外，如果定理 1.9 也适用，希克斯需求函数和马歇尔需求函数将有如下关系：

$$\mathbf{x}^h(\mathbf{p},u) = \mathbf{x}^m(\mathbf{p}, e(\mathbf{p},u)) \quad \forall (\mathbf{p},u) \tag{P.3}$$

将（P.2）和（P.3）结合在一起，有：

$$\mathbf{x}(\mathbf{p}, e(\mathbf{p},u)) = \mathbf{x}^m(\mathbf{p}, e(\mathbf{p},u)) \quad \forall (\mathbf{p},u) \tag{P.4}$$

我们回想一下，$e(\mathbf{p}, u)$ 作为一个支出函数，它假设对每一个固定的 $\mathbf{p}$ 来说，随着 u 在定义域内不断变化，它都会取一个非负的数值随之而变。因此，（P.4）等价于：

2

$$\mathbf{x}(\mathbf{p},y)=\mathbf{x}^m(\mathbf{p},y) \quad \forall(\mathbf{p},y)$$

这正是我们想要的结果（尽管实际上我们既没有用谢泼德引理，也没有用定理1.9，但仍然可以得到前面的结论）。

因此，如果函数 $\mathbf{x}(\mathbf{p},\ y)$ 与某一个支出函数的关系如（P.1）所示，则 $\mathbf{x}(\mathbf{p},\ y)$ 就是由某个递增、拟凹的效用函数所生成的需求函数（例如，根据定理 2.1，效用函数生成了支出函数）。于是，我们的任务就简化为对支出函数存在 $e(\mathbf{p},\ u)$ 的证明，它同 $\mathbf{x}(\mathbf{p},\ y)$ 的关系如同（P.1）。

眼下，想找到一个使（P.1）成立的支出函数绝非易事。实际上，在一些数学类的文献中，（P.1）被称为一个偏微分方程组（partial differential equations）。尽管这个方程组时常难以求解，但有一个重要的结论能准确地告诉我们方程组何时有解，并且就我们的目的而言，有这个存在性就足够了。

不过，在介绍这个结论之前，还要注意的是，如果（P.1）有一个解 $e(\mathbf{p},\ u)$，那么将两侧对 p_j 求微分，得：

$$\frac{\partial^2 e(\mathbf{p},u)}{\partial p_j \partial p_i}=\frac{\partial x_i(\mathbf{p},e(\mathbf{p},u))}{\partial p_j}+\frac{\partial e(\mathbf{p},u)}{\partial p_j}\frac{\partial x_i(\mathbf{p},e(\mathbf{p},u))}{\partial y}$$

根据谢泼德引理，利用（P.2）并令 $y=e(\mathbf{p},\ u)$，上式可以写成：

$$\frac{\partial^2 e(\mathbf{p},u)}{\partial p_j \partial p_i}=\frac{\partial x_i(\mathbf{p},y)}{\partial p_j}+x_j(\mathbf{p},y)\frac{\partial x_i(\mathbf{p},y)}{\partial y} \tag{P.5}$$

根据扬格定理，（P.5）左侧的部分关于 i，j 是对称的，这意味着右侧关于 i，j 也必然是对称的，而后一种对称是（P.1）有解的必要条件。

显然，我们还可以证明该条件也是解存在的充分条件。根据 **Frobenius 定理**（Frobenius's theorem），当且仅当（P.5）的右侧关于 i，j 对称的时候，（P.1）的解才存在。仔细观察一下（P.5）的右侧，它是 $\mathbf{x}(\mathbf{p},\ y)$ 的斯勒茨基伴随矩阵的第 ij 项，由于该矩阵是对称的，所以满足（P.1）的函数 $e(\mathbf{p},\ u)$ 一定存在。

该函数是一个真正的支出函数吗？Frobenius 定理没法回答这个问题，不过根据定理 2.2，如果它具备了定理 1.7 列出的支出函数的全部性质，那么它就是一个支出函数。我们现在就来验证每条性质。

首先，我们注意到，由于 $e(\mathbf{p},\ u)$ 满足（P.1）而 $\mathbf{x}(\mathbf{p},\ y)$ 非负，所以 $e(\mathbf{p},\ u)$ 关于 $\mathbf{p}$ 递增且满足谢泼德引理；此外，$e(\mathbf{p},\ u)$ 关于 $(\mathbf{p},\ u)$ 是连续的，关于 $u\in\mathbb{R}_+$ 严格递增且是无界的，而且当 $u=0$ 时，$e(\cdot,\ u)=0$。练习题 2.4 要求读者证明：由于满足了（P.1）和预算平衡性，$e(\cdot)$ 关于 $\mathbf{p}$ 一定是一阶齐次的。因此，支出函数剩下唯一必须要具备的性质就是关于 $\mathbf{p}$ 是凹的。

根据定理 A2.4，当且仅当 $e(\cdot)$ 的海塞矩阵关于 $\mathbf{p}$ 是半负定的时候，它关于 $\mathbf{p}$ 才是凹的。不过，根据（P.5），当且仅当 $\mathbf{x}(\mathbf{p},\ y)$ 的斯勒茨基伴随矩阵是半负定的时候（根据假设，的确如此），上述命题才能成立。

我们已得到的全部结论是：当且仅当 $\mathbf{x}(\mathbf{p}, y)$ 满足预算平衡性、对称性以及半负定的时候，(P. 1) 的解 $e(\cdot)$ 存在。这恰好是我们要证明的！■

尽管我们已经强调了该结论对理论本身的重要性，但其应用价值也不容忽视。例如，假设一个人想基于有限的数据估计消费者的需求函数，而且它还希望施加一个约束条件——需求函数是通过效用函数（最大化）生成的，那么只要一个函数满足了预算平衡性、对称性和半负定这几条性质，即可成为一个需求函数，至于具体形式反倒无关紧要。正如现在我们知道的那样，任何这类需求函数都一定是由效用生成的。

为了让读者了解从支出函数倒推出需求函数的实际过程，下面考虑一个涉及三种商品的例子。

例题 2.3

假设有三种商品，消费者的需求行为可由如下函数表示：

$$x_i(p_1, p_2, p_3, y) = \frac{\alpha_i y}{p_i}, \quad i=1,2,3$$

其中，$\alpha_i > 0$，而且 $\alpha_1 + \alpha_2 + \alpha_3 = 1$。

显然，该需求矩阵 $\mathbf{x}(\mathbf{p}, y)$ 满足预算平衡性、对称性和半负定，于是，根据定理 2.6，$\mathbf{x}(\mathbf{p}, y)$ 一定是由效用函数生成的。

我们想推导出一个满足（在之前的证明中）(P. 1) 的支出函数。练习题 2.5 要求你更进一步利用定理 2.1 的构造去推导出一个效用函数，我们这里用到的支出函数即由该效用函数生成。得到的这个效用函数会生成一些需求行为，这就是我们分析的起点。

这样的话，我们的一个任务就是找到下面的偏微分方程组的解 $e(p_1, p_2, p_3, u)$：

$$\frac{\partial e(p_1, p_2, p_3, u)}{\partial p_i} = \frac{\alpha_i e(p_1, p_2, p_3, u)}{p_i}, \quad i=1,2,3$$

首先，我们注意到该式可以写成如下形式：

$$\frac{\partial \ln(e(p_1, p_2, p_3, u))}{\partial p_i} = \frac{\alpha_i}{p_i}, \quad i=1,2,3 \tag{E. 1}$$

现在告诉你 $f'(x) = \alpha/x$，让你求出 $f(x)$，答案定会脱口而出：$f(x) = \alpha \ln(x) +$ 常数。(E. 1) 说的正是 $f = \ln(e)$。还需要记住的是，函数对 p_1 求偏导数时，其他变量 $(-p_2, p_3, u)$ 都被当成是常数。记住这一点之后，你就很容易发现 (E. 1) 等于

$$\begin{aligned}
\ln(e(\mathbf{p}, u)) &= \alpha_1 \ln(p_1) + c_1(p_2, p_3, u) \\
\ln(e(\mathbf{p}, u)) &= \alpha_2 \ln(p_2) + c_2(p_1, p_3, u) \\
\ln(e(\mathbf{p}, u)) &= \alpha_3 \ln(p_3) + c_3(p_1, p_2, u)
\end{aligned} \tag{E. 2}$$

其中，$c_i(\cdot)$ 函数可能是放在 $f(x)$ 前面的常数，但我们必须确定它的形式，以便使三个方

程同时成立。稍加思考，你就会发现（E. 2）意味着：

$$\ln(e(\mathbf{p},u))=\alpha_1\ln(p_1)+\alpha_2\ln(p_2)+\alpha_3\ln(p_3)+c(u)$$

其中，$c(u)$ 是 u 的某个函数，上式又意味着：

$$e(\mathbf{p},u)=c(u)p_1{}^{\alpha_1}p_2{}^{\alpha_2}p_3{}^{\alpha_3}$$

由于必须要确保 $e(\cdot)$ 关于 u 是严格递增的，所以我们可以选择任何一个严格递增的函数作为 $c(u)$，这个问题无关紧要，因为函数蕴涵的需求行为和这种严格递增的形式没什么关系。比如，我们可以选择 $c(u)=u$，这样最终的解为：

$$e(\mathbf{p},u)=up_1{}^{\alpha_1}p_2{}^{\alpha_2}p_3{}^{\alpha_3}$$

该函数是不是满足初始的偏微分方程组以及它是否具备了支出函数的所有性质，这项工作就留给读者自己完成。 □

2.3 显示偏好

迄今为止，我们处理需求理论的方法都是假设消费者的偏好满足某些特定的性质（完备性、传递性、严格单调性），然后在此基础上尝试着推导出市场需求的全部可观察的特性（预算平衡性、对称性、斯勒茨基矩阵半负定性）。因此，我们的分析实际上是始于一些看不见的东西（偏好），然后推导出一些可见的预测（消费者的行为）。

在经典的《经济分析的基础》（*Foundations of Economic Analysis*）一书中，保罗·萨缪尔森（Paul Samuelson，1947）提出了另一种方法。为什么我们的分析不能始终从可观察的行为出发呢？萨缪尔森证明了，在对消费者的可观察选择做了一些简单、合理的假设后，一般消费者理论对消费者可观察的市场行为的每种预测实际上也可以由这些假设得到，而不必由那些不可见的偏好推出。

背后的基本思想一目了然：在同样买得起的情况下，如果消费者选择购买某一商品组合而不是其他组合，那他一定是认为该组合**显示性地偏好于**（revealed preferred）其他组合。从实际的选择来看，消费者传递了关于自身偏好的重要信息。这和之前依靠消费者偏好的若干公理的做法完全不同，我们只要求作出的选择具有一致性，正式一点的表述如下。

定义 2.1　显示偏好弱公理

如果对于每一组不同的消费组合 $\mathbf{x}^0$，$\mathbf{x}^1$ 来说，消费者在价格为 $\mathbf{p}^0$ 的时候选择了 $\mathbf{x}^0$，在价格为 $\mathbf{p}^1$ 的时候选择了 $\mathbf{x}^1$，

$$\mathbf{p}^0\cdot\mathbf{x}^1\leqslant\mathbf{p}^0\cdot\mathbf{x}^0\Rightarrow\mathbf{p}^1\cdot\mathbf{x}^0>\mathbf{p}^1\cdot\mathbf{x}^1$$

则称消费者的选择行为满足**显示偏好弱公理**（weak axiom of revealed preference，

WARP)。换句话说，如果 $\mathbf{x}^0$ 显示性地偏好于 $\mathbf{x}^1$，而 $\mathbf{x}^1$ 从不显示性地偏好于 $\mathbf{x}^0$ 时，WARP 成立。

为了能更好地理解其中的含义，看一下图 2-3。在这两个图中，消费者都是在价格为 $\mathbf{p}^0$ 的时候选择了 $\mathbf{x}^0$，在价格为 $\mathbf{p}^1$ 的时候选择了 $\mathbf{x}^1$。在图 2-3（a）中，消费者的选择满足 WARP，在买得起 $\mathbf{x}^1$ 的时候选择了 $\mathbf{x}^0$，在选择 $\mathbf{x}^1$ 的时候买不起 $\mathbf{x}^0$；相反，在图 2-3（b）中，消费者在买得起 $\mathbf{x}^1$ 的时候选择了 $\mathbf{x}^0$，但在选择 $\mathbf{x}^1$ 的时候他也买得起 $\mathbf{x}^0$（但没买），所以后者违反了 WARP。

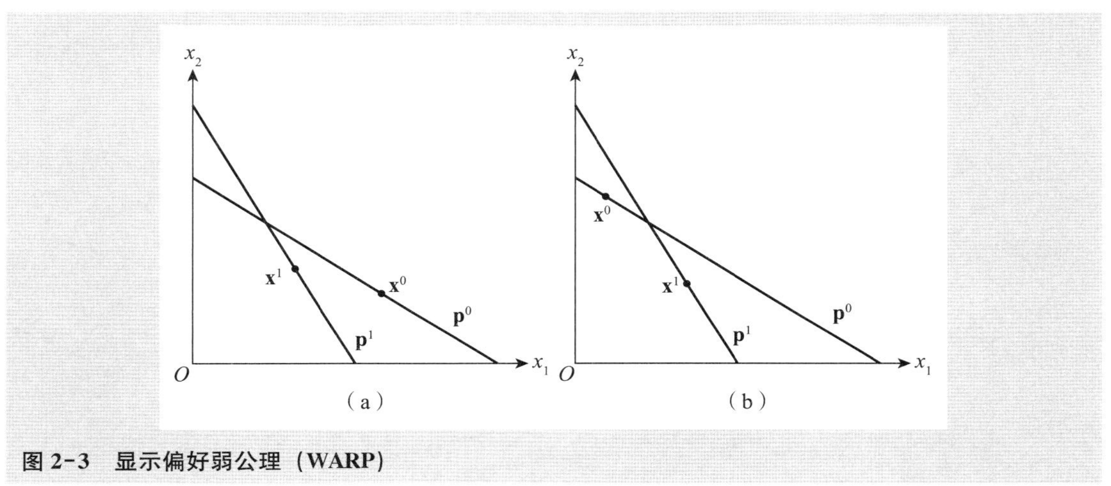

图 2-3　显示偏好弱公理（WARP）

现在假设消费者的选择行为满足 WARP，令 $\mathbf{x}(\mathbf{p}, y)$ 表示消费者在价格和收入分别为 $\mathbf{p}$，y 时的选择。需要特别留意的是，由于我们没有提到效用或者效用最大化，所以$\mathbf{x}(\mathbf{p}, y)$并不是一个需求函数，它仅仅代表了消费者在面临 $\mathbf{p}$，y 时选择的数量。为了让你能清楚地记住这一点，我们把 $\mathbf{x}(\mathbf{p}, y)$ 当成一个选择函数。除了 WARP 之外，需要对消费者的选择行为施加的一个新的约束条件是，对于 $\mathbf{p} \gg \mathbf{0}$，选择 $\mathbf{x}(\mathbf{p}, y)$满足预算平衡性，即 $\mathbf{p} \cdot \mathbf{x}(\mathbf{p}, y) = y$。这两个约束条件明显要宽松许多，但背后的意义不可轻视。

关于 WARP 和预算平衡性的第一个结论是：选择函数 $\mathbf{x}(\mathbf{p}, y)$ 关于（$\mathbf{p}$，y）是零阶齐次的。想了解其中的原因，假设 $\mathbf{x}^0$ 是价格为 $\mathbf{p}^0$ 和收入为 y^0 时的选择，$\mathbf{x}^1$ 是价格为 $\mathbf{p}^1 = t\mathbf{p}^0$ 和收入为 $y^1 = ty^0$ 且 $t > 0$ 时的选择。由于 $y^1 = ty^0$，所以当所有的收入用尽时，必有$\mathbf{p}^1 \cdot \mathbf{x}^1 = t\mathbf{p}^0 \cdot \mathbf{x}^0$。首先，在上式中用 $t\mathbf{p}^0$ 替代 $\mathbf{p}^1$，再除以 t，得：

$$\mathbf{p}^0 \cdot \mathbf{x}^1 = \mathbf{p}^0 \cdot \mathbf{x}^0 \tag{2.3}$$

然后在同样的式子中用 $\mathbf{p}^1$ 代替 $t\mathbf{p}^0$，得：

$$\mathbf{p}^1 \cdot \mathbf{x}^1 = \mathbf{p}^1 \cdot \mathbf{x}^0 \tag{2.4}$$

如果（2.3）成立时 $\mathbf{x}^0$ 和 $\mathbf{x}^1$ 为两组不同的消费束，那么 WARP 就意味着（2.4）的

左侧一定是严格小于右侧的——这就出现了一个矛盾。因此，这些商品不可能不同，而且消费者的选择函数关于价格和收入一定是零次齐次的。

2

于是，选择函数 $\mathbf{x}(\mathbf{p}, y)$ 必定会呈现出需求函数的另一个性质，实际上我们将要证明，$\mathbf{x}(\mathbf{p}, y)$ 也必定具有需求函数的其他性质。

练习题 1.45 介绍了斯勒茨基补偿需求的概念，现在让我们来考察一下这种补偿需求对消费者选择行为的影响。抛开练习题不讲，斯勒茨基补偿是相对于某个预先指定好的组合（比如 $\mathbf{x}^0$）而言的，其思想是：在价格任意变动时对消费者进行收入补偿，使其正好可以买得起原来的消费 $\mathbf{x}^0$，然后观察消费者选择的变化（见图 2-4）。于是，在价格为 $\mathbf{p}$ 时，他的收入将是 $\mathbf{p}\cdot\mathbf{x}^0$，进而在其他情况下，他的选择行为由 $\mathbf{x}(\mathbf{p}, \mathbf{p}\cdot\mathbf{x}^0)$ 给出。

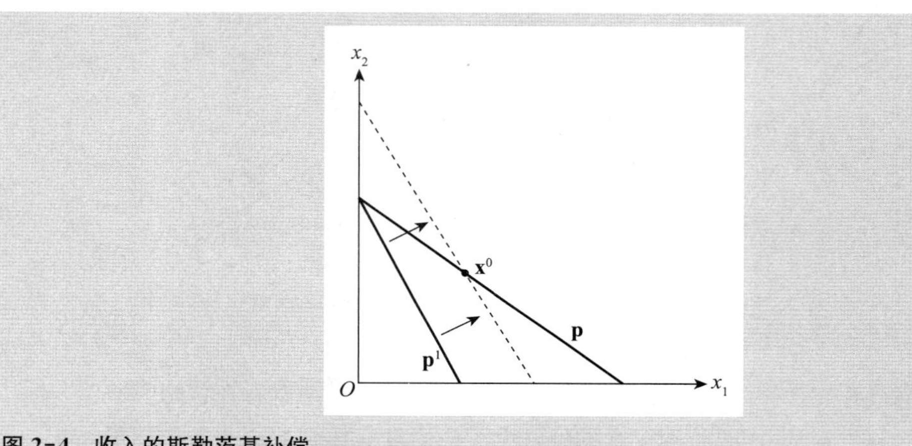

图 2-4　收入的斯勒茨基补偿

现在，固定 $\mathbf{p}^0 \gg \mathbf{0}$，$y^0>0$ 并令 $\mathbf{x}^0=\mathbf{x}(\mathbf{p}^0, y^0)$，如果 $\mathbf{p}^1$ 为其他任意的价格向量且 $\mathbf{x}^1=\mathbf{x}(\mathbf{p}^1, \mathbf{p}^1\cdot\mathbf{x}^0)$，则 WARP 意味着：

$$\mathbf{p}^0\cdot\mathbf{x}^0 \leqslant \mathbf{p}^0\cdot\mathbf{x}^1 \tag{2.5}$$

实际上，如果 $\mathbf{x}^1=\mathbf{x}^0$，(2.5) 就会取等式；如果 $\mathbf{x}^1\neq\mathbf{x}^0$，由于 $\mathbf{x}^1$ 是在买得起 $\mathbf{x}^0$ 的情况下的选择（比如在价格为 $\mathbf{p}^1$ 和收入为 $\mathbf{p}^1\cdot\mathbf{x}^0$ 的时候），因此，WARP 意味着只要选择了 $\mathbf{x}^0$，消费者的收入就不足以支付得起 $\mathbf{x}^1$。所以，(2.5) 会是一个严格的不等式。

现在，根据预算平衡性，有：

$$\mathbf{p}^1\cdot\mathbf{x}^0=\mathbf{p}^1\cdot\mathbf{x}(\mathbf{p}^1,\mathbf{p}^1\cdot\mathbf{x}^0) \tag{2.6}$$

用 (2.6) 减去 (2.5) 之后的结果意味着对所有的价格 $\mathbf{p}^1$，有：

$$(\mathbf{p}^1-\mathbf{p}^0)\cdot\mathbf{x}^0 \geqslant (\mathbf{p}^1-\mathbf{p}^0)\cdot\mathbf{x}(\mathbf{p}^1,\mathbf{p}^1\cdot\mathbf{x}^0) \tag{2.7}$$

由于 (2.7) 对所有的 $\mathbf{p}^1$ 都成立，令 $\mathbf{p}^1=\mathbf{p}^0+t\mathbf{z}$，其中 $t>0$ 和 $\mathbf{z}\in\mathbb{R}^n$ 为任意值，则该式变为：

$$t[\mathbf{z}\cdot\mathbf{x}^0]\geqslant t[\mathbf{z}\cdot\mathbf{x}(\mathbf{p}^1,\mathbf{p}^1\cdot\mathbf{x}^0)] \tag{2.8}$$

两边同时除以 $t>0$，得：

$$\mathbf{z}\cdot\mathbf{x}^0\geqslant\mathbf{z}\cdot\mathbf{x}(\mathbf{p}^0+t\mathbf{z},(\mathbf{p}^0+t\mathbf{z})\cdot\mathbf{x}^0) \tag{2.9}$$

上式中用到了 $\mathbf{p}^1=\mathbf{p}^0+t\mathbf{z}$ 这一事实。

现在将 $\mathbf{z}$ 固定，我们可以找到一个足够小的 $\bar{t}>0$ 使得对所有的 $t\in[0,\ \bar{t}]$，有 $\mathbf{p}^0+t\mathbf{z}\gg\mathbf{0}$。注意，当 $t=0$ 时（2.9）将取等式。（2.9）表明了函数 f：$[0,\ \bar{t})\to\mathbb{R}$ 是由其右侧部分定义的，例如：

$$f(t)\equiv\mathbf{z}\cdot\mathbf{x}(\mathbf{p}^0+t\mathbf{z},(\mathbf{p}^0+t\mathbf{z})\cdot\mathbf{x}^0)$$

在 $[0,\ \bar{t})$ 上 $t=0$ 的位置取最大值，因此，必有 $f'(0)\leqslant 0$。但通过对 $f(t)$ 求导然后在$t=0$ 取值（假设 $\mathbf{x}(\cdot)$ 可微），有：

$$f'(0)=\sum_i\sum_j z_i\left[\frac{\partial x_i(\mathbf{p}^0,y^0)}{\partial p_j}+x_j(\mathbf{p}^0,y^0)\frac{\partial x_i(\mathbf{p}^0,y^0)}{\partial y}\right]z_j\leqslant 0 \tag{2.10}$$

现在，由于 $\mathbf{z}\in\mathbb{R}^n$ 是任意取的，（2.10）表明矩阵的第 ij 项一定是半负定的：

$$\frac{\partial x_i(\mathbf{p}^0,y^0)}{\partial p_j}+x_j(\mathbf{p}^0,y^0)\frac{\partial x_i(\mathbf{p}^0,y^0)}{\partial y} \tag{2.11}$$

而这个矩阵恰好是选择函数 $\mathbf{x}(\mathbf{p},\ y)$ 的斯勒茨基伴随矩阵！

因此，我们已经证明了，如果一个选择函数满足 WARP 和预算平衡性，那么它也必须要满足效用最大化的另外两个性质，即零次齐次和斯勒茨基矩阵的半负定性。

另外，如果我们可以证明选择函数的斯勒茨基矩阵是对称的，则根据可积性的结论，该函数实际上会是一个需求函数，因为我们可以构建一个能生成该需求函数的效用函数。

在对最后一点进行深入探讨之前，有必要指出的是，如果 $\mathbf{x}(\mathbf{p},\ y)$ 是一个效用生成的需求函数，它就必须满足 WARP。为了了解这一点，假设一个效用最大化的消费者有着严格单调且严格凸的偏好，于是我们知道，在每一个价格集下都有唯一的需求组合，而且这个组合总是能用尽消费者的全部收入（参见练习题 1.16）。于是，令 $\mathbf{x}^0$ 是价格为 $\mathbf{p}^0$ 时的效用最大化组合，令 $\mathbf{x}^1$ 是价格为 $\mathbf{p}^1$ 时的效用最大化组合，假设$\mathbf{p}^0\cdot\mathbf{x}^1\leqslant\mathbf{p}^0\cdot\mathbf{x}^0$。由于 $\mathbf{x}^1$ 是一个虽然买得起但没有被选择的组合，所以 $u(\mathbf{x}^0)>u(\mathbf{x}^1)$。因此，当价格为 $\mathbf{p}^1$ 时消费者选择了 $\mathbf{x}^1$，则 $\mathbf{x}^0$ 必定为一个不可行（支付不起）的组合，或者有 $\mathbf{p}^1\cdot\mathbf{x}^0>\mathbf{p}^1\cdot\mathbf{x}^1$。于是 $\mathbf{p}^0\cdot\mathbf{x}^1\leqslant\mathbf{p}^0\cdot\mathbf{x}^0$ 意味着 $\mathbf{p}^1\cdot\mathbf{x}^0>\mathbf{p}^1\cdot\mathbf{x}^1$，所以函数满足 WARP。

可反过来说意味着什么呢？消费者的选择函数总是满足 WARP 吗？行为一定要由效用最大化生成吗？换句话说，一定存在这样一个效用函数，它会导致一些作为效用最大化过程结果的可观察的选择吗？如果答案是肯定的，我们就说效用函数**理性化**（rationalise）了可观测行为。

论证的结果表明，答案是肯定的，也可能是否定的。如果只有两种商品，WARP 意味着存在某个效用函数让选择理性化；可如果选择是在两种以上的商品间进行，即便 WARP 成立，也不一定会存在这样一个函数。

两种商品的情况之所以例外，和斯勒茨基矩阵的对称性及传递性有关。

可以证明，在两种商品的情形中，预算平衡性和齐次性共同意味着斯勒茨基矩阵一定是对称的（参见练习题 2.9）。若是这样，鉴于 WARP 和预算平衡性意味着齐次性和半负定性，于是在两种商品的情况下，它们也意味着斯勒茨基矩阵的对称性，从而可积性定理告诉我们，选择函数一定是由效用生成的。

一个明显不同但实质等价的（对两种商品情形特殊性的）解释是，通过显示偏好对组合成对地进行排列不会出现非传递性的循环（练习题 2.9 会让你证明这个结论），一旦如此，就会存在一个生成选择函数的效用表达式，于是像我们之前提到过的那样，在斯勒茨基矩阵的对称性和消费者偏好的传递性之间有一种更密切的联系。

就多种商品的情形而言，WARP 和预算平衡性既不意味着斯勒茨基矩阵的对称性，也不意味着显示偏好关系中不存在非传递性的循环。所以 WARP 和预算平衡性在这种情况下同效用最大化的假说并不等价。

问题自然就来了，"WARP 要多强才能得到一个和效用最大化理论等价的显示偏好理论呢？"答案就是"显示偏好强公理"。

如果对每一个不同的组合序列 $\mathbf{x}^0$，$\mathbf{x}^1$，…，$\mathbf{x}^k$ 来说，$\mathbf{x}^0$ 显示偏好于 $\mathbf{x}^1$，$\mathbf{x}^1$ 显示偏好于 $\mathbf{x}^2$，…，$\mathbf{x}^{k-1}$ 显示偏好于 $\mathbf{x}^k$，但 $\mathbf{x}^k$ 不显示偏好于 $\mathbf{x}^0$，那么**显示偏好强公理**（strong axiom of revealed preference，SARP）得到满足。SARP 排除了不可传递的显示偏好，进而可用来推导一个完备的、可传递的偏好关系$\succsim$，对这种关系，会有一个理性化可观察行为的效用函数。本节略去证明，读者可以参见 Houthakker（1950）的最初研究和 Richter（1966）的精彩证明。

如果消费者选择一个组合来最大化严格拟凹且严格递增的效用函数，不难证明，他的需求行为一定满足 SARP（参见练习题 2.11）。因此，仅以 SARP（对可观测选择的一种限制）为基础的需求理论在本质上与建立在效用最大化基础上的需求理论是等价的。消费者需求无论以哪种理论为基础都将是齐次的，斯勒茨基矩阵也将是半负定和对称的。

但目前为止，我们的分析始终集中在显示偏好公理和消费者的选择函数上，仿佛在研究中有关于价格和数量的大量数据可用。对多数人来说，显示偏好理论的根本魅力在于保证研究工作可以从实际数据出发，并用一个隐含的效用函数预测消费者的行为。由于真实世界的数据所包含的无外乎是数量有限的样本，所以显示偏好领域最新的工作就是尝试直接解决由此引发的各种问题。

最后，Afriat（1967）引入了**显示偏好的一般化公理**（generalised axiom of revealed preference，GARP），这是一个比 SARP 更弱的条件，他还证明了一个与可积性定理（定理 2.6）类似的定理。根据 **Afriat 定理**（Afriat's theorem），当且仅当存在一个使数据理性化的连续、递增以及凹的效用函数时，一个可观察价格和数量的数据的有限集合将满足 GARP（练习题 2.12 将会介绍一个该定理的弱版本）。不过，由于数据有限，消费者的偏好并不会完全局限在非样本的组合上，因此，能使（有限）数据理性化的效用函数可能不止一个。

可是在很多时候，显示偏好不允许我们作某种"非样本"的比较。例如，在图 2-5 中，假设消费者在价格为 $\mathbf{p}^0$ 时选择了 $\mathbf{x}^0$，在价格为 $\mathbf{p}^1$ 时选择了 $\mathbf{x}^1$。很明显，$\mathbf{x}^0$ 显示偏好于 $\mathbf{x}^1$。因此，对任何一个可理性化数据的效用函数来说，根据定义，必有 $u(\mathbf{x}^0)>u(\mathbf{x}^1)$。现在假设我们相比较 $\mathbf{x}$，$\mathbf{y}$ 这样的组合，它们显然不在样本之中。由于在选择 $\mathbf{x}^1$ 时 $\mathbf{y}$ 花的钱要少于 $\mathbf{x}^1$，我们可以得出 $u(\mathbf{x}^0)>u(\mathbf{x}^1)>u(\mathbf{y})$。此外，如果"多比少好"，那么效用函数一定是递增的，进而有 $u(\mathbf{x})\geqslant u(\mathbf{x}^0)$。因此，对于任何一个可理性化观测数据的效用函数来说，有 $u(\mathbf{x})\geqslant u(\mathbf{x}^0)>u(\mathbf{x}^1)>u(\mathbf{y})$，这样我们就可以直接对非样本的组合进行比较了。结论是：对于任何一个可生成已观察数据的递增效用函数来说，$u(\mathbf{x})>u(\mathbf{y})$。

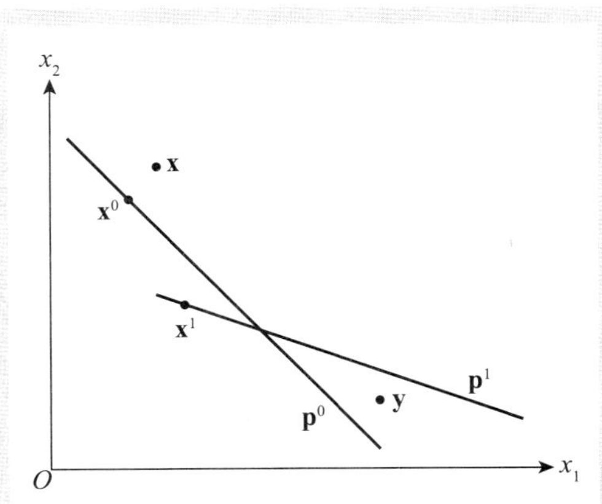

图 2-5　推导满足 GARP 的偏好

凡事并非总是一帆风顺。比如，我们看到消费者在价格 $\mathbf{p}^1=(2,\ 1)$ 的时候选择了 $\mathbf{x}^1=(1,\ 1)$，由于经过 $\mathbf{x}^1$ 的无差异曲线与预算线 $2x_1+x_2=3$ 相切，很容易证明，效用函数 $u(\mathbf{x})=x_1^2x_2$ 使选择理性化。与此同时，效用函数 $v(\mathbf{x})=x_1(x_2+1)$ 同样会使这个选择（在价格 $\mathbf{p}^1$ 时选择 $\mathbf{x}^1$）理性化，因为该函数经过 $\mathbf{x}^1$ 的无差异曲线与同样的预算线相切于 $\mathbf{x}^1$。如果 $u(\mathbf{x})$ 和 $v(\mathbf{x})$ 之间仅仅是单调变换的关系，这倒没什么可大惊小怪的，但它们不是。当我们比较样本外的组合 $\mathbf{x}=(3,\ 1)$ 和 $\mathbf{y}=(1,\ 7)$ 时，在一种情况下有 $u(3,\ 1)>u(1,\ 7)$，也就是 $\mathbf{x}$ 偏好于 $\mathbf{y}$；可在另一种

2

情况下，$v(3，1)<v(1，7)$，这又告诉我们 **y** 偏好于 **x**。

那么对于一个既定的组合 **y**，我们能找到全部的组合 **x**，使得对于每一个可理性化数据集的效用函数均有 $u(\mathbf{x})>u(\mathbf{y})$ 吗？瓦里安（Varian，1982）给出了一个局部解，在一个商品组合集中，其中的每个 **x** 对每个理性化数据的效用函数 $u(\cdot)$ 都满足 $u(\mathbf{x})>u(\mathbf{y})$。Knoblauch（1992）后来证明了瓦里安集是一组完备的解，也就是说，这个集合囊括了所有此类组合。

不幸的是，消费数据经常会违反 GARP，因此，现在我们一方面要找到一个标准来确定这种违背在什么情况下是无关紧要、可以忽略的；另一方面要找到在实践中用来构建一个适宜效用函数所用的运算法则，使得该效用函数建立在对 GARP 只是稍有违背的数据集的基础上。

2.4 不确定性

到目前为止，我们都一直假设决策者处在一个确定性的世界中，消费者完全知道所有商品的价格，了解全部可行的消费组合。现实世界中的经济行为人显然并不总是在这么理想的环境中，很多经济决策都涉及不确定性。例如，消费者在买车的时候，会考虑将来的油价、维修费用以及几年后的转售价格，这些没有一个在决策那一刻是确定的。类似决策都涉及对决策结果的不确定性，虽然决策者可能知道不同结果出现的概率，但最终结果只有到了最后才能见分晓。

乍一看，不确定性似乎过于棘手、难以处理，但经济学理论在这方面已经有诸多建树，首选的分析方法源自冯·诺依曼和摩根斯坦（von Neumann and Morgenstern，1944）的开创性工作。

2.4.1 偏好

在本书前面的部分中，我们假设消费者的偏好关系涵盖了消费集 X 中的所有消费组合 **x**，现在只需对视角稍加变化，就可以将不确定性容纳进来。偏好关系仍被保留，但假设个体的偏好关系是发生在**赌局**（gambles）而不是商品组合之间。

正式的表述是：令 $A=\{a_1，\cdots，a_n\}$ 表示一个有限的**结果**（outcome）集，a_i 可能是消费组合、货币数量（或正或负），或者其他任何东西，重要的是 a_i 本身不涉及不确定性；换句话说，我们要把集合 A 当作赌局形成的基础。

例如，令 $A=\{1，-1\}$，其中“1”代表结果为“赢了 1 美元”而“-1”代表结果为“输了 1 美元”。假设你和一位朋友参加这样一个赌局：正面（头像）朝上，她给你 1 美元；反面朝上，你给她 1 美元。从你的角度来看，赌局的结果是（A 中的两种）二选一：1（赢了 1 美元）或 -1（输了 1 美元）。由于这是一场公平的赌局，每种结果出现的可能性都是二分之一。

更一般地讲，一场**简单赌局**（或单赌，simple gamble）会为 A 中每一种结果

a_i 指派一个概率 p_i。当然，由于 p_i 是概率，它一定是非负的，又因为赌博一定会出现 A 中的某个结果，所以 p_i 之和必定为1。我们用（$p_1\circ a_1$，…，$p_n\circ a_n$）来表示这场单赌，而单赌的集合 $\mathcal{G}_S$ 定义如下：

定义 2.2　单赌

令 $A=\{a_1, \cdots, a_n\}$ 为结果集，则单赌（A）的集合 $\mathcal{G}_S$ 由下式给出：

$$\mathcal{G}_S \equiv \left\{(p_1\circ a_1, \cdots, p_n\circ a_n) \mid p_i \geqslant 0, \sum_{i=1}^{n} p_i = 1\right\}$$

当一种或多种结果的 p_i 为零时，出于简化的目的，我们会把它们从表达式中拿掉。比如，单赌（$\alpha\circ a_1$，$0\circ a_2$，…，$0\circ a_{n-1}$，$(1-\alpha)\circ a_n$）可以写成（$\alpha\circ a_1$，$(1-\alpha)\circ a_n$）。需要注意的是，$\mathcal{G}_S$ 包含 A，因为对每个 i 来说，（$1\circ a_i$）（a_i 出现的概率是1）位于 $\mathcal{G}_S$ 中。为了使表示方法更简单一些，我们用 a_i 来代替（$1\circ a_i$），这表示赌局的结果一定是 a_i。

回到扔硬币的例子中，$A=\{1, -1\}$，进而每个人面临的单赌为$\left(\frac{1}{2}\circ 1, \frac{1}{2}\circ -1\right)$。当然，并不是所有的赌博都是单赌。例如，很多国家彩票常把下一期的彩票当成奖券。赌博的奖金本身也是赌博，这被称为**复合赌局**（或**复赌**，compound gambles）。

注意，一个复赌到底包含了多少层组合是没有限定的。实际上，国家彩票在这方面就是一个特例。因为每场国家彩票都可能会以另一个彩票作奖金，所以一场彩票可以包含的组合层次是无限的。即通过不断地拿彩票当奖金，在你开始买的彩票兑现之前，国家彩票想玩多少回就能玩多少回。

仅仅是出于简化的目的，我们排除了像国家彩票这样的无穷次数的复赌，只考虑那些经过任意有限次数的赌局后会出现 A 中的结果的那些复赌。

这样的话，我们令 $\mathcal{G}$ 表示所有赌博的集合，其中包括单赌和复赌。尽管复赌的集合（进而 $\mathcal{G}$）有更正式的表达方法，但仅就我们的研究目的来说，这样就足够了。简单一点，可以把一场赌博看成是一张彩票，其本身就能导致诸多彩票中（可能完全不同）的某一种，然后依此类推。最终在经历了有限次数的博彩之后，一定会出现 A 中的某个结果。所以，如果 g 是 $\mathcal{G}$ 中的任意一场赌局，则对某些 $k\geqslant 1$ 和某些赌博 $g^i \in \mathcal{G}$，有 $g=(p_1\circ g^1, \cdots, p_k\circ g^k)$，其中 g^i 可以是复赌、单赌或其他。当然，它必须非负，而且和要等于1。①

不确定条件下决策的选择对象是赌局。和消费者理论类似，我们假设决策者对赌局的集合 $\mathcal{G}$ 的偏好是 $\succsim$。在分析过程中需要设定若干公理，这被称为关于决策者偏好关系 $\succsim$ 的**不确定性下选择公理**（axioms of choice under uncertainty）。和以前一

① $\mathcal{G}$ 的一个正式的定义如下：令 $\mathcal{G}_0=A$，并且对每一个 $j=1, 2, \cdots$，令 $\mathcal{G}_j=\{(p_1\circ g^1, \cdots, p_k\circ g^k) \mid k\geqslant 1$；$p_i\geqslant 0$ 并且 $g^i\in\mathcal{G}_{j-1}\ \forall i=1, \cdots, k$；且 $\sum_{i=1}^{k} p_i=1\}$，于是 $\mathcal{G}=\bigcup_{j=0}^{\infty}\mathcal{G}_j$。

样，$\sim$和$\succ$表示由$\succsim$派生出来的“无差异”和“严格偏好于”关系。前两个公理看起来非常眼熟，所以无须赘言。

公理 1：完备性。对$\mathcal{G}$中任意两个赌局g和g'而言，要么$g\succsim g'$，要么$g'\succsim g$。

公理 2：传递性。对$\mathcal{G}$中任意三个赌局g、g'和g''而言，如果$g\succsim g'$且$g'\succsim g''$，则$g\succsim g''$。

由于A中的每个a_i在$\mathcal{G}$中都退化为一个赌局，具体来说，公理 G1，G2 意味着A中有限数量的元素可通过$\succsim$来加以排序（参见练习题 2.16）。所以，在不失一般性的情况下，假设A中的元素可以被指标化，使得$a_1\succsim a_2\succsim$，…，$\succsim a_n$。

这样的话，看起来没有赌局会好过a_1肯定发生的情况，也没有赌局会糟过a_n肯定出现的情形（尽管我们并没有直接做这样的假设）。也就是说，对任何一个g而言，当$\alpha=1$时，有$(\alpha\circ a_1,(1-\alpha)\circ a_n)\succsim g$；当$\alpha=0$时，有$g\succsim(\alpha\circ a_1,(1-\alpha)\circ a_n)$。下面的定理表明，如果无差异关系在两种极端情况下均不成立，那它一定在α取某些中间值时成立。

公理 3：连续性。对$\mathcal{G}$中任意一个赌局g，总存在某个概率$\alpha\in[0,1]$，使得$g\sim(\alpha\circ a_1,(1-\alpha)\circ a_n)$。

公理 3 乍一看有点匪夷所思，例如，假设$A=$｛1 000 美元，10 美元，“死亡”｝，对多数人来说，这些结果的严格排序如下：1 000 美元$\succ$10 美元$\succ$“死亡”。现在考虑一个“肯定能得到 10 美元”的单赌，根据公理 3，一定存在某个概率α使得赌局（$\alpha\circ$1 000 美元，$(1-\alpha)\circ$“死亡”）的吸引力和“10 美元”相同。因此，如果没能找到这样的概率α，就说明你对赌博的偏好不符合公理 3。

那么，难道说公理 3 为偏好施加了一个过分严格的约束吗？先别急着要答案。如果你开车经过一个小镇能得到 1 000 美元，也有可能（虽然微乎其微）在车祸中丧生；而待在家里肯定能得到 10 美元。你可能会说你偏好这场赌局，不喜欢那一笔可忽略不计的确定性收入。假设我们能不断地提高出现致命车祸的概率，直到你认为这两个选择没有差别，一旦出现这种情况，我们会发现那个使选择无差异的概率也就是公理 3 中假设的概率。

下一个公理表达了这样一种思想：如果两个单赌分别只能得到最好和最坏的结果，那么人们会更偏好那个最好结果出现概率更大的赌局。

公理 4：单调性。对所有的概率$\alpha,\beta\in[0,1]$，当且仅当$\alpha\geqslant\beta$时，

$$(\alpha\circ a_1,(1-\alpha)\circ a_n)\succsim(\beta\circ a_1,(1-\beta)\circ a_n)$$

注意，单调性意味着$a_1\succ a_n$，这就排除了决策者认为A中所有结果是无差异的情形。

虽说（如单调性所说的那样）多数人总是喜欢好结果出现概率大一点的那个赌

局，但不是必然如此。例如，对狩猎的人来说，一次外出的最坏结果就是丢掉性命，不过死亡的可能性反而增加了冒险的刺激。有点危险比没有强，这很明显违背了单调性。

下一个公理说的是，如果决策者认为两个赌局的结果相同，而且这些结果出现的概率也相同，那么他就认为这两个赌局是一样的（无差异）。

公理 5：替代性。如果 $g=(p_1\circ g^1, \cdots, p_k\circ g^k)$ 以及 $h=(p_1\circ h^1, \cdots, p_k\circ h^k)$ 都属于 $\mathcal{G}$，而且如果对每个 i 来说，$h^i\sim g^i$，则 $h\sim g$。

公理 5 和公理 1 共同意味着，如果行为人认为两个赌局一样，他也一定认为这两个赌局的所有凸组合也是相同的。即如果 $h\sim g$，那么由于（根据公理 1）$g\sim g$，所以公理 5 意味着 $(\alpha\circ g, (1-\alpha)\circ h)\sim(\alpha\circ g, (1-\alpha)\circ g)=g$。

下一个（也是最后一个）公理说的是，在考虑某一个特定赌局的时候，决策者关心的只是赌局分派给 A 中每个结果的有效概率。这一点需要详细说明一下。

例如，假设 $A=\{a_1, a_2\}$，考虑如下一场复赌：出现结果 a_1 的概率是 α；得到另一份彩票的概率是 $1-\alpha$。彩票本身也是一场单赌：出现结果 a_1 的概率是 β；出现结果 a_2 的概率是 $1-\beta$。

现在把它们放在一起考虑。结果 a_1 实际出现的有效概率是多少呢？a_1 以两种不同（或互斥）的方式出现，一种是作为复赌的中间过程的结果，另一种是作为彩票的一个结果。第一种情况出现的概率显然为 α；第二种情况出现的概率为 $(1-\alpha)\beta$，因为要想通过彩票获得 a_1，则 a_1 一定不是复赌的中间结果但必定是彩票的结果。这样的话，由于出现 a_1 的这两种方式是互斥的，全部概率放在一起等于 $\alpha+(1-\alpha)\beta$。同样，结果为 a_2 的有效概率为 $(1-\alpha)(1-\beta)$。

在面对上述复赌时，我们说决策者只在乎 a_i 的有效概率就等于说他认为这个复赌同由其产生的单赌 $(\alpha+(1-\alpha)\beta\circ a_1, (1-\alpha)(1-\beta)\circ a_2)$ 是一样的（无差异的）。

很明显，我们可以用类似的方法推导出 a_i 在任意复赌中出现的有效概率。鉴于整个过程（至少在概念上）简单易懂，我们就不作赘述了。

对任意赌局 $g\in\mathcal{G}$ 来说，如果 p_i 表示 g 指派给 a_i 的有效概率，那么我们就说 g **引致了单赌** $(p_1\circ a_1, \cdots, p_n\circ a_n)\in\mathcal{G}_s$。我们强调的是，每一个 $g\in\mathcal{G}$ 引致了唯一的单赌。最后一个公理表述如下。①

公理 6：简化公理。对任意的赌博 $g\in\mathcal{G}$，如果 $(p_1\circ a_1, \cdots, p_n\circ a_n)$ 是由 g 所引致的一个单赌，那么 $(p_1\circ a_1, \cdots, p_n\circ a_n)\sim g$。

注意，根据公理 6（以及公理 2），个体对所有赌局（复赌或其他）的偏好完全由他对单赌的偏好决定。

就像公理 6 看起来的那样，它确实限定了我们的分析，特别是如果一个人想为

---

① 在某些处理中，公理 5 和公理 6 合二为一，变成“独立性”公理。（参见练习题 2.20。）

在拉斯维加斯度假的人的行为建模的话，使用这个假设就不太合适了。一方面，根据有效概率对输赢的定义，他们可能认为在那里玩几次老虎机和所有赌博都玩一次没什么区别。可另一方面，很多不确定性下的决策都发生在拉斯维加斯以外，对这些人来说，公理 6 完全适用。

2

2.4.2 冯·诺依曼和摩根斯坦效用

既然我们已经介绍了有关赌局所需要遵守的偏好公理，那就再问一次：是否能用一个连续的实值函数来表示这种偏好呢？毫不奇怪，回答是肯定的。一方面，基于对确定条件下的偏好的研究，我们知道，公理 1、公理 2 和某种连续性假设应该能确保代表$\succsim$的连续函数存在；另一方面，除了公理 1、公理 2 和连续性之外，我们还做了其他假设，所以预期推导出的效用表达式不只具有连续性。实际上，本节将证明，我们不但能得到一个代表 $\mathcal{G}$ 的偏好的连续效用函数，还会发现该函数同结果的有效概率之间是线性关系。

为了表达得准确一点，假设 u：$\mathcal{G}\to\mathbb{R}$ 是一个表示关于 $\mathcal{G}$ 的偏好关系的效用函数[①]，所以，对每个 $g\in\mathcal{G}$ 来说，$u(g)$ 代表着赋予赌博 g 的效用值，具体来说，对每个 i 而言，u 为退化赌局（$1\circ a_i$）指派了一个数 $u(a_i)$，其中 a_i 这个结果肯定会出现。我们常用$u(a_i)$指代结果 a_i 的效用。下面将要说明的是前面提到过的线性性质。

定义 2.3 期望效用的性质

效用函数 u：$\mathcal{G}\to\mathbb{R}$ 具有期望效用的性质，如果对于每一个 $g\in\mathcal{G}$ 来说，

$$u(g)=\sum_{i=1}^{n}p_iu(a_i)$$

其中，（$p_1\circ a_1$，…，$p_n\circ a_n$）是由 g 引致的一个单赌。

因此，说 u 具有期望效用的性质，就是说它为每个赌局指派了可能发生的效用的期望值，其中，每个可能出现的效用都被指派了有效概率。[②] 当然，g 获得效用 $u(a_i)$ 的有效概率只不过是出现结果 a_i 的有效概率，即 p_i。

注意，如果 u 具有期望效用的性质，并且如果 $g_s=(p_1\circ a_1, \cdots, p_n\circ a_n)$ 是一场单赌，那么因为由 g_s 所引致的单赌就是 g_s 本身，所以我们一定有：

$$u(p_1\circ a_1,\cdots,p_n\circ a_n)=\sum_{i=1}^{n}p_iu(a_i)\qquad\forall\,\text{概率矩阵}(p_1,\cdots,p_n)$$

因此，函数 u 在 $\mathcal{G}$ 上完全是由有限结果集 A 指定的数值决定的。

---

① 只要 $g\succsim g'$，当且仅当 $u(g)\geqslant u(g')$ 时，函数 $u(\cdot)$ 就可以表示偏好关系$\succsim$，参见定义 1.5。

② 将 x 分别以 p_1，…，p_n 取 x_1，…，x_n 的函数的期望值定义为等于 $\sum_{i=1}^{n}p_ix_i$。这里 $u(a_i)$ 扮演了 x_i 的角色，进而我们考虑的是效用的期望值。

如果用一个具有期望效用性质的效用函数表示个人的偏好，并且如果个人总是选择他最偏好的可行方案，那么只有当一个赌局的期望效用更大的时候，它才会被选择。因此，这类个体是一个**期望效用最大化者**（expected utility maximiser）。

这样的函数明显在分析上具有一定的优势，因为任何赌局的效用都可以用一种线性和的形式表示，其中只涉及不同结果的效用及其出现概率这两个因素。不过，想用函数表示$\succsim$显然还需要满足很多条件，而且这些条件不同于我们之前在确定性条件下分析使用的一般效用函数的情况。为了帮助你牢记二者的区别，我们把具有期望效用性质的效用函数称为**冯·诺依曼-摩根斯坦效用函数**（von Neumann-Morgenstern (VNM) utility functions）。

现在我们介绍一个有关不确定条件下选择理论的基本定理。

定理 2.7　关于 $\mathcal{G}$ 的一个 VNM 效用函数的存在性

令属于 $\mathcal{G}$ 的赌局的偏好$\succsim$满足公理 1 至公理 6，则存在一个效用函数 u：$\mathcal{G}\to\mathbb{R}$ 表示关于 $\mathcal{G}$ 的$\succsim$，使得 u 具有期望效用的性质。

证明：像第 1 章中证明表示消费者偏好的效用函数的存在性那样，这里的证明也是建设性的。

考虑 $\mathcal{G}$ 中任意一个赌局 g，定义 $u(g)$ 是一个满足下列条件的数：

$$g\sim(u(g)\circ a_1,(1-u(g))\circ a_n)$$

根据公理 3，这个数一定存在，练习题 2.19 会让你证明这一点，而且根据公理 4，这个数是唯一的。于是，这就定义了一个关于 $\mathcal{G}$ 的实值函数 u。（顺便说一下，根据定义，对所有的 g，有 $u(g)\in[0,1]$。）

接下来要证明 u 表示$\succsim$并且具有期望效用的性质，我们先从第一个开始。

令 g，$g'\in\mathcal{G}$ 为任意赌局，当且仅当

$$(u(g)\circ a_1,(1-u(g))\circ a_n)\succsim(u(g')\circ a_1,(1-u(g'))\circ a_n) \tag{P.2}$$

且

$$u(g)\geqslant u(g') \tag{P.3}$$

时，我们断定如下等价关系成立：

$$g\succsim g' \tag{P.1}$$

想了解这一点，需要注意，因为$\succsim$具有传递性，而且根据 u 的定义，有 $g\sim(u(g)\circ a_1,(1-u(g))\circ a_n)$ 以及 $g'\sim(u(g')\circ a_1,(1-u(g'))\circ a_n)$，所以当且仅当（P.2）成立时，（P.1）才成立；根据单调性（公理 4）又能直接得出，当且仅当（P.3）成立时，（P.2）才成立。

因此，当且仅当 $u(g)\geqslant u(g')$ 时，有 $g\succsim g'$，所以 u 表示关于 $\mathcal{G}$ 的$\succsim$。

为了完成证明，我们还需说明 u 具有期望效用的性质。令 $g\in\mathcal{G}$ 为任意赌局，$g_S\equiv(p_1\circ a_1,\ \cdots,\ p_n\circ a_n)\in\mathcal{G}_S$ 是它所引致的单赌，我们必须证明：

$$u(g)=\sum_{i=1}^{n}p_iu(a_i)$$

由于根据公理 6，$g\sim g_S$；而且由于 u 表示$\succsim$，必有 $u(g)=u(g_S)$。这足以表明：

$$u(g_S)=\sum_{i=1}^{n}p_iu(a_i) \tag{P. 4}$$

现在，根据定义，对每个 $i=1,\ \cdots,\ n$ 来说，$u(a_i)$ 满足：

$$a_i\sim(u(a_i)\circ a_1,(1-u(a_i))\circ a_n) \tag{P. 5}$$

令 q^i 表示（P. 5）右侧的单赌，即对每个 $i=1,\ \cdots,\ n$ 而言，$q^i\equiv(u(a_i)\circ a_1,(1-u(a_i))\circ a_n)$。因此，对每个 i 来说，$q^i\sim a_i$，所以根据替代公理 5：

$$g'\equiv(p_1\circ q^1,\cdots,p_n\circ q^n)\sim(p_1\circ a_1,\cdots,p_n\circ a_n)=g_S \tag{P. 6}$$

我们现在想推导出由复赌 g'引致的单赌。注意，由于每个 q^i 均只能导致两种结果 a_1，a_n 中的一种，所以 g'的结果也必然如此。g'赋予 a_1 的有效概率是多少呢？对任意的 i 来说，q^i 发生了（概率是 p_i）而且 a_1 是赌局 q^i 的结果（概率是 $u(a_i)$），a_1 就会发生。因此，对每个 i 来说，a_1 出现的概率是 $p_iu(a_i)$。由于 q^i 之间是互斥的，a_1 出现的有效概率是 $\sum_{i=1}^{n}p_iu(a_i)$；同样，a_n 出现的有效概率是 $\sum_{i=1}^{n}p_i(1-u(a_i))$，又因为 p_i 的和是 1，所以该有效概率又变成 $1-\sum_{i=1}^{n}p_iu(a_i)$。总之，$g'$引致的单赌是：

$$g'_S\equiv((\sum_{i=1}^{n}p_iu(a_i))\circ a_1,(1-\sum_{i=1}^{n}p_iu(a_i))\circ a_n)$$

根据简化公理 6，必然有 $g'\sim g'_S$，进而$\sim$的传递性及（P. 6）意味着：

$$g_S\sim((\sum_{i=1}^{n}p_iu(a_i))\circ a_1,(1-\sum_{i=1}^{n}p_iu(a_i)\circ a_n) \tag{P. 7}$$

不过，根据定义（以及练习题 2.19），$u(g_S)$ 是满足如下关系的唯一数值：

$$g_S\sim(u(g_S)\circ a_1,(1-u(g_S))\circ a_n) \tag{P. 8}$$

通过比较（P. 7）和（P. 8），我们得到：

$$u(g_S)=\sum_{i=1}^{n} p_i u(a_i)$$

证毕！ ■

细心的读者可能已经注意到，在证明定理2.7的时候并没有用到公理1。的确如此！一旦给定其他公理，公理1就多余了。练习题2.22会让你证明公理2、公理3和公理4共同意味着公理1。因此，我们完全不用明显提及“完备性”就能完成整个证明。不过假设传递性而不假设完备性的话，确实会让读者产生不必要的疑问。正是为了让你免受困扰，我们才使用上面的方式。

定理2.7的结论是：如果个人对赌局的偏好满足公理1到公理6全部6个公理，就能为A中的结果赋予一个效用值，使得当且仅当一个赌局的期望效用高于另一个时，个人会更偏好这个赌局。

定理2.7的证明不仅说明了一个具有期望效用性质的效用函数的存在性，也为我们在实践中构造这个函数提供了指南。我们在确定任意一种a_i的效用时，只需知道某个最好结果的概率，该概率将使个人认为$(\alpha\circ a_1,\ (1-\alpha)\circ a_n)$形式的最好—最差赌局同$a_i$一定发生二者之间无差异。对每个$a_i\in A$不断重复这一过程，我们就能将任意赌局$g\in\mathcal{G}$的效用算成是由该赌局产生的期望效用。如果个人的偏好满足公理1至公理6，定理2.7就能保证以这种方式得到的效用函数表示了他的偏好。

例题2.4

假设$A=\{\$10,\ \$4,\ -2\}$，其中每种结果的单位都是“千美元”，最好的结果理所应当是“10”，而最坏的结果是“-2”。

为了构建定理2.7的证明中使用的VNM效用函数，我们先找到同每种结果相关的无差异的概率，这需要构造一个最好—最差赌局，10和-2出现的概率未知但总和等于1。最后我们就每种结果问这样的问题：“在最好—最差赌局中，最好的结果出现的概率是多少才能让你觉得这个赌局和a_i确定出现没有差异？”问题的答案将是我们指派给每种结果的效用数值，假设我们发现：

$$\$10\sim(1\circ\$10,0\circ-\$2),\quad 因此\quad u(\$10)\equiv 1 \tag{E.1}$$

$$\$4\sim(0.6\circ\$10,0.4\circ-\$2),\quad 因此\quad u(\$4)\equiv 0.6 \tag{E.2}$$

$$-\$2\sim(0\circ\$10,1\circ-\$2),\quad 因此\quad u(-\$2)\equiv 0 \tag{E.3}$$

需要特别留意的是，在这种映射中，最好结果的效用一定始终是1，并且最差结果的效用始终是0。不过，在这个例子中，指派给中间结果（$\$4$）的效用和这个人对风险的态度有关。

2

得到了每种可能结果的效用值以后，我们现在就有了足够的信息来对与这三种结果有关的所有赌局进行排列，例如：

$$g_1 \equiv (0.2\circ \$4, 0.8\circ \$10) \tag{E.4}$$

$$g_2 \equiv (0.07\circ -\$2, 0.03\circ \$4, 0.90\circ \$10) \tag{E.5}$$

假设个人关于赌博的偏好满足公理 1 至公理 6 的全部公理，他会更偏好哪个呢？根据定理 2.7，利用（E.1）至（E.3）生成的效用值，我们只需要计算每个赌局的期望效用就能知道结果。通过计算我们发现：

$$u(g_1)=0.2u(\$4)+0.08u(\$10)=0.92$$

$$u(g_2)=0.07u(-\$2)+0.03u(\$4)+0.09u(\$10)=0.918$$

g_1 的期望效用更大，进而会更受偏爱！我们用同样的方法，只需使用（E.1）至（E.3）生成的效用值就能对任何无限的赌局进行排序，而这些赌局是我们可以用 A 中的三个结果来构建的。

仔细想一下我们在这个例子中发现的信息。再看一下要求比较（E.2）中“4”一定发生和最好—最差赌局的时候给出的答案。这个最好—最差赌局 g 的期望值是 $E(g)=0.6\times\$10+0.4\times(-\$2)=\$5.2$，大于“4”一定出现单赌中得到的期望值，但个人有可能认为这两者没有差异。由于假设他的偏好是单调的，我们立刻就能得出如下结论：在每一个最好—最差赌局中，只要最好结果出现的概率小于 0.6，他就会严格偏好“4”肯定出现的选择，其中当然也包括“10”和“−2”都以 0.5 的概率出现的赌局（虽然期望值也是“4”）。因此，从某种意义上讲，这个人不喜欢（或规避）风险。这种倾向反映在他对（E.4）和（E.5）中 g_1，g_2 的排序上，在那里，他偏好 g_1 胜过 g_2，即便前者的期望值只有 $E(g_1)=8.80$，而后者的期望值是 $E(g_2)=8.98$。这里，g_2 被规避了，因为（不像 g_1）它还包括了最差结果出现的风险。后面会详细介绍风险规避及其测量的问题，但这个例子应该有助于我们理解：VNM 效用函数概括了个体风险承担意愿的重要信息。 □

现在回过头来再看一下 VNM 效用函数到底意味着什么？它和确定性条件下的一般效用函数之间有怎样的关系？在一般情况下，如果消费者认为两个商品组合之间没有差异，这就是说它们的效用值相同；如果严格偏好其中某一个，则该组合的效用值必定更大一些。VNM 效用函数 $u(g)$ 也是这样，只不过我们需要将“商品组合”换成“赌局”。

然而，在消费者理论中，效用值本身只有序数的意义。一个效用表达式的任何单调变换都不改变自身的性质。不过，对关于赌博偏好的 VNM 效用表达式的效用值来说，其含义就不止于此了。

为了明白这一点，假设 $A=\{a, b, c\}$，其中，$a\succ b\succ c$，并且该偏好关系满足公理 1 至公理 6 的全部内容。根据公理 3 和公理 4，存在一个 $\alpha\in(0, 1)$，满足：

$$b\sim(\alpha\circ a, (1-\alpha)\circ c)$$

需要格外注意的是，概率值 α 由决策者的偏好决定并反映了偏好。毫无疑问，这个数值有其自身的含义，你不能把它翻倍，不能加上一个常数，也不能以任何一种不改变其代表的偏好的方式来对它进行变换。

现在，令 u 为偏好关系 $\succsim$ 的某个 VNM 效用表达式，这样前面的无差异关系意味着：

$$\begin{aligned} u(b) &= u(\alpha\circ a, (1-\alpha)\circ c) \\ &= \alpha u(a) + (1-\alpha)u(c) \end{aligned}$$

第二个等式根据 u 的期望效用性质得出，该式又可以写成：

$$\frac{u(a)-u(b)}{u(b)-u(c)} = \frac{1-\alpha}{\alpha}$$

因此，效用值之差的比率由 α 唯一决定，又因为 α 本身是由决策者的偏好决定，所以，这个比率也是由偏好决定的。

我们的结论是：效用差的比率具有关于个体偏好的内在含义，并且对每个 $\succsim$ 的 VNM 效用表达式取同样的数值，因此，VNM 效用表达式在决策者的偏好方面提供了更多的信息；另外，通过适当的单调变换，就可以假定该比率取了不同的值。

显然，一个 VNM 效用表达式严格递增的变换不会得到另一个不同的表达式（结果当然还是一个效用表达式，只不过它不一定具有期望效用的性质了），这就引出了如下问题：代表既定偏好排序的 VNM 效用表达式的等级是什么？按照之前的想法，效用差的比率是不能被改变的。下面的结论将说明，该性质提供了一个完备性的特征。

定理 2.8　VNM 效用函数正仿射变换的唯一性

假设 VNM 效用函数 $u(\cdot)$ 代表着 $\succsim$，当且仅当对所有的赌局 g，存在某个标量 α 和 $\beta>0$，有：

$$v(g) = \alpha + \beta u(g)$$

则 VNM 效用函数 $v(\cdot)$ 也代表着同样的偏好关系。

证明： 充分性一目了然（但你确实要弄明白），所以这里我们只证明必要性。另外，还要假设 g 是一个单赌。现在需要说明的是，如果 u 和 v 对所有的单赌都是线性相关的，那么它们对所有的赌局也都是线性相关的。和以前一样，令

$$A = \{a_1, \cdots, a_n\} \text{ 以及 } \quad g \equiv (p_1\circ a_1, p_2\circ a_2, \cdots, p_n\circ a_n)$$

其中，$a_1 \succsim \cdots \succsim a_n$ 且 $a_1 \succ a_n$。

由于 $u(\cdot)$ 代表着 $\succsim$，所以有 $u(a_1) \geqslant \cdots \geqslant u(a_i) \geqslant \cdots \geqslant u(a_n)$ 以及 $u(a_1) > u(a_n)$，所以，对每个 $i=1, \cdots, n$ 来说，存在一个唯一的 $\alpha_i \in [0, 1]$，使得：

$$u(a_i)=\alpha_i u(a_1)+(1-\alpha_i)u(a_n) \tag{P. 1}$$

需要注意的是，当且仅当 $a_i \succ a_n$ 的时候，才有 $a_i>0$。

现在，由于 $u(\cdot)$ 具有期望效用的性质，所以（P. 1）意味着：

$$u(\alpha_i)=u(\alpha_i\circ a_1,(1-\alpha_i)\circ a_n)$$

其中，因为 $u(\cdot)$ 代表着$\succsim$，这意味着：

$$a_i \sim (\alpha_i\circ a_1,(1-\alpha_i)\circ a_n) \tag{P. 2}$$

所以，由于 $v(\cdot)$ 也代表着$\succsim$，必有：

$$v(\alpha_i)=v(\alpha_i\circ a_1,(1-\alpha_i)\circ a_n)$$

加之 $v(\cdot)$ 也具有期望效用的特性，这意味着：

$$v(a_i)=\alpha_i v(a_1)+(1-\alpha_i)v(a_n) \tag{P. 3}$$

结合（P. 1）和（P. 3），对每个 $i=1$，…，n，有：

$$\frac{u(a_1)-u(a_i)}{u(a_i)-u(a_n)}=\frac{1-\alpha_i}{\alpha_i}=\frac{v(a_1)-v(a_i)}{v(a_i)-v(a_n)} \tag{P. 4}$$

使得 $a_i \succ a_n$（例如，使得 $a_i>0$）。

根据（P. 4）我们可以得出结论：只要 $a_i \succ a_n$，就有：

$$(u(a_1)-u(a_i))(v(a_i)-v(a_n))=(v(a_1)-v(a_i))(u(a_i)-u(a_n)) \tag{P. 5}$$

不过，即便在 $a_i \sim a_n$ 的时候，（P. 5）也成立，因为在这种情况下 $u(a_i)=u(a_n)$，并且 $v(a_i)=v(a_n)$。因此，（P. 5）对所有的 $i=1$，…，n 都成立。

重新整理，（P. 5）可以表示成如下形式：

$$v(a_i)=\alpha+\beta u(a_i),\quad i=1,\cdots,n \tag{P. 6}$$

其中，

$$\alpha\equiv\frac{u(a_1)v(a_n)-v(a_1)u(a_n)}{u(a_1)-u(a_n)}\quad 以及\quad \beta\equiv\frac{v(a_1)-v(a_n)}{u(a_1)-u(a_n)}$$

注意，α，β 都是常数（与 i 无关）且 β 严格为正。

所以，对任意赌局 g 来说，如果（$p_1\circ a_1$，$p_2\circ a_2$，…，$p_n\circ a_n$）是由 g 引致的一个单赌，那么：

$$\begin{aligned} v(g) &= \sum_{i=1}^{n} p_i v(a_i) \\ &= \sum_{i=1}^{n} p_i(\alpha+\beta u(a_i)) \end{aligned}$$

$$=\alpha+\beta\sum_{i=1}^{n}p_iu(a_i)$$
$$=\alpha+\beta u(g)$$

其中，第一个式子和最后一个式子是根据 $u(\cdot)$ 和 $v(\cdot)$ 期望效用的性质，第二个式子则源于（P.6）。 ■

在介绍定理 2.8 之前，我们说过，效用差的比率的不变性刻画了单一偏好关系的 VNM 效用表达式的级别，实际上，这个论断源于定理 2.8，课后练习题会让你证明。

定理 2.8 告诉我们，VNM 效用函数不是完全唯一的，也不是完全序数性的。我们能找到无数个这样的函数，它们也具有期望效用的性质，并会按照完全相同的次序对赌局加以排列。不过，和普通的效用函数不一样，后者我们只需要一个保持排序的数值标量，而对于前者，如果我们也想保留函数的期望效用性质的话，就必须在转换方面加以限制——乘以一个正数或者加上一个常数项。VNM 效用函数不完全序数性不会诱使我们过分关注一个赌局效用的绝对水平或者不同赌局之间的效用差异。在行为人基于偏好关系对赌局进行二元比较的条件不足时，我们还是没法将 VNM 效用函数用于人际间生活状况（或福利）的比较或衡量一个赌局胜过另一个赌局的“程度”。

2.4.3 风险厌恶

在例题 2.4 中，我们认为此处构造的 VNM 效用函数反映了某种规避风险的意愿，现在就来正式地定义和描述一下风险厌恶的问题。为了这个目标，接下来我们就关注一些结果包含不同财富数量的赌局，此外，将结果集 A 视为非负的财富水平也有助于分析，因此 $A=\mathbb{R}_+$。即便结果集包含的元素无穷无尽，但我们仍只考虑那些结果有限且每个结果的有效概率严格为正的情况。具体来说，是一个形式为 $(p_1\circ w_1,\cdots,p_n\circ w_n)$ 的单赌，n 是正整数，w_i 为非负的财富水平，其概率 $(p_1,\cdots,p_n)$ 非负且和为 1。[①] 最后，我们假设个人的 VNM 效用函数 $u(\cdot)$ 对所有的财富水平 ω 都是可微的，且 $u'(\omega)>0$。

现在我们来考察一下 VNM 效用函数和行为人对风险的态度二者之间的关系。单赌 g 以概率 p_i 提供财富 w_i，它的期望值是 $E(g)=\sum_{i=1}^{n}p_iw_i$。现在假设行为人有两个选择：要么接受这个赌局 g，要么得到一笔期望值等于 g 的确定的财富。如果 $u(\cdot)$ 是代理人的 VNM 效用函数，那么我们对两个选择的评价如下：

$$u(g)=\sum_{i=1}^{n}p_iu(w_i)$$

① 在这个框架下，考虑到 A 不再是一个有限集合的事实，通过对若干公理做恰当的修改，然后沿着定理 2.7 的思路就能证明出一个期望效用定理。

$$u(E(g))=u(\sum_{i=1}^{n}p_iw_i)$$

第一个式子是赌局的 VNM 效用，第二个式子是赌局期望值的 VNM 效用。如果偏好满足公理 1 至公理 6，我们就知道个人会偏好期望效用大的那个选择。赌博有风险，参赌需谨慎！当一个人偏好一笔和赌局期望值相同的确定财富而不是赌局本身时，我们称其为风险厌恶的。当然，有人可能会完全无视风险甚至乐于冒险，这也不违背公理 1 至公理 6。下面就对这些行为加以分类并给出精确的定义。

就像我们在定义 2.3 之后介绍的那样，一个 $\mathcal{G}$ 的 VNM 效用函数完全由结果集 A 的赋值决定，因此，仅仅是个人有关于单赌集合的 VNM 效用函数的特征就能清楚地说明他对所有赌局的偏好。有鉴于此，透过 $\mathcal{G}_S$ 上的 u 的行为便足以掌握一个人对风险的态度。综合所有讨论给出如下定义。

定义 2.4　风险厌恶、风险中性和风险偏好

令 $u(\cdot)$ 为个人关于非负水平财富的赌博的 VNM 效用函数，那么对单赌 $g=(p_1\circ w_1, \cdots, p_n\circ w_n)$ 来说，个人

1. 关于 g 是风险厌恶的，如果 $u(E(g))>u(g)$；
2. 关于 g 是风险中性的，如果 $u(E(g))=u(g)$；
3. 关于 g 是风险偏好的，如果 $u(E(g))<u(g)$。

如果对每个非退化的单赌 g 来说[①]，个人关于 g 都是风险厌恶的，那么这个人被简单地认为是风险厌恶的（或者出于强调的目的，关于 $\mathcal{G}$ 是风险厌恶的）。类似地，也可以定义风险中性和风险偏好（关于 $\mathcal{G}$）。

每一种对风险的态度都和特定的 VNM 效用函数的性质相对应。在练习题中，我们会要求读者证明，当且仅当 VNM 效用函数在相应的财富区间上是严格凹、线性或者严格凸的时候，行为人对赌博的某个子集就是风险厌恶、风险中性或风险偏好的。

为了帮助你理解，我们来考虑一个只包含有两种结果的单赌：

$$g\equiv(p\circ w_1,(1-p)\circ w_2)$$

现在假设个人要在两种方案之间选择：一笔等于 $E(g)=pw_1+(1-p)w_2$ 的确定收入，或者赌局本身。对两种选择的评价如下：

$$u(g)=pu(w_1)+(1-p)u(w_2)$$
$$u(E(g))=u(pw_1+(1-p)w_2)$$

现在看一下图 2-6。在 $R=(w_1, u(w_1))$ 和 $S=(w_2, u(w_2))$ 两点之间有一条弦，上面是这两点的凸组合，$T=pR+(1-p)S$。（你要相信）T 的横、纵坐标

① 对一个单赌来说，如果至少有两种不同的财富水平出现的概率严格为正，则称其为非退化。

必为$E(g)$和$u(g)$，于是我们可以利用函数$u(w)$在纵轴上确定$u(E(g))$的位置。图 2-6 中的 VNM 效用函数在特定的财富水平区间是严格凹向“财富轴”的。如你所见，$u(E(g))>u(g)$，表明个体是一个风险厌恶者。

在图 2-6 中，个体偏好一笔确定性的收入$E(g)$而不是赌局g本身，但是我们可以向他提供一笔确定性的财富，使消费者认为它和赌局g无差异。我们把这笔财富叫做赌局g的**确定性等价**（certainty equivalent）。当一个人是风险厌恶者且严格偏好更多而非更少的钱的时候，很容易证明确定性等价要少于赌局的期望值，本章练习题会让你证明这一点。实际上，风险厌恶者愿意“付出”一笔正的财富来避免赌局所包含的内在风险，风险溢价（或风险升水）衡量了这种避险的支付意愿的大小。图 2-6 给出了确定性等价和风险溢价，二者的定义如下。

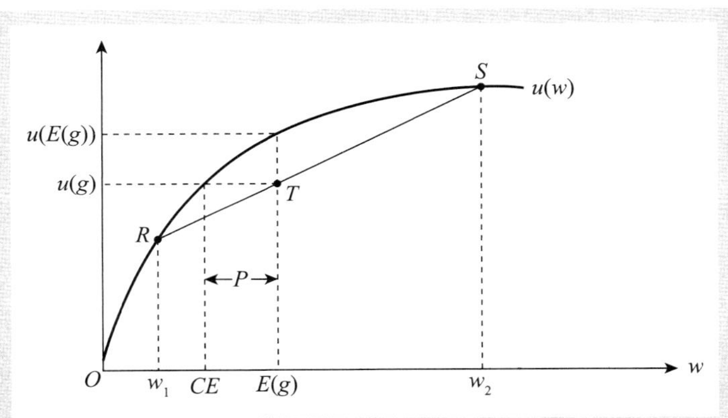

图 2-6　风险厌恶和 VNM 效用函数的严格凹性

定义 2.5　确定性等价和风险溢价

关于财富水平的任意单赌的确定性等价CE是一笔确定性的财富，它使得$u(g)\equiv u(CE)$；风险溢价P是这样一笔财富，使得$u(g)\equiv u(E(g)-P)$，进而明显有$P\equiv E(g)-CE$。

例题 2.5

假设$u(w)\equiv \ln(w)$，这是一个关于财富的严格凹函数，个体是风险厌恶的，令g为输、赢一笔财富h各有 50%的概率的赌局，个体的初始财富水平为w_0：

$$g\equiv((1/2)\circ(w_0+h),(1/2)\circ(w_0-h))$$

我们注意到$E(g)=w_0$，g的确定性等价必须满足：

$$\ln(CE)=(1/2)\ln(w_0+h)+(1/2)\ln(w_0-h)=\ln(w_0^2-h^2)^{1/2}$$

因此，$CE=(w_0^2-h^2)^{1/2}<E(g)$，并且$P=w_0-(w_0^2-h^2)^{1/2}>0$。 □

很多时候，我们不但想知道某人的风险态度，还想知道他对风险厌恶到了什么

2

程度。理想的情况是，能有一个概括性的指标让我们比较不同个体的风险厌恶程度并估计出个人的风险厌恶程度和财富水平的关系。由于风险厌恶等价于 VNM 效用函数关于财富水平的凹性，二阶导数 $u''(w)$ 主要衡量了函数的“曲率”，它看起来就是这个指标的不二选择。我们会认为，导数的绝对值越大，风险厌恶程度就越高。

但天不遂人愿，虽然二阶导数的符号给出了个体对风险的态度（风险厌恶、风险偏好或风险中性），可它的大小毫无意义。定理 2.8 说明 VNM 效用函数对仿射变换是唯一的，这意味着对任意给定的偏好而言，将 $u(\cdot)$ 乘以一个恰当的正常数，就能得到任意大小的二阶导数。基于诸如此类的想法，阿罗（Arrow，1970）和普拉特（Pratt，1964）给出了如下风险测度的指标。

定义 2.6　绝对风险厌恶的阿罗-普拉特测度

绝对风险厌恶的阿罗-普拉特测度由下式给出：

$$R_a(w)\equiv\frac{-u''(w)}{u'(w)}$$

需要注意的是，这个指标的符号简单直接地给出了个体对风险的基本态度：$R_a(w)$ 为正、负或零，分别意味着行为人是风险厌恶、风险偏好或者是风险中性的个体。效用函数的任何正仿射变换都不会改变指标的意义：加上一个常数既不影响分子也不影响分母；乘以一个正常数会同时改变分子和分母，但它们的比率不变。

为了说明阿罗-普拉特风险测度的效力，我们现在将说明，指标值越大的人，在实际行为的某个方面会呈现出越厌恶风险的特征：他们的确定性等价更低，并且愿意接受较小的赌局。

要明白这一点，假设有两个消费者 1 和 2，他们的 VNM 效用函数分别是 $u(w)$ 和 $v(w)$，其中的财富水平 w 可以取任意非负的数值。现在假设，在每个财富水平 w，消费者 1 的（风险厌恶的）阿罗-普拉特测度值都大于消费者 2，即

$$R_a^1(w)=-\frac{u''(w)}{u'(w)}>-\frac{v''(w)}{v'(w)}=R_a^2(w),\ w\geqslant 0 \tag{2.12}$$

其中，我们假设 u'，v' 都始终严格为正。

为了使分析简化，假设 $v(w)$ 可以取 $[0,+\infty)$ 上的所有值。这样我们可以按照如下方式定义 $h:[0,+\infty)\to\mathbb{R}$：

$$h(x)=u(v^{-1}(x)),\ x\geqslant 0 \tag{2.13}$$

因此，h 沿袭了 u，v 的二阶可微的性质，对所有的 $x>0$，有：

$$h'(x)=\frac{u'(v^{-1}(x))}{v'(v^{-1}(x))}>0$$

以及

$$h''(x)=\frac{u'(v^{-1}(x))[u''(v^{-1}(x))/u'(v^{-1}(x))-v''(v^{-1}(x))/v'(v^{-1}(x))]}{[v'(v^{-1}(x))]^2}<0$$

其中第一个不等式成立是因为 u'，$v'>0$，第二个不等式源于（2.12），因此，h 是一个严格递增且严格凹的函数。

现在考虑一个有关财富水平的赌局（$p_1\circ w_1$，…，$p_n\circ w_n$），利用（2.13）以及 h 严格凹这一事实，我们可以证明，消费者 1 关于这场赌局的确定性等价要小于消费者 2。

要明白这一点，令 $\hat{w}_i$ 表示消费者 i 关于这场赌局的确定性等价，即

$$\sum_{i=1}^{n} p_i u(w_i)=u(\hat{w}_1) \tag{2.14}$$

$$\sum_{i=1}^{n} p_i v(w_i)=v(\hat{w}_2) \tag{2.15}$$

我们想证明 $\hat{w}_1<\hat{w}_2$。

令（2.13）中的 $x=v(w)$，并利用（2.14）：

$$\begin{aligned} u(\hat{w}_i) &= \sum_{i=1}^{\bar{n}} p_i h(v(w_i)) \\ &< h(\sum_{i=1}^{n} p_i v(w_i)) \\ &= h(v(\hat{w}_2)) \\ &= u(\hat{w}_2) \end{aligned}$$

其中的不等式被称作**詹森不等式**（Jensen's inequality），它源于 h 严格凹这一事实；后两个等式分别源自（2.15）和（2.13）。这样的话，$u(\hat{w}_1)<u(\hat{w}_2)$，使得由于 u 严格递增，所以有 $\hat{w}_1<\hat{w}_2$，这正是我们想要的结果。

我们可以得到如下结论：对任意给定的赌局来说，消费者 1 的确定性等价都要小于消费者 2。有鉴于此，如果消费者 1、2 的初始财富水平相同，那么消费者 2（整体阿罗-普拉特测度极低的人）能接受所有消费者 1 所参与的赌局（请自行证明），也就是说，消费者 1 所能参与的赌局要少于消费者 2。

最后需要注意的是，在刚刚的论证过程中，我们也说明了从下面这个角度来说，（2.12）意味着消费者 1 的 VNM 效用函数比消费者 2 的凹一些（再次令（2.13）中的$x=v(w)$）：

$$u(w)=h(v(w)),\ w\geqslant 0 \tag{2.16}$$

和你想的一样，这里的 h 是一个严格凹的函数，于是，根据（2.16），u 是一个关于 v 的“凹转换”，这个观点的另一种表示方法是：消费者 1 比消费者 2 更厌恶风险。

$R_a(w)$ 只是一个局部的风险厌恶测度，所以它可能会随着财富水平的不同而有所变化。的确，人们通常认为一个人对风险的态度及其阿罗-普拉特测度会随着财富水平（以一种"能感觉到"的方式）而变化。阿罗根据 $R_a(w)$ 和财富之间的关系提出了一个简单的 VNM 效用函数（或者效用函数的部分）分类方法，直观上来看，如果 $R_a(w)$ 在某个财富区间上随着财富的增加是不变、递减或递增，那么 VNM 效用函数在该财富区间上就分别是绝对风险厌恶不变、递减或递增的。

递减的绝对风险厌恶（DARA）往往施加了一种合理的限制，在绝对风险厌恶不变的情况下，人们不会在财富水平较高的时候接受一个小的赌局，而在绝对风险厌恶递增的时候，我们的行为会有些奇怪：财富越多，越不愿意接受小赌局。DARA 所施加的约束看似有理，但它要求个人在财富水平高的阶段愿意接受的风险也增加。

例题 2.6

考虑这样一个投资者，他必须要决定将自己初始财富 w 中的一部分投资于风险资产，风险资产的收益率或正或负，概率为 p_i，$i=1, \cdots, n$。如果 β 代表投资于这种资产的财富数量，那么第 i 种结果下的最终财富水平为 $(w-\beta)+(1+r_i)\beta=w+\beta r_i$。投资者的问题是选择一个使财富的期望效应达到最大的 β，这个单变量的最优化问题可以写成如下形式：

$$\max_{\beta} \sum_{i=1}^{n} p_i u(w+\beta r_i) \quad \text{s. t.} \quad 0 \leqslant \beta \leqslant w \tag{E. 1}$$

我们先来确定一个风险厌恶者不投资于风险资产的条件。此时，(E. 1) 中的目标函数在 $\beta^*=0$ 的位置达到最大，因此会有一个角解，一阶导数在此处一定是非递增的。将 (E. 1) 的期望效用对 β 求微分，然后求出它在 $\beta^*=0$ 时的值，必有：

$$\sum_{i=1}^{n} p_i u'(w+\beta^* r_i) r_i = u'(w) \sum_{i=1}^{n} p_i r_i \leqslant 0$$

等式右侧的求和部分恰好是风险资产的期望收益。由于 $u'(w)$ 一定为正，所以期望收益一定是非负的。很容易证明 u 关于财富是凹的，这足以确保 (E. 1) 关于 β 也是凹的，这样我们就可以得出：当且仅当风险资产的期望收益非正的时候，一位风险厌恶者是完全不会投资于这种资产的。换句话说，如果风险资产的期望收益严格为正，风险厌恶者总是愿意将某些财富投资于风险资产。

现在假设风险资产的期望收益为正，如前所见，这意味着我们可以排除 $\beta^*=0$ 的情况。令 $\beta^*<w$，(E. 1) 存在内解的一阶条件和二阶条件告诉我们：

$$\sum_{i=1}^{n} p_i u'(w+\beta^* r_i) r_i = 0 \tag{E. 2}$$

以及

$$\sum_{i=1}^{n} p_i u''(w+\beta^* r_i) r_i^2 < 0 \tag{E.3}$$

由于投资者是风险厌恶的，所以（E.3）会取严格的不等式。

接下来的问题是：随着财富的增加，投资于风险资产的财富数量有何变化？因果式的经验主义（casual empiricism）提供的答案是："财富数量也会增加"。比如，风险资产是"正常品"而非"低档品"，我们将会在 DARA 的情形下说明原因。令 β^* 为 w 的函数，将（E.2）对 w 微分，有：

$$\frac{\mathrm{d}\beta^*}{\mathrm{d}w} = \frac{-\sum_{i=1}^{n} p_i u''(w+\beta^* r_i) r_i}{\sum_{i=1}^{n} p_i u''(w+\beta^* r_i) r_i^2} \tag{E.4}$$

风险厌恶意味着（E.4）中的分母是负的，所以只有在分子也取负值的时候，风险资产才是"正常品"，DARA 足以保证这一点。

想了解个中原因，需要留意一下 $R_a(w+\beta^* r_i)$ 的定义，它意味着：

$$-u''(w+\beta^* r_i) r_i \equiv R_a(w+\beta^* r_i) r_i u'(w+\beta^* r_i),\quad i=1,\cdots,n \tag{E.5}$$

在 DARA 条件下，只要 $r_i>0$，就有 $R_a(w)>R_a(w+\beta^* r_i)$；反之，只要 $r_i<0$，就有 $R_a(w)<R_a(w+\beta^* r_i)$。将不等式两边同时乘以 r_i，在这两种情况下有：

$$R_a(w) r_i > R_a(w+\beta^* r_i) r_i,\quad i=1,\cdots,n \tag{E.6}$$

用 $R_a(w)$ 替换（E.5）中的 $R_a(w+\beta^* r_i)$，并结合（E.6），得：

$$-u''(w+\beta^* r_i) r_i < R_a(w) r_i u'(w+\beta^* r_i),\quad i=1,\cdots,n$$

最后，两侧取期望值，得：

$$-\sum_{i=1}^{n} p_i u''(w+\beta^* r_i) r_i < R_a(w) \sum_{i=1}^{n} p_i r_i u'(w+\beta^* r_i) = 0 \tag{E.7}$$

式中的后一个等式源于（E.2）。

因此，当一个人的行为呈现出 DARA 的特性时，（E.4）为正，并且随着财富的增加，他会把更多的财富投资于风险资产。 □

例题 2.7

一名风险厌恶者的初始财富水平为 w_0，VNM 效用函数为 $u(\cdot)$，他必须决定是否要购买车辆险以及购买多少车辆险。出现事故并损失 L 美元的概率是 $\alpha\in(0,1)$。他会买多少钱的车辆险？

答案无疑和保险的价格有关。假设保险的价格是公平的，也就是保险公司的期望利润为零。现在，如果 ρ 代表 1 美元保险的价格，保险公司卖 1 美元保险的期望利润（假设成本是 0）是 $\alpha(\rho-1)+(1-\alpha)\rho$，令这个式子等于 0，这意味着 $\rho=\alpha$。

那么在保险的价格为 α 的时候，一个厌恶风险的人应该购买多少保险呢？鉴于他是个效用最大化者，所以他所选择的保险数量 x 将使期望效用达到最大：

$$\alpha u(w_0-\alpha x-L+x)+(1-\alpha)u(w_0-\alpha x) \tag{E.1}$$

2

将（E.1）对 x 求微分并令结果等于 0，有：

$$(1-\alpha)\alpha u'(w_0-\alpha x-L+x)-\alpha(1-\alpha)u'(w_0-\alpha x)=0$$

将上式两侧同时除以 $(1-\alpha)\alpha$，得：

$$u'(w_0-\alpha x-L+x)=u'(w_0-\alpha x)$$

由于个人是一个风险厌恶者，$u''<0$，财富的边际效用严格递减。因此，前面的有关财富边际效用的等式也就蕴含着财富水平自身的等式，即

$$w_0-\alpha x-L+x=w_0-\alpha x$$

这又意味着：

$$x=L$$

所以，如果现实的保险是公平的，风险厌恶者会采取完全保险的方式以规避风险。需要注意的是，在最优位置，无论事故发生与否，个人的财富水平始终不变，并且等于 $w_0-\alpha L$。

□

2.5 练习题

2.1 证明：$\mathbf{x}(\mathbf{p}, y)$ 的预算平衡性和齐次性从两者互不包含的意义上看是两个互不相关的条件。

2.2 假设 $\mathbf{x}(\mathbf{p}, y)\in\mathbb{R}^n_+$ 在 $\mathbb{R}^{n+1}_{++}$ 上满足预算平衡性和齐次性，证明：对所有的 $(\mathbf{p}, y)\in\mathbb{R}^{n+1}_{++}$ 而言，有 $\mathbf{s}(\mathbf{p}, y)\cdot\mathbf{p}=0$，其中 $\mathbf{s}(\mathbf{p}, y)$ 表示 $\mathbf{x}(\mathbf{p}, y)$ 的斯勒茨基伴随矩阵。

2.3 如果消费者的间接效用函数具有如下形式：$v(\mathbf{p}, y)=yp_1^{\alpha}p_2^{\beta}$，其中 α，β 都是负数，请推导出该消费者的直接效用函数。

2.4 假设函数 $e(\mathbf{p}, u)\in\mathbb{R}_+$ 不一定为支出函数，$\mathbf{x}(\mathbf{p}, y)\in\mathbb{R}^n_+$ 也不一定是一个需求函数，它们都满足 2.2 节给出的偏微分方程组，证明：

(a) 如果 $\mathbf{x}(\mathbf{p}, y)$ 满足预算平衡性，那么 $e(\mathbf{p}, u)$ 关于 $\mathbf{p}$ 必定是一阶齐次的；

(b) 如果 $e(\mathbf{p}, u)$ 关于 $\mathbf{p}$ 是一阶齐次的，并且随着 u 的变化它总是取非负的值，那么，$\mathbf{x}(\mathbf{p}, y)$ 关于 $(\mathbf{p}, y)$ 必定是零阶齐次的。

2.5 考虑例题 2.3 末的解 $e(\mathbf{p}, u)=up_1^{\alpha_1}p_2^{\alpha_2}p_3^{\alpha_3}$。

(a) 根据关系式 $e(\mathbf{p}, v(\mathbf{p}, y))=y$ 推导出间接效用函数并验证罗伊等式；

(b) 利用定理 2.1 证明中的构建方式推导出生成 $e(\mathbf{p}, u)$ 的效用函数，证明该效用函数生成了例题 2.3 中的需求函数。

2.6 某消费者的支出函数是 $e(p_1, p_2, u)=up_1p_2/(p_1+p_2)$，求出理性化其需求行为的直接效用函数 $u(x_1, x_2)$。

2.7 当效用函数是柯布-道格拉斯形式 $(u(x_1, x_2)=Ax_1^{\alpha}x_2^{1-\alpha}, 0<\alpha<1)$ 的时候，推导出消费者的反需求函数 $p_1(x_1, x_2)$ 和 $p_2(x_1, x_2)$。

2.8 消费者以价格 $\mathbf{p}^i$，$i=0, 1$ 购买商品组合 $\mathbf{x}^i$。在下列情形中，哪种选择满足 WARP？

(a) $\mathbf{p}^0=(1, 3)$，$\mathbf{x}^0=(4, 2)$；$\mathbf{p}^1=(3, 5)$，$\mathbf{x}^1=(3, 1)$；

(b) $\mathbf{p}^0=(1, 6)$，$\mathbf{x}^0=(10, 5)$；$\mathbf{p}^1=(3, 5)$，$\mathbf{x}^1=(8, 4)$；

(c) $\mathbf{p}^0=(1, 2)$，$\mathbf{x}^0=(3, 1)$；$\mathbf{p}^1=(2, 2)$，$\mathbf{x}^1=(1, 2)$；

(d) $\mathbf{p}^0=(2, 6)$，$\mathbf{x}^0=(20, 10)$；$\mathbf{p}^1=(3, 5)$，$\mathbf{x}^1=(18, 4)$。

2.9 假设只有两种商品，消费者的选择函数 $\mathbf{x}(\mathbf{p}, y)$ 满足预算平衡性，$\mathbf{p}\cdot\mathbf{x}(\mathbf{p}, y)=y\ \forall(\mathbf{p}, y)$。证明下列结论：

(a) 如果 $\mathbf{x}(\mathbf{p}, y)$ 关于 $(\mathbf{p}, y)$ 是零阶齐次的，则该函数的斯勒茨基伴随矩阵是对称的；

(b) 如果 $\mathbf{x}(\mathbf{p}, y)$ 满足 WARP，则“显示偏好”关系 R 不存在非传递性的循环（根据定义，当且仅当 $\mathbf{x}^1$ 显示偏好 $\mathbf{x}^2$ 的时候，有 $\mathbf{x}^1 R\mathbf{x}^2$）。

2.10 希克斯（Hicks，1956）用下面的例子来说明在两种以上商品情形下，WARP 不可能得出传递性的显示偏好，消费者在价格 $\mathbf{p}^i$，$i=0$，1，2 下购买商品组合 $\mathbf{x}^i$，其中：

$$\mathbf{p}^0=\begin{pmatrix}1\\1\\2\end{pmatrix}\quad \mathbf{x}^0=\begin{pmatrix}5\\19\\9\end{pmatrix}$$

$$\mathbf{p}^1=\begin{pmatrix}1\\1\\1\end{pmatrix}\quad \mathbf{x}^1=\begin{pmatrix}12\\12\\12\end{pmatrix}$$

$$\mathbf{p}^2=\begin{pmatrix}1\\2\\1\end{pmatrix}\quad \mathbf{x}^2=\begin{pmatrix}27\\11\\1\end{pmatrix}$$

(a) 说明这些数据满足 WARP。比较所有可能的商品配对，说明每种情况下配对中的某个组合显示偏好于其他组合；

(b) 找出显示偏好中的非传递性。

2.11 证明：如果消费者选择某个组合来最大化严格拟凹且严格递增的效用函数，那么其需求行为满足 SARP。

2.12 本题将引导你完成对 Afriat 定理的一个简单证明。假设我们观察到一位消费者的行为是，在价格向量 $\mathbf{p}^1$ 时的消费组合为 $\mathbf{x}^1$，在价格向量 $\mathbf{p}^2$ 时的消费组合为 $\mathbf{x}^2$，…，在价格向量 $\mathbf{p}^K$ 时的消费组合为 $\mathbf{x}^K$，这就产生了一个有限的数据集合 $D=\{(\mathbf{x}^1, \mathbf{p}^1), (\mathbf{x}^2, \mathbf{p}^2), \cdots, (\mathbf{x}^K, \mathbf{p}^K)\}$。如果对 D 中各点的一个有限序列 $(\mathbf{x}^{k1}, \mathbf{p}^{k1})$，$(\mathbf{x}^{k2}, \mathbf{p}^{k2})$，…，$(\mathbf{x}^{km}, \mathbf{p}^{km})$ 而言，倘若有 $\mathbf{p}^{k1}\cdot\mathbf{x}^{k1}\geqslant\mathbf{p}^{k1}\cdot\mathbf{x}^{k2}$，$\mathbf{p}^{k2}\cdot\mathbf{x}^{k2}\geqslant\mathbf{p}^{k2}\cdot\mathbf{x}^{k3}$，…，$\mathbf{p}^{km-1}\cdot\mathbf{x}^{km-1}\geqslant\mathbf{p}^{km-1}\cdot\mathbf{x}^{km}$，我们说这个消费者的行为在集合 D 上满足 GARP，且 $\mathbf{p}^{km}\cdot\mathbf{x}^{km}\leqslant\mathbf{p}^{km}\cdot\mathbf{x}^{k1}$。

换句话说，只要 $\mathbf{x}^{k1}$ 显示偏好于 $\mathbf{x}^{k2}$，而 $\mathbf{x}^{k2}$ 显示偏好于 $\mathbf{x}^{k3}$，…，$\mathbf{x}^{km-1}$ 显示偏好于 $\mathbf{x}^{km}$，但消费者选择了 $\mathbf{x}^{km}$，这就说明 $\mathbf{x}^{k1}$ 至少和 $\mathbf{x}^{km}$ 一样贵，这个时候 GARP 成立（注意，SARP 是很强的公理，它要求 $\mathbf{x}^{k1}$ 比 $\mathbf{x}^{km}$ 更贵）。

我们始终假设消费者的选择行为在数据集 $D=\{(\mathbf{x}^1, \mathbf{p}^1), (\mathbf{x}^2, \mathbf{p}^2), \cdots, (\mathbf{x}^K, \mathbf{p}^K)\}$ 上满足 GARP，而且对每一个 $k=1, \cdots, K$ 而言，$\mathbf{p}^k\in\mathbb{R}^n_{++}$。

就每一个 $k=1, \cdots, n$，定义：

$$\phi(\mathbf{x}^k)=\min_{k1,\cdots,km}\mathbf{p}^{k1}\cdot(\mathbf{x}^{k2}-\mathbf{x}^{k1})+\mathbf{p}^{k2}\cdot(\mathbf{x}^{k3}-\mathbf{x}^{k2})+\cdots+\mathbf{p}^{km}\cdot(\mathbf{x}^k-\mathbf{x}^{km})$$

式中对所有不同的要素 $\{1, 2, \cdots, K\}$ 的序列 $k_1, \cdots, k_m$ 求最小值，使得对每个 $j=1, 2, \cdots, m-1$ 来说有 $\mathbf{p}^{kj}\cdot(x^{kj+1}-x^{kj})\leqslant 0$，并且使得 $\mathbf{p}^{km}\cdot(\mathbf{x}^k-\mathbf{x}^{km})\leqslant 0$。需要注意的是，至少存在一个这样的序列，即该“序列”只包括一个数 $k_1=k$。还需要注意的是，由于集合中的元素各不相同，因此它们构成的此类序列是数量有限的，因此，最小值始终存在。

(a) 证明：对所有的 $k, j\in\{1, \cdots, K\}$ 来说，只要 $\mathbf{p}^j\cdot\mathbf{x}^k\leqslant\mathbf{p}^j\cdot\mathbf{x}^j$，就有 $\phi(\mathbf{x}^k)\leqslant\phi(\mathbf{x}^j)+\mathbf{p}^j\cdot(\mathbf{x}^k-\mathbf{x}^j)$。我们接下来用非正函数 $\phi(\cdot)$ 来定义一个效用函数 u：$\mathbb{R}^n_+\to\mathbb{R}$。

对每个 $\mathbf{x}\in\mathbb{R}^n_+$ 和 $k\in\{1, \cdots, K\}$，使得 $\mathbf{p}^k\cdot(\mathbf{x}-\mathbf{x}^k)\leqslant 0$，按如下方式来定义 $u(\mathbf{x})\leqslant 0$：

$$u(\mathbf{x})=\min_k(\phi(\mathbf{x}^k)+\mathbf{p}^k\cdot(\mathbf{x}-\mathbf{x}^k))$$

对每个 $\mathbf{x}\in\mathbb{R}^n_+$ 和 $k\in\{1, \cdots, K\}$，使得 $\mathbf{p}^k\cdot$

2

$(\mathbf{x}-\mathbf{x}^k)>0$，按如下方式来定义 $u(\mathbf{x})>0$：

$$u(\mathbf{x})=x_1+\cdots+x_n$$

（b）证明：对每个 $k\in\{1,\cdots,K\}$ 来说，有 $u(\mathbf{x}^k)=\phi(\mathbf{x}^k)$。

（c）证明：$u(\cdot)$ 是严格递增的，也就是说，当 $\mathbf{x}'$ 的坐标不小于 $\mathbf{x}$ 的时候，并且前者中至少有一个坐标严格大于后者，则 $u(\mathbf{x}')>u(\mathbf{x})$。

（d）证明：对每个 $k\in\{1,\cdots,K\}$ 和每个 $\mathbf{x}\in\mathbb{R}^n_+$ 而言，如果 $\mathbf{p}^k\cdot\mathbf{x}\leqslant\mathbf{p}^k\cdot\mathbf{x}^k$，则 $u(\mathbf{x})\leqslant u(\mathbf{x}^k)$，进而根据（c）有，“如果第一个不等式是严格的，那么第二个不等式也是严格的”。

（e）证明 $u(\cdot)$ 是拟凹的。

将（a）至（e）放在一起，它们证明了：如果一个有限的数据集满足 GARP，在当前价格下，消费者所选的组合是所有支出小于和等于它的组合中能使消费者效用最大化的那个，从这个意义上来说，就存在一个严格递增且拟凹的效用函数将数据理性化（Afriat 定理证明了效用函数可以被设定成是连续的和凹的）。

（f）证明其逆命题。也就是，假设一个严格递增的效用函数理性化了数据集，证明这个消费者的行为在该数据集上满足 GARP。

2.13 回答如下问题：

（a）假设一个选择函数 $\mathbf{x}(\mathbf{p},y)\in\mathbb{R}^n_+$ 关于 $(\mathbf{p},y)$ 是零阶齐次的，证明：存在一个 $(\mathbf{p},y)$，当且仅当它在 $\{(\mathbf{p},1)\mid\mathbf{p}\in\mathbb{R}^n_{++}\}$ 上被满足时，WARP 也将被满足。

（b）假设一个选择函数 $\mathbf{x}(\mathbf{p},y)\in\mathbb{R}^n_+$ 满足齐次性和预算平衡性，再假设只要 $\mathbf{p}^1$ 和 $\mathbf{p}^0$ 不成比例，就有 $(\mathbf{p}^1)^T\mathbf{s}(\mathbf{p}^0,\mathbf{y})\mathbf{p}^1<0$。证明 $\mathbf{x}(\mathbf{p},y)$ 满足 WARP。

2.14 考虑一个资产防盗的问题。资产的价值是 D 美元，保险费是每年 I 美元，被盗的概率是 p，与风险状态相关的集合 A 中有四种结果。参加保险还是不参加保险类似在两个赌局间进行选择，每个都包含 A 中的全部四种结果，其差别只体现在每种结果出现的概率上。

2.15 我们假设结果集 A 由 n 个有限的要素组成。证明只要 $n\geqslant 2$，空间 $\mathcal{G}$ 就总是包含无限个要素。

2.16 利用公理 1 和公理 2，证明：在任何一个有限的结果集 A 中，$A=\{a_1,\cdots,a_n\}$，只要 $n\geqslant 1$，则该集合中至少存在一个最好的结果和一个最差的结果。

2.17 令 $A=\{a_1,a_2,a_3\}$，其中 $a_1\succ a_2\succ a_3$，赌局 g 确定性地提供 a_2。证明：如果 $g\sim(\alpha\circ a_1,(1-\alpha)\circ a_3)$，则 α 一定严格地介于 0 到 1 之间。

2.18 本章断言，对外出狩猎的猎人来说，死亡是外出最差的结果，但和万无一失的情况相比，冒点死亡的风险更受猎人们的偏好。给出猎人外出狩猎的结果集，并证明该行为违背了公理 3 和公理 4。

2.19 公理 3 断言，对于 $\mathcal{G}$ 中的任意一个赌局，总存在一个无差异的概率。证明：对于任意的 $g\in\mathcal{G}$ 而言，利用公理 4 证明这个无差异的概率是唯一的。

2.20 考虑如下有关消费者对赌博偏好的“独立性公理”：如果

$$(p_1\circ a_1,\cdots,p_n\circ a_n)\sim(q_1\circ a_1,\cdots,q_n\circ a_n)$$

那么对于每一个 $\alpha\in[0,1]$ 和每个单赌 $(r_1\circ a_1,\cdots,r_n\circ a_n)$ 来说，

$$((\alpha p_1+(1-\alpha)r_1)\circ a_1,\cdots,(\alpha p_n+(1-\alpha)r_n)\circ a_n)$$
$$\sim$$
$$((\alpha q_1+(1-\alpha)r_1)\circ a_1,\cdots,(\alpha q_n+(1-\alpha)r_n)\circ a_n)$$

（注意，这个公理说的是，当我们用同样的方法将两个赌局中的一个拿出来与第三个赌局组合成一个新的赌局的时候，个人对这两个新赌局的排序与第三个赌局无关。）说明这个公理源于公理 5 和公理 6。

2.21 利用书中有关风险厌恶的定义，证明：当且仅当个人的 VNM 效用函数在 $\mathbb{R}_+$ 上严格凹的时候，他对涉及非负财富水平的赌局才是风险厌

恶的。

2.22　假设有关 $\mathcal{G}$ 中赌局的偏好关系 $\succsim$ 是一种二元关系，满足公理 2、3 和 4，证明这种关系也满足公理 1。

2.23　令 u，v 代表关于赌博 $\mathcal{G}$ 的偏好关系的效用函数（不一定是 VNM）。证明：当且仅当对所有两两不同的赌局 g_1，g_2，$g_3 \in \mathcal{G}$，存在如下关系式的时候：

$$\frac{u(g^1)-u(g^2)}{u(g^2)-u(g^3)}=\frac{v(g^1)-v(g^2)}{v(g^2)-v(g^3)}$$

我们说 v 是 u 的正反射变换。

2.24　重新考虑例题 2.7，说明当保险的单价 ρ 超过事故发生的概率 α 时，个人不会购买完全的保险。

2.25　考虑一个二次的 VNM 效用函数 $U(w)=a+bw+cw^2$。

(a) 如果该函数反映了风险厌恶的情况，需要对参数 a，b，c 施加哪些限制？

(b) 一个二次 VNM 效用函数在财富上的定义域是什么？

(c) 给定一个赌局

$$g=((1/2)\circ(w+h),(1/2)\circ(w-h))$$

说明 $CE<E(g)$ 并且 $P>0$。

(d) 在函数满足 (a) 中的条件下，说明该函数不可能表示递减的绝对风险厌恶的偏好。

2.26　令 $u(w)=-(b-w)^c$，要保证 $u(w)$ 严格递增和严格凹的话，需要对 w，b，c 施加哪些限制？证明在符合这些条件的时候，$u(w)$ 表现出递增的绝对风险厌恶。

2.27　说明，对 $\beta>0$ 而言，VNM 效用函数 $u(w)=\alpha+\beta\ln(w)$ 表现出递减的绝对风险厌恶。

2.28　令 $u(x_1, x_2)=\ln(x_1)2\ln(x_2)$，如果 $p_1=p_2=1$，当向这个人提供一个关于不同收入结果的赌局时，他是风险偏好、风险中性还是风险厌恶的？

2.29　利用风险厌恶、确定性等价以及风险溢价的概念，证明对所有的 $g\in\mathcal{G}$ 来说，$CE<E(g)$（或 $P>0$）是风险厌恶的必要和充分条件。

2.30　证明：一个人是风险中性的，当且仅当：

(a) VNM 效用函数关于财富水平是线性的；

(b) 对所有的 $g\in\mathcal{G}$，$CE=E(g)$ *；

(c) 对所有的 $g\in\mathcal{G}$，$P=0$。

对风险偏好者来说，三个等价的充要条件是什么？

2.31　证明：对于任意的 VNM 效用函数来说，$u'''(w)>0$ 是 DARA 的必要但非充分条件。

2.32　如果一个 VNM 效用函数呈现出不变的绝对风险厌恶，故对所有的 w，有 $R_a(w)=\alpha$，它应该有怎样的形式呢？

2.33　假设消费者对有关财富的赌局的偏好可以由一个二阶可微的 VNM 效用函数来表示。证明：当且仅当他的效用函数表现出固定的绝对风险厌恶的情况下，消费者对赌局的偏好才同他的初始财富水平无关。

2.34　阿罗和普拉特提供了另一个有关风险厌恶的测度，叫做**相对风险厌恶指数**（relative risk aversion measure），$R_r(w)\equiv R_a(w)w$。从什么意义上看，$R_r(w)$ 是一个“弹性”？如果 $u(w)$ 表现出固定的相对风险厌恶，函数一定会表现为何种形式？

2.35　一位投资者必须要决定将初始财富的一部分分配于风险资产，收益率 r 未知，每种结果 r_i 出现的概率为 p_i，$i=1$，…，n。利用例题 2.6 的思路，证明：如果投资者的偏好表现出递增的绝对风险厌恶，那么风险资产就一定是“低档品”。

2.36　令 S^i 为获胜的全部概率的集合，使得个体 i 会接受一场输赢一笔小钱 h 的赌局。说明对任意两个人 i，j 来说，$R_a^i(w)>R_a^j(w)$，一定有 $S^i\subset S^j$。结论是：一个人越是厌恶风险，他

* 原书为 $C=e(g)$，疑有误。——译者注

2

2

所能接受的赌博的集合就越小。

2.37 一个可以活无限期的行为人必须就终生的消费设定一个计划。令 x_t 表示 t 期的消费支出，y_t 表示 t 期的期望收入，市场利率 $r>0$，行为人可以按照这个利率随意进行借贷。行为人的跨期效用函数采取的是加法可分的形式：

$$u^*(x_0,x_1,x_2,\cdots)=\sum_{t=0}^{\infty}\beta^t u(x_t)$$

式中的 $u(x)$ 是递增和严格凹的，$0<\beta<1$。跨期的预算约束要求支出的现值不能超过收入的现值：

$$\sum_{t=0}^{\infty}\left(\frac{1}{1+r}\right)^t x_t\leqslant\sum_{t=0}^{\infty}\left(\frac{1}{1+r}\right)^t y_t$$

(a) 你如何解释参数 β?

(b) 写出 t 期最优消费选择的一阶条件。

(c) 假设其他时期的消费固定不变，画出关于 x_t 和 x_{t+1} 期进行跨期选择的无差异曲线，需要特别留意一下你画的曲线的斜率和曲率。

(d) 随着市场利率 r 的变化，t 期的消费有何变化?

(e) 证明：任何一期的收入增加都会导致终生效用水平的提高。

(f) 如果 $\beta=1/(1+r)$，求出行为人的消费计划。

(g) 求出 $\beta>1/(1+r)$ 和 $\beta<1/(1+r)$ 时行为人的消费计划。

2.38 考虑上面练习题的一个两时期的版本，其中

$$u(x_t)=-(1/2)(x_t-2)^2,\quad t=0,1$$

(a) 如果 $y_0=1$，$y_1=1$ 且 $\beta=1/(1+r)$，求出每一期的最优消费，计算出行为人终生所能获得的效用水平。

现在假设行为人知道其一期的收入水平为 $y_0=1$，但不知道下一期的收入是多少，可能很高（$y_1^H=3/2$），也可能很低（$y_1^L=1/2$），高收入的概率为 1/2。现在他的问题是：选择一个初始的消费水平 x_0 来最大化（跨期的）期望效用，如果收入高的话，下一期的消费是 x_1^H，如果收入低的话，下一期的消费就是 x_1^L。

(b) 再次假设 $\beta=1/(1+r)$，写出行为人的最优化问题，并求出他的最优消费计划和终生效用水平。

(c) 你如何解释（a）和（b）答案之间的异同点?

第3章 厂商理论

厂商（或企业，firm）[*]是微观经济学舞台上另一个重要的角色。本章将先从生产和成本问题入手——这是所有厂商的共性，然后考察完全竞争厂商的行为，这类行为虽不常见，但很重要。鉴于生产者理论和（刚刚结束的）消费者理论之间有很多相似的地方，很多内容我们都会一带而过。

3.1 基本概念

让我们先花点时间想一想“厂商是什么”？最简单的回答是，厂商是个人出于某种目的而创立的实体，它通常要求投入各种要素，然后共同生产出一定的产出（或产品，output）。厂商在要素市场上购得投入（或要素，input），其花费是厂商的成本，然后将生产的产品再拿到产品市场上出售，并获得收入。

为什么有人会不怕麻烦想着去创立一家企业呢？企业的经营活动千头万绪，又是什么在指导着个人的决策？经济学家常常以“利润最大化”来回应，看起来也的确如此。利润是厂商销售产品获得的收入和购买生产要素所支付的成本之差，也是企业主的收入。企业家也是消费者，他们用收入去购买产品和服务以图享受。企业获得的利润越高，企业主能支配的商品和服务的数量显然就越多。从这个角度来说，所有者会坚持让自己所有的决策（购买和配置各种投入要素，对产品的营销）都服务于利润最大化这个目标。

当然，利润最大化并非厂商行为背后的唯一动机，经济学家还给出了其他一些答案，销售量、市场份额甚至声誉的最大化也都有可能。同利润的最大化目标相比，这几个目标（也包括其他的）看起来也有那么点意思，但多数经济学家在大部分工作中仍一直坚持使用利润最大化这个假说。

---

* 鉴于国内的“企业理论”往往指的是新制度经济学中的一个理论分支，而本章介绍的是生产和成本理论属于传统的厂商理论的内容。在本章中，如果不影响到语句的通顺，我们都将“firm”一词译为“厂商”。而在后面的章节中仍将使用“企业”的译法。——译者注

这种坚持有多种原因。从经验（或实证）的角度看，在这种假设下对厂商行为的预测一再被证据所证实；从理论的角度看，该假设使分析简化，并与施加给消费者的自利的效用最大化假设保持一致。此外，像销售量或市场份额最大化这样的假设都可以看做是（在长期中）厂商在短期所采取的一种权宜之计，其长期或终极目标仍然是利润最大化。最后，即便所有者或管理者没有这种主观意向，但一些市场力量会迫使厂商按照利润最大化的方式经营。一旦有厂商偏离这个目标，如果问题出在管理者身上，只要多数所有者都是欲望无穷的消费者，他们就会齐心合力将这些管理者赶出企业，并用利润最大化的管理者取而代之；要是问题出在企业主自身，社会上的其他企业家会寻找可乘之机接管企业，然后改变它的经营模式。

在我们开始考察厂商以及后来预测厂商行为的时候，利润最大化是最强的、也是一定要使用的唯一假设。于是，在厂商必须做出的每种选择中，我们都会一直认为其决策由利润最大化的目标引导。至于哪一种行为过程最符合这个目标，要看厂商所处的具体环境：首先是技术上的可行性，其次是要素市场的状况，最后是产品市场的情形。要想理解厂商的行为，就看你能不能辨别出厂商的目标和约束条件之间的差异，前者对所有厂商都是一样的，后者因（不受厂商控制的）市场的现实情况而不同。

3.2 生产

生产是将投入转化为产出的过程，厂商在此期间必须满足的一个基本事实是技术上的可行性。技术状况决定并限制了几种投入共同生产的可能产出，局限的表示方法有多种，其中最常用的是把厂商想象成拥有一个**生产可能集**（production possibility set）$Y\subset\mathbb{R}^m$，每个向量 $\mathbf{y}=(y_1, \cdots, y_m)\in Y$ 都是一个**生产计划**（production plan），其中的每个组成部分是各种投入和产出的数量。一种惯用的方式是写出 $\mathbf{y}\in Y$ 的各个元素，使得：如果资源 i 在生产计划中被当做投入使用，就写成 $y_i<0$ 的形式；如果资源 i 在生产计划中被生产出来，则写成 $y_i>0$ 的形式。

到目前为止，生产可能集因为能容纳多投入、多产出的情况，成为刻画厂商技术的最常用方法。不过一般来说，我们只考虑多投入和单产出的生产情况，有鉴于此，用**生产函数**（production function）来描述厂商的技术状况就更为便利。

当我们用多种投入生产一种产品的时候，我们就用 y 来表示产出的数量，用 x_i 来表示投入 i 的数量，这样可以用向量 $\mathbf{x}=(x_1, \cdots, x_n)$ 来表示 n 种投入。当然，投入向量和产出都必须是非负的，即 $\mathbf{x}\geqslant 0$，$y\geqslant 0$。

一个生产函数只是简单地说明了每个投入向量可以生产的产出量，进而函数 f

是从$\mathbb{R}^n_+$到$\mathbb{R}_+$的一个映射。当我们写出 $y=f(\mathbf{x})$ 的时候，意思是用投入向量 $\mathbf{x}\geqslant 0$ 可以生产出（不超过）y 单位的产出。在生产函数 f 中，我们始终坚持如下假设。[①]

假设 3.1 生产函数的性质

生产函数 f：$\mathbb{R}^n_+\to\mathbb{R}_+$ 在 $\mathbb{R}^n_+$ 上是连续的、严格递增以及严格拟凹的，并且$f(\mathbf{0})=0$。

f 的连续性旨在保证投入向量的微小变化也会引起产出发生微小变化；要求 f 严格递增，是要确保更多的投入能带来更多的产出；要求 f 严格拟凹则更多是出于使分析简化的目的，如同我们假设消费者的偏好严格凸一样（所以 u 严格拟凹），即便没有这个假设，研究的结论也会大抵相同。可即便如此，还是要解释一下它的含义。一种说法是：严格拟凹意味着生产中至少存在着某种互补性。直觉上来看，就劳动和资本这两种要素来说，如果因为一种要素的投入很少（即便另一种投入很多）而使产量过低，那么严格拟凹意味着这两种要素之间存在某种程度的互补性。从这个意义上讲，两种要素在生产中都很重要，这种情况下，两个极端生产向量（大量劳动和少量资本，或少量劳动和大量资本）的平均值所带来的产出水平要严格高于至少有一种（或两种）投入向量处于极端水平的产出。该假设将这种思想扩展到了所有投入向量组合的严格的平均值范围中；最后一条说的是，正产出要求某些投入的数量大于零。

当生产函数可微时，其偏导数 $\partial f(\mathbf{x})/\partial x_i$ 被称作投入 i 的**边际产量**（marginal product），意思是增加一单位投入 i 所带来的产出的变化量。如果 f 严格递增而且处处连续、可微，那么对“差不多所有的”投入向量来说，$\partial f(\mathbf{x})/\partial x_i>0$。出于使分析简化的目的，我们常常假设该严格不等式一直成立。

对任意固定的产出水平 y 来说，生产该产出的投入向量集被称为 y 水平的**等产量线**（isoquant）。一条等产量线就是 f 的一个水平集，我们用 $Q(y)$ 来表示，即：

$$Q(y)\equiv\{\mathbf{x}\geqslant 0\mid f(\mathbf{x})=y\}$$

对某个投入向量 $\mathbf{x}$ 而言，经过 $\mathbf{x}$ 的等产量线是一个能生产出该产出水平的某个投入向量集，也就是 $Q(f(\mathbf{x}))$。

在生产者理论中，有一个和消费者理论的边际替代率非常相似的概念，叫做**边际技术替代率**（marginal rate of technical substitution，MRTS），它衡量了在维持产出不变的情况下，用一种要素所能替代另一种要素的比率。正规一点的表述是：在当前的投入向量为 $\mathbf{x}$ 的时候，投入 j 对 i 的边际技术替代率表示为$MRTS_{ij}(\mathbf{x})$，它被定义为两种要素的边际产量之比：

---

① 将该假设与第 1 章中的假设 1.2 比较一下。

$$MRTS_{ij}(\mathbf{x})=\frac{\partial f(\mathbf{x})/\partial x_i}{\partial f(\mathbf{x})/\partial x_j}$$

如图 3-1 所示，在两种投入的情形中，$MRTS_{1,2}(\mathbf{x}^1)$ 是经过 $\mathbf{x}^1$ 的等产量线在该点斜率的绝对值。

一般来说，任意两种投入间的 MRTS 都和所有投入的数量有关。不过，（特别是在实证中）我们常常将投入划分为几种类型，有一类投入间的替代程度会系统性地有别于其他类别，这种类型的生产函数被称为可分的生产函数，可分性至少分为两种。在下面的定义中，我们将 $f_i(\mathbf{x})$ 当作是投入 i 的边际产量（即 $\partial f(\mathbf{x})/\partial x_i$）的简写。

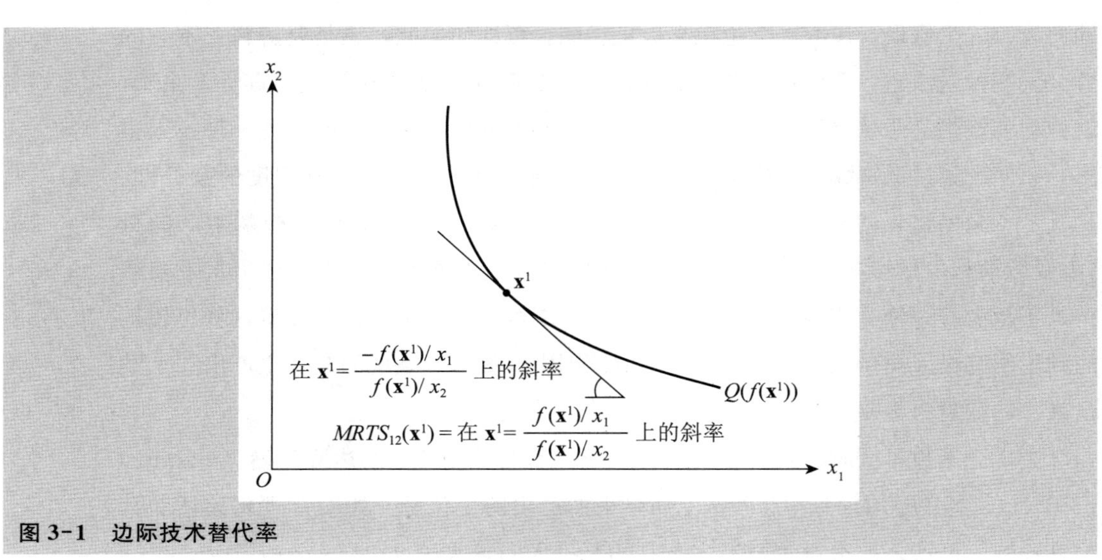

图 3-1　边际技术替代率

定义 3.1　可分的生产函数

令 $N=\{1, \cdots, n\}$ 代表所有投入的集合，假设这些投入可以被分成 $S>1$ 个互斥且穷尽的子集 $N_1, \cdots, N_S$。如果某一组群中两种投入间的 MRTS 同其他组群中的投入无关，则称生产函数是弱可分的：

$$\frac{\partial(f_i(\mathbf{x})/\partial f_j(\mathbf{x}))}{\partial x_k}=0, \quad \text{对所有的 } i,j\in N_S \text{ 和 } k\notin N_S$$

这里的 f_i，f_j 是投入 i，j 的边际产品。当 $S>2$ 的时候，如果任意两个组群（包括同一组群）中的两种投入间的 MRTS 同其他组群的投入无关，则称该生产函数是强可分的：

$$\frac{\partial(f_i(\mathbf{x})/f_j(\mathbf{x}))}{\partial x_k}=0, \quad \text{对所有的 } i\in N_S, j\in N_t \text{ 和 } k\notin N_S\cup N_t$$

就生产既定产出的两种投入间的替代性来说，MRTS 只是一个局部的测量指标，经济学家常倾向于用一个无单位的弹性来代替它。虽然类似的指标还有几个，可迄今为止，最常用的还是替代弹性 σ。令其他投入和产出保持不变，投入 j 对 i 的替代弹性被定义成两种投入的 MRTS 的百分之一的变动导致的这两种投入的比率的百分比变动。

定义 3.2　替代弹性

对一个生产函数 $f(\mathbf{x})$ 而言，在点 $\mathbf{x}^0\in\mathbb{R}^n_{++}$ 处，投入 j 对 i 的替代弹性被定义成：

$$\sigma_{ij}(\mathbf{x}^0)\equiv\left(\frac{\mathrm{d}\ln MRTS_{ij}(\mathbf{x}(r))}{\mathrm{d}\ln r}\Big|_{r=x_j^0/x_i^0}\right)^{-1}$$

其中，$\mathbf{x}(r)$ 是投入 $\mathbf{x}=(x_1,\cdots,x_n)$ 的唯一向量，使得 (1) $x_j/x_i=r$；(2) 对 $k\neq i,j$ 而言，$x_k=x_k^0$；以及 (3) $f(\mathbf{x})=f(\mathbf{x}^0)$。[①]

替代弹性 $\sigma_{ij}(\mathbf{x}^0)$ 是一个经过 $\mathbf{x}^0$ 点的 i 和 j 的等产量线在该点的曲率的指标。当生产函数拟凹的时候，替代弹性绝不可能为负，所以有 $\sigma_{ij}\geqslant 0$。一般来说，替代弹性的值越接近于 0，两种投入之间就越难以相互替代；反之，数值越大，它们之间就会越容易替代。

当只有两种投入的时候，替代弹性就写成 σ 而不是 σ_{12}，下面就来看几个这样的例子。在图 3-2 (a) 中，等产量线是线性的，说明两种投入之间可以完全替代，σ 趋于无穷大。在图 3-2 (c) 中，两种投入按固定的比率投入生产，它们之间几乎不能替代，σ 趋于 0。在图 3-2 (b) 中，我们画了一种中间的情形，σ 既不是无穷大，也不是 0。等产量线越是呈 L 形，投入之间的替代越难；σ 越大，等产量线就越平坦，投入之间的替代也就越“容易”。

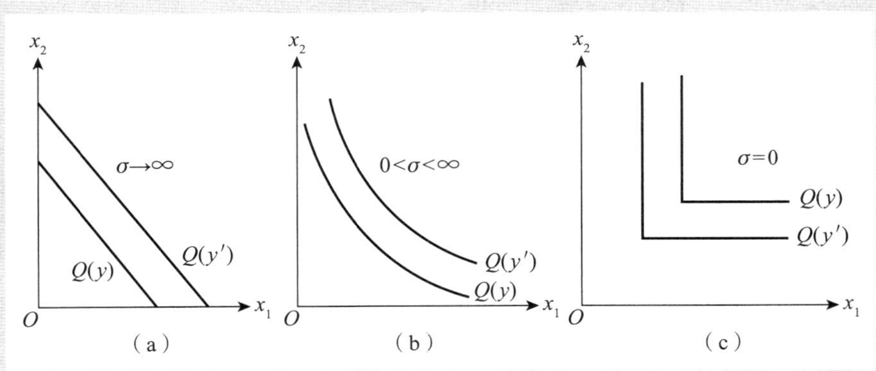

图 3-2　(a) σ 无穷大，两种投入之间是完全替代的；(b) σ 有限但大于零，这表明两种投入之间是不完全替代的；(c) σ 为零，投入之间不能相互替代。

① 根据假设 3.1，$\mathbf{x}(r)$ 存在且唯一。

3

例题 3.1

我们对需求理论中的 CES 效用函数再熟悉不过，现在看一下 CES 生产函数的情况。

$y=(x_1^\rho+x_2^\rho)^{1/\rho}$，对所有的 $0\neq\rho<1$

想计算替代弹性 σ，首先要知道任意一点 (x_1, x_2) 的边际技术替代率是：

$$MRTS_{12}(x_1,x_2)=\left(\frac{x_2}{x_1}\right)^{1-\rho}$$

因此，在这个例子中，MRTS 仅由两种投入的比率决定，与产出无关。因此，令 $r=x_2/x_1$，有：

$$\begin{aligned}\frac{\mathrm{d}\ln MRTS_{12}(\mathbf{x}(r))}{\mathrm{d}\ln r}&=\frac{\mathrm{d}\ln r^{1-\rho}}{\mathrm{d}\ln r}\\&=(1-\rho)\frac{\mathrm{d}\ln r}{\mathrm{d}\ln r}\\&=(1-\rho)\end{aligned}$$

于是，根据定义 3.2，得：

$$\sigma=\frac{1}{1-\rho}$$

结果是一个常数，这说明初始的 CES 函数具有**不变的替代弹性**（或**常替代弹性**，constant elasticity of substitution）。 □

一方面，一旦有了 CES 形式，各种投入之间的替代程度就始终相同，并且与产出水平或投入的比率无关，因此，这是对技术的一个限制性的特征。另一方面，随着参数 ρ 取值不同（进而 σ 的值也不同），投入之间的替代性不同，进而所代表的技术（虽然一直是个常数）也不一样。ρ 越趋近于 1，σ 的值就越大；而当 ρ 等于 1 的时候，σ 的值无穷大，生产函数是线性的，等产量线如图 3-2（a）所示。

其他一些常用的生产函数也都可以被视为 CES 函数的特殊形式，具体来说，如果对所有的 $i\neq j$，有 $\sigma_{ij}=1/(1-\rho)$，很容易证明：

$$y=\left(\sum_{i=1}^{n}\alpha_i x_i^\rho\right)^{1/\rho}，\text{其中}\sum_{i=1}^{n}\alpha_i=1$$

是一种 CES 形式。可以表明，随着 $\rho\to0$，$\sigma_{ij}\to1$，该 CES 形式会退化为线性齐次的柯布-道格拉斯函数：

$$y=\prod_{i=1}^{n}x_i^{\alpha_i}$$

随着 $\rho\to-\infty$，$\sigma_{ij}\to0$，该函数会以极限的形式退化为里昂惕夫形式的函数，其等产量线如图 3-2（c）所示：

$$y=\min\{x_1,\cdots,x_n\}$$

所有的CES生产函数（包括柯布-道格拉斯和里昂惕夫形式）都是线性齐次的，它们在理论研究和实际工作中非常重要。线性齐次性为生产函数额外施加了一些结构，其中一条是：线性齐次的生产函数总是凹函数。

定理3.1 （谢泼德）齐次生产函数是凹函数

令 $f(\mathbf{x})$ 为一个满足假设3.1的生产函数，并假设它是 $\alpha\in(0, 1]$ 阶齐次的。则 $f(\mathbf{x})$ 是一个关于 $\mathbf{x}$ 的凹函数。

证明： 首先假设 $\alpha=1$，也就是说 f 是一个一阶齐次函数。取任意的 $\mathbf{x}^1\gg\mathbf{0}$ 和 $\mathbf{x}^2\gg\mathbf{0}$，令 $y^1=f(\mathbf{x}^1)$ 以及 $y^2=f(\mathbf{x}^2)$。由于 $f(\mathbf{0})=0$ 且 f 严格递增，所以 y^1，$y^2>0$，进而 f 为一阶齐次函数：

$$f\left(\frac{\mathbf{x}^1}{y^1}\right)=f\left(\frac{\mathbf{x}^2}{y^2}\right)=1$$

由于 f 是（严格）拟凹的，

$$f\left(\frac{t\mathbf{x}^1}{y^1}+\frac{(1-t)\mathbf{x}^2}{y^2}\right)\geqslant 1,\ t\in[0,1] \tag{P.1}$$

现在，选择 $t^*=y^1/(y^1+y^2)$ 以及 $(1-t^*)=y^2/(y^1+y^2)$，于是根据（P.1），

$$f\left(\frac{\mathbf{x}^1}{y^1+y^2}+\frac{\mathbf{x}^2}{y^1+y^2}\right)\geqslant 1 \tag{P.2}$$

再回忆一下，f 是线性齐次函数，利用（P.2），有：

$$f(\mathbf{x}^1+\mathbf{x}^2)\geqslant y^1+y^2=f(\mathbf{x}^1)+f(\mathbf{x}^2) \tag{P.3}$$

因此，（P.3）对所有的 $\mathbf{x}^1$，$\mathbf{x}^2\gg\mathbf{0}$。但 f 的连续性意味着（P.3）对所有的 $\mathbf{x}^1$，$\mathbf{x}^2\geqslant\mathbf{0}$ 成立。

为了完成 $\alpha=1$ 情形下的证明过程，考虑任意两个向量 $\mathbf{x}^1\geqslant\mathbf{0}$ 和 $\mathbf{x}^2\geqslant\mathbf{0}$ 以及 $t\in[0, 1]$，回想一下，线性齐次性保证了

$$f(t\mathbf{x}^1)=tf(\mathbf{x}^1) \tag{P.4}$$

$$f((1-t)\mathbf{x}^2)=(1-t)f(\mathbf{x}^2) \tag{P.5}$$

如果应用（P.3）并结合（P.4）和（P.5），我们能得出如下结论：

$$f(t\mathbf{x}^1+(1-t)\mathbf{x}^2)\geqslant tf(\mathbf{x}^1)+(1-t)f(\mathbf{x}^2)$$

现在假设 f 是 $\alpha\in(0, 1]$ 阶齐次函数，则 $f^{\frac{1}{\alpha}}$ 为一阶齐次函数，且满足假设3.1。因此，根据刚才的证明，$f^{\frac{1}{\alpha}}$ 是凹的，但 $f=[f^{\frac{1}{\alpha}}]^{\alpha}$ 是凹的，因为 $\alpha\leqslant 1$。 ■

3.2.1 规模报酬（或规模收益）和变动比例

我们一直想知道产出对投入量变动的反应程度。比如，在**短期**（short run）中，

至少有一种投入是固定不变的，产出只会随着某些（而非其他）投入的变化而变化。当可变投入改变时，生产中使用的固定投入和可变投入的比率也随之变化。“可变比例的报酬”说的是短期中产出对可变投入变化的反应；在**长期**（long run）中，厂商可以自由地改变所有投入的数量，需要依据规模报酬对生产函数进行分类，这也是说明产出在长期中对投入变动的反应的一种方法。具体来说，规模报酬指的是，当所有投入都以相同比例变动时，产出的变化情况。比如，当整个经营“规模”以相同比例增加或减少时，产出如何变化。在两种投入的情形中，生产函数的这两个特征可由图 3-3 说明。在 x_2 保持不变而只改变 x_1 的数量时，可变比例的报酬说的是，当我们沿着 $\bar{x}_2$ 水平移动并穿过等产量线时产出的反应情况；规模报酬说的是沿着一条类似 OA 这样的穿过等产量线的射线变动时产出的反应情况，此时 x_1 和 x_2 同时变化且比例不变（$x_2/x_1=\alpha$）。

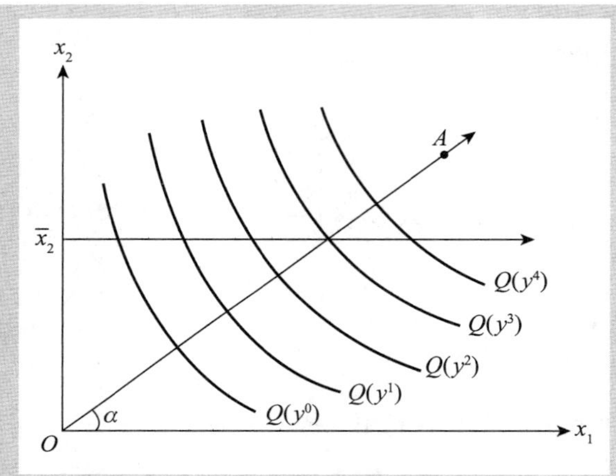

图 3-3 规模报酬和可变比例

表示每种投入变动比例报酬的指标主要有边际产量 $MP_i=f_i(\mathbf{x})$ 和**平均产量**（average product）$AP_i(\mathbf{x})=f(\mathbf{x})/x_i$。**投入 i 的产出弹性**（output elasticity of input i）度量了产出对投入 i 的百分之一变动的反应程度，表示为 $\mu_i(\mathbf{x})\equiv f_i(\mathbf{x})x_i/f(\mathbf{x})=MP_i(\mathbf{x})/AP_i(\mathbf{x})$。这些都是局部的测度，其定义仅限于某一点。技术的规模性质既可以是局部的，也可以是全局的，根据下列定义可以说明一个生产函数是规模报酬不变的、递增的，还是递减的。

定义 3.3 （全局的）规模报酬

一个生产函数 $f(\mathbf{x})$ 具有如下（全局的）性质：

1. 如果对所有的 $t>0$ 和所有的 $\mathbf{x}$ 而言，有 $f(t\mathbf{x})=tf(\mathbf{x})$，则称该生产函数是规模报酬不变的；

2. 如果对所有的 $t>1$ 和所有的 $\mathbf{x}$ 而言，有 $f(t\mathbf{x})>tf(\mathbf{x})$，则称该生产函数是规模报酬递增的；

3. 如果对所有的 $t>1$ 和所有的 $\mathbf{x}$ 而言，有 $f(t\mathbf{x})<tf(\mathbf{x})$，则称该生产函数是

规模报酬递减的。

根据规模报酬的这个全局性的定义，我们注意到，当一个生产函数是（正的）线性齐次函数时，它就是规模报酬不变的。不过，需要格外留意的是，如果齐次生产函数的阶数大于（小于）1，它就必定是规模报酬递增（递减）的，尽管其逆命题并不成立。

很多生产函数虽然也满足假设3.1，但不能归为这三类中的任何一种。它们只是在产出的某个阶段才在技术上表现出报酬递增、递减或者不变的性质，这种情况更适合用一个局部的规模报酬指标来衡量。该指标也是定义在一个点上，它告诉我们产出对所有投入变动百分之一的瞬时的百分比反应，最有名的是规模弹性或者（整体的）产出弹性，其定义如下：

3

定义3.4　（局部的）规模报酬

点$\mathbf{x}$的规模弹性定义为

$$\mu(\mathbf{x}) \equiv \lim_{t\to 1}\frac{\mathrm{dln}[f(t\mathbf{x})]}{\mathrm{dln}(t)}=\frac{\sum_{i=1}^{n} f_i(\mathbf{x})x_i}{f(\mathbf{x})}$$

随着$\mu(\mathbf{x})$等于、大于或小于1，函数表现出局部的规模报酬不变、递增或者递减。规模弹性或者投入的产出弹性定义如下：

$$\mu(\mathbf{x})=\sum_{i=1}^{n}\mu_i(\mathbf{x})$$

例题3.2

让我们考察一个具有可变规模报酬的生产函数：

$$y=k(1+x_1^{-\alpha}x_2^{-\beta})^{-1} \tag{E.1}$$

其中$\alpha>0$，$\beta>0$，k是产出水平的上界，使得$0\leqslant y\leqslant k$。计算每种投入的产出弹性，有：

$$\mu_1(\mathbf{x})=\alpha(1+x_1^{-\alpha}x_2^{-\beta})^{-1}x_1^{-\alpha}x_2^{-\beta}$$
$$\mu_2(\mathbf{x})=\beta(1+x_1^{-\alpha}x_2^{-\beta})^{-1}x_1^{-\alpha}x_2^{-\beta}$$

显然，它们都随着规模和投入比例的变化而变化。将两个弹性加总，得到如下规模弹性的表达式：

$$\mu(\mathbf{x})=(\alpha+\beta)(1+x_1^{-\alpha}x_2^{-\beta})^{-1}x_1^{-\alpha}x_2^{-\beta}$$

该弹性也随着$\mathbf{x}$的变化而变化。

如果我们将这些弹性看做是产出水平的函数，就能得到一个更为简洁的表达式，根据（E.1），我们有：

$$x_1^{-\alpha}x_2^{-\beta}=\frac{k}{y}-1 \tag{E.2}$$

用（E.1）和（E.2）进行替换，有：

$$\mu_1^*(y)=\alpha\left(1-\frac{y}{k}\right)$$

$$\mu_2^*(y)=\beta\left(1-\frac{y}{k}\right)$$

再次加总，得：

$$\mu^*(y)=(\alpha+\beta)\left(1-\frac{y}{k}\right)$$

由此可以看到，每种投入的规模报酬和总的规模报酬是随着产出的增加而单调递减的。在 $y=0$ 时，$\mu^*(y)=(\alpha+\beta)>0$，并且 $y\to k$ 时 $\mu^*(y)\to 0$。如果 $\alpha+\beta>1$，生产函数会在低产出水平（$0\leqslant y<k[1-1/(\alpha+\beta)]$）呈现出规模报酬递增的性质，在 $y=k[1-1/(\alpha+\beta)]$ 时呈现出规模报酬不变的性质，而在 $k[1-1/(\alpha+\beta)]<y<k$ 的产出阶段是规模报酬递减的。□

3.3 成本

厂商产出的成本是为了购买生产这些产出的投入所必须花费的支出。一般来说，技术上允许由多种投入的一个向量生产出各种水平的产出，所有这些可能均由生产函数的一个水平集来表示。因此，厂商必须要决定使用哪种可行的生产计划。如果厂商的目标是追求利润最大化，它就有必要选择最经济的或者成本最小的计划来组织生产。注意，这个论断适用于所有厂商，无论是垄断、竞争，或是介于这二者之间的。

厂商要确定成本最小的生产方式，既要考虑技术上的可行性，也要考虑获得各种投入的条件，这些因素反过来又同它在要素市场上所面临的具体环境有关。例如，厂商面临的投入供给曲线可能有一部分甚至全部都是向上倾斜的，买得越多，价格就越高；此外，厂商本身比较弱小，在要素市场上势单力薄，它买的再多也不至于引起价格上涨。在这种情况下，我们称厂商在要素市场上是完全竞争的，因为自身没有能力左右市场的价格。不管哪种情况，厂商决策都必须要考虑市场决策。

我们将始终假设厂商在要素市场上是完全竞争的，从而面临不变的价格。令 $\mathbf{w}=(w_1, \cdots, w_n)\geqslant\mathbf{0}$ 为厂商购买投入 $\mathbf{x}=(x_1, \cdots, x_n)$ 时所面临的市场价格的向量。由于厂商是一个利润最大化者，在生产同样的产出时，它会选择货币支付最小的那个向量。于是，我们可以把产出 y 的成本称为在价格 $\mathbf{w}$ 下能够生产出 y 的最小成本的投入向量。

定义 3.5　成本函数

对于所有的投入价格 $\mathbf{w}\gg\mathbf{0}$ 和所有的产出水平 $y\in f(\mathbb{R}_+^n)$ 而言，成本函数被定义为一个最小值函数：

$$c(\mathbf{w},y)\equiv\min_{\mathbf{x}\in\mathbb{R}_+^n}\mathbf{w}\cdot\mathbf{x}\quad \text{s.t.}\quad f(\mathbf{x})\geqslant y$$

如果 $\mathbf{x}(\mathbf{w}, y)$ 是成本最小化问题的解，则

$$c(\mathbf{w},y)\equiv\mathbf{w}\cdot\mathbf{x}(\mathbf{w},y)$$

我们现在仔细考虑一下成本最小化的问题。由于 f 严格递增，所以约束总是在解处束紧，进而成本最小化问题就等价于

$$\min_{\mathbf{x}\in\mathbb{R}^n_+}\mathbf{w}\cdot\mathbf{x}\quad \text{s. t.}\quad y=f(\mathbf{x})\tag{3.1}$$

令 $\mathbf{x}^*$ 为（3.1）的一个解，为了使分析简化，假设 $\mathbf{x}^*\gg\mathbf{0}$ 并且 f 在该点可微，$\nabla f(\mathbf{x}^*)\gg\mathbf{0}$。于是，根据拉格朗日定理，存在一个 $\lambda^*\in\mathbb{R}$，使得

$$w_i=\lambda^*\frac{\partial f(\mathbf{x}^*)}{\partial x_i},\quad i=1,\cdots,n$$

由于 $w_i>0$，$i=1$，…，n，我们可以将上面式子中的第 i 项除以第 j 项，得

$$\frac{\partial f(\mathbf{x}^*)/\partial x_i}{\partial f(\mathbf{x}^*)/\partial x_j}=\frac{w_i}{w_j}\tag{3.2}$$

因此，成本最小化意味着任意两种投入之间的边际替代率等于它们的价格之比。

从一阶条件来看，问题的解显然和 $\mathbf{w}$，y 这两个参数有关，而且，由于 $\mathbf{w}\gg\mathbf{0}$ 且 f 严格拟凹，所以（3.1）的解是唯一的，练习题 3.18 会让你证明这一点。此外，我们还要证明（3.1）始终有解。这样，我们可以将在价格 $\mathbf{w}$ 情况下生产 y 单位产出的成本最小化的投入向量写成 $\mathbf{x}^*\equiv\mathbf{x}(\mathbf{w}, y)$，解 $\mathbf{x}(\mathbf{w}, y)$ 就是厂商的**条件要素（或投入）需求**（conditional input demand）。由于以产出水平 y 为条件，而 y 在该点任意取值，所以它不见得一定是利润最大化的解。

图 3-4 画出了成本最小化问题的解。在两种投入的情形中，根据代表 y 产出水平的等产量线和 $\mathbf{w}\cdot\mathbf{x}=\alpha$（对某个 $\alpha>0$ 而言）的等成本线的切点确定了问题的内解。如果 $x_1(\mathbf{w}, y)$ 和 $x_2(\mathbf{w}, y)$ 是问题的解，则 $c(\mathbf{w}, y)=w_1x_1(\mathbf{w}, y)+w_2x_2(\mathbf{w}, y)$。

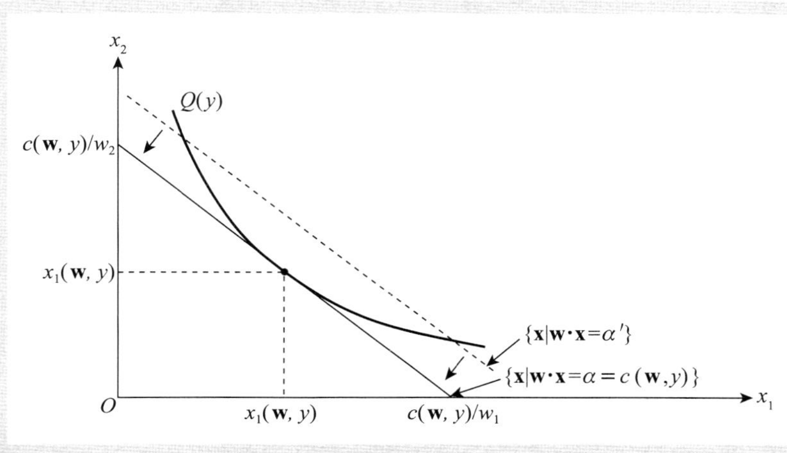

图 3-4　厂商成本最小化问题的解，图中 $\alpha<\alpha'$

3

例题 3.3

假设厂商的技术为两种投入的 CES 形式，其成本最小化问题（3.1）为：

$$\min_{x_1\geqslant 0,x_2\geqslant 0} w_1x_1+w_2x_2 \quad \text{s.t.} \quad (x_1^\rho+x_2^\rho)^{1/\rho}\geqslant y$$

假设 $y>0$ 并且问题存在内解，拉格朗日一阶条件就退化为下面两个式子：

$$\frac{w_1}{w_2}=\left(\frac{x_1}{x_2}\right)^{\rho-1} \tag{E. 1}$$

$$y=(x_1^\rho+x_2^\rho)^{1/\rho} \tag{E. 2}$$

由（E. 1）求出 x_1 并代入（E. 2），整理得：

$$y=x_2w_2^{-1/(\rho-1)}(w_1^{\rho/(\rho-1)}+w_2^{\rho/(\rho-1)})^{1/\rho}$$

解出 x_2，然后再用同样的方法解出 x_1，就得到了条件要素需求：

$$x_1=yw_1^{1/(\rho-1)}(w_1^{\rho/(\rho-1)}+w_2^{\rho/(\rho-1)})^{-1/\rho} \tag{E. 3}$$

$$x_2=yw_2^{1/(\rho-1)}(w_1^{\rho/(\rho-1)}+w_2^{\rho/(\rho-1)})^{-1/\rho} \tag{E. 4}$$

要想得到成本函数，我们需要把（E. 3）和（E. 4）代回最小化问题的目标函数中，得：

$$\begin{aligned}c(\mathbf{w},y)&=w_1x_1(\mathbf{w},y)+w_2x_2(\mathbf{w},y)\\&=y(w_1^{\rho/(\rho-1)}+w_2^{\rho/(\rho-1)})^{(\rho-1)/\rho}\end{aligned}$$

□

你可能已经注意到了此处有一些和消费者理论相同的地方，的确，当我们拿成本函数与支出函数做比较的时候，两者的相似之处跃然纸上。

支出函数：$e(\mathbf{p},u)\equiv\min\limits_{\mathbf{x}\in\mathbb{R}_+^n}\mathbf{p}.\mathbf{x} \quad \text{s.t.} \quad u(\mathbf{x})\geqslant u$

成本函数：$c(\mathbf{w},y)\equiv\min\limits_{\mathbf{x}\in\mathbb{R}_+^n}\mathbf{w}.\mathbf{x} \quad \text{s.t.} \quad f(\mathbf{x})\geqslant y$

从数学上看，这两个函数没什么不同，于是，对已经证明过的有关支出函数的每个定理而言，成本函数也会有一个与之等价的定理存在，下面将会介绍这些定理，鉴于之前提到过的这种相似性，这里就不再给出详细的证明了。

定理 3.2 成本函数的性质

如果 f 连续且单调递增，则 $c(\mathbf{w},\ y)$ 为：

1. 当 $y=0$ 时，$c(\mathbf{w},\ y)$ 为 0；
2. 在定义域上是连续的；
3. 对所有的 $\mathbf{w}\gg 0$ 严格递增，并且关于 y 无上界；
4. 关于 $\mathbf{w}$ 是递增的；
5. 关于 $\mathbf{w}$ 是一阶齐次的；
6. 关于 $\mathbf{w}$ 是凹的。

此外，如果 f 严格拟凹，则

7. 谢泼德引理：只要 $\mathbf{w}^0\gg 0$，$c(\mathbf{w},\ y)$ 在（$\mathbf{w}^0$，y^0）点关于 $\mathbf{w}$ 就是可微的，并且

$$\frac{\partial c(\mathbf{w}^0, y^0)}{\partial w_i} = x_i(\mathbf{w}^0, y^0),\ i=1,\cdots,n$$

例题 3.4

考虑一个柯布-道格拉斯形式的成本函数，$c(\mathbf{w}, y) = Aw_1^{\alpha}w_2^{\beta}y$。根据定理 3.2 中的性质 7，通过将函数对投入价格求微分，就得到了条件要素需求，因此：

$$x_1(\mathbf{w}, y) = \frac{\partial c(\mathbf{w}, y)}{\partial w_1} = \alpha A w_1^{\alpha-1}w_2^{\beta}y = \frac{\alpha c(\mathbf{w}, y)}{w_1} \tag{E.1}$$

$$x_2(\mathbf{w}, y) = \frac{\partial c(\mathbf{w}, y)}{\partial w_2} = \beta A w_1^{\alpha}w_2^{\beta-1}y = \frac{\beta c(\mathbf{w}, y)}{w_2} \tag{E.2}$$

求两个条件要素需求的比率，有：

$$\frac{x_1(\mathbf{w}, y)}{x_2(\mathbf{w}, y)} = \frac{\alpha}{\beta}\frac{w_2}{w_1}$$

结果告诉我们，具有这种成本函数的厂商在生产中使用两种投入的比率只取决于投入的相对价格，同产出水平和规模全无关系。

现在我们将厂商总支出中用于购买投入 i 的比例定义为**投入份额**（input share），$s_i \equiv w_i x_i(\mathbf{w}, y)/c(\mathbf{w}, y)$。根据（E.1）和（E.2），它们都是常数

$$s_1 = \alpha$$

$$s_2 = \beta$$

□

作为厂商成本最小化问题的解，条件要素需求函数也具有一定的性质。由于同希克斯补偿需求函数的性质类似，所以同样不提供进一步的证明。

定理 3.3 条件要素需求的性质

设生产函数满足假设 3.1，并且相关的成本函数是二阶可微的，则：

1. $\mathbf{x}(\mathbf{w}, y)$ 关于 $\mathbf{w}$ 是零阶齐次的；

2. 其替代矩阵定义和表示为：

$$\sigma^*(\mathbf{w}, y) \equiv \begin{pmatrix} \dfrac{\partial x_1(\mathbf{w}, y)}{\partial w_1} & \cdots & \dfrac{\partial x_1(\mathbf{w}, y)}{\partial w_n} \\ \vdots & & \vdots \\ \dfrac{\partial x_n(\mathbf{w}, y)}{\partial w_1} & \cdots & \dfrac{\partial x_n(\mathbf{w}, y)}{\partial w_n} \end{pmatrix}$$

是对称的和负半定的。特别是，负半定的性质又意味着对所有的 i 有 $\partial x_i(\mathbf{w}, y)/\partial w_i \leqslant 0$。

齐次或（更一般地）位似的生产技术在理论和应用中很流行，这种技术下的成本和条件要素需求有一些特殊的属性，其中的一部分可归纳如下：

定理 3.4 位似生产函数的成本与条件要素需求

1. 当生产函数满足假设 3.1 并且是位似的时候：

(a) 成本函数关于投入价格和产出是乘法可分的，可以写成 $c(\mathbf{w}, y) = h(y)$

c（$\mathbf{w}$，1），其中，$h(y)$ 是严格递增的，c（$\mathbf{w}$，1）是单位成本函数或单位产出的成本函数；

(b) 条件要素需求关于投入价格和产出也是乘法可分的，可以写成 $\mathbf{x}(\mathbf{w}, y) = h(y) \cdot \mathbf{x}(\mathbf{w}, 1)$，其中 $h'(y)>0$，$\mathbf{x}(\mathbf{w}, 1)$ 是单位产出的条件要素需求。

2. 当生产函数是 $\alpha(\alpha>0)$ 阶可微的时候：

(a) $c(\mathbf{w}, y) = y^{1/\alpha} c(\mathbf{w}, 1)$；

(b) $\mathbf{x}(\mathbf{w}, y) = y^{1/\alpha} \mathbf{x}(\mathbf{w}, 1)$。

证明：第二部分的证明与第一部分的类似，所以我们把它留做练习题；1(b) 源自谢泼德引理，这样就只剩下 1(a) 需要证明了。

令 F 代表生产函数，由于它是位似的，进而可以写成 $F(\mathbf{x}) = f(g(\mathbf{x}))$，其中 f 严格递增，g 是一阶次函数。

为了使分析简化，我们将假设 F 的像是整个 $\mathbb{R}_+$，于是，就像练习题 3.5 要求你证明的那样，对所有的 $y>0$ 有 $f^{-1}(y)>0$。这样对某个 $y>0$ 来说，令 $t = f^{-1}(1)/f^{-1}(y)>0$。需要注意的是，$f(g(\mathbf{x}))\geqslant y \Leftrightarrow g(\mathbf{x}) \geqslant f^{-1}(y) \Leftrightarrow g(t\mathbf{x}) \geqslant t f^{-1}(y) = f^{-1}(1) \Leftrightarrow f(g(t\mathbf{x}))\geqslant 1$。因此，我们可以将与 F 相关的成本函数写成

$$
\begin{aligned}
c(\mathbf{w}, y) &= \min_{\mathbf{x}\in\mathbb{R}^n_+} \mathbf{w}\cdot\mathbf{x} \quad \text{s.t.} \quad f(g(\mathbf{x}))\geqslant y \\
&= \min_{\mathbf{x}\in\mathbb{R}^n_+} \mathbf{w}\cdot\mathbf{x} \quad \text{s.t.} \quad f(g(t\mathbf{x}))\geqslant 1 \\
&= \frac{1}{t}\min_{\mathbf{x}\in\mathbb{R}^n_+} \mathbf{w}\cdot t\mathbf{x} \quad \text{s.t.} \quad f(g(t\mathbf{x}))\geqslant 1 \\
&= \frac{1}{t}\min_{\mathbf{z}\in\mathbb{R}^n_+} \mathbf{w}\cdot\mathbf{z} \quad \text{s.t.} \quad f(g(\mathbf{z}))\geqslant 1 \\
&= \frac{f^{-1}(y)}{f^{-1}(1)} c(\mathbf{w}, 1)
\end{aligned}
$$

在倒数第二行，我们令 $\mathbf{z}\equiv t\mathbf{x}$。

由于 f 的严格递增意味着 f^{-1} 也有同样的性质，于是对所有的 $y>0$ 而言，我们想证明的结论都成立。若想知道该结论在 $y=0$ 时也成立，只需回想一下，$c(\mathbf{w}, 0)=0$，而且 $g(\mathbf{0})=0$，第一个等式源于 $F(\mathbf{0})=0$，而第二个源于 g 的线性齐次性。

■

到目前为止，我们所用到的这种一般形式的成本函数最适合被看做是对厂商长期成本的描述，这是因为我们始终假设，在厂商选择成本最小的生产计划过程中，它可以随意地改变每种投入的数量。在短期中，厂商想这么做是异想天开，它必须安于现状，履行之前的承诺：租用某间厂房或某类机器。一旦厂商在短期中被“锁定”在某种数量不变的投入时，就不能像在长期中那样适时地改变投入的数量，我们可以预期，厂商的短期和长期成本会有所不同。为了考察这两类成本的关系，我们先定义一个厂商的短期（或受限的）成本函数。

定义 3.6　短期或受限的成本函数

令生产函数为 $f(\mathbf{z})$，其中 $\mathbf{z}\equiv(\mathbf{x},\ \bar{\mathbf{x}})$，假设 $\mathbf{x}$ 是可变投入的子向量，$\bar{\mathbf{x}}$ 是固定投入的子向量。令 $\mathbf{w}$ 和 $\bar{\mathbf{w}}$ 分别代表可变投入和固定投入的价格。短期或受限的总成本函数定义如下：

$$sc(\mathbf{w},\bar{\mathbf{w}},y;\bar{\mathbf{x}})\equiv\min_{\mathbf{x}}\ \mathbf{w}\cdot\mathbf{x}+\bar{\mathbf{w}}\cdot\bar{\mathbf{x}}\quad \text{s. t.}\quad f(\mathbf{x},\bar{\mathbf{x}})\geqslant y$$

如果 $\mathbf{x}(\mathbf{w},\ \bar{\mathbf{w}},\ y;\ \bar{\mathbf{x}})$ 是该最小化问题的解，则

$$sc(\mathbf{w},\bar{\mathbf{w}},y;\bar{\mathbf{x}})\equiv\mathbf{w}\cdot\mathbf{x}(\mathbf{w},\bar{\mathbf{w}},y;\bar{\mathbf{x}})+\bar{\mathbf{w}}\cdot\bar{\mathbf{x}}$$

可变投入的最优成本 $\mathbf{w}\cdot\mathbf{x}(\mathbf{w},\ \bar{\mathbf{w}},\ y;\ \bar{\mathbf{x}})$ 被称为**总的可变成本**（total variable cost），固定投入的成本 $\bar{\mathbf{w}}\cdot\bar{\mathbf{x}}$ 叫做**总的固定成本**（total fixed cost）。

仔细观察短期成本的定义，我们发现它和（一般的或）长期成本的差别仅仅在于固定投入是一个参数而不是选择变量。于是我们要明白，对于既定的产出而言，长期成本（厂商可以最优、随意地调整所有投入的数量）永远不可能大于短期成本（厂商只能最优地选择某些而不是全部投入的数量）。

图 3-5 用等产量线和等成本线说明了这一点。出于使分析简化的目的，我们假设 $w_1=1$，这样横截距就衡量了成本，成本函数中那些不必要的参数都省略了。如果在短期，厂商的固定投入被锁定在 $\bar{x}_2$ 单位，它就必须分别用投入组合 A，C，E 来生产 y_1，y_2 和 y_3 单位的产出，短期成本分别为 $sc(y_1)$，$sc(y_2)$ 和 $sc(y_3)$。在长期中，一旦厂商可以最优地调整全部两种投入的数量，它就会利用投入组合 B，C，D 来进行生产，成本分别是 $c(y^1)$，$c(y^2)$ 和 $c(y^3)$。注意，$sc(y^1)$ 严格大于 $c(y^1)$，$sc(y^3)$ 严格大于 $c(y^3)$，而$sc(y^2)=c(y^2)$。

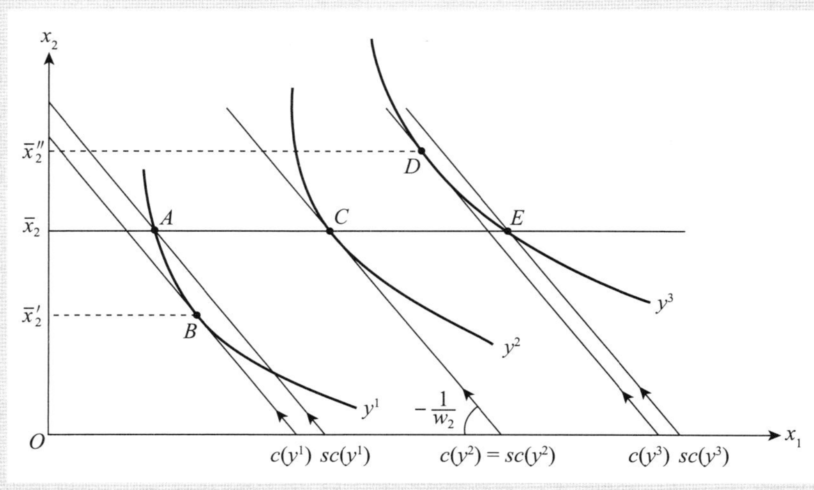

图 3-5　对于所有产出水平 y，均有 $sc(\mathbf{w},\ \bar{\mathbf{w}},\ y;\ \bar{\mathbf{x}})\geqslant c(\mathbf{w},\ \bar{\mathbf{w}},\ y)$

回头再看一下图 3-5，长期成本和短期成本在产出 y^2 时的相等意味着二者无论何时都始终相同吗？当然不是！那它们为什么会相等呢？稍微浏览一下该图就可以明白其中的原因了。$\bar{x}_2$ 是厂商生产 y^1 的成本最小化的固定投入量，也恰好是当前价格水平下厂商在长期中生产 y^1 时所选择的 $\bar{x}_2$ 的投入量。因此，在这个产出水平上，长期和短期的成本相同。还需要注意的是，$\bar{x}_2$ 和 y^2 之间并没有什么特殊的关系。如果厂商的固定投入被锁定在 $\bar{x}'_2$ 的话，产出水平 y^1 的长期和短期成本相同；如果固定投入被锁定在 $\bar{x}''_2$ 的话，则产出水平 y^3 的长期和短期成本也相同。虽然说在某些产出水平上长期成本和短期成本有相等的时候，但不同的固定投入常常会产生一个不同的短期成本函数。

为了深入考察这种关系，在既定要素价格下生产 y 单位产出时，我们令 $\bar{\mathbf{x}}(y)$ 代表最小短期成本的最优固定投入的选择。于是，对于任意的 y，下式必定成立：

$$c(\mathbf{w},\bar{\mathbf{w}},y)\equiv sc(\mathbf{w},\bar{\mathbf{w}},y;\bar{\mathbf{x}}(y)) \tag{3.3}$$

此外，由于我们选择了最小化短期成本的固定投入，所以对所有的固定投入 i 来说，最优数量 $\bar{\mathbf{x}}(y)$ 必须满足（相同的）最小值的一阶条件：

$$\frac{\partial sc(\mathbf{w},\bar{\mathbf{w}},y;\bar{\mathbf{x}}(y))}{\partial \bar{x}_i}\equiv 0 \tag{3.4}$$

对等式（3.3）进行微分，然后结合（3.4）会发现：

$$\begin{aligned}\frac{\mathrm{d}c(\mathbf{w},\bar{\mathbf{w}},y)}{\mathrm{d}y}&=\frac{\partial sc(\mathbf{w},\bar{\mathbf{w}},y;\bar{\mathbf{x}}(y))}{\partial y}+\underbrace{\sum_i\frac{\partial sc(\mathbf{w},\bar{\mathbf{w}},y;\bar{\mathbf{x}}(y))}{\partial \bar{x}_i}\frac{\partial \bar{x}_i(y)}{\partial y}}_{=0}\\&=\frac{\partial sc(\mathbf{w},\bar{\mathbf{w}},y;\bar{\mathbf{x}}(y))}{\partial y}\end{aligned} \tag{3.5}$$

现在把这些部分组合在一起，看看我们想要证明的结论。首先，对厂商来说，短期的成本最小化问题所涉及的约束条件要比长期的多一些，所以对任意的产出和固定投入水平来说，总有 $sc(\mathbf{w},\bar{\mathbf{w}},y;\bar{\mathbf{x}})\geqslant c(\mathbf{w},\bar{\mathbf{w}},y)$；其次，对每一种产出水平而言，（3.3）告诉我们，当短期成本函数中的固定投入取特定值的时候，长期成本和短期成本是有可能相等的；最后，（3.5）表明，在成本—产出的平面中，该短期成本函数的斜率将与长期成本函数的斜率相等。（实际上，我们可以根据定理 A2.22（包络定理）直接得到这个结论。）现在，如果这两个函数在平面内的同一点取同一值且斜率相等，则二者相切。于是，根据间接理论能建立一个类似的命题：长期总成本曲线是整个短期总成本曲线族的下包络线！见图 3-6。

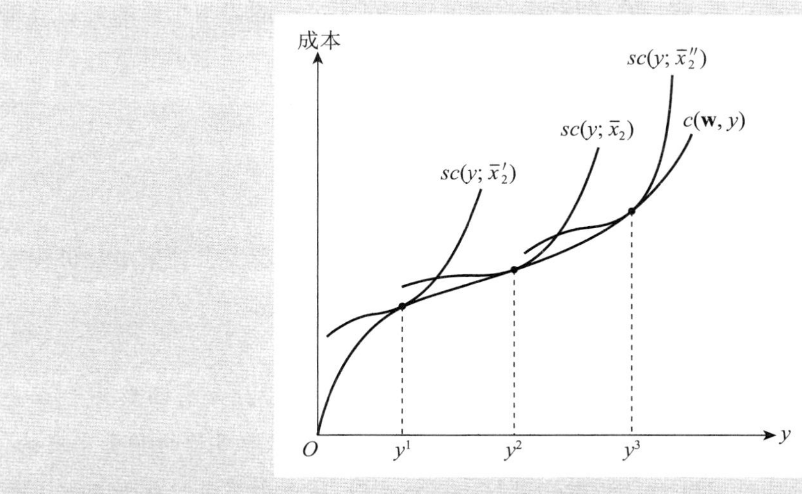

图 3-6 长期总成本曲线是短期总成本曲线的包络

3.4 生产中的对偶性

厂商的成本最小化问题和消费者的支出最小化问题在结构上非常相似，所以一点也不用奇怪，效用和支出之间存在对偶关系，生产和成本之间也一样！道理相同。如果我们从生产函数出发推导出成本函数，那么也一样可以利用这个成本函数生成一个生产函数。倘若初始的生产函数是拟凹的，最后引致的（或推导出来的）那个生产函数也具有同样的性质；反之，如果初始的生产函数不是拟凹的，则引致的生产函数也一样。除此之外，任意一个具有全部成本函数的性质的函数均可以生成一个与之相关的生产函数。

最后一个事实是现代理论中的一项最重要的发展，它对应用工作意义非常。从事应用研究的学者们在着手考察厂商行为的时候，不用具备详细的技术知识，也无需晦涩的工程资料，相反，他们可以利用市场上观察到的要素价格和产出水平来估计企业的成本函数，并在此基础上"恢复"背后有关的生产函数。

此外，下面的定理也有助于我们更好地利用成本函数和支出函数之间的等价关系，它将定理 2.1 和 2.2 联系在一起，其证明也和二者相关。

定理 3.5 从成本函数恢复生产函数

令 c：$\mathbb{R}^n_{++}\times\mathbb{R}_+\to\mathbb{R}_+$ 满足定理 3.2 给出的一个成本函数所具备的第 1 条至第 7 条性质，则如下定义的函数 f：$\mathbb{R}^n_+\to\mathbb{R}_+$：

$$f(\mathbf{x})\equiv\max\{y\geqslant0\mid\mathbf{w}\cdot\mathbf{x}\geqslant c(\mathbf{w},y),\ \forall\,\mathbf{w}\gg0\}$$

是递增的、无上界的和拟凹的。而且，由 f 生成的成本函数是 c。

最后，对应于要素需求也存在一个类似的可积性定理。基本的问题是：如果 $\mathbf{x}(\mathbf{w},\ y)$ 概括了某些厂商的要素需求行为，那么在什么样的条件下我们才能说，厂商的行为与如下假说是一致的，即每种产出都是厂商用最小的成本生产的？也就是说，当且仅当成本函数 c 满足下列条件时，要素需求才和每种产出水平下的成本最小化一致：

$$\frac{\partial c(\mathbf{w}\cdot y)}{\partial w_i}=x_i(\mathbf{w}\cdot y),\quad i=1,\cdots,n$$

现在看到下面这个结论就没什么可奇怪的了，参照消费者需求理论中对可积性定理的证明，你应该能得到答案。

定理 3.6　成本函数的可积性

连续可微函数 $\mathbf{x}(\mathbf{w},\ y)$ 是 $\mathbb{R}^n_{++}\times\mathbb{R}_+$ 到 $\mathbb{R}^n_+$ 的映射。当且仅当函数关于 $\mathbf{w}$ 是零阶次齐次的，其替代矩阵（第 ij 项是 $\partial x_i(\mathbf{w},\ y)/\partial w_j$）是对称的和负半定的，而且 $\mathbf{w}\cdot\mathbf{x}(\mathbf{w},\ y)$ 关于 y 严格递增的时候，$\mathbf{x}(\mathbf{w},\ y)$ 就是由某个严格递增的、拟凹的生产函数生成的条件要素需求函数。

3.5 竞争性厂商

在这一节中，我们将考察在产品市场和要素市场都是完全竞争者的厂商的行为。如果厂商生产和销售的产品数量对当前的市场价格没有影响，那么它就是产品市场上的一个完全竞争者。竞争厂商会留意当前的市场价格，无论自身的产量有多少，总是视其为既定，然后依生产计划行事。因此，这样的厂商是产品市场和要素市场上的一个**价格接受者**（price taker）。

为什么厂商会将价格视为既定呢？一种解释是，假设厂商会在产品的售价和要素的买价之间进行选择。由于产品市场是竞争性的，消费者对同质产品在每一处的售价了如指掌（或拥有完全的信息），所以只要厂商的售价高于市场价格，它就一件也卖不出去；反之，在当前的市场价格水平，它想卖多少就能卖出去多少，因此也没有降价的必要。所以，对厂商来说，最好的选择总是按市价来出售产品，它的行为看起来就像是产品价格已经订好了的样子。类似地，厂商也不会将投入品的价格降到市价以下，因为一旦这么做，在完全竞争的要素市场上，这些要素的所有者就可以在其他地方以高价售出。同样，企业也没有动力为这些投入付高价，最优选择就是按市价付酬。

虽然说这种价格接受行为的假设及其实现条件看起来有点不切实际，但以此为基础所建立的厂商模型极富洞见、也易于操作，进而也就值得我们仔细研究。

3.5.1 利润最大化

利润是销售产出所获的收入（或收益，revenue）和生产它们所必须支付的要素成本之间的差额。竞争企业按市价 p 来出售每单位产品，所以收入就是产出的简单函数，$R(y)=py$。假设厂商现在生产 y^0 单位的产出，如果 $\mathbf{x}^0$ 是生产这些产出的一个可行的投入向量，而 $\mathbf{w}$ 是要素的价格向量，用 $\mathbf{x}^0$ 生产 y 单位产品的成本就是 $\mathbf{w}\cdot\mathbf{x}^0$，这项生产计划带给企业的利润是 $py^0-\mathbf{w}\cdot\mathbf{x}^0$。有两个地方需要注意一下，首先，$y^0$ 有可能不是厂商的最优产出水平；其次，即便它是厂商的最优产出水平，$\mathbf{x}^0$ 也可能不是生产这个产量的最佳方式。因此，厂商必须就"生产多少以及如何生产"进行决策。

同之前一样，我们假设厂商的目标是利润最大化，它需要选择产出水平和投入组合来求解下面的问题：

$$\max_{(\mathbf{x},y)\geqslant\mathbf{0}} py-\mathbf{w}\cdot\mathbf{x} \quad \text{s.t.} \quad f(\mathbf{x})\geqslant y \tag{3.6}$$

其中，$f(\mathbf{x})$ 是一个满足假设 3.1 的生产函数，问题的解会告诉我们厂商购买的投入和出售的产出的数量。

同样，鉴于生产函数是严格递增的，所以我们可以再一次将不等式约束换成等式约束。这样由于 $y=f(\mathbf{x})$，我们可以将最大化问题表示为只和投入向量的选择有关的问题：

$$\max_{\mathbf{x}\in\mathbb{R}^n_+} pf(\mathbf{x})-\mathbf{w}\cdot\mathbf{x} \tag{3.7}$$

假设在投入向量 $\mathbf{x}^*\gg 0$ 的时候该利润最大化问题存在内解（于是利润最大化的产量为 $y^*=f(\mathbf{x}^*)$）。由于没有约束，一阶条件要求最大化的梯度为 0，即

$$p\frac{\partial f(\mathbf{x}^*)}{\partial x_i}=w_i,\ \text{对每个 } i=1,\cdots,n$$

左边的部分（产品的价格乘以投入 i 的边际产量）通常被称作投入 i 的**边际收益产品**（marginal revenue product），它给出了增加一单位投入 i 所带来的收入的增加量。在最优点处，它一定等于单位投入的成本，即 w_i。

进一步假设所有的 w_i 都为正，利用前面的一阶条件，我们能得到下面的等式：

$$\frac{\partial f(\mathbf{x}^*)/\partial x_i}{\partial f(\mathbf{x}^*)/\partial x_j}=\frac{w_i}{w_j},\ \text{对所有的 } i,j \text{ 来说}$$

或者任意两种投入之间的 MRTS 等于它们的价格之比。这是我们在（3.2）中得到的成本最小化的投入选择的必要条件。

实际上，通过对成本最小化问题的强调来重新阐释厂商的利润最大化问题是可行的。同前面考虑利润最大化问题的步骤不同，现在考虑的程序包括如下两步：首先算出生产每种可能产出水平所需的（最小）成本，然后选择使收益和成本之差最大的那个产出水平。

程序中的第一步再熟悉不过了，生产 y 单位产出的最小成本由成本函数 $c(\mathbf{w}\cdot y)$ 给出，而第二步中的产出量是下面这个最大化问题的解：

$$\max_{y \geqslant 0} py - c(\mathbf{w}, y) \tag{3.8}$$

在练习题 3.51 中，我们要让你证明（3.7）和（3.8）实际上是等价的。

如果 $y^* > 0$ 是最优产出，那么就满足一阶条件：

$$p - \frac{\mathrm{d}c(\mathbf{w}, y^*)}{\mathrm{d}y} = 0$$

或者产出的选择使价格等于边际成本。二阶条件要求边际成本在最优点是非递减的，或$\mathrm{d}^2 c(y^*)/\mathrm{d}y^2 \geqslant 0$，产出的选择见图 3-7。

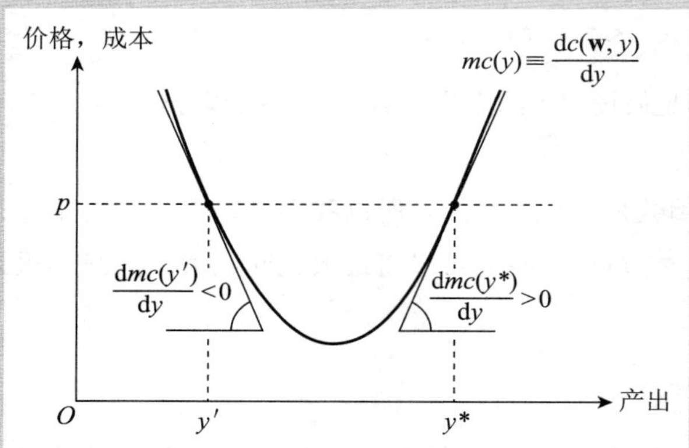

图 3-7　竞争性厂商的产出选择，利润在价格等于边际成本的 y^* 点达到了最大，此处的边际成本是非递减的。

3.5.2　利润函数

当 f 满足假设 3.1 而且是严格凹的时候，对每个价格向量（p，$\mathbf{w}$）来说，最大化问题（3.6）的解（如果存在）是唯一的。厂商对产出的最优选择（$y^* \equiv y(p, \mathbf{w})$）被称为**产出供给函数**（output supply function），而对投入的最优选择（$\mathbf{x}^* \equiv \mathbf{x}(p, \mathbf{w})$）则给出了厂商**要素需求函数**（input demand function）的向量。后者并不像条件要素需求函数那样只是部分地和产出相关，这些投入需求实现了厂商的最终目标，它们最大化了厂商的利润，从而算得上是一个成熟、圆满的需求函数。利润函数定义如下，它是研究供求函数的一把钥匙。

定义 3.7　利润函数

厂商的利润函数只同投入和产出的价格有关，它被定义为最大值函数：

$$\pi(p, \mathbf{w}) \equiv \max_{(\mathbf{x}, y) \geqslant \mathbf{0}} py - \mathbf{w} \cdot \mathbf{x} \quad \text{s. t.} \quad f(\mathbf{x}) \geqslant y$$

利润函数的用途有一定的先决条件，其中最重要的是利润的最大值确实存在，这可不是吹毛求疵，为了明白其中的原因，假设技术呈现出报酬递增的性质，而且 $\mathbf{x}'$ 和 $y' = f(\mathbf{x}')$ 在 p 和 $\mathbf{w}$ 条件下最大化了利润。因为报酬递增，对所有的 $t > 1$ 来说，有：

$$f(t\mathbf{x}')>tf(\mathbf{x}')$$

两边同时乘以 $p>0$ 再减去 $\mathbf{w}\cdot t\mathbf{x}'$，整理之后，根据 $t>1$ 和利润的非负性质，对所有的 $t>1$，有：

$$pf(t\mathbf{x}')-\mathbf{w}\cdot t\mathbf{x}'>pf(\mathbf{x}')-\mathbf{w}\cdot\mathbf{x}'$$

也就是说，按比例 t（$t>1$）来增加投入的话，总能带来更多的利润——这同我们的假设（$\mathbf{x}'$和 $f(\mathbf{x}')$ 最大化了利润）相矛盾。需要注意的是，在报酬不变的特殊情况下，如果利润的最大水平是零，就不会出现这类问题。不过这时候企业的规模没法确定，因为对所有的 $t>0$ 而言，$(y', \mathbf{x}')$ 和 $(ty', t\mathbf{x}')$ 带来的利润都是零。

当利润函数被明确定义的时候，它就具有几个有用的性质，每个看起来都非常熟悉，也合乎情理。

定理 3.7　利润函数的性质

如果 f 满足假设 3.1，那么对于所有的 $p\geqslant 0$ 和 $\mathbf{w}\geqslant 0$ 而言，被良好定义的利润函数$\pi(p, \mathbf{w})$是连续的，而且它：

1. 关于 p 是递增的；
2. 关于 $\mathbf{w}$ 是递减的；
3. 关于 $(p, \mathbf{w})$ 是一阶齐次的；
4. 关于 $(p, \mathbf{w})$ 是凸的；
5. 关于 $(p, \mathbf{w})\gg\mathbf{0}$ 可微。此外，在 f 严格凹的假设下（霍特林引理），有：

$$\frac{\partial\pi(p,\mathbf{w})}{\partial p}=y(p,\mathbf{w}),\ 以及\frac{-\partial\pi(p,\mathbf{w})}{\partial w_i}=x_i(p,\mathbf{w}),\quad i=1,\cdots,n$$

证明：每个性质的证明都很相似，所以多数都留做练习题，我们在这里只给出有关凸性的简单证明。

令 y 和 $\mathbf{x}$ 使利润在 p 和 $\mathbf{w}$ 处实现了最大，而 y'和 $\mathbf{x}'$使利润在 p'和 $\mathbf{w}'$处实现了最大。定义对所有的 $0\leqslant t\leqslant 1$ 而言，有 $p^t\equiv tp+(1-t)p'$，$\mathbf{w}^t\equiv t\mathbf{w}+(1-t)\mathbf{w}'$，然后再令 y^* 和 $\mathbf{x}^*$ 使利润在 p^t 和 $\mathbf{w}^t$ 处实现了最大化。于是有：

$$\pi(p,\mathbf{w})=py-\mathbf{w}\cdot\mathbf{x}\geqslant py^*-\mathbf{w}\cdot\mathbf{x}^*$$
$$\pi(p',\mathbf{w}')=p'y'-\mathbf{w}'\cdot\mathbf{x}'\geqslant p'y^*-\mathbf{w}'\cdot\mathbf{x}^*$$

这样对所有的 $0\leqslant t\leqslant 1$，有：

$$\begin{aligned}t\pi(p,\mathbf{w})+(1-t)\pi(p',\mathbf{w}')&\geqslant(tp+(1-t)p')y^*-(t\mathbf{w}+(1-t)\mathbf{w}')\mathbf{x}^*\\&=\pi(p^t,\mathbf{w}^t)\end{aligned}$$

得证。 ■

需要注意的是，根据霍特林引理，只要经过简单的微分，就可以直接得到产出供给和要素需求。根据这一点，我们可以基于利润最大化的假说推断出厂商行为的局限条件，把它们结合起来就形成了如下命题。

定理 3.8　产出供给函数和要素需求函数的性质

设 f 是一个满足假设 3.1 的严格凹的生产函数，其相关的利润函数 $\pi(\mathbf{p}, y)$ 二阶连续可微。则对所有定义明确的 $p>0$ 和 $\mathbf{w}\gg\mathbf{0}$ 而言：

1. 零阶齐次性：

$$y(tp,t\mathbf{w})=y(p,\mathbf{w})，\text{对所有的 } t>0$$

$$x_i(tp,t\mathbf{w})=x_i(p,\mathbf{w})，\text{对所有的 } t>0 \text{ 以及 } i=1,\cdots,n$$

2. 自价格效应[①]：

$$\frac{\partial y(p,\mathbf{w})}{\partial p}\geqslant 0$$

$$\frac{\partial x_i(p,\mathbf{w})}{\partial w_i}\leqslant 0，\text{对所有的 } i=1,\cdots,n$$

3. 替代矩阵

$$\begin{pmatrix} \frac{\partial y(p,\mathbf{w})}{\partial p} & \frac{\partial y(p,\mathbf{w})}{\partial w_1} & \cdots & \frac{\partial y(p,\mathbf{w})}{\partial w_n} \\ -\frac{\partial x_1(p,\mathbf{w})}{\partial p} & -\frac{\partial x_1(p,\mathbf{w})}{\partial w_1} & \cdots & -\frac{\partial x_1(p,\mathbf{w})}{\partial w_n} \\ \vdots & \vdots & & \vdots \\ -\frac{\partial x_n(p,\mathbf{w})}{\partial p} & -\frac{\partial x_n(p,\mathbf{w})}{\partial w_1} & \cdots & -\frac{\partial x_n(p,\mathbf{w})}{\partial w_n} \end{pmatrix}$$

是对称和正半定的。

证明：产出供给和要素需求的齐次性源于霍特林引理和利润函数的齐次性。性质 2 说的是，产出供给随着产品价格上升而增加，而要素需求则随着其自身的价格上升而减少。要明白这一点，需要用到霍特林引理，并把供给和需求函数表示成：

$$y(p,\mathbf{w})=\frac{\partial \pi(p,\mathbf{w})}{\partial p}$$

$$x_i(p,\mathbf{w})=(-1)\frac{\partial \pi(p,\mathbf{w})}{\partial \mathbf{w}_i},\quad i=1,\cdots,n$$

由于对所有的 p 和 $\mathbf{w}$ 来说，上式总是成立，分别对两侧求微分，得：

$$\frac{\partial y(p,\mathbf{w})}{\partial p}=\frac{\partial^2 \pi(p,\mathbf{w})}{\partial p^2}\geqslant 0$$

$$\frac{\partial x_i(p,\mathbf{w})}{\partial w_i}=(-1)\frac{\partial^2 \pi(p,\mathbf{w})}{\partial w_i^2}\leqslant 0,\quad i=1,\cdots,n$$

---

① 尽管这个结论源于 3，不过，为了突出其重要性，我们还是将其单列出来。

右侧的每个导数都是$\pi(p, \mathbf{w})$自身（带符号）的二阶偏导，又因为$\pi(p, \mathbf{w})$关于p和$\mathbf{w}$是凸的，其自身的二阶偏导数非负，进而符号的正负性确定，性质2得证。

现在你应该明白了性质3中的替代矩阵就相当于利润函数二阶偏导的海塞矩阵，根据扬格定理，此矩阵必然对称，再依据利润函数的凸性，它也一定是正半定的。(需要留意的是，每一项的符号均同一个要素需求函数有关。) ■

和消费者需求以及条件要素需求的情况差不多，要素需求和产出供给也有一个类似的可积性定理，这个还是留待练习题部分再来探讨吧。

例题 3.5

假设生产函数为CES形式：

$$y=(x_1^\rho+x_2^\rho)^{\beta/\rho}$$

在练习题3.13中，我们会要求你证明：当$\beta<1$时，该函数是规模报酬递减的。这样的话，我们假设$\beta<1$且$0\neq\rho<1$。

建立(3.6)中利润最大化问题的拉格朗日函数，假设存在一个内解，一阶条件可以简化为：

$$-w_1+p\beta(x_1^\rho+x_2^\rho)^{(\beta-\rho)/\rho}x_1^{\rho-1}=0 \tag{E.1}$$

$$-w_2+p\beta(x_1^\rho+x_2^\rho)^{(\beta-\rho)/\rho}x_2^{\rho-1}=0 \tag{E.2}$$

$$(x_1^\rho+x_2^\rho)^{\beta/\rho}-y=0 \tag{E.3}$$

求(E.1)和(E.2)之比，得到$x_1=x_2(w_1/w_2)^{1/(\rho-1)}$，然后将其代入(E.3)中，有：

$$x_i=y^{1/\beta}(w_1^{\rho/(\rho-1)}+w_2^{\rho/(\rho-1)})^{-1/\rho}w_i^{1/(\rho-1)}, \quad i=1,2 \tag{E.4}$$

将结果代入(E.1)，解出供给函数y的表达式，

$$y=(p\beta)^{-\beta/(\beta-1)}(w_1^{\rho/(\rho-1)}+w_2^{\rho/(\rho-1)})^{\beta(\rho-1)/\rho(\beta-1)} \tag{E.5}$$

根据(E.4)和(E.5)两式，我们就可以推出要素需求函数，

$$x_i=w_i^{1/(\rho-1)}(p\beta)^{-1/(\beta-1)}(w_1^{\rho/(\rho-1)}+w_2^{\rho/(\rho-1)})^{(\rho-\beta)/\rho(\beta-1)}, \quad i=1,2 \tag{E.6}$$

想构造利润函数的话，需要将最后两个式子代入目标函数中，

$$\pi(p,\mathbf{w})=p^{-1/(\beta-1)}(w_1^r+w_2^r)^{\beta/r(\beta-1)}\beta^{-\beta/(\beta-1)}(1-\beta) \tag{E.7}$$

在式子中，我们令$r\equiv\rho/(\rho-1)$。

需要注意的是，如果$\beta=1$，就像我们之前得到的结论一样，生产函数将表现出报酬不变的性质，而利润函数则无法确定；如果$\beta>1$且生产函数报酬递增，我们就一定能得到(E.7)，可它又能提供什么样的结论呢？如果继续思考的话，只需稍稍留意一下二阶条件，你就会发现(E.5)和(E.6)给出了利润的局部最小值，在报酬递增的情况下，最大利润同

样也没法确定。 □

到目前为止，最好将刚刚定义的利润函数看做是一个长期的利润函数，因为我们假设厂商可以随心所欲地调整产出和所有的投入。和介绍成本函数时的做法类似，当有的投入数量不变的时候，我们也可以构建一个短期的或者是受限的利润函数来说明厂商的行为。

基于如下几个原因，受限的利润函数也可以大有用武之地：首先，在很多应用研究中，假设厂商在生产中总有一些投入是固定不变的最为恰当；其次，在关于技术的常见假设中，固定投入的存在往往能防止厂商的最大利润出现不确定性和无界性；最后，普通利润函数关于产出和投入价格方面的多数性质在产出价格和可变投入价格中都得以保留。

定理 3.9　短期或受限的利润函数

设 f：$\mathbb{R}^n_+ \rightarrow \mathbb{R}_+$ 是满足假设 3.1 的一个严格凹的函数，对 $k<n$ 来说，令 $\bar{\mathbf{x}} \in \mathbb{R}^k_+$ 为固定投入的一个子向量，$f(\mathbf{x}, \bar{\mathbf{x}})$ 为可变投入 $\mathbf{x} \in \mathbb{R}^{n-k}_+$ 子向量的函数。再令 $\mathbf{w}$ 和 $\bar{\mathbf{w}}$ 分别为可变投入和固定投入的价格。短期或受限的利润函数定义如下：

$$\pi(p, \mathbf{w}, \bar{\mathbf{w}}, \bar{\mathbf{x}}) \equiv \max_{y, \mathbf{x}} py - \mathbf{w} \cdot \mathbf{x} - \bar{\mathbf{w}} \cdot \bar{\mathbf{x}} \quad \text{s. t.} \quad f(\mathbf{x}, \bar{\mathbf{x}}) \geqslant y$$

$y(p, \mathbf{w}, \bar{\mathbf{w}}, \bar{\mathbf{x}})$ 和 $x(p, \mathbf{w}, \bar{\mathbf{w}}, \bar{\mathbf{x}})$ 的解分别被称作短期或者受限的产出供给函数和可变要素（或投入）需求函数。

对所有的 $p>0$ 和 $\mathbf{w} \gg \mathbf{0}$ 而言，定义明确的 $\pi(p, \mathbf{w}, \bar{\mathbf{w}}, \bar{\mathbf{x}})$ 关于 p 和 $\mathbf{w}$ 是连续的，关于 p 是递增的，关于 $\mathbf{w}$ 是递减的，关于 $(p, \mathbf{w})$ 是凸的。如果 $\pi(p, \mathbf{w}, \bar{\mathbf{w}}, \bar{\mathbf{x}})$ 二阶连续可微，则 $y(p, \mathbf{w}, \bar{\mathbf{w}}, \bar{\mathbf{x}})$ 和 $x(p, \mathbf{w}, \bar{\mathbf{w}}, \bar{\mathbf{x}})$ 就具备了定理 3.8 所列出的有关产出和可变投入价格的全部三条性质。

证明： 参照定理 3.7 中对 $\pi(p, \mathbf{w})$ 性质的证明就能得到 $\pi(p, \mathbf{w}, \bar{\mathbf{w}}, \bar{\mathbf{x}})$ 的性质，唯一的不同之处是函数关于可变投入价格的齐次性；同样地，短期供给函数和需求函数的性质的证明也可以比照定理 3.8 的证明，不同的地方也是齐次性的部分。只要略作修改就能得到齐次性的结论，证明还是留作练习题吧。 ■

例题 3.6

我们推导一下报酬不变的柯布-道格拉斯技术的短期利润函数。假设 x_2 固定在 $\bar{x}_2$，我们的问题是：

$$\max_{y, x_1} py - w_1 x_1 - \bar{w}_2 \bar{x}_2 \quad \text{s. t.} \quad x_1^{\alpha} \bar{x}_2^{1-\alpha} \geqslant y$$

式中，$0<\alpha<1$。假设问题存在内解，预算约束取等式（束紧），这样我们就可以将预算中的 y 代入目标函数，问题退化为单变量 x_1 的选择问题：

$$\max_{x_1} p x_1^{\alpha} \bar{x}_2^{1-\alpha} - w_1 x_1 - \bar{w}_2 \bar{x}_2 \tag{E. 1}$$

问题的一阶条件要求：

$$\alpha p x_1^{\alpha-1}\bar{x}_2^{1-\alpha}-w_1=0$$

求解 x_1，得：

$$x_1=p^{1/(1-\alpha)}w_1^{1/(\alpha-1)}\alpha^{1/(1-\alpha)}\bar{x}_2 \tag{E. 2}$$

将其代入（E. 1）并化简，解出短期的利润函数：

$$\pi(p,w_1,\bar{w}_2,\bar{x}_2)=p^{1/(1-\alpha)}w_1^{\alpha/(\alpha-1)}\alpha^{\alpha/(1-\alpha)}(1-\alpha)\bar{x}_2-\bar{w}_2\bar{x}_2 \tag{E. 3}$$

需要注意的是，由于 $\alpha<1$，即便生产函数（在长期）表现出规模报酬不变的性质，短期的利润函数也是定义明确的。

根据霍特林引理，将（E. 3）对 p 微分就能得到短期的供给函数：

$$\begin{aligned}y(p,w_1,\bar{w}_2,\bar{x}_2)&=\frac{\partial\pi(p,w_1,\bar{w}_2,\bar{x}_2)}{\partial p}\\&=p^{\alpha/(1-\alpha)}w_1^{\alpha/(\alpha-1)}\alpha^{\alpha/(1-\alpha)}\bar{x}_2\end{aligned}$$

我们预测这条供给曲线是向上倾斜的，现在来检查一下，

$$\frac{\partial y(p,w_1,\bar{w}_2,\bar{x}_2)}{\partial p}=\frac{\alpha}{1-\alpha}p^{(2\alpha-1)/(1-\alpha)}w_1^{\alpha/(1-\alpha)}\alpha^{\alpha/(1-\alpha)}\bar{x}_2>0$$

结果如我们所料。 □

在介绍厂商短期行为的最后一个内容时，我们要将要素需求行为搁置一旁，只关注产出的供给。可以把投入选择问题整合到短期成本函数中，于是短期的利润函数为：

$$\pi(p,\mathbf{w},\bar{\mathbf{w}},\bar{\mathbf{x}})=\max_y py-sc(y,\mathbf{w},\bar{\mathbf{w}},\bar{\mathbf{x}})$$

一阶条件告诉我们，对最优的产出 $y^*>0$，有

$$p=\frac{\mathrm{d}sc(y^*)}{\mathrm{d}y}$$

或价格等于（短期的）边际成本。

竞争性厂商在选择短期的产出水平时，“价格等于边际成本”的原则可信吗？假设价格在某个 $y^1>0$ 处等于边际成本，短期总成本可以表示为全部的可变成本 $tvc(y)$ 和固定成本 tfc 之和。前者是可变投入的最优成本，而后者是固定投入的成本。拿掉不必要的参数，短期的利润函数变成：

$$\pi^1\equiv py^1-tvc(y^1)-tfc$$

如果 π^1 小于 0 会是什么情况呢？都出现亏损了，y^1 还是最优选择吗？之前的一阶条件告诉我们，如果厂商打算有一个正的产出水平，那么 y^1 就能够实现利润的最大化，这里价格等于边际成本。不过，厂商总还有一个关门停产的选择。如果产出 $y=0$，既没有收益，也无须为可变投入支付成本，可变成本为 0，不过它还必

3

须支付固定成本，所以关门停产的利润（或损失）为：

$$\pi^0 = p \cdot 0 - tvc(0) - tfc = -tfc < 0$$

很明显，利润最大化者要在生产 $y^1>0$（亏损）或 $y=0$（损失能少一点）之间选择，只有在满足 $\pi^1-\pi^0 \geqslant 0$ 或如下条件时，厂商才会选择 y^1：

$$py^1 - tvc(y^1) \geqslant 0$$

这又等价于：

$$p \geqslant \frac{tvc(y^1)}{y^1} \equiv avc(y^1)$$

我们现在可以对厂商短期的产出选择做详细的说明了。如果厂商的产量为正，它就会选择价格等于（非递减的）边际成本的产量水平，此时价格不应小于平均可变成本。一旦（等于边际成本的）价格低于平均可变成本，厂商就会选择关门停产。

关于利润函数最后需要交代的是，和成本函数一样，利润函数和生产函数之间也存在一组完整的对偶关系。无论在长期还是短期，对某个具有一般特征的生产函数来说，只要一个函数具备了相应的性质，它就是一个利润函数。这样研究者就可以从特定的生产技术或相关的利润函数出发来展开工作，详情可见 Diewert（1974）的论述和练习题 3.53 有关可积性的讨论。

3.6 练习题

3.1 **平均产量弹性**（elasticity of average product）定义为 $(\partial AP_i(\mathbf{x})/\partial x_i)(x_i/AP_i(\mathbf{x}))$。说明该式等于 $\mu_i(\mathbf{x})-1$。证明：随着边际产量大于、等于或小于平均产量，平均产量分别递增、不变或递减。

3.2 令 $y=f(x_1, x_2)$ 为规模报酬不变的生产函数，证明：如果 x_1 的平均产量增加，则 x_2 的边际产量为负。

3.3 证明：当生产函数为一阶齐次函数时，可以写成 $f(\mathbf{x})=\sum_{i=1}^{n} MP_i(\mathbf{x})x_i$ 的形式，其中 $MP_i(\mathbf{x})$ 是投入 i 的边际产量。

3.4 假设生产函数 $f(\mathbf{x})$ 是位似函数，所以对某些严格递增的函数 f 和线性齐次函数 g 来说，有 $F(\mathbf{x})=f(g(\mathbf{x}))$。在单位等产量线任取一点 $\mathbf{x}^0$ 使得 $F(\mathbf{x}^0)=1$。令 $\mathbf{x}^1$ 为经过 $\mathbf{x}^0$ 的射线上的任意点，并假设 $F(\mathbf{x}^1)=y$ 使得 $\mathbf{x}^1$ 位于 y 水平的等产量线上。证明：$\mathbf{x}^1=t^*\mathbf{x}^0$，其中 $t^*=f^{-1}(y)/f^{-1}(1)$。

3.5 假设 F 是位似函数，使得对某些严格递增的函数 f 和一阶齐次函数 g 来说，有 $F(\mathbf{x})=f(g(\mathbf{x}))$。证明：如果 F 的映射是全部 $\mathbb{R}_+$，则对所有的 $y>0$ 来说，有 $f^{-1}(y)>0$。

3.6 令 $f(x_1, x_2)$ 为满足假设 3.1 的生产函数，并假设它是一阶齐次函数。说明 f 的等产量线是一组平行的射线，在从原点出发的任意一条射线上，所有点的斜率都相同。用这个结论说明，边际技术替代率的大小仅仅和投入的比率有关，此外，关于比例 $R\equiv x_2/x_1$，MP_1 是非递减的而 MP_2 是非递增的。说明当生产函数是位似函数时，上述命题同样成立。

3.7 Goldman 和 Uzawa（1964）证明了，当

且仅当生产函数可以被写成如下形式的时候，它才是弱可分的，其中各部分为 $\{N_1, \cdots, N_s\}$：

$$f(\mathbf{x})=g(f^1(\mathbf{x}^{(1)}),\cdots,f^S(\mathbf{x}^{(S)}))$$

其中 g 是 S 个变量的函数，而且对每个 i 来说，$f^i(\mathbf{x}^{(i)})$是来自 i 组的投入子向量 $\mathbf{x}^{(i)}$ 的函数。它们还证明了，生产函数是强可分的，当且仅当

$$f(\mathbf{x})=G(f^1(\mathbf{x}^{(1)})+\cdots+f^S(\mathbf{x}^{(S)}))$$

其中，G 是一个严格递增的单变量函数，子函数和子向量也是如此。说明：它们也是可分的，以此来证实它们的结论。

3.8　(a) 令 $f_i(\mathbf{x}) = \partial f(\mathbf{x})/\partial x_i$，说明：

$$\sigma_{ij}(\mathbf{x})\equiv\frac{x_i f_i(\mathbf{x})+x_j f_j(\mathbf{x})}{f_j^2(\mathbf{x})f_{ii}(\mathbf{x})+2f_i(\mathbf{x})f_j(\mathbf{x})f_{ij}(\mathbf{x})+f_i^2(\mathbf{x})f_{jj}(\mathbf{x})}\cdot\frac{f_i(\mathbf{x})f_j(\mathbf{x})}{x_i x_j}$$

(b) 使用 (a) 中的公式，说明只要 f 为凹的且递增的话，则有 $\sigma_{ij}(\mathbf{x})\geqslant 0$（当 f 近似拟凹时，替代弹性非负，不过这并不需要你来证明）。

3.9　假设生产函数 f：$\mathbb{R}^n_+\to\mathbb{R}_+$ 满足假设 3.1 且二阶连续可微，此外，假设函数的 $MRTS_{ij}(\mathbf{x})$ 仅仅和两种投入的比例 x_i/x_j 有关，与 i，j 之外的其他投入 k 的数量 x_k 均无关。对每一种投入的价格向量 $\mathbf{w}\in\mathbb{R}^n_{++}$ 来说，假设投入向量 $\xi(\mathbf{w})\in\mathbb{R}^n_{++}$ 最小化了生产 $f(\xi(\mathbf{w}))$ 单位产出的成本。证明：如果 $\mathbf{x}^0=\xi(\mathbf{w}^0)$，则

$$\sigma_{ij}(\mathbf{x}^0)=\frac{\mathrm{d}\ln\xi_j(\mathbf{w})/\xi_i(\mathbf{w})}{\mathrm{d}\ln w_i/w_j}\Big|_{\mathbf{w}=\mathbf{w}^0}$$

你需要说明 $\xi_j(\mathbf{w})/\xi_i(\mathbf{w})$ 只和 w_j/w_i 有关而和 $k\neq i$，j 的 w_k 无关，以此来证明等式的右侧是定义明确的。在实证研究中，由于等式右侧的部分只需利用投入价格和数量方面的资料计算出来，而无需企业生产技术方面信息，所以上面的这个有关厂商替代弹性的公式就显得非常重要。因为只做了成本最小化的假设，所以，厂商在产品市场上不必非得是一个完全竞争者，即便垄断厂商也在寻求生产成本的最小化。(即当 $\mathbf{w}$ 和 $\mathbf{x}$ 分别是可观察的投入价格向量以及要素需求向量时，上式假设 $\mathbf{x}$ 最小化了生产 $y=f(\mathbf{x})$ 单位产出的生产成本——这是利润最大化的必要条件。)

3.10　里昂惕夫生产函数具有如下形式：

$$y=\min\{\alpha x_1,\beta x_2\}$$

其中 $\alpha>0$，$\beta>0$。画出这种技术的等产量线图形，并证明替代弹性 $\sigma=0$。

3.11　计算柯布-道格拉斯生产函数 $y=Ax_1^\alpha x_2^\beta$（其中 $A>0$，$\alpha>0$，$\beta>0$），求该函数的 σ。

3.12　CMS 生产函数具有如下形式 $y=Ax_1^\alpha x_2^{1-\alpha}-mx_2$，计算该函数的 σ，并说明对 $m\neq 0$，$\alpha\neq 1$ 来说，随着 $\sigma\to 1$，AP_2 逐渐增加。在什么样的条件下，该函数会退化为一个线性的生产函数？

3.13　CES 生产函数的一般形式如下：

$$y=A(\alpha_0+\sum_{i=1}^n\alpha_i x_i^\rho)^{\beta/\rho}$$

其中，$A>0$，$\alpha_0\geqslant 0$，$\alpha_i\geqslant 0$，$0\neq\rho<1$。计算出该函数的 σ_{ij}。说明：当 $\alpha_0=0$ 时，参数 β 衡量了规模弹性。

3.14　计算例题 3.2 中的生产函数的替代弹性。

3.15　说明：任意位似生产函数的替代弹性都等于其线性齐次部分的替代弹性。

3.16　令 $y=(\sum_{i=1}^n\alpha_i x_i^\rho)^{1/\rho}$，$\sum_{i=1}^n\alpha_i=1$，$0\neq\rho<1$。证明：对所有的 $i\neq j$，有 $\sigma_{ij}=1/(1-\rho)$。

3.17　在前面的 CES 生产函数的练习题中，证明下列结论：

(a) $\lim\limits_{\rho\to 0}y=\Pi_{i=1}^n x_i^{\alpha i}$；

(b) $\lim\limits_{\rho\to-\infty}y=\min\{x_1, \cdots, x_n\}$。

3.18　假设 f 满足假设 3.1，

(a) 说明：最小化问题 (3.1) 存在一个解 $\mathbf{x}^*$，对所有的 $(\mathbf{w}, y)\geqslant\mathbf{0}$ 使得 $y\in f(\mathbb{R}^n_+)$；

(b) 此外，如果 $\mathbf{w}\gg\mathbf{0}$，则 (3.1) 的解唯一。

3.19　证明定理 3.2 的 1～4 部分，可以假设 $c(\mathbf{w}, y)$ 可微。

3.20　在不需要假设 $c(\mathbf{w}, y)$ 可微的情况下，证明定理 3.2 的 1～4 部分。

3.21　在例题3.4中，对柯布-道格拉斯函数的参数必须要施加何种限制，才能使其成为一个合格的成本函数？

3.22　证明定理3.3的余下部分。

3.23　如果 $f(\mathbf{z}^1+\mathbf{z}^2)\geqslant f(\mathbf{z}^1)+f(\mathbf{z}^2)$，则实值函数被称为**超可加的**（superadditive）。证明：每个成本函数关于投入价格都是超可加的；利用这个结论再来证明：即便没有成本函数可微这一条件，该函数关于投入价格也是非递减的。

3

3.24　判断正误："如果 $\lambda(\mathbf{w}, y)$ 是厂商成本最小化问题的拉格朗日乘子，则 $mc(\mathbf{w}, y)=\lambda(\mathbf{w}, y)$。"

3.25　假设厂商的产出为 $y>0$，证明：对厂商使用的每种投入 i 来说，有 $mc(y)=w_i/MP_i$；而对厂商没有使用的投入 j 来说，有 $mc(y)\leqslant w_j/MP_j$。

3.26　计算练习题3.8中的里昂惕夫生产函数的成本函数和条件要素需求函数。

3.27　证明定理3.4的1(b)和2(a)和2(b)。

3.28　厂商的技术具有全部常见的性质，其生产使用三种投入，条件要素需求为 $x_i(w_1, w_2, w_3, y)$，$i=1, 2, 3$。在下列观察中，有些和成本最小化行为一致，有些则不一致。如果不一致的话，请解释原因。如果一致的话，举出一个能导致这种行为的成本函数或者生产函数。

(a) $\partial x_2/\partial w_1>0$，$\partial x_3/\partial w_1>0$；

(b) $\partial x_2/\partial w_1>0$，$\partial x_3/\partial w_1<0$；

(c) $\partial x_1/\partial y<0$，$\partial x_2/\partial y<0$，$\partial x_3/\partial y<0$；

(d) $\partial x_1/\partial y=0$；

(e) $\partial(x_1/x_2)/\partial w_3=0$。

3.29　在图3-8中，当 w_2，y 固定不变的时候，厂商A和B的成本函数可以被表示成投入价格 w_1 的函数。

(a) 当工资为 w_1^0 时，厂商会使用更多的投入1吗？工资为 w_1' 时呢？请解释；

(b) 哪种情况下厂商生产函数的替代弹性会更大？为什么？

3.30　厂商1的成本函数为 $c^1(\mathbf{w}, y)$，厂商

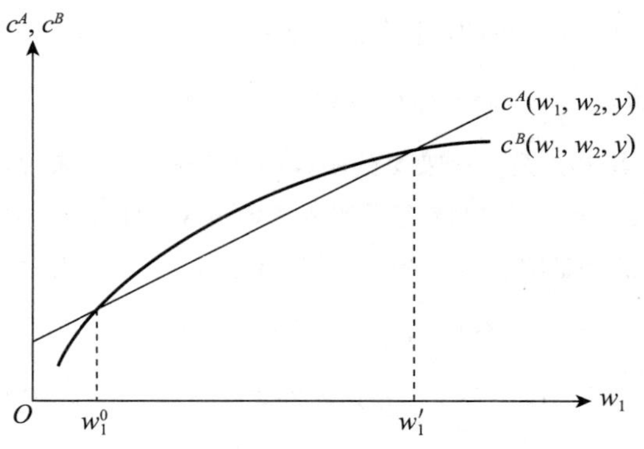

图3-8　成本函数

2的成本函数如下，此时两家厂商的要素需求和产出供给行为会相同吗？

(a) $c^2(\mathbf{w}, y)=(1/2)c^1(2\mathbf{w}, y)$？

(b) $c^2(\mathbf{w}, y)=c^1(\mathbf{w}, 2y)$？

3.31　x_i 的**要素需求的产出弹性**（output elasticity of demand for input）定义为：

$$\varepsilon_{iy}\equiv(\partial x_i(\mathbf{w},y)/\partial y)(y/x_i(\mathbf{w},y))$$

(a) 说明：当产出函数为位似函数时，$\varepsilon_{iy}\equiv\varphi_y\varepsilon_{iy}(\mathbf{w},1)$；

(b) 说明：当产出函数表现出规模报酬不变的性质时，对所有的 $i=1, \cdots, n$，有 $\varepsilon_{iy}=1$。

3.32　证明：当平均成本下降时，边际成本一定小于平均成本；当平均成本不变时，边际成本一定等于平均成本；而当平均成本上升时，边际成本一定大于平均成本。

3.33　令 s_i 为投入 i 所占的投入份额。证明：对任意成本函数而言，均有 $s_i=\partial\ln[c(\mathbf{w}, y)]/\partial\ln(w_i)$，利用柯布-道格拉斯形式的成本函数来证实这个论断。

3.34　业已证明，对任意一个成本函数来说，都可以用一个**超越对数成本函数**（translog cost function）来（局部）二阶近似地表示，后者可以由线性对数形式隐性地表达：

$$\ln(c)=\alpha_0+\sum_{i=1}^{n}\alpha_i\ln(w_i)$$

$$+\frac{1}{2}\sum_{i=1}^{n}\sum_{j=1}^{n}\gamma_{ij}\ln(w_i)\ln(w_j+\ln(y))$$

如果对所有的 $i=1, \cdots, n$ 有 $\gamma_{ij}=\gamma_{ji}$ 且 $\sum i\gamma_{ij}=0$，则替代矩阵就像要求的那样，是对称的。

(a) 要想保证函数的齐次性，需要对参数 α_i 施加哪些限制？

(b) 参数取什么值的时候，该函数会简化为柯布-道格拉斯形式的函数？

(c) 证明：超越对数成本函数的投入份额与投入价格和产出的对数之间是线性关系。

3.35　计算出线性生产函数 $y=\sum_{i=1}^{n}\alpha_i x_i$ 的成本函数和条件要素需求函数。

3.36　推导出两种投入、报酬不变的柯布-道格拉斯技术的成本函数。将其中的一种投入固定，推导出短期成本函数。证明该技术长期的平均成本和边际成本都是常数且相等。说明对每一种固定投入水平而言，在短期平均成本的最小值处，长期平均成本和短期平均成本相等，用成本—产出图形来说明你的回答。

3.37　在前一题中，将技术换成一般形式的规模报酬不变的技术，然后再给出每个问题的答案。

3.38　证明：当生产函数是位似函数时，厂商在每个产出水平使用既定投入组合中每种投入的比重是相同的。

3.39　证明：当生产函数是位似函数时，每种投入的条件要素需求关于其价格一定是非递增的。

3.40　如果投入 k 的供给曲线向上倾斜，我们可以把厂商为单位投入所支付的价格写成 $w_k=w_k(x_k)$ 的形式，其中 $w_k'>0$。

(a) 定义此时厂商的成本函数，并写出该厂商要素需求的一阶条件；

(b) 投入 k 的供给弹性定义为 $\varepsilon_k\equiv(\mathrm{d}x_k(w_k)/\mathrm{d}w_k)(w_k/x_k)$。并假设厂商均衡的要素使用量为正，说明：只有在 $\varepsilon_k\to\infty$ 时，谢泼德引理才适用。

3.41　如果生产函数满足假设 3.1，证明：当且仅当生产函数规模报酬不变的时候，成本函数和产出才是线性的关系：$c(\mathbf{w}, y)=y\phi(\mathbf{w})$。

3.42　我们已经知道，每个柯布-道格拉斯形式的生产函数（$y=Ax_1^{\alpha}x_2^{1-\alpha}$）都对应一个同样形式的成本函数（$c(\mathbf{w}, y)=yAw_1^{\alpha}w_2^{\alpha}$）；每个 CES 形式的生产函数（$y=A(x_1^{\rho}+x_2^{1-\rho})^{1/\rho}$）也都对应着一个 CES 形式的成本函数（$c(\mathbf{w}, y)=yA(w_1^r+w_2^r)^{1/r}$）。证明：对每对函数来说，其逆命题也成立。即从成本函数出发，可以“倒推出”其背后的生产函数，证明该函数具有相应的形式。论证你使用的方法的合理性。

3.43　在成本—产出图形中，证明**长期平均成本**（long-run average cost）$lac(y)\equiv c(\mathbf{w}, \bar{\mathbf{w}}, y)/y$ 是**短期平均成本**（short-run average cost）$sac(y)\equiv sc(\mathbf{w}, \bar{\mathbf{w}}, y; \bar{\mathbf{x}})/y$ 的下包络线。在图形中画出你的结论，并确保其中必定包含了**长期边际成本**（long-run marginal cost）$lmc(y)\equiv \mathrm{d}c(\mathbf{w}, \bar{\mathbf{w}}, y)/\mathrm{d}y$ 和**短期边际成本**（short-run marginal cost）$smc(y, \bar{\mathbf{x}})\equiv \mathrm{d}sc(\mathbf{w}, \bar{\mathbf{w}}, y; \bar{\mathbf{x}})/\mathrm{d}y$ 之间的必然联系。

3.44　推导出使用柯布-道格拉斯技术（$y=x_1^{\alpha}x_2^{\beta}$）的厂商的利润函数。如果利润函数是界定良好的函数，需要对 α，β 施加哪些限制？

3.45　假设生产函数是加法可分的，使得 $f(x_1, x_2)=g(x_1)+h(x_2)$。如果要素需求 $x_1(p, \mathbf{w})$ 和 $x_2(p, \mathbf{w})$ 关于 $\mathbf{w}$ 是 1/2 阶齐次的，则 g，h 需要满足什么条件？

3.46　利用例题 3.5 得到的利润函数证明定理 3.7，利用相关的产出供给和要素需求函数证明定理 3.8。

3.47　在例题 3.6 中推导厂商的短期供给函数时，我们假设该厂商的利润最大化问题存在一内解，进而忽略了关门停业的条件。请在柯布-道格拉斯技术下，对厂商的短期供给行为做一个完整的描述。

3.48　某产品的生产函数如下：

$$y=x_2\left[\sin\left(\frac{x_1}{x_2}-\frac{\pi}{2}\right)+1\right]$$

其中 $0\leqslant x_1\leqslant 2\pi$，$0\leqslant x_2\leqslant 2\pi$，而且当 $x_2=0$ 时 $y=0$。

（a）说明该技术的规模报酬情况；

（b）在同一个坐标中，说明当 $x_2=1$ 时，x_1 的边际产量和平均产量的情况；

（c）如果 $w_1=1$，$w_2=2$，$x_2=1$，推导出短期成本函数和利润函数。

3

3.49 推导出例题 3.5 中的生产函数对应的成本函数，然后求解 $\max_y py-c(\mathbf{w},\ y)$，并将该问题的解 $y(p,\mathbf{w})$ 同（E.5）的解进行比较。考察 $\pi(p,\mathbf{w})=py(p,\mathbf{w})-c(\mathbf{w},\ y(p,\ \mathbf{w}))$，假设 $\beta>1$，证明我们的结论：如果边际成本在解的位置递减，一阶条件成立时，利润达到最小。画出你的结论。

3.50 证明短期供给和短期可变要素需求关于 p，$\mathbf{w}$ 是零阶其次的。

3.51 令 $c(\mathbf{w},\ y)$ 为生产函数 f 生成的成本函数，假设（1）$\max_{y\geqslant 0} py-c(\mathbf{w},\ y)$，以及（2）$\max_{\mathbf{x}\in\mathbb{R}^n_+} pf(\mathbf{x})-\mathbf{w}\cdot\mathbf{x}$ 的解分别为 $y^*\geqslant 0$ 和 $\mathbf{x}^*\geqslant\mathbf{0}$。

（a）证明 $\hat{y}=f(\mathbf{x}^*)$ 为（1）的解；

（b）证明：如果 $c(\mathbf{w},\ y^*)=\mathbf{w}\cdot\mathbf{x}$ 和 $y^*=f(\hat{\mathbf{x}})$，则 $\hat{\mathbf{x}}$ 是（2）的解；

（c）利用前两问的答案证明，$py^*-c(\mathbf{w},\ y^*)=pf(\mathbf{x}^*)-\mathbf{w}\cdot\mathbf{x}^*$。

3.52 我们能概括出一个生产多产出（而不是单产出）的厂商的利润函数。如果厂商的产出向量为 $\mathbf{y}=(y_1,\ \cdots,\ y_m)$，投入向量为 $\mathbf{x}=(x_1,\ \cdots,\ x_m)$，我们可以用一个变换函数将有效投入和产出之间的关系写成隐函数的形式，$T(\mathbf{y},\ \mathbf{x})=0$。如果 $\mathbf{p}$ 是产出的价格向量，一般化后的利润函数为 $\pi(\mathbf{p},\mathbf{w})\equiv\max_{\mathbf{y},\mathbf{x}}\mathbf{p}\cdot\mathbf{y}-\mathbf{w}\cdot\mathbf{x}\quad \text{s.t.}\ T(\mathbf{y},\ \mathbf{x})=0$。说明该利润函数具备了定理 3.7 列出的全部性质，而且它是霍特林引理运用的一个一般化的版本。

3.53 说出完全竞争的利润最大化厂商的要素需求和产出供给方面的可积性定理：

定义于 $\mathbb{R}^{n+1}_{++}$ 上的连续、可微的非负函数 $x_i(p,\ \mathbf{w})$，$i=1,\ \cdots,\ n$ 和 $y(p,\ \mathbf{w})$ 分别是由某个递增的、拟凹的生产函数生成的要素需求函数和产出供给函数，当且仅当它们关于 $(p,\ \mathbf{w})$ 是零阶其次的，其替代矩阵如定理 3.8 中的第 3 条给出的矩阵那样，是对称的和正半定的。

特别的，证明：如果替代矩阵是对称的和正半定的，那么肯定会存在一个凸函数 $\boldsymbol{\Pi}(p,\mathbf{w})$，其导数是 $-x_i(p,\mathbf{w})$ 和 $y(p,\ \mathbf{w})$。此外，说明 $\boldsymbol{\Pi}(p,\ \mathbf{w})$ 关于 $(p,\ \mathbf{w})$ 是一阶齐次的。

3.54 考虑一个有如下成本函数的厂商，

$$c(w_1,w_2,y)=y^2(w_1+w_2)$$

（a）在同一个图中，画出厂商的边际成本曲线和平均成本曲线以及产出供给函数；

（b）在另一个图中，画出投入 x_1 关于其自身价格 w_1 的要素需求；

（c）在两个图中，画出投入 x_2 的价格上涨的影响。

3.55 一家公用发电企业满足城市用电需求，其索要的电价固定，而且在该价格水平要满足全部市场需求。这表明电的需求量在每 24 小时的周期中是相同的，但在白天（早上 6:00 至下午 6:00）和晚上（下午 6:00 至早上 6:00）有所不同，白天的需求量为 4 单位，而晚上只有 3 单位。24 小时的总发电量等于 7 单位，发电企业的生产函数是：

$$y_i=(KF_i)^{1/2},\ i=\text{白天},\text{晚上}$$

其中 K 是发电厂的规模，F_i 是燃料的数量（吨）。厂商必须建一所发电厂，它没法按白天和晚上的差异来调整工厂的生产规模。如果每 24 小时工厂方面的成本是 w_k，并且每吨燃料的成本是 w_f，工厂的规模要多大才算合适？

第二部分

市场和福利

第4章 局部均衡

在前面的几章里，我们研究了单个消费者和厂商的行为，说明了市场价格固定而且不存在市场势力时消费者和厂商的最优行为。从这一章开始，我们将探讨消费者与厂商处于同一市场时各自行为的结果。首先，我们会考虑在某一个市场或一组紧密相关的市场中，商品的价格和数量是如何决定的，然后从社会的角度来对这些市场进行评估，沿着这个思路走下去，我们要特别关注市场竞争结构与其社会“绩效”之间的密切联系。

4.1 完全竞争

在一个完全竞争的市场上，买者和卖者的数量众多，以至于他们中的任何一个都没有定价能力。他们都是市场价格的接受者，根据各自的环境和目标做出自身利益最大化的决策。我们知道，消费者对于任何一种商品的需求，都是在预算约束下对所有商品寻求效用最大化的结果；同样，卖方对任何一种商品的供给都是基于商品售价、技术可能性以及要素价格寻求利润最大化的结果。因此，完全竞争市场的均衡需要兼容大量参与者相异性以及时常冲突的自身利益最大化的行为。

市场需求方是由所有潜在的商品买者组成，每个买者都有各自的偏好、消费集和收入。我们令 $\Gamma \equiv \{1, \cdots, I\}$ 代表单个买者的集合，$q^i(p, \mathbf{p}, y^i)$ 代表商品 q 的非负需求，它是自身价格 p、收入 y^i，以及其他所有商品价格 $\mathbf{p}$ 的函数。市场对商品 q 的需求就是所有单个买者需求的简单加总。

$$q^d(p) \equiv \sum_{i \in \Gamma} q^i(p, \mathbf{p}, y^i) \tag{4.1}$$

在市场需求的界定中，有几个值得注意的地方。首先，$q^d(p)$ 给出了市场上所有购买者对 q 的需求总量；其次，因为每个买者对于商品 q 的需求不仅和 q 的自身价格有关，还取决于其他所有商品的价格；同理，整个市场对商品 q 的需求也是如此——后面我们会明确提到这点；再次，虽然单个买者的需求取决于自身的收入水平，但市场的需求除了和总体的收入水平有关，还要看收入在所有买者中的分配情况；最后，由于单个买者的需求关于所有商品的价格和个人收入是零阶齐次的，进而市场需求也有类似的性质。尽管对单个消费者需求的几个限制条件是由效用最大化推导而来的，但是对单个商品的市场需求来说，齐次性是唯一的限制条件。

市场的供给方是由商品 q 的所有潜在卖者组成的，但是有时候我们会把那些潜在的厂商分为短期供给和长期供给。之前我们把短期定义为至少有一种投入（比如工厂规模）是固定不变的一段时期。为了同这个定义保持一致，我们假定在短期的市场中，潜在卖者的数量固定且有限，仅限于市场上那些“已经存在”的厂商，而且从某种意义上只要投入必要的可变要素就可以生产与运营的厂商。如果我们令 $\mathcal{J}\equiv\{1,\cdots,J\}$ 表示这些厂商，那么**短期的市场供给函数**（short-run market supply function）就是所有单家厂商供给函数 $q^j(p,\mathbf{w})$ 的加总：

$$q^s(p)\equiv\sum_{j\in\mathcal{J}}q^j(p,\mathbf{w}) \tag{4.2}$$

市场的需求和供给一道决定了交易价格和交易数量。当 $q^d(p^*)=q^s(p^*)$ 时，我们称完全竞争市场在 p^* 处达到**短期均衡**（short-run equilibrium）。从图形上看，这恰好和我们熟悉的（p，q）平面上市场供给和需求曲线的交点一致。需要注意的是，通过构造市场供给和市场需求，我们发现市场均衡有几个有趣且重要的特征：在现行价格下，每一个接受市场价格的买者都会购买使之实现效用最大的商品数量，而每一个接受市场价格的卖者都会销售使之达到利润最大化的商品数量。没有一个参与者想改变他们的行为，因此从这个意义上说，我们得到了一个真正的均衡——每个人在他所面临的约束条件下都采取了对自己最有利的行动。

例题 4.1

假设一个由 J 个完全相同的厂商组成的完全竞争行业。厂商的生产函数是柯布-道格拉斯函数：$q=x^{\alpha}k^{1-\alpha}$，x 代表短期可变要素（如劳动力），k 代表短期固定要素（如工厂的规模等），$0<\alpha<1$。在例题 3.6 中，我们推导出了采用类似技术的厂商的短期利润函数和供给函数，在价格为 p，w_x，w_k 时，最大化的利润是：

$$\pi^j=p^{\frac{1}{1-\alpha}}w_x^{\frac{\alpha}{\alpha-1}}\alpha^{\frac{\alpha}{1-\alpha}}(1-\alpha)k-w_kk \tag{E.1}$$

产出为：

$$q^j=p^{\frac{\alpha}{1-\alpha}}w_x^{\frac{\alpha}{\alpha-1}}\alpha^{\frac{\alpha}{1-\alpha}}k \tag{E.2}$$

如果 $\alpha=1/2$，$w_x=4$，且 $w_k=1$，假设每家厂商在 $k=1$ 的规模下进行生产，厂商的供给函数简化为 $q^j=\dfrac{p}{8}$，在 $J=48$ 时，市场的供给函数是：

$$q^s=48(p/8)=6p \tag{E.3}$$

令市场需求为：

$$q^d=294/p \tag{E.4}$$

利用（E.1）至（E.4）解出短期的均衡价格、市场供给量以及每家厂商的产出和利润：

$$p^*=7$$
$$q^*=42$$
$$q^j=7/8$$
$$\pi^j=2.062\ 5>0$$

图4-1阐明了整个市场和单家厂商短期均衡下的状态（注意这种生产技术的厂商的短期成本曲线可由练习题3.36推出）。 □

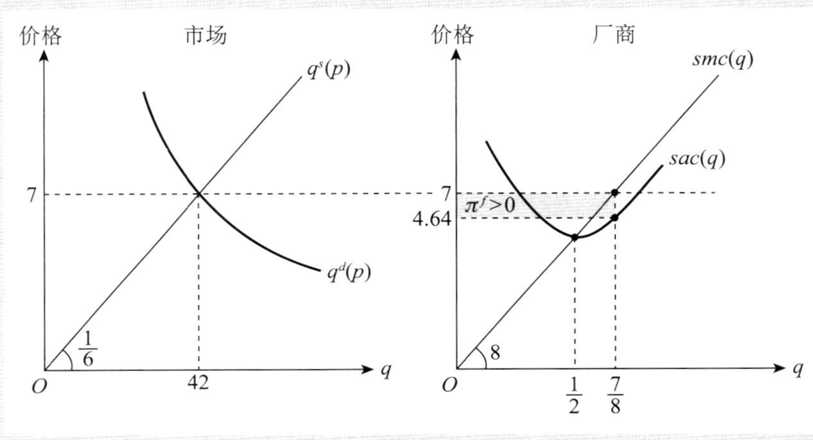

图4-1　单个市场的短期均衡

在长期内，所有的投入都可变，那些已经从事生产的在位厂商可以自由选择所有投入要素（包括工厂的规模）的最优水平，当然，也可以完全退出这个市场。此外，在长期中，新厂商也要就是否进入这个市场进行决策。因此，长期中存在厂商**进入**（entry）和**退出**（exit）的可能性。如果行业存在利润，厂商就会选择进入；反之，则会选择退出。

长期均衡不仅要求市场是出清的，也要求没有厂商有进入或者退出该行业的想法。一方面，很显然，长期利润必须是非负的，否则行业内的厂商就会选择退出；另一方面，由于所有的厂商都可以自由获得其他厂商的生产技术（尤其是尚未进入该行业的厂商可以获得每个在位厂商的生产技术），所以长期中没有厂商可以获得正的利润，否则，外部厂商就会使用获利厂商的技术而进入该行业。

因此，完全竞争市场的长期均衡可由如下两个条件来表示：

$$q^d(\hat{p})=\sum_{j=1}^{\hat{J}}q^j(\hat{p})$$
$$\pi^j(\hat{p})=0,\ j=1,\cdots,\hat{J} \tag{4.3}$$

第一个条件简单地讲就是市场必须出清的意思；第二个条件说的是，行业内所有厂商的长期利润必须为零，这样才能没有厂商进入或者退出。

短期中，厂商的数目是给定的，市场出清条件决定了短期均衡价格，而与之相比，在长期中，厂商的数目并没有给定。因此在长期中，长期均衡价格 $\hat{p}$ 和长期均衡的厂商数目 $\hat{J}$ 是由市场出清和长期利润为零两个条件共同决定的。任何满足（4.3）中市场出清和零利润这两个条件的组合都可以构成长期的市场均衡。

下面两个例子说的是，一方面，当长期供给曲线向上倾斜而非水平的时候，长期均衡的厂商数目唯一地被决定；另一方面，因为市场需求曲线是向下倾斜的，长期均衡的价格在这两种情况下都是唯一地被决定的。

例题 4.2

4

令反市场需求函数是线性的：

$$p=39-0.009q \tag{E.1}$$

所有厂商生产 q 的技术是相同的，其面临的投入价格也是相同的。代表性厂商的长期利润函数为：

$$\pi^j(p)=p^2-2p-399 \tag{E.2}$$

因此，厂商的产出供给函数是：

$$y^j=\frac{\mathrm{d}\pi(p)}{\mathrm{d}p}=2p-2 \tag{E.3}$$

注意，$y^j\geqslant 0$ 要求条件 $p\geqslant 1$。

在长期中，市场均衡价格 $\hat{p}$ 与厂商数目 $\hat{J}$ 必须满足（4.3）中的两个条件，因此，必有：

$$(1\,000/9)(39-\hat{p})=\hat{J}(2\hat{p}-2)$$
$$\hat{p}^2-2\hat{p}-399=0$$

根据零利润条件，可以得出 $\hat{p}=21$；将其代入市场出清条件，有 $\hat{J}=50$。根据（E.3），每家厂商的长期均衡产出是 40 单位，市场均衡如图 4-2 所示。

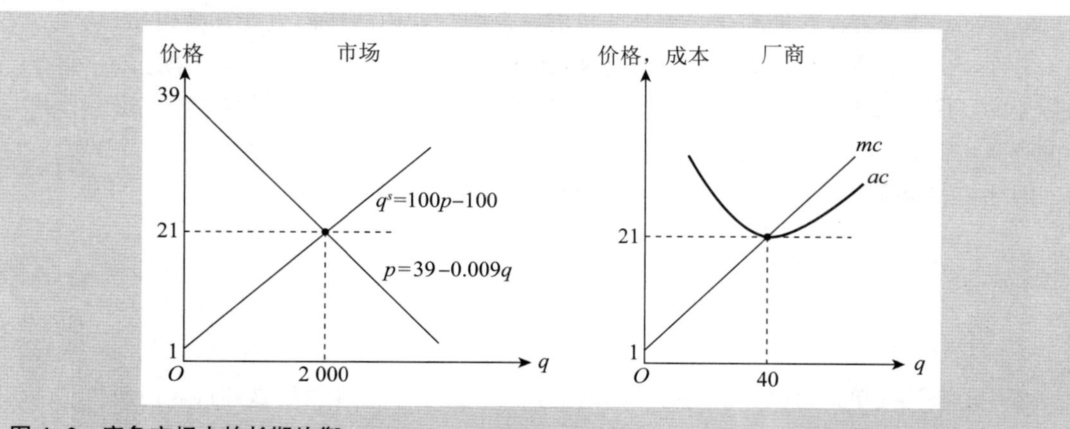

图 4-2 竞争市场中的长期均衡

例题 4.3

下面我们来考察一下例题 4.1 中市场的长期均衡情况。这里，生产函数是规模报酬不变形式的，即 $q=x^{\alpha}k^{1-\alpha}$，短期内 x 是可变要素，k 是固定要素。当 $\alpha=1/2$，$w_x=4$，$w_k=1$ 时，短期利润和短期供给函数简化为：

$$\pi^j(p,k)=p^2k/16-k \tag{E.1}$$

$$q^j=pk/8 \tag{E.2}$$

市场需求函数为：

$$q^d=294/p \tag{E.3}$$

当行业内的厂商数目为 48 时，我们得出短期均衡价格为 $p^*=7$，厂商的利润为 $\pi^j=2.062\,5>0$。

长期中，正利润的存在会吸引新厂商不断涌入，而在位厂商也可以自由调整它们的最优生产规模，最终，市场价格浮动到使每家厂商的最大利润为零的水平。根据（E.1），我们可以看到，不管厂商如何选择它们的生产规模，均衡只能出现在 $\hat{p}=4$ 的时候，因为：

$$\pi(\hat{p},k)=k(\hat{p}^2/16-1)=0 \tag{E.4}$$

$k>0$，当且仅当 $\hat{p}=4$。

当存在 $\hat{J}$ 家厂商，每家厂商在规模 $\hat{k}$ 下生产时，市场的出清条件为 $q^d(\hat{p})=q^s(\hat{p})$，或者

$$\frac{294}{4}=\frac{4}{8}\hat{J}\hat{k}$$

这反过来要求

$$147=\hat{J}\hat{k} \tag{E.5}$$

因为无论厂商的生产规模 $\hat{k}$ 如何，它在 $\hat{p}=4$ 时的利润总是为零，所以说长期均衡适用的市场结构非常广泛。在（E.4）到（E.5）的长期均衡中，所包括的可以是一家规模为 $\hat{k}=147$ 的厂商，或是两家规模为 $\hat{k}=147/2$ 的厂商，也可以是三家规模为 $\hat{k}=147/3$ 的厂商，依此类推至 J 家厂商，每家的规模为 $147/J$。这种长期均衡中厂商数目的不确定性是所有报酬不变行业的共性，本章后的练习题会让你证明这一点。

4.2 不完全竞争

在竞争程度由“高”至“低”的一系列可能市场结构中，完全竞争市场只是一个极端特例，我们能想到的竞争程度最低的市场结构是**完全垄断**（pure monopoly），这是另一个极端。在完全垄断市场中，一种产品只有一个买者且没有近似的替代品，由于技术、资金或者法律壁垒等原因，市场完全闭塞，新企业无法进入。

4

垄断者面临的市场需求函数是给定的，并选择自身利润最大化的价格和产量。由于垄断者对任意产量 q 所能收取的最高价格由反需求函数 $p(q)$ 给出，于是厂商的选择可简化为对产量 q 的选择，之后厂商会把价格水平设定在 $p(q)$ 的水平。

作为 q 的函数，利润是收益 $r(q)=p(q)q$ 与成本 $c(q)$ 的差值。也就是 $\Pi(q)\equiv r(q)-c(q)$。若 $q^*>0$ 时利润最大化，则满足一阶条件 $\Pi'(q^*)\equiv r'(q^*)-c'(q^*)=0$，这就等价于边际收益等于边际成本：

$$mr(q^*)=mc(q^*) \tag{4.4}$$

均衡价格为 $p^*=p(q^*)$，在这里，$p(q)$ 是反市场需求函数。

4

让我们进一步探究垄断者的产出选择。由于 $r(q)\equiv p(q)q$，求微分，可得边际收益为：

$$\begin{aligned} mr(q) &= p(q)+q\frac{\mathrm{d}p(q)}{\mathrm{d}q} \\ &= p(q)\left[1+\frac{\mathrm{d}p(q)}{\mathrm{d}q}\frac{q}{p(q)}\right] \\ &= p(q)\left[1+\frac{1}{\epsilon(q)}\right] \end{aligned} \tag{4.5}$$

这里 $\epsilon(q)=(\mathrm{d}q/\mathrm{d}p)(p/q)$ 是市场需求在产出 q 时的弹性。我们假定 $\epsilon(q)$ 为负，市场需求曲线斜率为负，联立（4.4）和（4.5），q^* 将满足：

$$p(q^*)\left[1+\frac{1}{\epsilon(q^*)}\right]=mc(q^*)\geqslant 0 \tag{4.6}$$

由于边际成本通常是非负的，价格也是非负的，因此有 $|\epsilon(q^*)\geqslant 1|$，所以垄断者不会选择在市场需求曲线缺乏弹性的范围内进行生产，图 4-3 很好地阐释了这一点。

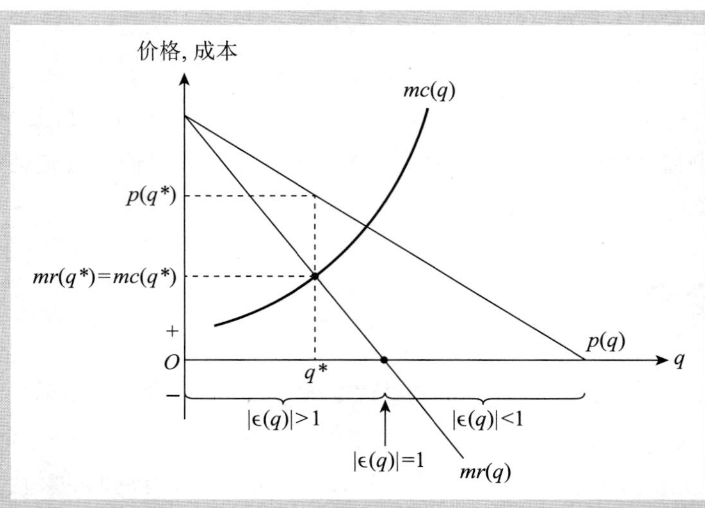

图 4-3　完全垄断下的均衡

重新整理（4.6），我们可以看到垄断均衡中价格和边际成本的偏差比率为：

$$\frac{p(q^*)-mc(q^*)}{p(q^*)}=\frac{1}{|\epsilon(q^*)|} \tag{4.7}$$

当市场需求曲线弹性小于无穷大时，$|\epsilon(q^*)|$ 是有限的，均衡的垄断价格将超过边际成本。此外，当其他条件不变的时候，市场需求曲线越缺乏弹性，价格超出边际成本就越多。

前面说过，完全竞争和完全垄断是两个相对极端的市场结构，但是它们却有一个共同点：完全竞争的厂商和完全垄断的厂商在制定自身利润最大化的计划中都不需要考虑其他厂商的行为。完全竞争厂商无力影响市场价格，也不能影响其他厂商的行为，因此它们只关心其行为对自身利润的影响；完全垄断厂商彻底控制了市场的价格和产出，而且由于市场进入也被有效地阻塞，因此它们也不必关心新厂商的进入问题。

更多的市场同时兼具垄断和竞争的特性。行业内只有少数几家厂商，进入壁垒越低，消费者可获得的替代品越近似，则厂商间的相互依存程度越高。当厂商们意识到这种相互依存关系的时候，它们就有动机从战略上将竞争对手的行为考虑在内，以制订自身的计划。在第 7 章中，我们将用大量篇幅来说明厂商的这种策略性行为并对其进行分析，现在我们还是先简单了解一些相关的最基本的问题。

当厂商采取策略性行为时，我们首先要做的就是如何来刻画这种情况下的均衡。从字面上看，人们可能会这样推理：既然厂商意识到它们之间是相互依存的，一家厂商的行为可能会减少其他厂商的利润，那么它们会简单协作或者串谋来尽可能从市场中获得更多的利润然后再进行分配吗？毕竟，如果它们可以通过协作将“蛋糕”做得尽可能地大，难道这样获得的份额就不会小于不串谋时的情形吗？抛开串谋的合法性不说，在**串谋均衡**（collusive equilibrium）中确实存在这个引人深思的问题，但问题远不止这一个。

考虑这样一个由 J 家厂商组成的单一市场，每家厂商的产出为 q^j。假设一家厂商的利润会受到其他厂商增加产出的负面影响，因此有：

$$\begin{aligned}&\Pi^j=\Pi^j(q^1,\cdots,q^j,\cdots,q^J)\\&\partial\Pi^j/\partial q^k<0,\quad j\neq k\end{aligned} \tag{4.8}$$

现在，假设各家厂商合作以最大化它们的联合利润（joint profit）。若 $\bar{\mathbf{q}}$ 使 $\sum_{j=1}^{J}\Pi^j$ 最大化，则必满足一阶条件：

$$\frac{\partial\Pi^k(\bar{\mathbf{q}})}{\partial q^k}+\sum_{j\neq k}\frac{\partial\Pi^j(\bar{\mathbf{q}})}{\partial q^k}=0,\quad k=1,\cdots,J \tag{4.9}$$

需要注意的是，（4.8）和（4.9）一道表明：

$$\frac{\partial \Pi^k(\bar{\mathbf{q}})}{\partial q^k}>0, \quad k=1,\cdots,J$$

这个式子的含义是什么呢？由于每家厂商的利润在产出 $\bar{\mathbf{q}}$ 时是递增的，因此，如果其他厂商严格按照协议生产的话（产出为 $\bar{\mathbf{q}}$），它就可以通过单边性地增加产出来提高自身的利润。只要有一家厂商禁不住诱惑，$\bar{\mathbf{q}}$ 就不再是市场的产出向量了。

实际上，所有的反托拉斯方法都旨在提高参与者的这种违反串谋协议的动机，因此，在这样一个市场环境中，任何企图达成串谋均衡的想法都难免受到冷落，更合适的观点是将寻求自身利益的厂商都视作非合作性的。我们在描述不完全竞争市场的均衡时必须要将这一点考虑在内。

4

最常见的非合作均衡的概念是约翰·纳什（John Nash）在 1951 年给出的。在一个**纳什均衡**（Nash equilibrium）中，给定其他参与者的行动，每位参与者都会尽可能地使自己的境况达到最优。很容易看到，所有的参与者最后会达到这样一个均衡：没有一个参与者愿意单方面地改变他的行为。

在我们已经讨论的市场环境中，参与者就是厂商。给定其他厂商的利润最大化行为，只有在每家厂商最大化自身的利润时，我们才会得到一个纳什均衡。显然，(4.9) 中的联合利润最大化产出 $\bar{\mathbf{q}}$ 并不满足纳什均衡的条件，因为就像我们看到的那样，在其他厂商的产出既定时，没有任何一家厂商在 $\bar{\mathbf{q}}$ 水平下实现了自身利润最大化。实际上，如果 $\mathbf{q}^*$ 是一个纳什均衡，给定其他厂商的产出水平，每家厂商必然会选择最大化自身的利润。因此，$\mathbf{q}^*$ 一定要满足一阶条件：

$$\frac{\partial \Pi^k(\mathbf{q}^*)}{\partial q^k}=0, \quad k=1,\cdots,J \tag{4.10}$$

(4.9) 和 (4.10) 显然是不一样的，它们通常会对应着完全不同的产出向量。

在下面的模型中，厂商之间的决策往往是相互影响的，于是我们会频繁地运用纳什均衡的概念。

4.2.1 古诺寡头模型

下面这个寡头模型最早可以追溯至 1838 年，是由法国经济学家奥古斯特·古诺（Auguste Cournot）提出的，现在我们来考察一个**古诺寡头**（Cournot oligopoly）模型的简单版本。在一个市场中，所有的厂商出售相同的商品，假设有 J 家相同的厂商，不存在新的市场进入者，每家厂商的成本相同，

$$C(q^j)=cq^j, \ c\geqslant 0 \text{ 且 } j=1,\cdots,J \tag{4.11}$$

厂商在同一个市场内销售产品，因此，市场价格由市场中所有厂商的总产出决定。令反市场需求函数是线性的，

$$p = a - b\sum_{j=1}^{J} q^j \tag{4.12}$$

其中，$a>0$，$b>0$，令 $a>c$，从（4.11）和（4.12）可知，厂商 j 的利润为：

$$\Pi^j(q^1,\cdots,q^j) = \left(a - b\sum_{k=1}^{j} q^k\right)q^j - cq^j \tag{4.13}$$

在给定其他厂商的产出条件下，我们要找到一个使每家厂商利润最大化的产出向量（$\overline{q}_1$，…，$\overline{q}_J$），该向量被称为**古诺-纳什均衡**（Cournot-Nash equilibrium），这个命名是为了纪念经济学家古诺和纳什，前者最先为寡头问题找到了解，而后者将这个思想一般化了。

因此，如果（$\overline{q}_1$，…，$\overline{q}_J$）是一个古诺-纳什均衡，对于任意 $k\neq j$，$\overline{q}_j$ 必定会在$q_k=\overline{q}_k$ 处实现最大化。所以，对于任意 $k=1$，…，J 来说，当 $q_k=\overline{q}_k$ 时，（4.13）关于 q_j 的导数必定为零，即

$$a - 2b\overline{q}_j - b\sum_{K\neq j}\overline{q}_k - c = 0$$

该式又可以写成：

$$b\overline{q}_j = a - c - b\sum_{k=1}^{j}\overline{q}_k \tag{4.14}$$

注意，（4.14）右侧的部分与我们正在考虑的厂商 j 无关，于是我们可以得出结论：所有厂商的均衡产出都是相同的。用 $\overline{q}$ 表示这个相同的均衡产出，（4.14）式可简化为 $b\overline{q}=a-c-Jb\overline{q}$，求解得：

$$\overline{q} = \frac{a-c}{b(J+1)} \tag{4.15}$$

利用（4.15）可以计算出一个完整的市场均衡值的集合，其中包括厂商的产出、总产出、市场价格、厂商利润，等等，具体数值如下：

$$\overline{q}^j = (a-c)/b(J+1),\quad j=1,\cdots,J$$

$$\sum_{j=1}^{J}\overline{q}^j = J(a-c)/b(J+1)$$

$$\overline{p} = a - J(a-c)/(J+1) < a$$

$$\overline{\Pi}^j = (a-c)^2/(J+1)^2 b$$

古诺寡头模型中的均衡包含一些有趣的特征，我们可以算出价格和边际成本的差，

$$\overline{p} - c = \frac{a-c}{J+1} > 0 \tag{4.16}$$

从中可以看到，均衡价格明显大于每家厂商的边际成本。当 $J=1$ 时，这家厂商就是市场上的一个完全垄断者，此时价格偏离边际成本的幅度最大。与之相对的另一

个极端是$J\to\infty$，根据（4.16）可知：

$$\lim_{J\to\infty}(\bar{p}-c)=0 \tag{4.17}$$

等式（4.17）告诉我们，随着竞争者数目的增加，价格会逐渐趋近于边际成本。实际上，如果有限数目的厂商都像完全竞争者那样采取行动，那么这个极限的结果同我们得到的结果将是一致的。因此，这个简单的模型从另一个角度对完全竞争市场进行了解释。它向我们表明，可以把完全竞争市场看做是不完全竞争市场的一种极端情形，其中厂商的数目趋于无穷。

4.2.2 伯川德寡头模型

4

大约在古诺模型出现 50 年之后，法国数学家约瑟夫·伯川德（Joseph Bertrand，1883）提出了另一种分析不完全竞争市场中厂商间竞争的观点。他认为，厂商之间竞争更多的是价格而非产出，就是这一点细微的差别导致市场均衡的特征完全不同。

如果我们将分析集中于两家厂商间的竞争的话，这个问题就一目了然了。在一个简单的**伯川德双头垄断模型**（Bertrand duopoly）中，两家厂商生产同质的产品，每家厂商的边际成本都为$c>0$，没有固定成本。尽管无关紧要，但是为了便于和古诺模型进行比较，我们仍然假设市场需求关于总产出Q是线性的，记为，

$$Q=\alpha-\beta p$$

其中，p为市场价格。

两家厂商同时宣布它们的售价，并且有足够的供给能力来满足该价格下的需求。消费者会选择最便宜的厂商。因此，价格更低的厂商将会在这个价格下占领整个市场，而设置了高价的另一家厂商则将失去所有的消费者。如果两家厂商的要价相同，它们将平分市场。

在这个模型中，每家厂商的利润显然和竞争对手及自身的要价有关。以厂商 1 为例，对于所有小于α/β的非负价格（市场需求为零时的价格），利润是

$$\Pi^1(p^1,p^2)=\begin{cases}(p^1-c)(\alpha-\beta p^1), & c<p^1<p^2\\ \dfrac{1}{2}(p^1-c)(\alpha-\beta p^1), & c<p^1=p^2\\ 0, & \text{其他}\end{cases}$$

需要注意的是，只要厂商 1 的价格大于边际成本，它的利润就永远是正的。其他条件不变时，如果厂商 1 的价格最低，那么其利润将最大化；而如果两家厂商定价相同，则利润只有之前的一半。一般情况下，厂商的利润不会是负的，最坏的情况，厂商也可以收取一个与边际成本相等的价格，以保证零利润。同样的情况也适用于厂商 2。因此，我们假设厂商i只关注$p^i\geq c$的情形。

这个市场上的纳什均衡是什么呢？结果可能有点出乎意料，但在这个唯一的纳什均衡中，两家厂商都收取等于边际成本的相同价格，利润同为零。由于这里的利润函数是非连续的，我们难以用微分和求解一阶条件的办法来讨论这个问题。取而代之的是，我们将用一些常识来说明问题。

注意，由于定价最低的厂商将获得整个市场，而每家厂商都有削减竞争对手需求的企图，正是这种效应使得市场的最终价格将等于边际成本。我们现在将对此进行正式的讨论。

首先需要注意的是，如果每家厂商都选择将价格定在 c 的水平上，那么这就是一个纳什均衡。此时两家厂商平分市场需求，因为价格等于边际成本，所以每家厂商的利润为零。另外，如果有一家厂商提高价格，因为另一家厂商的价格更低，于是它将失去所有的市场。因此，厂商只能获得零利润。在对手选择给定的条件下，每家厂商的价格选择都实现了利润的最大化。

接下来我们将讨论均衡唯一性的问题（即不存在其他的纳什均衡）。由于每家厂商 i 的选择都是 $p_i \geqslant c$，它足以表明对于某些 i 来说，$p_i < c$ 的均衡并不存在。令 (p_1, p_2) 为一组均衡。

如果 $p_1 > c$，因为在给定厂商 1 的价格后 p_2 使厂商 2 实现了利润的最大化，所以$p_2 \in (c, p_1]$，这个范围内的定价使得厂商 2 的利润严格为正，反之，范围之外的价格选择会使得厂商 2 的利润为零。此外，$p_2 \neq p_1$，因为如果厂商 2 选择 $p_2 = p_1$（与厂商 1 平分市场）可以获得正利润，那么它只需把价格定在稍低于 p_1 就可以占领整个市场，从而提高利润水平。因此，

$$p_1 > c \Rightarrow p_2 > c，以及\ p_2 < p_1$$

调换一下厂商 1 和厂商 2 的位置，可以得到一个类似的结论，

$$p_2 > c \Rightarrow p_1 > c，以及\ p_1 < p_2$$

因此，如果一家厂商把价格定在边际成本以上，则两家厂商的价格必定都在边际成本之上，而每家厂商又都想削减对手的市场份额，所以这样的定价是不可能出现的。

在伯川德寡头模型中，仅仅两家厂商间的竞争便可最终将价格降低到边际成本的水平。模型的这个特点十分鲜明，它与古诺寡头模型形成了明显的对比。在古诺寡头模型中，价格和边际成本之差只会随着市场中厂商数量的增加而降低。

4.2.3 垄断竞争

在古诺和伯川德寡头模型中，每家厂商出售相同（或同质）的产品。在**垄断竞争**（monopolistic competition）市场上，一个“相对较大”的厂商群出售差异化的产品，并且消费者将这些产品视为近似但不完全替代。因此，尽管不同产品的市场

存在着密切的联系，但是每家厂商凭着特定的产品种类获得了一定的垄断势力，厂商使用相似的技术生产产品。在一个垄断竞争市场中，市场进入是通过某家厂商引进一种先前并不存在的产品而实现的。

假设可能的商品种类是无限的，记为 $j=1, 2, \cdots$，对商品 j 的需求取决于它自身的价格以及其他所有产品的价格。我们把商品 j 的需求记为

$$q^j=q^j(\mathbf{p}) \quad \text{其中，对 } k\neq j \text{ 而言，} \partial q^j/\partial p^j<0 \text{ 以及} \partial q^j/\partial p^k>0 \tag{4.18}$$

这里 $\mathbf{p}=(p^1, \cdots, p^j, \cdots)$。此外，我们假设某些价格 $\tilde{p}^j>0$，使得无论其他产品价格怎样，产品 j 的需求总为零。

显然，一家厂商的利润（等于收益与成本的差值）取决于所有产品的价格：

$$\Pi^j(\mathbf{p})=q^j(\mathbf{p})p^j-c^j(q^j(\mathbf{p})) \tag{4.19}$$

在垄断竞争中，均衡可以分为两类：短期的和长期的。短期中，在其他产品价格给定的情况下，数量固定且有限活跃的厂商会选择实现利润最大化的价格；在长期均衡中，厂商要进行有关进入和退出的决策，下面我们就依次来考察这两类均衡。

令 $j=1, \cdots, \bar{J}$ 为短期中的活跃厂商。为简单起见，将每家不活跃的厂商 k 的价格定在 $\tilde{p}^k$，以确保它们的产出为零。（为了便于表示，我们将暂时忽略那些不活跃的厂商。）

现在假设短期中 $\bar{\mathbf{p}}=(\bar{p}^1, \cdots, \bar{p}^{\bar{J}})$ 是一个纳什均衡。如果 $\bar{p}^j=\tilde{p}^j$，那么 $q^j(\bar{p})=0$，厂商 j 将会遭受与短期固定成本相同的损失，即 $\Pi^j=-c^j(0)$；但是如果 $0<\bar{p}^j<\tilde{p}^j$，则厂商 j 就会选择一个正的产出，$\bar{\mathbf{p}}$ 就必然满足最大化问题（4.19）存在内解的一阶条件。我们可以将其整理如下：

$$\frac{\partial q^j(\bar{\mathbf{p}})}{\partial p^j}[mr^j(q^j(\bar{\mathbf{p}}))-mc^j(q^j(\bar{\mathbf{p}}))]=0 \tag{4.20}$$

此处用到了（4.5）。因为 $\partial q^j/\partial p^j<0$，这就简化成我们熟悉的条件，即根据边际收益等于边际成本来选择价格和产出。一般情况下，垄断竞争厂商的利润既可以为正，也可以为负或零。

在长期中，如果利润为负，厂商就会退出该行业。为了对长期均衡进行分析，我们假设每种产品都有很多近似的替代品，而生产这些替代品的成本也同该产品一样。在这个假设下，任何一家厂商长期的正利润都会吸引众多厂商进入行业并生产类似的替代品。通常来说，长期均衡要求厂商没有任何进入或者退出意图。因此，基于我们的假设，所有厂商可获得的最大利润必须为负或零，而且那些活跃的厂商的利润将恰好是零。

假设 $\mathbf{p}^*$ 是长期的纳什均衡中的一个价格向量，那么对于所有的活跃的厂商来说，下面的两个条件必然成立：

$$\frac{\partial q^j(\mathbf{p}^*)}{\partial p^j}[mr^j(q^j(\mathbf{p}^*))-mc^j(q^j(\mathbf{p}^*))]=0 \tag{4.21}$$

$$\Pi^j(q^j(\mathbf{p}^*))=0 \tag{4.22}$$

图 4-4 画出了一家代表性的活跃厂商的短期和长期均衡，图中画出了（4.21）和（4.22）所给出的长期均衡的条件，需求曲线和平均成本曲线在均衡位置相切。

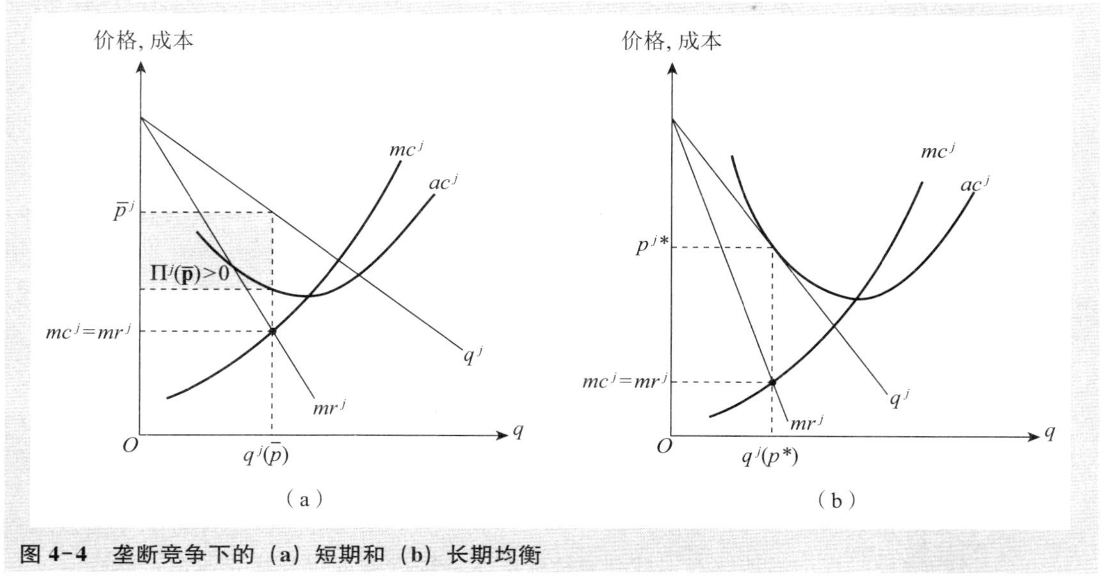

图 4-4　垄断竞争下的（a）短期和（b）长期均衡

4.3　均衡和福利

到目前为止，我们已经介绍了不同市场结构下的价格和产量的决定问题，也考察了在竞争、垄断以及其他不完全竞争市场环境下参与人的行为动机，并得到了相应的均衡结果。在这一节中，我们会把注意力从“预测”转向“评估”，并有针对性地提出一些问题。如果不同的市场结构会有不同的结果，那么从社会的角度评价这些市场结果时会用什么方法呢？能用一种定义明确且有意义的方法来判断一种结果比另一种“更好”或“更坏”吗？要回答类似的问题，我们必须把注意力从纯粹的实证问题转到基本的规范问题上来。

规范判断总是左右着相关的经济政策，在税收及厂商和行业的规制领域尤为常见。当政府干预改变自由市场的运行结果时，不同的行为人受到的影响明显有别，往往是有人得利、有人受损。如果制定社会政策时重点关注的是个体的福利水平，那么就会涉及两类问题。首先，我们必须提出实证问题：所建议的政策对个体福利有何影响？其次，我们还必须提出一个更加麻烦的规范问题：我们应该如何权衡政策给不同个体带来的影响，并且能从“社会立场”加以判断？本章重点关注的是第一个问题，对第二个问题只是略施笔墨，下一章会有详细的介绍。

4.3.1　价格与个体福利

一般来说，一项新政的影响在本质上都可以归纳为消费者面临的价格的变化，税收和补贴就是如此。于是，为了进行福利分析，我们需要知道产品价格是如何影响一个人的福利水平的。简单起见，我们将在整个讨论中都假设（除了 $0=q$ 以外的）其他所有商品的价格不变，这也是进行局部均衡分析的精髓所在。

因此，如果商品 q 的价格为 p，其他所有商品的价格向量为 $\mathbf{p}$，那么我们将简单地用 $v(p, y)$ 来表示消费者的间接效用，而不是 $v(p, \mathbf{p}, y)$。与之类似，消费者的支出函数以及希克斯需求函数和马歇尔需求函数中，我们都将其他商品的价格向量 $\mathbf{p}$ 省略掉。实际上，引入一种**复合商品**（composite commodity）m 来表示花费在其他商品上的收入非常方便。如果 $\mathbf{x}(p, \mathbf{p}, y)$ 表示所有其他商品的需求向量，那么对复合商品的需求 $m(p, \mathbf{p}, y) \equiv \mathbf{p} \cdot \mathbf{x}(p, \mathbf{p}, y)$，我们将其简单表示为 $m(p, y)$。练习题 4.16 会要求你证明，如果消费者对所有商品的效用函数 $u(q, \mathbf{x})$ 满足标准假设，那么在约束 $\mathbf{p} \cdot \mathbf{x} \leqslant m$ 的条件下，两种商品 q 和 m 的效用函数 $\bar{u}(q, m) \equiv \max_{\mathbf{x}} u(q, \mathbf{x})$ 也将满足这些假设。此外，犹如存在两种商品 q 和 m 一样，我们也可以用 $\bar{u}$ 去分析消费者的问题，即消费者对 q 和 m 的需求 $q(p, y)$ 和 $m(p, y)$ 分别是下面这个式子的解：

$$\max_{q, m} \bar{u}(q, m), \quad \text{s. t.} \quad pq + m \leqslant y$$

而且 $\bar{u}$ 的最大值为 $v(p, y)$。

考虑下面这样一种情况，其中一个代表性的从事实际工作的经济学家会发现自己的优势所在。当地政府拟计划对社区的水处理设备进行现代化改造，这项改造会提高设备的效率并降低水价，改造的成本将通过一次性的"水税"来解决。问题是：应该实施这项升级改造计划吗？如果社区居民的偏好是主要考虑的因素，问题就简化为消费者是否愿意为了降低水价而多缴税？

为了回答这个问题，我们假设经济学家拥有每位消费者的用水需求数据，特别是，他知道每位消费者当期收入所对应的马歇尔需求曲线，进而（后面将证明）他可以准确地了解每位消费者对价格下降的意愿支付是多少。让我们看看他是如何做到这一点的。

某位消费者的收入为 y^0，假设初始的水价为 p^0，设备升级后的水价为 p^1。用 v 来表示消费者的间接效用函数，$v(p^0, y^0)$ 表示价格降低前的效用，$v(p^1, y^0)$ 表示降价后的效用。现在，消费者愿意为了价格下降而放弃的收入量必须满足这样的条件，即他在低价格和收入水平下的境况至少要和初始的价格和收入水平下的境况一样好。我们用 CV 来表示消费者收入的变化——这个变化恰好使得消费者在水价变动前后的境况相同，因此有：

$$v(p^1, y^0 + CV) = c(p^0, y^0) \tag{4.23}$$

注意，在本例中，由于 v 关于 p 是非递增的，而关于 y 是递增的，且 $p^1 < p^0$，因此 CV 是非正的。当价格上升时（$p^1 > p^0$），CV 是非负的。任何一种情况下，(4.23) 都保持不变。收入变化（CV）要求，价格变动之后消费者的效用要保持不变，我们将其称为**补偿变化**（compensating variation），它最初是由希克斯提出来的。

图 4-5 的上半部分清楚地表达了这一思想，图中的无差异曲线属于 $\bar{u}(q, m)$。消费者在初始的 A 点获得的效用为 $v(p^0, y^0)$。价格下降到 p^1 后，消费者的需求移动到 B 点，效用水平上升为 $v(p^1, y^0)$。在新的价格水平 p^1 下，消费者的收入必须减至 $y^0 + CV$（注意，$CV < 0$）才能在 C 点使效用回到初始水平 $v(p^0, y^0)$。

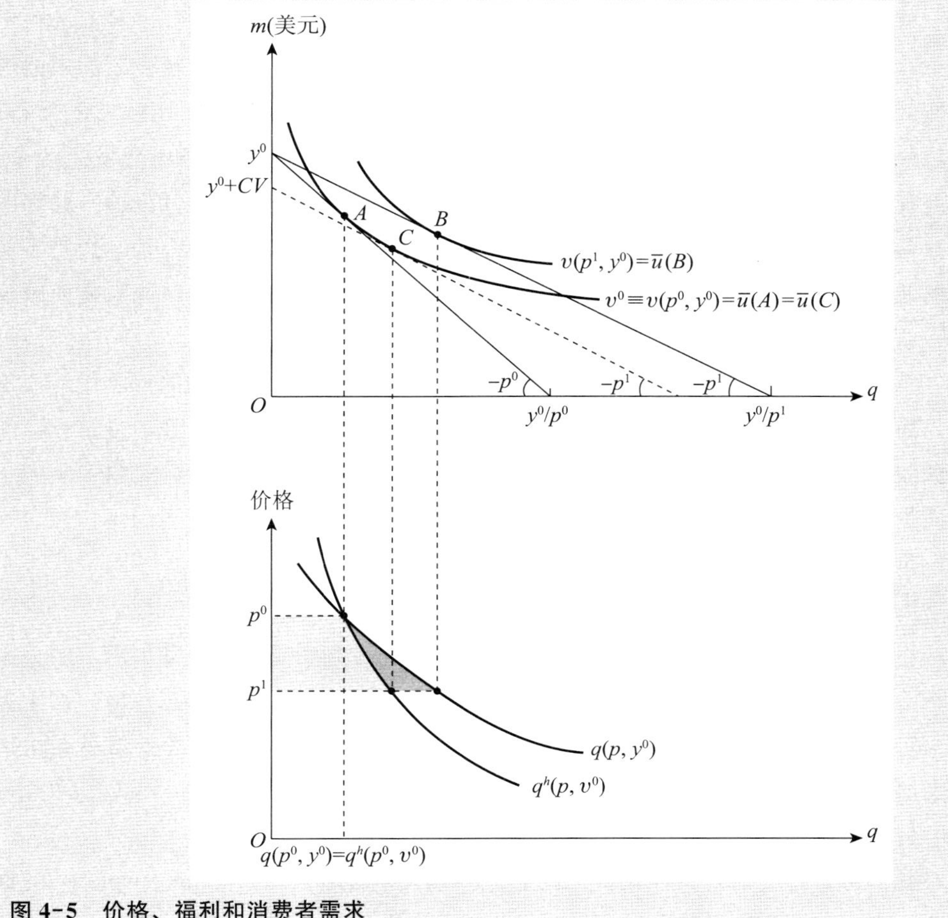

图 4-5　价格、福利和消费者需求

方程（4.23）和图 4-5 提供了另一种考察 CV 的方法。运用我们熟悉的关于间接效用和支出函数的等式，并利用（4.23）进行替换，必有：

$$e(p^1,v(p^0,y^0))=e(p^1,v(p',y^0+CV))$$
$$=y^0+CV \tag{4.24}$$

又因为 $y^0=e(p^0,\ v(p^0,\ y^0))$，将其代入（4.24），然后整理，得：

$$CV=e(p^1,v^0)-e(p^0,v^0) \tag{4.25}$$

在上式中，我们用 $v^0\equiv v(p^0,\ y^0)$ 表示基期价格和收入水平对应的消费者的（基期）效用。

现在我们知道，商品 q 的希克斯需求（依据谢泼德引理）是由支出函数对价格的偏导数（谢泼德引理）得出来的。依据这一点以及（4.25），我们可以得出：

$$CV=e(p^1,v^0)-e(p^0,v^0)$$
$$=\int_{p^0}^{p^1}\frac{\partial e(p,v^0)}{\partial p}\mathrm{d}p$$

$$=\int_{p^0}^{p^1} q^h(p,v^0)\mathrm{d}p \tag{4.26}$$

注意，当 $p^1<p^0$ 时，CV 是介于 p^1 和 p^0 之间基期效用水平 v^0 的希克斯需求曲线左侧区域的面积的负值；不过，如果 $p^1>p^0$，CV 是正值并等于该区域的面积。(4.26) 自动满足这个条件，因为积分上下限交换时，积分的符号也会发生改变。因此在图 4-5 中，CV 等于 p^0 和 p^1 之间的浅灰色阴影部分的值（负值）。仔细考察 (4.26) 和图 4-5 你会发现，（跟常识一样）如果价格上升（$p>p^0$），想维持初始的效用水平，就需要增加收入（$CV>0$）；如果价格下降（$p<p^0$），则需要减少收入（$CV<0$）。

4

补偿变化作为一种货币度量意义重大，因为它说明了价格变动的福利效应，不过，遗憾的是，我们仅仅知道 CV 总等于希克斯需求曲线的左侧区域，可希克斯需求曲线并不像马歇尔需求曲线那么易观察。当然，如果我们有足够的资料，掌握了不同价格和收入水平下消费者的马歇尔需求系统，那么我们就可以运用可积性定理来倒推希克斯曲线并直接求出 CV。不过，经济学家通常只能得出某一固定收入水平下商品的需求曲线，想倒推出希克斯需求曲线常常是力所不及。

尽管如此，我们仍然可以利用斯勒茨基方程中希克斯需求和马歇尔需求的关系得到 CV 的估计值。回想一下，马歇尔需求曲线概括了价格变动的总效应，而希克斯需求曲线则仅仅包含了替代效应，二者总体上是有差别的，这个差恰好就是价格变动所引起的收入效应。在图 4-5 的下半部分中，当 q 是正常品时，（除了 p^0 点外的）任意价位上两条曲线的水平距离就衡量了收入效应。

我们想把希克斯有关补偿变化的思想同**消费者剩余**（consumer surplus）的概念联系起来，因为后者可以轻而易举地直接由马歇尔需求度量出来。回想一下，特定价格和收入组合（p^0，y^0）的消费者剩余 $CS(p^0, y^0)$ 是需求曲线（给定 y^0 时）以下、价格 p^0 以上的区域。因此，图 4-5 中重合的阴影部分相当于价格从 p^0 降到 p^1 后消费者剩余的增量，即

$$\Delta CS \equiv CS(p^1,y^0)-CS(p^0,y^0) \equiv \int_{p^1}^{p^0} q(p,y^0)\mathrm{d}p \tag{4.27}$$

你会发现，ΔCS 总是与 CV 的符号相反，并且不论消费者的需求与收入的关系如何，价格变化所产生的收入效应总会使得 ΔCS 的绝对值与 CV 有一定的偏差。我们想确定 CV 的大小，但现在只能算出 ΔCS 的数值，于是很自然地就出现一个问题：ΔCS 的值到底有多接近 CV 的值？

答案是，只要价格从 p^0 降到 p^1 的幅度不是特别大，经济学家就可以比较准确地估计出每个消费者有关于水处理设备的意愿支付的实际值。在此基础上，我们就可以明智地做出“对谁征税以及征多少税”的决策。

在继续探究之前，有必要先提个醒：我们知道，消费者会愿意为价格下降而放弃一部分收入，在只有市场需求曲线（与个体需求曲线相对而言的）已知的情

况下，消费者剩余的变化（如上文，指小幅度的价格下降）就比较准确地估计了这个支付意愿的大小。不过，由于个体的支付意愿有大有小，所以市场需求分析有可能得出总的支付意愿大于总成本的结论。这意味着，如果我们有某种方法可以把成本分摊到每位消费者身上，那么消费者在支付了成本之后会享受低价带来的好处，每个人的境况都会变好。遗憾的是，目前还没有找到这种分摊成本的方法。

4.3.2　竞争结果的效率

上个例子中，在权衡了成本和收益之后，很显然应该实施这个项目，因为每个人的境况都可以得到改善。一般来说，当我们在不使一些人的境况变坏的情况下就能使另一些人的境况变好时，就存在**帕累托改进**（Pareto improvement）的可能；如果一种状态不存在帕累托改进的可能性，我们称之为实现了**帕累托效率**（Pareto efficient）。也就是说，当我们在不使一些人的境况变坏的情况下就没法使另一些人的境况变好时，这种状态就实现了帕累托效率。

帕累托效率的思想在经济学中很流行，经济学家常用它来评估一个经济体系的绩效。它的基本思想是：如果一个经济体系运行良好，那么给定这个体系所决定的资源配置状态，我们无法通过资源的重新配置来实现帕累托改进。下一章会系统地探讨这个观点。眼下我们只讨论下面这个问题：在完全竞争、完全垄断和古诺寡头这三种市场竞争形式中，从帕累托效率的意义上看，哪种市场的结果更有效率?

需要注意的是，这三种竞争形式的区别仅仅在于各自决定的价格和产量不同。例如，一个完全竞争行业现在被一家垄断厂商所控制，那么价格将从完全竞争的均衡水平上升到垄断厂商利润最大化的水平，而且商品的产量和消费量都会下降。不过，同样需要留意的是，在这两种情况下，每一个“价格—数量”组合都对应着市场需求曲线上的某个点。古诺寡头的情况也是一样。因此，我们不禁会问：市场需求曲线上的哪一个“价格—数量”组合能实现帕累托效率呢？现在我们就集中精力来寻找答案。

为了便于讨论，从现在起，我们假设只存在一个生产者和一个消费者（这个观点可以一般化）。图 4-6 给出了消费者（也是市场）的马歇尔需求 $q(p, y^0)$ 曲线、希克斯补偿需求曲线 $q^h(p, v^0)$（这里 $v^0=v(p^0, y^0)$），以及厂商的边际成本曲线$mc(q)$。注意，如果这家厂商像完全竞争厂商一样行动，均衡的“价格—数量”组合由两条线的交点决定，这是因为完全竞争厂商的供给曲线与位于最小平均可变成本之上的边际成本曲线重合（我们已经假设平均可变成本在 $q=0$ 处取最小值）。

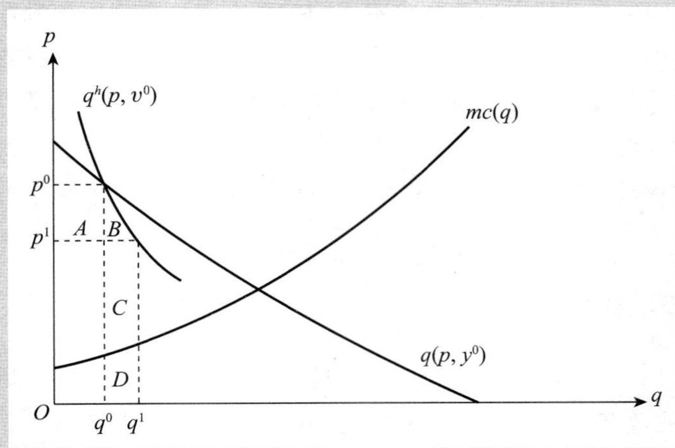

图 4-6　垄断均衡的无效率

4

现在看一下图 4-6 中消费者需求曲线上位于竞争点之上的一个“价格—数量”组合（p^0，q^0），我们想证明位于该点的市场运行结果并不是帕累托有效的，而要达到这个目标，只需说明通过对资源的重新配置，我们能在不使其他人的境况变坏的情况下就能使一个人的境况变好。

如果把价格从 p^0 降到 p^1，消费者对这次降价的支付意愿是多少呢？现在我们知道了，答案是补偿变量的绝对值，在这个例子中就是 A、B 区域的面积之和。倘若我们把价格降到 p^1 并从消费者手里拿走 $A+B$ 的收入，他的境况和降价以前没什么区别。根据希克斯补偿需求，他的需求量为 q^1。

为了满足对 q 的额外需求，我们假设厂商有能力生产出更多的产品。

因此，到目前为止，我们把价格降到 p^1，产量增加到 q^1，从消费者处拿走 $A+B$ 美元，他的福利水平同之前的一样好。当然，“价格—数量”组合的变化会影响到厂商的利润。特别是，如果 $c(q)$ 代表生产 q 单位产品的成本，厂商利润的变化量为：

$$
\begin{aligned}
&[p^1q^1-c(q^1)]-[p^0q^0-c(q^0)]\\
=&[p^1q^1-p^0q^0]-[c(q^1)-c(q^0)]\\
=&[p^1q^1-p^0q^0]-\int_{q^0}^{q^1}mc(q)\mathrm{d}q\\
=&[C+D-A]-D\\
=&C-A
\end{aligned}
$$

因此，如果我们在变化后把从消费者手中拿走的 $A+B$ 美元中的 A 部分送给厂商，它的收入就会增加 C 单位，我们再把剩下的 B 部分还给消费者，这样消费者和厂商的境况最终都得到了改善。

于是，从市场结果（p^0，q^0）开始，我们可以通过对可利用的资源进行重新配置，进而使消费者和厂商的境况都得到改善。所以初始的状态并不是帕累托有效的。

类似的讨论也适用于消费者马歇尔需求曲线上位于竞争点之下的“价格—数量”组合。[1] 因此，唯一能够实现帕累托有效结果的“价格—数量”组合就是完全竞争的运行结果，完全竞争市场也确实能实现帕累托效率。鉴于下一章会给出更一般的分析，此处就不再赘述了。不过我们还是鼓励读者自行检验：一旦从竞争均衡着手时，前面使用的实现帕累托改进的特定方法就不再奏效（也不存在能实现帕累托改进的其他方法）。

因此我们的结论是：只有完全竞争下的“价格—数量”组合才能实现帕累托效率。具体来说，垄断和古诺寡头的结果都不是帕累托有效的。

特别需要注意的是，我们不能据此得出这样的结论，即迫使一家垄断厂商改变其原有的行为模式就必然能够实现帕累托改进。价格可能降低，产量也有可能增加，但除非境况得到改善的消费者能够补偿垄断者遭受的福利损失，否则难言实现了帕累托改进。

4.3.3　效率和总剩余的最大化

我们已经认识到，当谈到消费者的购买行为时，消费者剩余可以作为消费者所获得满足度的一个近似的货币度量；同样，在生产者向消费者出售商品时，找一个指标来衡量他所获得的货币价值也易如反掌，这个指标被称为**生产者剩余**（producer surplus），等于厂商的收益超出可变成本的部分。

现在看来，为了实现一个有效率的市场结果，总剩余——也就是消费者剩余和生产者剩余的总和——必须最大化；否则，通过资源的重新配置就可以提高总剩余，然后将提高后的剩余在二者之间进行分配，每个人的剩余都有所增加，进而消费者和生产者的境况都可以得到改善。

但是我们必须要谨慎行事，如果商品是正常品且存在收入效应，消费者剩余高估了消费者获得的货币收益。不过，话虽如此，可在需求曲线向下倾斜以及厂商的边际成本递增的前提下，只有在消费者剩余和生产者剩余之和达到最大时才能实现帕累托效率。

为了明白这一点，我们再回到上面的单一消费者和单一厂商的例子中（见图 4-7），(p, q) 为需求曲线上任一“价格—数量”组合（因此 $p=p(q)$，这里 p 是反需求函数）。前面我们将消费者剩余定义为需求曲线以下、价格 p 以上的面积，现在我们很容易用另一种方法表示出这部分的面积，这就是反需求曲线 q 以下的面积减去矩形 $p(q)q$ 的部分。因此，我们可以将消费者剩余和生产者剩余表示成[2]：

---

① 参见练习题 4.21.

② 最后一行成立是基于 $\int_0^q mc(\xi)\mathrm{d}\xi = c(q)-c(0)$，因为 $c(0)$ 是固定成本，$c(q)$ 是总成本，二者之差就是可变总成本 $tvc(q)$。

$$\begin{aligned} CS+PS &= \left[\int_0^q p(\xi)\mathrm{d}\xi - p(q)q\right] + [p(q)q - tvc(q)] \\ &= \int_0^q p(\xi)\mathrm{d}\xi - tvc(q) \\ &= \int_0^q [p(\xi)-mc(\xi)]\mathrm{d}\xi \end{aligned}$$

求出表达式取最大值的 q，得到一阶条件：

$$p(q)=mc(q)$$

正如我们在图 4-7 中所看到的那样，当需求曲线向下倾斜且边际成本上升时，这个一阶条件的解恰好是完全竞争均衡的产量水平。

4

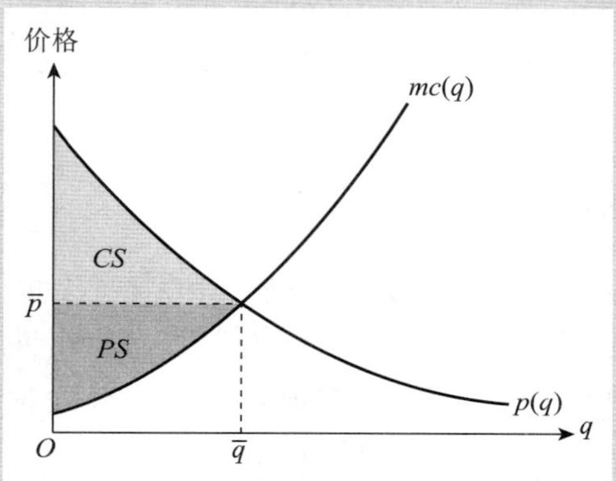

图 4-7 消费者剩余和生产者剩余之和在竞争均衡处达到最大值

实际上，正是价格和边际成本的这种关系将前一节的分析和现在的分析联系到了一起。只要价格和边际成本不同，之前介绍的帕累托改进就会出现，而且我们刚刚又了解到，只要价格和边际成本不同，总剩余就还可以增加。

重申一下，尽管帕累托效率要求总剩余最大化，但总剩余的增加并不一定意味着帕累托改进。除非福利增加的一方补偿受损的一方，否则帕累托改进无从发生。

我们知道，在不完全竞争市场上，市场均衡的价格往往高于边际成本。然而，“价格等于边际成本”这个条件是消费者剩余和生产者剩余最大化的必要条件，因此，毫不奇怪，差不多所有的不完全竞争市场的均衡结果都不是帕累托有效的。

例题 4.4

我们来考虑一下 4.2.1 节中古诺寡头市场的绩效问题。市场总产出是 q，市场需求为 $p=a-bq$。厂商是相同的，边际成本 $c\geqslant 0$。当每家厂商的产出均为 q/J 时，总剩余 $W\equiv cs+ps$ 将是总产出的函数，

$$W(q)=\int_0^q (a-b\xi)\mathrm{d}\xi - J\int_0^{q/J} c\,\mathrm{d}\xi$$

上式可简化为：

$$W(q)=aq-(b/2)q^2-cq \tag{E.1}$$

因为（E.1）是严格凹的，总剩余在 $q^*=(a-c)/b$ 时取最大值，此时 $W'(q^*)=0$。因此，市场的潜在剩余的最大值为：

$$W(q^*)=\frac{(a-c)^2}{2b} \tag{E.2}$$

在古诺-纳什均衡中，我们已经知道总的市场产出是 $\bar{q}=J(a-c)/(J+1)b$。显然，$\bar{q}<q^*$，因此，从社会的角度看，古诺寡头下的产出过少。古诺均衡中的总剩余是：

$$W(\bar{q})=\frac{(a-c)^2}{2b}\frac{J^2+2J}{(J+1)^2} \tag{E.3}$$

无谓损失（dead weight loss）为：

$$W(q^*)-W(\bar{q})=\frac{(a-c)^2}{(J+1)^2 2b}>0 \tag{E.4}$$

利用（E.3）很容易证明，随着市场中厂商数目的增加，总剩余会变大。之前我们注意到，随着寡头市场中厂商数目的增加，市场价格会收敛于边际成本。因此，随着 $J\to\infty$，总剩余趋于（E.2）中的最大化水平，而（E.4）中的无谓损失将趋于零。

4.4 练习题

4.1 假设偏好相同且位似，证明：任意商品的市场需求都必定与收入的分配无关，此外，市场需求的收入弹性必定为1（单位弹性）。

4.2 假设偏好位似但不相同，那么市场需求必定与收入的分配无关吗？

4.3 如果所有消费者都视 q 为正常品，证明 q 的市场需求与自身价格负相关（斜率为负）。

4.4 假设 x 和 y 对其他所有人来说都是替代品，仅一人例外。可否推出 x 的市场需求会随着 y 的价格下降而增加？

4.5 当行业内的所有厂商均是规模报酬不变且面临相同的要素价格时，证明长期均衡时的厂商数目是无法确定的。

4.6 完全竞争行业中厂商 j 的总成本函数为 $c^j(q)=aq+b_jq^2$，其中 $a>0$，厂商的产出为 q，每家厂商的 b_j 是不同的。

(a) 如果对所有厂商而言，$b_j>0$，那它们将依据什么来确定产量？它们的产量会相同吗？请解释。

(b) 如果所有厂商的 $b_j<0$，结果会怎样？

4.7 生产 q 的技术所引致的成本函数为 $c(q)=aq+bq^2$，q 的市场需求为 $p=\alpha-\beta q$，

(a) 如果 $a>0$，$b<0$，行业中厂商的数目为 J，一家代表性厂商在短期均衡时的价格和产出各是多少？

(b) 如果 $a>0$，$b<0$，长期均衡的市场价格和厂商数目各是多少？

(c) 如果 $a>0$，$b>0$，长期均衡的市场价格和厂商数目各是多少？

4.8 在4.2.1节的古诺寡头中，假设 $J=2$。和之前一样，令每家寡头的平均成本和边际成本均为常数，但是假设 $0\leqslant c^1\leqslant c^2$。证明：在纳什均衡状态下，厂商1会获得更多的利润并有更大的市场份额。

4.9 在一个**斯塔克尔伯格双寡头**（Stackelberg duopoly）模型中，一家厂商是“领导者”，另一家是“跟随者”，它们彼此知道对方的成本和市场需求。跟随者视领导者的产出给定，然后再选择自己的产量（他就像一个古诺寡头那样行动）；领导者视追随者的反应给定并据此确定自己的产出。假设厂商 1 和 2 面临的市场需求函数为 $p=100-(q_1+q_2)$，厂商 1 和厂商 2 的成本分别为 $c_1=10q_1$ 和 $c_2=q_2^2$。

(a) 假设厂商 1 是领导者，厂商 2 是跟随者，计算出市场价格和每家厂商的利润；

(b) 计算厂商 1 和 2 互换角色后的市场价格和厂商利润；

(c) 根据 (a) 和 (b) 的结果，厂商 1 希望谁成为领导者？而厂商 2 又希望谁成为领导者？

(d) 如果每家厂商都假定自己是 (c) 中的角色，均衡的市场价格和厂商的利润各是多少？在这个市场上，结果如何同古诺-纳什均衡进行比较呢？

4.10 （斯塔克尔伯格模型）在 4.2.1 节所描述的市场中，令 $J=2$。

(a) 证明：如果厂商 1 是领导者，厂商 2 是跟随者，那么相比于古诺模型而言，领导者将获得更多的利润，而跟随者的获利将减少，于是每家厂商都想成为领导者。

(b) 如果每家厂商都像领导者一样行动，并假定另一家是跟随者，均衡能够确定吗？市场运行的结果是怎样的？

4.11 在 4.2.1 节中的古诺市场中，假设每家（相同的）厂商的成本函数是 $c(q)=k+cq$，其中 $k>0$ 是固定成本。

(a) 在厂商数目为 J 的市场中，均衡价格、市场产出和厂商利润各是多少？

(b) 如果市场进出自由，市场在长期均衡中的厂商数目是多少？

4.12 在 4.2.2 节的伯川德寡头模型中，市场需求为 $Q=\alpha-\beta p$，厂商的固定成本为 0 且有着相同的边际成本。在如下条件成立时，找出一组伯川德均衡的价格 (p_1, p_2) 和产量 (q_1, q_2)。

(a) 厂商 1 的固定成本 $F>0$；

(b) 两家厂商的固定成本都是 $F>0$；

(c) 固定成本是零，但厂商 1 的边际成本低于厂商 2，即 $c_2>c_1>0$。（假设在此情况下，只要两家厂商的价格相同，较低成本的厂商就会获得整个市场。）

4.13 双寡头市场上，两家厂商生产的产品 q_1 和 q_2 互为替代品，其反需求曲线分别为：

$$p_1=20+\frac{1}{2}p_2-q_1\text{；}\ p_2=20+\frac{1}{2}p_1-q_2$$

每家厂商的边际成本固定为 20 且没有固定成本。它们是价格而非产量上的古诺竞争者。计算这个市场的古诺均衡，并给出每种商品的均衡价格和数量。

4.14 行业由多家相同的厂商组成，其成本函数为 $c(q)=q^2+1$。有 J 家厂商活跃于市场，每家厂商面临相同的反市场需求曲线 $p=10-15q-(J-1)\bar{q}$ 其中 $\bar{q}$ 为其他 $J-1$ 家厂商的平均产出。

(a) 市场中有 J 家厂商且没有进入和退出，当厂商像古诺企业那样选择产出的时候，代表性厂商的短期均衡产出 q^* 是多少？

(b) 长期中会有多少家厂商活跃于行业中？

4.15 设一个垄断竞争市场中有 J 家厂商 $j=1, 2, \cdots, J$，厂商 j 面临的需求函数为：

$$q^j=(p^j)^{-2}\left(\sum_{\substack{i=1\\ i\neq j}}^{j}p_i^{-1/2}\right)^{-2},\ j=1,\cdots,J$$

不管行动与否，每家厂商 $j=1, 2, \cdots$ 都有相同的成本函数，

$$c(q)=cq+k$$

式中，$c>0$，$k>0$。在给定其他厂商的要价之后，每家厂商会选择最大化其利润的价格。

(a) 证明：若价格弹性为常数，并且所有的商品可相互替代，则每家厂商的需求曲线斜率为负。

(b) 证明：如果所有厂商等比例地提高价格，则所有商品的需求都将下降。

(c) 求出长期的纳什均衡下的厂商数目。

4.16 假设某个消费者关于所有商品的效用函数 $u(q, \mathbf{x})$ 是连续的、严格递增的、严格拟凹的，且商品向量 $\mathbf{x}$ 的价格 $\mathbf{p}$ 固定。我们用 m 表示复合商品 $\mathbf{p}\cdot\mathbf{x}$，所以 m 就是花费在 $\mathbf{x}$ 上的收入。将这两种商品 q 和 m 的效用函数 $\bar{u}$ 定义为：

4

$$\bar{u}(q,m)\equiv\max_{\mathbf{x}} u(q,\mathbf{x}) \quad \text{s.t.} \quad \mathbf{p}\cdot\mathbf{x}\leqslant m$$

(a) 证明$\bar{u}(q,m)$是严格递增且严格拟的，如果可以的话，再利用某个定理证明该函数也是连续的。

(b) 证明：如果$q(p,\mathbf{p},y)$和$\mathbf{x}(p,\mathbf{p},y)$表示消费者对$q$和$\mathbf{x}$的马歇尔需求，那么，$q(p,\mathbf{p},y)$和$m(p,\mathbf{p},y)\equiv\mathbf{p}\cdot\mathbf{x}(p,\mathbf{p},y)$是下列问题的解

$$\max_{q,m}\bar{u}(q,m) \quad \text{s.t.} \quad pq+m\leqslant y$$

其中$\bar{u}$的最大值为$v(p,\mathbf{p},y)$。

(c) 证明：若除了一种商品以外其他所有商品的价格固定，我们可以将其视为两种商品的情形来分析消费者问题，一种是价格不固定的商品，另一种是复合商品，即花费在其他所有商品上的钱。

4.17 设在$p^0q+\mathbf{p}^0\cdot\mathbf{x}\leqslant y^0$的条件下，$(q^0,\mathbf{x}^0)\gg\mathbf{0}$使得$u(q,\mathbf{x})$达到最大值．证明：在$(q^0,\mathbf{x}^0)$和$\nabla u(q^0,\mathbf{x}^0)\gg\mathbf{0}$处$u$是可微的，那么当商品$q$的价格下降到$p^1$时，消费者愿意支付严格大于$(p^0-p^1)q^0$的货币。

4.18 Willig (1976) 证明，当需求的收入弹性与价格无关时，对于相关区域内的所有p和y，有：

$$\frac{\partial q(p,y)}{\partial y}\frac{y}{q(p,y)}\equiv\eta(y)$$

那么对基期的价格p^0和y^0来说，CS和CV相关，有：

$$-\Delta CS=\int_{y^0}^{CV+y^0}\exp\left(-\int_{y^0}^{\zeta}\frac{\eta(\xi)}{\xi}\mathrm{d}\xi\right)\mathrm{d}\zeta$$

(a) 证明：当收入弹性为不等于1的常数时：

$$CV=y^0\left[\frac{-\Delta CS}{y^0}(1-\eta)+1\right]^{1/(1-\eta)}-y^0$$

(b) 用上式证明，当需求与收入无关时，$-\Delta CS=CV$，那么消费者剩余可作为价格变化所引起的福利效应的精确度量；

(c) 当收入为单位弹性时，推导出CV和ΔCS的关系。

(d) 最后，利用(a)中的结论建立一条有用的拇指法则，在收入弹性不变时，用它来快速估计出消费者剩余变动和补偿变化之间的偏差。证明：当收入弹性为不等于1的常数时，有$(CV-|\Delta CS|)/|\Delta CS|\approx(\eta|\Delta CS|)/2y^0$。

4.19 某个消费者对单个商品x和其他所有商品m的偏好可由效用函数$u(x,m)=\ln(x)+m$来表示。设x的价格为p，m的价格为1，收入为y。

(a) 推导出x与m的马歇尔需求。

(b) 推导出间接效用函数$v(p,y)$。

(c) 运用斯勒茨基方程把x价格变动导致的需求变动分解为收入效应和替代效应，并简要解释。

(d) 假设x的价格从p^0上升到p^1，$p^1>p^0$。证明：p^0和p^1之间的消费者剩余区域可以作为价格变化的福利效应的精确度量。

(e) 用两个图形来详细说明你的结论：上面的图给出无差异曲线和预算线；下面的图给出马歇尔需求和希克斯需求。确保你的图形反映出你所发现的所有关于偏好和需求的实质性信息。一定要考虑到p^0和p^1，并标出马歇尔需求和希克斯需求。

4.20 消费者对某种商品x的需求为$x(p,y)=y/p$，这里p是商品的价格，y是消费者的收入。设其收入为7美元。求出商品价格从1美元上升至4美元后的补偿变化。

4.21 用一个类似于图4-6的图形证明需求曲线竞争点以下的“价格—数量”组合不是帕累托有效的。

4.22 垄断厂商面临着线性需求函数$p=\alpha-\beta q$，其成本为$C=cq+F$，这里所有参数均为正，$\alpha>c$，且$(\alpha-c)^2>4\beta F$。

(a) 求出垄断厂商的产出、价格和利润；

(b) 计算出无谓损失，并证明其数值为正；

(c) 如果政府规定厂商的定价必须使消费者和生产者剩余之和最大化，且不能实施价格歧视。厂商的定价一定会是多少呢？证明此政策下厂商的利润为负，所以从长期来看这种规制政策是不可持续的。

4.23 根据前面的练习题构建拉姆齐法则，

4

假设一个垄断者面临负斜率的需求曲线，$p=p(q)$，成本为$C=cq+F$。现在假设政府规定厂商的定价 p^* 必须使消费者剩余和生产者剩余最大化，前提是厂商的利润非负，从而这一政策规制可以持续下去。证明：在这个政策下，厂商的定价会高于边际成本，价格与边际成本的偏差百分比（$(p^*-c)/p^*$）与 $1/\epsilon^*$ 成比例，这里 ϵ^* 是厂商在最优的“价格—数量”组合上的价格弹性。解释你的结论。

4.24 在只有两家厂商的完全竞争市场上，假设（$\bar{p}$，$\bar{q}$）是均衡价格和均衡产出。证明：当需求曲线斜率为负且边际成本上升时，（$\bar{p}$，$\bar{q}$）满足消费者和生产者剩余之和最大化的二阶条件。

4.25 （产品选择中的福利偏误）垄断者必须在两种不同的产品设计中进行选择。每种设计都对应着不同的市场需求和生产成本。如果选择 x_1，市场需求和成本分别为：

$$x_1=\begin{cases}\dfrac{2}{p_1}+6\dfrac{7}{8}-p_1，0<p_1\leqslant 6\dfrac{7}{8}\\[2mm] \dfrac{2}{p_1}，p_1>6\dfrac{7}{8}\end{cases}$$

$$c_1(x_1)=5\frac{1}{8}+x_1$$

如果选择 x_2，则市场需求和成本分别为：

$$x_2=7\frac{7}{8}-1\frac{1}{8}p_2$$

$$c_2(x_2)=4\frac{1}{8}+x_2$$

注意两种设计在成本上的不同仅体现在固定成本方面。

(a) 分别计算出采用这两种不同设计时厂商的定价和利润。

(b) 在同一个坐标系中详细描绘出两种产品涉及的需求曲线和边际成本曲线。厂商的选择能够使消费者剩余和生产者剩余之和达到最大吗？并能够使产出是帕累托有效的吗？

4.26 假设一个竞争性行业处于长期均衡中。市场需求是线性的，$p=a-bQ$，这里 $a>0$，$b>0$，Q 是市场的产出。行业中的每家厂商面临着相同的成本函数$c(q)=k^2+q^2$。

(a) 长期均衡价格是多少？（必要时可以对参数值加以限制，以确保结果为正且小于 a。）

(b) 假设政府对行业中的厂商所生产的每单位产出征收 $t>0$ 的税收。试描述长期中行业中的厂商数目会发生什么变化。税后的市场均衡价格是多少？（这里同样可以对参数的数值进行限制，确保结果为正且小于 a。）

(c) 计算税收对于消费者剩余的长期影响。证明：在税后的市场均衡下，税收造成的消费者剩余损失超过了政府征税所获得的收益。

(d) 在税收收入相同的情况下，消费者会更偏好征税对象为生产者而不是消费者自身的征税方式吗？证明你的结论。

(e) 在税收收入相同的情况下，消费者更喜欢对自身征税的条件是什么？

4.27 政府对一家垄断厂商单位产品征收 $t>0$ 的税负。垄断者面临的需求函数为 $q=p^{-\epsilon}$，其中，$\epsilon>1$，平均成本为常数。证明垄断厂商提价的幅度将会大于单位税率。

4.28 某家厂商在不确定的环境下面临着形式为$g=(p_1\circ\pi_1，\cdots，p_n\circ\pi_n)$ 的赌局，其中 π_i 为利润，p_i 表示结果出现的概率。企业主关于风险利润有一个 VNM 形式的效用函数，它是一个期望效用的最大化者。证明：当且仅当企业主是风险中立者时，它才会选择最大化期望利润。

4.29 考虑一个两时期垄断者，它面临着负斜率的反需求函数 $p_t=p(q_t)$，时期 $t=0$，1。厂商最大化的利润的现值 $PDV=\sum_{t=0}^{1}(1+r)^{-t}\pi_t$，这里 $r>0$ 是指市场利率，π_t 是指 t 时期的利润。在下列情形下，假设厂商每个时期的成本都随着产出的增加而增加且是严格凸的，而 PDV 是严格凹的。

(a) 如果成本 $c_t=c(q_t)$，$t=0$，1。证明：厂商按照边际收益等于边际成本的原则来调整产出，使得每个时期的“短期利润最大化”。

(b) 现在假设厂商可以通过“干中学”来积累经验。第 0 期的成本为 $c_0=c_0(q_0)$，但是第 1 期的成本和第 0 期的产出有关，$c_1=c_1(q_1，q_0)$，其中 $\partial c_1/\partial q_0<0$。厂商在每一期还会是一个“短期利润最大化”者吗？请解释。

第5章　一般均衡

很多学者认为，亚当·斯密的《国富论》(1776) 的出版是经济学诞生的标志。在众生逐利的市场行为所造成的乱象背后，斯密窥见了一股造福社会的和谐力量。有一只“看不见的手”(invisible hand) 会引导市场体系达到均衡。斯密相信，这种均衡在一定程度上符合社会利益。

关于竞争性市场体系，人们可能有诸多疑问。即刻闪现的一个根本问题是：斯密认为，众多自利的个体在非人格化市场上的买卖交易会构成一个平稳运行的体系，斯密的这种观点具有内在的逻辑一致性吗？如果有，这种体系是否会趋向一种特定的状态？或是存在许多这样的状态？状态是易变的，还是稳健的？

这些就是一般竞争均衡的存在性、唯一性和稳定性问题。它们都是深刻且重要的，但我们这里仅阐述第一个问题，即竞争均衡的存在性。

从许多方面来看，均衡的存在性都是最根本的、最值得我们高度关注的问题。有争议的正是竞争性市场体系概念的逻辑一致性。这通常被表述为均衡价格的存在性问题，即市场上每种商品和服务的供给与需求能在均衡价格上同时达到平衡。商品交易的市场价格是我们能消费什么进而也是我们所获福利的主要决定因素。因此，在市场经济中，市场价格在很大程度上决定了“为谁生产”的问题。

在本章中，我们不仅要探讨使市场出清的一组价格的存在条件，还要研究市场体系如何更好地解决分配这个基本的经济问题。我们开始先在非常一般的意义上探讨分配问题，随后考虑一般竞争均衡本身的存在性。在此过程中，我们将重点审视斯密的论断，即竞争性的市场体系通过其成员无意识的集体意向提高了社会福利。

5.1　交换均衡

现在我们将在一个不存在有组织的市场的简单社会中探讨“分配”这一基本的经济学问题。我们的目的是描述出经由自愿交换过程可能产生的结果。通过检验这些结果，我们可以确立一个基准，以此来比较竞争市场体系下所实现的均衡。

我们所要观察的社会简单无比。首先，没有生产。商品存在，但我们不想追问它从何而来，而只是假设每个消费者由自然“赋予”一定数量和种类有限的可消费商品。每个消费者都对可获得的商品组合有自己的偏好，他们也只关注自身的福利。行为人可以消费他们的商品禀赋，也可以与他人进行物物交换。我们承认这个社会的私有产权制度，并假设大家遵守自愿、非强迫的交易原则。没有强制，且消费者都是自利的，则自愿交换是对商品的初始配置进行再分配的唯一途径。在这种情境中，预想一下，可能会出现什么结果？或者换个问题，通过自愿交换，这个系统将会在什么地方静止下来？我们把这种静止点视为物物交换的均衡点。

为使分析简化，假设这个社会只有两个消费者，1 和 2；只有两种商品，x_1 和 x_2。令 $\mathbf{e}^1 \equiv (e_1^1, e_2^1)$ 和 $\mathbf{e}^2 \equiv (e_1^2, e_2^2)$ 分别表示消费者 1 和 2 所拥有的两种非负的商品禀赋，则这个社会每种商品的总量可通过向量加总得出，即 $\mathbf{e}^1 + \mathbf{e}^2 = (e_1^1 + e_1^2, e_2^1 + e_2^2)$。（从现在开始，符号的上标表示消费者，下标表示商品。）

这种经济的本质特征可用精巧的**埃奇沃思盒状图**（Edgeworth box）来分析，我们在中级水平的课堂上已经熟悉了这种方法。在图 5-1 中，横轴表示 x_1 的数量，纵轴表示 x_2 的数量。左下方是消费者 1 的起始点，右上方是消费者 2 的起始点。从 0^1 点出发沿着底边向右移动，表示消费者 1 的 x_1 数量增加；从 0^2 点出发沿着顶边向左移动，表示消费者 2 的 x_1 数量增加；同理，从 0^1 点出发在左侧垂直向上移动，表示消费者 1 的 x_2 的数量增加；从 0^2 点出发在右侧垂直向下移动，表示消费者 2 的 x_2 数量的增加。如此构造出的盒状图，其宽度度量 x_1 的总禀赋，其高度度量 x_2 的总禀赋。

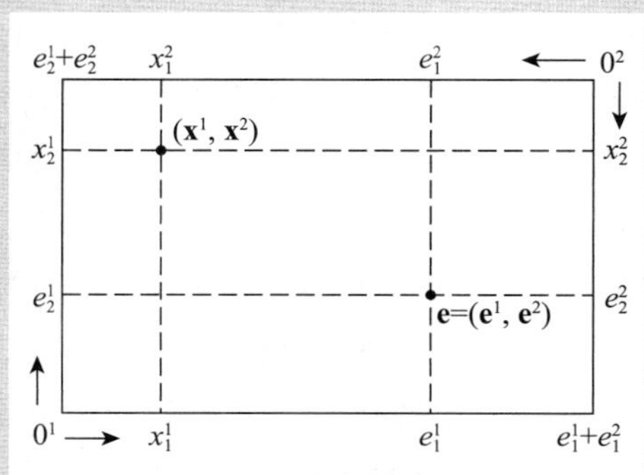

图 5-1 埃奇沃思盒状图

需要注意的是，盒状图中的每个点都有四个坐标——其中两个表示消费者 1 所拥有的两种商品的数量，另外两个表示消费者 2 所拥有的两种商品的数量。盒状图的宽与高由总的禀赋数量固定，所以每个四坐标点的集合都代表了商品总量在两个消费者之间的某种分配。例如，图中标注为 $\mathbf{e}$ 的点表示一对初始禀赋 $\mathbf{e}^1$ 和 $\mathbf{e}^2$。盒状图中的其他所有点都代表消费者之间其他可能的分配方式。因此，盒状图完整描绘了现有商品在消费者之间所有可行的分配。

为了能完整地对两人交换的经济加以描述，假设每个消费者的偏好都可以用正常的、凸的无差异曲线图来表示。在图5-2中，消费者1的无差异曲线图谱沿着右上方增加，消费者2的无差异曲线图谱则沿左下方向增加。对每个消费者来说，盒中的每个点都只能有一条无差异曲线经过。标有 CC 的曲线是两个消费者无差异曲线切点的连线，它是分配方案的子集，称为**契约线**（contract curve）。对契约线之外的任何一点来说，两个消费者的无差异曲线都必定在此相交。

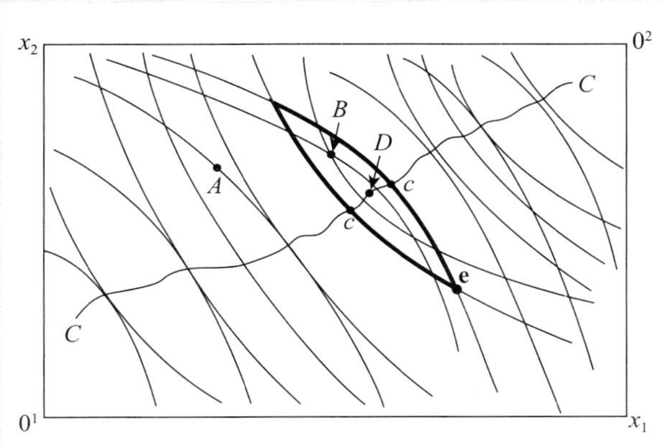

图5-2 两人交换的均衡

5

假定初始禀赋为 **e**，在这个交换经济中，哪种配置将会是物物交换均衡？显然，第一个条件就是均衡一定“在盒状图中”，因为只有盒状图中的配置方案是可行的。但并非每种可行的配置都是物物交换均衡。例如，假设提议一项从 **e** 到 A 点的再分配方案。消费者2的境况会得到改善，而消费者1显然受损。因为这个经济是建立在自愿交换的基础上的，消费者都是自利的，到 A 点的再分配会被消费者1拒绝或抵制，所以给定初始禀赋，A 不会作为均衡出现。出于同样的考虑，穿过 **e** 点的消费者1的无差异曲线左侧的所有配置都会被消费者1所抵制，同样，穿过 **e** 点的消费者2的无差异曲线右侧的所有配置都会被消费者2所拒绝。

因此，只有穿过 **e** 点的两个消费者的无差异曲线所围成的透镜状区域内部及其边界上的配置才是可能的物物交换均衡。与 **e** 点相比，边界上的每个点都会在不使一个消费者受损的情况下而使另一个消费者的境况得到改善。为得到这些收益，消费者之间必然要进行交易。消费者1必须放弃一些 x_1 以从消费者2那里换取一定量的 x_2，消费者2必须放弃一些 x_2 以从消费者1那里换取一定量的 x_1。

不过，透镜区域内部所有的配置都是物物交换均衡吗？假设再分配到区域内的 B 点。因为 B 不在契约线上，穿过 B 点的两条无差异曲线一定彼此相交，形成完全包含在初始区域内的另一个透镜状区域。消费者通过合适的交易偏离 B 点到达透镜区域内部，他们的福利会严格改善。因此，B 点及其他所有穿过 **e** 点的透镜区域内部但不在契约线上的点都不是物物交换的均衡点。

现在来考虑契约线上 cc 段的点，如 D 点。毫无疑问，从 $\mathbf{e}$ 到这些点的变动都会使双方福利得到改善。而且一旦消费者交易到 D 点，就再也不会有双赢的交易出现了。因此，一旦到达 D 点，便不会再有交易发生：D 是一个物物交换的均衡。实际上，cc 段的任何一点都是物物交换的均衡点。一旦消费者同意交易，且能达成位于 cc 上的任意配置，如果此时再提出转向盒中任何其他配置的再分配方案，都会遭到一个或两个消费者的抵制。（当然，其中也包括从 cc 内的一个点转向另一点的变动。）如果你不信的话，不妨从 cc 上挑出任意一点，考虑几种可能的再配置方案，自己证实一下上述结论。一旦配置位于 cc 之上，我们就可以断定：接下来不会再有任何变动发生了。

显然，系统可能衍生出很多物物交换的均衡。让人感到欣慰的是，我们已经识别出了所有可能的均衡。注意，这些均衡具有共同的特征，即一旦达到均衡，如果不损害至少一位消费者的福利，就不可能移动到盒状图中的其他位置。因此，交换均衡的每个点都是第 4 章所描述的帕累托有效的。

5

下面考虑多个消费者和多种商品的情况。令

$$\mathcal{I}=\{1,\cdots,I\}$$

表示消费者集合，假设存在 n 种商品。每个消费者 $i\in\mathcal{I}$ 都有一种偏好关系 $\succsim^i$，且被赋予一个 n 种商品的非负向量，$\mathbf{e}^i=(e_1^i,\cdots,e_n^i)$。集合 $\varepsilon=(\succsim^i,\mathbf{e}^i)_{i\in\mathcal{I}}$ 定义了一个**交换经济**（exchange economy）。

在这个交换经济中，物物交换的均衡具有什么样的特征条件呢？如前所述，第一个条件就是分配给个人的商品不能超过可利用的商品总量。令

$$\mathbf{e}\equiv(\mathbf{e}^1,\cdots,\mathbf{e}^I)$$

表示经济的禀赋向量，将一种**配置**（allocation）定义为一个向量

$$\mathbf{x}\equiv(\mathbf{x}^1,\cdots,\mathbf{x}^I)$$

其中 $\mathbf{x}^i\equiv(x_1^i,\cdots,x_n^i)$ 表示消费者 i 在配置中得到的商品组合。在这个经济中，所有**可行配置**（feasible allocation）集合由下式给出：

$$F(\mathbf{e})\equiv\left\{\mathbf{x}\,\middle|\,\sum_{i\in\mathcal{I}}\mathbf{x}^i=\sum_{i\in\mathcal{I}}\mathbf{e}^i\right\} \tag{5.1}$$

它包含了商品在消费者之间的所有配置，而且每种商品可利用的总量都没有剩余。因此，$\mathbf{x}$ 作为一个物物交换均衡的第一个条件就是 $\mathbf{x}\in F(\mathbf{e})$。

在两个消费者的情形下，我们注意到，如果两人的境况通过交易都能得以改善，则他们并不处于物物交换的均衡。因此，在一个物物交换的均衡中，不可能存在帕累托改进。这个结论也可以推广到更一般的情况中。为正式表述这个观点，我们从如下讨论开始。

定义 5.1　帕累托有效配置

假设有一种可行的配置 $\mathbf{x}\in F(\mathbf{e})$，如果不存在其他可行的配置 $\mathbf{y}\in F(\mathbf{e})$，使得对所有消费者 i 来说有 $\mathbf{y}^i \succsim^i \mathbf{x}^i$，且至少有一个偏好严格成立，则 $\mathbf{x}$ 是帕累托有效的。

所以说，如果一种配置在不使其他人的境况严格变坏的情况下就无法使某些人的境况严格变好，则这种配置是帕累托有效的。

如果 $\mathbf{x}\in F(\mathbf{e})$ 不是帕累托有效的，则一定存在另一个可行的配置 $\mathbf{y}$，使得某些人的境况严格变好而没有人因此受损。因此，福利境况得到严格改善的消费者就会与其他人进行交易，他会说："我会给每位消费者 i 商品组合 $\mathbf{y}^i$，以交换商品组合 $\mathbf{x}^i$。"因为 $\mathbf{x}$ 和 $\mathbf{y}$ 两种配置都是可行的，因此这项交易可行。没人会反对，因为它使得每个人的境况都至少和交易之前一样好，而且它（至少）使一个消费者的境况得到严格改善。进而，$\mathbf{x}$ 不会是均衡。于是，作为物物交换的均衡，$\mathbf{x}$ 必须是可行的且帕累托有效的。

现在假设 $\mathbf{x}$ 是帕累托有效的配置。我们能偏离 $\mathbf{x}$ 吗？不能。因为 $\mathbf{x}$ 是帕累托有效的，其他可行配置要想改善一个人的境况必定会至少使某个消费者受损。因此，受损的消费者将拒绝偏离 $\mathbf{x}$ 的交易。

现在我们知道，只有帕累托有效的配置才有可能是物物交换的均衡，而且一旦实现了一个帕累托有效配置，它就的确是我们自愿交换过程的一个均衡。因此，接下来需要对通过自愿交换达成的帕累托有效配置的集合进行说明。

回忆存在两个消费者的情形，并非所有的帕累托有效配置都是均衡，也就是说，均衡点需要满足两个条件：首先要位于契约线上，而且还要处于通过禀赋点的无差异曲线所围成的透镜区域内。理由是，其他的帕累托有效配置——在契约线上但在透镜区域外——至少会使一个消费者的境况相比于不进行交换而只是消费初始禀赋的情形要差一些。因此，这样的帕累托有效配置会遭到其中一个消费者的"抵制"。

同理，当存在两个以上的消费者时，任何使消费者的境况比消费初始禀赋更差的配置都不会是均衡的。消费者会拒绝进行交易。但事实上，使你拒绝交易以达到某些帕累托有效配置的原因不止一个。的确如此，在所提议的配置中，尽管你可能更偏好分派给你的商品组合胜过你自己的禀赋，但你总能找到另一个消费者达成交易。一旦双方进行了交易，你的境况会变好，而他的境况也不会变差。但你也有可能发现，另一个消费者会抵制这场交易——虽然交易能让你的境况变好而且也不会让他的境况变差（也没变好）——进而就不会和你进行交易。因此，尽管你自己无法抵制某个建议，但可以伙同其他人一块儿抵制它。当然，潜在的抵制并不局限在两人联盟中。三人或更多人都可以联合在一起抵制某种配置。将此铭记于心，考虑下述问题。

定义 5.2　抵制联盟

令 $S\subset\mathcal{I}$ 表示一个消费者联盟。如果存在一种配置 y，使得[①]：

① 没必要坚持要求 $\mathbf{y}\in F(\mathbf{e})$，因为通过用 $\mathbf{e}^j$ 替代 $\mathbf{y}$ 中即将分配给消费者 $j\in S$ 的商品组合，总是能满足上述条件。

1. $\sum_{i\in S}\mathbf{y}^i=\sum_{i\in S}\mathbf{e}^i$；

2. 对于所有的 $i\in S$，$\mathbf{y}^i\succsim^i\mathbf{x}^i$，至少有一个偏好严格成立。

则称 S 抵制 $\mathbf{x}\in F(\mathbf{e})$。

定义中的条件 1 和 2 表明，在 S 中的消费者必须能够拿出他们自己已有的商品，并在他们之间进行差异性的分配，使得与他们在 $\mathbf{x}$ 下的分配相比，没有人受损且至少一人会受益。因此，只要某个集团的境况比在 $\mathbf{x}$ 下的“自给自足”好，不管它的规模如何，分配 $\mathbf{x}$ 都会被该集团所抵制。比较而言，如果没有联盟能抵制某配置，则我们说该配置是“不受抵制的”。于是，我们对均衡的最后要求就是：配置是不受抵制的。

注意，这个论断也照顾到了两个消费者的情况，因为透镜区域之外的所有配置都受到联盟的抵制，只不过联盟是由一个消费者组成的（有时是消费者 1，有时是消费者 2）。此外，一般而言，如果 $\mathbf{x}\in F(\mathbf{e})$ 是不受抵制的，则它一定是帕累托有效的，否则它一定会被大联盟 $S=\mathcal{I}$ 所抵制。这使我们可以非常简洁地归纳出交换均衡所需的条件。

5

具体来说，在禀赋为 $\mathbf{e}$ 的交换经济中，如果一个配置 $\mathbf{x}\in F(\mathbf{e})$ 不受任何消费者联盟抵制，则该配置 $\mathbf{x}$ 就是一个均衡。花点儿时间自己证明一下，这个定义能简化成我们之前在两种商品和两个消费者中提出的定义。

我们已经识别出的作为自愿交换过程均衡的配置集被称为“核”，为将来参考所用，将其定义如下。

定义 5.3 交换经济的核

禀赋为 $\mathbf{e}$ 的交换经济的核表示为 $C(\mathbf{e})$，是所有不受抵制的可行配置的集合。

我们能肯定地说每个交换经济都至少有一种配置处于核内，即肯定至少存在一个可行且不受抵制的配置吗？正如我们下面要证明的那样，在许多熟悉的条件下，答案是肯定的。

我们已经讨论过，在理想环境中（包括无成本地组成联盟以及无成本地获取达成互惠交易所需的信息），通过自愿交易的过程，消费者被引导着去寻求达成位于核中的配置。从这一点来看，核中的点似乎离真实世界的经济现实相差甚远。毕竟，多数人同绝大多数消费者都没有直接的接触。因此，不管经济是如何被组织的（中央计划的、市场的或其他方式），令人倍感惊奇的是，未达成的交易中不会有多少收益了。在下一节中，我们研究竞争性市场所组织的经济，这会让你大吃一惊！

5.2 竞争市场体系均衡

在上一节中，我们检验了一个非常原始的经济体系，它建立在完全自愿的物物交换的基础之上。这里我们要了解一下复杂经济体系中均衡和分配的问题。在一个

完全竞争市场体系（perfectly competitive market system）中，个体间的所有交易都是通过非人格化市场来调节的。消费者的市场行为仅仅受他们的个人利益所指引，而且每个消费者，不管是作为买方还是卖方，在市场上都是微不足道的，无力影响现行价格。在现行的市场价格水平下，当买方决策的总量与卖方决策的总量一致时，每个市场就分别实现了均衡。在现行价格上，当每个市场上的买方需求与卖方供给同时匹配时，市场体系就达到了均衡。

我们现在要指出，竞争模型的一个显著特点就是它的分散化性质。每个消费者完全了解所有市场上商品的现行价格，购买最优的商品组合，他无须考虑其他消费者需求什么，因为他确信市场已有充足的产量。同理，生产者也完全了解所有商品（投入品与产出品）的现行价格，选择利润最大化的产量，他们也不用考虑其他生产者生产多少，因为确信他们的产出会被购买。

竞争模型分散化决策所表现出的简单直接（每个行为人都按自己的利益行事，而忽略其他人的行动）应该被视为一种优势。因为在均衡中，消费者的需求将被满足，而且生产者的产出将被购买，其他参与人的行为可忽略不计，消费者和生产者需要了解的唯一信息就是现行价格。因此，这个模型的信息需求是最小的。这与上一节提出的物物交换模型形成了鲜明对比，在物物交换模型中，每个消费者都要详细了解其他消费者的偏好和商品组合。

显然，忽略他人行为的最优性，这要求在现行的价格水平上，消费者的需求被满足，而且生产者的供给被售出。因此，其本质在于价格能保证所有的市场同时出清。但是，假设存在一个合适的价格向量，确保消费者的多样化偏好以及最终的需求总量恰好与市场的生产一端那些本质不同、能力各异的众多厂商的供给相匹配，这个假设是不是有点过于大胆了呢？这样一种价格向量的存在并不是显而易见的，但是我们竞争性模型的内在一致性要求这样一种价格向量存在。

为了使你对可能的困难有直观的感受，假设只有三种商品，而且在目前的价格水平上，对商品1的需求等于它的供给，即这个市场是均衡的。但假设商品2存在过度需求，商品3存在过度供给，以至这两个市场在目前价格水平上都不能出清。于是，我们当然可以假设，在这些市场上，提高商品2的价格并降低商品3的价格便可实现均衡。这么做有助于减少这些市场上的供求差异，但价格变化可能也会影响对商品1的需求！如果商品1和商品2是替代品，则提高商品2的价格将导致对商品1的需求增加。所以改变商品2和商品3的价格的目的是使这些市场达到均衡，但这种行为又可能会打破商品1市场的均衡。

市场的相互依存使得均衡价格向量的存在成为一个非常微妙的问题。但是，同时使所有市场出清的价格向量的存在，对于运用第1章和第3章提出的消费者与生产者模型又是至关重要的。在第1章和第3章中，我们假设需求总能被满足，供给总能被售出。幸运的是，尽管均衡价格向量的存在并非显而易见，但我们能够证明（付出大量的努力），在某些有经济意义的条件下，的确存在至少一个价格向量使得所有市场同时出清。现在我们就来回答这个关键问题。

5.2.1 均衡的存在性

为了使分析简化，我们先在模型中考虑一个不存在生产的经济。再次令 $\mathcal{I}=\{1,\cdots,I\}$ 表示消费者集合，假设每个消费者都被赋予一个 n 种商品的非负向量 $\mathbf{e}^i$，再假设每个消费者对消费集合 $\mathbb{R}_+^n$ 的偏好都能用一个效用函数 u^i 来表示，且 u^i 满足以下条件。①

假设 5.1　消费者效用

效用 u^i 在 $\mathbb{R}_+^n$ 上是连续的、强递增的且严格拟凹的。

在竞争市场上，每个消费者，不管作为买方还是卖方，都将价格视为既定。如果 $\mathbf{p}\equiv(p_1,\cdots,p_2)\gg\mathbf{0}$ 是市场价格向量，则每个消费者对下式求解：

$$\max_{\mathbf{x}^i\in\mathbb{R}_+^n} u^i(\mathbf{x}^i) \quad \text{s. t.} \quad \mathbf{p}\cdot\mathbf{x}^i\leqslant\mathbf{p}\cdot\mathbf{e}^i \tag{5.2}$$

（5.2）式中的约束条件只是简单地表达了消费者通常的预算约束，但明确地表明了

消费者的收入来源。直觉上，我们可以想象一个消费者在现行市场价格上售出他的全部禀赋，得到收入 $\mathbf{p}\cdot\mathbf{e}^i$，然后面临普通的约束，即支出 $\mathbf{p}\cdot\mathbf{x}^i$ 不能超过收入。（5.2）式的解$\mathbf{x}^i(\mathbf{p},\mathbf{p}\cdot\mathbf{e}^i)$是消费者的需求组合，它取决于市场价格和消费者的禀赋收入。我们先把这个熟悉的结论写在这里备用。

定理 5.1　需求的基本性质

如果 u^i 满足假设 5.1，那么对于每个 $\mathbf{p}\gg\mathbf{0}$ 来说，消费者问题（5.2）都有唯一的解 $\mathbf{x}^i(\mathbf{p},\mathbf{p}\cdot\mathbf{e}^i)$。此外，$\mathbf{x}^i(\mathbf{p},\mathbf{p}\cdot\mathbf{e}^i)$ 在 $\mathbb{R}_{++}^n$ 上关于 $\mathbf{p}$ 是连续的。

回忆一下，解的存在性源于 $\mathbf{p}\gg\mathbf{0}$，而后者意味着预算集是有界的；解的唯一性源于 u^i 的严格拟凹性；在 $\mathbf{p}$ 上的连续性源自定理 A2.21（最大值定理），而且这个定理要求$\mathbf{p}\gg\mathbf{0}$。我们在这里强调 $\mathbf{x}^i(\mathbf{p},\mathbf{p}\cdot\mathbf{e}^i)$ 并不是在所有的 $\mathbb{R}_+^n$ 关于 $\mathbf{p}$ 都是连续的，因为如果某个商品的价格为零，则需求可能是无限的。我们随后将不得不花时间来处理这种令人讨厌又不可避免的难题。

可以把消费者的禀赋 $\mathbf{e}^i$ 解释为大自然赐予消费者 n 种商品中每一种的数量，消费者在各个市场上对这些商品的供给弹性为零。

我们现在对即将要分析的市场体系做简单的说明。某种商品的市场需求为单个消费者需求的简单加总，市场供给也是单个消费者供给之和。有 n 种商品，所以整个市场体系由 n 个市场组成，每个市场都有它的需求和供给。因为消费者对任何一种商品的需求都取决于每一种商品的价格，如此构建出的市场体系将是一个彻彻底底的相互依存的系统，因此任何一个市场的具体情况都会影响其他市场，同时也会

---

① 回忆一下，对一个函数来说，如果严格增加其定义域向量中的一个分量且不降低其他分量，而函数值会严格增加，则该函数是强递增函数。需要注意的是，柯布-道格拉斯效用在 $\mathbb{R}_+^n$ 上不是强递增的，也不是严格拟凹的，所以根据假设 5.1，它被排除在外。

受到其他市场的影响。

最早沿着这些思路对市场体系做出分析的是列昂·瓦尔拉斯（Léon Walras，1874），在他所研究的市场体系中，每个市场都由不同的需求函数和供给函数所描述。时至今日，多半是出于研究和表达上的便利，通常假设每个单独的市场可以用一个超额需求函数来表示，则市场体系可以简洁地用一个 n 维的超额需求向量来描述，其中每个元素都是 n 个市场中一个的超额需求函数。

定义 5.4 超额需求

商品 k 的总超额需求函数是实值函数：

$$z_k(\mathbf{p}) \equiv \sum_{i \in \mathcal{I}} x_k^i(\mathbf{p}, \mathbf{p} \cdot \mathbf{e}^i) - \sum_{i \in \mathcal{I}} e_k^i$$

则总超额需求函数是向量值函数：

$$\mathbf{z}(\mathbf{p}) \equiv (z_1(\mathbf{p}), \cdots, z_n(\mathbf{p}))$$

当 $z_k(\mathbf{p})>0$ 时，对商品 k 的总需求超过它的总禀赋，故存在对商品 k 的超额需求；当 $z_k(\mathbf{p})<0$ 时，存在对商品 k 的超额供给。

下面将详细论述总超额需求函数的特性。

定理 5.2 总超额需求函数的特性

如果对于每个消费者 i 来说，u^i 满足假设 5.1，则对于所有的 $\mathbf{p} \gg \mathbf{0}$，有：

1. 连续性：$\mathbf{z}(\cdot)$关于 $\mathbf{p}$ 是连续的；
2. 齐次性：对于所有的 $\lambda>0$，有 $\mathbf{z}(\lambda \mathbf{p})=\mathbf{z}(\mathbf{p})$；
3. 瓦尔拉斯法则：$\mathbf{p} \cdot \mathbf{z}(\mathbf{p})=0$。

证明：连续性源自定理 5.1。

齐次性：看一下（5.2）中的约束条件，你就会知道个体需求和超额需求关于价格都是零阶齐次的，进而立即可以得出：总超额需求关于价格也是零阶齐次的。

瓦尔拉斯法则：第三条性质（瓦尔拉斯法则）非常重要。它的意思是说，总超额需求的值在任何正价格的集合上都等于 0。瓦尔拉斯法则之所以成立，因为当是强递增的时候，每个消费者的预算约束都将束紧（或取等式）。

当（5.2）的预算约束以等式成立时，

$$\sum_{k=1}^{n} p_k(x_k^i(\mathbf{p}, \mathbf{p} \cdot \mathbf{e}^i) - e_k^i) = 0$$

对个体进行加总，得到：

$$\sum_{i \in \mathcal{I}} \sum_{k=1}^{n} p_k(x_k^i(\mathbf{p}, \mathbf{p} \cdot \mathbf{e}^i) - e_k^i) = 0$$

因为加总的顺序无关紧要，我们改变求和顺序，得到：

$$\sum_{k=1}^{n} \sum_{i \in \mathcal{I}} p_k(x_k^i(\mathbf{p}, \mathbf{p} \cdot \mathbf{e}^i) - e_k^i) = 0$$

这又等价于如下表达式：

$$\sum_{k=1}^{n} p_k \big(\sum_{i \in \mathcal{I}} x_k^i(\mathbf{p}, \mathbf{p} \cdot \mathbf{e}^i) - \sum_{i \in \mathcal{I}} e_k^i \big) = 0$$

由定义 5.4 可知，括号中的项是对商品 k 的总超额需求，因此有：

$$\sum_{k=1}^{n} p_k z_k(\mathbf{p}) = 0$$

得证。 ■

瓦尔拉斯法则有一些有趣的含义，例如，考虑一个两种商品的经济，假设价格严格为正，根据瓦尔拉斯法则，我们知道：

$$p_1 z_1(\mathbf{p}) = -p_2 z_2(\mathbf{p})$$

如果在市场 1 上存在超额需求，使得 $z_1(\mathbf{p}) > 0$，我们即可得知 $z_2(\mathbf{p}) < 0$，或者说在市场 2 上存在超额供给。同理，如果市场 1 在 p 上均衡，使得 $z_2(\mathbf{p}) = 0$，瓦尔拉斯法则确保市场 2 也处于均衡，即 $z_2(\mathbf{p}) = 0$。这两种观点都可以推广到 n 种商品（或市场）的情形。在既定价格下，市场体系中的任何超额需求都必须恰好与其他市场上同等数量的超额供给相匹配。而且，如果在某些价格集上 $n-1$ 个市场是均衡的，瓦尔拉斯法则就确保第 n 个市场也是均衡的。记住这一点大有裨益。

现在考虑某个市场体系可由过度需求函数 $\mathbf{z}(\mathbf{p})$ 表示。我们知道，任何一个市场上的超额需求 $z_k(\mathbf{p})$ 都可能受每个市场的现行价格影响，整个市场体系完全是相互依存的。在现行价格下，当商品 k 的需求量等于供给量时，或者说当 $z_k(\mathbf{p}) = 0$ 时，则在单个市场 k 上存在一个局部均衡。如果在某个价格 $\mathbf{p}$ 上，有 $\mathbf{z}(\mathbf{p}) = \mathbf{0}$，或者在每个市场上需求都等于供给，则我们可以说市场体系处于一般均衡。在每个市场上，使得需求等于供给的价格被称为**瓦尔拉斯价格**（Walrasian price）。①

定义 5.5　瓦尔拉斯均衡

如果 $\mathbf{z}(\mathbf{p}^*) = \mathbf{0}$，则价格向量 $\mathbf{p}^* \in \mathbb{R}_{++}^n$ 被称为瓦尔拉斯均衡。

我们现在转回瓦尔拉斯均衡的存在性问题上。这的确是一个重要的问题，因为它直接关系到斯密对市场经济的看法的逻辑一致性问题。如果对瓦尔拉斯均衡的存在没有充分的信心，且对均衡所处的环境没有充分的了解，人们肯定无法理智地探讨市场经济中均衡的社会和经济特性。一直以来，经济理论中的这个核心问题已经引起了许多理论家的关注。我们已经提到过瓦尔拉斯是第一个试图回答均衡存在性问题的经济学家，他把问题简化为有关市场需求和市场供给的方程组是否有解的问题。不过，瓦尔拉斯并没有给出令人满意的答案，因为他的结论依赖于荒谬的假设——未知数的数量与方程的数量相等，则方程组一定有解。瓦尔德（Abraham

① 注意，我们只关注正价格的情况，严格地说，这么做没什么道理。不过，在我们的假设下，即消费者效用函数是强递增的，如果所有价格为正，则总的超额需求可能为 0，参见练习题 5.3。

Wald，1936）第一个指出瓦尔拉斯的错误，他提供了一个简单的反例：在一个包含两个未知数和两个方程的方程组中：$x^2+y^2=0$，$x^2-y^2=1$，很容易证明这个方程组无解。瓦尔德是为均衡存在性提供正确的数学证明的第一人，但是他的证明包括很多不必要的、有关消费者偏好的严格假设。事实上，他要求消费者偏好是强可分的，而且每种商品都要表现出"边际效用递减"的性质。麦肯兹（McKenzie，1954）、阿罗和德布鲁（Arrow and Debreu，1954）首次提供了更具一般性的存在性证明。每项研究都把寻求市场出清价格构建为寻找一个不动点——仔细选择映射并运用强大的不动点定理以得出它们的结论。在以下内容中，我们也将运用不动点方法来证明均衡的存在。然而，我们鼓励读者查阅上述学者对此问题的更一般化的处理。

我们现在要列出若干有关总超额需求的条件，以保证瓦尔拉斯均衡价格向量的存在。

定理 5.3　总超额需求与瓦尔拉斯均衡

假设 $\mathbf{z}$：$\mathbb{R}^n_{++}\to\mathbb{R}^n$ 满足如下三个条件：

1. $\mathbf{z}(\cdot)$ 在 $\mathbb{R}^n_{++}$ 上连续；

2. 对于所有的 $\mathbf{p}\gg\mathbf{0}$，$\mathbf{p}\cdot\mathbf{z}(\mathbf{p})=0$；

3. 如果 $\{\mathbf{p}^m\}$ 是 $\mathbb{R}^n_{++}$ 上的一个价格向量序列，收敛于 $\bar{\mathbf{p}}\neq 0$，且对于某些商品 $\bar{p}_k=0$，则对于某些商品 $\bar{p}_{k'}=0$，在商品 k' 的市场上超额需求的相关序列 $\{z_{k'}(\mathbf{p}^m)\}$ 是无上界的。

那么存在一个价格向量 $\mathbf{p}^*\gg\mathbf{0}$，使得 $\mathbf{z}(\mathbf{p}^*)=\mathbf{0}$。

在给出证明之前，先了解一下定理中的三个条件。前两个似曾相识，在定理 5.2 的假设之下确保成立。第三个条件看起来非常陌生，首次出现，但内容很容易理解。大体上的含义是：如果某些（而非全部）商品的价格随意地接近于 0，那么其中至少有一种商品的（超额）需求接近无穷。这个条件听起来相当合理。随后我们将证明，在假设 5.1 下，条件 3 成立。

在证明该定理之前，我们注意到，正因为消费者的需求不连续，所以总超额需求也是不连续的。在非负的价格象限的边界上，要做的工作格外烦琐，所以，你会注意到，很多时候我们都会万分小心，以避开这个边界。

证明： 对于每种商品 k 及所有的 $\mathbf{p}\gg\mathbf{0}$，令 $\bar{z}_k(\mathbf{p})=\min(z_k(\mathbf{p}),\ 1)$，并且令 $\bar{z}_k(\mathbf{p})=(\bar{z}_1(\mathbf{p}),\cdots,\bar{z}_n(\mathbf{p}))$。于是，我们确信 $\bar{z}_k(\mathbf{p})$ 上界为 1。

现在，给定 $\varepsilon\in(0,\ 1)$，令

$$S_\varepsilon=\left\{\mathbf{p}\,\middle|\,\sum_{k=1}^{n}p_k=1\quad\text{以及}\quad p_k\geqslant\frac{\varepsilon}{1+2n}\,\forall\,k\right\}$$

在寻找满足 $\mathbf{z}(\mathbf{p}^*)=\mathbf{0}$ 的 $\mathbf{p}^*$ 时，我们首先应把我们的搜寻限定于集合 S_ε。图 5-3 给出了两种商品的情况。注意一下那些位于非负的价格象限的边界上和边界

旁的价格是如何被从 S_ε 中排除的。另外还要注意的是，一旦允许 ε 接近于 0，S_ε 包括的价格就会越来越多。因此，通过让 ε 趋近于 0，我们就能扩大搜寻范围。稍后我们会这么做，但眼下 ε 仍然是固定不变的。

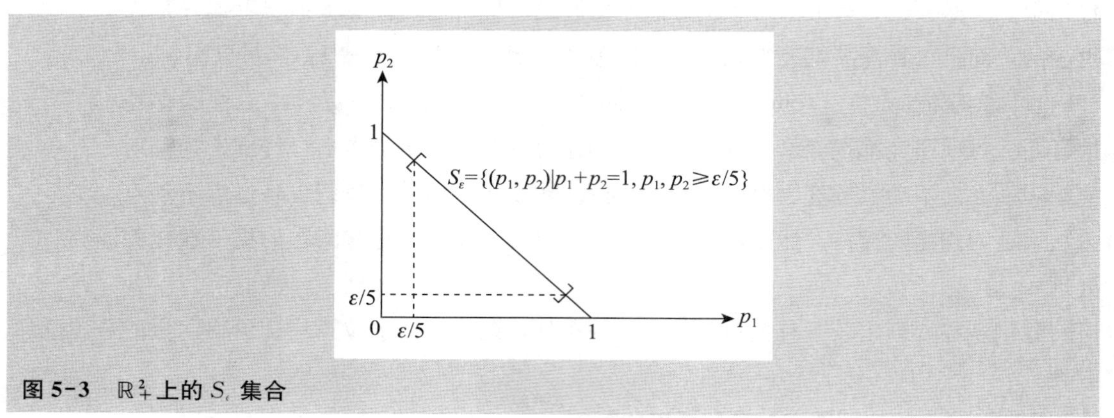

图 5-3 $\mathbb{R}^2_+$ 上的 S_ε 集合

5

注意集合 S_ε 的下列特性：它是紧的、凸的、非空的。紧的性质是因为它是闭的且有界的（请验证），凸性也很容易检验。想了解非空这个性质，需要注意，随着每个分量等于 $(2+1/n)/(1+2n)$，价格向量总是一个数字，因为 $\varepsilon<1$。

对于每种商品 k 和每个 $\mathbf{p}\in S_\varepsilon$，将 $f_k(\mathbf{p})$ 定义如下：

$$f_k(\mathbf{p})=\frac{\varepsilon+p_k+\max(0,\bar{z}_k(\mathbf{p}))}{n\varepsilon+1+\sum_{m=1}^{n}\max(0,\bar{z}_m(\mathbf{p}))}$$

并且令 $f(\mathbf{p})=(f_1(\mathbf{p}),\cdots,f_n(\mathbf{p}))$。因为对于每个 m，有 $\bar{z}_m(\mathbf{p})\leqslant 1$，所以 $\sum_{k=1}^{n}f_k(\mathbf{p})=1$且 $f_k(\mathbf{p})\geqslant\varepsilon/(n\varepsilon+1+n\cdot 1)$。由于 $\varepsilon<1$，故而 $f_k(\mathbf{p})\geqslant\varepsilon/(1+2n)$。因此 f：$S_\varepsilon\to S_\varepsilon$。

注意，既然每个 f_k 在 S_ε 上都是连续的，根据定理中的条件 1，得出 $z_k(\cdot)$ 和$\bar{z}_k(\cdot)$在 S_ε 上都是连续的，以至定义 f_k 的分子和分母在 S_ε 上都是连续的，而且分母是有界的但不等于 0，因为它的取值至少为 1。

因此，f 是一个连续函数，是非空的、紧的、凸集 S_ε 到其自身的映射。稍后我们会使用布劳威尔不动点定理（Brouwer's fixed-point theorem，定理 A1.11）来推导这个结果，即存在 $\mathbf{p}^\varepsilon\in S_\varepsilon$ 使得 $f(\mathbf{p}^\varepsilon)=\mathbf{p}^\varepsilon$；或者换个说法，对于每个 $k=1$，2，…，n，都有 $f_k(\mathbf{p}^\varepsilon)=p_k^\varepsilon$，利用 $f_k(\mathbf{p}^\varepsilon)$ 的定义并重新整理，这意味着对于每个 k 而言，有：

$$p_k^\varepsilon\left[n\varepsilon+\sum_{m=1}^{n}\max(0,\bar{z}_m(\mathbf{p}^\varepsilon))\right]=\varepsilon+\max(0,\bar{z}_k(\mathbf{p}^\varepsilon)) \tag{P.1}$$

至此，我们已经证明，对于每个 $\varepsilon\in(0,1)$，在 S_ε 中都有一个价格向量满足 (P.1)。

现在让 ε 趋近于 0，并考虑满足（P.1）的相关价格向量序列 $\{\mathbf{p}^\varepsilon\}$。需要注意

的是，价格序列是有界的，因为 $\mathbf{p}^{\varepsilon}\in S_{\varepsilon}$ 意味着每个市场上的价格总是介于0和1之间。因此，根据定理A1.8，$\{\mathbf{p}^{\varepsilon}\}$ 的某个序列必然收敛。为便于表示，假设我们有能力从右开始选择这种收敛序列，使得 $\{\mathbf{p}^{\varepsilon}\}$ 自身收敛于 $\mathbf{p}^{*}$。当然，$\mathbf{p}^{*}\geqslant\mathbf{0}$ 且 $\mathbf{p}^{*}\neq\mathbf{0}$，因为它的分量总和为1。我们认为，事实上 $\mathbf{p}^{*}\gg\mathbf{0}$。自此，条件3浮出水面。

我们用反证法来证明。假设情况并不是 $\mathbf{p}^{*}\gg\mathbf{0}$。对于某些 $\bar{k}$ 而言，必有 $p_{\bar{k}}^{*}=0$。但是定理中的条件3意味着一定存在某种商品 k'，有 $p_{k'}^{*}=0$，并且随着 ε 趋向0，$z_{k'}(\mathbf{p}^{\varepsilon})$ 无上界。

但需要注意的是，因为 $\mathbf{p}^{\varepsilon}\to\mathbf{p}^{*}$，$p_{k'}^{*}=0$ 意味着 $p_{k'}^{\varepsilon}\to 0$。因此，对于 $k=k'$ 来说，(P.1) 的左侧部分必然趋向于0，因为根据 $\bar{\mathbf{z}}$ 的定义，括号中的项有上界。然而，等式右侧明显不趋于0，因为 $z_{k'}(\mathbf{p}^{\varepsilon})$ 无上界意味着 $\bar{z}_{k'}(\mathbf{p}^{\varepsilon})$ 常假设它的最大值为1。当然，这是矛盾的，因为对于所有的值，两侧都相等。由此，我们可得出结论：$\mathbf{p}^{*}\gg\mathbf{0}$。

于是，随着 $\varepsilon\to 0$，$\mathbf{p}^{\varepsilon}\to\mathbf{p}^{*}\gg\mathbf{0}$。因为 $\bar{\mathbf{z}}(\cdot)$ 从 $\mathbf{z}(\cdot)$ 继承了在 $\mathbb{R}_{++}^{n}$ 上的连续性，随着 $\varepsilon\to 0$，我们可以取 (P.1) 的极限，得：

$$p_{k}^{*}\sum_{m=1}^{n}\max(0,\bar{z}_{m}(\mathbf{p}^{*}))=\max(0,\bar{z}_{k}(\mathbf{p}^{*}))\tag{P.2}$$

对于所有的 $k=1,2,\cdots,n$ 都成立。在两侧同乘以 $z_{k}(\mathbf{p}^{*})$，并在 k 上求和，得到：

$$\mathbf{p}^{*}\cdot\mathbf{z}(\mathbf{p}^{*})\Big(\sum_{m=1}^{n}\max(0,\bar{z}_{m}(\mathbf{p}^{*}))\Big)=\sum_{k=1}^{n}z_{k}(\mathbf{p}^{*})\max(0,\bar{z}_{k}(\mathbf{p}^{*}))$$

定理（瓦尔拉斯法则）中的条件2说的是 $\mathbf{p}^{*}\mathbf{z}(\mathbf{p}^{*})=0$，于是我们可以得出结论：前述等式的左右两侧均等于0。不过，由于 $\bar{z}_{k}(\mathbf{p}^{*})$ 的符号与 $z_{k}(\mathbf{p}^{*})$ 的符号相同，如果对于所有的 k 均有 $z_{k}(\mathbf{p}^{*})\leqslant 0$，则等式的右侧部分可能为0。$\mathbf{p}^{*}\gg\mathbf{0}$ 和瓦尔拉斯法则一道意味着 $z_{k}(\mathbf{p}^{*})=0$，这正是我们要证明的。■

因此，只要总超额需求在 $\mathbb{R}_{++}^{n}$ 上连续，满足瓦尔拉斯法则，并且随着某些（而非全部）价格趋近于0而无上界的话，瓦尔拉斯均衡（每种商品的价格严格为正）一定存在。

你可能想在没有条件3（超额需求无界）的情况下得出这个结论，但练习题5.7的证明会告诉你，此路不通！

我们已经知道，当消费者的效用函数满足假设5.1时，定理5.3中的条件1和条件2将会成立（这是定理5.2的内容），就只剩下条件3成立的证明了，马上开始。

定理5.4　效用和总超额需求

如果每个消费者的效用函数满足假设5.1，而且如果每种商品的总禀赋严格为正（即 $\sum_{i=1}^{I}\mathbf{e}^{i}\gg\mathbf{0}$），则总超额需求满足定理5.3中的条件1至3。

证明： 根据定理 5.2，条件 1 和 2 成立。因此，尚需证明的只剩下条件 3。考虑一个严格为正的价格向量序列 $\{\mathbf{p}^m\}$，它收敛于 $\bar{\mathbf{p}}\neq\mathbf{0}$，使得对于某商品 k 来说，有 $\bar{p}_k=0$。因为 $\sum_{i=1}^{I}\mathbf{e}^i\gg\mathbf{0}$，必有 $\bar{\mathbf{p}}\cdot\sum_{i=1}^{I}\mathbf{e}^i>0$，因此，$\bar{\mathbf{p}}\cdot\sum_{i=1}^{I}\mathbf{e}^i=\sum_{i=1}^{I}\bar{\mathbf{p}}\cdot\mathbf{e}^i>0$，这样的话，必定至少有一个消费者 i，其 $\bar{\mathbf{p}}\cdot\mathbf{e}^i>0$。

沿着价格序列，看一下这个消费者 i 的需求变化 $\mathbf{x}^i(\mathbf{p}^m,\ \mathbf{p}^m\cdot\mathbf{e}^i)$。依照反证法，假设这个需求向量的序列是有界的。根据定理 A1.8，一定存在一个收敛的子序列。为了不失一般性，我们可以假设（如通过重新标记子序列）初始的需求序列收敛于 $\mathbf{x}^*$。即 $\mathbf{x}^i(\mathbf{p}^m,\mathbf{p}^m\cdot\mathbf{e}^i)\to\mathbf{x}^*$。

出于表示上的方便，对于每个 m，令 $\mathbf{x}^m\equiv\mathbf{x}^i(\mathbf{p}^m,\mathbf{p}^m\cdot\mathbf{e}^i)$。因为给定价格 $\mathbf{p}^m$，$\mathbf{x}^m$ 在 i 的预算约束下最大化 u^i，而且因为 u^i 是强（也是严格）递增的，预算约束必然取等式（束紧）。即对于每个 m，

$$\mathbf{p}^m\cdot\mathbf{x}^m=\mathbf{p}^m\cdot\mathbf{e}^i$$

随着 $m\to\infty$，取极限，得：

$$\bar{\mathbf{p}}\cdot\mathbf{x}^*=\bar{\mathbf{p}}\cdot\mathbf{e}^i>0 \tag{P. 1}$$

这里，严格不等式的成立源于我们对消费者 i 的选择。

现在令 $\hat{\mathbf{x}}=\mathbf{x}^*+(0,\ \cdots,\ 0,\ 1,\ 0,\ \cdots,\ 0)$，其中 1 出现在第 k 个位置。因为 u^i 在 $\mathbb{R}^n_+$ 上是强递增的，

$$u^i(\hat{\mathbf{x}})>u^i(\mathbf{x}^*) \tag{P. 2}$$

此外，因为 $\bar{p}_k=0$，（P. 1）意味着

$$\bar{\mathbf{p}}\cdot\hat{\mathbf{x}}=\bar{\mathbf{p}}\cdot\mathbf{e}^i>0 \tag{P. 3}$$

因为 u^i 是连续的，（P. 2）和（P. 3）意味着存在一个 $t\in(0,1)$，使得

$$u^i(t\hat{\mathbf{x}})>u^i(\mathbf{x}^*)$$
$$\bar{\mathbf{p}}\cdot(t\hat{\mathbf{x}})<\bar{\mathbf{p}}\cdot\mathbf{e}^i$$

但是因为 $\mathbf{p}^m\to\bar{\mathbf{p}}$，$\mathbf{x}^m\to\mathbf{x}^*$ 且连续，这意味着对于足够大的 m 来说，

$$u^i(t\hat{\mathbf{x}})>u^i(\mathbf{x}^m)$$
$$\mathbf{p}^m\cdot(t\hat{\mathbf{x}})<\mathbf{p}^m\cdot\mathbf{e}^i$$

这与以下事实矛盾，即在价格 $\mathbf{p}^m$ 上，$\mathbf{x}^m$ 是消费者问题的解。因此，我们得出结论：消费者 i 的需求向量序列必须是无界的。

因为消费者 i 的需求向量序列 $\{\mathbf{x}^m\}$ 是无界且非负的，则必定存在某种商品 k'，使得 $\{x^m_{k'}\}$ 无上界。但由于 i 的收入收敛于 $\bar{\mathbf{p}}\cdot\mathbf{e}^i$，故而 i 的收入序列是有界的 $\{\mathbf{p}^m\cdot\mathbf{e}^i\}$。（参见练习题 5.8。）因此，定有 $p^m_{k'}\to0$，因为这是使商品 k'的需求无上界的唯一可行的方法。因此，$\bar{p}_{k'}=\lim_m p^m_{k'}=0$。

最后需要注意的是，因为商品 k' 的总供给固定且等于它的总禀赋，而且所有消费者都需要非负数量的商品 k'，消费者 i 对商品 k' 的需求无上界意味着对商品 k' 的超额需求无上界。因此，从 $\mathbf{p}^m \to \bar{\mathbf{p}} \neq \mathbf{0}$ 且对于某些 k，$\bar{p}_k = 0$ 的假设开始，我们已经证明了存在某种商品 k'，$\bar{p}_{k'} = 0$，使得沿着价格序列 $\{\mathbf{p}^m\}$，对商品 k' 的总超额需求无上界，定理得证。■

现在，我们能用更简单、更基本的模型来陈述这个有关存在性的论断，以下定理直接从定理 5.3 和定理 5.4 中得出。

定理 5.5　瓦尔拉斯均衡的存在性

如果每个消费者的效用函数都满足假设 5.1，且 $\sum_{i=1}^{I} \mathbf{e}^i \gg \mathbf{0}$，则至少存在一个价格向量 $\mathbf{p}^* \gg \mathbf{0}$，使得 $\mathbf{z}(\mathbf{p}^*) = \mathbf{0}$。

尽管效用的强递增性假设能使分析变得简单，但其自身也有一定的局限性。就像之前提到的，性状良好的柯布-道格拉斯效用函数在 $\mathbb{R}^n_+$ 上并不是强递增的。练习题 5.14 将要求你证明在柯布-道格拉斯偏好下，瓦尔拉斯均衡的存在性是有保证的。

当效用满足假设 5.1 时，由定理 5.2 可知，超额需求向量将是零阶齐次的。齐次性的行为意义是：只有相对价格才能影响消费者的选择。在这样的经济中，如果 $\mathbf{p}^*$ 是一个瓦尔拉斯均衡，对于所有的 $\lambda > 0$，我们将得到 $\mathbf{z}(\mathbf{p}^*) = \mathbf{z}(\lambda \mathbf{p}^*) = \mathbf{0}$。因此，一旦存在使所有市场出清的价格集合，把所有价格乘以任意正的常数，则市场在这些新的价格水平也会出清。当求解瓦尔拉斯均衡时，这个事实有助于简化计算。

例题 5.1

以一个简单的两人经济为例，求瓦尔拉斯均衡。假设消费者 1 和消费者 2 具有相同的 CES 效用函数，

$$u^i(x_1, x_2) = x_1^\rho + x_2^\rho,\ i = 1, 2$$

其中，$0 < \rho < 1$。假设每种商品有 1 单位且每个消费者只拥有一种商品，因此初始禀赋为 $\mathbf{e}^1 = (1, 0)$ 和 $\mathbf{e}^2 = (0, 1)$。因为每种商品的总禀赋严格为正，而且当 $0 < \rho < 1$ 时，在 $\mathbb{R}^n_+$ 上，CES 形式的效用函数是强递增以及严格拟凹的，满足定理 5.5 的条件，由此可知，在这种经济中，存在一个瓦尔拉斯均衡。

在例题 1.1 中，从（E.10）和（E.11）可知，消费者 i 在价格 $\mathbf{p}$ 上对商品 j 的需求是 $x_j^i(\mathbf{p}, y^i) = p_j^{r-1} y^i / (p_1^r + p_2^r)$，其中，$r \equiv \rho/(\rho - 1)$，$y^i$ 是消费者的收入。此处收入等于禀赋的市场价值，所以 $y^1 = \mathbf{p} \cdot \mathbf{e}^1 = p_1$，$y^2 = \mathbf{p} \cdot \mathbf{e}^2 = p_2$。

因为只有相对价格有意义，而且从定理 5.5 可知，存在一个所有价格都严格为正的均衡，这样我们就可以选择一种简易的方式来简化计算。令 $\bar{\mathbf{p}} \equiv (1/p_2)\mathbf{p}$，这里 $\bar{p}_1 \equiv p_1/p_2$ 且 $\bar{p}_2 \equiv 1$，因此 $\bar{p}_1$ 恰好是商品 x_1 的相对价格。因为在价格为 $\mathbf{p}$ 时每个消费者的需求都与价格为 $\bar{\mathbf{p}}$ 时的需求相同，于是可以把问题变为寻找一个相对价格 $\bar{\mathbf{p}}$ 的均衡集合的问题。

现在考虑商品 1 的市场。假设存在一个内部解，均衡要求价格 $\overline{\mathbf{p}}^*$ 时的总需求量等于总供给量，或者

$$x_1^1(\overline{\mathbf{p}}^*,\overline{\mathbf{p}}^*\cdot\mathbf{e}^1)+x_1^2(\overline{\mathbf{p}}^*,\overline{\mathbf{p}}^*\cdot\mathbf{e}^2)=e_1^1+e_1^2$$

由前式代入，要求：

$$\frac{\overline{p}_1^{*r-1}\overline{p}_1^*}{\overline{p}_1^{*r}+1}+\frac{\overline{p}_1^{*r-1}}{\overline{p}_1^{*r}+1}=1$$

解方程，有 $\overline{p}_1^*=1$。我们得出结论：根据瓦尔拉斯法则，使市场 1 的需求等于供给的任意向量 $\overline{\mathbf{p}}^*$（其中 $p_1^*=p_2^*$），也必然使市场 2 的需求等于供给。证毕。

5.2.2 效率

我们可以通过对两人经济的埃奇沃思盒状图加以改造，来洞察瓦尔拉斯均衡的本质。图 5-4 代表了一种经济，其中的偏好满足定理 5.5。初始禀赋是 (e_1^1, e_2^1) 和 (e_1^2, e_2^2)，盒状图的构造如前，两点在图中正好对应着 **e** 点。在相对价格上，当从 1 的原点看时，消费者 1 的预算约束是穿过 **e** 点的直线；面对同样的价格，当从 2 的原点看时（自上而下），消费者 2 的预算线是同一条直线。在消费者 1 的预算集内，当价格是 p_1^*/p_2^* 时，给定消费者 1 所需求的每种商品的数量，而且收入等于她禀赋的市场价值 $p_1^*e_1^1+p_2^*e_2^1$，她最偏好的商品组合是 (x_1^1, x_2^1)；同理，在相同价格并且收入等于禀赋的市场价值时，消费者 2 的需求组合是 (x_1^2, x_2^2)。商品 1 的市场均衡要求 $x_1^1+x_1^2=e_1^1+e_1^2$，或者总需求量等于总供给量。当然，这与要求 $x_1^2-e_1^2=e_1^1-x_1^1$ 等价，或者说消费者 2 对商品 1 的净需求等于消费者 1 对商品 1 的净供给。对商品 2 市场均衡的描述与此类似。

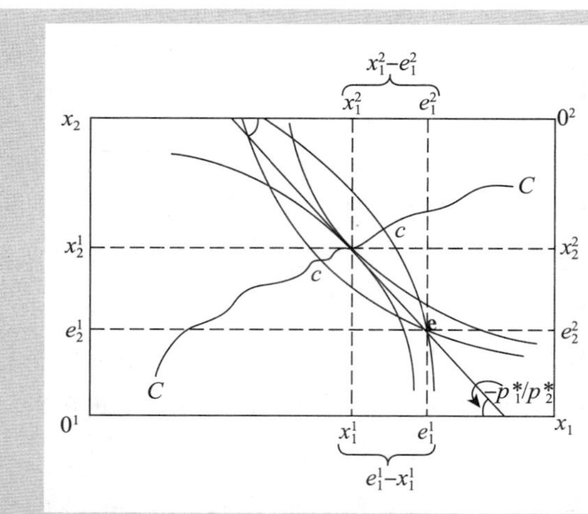

图 5-4　埃奇沃思盒状图中的瓦尔拉斯均衡

用不同的相对价格实验，可得到两个不同的消费预算集，可以肯定的是，只有

当需求的商品组合——从消费者各自的原点来看——在盒状图中交于一点时，如图 5-4 所示，市场均衡的这些条件才能成立。依据盒状图的构建方式，对图的每一点来说，每个消费者的无差异曲线中都必有一条经过此点，又因为均衡要求需求的商品组合交于一点，于是如该图所示，均衡显然就是（通过两个消费者需求组合的）无差异曲线之间的切点。

如果仔细观察一下盒状图，就能发现几个有关瓦尔拉斯均衡的有趣特征。首先，正如我们已经留意到的，消费者的供给和需求仅取决于相对价格。把所有的价格扩大两倍或三倍并不会改变消费者的预算集，所以不会改变他们效用最大化的市场行为。其次，图 5-4 加深了我们对市场均衡的理解，即市场均衡意味着独立的、分散的、效用最大化的消费者行为的同步兼容性。

最后，图 5-4 提供了竞争市场均衡在分配方面的若干含义。我们已经注意到，均衡是由经过消费者各自需求组合的无差异曲线的切点所刻画的。反过来，这些商品组合又给出了市场均衡时消费者拥有及消费的每种商品的最终数量。于是，从 $\mathbf{e}$ 点所决定的商品的某种初始分配开始，自利的消费者在非人格化市场上的最大化行为导致了商品的重新分配，这种重新分配既处于经过消费者各自禀赋的无差异曲线所形成的“透镜区域内部”，也在“契约线”上。在上一节中，我们所识别的配置处于具有禀赋 $\mathbf{e}$ 的经济的“核”内。因此，尽管竞争市场的情况我们已经有所了解，即消费者并不需要了解其他消费者的偏好或禀赋，可至少对于埃奇沃思盒状图经济而言，源自瓦尔拉斯均衡价格的配置在核内。我们接下来将要证明的是，这种显著的特征在一般情况下也成立。我们先定义一些符号。

定义 5.6　瓦尔拉斯均衡配置（WEAs）

对于具有初始禀赋 $\mathbf{e}$ 的某经济来说，令 $\mathbf{p}^*$ 是一个瓦尔拉斯均衡，而且令

$$\mathbf{x}(\mathbf{p})^* \equiv (\mathbf{x}^1(\mathbf{p}^*, \mathbf{p}^* \cdot \mathbf{e}^1), \cdots, \mathbf{x}^I(\mathbf{p}^*, \mathbf{p}^* \cdot \mathbf{e}^I))$$

这里分量 i 给出了在价格 $\mathbf{p}^*$ 时消费者 i 需求的和接受的 n 维商品向量，则 $\mathbf{x}(\mathbf{p}^*)$ 被称为一个瓦尔拉斯均衡配置，或 WEA。

现在考虑一个经济，其初始禀赋为 $\mathbf{e}$，而且具有（5.1）所定义的可行配置 $F(\mathbf{e})$。我们应该了解在这类经济中 WEA 的某些基本特征。第一，显然，任何 WEA 对于此类经济都是可行的；第二，图 5-4 清楚地表明，在一个 WEA 中，每个消费者所接受的商品组合都是在瓦尔拉斯均衡价格上消费者预算集中最受偏好的商品组合。因此，在 WEA 中，对于某些消费者来说，既可行又偏好的任何其他分配对其而言都太贵了。的确，即使价格向量不是一个瓦尔拉斯均衡，这个结论也成立。我们把这些事实记为引理，并把第一个引理的证明和第二个引理的部分证明留作练习。

引理 5.1　令 $\mathbf{p}^*$ 是具有初始禀赋 $\mathbf{e}$ 的某经济的一个瓦尔拉斯均衡，令 $\mathbf{x}(\mathbf{p}^*)$ 是相关的 WEA，则有 $\mathbf{x}(\mathbf{p}^*) \in F(\mathbf{e})$。

引理 5.2 假设 u^i 在 $\mathbb{R}^n_+$ 上是严格递增的，在 $\mathbf{p}\geqslant\mathbf{0}$ 处，消费者 i 的需求是良好定义的且等于 $\hat{\mathbf{x}}^i$，而且 $\mathbf{x}^i\in\mathbb{R}^n_+$。

（1）如果 $u^i(\mathbf{x}^i)>u^i(\hat{\mathbf{x}}^i)$，则 $\mathbf{p}\cdot\mathbf{x}^i>\mathbf{p}\cdot\hat{\mathbf{x}}^i$；

（2）如果 $u^i(\mathbf{x}^i)\geqslant u^i(\hat{\mathbf{x}}^i)$，则 $\mathbf{p}\cdot\mathbf{x}^i\geqslant\mathbf{p}\cdot\hat{\mathbf{x}}^i$。

证明： 第一个引理的证明留作练习题。我们假设（1）成立，进而可以利用它来证明（2）。

依照反证法，假设（2）并不成立，则有 $u^i(\mathbf{x}^i)\geqslant u^i(\hat{\mathbf{x}}^i)$，且 $\mathbf{p}\cdot\mathbf{x}^i<\mathbf{p}\cdot\hat{\mathbf{x}}^i$。因此，从开始我们就可以给每种商品的消费量增加足够小的量，以至最终的组合 $\bar{\mathbf{x}}^i$ 仍然严格地比 $\bar{\mathbf{x}}^i$ 便宜。但因为是严格递增的，于是有 $u^i(\bar{\mathbf{x}}^i)>u^i(\mathbf{x}^i)\geqslant u^i(\hat{\mathbf{x}}^i)$，而且 $\mathbf{p}\cdot\bar{\mathbf{x}}^i<\mathbf{p}\cdot\hat{\mathbf{x}}^i$。用 $\bar{\mathbf{x}}^i$ 替代 $\mathbf{x}^i$，但这同（1）相矛盾。 ■

值得注意的是，一般来说，我们没理由期望当瓦尔拉斯均衡配置存在时，它们是唯一的。甚至在两人的埃奇沃思盒状图经济中，很容易就能找到一些例子，其中的偏好具有一般特征，但存在多重的瓦尔拉斯均衡配置。图 5-5 就画出了这样一个例子。因此，（权当有先见之明）我们要把这种可能性铭记于心，避免犯瓦尔拉斯均衡“通常”是唯一的这类错误。作为记号，我们将此称为经济中的瓦尔拉斯配置均衡集合。

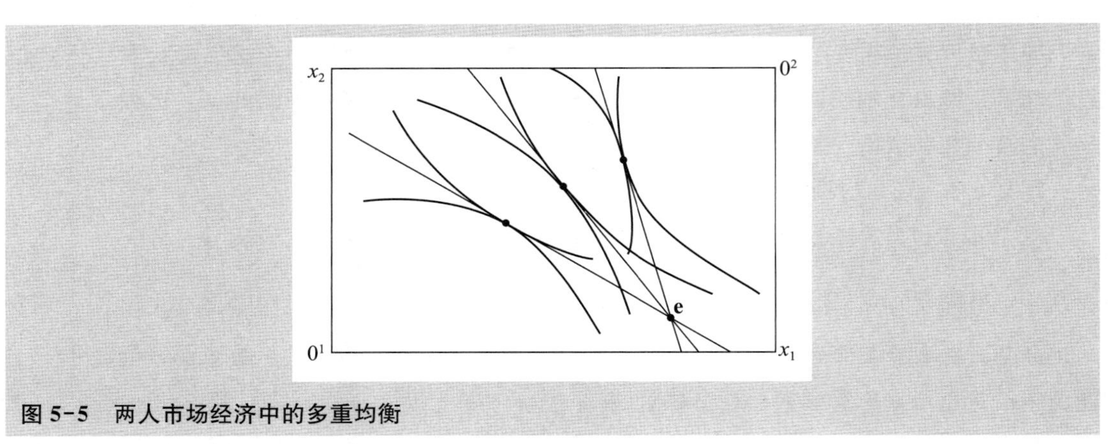

图 5-5 两人市场经济中的多重均衡

定义 5.7 瓦尔拉斯均衡配置集合

对于任何具有禀赋 $\mathbf{e}$ 的经济来说，令 $W(\mathbf{e})$ 表示瓦尔拉斯均衡配置集合。

现在我们找到了问题的症结所在。在图 5-4 和图 5-5 中，显然涉及消费者商品配置的瓦尔拉斯均衡配置处于契约线上的 cc 部分，这代表了这些经济的核。有待证明的是，在任意经济中，瓦尔拉斯均衡配置都具有这种特性。回想一下，$C(\mathbf{e})$ 表示核内的配置集。

定理 5.6 竞争性经济中的核与均衡

考虑一个交换经济 $(u^i,\mathbf{e}^i)_{i\in\mathcal{I}}$。如果每个消费者的效用函数 u^i 在 $\mathbb{R}^n_+$ 上都是严格递增的，则每个瓦尔拉斯均衡配置都在核内。即

$$W(\mathbf{e}) \subset C(\mathbf{e})$$

证明： 定理表明，如果 $\mathbf{x}(\mathbf{p}^*)$ 是均衡价格 $\mathbf{p}^*$ 的一个 WEA，则 $\mathbf{x}(\mathbf{p}^*) \in C(\mathbf{e})$。为了证明这一点，假设 $\mathbf{x}(\mathbf{p}^*)$ 是一个 WEA，并假设 $\mathbf{x}(\mathbf{p}^*) \notin C(\mathbf{e})$。

因为 $\mathbf{x}(\mathbf{p}^*)$ 是一个 WEA，从引理 5.1 可知，$\mathbf{x}(\mathbf{p}^*) \in F(\mathbf{e})$，所以 $\mathbf{x}(\mathbf{p}^*)$ 是可行的。然而，因为 $\mathbf{x}(\mathbf{p}^*) \notin C(\mathbf{e})$，故而能找到一个联盟 S 和另一个配置 $\mathbf{y}$，使得

$$\sum_{i \in S} \mathbf{y}^i = \sum_{i \in S} \mathbf{e}^i \tag{P. 1}$$

且下式中至少有一个不等式严格成立：

$$u^i(\mathbf{y}^i) \geqslant u^i(\mathbf{x}^i(\mathbf{p}^*, \mathbf{p}^* \cdot \mathbf{e}^i)), \text{对于所有 } i \in S \tag{P. 2}$$

(P. 1) 意味着

$$\mathbf{p}^* \cdot \sum_{i \in S} \mathbf{y}^i = \mathbf{p}^* \cdot \sum_{i \in S} \mathbf{e}^i \tag{P. 3}$$

现在，从 (P. 2) 与引理 5.2 中可得知，对于每个 $i \in S$，必有

$$\mathbf{p}^* \cdot \mathbf{y}^i \geqslant \mathbf{p}^* \cdot \mathbf{x}^i(\mathbf{p}^*, \mathbf{p}^* \cdot \mathbf{e}^i) = \mathbf{p}^* \cdot \mathbf{e}^i \tag{P. 4}$$

至少有一个严格不等式成立。对联盟 S 中的所有消费者进行加总，得到

$$\mathbf{p}^* \cdot \sum_{i \in S} \mathbf{y}^i > \mathbf{p}^* \cdot \sum_{i \in S} \mathbf{e}^i$$

这与 (P. 3) 矛盾。因此 $\mathbf{x}(\mathbf{p}^*) \in C(\mathbf{e})$，定理得证。 ■

注意，作为定理 5.5 的推论，我们可即刻得到“核为非空”的结论。即在定理 5.5 的条件下，一个瓦尔拉斯均衡配置存在，且根据定理 5.6，这种配置位于核内。因此，定理 5.5 的条件保证了核是非空的。

在继续分析之前，我们暂且停顿一下，想一下已经证明的内容。在一个瓦尔拉斯均衡中，每个消费者完全独立于其他所有消费者而行动，意思是，给定现行价格和由禀赋价值所决定的收入，他简单地选择一个商品组合以最大化自身的效用。特别之处在于，他并不考虑其他人的需求量或任何商品的总供给量，只需了解自己的偏好和可进行交易的价格。

与本章伊始的纯物物交换例子比较，重要的不同在于，消费者实际上能汇聚到一起，评估他们可利用的资源总量，并从交易中谋求所有潜在的收益。特别是，每个消费者必将敏锐地抓住进行互惠交易的时机和对象。就像之前谈到的那样，如果这种完全的协调可能甚至是近似地实现（更不用说实际中实现），定会令人惊奇万分。即使部分实现，显然也需要某种负责协调合适的联盟与交易的中央政府的协助。

但是现在我们已经在定理 5.6 中证明了，无需中央计划者的协助，也可能得到核中的结果。的确，在我们的竞争经济中，没有人需要他人的指导或建议，每个消

费者仅仅看到了价格，并在市场上强调其效用最大化的需求和供给。在此意义上，竞争性的市场机制是**分散化的**（decentralised）。

特别需要注意的是，因为所有的核配置都是帕累托有效的，进而也一定是瓦尔拉斯均衡的配置。在我们已经证明的诸多结论中，唯有其意义重大。试想一下，你正在负责所有经济资源的配置任务，目标是使最终的配置符合帕累托效率。为了防止你把所有的资源都分配给某一个人，必须遵守一条原则，即每个消费者的最终福利不得低于他们只消费禀赋时的水平。怎样才能完成这项任务呢？一开始的时候你可能想着收集一些同经济中所有消费者的偏好有关的信息（这是一项何等艰巨的任务！）。随后，你会重新分配商品，以至最终不会有互惠交易出现。这项任务看起来难于登天，但对竞争性市场机制来说只是小菜一碟。我们将用一个定理来强调竞争结果的帕累托有效性，这就是第一福利定理。

定理 5.7　第一福利定理（或福利经济学第一定理）

在定理 5.6 的假说下，每个瓦尔拉斯均衡配置都是帕累托有效的。

证明：该定理可由定理 5.6 以及“所有的核配置都是帕累托有效的”这个论断来直接证得。■

定理 5.7 为亚当・斯密的观点提供了某种支持——亚当・斯密认为，在自由市场经济体系中，个人自利的行为经由非人格化的市场协调，能更好地服务于社会利益。如果确保瓦尔拉斯均衡存在的条件的确存在，则不管资源的初始配置如何，市场均衡时的配置都将是帕累托有效的。

了解竞争性市场体系的这个作用非常重要，但另一方面也要认识到它的局限性。为避免犯错，在解读时不要加入那些已经被证明是不合理的内容。到目前为止，我们并没有证明的是，在将分配中的“公平”或“公正”的考虑纳入社会最优化的概念中时，瓦尔斯均衡配置必然是“社会最优的”。多数人都会赞同一项非帕累托有效的配置也有可能不是社会最优的，因为在重新分配商品之后，一些人的境况得到改善而没有人的境况受损。同时，从社会角度看，每个帕累托有效的分配是不是最优的或“最公平的”，这一点也很少有人能给出令人信服的证明。

下一章会深入地探讨这些规范性问题。眼下我们用一个简单的例子来说明其中的差别。如图 5-6 所示，一个经济的总禀赋由图中的埃奇沃思盒状图给出。假设通过一些未知的处理方式，社会已经将配置 $\bar{\mathbf{x}}$ 视为最优。此外，假设初始禀赋为配置 $\mathbf{e}$。定理 5.6 告诉我们，在竞争性市场体系下，均衡配置是 $C(\mathbf{e})$ 中的某种配置（如 $\mathbf{x}'$），它明显有别于 $\bar{\mathbf{x}}$。因此，竞争性市场体系能对本身并不是帕累托有效的初始配置加以改进，但并不能保证改进的结果也是社会最优的。

没必要太过悲观，现在考虑一个稍有不同的问题。如果我们能通过一些手段知道自己中意的配置的具体位置，分散化的市场体系的力量能实现这样的结果吗？从图 5-6 来看，似乎本应如此。如果初始禀赋可以再配置为 $\mathbf{e}^*$，我们显然就可以利用那个禀赋和价格 $\mathbf{p}^*$ 在竞争性均衡中实现 $\bar{\mathbf{x}}$ 这一配置。

事实上，这个例子反映了一条很一般性的原理。我们可以证明，在某种条件下，任何帕累托有效的配置都能通过竞争性市场和某些初始禀赋而实现。这个结论被称为第二福利定理。

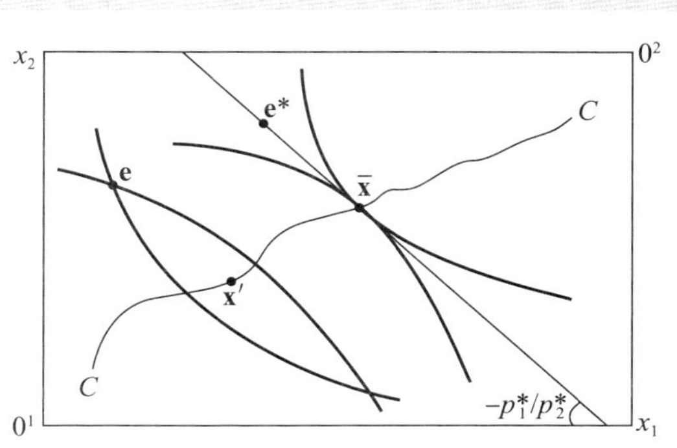

图 5-6　两人经济中的效率与社会最优

定理 5.8　第二福利定理（或福利经济学第二定理）

一个交换经济 $(u^i,\mathbf{e}^i)_{i\in\mathcal{I}}$ 的总禀赋为 $\sum_{i=1}^{I}\mathbf{e}^i\gg\mathbf{0}$，每个效用函数 u^i 都满足假设 5.1。假设对于 $(u^i,\mathbf{e}^i)_{i\in\mathcal{I}}$ 来说，$\bar{\mathbf{x}}$ 是一个帕累托有效配置，而且禀赋被重新分配，使得新禀赋向量是 $\bar{\mathbf{x}}$。则 $\bar{\mathbf{x}}$ 是最终交换经济 $((u^i,\bar{\mathbf{x}}^i)_{i\in\mathcal{I}})$ 的一个瓦尔拉斯均衡配置。

证明： 因为 $\bar{\mathbf{x}}$ 是帕累托有效的，它是可行的，因此 $\sum_{i=1}^{I}\bar{\mathbf{x}}^i=\sum_{i=1}^{I}\mathbf{e}^i\gg\mathbf{0}$。进而，我们可以根据定理 5.5 得出结论：交换经济 $((u^i,\bar{\mathbf{x}}^i)_{i\in\mathcal{I}})$ 拥有一个瓦尔拉斯均衡配置 $\hat{\mathbf{x}}$。现在唯一需要证明的是 $\hat{\mathbf{x}}=\bar{\mathbf{x}}$。

现在在瓦尔拉斯均衡中，每个消费者的需求均满足预算约束下的效用最大化。于是，由于 i 的需求为 $\hat{\mathbf{x}}^i$，而且具有禀赋 $\bar{\mathbf{x}}^i$，所以有：

$$u^i(\hat{\mathbf{x}}^i)\geqslant u^i(\bar{\mathbf{x}}^i)\text{，对于所有 } i\in\mathcal{I} \tag{P.1}$$

但是因为 $\hat{\mathbf{x}}$ 是一个均衡配置，它对于经济 $(u^i,\bar{\mathbf{x}}^i)_{i\in\mathcal{I}}$ 来说一定是可行的。因此，$\sum_{i=1}^{I}\hat{\mathbf{x}}^i=\sum_{i=1}^{I}\bar{\mathbf{x}}^i=\sum_{i=1}^{I}\mathbf{e}^i$，以至 $\hat{\mathbf{x}}$ 对于初始经济来说也是可行的。

这样，根据 (P.1)，$\hat{\mathbf{x}}$ 对于初始经济是可行的，而且相比帕累托有效配置 $\bar{\mathbf{x}}$（对于初始经济），也没有消费者的境况变差。$\hat{\mathbf{x}}$ 不能使任何人的境况严格变好，否则，$\bar{\mathbf{x}}$ 将不是帕累托有效的。因此，(P.1) 中的每个不等式必取等式。

想得出对每个 i，$\hat{\mathbf{x}}^i=\bar{\mathbf{x}}^i$ 均有这个结论，只需注意，如果对于某些消费者并非如此，则在新经济的瓦尔拉斯均衡中，消费者能负担得起 $\hat{\mathbf{x}}^i$ 和 $\bar{\mathbf{x}}^i$ 的平均商品组合，且严格增加其效用（根据严格拟凹性），这与 $\hat{\mathbf{x}}^i$ 是瓦尔拉斯均衡中效用最大化的事实矛盾。■

第二福利定理给如下问题提供了一个肯定的回答：（如果我们同意情况的确如此，那么）依赖于大量消费者分散化、自利决策的体系有能力维持社会“最优”的资源配置吗？在前述条件下，只要社会“最优”（至少）要求帕累托有效，第二福利定理的回答是肯定的。

尽管在第二福利定理或对其的证明中我们没有明确提到价格，但价格始终隐含其中。特别是，定理说明，存在瓦尔拉斯均衡价格 $\bar{\mathbf{p}}$，使得当禀赋配置是 $\bar{\mathbf{x}}$ 时，通过选择 $\mathbf{x}^i=\bar{\mathbf{x}}^i$，每个消费者 i 将在约束条件 $\bar{\mathbf{p}}\cdot\mathbf{x}^i\leqslant\bar{\mathbf{p}}\cdot\bar{\mathbf{x}}^i$ 下最大化其效用 $u^i(\mathbf{x}^i)$。正因为这样，价格 $\bar{\mathbf{p}}$ 有时候被称为支持配置 $\bar{\mathbf{x}}$。

在图 5-6 中，重新分配到 $\mathbf{e}^*$ 点能否令 $\bar{\mathbf{x}}$ 成为一个 WEA 呢？现在我们开始讨论第二福利定理。在定理中，我们证明了，如果禀赋被再配置到 $\bar{\mathbf{x}}$ 本身，则答案是肯定的。然而，图 5-6 表明，在初始禀赋再配置到穿过 $\bar{\mathbf{x}}$ 的价格线上的任意点时，当然包括 $\mathbf{e}^*$ 点，事实上 $\bar{\mathbf{x}}$ 将是对于价格 $\bar{\mathbf{p}}$ 的一个 WEA。这个原理可以运用到更一般的情形，因此我们得出定理 5.8 的直接推论。其证明留作练习题。

5

推论 5.1　第二福利定理的再审视

在前述定理的假设下，如果是帕累托有效的，在从初始禀赋到任何配置 $\mathbf{e}^*\in F(\mathbf{e})$ 的再分配之后，对于所有的 $i\in\mathcal{I}$，使得 $\bar{\mathbf{p}}\cdot\mathbf{e}^{*i}\leqslant\bar{\mathbf{p}}\cdot\bar{\mathbf{x}}^i$，则对于某些瓦尔拉斯均衡 $\bar{\mathbf{p}}$，$\bar{\mathbf{x}}$ 是一个瓦尔拉斯均衡配置。

5.3　生产均衡

现在我们把对经济的分析扩展到既包括生产也包括消费的情形，你会发现，之前所揭示的竞争性市场体系的大多数重要特征现在仍然成立。当然，生产也会带来一些新问题，进而也有必要着重介绍一下。

例如，厂商所获取的利润必须分配给那些拥有厂商的消费者。在单个厂商中，投入品和产出品之间的区别往往非常明显。当我们囊括所有厂商并把经济的生产视为一个整体时，这种区别就变得模糊了。一家厂商的投入可能正好是另一家厂商的产出。为了避免符号上纠缠不清，最好的办法就是事先不区分投入品和产出品，而是视情况而定。这样，我们将以一种中性的视角来看待每种产品或服务，只把它们视作不同种类的商品。假设这些商品的数量固定且有限，共有 n 种。在生产者情形中，我们将约定简单的符号来区分特定情形中的投入品和产出品。

再次重申一下经济的竞争性结构的形式，假设消费者追求预算约束下的效用最大化，厂商追求最大化利润，消费者和厂商都是价格接受者。

5.3.1　生产者

为了说明生产部门的情况，我们假设存在 J 个（固定数量的）厂商，用集合表示为：

$$\mathcal{J}=\{1,\cdots,J\}$$

令 $\mathbf{y}^j \in \mathbb{R}^n$ 表示某厂商的生产计划，根据一般的习惯，如果商品 k 是生产计划中使用的投入品，记为 $y_k^j < 0$；如果是产出品，则记为 $y_k^j > 0$。例如，如果有两种商品且 $\mathbf{y}^j = (-7, 3)$，则意味着该生产计划需要 7 单位的商品 1（投入品）来生产 3 单位的商品 2（产出品）。

要概括生产中的技术可能性，回到第 3.2 节（最先开始了对厂商技术进行一般化的描述），假设每家厂商拥有一个生产可能集 Y^j，$j \in \mathcal{J}$。我们对生产可能集做出如下假设。

假设 5.2　单个厂商

1. $\mathbf{0} \in Y^j \subseteq \mathbb{R}^n$。

2. Y^j 是闭的且有界的。

3. Y^j 是强凸的。也就是说，对于所有不同的 $\mathbf{y}^1$，$\mathbf{y}^2 \in Y^j$ 与所有 $t \in (0, 1)$，存在 $\bar{\mathbf{y}} \in Y^j$，使得 $\bar{\mathbf{y}} \geqslant t\mathbf{y}^1 + (1-t)\mathbf{y}^2$，而且等式不成立。

第一个假设保证了厂商的利润有界且下限为零；第二个假设说的是有产出就要有投入，假设中的闭性赋予了连续性。可能的生产计划的极限就是其本身。这个假设中的有界性非常有约束力，其目的在于简化分析。不要误以为它表达了资源有限这样一种思想。先暂且把它视为一种简化但非必要的假设，随后我们会讨论去掉这个假设的重要意义。第三个假设（强凸性）是新的。有所不同的是，其他两个假设都是对技术较弱的限制，而强凸性是一种近乎苛刻的要求。事实上，强凸性排除了生产中规模报酬不变和递增的情况，确保厂商利润最大化的生产计划是唯一的。尽管假设 5.2 中并没有说明，但随后的结论都与“无免费生产”（no free production）的假设（即 $Y^j \cap \mathbb{R}_+^n = \{\mathbf{0}\}$）一致。

每家厂商都面临着一个固定的商品价格 $\mathbf{p} \geqslant \mathbf{0}$，并选择一个生产计划以最大化利润。于是，厂商的问题变为：

$$\max_{\mathbf{y}^j \in Y^j} \mathbf{p} \cdot \mathbf{y}^j \tag{5.3}$$

注意看一下之前约定的符号如何出现在利润中，投入品被算作成本而产出品被算作收入。因为目标函数是连续的，约束集闭且有界，厂商利润最大化的解将存在。因此，对于所有的 $\mathbf{p} \geqslant \mathbf{0}$，令

$$\Pi^j(\mathbf{p}) \equiv \max_{\mathbf{y}^j \in Y^j} \mathbf{p} \cdot \mathbf{y}^j$$

表示厂商 j 的利润函数。根据定理 A2.21（最大化定理），$\Pi^j(\mathbf{p})$ 在 $\mathbb{R}_+^n$ 中是连续的。练习题 5.23 要求读者证明：只要 $\mathbf{p} \gg \mathbf{0}$，强凸性能确保利润最大化的生产计划 $\mathbf{y}^j(\mathbf{p})$ 是唯一的。最后，由定理 A2.21（最大化定理）可知，$\mathbf{y}^j(\mathbf{p})$ 在 $\mathbb{R}_{++}^n$ 上将是连续的。注意，对于 $\mathbf{p} \gg \mathbf{0}$，$\mathbf{y}^j(\mathbf{p})$ 是一个向量值函数，它的分量是厂商的产出供给函数和要素需求函数。不过，我们常简单地把 $\mathbf{y}^j(\mathbf{p})$ 称为厂商 j 的供给函数。下面记下这些性质，以备后面参考之用。

定理 5.9　供给和利润的基本性质

如果满足假设 5.2 的条件 1 至条件 3，则对于每个 $\mathbf{p}\gg\mathbf{0}$ 的价格，厂商问题 (5.3) 的解都是唯一的，并可由 $\mathbf{y}^j(\mathbf{p})$ 表示。此外，$\mathbf{y}^j(\mathbf{p})$ 在 $\mathbb{R}^n_{++}$ 上是连续的，$\Pi^j(\mathbf{p})$ 是界定良好的且在 $\mathbb{R}^n_+$ 上连续。

最后需要注意的是，最大利润关于商品的价格向量是一阶齐次的。每种产出的供给函数和要素（或投入）的需求函数关于价格都是零阶齐次的（见定理 3.7 和定理 3.8）。

接下来我们将考虑整体经济总的生产可能性，假设在厂商之间不存在生产的外部性，并将总的生产可能集定义为：

$$Y\equiv\left\{\mathbf{y}\,\middle|\,\mathbf{y}=\sum_{j\in\mathcal{J}}\mathbf{y}^j,\ \mathbf{y}^j\in Y^j\right\}$$

集合 Y 继承了单个生产集的所有性质，以下是对这一特点的正式表述。

定理 5.10　Y 的性质

如果每个 Y^j 都满足假设 5.2，则总生产可能性集合 Y 也满足假设 5.2。

我们把该性质的证明留作练习题。条件 1、3 和 Y 的有界性可以直接根据 Y^j 的性质得出，Y 的闭性则不然，不能简单地从单个 Y^j 的闭性中得出。不过，只要增加“Y^j 是有界的”这个假设，就可以证明 Y 是闭的。

现在来考虑最大化总利润的问题。在定理 5.10 下，当 $\mathbf{p}\gg\mathbf{0}$ 时，在总生产集 Y 上 $\mathbf{p}\cdot\mathbf{y}$ 的最大值将存在且唯一。此外，总利润最大化的生产计划 $\mathbf{y}(\mathbf{p})$ 是关于 $\mathbf{p}$ 的一个连续函数。我们还注意到，总利润最大化的生产计划与单个厂商利润最大化的生产计划之间存在着紧密的联系。

定理 5.11　总利润最大化

对于任意价格 $\mathbf{p}\geqslant\mathbf{0}$，有

$$\mathbf{p}\cdot\bar{\mathbf{y}}\geqslant\mathbf{p}\cdot\mathbf{y}，对于所有的\ \mathbf{y}\in Y\ 成立$$

当且仅当对于某些 $\bar{\mathbf{y}}^j\in Y^j$，$j\in\mathcal{J}$，我们可以写成 $\mathbf{y}=\sum_{j\in\mathcal{J}}\bar{\mathbf{y}}^j$，且

$$\mathbf{p}\cdot\bar{\mathbf{y}}^j\geqslant\mathbf{p}\cdot\mathbf{y}^j，对于所有的\ \mathbf{y}^j\in Y^j,j\in\mathcal{J}\ 成立$$

简而言之，该定理说明，当且仅当 $\bar{\mathbf{y}}\in Y$ 能被分解成单个厂商的利润最大化生产计划时，$\bar{\mathbf{y}}\in Y$ 最大化了总利润。其证明简单明了。

证明： 令 $\bar{\mathbf{y}}\in Y$ 为价格 $\mathbf{p}$ 时的最大总利润。假设对于 $\bar{\mathbf{y}}^j\in Y^j$ 而言，有 $\bar{\mathbf{y}}\equiv\sum_{j\in\mathcal{J}}\bar{\mathbf{y}}^j$。如果 $\bar{\mathbf{y}}^k$ 不能最大化厂商 k 的利润，则一定存在着其他的 $\tilde{\mathbf{y}}^k\in Y^k$ 使得厂商 k 获得更高利润。但是总生产向量 $\tilde{\mathbf{y}}\in Y$ 由 $\tilde{\mathbf{y}}^k$ 组成，而且对于 $j\neq k$ 来说，$\bar{\mathbf{y}}^j$ 之和必定给出比总向量 $\bar{\mathbf{y}}$ 更高的利润水平。这与 $\bar{\mathbf{y}}$ 是价格 $\mathbf{p}$ 时的最大总利润的假设相矛盾。

接下来，对 $\mathcal{J}$ 中的单个厂商来说，假设可行的生产计划 $\bar{\mathbf{y}}^1$，…，$\bar{\mathbf{y}}^j$ 在价格 $\mathbf{p}$ 时最大化了总利润，则

$$\mathbf{p}\cdot\bar{\mathbf{y}}^j\geqslant\mathbf{p}\cdot\mathbf{y}^j，\mathbf{y}^j\in Y^j\ 和\ j\in\mathcal{J}$$

将所有厂商的利润进行加总，有：

$$\sum_{j\in\mathcal{J}}\mathbf{p}\cdot\bar{\mathbf{y}}^j \geqslant \sum_{j\in\mathcal{J}}\mathbf{p}\cdot\mathbf{y}^j,\ \mathbf{y}^j\in Y^j \text{ 和 } j\in\mathcal{J}$$

重新整理，可将上式写成

$$\mathbf{p}\cdot\sum_{j\in\mathcal{J}}\bar{\mathbf{y}}^j \geqslant \mathbf{p}\cdot\sum_{j\in\mathcal{J}}\mathbf{y}^j,\ \mathbf{y}^j\in Y^j \text{ 和 } j\in\mathcal{J}$$

因此，$\bar{\mathbf{y}}$ 在价格 $\mathbf{p}$ 上最大化了总利润，证毕。 ■

5.3.2 消费者

对消费者的描述从形式上来看没什么差别，只需对其略加修正以说明厂商利润的分配问题，因为厂商是消费者所有的。如前所述，我们令

$$\mathcal{I}\equiv\{1,\cdots,I\}$$

表示消费者集合，令 u^i 表示在消费集 $\mathbb{R}^n_+$ 上消费者 i 的效用函数。

在继续分析之前，需要注意的是，我们假设消费组合是非负的，这并没有排除消费者在市场上成为商品与服务的供给者的可能性。赋予消费者一定数量可用于消费的时间，就可以轻易地将劳务考虑在内，“闲暇”之外的时间被视为劳动供给。与之前的分析相同，如果消费者唯一的收入来源就是他的禀赋，则其本人究竟是商品的净需求者还是净供给者取决于他的（总的）需求是小于还是大于其初始禀赋。

当然，我们必须也要考虑到以下事实，即消费者拥有企业，进而参与利润的分配以获得收入。在私有经济中，消费者持有企业的股份，而且企业利润属于股东。消费者 i 凭借在企业 j 中的股份能获得比例为 $0\leqslant\theta^{ij}\leqslant 1$ 的利润。当然，经济中所有消费者所拥有的股份总和必须为1。因此

$$0\leqslant\theta^{ij}\leqslant 1\quad i\in\mathcal{I}\text{ 和 } j\in J$$

其中

$$\sum_{i\in\mathcal{I}}\theta^{ij}=1\quad j\in J$$

在我们所考虑的包含生产和私有企业的经济中，消费者的收入来自两个方面：一是出售初始的商品禀赋，二是一定数量的企业红利。如果 $\mathbf{p}\geqslant\mathbf{0}$ 是市场价格向量，对于每种商品，消费者的预算约束为

$$\mathbf{p}\cdot\mathbf{x}^i\leqslant\mathbf{p}\cdot\mathbf{e}^i+\sum_{j\in J}\theta^{ij}\Pi^j(\mathbf{p})\tag{5.4}$$

用 $m^i(\mathbf{p})$ 表示（5.4）右侧的项，则消费者问题表述为

$$\max_{\mathbf{x}^i\in\mathbb{R}^n_+}u^i(\mathbf{x}^i)\quad \text{s.t.}\quad \mathbf{p}\cdot\mathbf{x}^i\leqslant m^i(\mathbf{p})\tag{5.5}$$

现在，在假设5.2的条件下，因为每家厂商总是可以选择数量为零的生产向量，所

以它们都将获得非负利润。由于 $\mathbf{p}\geqslant\mathbf{0}$ 且 $\mathbf{e}^i\geqslant\mathbf{0}$，故而 $m^i(\mathbf{p})\geqslant 0$。在假设 5.1 和假设 5.2 下，只要$\mathbf{p}\gg 0$，则（5.5）的解存在且唯一。我们用 $x^i(\mathbf{p},m^i(\mathbf{p}))$ 来表示这个解，这里 $m^i(\mathbf{p})$ 就是消费者的收入。

回忆一下第 1 章中的内容，在若干假设下（此处也是如此），$x^i(\mathbf{p},y)$ 关于 $(\mathbf{p},y)\in\mathbb{R}^n_{++}\times\mathbb{R}^n_+$ 是连续的。因此，只要 $m^i(\mathbf{p})$ 关于 $\mathbf{p}$ 是连续的，则 $\mathbf{x}^i(\mathbf{p},m^i(\mathbf{p}))$ 关于 $\mathbf{p}$ 就是连续的。利用定理 5.9，我们发现在假设 5.2 下，$m_i(\mathbf{p})$ 在 $\mathbb{R}^n_+$ 上是连续的。综上所述，可得到如下定理。

定理 5.12　包含利润份额的需求的基本性质

如果每个性质都满足假设 5.2 且满足假设 5.1，则对于所有的 $\mathbf{p}\gg\mathbf{0}$ 而言，消费者问题（5.5）的解存在且唯一。把这个解记为 $\mathbf{x}^i(\mathbf{p},m^i(\mathbf{x}))$，进一步可知 $\mathbf{x}^i(\mathbf{p},m^i(\mathbf{p}))$ 在 $\mathbb{R}^n_{++}$ 上关于 $\mathbf{p}$ 是连续的。此外，$m_i(\mathbf{p})$ 在 $\mathbb{R}^n_+$ 上是连续的。

自此我们已经完成了对经济的描述，综合以上内容，可用组合来代表整个经济。

5

5.3.3　均衡

与无生产时的情况一样，我们能再次为每种商品市场定义一个实值的总超额需求函数，为整体经济定义一个向量值的总超额需求函数。商品 k 的总超额需求是

$$z_k(\mathbf{p})\equiv\sum_{i\in\mathcal{I}}x_k^i(\mathbf{p},m^i(\mathbf{p}))-\sum_{j\in J}y_k^j(\mathbf{p})-\sum_{j\in\mathcal{I}}e_k^i$$

总超额需求向量为

$$\mathbf{z}(\mathbf{p})\equiv(z_1(\mathbf{p}),\cdots,z_n(\mathbf{p}))$$

如前所述（参见定义 5.5），一个瓦尔拉斯均衡价格向量 $\mathbf{p}^*\gg\mathbf{0}$ 使所有市场出清，即$\mathbf{z}(\mathbf{p}^*)=\mathbf{0}$。

定理 5.13　包含生产的瓦尔拉斯均衡的存在性

考虑经济 $(u^i,\mathbf{e}^i,\theta^{ij},Y^j)_{i\in\mathcal{I},j\in\mathcal{J}}$。如果每个 u^i 都满足假设 5.1，每个 Y^j 都满足假设 5.2，且对于某些总生产向量$\mathbf{y}\in\sum_{j\in\mathcal{J}}Y^j$ 来说，$\mathbf{y}+\sum_{j\in\mathcal{I}}\mathbf{e}^i\gg\mathbf{0}$，则至少存在一个价格向量 $\mathbf{p}^*\gg\mathbf{0}$，使得 $\mathbf{z}(\mathbf{p})^*=\mathbf{0}$。

回忆一下，没有生产的时候，我们要求总禀赋向量严格为正以保证解的存在；在有生产的时候，条件会被弱化，要求该经济存在一个可行的生产向量，其净结果是，每种商品都有严格正的数量（即对于某些总生产向量 $\mathbf{y}$ 来说，$\mathbf{y}+\sum_{j\in\mathcal{I}}\mathbf{e}^i\gg\mathbf{0}$）。

证明：我们只开一个头，剩下的留作练习题。证明的思路是：在上述假设下，总超额需求函数满足定理 5.3。因为生产集有界且消费为非负，该证明就简化为：随着某些（而不是全部）价格接近于零，某个消费者对某种商品的需求是无界的（不过，当你自己完成整个证明时，应该检验一下这个逻辑）。因此，实际上我们只需模仿定

理 5.4 的证明即可。

考虑一个严格正的价格向量序列 $\{\mathbf{p}^m\}$，收敛于 $\bar{\mathbf{p}}\neq\mathbf{0}$，使得对于某些商品 k 来说，$\bar{p}_k=0$。我们能证明，对某些（可能是其他的）商品 k' 来说，$\bar{p}_{k'}=0$，对商品 k' 的超额需求（即序列 $\{z_{k'}(\mathbf{p}^m)\}$ 是无界的。

回忆一下定理 5.4 的证明，我们首先识别出那些在极限价格向量 $\bar{\mathbf{p}}$ 水平上收入严格为正的消费者，这是我们在净的总生产中使用的新条件。

对于某些总生产向量 $\mathbf{y}$ 来说，由于 $\mathbf{y}+\sum_{i=1}^{I}\mathbf{e}^i\gg\mathbf{0}$，加之非零价格向量 $\bar{\mathbf{p}}$ 有非负的分量，于是我们必然得到 $\bar{\mathbf{p}}\cdot(\mathbf{y}+\sum_{i=1}^{I}\mathbf{e}^i)>0$。

回忆之前的假设，对于所有的 $\mathbf{p}\geqslant\mathbf{0}$，$m^i(\mathbf{p})$ 和 $\Pi^j(\mathbf{p})$ 均是界定良好的，因此，

$$\begin{aligned}\sum_{i\in\mathcal{I}}m^i(\bar{\mathbf{p}})&=\sum_{i\in\mathcal{I}}\Big(\bar{\mathbf{p}}\cdot\mathbf{e}^i+\sum_{j\in\mathcal{J}}\theta^{ij}\Pi^j(\bar{\mathbf{p}})\Big)\\&=\sum_{i\in\mathcal{I}}\bar{\mathbf{p}}\cdot\mathbf{e}^i+\sum_{j\in\mathcal{J}}\Pi^j(\bar{\mathbf{p}})\\&\geqslant\sum_{i\in\mathcal{I}}\bar{\mathbf{p}}\cdot\mathbf{e}^i+\bar{\mathbf{p}}\cdot\mathbf{y}\\&=\bar{\mathbf{p}}\cdot\Big(\mathbf{y}+\sum_{i=1}^{I}\mathbf{e}^i\Big)\\&>0\end{aligned}$$

这里的第一个等式是根据 $m^i(\bar{\mathbf{p}})$ 的定义得出的；第二个等式之所以成立，是因为总的非禀赋收入就是总利润；弱不等式的成立源自定理 5.11，它确保单个厂商最大化的利润总和至少与最大化的总利润一样大，进而至少与源自 $\mathbf{y}$ 的总利润一样大。因此，必定至少存在一个消费者，其在价格 $\bar{\mathbf{p}}$ 上的收入 $m^i(\bar{\mathbf{p}})$ 严格为正。其余的证明过程与定理 5.4 的证明类似，留作练习题。（证明需用到定理 5.12 的结论，即 $m^i(\mathbf{p})$ 在 $\mathbb{R}_+^n$ 上是连续的。） ■

如前所述，因为超额需求是零阶齐次的，当瓦尔拉斯均衡存在时，均衡可能不唯一。而且需要再次提醒大家注意的是，每个 u^i 在 $\mathbb{R}_+^n$ 上都是强增的，假设本身也将柯布-道格拉斯效用函数排除在外。然而，在练习题 5.14 中要求读者证明，在生产部门满足假设 5.2 的条件下（即使效用是柯布-道格拉斯形式的），总超额需求函数也将满足定理 5.3 的所有条件。

例题 5.2

在经典的鲁滨逊·克鲁索经济中，所有的生产和消费行为都源自同一个消费者。作为消费者的鲁滨逊出售他的劳动时间 h（以小时计）给生产者鲁滨逊，反过来，作为生产者的鲁滨逊利用消费者鲁滨逊的这段时间来采集椰子 y，再把这些椰子卖给消费者鲁滨逊。生产和销售椰子所获的全部利润又都分配给消费者鲁滨逊。

只有一个厂商，厂商的生产可能性集与整个经济一致。将该集合表示为

$$Y=\{(-h,y)\mid 0\leqslant h\leqslant b,\ \text{且}\ 0\leqslant y\leqslant h^{\alpha}\}$$

其中 $b>0$，且 $\alpha\in(0, 1)$。

例如，生产集中的一个生产向量是 $(-2, 2^{\alpha})$，这意味着利用鲁滨逊的 2 小时时间能采集数量为 2^{α} 的椰子。

集合 Y 如图 5-7 (a) 所示，很容易证明它满足假设 5.2 的所有要求。注意，参数 b 用于界定生产集合的边界。因为这个边界的存在是出于纯技术的目的，所以无须过多考虑。随后，我们将选择足够大的 b 使其对结果无影响。

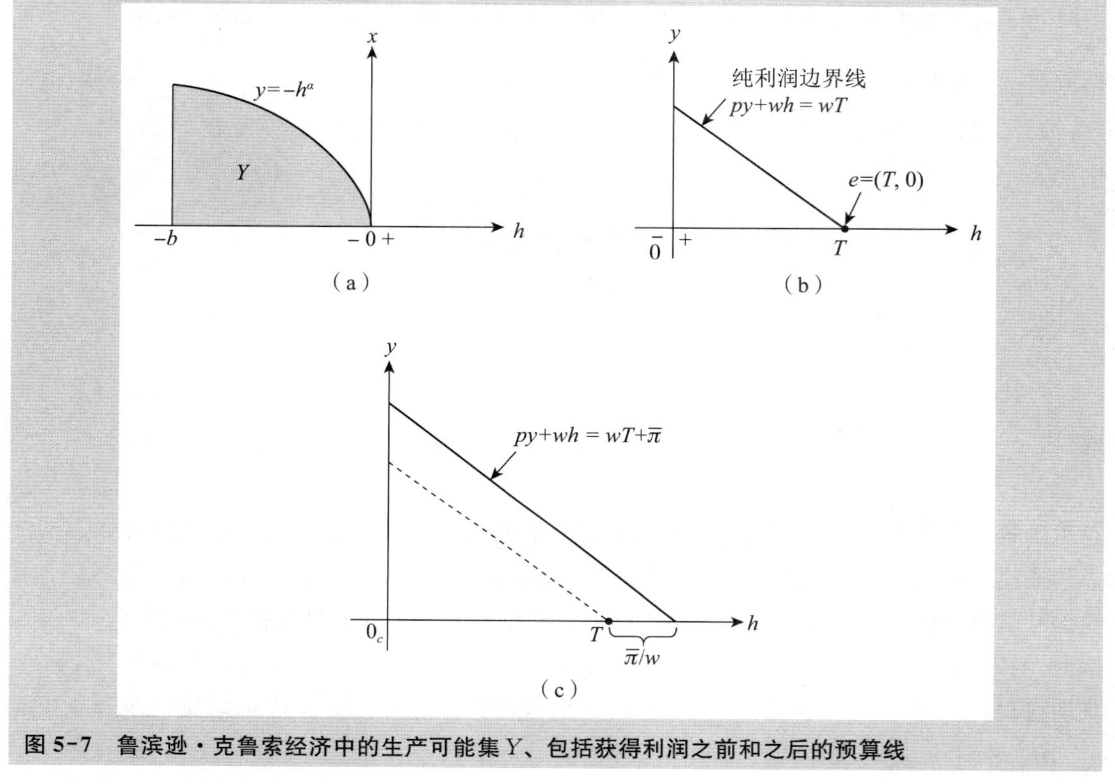

图 5-7 鲁滨逊·克鲁索经济中的生产可能集 Y、包括获得利润之前和之后的预算线

5

和通常一样，消费者鲁滨逊的消费集是非负象限，在两种商品的情形中表示为 $\mathbb{R}^2_+$。其效用函数为：

$$u(h, y)=h^{1-\beta}y^{\beta}$$

其中 $\beta\in(0, 1)$。这里 h 表示鲁滨逊消费的小时数（如果愿意的话，也可以表示闲暇），y 表示所消费的椰子数。假设鲁滨逊的禀赋是 $T>0$ 单位的时间 h（即 T 小时），没有椰子，即 $\mathbf{e}=(T, 0)$。

现在我们选择足够大的 b，使得 $b>T$。因此，在任何瓦尔拉斯均衡中，对厂商的约束条件 $h\leqslant b$ 都不是束紧的，因为在均衡中，厂商所需求的时数不能超过总的可利用时间 T。

该经济满足定理 5.13 的全部假设——除了鲁滨逊的效用函数是柯布-道格拉斯函数的形式，后者在 $\mathbb{R}^n_+$ 中既不是强增的也不是拟凹的。即便如此，练习题 5.14 将要求你证明，最终的总超额需求函数仍满足定理 5.3。因此，在严格为正的价格中，可以确保一个瓦尔拉斯均衡必然存在。我们现在就来计算这个均衡。

令 $p>0$ 表示椰子 y 的价格，$w>0$ 表示鲁滨逊 h 小时的单位价格（因此，可以把 w 看做是工资水平）。在从厂商利润中获得收入之前，消费者鲁滨逊的预算集如图 5-7（b）所示，图 5-7（c）展示了鲁滨逊获得 100%份额的厂商利润时的预算集，在图中厂商的利润等于 π。

为了决定瓦尔拉斯均衡的价格水平（w^*，p^*），我们首先要找到厂商的供给函数（用术语表示也包括厂商对劳动时间的需求），然后求出消费者的需求函数，最后将它们联立在一起找出市场出清的价格。我们从厂商鲁滨逊开始，后面会交替使用厂商和消费者这两个词，相信你能分得清楚，它们实际上都是指鲁滨逊。

厂商从不会肆意挥霍买来的时间，它总是选择 $(-h, y)\in Y$，以至 $y=h^{\alpha}$。由于我们选择的 b 足够大使得它不是一个束紧的约束，进而厂商将选择 $h\geqslant 0$ 来最大化

$$ph^{\alpha}-wh$$

当 $\alpha<1$ 时，$h=0$ 不会是利润最大化的解（随后会证明）；因此，一阶条件要求对 h 的偏导数等于 0，即 $\alpha ph^{\alpha-1}-w=0$。重新整理上式，我们知道 $y=h^{\alpha}$，进而得到厂商对时间的需求，记为 h^f；厂商对产出的供给，记为 y^f；它们都是价格 w 和 p 的函数[①]：

$$h^f=\left(\frac{\alpha p}{w}\right)^{1/(1-\alpha)}$$

$$y^f=\left(\frac{\alpha p}{w}\right)^{\alpha/(1-\alpha)}$$

因此，厂商利润为

$$\pi(w,p)=\frac{1-\alpha}{\alpha}w\left(\frac{\alpha p}{w}\right)^{1/(1-\alpha)}$$

注意：只要价格为正，则利润为正。（这表明，如前所述，选择 $h=0$ 并不满足利润最大化。）

我们现在转而讨论消费者问题。鲁滨逊的收入是他的禀赋收入（$(w,p)\cdot(T,0)=wT$）与凭借其对企业 100%的所有权而得到的厂商利润（$\pi(w,p)$）之和。因为消费者的效用函数是严格递增的，因此预算约束将取等式形式，为

$$py+wh=wT+\pi(w,p)$$

他在这个约束条件 $(h, y)\geqslant(0, 0)$ 下来最大化其效用。柯布-道格拉斯效用函数的消费者需求函数我们再熟悉不过了，他会将总收入中的 $1-\beta$ 部分花在 h 上，β 部分花在 y 上。令 h^c 和 y^c 表示消费者的需求，得到

$$h^c=\frac{(1-\beta)(wT+\pi(w,p))}{w}$$

$$y^c=\frac{\beta(wT+\pi(w,p))}{p}$$

把这些结果放在一起，就能找出使两个市场出清的价格向量（w，p）。先作两个简化。

① 假设你还记得前面的符号约定，则这意味着 $(-h^f, y^f)\in Y$。

首先，因为总超额需求是零阶齐次的，而且瓦尔拉斯均衡时的价格必定严格为正，因此为了不失一般性，我们可以设定 y 的瓦尔拉斯均衡价格 p^* 等于 1；其次，我们现在只需找到一个使 h 市场出清的价格，因为根据瓦尔拉斯法则，h 市场出清同时意味着 y 市场也将出清。

于是，需要找到 w^* 使得 $h^c+h^f=T$，或者利用上述方程，令 $p^*=1$，即

$$\frac{(1-\beta)(w^*T+\pi(w^*,1))}{w^*}+\left(\frac{\alpha}{w^*}\right)^{1/(1-\alpha)}=T$$

或

$$\frac{(1-\beta)(1-\alpha)}{\alpha}\left(\frac{\alpha}{w^*}\right)^{1/(1-\alpha)}+\left(\frac{\alpha}{w^*}\right)^{1/(1-\alpha)}=\beta T$$

这里我们已经对厂商的利润进行了替换并得到了第二个等式。现在可以直接解出 w^*，以求得均衡工资：

$$w^*=\alpha\left(\frac{1-\beta(1-\alpha)}{\alpha\beta T}\right)^{1-\alpha}>0$$

请读者自行检验一下，对于 w^* 的这个值，以及 $p^*=1$，两个市场确实出清了。

5

我们可以用图形的方式来表示这种均衡。图 5-8（a）画出了厂商利润最大化的解。方程 $\pi^*=py+wh$ 给出了厂商的**等利润线**（iso-profit line），在这条线上，每组（h，y）所对应的利润都是常数且等于 π^*。注意：当（h，y）$\in Y$ 时，$h\leqslant 0$，这样 $py+wh$ 就是图中利润的正确表达式。还需要注意的是，这个等利润线（以及所有其他的等利润线）的斜率是 $-w/p$。而且，所描绘的等利润线代表了厂商最大可能的利润，因为更高的利润所要求的生产计划位于 π^* 的等利润线之上，这些计划不在生产集内。因此，$\pi^*=\pi(w^*, 1)$。

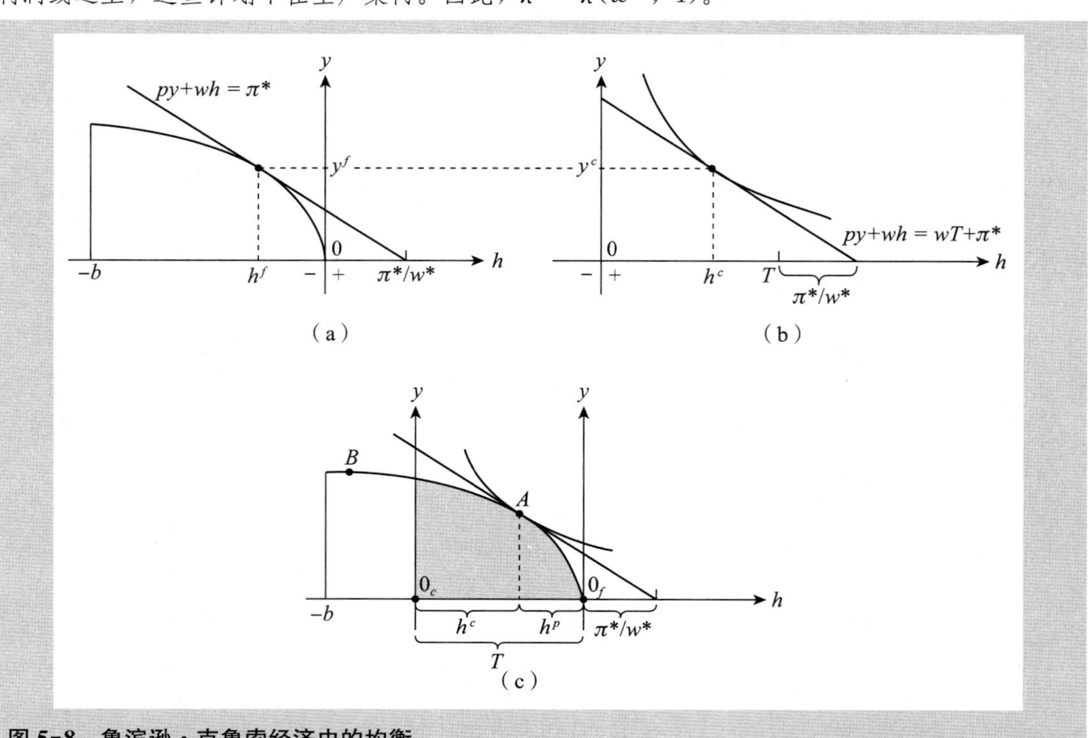

图 5-8 鲁滨逊·克鲁索经济中的均衡

图 5-8（b）显示了给定预算约束 $py+wh=wT+\pi^*$ 时消费者的效用最大化解。注意：消费者的预算约束的斜率是 $-w/p$，与厂商的等利润线斜率相同。

图 5-8（c）是把消费者的图形叠加到了厂商的图形之上，将消费者图形中标记为 T 的那一点作为厂商图形的原点，从而将图 5-8（a）和图 5-8（b）结合在了一起。消费者图形的原点标为 0_c，厂商图形的原点标为 0_f。点 A 表示瓦尔拉斯均衡配置。

图 5-8（c）使我们能得出以下结论，即这个有生产的竞争性均衡是帕累托有效的。审视图中的阴影区域。如果原点在 0_f，则阴影区域表示可行的生产计划集——考虑到可利用的资源情况，这些生产计划在经济中实际上是可以实施的。一方面，阴影区域内的每个生产计划都能被实行，因为它们所要求的时间不超过 T 小时——这是该经济被赋予的时间总量。另一方面，类似图中 B 点的生产计划在技术上是可能的但在实际上是不可行的，因为它虽然处在生产集内，但所要求的时间超过了 T 小时。

换个角度来看，把 0_c 当做原点，阴影区域表示了这个经济可行的消费集，明白了这一点之后，你会发现，A 点的瓦尔拉斯配置显然是帕累托有效的。在所有可行的消费组合中，它最大化了鲁滨逊的效用。

我们很快会证明，和纯交换经济中的情况一样，即使考虑到生产问题，这也是一个相当一般性的结论。 □

现在让我们回到“厂商的生产集有界”这个假设上来。之前说过，可以把这个假设去掉，这么做的理由非常充分。

生产可能集意在描述厂商的技术，别无他用。它说明了用不同数量的（各种）投入能生产多少单位产出的问题。如果在生产中所使用的投入量可以无限地增加，那么所生产出来的产出也会如此。因此，首要一点就是，技术本身对可利用的投入数量没有作出详细的说明。

然而，这么说可能不会引起实务派人士的注意。毕竟，如果宇宙中到处充斥着墨水，而如果用钢笔填满宇宙是可能的，这么做又有何妨！只描述那些切实可行的生产计划的技术还不够吗？从某方面来看，答案是肯定的，因为在均衡中，生产计划实际上必定是可行的。但是存在一个很细微但重要的困难。当我们基于总供给对生产可能性施加约束时，隐含地假设了厂商在作利润最大化决策时，会将这些总投入方面的约束考虑在内。例如，因为墨水的供给是有限的，如果我们限定一个钢笔生产者的生产集合的边界，则墨水价格很低时，生产者对墨水的需求将触及这个约束条件。但是如果没有达到这个约束，生产者将在目前的低价格上需要更多墨水。于是，通过在生产可能集上施加这种看似幼稚的可行性约束，我们已经切断了价格和（超额）需求之间所有重要的联系。而且，这的确是竞争模型的本质。生产者（和消费者）基于现行价格做出需求和供给决策，而不考虑是否有足够的商品满足他们的需求（反之亦然）。于是，对生产集施加限制的做法同我们试图把握竞争市场的分散性特点的目的完全背道而驰（类似的观点也可以用来评价对消费集施加上限的做法）。

幸运的是，有界性假设并不是必要的。不必悲观，觉得我们付出的努力付诸东流。实际上，证明无边界生产集存在的标准方法是，首先通过设置人为的边界来证明均衡的存在（这也正是我们做过的主要工作），然后令这个人为的边界任意变大（我们并不打算这么假设）。只要条件合适，就会得到具有无边界生产集的经济的竞争均衡。

为准确起见，定理 5.13 所假设的偏好的严格凸性和厂商生产可能集的强凸性比证明均衡存在所需的条件要严格得多。相反，如果只假设偏好和生产可能集的凸性，仍可以证明存在性的问题——尽管所需要的数学技巧超出了本书的范围。如果生产可能集是凸的，就允许了厂商有规模报酬不变的可能。报酬不变又引发了如下可能性，即厂商的产出供给和投入需求函数将是集值关系，而且它们往往是不连续的。与之类似，偏好的凸性本身会导致集值需求函数的可能性和类似的连续性问题。要处理这些问题也不难，只需使用具有一般性的函数（称为“对应性”，correspondence）——一个有关连续性的合适的、一般化的概念，然后再运用 Kakutani（1941）提出的一个布劳威尔不动点定理的一般化版本即可。事实上，即便没有单个厂商生产可能集的凸性，我们也能这么做——只要保证总生产可能集是凸的就行。对探讨所有这些问题感兴趣的读者可参见 Debreu（1959），也可做练习题 5.22。

5.3.4 福利

我们现在要说明的是，如何将定理 5.7 和定理 5.8 扩展到有生产的经济当中。同前面一样，重点关注瓦尔拉斯均衡中消费者所得配置的一些性质。在一个生产经济中，我们把瓦尔拉斯均衡配置早期的定义扩展为如下形式。

定义 5.8　在生产经济中的瓦尔拉斯均衡配置

令 $\mathbf{p}^* \gg \mathbf{0}$ 是经济 $(u^i, \mathbf{e}^i, \theta^{ij}, Y^j)_{i\in\mathcal{I}, j\in\mathcal{J}}$ 的一个瓦尔拉斯均衡，则组合（$\mathbf{x}(\mathbf{p}^*)$，$\mathbf{y}(\mathbf{p}^*)$）是一个瓦尔拉斯均衡配置，其中 $\mathbf{x}(\mathbf{p}^*)$ 表示向量（$\mathbf{x}^1$，$\mathbf{x}^2$，…，$\mathbf{x}^I$），第 i 个分量是消费者 i 在价格 $\mathbf{p}^*$ 和收入 $m^i(\mathbf{p}^*)$ 时所需求的最大化效用的商品组合；$\mathbf{y}(\mathbf{p}^*)$ 表示向量（$\mathbf{y}^1$，$\mathbf{y}^2$，…，$\mathbf{y}^J$），是在价格 $\mathbf{p}^*$ 处的利润最大化生产向量。（注意：因为 $\mathbf{p}^*$ 是一个瓦尔拉斯均衡，所以，$\sum_{i\in\mathcal{I}}\mathbf{x}^i = \sum_{i\in\mathcal{I}}\mathbf{e}^i + \sum_{j\in\mathcal{J}}\mathbf{y}^j$。）

换句话说，如果一个消费和生产配置满足下列条件，就是 $\mathbf{p}^*$ 在价格的一个瓦尔拉斯均衡配置。这些条件是：（1）在价格为 $\mathbf{p}^*$ 时，每个消费者的商品组合都是他的预算集中最受偏好的；（2）在价格为 $\mathbf{p}^*$ 时，每家厂商的生产计划都是它的生产可能集中利润最大的；（3）在每个市场上，需求都等于供给。

现在，我们准备把“第一福利定理”扩展到包含生产行为的经济中。回想一下，在鲁滨逊·克鲁索经济中，如果没有其他可行配置能使鲁滨逊的境况得以改善，当前的配置就是瓦尔拉斯均衡配置。当存在多个消费者和多家厂商的时候，帕累托效率背后的思想与之相同。

在本节余下的内容中，我们将考虑一个不变的经济 $(u^i, \mathbf{e}^i, \theta^{ij}, Y^j)_{i\in\mathcal{I},j\in\mathcal{J}}$，于是所有定义和定理都为这种经济所表述。

如果对于所有的 i 而言，$\mathbf{x}^i\in\mathbb{R}^n_+$，对于所有的 j，$\mathbf{y}^j\in Y^j$，此外 $\sum_{i\in\mathcal{I}}\mathbf{x}^i=\sum_{i\in\mathcal{I}}\mathbf{e}^i+\sum_{j\in\mathcal{J}}\mathbf{y}^j$，那么一个商品组合的配置对消费者和厂商的生产计划而言是**可行的**（feasible）。

定义 5.9　存在生产的帕累托有效配置

对于所有的 $i\in\mathcal{I}$ 来说，如果没有其他可行的配置 $(\bar{\mathbf{x}}, \bar{\mathbf{y}})$ 使得 $u^i(\bar{\mathbf{x}}^i)\geqslant u^i(\mathbf{x}^i)$ 中至少有一个严格不等式成立，则可行配置 $(\mathbf{x}, \mathbf{y})$ 是帕累托有效的。

对于消费者的商品组合和生产者的生产计划的一个可行配置来说，如果没有别的可行配置能在不使其他消费者受损的情况下而使至少一个消费者的境况得到严格改善，则该配置是帕累托有效的。

试图按帕累托有效的方式配置资源确实是一项艰巨任务。你不仅要对消费者的偏好了如指掌，还要通晓所有厂商的技术和投入要素的生产率。特别是，你必须将具有一技之长的人指派给需要这个技能的厂商，这可是一个大工程！不过，我们即将证明，在没有中央计划者的指导下，作为瓦尔拉斯均衡的配置是帕累托有效的。

5

定理 5.14　包含生产的第一福利定理

如果每个 u^i 在 $\mathbb{R}^n_+$ 上都是严格递增的，则每个瓦尔拉斯均衡配置都是帕累托有效的。

证明：我们假设 $(\mathbf{x}, \mathbf{y})$ 是价格 $\mathbf{p}^*$ 上的一个瓦尔拉斯均衡配置，但不是帕累托最优的，这就会出现一个矛盾。

因为 $(\mathbf{x}, \mathbf{y})$ 是一个瓦尔拉斯均衡配置，它是可行的，因此

$$\sum_{i\in\mathcal{I}}\mathbf{x}^i=\sum_{j\in\mathcal{J}}\mathbf{y}^j+\sum_{i\in\mathcal{I}}\mathbf{e}^i \tag{P.1}$$

因为 $(\mathbf{x}, \mathbf{y})$ 不是帕累托有效的，必然存在某个可行的配置 $(\hat{\mathbf{x}}, \hat{\mathbf{y}})$ 使得

$$u^i(\hat{\mathbf{x}}^i)\geqslant u^i(\mathbf{x}^i),\ i\in\mathcal{I} \tag{P.2}$$

至少有一个严格不等式成立。根据引理 5.2，这意味着

$$\mathbf{p}^*\cdot\hat{\mathbf{x}}^i\geqslant\mathbf{p}^*\cdot\mathbf{x}^i,\ i\in\mathcal{I} \tag{P.3}$$

至少有一个严格不等式成立。对（P.3）中所有的消费者进行加总，并重新整理，得到

$$\mathbf{p}^*\cdot\sum_{i\in\mathcal{I}}\hat{\mathbf{x}}^i>\mathbf{p}^*\cdot\sum_{i\in\mathcal{I}}\mathbf{x}^i \tag{P.4}$$

现在，（P.4）和（P.1）以及 $(\hat{\mathbf{x}}, \hat{\mathbf{y}})$ 的可行性说明

$$\mathbf{p}^*\cdot\Big(\sum_{j\in\mathcal{J}}\hat{\mathbf{y}}^j+\sum_{i\in\mathcal{I}}\mathbf{e}^i\Big)>\mathbf{p}^*\cdot\Big(\sum_{j\in\mathcal{J}}\mathbf{y}^j+\sum_{i\in\mathcal{I}}\mathbf{e}^i\Big)$$

因此，

$$\mathbf{p}^* \cdot \sum_{j\in\mathcal{J}} \hat{\mathbf{y}}^j > \mathbf{p}^* \cdot \sum_{j\in\mathcal{J}} \mathbf{y}^j$$

然而，这意味着对于某些厂商 j 来说，$\mathbf{p}^* \cdot \hat{\mathbf{y}}^j > \mathbf{p}^* \cdot \mathbf{y}^j$，这里 $\hat{\mathbf{y}}^j \in Y^j$。这与下列事实相矛盾，即在瓦尔拉斯均衡中，$\mathbf{y}^j$ 在价格 $\mathbf{p}^*$ 处最大化厂商 j 的利润。 ■

下面我们来证明，只要经过恰当的收入转移，竞争性市场能实现帕累托有效的配置。

定理 5.15 包含生产的第二福利定理

假设 (1) 每个 u^i 都满足假设 5.1；(2) 每个 Y^j 都满足假设 5.2；(3) 对于某个总生产向量 $\mathbf{y}$，有 $\mathbf{y}+\sum_{i\in\mathcal{I}}\mathbf{e}^i \gg \mathbf{0}$；(4) 配置$(\hat{\mathbf{x}}, \hat{\mathbf{y}})$是帕累托有效的。

则存在一组满足 $\sum_{j\in\mathcal{I}} T_i=0$ 的收入转移 T_1，…，T_I，且存在一个价格向量 $\bar{\mathbf{p}}$，使得

1. $\hat{\mathbf{x}}^i$ 最大化 $u^i(\mathbf{x}^i)$ s.t. $\bar{\mathbf{p}} \cdot \mathbf{x}^i \leqslant m^i(\bar{\mathbf{p}})+T_i$，$i\in\mathcal{I}$。
2. $\hat{\mathbf{y}}^j$ 最大化 $\bar{\mathbf{p}} \cdot \mathbf{y}^j$ s.t. $\mathbf{y}^j \in Y^j$，$j\in\mathcal{J}$。

证明：对于每个 $j\in\mathcal{J}$，令 $\bar{Y}^j \equiv Y^j-\{\hat{\mathbf{y}}^j\}$，需要注意的是，这种定义使每个 $\bar{Y}^j$ 都满足假设 5.2。现在考虑一个经济 $\bar{\varepsilon}=(u^i, \hat{\mathbf{x}}^i, \theta^{ij}, \bar{Y}^j)_{i\in\mathcal{I},j\in\mathcal{J}}$，它是在初始的经济中用禀赋 $\hat{\mathbf{x}}^i$ 替代消费者 i 的初始禀赋 $\mathbf{e}^i$ 以及用生产集 $\bar{Y}^j$ 替代初始生产集 Y^j 而得来的。利用假设 (1) 至假设 (3)，很容易发现，$\bar{\varepsilon}$ 满足定理 5.13 所有的假设，因此，其拥有一个瓦尔拉斯均衡 $\bar{\mathbf{p}} \gg \mathbf{0}$ 和一个相关的瓦尔拉斯均衡配置 $(\bar{\mathbf{x}}, \bar{\mathbf{y}})$。

对每一家厂商 j 来说，由于 $0\in\bar{Y}^j$，所以均衡时的利润都是非负的，以至每个消费者都能负担得起他的禀赋向量。因此，

$$u^i(\bar{\mathbf{x}}^i) \geqslant u^i(\hat{\mathbf{x}}^i), \ i\in\mathcal{I} \tag{P.1}$$

下面证明对某个总生产向量 $\tilde{\mathbf{y}}$ 来说，$(\bar{\mathbf{x}}, \tilde{\mathbf{y}})$ 对于初始经济是可行的。为了明白这一点，注意，根据 $\bar{Y}^j$ 的定义，对某个 $\tilde{\mathbf{y}}^j \in Y^j$ 而言，每个 $\bar{\mathbf{y}}^j \in \bar{Y}^j$ 都具有 $\bar{\mathbf{y}}^j=\tilde{\mathbf{y}}^j-\hat{\mathbf{y}}^j$ 的形式。因为对于经济 $\bar{\varepsilon}$ 来说，$(\bar{\mathbf{x}}, \bar{\mathbf{y}})$ 是一个瓦尔拉斯均衡配置，则它在该经济中必然是可行的，故而：

$$\begin{aligned}
\sum_{i\in\mathcal{I}} \bar{\mathbf{x}}^i &= \sum_{i\in\mathcal{I}} \hat{\mathbf{x}}^i + \sum_{j\in\mathcal{J}} \bar{\mathbf{y}}^j \\
&= \sum_{i\in\mathcal{I}} \hat{\mathbf{x}}^i + \sum_{j\in\mathcal{J}} (\tilde{\mathbf{y}}^j - \hat{\mathbf{y}}^j) \\
&= \sum_{i\in\mathcal{I}} \hat{\mathbf{x}}^i - \sum_{j\in\mathcal{J}} \hat{\mathbf{y}}^j + \sum_{j\in\mathcal{J}} \tilde{\mathbf{y}}^j \\
&= \sum_{i\in\mathcal{I}} \mathbf{e}^i + \sum_{j\in\mathcal{J}} \tilde{\mathbf{y}}^j
\end{aligned}$$

最后一个等式之所以成立，是源于 $(\hat{\mathbf{x}}, \hat{y})$ 在初始经济中的可行性。因此，其在初始经济中 $(\bar{\mathbf{x}}, \tilde{\mathbf{y}})$ 也是可行的，其中 $\tilde{\mathbf{y}}=\sum_{j\in\mathcal{J}}\tilde{\mathbf{y}}^j$。

这样，我们可得出如下结论：（P. 1）中的每个不等式必须取等式，否则（$\hat{\mathbf{x}}$，$\hat{\mathbf{y}}$）将不会是帕累托有效的。但是，u^i 的严格拟凹意味着

$$\bar{\mathbf{x}}^i=\hat{\mathbf{x}}^i, \quad i \in \mathcal{I}$$

否则，有的消费者就会严格偏好两个商品组合的平均值，而不是 $\bar{\mathbf{x}}^i$。当价格为 $\bar{\mathbf{p}}$ 时，消费者买得起这两个消费组合，也就能买得起它们的平均值。这与假设的事实相矛盾（即对于经济 $\bar{\varepsilon}$ 来说，（$\bar{\mathbf{x}}$，$\bar{\mathbf{y}}$）在价格 $\bar{\mathbf{p}}$ 上是一个瓦尔拉斯均衡配置）。因此，我们可得出结论：

$$\hat{\mathbf{x}}^i \text{ 最大化了 } u^i(\mathbf{x}^i) \quad \text{s. t. } \bar{\mathbf{p}} \cdot \mathbf{x}^i \leqslant \bar{\mathbf{p}} \cdot \hat{\mathbf{x}}^i + \sum_{j \in \mathcal{J}} \theta^{ij} \bar{\mathbf{p}} \cdot \bar{\mathbf{y}}^j, \quad i \in \mathcal{I}$$

不过，由于效用是强递增的，在 $\mathbf{x}^i=\hat{\mathbf{x}}^i$ 处，预算约束取等式，这意味着每个消费者 i 源自利润的收入为零，进而又意味着对于每个厂商 j 来说，$\bar{\mathbf{y}}^j=\mathbf{0}$。

我们把以下证明留作练习题：在价格为 $\bar{\mathbf{p}}$、生产集为 $\bar{Y}^j$ 时，因为 $\bar{\mathbf{y}}^j=\mathbf{0}$ 最大化了厂商 j 的利润，则在价格为 $\bar{\mathbf{p}}$、生产集为 Y^j 时（即在初始经济中），根据 $\bar{Y}^j$ 的定义，$\hat{\mathbf{y}}^j$ 也最大化了厂商 j 的利润。

综上所述，我们已经证明了

$$\hat{\mathbf{x}}^i \text{ 最大化了 } u^i(\mathbf{x}^i) \quad \text{s. t. } \bar{\mathbf{p}} \cdot \mathbf{x}^i \leqslant \bar{\mathbf{p}} \cdot \hat{\mathbf{x}}^i, i \in \mathcal{I} \tag{P. 2}$$

$$\hat{\mathbf{y}}^j \text{ 最大化了 } \bar{\mathbf{p}} \cdot \mathbf{y}^j \quad \text{s. t. } \mathbf{y}^j \in Y^j, j \in \mathcal{J} \tag{P. 3}$$

注意，$T_i \equiv \bar{\mathbf{p}} \cdot \hat{\mathbf{x}}^i - m^i(\bar{\mathbf{p}})$ 这个假定提供了恰当的利润转移，这里 $m^i(\bar{\mathbf{p}})=\bar{\mathbf{p}} \cdot \mathbf{e}^i+\sum_{j \in \mathcal{J}} \theta^{ij} \cdot \bar{\mathbf{p}} \cdot \hat{\mathbf{y}}^j$ 是消费者 i 在初始经济中价格为 $\bar{\mathbf{p}}$ 时的收入。依据（$\hat{\mathbf{x}}$，$\hat{\mathbf{y}}$）的可行性，这些利润转移的总和为零；而且在初始经济中使用这些利润转移时，它们会将每一个消费者问题都简化为（P. 2）。因此，其满足条件（1）与条件（2）。■

5.4　或有计划

迄今为止，我们所探讨的是在一个静态环境中，市场经济如何通过竞争性的价格体系配置资源的问题。模型中没有提及时间概念，像利率、通货膨胀、借贷等问题看来也不在讨论的范围内，但实际情况并非如此。我们所提出的模型不仅能包括时间、利率、借贷，也涵盖了很多不确定性，包括未来的经济状态、股票和债券的价值，等等。重要的是重新定义商品的概念，使之包括所有我们感兴趣的特征。

5.4.1　时间

如果我们想在模型中纳入时间因素，不仅要简单地标出商品的名称（比如，苹果、橘子等），还要标注它们被消费（或生产）的时期。所以不能仅记为 x_k（一个消费者所消费的商品 k 的数量），还要把它的消费时间标注在内。因此，我们用 x_{kt} 来表

示在时期 t 所消费的商品 k 的数量。如果有两种商品 $k=1$，2，两个时期 $t=1$，2，则消费组合变成四个数字的向量（x_{11}，x_{12}，x_{21}，x_{22}），其中 x_{12} 表示商品 $k=1$ 在时期 $t=2$ 被消费的数量。

但是，如果一个消费组合写成（x_{11}，x_{12}，x_{21}，x_{22}），那么之前的符号约定仍然有效，应该把这四个并列数字所构成的消费组合中的每一个都想成是代表了不同商品的数量。也就是说，有两种“基本”商品——苹果和橘子，有两个时期——今天和明天，我们实际上就有了四种商品——今天的苹果、明天的苹果、今天的橘子和明天的橘子。

5.4.2 不确定性

不确定性也能用同样的技巧来表示。例如，假设我们没法确定今天的天气状况，但天气如何对我们来说又非常重要，因为它影响着我们对某些产品的需求（如雨伞、太阳伞、度假等）和/或供给（如农业）。为了使问题简单化，假设天气状况只存在两种可能：状态 $s=1$ 表示雨天，状态 $s=2$ 表示晴天。和对时间问题的处理类似，我们可以把每种商品 k 标注上它被消费（或生产）的状态，令 x_{ks} 表示商品 k 在状态 s 下的消费量，令 y_{ks} 表示商品 k 在状态 s 下的产量。这就可以明确区分消费者在晴天和雨天对雨伞截然不同的偏好，也可以明确区分农产品在两种天气状态下不同的生产可能性。如果令消费者的禀赋向量取决于状态，我们也可以模型化消费者对保险的需求，比如，低禀赋与一种状态联系在一起（如火灾或洪水），而高禀赋则与另一种状态联系起来。

5.4.3 或有商品的瓦尔拉斯均衡

我们把时间和不确定性放在一起考虑，然后我们采用逆推法分析，解释最终模型的瓦尔拉斯均衡的含义。

有 N 种基本的商品，$k=1$，2，…，N；T 个时期，$t=1$，2，…，T；每个时期 t 都有 S_t 种互斥且耗尽资源的事件 $s_t=1$，2，…，S_t 可能发生。因此，在时期 t 的状态可用 t 事件向量（s_1，…，s_t）来表示，它包括从时期 1 开始直到时期 t 所发生的所有事件。消费组合是一个非负向量 $\mathbf{x}=(x_{kts})$，其中 k 的取值从 1 到 N，t 的取值从 1 到 T，而且给定 t，$s=(s_1$，…，$s_t)$ 是世界 $S_1S_2\cdots S_t$ 种状态其中之一，它描述了直到时期 t 已经发生的事件。因此，$\mathbf{x}\in\mathbb{R}_+^{NM}$，这里 $M=S_1+S_1S_2+\cdots+S_1S_2\cdots S_T$ 是时期—状态组合（t，s）的总数。

有 J 家厂商，每家厂商 $j\in\mathcal{J}$ 都有一个包含在 $\mathbb{R}_+^{NM}$ 中的生产可能性集合 Y^j。

有 I 个消费者，每个消费者 $i\in\mathcal{I}$ 都对 $\mathbb{R}_+^{NM}$ 中的消费组合有偏好，且 i 的偏好可用效用函数 $u^i(\cdot)$ 来表示。消费者 i 具有禀赋向量 $\mathbf{e}^i\in\mathbb{R}_+^{NM}$，并对每个 $j\in\mathcal{J}$ 的厂商拥有 θ^{ij} 的所有权份额。[①] 注意：向量 $\mathbf{e}^i$ 详细规定了在时期 t 和状态 s 下消费者

① 也可以令所有权份额取决于时期和状态，但我们没这么做。

对 N 种商品的禀赋是 $(e^i_{1ts}, \cdots, e^i_{Nts})$。

根据之前的定义，这只是一个具有 $n=NM$ 种商品的私有制经济。例如，$x_{kts}=2$ 表示两单位的商品 kts，或者等价于在 t 时期和 s 状态下的两单位基本商品 k。于是，当商品在不同时期或状态被消费时，我们能把相同的基本商品处理成不同的。毕竟，和6个月后交货的同款汽车相比，我们愿意为今天交货的汽车付更高的价格。从这个角度看，把不同时期（或不同状态）的同样的基本商品处理成不同的商品完全是合情合理的。

在定理5.13的假设下，存在一个价格向量 $\mathbf{p}^* \in \mathbb{R}^{NM}_{++}$ 构成这个私有经济的一个瓦尔拉斯均衡。特别是，在每个时期和状态下的 NM 种商品中，每一种的供求必须相等。现在我们从厂商开始来理解其中的含义。

对于每个厂商 $j \in \mathcal{J}$ 来说，令 $\hat{\mathbf{y}}^j=(\hat{y}^j_{kts}) \in Y^j \subseteq \mathbb{R}^{NM}$ 表示既定价格向量 $\mathbf{p}^*$ 下（唯一的）利润最大化的生产计划。于是，在时期 t 和状态 s，如果 $\hat{y}^j_{kts} \geqslant 0$，厂商 j 将生产 $\hat{y}^j_{kts}$ 单位的基本商品（产出）k；如果 $\hat{y}^j_{kts}<0$，厂商 j 将需求 $|\hat{y}^j_{kts}|$ 单位的基本商品（投入）k。因此，$\hat{\mathbf{y}}^j$ 是一个利润最大化的**或有生产计划**（或称时变的生产计划、状态依存的生产计划，contingent production plan），它描述了视每个时期和状态而定的 N 种基本商品的产出供给和投入需求。现在我们来讨论消费者。

对于每个消费者 $i \in \mathcal{I}$，令 $\hat{\mathbf{x}}^i=(\hat{x}^i_{kts}) \in \mathbb{R}^{NM}_{+}$ 表示既定价格向量 $\mathbf{p}^*$ 和收入 $m^i(\mathbf{p}^*)$ 下消费者 i（唯一）负担得起的效用最大化的消费组合。于是，在时期 t 和状态 s 下，消费者 i 将消费 $\hat{x}^i_{kts}$ 单位的基本商品 k。因此 $\hat{\mathbf{x}}^i$ 是消费 i 的一个效用最大化的、可负担的**或有消费计划**（或称时变的消费计划、状态依存的消费计划（contingent consumption plan）），它详细描述了消费者视每个时期和状态而定的、对每种基础商品的消费。

一方面，因为每种商品都供求平衡，我们能得到

$$\sum_{i\in\mathcal{I}} \hat{x}^i_{kts} = \sum_{j\in\mathcal{J}} \hat{y}^j_{kts} + \sum_{i\in\mathcal{I}} e^i_{kts}\text{，对所有的 } k, t, s \text{ 成立} \tag{5.6}$$

因此，在每个时期和每种状态下，每一种基本商品的供求平衡；另一方面，消费者 i 在所有商品上的支出仅有如下一个预算约束：

$$\sum_{k,t,s} p^*_{kts}\hat{x}^i_{kts} = \sum_{k,t,s} p^*_{kts}e^i_{kts} + \sum_{j\in\mathcal{J}}\theta^{ij}\sum_{k,t,s} p^*_{kts}\hat{y}^j_{kts}, \quad i \in \mathcal{I} \tag{5.7}$$

特别是，当状态 s' 发生在时期 t' 时，对某个或某些消费者 i 来说，有

$$\sum_{k} p^*_{kt's'}\hat{x}^i_{kt's'} > \sum_{k} p^*_{kt's'}e^i_{kt's'} + \sum_{j\in\mathcal{J}}\theta^{ij}\sum_{k} p^*_{kt's'}\hat{y}^j_{kt's'}$$

即消费者 i 在时期 t' 和状态 s' 时，在基础商品上的支出可能超过他在该时期和该状态的收入。这能说得通吗？当然，绝对可以。实际上，这种预算短缺表达了两种重要的经济现象——借款和保险。一方面，当消费者在时期 t 借款时，他在这一时期的实际支出超过了禀赋和利润分红收入；当消费者在状态 s（如火灾或洪水）由于

遭受损失而得到保险偿付时，可支付的数额超过禀赋和利润分红的收入；另一方面，可能恰好一些状态和时期产生了预算盈余（比如，在消费者放贷或者是对没有发生的状态进行保险的时候）。

不过，倘若每个消费者的预算只要保持总体平衡（如（5.7）式）即可，如何真正实现这种瓦尔拉斯均衡配置呢？答案如下。如果在之前的 0 期，厂商和消费者通过缔约进入市场，所谓的合约是一纸文书，上面写着一个非负的实数、一种基本商品 k、一个时期 t 和一种状态 s。如合约（107.6，$k=3$，$t=2$，$s=7$）授予持有者在时期 $t=2$ 和状态$s=7$ 单位的基本商品 $k=3$。注意：每个消费者的均衡净消费组合 $\hat{\mathbf{x}}^i-\mathbf{e}^i=(\hat{x}^i_{kts}-e^i_{kts})$ 可以被再解释为一个合约向量。也就是说，对于每个 k、t 和s，如果 $\hat{x}^i_{kts}-e^i_{kts}\geqslant 0$，则消费者 i 有权在t 时期和s 状态下从市场上获得单位的基本商品k；反之，如果 $\hat{x}^i_{kts}-e^i_{kts}<0$，则要求消费者 i 在t 时期和s 状态下向市场供应 $|\hat{x}^i_{kts}-e^i_{kts}|$ 单位的基本商品 k。

5

与之类似，每个厂商的生产计划 $\hat{\mathbf{y}}^j=(\hat{y}^j_{kts})$ 也可以被重新解释为合约向量。如果 $\hat{y}^j_{kts}\geqslant 0$，则要求厂商 j 在时期 t 和状态 s 下向市场供应 $\hat{y}^j_{kts}$单位的基本商品 k；如果 $\hat{y}^j_{kts}<0$，则厂商 j 有权在时期 t 和状态 s 下从市场上获得 $|\hat{y}^j_{kts}|$ 单位的基本商品 k。

最后需要注意的是，对于每个 k、t 和 s，如果在时期 t 和状态 s，每单位基础商品 k 的合约价格是 p^*_{kts}，则在时期 0，合约市场将会出清——消费者最大化了效用，厂商最大化了利润。当到达时期 t 且出现状态 s 的时候，与该时期和状态相关的合约被执行。市场出清条件（5.6）确保这是可行的。在初始的合约交易于时期 0 完成之后，就不会再有交易发生了。随着时间的流逝和状态的持续，唯一进行的活动是执行在时期 0 所买卖的合约。

我们现在就这个模型提出几点重要的说明。第一，我们隐含地假设存在完美的监督，意思是说，厂商或消费者不会声称他们在状态 s 和时期 t 能供给比实际更多的基本商品。因此，破产的可能性被排除。第二，假设存在完美的信息，也就是说，所有的厂商和消费者都被明确告知每个时期所发生的状态。否则，如果只有一些参与者了解状态，他们就有可能（对实际所发生的状态）撒谎。第三，假设所有的合约都能被完美地执行。显然，每一个假设都很强，而且忽略了重要的经济现实。然而，这些假设又很重要，通过重新解释其中的变量，我们就能知道一个似乎完全静态和确定的模型离现实有多大的差距！本章练习题进一步拓展了这个模型，请读者检验该模型如何体现保险、借贷、利率和资产价格等因素。

5.5 核与均衡

在最后这一节中，我们回到纯交换经济的世界里，并进一步探寻经济的核同瓦尔拉斯均衡配置的集合二者间的关系。如前所见，一方面，每个瓦尔拉斯均衡配置也是一个核配置；可另一方面，我们可以用一个简单的埃奇沃思盒状图来表示不属于瓦尔拉斯均衡的核配置。由此看来，这二者之间的联系似乎是有条件的。

埃奇沃思（Edgeworth，1881）推测，在瓦尔拉斯配置与核之间可能存在更密切的联系。他认为，当经济“很大”的时候，消费者比较接近于瓦尔拉斯所假设的价格接受者，此时的核配置和瓦尔拉斯均衡这二者之间并无区别。为了重新考虑这种可能性，德布鲁和斯卡夫（Debrew and Scarf，1963）扩展了埃奇沃思的分析框架，并进一步证实了他的观点。概括而言，他们的研究表明，随着经济体逐渐“变大”，它的核也不断“收缩”，最后剩下的就只有那些瓦尔拉斯配置了。

总而言之，对于那些相信市场体系的某些特性的人来说，他们的结论令人振奋！在市场体系中，消费者所需要的唯一信息就是他所面临的市场价格（集合）。这表明，在一些庞大的经济体中，中央计划和自由放任两种极端范式之间有着重要的差异。如果计划的目的是找到并实现位于核内的配置，而且如果除了竞争市场体系所达到的配置之外，核内没有其他的配置，那何苦又使用劳民伤财的计划手段呢？为了找到核，中央计划者需要了解消费者偏好，而消费者出于自私的本能又不会如实向计划者披露个人信息；而市场根本不需要了解消费者的偏好，实际上，它只要求消费是个自私自利的个体就可以了。这种“自私”在一种情况下是恶行，而在另外的情形中却变成了美德。

当然，这个讨论使用了一些不够严谨的语言。从广义上讲，计划和市场体系之间的选择并不仅仅取决于效率。此外我们还知道，从任意初始禀赋中得到的核配置不一定是公平的，从对禀赋进行合意的重新配置的角度来看，计划手段有可能是合理的；从狭义上看，还有一些技术问题尚未提及。一个经济体是“大的”，或者比另一个经济体“大”，这句话到底是什么意思呢？此外，由于一个“配置”涉及每个消费者的一个商品向量，而且我们假设经济体越大，消费者就越多，那么大型经济的核的“维度”与小型经济的会有什么差别吗？如果答案是肯定的，那么如何论述核的“收缩”呢？在本章结束之前，我们将一一解答这些问题。

5.5.1　复制经济

为了便于分析，我们遵照德布鲁和斯卡夫的方法，以一种非常特殊的方式来对大型经济的概念加以正式的描述。我们从基本的交换经济的思想开始，该经济由数量有限的任意 I 个消费者构成。考虑到每个消费者的偏好和/或禀赋，可以把消费者看成是不同的“类型”个体，使其与其他消费者区分开来。禀赋相同但偏好不同的两个消费者被认为是不同类型的；同理，偏好相同但禀赋不同的两个消费者也被看做是不同类型的。[①] 于是，我们现在来考虑一个基本的交换经济，它由数量有限

① 事实上，我们也把具有相同偏好和禀赋的两个消费者称为不同类型的，尽管这种区别可能只是正式表述上的。然而，目前最好还是认为没有两个消费者具有相同的偏好和禀赋。

5

但类型不同的消费者所组成，每类消费者都各有一名。

想象一下，每个消费者现在突然有了一个孪生兄弟，这些双胞胎们简直一模一样，他们有着相同的偏好和禀赋。由初始消费者和他们的孪生兄弟构成的新的经济体中，每种类型的消费者有两个而不是一个。这个新的经济显然大于初始的经济，因为它所包含的消费者人数两倍于前者，我们把这个新经济称为初始经济的二重复制。如果每个初始消费者都被复制 3 倍或 4 倍，我们就能用同样的方式将初始经济放大成原来的 3 倍或者 4 倍，以这种简单明确的方式复制出的新经济都要大于之前的经济。这样，我们就得到了**复制经济**（replica economy）的思想。复制经济中的消费者的“类型”有限，每类消费者人数相同，同一类型的个体完全相同，他们具有相同的偏好和禀赋。正式的定义和假设如下。

定义 5.10　一个 r 重复制经济

假设在基本交换经济中有 I 种类型的消费者，用集合 $\mathcal{I}=\{1, \cdots, I\}$ 来表示。r 重复制经济（记做 $\mathcal{E}_r$）意味着经济中的每类消费者都有 r 个，消费者总数是 rI。对于任意类型 $i\in\mathcal{I}$ 来说，该类型的所有 r 个消费者在 $\mathbb{R}^n_+$ 上都具有相同的偏好 $\succsim^i$ 和禀赋 $\mathbf{e}^i\gg\mathbf{0}$。我们进一步假设，对于 $i\in\mathcal{I}$ 来说，偏好 $\succsim^i$ 可以用满足假设 5.1 的效用函数 u^i 表示。

于是，当两个复制经济放在一起进行比较的时候，我们可以明确地说出哪个更大一些（每类消费者数量更多的经济更大）。

现在我们来考虑 r 重复制经济 $\mathcal{E}_r$ 的核。在之前的假设下，定理 5.5 的所有假说都得以满足。因此，将存在一个瓦尔拉斯均衡配置。此外，根据定理 5.5，这个瓦尔拉斯均衡配置将位于核内。这样说来，我们已经有了足够的假设以确保 $\mathcal{E}_r$ 的核是非空的。

为了能准确地查找复制经济中的所有消费者，我们用两个上标 i 和 q 来做标记，其中 $i=1, \cdots, I$ 涵盖所有的类型，$q=1, \cdots, r$ 涵盖某特定类型的全体消费者。如标记 $iq=23$ 是指类型 2 中标记为 3 的消费者，或者说类型 2 的第 3 个消费者。因此，$\mathcal{E}_r$ 中的某个配置将采取如下形式：

$$\mathbf{x}=(\mathbf{x}^{11},\mathbf{x}^{12},\cdots,\mathbf{x}^{1r},\cdots,\mathbf{x}^{I1},\cdots,\mathbf{x}^{Ir}) \tag{5.8}$$

这里 $\mathbf{x}^{iq}$ 表示类型 i 的第 q 个消费者的商品组合。如果下式成立，则这个配置是可行的。

$$\sum_{i\in\mathcal{I}}\sum_{q=1}^{r}\mathbf{x}^{iq}=r\sum_{i\in\mathcal{I}}\mathbf{e}^i \tag{5.9}$$

因为类型 i 中的每个消费者（共 r 个）的禀赋向量均为 $\mathbf{e}^i$。

下述定理利用到了这个事实以及偏好的严格凸性。

定理 5.16 核内的平等对待

如果 $\mathbf{x}$ 是 $\mathcal{E}_r$ 核内的一个配置，则类型 i 中的每个消费者必定具有与 x 相同的商品组合。即就每类 $i=1, \cdots, I$ 而言，对每个 $q, q'=1, \cdots, r$ 来说，均有 $\mathbf{x}^{iq}=\mathbf{x}^{iq'}$。

这个定理的名称具有令人愉悦的民主色彩，它表明了复制经济中核配置的一个关键特征。重要的是，我们不仅要相信在核内的同样类型会受到同等对待，还要有充分的理由确信能做到这一点。为此，我们将在最简单的两类型、四人经济中给出一个令人赏心悦目的"证明"。一旦掌握了这个证明，你自己就应该能推导出适合一般情形的证明，我们把它留作练习题。

证明： 令 $I=2$，考虑复制经济 $\mathcal{E}_2$，其中消费者有 2 种类型，每类又有 2 个消费者，经济中的消费者总数为 4。假设

$$\mathbf{x} \equiv (\mathbf{x}^{11}, \mathbf{x}^{12}, \mathbf{x}^{21}, \mathbf{x}^{22})$$

是 $\mathcal{E}_2$ 核内的一个配置。首先，我们注意到，因为 $\mathbf{x}$ 位于核内，它必须是可行的，因此

$$\mathbf{x}^{11}+\mathbf{x}^{12}+\mathbf{x}^{21}+\mathbf{x}^{22}=2\mathbf{e}^1+2\mathbf{e}^2 \tag{P. 1}$$

因为每种类型的两个消费者都具有相同的禀赋。

假设 $\mathbf{x}$ 并没有把相同的商品组合分派给某对同类型的消费者，令他们就是消费者 11 和 12，因此 $\mathbf{x}^{11}$ 和 $\mathbf{x}^{12}$ 是不同的。要记住，他们具有相同的偏好 $\succsim^1$。

因为 $\succsim^1$ 是完备的，它一定能把两个商品组合进行排序，其中一个至少要与另外一个一样好。我们假设

$$\mathbf{x}^{11} \succsim^1 \mathbf{x}^{12} \tag{P. 2}$$

当然，偏好可能是严格的，也可能是等价的。图 5-9（a）和图 5-9（b）给出了两种可能性。无论哪种方式，我们都想要证明，因为 $\mathbf{x}^{11}$ 和 $\mathbf{x}^{12}$ 是不同的，所以 $\mathbf{x}$ 不位于 $\mathcal{E}_2$ 的核内。为达到目的，我们将证明 $\mathbf{x}$ 会被抵制。

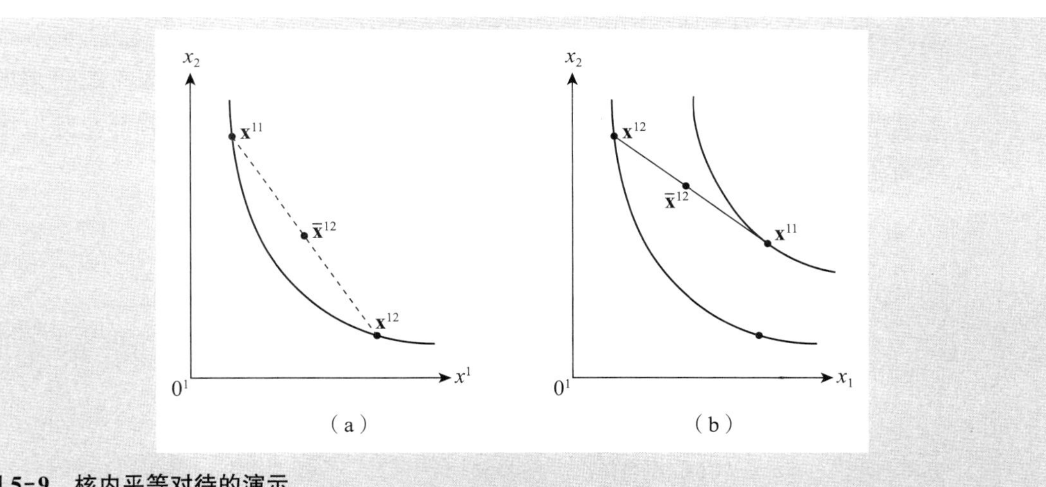

图 5-9 核内平等对待的演示

现在，考虑类型 2 的两个消费者。根据 $\mathbf{x}$，他们的商品组合分别是 $\mathbf{x}^{21}$ 和 $\mathbf{x}^{22}$，每人的偏好都是$\succsim^2$。再次不失一般性地假设

$$\mathbf{x}^{21} \succsim^2 \mathbf{x}^{22} \tag{P. 3}$$

所以，每类消费者群体中境况相对较差的都是消费者 2（分别是类型 1 中的消费者 2 和类型 2 中的消费者 2）。我们要证明的是，这些境况较差的消费者能否联合起来抵制配置 $\mathbf{x}$。

我们把商品组合 $\bar{\mathbf{x}}^{12}$ 和 $\bar{\mathbf{x}}^{22}$ 定义为：

$$\bar{\mathbf{x}}^{12} = \frac{\mathbf{x}^{11} + \mathbf{x}^{12}}{2}$$

$$\bar{\mathbf{x}}^{22} = \frac{\mathbf{x}^{21} + \mathbf{x}^{22}}{2}$$

$\bar{\mathbf{x}}^{12}$ 是类型 1 的两个消费者的平均商品组合，$\bar{\mathbf{x}}^{22}$ 是类型 2 的两个消费者的平均商品组合。参见图 5-9 中对 $\bar{\mathbf{x}}^{12}$ 的处置。

5

现在假设把商品组合 $\bar{\mathbf{x}}^{12}$ 分给消费者 12 是可能的。但他在 $\bar{\mathbf{x}}$ 下会得到的商品组合是 $\mathbf{x}^{12}$，如何比较二者呢？根据（P. 2），消费者 12 是类型 1 中较差的。因为 $\mathbf{x}^{11}$ 和 $\mathbf{x}^{12}$ 不同，且消费者 12 的偏好$\succsim^1$ 是严格凸的，因此他会严格偏好 $\bar{\mathbf{x}}^{12}$ 甚于 $\mathbf{x}^{12}$。也就是说，

$$\bar{\mathbf{x}}^{12} \succ^1 \mathbf{x}^{12}$$

图 5-9（a）和图 5-9（b）给出了这个结论。

同理，把消费者 22 的偏好$\succsim^2$ 的严格凸性与（P. 3）相结合，意味着

$$\bar{\mathbf{x}}^{22} \succsim^2 \mathbf{x}^{22}$$

这里偏好不需要是严格的，因为有可能 $\mathbf{x}^{21} = \mathbf{x}^{22}$。

因此，$(\bar{\mathbf{x}}^{12}, \bar{\mathbf{x}}^{22})$ 这对商品组合与配置 $\mathbf{x}$ 相比，它能在不使消费者 22 的境况变差的情况下令消费者 12 的境况变好。如果消费者 12 和消费者 22 都能单独取得这个商品组合，那么他们就可以抵制配置 $\mathbf{x}$（到这里证明即将完成）。

为了证明他们能一道获得 $(\bar{\mathbf{x}}^{12}, \bar{\mathbf{x}}^{22})$，注意下式：

$$\begin{aligned}\bar{\mathbf{x}}^{12} + \bar{\mathbf{x}}^{22} &= \frac{\mathbf{x}^{11} + \mathbf{x}^{12}}{2} + \frac{\mathbf{x}^{21} + \mathbf{x}^{22}}{2} \\ &= \frac{1}{2}(\mathbf{x}^{11} + \mathbf{x}^{12} + \mathbf{x}^{21} + \mathbf{x}^{22}) \\ &= \frac{1}{2}(2\mathbf{e}^1 + 2\mathbf{e}^2) \\ &= \mathbf{e}^1 + \mathbf{e}^2\end{aligned}$$

其中第三个等式源于(P.1)。因此，每类中两个境况最差的消费者能同时取得这组商品组合，使得其中一个的境况严格变好而另外一个的境况没有变差。进而，联盟 $S=\{12, 22\}$ 能抵制 $\mathbf{x}$。但是这与 $\mathbf{x}$ 位于核内的事实相矛盾。

由此可得出结论：$\mathbf{x}$ 必然会给同类消费者分派同样的商品组合。■

既然我们已经了解了“一个经济体比另一个经济体大”的具体含义，而且也证明了在复制经济的核中有关平等对待的性质，这样当我们说随着经济通过复制而变大核会“收缩”时，其中的含义也就明确了。首先，当我们复制某个基础经济时，既增加了经济中的消费者数量，也增加了配置中商品组合的数量，这一点应该没什么异议。不过，当我们把注意力集中在这些经济的核配置上时，通过比照基础经济 $\mathcal{E}_1$ 中类似的配置，平等对待性质使我们能完整地描述 $\mathcal{E}_r$ 核内的任意配置。

为说明这一点，假设 $\mathbf{x}$ 位于 $\mathcal{E}_r$ 核内。根据平等对待性质，则 $\mathbf{x}$ 必有如下形式：

$$\mathbf{x}=(\underbrace{\mathbf{x}^1,\cdots,\mathbf{x}^1}_{r次},\ \underbrace{\mathbf{x}^2,\cdots,\mathbf{x}^2}_{r次},\cdots,\ \underbrace{\mathbf{x}^I,\cdots,\mathbf{x}^I}_{r次})$$

因为同类型的消费者必须有相同的商品组合。因此，在 $\mathcal{E}_r$ 中的核配置只需是 $\mathcal{E}_1$ 中配置的 r 重复制，也就是说，上述核配置恰好是 $\mathcal{E}_1$ 配置的 r 倍。$\mathcal{E}_1$ 的配置如下：

$$(\mathbf{x}^1,\mathbf{x}^2,\cdots,\mathbf{x}^I) \tag{5.10}$$

事实上，这种配置在 $\mathcal{E}_1$ 中是可行的。为了证明这一点，首先要注意的是，因为 $\mathbf{x}$ 是 $\mathcal{E}_r$ 中的核配置，则它在 $\mathcal{E}_r$ 中也必定可行。因此，可得到

$$r\sum_{i\in\mathcal{I}}\mathbf{x}^i=r\sum_{i\in\mathcal{I}}\mathbf{e}^i$$

两边同除以 r，这表明(5.10)中的配置在基础经济 $\mathcal{E}_1$ 中是可行的。

综上所述，我们已经证明了 r 重复制经济的每个核配置都只是基础经济 $\mathcal{E}_1$ 中某些可行配置的 r 倍。因此，当我们复制经济时，只需追踪 $\mathcal{E}_1$ 中每个配置的 r 重复制，便可追踪到核是如何变化的。记住这个结论，我们把 C_r 定义如下：

$$C_r\equiv\{\mathbf{x}=(\mathbf{x}^1,\cdots,\mathbf{x}^I)\in F(\mathbf{e})\mid(\underbrace{\mathbf{x}^1,\cdots,\mathbf{x}^1}_{r次},\cdots,\underbrace{\mathbf{x}^I,\cdots,\mathbf{x}^I}_{r次})\text{是在 }\mathcal{E}_r\text{ 核内}\}$$

现在我们就能正式说明：为什么随着经济被不断复制，它的核会“收缩”。

引理 5.3 *集合 C_1，C_2，…的序列是递减的，即 $C_1\supseteq C_2\supseteq\cdots\supseteq C_r\supseteq\cdots$。*

证明： 有充分的理由表明，对于 $r>1$ 来说，有 $C_r\subseteq C_{r-1}$。因此，假设 $\mathbf{x}=(\mathbf{x}^1,\cdots,\mathbf{x}^I)\in C_r$。这意味着它的 r 重复制在 r 重复制经济中不会被抵制。我们必须证明，它的 $r-1$ 重复制在 $r-1$ 重复制经济中也不会被抵制。稍作思考你便会确信，任何抵制了 ε_{r-1} 中 $r-1$ 重复制的联盟也能抵制 ε_r 中的 r 重复制——毕竟，联盟中所有的成员在 ε_r 中也会出现，而且他们的禀赋丝毫未变。■

基础经济配置的 r 重复制位于 r 重复制经济的核内，因此，追踪基础经济中的配置集，引理 5.3 说明这个集合不会随着 r 的增加而变大。随着经济不断被复制，核实际上收缩了。为了弄清楚它是如何收缩的，我们将再次考察只有两类消费者的经济。因为我们只关注这些经济中的核配置，进而可以利用平等对待这条性质在图 5-10 的埃奇沃思盒状图中阐明我们的观点。这次，我们把盒状图中的偏好和禀赋

5

视为每类代表性消费者的偏好和禀赋。

在每类消费者只有一人的基础经济中，$\mathcal{E}_1$ 的核是穿过两个消费者禀赋点 $\mathbf{e}$ 的各自的无差异曲线之间的这段弯弯曲曲的折线。在 $\mathcal{E}_1$ 的核所包含的配置中，有些是瓦尔拉斯均衡配置，有些不是，标为 $\tilde{\mathbf{x}}$ 的配置就不是瓦尔拉斯均衡配置，因为穿过 $\tilde{\mathbf{x}}$ 和 $\mathbf{e}$ 的价格线同消费者的无差异曲线在 $\tilde{\mathbf{x}}$ 点并不相切。注意，$\tilde{\mathbf{x}}$ 位于穿过禀赋点 $\mathbf{e}$ 的消费者 11 的无差异曲线上。如果我们现在把该经济复制一次，这个配置的复制也能位于（更大的）四人经济的核内吗？

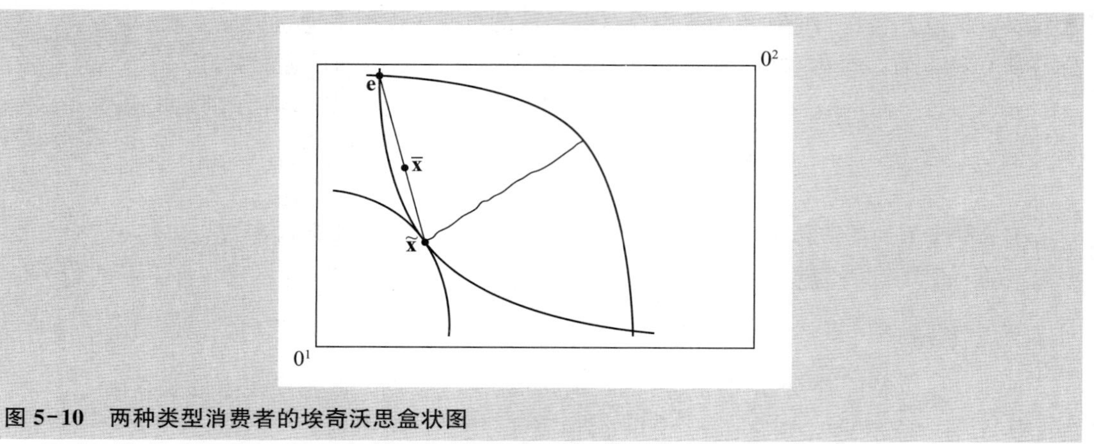

图 5-10　两种类型消费者的埃奇沃思盒状图

答案是否定的，证明如下。首先需要注意的是，对于类型 1 的两个消费者来说，由于他们的偏好是严格凸的，所以 $\mathbf{e}$ 和 $\tilde{\mathbf{x}}$ 连接线上的任何一点都比这两个点本身更受偏好，中点 $\bar{\mathbf{x}}$ 更是如此。现在考虑三个消费者的联盟，$S=\{11, 12, 21\}$，它由类型 1 的两个消费者和类型 2 的一个消费者（哪个都行）组成。令类型 1 的每个消费者都有一个同 $\bar{\mathbf{x}}$ 相对应的（类型 1 的）商品组合，类型 2 中的每个消费者也有像 $\tilde{\mathbf{x}}$ 这样的（类型 2 的）商品组合。据我们所知，每个类型 1 的消费者都严格偏好 $\bar{\mathbf{x}}$ 甚于在 $\tilde{\mathbf{x}}$ 处的类型 1 的商品组合，而类型 2 的消费者的境况也会变好。特别是，我们知道

$$\bar{\mathbf{x}}^{11}\equiv\frac{1}{2}(\mathbf{e}^1+\tilde{\mathbf{x}}^{11})\succ^1\tilde{\mathbf{x}}^{11}$$

$$\bar{\mathbf{x}}^{12}\equiv\frac{1}{2}(\mathbf{e}^1+\tilde{\mathbf{x}}^{12})\succ^1\tilde{\mathbf{x}}^{12}$$

$$\tilde{\mathbf{x}}^{21}\sim^2\tilde{\mathbf{x}}^{21}$$

商品组合 $\{\bar{\mathbf{x}}^{11}, \bar{\mathbf{x}}^{12}, \tilde{\mathbf{x}}^{21}\}$ 对于 S 是可行的吗？根据定义，而且 $\tilde{\mathbf{x}}^{11}=\tilde{\mathbf{x}}^{12}$，我们得出

$$\begin{aligned}\bar{\mathbf{x}}^{11}+\bar{\mathbf{x}}^{12}+\tilde{\mathbf{x}}^{21}&=2\left(\frac{1}{2}\mathbf{e}^1+\frac{1}{2}\tilde{\mathbf{x}}^{11}\right)+\tilde{\mathbf{x}}^{21}\\&=\mathbf{e}^1+\tilde{\mathbf{x}}^{11}+\tilde{\mathbf{x}}^{21}\end{aligned}\tag{5.11}$$

接下来回想一下，该组合位于核内，所以它在两个消费者的经济中必定是可行的。这意味着

$$\tilde{\mathbf{x}}^{11}+\tilde{\mathbf{x}}^{21}=\mathbf{e}^1+\mathbf{e}^2 \tag{5.12}$$

联立（5.11）和（5.12），得到

$$\bar{\mathbf{x}}^{11}+\bar{\mathbf{x}}^{12}+\tilde{\mathbf{x}}^{21}=2\mathbf{e}^1+\mathbf{e}^2$$

因此，对于两个类型 1 的消费者和一个类型 2 的消费者所组成的联盟 S 来说，所提议的配置的确是可行的。因为我们已经找到了一个联盟和该联盟所能得到的一个配置，这个配置与 $\tilde{\mathbf{x}}$ 下的配置相比，使得联盟中有两个人的境况得到严格的改善，而另一个的境况人并不受损，于是，在四人经济中，该联盟将抵制 $\tilde{\mathbf{x}}$，并将其排除出 $\mathcal{E}_2$ 的核内。

如果我们继续复制这个经济，让更多的消费者形成更多的联盟，核还会进一步地“收缩”吗？如果能，是否存在一些永不会被抵制的配置，这些配置属于每个复制经济的核？两个问题的答案都是肯定的，接下来我们会在一般情形下加以证明。

我们想要证明，随着 r 增加，$\mathcal{E}_r$ 核配置的集合收敛于它的瓦尔拉斯均衡配置集合。凭借着平等对待的性质，我们能把 $\mathcal{E}_r$ 的核配置描述成基础经济中配置的 r 重复制。我们现在对 $\mathcal{E}_r$ 的瓦尔拉斯均衡集合做同样的处理。

引理 5.4　当且仅当配置 $\mathbf{x}$ 采取以下形式

$$\mathbf{x}=(\underbrace{\mathbf{x}^1,\cdots,\mathbf{x}^1}_{r\text{次}},\underbrace{\mathbf{x}^2,\cdots,\mathbf{x}^2}_{r\text{次}},\cdots,\underbrace{\mathbf{x}^I,\cdots,\mathbf{x}^I}_{r\text{次}})$$

且配置（$\mathbf{x}^1$，$\mathbf{x}^2$，…，$\mathbf{x}^I$）是 $\mathcal{E}_1$ 的一个瓦尔拉斯均衡配置时，该配置 $\mathbf{x}$ 才是 $\mathcal{E}_r$ 的一个瓦尔拉斯均衡配置。

证明：如果 $\mathbf{x}$ 是 $\mathcal{E}_r$ 的一个瓦尔拉斯均衡配置，那么根据定理 5.5，它将位于 $\mathcal{E}_r$ 核内；根据定理 5.16，它必定满足平等对待性质。因此，该配置必然是 $\mathcal{E}_1$ 中某配置的 r 重复制。证明在 $\mathcal{E}_1$ 中的这个配置是 $\mathcal{E}_1$ 的一个瓦尔拉斯均衡配置，这个问题及其逆命题都留作练习题。■

引理 5.4 说明，当我们复制经济时，如果复制经济的瓦尔拉斯均衡集合完全是由基础经济的瓦尔拉斯均衡的复制所构成的，那么瓦尔拉斯均衡集合将保持“不变”。因此，基础经济的瓦尔拉斯均衡集合记录了 r 重复制经济的瓦尔拉斯均衡集合的情况。

对集合 C_r（其成分是 $\mathcal{E}_1$ 的配置）和 $\mathcal{E}_1$ 的瓦尔拉斯均衡配置集合进行了比照之后，我们现在就可以比较 $\mathcal{E}_r$ 的核配置集合与它的瓦尔拉斯均衡配置集合。

如前所见，由于 $C_1\supset C_2\supset\cdots$，核在不断地收缩；此外，$C_1\supset C_2\supset\cdots\supset W_1(\mathbf{e})$，故而 $W_1(\mathbf{e})$ 是 $\mathcal{E}_1$ 的瓦尔拉斯均衡配置集合。想证明这一点，根据引理 5.4，$\mathcal{E}_1$ 的一个瓦尔拉斯均衡配置的 r 重复制位于 $\mathcal{E}_r$ 的核内，再利用 C_r 的定义，这又意味着

$\mathcal{E}_1$ 的初始瓦尔拉斯均衡配置位于 C_r 之内。

在对经济进行了复制之后，现在观察一下 C_r。在极限中，对于每个 $r=1$，2，…，只有那些满足 $\mathbf{x}\in C_r$ 的配置仍会得以保留。因此，“核收缩至竞争性均衡的集合”的意思就是说“对于每个 r，如果 $\mathbf{x}\in C_r$，则 $\mathbf{x}$ 是 $\mathcal{E}_1$ 的一个竞争性均衡的配置”。这恰好是德布鲁和斯卡夫所证明的。

定理 5.17　埃奇沃思-德布鲁-斯卡夫关于核的极限定理

对于每个 $r=1$，2，…，如果 $\mathbf{x}\in C_r$，则 $\mathbf{x}$ 是 $\mathcal{E}_1$ 的一个瓦尔拉斯均衡配置。

在提出一般性论据之前，先来考虑两类埃奇沃思盒状图，这样能使我们的直觉更加敏锐。利用反证法，在图 5-11 中，对于每个 r 而言，假设某个非瓦尔拉斯均衡配置 $\tilde{\mathbf{x}}$ 在 C_r 中。特别地，$\tilde{\mathbf{x}}$ 处于由每种类型只有一名消费者所构成的两人基础经济的核内。这意味着，$\tilde{\mathbf{x}}$ 在图中必定位于透镜区域内的契约线上。也就是说，它一定处于图中弯弯曲曲的折线上面，而且一定同消费者通过 $\tilde{\mathbf{x}}$ 的无差异曲线相切。

现在看一下禀赋点 $\mathbf{e}$ 和 $\tilde{\mathbf{x}}$ 的连接线。对于两个消费者和两种商品的价格组合 p_1、p_2 来说，这条线就相当于预算线。因为 $MRS^1_{12}(\tilde{\mathbf{x}}^1)=MRS^2_{12}(\tilde{\mathbf{x}})$，要么 $p_1/p_2>MRS^1_{12}(\tilde{\mathbf{x}}^1)$，要么 $p_2/p_1>MRS^2_{12}(\tilde{\mathbf{x}}^2)$。注意，该等式并不能成立；否则，这些价格将构成一个瓦尔拉斯均衡，而且 $\mathbf{x}$ 将是一个瓦尔拉斯均衡的配置。图 5-11 描述了第一种情况。通过交换两类消费者的角色，第二种情况也可以做类似的处理。

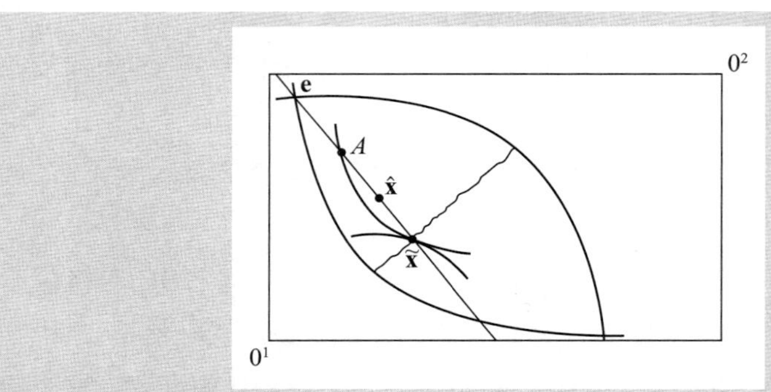

图 5-11　定理 5.17 证明的图解

我们已经证明了，从 $\mathbf{e}$ 到 $\tilde{\mathbf{x}}$ 的连线在 A 点与类型 1 的消费者的无差异曲线相交，根据严格凸性，介于 $\mathbf{e}$ 和 $\tilde{\mathbf{x}}$ 之间的线段完全在无差异曲线之上。因此，从 A 到 $\tilde{\mathbf{x}}$ 的线段上会有一点（如 $\tilde{\mathbf{x}}$）使得类型 1 的消费者严格偏好该点所代表的消费组合（而非 $\tilde{\mathbf{x}}$）。因为 $\hat{\mathbf{x}}$ 位于从 $\mathbf{e}$ 到 $\tilde{\mathbf{x}}$ 的弦上，可将其表示为 $\mathbf{e}$ 和 $\tilde{\mathbf{x}}$ 的一个凸组合。再往后想一下，对于某些 $r>1$，我们可把位于 $\hat{\mathbf{x}}$ 的类型 1 的消费者的商品组合写成如下形式：

$$\hat{\mathbf{x}}^1\equiv\frac{1}{r}\mathbf{e}^1+\frac{r-1}{r}\tilde{\mathbf{x}}^1 \tag{5.13}$$

我们立刻注意到，这的确是所描述类型的一个凸组合，因为 $\frac{1}{r}+\frac{r-1}{r}=1$。下面做

一下正式的表述。回想一下

$$\hat{\mathbf{x}}^1 \succ^1 \tilde{\mathbf{x}}^1 \tag{5.14}$$

假设 r 是一个整数（可以始终这么处理），考虑一个每类消费者均有 r 人的经济 $\mathcal{E}_r$。因为我们假设 $\tilde{\mathbf{x}} \in C_r$，这意味着 $\tilde{\mathbf{x}}$ 的 r 重复制在 $\mathcal{E}_r$ 的核内。但情况真的是这样的吗？如果我们能找到一个联盟和一个受抵制的配置，则 $\tilde{\mathbf{x}}$ 的 r 重复制就不在 $\mathcal{E}_r$ 的核内，这正是我们要做的。

这次，我们的联盟由类型 1 的所有 r 个消费者和类型 2 的 $r-1$ 个消费者构成。如果我们分派给每个类型 1 的消费者商品组合 $\hat{\mathbf{x}}^1$，从（5.14）可知，每个消费者都偏好 $\hat{\mathbf{x}}^1$ 甚于他在 $\tilde{\mathbf{x}}$ 下的配置。如果我们给联盟中类型 2 的每个消费者都分派商品组合 $\tilde{\mathbf{x}}^2$，那么这与 $\tilde{\mathbf{x}}$ 下的配置相同，每个消费者的境况不变（无差异）。于是，有：

对于 r 个类型 1 的消费者来说，$\hat{\mathbf{x}}^1 \succ^1 \tilde{\mathbf{x}}^1$；
对于 $r-1$ 个类型 2 的消费者来说，$\tilde{\mathbf{x}}^2 \sim^2 \tilde{\mathbf{x}}^2$。　　(5.15)

这样一种配置对 S 来说是可行的吗？把 S 中的消费者进行加总，他们的总配置是$r\hat{\mathbf{x}}^1+(r-1)\tilde{\mathbf{x}}^2$。依据（5.13）中 $\hat{\mathbf{x}}^1$ 的定义，

$$\begin{aligned} r\hat{\mathbf{x}}^1+(r-1)\tilde{\mathbf{x}}^2 &= r\left[\frac{1}{r}\mathbf{e}^1+\frac{r-1}{r}\tilde{\mathbf{x}}^1\right]+(r-1)\tilde{\mathbf{x}}^2 \\ &= \mathbf{e}^1+(r-1)(\tilde{\mathbf{x}}^1+\tilde{\mathbf{x}}^2) \end{aligned} \tag{5.16}$$

根据假设，$\tilde{\mathbf{x}}^1$ 和 $\tilde{\mathbf{x}}^2$ 位于两个消费者的基础经济核内。因此，他们对于两人经济来说必定可行，进而我们知道

$$\tilde{\mathbf{x}}^1+\tilde{\mathbf{x}}^2=\mathbf{e}^1+\mathbf{e}^2 \tag{5.17}$$

利用（5.16）和（5.17），我们发现：

$$r\hat{\mathbf{x}}^1+(r-1)\tilde{\mathbf{x}}^2=\mathbf{e}^1+(r-1)(\tilde{\mathbf{x}}^1+\tilde{\mathbf{x}}^2)=\mathbf{e}^1+(r-1)(\mathbf{e}^1+\mathbf{e}^2)=r\mathbf{e}^1+(r-1)\mathbf{e}^2$$

该式证实了在（5.15）中所提议的配置对于 r 个类型 1 的消费者和（$r-1$）个类型 2 的消费者所构成的联盟来说的确是可行的。正因为配置可行，再加上它受 S 中某些成员的严格偏好，而且 S 中的每个成员的境况都不会比在 $\tilde{\mathbf{x}}$ 的 r 重复制下更差，S 抵制了 $\tilde{\mathbf{x}}$ 的 r 重复制，因此它并不在 $\mathcal{E}_r$ 的核内。我们的结论是：对每个 r 而言，如果 $\mathbf{x} \in C_r$，则它必定是基础经济中的一个瓦尔拉斯均衡配置。

现在我们要在两个额外增加的假设下给出一般性的论断。这两个假设是：第一，如果 $\mathbf{x} \in C_1$，则 $\mathbf{x} \gg \mathbf{0}$；第二，对于每个 $i \in \mathcal{I}$，代表$\succsim^i$ 的效用函数 u^i 在 $\mathbb{R}^n_{++}$ 上是可微的，具有一个严格为正的梯度向量。

证明：假设对于每个 r 有 $\tilde{\mathbf{x}} \in C_r$。我们必须证明 $\tilde{\mathbf{x}}$ 是 ε_1 的一个瓦尔拉斯均衡配置。

首先应该确定的是

$$u^i((1-t)\tilde{\mathbf{x}}^i+t\mathbf{e}^i)\leqslant u^i(\tilde{\mathbf{x}}^i),\ \forall t\in[0,1],\ \forall i\in\mathcal{I} \tag{P. 1}$$

为了证明这个不等式必然成立，我们采用反证法，先假设它不成立。设对于某些 $\bar{t}\in[0,\ 1]$ 和某些 $i\in\mathcal{I}$ 来说，有：

$$u^i((1-\bar{t})\tilde{\mathbf{x}}^i+\bar{t}\mathbf{e}^i)>u^i(\tilde{\mathbf{x}}^i)$$

鉴于 u^i 是严格拟凹的，这意味着

$$u^i((1-t)\tilde{\mathbf{x}}^i+t\mathbf{e}^i)>u^i(\tilde{\mathbf{x}}^i),\ t\in(0,\bar{t}]$$

因此，根据 u^i 的连续性，存在一个足够大的正整数 r，使得

$$u^i\left(\left(1-\frac{1}{r}\right)\tilde{\mathbf{x}}^i+\frac{1}{r}\mathbf{e}^i\right)>u^i(\tilde{\mathbf{x}}^i)$$

现在我们正好可以利用先前证明中给出的类似论断来证明 $\tilde{\mathbf{x}}$ 的 r 重复制不在 $\mathcal{E}_r$ 核内。但是这与 $\tilde{\mathbf{x}}\in C_r$ 的事实相矛盾。因此，可以得出结论：（P. 1）式必定成立。

仔细观察一下（P. 1）式。把左侧看成是一个 $t(t\subset[0,\ 1])$ 的实值函数，这个函数在 $t=0$ 处取最大值。因为它位于 $[0,\ 1]$ 的下界，当在 $t=0$ 处取值时，这意味着该式左侧的偏导数是非正的。求出偏导数之后在 $t=0$ 处取值，有：

$$\nabla u^i(\tilde{\mathbf{x}}^i)\cdot(\mathbf{e}^i-\tilde{\mathbf{x}}^i)\leqslant 0,\ i\in I \tag{P. 2}$$

由于 $\tilde{\mathbf{x}}$ 位于 $\mathcal{E}_1$ 的核内，进而是帕累托有效的。此外，根据增加的假设，$\tilde{\mathbf{x}}\gg\mathbf{0}$，而且 $\nabla u^i(\tilde{\mathbf{x}}^i)\gg\mathbf{0}$。因此，练习题 5.27 会让你证明，严格正的梯度向量 $\nabla u^1(\tilde{\mathbf{x}}^1)$，…，$\nabla u^I(\tilde{\mathbf{x}}^I)$ 与另一个向量成比例，因此也与一个共同向量 $\tilde{\mathbf{p}}\gg\mathbf{0}$ 成比例。于是，存在一些严格为正的数 $\boldsymbol{\lambda}_1$，…，$\boldsymbol{\lambda}_I$，使得，

$$\nabla u^i(\tilde{\mathbf{x}}^i)=\lambda_i\tilde{\mathbf{p}},\ i\in\mathcal{I} \tag{P. 3}$$

结合（P. 2）和（P. 3）以及每个 λ_i 的正数性，有：

$$\tilde{\mathbf{p}}\cdot\tilde{\mathbf{x}}^i\geqslant\tilde{\mathbf{p}}\cdot\mathbf{e}^i,\ i\in\mathcal{I} \tag{P. 4}$$

注意：如果（P. 4）中每个不等式都是等式，那么我们的证明也就大功告成了。在这种情况下，将在价格的预算约束下，满足消费者效用最大化问题的一阶条件。而且，根据之前的假设，一阶条件也是效用最大化解的充分条件（参见定理 1.4）。即 $\tilde{\mathbf{x}}^i$ 将是 $\mathcal{E}_1$ 的一个瓦尔拉斯均衡配置。

现在我们来证明（P. 4）中每个不等式必然都是等式。因为 $\tilde{\mathbf{x}}\in C_r$，它在 $\mathcal{E}_1$ 中必是可行的。因此，

$$\sum_{i\in\mathcal{I}}\tilde{\mathbf{x}}^i=\sum_{i\in\mathcal{I}}\mathbf{e}^i$$

以至

$$\tilde{\mathbf{p}}\cdot\sum_{i\in\mathcal{I}}\tilde{\mathbf{x}}^i=\tilde{\mathbf{p}}\cdot\sum_{i\in\mathcal{I}}\mathbf{e}^i$$

然而，如果这个等式对于至少一个消费者 i 是不成立的，则（P.4）中的不等式严格成立。 ■

我们已经证明，对于那些大的经济体来说，只有瓦尔拉斯均衡配置处于核内。这个结论令人震惊，但也确实指出了大型经济的一些独有特征。此外，它也是对亚当·斯密关于竞争市场体系效率的直觉的一个终极“证明”。不过，该结论确实有一些地方需要三思：首先，它是在每类消费者数量相等的复制经济这一相当严苛的条件下得出的；其次，我们不能忽略以下事实，即核本身是一个非常弱的有关解的概念，其平等的特性更是充满争议。从社会角度来看，一个“好”的分配问题的解在一定程度上包括对平等的考量，即便是这个结论的最广义的解释都不支持纯粹的自由放任。最后，任何的核配置和瓦尔拉斯均衡配置的“平等性”都有赖于初始禀赋。

上述异议中的第一个能被而且已经被阐明。奥曼（Aumann，1964）、希尔顿布兰德（Hildenbrand，1974）等学者抛弃了复制经济的严苛假设，他们选择了更富弹性的“连续统经济”，在无需每类消费者同等数量的条件下，给出了更强的结论。第二个异议能引发什么思考呢？如果我们想利用市场体系来实现一个“完美的社会”，第二福利定理告诉我们，这么做是可行的。唯一要做的就是决定我们想位于核的什么位置，然后重新分配“禀赋”或“收入”，并运用市场来“支持”这种分配。难就难在这儿。我们要怎样才能决定想位于何处呢？“社会”如何确定核中的哪种分配是它所“偏好”的？这正是我们在下一章所要研究的问题。

5.6　练习题

5.1　在一个埃奇沃思盒状图经济中，按要求画出如下图形：

(a) 偏好既不是凸的，也不是严格单调的，且不存在瓦尔拉斯均衡。

(b) 偏好既不是凸的，也不是严格单调的，但存在瓦尔拉斯均衡的情形。

(c) 重复（a）和（b），但此处假设偏好是非连续的。

5.2　令某消费者的禀赋为 $\mathbf{e}$，面临的价格是 $\mathbf{p}$。他的间接效用函数是 $v(\mathbf{p}, \mathbf{p}\cdot\mathbf{e})$。请证明：只要一种商品的价格提高足够小，如果消费者在开始时是商品的净需求者，那么他将会受损（即他的需求超过其禀赋）；如果消费者开始时是商品的净供给者，则其境况会有所改善。如果商品的价格提高一个足够大的量，又会如何？

5.3　考虑一个交换经济。令 $\mathbf{p}$ 表示一个价格向量，其中至少一种商品的价格是非负的。请证明：如果消费者的效用函数是强递增的，则每个市场上的总超额需求均不为零。

5.4　请推导出例题5.1中经济的超额需求函数 $\mathbf{z}(\mathbf{p})$，证明它满足瓦尔拉斯法则。

5.5　在例题5.1中，计算消费者的瓦尔拉斯均衡配置，并在埃奇沃思盒状图中标明。画出契约线并找出核。

5.6　证明引理5.1，并完成对引理5.2的证明。

5.7　考虑一个包含两种产品的交换经济。假设对于所有的 $(p_1, p_2)\gg(0, 0)$，它的总超额需求函数是 $\mathbf{z}(p_1, p_2)=(-1, p_1/p_2)$。

(a) 证明这个函数满足定理5.3的条件1和2，但不满足条件3。

(b) 证明定理5.3的结论在这里并不成立，即证明并不存在 $(p_1^*, p_2^*)\gg(0, 0)$，使得 $\mathbf{z}(p_1^*, p_2^*)=(0, 0)$。

5

5.8　令 $\mathbf{p}^m$ 是一个严格为正的价格序列且收敛于 $\overline{\mathbf{p}}$，一个消费者的禀赋向量为 $\mathbf{e}$。证明：消费者的收入序列 $\{\mathbf{p}^m,\mathbf{e}\}$ 是有界的。提供一个更具一般性的证明，证明如果一个实数序列收敛，则它必是有界的。

5.9　证明定理 5.8 的推论。进一步证明，在相同的假设之下，对于某些瓦尔拉斯均衡的 $\overline{\mathbf{p}}$ 和某些收入分配（R^1，…，R^I），这里 R^i 表示分配给消费者 i 的收入，任何帕累托有效的配置都能成为瓦尔拉斯均衡配置。

5.10　在一个两人及两种商品且效用函数严格递增的交换经济中，证明：当且仅当 $\overline{\mathbf{x}}^i$ 是下述问题的解时，配置 $\overline{\mathbf{x}}\in F(\mathbf{e})$ 是帕累托有效的。对于 $i=1$，2 且 $i\neq j$，

$$\max_{\mathbf{x}^i} u^i(\mathbf{x}^i) \quad \text{s.t.} \quad u^j(\mathbf{x}^j)\geqslant u^j(\overline{\mathbf{x}}^j)$$
$$x_1^1+x_1^2=e_1^1+e_1^2$$
$$x_2^1+x_2^2=e_2^1+e_2^2$$

（a）证明该论断；

（b）在 n 种商品和 I 个消费者的情况下，将这个帕累托有效配置的等价定义一般化，然后证明这个一般性的论断。

5.11　考虑一个两个消费者、两种商品的交换经济，效用函数和禀赋分别是：

$$u^1(x_1,x_2)=(x_1x_2)^2 \quad 以及 \quad \mathbf{e}^1=(18,4)$$
$$u^2(x_1,x_2)=\ln(x_1)+2\ln(x_2) \quad 以及 \quad \mathbf{e}^2=(3,6)$$

（a）尽可能完整地刻画帕累托有效配置的集合。

（b）说明这个经济的核。

（c）找出一个瓦尔拉斯均衡，并计算瓦尔拉斯均衡配置。

（d）证明在（c）中找到的瓦尔拉斯均衡配置位于核中。

5.12　有两种商品和两个消费者。偏好和禀赋可分别描述如下：

$$u^1(x_1,x_2)=\min(x_1,x_2) \quad 以及 \quad \mathbf{e}^1=(30,0)$$
$$v^2(\mathbf{p},y)=y/2\sqrt{p_1p_2} \quad 以及 \quad \mathbf{e}^2=(0,20)$$

（a）为这个经济找到一个瓦尔拉斯均衡及其相关的瓦尔拉斯均衡配置。

（b）当消费者 1 的禀赋是 $\mathbf{e}^1=(5,\ 0)$，消费者 2 的禀赋仍为 $\mathbf{e}^2=(0,\ 20)$，上述结果是否相同？

5.13　一个交换经济有两个消费者，其支出函数为：

$$e^1(\mathbf{p},u)=(3(1.5)^2p_1^2p_2\exp(u))^{1/3}$$
$$e^2(\mathbf{p},u)=(3(1.5)^2p_2^2p_1\exp(u))^{1/3}$$

如果初始禀赋是 $\mathbf{e}^1=(10,\ 0)$，$\mathbf{e}^2=(0,\ 10)$，求出瓦尔拉斯均衡。

5.14　假设每个消费者 i 都有一个严格为正的禀赋向量 $\mathbf{e}^i$，他在 $\mathbb{R}_+^n$ 上有一个形式为 $u^i(\mathbf{x})=x_1^{\alpha_1^i}x_2^{\alpha_2^i}\cdots x_n^{\alpha_n^i}$ 的柯布-道格拉斯效用函数，对于所有消费者 i 和商品 k 来说，$\alpha_k^i>0$，且对于所有的 i 来说，$\sum_{k=1}^n\alpha_k^i=1$。

（a）证明没有消费者的效用函数在 $\mathbb{R}_+^n$ 上是强递增的，以至不能用定理 5.5 来推断出该经济拥有一个瓦尔拉斯均衡的结论。

（b）证明定理 5.3 的条件 1、2、3 都被满足，进而可以利用定理 5.3 直接推断出存在一个瓦尔拉斯均衡的结论。

（c）当存在生产且每个生产集都满足价格 5.2 时，证明：在柯布-道格拉斯效用下，仍然会存在一个瓦尔拉斯均衡。用与前面相同的方法来证明这个问题。

5.15　有 100 单位的 x_1 和 100 单位的 x_2。消费者 1 和 2 分别拥有 50 单位的 x_1 和 x_2。消费者 1 说："我喜欢 x_1，有没有 x_2 都无所谓。"消费者 2 说："我喜欢 x_2，有没有 x_1 都无所谓。"

（a）画出这些交易者的埃奇沃思盒状图，并说明他们的偏好。

（b）找出这个经济的核。

（c）找出这个经济的瓦尔拉斯均衡。

5.16　考虑一个简单的交换经济，其中消费

者 1 的支出函数为：

$$e^1(\mathbf{p},u)=\begin{cases}\frac{1}{3}(p_1+p_2)u & p_2/2<p_1<2p_2\\ up_2 & p_1\geqslant 2p_2\\ up_1 & p_1\leqslant p_2/2\end{cases}$$

消费者 2 的支出函数为：

$$e^2(\mathbf{p},u)=(p_1+p_2)u \quad 对所有(p_1,p_2)成立$$

(a) 当总禀赋为 (1, 1) 时，画这个经济的埃奇沃思盒状图，找出帕累托有效配置集。

(b) 当总禀赋为 (2, 1) 时，画这个经济的埃奇沃思盒状图，找出帕累托有效配置集。

5.17　考虑拥有两个同样消费者的交换经济，他们共同的效用函数是 $u^i(x_1,x_2)=x_1^\alpha x_2^{1-\alpha}$，$0<\alpha<1$。社会共有 10 单位 x_1 和 10 单位 x_2。找出禀赋 $\mathbf{e}^1$、$\mathbf{e}^2$（这里 $\mathbf{e}^1\neq\mathbf{e}^2$）和瓦尔拉斯均衡价格，该均衡价格将“支持”一个瓦尔拉斯均衡配置的配置，使得两个消费者共同平均获得消费组合。

5.18　在一个两种商品和两个消费者的经济中，效用函数为：

$$u^1(x_1,x_2)=x_1(x_2)^2$$
$$u^2(x_1,x_2)=(x_1)^2x_2$$

总禀赋是 (10, 20)。

(a) 一个社会计划者想在保持消费者 2 的效用为$u^2=8\,000/27$ 的情况下通过配置商品以最大化消费者 1 的效用。找出商品的配置方案以解决计划者的难题，并证明这个解是帕累托有效的。

(b) 假设计划者将禀赋分成 $\mathbf{e}^1=(10,\ 0)$ 和 $\mathbf{e}^2=(0,\ 20)$ 两个部分，消费者通过完全竞争市场进行交易。找出瓦尔拉斯均衡，并证明瓦尔拉斯均衡配置与 (a) 中的解相同。

5.19　(Scarf) 一个交换经济包括三个消费者和三种商品。消费者的效用函数和初始禀赋如下：

$$u^1(x_1,x_2,x_3)=\min(x_1,x_2) \quad e^1=(1,0,0)$$
$$u^2(x_1,x_2,x_3)=\min(x_2,x_3) \quad e^2=(0,1,0)$$
$$u^3(x_1,x_2,x_3)=\min(x_1,x_3) \quad e^1=(0,0,1)$$

找出该经济的某个瓦尔拉斯均衡和相关的瓦尔拉斯均衡配置。

5.20　在一个包含两个消费者的交换经济中，总禀赋为 $(e_1,e_2)\equiv(e_1^1+e_1^2,e_2^1+e_2^2)$。消费者 i 需要 s_j^i 单位的 j 商品以谋生。由于 $(s_1^1,s_2^1)\neq(s_1^2,s_2^2)$，消费者将有所区别，否则他们就是相同的，具有效用函数 $u^i=(x_1^i-s_1^i)^\alpha+(x_2^i-s_2^i)^\alpha$，$0<\alpha<1$，且 $i=1,\ 2$。

(a) 假设存在一个具有初始禀赋为 $(e_1,\ e_2)$ 的假想的消费者，且效用函数为 $u=(x_1-s_1)^\alpha+(x_2-s_2)^\alpha$，这里 $s_j\equiv s_j^1+s_j^2$，$j=1,\ 2$。求出该消费者的 $(\partial u/\partial x_1)/(\partial u/\partial x_2)$，算出该式在 $(x_1,x_2)=(e_1,e_2)$ 处的取值并求出（已得到的）p^*。

(b) 证明：在 (a) 中得到的 p^* 必定是之前描述的交换经济中商品 x_1 的一个均衡的相对价格。

5.21　考虑一个包含两个消费者的交换经济。消费者 1 的效用函数为 $u^1(x_1,x_2)=x_2$，禀赋为 $e^1=(1,\ 1)$；消费者 2 的效用函数为 $u^2(x^1,x^2)=x^1+x^2$，禀赋为 $e^2=(1,\ 0)$。

(a) 在这个例子中，定理 5.4 的哪个假设不成立？

(b) 证明：在这个交换经济中不存在瓦尔拉斯均衡。

5.22　本练习题会引导你证明定理 5.4 的另一个版本，其中消费者的效用函数是拟凹和严格递增的（而不是严格拟凹和强递增的）。

(a) 如果效用函数 u：$\mathbb{R}_+^n\rightarrow\mathbb{R}$ 是连续的、拟凹的且严格递增的，证明：对于 $\varepsilon\in(0,\ 1)$，由下式所定义的逼近效用函数 v_ε：$\mathbb{R}_+^n\rightarrow\mathbb{R}$ 是连续的、严格拟凹的且强递增的。

$$v_\varepsilon(\mathbf{x})=u\Big(x_1^\varepsilon+(1-\varepsilon)\sum_{i=1}^n x_i^\varepsilon,\cdots,x_n^\varepsilon+(1-\varepsilon)\sum_{i=1}^n x_i^\varepsilon\Big)$$

注意：由于随着 $\varepsilon\rightarrow1$，$v_\varepsilon(\mathbf{x})\rightarrow u(\mathbf{x})$，进而上式会越来越逼近 $u(\cdot)$。

(b) 证明：在每种商品的禀赋为正、每个消

5

费者的效用函数在 $\mathbb{R}^n_+$ 上连续、拟凹且严格递增的交换经济中，存在如（a）中的逼近效用函数，界定了一个具有相同禀赋且拥有一个瓦尔拉斯均衡的交换经济。此外，如果每个消费者具有每种商品数量为正的禀赋，证明：随着逼近越来越好（例如，随着 $\varepsilon \to 1$，（a）中的逼近函数），这类瓦尔拉斯均衡的极限是初始交换经济的一个瓦尔拉斯均衡。

（c）证明（b）中所描述的瓦尔拉斯均衡的这种极限存在，随后可证明以下结论：

在一个交换经济中，如果每个消费者的每种商品都被赋予正数量，且具有连续的、拟凹的和严格递增的效用函数，则存在一个瓦尔拉斯均衡。

（d）在（b）中证明瓦尔拉斯均衡存在性结论的哪个假设在练习题 5.21 的交换经济中不成立？

5.23 证明：如果一个厂商的生产集是强凸的，且价格向量是严格为正的，则至多存在一个利润最大化的生产计划。

5.24 证明定理 5.10。

5.25 通过在有生产的经济中证明 $\mathbf{z}(\mathbf{p})$ 满足定理 5.3 的所有性质，完成定理 5.13 的证明。

5.26 假设在一个单消费者经济中，消费者拥有的时间禀赋是 24 小时，但没有其他任何消费品 y，则 $\mathbf{e}=(24, 0)$。假设偏好被界定在 $\mathbb{R}^2_+$ 上，且表示为 $u(h,y)=hy$，生产可能集为 $Y=\{(-h, y) \mid 0 \leqslant h \leqslant b, 0 \leqslant y \leqslant \sqrt{h}\}$，这里 b 是某个较大的正数。令 p_y 和 p_h 分别表示消费品和闲暇的价格。

（a）找出相对价格 p_y/p_h，使得消费品和闲暇市场同时出清；

（b）计算出均衡的消费计划和生产计划，并把结果画在 $\mathbb{R}^2_+$ 中；

（c）消费者每天工作多少小时？

5.27 考虑一个交换经济 $(u^i, \mathbf{e}^i)_{i \in \mathcal{I}}$，其中每个 u^i 在 $\mathbb{R}^n_+$ 上都是连续的且拟凹的。假设 $\bar{\mathbf{x}}=(\bar{\mathbf{x}}^1, \bar{\mathbf{x}}^2, \cdots, \bar{\mathbf{x}}^I) \gg \mathbf{0}$ 是帕累托有效的，每个 u^i 在一个包括 $\bar{\mathbf{x}}^i$ 的开集中是连续可微的，且 $\nabla u^i(\bar{\mathbf{x}}^i) \gg \mathbf{0}$。在这些条件下（与定理 5.8 略有不同），遵照下述步骤，推导出第二福利定理的另一个版本。

（a）证明：对于任意两个消费者 i 和 j 来说，梯度向量 $\nabla u^i(\bar{\mathbf{x}}^i)$ 和 $\nabla u^j(\bar{\mathbf{x}}^j)$ 必成比例。也就是说，必然存在某 $\alpha > 0$（α 可能取决于 i 和 j），使得 $\nabla u^i(\bar{\mathbf{x}}^i) = \alpha \nabla u^j(\bar{\mathbf{x}}^j)$。在埃奇沃思盒状图经济中解释这个条件。

（b）定义 $\bar{\mathbf{p}} = \nabla u^j(\bar{\mathbf{x}}^j) \gg \mathbf{0}$。证明：对于每个消费者 i，存在 $\lambda_i > 0$，使得 $\nabla u^j(\bar{\mathbf{x}}^i) = \lambda_i \bar{\mathbf{p}}$。

（c）利用定理 1.4 证明，对于每个消费者 i，$\bar{\mathbf{x}}^i$ 是下式之解，即

$$\max_{\mathbf{x}^i} u^i(\mathbf{x}^i) \quad \text{s.t.} \quad \bar{\mathbf{p}} \cdot \mathbf{x}^i \leqslant \bar{\mathbf{p}} \cdot \bar{\mathbf{x}}^i$$

5.28 假设在练习题 5.27 中，除了 $\bar{\mathbf{x}}$ 和消费者梯度向量严格为正之外，所有条件均被满足。利用埃奇沃斯盒状图举例说明，在这种情况中，$\bar{\mathbf{x}}$ 不可能是一个瓦尔拉斯均衡的配置。因为定理 5.8 并不要求 $\bar{\mathbf{x}}$ 严格为正，所举的例子违反了定理 5.8 吗？

5.29 考虑一个交换经济 $(u^i, \mathbf{e}^i)_{i \in I}$，其中每个 u^i 在 $\mathbb{R}^n_+$ 上都是连续的且拟凹的。假设 $\bar{\mathbf{x}}=(\bar{\mathbf{x}}^1, \bar{\mathbf{x}}^2, \cdots, \bar{\mathbf{x}}^I) \gg \mathbf{0}$ 是帕累托有效的。在这些（与定理 5.8 和练习题 5.27 略有不同）条件下，遵照下列步骤，推导出第二福利定理的另一个版本。

（a）令 $C=\{\mathbf{y} \in \mathbb{R}^n \mid \mathbf{y}=\sum_{i \in I} \mathbf{x}^i\}$，其中某些 $\mathbf{x}^i \in \mathbb{R}^n$，对于 $i \in I$，使得 $u^i(\mathbf{x}^i) \geqslant u^i(\bar{\mathbf{x}}^i)$，至少一个不等式严格成立，且令 $Z=\{\mathbf{z} \in \mathbb{R}^n \mid \mathbf{z} \leqslant \sum_{i \in I} \mathbf{e}^i\}$。证明：$C$ 和 Z 是凸的，且它们的交集是空的。

（b）诉诸定理 A2.24 以证明存在一个非零向量 $\mathbf{p} \in \mathbb{R}^n$，使得

$$\mathbf{p} \cdot \mathbf{z} \leqslant \mathbf{p} \cdot \mathbf{y}, \text{对于每个 } \mathbf{z} \in Z \text{ 和每个 } \mathbf{y} \in C$$

从这个不等式推断出 $\mathbf{p} \geqslant \mathbf{0}$。

（c）考虑一个相同的交换经济，只不过其中的禀赋向量是 $\bar{\mathbf{x}}=(\bar{\mathbf{x}}^1, \bar{\mathbf{x}}^2, \cdots, \bar{\mathbf{x}}^I)$。利用（b）中的不等式证明，在这个新经济中，$\mathbf{p}$ 是一个属于配置 $\bar{\mathbf{x}}$ 的瓦尔拉斯均衡价格。

5.30 假设 $\mathbf{y}=\mathbf{0}$ 是下式的解：

$$\max_{\mathbf{y}} \mathbf{p} \cdot \mathbf{y} \quad \text{s.t.} \quad \mathbf{y} \in Y - \mathbf{y}^0$$

证明 $\mathbf{y}^0$ 是下式的解：

$$\max_{\mathbf{y}} \mathbf{p} \cdot \mathbf{y} \quad \text{s. t.} \quad \mathbf{y} \in Y$$

5.31　考察一个包含了生产的经济，其中生产部门会生产多种产品，但每家厂商只生产其中一种。假设每家厂商的产出可由一个可微的生产函数表示，每个消费者的效用函数也是可微的。假设该经济在一个瓦尔拉斯均衡中有着严格为正的价格，而且所有消费者的边际效用（消费品）和厂商的边际产品（投入品）也都严格为正。

（a）证明：对于每个消费者来说，两种消费品的 MRS 都相等，且等于它们的价格之比；

（b）证明：对于每个厂商来说，两种投入品的 $MRTS$ 都相等，且等于它们的价格之比；

（c）这向我们提供了关于瓦尔拉斯均衡价格的哪些信息？

5.32　考查一个包含两个消费者、单一消费品 x 和两个时期的简单经济。在 t 时期的消费品由 x_t 来表示，$t=1$，2。两个消费者的跨期效用函数为

$$u_i(x_1, x_2)=x_1x_2, \ i=1,2$$

禀赋为 $e^1=(19,\ 1)$，$e^2=(1,\ 9)$。为了表明产品完全可以储存的思想，我们引入一家提供仓储服务的厂商。该厂商能把 1 单位时期 1 的产品转化为 1 单位时期 2 的产品。因此，生产集 Y 是所有向量（y_1，y_2）$\in \mathbb{R}^2$ 的集合，使得 $y_1+y_2 \leqslant 0$ 且 $y_1 \leqslant 0$。消费者 1 持有厂商 100%的股份。

（a）假设两个消费者彼此之间不能进行交易。即每个消费者都处于一个鲁滨逊·克鲁索经济中，消费者 1 可以和这家仓储企业建立联系。每个消费者在每个时期能消费多少商品？每个消费者的境况都能改善吗？产品的存储量有多大？

（b）假设两个消费者与消费者 1 的仓储企业组成一个竞争性的生产经济。瓦尔拉斯均衡的价格 p_1 和 p_2 各是多少？现在产品的存储量有多大？

（c）把 p_1 解释为现货价格，把 p_2 解释为期货价格。

（d）如果仓储是有成本的，重新回答前面的问题。即 Y 是向量（y_1，y_2）$\in \mathbb{R}^2$ 的集合，使得 $\delta y_1+y_2 \leqslant 0$ 且 $y_1 \leqslant 0$，$\delta \in [0,\ 1)$。证明：现货和期货市场的存在使得两个消费者的境况都严格改善了。

5.33　一般均衡模型对或有商品的解释让我们能把时间（如前一题）、不确定性等因素（如区位）也都考虑进来。然而合约交易完美地体现了期货合约和价格的思想，人们可能想知道现货市场在我们的理论中所起的作用。本练习题会引导读者思考这个问题。主要的结论是：在时期 0，一旦或有商品合约市场在瓦尔拉斯价格上出清，现货市场便不起作用。即使现货市场对某些或所有商品的某些或所有时期的某些或所有状态均开放，也没有额外的交易发生。所有参与者将只是动用他们手中已有的合约。

（a）考虑一个包含 I 个消费者、N 种商品且时期 $T=2$ 的交换经济，不涉及不确定性的问题。我们将关注其中一个消费者，他的效用函数是 $u(\mathbf{x}_1,\ \mathbf{x}_2)$，$\mathbf{x}_t \in \mathbb{R}^N_+$ 代表 t 时期 N 种商品的消费向量。

假设 $\hat{\mathbf{p}}=(\hat{\mathbf{p}}_1,\ \hat{\mathbf{p}}_2)$ 是 5.4 节所描述的或有商品中的一个瓦尔拉斯均衡的价格向量，这里 $\hat{\mathbf{p}}_t \in \mathbb{R}^N_{++}$ 是时期 t 中 N 种商品合约的价格向量。给定瓦尔拉斯均衡价格向量为 $\hat{\mathbf{p}}=(\hat{\mathbf{p}}_1,\ \hat{\mathbf{p}}_2)$，令 $\hat{\mathbf{x}}=(\hat{\mathbf{x}}_1,\ \hat{\mathbf{x}}_2)$ 表示消费者在时期 1 之前所购买的合约向量。

假设在每个时期 t，现货市场开放。

ⅰ. 因为所有（现存的）合约都得以执行，证明消费者在时期 t 中可利用的禀赋是 $\hat{\mathbf{x}}_t$。

ⅱ. 证明：如果消费者希望在时期 t 的某现货市场进行交易，且所有商品在时期 t 均有现货市场，该时期的现货价格是 $\hat{\mathbf{p}}_t$，则消费者在这一时期（时期 t）的预算约束为：

$$\hat{\mathbf{p}}_t \cdot \mathbf{x}_t \leqslant \hat{\mathbf{p}}_t \cdot \hat{\mathbf{x}}_t$$

ⅲ. 推断出消费者最终可能的选择（$\mathbf{x}_1$，$\mathbf{x}_2$），使得

$$\hat{\mathbf{p}}_1 \cdot \mathbf{x}_1 \leqslant \hat{\mathbf{p}}_1 \cdot \hat{\mathbf{x}}_1 \quad \text{及} \quad \hat{\mathbf{p}}_2 \cdot \mathbf{x}_2 \leqslant \hat{\mathbf{p}}_2 \cdot \hat{\mathbf{x}}_2$$

ⅳ. 先说明：在现货市场上进行交易的任意可行的商品组合在或有商品合约市场上也是可行的；接下来证明：消费者的最好选择是在时期 $t=1$ 选择 $\mathbf{x}_1=\hat{\mathbf{x}}_1$，在时期 $t=2$ 选择 $\mathbf{x}_2=\hat{\mathbf{x}}_2$。提示：你应该假设在时期 1 的消费者是具有前瞻性的，清楚在时期 2 将面临的价格，而且他希望自己的所作所为能最大化一生的效用 $u(\mathbf{x}_1, \mathbf{x}_2)$。进一步假设，如果他在时期 $t=1$ 消费 $\bar{\mathbf{x}}_1$，则他在时期 $t=2$ 消费任意商品组合 $\mathbf{x}_2$ 的效用是 $u(\bar{\mathbf{x}}_1, \mathbf{x}_2)$。

如果现货市场开放的数量太少，消费者的境况不会得到改善，（ⅰ）至（ⅳ）的结论表明，如果产品 k 存在一个时期为 t 的现货市场，该产品在这一时期的现货价格是 $\hat{p}_{kt}$，则消费者没有进行交易的动机。因为这种情况适用于所有的消费者，于是现货市场在不存在交易的价格水平上出清了。

5

（b）用不确定性替代时间，将上述问题重做一遍。假设存在 N 种商品，有两种状态 $s=1, 2$。如果一旦状态 $s=1$ 发生，消费者便消费商品组合 $\bar{\mathbf{x}}_1$，他在状态 $s=2$ 时消费任何商品组合的效用都是 $\mathbf{x}_2$。该如何解释这种假设（类似于（a）中的问题ⅳ的假设）?

下一个问题表明，无论如何，现货市场都将发挥作用。

5.34 （阿罗证券）练习题 5.33 表明，当有机会对依时期、状态等而定的商品做现期（priori）交易时，现货市场便不起作用。这里我们要证明的是，如果不是所有的商品都能按时期和状态的不同而进行交易的话，现货市场就会彰显其功用。事实上，我们将假设，只有一种“商品”（阿罗证券）可进行现期交易（阿罗证券得名于诺贝尔奖得主、经济学家肯尼斯·阿罗）。时期 t 和状态 s 的阿罗证券使持有人有权在 t 时期和状态 s 下获得 1 美元，别无其他。

我们希望引导读者证明：在包含 N 种商品并且存在时间和不确定性的情况下，如果 $\hat{\mathbf{x}}\geqslant\mathbf{0}$ 是相应的瓦尔拉斯均衡配置，$\hat{\mathbf{p}}\gg\mathbf{0}$ 是 5.4 节或有商品意义上的一个瓦尔拉斯均衡价格，当只有阿罗证券可进行现期交易且其他商品必须在现货市场上交易时，则得到相同的价格和配置。这表明，对于 1 单位货币，只要存在一个或有商品市场，完全的或有商品瓦尔拉斯均衡也能在现货市场条件下实现。我们将专注于交换经济。请读者在包括生产的经济中做同样的分析。

接下来我们再考虑一下市场结构和时序的问题。在时期 0，存在一个市场用于视时间和状态而定的阿罗证券的交易。每个阿罗证券的价格都是 1 美元，每份（时期 t 和状态 s 的）证券使持票人有权在时期 t 和状态 s 下获得 1 美元，别无其他。令 α_{ts}^i 表示消费者 i 持有的（时期 t 和状态 s）阿罗证券的数量。初始时没有消费者持有证券，因此，在时期 0，消费者 i 对阿罗证券的预算约束是：

$$\sum_{t,s}\alpha_{ts}^i=0$$

在每个 $t\geqslant 1$ 的时期，时期 t 的事件 s_t 会出现，所有消费者都知晓时期 t 的状态 $s=(s_1, \cdots, s_t)$。每个消费者 i 关于 N 种商品的禀赋为 $\mathbf{e}_{st}^i\in\mathbb{R}_+^N$。现货市场对所有 N 种商品开放。如果商品 k 的现货价格是 p_{kts}，则消费者 i 在时期 t 的状态 s 下的预算约束是：

$$\sum_k p_{kts}x_{kts}^i=\sum_k p_{kts}e_{kts}^i+\alpha_{ts}^i$$

假设每个消费者 i 都了解所有商品在每种状态下的现期和未来的现货价格。（这是一个相当强的假设！）因此在时期 0，消费者能决定他在每种商品、每个未来时期、每种状态的每个现货市场上实际将做出的交易。于是，消费者 i 的问题变为：

$$\max_{(\alpha_{ts}^i),(x_{kts}^i)} u^i((x_{kts}^i))$$

要受阿罗证券的预算约束：

$$\sum_{t,s}\alpha_{ts}^i=0$$

并且服从现货市场的预算约束：

$$\sum_k p_{kts}x_{kts}^i=\sum_k p_{kts}e_{kts}^i+\alpha_{ts}^i\geqslant 0$$

（注意一下时期 t 状态 s 的约束不等式，它避免了破产问题的出现。）

(a) 上述公式暗含地假设了在任意时期 t 的任何状态下，目前和未来的效用都由 $u^i(\cdot)$ 给出，其中过去的消费被固定在实际水平上，而没有出现的各状态的消费会被固定在一旦状态发生所能选择的水平上，试论述。

(b) 在5.4节的或有商品模型中，消费者的预算约束专门针对如下交换经济：

$$\sum_{k,t,s} p_{kts} x^i_{kts} = \sum_{k,t,s} p_{kts} e^i_{kts}$$

证明：当且仅当存在一个阿罗证券向量 (a^i_{st})，使得 (x^i_{kts}) 和 (a^i_{st}) 一同满足阿罗证券的预算约束和每个现货市场的预算约束，则 (x^i_{kts}) 满足上述预算约束。

(c) 从(b)中推断，5.4节或有商品模型的任意瓦尔拉斯均衡价格和配置都能在这里所描述的现货市场模型中得以实现，而且是现货市场上有代表性的交易。也请证明它的逆命题。

(d) 请解释为什么每个阿罗证券的价格都是1。例如，当消费者偏好的今天的消费与明天的消费相同时（这是非常可能的），为什么一张授予持票人今日1美元的证券的价格等于授予持票人明日1美元的证券的价格？（提示：考虑1美元能买什么。）

(e) 如果付给持票人1美元，一个时期 t 状态 s 的阿罗证券使持票人有权在时期 t 的状态 s 下获得1单位的商品1，别无其他。如果想得到问题(c)中的结论，必须为阿罗证券设定什么样的价格？这将对消费者的阿罗证券和现货市场的预算约束有何影响？

5.35　（资产定价）可以用瓦尔拉斯一般均衡模型来考虑资产定价的问题。我们采用最简单的方式，令商品 $N=1$，时期 $T=1$，可能的状态数量有限，$s=1, 2, \cdots, S$。于是，消费组合 $\mathbf{x}=(x_1, x_2, \cdots, x_S)\in\mathbb{R}^S_+$ 描述了每种状态下消费的商品数量。我们再次把注意力放在交换经济上。存在 I 个消费者，消费者 i 的效用函数是 $u^i(x_1, x_2, \cdots, x_S)$、其禀赋向量为 $\mathbf{e}^i=(e^i_1, \cdots, e^i_S)$。注意：1单位商品 s 在状态 s 下会产出1单位的商品，于是，我们可以把商品 s 看做是状态 s 下该商品的阿罗证券。因为所有阿罗证券都是可交易的，市场是完全的。

在考虑资产定价之前，先简单地考虑一个交换经济，假设 $\hat{\mathbf{p}}\gg 0$ 是一个瓦尔拉斯均衡的价格向量，$\hat{\mathbf{x}}=(\hat{\mathbf{x}}^1, \hat{\mathbf{x}}^2, \cdots, \hat{\mathbf{x}}^I)$ 是相关的瓦尔拉斯均衡配置。因此，对于每个消费者 i 来说，$\hat{\mathbf{x}}^i=(\hat{x}^i_1, \hat{x}^i_2, \cdots, \hat{x}^i_S)$ 最大化了效用 $u^i(x_1, x_2, \cdots, x_S)$，约束条件为：

$$\hat{p}_1 x_1+\cdots+\hat{p}_S x_S=\hat{p}_1 e^i_1+\cdots+\hat{p}_S e^i_S$$

市场出清，即对于每种状态 $s=1, 2, \cdots, S$ 来说，有：

$$\sum_i \hat{x}^i_s = \sum_i e^i_s$$

为了研究上的方便，把练习题中的价格之和标准化为1，即 $\hat{p}_1+\cdots+\hat{p}_S=1$。不论状态如何，(1, 1, …, 1) 都保证有1单位商品的商品组合，$\hat{p}_k$ 是为了得到状态 k 下的1单位商品必须支付的商品数量（即商品组合 (1, 1, …, 1) 的数量）。故而，$\hat{p}_k$ 是实际价格，而非名义价格。

在每种状态 s 下，一种资产会生产出一定（非负的）数量的商品。于是，资产是一个向量，$\alpha=(\alpha_1,\cdots,\alpha_S)\in\mathbb{R}^S_+$，这里 α_S 表示资产在状态 s 下生产的商品数量。

(a) 假设瓦尔拉斯均衡的价格 $\hat{\mathbf{p}}$ 是有效的，除了每个阿罗证券的市场之外，资产 $\alpha=(\alpha_1,\cdots,\alpha_S)$ 在现货市场上进行交易。资产 α 的总供给为0，但允许消费者购买或正或负的数量的资产 α（负需求有时被称为资产的“短缺头寸”），每种状态下都不允许出现破产现象。请说明，如果资产价格被定为 $\hat{\mathbf{p}}\cdot\alpha$，则消费者对是否参与资产的交易感觉相同，因此这个价格也就是使资产的超额需求为零的价格；再继续证明，给定阿罗证券的价格向量 $\hat{\mathbf{p}}$，$\hat{\mathbf{p}}\cdot\alpha$ 是使市场出清的唯一价格，此时资产的交易量为 α。

(b) 假设所有消费者都认为状态 s 出现的概率为 π_s，再假设每个消费者的偏好可用冯・诺依曼-摩根斯坦效用函数 $v_i(x)$ 表示，也就是用它来为任意数量($x\geqslant 0$) 的商品指派效用，$v'_i>0$。消费者都是严格的风险厌恶型的，即 $v''_i<0$。因此，对于每个消费者 i 来说，

$$u^i(x_1,\cdots,x_S)=\sum_{s=1}^{S}\pi_s v_i(x_S)$$

ⅰ. 假设商品的总禀赋在各种状态下均为常数，即对所有的状态 s，s'来说，有：

$$\sum_i e_s^i=\sum_i e_{s'}^i$$

假设 $\hat{\mathbf{p}}=(\pi_1,\ \cdots,\ \pi_S)$ 是一个瓦尔拉斯均衡，其中每个消费者在各状态下的消费量均为常数，任意被交易的资产的均衡价格 $\alpha=(\alpha_1,\cdots,\alpha_S)\in\mathbb{R}_+^S$ 都只是它的预期价值。于是，当消费者能完全分散他们的风险时，资产并没有超出预期价值之上的溢价。

ⅱ. 假设商品的总禀赋在各状态不是常数。

(1) 证明 $\hat{\mathbf{p}}\neq(\pi_1,\ \cdots,\ \pi_S)$。假设 $\hat{\mathbf{x}}\gg\mathbf{0}$，证明各种状态下所有消费者的消费量均不是常数。

(2) 证明任意数量的被交易资产 $\alpha=(\alpha_1,\cdots,\alpha_S)\in\mathbb{R}_+^S$ 的价格必定等于

$$\frac{E(v'_1(\tilde{x}^1)\tilde{\alpha})}{E(v'_1(\tilde{x}^1))}=\cdots=\frac{E(v'_I(\tilde{x}^I)\tilde{\alpha})}{E(v'_I(\tilde{x}^I))}$$

这里 E 表示数学期望，$\tilde{x}^i$ 是随机向量，描述了消费者 i 在均衡处（在状态 s，$\tilde{x}^i=\hat{x}_S^i$）消费的商品数量是随机向量，$\tilde{\alpha}$ 描述了资产所获得的商品数量（在状态 s，$\tilde{\alpha}=\alpha_S$）。得出的大致结论是：一项资产的实际价格越高，它的消费与收益之间越是负相关——这对于分散风险就越有用。特别是，可以得出结论：收益独立于任何消费者消费的边际效用的资产，其价格等于它的预期价值。于是，资产的价格与它的方差并不那么相关，而与消费高度相关。

5.36 （套利定价）我们对上面的问题稍作改动，考虑一种套利观点，这表达了与练习题5.35相同的资产定价思想。再次假设存在1种商品和 S 种状态。假设有 N 种资产，α^1，α^2，…α^N，它们都能进行交易，每个都是 $\mathbb{R}_+^S$ 上的一个向量。令资产 k 的价格是 q_k。我们把价格标准化，使它们都是实际价格，即 q_k 表示为购买1单位资产 k 而必须放弃的商品数量。假设一名投资者对每种资产 k 都购买了 x_k 单位。

(a) 证明（列）向量

$$A\mathbf{x}\in\mathbb{R}_+^S$$

是投资者购买之后持有的引致资产，这里 A 是 $S\times N$ 矩阵，它的第 k 列是 α^k，且 $\mathbf{x}=(x_1,\ \cdots,\ x_N)$ 是投资者购买的资产向量。

(b) 证明向量

$$A\mathbf{x}-\mathbf{1}(\mathbf{q}\cdot\mathbf{x})\in\mathbb{R}_+^S$$

描述了投资者在每种状态下的真实的净收益，这里 $\mathbf{1}$ 是 $1's$ 的列向量。

(c) 假设实际净收益向量

$$A\mathbf{x}-\mathbf{1}(\mathbf{q}\cdot\mathbf{x})$$

其每个坐标都严格为正。证明：在1单位商品的买卖需要支付费用的情况下，投资者可利用短期销售来弥补这个费用，于是在确保任何状态都不会破产的条件下，他可以通过不断地重复购买 $\mathbf{x}$（或能负担得起的某个比例）来赚取任意大的利润。

(d) 从 (c) 中推出结论：为使市场出清，没有 $\mathbf{x}\in\mathbb{R}^N$ 使得实际净收益向量的每个坐标都严格为正。((c) 和 (d) 部分构成一种“套利定价”观点。我们随后讨论它的结果。)

(e) 对于某些 $\mathbf{x}\in\mathbb{R}^N$，令 $C=\{\mathbf{y}\in\mathbb{R}^N:\mathbf{y}=A\mathbf{x}-\mathbf{1}(\mathbf{q}\cdot\mathbf{x})$。从 (d) 部分推出结论

$$C\cap\mathbb{R}_{++}^N=\varnothing$$

并利用超平面的分离定理（定理 A2.24）来证明，存在一个非零向量 $\hat{\mathbf{p}}\in\mathbb{R}^N$，使得对于所有的 $\mathbf{y}\in C$ 和 $\mathbf{z}\in\mathbb{R}_{++}^N$，有：

$$\hat{\mathbf{p}}\cdot\mathbf{y}\leqslant\hat{\mathbf{p}}\cdot\mathbf{z}$$

进一步证明 $\hat{\mathbf{p}}\geqslant\mathbf{0}$，否则，如果 $\hat{\mathbf{p}}<0$，则上述不等式的右侧可能为任意负值，进而对任意的 $\mathbf{y}$ 而言，不等式对于某些 $\mathbf{z}$ 可能不成立。最后，把 $\hat{\mathbf{p}}\geqslant\mathbf{0}$ 进行标准化，使得它的坐标之和为 1。

(f) 利用 C 的定义和 (d) 得出的结论

$$(\hat{\mathbf{p}}^T A-\mathbf{q})\mathbf{x}\leqslant 0,\ \mathbf{x}\in\mathbb{R}^N$$

证明：由于不等式对 $-\mathbf{x}$ 不成立，所以它对任何 $\mathbf{x}\in\mathbb{R}^N$ 也不可能严格成立。推出结论：

$$(\hat{\mathbf{p}}^T A-\mathbf{q})\mathrm{x}=0,\ \mathbf{x}\in\mathbb{R}^N$$

因此

$$\mathbf{q}=\hat{\mathbf{p}}^T A$$

即对于每个资产 k，

$$q_k=\hat{\mathbf{p}}\cdot\alpha^k$$

(g) 将 (f) 的结论与练习题 5.35 (a) 中利用一般均衡模型得出的资产定价的结论进行比较。在练习题 5.35 中，我们假设阿罗证券是可交易的，即假设市场是完全的。请从本练习题推断出以下结论：如果在可交易的资产之间没有任何盈利性的套利机会，则即使市场是不完备的，对于所有阿罗证券来说，也会存在一个隐性的价格 $\hat{\mathbf{p}}$。而且，所有可交易资产的价格可以从潜在的阿罗证券价格中推导出来。

5.37　完成引理 5.4 的证明。

(a) 请证明：如果配置 $\mathbf{x}$ 是 $\mathcal{E}_1$ 中配置 $(\mathbf{x}^1,\mathbf{x}^2,\cdots,\mathbf{x}^I)$ 的 r 重复制，且 $\mathbf{x}$ 是 $\mathcal{E}_r$ 中的一个瓦尔拉斯均衡配置，则 $(\mathbf{x}^1,\mathbf{x}^2,\cdots,\mathbf{x}^I)$ 是 $\mathcal{E}_1$ 中的一个瓦尔拉斯均衡配置。

(b) 请证明：如果 $(\mathbf{x}^1,\mathbf{x}^2,\cdots,\mathbf{x}^I)$ 是 $\mathcal{E}_1$ 中的一个瓦尔拉斯均衡配置，则它的 r 重复制是 $\mathcal{E}_r$ 中的一个瓦尔拉斯均衡配置。

5.38　给出定理 5.16 的一般性证明，使之也适用于消费者类型 I 和每类消费者的数量 r 为任意数的情况。

5.39　(Cornwall) 在一个包含两类消费者的经济中，每类消费者效用函数和禀赋分别如下：

$$u^{1q}(x_1,x_2)=x_1x_2\quad 以及\quad \mathbf{e}^1=(8,2)$$
$$u^{2q}(x_1,x_2)=x_1x_2\quad 以及\quad \mathbf{e}^2=(2,8)$$

(a) 当每类消费者的人数为 1 时，画出这个经济的埃奇沃思盒状图。

(b) 尽可能精确地刻画这个二人经济的核的配置集。

(c) 证明：配置 $\mathbf{x}^{11}=(4,4)$ 和 $\mathbf{x}^{21}=(6,6)$ 位于核内。

(d) 现在把这个经济复制一次，使得每类消费者的人数为 2，则经济中消费者总数为 4。给定 $\mathbf{x}^{11}=\mathbf{x}^{12}=(4,4)$ 和 $\mathbf{x}^{21}=\mathbf{x}^{22}=(6,6)$，证明之前配置的二倍复制不在复制经济的核内。

5.40　在一个纯交换经济中，如果 $\mathbf{x}^j\succ^i\mathbf{x}^i$，则消费者 i 羡慕（或嫉妒）消费者 j。（如果 i 喜欢 j 的商品组合甚于自己的，则称 i 嫉妒 j。）如果对于所有的 i 和 j，$\mathbf{x}^i\succsim^i\mathbf{x}^j$，故而免于嫉妒。我们知道免于嫉妒的配置将总是存在，因为平等分割配置 $\bar{\mathbf{x}}=(1/I)\mathbf{e}$ 必定是免于嫉妒的。如果某配置是免于嫉妒且帕累托有效的，则该配置被称为**公平的**。

(a) 在一个埃奇沃思盒状图中说明，免于嫉妒的配置不一定是公平的。

(b) 在对效用的假设 5.1 条件下，证明每个有严格正总禀赋向量的交换经济至少拥有一个公平的配置。

5.41　有两个具有以下特征的消费者：

$$u^1(x_1,x_2)=e^{x1}x_2\quad 以及\quad \mathbf{e}^1=(1,1)$$
$$u^2(x_1,x_2)=e^{x1}x_2^2\quad 以及\quad \mathbf{e}^2=(5,5)$$

(a) 找出这个经济的契约线方程，并在埃奇沃思盒状图中将其绘制出来；

(b) 从这个经济中找出一个对消费者公平的商品配置；

(c) 现在假设该经济被复制三次，从该经济中找出一个对消费者公平的商品配置。

5.42　两个消费者如下：

$$u^1(x_1,x_2)=2x_1+x_2\quad 以及\quad \mathbf{e}^1=(1,6)$$
$$u^2(x_1,x_2)=x_1+x_2\quad 以及\quad \mathbf{e}^2=(3,4)$$

5

找出一个对消费者公平的商品配置。

5.43 我们一直假设消费者的效用函数仅仅和他自己的消费有关，然而也可以假设消费者的效用是相互依存的——既取决于自己的消费，也取决于他人的消费。例如，在一个两商品、两人经济中，总禀赋为 $\mathbf{e}$，假设 $u^1=u^1(x_1^1, x_2^1, x_1^2, x_2^2)$ 且 $u^2=u^2(x_1^2, x_2^2, x_1^1, x_2^1)$，这里对于 i，$j=1$，2 且 $i\neq j$，$\partial u^i/\partial x_1^j\neq 0$，$\partial u^i/\partial x_2^j\neq 0$。

（a）帕累托有效商品的配置的必要条件是什么？

（b）此类经济中的瓦尔拉斯均衡配置是帕累托有效配置吗？请说明原因。

5.44 在本书中，对于所有的 i 来说，如果不存在其他可行的配置 $\mathbf{x}$ 使得 $\mathbf{x}^i\succsim^i\bar{\mathbf{x}}^i$，以及对至少某一个 j，有 $\mathbf{x}^j\succ^j\bar{\mathbf{x}}^j$ 的话，我们就称配置 $\bar{\mathbf{x}}$ 是帕累托有效的。有时候，对于所有的 i 来说，如果没有其他可行的配置 $\mathbf{x}$ 使得 $\mathbf{x}^i\succ^i\bar{\mathbf{x}}^i$，则配置 $\bar{\mathbf{x}}$ 也被称为帕累托有效。

（a）证明：如果偏好是连续的且严格单调的，则两种定义等价。

（b）找出一个使两种定义不等价的例子，并在埃奇沃斯盒状图中加以说明。

5.45 （Eisenberg 定理）一般来说，一个市场的需求函数系统不需要满足单个消费者需求所具有的那些特性，如斯勒茨基约束、替代矩阵的半负定性，等等。不过，当市场需求体系的运作像从单个假想的消费者效用最大化问题所衍生出来的那样时，了解内涵也大有裨益。Eisenberg（1961）已经证明，当消费者的偏好能用线性齐次的效用函数（不必然是相同的）表示以及收入分配固定且独立于价格时，就符合这种情况。

特别是，令 $\mathbf{x}^i(\mathbf{p}, y^i)$ 是 $\max_{\mathbf{x}^i\in\mathbb{R}_+^n} u^i(\mathbf{x}^i)$ 的解，约束条件为 $\mathbf{p}\cdot\mathbf{x}^i=y^i$，$i\in\mathcal{I}$；令 $\mathbf{x}(\mathbf{p}, y^*)$ 是 $\max_{\mathbf{x}\in\mathbb{R}_+^n} U(\mathbf{x})$ 的解，服从约束条件 $\mathbf{p}\cdot\mathbf{x}=y^*$。如果（1）对于所有的 $i\in\mathcal{I}$ 而言，$u^i(\mathbf{x}^i)$ 是线性齐次的；（2）y^* 是总收入且收入份额固定，至于对于 $0<\delta^i<1$，有 $y^i=\delta^i y^*$ 且 $\sum_{i\in\mathcal{I}}\delta^i=1$；（3）

$$U(\mathbf{x})=\max\prod_{i\in\mathcal{I}}(u^i(\mathbf{x}^i))^{\delta^i}\quad \text{s.t.}\quad \mathbf{x}=\sum_{i\in\mathcal{I}}\mathbf{x}^i$$

$\mathbf{x}(\mathbf{p}, y^*)=\sum_{i\in\mathcal{I}}\mathbf{x}^i(\mathbf{p}, y^i)$，那么市场的需求函数系统的运作就像源自单个效用最大化问题一样。

（a）考虑一个包含两种商品和两个消费者的交换经济，初始禀赋为 $\mathbf{e}^1=(\delta^1, \delta^1)$ 和 $\mathbf{e}^2=(\delta^2, \delta^2)$，这里 $0<\delta^1<1$ 且 $\delta^1+\delta^2=1$。证明：收入份额固定且独立于价格 $\mathbf{p}=(p_1, p_2)$。

（b）对于 $0<\alpha<1$ 和 $0<\beta<1$，当下式成立时，

$$u^1(\mathbf{x}^1)=(x_1^1)^{\alpha}(x_2^1)^{1-\alpha}$$
$$u^2(\mathbf{x}^2)=(x_1^2)^{\beta}(x_2^2)^{1-\beta}$$

求：（a）中经济的 $U(\mathbf{x})$ 的解；

（c）证实此经济的 Eisenberg 定理。

5.46 在一个初始禀赋为 $\mathbf{e}$ 的交换经济中，证明：当且仅当偏好是相同且位似的时，总超额需求向量 $\mathbf{z}(\mathbf{p})$ 独立于初始的禀赋分配。

第6章 社会选择与福利

到目前为止，我们关注的都是一些实证经济学的问题，鲜有例外。对参与者的动机和所处环境做出假设，然后从这些假设中推断出个体行为与集体行为的结果。从本质上讲，我们是在刻画和预测行为，而不是以某种方式来评价和限定行为。不过，在本章的大部分内容中，我们会把视角从实证转向规范，探讨福利经济学的一些重要的问题。而在内容行将结束之际，视角又会转回到实证经济学，思考一下“自利的个体如何使社会选择问题变得困难重重”。

6.1 问题的性质

当我们判断某种情形（如市场均衡）是“好的”还是“差的”或者相比另一种情形是“更好”还是“更差”的时候，必须诉诸某种潜在的道德标准。人世间的道德体系多种多样，对特定情形的评价也千差万别。没必要沮丧或绝望，认为规范经济学总是呈现出“意见相左、纷争不断”的一面。恰恰相反，它在从前提到结论并得出对策的整个过程中始终存在着一致性。福利经济学迫使我们直面各种观点背后的道德基础，进而有助于我们了解关于社会问题的种种争论，理解其中的逻辑含义。

本章的主要目标可概括为：从界定良好的、明确的道德前提出发，研究对不同社会情形或“社会状态”进行一致性排序的方法。从（我们将要处理的）一般性的水平上看，一种“社会状态”可能关乎万物：政治机构的一个特定候选人的选举、在一群人之间分馅饼所采取的特定方式、组织社会采取的市场导向的形式、在社会成员之间分配社会资源的具体方式……只要（由个人组成的）群体必须从所面对的一组备择方案中做出集体性的选择，社会选择问题就会随之产生。

为了让问题更具体一点，我们现在来考察一个简单经济的分配问题。该经济包含了两种商品和两个消费者，埃奇沃斯盒状图如图6-1所示。盒状图中的每个点都代表着一定数量的社会商品禀赋在两个成员间的某种分配，于是，我们可以把这些点视为一种可选择的社会状态（相互排斥）。每个参与者对这些备选状态都有自己的偏好，而且显而易见的是，这些偏好常常并不一致。相关的社会选择问题可容易地表述为：哪种可能的（备择）分配对社会是最优的？

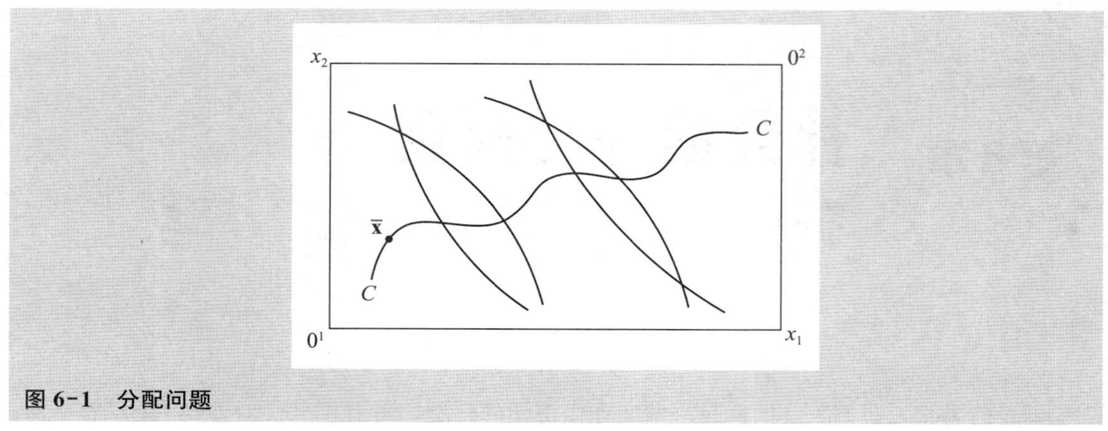

图 6-1 分配问题

说起来容易，做起来难。先排除契约线之外的各点——这方面大家应该没什么异议。如果把线外的某个点看成是最优的，你会很容易在契约线上也找到一些备受偏好的点。众说纷纭，讨论也难以为继。一个稳妥点的方式是，把对最优备择分配方案的搜寻仅限于帕累托有效配置上。

6

哪个点是最优的？多数人会同意，必须先排除像 $\bar{\mathbf{x}}$ 这样的不平等的分配方案——尽管它们是帕累托有效的。可一旦这么做的话，便要诉诸超越简单的帕累托原则之外的某种道德标准，因为帕累托原则并没有阐明所涉及的根本问题，即如何对两人的福利进行交易以符合社会的整体利益？为促成此类交易，偏好的强度（intensity）有影响吗？如果我们认为它有影响，其他问题又纷至沓来。怎么了解偏好的强度呢？人们能讲明他们对不同分配方案的感觉有多强烈吗？不同人的强烈意愿能进行比较以获得某种平衡吗？

问题不少，难度不小，为了研究的深入，我们需要构建一个系统性的框架来思考这些问题。阿罗（Arrow，1951）就给出了这样一个框架，我们先来看看他对其中一些问题的开创性分析。

6.2 社会选择与阿罗定理

我们采用的正式结构非常简单，也具有一般性。假设存在某个非空且互斥的社会状态的集合 X，在本章中，集合 X 是有限还是无穷不会影响我们的分析结果。但出于简化的目的，我们有时假设 X 是有限的，有时假设它是无限的——无论如何假设，到时候都会向你说明。社会由 N 个个体所组成，$N\geqslant 2$。每个个体 i 有他自己的、定义在社会状态集合 X 之上的偏好关系 R^i——相关的严格偏好为 P^i，无差异偏好为 I^i。作为一种偏好关系，每个 R^i 都是完备的和可传递的。直觉上讲，我们要求人们能够在 X 的任意两个元素之间进行二元比较，而且这些比较在可传递意义上看满足一致性。集合 X（被定义得）包罗万象，其元素涵盖了从纯世俗的物质世界到纯意识的精神领域。于是，关系 R^i 也必须如此——不仅要反映出对实际物质的自私贪婪，也能反映人的无私利他、温良敦厚，甚至宗教价值。

现在回顾一下，当偏好是完备的、可传递的且 X 有限时，个人能对 X 的要素进行（从最好到最差的）完全的排序。因此，在个体对 X 的各种方案进行选择时，R^i 向我们传递了所需的全部信息。然而，想确定社会的选择，我们需要对 X 中反映"社会"偏好的各种社会状态进行某种排序。理想的情况是，我们可以从社会的角度对 X 中的任意两种备择方案进行比较，而且希望这些二元比较在一般情况下是一致的。于是，有如下定义。

定义 6.1　社会偏好关系

社会偏好关系 R 是在社会状态集合 X 上完备的、可传递的二元关系。对于 X 中的 x 和 y，我们把 xRy 表述为"从社会意义上，x 至少与 y 一样好"。令 P 和 I 分别表示相关的、严格的和无差异的社会偏好关系。

我们有理由认为，从社会的角度对各种方案所作的排序应该和个人的排序有关。阿罗所考虑的问题可以简化为：如何从社会成员相互分歧但个体一致的观点中得到唯一且一致的社会观点?

这可不是个简单的问题。当我们坚持把传递性作为社会选择一致性的一个标准时，一些常见的困难也随之出现。例如，**孔多塞悖论**（Condorcet's paradox）表明，广为人知的"少数服从多数"原则（或多数票原则）可能无法满足 R 中的传递性要求。为了说明这个观点，假设 $N=3$，$X=\{x, y, z\}$，个人在 X 上的（严格）偏好如下：

个体 1	个体 2	个体 3
x	y	z
y	z	x
z	x	y

若在 x 与 y 之间进行选择，按照"少数服从多数"的原则，x 将以 2 票对 1 票而胜出，社会偏好应该是 xPy。因为 xPy 且 yPz，则社会偏好的传递性将要求 xPz。然而，利用这些个体偏好，z 得到 2 票而 x 得到 1 票，因此根据"少数服从多数"原则得到的社会偏好是 zPx，而这违反了偏好的传递性。注意，在这个例子中，"少数服从多数"原则是"完备的"，因为它能在 X 的每组可能的（成对的）比较中都挑出最优的选择。然而，该机制不满足传递性，这意味着在这个三种方案的集合中，没有一种能通过"少数服从多数"原则来决定。要求社会偏好关系满足完备性和传递性，意味着必须能够把 X 中的每个要素都置于从最优到最差的一个层级之中，因此，由传递性所要求的这种一致性有着值得深思的结构性含义。

然而，在社会选择方面，一致性本身很难引起人的特别关注，也难言有说服力。一种社会选择可能是完全一致的，但仍会同该团体所信奉的所有道德观念毫无干系。更有趣的问题是：我们如何能从一致的个人观点中得到一致的社会观点，而且这种社会观点也尊重了群体成员在社会选择方面所共享的基本价值？因为个体之间就“基本价值”而言存有分歧，实际上，这正是社会选择问题产生的第一种原因。为了避免在一开始就让问题变得琐碎无比，我们在介绍的时候要格外小心。

把这种谨慎铭记于心，我们可以把问题想象为找出一种“规则”或函数——它能加总或协调由个人偏好关系所代表的不同的个人观点，进而形成唯一的且满足某种道德原则的社会偏好关系 R。因此，该问题可正式表述为：寻找一个**社会福利函数**（social welfare function）f，使得：

$$R=f(R^1,\cdots,R^N)$$

f 汲取了对 X 的 N 重个人偏好关系，并把它们转换（映射）为一种关于 X 的社会偏好关系。

在本小节的其余部分，我们假设社会状态集 X 是有限的。

阿罗提出了四个条件，被认为是社会福利函数 f 应该具有的最基本的特征。内容如下：

假设 6.1　关于社会福利函数的阿罗条件

U. 无约束的定义域。f 的定义域必须包括有关 X 的个人偏好关系的所有可能的组合。

WP. 弱帕累托原则。对于 X 中的 x 和 y 的任何一对组合，对于所有的 i 来说，如果 xP^iy，则有 xPy。

IIA. 不相关选择的独立性。令 $R=f(R^1,\cdots,R^N)$，$\tilde{R}=f(\tilde{R}^1,\cdots,\tilde{R}^N)$，且令 x 和 y 表示 X 中任意两个方案。如果在 R^i 和 $\tilde{R}^i$ 之下，每个个体 i 对 x 和 y 的排序完全相同，则此时对 x 和 y 的社会排序也相同。

D. 非独裁性。不存在这样的个体 i，使得对于 X 中所有的 x 和 y 来说，无论其他个体 $j\neq i$ 的偏好 R^j 如何，xP^iy 就意味着 xPy。

条件 U 说的是，不管个体偏好关系怎样，f 总能产生一个社会偏好的排序。这实际上是如下观点的正式表述：某项机制进行社会选择的能力应该同社会成员所持有的任何具体的观点无关。如前文所见，该条件连同 R 的传递性一道决定了多数票原则不是一种合适的机制，因为一旦选择方案不少于 3 个时，它可能没法得出一个可传递的社会排序。

条件 WP 简单易懂，至少经济学家对它非常欣赏。它表明，如果每个社会成员都认为 x 比 y 好，则社会也应该认为 x 比 y 好。需要注意的是，这只是一个弱的帕累托条件——如果其他所有人都认为 x 比 y 好，而只有一人在 x 和 y 之间是无差异的，则该条件没有明确地要求社会一定要偏好 x。

也许条件 IIA 解释起来最为棘手，所以读的时候一定要细之又细。简而言之，这个条件说的是，社会对 x 和 y 的排序应该只同个人对 x 和 y 的排序有关。它允许个体在对 x、y 之外的其他组合排序时有不同的偏好 R^i 和 $\tilde{R}^i$。当你考虑 IIA 的合理性时，想一想，如果该条件不被满足又会怎样。例如，倘若上午的时候所有人都把 z 排在 x 和 y 之下，但有人更喜欢 x，有人更喜欢 y。现在假设社会福利函数在这些个人的偏好基础上得出了一个"x 比 y 好"的社会偏好。因此，如果在 x 和 y 之间做出选择的时间出现在上午，"社会"将选择 x。可现在这个选择被推迟到了下午，此时个人的偏好发生了改变，所有人都把 z 排在 x 和 y 之上，但对 x 和 y 的排序保持不变。对社会偏好而言，现在把 y 排在 x 之上是否合理呢？条件 IIA 给出的答案是"不合理"。

条件 D 没有那么严格了，它只是表明，不应该存在这样一个个体——他能不顾社会中其他人的观点而把自己凌驾于每个唯一的社会选择之上。因此，它只是将最极端和绝对独裁这两种形式排除在外。根据这个条件，甚至"事实上的"独裁者（virtual dictator）——他总能凌驾于除一对社会选择之外所有的社会选择之上——也将被排除。

现在花点时间依次重新推敲一下这些条件。你在运用这些条件时，要尽量想象一下，如果其中某一个或一些条件没能得到满足，社会选择会出现哪些问题。如果最终承认了这些条件是对一个合理的社会福利函数的温和且最基本的要求，那么你将发现下述定理振聋发聩，没准会让你心智大乱。

定理 6.1　阿罗不可能定理

如果 X 中至少存在三种社会状态，则没有一个社会福利函数 f 能同时满足 U、WP、IIA 和 D。

证明：我们所使用的策略是要证明，U、WP 和 IIA 条件意味着存在一个独裁者。因此，如果 U、WP 和 IIA 条件成立，则 D 必然不成立，于是没有一个社会福利函数能满足上述所有四个条件。

依照 Geanakoplos（1996）的做法，证明分为四个步骤。注意，只要我们选择或改变所考虑的偏好的结构，则每一步都要用到公理 U 和无约束定义域。无约束定义域确保每个偏好的结构都是可接受的。

步骤 1　考虑任意一个社会状态 c。假设每个人都把状态 c 置于其排序的末端。根据 WP，社会排序必须也把状态 c 置于末端，参见图 6-2。

步骤 2　现在想象一下，把 c 移至个人 1 排序的顶端，其他人的排序不变。随后，对个人 2 做同样的处理——把 c 移到个人 2 排序的顶端，然后依此类推，每次都改变一个人的偏好。记住，个人偏好的每一次变化都可能影响到社会的排序。最后，c 将位于每个人排序的顶端。根据 WP，c 这时也将位于整个社会排序的顶端。有终就有始，在 c 的社会排序不断提高的过程中，必定存在起点。令个体 n 就是那个把 c 提至个人排序的顶端后导致 c 的社会排序也开始出现提升的第一人。

R^1	R^2	$\cdots$	R^N	R
x	x'	$\cdots$	x''	x'''
y	y'	$\cdots$	y''	y'''
.	.		.	.
.	.		.	.
.	.		.	.
c	c	$\cdots$	c	c

图 6-2 在阿罗定理证明中 WP 和 U 的结果

如图 6-3 所示，我们断定，当把 c 移至个体 n 的排序顶端时，c 的社会排序不仅提升，而且移至了社会排序的顶端。

为了证明这一点，我们将采用反证法。假设 c 的社会排序会提升，但达不到顶端；即对某些状态 α，$\beta \neq c$ 而言，有 αRc 且 $cR\beta$。

由于 c 位于每个人排序的末端或者顶端，我们现在可以在保持 c 的位置不变的情况下改变每个人 i 的偏好使得 $\beta P^i \alpha$，但这和我们想要的结果相矛盾。一方面，因为根据 WP，对于每个人的社会排序来说，$\beta P^i \alpha$ 意味着 β 必定严格偏好于 α，即 $\beta P \alpha$；另一方面，由于在任何人的排序中，c 相对于 α 的排序与 c 相对于 β 的排序不变，于是根据 IIA，c 相对于 α 和 β 的社会排序也不会变化；正如一开始假设的那样，必有 αRc 且 $cR\beta$。但传递性意味着 $\alpha R\beta$——同 $\beta P\alpha$ 相矛盾。这就确定了我们的论断，即 c 必会被移至社会排序的顶端，如图 6-3 所示。

R^1	R^2	$\cdots$	R^n	$\cdots$	R^N	R
c	c	$\cdots$	c	$\cdots$	x''	c
x	x'	$\cdots$		$\cdots$	y''	
y	y'				.	.
.	.				.	.
.	.				.	.
.	.				.	.
w	w'	$\cdots$		$\cdots$	c	w'''

图 6-3 公理 WP、U 和 IIA 产生一个关键个人

步骤 3 现在考虑任意两个不同的社会状态 a 和 b，它们都不同于 c。在图 6-3 中，将偏好的结构改变如下：改变个人 n 的排序，使 $aP^n cP^n b$，其他人怎么对 a 和 b 排序不重要，只要 c 的位置不变即可。注意，在新的偏好结构中，每个人对 a 和 c 的排序都相同，正如在步骤 2 中把 c 移至个人的偏好顶端之前的情形。因此，根据 IIA，a 和 c 的社会排序必定与那时相同，但这意味着 aPc，因为在那时，c 仍位于社会排序的末端。

同理，在新的偏好结构中，对每个人来说，c 对 b 的排序与步骤 2 中把 c 移至个人 n 的偏好顶端之后的情况完全一样。因此，根据 IIA，c 和 b 的排序也必定与彼时相同。但这意味着 cPb，因为那时的 c 已经被提至社会排序的顶端。

由于 aPc 且 cPb，我们可根据传递性得出结论 aPb。注意，无论其他人对 a 和 b 如何排序，社会排序都与个人 n 的排序一致。根据 IIA，加之 a 和 b 是任意的，于是可以得出结论：对于所有不同于 c 的社会状态 a 和 b 来说，

$$aP^n b \text{ 意味着 } aPb$$

即个人 n 在所有不包含 c 的社会状态组合中是一个独裁者。最后一步将表明，个人 n 实际上是一个独裁者。

步骤 4　令 a 不同于 c。我们可利用 a 扮演 c 的角色来重复上述步骤，从而得出以下结论：某个人在所有不包含 a 的社会状态组合中是一个独裁者。不过，回想一下图 6-3 中的情况——个体 n 对 c 的排序（末端或顶端）会影响 c 的社会排序（末端或顶端）。因此，个体 n 必然是独裁者，凌驾于所有不包含 a 的社会状态组合之上。因为 a 是不同于 c 的任意状态，结合我们之前关于个体 n 的结论，这意味着 n 就是独裁者。■

虽说现在我们并没有把阿罗定理视为一种“不可能性”的结论，对定理的证明只是说它也能被陈述为一种“可能性”结论。即我们已经证明了满足上述三个条件（U、WP 和 IIA）的任何一个社会福利函数都必然会得到一个与某个人的偏好恰好一致的社会偏好关系，而无论这个人的偏好严格与否。练习题 6.3 要求读者探究这个结论留给社会福利函数的几种“可能性”，尽管根据条件 D，所有这些“可能性”都是独裁性。

6.2.1　图示证明

阿罗定理的重要性不言而喻，这也使得我们给出另外一种证明方式变得非常必要。这种证明方式是图形式的，可处理仅有两人的情形。我们希望两种证明方式能加深你对这个意义非凡的结论的了解。[①]

这两种证明方式有几处不同的地方，就眼下这个证明而言，首先，我们假设 X 包含了不止三种或多种社会状态，而是无限种——即对某个 $K \geqslant 1$ 来说，假设 X 是 $\mathbb{R}^K$ 的非单要素凸子集。[②]

其次，假设在 X 上的个人偏好 R^i 可用连续的效用函数 u^i：$X \to \mathbb{R}$ 来表示。因

---

① 这种证明的图示思想源自 Blackorby，Donaldson and Weymark（1984）。

② 此假设可能被显著弱化。例如，只要 $X \subseteq \mathbb{R}^K$ 包含一个点和一系列收敛于它的不同点，我们提供的论据就是有效的。

此，偏好的定义域并非完全无约束。[①]

再次，我们假设社会福利函数 f 把连续的个人效用函数 $\mathbf{u}(\cdot)=(u^1(\cdot),\cdots,u^N(\cdot))$的结构映射成一个连续的社会效用函数。因此，$f(u^1(\cdot),\cdots,u^N(\cdot))$ 是一个社会效用函数，且 $[f(u^1(\cdot),\cdots,u^N(\cdot))](x)$ 是指派给社会状态 x 的效用。注意，指派给 x 的效用（即 $[f(u^1(\cdot),\cdots,u^N(\cdot))](x)$）在原则上取决于每个个体的整体的效用函数 $u^i(\cdot)$，而不只是每个人分派给 x 的效用 $u^i(x)$。

对于每个连续的 $\mathbf{u}(\cdot)=(u^1(\cdot),\cdots,u^N(\cdot))$，今后我们令 $f_{\mathbf{u}}$ 表示社会效用函数$f(u^1(\cdot),\cdots,u^N(\cdot))$，且令 $[f_{\mathbf{u}}(x)=[f(u^1(\cdot),\cdots,u^N(\cdot))](x)$ 表示指派给 $x\in X$ 的效用。

"社会偏好关系仅由个人偏好关系 R^i 所决定"的观点成为前一节阿罗定理的一部分，为支持这种观点，必须要满足以下情况：如果任何 $u^i(\cdot)$ 都能用代表相同偏好的效用函数所替代，则按 $f_{\mathbf{u}}=f(u^1(\cdot),\cdots,u^N(\cdot))$ 对社会状态进行的排序不变。当且仅当一个效用函数是另一个效用函数严格递增的变换时，两个函数就代表了相同的偏好。于是，社会福利函数 f 必然具有以下特征：如果对于每个个体 i，u^i：$X\to\mathbb{R}$ 是连续的，且 ψ：$\mathbb{R}\to\mathbb{R}$ 是严格递增且连续的，则

$$f_{\mathbf{u}}(x)\geqslant f_{\mathbf{u}}(y)\text{，当且仅当 } f_{\psi\circ\mathbf{u}}(x)\geqslant f_{\psi\circ\mathbf{u}}(y) \tag{6.1}$$

其中 $\psi\circ\mathbf{u}(\cdot)=(\psi^1(u^1(\cdot)),\cdots,\psi^N(u^N(\cdot)))$。也就是说，$f$ 一定是对个人效用函数的严格递增连续变换的顺序不变量（order-invariant），这里，只有连续变换 ψ^i 被认为能确保变换后的个人效用函数保持连续。

在这种设定中，条件 U 意味着 f 的定义域是连续的个人效用函数的完整的结构集合。条件 IIA 的含义与之前相同，但需要特别注意的是，它意味着不论 $f_{\mathbf{u}}(x)$ 和 $f_{\mathbf{u}}(y)$ 的关系如何（大于、小于还是等于），只取决于向量 $\mathbf{u}(x)=(u^1(x),\cdots,u^N(x))$ 和 $\mathbf{u}(y)=(u^1(y),\cdots,u^N(y))$，而同向量函数 $\mathbf{u}(\cdot)=(u^1(\cdot),\cdots,u^N(\cdot))$ 所取的其他值无关。[②]条件 WP 和 D 的意思如前。

现在考虑对 f 施加下列条件。

PI. 帕累托无差异原则。如果对于所有的 $i=1,\cdots,N$，都有 $u^i(x)=u^i(y)$，则 $f_{\mathbf{u}}(x)=f_{\mathbf{u}}(y)$。

帕累托无差异原则要求，如果每个人在两种状态间是无差异的，则社会在两种状态间也是无差异的。

可以证明（参见练习题 6.4 和 Sen（1970a）），如果 f 满足 U、IIA、WP 和 PI，则存在一个严格递增的连续函数 W：$\mathbb{R}^N\to\mathbb{R}$，使得对于所有的社会状态 x、y 和

---

① 如果 X 是有限的，每个都将有一个效用表达式，且每个效用表达式都是连续的。因此，在有限的情况下，连续性假设根本不会对偏好的定义域有所限制，这也就是为什么这里假设存在一个无限的 X，使得连续性能起点作用。

② 正如已经指出的，分派给可选择方案 x 的社会效用函数 $f_{\mathbf{u}}(x)$ 可能取决于每个人完整的效用函数。要求 $f_{\mathbf{u}}(x)$仅取决于效用向量 $(u^1(x),\cdots,u^N(x))$，IIA 对此大有帮助。

连续的个人效用函数 $\mathbf{u}(\cdot)=(u^1(\cdot),\cdots,u^N(\cdot))$ 的每个结构，有：

$$f_{\mathbf{u}}(x)\geqslant f_{\mathbf{u}}(y)\text{，当且仅当 } W(u^1(x),\cdots,u^N(x))\geqslant W(u^1(y),\cdots,u^N(y)) \tag{6.2}$$

条件（6.2）说明，社会福利函数 f 可概括为一个严格递增且连续的函数 W（我们也称之为社会福利函数），它将对应于备择方案的个人效用的数值简单地加以排序。因此，我们可把注意力集中在这种简单且等价的社会福利函数上。之所以简单，是因为它直接表明了一种选择方案的社会效用仅仅同该方案的个人效用向量有关。

从现在起，我们的目标是，从 W 满足（6.2）这一事实中推断出一个独裁者的存在。

（6.1）所表达的性质——f 是个人效用函数的连续、严格递增的变换的顺序不变量，顺序不变量对福利函数 W 有重要的意义。假设（u^1，…，u^N）和（$\tilde{u}^1$，…，$\tilde{u}^N$）是与 x 和 y 两种社会状态相关的效用向量。（6.1）和（6.2）联立，意味着 W 对 $\mathbb{R}^N$ 的排序必须与任何个人效用数值的连续且严格递增的变换无关。因此，如果 W 认为 x 在社会意义上优于 y，也就是说，如果

$$W(u^1,\cdots,u^N)>W(\tilde{u}^1,\cdots,\tilde{u}^N)$$

则对于任意 N 个连续的、严格递增的函数，ψ^i：$\mathbb{R}\to\mathbb{R}$，$i=1$，2，…，N，也必然有

$$W(\psi^1(u^1),\cdots,\psi^N(u^N))>W(\psi^1(\tilde{u}^1),\cdots,\psi^N(\tilde{u}^N))$$

这是理解以下论点的关键。

就图示性证明来说，我们令 $N=2$，这样就可以在平面上进行处理了。

开始时我们先来考察图 6-4 中的任意一点 $\bar{\mathbf{u}}$，试想一下该点所在的社会无差异曲线。以 $\bar{\mathbf{u}}$ 为中心，整个效用空间被分成四个部分，这些区间不包括虚线。首先，根据 WP，区域Ⅰ中的所有点在社会意义上都比 $\bar{\mathbf{u}}$ 更受偏好。同理，$\bar{\mathbf{u}}$ 也必然比区域Ⅲ中的所有点更受偏好。我们的问题是：相比于 $\bar{\mathbf{u}}$，对Ⅱ和Ⅳ中的点进行排序，并排除边界。

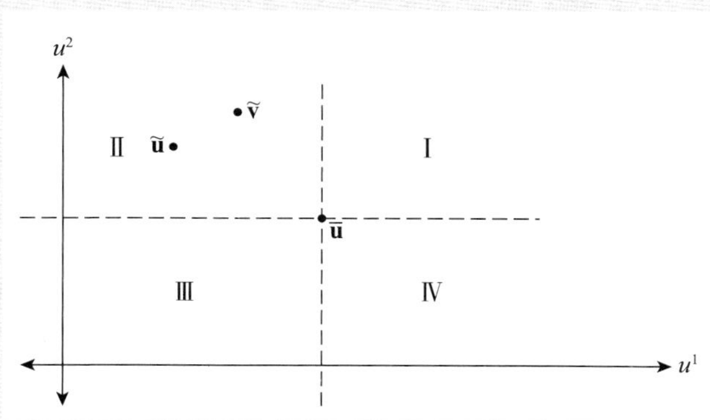

图 6-4　阿罗定理的图示证明

现在考虑Ⅱ中的任意一点 $\tilde{\mathbf{u}}$。系列条件中必有一个成立：

$$W(\bar{\mathbf{u}})>W(\tilde{\mathbf{u}}) \tag{6.3}$$

$$W(\bar{\mathbf{u}})=W(\tilde{\mathbf{u}}) \tag{6.4}$$

$$W(\bar{\mathbf{u}})<W(\tilde{\mathbf{u}}) \tag{6.5}$$

假设此刻有 $W(\bar{\mathbf{u}})<W(\tilde{\mathbf{u}})$。因为 W 对 $\mathbb{R}^N$ 的排序对效用的连续、严格递增的变换来说是个顺序不变量，当我们对个人效用做任何连续、严格递增的变换时，相同的排序必须保持不变。假设我们选择两个严格递增函数 ψ^1 和 ψ^2，这里

$$\psi^1(\bar{u}^1)=\bar{u}^1$$

$$\psi^2(\bar{u}^2)=\bar{u}^2$$

现在把这些函数应用于 $\tilde{\mathbf{u}}$ 点的坐标。因为 $\tilde{\mathbf{u}}$ 位于区域Ⅱ内，我们知道 $\tilde{\mathbf{u}}^1<\bar{\mathbf{u}}^1$，$\tilde{\mathbf{u}}^2>\bar{\mathbf{u}}^2$。因为 ψ_i 是严格递增的，当使用 $\tilde{\mathbf{u}}$ 时，必然得到

$$\tilde{v}^1\equiv\psi^1(\tilde{u}^1)<\psi^1(\bar{u}^1)=\bar{u}^1 \tag{6.6}$$

$$\tilde{v}^2\equiv\psi^2(\tilde{u}^2)>\psi^2(\bar{u}^2)=\bar{u}^2 \tag{6.7}$$

方程（6.6）和（6.7）表明，点 $\tilde{\mathbf{v}}=(\tilde{v}^1,\tilde{v}^2)$ 也必位于区域Ⅱ中某处。由于我们对连续、严格递增的选择具有完全的灵活性，我们定能通过一种合适的选择把 $\tilde{\mathbf{u}}$ 映射到区域Ⅱ中的任何一点。① 但是由于潜在社会状态的社会排序对个人效用的这种变换是顺序不变的，进而相对于 $\bar{\mathbf{u}}$，区域Ⅱ中的每个点必然以相同的方式排序！像之前假设的那样，如果 $W(\bar{\mathbf{u}})<W(\tilde{\mathbf{u}})$，则区域Ⅱ中的每个点都必定比 $\bar{\mathbf{u}}$ 更受偏好。不过到目前为止我们还没用到 $W(\bar{\mathbf{u}})<W(\tilde{\mathbf{u}})$ 这一事实。从（6.3）、（6.4）或（6.5）中的任何一个出发，经过同样的论证都能得到相同的一般性结论。于是，在个人效用不变性的条件下，相对于 $\bar{\mathbf{u}}$，区域Ⅱ中的每个点都必然以三种方式中的某一种进行排序：与区域Ⅱ中的每个点相比，$\bar{\mathbf{u}}$ 或者受偏好，或者无差异，或者更差。我们将其写成：以下三个条件必有一个成立：

$$W(\bar{\mathbf{u}})>W(\text{Ⅱ}) \tag{6.8}$$

$$W(\bar{\mathbf{u}})=W(\text{Ⅱ}) \tag{6.9}$$

$$W(\bar{\mathbf{u}})<W(\text{Ⅱ}) \tag{6.10}$$

注意，（6.9）肯定不成立，因为该式意味着区域Ⅱ中所有的点均（在 W 之下）与 $\bar{\mathbf{u}}$ 无差异。但这与 W 严格递增的事实矛盾，因为在区域Ⅱ中的点 $\tilde{\mathbf{v}}\gg\tilde{\mathbf{u}}$（参见图 6-4）严格比 $\tilde{\mathbf{u}}$ 更受偏好。

因此，要么 $W(\bar{\mathbf{u}})>W(\text{Ⅱ})$，要么 $W(\bar{\mathbf{u}})<W(\text{Ⅱ})$。依照刚刚给出的类似论证，我们可以考虑区域Ⅳ中的点，并证明要么 $W(\bar{\mathbf{u}})>W(\text{Ⅳ})$，要么 $W(\bar{\mathbf{u}})<W(\text{Ⅳ})$。

---

① 例如，为了得到 $\psi^i(\bar{\mathbf{u}}^i)=\bar{\mathbf{u}}^i$ 和 $\psi^i(\tilde{\mathbf{u}}^i)=u^i$，我们可选择连续函数

$$\psi^i(t)\equiv\left[\frac{\bar{u}^i-u^i}{\bar{u}^i-\tilde{u}^i}\right]t+\left[\frac{u^i-\tilde{u}^i}{\bar{u}^i-\tilde{u}^i}\right]\bar{u}^i$$

其形式为 $\psi i(t)=\alpha^i t+\beta^i$。注意：对于区域Ⅱ中的任何选择（$u^1$，$u^2$），$\alpha^1$，$\alpha^2>0$。

现在，假设 $W(\bar{\mathbf{u}})<W(\text{II})$。特别地，$W(\bar{\mathbf{u}})<W(\bar{u}^1-1,\bar{u}^2+1)$。考虑一对严格递增函数 $\psi^1(u^1)=u^1+1$ 和 $\psi^2(u^2)=u^2-1$。把这两个函数用于 $\bar{\mathbf{u}}$ 和 $(\bar{u}^1-1,\bar{u}^2+1)$，把它们分别映射到点 $(\bar{u}^1+1,\bar{u}^2-1)$ 和 $\bar{\mathbf{u}}$。不过，由于 W 一定是顺序不变的，于是，这些映像与它们的逆像必定会按同样的方式排列，因此，有 $W(\bar{u}^1+1,\bar{u}^2-1)<W(\bar{\mathbf{u}})$。但这意味着在区域Ⅳ中，$\bar{\mathbf{u}}$ 一定比 $(\bar{u}^1+1,\bar{u}^2-1)$ 严格地受社会所偏好。进而，$\bar{\mathbf{u}}$ 一定比区域Ⅳ中每个点都更受社会偏好。

这样的话，我们已经证明了如果 $W(\bar{\mathbf{u}})<W(\text{II})$，则 $W(\bar{\mathbf{u}})>W(\text{IV})$。类似的论点也成立，即如果 $W(\bar{\mathbf{u}})>W(\text{II})$，则 $W(\bar{\mathbf{u}})<W(\text{IV})$。总而言之，迄今为止我们已经证明了

$$\text{或者，} W(\text{IV})<W(\bar{\mathbf{u}})<W(\text{II}) \tag{6.11}$$

$$\text{或者，} W(\text{II})<W(\bar{\mathbf{u}})<W(\text{IV}) \tag{6.12}$$

注意，如果将相邻区域与 $\bar{\mathbf{u}}$ 的关系按同样的方式排序，则分割两个区域的虚线必然也能照此排序。例如，假设区域Ⅰ和Ⅱ排序在 $\bar{\mathbf{u}}$ 之上。根据 WP，高于 $\bar{\mathbf{u}}$ 的虚线上的任何点的排序都高于区域Ⅱ中严格在 $\bar{\mathbf{u}}$ 之下的点，传递性意味着在虚线上该点的排序必然在 $\bar{\mathbf{u}}$ 之上。

因此，如果（6.11）成立，则因为区域Ⅰ排序在 $\bar{\mathbf{u}}$ 之上，区域Ⅲ排序在 $\bar{\mathbf{u}}$ 之下，社会排序必然如图 6-5（a）所示，其中“+”（或“−”）表示具有 $w(\mathbf{u})$ 的效用向量 $\mathbf{u}=(u^1, u^2)$ 大于（或小于）$W(\bar{\mathbf{u}})$。但 W 的连续性意味着穿过 $\bar{\mathbf{u}}$ 的无差异曲线是一条水平直线。另外，如果（6.12）成立，图 6-5（b）适用，则穿过 $\bar{\mathbf{u}}$ 的无差异曲线是一条垂直线。

因为 $\bar{\mathbf{u}}$ 是任意选取的，我们可以得出结论：穿过每个效用向量的无差异曲线或者是一条水平线，或者是一条垂直线。然而，因为无差异曲线彼此不相交，这意味着所有的无差异曲线或者是水平线，或者是垂直线。如为水平线，则个人 2 是独裁者；如为垂直线，则个人 1 是独裁者。不管是哪一种情况，我们都能确定存在一名独裁者，证毕！

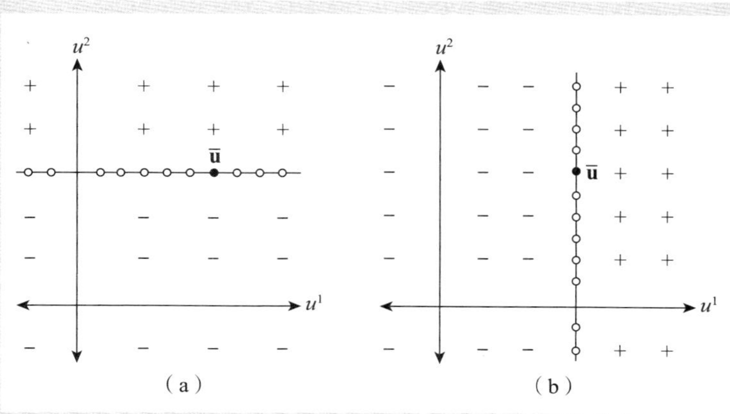

图 6-5　阿罗条件之下的社会福利可能性

6.3 可衡量性、可比较性和其他可能性

阿罗定理确实把我们冲击得晕头转向，仔细推敲其中的每个必要条件，你一定会对个体理性和由它们组成的集体经济印象深刻。只有非常大胆的人才会对放弃或放松其中的某个条件抱有奢望。可定理的介绍正是我们必须要做的。

把社会福利分析从阿罗定理的掌控下解救出来的方法多种多样。一种是放松社会关系 R 所必须具备的条件。例如，以更弱的约束——称为“非循环性”（acyclicity）来替代 R 的传递性，并以更简单的约束来取代 R 对所有选择（从最优到最差）的排序，即我们仅需要在任意子集中找到一个最优的选择，这为几种可能的选择机制大开方便之门，每种机制都遵守了阿罗定理的其他条件。同理，如果要保留传递性，但用个人偏好的“单峰”假设来替代条件 U，Black（1948）证明，只要个体的数量为奇数，多数票原则就会满足阿罗定理的其他条件！

另一种方法的思路有所不同，得出的结论也非常有趣。它不是纠缠于阿罗定理的相关条件，而是把注意力集中在所假定的个体偏好所传递的信息上。在阿罗框架内，只有个人偏好关系 R^i 被用作推导出社会偏好关系 $R=f(R^1,\ \cdots,\ R^N)$ 的资料。于是，如果一个社会想实施 f，应该从每个个体那里得到其从最优到最差的状态排序。仅从这个数据出发，f 就会提供社会状态的排序。显然，此过程既没有产生任何有关特定个体对 x 的偏好与其他个体对 y 的偏好强度相比较的信息，也没有产生任何有关一个个体偏好 x 甚于 y 多少与另一个个体偏好 y 甚于 x 多少相比较的信息。阿罗方法有意不考虑这些信息。

替代方式是掂量一下将此类信息考虑在内的后果。在继续推进之前，先提个醒。“偏好强度”可以用一种一致性的方式在个体间进行比较的想法是有争议的。不过，我们会把即将探讨的社会选择的替代性方法当做一个起点（作为一种假设），以使此类比较能以一种有意义的方式进行。我们并不想证实这个假设的正当性，只是看看它的作用。

这个思路的基本著作包括 Hammond（1976）、d'Aspremont and Gevers（1977）、Roberts（1980）、Sen（1984）。我们现在只是对这些研究的结论稍作介绍，并尽可能地领会其中的思想。

下面开始论证。考虑一种只有两人的情形，假设个体 1 偏好状态 x 甚于 y，个体 2 则相反（偏好状态 y 甚于 x）。在这样一种对称的情形中进行社会选择，信息越多越好。比如，社会希望尽可能改善福利水平最差的人的福利。个体 1 处于最不偏好的状态 y 时所获得的福利水平是否大于个体 2 也处于最不偏好的状态 x 时的福利水平，了解这个问题的答案很有必要。假设（这是重要的假设）个体效用值提供了这方面的信息。也就是说，假设 i 的效用函数是 $u^i(\cdot)$，且 $u^1(y)$ 大于 $u^2(x)$，可将其解释为 1 选 y 比 2 选 x 的福利更高。利用其他信息，状态 y

下福利最差的个人和状态 x 下福利最差的个人相比，前者的境况要相对好一些，社会福利函数利用这个信息就会把 y 的排序严格置于 x 之上。

其次，假设这两个人的效用函数分别是 $v^1(\cdot)$ 和 $v^2(\cdot)$，两个人的境况与前面相同，即1偏好状态 x 甚于 y，2偏好状态 y 甚于 x，但现在 $v^1(y)$ 小于 $v^2(x)$，也就是说，现在1选 y 比2选 x 的福利更差。因为福利最差的个人选 x，其境况会得以改善，这个社会现在严格偏好 x 甚于 y——尽管个人对 x 和 y 的排序并没有变化。

这个例子的关键在于，它表明，如果效用承载的信息不仅仅是状态的排序，则社会福利函数对严格递增的效用变换不必非得不变方可，理由是，尽管（严格递增的）变换保留着每个个体在不同状态下效用的比较，但放弃了这种比较在个体间的排序。为了确保“只要 $u^i(x)\geqslant u^j(y)$，则有 $\psi^i(u^i(x))\geqslant\psi^j(u^j(y))$”，效用变换 ψ^i 和 ψ^j 必须是严格递增且相同的，即 $\psi^i=\psi^j$。因此，社会福利函数 f 只需对个体间相同的严格递增效用变换是不变的。约束集合的限制越多，f 的可能性就越多，而且会避免得出不恰当的结论。当社会福利函数 f 仅取决于个体间的效用排序时，对任意普通的、严格递增的个人效用变换而言，它一定是不变的。于是我们可说，f 是效用水平不变量（utility-level invariant）。

当社会状态从 x 变为 y 时，度量出个体 i 和 j 各自损益的大小，这是另一类对社会选择有益的信息。在这种情况下，我们假设个体 i 从 x 到 y 的变动中获得的收益是其效用之差 $(u^i(y)-u^i(x))$，$u^i(y)-u^i(x)\geqslant u^j(x)-u^j(y)$ 意味着 i 获得的收益至少与 j 承受的损失一样大。另外，如果一个社会福利函数包含了这方面的信息，则对于没能继承这一信息的效用变换来说，该函数就没有必要非得是个不变量才行。不难看出，为了延续这种个体间效用差异的比较，每个个体 i 的效用变换必须采用以下形式，$\psi^i(u^i)=a^i+bu^i$，这里 $b>0$ 而且对所有个人都是一样的。

当一个社会福利函数 f 仅取决于两人及所有人之间效用差的排序时，对任意的严格递增的个人效用变换形式 $\psi^i(u^i)=a^i+bu^i(b>0)$ 来说，f 必是不变的，于是，我们将 f 称作是**效用差额不变量**（utility-difference invariant）。

还能想象并组合出另外一些形式的可衡量性和人际间的可比较性，但是我们只坚持如上两种情形。为了后面参考时使用，我们把之前的讨论归纳如下，其中社会福利函数 f 把效用函数的结构映射到一个社会效用函数中。

定义 6.2　可衡量性、可比较性和不变性

1. 如果对任意共同的、严格递增的、对每个个体的效用函数的变换来说，社会福利函数 f 都是一个不变量，则该函数就是一个效用水平不变量，进而，f 仅仅同两人及所有人之间效用的排序有关。

2. 如果对于严格递增的变换形式 $\psi^i(u^i)=a^i+bu^i$（这里 $b>0$ 且对每个个体的效用变换都是相同的）来说，社会福利函数 f 都是一个不变量，则该函数就是效用差异不变量，进而 f 仅仅同两人及所有人之间效用的排序有关。

在本节的余下部分中，我们都将假设社会状态的集合 X 是欧几里德空间的一个非单变量的凸子集，且假设所有考虑之中的社会选择函数 f 均满足**严格的福利主义**（strict welfarism，如 U、WP、IIA 和 PI），这里 U 意味着 f 把连续的个人效用函数映射成一个连续的社会效用函数。[①] 因此，（参见（6.2）和练习题 6.4，）我们可将 f 概括为一个严格递增的连续函数 W：$\mathbb{R}^N \to \mathbb{R}$，它具有以下性质，即对于每个连续的 $\mathbf{u}(\cdot)=(u^1(\cdot),\cdots,u^N(\cdot))$和每对状态 x 和 y 而言，有：

$$f_{\mathbf{u}}(x)\geqslant f_{\mathbf{u}}(y)\text{当且仅当}W(u^1(x),\cdots,u^N(x))\geqslant W(u^1(y),\cdots,u^N(y))$$

这里我们要提醒读者，当个人效用函数的结构为 $\mathbf{u}(\cdot)=(u^1(\cdot),\cdots,u^N(\cdot))$ 时，是指派给 x 的社会效用。

效用在多大程度上是可衡量的和可进行人际比较的？该问题等同于：在社会进行决策时，需要使用多少信息？这显然和社会希望这些决策所遵守的各种道德限制不同。当然，体现在严格福利主义中的 U、WP、IIA 和 PI 存在某些道德方面的内容。不过，社会可能愿意更进一步，把更多道德价值观放到它的社会福利函数中。每个都等同于对严格递增且连续的社会福利函数 W 施加一个额外的要求。这里，我们只考虑两种。

定义 6.3 对社会福利函数的两种额外道德假设

A. 匿名性（anonymity）。令 $\bar{\mathbf{u}}$ 是一个效用的 N 维向量，$\tilde{\mathbf{u}}$ 是 $\bar{\mathbf{u}}$ 中的要素经过某种排序之后得到的另一个向量，则 $W(\bar{\mathbf{u}})=W(\tilde{\mathbf{u}})$。

HE. 哈蒙德公平（Hammond equity）。令 $\tilde{\mathbf{u}}$ 和 $\bar{\mathbf{u}}$ 是两个不同的 N 维效用向量，假设对 i、j 之外所有的 k 来说，有 $\bar{u}^k=\tilde{u}^k$。如果 $\bar{u}^i<\tilde{u}^i<\tilde{u}^j<\bar{u}^j$，则 $W(\tilde{\mathbf{u}})\geqslant W(\bar{\mathbf{u}})$。

条件 A 只是说明人们应该被对称地对待。在条件 A 之下，社会状态的排序应该仅仅同所涉及的福利水平有关，而同诸多相关者的身份无关。条件 HE 引起的争议能多一些，它表达的含义是：社会具有减少个人之间的效用分散程度（或离差）的偏好。（注意：和 $\tilde{\mathbf{u}}$ 相比，$\bar{\mathbf{u}}$ 之下的效用分散程度要小一些，可是你能想象出为什么有人会反对把 $\bar{\mathbf{u}}$ 排在 $\tilde{\mathbf{u}}$ 之上吗？）随后，我们利用这些条件来说明某些众所周知的社会福利函数是如何被公理性地表示出来的。

6.3.1 罗尔斯形式

在罗尔斯（Rawls，1971）提出的道德体系中，社会中福利状况最差的成员将决定社会决策的制定。我们会在下面的定理中为这种社会福利标准做出公理性的描述，给出的证明是图示性的，因此我们再次将分析限定在 $N=2$ 的情况中。[②]

定理 6.2 罗尔斯社会福利函数

当且仅当一个严格递增且连续的社会福利函数 W 采取罗尔斯形式（$W=$

① 如果满足 U、IIA 和 PI，则 Sen（1970a）将 f 定义为满足福利主义的函数。

② 对于 $N>2$，可参见练习题 6.8，也可参见 Hammond（1976）。

$\min[u^1, \cdots, u^N]$，它将满足条件 HE 和条件 A，并且是效用水平不变量。

证明：假设 W 是连续的、严格递增的且满足条件 HE。我们必须证明它将采取 $W=\min[u^1, \cdots, u^N]$ 的形式，即当且仅当 $\min[\bar{u}^1, \cdots, \bar{u}^N] \geqslant \min[\tilde{u}^1, \cdots, \tilde{u}^N]$ 时，$W(\bar{\mathbf{u}}) \geqslant W(\tilde{\mathbf{u}})$。

我们再次给出社会无差异曲线的图谱，用图示的方式证明 $N=2$ 的情况。整个证明见图 6-6。开始时，在 45°线上选择一个任意点 **a** 并考虑从 **a** 点向右延伸的无穷射线。首先应该证明，根据 W，这条射线上的每个点和 **a** 相比都是社会无差异的。

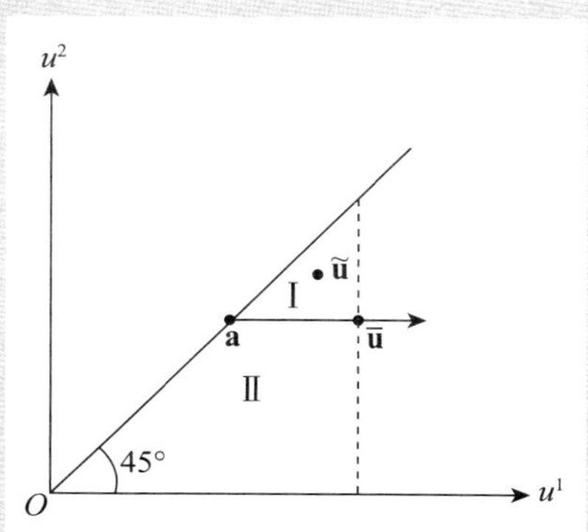

图 6-6　定理 6.2 的证明

考虑射线上的一个任意点 $\bar{\mathbf{u}}=(\bar{u}^1, \bar{u}^2)$，我们希望证明 $W(\bar{\mathbf{u}})=W(\mathbf{a})$。令区域Ⅰ表示 $\bar{\mathbf{u}}$ 点左侧、45°线以下且射线之上的区域，区域Ⅱ表示 $\bar{\mathbf{u}}$ 点左侧、45°线以下且射线之下的区域。因而，射线不在任何区域之内。现在考虑区域Ⅰ中的一个任意点 $\tilde{\mathbf{u}}=(\tilde{u}^1, \tilde{u}^2)$。显而易见，由于 $\tilde{\mathbf{u}}$ 在区域Ⅰ内，它必须满足不等式 $\bar{u}^2<\tilde{u}^2<\tilde{u}^1<\bar{u}^1$。(想想为什么?) 但条件 HE 意味着 $W(\tilde{\mathbf{u}}) \geqslant W(\bar{\mathbf{u}})$。因为 $\tilde{\mathbf{u}}$ 是区域Ⅰ内的任意点，在区域Ⅰ中每个点的社会效用都至少为 $W(\bar{\mathbf{u}})$，我们可记做 $W(\text{Ⅰ}) \geqslant W(\bar{\mathbf{u}})$。①至于区域Ⅱ，因为该区域中的每个点都位于 $\bar{\mathbf{u}}$ 的左下方且 W 是严格递增的，所以，必有 $W(\text{Ⅱ})<W(\bar{\mathbf{u}})$。因此，我们已经证明了

$$W(\text{Ⅰ}) \geqslant W(\bar{\mathbf{u}})>W(\text{Ⅱ}) \tag{P.1}$$

现在需要注意的是，对于连接 **a** 点和 $\bar{\mathbf{u}}$ 点的线上的每个点来说，在区域Ⅰ中都有一些点同它们无限地接近，而且我们已经证明了，这些点中的每一个获得的社会效用都至少为 $W(\bar{\mathbf{u}})$；同样，在区域Ⅱ中也有一些点同它们无限接近，我们也已经证明了，这些点中的每一个获得的社会效用都小于 $W(\bar{\mathbf{u}})$。因此，根据 W 的连续性，在 **a** 点和 $\bar{\mathbf{u}}$ 点的连接线上的每个点获得的社会效用必须等于 $W(\bar{\mathbf{u}})$。具体来说是，$W(\mathbf{a})=W(\bar{\mathbf{u}})$，这正是我们想证明的结果。因为 $\bar{\mathbf{u}}$ 是从 **a** 点开始向右延伸的无穷射线上的一个任意点，我们由此可得出结论：在这条射线上的每个点对 **a** 点都是

---

① 事实上，$W(\text{Ⅰ})>W(\bar{\mathbf{u}})$，因为 $N=2$ 且 W 是严格递增的，但是我们不需要严格不等式成立。

社会无差异的。

对于从 **a** 点开始向上延伸的无穷射线上的每个点来说，类似的推理同样成立，它们对 **a** 点也是社会无差异的。因为 W 是严格递增的，没有别的点和 **a** 点是无差异的，因此这两条射线是穿过 **a** 点的社会无差异曲线。由于 **a** 点是 45°线上的任意一点，进而对 W 来说，社会无差异图谱如图 6-7 所示。W 是严格递增的，这意味着离原点越远的无差异曲线代表更高的社会效用水平。于是，W 具有与函数 $\min[u^1, u^2]$ 相同的无差异图谱——这正是我们想要证明的。

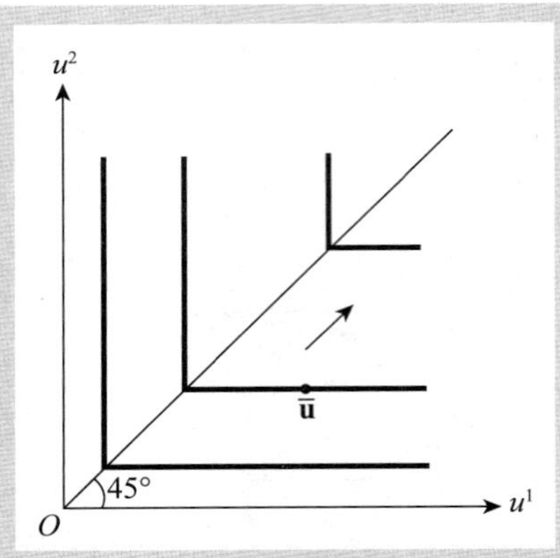

图 6-7　（罗尔斯）社会福利函数的社会无差异曲线

6

最后，我们还注意到，如果 $W=\min[u^1, \cdots, u^N]$，很容易证明条件 A 和 HE 得以满足。而且，如果 ψ：$\mathbb{R}\rightarrow\mathbb{R}$ 是严格递增的，则 $W(\psi(u^1),\cdots,\psi(u^N))=\psi(W(u^1, \cdots, u^N))$，因此，当且仅当 $W(u^1,\cdots,u^N)\geqslant W(\tilde{u}^1,\cdots,\tilde{u}^N)$ 时，有 $W(\psi(u^1),\cdots,\psi(u^N))\geqslant W(\psi(\tilde{u}^1),\cdots, \psi(\tilde{u}^N))$。所以，$W$ 是效用水平不变量。■

6.3.2　功利主义形式

迄今为止，功利主义的形式是经济学中最常见也最广为应用的社会福利函数。在功利主义的规则下，社会状态按照效用的线性总和进行排序。因此，当对两种社会状态进行排序时，两种状态之间的个人效用差异的线性总和起决定性的作用，“由 x 变动到 y，个体 1 的收益大于个体 2 的收益”这种形式的陈述就是有意义的。于是，效用差异必须在两人和所有人之间是可比较的，因此我们能预见到功利主义的社会选择函数一定与效用差额不变量的特征相关，下面的定理表明，事实的确如此。我们的证明同样只涉及 $N=2$ 的情形，结果很容易扩展到 $N>2$ 的情况。

定理 6.3　功利主义社会福利函数

当且仅当一个严格递增且连续的社会福利函数 W 采取功利主义形式 $W=\sum_{i=1}^{n}u^i$ 时，它满足条件 A 而且是效用之差的不变量。

证明： 如果 $W=\sum_{i=1}^{n}u^i$，这显然满足定理的各项条件，剩下仍需证明的是它的逆命题。我们将给出一个包含两人情形的图示性证明，结论可被扩展至任意人数的情形。

在图 6-8 中，沿 45°线任选一点 $\bar{\mathbf{u}}=(\bar{u}^1, \bar{u}^2)$。定义一个常数 $\gamma\equiv\bar{u}^1+\bar{u}^2$，并考虑点集合 $\Omega\equiv\{(u^1,u^2)\mid u^1+u^2=\gamma\}$。这些点都位于穿过点 $\bar{\mathbf{u}}$ 且斜率为 -1 的直线上。在 Ω 中选择 $\bar{\mathbf{u}}$ 之外的任意一点，如 $\tilde{\mathbf{u}}$。通过对 $\tilde{\mathbf{u}}$ 的要素求转置而得到，因此 $\tilde{\mathbf{u}}^T=(\tilde{u}^2+\tilde{u}^1)$ 也必在 Ω 之内。根据条件 A，$\tilde{\mathbf{u}}$ 和 $\tilde{\mathbf{u}}^T$ 必然以相对于 $\bar{\mathbf{u}}$ 的相同方式排序。

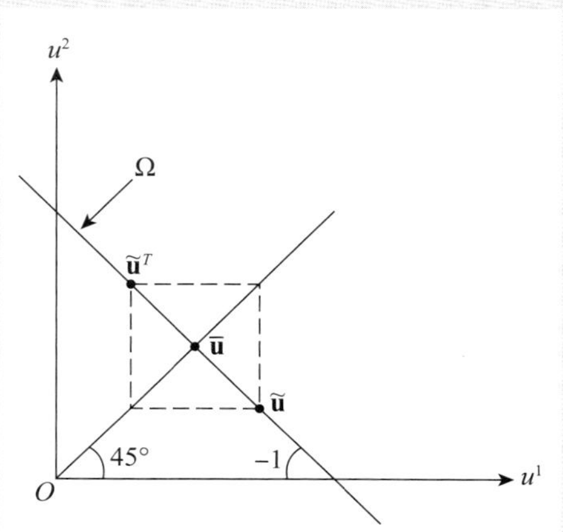

图 6-8 功利主义的社会福利函数

现在假设 $W(\bar{\mathbf{u}})>W(\tilde{\mathbf{u}})$。在效用差额依赖条件之下，这种排序对于 a^i+bu^i 形式的变换必然是不变的。令 $\psi^i(u^i)\equiv(\bar{u}^i-\tilde{u}^i)+u^i$，$i=1, 2$。注意，这两种形式都是允许的。由于 $\bar{\mathbf{u}}$ 在 45°线上，而且 $\bar{\mathbf{u}}$ 和 $\tilde{\mathbf{u}}$ 都在 Ω 内，我们可以将其记为 $2\bar{u}^i=\tilde{u}^1+\tilde{u}^2$，对 $\tilde{\mathbf{u}}$ 使用这些变换，得到 $(\psi^1(\tilde{u}^1),\psi^2(\tilde{u}^2))=\bar{\mathbf{u}}$。所以，这些变换把 $\tilde{\mathbf{u}}$ 映射到 $\bar{\mathbf{u}}$ 并把 $\bar{\mathbf{u}}$ 映射到 $\tilde{\mathbf{u}}^T$。于是，如果 $W(\bar{\mathbf{u}})>W(\tilde{\mathbf{u}})$（如我们所假设的那样），则根据不变性条件，必然也能得到 $W(\tilde{\mathbf{u}})^T>W(\bar{\mathbf{u}})$。不过，将它们结合起来之后，意味着 $W(\tilde{\mathbf{u}}^T)>W(\tilde{\mathbf{u}})$，这违反了条件 A，因此 $W(\bar{\mathbf{u}})>W(\tilde{\mathbf{u}})$ 不能成立；相反，如果我们假设 $W(\tilde{\mathbf{u}})>W(\bar{\mathbf{u}})$ 的话，用类似的方法，也会得出相似的矛盾。因此，可得出结论：$W(\bar{\mathbf{u}})=W(\tilde{\mathbf{u}})$。条件 A 表明 $W(\tilde{\mathbf{u}}^T)=W(\bar{\mathbf{u}})=W(\tilde{\mathbf{u}})$。回忆一下，$\tilde{\mathbf{u}}$ 是在 Ω 中选择的任意一点，因此同样的论证也适用于集合内的其他任意点，故而，$W(\Omega)=W(\bar{\mathbf{u}})$。

由于 W 是严格递增的，Ω 右上方的每个点必定严格偏好于 Ω 内的点，而 Ω 左下方的每个点必然严格劣于 Ω 内的点。故而，Ω 的确是一条社会无差异曲线，而且社会无差异图是一组斜率为 -1 的平行直线，其社会偏好朝右上方向递增。当然，这意味着社会福利函数可选择 $W=u^1+u^2$ 的形式。证毕。 ■

如果我们取消匿名性的要求，则整个一般化的功利主义的排序方式都是允许的，可以用线性形式的社会福利函数 $W=\sum_i a^i u^i$ 来表示（其中，对于所有的 i，$a^i\geqslant 0$；

对于某些 j，$a^j>0$）。在一般化的功利主义标准下，福利之和再次成为重要的问题，但在社会评价中，不同个体的福利可被赋予不同的“权重”。

6.3.3 灵活的形式

在某种程度上，效用的可衡量性和可比较性越大，社会福利函数所允许的范围就越广。例如，假设社会福利函数取决于两人和所有人之间效用变化的百分比排序，诸如“由 x 变到 y，i 效用增加的百分比大于 j 效用损失的百分比”之类的信息，即

$$\frac{u^i(x)-u^i(y)}{u^i(x)}>\frac{u^j(x)-u^j(y)}{u^j(x)}$$

则社会福利函数对于严格递增的变换来说是可变的，除非变换相同且为线性，（即 $\psi(u^i)=bu^i$，这里 $b>0$ 对所有人都是一样的，）因为只有这些形式能保证维持两人和所有人之间效用变化百分比的排序。如果社会效用函数 f 仅仅取决于所有人效用变化百分比的排序，那么，它对于任意的但相同的、严格递增的个体效用变换形式 $\psi(u^i)=bu^i$ 必然是不变的（这里 $b>0$ 对所有人都是相同的），我们就称 f 是**效用百分比不变量**（utility-percentage invariant）。

这样，罗尔斯和功利主义的社会福利函数都可以涵盖在内。实际上，现在整个社会福利函数都可以包含在内。如果一个连续的社会福利函数满足严格的福利主义，且对效用的相同的正线性变换是不变的，则社会无差异曲线必然斜率为负、平行且呈放射状。

6

为了说明这一点，参见图 6-9。首先，选择任意一点 $\bar{\mathbf{u}}$。显然，如图中所画，通过 $\bar{\mathbf{u}}$ 点的社会无差异曲线必然斜率为负，因为依据严格福利主义，W 是严格递增的。现在，在穿过 $\bar{\mathbf{u}}$ 的射线 OA 上选取任意一点，这个点的形式一定为 $b\bar{\mathbf{u}}$，b 是某个大于零的常数。再选择任意一点 $\tilde{\mathbf{u}}$，使得 $W(\bar{\mathbf{u}})=W(\tilde{\mathbf{u}})$。根据不变性的要求，必有 $W(b\bar{\mathbf{u}})=W(b\tilde{\mathbf{u}})$，如该图所示，这里 $\bar{\mathbf{u}}$ 和 $b\tilde{\mathbf{u}}$ 都位于射线 OB 之上。

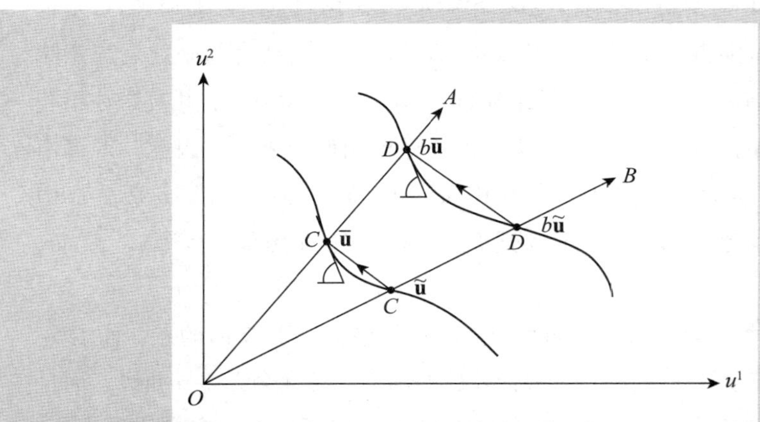

图 6-9 沿射线平行的社会无差异曲线

我们想证明，在 $\bar{\mathbf{u}}$ 点社会无差异曲线的切线的斜率等于在 $b\bar{\mathbf{u}}$ 点社会无差异曲线的切线的斜率。首先，需要注意的是，弦 CC 的斜率近似于 $\bar{\mathbf{u}}$ 点切线的斜率，且

弦 DD 的斜率近似于 $b\bar{\mathbf{u}}$ 点切线的斜率。因为三角形 OCC 和 ODD 相似，CC 的斜率等于 DD 的斜率。现在想象一下，我们选择的点 $\tilde{\mathbf{u}}$ 沿着穿过 $\bar{\mathbf{u}}$ 点的无差异曲线越来越接近于 $\bar{\mathbf{u}}$。随着 $\tilde{\mathbf{u}}$ 接近于 $\bar{\mathbf{u}}$，相应地，$b\tilde{\mathbf{u}}$ 沿着穿过 $b\bar{\mathbf{u}}$ 点的无差异曲线也越来越接近于 $b\bar{\mathbf{u}}$，且弦 CC 和 DD 仍保持斜率相等。在极限处，CC 的斜率收敛于 $\bar{\mathbf{u}}$ 点的切线的斜率，且 DD 的斜率收敛于 $b\bar{\mathbf{u}}$ 点切线的斜率。于是，在 $\bar{\mathbf{u}}$ 点社会无差异曲线的斜率必然等于在 $b\bar{\mathbf{u}}$ 点社会无差异曲线的斜率。因为 $\bar{\mathbf{u}}$ 和 $b>0$ 都是任意选择的，则沿着既定射线上每个点的社会无差异曲线的斜率都必定相等，当然，沿着不同射线的社会无差异曲线的斜率会有所不同。

当且仅当函数是位似的时候，函数的水平曲线将以这种方式呈射线平行。于是，严格的福利主义和效用百分比不变量允许任何连续的、严格递增的、位似的社会福利函数存在。如果再附加上条件 A，则函数必是对称的，所以它的社会无差异曲线必定是围绕 45°线的“镜像”。有时也会附加一个凸性的假设。当社会福利函数是拟凹的，“从社会角度看至少一样好”的集合也是凸的，其道德含义是，福利分布的不平等本身（per se）为社会所不齿。在严格拟凹性的假设下，会得出社会对平等有着严格偏好的结论。(你知道原因吗?)

每个位似函数经过某种正单调变换，都可以变为一个线性齐次函数。为简化分析，我们现在只考虑线性齐次形式。最后，假设除了 WP、A 和凸性之外，我们还增加了强可分性这一条件，即任意两人之间的（社会）边际替代率都独立于其他所有人的福利。这样的话，社会福利函数必是 CES 家族中的一员：

$$W=\left(\sum_{i=1}^{N}(u^{i})\rho\right)^{1/\rho} \tag{6.13}$$

这里 $0\neq\rho<1$ 和 $\sigma=1/(1-\rho)$ 是任意两人之间（不变且相等）的社会替代弹性。

这是一个非常灵活的社会福利函数。ρ 的取值决定了社会无差异曲线的“曲率”，因此函数的具体形式反映了一个社会在福利分布下对平等的评价程度。实际上，功利主义形式（意味着社会完全不在意福利的分布情况）就可被看做是（6.13）式的一种极端情况，即 $\rho\rightarrow1(\sigma\rightarrow\infty)$。随着 $\rho\rightarrow-\infty(\sigma\rightarrow0)$，（6.13）接近于罗尔斯形式——社会偏爱绝对的公平。各种可能性的范围如图 6-10 所示。

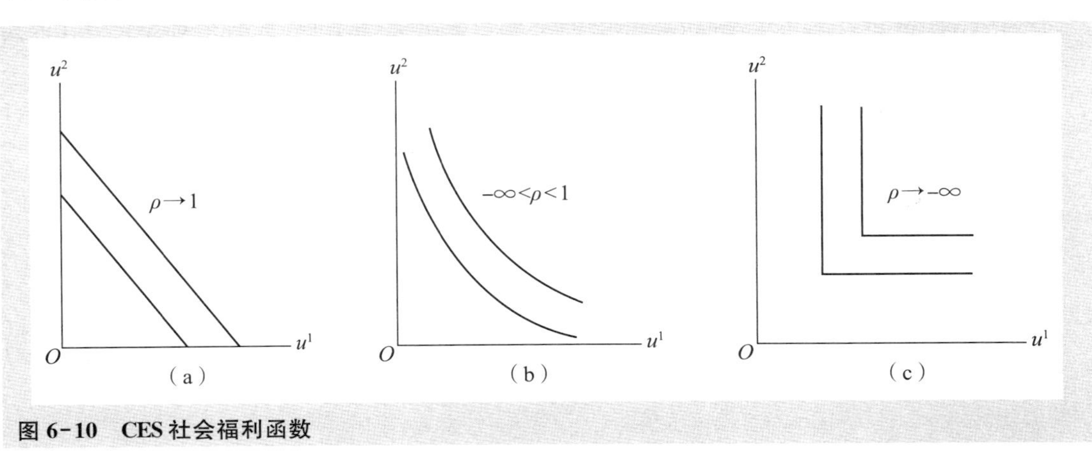

图 6-10　CES 社会福利函数

6.4 公正

想把效用的可衡量性和可比较性合情合理地应用于一个既定的社会福利函数必须做出什么假设，这远不只是个技术问题。一个基本的现实是：对这种函数的选择实际上就是对各种伦理价值观的选择。如此说来，个人观念的影响的确难以避免。在选择社会福利函数时，要对经济政策或制度的社会意义进行评价，而这正是该分析的第一阶段。

经济学和哲学的文献（在亚当·斯密之前是相同的）最近又被紧密地结合在一起，用来探讨（必须被做出的）选择的道德特征。《正义论》（*Theories of Justice*）作为一部公理性的著作，已经给出了纲领似的启发，它承认社会决策制定的社会福利方法。关于这些问题，存在两种截然不同的历史传统。一种是功利主义传统，代表人物有休谟（Hume）、斯密（Smith）、边沁（Bentham）和穆勒（Mill）；另一种是“契约论者”传统，代表人物有洛克（Locke）、卢梭（Rousseau）和康德（Kant）。最近，这两种传统已分别由海萨尼（Harsanyi，1953，1955，1975）和罗尔斯（Rawls，1971）的著作重新加以提炼和阐述。

海萨尼和罗尔斯两人都接受如下观点：社会福利的“公正”标准必须是一个“无偏见的”理性人会选择的。为了确保选择是无偏见的，每个人都要想象一个“原初的位置”，位于罗尔斯所谓的“无知之幕”背后，个人在原初位置上思量这种选择，不清楚自己在实际社会中所处的地位和环境。于是，每个人都在不确定性下想象所做的选择，大家都不知道各自在所指定的社会中最终会处于什么位置。不过，这两人在什么是“指导个人在原初位置进行选择的合适规则”方面存在分歧。

海萨尼的方法非常直观。首先，他接受冯·诺依曼和摩根斯坦对不确定条件下理性的公理性描述，这样，一个人的偏好可以用一个涉及各种社会状态的（$u^i(x)$，它对于正仿射变换是唯一的）VNM 效用函数来表示。根据**不充分推理原则**（principle of insufficient reason），他随后表明，原初状态的理性人必须对社会中其他人所处的地位分派相等的概率。如果社会中有 N 个人，则概率为 $1/N$，i 最后将处于任意其他人 j 的环境中。因此，个人 i 必须想象一下这些环境和 j 的偏好 $u^j(x)$ 可能是什么形式的。因为一个人最终具有 N 种可能的“身份”，于是，对社会状态 x 的一种理性评价将根据它的期望效用做出。

$$\sum_{i=1}^{N}(1/N)u^i(x) \tag{6.14}$$

在 x 和 y 之间的社会选择中，在（6.14）中期望效用高的必定更受偏爱。不过，当且仅当一个纯功利主义标准成立时，

$$\sum_{i=1}^{N}u^i(x)>\sum_{i=1}^{N}u^i(y)$$

这等同于说，x 比 y 更受社会偏好。

出于几方面的原因，罗尔斯反对海萨尼的功利主义原则。其中一个理由是，他反对给任何特定个人的前景分派任何概率，因为在原初位置上，对于这种概率的分派（不管相等还是不等）并没有经验基础。因此，由预期效用所引导的选择观念遭到罗尔斯的反对；相反，罗尔斯把原初位置的选择问题看做是**完全无知**（complete ignorance）之下的选择。他假设人们是风险厌恶的，在完全无知之下，他认为一个理性人将按照他对其自身最终可能成为社会中福利最差的成员的看法来给社会状态排序。于是，当一个纯粹的最大最小化标准成立时，

$$\min[u^1(x),\cdots,u^N(x)]>\min[u^1(y),\cdots,u^N(y)] \tag{6.15}$$

x 将比 y 更受偏好。

最终，罗尔斯对功利主义的最大最小化讨论立足于人都是风险厌恶者的假设，可这也并不是一个使人深信不疑的观点，正如阿罗（Arrow，1973）所指出的。一则，在海萨尼对 VNM 效用函数的构建中容纳了任意程度的风险厌恶情形，于是，在他的框架中，并没有排除个人在原初地位是风险厌恶的。此外，在实现罗尔斯准则时，人们也无须放弃作为选择基础的期望效用原则。

为了证明这一点，任取一个确定性条件下包含各种社会状态的效用函数$u^i(x)$，当然，同样的偏好也能通过正单调变换 $v^i(x)\equiv-u^i(x)^{-a}(a>0)$ 来表示。假设 $v^i(x)$ 是 i 在不确定前景下的 VNM 效用函数。容易证明，$v(x)$ 所表现出的风险厌恶程度关于参数 a 是递增的。如海萨尼所做的那样，现在假设（1）任何身份都具有相同的概率；（2）根据社会状态的期望效用对其进行排序；（3）一个社会福利函数为

$$W=\sum_{i=1}^{N}v^i(x)\equiv-\sum_{i=1}^{N}u^i(x)^{-a} \tag{6.16}$$

因为由（6.16）给出的状态排序只具有序数意义，在由（6.17）式给出的 W 的正单调变换下，排序不变。

$$W^*=(-W)^{-1/a}\equiv\Big(\sum_{i=1}^{N}u^i(x)^{-a}\Big)^{-1/a} \tag{6.17}$$

对于 $\rho\equiv-a<0$，这恰是（6.11）的形式。我们已经注意到，随着 $\rho\to-\infty(a\to\infty)$，该式的极限接近（6.13）的最大最小化标准。因此，罗尔斯的最大最小化标准——本来与海萨尼的功利主义标准风马牛不相及——反而可被看做是海萨尼标准的一种特殊情况，即当个人无限地厌恶风险之时，便可得出罗尔斯标准。

再经思索，发现其意义深远。最大最小化决策规则的吸引力体现在战略性情形中——某些理性的且具有完全信息的对手的利益与自己的利益截然相反。由此看来，在原初位置的思想实验采取这样的决策规则并无明显正当的理由——当然，除非你极度（非理性地）悲观。

再次重申，对社会福利函数的选择就是对分配价值观的选择，也是对道德体系的选择。这是你自己的选择。

6

6.5 社会选择和 Gibbard-Satterthwaite 定理

到目前为止，我们在社会福利问题的分析中唯一关注的是，把诸多个人的偏好加总为社会的偏好关系。之前说过，这项任务相当艰难，如果我们执意坚持所有的阿罗条件，则会举步维艰。

分析中暗含的假设是，每个个人的真实偏好可被充分了解，而且社会偏好由它的社会福利函数而定。但社会如何才能准确地掌握每个成员的偏好呢？一种可能性是，直接要求每个成员报告他对社会状态的排序，但这又会遇到一个严重的困难。如果错误地报告个人偏好能改善社会状态，个人就会瞒天过海而不是实话实说。[①] 于是，除了把个人排序加总成一种社会排序时面临的一致性之外，还存在着首先要了解个人偏好的问题。本节的目的是阐述后一个问题。

在本节中，社会状态集合 X 是有限的，而且社会的 N 个人中的每一个在 X 上都具有偏好关系。因此，我们假设定义域 U 不受约束。对 X 中的状态进行社会排序的目的是允许社会从 X 中做出选择，既然如此，我们现在就直接关注这种选择吧。具体来说，对个人排序的每个结构 $\mathbf{R}=(R^1,\cdots,R^N)$ 来说，令 $c(\mathbf{R})\in X$ 表示社会从 X 中做出的选择。我们将假设 $c(\cdot)$ 的值域是全部的 X。也就是说，对于每种社会状态 $x\in X$，都存在某个偏好结构 $\mathbf{R}$，使得 $c(\mathbf{R})=x$。否则，我们就恰好可以把社会状态 x 从集合 X 中剔除。对任何一个函数 $c(\cdot)$ 来说，如果它将 X 上个人偏好的所有结构映射到从 X 做出的一种选择且值域是全部的 X，那么，它就被称为**社会选择函数**（social choice function）。[②]

我们同样不希望出现独裁的情况，在社会选择函数情境中，以如下自然的方式来界定独裁。

定义 6.4　独裁的社会选择函数

如果存在一个人 i，使得对于每个 $y\in X$ 来说，只要 $c(R^1,\cdots,R^N)=x$ 满足 xR^iy，则社会选择函数 $c(\cdot)$ 就是独裁的。

暂且假设除了 i 之外所有人的偏好结构都为 R^{-i}，考虑个人 i 的两种可能的偏好 R^i 和 $\widetilde{R}^i$。令 $c(R^i,\mathbf{R}^{-i})=x$ 且 $c(\widetilde{R}^i,\mathbf{R}^{-i})=y$。总而言之，我们得到了一种情景：当其他人报告偏好结构为 $\mathbf{R}^{-i}$ 时，个人 i 选择报告 R^i 还是 $\widetilde{R}^i$ 来决定社会状态是 x 还是 y。他什么时候会撒谎呢？假设他的真实偏好是 R^i，给定这些偏好，他严格偏好 y 甚于 x。如果他诚实地报告，则社会状态将变成 x。但如果他谎报其偏好为 $\widetilde{R}^i$，则社会状态将变为 y——这是他严格偏好的状态。因此，在这种情况下，他

① 另一种可能性是试图从所观察到的个人选择行为中推断出其偏好，但这也是有问题的，因为个人可以为了追逐利益而改变他的选择行为，结果无法准确地反映出社会的偏好。

② 在社会选择函数的定义中，并非这个主题的所有处理都包括全值域条件，分别选择而非增加值域。就我们的目的而言，目前的处理更加方便。

有动机谎报偏好。

要想使个人始终都不谎报偏好，社会选择函数必须具备哪些特征呢？它必须具备下面被称为**防策略性**（strategy-proofness）的特征。

定义 6.5 防策略的社会选择函数

对于每个人 i、其每组偏好 R^i 和 $\widetilde{R}^i$ 以及其他人的偏好结构 $\mathbf{R}^{-i}$ 来说，如果 $c(R^i, \mathbf{R}^{-i})=x$ 且 $c(\widetilde{R}^i, \mathbf{R}^{-i})=y$，有 xR^iy，则社会选择函数是防策略的。

定义 6.5 恰好排除了上面描述的情况，稍加思考，你就会相信，如果社会选择函数是防策略性的，则无论个人偏好是什么，无论其他人报告的偏好是什么（即使其他人谎报偏好），没有人能从谎报偏好中严格受益；反之，如果社会选择函数不是防策略的，则至少存在一种（或多种）可令某些个人从谎报偏好中严格受益的情形。

于是，我们要求一个社会选择函数是防策略的，以确保个人诚实地报告他们的偏好是最优的，这样的话，社会选择就将建立在所有成员的真实偏好的基础上。遗憾的是，防策略性影响深远。回想一下阿罗定理，我们现在又得到了另一个不同寻常也是消极悲观的结论——这是由 Gibbard（1973）和 Satterthwaite（1975）各自独立地研究出来的。

定理 6.4 Gibbard-Satterthwaite 定理

如果存在至少三种社会状态，则每个防策略的社会选择函数都是独裁的。

我们对定理 6.4 的证明遵照了 Reny（2001），且分成两部分。[①] 第一部分证明防策略的社会选择函数必须具备两个特征：帕累托有效性和单调性；第二部分证明任何单调的且帕累托有效的社会选择函数都是独裁的。作为后面证明工作的准备，我们首先必须定义**帕累托有效的社会选择函数**（Pareto-efficient social choice functions）和**单调的社会选择函数**（monotonic social choice functions）。

定义 6.6 帕累托有效的社会选择函数

对于每个个人 i 和每个不同于 x 的社会状态 $y \in X$ 来说，只要 $x(R^1,\cdots,R^N)=x$ 满足 xR^iy，则社会选择函数 $c(\cdot)$ 就是帕累托有效的。

于是，只要 x 位于每个个人排序的顶端，社会选择函数就是帕累托有效的，社会的选择就是 x。

定义 6.7 单调的社会选择函数

如果 $c(R^1,\cdots,R^N)=x$ 意味着 $c(\widetilde{R}^1,\cdots,\widetilde{R}^N)=x$，只要对于每个个人 i 和每个不同于 x 的社会状态 $y \in X$ 来说，有 $xR^iy \Rightarrow x\widetilde{P}^iy$，则社会选择函数就是单调的。

单调性表明，当个人偏好变化时，社会选择并不改变，每个人都严格偏好至少与初始状态一样好的任意不同状态的社会选择。简单来说，单调性的意思是，当社会选择源自个体的排序时，社会选择并不改变。需要注意的是，个体对社会选择之

---

① 事实上，在 Reny（2001）的研究中，因为全值域条件适用于严格排序更小的定义域，我们的定理 6.4 是一个稍强一些的结论（至少从表面来看它是如此；参见练习题 6.22）。

6

外的不同社会状态组合的排序是可以任意改变的。

我们现在准备要证明定理 6.4，但在此之前还有话要说。我们并没有做任何有关帕累托有效或单调性的假设。证明的第一部分是要得出防策略意味着帕累托有效和单调性。定理 6.4 对社会选择函数所做的唯一假设是：它是防策略的。

证明： 假设 X 包含至少三种社会状态，且 $c(\cdot)$ 是防策略的社会选择函数。我们必须证明是独裁的。为了做到这一点，我们把证明分成两部分。

第 1 部分 防策略性意味着单调性和帕累托有效。[①]

(a) 单调性。令 $(R^1, \cdots, R^N)$ 是任意一个偏好结构，并假设 $c(R^1,\cdots,R^N)=x$。对确定的个人 i 而言，令 $\tilde{R}^i$ 是 i 的一个偏好，使得对于每个不同于 x 的 $y\in X$ 来说，有 $xR^iy\Rightarrow x\tilde{R}^iy$。我们要证明 $c(\tilde{R}^i,\mathbf{R}^{-i})=x$。

根据反证法，假设 $c(\tilde{R}^i,\mathbf{R}^{-i})=y\neq x$，然后给定其他人所报告的偏好 $\mathbf{R}^{-i}$，当个人 i 的偏好是 R^i 时，他可能会如实报告并实现社会状态 x，也可能谎报其偏好为 $\tilde{R}^i$ 并实现社会状态 y。根据 $\tilde{R}^i$ 的定义，我们有 $x\tilde{P}^iy$。因此，当个人 i 的偏好是 $\tilde{R}^i$ 且他严格偏好 x 甚于 y 时，在其他人的报告 $\mathbf{R}^{-i}$ 给定的情况下，个人 i 将严格偏好谎报（报告 R^i 并得到 x）而不是讲真话（报告 $\tilde{R}^i$ 并得到 y），这与防策略性相矛盾，故而有 $c(\tilde{R}^i,\mathbf{R}^{-i})=x$。

6

令 $(R^1, \cdots, R^N)$ 和 $(\tilde{R}^1, \cdots, \tilde{R}^N)$ 是偏好结构，从而使得 $c(R^1,\cdots,R^N)=x$，且对于个人 i 和每个不同于 x 的 $y\in X$ 来说，有 $xR^iy\Rightarrow x\tilde{P}^iy$。为了证明 $c(\cdot)$ 是单调的，我们必须证明 $c(\tilde{R}^1,\cdots,\tilde{R}^N)=x$。但这可以直接从刚刚得到的结论中得出——通过一次一个的方式，把个人 i 的偏好由 R^i 改变为 $\tilde{R}^i$，简单地把偏好结构由 $(R^1, \cdots, R^N)$ 变为 $(\tilde{R}^1, \cdots, \tilde{R}^N)$，这样我们就能得出 $c(\cdot)$ 是单调的这个结论。

(b) 帕累托效率。令 x 是一个任意的社会状态，$\hat{\mathbf{R}}$ 表示 x 位于每个个人排序顶端的偏好结构。我们须证明 $c(\hat{\mathbf{R}})=x$。

因为 $c(\cdot)$ 的值域是全部的 X，存在某个偏好结构 $\mathbf{R}$ 使得 $c(\mathbf{R})=x$。通过把 x 移至每个人排序的顶端，可以从 $\mathbf{R}$ 得到偏好结构 $\tilde{\mathbf{R}}$。根据单调性（已经在 (a) 中得到证明），$c(\tilde{\mathbf{R}})=x$。因为 $\hat{\mathbf{R}}$ 把 x 置于每个人排序的顶端且 $c(\tilde{\mathbf{R}})=x$，再次使用单调性（你明白为什么吗?），得出结论 $c(\hat{\mathbf{R}})=x$，得证!

第 2 部分 $\#X\geqslant 3$＋单调性＋帕累托有效$\Rightarrow$独裁。

① Muller and Satterthwaite（1977）证明：防策略性等价于他们所说的强正联盟（strong-positive association），当个人偏好没有表现出差异的时候，这等同于单调性。

证明的第 2 部分与阿罗定理的证明的第 1 步类似——利用一系列精心选择的偏好结构找出一个独裁者。给定第 1 部分的结论，我们可以随意使用 $c(\cdot)$ 是单调的且帕累托有效的这一事实。而且，对这部分证明中所用的每个特定数字来说，每个人对它们的排序都是严格的，也就是说，没有人会认为存在两种相同的社会状态。再次强调的是，这并没有新增加一个假设——我们并没有排除无差异，而仅仅是在考察了一个特定的、没有表现出无差异的偏好的子集之后，我们就能得出想要的结论。

步骤 1　考虑两种不同的社会状态 x，$y \in X$ 和一个严格排序的结构，对于每个人 $i=1$，…，N 来说，x 排序最高，y 排序最低。帕累托有效意味着，这个结构中的社会选择将会是 x。现在考虑改变个人 1 的排序，每次把 y 严格地提升一个位置。根据单调性，在个人 1 的排序中，只要 y 的排序在 x 之下，社会选择仍等同于 x。但是，当 y 最终提升至 x 之上时，单调性意味着社会选择或将变为 y，或者保持不变（仍为 x，参见练习题 6.18 (a)）。如果出现后一种情况，就对个人 2 也实施相同的操作过程，随后是个人 3，……，直到某个个人 n。在 n 的排序中，随着 y 最终提升至 x 之上，社会选择也从 x 变为 y。（必定存在这样一个人 n，因为 y 最终将位于每个人排序的顶端，根据帕累托有效性，这时的社会选择为 y。）图 6-11 和图 6-12 描述了个人 n 对 y 的排序提升至超过 x 之前与之后的情形。

R^1	⋯	R^{n-1}	R^n	R^{n+1}	⋯	R^N	社会选择
y	⋯	y	x	x	⋯	x	
x	⋯	x	y	.		.	
.		.	.	.		.	x
.		.	.	.		.	
.		.	.	.		.	
.		.	.	y	⋯	y	

图 6-11

R^1	⋯	R^{n-1}	R^n	R^{n+1}	⋯	R^N	社会选择
y	⋯	y	y	x	⋯	x	
x	⋯	x	x	.		.	y
.		.	.	.		.	
.		.	.	.		.	
.		.	.	y	⋯	y	

图 6-12

步骤 2 这也许是证明中最棘手的一步，所以要跟上我们的思路。考虑图 6-13 和图 6-14。图 6-13 由图 6-11 得出（图 6-14 由图 6-12 得出）——对于 $i<n$，把 x 移至个人 i 排序的末端；对于 $i>n$，把 x 移至个人 i 排序的倒数第二的位置。我们想论证的是，这些改变并不影响社会选择，即社会选择正如图所述。

R^1	⋯	R^{n-1}	R^n	R^{n+1}	⋯	R^N	社会选择
y	⋯	y	x	.		.	
.		.	y	.		.	x
.		.	.	.		.	
.		.	.	x	⋯	x	
x	⋯	x	.	y	⋯	y	

图 6-13

R^1	⋯	R^{n-1}	R^n	R^{n+1}	⋯	R^N	社会选择
y	⋯	y	y	.		.	
.		.	x	.		.	
.		.	.	.		.	y
.		.	.	.		.	
.		.	.	x	⋯	x	
x	⋯	x	.	y	⋯	y	

图 6-14

首先，需要注意的是，在图 6-14 中，根据单调性，社会选择必定为 y，因为在图 6-12 中的社会选择是 y，而且在从图 6-12 到图 6-14 的变动中，没有人改变 y 与其他社会状态的排序（参见练习题 6.18（b））；其次，还应该注意到，在图 6-13和图 6-14 的结构中，唯一的不同在于个人 i 对 x 和 y 的排序。因为在图 6-14 中的社会选择是 y，所以根据单调性，图 6-13 中的社会选择要么是 x，要么是 y（我们采用和步骤 1 相同的逻辑——参见练习题 6.18（a））。但如果图 6-13 中的社会选择是 y，根据单调性（参见练习题 6.18（b）），图 6-11 中的社会选择必须也是 y。矛盾出现了。因此，图 6-13 的社会选择是 x。

步骤 3 因为至少存在三种社会状态，我们可以考虑一种不同于 x 和 y 的社会状态 $z\in X$。因为图 6-15 中严格排序的结构（否则是任意的）可以从图 6-13 中得到，而无须改变任何个人对 x 与其他社会状态的排序。根据单调性，图 6-15 中的社会选择必须为 x（参见练习题 6.18（b））。

步骤 4 考虑从图 6-15 中得到的图 6-16 的排序结构，图 6-16 是通过交换个人对 x 和 y 的排序而得到的。因为这是图 6-15 和图 6-16 之间唯一的差异，而且，因为图 6-15 中的社会选择是 x，于是，根据单调性，图 6-16 的社会选择必须为 x

或 y（参见练习题 6.18（a））。但是图 6-16 中的社会选择不可能是 y，因为在图中每个人的排序中，z 的排序在 y 之上，而且，即使 z 被提升至每个人排序的顶端，单调性也意味着社会选择仍然为 y，这与帕累托效率矛盾。因此，图 6-16 的社会选择是 x。

R^1	⋯	R^{n-1}	R^n	R^{n+1}	⋯	R^N	社会选择
.		.	x	.		.	
.		.	z	.		.	
.		.	y	.		.	x
z	⋯	z	.	z	⋯	z	
y	⋯	y	.	x	⋯	x	
x	⋯	x	.	y	⋯	y	

图 6-15

R^1	⋯	R^{n-1}	R^n	R^{n+1}	⋯	R^N	社会选择
.		.	x	.		.	
.		.	z	.		.	
.		.	y	.		.	
.		.	.	.		.	x
.		.	.	.		.	
.		.	.	.		.	
z	⋯	z	.	z	⋯	z	
y	⋯	y	.	y	⋯	y	
x	⋯	x	.	x	⋯	x	

图 6-16

步骤 5 注意 x 位于个人 n 的排序顶端，其严格排序的任意一个结构都能从图 6-16 的结构中得到，而无须在任何个人排序中降低 x（与任何其他社会状态之间）的排序。因此，单调性（参见练习题 6.18（b））意味着社会选择必然是 x，只要个人排序是严格的且 x 位于个人排序的顶端。练习题 6.19 要求读者证明，即便个人排序不是严格的（出现了无差异的情形），只要对于个人 n 来说，x 至少与其他社会状态一样好，则社会选择必然至少与 x 一样好。因此，我们可以说，对于社会状态 x，个人 n 是独裁者。因为 x 是任意选取的，我们已经证明了，对于每种社会状态 $x \in X$，都存在一个关于 x 的独裁者。但对不同的社会状态而言，不可能有不同的独裁者（参见练习题 6.20）。因此，对所有的社会状态都只能有一个独裁者，故而社会选择函数是独裁的。 ■

从 Gibbard-Satterthwaite 定理中应该去除的信息是：在一个足够丰富的背景中，在不引入个人可能通过谎报而获益的可能性的情况下，设计出一个非独裁的系统，其中的社会选择基于自我报告的偏好而做出——这种想法实属妄想。幸运的是，这并不意味着一切都是徒劳。在第 9 章中，我们将对个人偏好施加一个重要且有用的定义域限制——拟线性。这能让我们脱离 Gibbard-Satterthwaite 定理的束缚，而对机制设计理论有所了解。于是，如果社会选择的体系是基于自我报告的信息而做出的，则 Gibbard-Satterthwaite 定理对于我们理解设计这一体系的种种局限提供了至关重要的经验，并为我们指明了未来的方向，帮助我们找到了成果丰硕的研究领域。但在进一步开展研究之前，我们必须熟悉一下**博弈论**（game theory）中的某些基本但有用的工具，这也是我们下一章的主题。

6.6 练习题

6.1 阿罗（Arrow，1951）证明了，当 X 中的选择数量刚好限制为 2 时，多数票法则就会得出一个满足假设 6.1 的社会福利关系。通过例证或更一般的论证来证明这一结论。

6.2 证明：在不影响结论的前提下，在阿罗定理中的弱帕累托条件 WP 可由更弱的帕累托条件 VWP（very weak Pareto）所取代。VWP 的形式如下：

VWP“如果对于所有的 i，有 xP^iy，则 xPy”

6.3 (a) 证明：与个人 i 的偏好一致的社会福利函数满足 U、WP 和 IIA，则称这样的社会福利函数为个人 i 的独裁。

(b) 如果个人 2 认为任意两种社会状态 x 和 y 不同，社会就会按照其偏好为这两种社会状态排序。除非个人 1 对按个人 2 偏好所做的这种排序感觉无差异，否则就会根据个人 1 的偏好对 x 和 y 进行排序。我们把由此得到的社会福利函数称为词典式独裁（lexicographic dictatorship）。证明：词典式独裁满足 U、WP 和 IIA，且不同于个人 i 的独裁。

(c) 介绍一个满足 U、WP 和 IIA 但有别于个人 i 独裁的和词典式独裁的社会福利函数。

6.4 假设 X 是 $\mathbb{R}^K$ 的一个非单点的凸子集，f 是一个满足 U 的社会福利函数，这意味着它把 X 上连续的效用函数 $\mathbf{u}(\cdot)=(u^1(\cdot),\cdots,u^N(\cdot))$ 的每个结构都映射到一个连续的社会效用函数 $f_{\mathbf{u}}$：$X\rightarrow\mathbb{R}$ 中。再假设 f 满足 IIA、WP 和 PI。

通过本问题，你可以假设，对于 X 中任何有限数量的社会状态和任何你想指派给它们的效用值而言，存在一个连续的效用函数，该函数被限定在所有指派给 X 的这些状态所希望的效用值中。（你不妨先自己尽力证明一下这个结论，书后的提示部分给出了解决之道。）

(a) 利用 U、IIA 和 PI，证明：当且仅当 $f_{\mathbf{v}}(x')\geqslant f_{\mathbf{v}}(y')$ 时，如果 $\mathbf{u}(x)=\mathbf{v}(x')$ 且 $\mathbf{u}(y)=\mathbf{v}(y')$，则 $f_{\mathbf{u}}(x)\geqslant f_{\mathbf{u}}(y)$。

定义 $\mathbb{R}^N$ 上的二元关系如下：对于连续效用函数 $\mathbf{u}(\cdot)=(u^1(\cdot),\cdots,u^N(\cdot))$ 的某个向量以及所有的 i 满足 $u^i(x)=a_i$ 和 $u^i(y)=b_i$ 的某组社会状态 x 和 y 而言，如果 $f_{\mathbf{u}}(x)\geqslant f_{\mathbf{u}}(y)$，则 $(a_1,\cdots,a_N)\succsim(b_1,\cdots,b_N)$。

(b) 证明 $\succsim$ 是完备的。

(c) 利用 f 满足 WP 的事实证明 $\succsim$ 是严格单调的。

(d) 利用 (a) 的结论证明 $\succsim$ 是传递性的。这里至少要有三种社会状态。（当然，作为非单点且凸的，X 是有限的，以至存在的社会状态远比这一步所需要的多得多。）

(e) 利用 X 是非单点且凸的事实，有可能证明 $\succsim$ 是连续的。但证明过程需要一定的技术性。

简单假设$\succsim$是连续的，并利用定理1.1和定理1.3来证明存在一个代表$\succsim$的连续且严格递增的函数W：$\mathbb{R}^N \to \mathbb{R}$。(你需要提供一个小的论据来支持下列事实，即$W$的定义域是$\mathbb{R}^N$。在第1章中效用函数的定义域是$\mathbb{R}^N_+$。)

(f) 证明：对于连续效用函数在X上的每个结构和所有社会状态x和y的组合来说，当且仅当$W(u^1(x),\cdots,u^N(x)) \geqslant W(u^1(y), \cdots, u^N(y))$时，有$f_{\mathbf{u}}(x) \geqslant f_{\mathbf{u}}(y)$。

6.5 回忆一下练习题6.3中对词典式独裁的定义。

(a) 假设$N=2$。如图6-5所示，在平面上选定一个效用向量$(\bar{u}_1, \bar{u}_2)$，并在词典式独裁之下，画出与$(\bar{u}_1, \bar{u}_2)$相比，社会所偏好的、社会受损的、社会无差异的效用向量集合，这里个人1的偏好优先，个人2的偏好其次。与图6-5进行比较。要特别关注无差异的集合。

(b) 练习题6.3得出的结论是：我们对阿罗定理的第一种证明并没有排除词典式独裁的可能性；本题(a)的结论是：我们的第二种图示证明排除了词典式独裁。图示证明给出了更强的结论说明了什么？

6.6 在阿罗定理的图示证明中，图6-4给出了一个论断，我们可以得到$W(\bar{\mathbf{u}}) < W(\text{IV})$或$W(\bar{\mathbf{u}}) > W(\text{IV})$。证明该观点。

6.7 定理6.2的证明漏掉了一个问题，即从**a**点开始且向上延伸的射线是某条社会无差异曲线的一部分。试证明。

6.8 本练习题考虑的是定理6.2的一般情形$(N \geqslant 2)$。令W：$\mathbb{R}^N \to \mathbb{R}$是连续的、严格递增的且满足HE。

(a) 假设$\min[u^1,\cdots,u^N]=\alpha$。证明：对于每个$\varepsilon>0$，因为$W$是严格递增的，所以根据$W(u^1+\varepsilon,\cdots,u^N+\varepsilon) > W(\alpha,\alpha,\cdots,\alpha)$的连续性得出结论：$W(u^1,\cdots,u^N) \geqslant W(\alpha,\alpha,\cdots,\alpha)$；

(b) 假设$u^j=\min[u^1,\cdots,u^N]=\alpha$且$u^i>\alpha$。利用HE证明：对于所有足够小的$\varepsilon>0$，有$W(\alpha+\varepsilon,u^j,\mathbf{u}^{-ij}) \geqslant W(u^i,u^j-\varepsilon,\mathbf{u}^{-ij})$，其中$\mathbf{u}^{-ij} \in \mathbb{R}^{N-2}$是向量$(u^1, \cdots, u^N)$去除坐标$i$和$j$的结果。

(c) 利用W的连续性可从(b)中得出结论：如果$\min[u^1,\cdots,u^N]=\alpha$，则对于每个个人$i$，$W(\alpha,\mathbf{u}^{-i}) \geqslant W(u^1, \cdots, u^N)$，其中$\mathbf{u}^{-i} \in \mathbb{R}^{N-1}$是向量$(u^1, \cdots, u^N)$去除坐标$i$的结果。

(d) 通过对个人一个接一个地连续应用(c)的结论，证明：如果$\min[u^1,\cdots,u^N]=\alpha$，则$W(\alpha,\alpha,\cdots,\alpha) \geqslant W(u^1,\cdots,u^N)$。

(e) 利用(a)和(d)以及W严格递增的事实，先证明：当且仅当$\min(u^1,\cdots,u^N)=\min(\tilde{u}^1,\cdots,\tilde{u}^N)$时，有$W(u^1,\cdots,u^N)=W(\tilde{u}^1,\cdots,\tilde{u}^N)$；此外，当且仅当$\min(u^1,\cdots,u^N) = \min(\tilde{u}^1,\cdots,\tilde{u}^N)$时，有$W(u^1,\cdots,u^N) \geqslant W(\tilde{u}^1,\cdots,\tilde{u}^N)$。

6.9 社会中有三个人：$\{1, 2, 3\}$，三种社会状态：$\{x, y, z\}$，且偏好的定义域是不受限制的。如果能产生一种传递性的社会排序，那么我们就假设社会偏好关系R由两两之间的多数票规则给出（其中投票者先对x投票，然后对y投票，再对z投票，以避免出现任何形式的无差异）。如果不能，则社会顺序是$xPyPz$。令f是表示满足这种定义的社会福利函数。

(a) 考虑下述结构，其中P^i是个人i的严格偏好关系：

个人1：xP^1yP^1z

个人2：yP^2zP^2x

个人3：zP^3xP^3y

社会排序是怎样的？

(b) 如果在(a)中个人1的偏好换成是yP^1zP^1x或zP^1yP^1x，社会排序是怎样的？

(c) 证明f满足帕累托特征WP；

(d) 证明f是非独裁的；

(e) 证明f不满足IIA；

(f) 通过提供两个偏好结构和与之相关的、违反IIA的社会偏好，直接证明f不满足IIA。

6.10 总收入$\bar{y}>0$在个人集合$\mathcal{I}$之间分配，以最大化功利主义社会福利函数$W=\sum_{i\in\mathcal{I}}u^i$。假设对于所有的$i \in \mathcal{I}$而言，有$u^i=\alpha^i(y^i)^\beta$，其中

$\alpha^i>0$。

(a) 证明：如果 $0<\beta<1$，则对于所有的 i 和 j 来说，当且仅当 $\alpha^i=\alpha^j$ 时，收入必须平等分配。

(b) 现在假设对于所有的 i 和 j 来说，$\alpha^i\neq\alpha^j$。那么，随着 $\beta\to0$，极限是什么？$\beta\to1$ 呢？请解释。

6.11 n 种商品的交换经济的总禀赋为 $\mathbf{e}\gg\mathbf{0}$，对其中每个参与者来说，假设效用函数是严格凹的、严格递增的且可微的。

(a) 证明：如果 $\mathbf{x}^*\gg\mathbf{0}$ 是一个瓦尔拉斯均衡配置，则对于某些恰当选择的权重 α^1，…，$\alpha^I>0$ 来说，$\mathbf{x}^*$ 最大化（一般的）功利主义社会福利函数：

$$W=\sum_{i\in\mathcal{I}}\alpha^i u^i(\mathbf{x}^i)$$

所受到的资源约束为：

$$\sum_{i\in\mathcal{I}}x_j^i\leqslant\sum_{i\in\mathcal{I}}e_j^i,\ 对于\ j=i,\cdots,n$$

(b) 利用你在 (a) 中的发现，给出第一福利定理 5.7 的另一种证明。

6.12 **博达规则**（Borda rule）普遍应用于集体选择之中。假设存在 N 个人，X 包括有限数量的备择方案。个人 i 给每个备择方案 x 分派一个**博达计数**（Borda count）$B^i(x)$，其中 $B^i(x)$ 是 X 中备择方案的数量，x 为参与者 i 所偏好。根据总的博达计数进行排序的备择方案如下：

$$xRy\Leftrightarrow\sum_{i=1}^{N}B^i(x)\geqslant\sum_{i=1}^{N}B^i(y)$$

(a) 证明：博达规则满足假设 6.1 中的 U、WP 和 D；

(b) 证明：该规则不满足 IIA。

6.13 在 x 与 y 之间的社会选择中，个人 i 是决定性的，即不管其他人的偏好如何，如果 xP^iy，则有 xPy。Sen（1970b）用“自由的价值”来暗示存在某种社会选择，其中每个人都是决定性的。例如，在个人 i 是否读某本书的社会选择中，个人 i 的偏好应该决定了社会的偏好。于是，我们能把自由主义视为社会福利关系的一个条件——要求每个人至少在一对选择上是决定性的。Sen 进一步弱化了这种要求，界定了他称为**最小自由主义**（minimal liberalism）的条件如下：

L^*：至少存在两个人 k 和 j，两组不同的选择 $(x,\ y)$ 和 $(z,\ w)$，使得 k 和 j 分别在 $(x,\ y)$ 上和 $(z,\ w)$ 是决定性的。

证明：不存在只满足条件 U、WP 和 L^* 的社会福利函数。

6.14 Atkinson（1970）在“平等分配等值收入”概念的基础上提出了一个收入分配的平等指数，记作 y_e。对于任何在收入向量上严格递增的、对称的且拟凹的社会福利函数 $W(y^1,\ \cdots,\ y^N)$，收入 y_e 被定义为这样一种收入数量，如果将该收入分配给每个人，将产生与既定分配相同的社会福利水平。因此，令 $\mathbf{e}\equiv(1,\cdots,1)$ 且 $\mathbf{y}(y^1,\cdots,y^N)$，我们便有

$$W(y_e\mathbf{e})\equiv W(\mathbf{y})$$

令 μ 是收入分配 $\mathbf{y}$ 的均值，则在收入分配中的一个平等指数可被定义如下：

$$I(\mathbf{y})\equiv\frac{y_e}{\mu}$$

(a) 证明：对于所有的 i 来说，只要 $y_i>0$，则 $0<I(\mathbf{y})<1$；

(b) 证明：指数 $I(\mathbf{y})$ 总是“规范显著的”，意思是，对于任何两种具有相等均值的收入分配 $\mathbf{y}^1$ 和 $\mathbf{y}^2$，当且仅当 $W(\mathbf{y}^1)$ 分别大于、等于或小于 $W(\mathbf{y}^2)$ 时，有 $I(\mathbf{y}^1)$ 大于、等于或小于 $I(\mathbf{y}^2)$。

6.15 Blackorby and Donaldson（1978）在前述 Atkinson 工作的基础上更进了一步。令 $W(\mathbf{y})$ 表示定义在收入分配上的任意严格递增的、对称的且拟凹的社会福利函数。作者定义了一个“W 的齐次隐性表达式”如下：

$$F(w,\mathbf{y})\equiv\max_{\lambda}\{\lambda>0\mid W(\mathbf{y}/\lambda)\geqslant w\}$$

这里 $w\in\mathbb{R}$ 是潜在社会福利函数的“参考水平”。它们定义了收入分配的平等指数如下：

$$E(w,\mathbf{y})\equiv\frac{F(w,\mathbf{y})}{F(w,\mu\mathbf{e})}$$

这里，μ 也是收入分配 $\mathbf{y}$ 的均值，$\mathbf{e}$ 是个人1的一个向量。

(a) 证明：$F(w, \mathbf{y})$ 对于收入向量是一阶齐次的。证明：随着 $W(y)$ 分别大于、等于或小于 w，有 $F(w, \mathbf{y})$ 大于、等于或小于1。

(b) 证明：如果 $W(y)$ 是位似的，$E(w, \mathbf{y})$ 是“免于参考水平的”，使得对于所有的 $\mathbf{y}$，有 $E(w,\mathbf{y})=E^*(\mathbf{y})$。

(c) 证明：如果 $W(y)$ 是位似的，则 $E(w,\mathbf{y})=I(\mathbf{y})$，这里 $I(\mathbf{y})$ 是前面练习题中所定义的 Atkinson 指数。由此可得出结论：在这些条件下，$E(w, \mathbf{y})$ 也是规范显著的，且介于0和1之间。

(d) 假设社会福利函数是功利主义形式的，$W=\sum_{i=1}^{N}y^i$。证明:不管收入分配如何,$E(w, \mathbf{y})=1$ 表示“完全平等”。你能从中得出什么结论?

(e) 当社会福利函数是如下 CES 形式时，请推导出指数 $E(w, \mathbf{y})$。

$$W(\mathbf{y})=\left(\sum_{i=1}^{N}(y^i)^{\rho}\right)^{1/\rho},0\neq\rho<1$$

6.16　令 $\mathbf{x}\equiv(\mathbf{x}^1,\cdots,\mathbf{x}^N)$ 表示给予参与者的商品配置，令经济的可行配置集为 T。假设 $\mathbf{x}^*$ 最大化了功利主义社会福利函数 $W=\sum_{i=1}^{N}u^i(\mathbf{x}^i)$，面临的约束条件为$\mathbf{x}\in T$。

(a) 对于 $i=1$，…，N，ψ^i 表示一个变量的任意递增函数的集合。在 $\mathbf{x}\in T$ 的约束条件下，$\mathbf{x}^*$ 能最大化$\sum_{i=1}^{N}\psi^i(u^i(\mathbf{x}^i))$ 吗？请说明理由。

(b) 在 (a) 中，对于所有的 i，如果 $\psi^i=\psi$，你的答案会是什么?

(c) 对于任意 a^i 与 $b^i>0$，如果 $\psi^i\equiv a^i+b^iu^i(\mathbf{x}^i)$，你的答案会是什么?

(d) 对于任意 a^i 与 $b>0$，如果 $\psi^i\equiv a^i+bu^i(\mathbf{x}^i)$，你的答案会是什么?

(e) 你如何解释 (a) 至 (d) 中答案的异同?

6.17　继续前面的练习题，令 $\mathbf{x}^*$ 最大化了罗尔斯形式的社会福利函数 $W=\min[u^1(\mathbf{x}^1),\cdots,u^N(\mathbf{x}^N)]$，约束条件为 $\mathbf{x}\in T$。

(a) 对于 $i=1$，…，N，ψ^i 表示一个变量的任意递增函数集合。$\mathbf{x}^*$ 必定会在 $\mathbf{x}\in T$ 条件下最大化函数$\min[\psi^1(u^1(\mathbf{x})^1),\cdots,\psi^N(u^N(\mathbf{x}^N))]$ 吗?请说明理由。

(b) 在 (a) 中，对于所有的 i，如果 $\psi^i=\psi$，你的答案会是什么?

(c) 你对 (a) 和 (b) 中的答案作何解释?

(d) 你如何解释本题和前一题答案的异同?

6.18　假设 $c(\cdot)$ 是一个单调的社会选择函数，且 $c(\mathbf{R})=x$，这里 R^1，…，R^N 是对 X 中社会状态的每一种严格的排序。

(a) 假设对于某个人 i，R^i 将 y 的排序置于 x 之下，且假设除了将 y 的排序置于 x 之上以外，$\tilde{R}^i$ 与 R^i 相同，也就是说，它们对 x 和 y 的排序相反。证明：要么 $c(\tilde{R}^i, \mathbf{R}^{-i})=y$，要么 $c(\tilde{R}^i, \mathbf{R}^{-i})=y$。

(b) 假设 $\tilde{R}^1$，…，$\tilde{R}^N$ 是严格排序的，使得对于每个个人 i 来说，在 $\tilde{R}^i$ 下，x 与其他任何社会状态的排序都与在 R^i 下相同。证明 $c(\tilde{\mathbf{R}})=x$。

6.19　假设 $c(\cdot)$ 是一个单调的社会选择函数，并假设只要所有个人的排序都是严格的且位于个人 n 排序的顶端，则社会选择必须为 x。证明：对于个人 n 来说，当个人排序不一定是严格的且 x 至少与任何其他社会状态一样好时，则社会选择必定至少与 x 一样好。

6.20　设 x 与 y 是两种不同的社会状态。假设对于个人 i 来说，只要 x 至少与任何其他社会状态一样好，则社会选择至少与 x 一样好。再假设对于个人 j 来说，只要 y 至少与任何其他社会状态一样好，则社会选择至少与 y 一样好。证明：$i=j$。

6.21　如果 $c(\mathbf{R})=x$ 意味着 $c(\tilde{\mathbf{R}})=x$，只要对于每个个人 i 和每个 $y\in X$，有 $xR^iy\Rightarrow x\tilde{R}^iy$，则称社会选择函数是强单调的。

假设有两个人 (1和2)、三种社会状态 (x、y 和 z)。定义社会选择函数 $c(\cdot)$ 来选择个人1

6

排在顶端的社会状态；如果该状态不唯一，在这种情况下，社会选择是在个人 1 所有排在顶端的社会状态中选择个人 2 排在顶端的社会状态；如果还是不唯一，x 在个人 1 和个人 2 都排在顶端的社会状态之内，则选择 x，否则选择 y。

（a）证明 $c(\cdot)$ 是防策略的。

（b）举例证明 $c(\cdot)$ 不是强单调的。（因此，防策略性并不意味着强单调性，尽管它隐含着单调性。）

6.22 证明：如果 $c(\cdot)$ 是一个单调的社会选择函数，有限的社会状态集合是 X，那么，对于每个 $x \in X$，都有一个严格排序的结构 $\mathbf{R}$，使得 $c(\mathbf{R})=x$。（回忆一下，根据定义，X 中的每个 x 都是 $c(\cdot)$ 在某个偏好结构上的选择。）

6.23 证明：当只存在两种备择方案和奇数个个体的时候，多数票规则的社会选择函数（即该函数所选择的是大多数人排在顶端的选项）是帕累托有效的、防策略的且非独裁的。

第三部分

策略性行为

第7章 博弈论

消费者想买一辆新车，如何与销售员砍价呢？如果两国就一项贸易进行磋商，结果会怎样？在密封式拍卖中，竞拍一块海上油田的多家石油公司该采用何种策略？

在这类情形中，任何一位参与人所采取的行为都将对其他人产生影响。正因为如此，参与人有理由采取策略性行为。**博弈论**（game theory）就是对理性参与人在策略性环境下（或者说在博弈中）如何采取行为（或行动）的系统性研究。在博弈中，每位参与人在确定个人最优决策之前必须先了解其他参与人的决策。这种循环性恰是博弈论的特点所在，本章所关注的就是理性参与人在这种情景下的决策。

我们会从策略式博弈展开介绍，然后详尽分析扩展式博弈。前者指所有参与人同时进行一次性决策；后者指参与人序贯地决策。

在整个分析过程中，我们将接触到决定博弈结果的各种方法。每种方法都会给出一个特定的解的概念，主要有占优观点、纳什均衡、贝叶斯-纳什均衡、逆向归纳法、子博弈完美均衡和序贯均衡为基础的解的概念。这些概念的复杂性是依次递增的，对于一个立志于学以致用的学者来说，清楚地了解每一种解的适用范围是非常重要的。

7.1 策略性决策

策略性与非策略性决策之间的本质区别在于：非策略性决策可以“孤立地”做出，而无须考虑他人可能的决策。例如，第1章所讲的消费者理论就是非策略性行为模型——给定价格和收入，每个消费者完全自我决策，而不用考虑他人的行为。第4章介绍的古诺与伯川德双寡头模型则刻画了两家企业的策略性决策——每家企业都清楚自身的最优行为和另一家企业的行为有关。

下面我们以棒球比赛中的击球手和投球手之间的经典对决为例，进一步说明策略性决策的重要性。为使问题简化，假设投球手只有两种可能的投掷方式——快球（F）和曲线球（C），再假设大家都知道这个投球手在比赛中投快球的水平最高，而投曲线球仅为平均水平。有鉴于此，对投球手来说，投快球看来总是最优的选择。不过，这种基于投球手的非策略性决策显然没有考虑击球手的行为。如果击球手预测到投球手会投快球，他将为此精心准备，一击而中。因此，对投球手来说，投掷之前需要认真考虑击球手对自身投掷方式的猜测才是明智之举。

为使分析能更进一步，我们将为各种结果赋予一定的效用值。出于简化的目的，我们假设比赛到了一个“生死攸关”的阶段——第九局的下半场，目前场上满球满垒，两人出局，投球手所在的团队领先一分。比赛只剩最后一个打次，击球手或者击出全垒打（获胜）或者三振出局（失败）。假设获胜方得到的收益为 1，失败方得到的收益为－1。双方得益情况可以用图 7-1 的矩阵表示。

		击球手	
		快球（F）	曲线球（C）
投球手	快球（F）	－1，1	1，－1
	曲线球（C）	1，－1	－1，1

图 7-1　击球手—投球手博弈

在图 7-1 中，双方在“快球”（F）和“曲线球”（C）两种策略间进行选择，其中投球手选择行策略，击球手选择列策略。当击球手所准备的恰好是投球手所投出的，则击球手击出全垒打而获胜，否则击球手出局。矩阵中的各项表示参与人决策结果的收益（或支付），投球手的收益是每格中的第一个数，击球手的收益是第二个数。如第一行、第二列中（1，－1）表示的是，如果投球手投出快球（F），而击球手准备的是曲线球（C），则投球手的收益为 1，击球手的收益为－1，其他各项的含义类似。

虽然我们一直在关注投球手的决策，但击球手显然也处于同样的地位。就像投球手必须决定如何投球一样，击球手也必须决定准备对付哪种球。此情此景，怎么来解释他们的这种行为呢？尽管你心里可能已经有了答案，但我们尚未对此博弈展开充分分析。

假设每位参与人都是追求收益最大化的个体，他们都具备策略性推理能力，于是我们可以得出一个非常重要的结论：每位参与人必须以“无法预料”的方式行动。何出此言？如果投球手的行为是可预料的——假设他总是投出快球，那么击球手就会充分准备，定能击出全垒打并赢得比赛。但是，这意味着击球手的行为也是可预料的——他总是准备应对快球。因为投球手的行为是策略性的，于是他的最优选择是投出曲线球，迫使击球手出局而获胜——这又与我们最初的假设相矛盾，即投球手总是投出快球！同样，预测投球手总是投出曲线球也一定不对。无论这种对决情形下双方最终的选择如何，投球手的选择必定是无法预测的；同理，击球手的选择也是如此。

当理性的个体做出策略性决策时，每个人都会把其他人的决策考虑在内，他们时常会以“无法预料”的方式行动。每一个好的扑克牌玩家都深谙此道，这是成功实行“忽悠”（bluffing）的关键。不过需要注意的是，在非策略性情景下，这种优势将不复存在——一个孤家寡人是谈不上“忽悠”的问题的。以上只是策略性决策和非策略性决策有不同结果的一个例子。至此，我们已经对策略性决策有了大致的了解，下面将具体介绍一些理论。

7.2 策略式博弈

击球手—投球手的对决同古诺模型和伯川德模型一样都是经济学家分析的策略性情形的例子，类似的例子还有很多，像工会与企业间的谈判、两国间的贸易战、企业间的研发竞赛，等等。为了从这些纷繁复杂的情境中把握住本质特征，我们需要借助一个统一的分析框架，而首要之事在于找到它们之间的共同点。这些例子的共性是：每种情境都涉及多个主体——称之为“参与人”（players）；每位参与人都可能采取多种行动——称之为“策略”（strategies）；每位参与人的收益都取决于自己及对方所选择的策略。遵照传统，我们把这种情景称为**“博弈”**（game）。（game原为“游戏”之意，而博弈所涉及的利害关系远比游戏严肃得多。）记住这些名词，以下将给出正式的定义。

定义 7.1 策略式博弈（strategic form game）

一个策略式博弈可表示为一种向量形式 $G=(S_i,\ u_i)_{i=1}^N$，对于每位参与人 $i=1,\cdots,N$ 来说，S_i 是参与人可利用的策略集，u_i：$\times_{j=1}^N S_j\to\mathbb{R}$ 描述了参与人 i 的收益是所有参与人所选择的策略的函数。如果每位参与人的策略集包含了有限个元素，则策略式博弈是有限的。

这个定义是非常一般性的，足以描述上述投球手—击球手对决的情景。如果投球手被指定为参与人 1，则其策略式博弈可表示为：

$$S_1=S_2=\{F,C\},$$
$$u_1(F,F)=u_1(C,C)=-1$$
$$u_1(F,C)=u_1(C,F)=1,\quad 且$$
$$u_2(s_1,s_2)=-u_1(s_1,s_2),\ 对于所有的(s_1,s_2)\in S_1\times S_2$$

注意，参与人只有两位且策略集有限的策略式博弈总能用矩阵的形式来表达，矩阵的行表示参与人 1 的策略，列表示参与人 2 的策略，矩阵中各项表示他们的收益（或支付）。

7.2.1 占优策略

如果我们不用要求参与人了解对手的行动便能预测出一个博弈的结果，那就太好了！虽然这种想法有点不切实际，可一旦成为现实，预测的解就会格外令人信服。在本节中，我们将分析各种形式的策略性占优（strategic dominance），而且还要说明如何利用这些思想求出博弈的解，或减少解的个数。

我们从图 7-2 中的两人策略式博弈开始分析。参与人 2 的收益最大化策略选择取决于参与人 1 的选择。如果 1 选择 U，对 2 来说，选择 L 是最优的；如果 1 选择了 D，则 2 的最优选择是 R。所以参与人 2 必须做出策略性决策，而且在决策之前，必须揣摩参与人 1 的决策。

		2	
		L	R
1	U	3，0	0，−4
	D	2，4	−1，8

图 7-2　严格占优策略

参与人 1 会怎么做呢？仔细观察双方的收益，不难发现，参与人 1 的最优选择实际上与参与人 2 的选择无关。不管参与人 2 选择什么，参与人 1 的最优选择都是 U，所以他也一定会选择 U。基于同样的原因，参与人 2 会选择 L。因此，这个博弈唯一合理的结果就是策略组合（U，L），对应的收益（或支付）向量为（3，0）。

如果参与人都是理性的，就可以推断出博弈的解。该博弈的特别之处在于，无论参与人 2 作何选择，参与人 1 都拥有一个最优策略。一旦参与人 1 的决策清楚了，则参与人 2 的选择也就明确了。因此，在一个两人博弈中，当一位参与人拥有这样一种"占优"策略时，结果将显而易见。

为了使表述更正式一点，我们引入一些符号。令 $S=S_1\times\cdots\times S_N$ 表示联合纯策略集合；$-i$ 表示"除参与人 i 以外的所有参与人"。如 s_{-i} 表示 S_{-i} 中的一个元素，而 S_{-i} 本身表示集合 $S_1\times\cdots\times S_{i-1}\times S_{i+1}\times\cdots\times S_N$。由此，我们给出如下定义。

定义 7.2　严格占优策略

如果对所有的 $(s_i, s_{-i})\in S$ 且 $s_i\neq\hat{s}_i$ 而言，均有 $u_i(\hat{s}_l, s_{-i})>u_i(s_i, s_{-i})$，则对参与人 i 来说，策略是严格占优的。

严格占优策略（即严格优于其他策略的策略）实属罕见。然而，当没有严格占优策略可选时，可以通过剔除那些对参与人显然不具有吸引力的策略来简化分析。让我们看看图 7-3 给出的例子。这里没有参与人拥有严格占优策略，稍作分析便可明白这一点。当参与人 2 选择 L 时，参与人 1 唯一的最优选择是 U；而当参与人 2 选择 M 时，参与人 1 的最优选择变为 D；当参与人 1 选择 U 时，参与人 2 唯一的最优选择是 L；而当参与人 1 选择 D 时，参与人 2 的最优选择变为 R。不过，每位参与人虽然没有占优策略，但都有一个特别不喜欢的策略。参与人 1 的策略 C 总是不如策略 D，即无论参与人 2 作何选择，参与人 1 选择策略 D 获得的收益总是高于选择策略 C，于是，策略 C 在博弈求解过程中可以不予考虑，参与人 1 根本不会选择它。类似地，参与人 2 的策略 M 总是不如策略 R（请自行验证），因而也可以将其排除在外。现在策略 C 和 M 都已被排除，博弈被简化（或退化）为图 7-2 的形式。如前分析，唯一合理的解为（3，0）。我们再次利用占优的思想求出了博弈的解，但这一次我们关注的是一个策略仅优于另一个策略，而非优于所有策略。

		2		
		L	*M*	*R*
1	*U*	3，0	0，−5	0，−4
	C	1，−1	3，3	−2，4
	D	2，4	4，1	−1，8

图 7-3　严格劣策略

定义 7.3　严格劣策略

如果对所有的 $s_{-i}\in S_{-i}$ 而言，均有 $u_i(\hat{s}_i, s_{-i})>u_i(\bar{s}_i, s_{-i})$，则参与人 i 的策略 $\hat{s}_i$ 严格占优于他的另一个策略 $\bar{s}_i$。在这种情况下，我们也称 $\bar{s}_i$ 是 S 中的严格劣策略。

可见，严格占优策略或严格劣策略的存在可以大大简化分析，求解起来易如反掌。回忆一下我们对图 7-2 和图 7-3 中的博弈的求解技巧，可得到如下启示。

在图 7-2 的博弈中，策略 U 对于参与人 1 来说是严格占优的。因此，我们能够通过将 D 剔除之后得出结论：参与人 2 必将选择 L（或者我们也可以先排除 R）。需要注意的是，在初始的博弈中，尽管策略 R 并不是严格劣的，但在参与人 1 的策略 D 被剔除后的简化博弈中，它严格劣于 L，从而留下了博弈的唯一解（U，L）。在图 7-3 的博弈中，我们首先剔除了参与人 1 的策略 C 和参与人 2 的策略 M（每个策略都是严格劣的）；随后（遵照图 7-2 博弈的分析）剔除了参与人 1 的策略 D 和参与人 2 的策略 R。最终得到唯一的策略组合（U，L）。再强调一遍，在初始博弈中，策略 D 并非严格劣的，然而在策略 C 被剔除的简化博弈中，它就变为严格劣策略了。同样，只有当策略 C 和 D 都被剔除后，策略 R 才变为严格劣的。这种**重复剔除**（iteratively eliminating）严格劣策略的过程可规范地表述如下。

对于每位参与人 i，令 $S_i^0=S_i$，S_i^n 表示经过 n 轮（$n\geqslant 1$）剔除后存留下来的参与人 i 的策略。如果 $s_i\in S_i^{n-1}$ 在 S^{n-1} 中并非严格占劣，则 $s_i\in S_i^n$。

定义 7.4　重复严格非劣策略（iteratively strictly undominated strategies）

如果对所有的 $n\geqslant 1$，有 $s_i\in S_i^n$，则对于参与人 i 来说，策略 s_i 是 S 中重复性严格非劣策略（或重复剔除严格劣策略后留下的策略）。

迄今为止，我们仅考虑了严格占优的概念，其实相关的弱占优概念也可加以利用，尤其是对定义 7.3 和定义 7.4 进行比较之后。

定义 7.5　弱的劣策略（weakly dominated strategies）

如果对所有的 $s_{-i}\in S_{-i}$ 而言，$u_i(\hat{s}_l, s_{-i})\geqslant u_i(\bar{s}_i, s_{-i})$ 都成立，且至少一个不等式严格成立，则参与人 i 的策略 $\hat{s}_i$ 弱占优于他的另一个策略 $\bar{s}_i$。在这种情况

下，我们也称 $\bar{s}_i$ 是 S 中弱的劣策略。

在图 7-4 的例子中，弱占优和严格占优之间的差异展露无遗。在这个博弈中，没有参与人拥有严格劣策略。然而，策略 D 和 R 都分别被策略 U 和 L 所占优。因此，剔除严格劣策略在这里不起作用，而剔除弱的劣策略可留下唯一的策略组合 (U, L)。正如在严格占优条件下，我们也希望可以重复地剔除弱的劣策略。

		2	
		L	R
1	U	1, 1	0, 0
	D	0, 0	0, 0

图 7-4　弱的劣策略

记住以下符号：对于每位参与人 i，令 $W_i^0 = S_i$，W_i^n 表示经过 n 轮（$n \geqslant 1$）剔除弱的劣策略后剩下的策略。如果 $s_i \in W_i^{n-1}$ 在 $W^{n-1} = W_1^{n-1} \times \cdots \times W_N^{n-1}$ 中并非弱占劣，则 $s_i \in W_i^n$。

定义 7.6　重复性弱的非劣策略（iteratively weakly undominated strategies）

如果对于所有的 $n \geqslant 1$，均有 $s_i \in W_i^n$，则对于参与人 i 来说，策略 s_i 是 S 中重复性弱的非劣策略（或重复剔除弱的劣策略后留下的策略）。

显然，应用重复性弱占优方法后存留下来的策略集属于应用重复性严格占优方法后存留下来的策略集的子集，本章练习题对其进行了证明。

为了领略这种重复性占优观点的奇妙之处，请思考下述“猜平均数”（guess the average）博弈。博弈中有 N 位参与人（$N \geqslant 2$），他们试图洞悉他人的想法。每位参与人必须同时选择一个介于 1 和 100 之间的整数。谁选择的数最接近于所有人所选之数的平均值的 1/3，谁将赢得 100 美元，而其他人将一无所获；如果打成平局，则平均分配这 100 美元的奖金。在继续读下去之前，试想一下，如果有 20 位参与人，你会如何玩这个游戏。

我们用剔除弱的劣策略来进行分析。请注意，选择数字 33 弱优于所有其他更大的数。因为这些数字平均值的 1/3 一定小于等于 $33\frac{1}{3}$。因此，不管其他人公布什么数字，选择 33 一定不会比选择其他更大的数字差；如果其他人碰巧都选择了 34，则选择 33 严格优于其他更大的数字。于是，从全部参与人的角度考虑，我们可以剔除所有大于 33 的数。因此，$W_i^1 \subseteq \{1, 2, \cdots, 33\}$。[①] 同样，运用类似的推理也可以得出 W^1 中所有大于 11 的数都是弱占劣的。于是 $W_i^2 \subseteq \{1, 2, \cdots, 11\}$。继续照此分析，可以确信，对于每位参与人来说，重复性弱占优的唯一策略是选择数字 1。

① 取决于参与人的数量，其他数字可能也是弱占劣的。这将在练习题中进一步探讨。

如果你一直惦记着击球手—投球手对决的例子，你可能会注意到，在那个博弈中，每位参与人都没有严格劣或弱的劣策略。因此，我们所描述的任何剔除程序都没法减少所要考虑的策略的数量。尽管这些剔除程序在某些情形下非常好用，但无法帮助我们更好地解决击球手—投球手的对决问题。难道对此我们就束手无策了吗？不，问题很快就能解决。

7.2.2 纳什均衡

需求等于供给的市场均衡概念是整个供求理论的核心。这个概念的理论魅力在于，在均衡的情况下，任何人都没有动力或必要去改变行为。这些行为的规律性便构成了预测的基础。

从预测的角度来看，我们希望描述出策略性情境下可能产生的行为的潜在规律。同时，也希望能将参与人是“理性”的观点整合进来（即他们不仅是自利的，而且能充分意识到其他参与人行为中的规律性）。在策略性情境下，正如在供求分析中，能被“理性”地保持的行为的规律性被称为**均衡**（equilibria）。在第4章的古诺双寡头模型中，我们已经接触到了纳什均衡的概念。这个概念可以推广到任何策略式博弈之中。**纳什均衡**（Nash equilibrium）是由纳什在1951年提出的，是所有博弈理论中唯一的、最重要的均衡概念。

它的非正式表述如下：在充分了解其他人的行为后，任何人都没有动机改变自己的行为，则联合策略 $\hat{s}\in S$ 就构成了一个纳什均衡。因此，纳什均衡描述了可以被理性地保持的行为。正式的概念如下。

定义 7.7　纯策略纳什均衡

给定一个策略式博弈 $G=(S_i, u_i)_{i=1}^N$，对于每位参与人 i 来说，如果 $u_i(\hat{s})\geq u_i(s_i, \hat{s}_{-i})$ 对于所有的 $s_i\in S_i$ 都成立，则联合策略 $\hat{s}\in S$ 是一个纯策略纳什均衡。

需要注意的是，在图7-2至图7-4的每个博弈中，策略组合（U，L）都构成了纯策略纳什均衡。我们通过图7-2的博弈来理解这一点。首先考虑一下，当给定参与人2的策略时，参与人1能否通过改变他的策略选择来提高收益。如果转而选择策略 D，参与人1的收益会从3降至2，这显然无法提高收益；同样，如果给定参与人1的策略，参与人2也无法通过改变策略来提高收益。因此，在图7-2的博弈中，（U，L）的确是纳什均衡。其他博弈也可以（而且应该可以）做类似的检验。

一个博弈的纳什均衡可能不止一个。例如，在图7-4的博弈中，（D，R）也是一个纯策略纳什均衡，因为当给定对方的策略时，没有人能通过改变自身的策略来提高收益。有些博弈没有纯策略纳什均衡。你可能已经猜到了，图7-1的击球手—投球手对决博弈正是如此。图7-5再现了这个博弈。

7

	F	C
F	$-1，1$	$1，-1$
C	$1，-1$	$-1，1$

图 7-5 击球手—投球手博弈

检验一下该博弈不存在纯策略纳什均衡。博弈仅有四种可能：$(F，F)$、$(F，C)$、$(C，F)$、$(C，C)$。我们只检验其中一个，其他留待你们自己检验。$(F，F)$ 可能是纯策略纳什均衡吗？如果没有参与人能通过单方面偏离这个策略而提高收益，那么答案就是肯定的。我们先从击球手开始。当 $(F，F)$ 被选择时，击球手获得的收益为 1；将选择变为策略 C，联合策略变为 $(F，C)$（记住，我们必须使投球手的策略固定为 F 不变），击球手得到 -1。因此，击球手无法通过改变策略而提高收益。投球手那边又会如何呢？在 $(F，F)$ 处，投球手的收益是 -1，转而选择策略 C 之后，联合策略变为 $(C，F)$，投球手的收益为 1，得到改善。于是，投球手可以通过单方面改变策略而提高收益，所以 $(F，F)$ 并非纯策略纳什均衡。类似的推理适用于其他三种可能。

当然，这也是本章开头对击球手—投球手对决的启发性分析所预见的结果。那时候我们得出的结论是：击球手和投球手都必须以不可预料的方式行动。但体现在纯策略纳什均衡概念中的思想是：每位参与人都确切地知道其他参与人将会选择何种策略。也就是说，在纯策略纳什均衡中，每个人的选择都是完全可预测的。击球手—投球手对决虽然仍在分析范围之外，但我们就快触及这个问题了。

混合策略与纳什均衡

以一种他人无法预测的方式做出选择的最佳方式就是让你自己都琢磨不定。简而言之，就是随机化你的选择。例如，在击球手—投球手的对决中，击球手和投球手只需通过掷硬币的方式做出选择，就可以避免自己的选择被对手洞悉。

让我们先花点时间来弄清楚如何利用这种方式得出投球手一击球手对决博弈的解。假设击球手和投球手各有一枚（公正的）硬币。在开始行动之前，他们各自（独立地）掷出硬币。如果硬币面朝上，其主人选择 F；如果背朝上，则选择 C。而且，假设每个人都完全了解对方是以这种方式做出选择的。这能得到前述意义上的均衡吗？事实上，的确如此。给定每位参与人都据此做出选择，就没有人能通过其他选择方式来提高收益。我们来分析其中的原因。

先考虑投球手一方。他知道击球手正在通过掷硬币来决定备战快球 (F) 还是曲线球 (C)，于是，对方选择 F 和 C 的概率各为 1/2，因此，投球手自己的每个选择都变成了关于博弈所有可能结果的一场赌局。我们假设参与人的收益符合冯·诺依曼-摩根斯坦效用，他们将采取行动来最大化各自的期望效用。

那么，投球手从可选择的行动中获得的期望效用是多少？如果他简单地选择了 F（这里忽略硬币），他的期望效用为 $\frac{1}{2}\times(-1)+\frac{1}{2}\times 1=0$；如果他选择了 C，其期望效用为$\frac{1}{2}\times 1+\frac{1}{2}\times(-1)=0$。于是，给定击球手正以概率 1/2 来选择 F 和 C，则投球手选择 F 或 C 无差异。选择 F 或 C 带给投球手的最高可能收益都为 0，所以他也会以 1/2 的概率在 F 和 C 之间随机选择。类似地，给定投球手正以 1/2 的概率在 F 和 C 之间随机选择，击球手也会以相同的概率在 F 和 C 之间随机选择来最大化他的期望效用。简而言之，参与人的随机化选择形成了一个均衡：每位参与人都了解对方随机化的选择方式，没有人能通过单方面改变选择方式来增加收益。

为了把这些思想应用于一般的策略式博弈，我们正式引入了混合策略的概念。

定义 7.8 混合策略

给定一个有限的策略式博弈 $G=(S_i, u_i)_{i=1}^N$。参与人 i 的一个混合策略 m_i 是在 S_i 上的一个概率分布。即 m_i：$S_i\to[0, 1]$ 赋予每个策略 $s_i(s_i\in S_i)$ 被选择的概率为 $m_i(s_i)$。我们把参与人 i 的混合策略集合记做 M_i。因此，$M_i=\{m_i: S_i\to[0, 1] \mid \sum_{s_i\in S_i} m_i(s_i)=1\}$。自此，我们称 S_i 是参与人 i 的纯策略集合。

因此，混合策略就是参与人随机化选择的一种方式。为了理解混合策略，不妨简单地把它想做是一个赌台上的轮盘，轮盘的各部分都印着各种纯策略的名字。不同的轮盘分配给各个纯策略的份额大小不一，意味着这些纯策略被选择的概率不同。混合策略集合就是所有这些轮盘的集合。

现在，每位参与人 i 要从混合策略集合 M_i 而非 S_i 中做出选择，这使得每位参与人有了比之前更多的选择，因为每个纯策略 $\bar{s}_i\in S_i$ 都可以用 M_i 中（退化的）的某种概率分布形式来表示——分派给 $\bar{s}_i$ 的概率为 1。

令 $M=\times_{i=1}^N M_i$ 表示联合混合策略集合。从现在开始，我们将舍弃"混合"这个词，只把 $m\in M$ 称为联合策略，把 $m_i\in M_i$ 称为参与人 i 的一个策略。

如果 u_i 是在 S 上的一个冯·诺依曼-摩根斯坦效用函数，参与人 i 选择的策略是 $m\in M$，则他的期望效用是：

$$u_i(m)\equiv\sum_{s\in S} m_1(s_1)\cdots m_N(s_N)u_i(s)$$

这个公式之所以成立，是因为参与人独立地选择他们的策略。因此，选择纯策略 $s=(s_1, \cdots, s_N)\in S$ 的概率是选择每个独立分量概率的乘积，即 $m_1(s_1)\cdots m_N(s_N)$。现在我们给出策略式博弈的核心均衡概念。

定义 7.9 纳什均衡

给定一个有限的策略式博弈 $G=(S_i, u_i)_{i=1}^N$，对于参与人 i 来说，如果 $u_i(\hat{m})\geqslant u_i(m_i, \hat{m}_{-i})$ 对于所有的 $m_i\in M_i$ 都成立，则联合策略 $\hat{m}\in M$ 是 G 的一个纳什均衡。

因此，在一个纳什均衡中，每位参与人都会随机化他的选择，而且没有人能通过单方面采取其他不同的随机化方式来提高他的期望收益。

有可能会出现的情况是：检验一个纳什均衡需要检验每位参与人 i 在无限集合 M_i 中与 $\hat{m}_i$ 对应的每个策略。通过利用 u_i 与 m_i 的线性关系可以简化上述检验过程，即定理 7.1。

7

定理 7.1　简化的纳什均衡检验

下列命题是等价的：

（1）$\hat{m}\in M$ 是一个纳什均衡；

（2）对于每位参与人 i 来说，对每个由 $\hat{m}_i$ 赋予正权重的 $s_i\in S_i$ 来说，都有 $u_i(\hat{m})=u_i(s_i, \hat{m}_{-i})$，以及对每个由 $\hat{m}_i$ 赋予零权重的 $s_i\in S_i$ 来说，都有 $u_i(\hat{m})\geqslant u_i(s_i, \hat{m}_{-i})$ 成立；

（3）对于每位参与人 i 来说，对每个 $s_i\in S_i$，都有 $u_i(\hat{m})\geqslant u_i(s_i, \hat{m}_{-i})$。

依照这个定理，命题（2）和命题（3）为检验纳什均衡提供了其他的方法。命题（2）对于计算纳什均衡最有用。命题（2）的意思是，一位参与人必定认为如下两种策略没有差异，一种是（由混合策略赋予）正权重的纯策略，另一种是每个都一定不比（由混合策略赋予的）零权重的纯策略更差的策略。命题（3）的意思是，为了证明混合策略向量构成了纳什均衡，只需检验每位参与人的任何纯策略都不会产生比混合策略更高的期望收益。

证明：我们先来证明：命题（1）蕴涵了命题（2）。假设 $\hat{m}_i$ 是一个纳什均衡。因此，对于所有的 $m_i\in M_i$ 来说，均有 $u_i(\hat{m})\geqslant u_i(m_i, \hat{m}_{-i})$。特别是，对于每个 $s_i\in S_i$，我们都可以把 m_i 当作赋予 s_i 概率为 1 的策略，从而有 $u_i(\hat{m})\geqslant u_i(s_i, \hat{m}_{-i})$。接下来需要证明的问题是：每个由 $\hat{m}_i$ 赋予正权重的 $s_i\in S_i$ 都使得 $u_i(\hat{m})=u_i(s_i, \hat{m}_{-i})$ 成立。如果 $u_i(s_i, \hat{m}_{-i})$ 中有任何数字不同于 $u_i(\hat{m})$，则至少会有一个数字严格大于 $u_i(\hat{m})$，因为 $u_i(\hat{m})$ 是 $u_i(s_i, \hat{m}_{-i})$ 中数字的一个严格凸组合，而这与刚刚证明的不等式矛盾！

因为命题（2）显然蕴涵了命题（3），所以只需证明命题（3）蕴涵了命题（1）。假设对每位参与人和每个 $s_i\in S_i$ 来说，$u_i(\hat{m})\geqslant u_i(s_i, \hat{m}_{-i})$ 均成立。固定一位参与人 i 和 $m_i\in M_i$。因为数字 $u_i(m_i, \hat{m}_{-i})$ 是 $\{u_i(s_i, \hat{m}_{-i})\}_{s_i\in S_i}$ 中数字的凸组合，故而 $u_i(\hat{m})\geqslant u_i(m_i, \hat{m}_{-i})$。因为参与人和所选策略都是任意的，所以 $\hat{m}$ 是博弈 G 的一个纳什均衡。■

例题 7.1

下面我们用一个例子来说明这些思想的应用。你和你的一个同事被告知必须在 1 小时之内共同提交一份报告，你们同意把工作一分为二，可郁闷的是，你们发现彼此所使用的文字处理软件互不兼容。为了拿出一份像样的报告，你们中间必须有一个人要转而使用对方的软件。一方面，熟悉一种新的文字处理软件代价不菲，所以每个人都希望对方能让步；另一方面，大家又宁肯让步，也不希望合作失败。最后，假设你们已经没时间讨论如何协作的问题了，两人必须在各自的办公室里私下决定使用哪种软件。

这种情景可用图 7-6 的博弈来表示。参与人 1 使用的文字处理软件是 WP，参与人 2 使用的是 MW。如果两人协作失败，彼此的收益都为 0；如果对方让步，使用了自己熟悉的软件，则自己的收益为 2，对方的收益为 1。这个博弈拥有两个纯策略纳什均衡（WP，WP）和（MW，MW）。

	WP	MW
WP	2，1	0，0
MW	0，0	1，2

图 7-6 协调博弈

该博弈存在混合策略纳什均衡吗？如果存在，从图 7-6 中很容易看出，两位参与人必须以严格为正的概率选择每个纯策略。令 $p>0$ 表示参与人 1 选择他的同事所用的文字处理软件 MW 的概率；$q>0$ 表示参与人 2 选择对方所用的文字处理软件 WP 的概率。根据定理 7.1 的命题 (2)，每位参与人必须使得其纯策略之间无差异。对参与人 1 来说，这意味着

$$q(2)+(1-q)(0)=q(0)+(1-q)(1)$$

对参与人 2 来说，这意味着

$$(1-p)(1)+p(0)=(1-p)(0)+p(2)$$

从两个方程中可以解出 $p=q=1/3$。于是，每位参与人的混合策略就是以 1/3 的概率选择对方的软件，以 2/3 的概率选择自己的软件。这就是该博弈的第三个均衡。此外，再无其他均衡。

□

例题 7.1 中的博弈有很多值得回味的地方。第一，它拥有多个纳什均衡，既有纯策略纳什均衡，也有混合策略纳什均衡；第二，这些均衡中有一个均衡是无效率的。注意：在混合策略均衡中，每位参与人的期望收益都是 2/3，而如果实现纯策略均衡，其中一人的收益必将得以改善；第三，尽管博弈中没有任何参与人希望以一种“不可预料”的方式行动，但混合策略均衡也会出现。

既然混合策略的出现有些事与愿违，我们应该忽略它吗？当然不。尽管我们引入混合策略的初衷是为了让参与人（如果愿意的话）有一种可以选择出乎意料行动的机会，但对混合策略的意义，还有另一种解释。与其把混合策略看做参与人 1 有意随机化其行为的方式，不如把它看成参与人 2 对于参与人 1 可能选择的纯策略的信念的一种表达。例如，在图 7-6 的博弈中，参与人 1 的均衡策略是以 1/3 的概率选择 MW，以 2/3 的概率选择 WP，这可以解释为反映了参与人 2 对参与人 1 可能选择的纯策略的不确定。参与人 2 相信参与人 1 将分别以 1/3 和 2/3 的概率选择 MW 和 WP；同样，参与人 2 的均衡策略也不必解释成他故意在 WP 和 MW 之间进行随机选择，而是可以看做参与人 1 认为参与人 2 可能选择的纯策略的概率。

现在，混合策略有两种可能的解释为我们所用。一方面，他们可以被想象成实体装置（赌台的轮盘），参与人利用它有意随机化他们的纯策略选择；另一方面，参与人的混合策略可以代表其他参与人对该参与人可能选择的纯策略所持有的信念。在后一种解释中，没有参与人摆明要随机化他的纯策略选择。我们究竟选择哪

一种解释，取决于博弈背景。赌台轮盘的解释在诸如击球手—投球手对决的博弈中更有意义，在这类博弈中，参与人的利益是冲突的；而基于信念的解释更适用于像图 7-6 这样的博弈，在这类博弈中，参与人的利益在一定程度上是一致的。

每个博弈都至少会有一个纳什均衡吗？回想纯策略纳什均衡的例子，答案是否定的。（投球手—击球手对决博弈不存在纯策略纳什均衡。）然而，一旦引入混合策略，答案就是非常肯定的。

定理 7.2　纳什均衡的（纳什）存在性

每个有限策略式博弈都至少存在一个纳什均衡。

证明： 设 $G=(S_i, u_i)_{i=1}^N$ 是一个有限的策略式博弈。为了简化，我们假设每位参与人都有相同数量的 n 个纯策略。把参与人 i 的纯策略标为 1 到 n，从而可以写成 $S_i=\{1, 2, \cdots, n\}$。因此，$u_i(j_1, j_2, \cdots, j_N)$ 表示当参与人 1 选择纯策略 j_1，参与人 2 选择纯策略 j_2，……，参与人 N 选择纯策略 j_N 时，参与人 i 的收益。参与人 i 的混合策略集是 $M_i=\{(m_{i1}, \cdots, m_{in})\in\mathbb{R}_+^n \mid \sum_{j=1}^n m_{ij}=1\}$，这里 m_{ij} 表示分配给参与人 i 第 j 个纯策略的概率。注意：M_i 是非空的、紧的、凸的。

我们通过证明函数不动点的存在来说明 G 存在纳什均衡，这个不动点必然是 G 的均衡。证明过程分三个步骤：（1）构造函数；（2）证明该函数存在一个不动点；（3）证明这个不动点是 G 的一个纳什均衡。

步骤 1　定义 $f: M\rightarrow M$ 如下。对于每个 $m\in M$、每位参与人 i 及其每个纯策略 j，令

$$f_{ij}(m)=\frac{m_{ij}+\max(0,u_i(j,m_{-i})-u_i(m))}{1+\sum\limits_{j'=1}^n\max(0,u_i(j',m_{-i})-u_i(m))}$$

设 $f_i(m)=(f_{i1}(m), \cdots, f_{in}(m))$，$i=1, \cdots, N$ 且 $f(m)=(f_1(m), \cdots, f_N(m))$。注意：对于每位参与人 i 而言，有 $\sum_{j=1}^n f_{ij}(m)=1$；而且对于每个 j 来说，有 $f_{ij}(m)\geqslant 0$。因此，对于每个 i，$f_i(m)\in M_i$，所以 $f(m)\in M$。

步骤 2　因为定义式的分子关于 m 是连续的，它的分母关于 m 是连续且不为 0 的（实际上，它不会小于 1），对于每个 i 和 j，f_{ij} 都是 m 的连续函数。因此，f 是一个连续函数，将非空的、紧的和凸集 M 映射到其自身。这样我们可以用布劳威尔不动点定理（定理 A1.11）得出结论，即 f 存在一个不动点 $\hat{m}$。

步骤 3　因为 $f(\hat{m})=\hat{m}$，对于所有的参与人 i 和纯策略 j，都有 $f_{ij}(\hat{m})=\hat{m}_{ij}$。于是，根据 f_{ij} 的定义，有

$$\hat{m}_{ij}=\frac{\hat{m}_{ij}+\max(0,u_i(j,\hat{m}_{-i})-u_i(\hat{m}))}{1+\sum\limits_{j'=1}^n\max(0,u_i(j',\hat{m}_{-i})-u_i(\hat{m}))}$$

或

$$\hat{m}_{ij}\sum_{j'=1}^{n}\max(0,u_i(j',\hat{m}_{-i})-u_i(\hat{m}))=\max(0,u_i(j,\hat{m}_{-i})-u_i(\hat{m}))$$

将等式两边同乘以 $u_i(j, \hat{m}_{-i})-u_i(\hat{m})$，并按照 j 加总，得到：

$$\sum_{j=1}^{n}\hat{m}_{ij}[u_i(j,\hat{m}_{-i})-u_i(\hat{m})]\sum_{j'=1}^{n}\max(0,u_i(j',\hat{m}_{-i})-u_i(\hat{m})) \qquad (P.1)$$
$$=\sum_{j=1}^{n}[u_i(j,\hat{m}_{-i})-u_i(\hat{m})]\max(0,u_i(j,\hat{m}_{-i})-u_i(\hat{m}))$$

仔细看看等式的左边，发现它等于 0。因为

$$\begin{aligned}\sum_{j=1}^{n}\hat{m}_{ij}[u_i(j,\hat{m}_{-i})-u_i(\hat{m})]&=\sum_{j=1}^{n}\hat{m}_{ij}u_i(j,\hat{m}_{-i})-u_i(\hat{m})\\&=u_i(\hat{m})-u_i(\hat{m})\\&=0\end{aligned}$$

这里，因为 m_{ij} 按 j 加总等于 1，所以第一个等式成立。从而方程（P.1）可以改写为：

$$0=\sum_{j=1}^{n}[u_i(j,\hat{m}_{-i})-u_i(\hat{m})]\max(0,u_i(j,\hat{m}_{-i})-u_i(\hat{m}))$$

对于每个 j，只有 $u_i(j, \hat{m}_{-i})-u_i(\hat{m})\leqslant 0$，方程右侧才可能为 0。（如果对于某些 j，$u_i(j, \hat{m}_{-i})-u_i(\hat{m})>0$，则求和式子中的第 j 项严格为正。因为求和式子中没有一项为负，故整个式子严格为正。）因此，根据定理 7.1 中的命题（3），这是一个纳什均衡。 ■

定理 7.2 非常值得关注。它表明，无论有多少位参与人，只要每位参与人的纯策略的数量有限，博弈都至少存在一个纳什均衡。从应用的角度来看，这意味着寻找纳什均衡不是做无用功。更重要的是，该定理从更深层次说明纳什均衡的概念是内在一致的。如果纳什均衡极少存在，这就表明了定义中一个本质上的不一致。“有限博弈总会存在纳什均衡”正是对这种思想合理性的检验。

7.2.3 不完全信息

尽管有大量情形都可以被模型化为策略式博弈，可到目前为止对这些模型的分析似乎受到了很大的限制。当我们用重复严格（或弱）占优或纳什均衡的方法来求解时，总是要假设每位参与人完全了解其他所有参与人的收益。否则，参与人无法展开必要的计算，以得到最优策略。

但现实中还有大量情形是对对手的收益具有不完全信息的。例如，两家企业在同一市场上竞争，非常可能的情况是：一家企业或双方都不完全了解对方的生产成本。我们该怎么分析这类问题呢？思路就是加入更多的要素，使它成为一个策略式博弈，然后我们就可以用前面提到的方法求解了。这些思想是由海萨尼（Harsanyi，1967—1968）开创的。

增加的要素就是详细说明每家企业对另一家企业成本的信念。例如，我们可以规定，企业 1 相信企业 2 是高成本或低成本厂商的概率相等。而且，我们希望能体现出两家企业成本相关的思想。例如，当企业 1 是低成本厂商时，企业 2 也更可能是低成本的。因此，当企业 1 是低成本厂商时，他相信企业 2 是低成本厂商的概率是高成本的 2 倍；当企业 1 是高成本厂商时，他相信企业 2 是高成本厂商的概率是低成本的 2 倍。在进一步分析之前，有必要将我们的一些想法规范化。

考虑以下经典的不完全信息的策略式情境。和以往一样，假设有有限位参与人 $i=1$，…，N，每位参与人有一个纯策略集合。此外，某些参与人的收益存在不确定性。为了体现出这一点，我们为每位参与人 i 引入一个可能“类型”（types）的有限集合 T_i。令参与人的收益不仅像往常一样取决于所选择的联合纯策略，而且取决于他自己的类型以及其他参与人的类型。也就是说，参与人的收益函数 u_i 是把 $S \times T$ 映射到 $\mathbb{R}$ 中的，这里 $T=\times_{i=1}^{N} T_i$，且 S 是联合纯策略集合。因此，当联合纯策略为 s 且联合类型向量为 t 时，$u_i(s, t)$ 是参与人 i 的冯·诺依曼-摩根斯坦效用。假设参与人 i 的收益和另一位参与人的类型有关，这样我们可以分析一位参与人凭借所拥有的信息去影响另一位参与人收益的情况。例如，在海上油田拍卖中，一个出价者的收益以及他的最优出价将取决于油田出油率以及其他出价者对此拥有的信息。

最后，我们还将引入其他要素，以便能使用前几节介绍的解的概念。对每位参与人 i 和他的每种类型 t_i 来说，这个额外的要素就是对其他参与人可能所属类型的信念的详细说明。正式表述为：对每位参与人 i 和他的每种类型 $t_i \in T_i$ 而言，令 $p_i(t_{-i} \mid t_i)$ 表示参与人 i 认为：当他的类型是 i 时，其他参与人类型是 $t_{-i} \in T_{-i}$ 的概率。作为概率，我们要求每个 $p_i(t_{-i} \mid t_i)$ 都在 $[0, 1]$ 区间内，且 $\sum_{t_{-i} \in T_{-i}} p_i(t_{-i} \mid t_i)=1$。

详细说明参与人的信念往往是非常有用的，以便他们在某种意义上彼此一致。例如，不妨假设两位参与人一致认同第三位参与人属于某种类型的概率为正。取得这种一致性的标准方法是：假定参与人的信念源自同一个在联合类型空间 T 上的概率分布 p。具体来说，假设对于每个 $t \in T$，有 $p(t)>0$，且 $\sum_{t \in T} p(t)=1$。如果参与人的联合类型向量 $t \in T$ 是由自然（Nature）依照 p 而选定的，则根据贝叶斯法则（参见 7.3.7 节），当参与人 i 类型是 t_i 时，他对于其他参与人的类型的信念可以从 p 中计算出来，方法如下：

$$p_i(t_{-i} \mid t_i)=p(t_i, t_{-i}) \Big/ \sum_{t'_{-i} \in T_{-i}} p(t_i, t'_{-i})$$

如果所有的 p_i 都能根据这个公式从 p 中计算出来，我们就说 p 是**普遍先验的**（common prior）。

普遍先验的假设至少可以从两方面来理解。第一，p 只是参与人类型客观的经验分布，这可以通过过去的多次观察而得到；第二，普遍先验假设反映了以下思想——信念的差异仅源自信息的差异。因此，在参与人了解自身类型之前——处在信息对称的地位——每位参与人对参与人类型向量的信念都是相同的，都等于 p。

就我们分析不完全信息情境的能力而言，并不要求普遍先验的假设。因此，我们并不坚持要求参与人 i 的信念 p_i 源自一个普遍的先验。我们还可以分析其他情况，如某种类型的参与人 1 分配给参与人 3 的某种类型的概率为 0，而参与人 2 分配给参与人 3 该类型的概率总为正——不管参与人 2 自己是什么类型的。（练习题 7.20 要求你证明这种情况在普遍先验条件下是不可能的。）

在我们展开对不完全信息情况的分析之前，先把所有这些内容汇总起来。

定义 7.10　不完全信息博弈（贝叶斯博弈）

不完全信息博弈是一个序列 $G=(p_i, T_i, S_i, u_i)_{i=1}^N$，其中 $i=1, \cdots, N$ 对于每位参与人而言，集合 T_i 是有限的，u_i：$S\times T\to\mathbb{R}$，而且对每个 $t_i\in T_i$ 来说，$p_i(\cdot\setminus t_i)$ 是在 T_{-i} 上的概率分布。此外，如果对每位参与人 i 而言，策略集合 S_i 是有限的，则 G 被称为不完全信息的有限博弈。不完全信息博弈又被称为贝叶斯博弈。

问题尚未解决：我们如何使用前面介绍的方法来求解不完全信息的博弈呢？方法是把不完全信息博弈 G 与一个策略式博弈 G^* 相关联，在 G^* 中，不完全信息博弈中每种类型的参与人都被当做一个独立的参与人来对待。然后我们就可以把所有的结论都应用到策略式博弈 G^*。当然，我们必须证明，G^* 包括了初始的不完全信息博弈中所有的情况。我们一击而成，现在先来看一个例子。

例题 7.2

7

两家企业像第 4 章伯川德模型描述的那样，不同的是，其中一家企业并不能肯定对方的边际成本（常数）是多少。企业 1 的边际成本已知，企业 2 可能是高成本或低成本的厂商，二者概率相同。没有固定成本。则企业 1 只有一种类型，而企业 2 有两种类型——高成本和低成本。两家企业具有相同的策略集，即非负价格集。企业 2 的收益取决于他的类型；而企业 1 的收益独立于企业 2 的类型，仅取决于所选择的价格。

为了从这个不完全信息博弈中得到一个策略式博弈，把实际情况想象成有三家而不是两家企业的情形（即企业 1、高成本的企业 2 和低成本的企业 2)，再假设三家企业必须同时选择价格，企业 1 相信每种类型的企业 2 有同等可能成为他唯一的竞争对手。可以确信，这种思考方式完美地把握了初始博弈中所有相关的策略性特征。特别是，企业 1 必须在不知道他的对手是高成本还是低成本的情况下选择他的价格。而且，企业 1 知道竞争者的价格可能依其成本的不同而不同。

总的来说，我们希望把每个不完全信息博弈 $G=(p_i, T_i, S_i, u_i)_{i=1}^N$ 与一个策略式博弈 G^* 联系起来，在 G^* 中，每种类型的参与人本身就是一个独立的参与人。做法如下：

对于每个 $i\in\{1, \cdots, N\}$，每个 $t_i\in T_i$，令 t_i 是 G^* 中的一位参与人，他的有限纯策略

集合是 S_i。[①] 则 $T_1\cup\cdots\cup T_N$ 是 G^* 中有限的参与人集合，且 $S^*=S_1^{T_1}\times\cdots\times S_N^{T_N}$ 是联合纯策略集合。唯一剩下的就是定义参与人的收益。

令 $s_i(t_i)\in S_i$ 表示参与人 $t_i\in T_i$ 所选择的纯策略。给定一个联合纯策略 $s^*=(s_1(t_1),\cdots,s_N(t_N))_{t_1\in T_1}$，…，$t_N\in T_N\in S^*$，参与人的收益可定义如下：

$$v_{t_i}(s^*)=\sum_{t_{-i}\in T_{-i}}p_i(t_{-i}\backslash t_i)u_i(s_1(t_1),\cdots,s_N(t_N),t_1,\cdots,t_N)$$

已经定义了有限的参与人集合、他们的有限纯策略集合以及任何联合纯策略带给他们的收益，至此就完成了策略式博弈 G^* 的定义。[②]

定义 7.11　相关的策略式博弈

令 $G=(p_i,T_i,S_i,u_i)_{i=1}^N$ 表示一个不完全信息博弈。如上所定义的博弈 G^* 是与不完全信息博弈 G 相关的策略式博弈。

我们先花点时间来理解，为什么 G^* 体现了初始不完全信息状态的本质。最简单的方法是理解参与人 i 的收益公式。当参与人 i 选择 G^* 中的纯策略且其类型是 t_i 时，收益公式为：

$$\sum_{t_{-i}\in T_{-i}}p_i(t_{-i}|t_i)u_i(s_1(t_1),\cdots,s_N(t_N),t_1,\cdots,t_N)$$

这个公式体现了参与人 i 对于其他参与人类型的不确定——他利用 $p_i(t_{-i}|t_i)$ 来估算他们的概率；也体现了其他参与人的行为取决于他们的类型——对于每个 j，选择 $s_j(t_j)\in S_j$ 都和 t_j 有关。

通过把每个不完全信息博弈 G 和精心选择的策略式博弈 G^* 联系在一起，我们把对不完全信息博弈的研究简化成对完全信息博弈的研究，也就是说，简化为对策略式博弈的研究。因此，我们可以把任何求解的方法都应用到 G^* 上。G^* 的纳什均衡集合意义非常，我们给它一个独立的定义。

定义 7.12　贝叶斯-纳什均衡

不完全信息博弈的贝叶斯-纳什均衡就是相关的策略式博弈的纳什均衡。

利用我们迄今为止已经阐明的工具，可以直接证明贝叶斯-纳什均衡的存在。

定理 7.3　贝叶斯-纳什均衡的存在性

每个不完全信息的有限博弈都存在至少一个贝叶斯-纳什均衡。

证明：根据定义 7.12，足以证明相关的策略式博弈存在一个纳什均衡。因为与一个不完全信息有限博弈相关的策略式博弈本身也是有限的，这样就可以运用定理 7.2 得出相关的策略式博弈存在一个纳什均衡的结论。■

---

① 我们假设类型集合 T_1，…，T_n 是互不相交的。这不失一般性，因为类型集合是有限的，它总是能被定义为整数的子集，而且我们总可以选择这些整数，使得如果 $i<j$，则 $t_i<t_j$。因此，在 G^* 中，可以仅根据他的类型来确定地识别参与人。

② 如果类型集与正整数子集相交，那么从定义 7.1 的意义上讲（参与人用整数来标识），它就不是“技术上”的策略式博弈，但是这种微小的技术差错可以很容易地依照之前的注释来修正。

例题 7.3

为了见证该思想之功用，我们要更详尽地考察例题 7.2 中所讨论过的涉及两家企业的博弈的情形。假设企业 1 的边际成本为 0，再假设企业 1 相信企业 2 的边际成本可能为 1 或 4，而且每种类型出现的概率均为 1/2。如果最低定价是 p，则市场需求为 $8-p$。为简化分析，假设每家企业只能选择 1、4、6 中的一种价格。企业的收益情况如图 7-7 所示。企业 1 的收益为每组的第一个数字，当企业 2 是低（高）成本时，它的收益是左（右）侧矩阵中每组的第二个数字。

	$p_l=6$	$p_l=4$	$p_l=1$
$p_1=6$	6，5	0，12	0，0
$p_1=4$	16，0	8，6	0，0
$p_1=1$	7，0	7，0	7，0

	$p_h=6$	$p_h=4$	$p_h=1$
$p_1=6$	6，2	0，0	0，−21
$p_1=4$	16，0	16，0	0，−21
$p_1=1$	7，0	7，0	7，0

图 7-7　不完全信息的伯川德竞争博弈

为保留伯川德竞争的性质，当企业选择相同的价格时，为了确定其收益，我们规定了以下原则：如果两家企业的成本都严格低于共同价格，则市场在二者之间均分；否则，企业 1 在共同价格处将获得整个市场。不均匀的市场分割反映了以下事实——如果共同价格仅高于企业 1 的成本，则企业 1 能通过略微降价来获得整个市场（如果允许，它就能做到，而且能弥补它的成本），而企业 2 不会降低它的价格（即使允许它这么做），因为这只能导致亏损。

迄今我们已经描述了不完全信息博弈。相关的策略式博弈中有三位参与人：企业 1、企业 2l（低成本）、企业 2h（高成本）。每家企业都有相同的纯策略集，即价格集合 {1，4，6}。令 p_1，p_l，p_h 分别表示企业 1、企业 2l 和企业 2h 所选的价格。

图 7-8 描述了这个策略式博弈。因为存在三位参与人，企业 1 的价格选择决定矩阵，企业 2l 和 2h 的价格分别决定所选矩阵的行和列。例如，依照图 7-8，如果企业 1 选择 $p_1=4$，企业 2l 选择 $p_l=4$，企业 2h 选择 $p_h=4$，则它们的收益分别是 12、6 和 0。

企业 1 选择 $p_1=6$

	$p_h=6$	$p_h=4$	$p_h=1$
$p_l=6$	6，5，2	3，5，0	3，5，−21
$p_l=4$	3，12，2	0，12，0	0，12，−21
$p_l=1$	3，0，2	0，0，0	0，0，−21

企业 1 选择 $p_1=4$

	$p_h=6$	$p_h=4$	$p_h=1$
$p_l=6$	16，0，0	16，0，0	8，0，−21
$p_l=4$	12，6，0	12，6，0	4，6，−21
$p_l=1$	8，0，0	8，0，0	0，0，−21

企业 1 选择 $p_1=1$

	$p_h=6$	$p_h=4$	$p_h=1$
$p_l=6$	7，0，0	7，0，0	7，0，0
$p_l=4$	7，0，0	7，0，0	7，0，0
$p_l=1$	7，0，0	7，0，0	7，0，0

图 7-8　关联的策略式博弈

根据定义 7.11，在图 7-8 的策略式博弈中，因为企业 1 已经被确定为某种“类型”了，所以两家企业（$2l$ 和 $2h$）的收益只需从图 7-7 的矩阵中简单读出即可。例如，根据图 7-7，如果低成本的企业 2 选择 $p_l=6$，当企业 1 选择 $p_1=6$ 时，企业 2 的收益为 5。这也反映在图 7-8 的相关博弈中，当企业 1 选择价格 6 时，不管企业 $2h$ 选择什么价格，企业 $2l$ 的收益都是 5。

在图 7-8 相关的策略式博弈中，考虑了企业 1 对企业 2 的成本的信念就可以得到企业 1 的收益。例如，企业 $2l$ 选择 $p_l=1$，企业 $2h$ 选择 $p_h=6$，企业 1 选择 $p_1=4$。如果企业 2 是低成本的厂商（如果企业 1 与企业 $2l$ 竞争），那么，根据图 7-7，企业 1 的收益是 0。如果企业 2 是高成本的厂商，则企业 1 的收益是 16。因为企业 1 认为企业 2 的成本高或低有同等的可能，企业 1 的预期收益是 8。企业 1 的收益与图 7-8 中 $p_1=4$，$p_l=1$，$p_h=6$ 一致。用类似的方法可以算出，对于所有其他的联合策略组合而言，企业 1 相关的策略式博弈的（预期的）收益由图 7-8 给出。

为了找出不完全信息伯川德竞争博弈的贝叶斯-纳什均衡，我们需要先确定图 7-8 的相关的策略式博弈的纳什均衡。

这再容易不过了。我们发现，企业 $2l$ 和 $2h$ 各有一个弱占优策略：对于企业 $2l$ 来说，选择价格 4 是弱占优的；而对于企业 $2h$ 来说，选择价格 6 是弱占优的。可一旦我们剔除了两人的其他策略，企业 1 就会有一个严格占优策略，即价格 4。为了说明这一点，假设 $p_1=4$ 且 $p_h=6$。根据图 7-8，如果企业 1 选择 $p_1=6$，收益为 3；如果企业 1 选择 $p_1=4$，收益为 12；如果企业 1 选择 $p_1=1$，收益为 7。

于是，该博弈存在一个纯策略的贝叶斯-纳什均衡，三家企业中的两家选择了价格 4，而第三家选择了价格 6。你可以在练习题中试着找出其他的贝叶斯-纳什均衡。需要注意的是，与完全信息的伯川德竞争不同，此处的利润并不是 0。实际上，均衡时只有高成本的企业 2 获得 0 利润。 □

7.3 扩展式博弈

迄今为止，我们只考虑了参与人必须同时选择策略的情境。现在，我们要把动态性纳入分析，研究参与人序贯选择的策略性情形。

在“拿硬币”博弈中，假设桌上共有 21 枚硬币，你和你的对手轮流拿走其中的硬币。唯一的规定是：在每个轮次都必须拿走 1、2 或 3 枚硬币，不准轮空。拿到最后一枚硬币的人算输。参与“拿硬币”博弈的最优方式是什么？如果两位参与人都做到了最优，谁会赢？下面我们会给出这两个问题的答案。

注意，在拿硬币的过程中，参与人序贯选择，而且完全了解过去的选择结构。因此，我们的策略式博弈模型——参与人同时选择而忽略他人的选择——似乎并没有为分析此类博弈提供一个完整的框架。

许多休闲类游戏都是如此：参与人依次行动，而且不管轮到谁，都对之前的选择一清二楚。但是在别的博弈（休闲游戏和经济博弈）中，参与人不可能完全了解过去的每一次行动。

现在来看一个例子，消费者想买一辆二手车，卖者可以选择先修理汽车或不修。在做出是否维修的决定之后，他再来给这辆车定价，然后把价格告知买者。不同的是，买者无法得知汽车是否被维修过。[①]

两种乃至更多的动态情形都可以在一个标准框架中得以分析，这个框架被称为**扩展式博弈**（extensive form game）。简单来说，扩展式博弈的构成要素有：（1）参与人；（2）自然（或机会）；（3）博弈的“规则”，包括博弈的顺序以及每位参与人对于（行动）之前其他人的所有行动的信息；（4）参与人的收益。这些要素可正式包含在以下定义中。[②]

定义 7.13 扩展式博弈

一个扩展式博弈（用 Γ 表示），由以下要素组成：

1. 有限的参与人集合 N。

2. 行动集合 A，包括在博弈的每个时点可能采取的所有行动。不要求它是有限的。

3. 结（node）的集合或历史，X

（1）X 包含一个特殊要素 x_0，称为初始结，或空历史；

（2）对于有限行动 $a_i \in A$ 而言，每个 $x \in X \setminus \{x_0\}$ 采取的形式是 $x=(a_1, a_2, \cdots, a_k)$，且

（3）如果对于某些 $k>1$ 来说，有$(a_1, a_2, \cdots, a_k) \in X \setminus \{x_0\}$，则$(a_1, a_2, \cdots, a_{k-1}) \in X \setminus \{x_0\}$。

一个结（或历史）是在博弈中到目前为止已经采取的行动。

我们将交替使用历史和结这两个术语。为以后引用方便，令

$$A(x) \equiv \{a \in A \mid (x, a) \in X\}$$

表示在历史 $x \in X \setminus \{x_0\}$ 之后，轮到参与人时可选择的行动集合。

4. 行动集合 $A(x_0) \subseteq A$ 和在 $A(x_0)$ 上的一个概率分布 π 描述了博弈中机会的作用。机会总是先行动，而且只行动一次，利用概率分布 π 从 $A(x_0)$ 中随机选择一个行动。于是，$(a_1, a_2, \cdots, a_k) \in X \setminus \{x_0\}$ 意味着对于 $i=1$ 且只有 $i=1$ 时，$a_i \in A(x_0)$。[③]

5. 终点结的集合 $E \equiv \{x \in X \mid (x, a) \notin X$，对于所有的 $a \in A\}$。每个终点结

---

① 假设二手车的销售人员无法证明汽车已经被维修过，现实中也是如此。高价格就表明汽车被维修过吗？如果是这样的话，无良无德的卖者会怎么做？眼下，我们只希望观察这种普通的经济现象，参与人序贯行动，然而后行动者（买者）仅部分了解先动者的选择。

② 运用行动的顺序来定义历史的习惯源自 Osborne and Rubinstein（1944）。一个经典的范例可以在 von Neumann and Morgenstern（1944）中找到。

③ 允许机会在博弈开始时只有一次行动，似乎是非常有限制性的，其实不然。例如，桌面游戏大富翁。假设在一个典型的两小时游戏中，不超过 5 秒钟，骰子滚动一次，骰子滚动的保守上限是 2 000 次。我们可以平等地玩大富翁，通过一个裁判来扔骰子，在游戏开始就秘密地选择 1 和 12 之间的 2 000 个数，然后在需要时一次性披露这些数字。以这种方式，确保机会恰好在博弈开始只行动一次。

描述了从博弈开始到结束的一个特定的完整博弈。

6. 函数 ι：$X\setminus(E\cup\{x_0\})\to N$ 表示在 X 的每个决策结轮到谁行动。为以后引用方便，令 $X_i\equiv\{x\in X\setminus(E\cup\{x_0\})\mid\iota(x)=i\}$ 表示属于参与人 i 的决策结集合。

7. 决策结集合 $X\setminus(E\cup\{x_0\})$ 的一个分区 $\mathcal{I}$，如果 x 和 x' 是分区中相同的元素，则(1) $\iota(x)=\iota(x')$，(2) $A(x)=A(x')$。$\mathcal{I}$ 把决策结集合分割成信息集。包含 x 的信息集合用 $\mathcal{I}(x)$ 表示。当博弈达到决策结 x 时，参与人 $\iota(x)$ 在被告知行动历史后必须采取的一个行动是 $\mathcal{I}(x)$ 中的一个要素。于是，$\mathcal{I}(x)$ 描述的是在历史 x 之后，轮到参与人 $\iota(x)$ 行动时，其可利用的信息。条件 (1) 和 (2) 确保参与人 $\iota(x)$ 不管基于其行动顺序还是基于可利用的行动集合都在 $\mathcal{I}(x)$ 中无法区分历史。为以后引用方便，令

$$\mathcal{I}_i'\equiv\{\mathcal{I}(x)\mid\iota(x)=i，某些\ x\in X\setminus(E\cup\{x_0\})\}$$

表示属于参与人 i 的信息集合。

8. 对于每个 $i\in N$，冯·诺依曼-摩根斯坦收益函数的定义域是终点结集合，u_i：$E\to\mathbb{R}$。这描述了对于每种可能的完全博弈来说，每位参与人的收益。

我们记作 $\Gamma=\langle N, A, X, E, \iota, \pi, \mathcal{I}, (u_i)_{i\in N}\rangle$。如果行动集合 A 和结集合 X 是有限的，则被称为一个有限的扩展式博弈。

不可否认，这个定义看起来让人眼花缭乱，但是通读两三遍，你就会意识到它有多么简洁！实际上，每种休闲类游戏都是这么玩的，更别提在社会科学中的大量应用了！尽管如此，一些例子有助于把这些思想具体化。

7

例题 7.4

让我们先从前面提到过的“拿硬币”博弈开始。有两位参与人 $N=\{1, 2\}$。一位参与人一次可拿走 1～3 枚硬币，令 r_1、r_2 和 r_3 分别表示拿走 1、2 或 3 枚硬币。为了把机会在这个博弈中所起的作用模型化，令 $A(x_0)\equiv\{\bar{a}\}$（即机会只有一次行动）。于是，行动集合是 $A=\{\bar{a}, r_1, r_2, r_3\}$。$X\setminus\{x_0\}$ 的一个代表性的要素是 $\bar{x}=\{\bar{a}, r_1, r_2, r_1, r_3, r_3\}$。这表明在博弈中，到目前为止，参与人交替拿走的硬币数分别为 1、2、1、3 和 3。因此，仍剩 11 枚硬币留待参与人 2 来拿(因为参与人 1 拿走了第一枚硬币)。于是，$\iota(x)=2$。此外，因为每位参与人都完全知晓过去所有的行动，对于每个 $x\in X$，$\mathcal{I}(x)=\{x\}$。拿硬币博弈的终点结的两个例子是 $e_1=(\bar{a}, r_1, r_2, r_1, r_3, r_3, r_3, r_3, r_3, r_2)$ 和 $e_2=(\bar{a}, r_3, r_3, r_3, r_3, r_3, r_3, r_2, r_1)$,因为每个终点结都表明 21 枚硬币全部被拿走。第一个例子表示参与人 2 获胜（因为参与人 1 拿到最后两枚硬币），第二个例子表明参与人 1 获胜。如果赢者的收益为 1，输者的收益为 -1，我们得到 $u_1(e_1)=u_2(e_2)=-1$ 且 $u_1(e_2)=u_2(e_1)=1$。

例题 7.5

再来看一下第二个例子——二手车的买卖问题。为简化分析，假设当卖者选择价格时，

仅有两种选择：低价和高价。博弈有两位参与人，$N=\{S, B\}$，S 和 B 分别表示卖者和买者。可能出现的行动集合是 $A=${维修，不修，高价，低价，接受，拒绝}。因为机会在这里不起作用，与其给它一个行动，不如把机会从分析中剔除。例如，这个博弈的一个结是 $x=${维修，高价}。在这个结点 x，轮到买者行动，故 $\iota(x)=B$。因为在这个结上，买者被告知卖者所选的价格，而不是卖者的维修决策，$\mathcal{I}(x)=${(维修，高价格)，(不维修，高价格)}。也就是说，当达到结 x 时，买者仅知道在 $\mathcal{I}(x)$ 中的两个历史中有一个已经发生；然而，他并不知道发生的是哪一个。

7.3.1　博弈树：图示法

扩展式博弈可以用"博弈树"这种图示法来表示。为使图形易于了解，我们以总数为 4 的"拿硬币"博弈为例。图 7-9 描绘了这个简化的博弈。

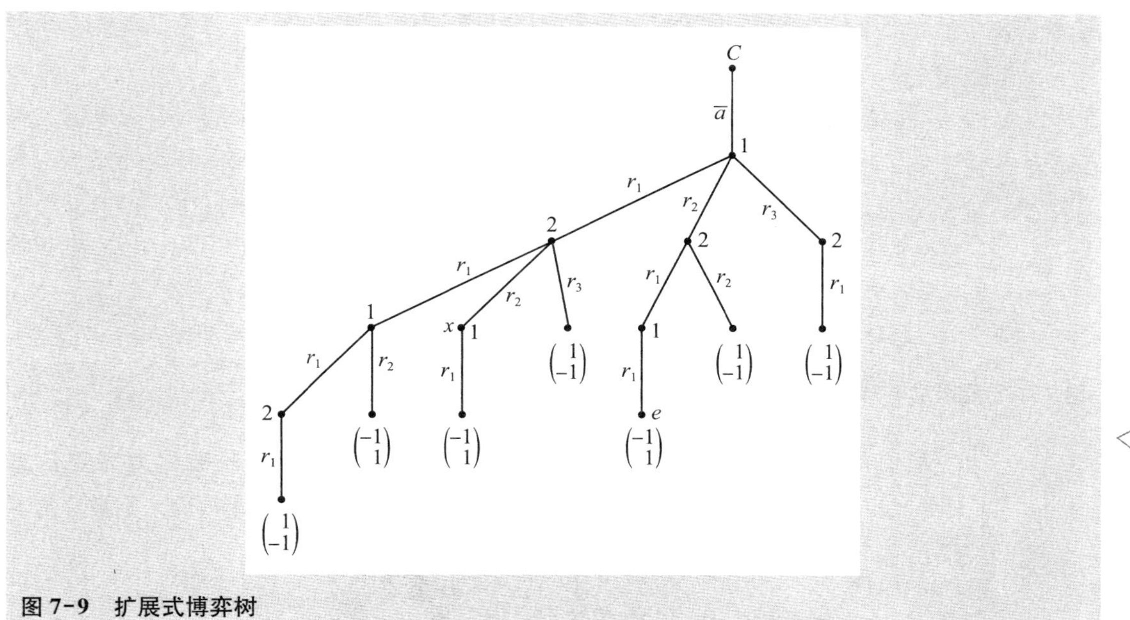

图 7-9　扩展式博弈树

小黑点代表决策结，黑点之间的连线表示所采取的行动。例如，决策结 x 的形式是 $x=(\bar{a}, r_1, r_2)$，表示博弈的历史是：参与人 1 先拿走一枚硬币，随后参与人 2 拿走两枚硬币。因此，在结点 x，还剩下一枚硬币，轮到参与人 1 再次行动。每个决策结都标注了一位参与人，表示到达这个决策结时轮到该参与人选择行动。起始结用字母 C 标注，表示博弈是以机会的行动开始的。实际上，因为机会在该博弈中不起作用（正式地表述为机会只能采取一次行动），我们可以把机会剔除，以简化图形。因此，只要机会不起作用，我们就遵照此例。

每个终点结的后面都有一个收益向量（payoff vector）。按照惯例，第 i 个数字表示参与人 i 的收益。例如，$u_1(e)=-1$ 和 $u_2(e)=1$，e 是图 7-9 中所描述的终点结。

买卖二手车博弈的博弈树如图 7-10 所示，差别只是没有给出具体的收益。这个博弈树的新特点是：出现了几个虚线画成的椭圆形，它们把一些结点围在其中。每个椭圆代表一个**信息集**（information set）。在图 7-10 中，共有两个这样的信息集。依照惯例，所有的单结信息集（singleton information set）——只包含一个结点——都不用虚线圈起来。单结信息集中的结点独立存在即可。[①] 例如，初始结 x_0 以及结点（x_0，维修）是两个不同的信息集，它们都只含有一个元素。每个信息集都标注了一位参与人，当达到这个信息集时，恰好轮到该参与人行动。在这个博弈中，只有买者有信息集，且不是单结的。

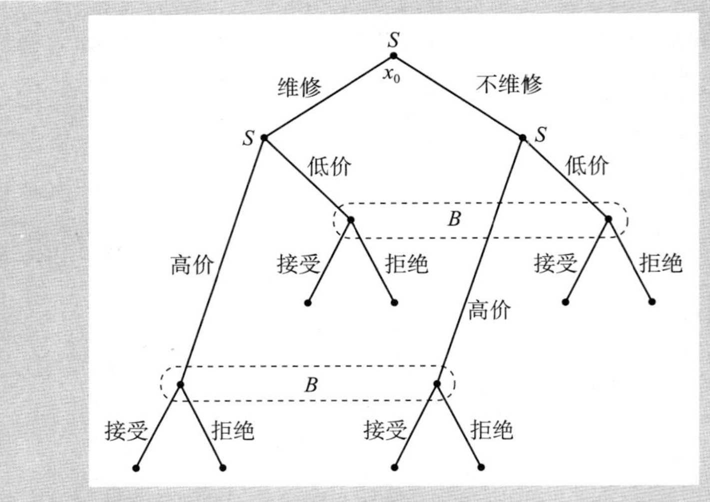

图 7-10　买卖二手车博弈

所有的信息集都是单结的扩展式博弈（如拿硬币博弈）被称为完美信息（perfect information）博弈，而其他类型的博弈，（如买卖二手车博弈）则被称为不完美信息（imperfect information）博弈。

7.3.2　“拿硬币”博弈的非正式分析

在分析“拿硬币”博弈的过程中，我们想（非正式地）提出两个基本的概念：一是扩展式博弈策略；二是逆向归纳法。只有对这两个概念有了清楚的认识，才能更好地理解后文中那些更加复杂的观点。

对“拿硬币”博弈进行系统分析的目的是理解两名“专家”的博弈方式。特别是，我们想知道每种可能情况下的“最优”行动路线。用扩展式的规范语言来说，就是我们希望确定在每个决策结，每位参与人的一个最优行动。

在每个决策结上，一位特定参与人的特定行动叫做该参与人的（纯）**策略**（strategy）。这个概念的正式表述如下：在“拿硬币”博弈中，参与人 1 的策略必

① 注意：图 7-9 中的博弈树就是依照这个惯例画出来的。这里，所有的信息集都是单结的。

须包括第一次行动；（参与人 1）第二次行动要视参与人 1 的第一次行动和参与人 2 的每种可能反应而定；等等。因此，具备了策略“武装”的参与人，在轮到他行动时就可以参照该策略，而且，在到达该点的历史给定的情况下，策略为行动提供建议。值得一提的是，即使参与人在过去（有意或无意）偏离了策略，策略仍继续提供了指导。例如，考虑参与人 1 的一个简单策略：“如果剩下的硬币是奇数，则拿走一枚硬币；如果剩下的硬币是偶数，则拿走两枚硬币”。即使参与人 1 在第一次行动时就偏离了该策略，拿走了两枚硬币，在余下的博弈中，该策略仍为参与人的行动提供了指导。现在我们就来分析一下，对于两位参与人来说，怎么做才是明智之举。

你可能对此问题有过深思熟虑。然而，开始时桌上有 21 枚硬币，并不知道第一位参与人会拿走几枚。当然，他必须拿走 1、2 或 3 枚硬币。这三种选择哪一种更好呢？很难立刻给出答案，因为博弈还有很多步。因此，在不知道后面的博弈如何进行的情况下，我们无法判断第一次行动的合理性。

为了简化分析，我们从硬币数量更少一点的地方开始分析。如果桌上仅剩 1 枚硬币，轮到谁行动，谁就输了，因为他不得不去拿最后一枚硬币。所以，桌上只有一枚硬币是必输无疑的情形。如果桌上有 2 枚硬币呢？这是胜券在握的情形，因为不管轮到哪位参与人行动，他只需拿走一枚硬币，留下一枚，另一位参与人就输定了。类似地，3 枚和 4 枚硬币都是可以获胜的情形，因为分别拿走 2 枚和 3 枚硬币，留下 1 枚，对手就只能认输。如果桌上有 5 枚硬币呢？这也是一种必输无疑的情形。因为拿走 1、2 或 3 枚硬币，会分别留给对手 4、3、2 枚，他也会轻易获胜。继续这种思考方式，从博弈结束倒推回博弈开始，可知，1、5、9、13、17、21 都是必输无疑的状态，而其他都是获胜的状态。

因此，如果两位专家参与数量为 21 的拿硬币博弈，不管第一位参与人如何行动，第二位参与人总能取胜。为了理解这个结论，根据我们对获胜或认输的分析，考虑第二位参与人的策略：“只要可能，总是拿走足够多的硬币，使得结果变成必输无疑的情形，即 1、5、9、13、17、21；否则，只拿 1 枚硬币”。如果第二位参与人在他的每个轮次都这么做，他总能把对手置于必输无疑的境地（我们把证明留给读者），因为他的对手从输家的状态开始。推理完毕。

留意这个博弈所用的分析技巧。并不是从桌上有 21 枚硬币时的博弈起点开始分析，而是从博弈终点（只剩 1 枚，然后是只剩 2 枚，等等）开始分析。这个技巧是扩展式博弈各种解的概念的核心。它被称为**逆向归纳法**（backward induction）。稍后我们再对其进行阐述。在继续下文之前，我们要先把扩展式博弈策略的思想规范地表达出来。

7.3.3 扩展式博弈策略

如前所述，在扩展式博弈中，参与人的一个（纯）策略是：在博弈过程中，在任何可能出现的情况下，参与人可能做出的选择的**完整描述**（complete description）；它是一个完整的操作指南集合，任何其他人照此都能代表参与人履行博弈。

定义 7.14　扩展式博弈策略

考虑一个定义 7.13 中的扩展式博弈 Γ。正式地，参与人 i 在 Γ 中的一个纯策略是函数 s_i：$\mathcal{I}_i \rightarrow A$，对于所有的 x 都有 $\iota(x)=i$，该函数满足 $s_i(\mathcal{I}(x)) \in A(x)$。令 S_i 表示参与人 i 在 Γ 中的纯策略集合。

于是，参与人的纯策略详细说明了他的每个信息集中所采取的可能行动。参与人的行动选择可能仅仅和目前所面临的信息集（对照来说，信息集内的历史）有关，这个事实确保策略能正确反映参与人在博弈中面临的信息约束。

把到达每个信息集时参与人将要采取的行动标上箭头，则参与人的纯策略可以更加容易地用博弈树的图示法来描述。例如，图 7-11 描述了参与人 2 的纯策略：如果到达 $\mathcal{I}(x)$，则选择 l；如果到达 $\mathcal{I}(y)$，则选择 r。

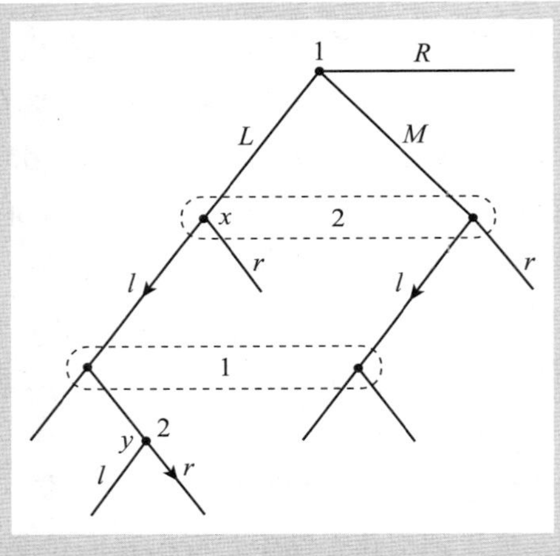

图 7-11　扩展式博弈策略

参与人的纯策略是对参与人如何进行博弈的完整描述，了解这一点非常重要。例如，假设下国际象棋时你持黑子。你的纯策略中的很小一部分要求你规定好“白子先行之后，你该如何行动”。仅规定好你对白子一次公开行动做出的反应是不够的（如 $P-K4$）——即使你实际确信这是白子的第一次行动。规定纯策略，要求你说明你会对白子每种可能的公开行动作何反应。的确，你必须详细规定，白子行动结束后，每种可能的（合法的）行动序列。只有这样，你才是规定了国际象棋中黑子的纯策略。本章练习题要求你详细阐述迄今为止我们已经提到的博弈的纯策略。这可是相当有挑战性的任务！

7.3.4　策略与收益

根据定义 7.14，对于每位参与人 i 来说，S_i 表示参与人在 Γ 中的纯策略集合。

假设Γ是一个有限博弈，这样每个S_i也是有限的。注意，对于每位参与人来说，一旦选定了纯策略，在博弈过程中的行为也就完全确定了，只有机会的行动才会对他们造成影响。于是，一旦机会的行动确定，博弈的结果就完全由参与人的纯策略决定。

要理解这一点，假设a_0是机会的行动。这决定了历史$x_1=a_0$和属于参与人$\iota(x_1)=1$的信息集$\mathcal{I}(x_1)$。给定参与人1的策略s_1，则他采取的行动是$a_1=s_1(\mathcal{I}(x_1))$，这决定了历史$x_2=(x_1, a_1)$和属于参与人$\iota(x_2)=2$的信息集$\mathcal{I}(x_2)$。给定参与人2的策略$s_2$，则其行动是$a_2=s_2(\mathcal{I}(x_2))$，这又决定了历史$x_3=(x_2, a_2)$，依此类推。我们可以继续这个过程，直到我们不可避免地（因为博弈是有限的）到达终点结e，得到每位参与人$i\in N$的收益$u_i(e)$。因此，给定任何联合纯策略$s\in\times_{i\in N}S_i$，自然在$A(x_0)$上的概率分布π决定了参与人的期望效用，我们用$u_i(s)$来表示。

向量$(S_i, u_i)_{i\in N}$是一个策略式博弈，被称为Γ的策略式，我们稍后会再提到它。[①] 此时此刻，我们可以把所有策略式博弈的解的概念应用到有限的扩展式博弈中。例如，在扩展式博弈Γ中的占优策略也是Γ的策略式的占优策略；扩展式博弈Γ的一个纳什均衡只是一个联合策略，它是Γ策略式的纳什均衡；等等。

7.3.5 完美信息博弈与逆向归纳策略

在某些博弈中，每当轮到参与人行动时，他们对之前的所有行动都了如指掌，也就是说，对于所有决策结x，$\mathcal{I}(x)=\{x\}$，这类博弈是扩展式博弈中的一种重要类型，被称为**完美信息博弈**（games of perfect information）。

“拿硬币”博弈就是完美信息的，此外，象棋、跳棋、拼字游戏以及许多其他的室内游戏都是如此。经济学中完美信息博弈的一个简单例子如下。两家企业在同一行业中竞争，一个已经生产了（在位者），另一个还没开始生产（进入者）。进入者必须决定是否要进入该行业。如果进入者不进入（stay out），则行业保持现状，博弈结束。如果进入者进入，在位者必须决定是以降价的方式展开斗争（fight），还是采取无所作为的默许（acquiesce）。在进入者不进入的情况下，在位者的收益是2，进入者的收益是0；当进入者选择进入时，如果在位者选择斗争，则每家企业的收益为-1；如果在位者选择默许，则两者的收益为1。图7-12描绘了这个进入博弈的博弈树。

① 我们能把任意的有限扩展式博弈（可能是非常复杂的、动态的战略情形）转化成策略式博弈。之前的感觉是，策略式博弈只对于模型化没有明确动态性的情景是有用的。这种想法太天真了。事实上，基于我们的能力，可以构建任何扩展式博弈的策略式（可能有人不这么认为）。从理论的角度来看，仅考虑策略式博弈足矣，因为所有的扩展式博弈都能被简化为策略式博弈！扩展式博弈的策略式是否足以进行分析，这是博弈理论家们目前研究的热门话题，这里不再赘述。

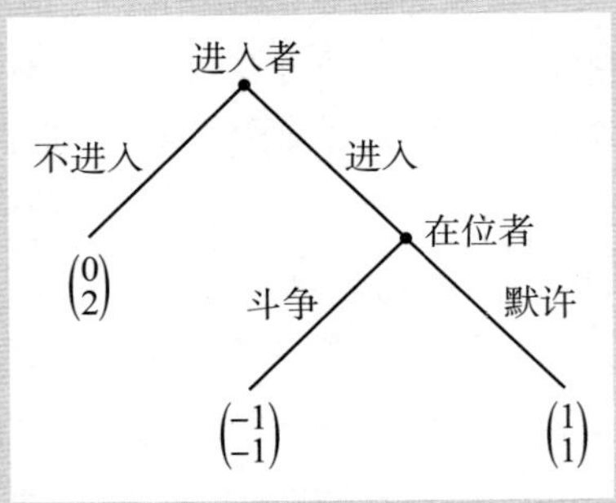

图 7-12　进入者—在位者博弈

显然，在位者愿意把进入者逐出市场以继续享有垄断利润 2。进入者会选择不进入吗？这取决于在位者对进入的反应。如果在位者的反应是斗争，则进入会给进入者带来−1 的收益，进入者还不如不进入。如果在位者对进入的反应是默许，则进入者应该选择进入。因此，结果取决于在位者会对进入作何反应。[①]

我们先简单地假设进入者已经进入。在博弈的这一点上，在位者怎么做是最优的？显然，他应该选择默许，因为这样他能得到的收益是 1，否则是−1。因此，从进入者的角度来看，博弈简化成图 7-13 的形式。在图 7-13 中，我们替换了在位者的决策结以及相应的收益向量。显然，进入者将选择进入，因为进入产生的收益是 1，而不进入产生的收益是 0。于是，我们通过逆向求解博弈的方法再次得到了参与人的一组策略，即进入者进入而在位者默许。

7

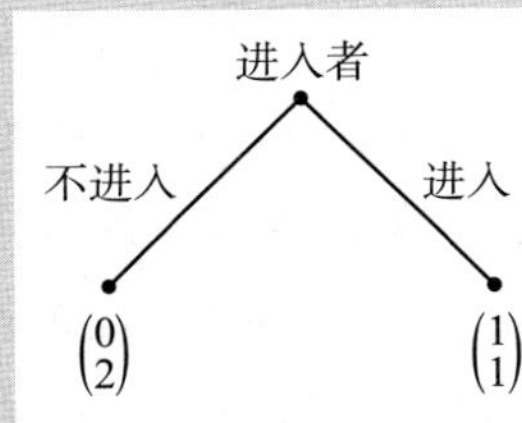

图 7-13　简化的进入者—在位者博弈

让我们试着用这种逆向归纳的技巧来求解图 7-14 所描绘的稍复杂一点的完美信息博弈。我们从终点决策结开始分析。倒数第二的决策结有两个，分别记做 x 和 y。它们都属于参与人 1。在 x 处，参与人 1 选择 R'是最优的，在 y 处，他选择 L''是最优的。因此，图 7-14 的博弈可以简化为图 7-15，决策结 x 和 y 以及相应的收益已经被替换为一旦到达两个决策结时必然得到的收益。我们在简化博弈上重复这个过程。这里 w 和 z 是倒数第二个决策结（它们属于参与人 2）。如果达到 w，参

① 注意：这与我们对“拿硬币”博弈的求解过程有些类似。如果不先分析博弈的后面会如何进行，我们就不能判断博弈开始时行动的合理性。

与人 2 选择 r 是最优的；如果达到 z，他选择 l'是最优的。利用这些结果来简化博弈，再次得到图 7-16 的结果，显然参与人 1 将选择 R。由此得出结论：参与人 1 将选择策略（R，R'，L''），参与人 2 将选择策略（r，l'）。采用这两组策略的结果就是每位参与人的收益为 0。

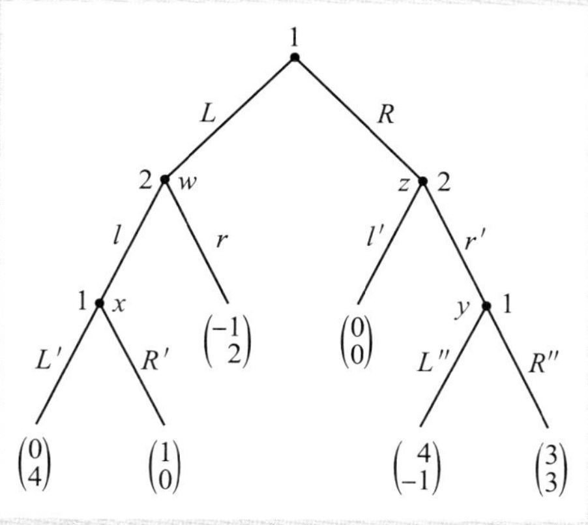

图 7-14 逆向归纳练习

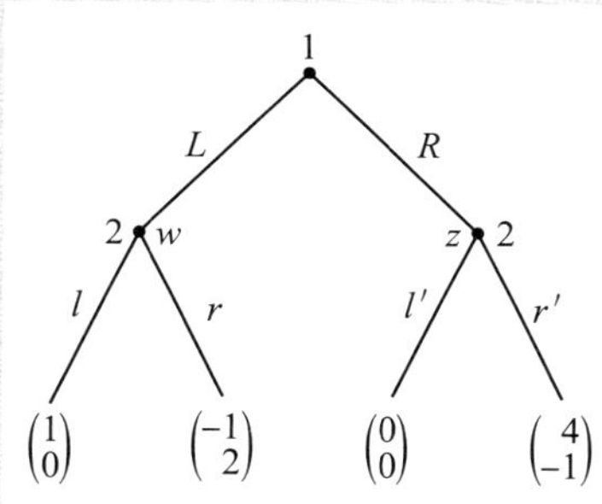

图 7-15 应用逆向归纳简化博弈

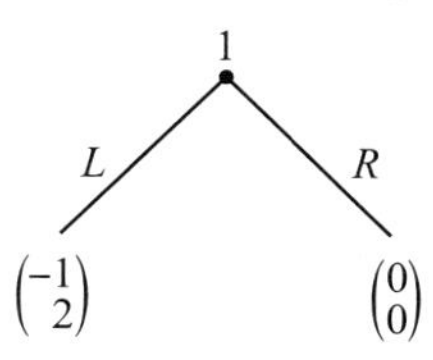

图 7-16 逆向归纳的最后步骤

这个博弈的解是：参与人的收益为 0。这个结果看起来有点不可思议，因为当他们进行“右边”的博弈时，可得到的收益是 3。然而，在决策结 z，参与人 2 选择 r'肯定是错的。因为参与人 1 会在结点 y 理性地选择 L''而不是 R'，因为选择前者能得到更高的收益。参与人 2 正确地预见到了这一点，于是，他选择 l'是最优的，得到的收益是 0，超过选择替代策略 r'的收益 -1。[1]

上述程序可被用于得到任意完美信息博弈的策略。此类策略被称为**逆向归纳策略**（backward induction strategies）。在给出正式定义之前，对于某些 a_1，…，$a_k \in A$，如果 $y=(x, a_1, \cdots, a_k)$，则说 y **严格跟随**（strictly follows）x；如果 $k=1$，则说 y **直接跟随**（immediately follows）x；如果 $y=x$，则说 y **弱跟随**（weakly follows）x 或 y 严格跟随 x。

定义 7.15　逆向归纳策略

对于有限的扩展式博弈，如果其联合（纯）策略 s 是通过以下方式得出的，我们则称它是逆向归纳策略。决策结 x 是 Γ 的倒数第二个结，紧随其后的都是终点结。对于每个倒数第二个结 x 来说，令 $s_{\iota(x)}(x)$ 表示导致终点结的行动，它是在 x 处所有可能的行动中能最大化 $\iota(x)$ 的收益。令 u_x 表示最终的收益向量。剔除 Γ 中严格跟随每个倒数第二个结 x 的结点和行动，并把收益 u_x 分配给 x，使其成为 Γ 的终点结。重复这个过程，直到只有一个行动被分配给每个决策结。[2] 因此得到（逆向归纳）联合纯策略 s。

构建定义 7.15 中给出的逆向归纳策略的方法被称为**逆向归纳算法**（backward induction algorithm）。逆向归纳策略反映的思想是：在博弈之初做出的决策应该把未来参与人的最优行动考虑在内。我们在下一节将扩展这种思想。把逆向归纳策略与纳什均衡的概念联系起来，逆向归纳的讨论便可告一段落了。

定理 7.4　（库恩）逆向归纳和纳什均衡

如果 s 是完美信息有限扩展式博弈 Γ 的逆向归纳策略，则 s 是 Γ 的纳什均衡。

7

证明：因为 Γ 的纳什均衡只是它的策略式 $(S_i, u_i)_{i\in N}$ 的纳什均衡，对于每位参与人 i 和每个 $s'_i \in S_i$ 来说，足以证明 $u_i(s) > u_i(s'_i, s_{-i})$。

假设情况并非如此。则对于某位参与人 i 和 $s'_i \in S_i$ 而言，有 $u_i(s'_i, s_{-i}) > u_i(s)$。这就必然存在一个由自然选择的行动 a_1 满足 $u_i(e') > u_i(e)$。给定该行动，由 s 和 $s'=(s'_i, s_{-i})$ 分别归纳到终点的结是 e 和 e'。

因此，决策结 x 的集合是博弈的起始处，参与人 i 选择不同于 s_i 的策略会变得更好，由于 $x=a_1$ 是这个集合中的一个元素，故而选择是非空的。令 $\bar{x}$ 表示这个集合中没有严格跟随者的一个元素。[3]

于是，当博弈从 $\bar{x}$ 开始时，其他参与人随后选择 s_{-i}，参与人 i 如果选择某策略 s''_i 而非 s_i，其收益会严格高一些。而且，因为在它被选择的集合中没有严格的跟随者，(1) $\bar{x}$ 属于参与人 i；(2) 在结点处，严格跟随且用 s_i 表示的所有属于 i

① 有人认为，参与人应该达成一个约束性协议，确保得到收益向量（3，3）。然而，根据定义，扩展式博弈应该包括参与人所有可能的行动。因此，如果参与人能达成约束性协议，一开始它就应该被包含在扩展式博弈中。因为在这里描述的博弈并没有包括，所以简单地认为它是不可行的。

② 博弈的有限性确保这个过程可以终止。

③ 这类结点的存在（尽管它不必唯一）是因为被选择的结点集合是有限的且非空的（参见练习题）。

的行动都不能再增加收益。

因此，我们可以得出结论：当博弈从 $\bar{x}$ 开始且其他人随后选择 s_{-i} 时，如果参与人在 $\bar{x}$ 采取的行动是 s''_i，而随后采取 s_i，则其收益超过他在博弈开始及随后都采取 s_i 所得到的收益。但是，当逆向归纳算法达到结点 $\bar{x}$ 时，后者的收益是 i 的逆向归纳收益。给定 s（逆向归纳策略）随后会被采用的情况，它必须是 i 从结点 $\bar{x}$ 处所有可行的行动中得到的最大收益，这与假设矛盾。 ■

每个逆向归纳联合策略向量组成了一个纳什均衡。因为逆向归纳算法在完美信息的有限博弈总会终结，进而有以下推论。

推论 7.1 纯策略纳什均衡的存在

每个完美信息有限扩展式博弈都拥有一个纯策略纳什均衡。

尽管每个逆向归纳策略都是一个纳什均衡，但并非每个纳什均衡都是逆向归纳策略。想了解这一点，考察一下图 7-12 的进入者—在位者博弈，该博弈唯一的逆向归纳策略是：进入者进入且在位者默许；以下策略也是该博弈的一个纳什均衡：进入者不进入，如果进入者进入，则在位者斗争。给定另一位参与人的策略，任何参与人都无法通过改变策略而增加收益。因此，这些策略的确构成了纳什均衡。

然而，后一种纳什均衡毫无意义，因为它涉及在位者的斗争威胁是不可置信的。由于在位者实施该威胁并不符合他的利益，所以威胁缺少可信性。进入者明白这一点，因此选择进入。进入者的这种前瞻能力自动体现在逆向归纳策略中了。

如你所见，当存在多个纳什均衡时，人们可以剔除一个或多个纳什均衡，因为它们可能涉及类似的不可置信的威胁。

7.3.6 不完美信息博弈与子博弈完美均衡

逆向归纳的技术非常适合完美信息博弈，但没法直接扩展到其他博弈中。例如，考虑图 7-17 的博弈，其中参与人 1 可以选择与参与人 2 进行协调博弈。让我们试着将逆向归纳技术应用于此。

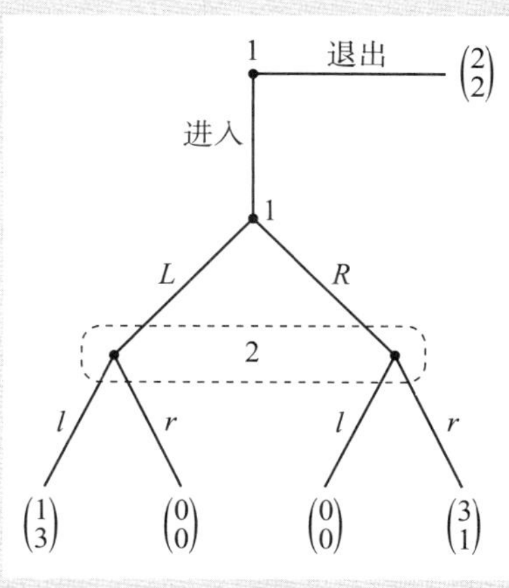

图 7-17 有选择的协调博弈

和前面一样，第一步是确定所有信息集的位置，使得在该信息集中无论采取什么行动，博弈随后终止。[①] 对于图 7-17 中的博弈而言，是将参与人 2 的信息集分离开来，也就是说，在参与人 1 选择了“进入”之后，博弈到达该信息集，选择 L 或 R。

注意，当轮到参与人 2 行动时，不管采取 l 还是 r 都将导致博弈终止。现在，根据逆向归纳法，下一步是找出参与人 2 的最优行动。这会有点困难，因为我们不清楚哪种行为对参与人 2 才算是最优的，因为参与人 2 的最优行动取决于参与人 1 所采取的行动。如果参与人 1 选择了 L，则 2 的最优行为是 l；如果参与人 1 选择了 R，则 2 应该选择 r。根据信息集的定义，参与人 2 并不知道参与人 1 已经采取了什么行动，因而不存在什么立竿见影的方法。

先回顾一下使用逆向归纳法的理由。我们这么做的目的是，如果想在博弈之初就确定最优选择的话，我们就必须清楚博弈随后会如何进行。但是在目前的例子中，逆向的思考也是对的。为了决定后面博弈（即在参与人 2 的信息集）的最优选择，我们必须先了解博弈在最初是如何进行的（即参与人 1 选择了 L 还是 R）。因此，在这个博弈（以及非常普遍的不完美信息博弈）中，至少在某种程度上，我们必须同时确定博弈前后各期各点的最优选择。

我们继续对图 7-17 中的博弈进行分析。尽管应该先了解博弈在“最后”的信息集上是如何进行的，但出于前面提到的理由，我们放弃这种想法，退而求其次。假设在博弈树上向后移动一步到达参与人 1 的第二个决策结。从这一点开始，我们能确定博弈是如何进行的吗？如果可以的话，便可用最终的收益向量来替代博弈的“一部分”或者子博弈，就像我们在逆向归纳法中的做法一样。但是我们如何确定从参与人 1 的第二个信息集开始的子博弈是如何进行的呢？

泽尔腾（Selten，1965，1975）率先提出了一种想法，就是把子博弈本身视为一种博弈（见图 7-18）。现在可以把纳什均衡解的概念应用到图 7-18 中。这个博弈有两个纯策略纳什均衡：（L，l）和（R，r）。假设在初始博弈进程中，当到达这个子博弈的时候，这些纳什均衡中的一个将会出现。具体一点，假设均衡就是（L，l）。因此，到达子博弈时，最终的收益向量会是（1，3）（见图 7-19）。一旦如此，参与人 1 在他的第一个决策结处显然将选择“退出”，因为给定子博弈的行为，参与人 1 选择“退出”会更好，得到收益 2；而选择“进入”，最终得到的收益是 1。

综合来看，之前得出的策略如下：对于参与人 1 来说，他会在第一个决策结选择“退出”，在第二个决策结选择 L；对于参与人 2 而言，在他的第一个决策结选择 l。

---

① 这样的信息集在完美信息有限博弈中必然存在。不过，一般来说，当（有限）博弈是不完美信息时，该结论就不一定成立。在本章的一道练习题中，你还会碰到这个问题。

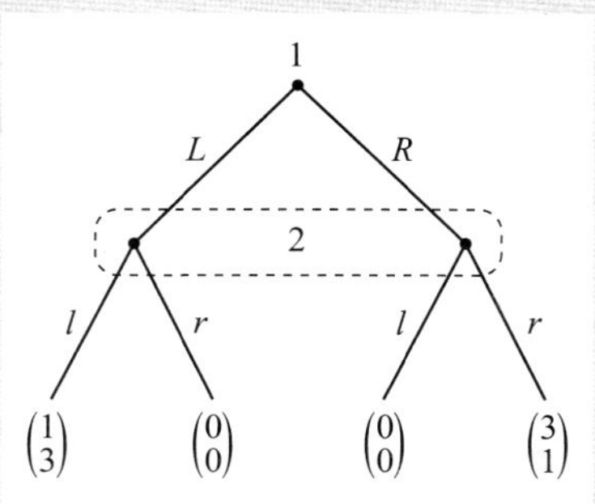

图 7-18

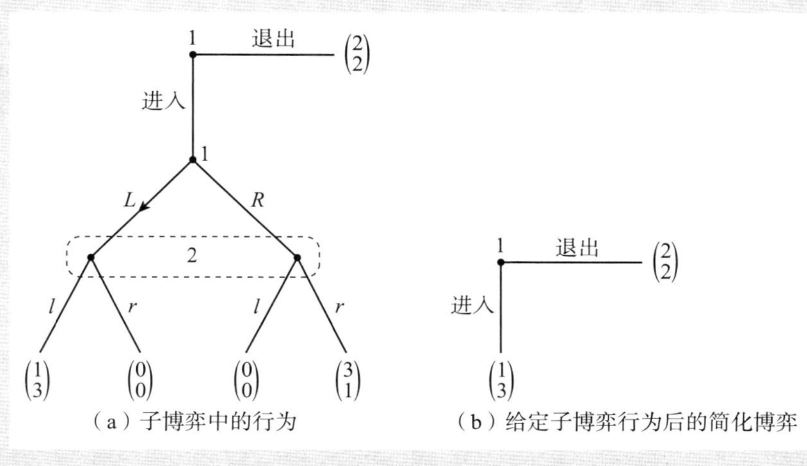

（a）子博弈中的行为 （b）给定子博弈行为后的简化博弈

图 7-19

该博弈同完美信息博弈的一些相似之处值得注意。第一，这些策略反映了参与人 1 的前瞻能力，意思是说，他在第一个决策结的选择是最优的，是基于随后博弈的纳什均衡。因此，参与人 1 不仅有前瞻性，而且他了解未来的博弈是“理性的”，即它构成了子博弈的一个纳什均衡。第二，这些策略组成了初始博弈的一个纳什均衡。

我们刚得到的策略被称为**子博弈完美均衡策略**（subgame perfect equilibrium strategies）。你可能想起在子博弈中本来有两个纯策略纳什均衡，而我们任意选择了其中之一。一旦我们选择了另一个，最终的策略会截然不同。不过根据定义，这些最终的策略也是子博弈完美的。本章的练习题会要求你进一步探讨这个问题。

为了给出子博弈完美均衡策略的正式定义，我们必须先引入一些术语。

定义 7.16 子博弈

如果 $\mathcal{I}(x)=\{x\}$，只要 y 是 x 后面的一个决策结，且 z 处于包含 y 的信息集中，即 z 也位于 x 之后，那么，就可以说结 x 定义了扩展式博弈的一个子博弈。

如果结 x 定义了一个子博弈，则每位参与人在每个轮次都了解博弈是否已经达

到 x。图 7-20（a）给出了一个定义了子博弈的结 x；图 7-20（b）画出了一个没有定义子博弈的结 x。在图 7-20（a）所描述的博弈中，参与人 1 的非单结信息集内的每个结都位于 x 之后。相反，在图 7-20（b）中，y 和 z 都是参与人 3 的信息集中的元素，然而只有 y 位于 x 之后。

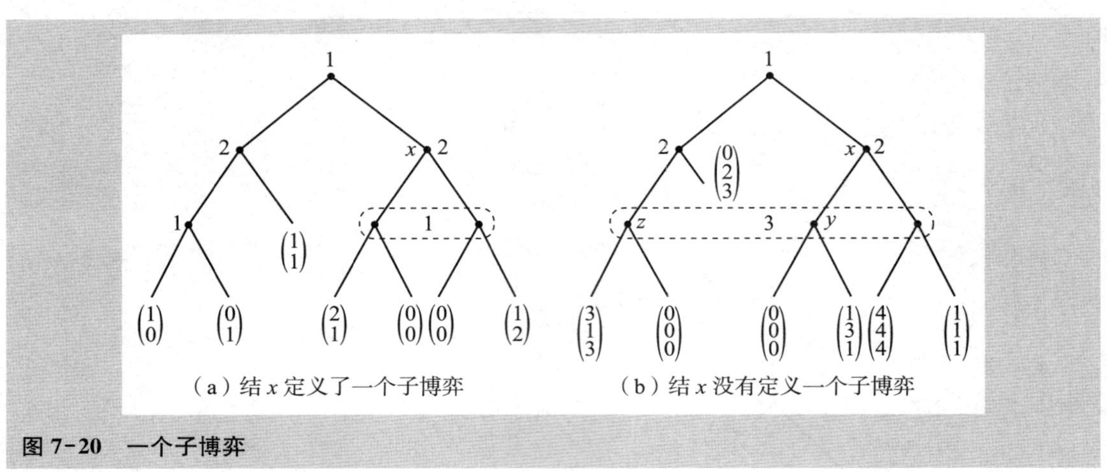

图 7-20　一个子博弈

在图 7-20（a）中，诸如 x 这样的决策结所定义的子博弈用 Γ_x 来表示。Γ_x 由 x 之后的所有结组成，而且它继承了初始博弈的信息结构和收益。图 7-21 描述了从图 7-20（a）中的博弈 Γ 得到的子博弈 Γ_x。

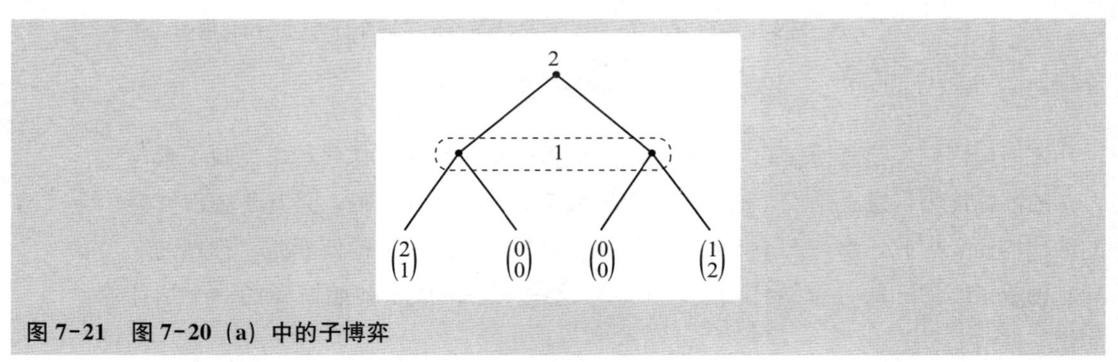

图 7-21　图 7-20（a）中的子博弈

7

给定一个联合纯策略 s，s 自然地归纳出了 Γ 的每个子博弈 Γ_x 的联合纯策略。也就是说，对于 Γ_x 的每个信息集 I 而言，归纳的纯策略与在 I 处采取了由 s 规定的相同的行动。

定义 7.17　纯策略子博弈完美均衡

如果 s 在 Γ 的每个子博弈都归纳了一个纳什均衡，则联合纯策略 s 是扩展式博弈的纯策略子博弈完美均衡。

因为对于任何扩展式博弈来说，博弈本身就是一个子博弈，所以 Γ 的一个纯策略子博弈完美均衡也是 Γ 的纯策略纳什均衡。因此，子博弈完美均衡的概念是纳什均衡概念的精炼（refinement）。这种精炼是严格的，如图 7-22 中的例子所示。

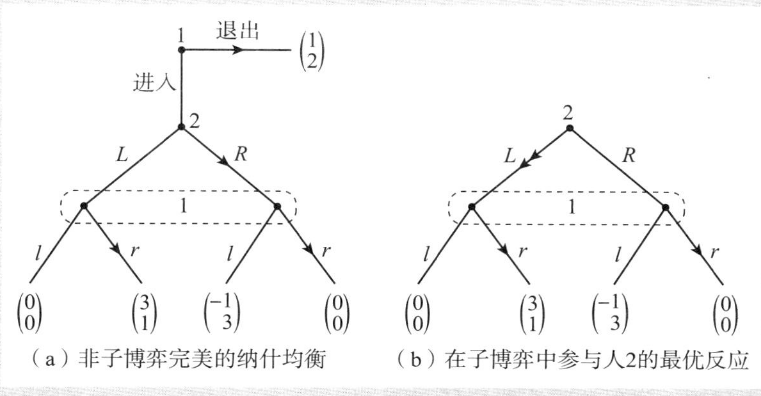

（a）非子博弈完美的纳什均衡　（b）在子博弈中参与人2的最优反应

图 7-22

在图 7-22（a）中，箭头所绘的纯策略是一个纳什均衡，给定另一位参与人的策略，没有参与人能通过改变策略而增加收益。为了说明这一点，我们看图 7-22（b）中的例子，从参与人 2 的结点开始的子博弈引出的策略并不是子博弈的一个纳什均衡。这里子博弈已经被分离，而且两个箭头表明，在子博弈中，偏离能严格提高参与人 2 的收益。①

下面的定理表明，子博弈完美适用于所有扩展式博弈，它是对逆向归纳的一般化，而后者仅适用于完美信息博弈。

定理 7.5　子博弈完美均衡概括逆向归纳

对每个完美信息的有限的扩展式博弈来说，逆向归纳策略集与纯策略子博弈完美均衡是一致的。

证明：我们先来证明每个逆向归纳策略都是子博弈完美的。令 s 表示一个逆向归纳策略。因为在完全信息博弈中，每个结都定义了一个子博弈（见练习题），我们需证明：在由 x 所定义的子博弈中，对于所有的 x，s 导致了一个纳什均衡。但是对于每个 x 来说，由它所定义的子博弈 Γ_x 当然是一个完美信息博弈，而且由 s 引出的策略显然是子博弈的逆向归纳策略。（为了理解这一点，考虑一下逆向归纳策略 s 是如何构造的，再考虑一下子博弈的逆向归纳策略是如何构造的。）因此，我们可以应用定理 7.4 得出结论：由 s 引出的策略形成了 Γ_x 的一个纳什均衡。

接下来，我们再证明每个纯策略的子博弈完美均衡都是逆向归纳策略。令 s 是子博弈完美的。容易证明，s 能通过逆向归纳算法推导出来。随后考虑任意一个倒数第二的决策结。这类结定义了一个单参与人的子博弈，因为 s 是子博弈完美的，它必须分配一个收益最大化选择给轮到其行动的参与人（否则，它就不是单参与人

① 尽管参与人 2 的收益在子博弈中可能增加，但在初始博弈中却不能。这是因为问题中的子博弈通过初始策略无法达到。的确，初始博弈的纳什均衡策略导致了一些（按照初始策略能到达的所有的）子博弈的纳什均衡。因此，无法到达的子博弈的子博弈完美处理恰好是它与纳什均衡的区别，见练习题。

子博弈的纳什均衡）。因此，s 所规定的行动与逆向归纳法一致。现在考虑仅有倒数第二的决策结跟随的任何决策结 x。这个结定义了一个子博弈，其中所有的结都位于 x 之后，策略 s 规定了一个逆向归纳行动。因为 s 归纳了这个子博弈的一个纳什均衡，在假定后面的选择都是逆向归纳选择时（即 s 所归纳的选择），它必须为参与人 $\iota(x)$ 在结 x 处规定一个收益最大化选择。因此，任何像 x 这样规定的行动都同逆向归纳法一致。以这种方式逆向横穿整个博弈树，结论便得以证明。■

某些策略式博弈没有纯策略纳什均衡，同样也可能没有纯策略子博弈完美均衡，图 7-23 的博弈就是如此。因为唯一的子博弈就是博弈本身，纯策略子博弈完美均衡集与该博弈的纯策略纳什均衡集相同。不过也很容易证明，在四种可能的联合纯策略中，没有一个构成纳什均衡。

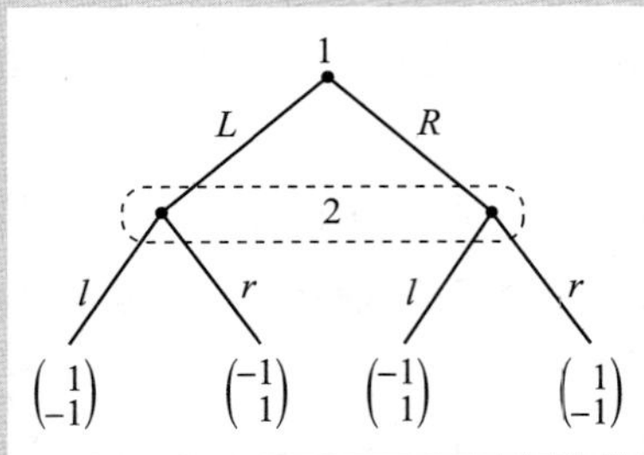

图 7-23　没有纯策略子博弈完美均衡的博弈

为保证至少存在一个子博弈完美均衡，我们必须允许参与人有机会进行随机化，下一节将考虑扩展式博弈的随机化问题。

7

混合策略、行为策略与完美回忆

在策略式博弈中，仅有一种自然的方法来随机化参与人的行为——给每个纯策略指派一定的概率，然后利用随机化机制，根据所分配的概率来选择策略。

比较而言，在扩展式博弈中，随机化行为的方法有两种。第一种与策略式博弈所用的方法类似。分配给每个纯策略一个概率，在博弈开始之前，运用合适的随机化机制来选择一个纯策略。用这种方法可以在博弈之初就进行随机化，且一劳永逸。一旦选择了纯策略，整个博弈的行为就由纯策略确定，无须再进行随机化。

第二种方法是，轮到谁行动，谁就运用随机化机制。并不是在博弈之初就对所有纯策略采取一次性的随机化，而是轮到谁行动，谁就对目前可采用的行动集进行随机化。如果在博弈过程中，轮到你选择的机会不止一次，你就可以在博弈中多次运用随机化机制，而且每次都可以选择不同的随机化机制。

第一种类型的随机化叫做混合策略，与策略式博弈中的术语一致。第二种类型的随机化叫做行为策略。

正式的表述如下：一方面，如前所述，参与人 i 的一个**混合策略**（mixed strategy）m_i 是参与人 i 的纯策略集合 S_i 上的一个概率分布。即对于每个纯策略 $s_i \in S_i$ 而言，

$m_i(s_i)$ 表示选择纯策略 s_i 的概率，因此，$m_i(s_i) \in [0, 1]$ 且 $\sum_{s_i \in S_i} m_i(s_i) = 1$。

另一方面，一个**行为策略**（behavioural strategy）b_i 为参与人 i 的每个信息集上可利用的行为设定了一个概率分布。即 $b_i(a, I) \in [0, 1]$ 且 $\sum_{a \in A(I)} b_i(a, I) = 1$，对于属于参与人 i 的每个信息集 I 而言，$A(I)$ 表示在信息集 I 中可利用的行动集合。

在博弈树图示中，我们通过在每种行动旁边标上该行动被选择的概率（在圆括号中）来表示行为策略。例如，图 7-24（d）描绘了参与人1的行为策略：在他的第一个信息集中，他选择 L 和 R 的概率各为 1/2；在第二个信息集中，他选择 L 和 R 的概率分别为 2/3 和 1/3。

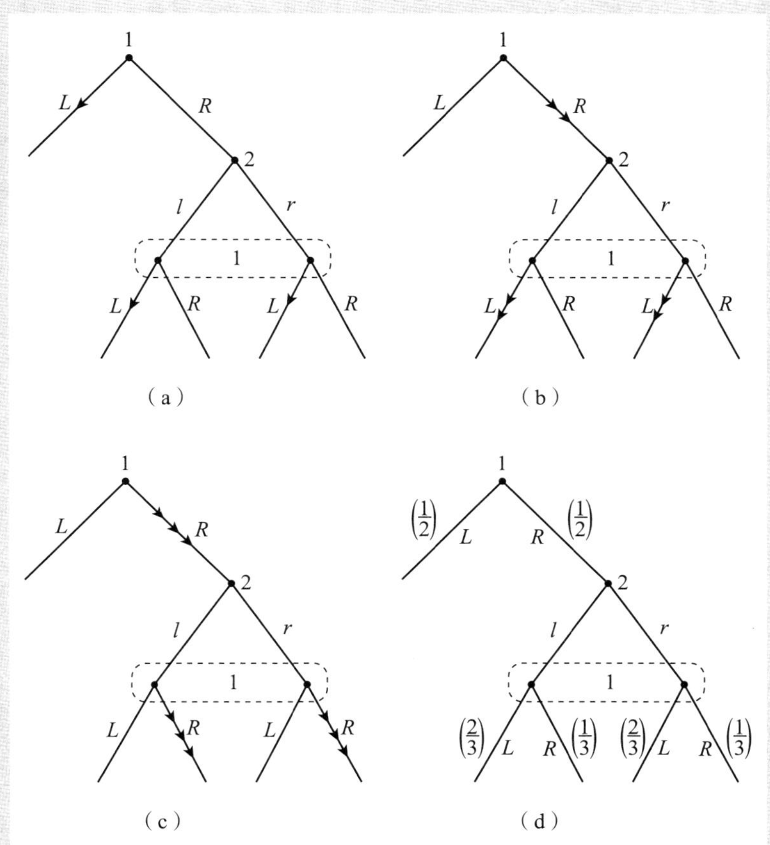

图 7-24　等价行为策略

参与人 1 以 1/2 的概率选择纯策略 LL（图（a）中用单箭头表示），以 1/3 的概率选择纯策略 RL（图（b）中用双箭头表示），以 1/6 的概率选择纯策略 RR（图（c）中用三箭头表示），它们等价于图(d)中的行为策略，其中分配给各行为的概率为括号中的数。

尽管没有详细证明，但就我们在书中提到的所有博弈而言，参与人采用混合策略还是行为策略没什么差别。从策略性视角来看，它们完全等价。即对于属于参与人 i 的每个混合策略 m_i 来说，不管其他参与人采用的是混合策略还是行为策略，都有一个行为策略能给该参与人带来相同的期望收益；同样，对于每个行为策略来说，也都有一个等价的混合策略。[①]

例题 7.6

图 7-24（a）至（c）描绘了参与人 1 在扩展式博弈中的三种纯策略：LL、RL 和 RR。考虑一个混合策略，这些纯策略被赋予的概率分别为 1/2、1/3 和 1/6。与该混合策略等价的行为策略是怎样的呢？为了找到答案，我们简单地计算了在达到的信息集上可采取的每种行为的概率（induced probability）。例如，因为参与人 1 的第一个信息集必能达到，行为 L 被选择的归纳概率为 1/2，行为 R 被选择的概率也如此［见图 7-24（d）］。对于参与人 1 的第二个信息集，只有纯策略 RL 和 RR 能够达到。因此，一旦其中一个纯策略被选择，则参与人 1 在第二个信息集选择 L 的概率为 2/3，选择 R 的概率为 1/3。综合上述分析，图 7-24（d）描绘了等价的行为策略。 □

如前所述，我们在本书所提到的所有博弈都具有这种性质，即混合策略和行为策略是等价的。所有完美回忆（perfect recall）博弈也都具有这种性质。

定义 7.18 完美回忆

如果两个决策结 x 和 $y=(x, a, a_1, \cdots, a_k)$ 属于同一位参与人，某个结 z 处于与 x 相同的信息集内，则像 y 那样的相同信息集内的每个决策结的形式为 $w=(z, a, a_1', \cdots, a_l')$。那么，这个扩展式博弈是完美回忆的。

完美回忆是指，每位参与人总是记得他在过去所了解的博弈的历史。特别是，定义 7.18 意味着：一位参与人的信息集并不允许他对任何两段历史（如 y 和 w）作区分，只有根据其他参与人所采取的行动才能区分这两段历史。所以，没有参与人忘记他在过去采取过的行动。

图 7-25 描述了一个不具有完美回忆的扩展式博弈。值得注意的是，对于分别赋予纯策略 Ll 和 Rr 各 1/2 概率的混合策略来说，没有与之等价的行为策略，因为这样的行为策略必须在参与人 1 的第一个信息集上赋予 L 和 R 以正概率，而且在参与人 1 的第二个信息集上也必须赋予 l 和 r 以正概率。但它最终也将赋予终点结（L，r）和（R，l）以正概率，而初始的混合策略并非如此。

因为完美回忆博弈的混合策略和行为策略具有等价性，我们便可以随心所欲地选用其中最方便的那一个。于是，我们将注意力放在每位参与人的行为策略集合上。

具有随机化行动的子博弈完美均衡

尽管无法保证在纯策略中存在子博弈完美均衡（见图 7-23 中的例子），但在行为策略中，子博弈完美均衡的确普遍存在。类似于定义 7.17，我们给出如下定义。

① 某种混合（行为）策略可能有多个等价的行为（混合）策略。参见 Kuhn（1953）对混合和行为策略定价性的完整分析。

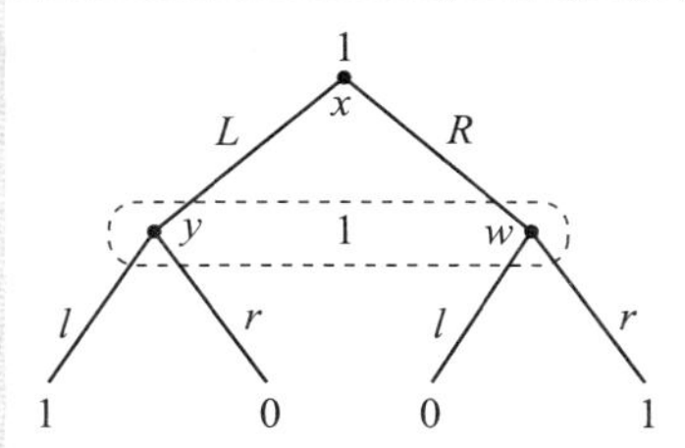

图 7-25 不具有完美回忆的博弈

完美回忆失灵，因为 x 和 $y=(x, L)$ 同属于参与人1，然而 $w=(x, R)$ 在与 y 相同的信息集中。于是，尽管参与人1在过去采取的行动不同，但他无法区分 (x, L) 和 (x, R) 这两段历史。

定义 7.19 子博弈完美均衡

如果一个联合行为策略 b 在有限扩展式博弈 Γ 的每个子博弈中都能引出一个纳什均衡，则 b 是 Γ 的一个子博弈完美均衡。

因为在完美回忆的扩展式博弈中，行为策略和混合策略是等价的，因此，如果在给定其他参与人的行为策略下，没有参与人有更高收益的纯策略，则定理7.1确保一个行为策略构成了博弈（或子博弈）的纳什均衡。在检验和计算子博弈完美均衡时，这个事实非常有用。混合策略与行为策略的等价性也保证了完美回忆博弈中每个子博弈完美均衡都是纳什均衡。

我们现在来证明子博弈完美均衡确实普遍存在。

定理 7.6 （泽尔腾）子博弈完美均衡的存在

每个具有完美回忆的有限扩展式博弈都有一个子博弈完美均衡。

证明：证明所使用的技巧类似于逆向归纳法。从博弈终点到起点，我们将在各阶段构建合意的行为策略。

选择一个子博弈，除了自身之外它不包括任何其他子博弈。因为博弈是有限的，因而这总是可行的。根据定理7.2，这个子博弈在混合策略中有一个纳什均衡。因为初始博弈是完美回忆的，子博弈也是如此，所以混合策略（在子博弈中）有一个等价的行为策略。当然，因为等价，所以这个行为策略也构成了子博弈的一个纳什均衡。

现在，用均衡策略决定的收益向量来替代子博弈，这样做简化了博弈的规模，确定了子博弈中整个行为策略的一部分。我们可以不断重复这个简化博弈的过程，直至完全得到初始博弈的联合行为策略为止。因为博弈是有限的，所以这种算法必有终点。

这样确定的行为策略构成了一个子博弈完美均衡，其决定方式类似于定理7.5证明的第一部分。本章练习题会要求你给出更加详细的证明。 ■

完美回忆假设是必要的条件，这点很重要。在不具备完美回忆的博弈中，子博弈完美均衡可能不存在。本章的某道练习题会讨论这一问题。

证明中所描述的过程可由图 7-26（（a）至（c））表示。注意子博弈完美是如何仿效逆向归纳思想的，即博弈前期的最优选择是由博弈后期的选择决定的。我们在下一节中会对纳什均衡做进一步的精炼，以便更富有成效地应用这个核心思想。

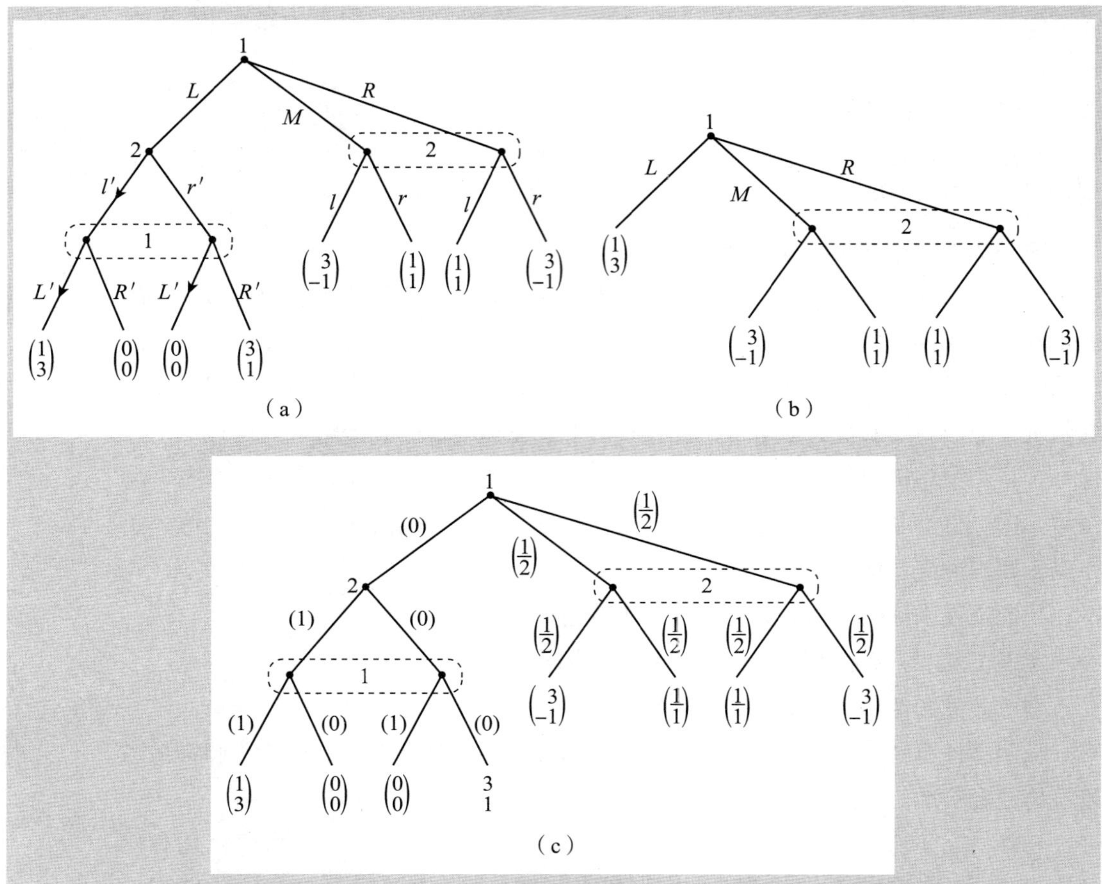

图 7-26

(a) 找到子博弈完美均衡。由参与人 2 的单结信息集所定义的子博弈除自身之外不包含任何子博弈。箭头描绘了在这个子博弈中的一个纳什均衡。用均衡的收益向量替代这个子博弈，得到（b）中的简化博弈。(b) 简化的博弈。该博弈仅有一个子博弈，即它自身。不难证明，它有唯一的纳什均衡：参与人 1 分别以概率 1/2 选择 M 和 R，参与人 2 分别以概率 1/2 选择 l 和 r。(c) 一个子博弈完美均衡。(你能找到另一个吗?)

7.3.7 序贯均衡

图 7-27 中的博弈有多个纳什均衡。因为博弈仅有自身一个子博弈，所以这些纳什均衡中的每一个都是子博弈完美的。但是每一个子博弈完美均衡都是合理的吗?

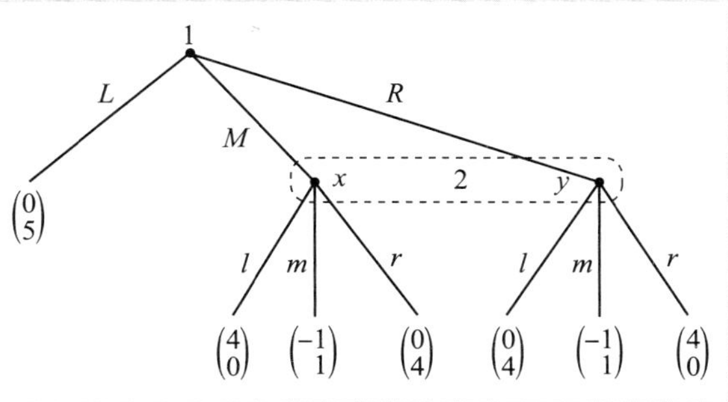

图 7-27 并非所有子博弈完美均衡都是合理的

考虑参与人 1 选择 L 且参与人 2 选择 m 的纯策略子博弈完美均衡。它显然是一个纳什均衡（因此也是子博弈完美的），因为没有参与人能通过单方面改变策略而提高收益。特别是，参与人 1 不会选择 M 或 R，因为依照这个均衡，参与人 2 的反应是选择 m，这会使得参与人 1 的收益为 -1，而他选择 L 能得到的收益是 0。如果有机会的话，参与人 2 将选择 m 的威胁足以说服参与人 1 选择 L。但是参与人 2 的威胁是可置信的吗？相信参与人 2 达到该决策结时会选择 m 对参与人 1 来说有意义吗？为了回答这个问题，我们必须考虑当参与人 1 不选择 L 时，参与人 2 面临的决策问题。

假设轮到参与人 2 决策。他该如何决定采取哪种行动？毕竟，他的最优行动取决于 1 所选择的行动。如果参与人 1 选择了 M，则 2 的最优行动是 r；如果参与人 1 选择了 R，则他的最优行动是 l。

现在，因为参与人 2 并不知道参与人 1 的行动，至多了解参与人 1 可能选择 M 或者 R，他自己必须形成关于参与人 1 所选择行动的信念。令 $p(x)$ 和 $p(y)$ 表示轮到参与人 2 行动时他赋予决策结 x 和 y 的概率，因此 $p(x)+p(y)=1$。给定参与人 2 的信念，我们能估计出他选择 l、m 和 r 的期望效用，分别为 $4p(y)$、1 和 $4p(x)$。参与人 2 自然会做出最大化期望效用的选择。

因为我们在这个阶段并不知道参与人 2 的信念（$p(x)$ 和 $p(y)$），也就不能确定他将作何选择。不过我们能知道他不会选择 m。也就是说，不管 $p(x)$ 和 $p(y)$ 的值是多少，m 均无法最大化参与人 2 的期望效用。只需关注一下以概率 1/2 选择 l 和 r 的混合策略所产生的期望效用就能明白这一点。

$$p(x)\left(\frac{1}{2}\times 0+\frac{1}{2}\times 4\right)+p(y)\left(\frac{1}{2}\times 4+\frac{1}{2}\times 0\right)=2(p(x)+p(y))=2$$

它严格大于参与人 1 选择 m 所能获得的期望效用。于是，不管参与人 2 持有何种信念，l 或 r 其中至少有一个能带来比 m 更高的期望效用。

因此，与既定的子博弈完美均衡相反，在达到决策结 x 或 y 时，参与人 2 不会选择 m，这个子博弈完美均衡没有意义。

之所以如此，是因为子博弈完美并没有规定参与人 2 在他未达到的信息集的行为，而这是因为未达到的信息集不是单结的，因此不能定义一个子博弈。

不过，就像前面看到的那样，通过引入参与人 2 对其所达到的信息集内决策结的信念，我们就能在那里合理地规定他的行为。这对均衡结果集合具有深刻的影响。本章的练习题会要求你证明，当参与人 2 赋予 m 的概率为 0 时，(我们已经证明了原因，) 唯一的子博弈完美均衡是参与人 1 以 0 概率选择 L。

出于本着逆向归纳的精神来精炼子博弈完美均衡集的目的，现在我们正式引入参与人对他们信息集内的决策结的信念。

信念及其与策略的联系

像图 7-27 中的例子所展示的那样，考虑参与人在其信息集上对博弈进行到该点的历史所持有的信念意义重大。

给定一个扩展式博弈 Γ 和一个决策结 x，令 $p(x)$ 表示参与人 $\iota(x)$ 基于已经达到其信息集 $\mathcal{I}(x)$ 的条件而赋予历史 x 的概率。因此，对于每个决策结 y，必有 $\sum_{x\in\mathcal{I}}(y)\cdot p(x)=1$。函数 $p(\cdot)$ 被称为一个**信念体系**（system of beliefs），它体现了所有参与人在其每个信息集关于博弈进行到该点的历史所持有的信念。

在博弈树中，我们将通过为每个信息集内的每个决策结指派概率来表示信念体系 p，并将概率写在代表性决策结旁边的圆括号内。

参与人对于博弈历史的信念通常会对其目前的行为产生重要影响，因此，以一种合理的方式形成信念至关重要。

我们感兴趣的问题是：对于一个既定的行为策略 b，哪种信念体系 p 是合理的？为便于今后的分析，我们将一组信念体系与行为策略的组合 (p, b) 命名为**评价**（assessment）。给定这样一个有序对 (p, b)，信念 p 可解释为参与人对于行为策略 b 被采用所持有的信念。重新表述我们的问题：哪种评价是合理的？

7

例如，考察一下图 7-28 中的博弈，其中描绘了参与人 1 的行为策略和参与人 2 的信念（未做具体说明的用 α、β 和 γ 来表示）。现在给定参与人 1 的策略，参与人 2 可以利用贝叶斯法则简单地计算出到达他的每个决策结的概率。于是，给定参与人 1 的策略，参与人 2 唯一合理的信念是 $\alpha=1/3$，$\beta=1/9$ 和 $\gamma=5/9$。

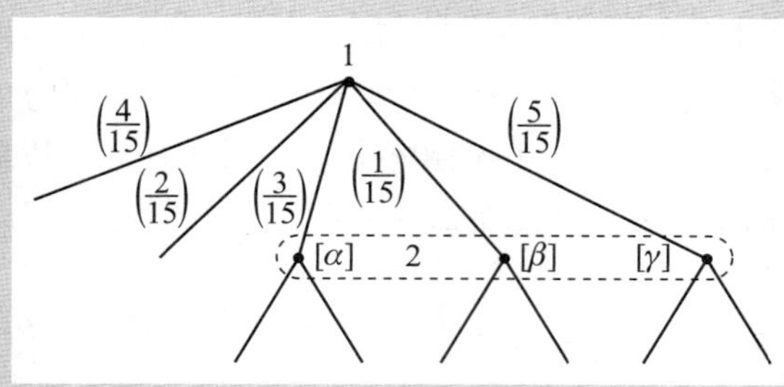

图 7-28 运用贝叶斯法则

为了理解贝叶斯法则的原理，想象这个博弈以参与人 1 所描绘的策略进行了 1 500 次。在 1 500 次博弈中，平均而言，参与人 1 最左边的两个选择发生了 400+200=600（次），而其他的选择发生了 300+100+500=900（次）。因此，参与人 2 的信息集将达到 900 次。在这 900 次中，最左边的决策结达到了 300 次，中间的决策结达到了 100 次，最右边的决策结达到了 500 次。因此，从频率的角度看，给定参与人 2 的信息集被达到的概率，则最左边的决策结发生的概率是 $\alpha=\frac{300}{900}=1/3$；中间的决策结发生的概率是 $\beta=\frac{100}{900}=1/9$；最右边的决策结发生的概率是 $\gamma=\frac{500}{900}=5/9$。

因此，如果一个评价（p，b）是合理的，则意味着信念体系 p 是利用贝叶斯法则从既定的联合行为策略 b 中得出的。即令 $p(x|b)$ 表示给定行为策略 b，决策结 x 被达到的概率，贝叶斯法则表明，对于每个信息集 I 和每个 $x\in I$，有

$$p(x)=\frac{P(x\mid b)}{\sum_{y\in I}P(y\mid b)}$$

条件是分母为正时，即依照 b 以正概率达到信息集。①

我们将此称为我们的第一原理。

贝叶斯法则： 只要有可能，信念必须运用贝叶斯法则从策略中得到。

"只要有可能"意味着依照既定的联合策略，所有的信息集都以正概率达到。因此，贝叶斯法则的运用并非总是可行的。例如，在图 7-29 的博弈中，给定参与人 1 和参与人 2 的行为策略，参与人 3 的信息集不能达到（即它以 0 概率达到）。因此，在这种情况下，我们不能正式地运用贝叶斯法则来得到参与人 3 的信念。然而，给定参与人 2 的策略，对参与人 3 来说，似乎存在唯一合理的信念，即 $\alpha=1/3$。

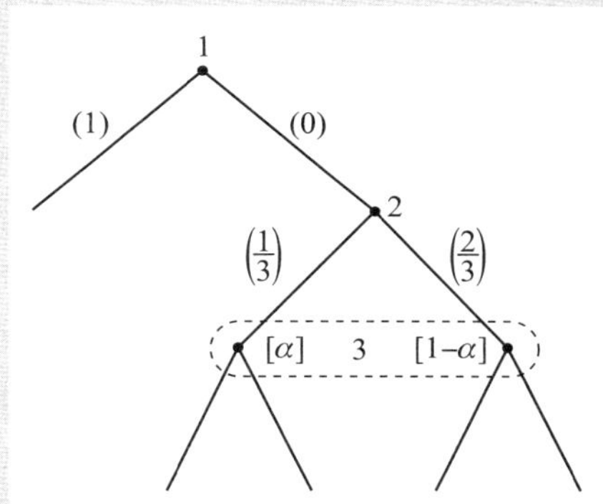

图 7-29 超越贝叶斯法则约束的信念

之所以认为这是唯一合理的信念，原因在于，严格来说，参与人 2 的行为策略意味着：如果参与人 1 选择右边，则他以概率 1/3 选择左边——尽管假设参与人 1 以概率 1 选择左边。因此，参与人 2 的混合行动已经考虑了以下情况，即参与人 2 执行其策略时，参与人 1 必须偏离他的策略。当轮到参与人 3 行动时，他唯一合理的信念是认为参与人 2 选择左边的概率是 1/3。

对于与既定行为策略相伴而生的信念而言，还需要考虑对其施加其他限制吗？当然！图 7-30 和图 7-31 为参与人 1 和参与 2 规定了一个行为策略。在每个博弈中，α 和 β 的任何介于 0 和 1 之间的选择都足以得出与贝叶斯法则相容的最终评价。而且，在图 7-29 的例子中所用的论证不再适用。不过，有充分的理由坚信，在每种情况中必有 $\alpha=\beta$。这个等式源自另外两个原理，我们有意对其进行非正式的描述。

独立性： 信念必须反映出参与人独立地选择他们的策略。

① 为了保持记号简单，我们不得不强调以下事实，即也取决于机会的分布。

共同信念：具有相同信息的参与人有着相同的信念。

想知道如何从两个原理得到 $\alpha=\beta$，考虑图 7-30 中的博弈。当到达参与人 2 的信息集时，是参与人 2 认为参与人 1 选择了 L 的概率。尽管没有在图中表示出来，但共同信念原理意味着，参与人 3 也认为参与人 1 在该点选择 L 的概率为 α（在给定与参与人 2 完全相同的信息集的条件下）。不过，根据参与人策略的独立性，明确参与人 2 的策略选择并没有提供给参与人 3 关于参与人 1 已选策略的任何信息。[①] 因此，即使明确参与人 2 已经选择了 L，参与人 3 关于参与人 1 的信念也一定保持不变（等于参与人 1 赋予 L 的概率 α）。但这意味着 $\beta=\alpha$。

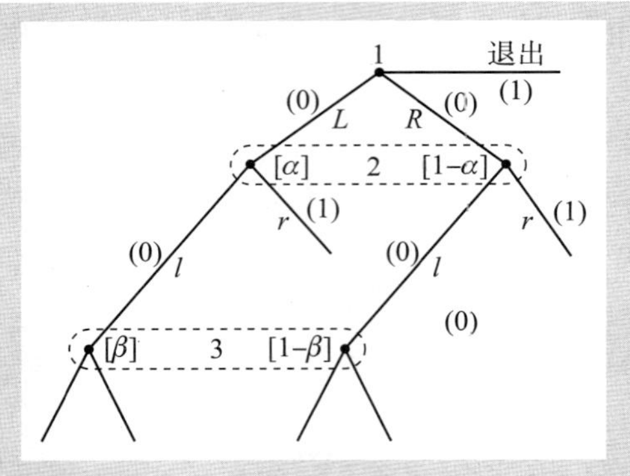

图 7-30　共同信念和独立性隐含的约束

类似的推理也可应用到图 7-31 中。明确参与人 1 选择了左边还是右边并不影响（根据独立性）参与人 3 对于参与人 2 选左边还是中间的概率的信念，即 $\alpha=\beta$。注意，此时并不需要共同信念原理，因为问题中的两个信息集都属于同一位参与人。

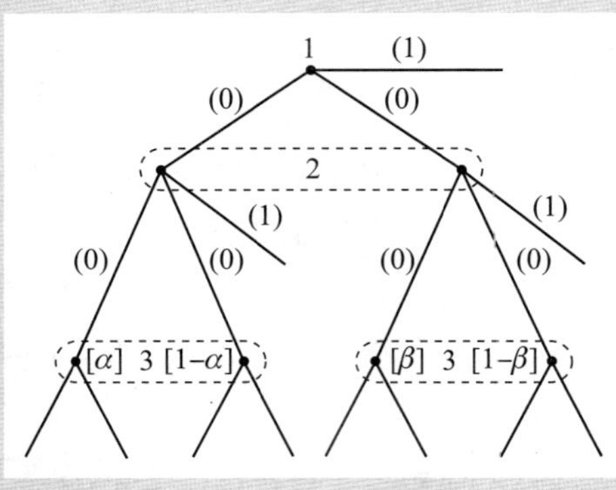

图 7-31　独立性隐含的约束

---

① 注意，在图 7-30 中，即使参与人 2 的单个信息集被分成两个单结信息集，独立性原理仍然适用。在这种情况中，参与人 2 对 l 或 r 的决策完全依赖于参与人 1 对 L 或 R 的选择。因此，明确参与人 2 选择了 l 还是 r 并不能向参与人 3 提供任何关于参与人 1 策略选择的信息。但这并不违反独立性原理，因为在新博弈中，参与人 2 的策略集是 $\{ll, lr, rl, rr\}$，而不是 (l, r)，而且根据独立性原理，明确参与人 2 已经选择了哪个策略，必定不会向参与人 3 提供任何有关参与人 1 策略选择方面的信息。

总之，到目前为止我们所考虑的例子中，贝叶斯法则、独立性和共同信念这三大原理足以囊括对信念的所有约束。（本章练习题会让你证明，在图 7-29 的博弈中，独立性产生了一个 $\alpha=1/3$ 的信念约束。）当然，这只是一种不太正式的说法，因为我们还一直没有对独立性和共同信念原理做正式的说明。我们真正要了解的内容是，“合理”的评价到底意味着什么？现在就给出答案。在阐述完定义之后，我们将讨论它与贝叶斯法则、独立性和共同信念这三个原理之间的联系。

定义 7.20　一致性评价

对于一个有限扩展式博弈 Γ，如果存在一个完全混合的行为策略的序列 b^n 收敛于 b，使得贝叶斯法则所归纳的信念体系序列 p^n 收敛于 p，则评价 (p, b) 是一致性的。

一致性评价的定义与贝叶斯法则、独立性和共同信念是如何联系在一起的呢？练习题 7.43 要求你证明一致性就意味着贝叶斯法则。实际上，一致性是比贝叶斯法则更严格的约束，在子博弈中尤其如此。因为独立性原则与共同信念原则都没有正式的定义，进而无法（正式地）把它们同一致性联系起来。然而，我们想表明，一致性以一种合理的方式为两大原理做了正式的表述。一致性坚持信念源自完全混合策略的极限，根据定义，它体现出了独立性，这就使得一致性形式化了独立性原理。要理解一致性对共同信念原理的形式化，重新考察一下决定了参与人信念的完全混合策略序列。在序列中，每个联合混合策略都能被看做是一个共同信念——在博弈进行之前，所有参与人都具有相同的信息——所有参与人都知道联合纯策略是如何被选择的。评价的极限也是一种共同信念。我们现在把一致性定义应用到我们已经讨论过的例子中，领略一下一致性是如何发挥作用的。

在图 7-28 的例子中，令 b 表示所描绘的行为策略（参与人 2 的行为策略不相关），令 $p=(\alpha, \beta, \gamma)$ 表示信念体系。因为评价 (p, b) 是一致的，对每个 n 来说，b^n 完全混合，而且 p^n 是利用贝叶斯法则从 b_n 得到的，那么一定存在一个评价序列 $(p^n, b^n) \to (p, b)$。可这意味着，沿着行为策略序列，参与人 1 最右侧的三种选择的概率分别收敛于 3/15、1/15 和 5/15。因为信念序列是通过贝叶斯法则得到的，故而 $\alpha^n/\beta^n \to 3$，$\beta^n/\gamma^n \to 1/5$，$\gamma^n/\alpha^n \to 3/5$，使得 $\alpha^n \to 1/3$，$\beta^n \to 1/9$。$\gamma^n \to 5/9$。因此，评价的一致性要求 $p=(\alpha, \beta, \gamma)=(1/3, 1/9, 5/9)$，恰好是我们之前所主张的。

在图 7-29 中，给定所描述的行为策略，一致性要求 $\alpha=1/3$。这是因为在图中，沿着任何收敛于 1 的完全混合策略序列，参与人 1 和参与人 2 同时选择右的概率（在极限上）是参与人 1 选择右且参与人 2 选择左的概率的两倍。因为信念源于利用贝叶斯法则得到的序列的极限，故有上述结论。本章练习题会让你证明，一致性也会产生图 7-30 和图 7-31 的例子中的约束条件。

前面证明过，一致性评价满足我们的第一原理（贝叶斯法则），而且还形式化了非正式的独立性和共同信念原理。但是有点令人担心的是，一致性过分数学化的

7

定义会无意中超出这些原理的范畴。然而，事实证明，一致性与下列原理等价。[①]

（1）参与人能把（可能是无限的）相对概率分配给任何联合纯策略组合；

（2）参与人的相对概率满足标准的概率法则（如贝叶斯法则）；

（3）参与人的相对概率与一个外部观察者的相对概率一致（共同信念）；

（4）外部观察者在观察到任何有限数量的相同策略性情形之后，其对目前策略性情形的相对概率不会发生改变（与“无限经验”有关的一种独立性形式）。

在我们看来，一致性与这四条原则的等价表明了一致性是一种对信念理想化了的约束。当然，并不是所有实际情况都符合这些理想条件，因此我们必须小心谨慎，避免一致性的滥用。然而，如果我们的目标就是理解这些理想化的“理性”参与人之间的策略性行为，依照上述等价原理，一致性就是完全合理的。

序贯理性

在探究了信念与策略之间的关系之后，现在可以回到之前的任务中了，也就是为一般性的扩展式博弈提出一个合理的逆向归纳概念。

对于具有完美信息的博弈，逆向归纳解意味着，无论轮到谁行动，参与人都做出收益最大化的选择。子博弈完美试图把这种思想扩展到完美信息博弈之外。然而，如图 7-27 中的例子所示，子博弈完美还不够强，没法把每个信息集上的次优行为排除在外。

不管轮到谁行动，每位参与人都被赋予了关于博弈历史的信念，这就直接要求他们在每个信息集所作的选择都是最优的。一旦做到这一点，我们就能适当地将逆向归纳思想扩展到一般性的扩展式博弈中。现在，我们就正式沿这个思路展开工作。

7

给定一个有限的扩展式博弈，考虑参与人 i 的一个评价（p，b）和信息集 I。参与人 i 一旦达到信息集 I，行为策略 b_i 对他来说就是最优的，为了检验这个论断，我们必须能够计算出参与人 i 在信息集 I 中采用其他策略的收益。

假定已经到达信息集 I，我们先根据评价（p，b）来计算 i 的收益。对于 I 中的每个决策结 x，我们都能用 b 来计算参与人 i 从 x 出发获得的收益，做法是把 x 简单地当成一个子博弈。对于每个这样的 x，令 $u_i(b \mid x)$ 表示这个收益的数值，则 $u_i(b \mid x)$ 就是到达信息集 I 中结点 x 的收益。当然，参与人 i 并不知道到达 I 中的哪个结点，但是信念体系 p 说明了分配给 I 中每个结点的概率。因此，假定已经达到 I，根据（p，b），参与人 i 的收益就是依照信念体系 p 的数值的期望值 $u_i(b \mid x)$。

$$\sum_{x \in I} p(x) u_i(b \mid x)$$

我们把这个收益用 $v_i(p, b \mid I)$ 表示。见图 7-32 和图 7-33 中计算 $v_i(p, b \mid I)$

① 参见 Kohlberg and Reny（1997）。

的一个例子。

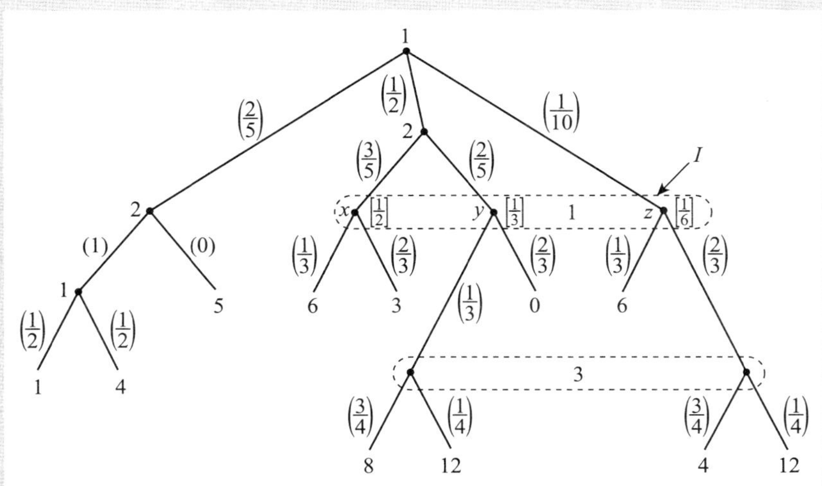

图 7-32 以一个信息集为条件的收益

以达到 I 为条件的参与人 1 的收益计算见图 7-33。

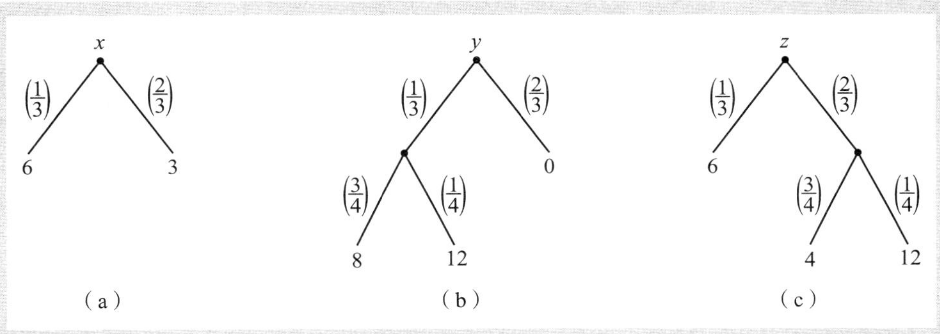

图 7-33 在一个信息集上计算收益

分别处理 1 的信息集(在图 7-32 中标为 I) 中的每个结 x, y 和 z, 在(a)中, $u_1(b\mid x)=\frac{1}{3}\times 6+\frac{2}{3}\times 3=4$; 在(b)中, $u_1(b\mid y)=\frac{1}{3}\times\left[\frac{3}{4}\times 8+\frac{1}{4}\times 12\right]+\frac{2}{3}\times[0]=3$; 在(c)中, $u_1(b\mid z)=\frac{1}{3}\times 6+\frac{2}{3}\times\left[\frac{3}{4}\times 4+\frac{1}{4}\times 12\right]=6$, 因此, $v_1(p, b\mid I)=p(x)u_1(b\mid x)+p(y)u_1(b\mid y)+p(z)u_1(b\mid z)=\frac{1}{2}\times 4+\frac{1}{3}\times 3+\frac{1}{6}\times 6=4$。

我们现在已经知道,一旦达到参与人 i 的某个信息集,如何以该信息集为条件从一个任意的评价中计算出其收益,现在可以直接对(计算得到的)这个收益与在该点改变策略所能获得的收益进行比较。这便是本节核心定义的基础。

定义 7.21 序贯理性

对于一个有限的扩展式博弈来说,如果对每位参与人 i、属于他的每个信息集 I 及每个行为策略来说,如果有 $v_i(p, b\mid I)\geqslant v_i(p, (b_i', b_{-i})\mid I)$,则认为评价 (p, b) 是序贯理性的。

如果对于某些信念体系 p，评价 (p, b) 满足如上的序贯理性，则我们也称一个联合行为策略 b 是序贯理性的。

在博弈的任何一点，如果没有参与人有动机改变策略，则评价是序贯理性的。注意“在博弈的任何一点”，不仅指行为策略 b 以正概率达到的信息集，而且是指所有的信息集。

图 7-27 的博弈彰显了上述区别。回忆一下，参与人 1 选择 L 且参与人 2 选择 m 的子博弈完美均衡是无意义的，因为如果真的到达参与人 2 的信息集，他希望偏离 m。如果我们不对所有信息集上的最优行为加以检验，而是只检验那些依照既定策略能以正概率达到的信息集，就无法将这个无意义的均衡排除在外。可一旦我们坚持这么做了，行为就是所有信息集上最优的，这个子博弈完美均衡就会被剔除。更正式一点的表述如下：如果 b 表示图 7-27 中描绘的联合行为策略，那么不存在一个信念体系 p，使得评价 (p, b) 是序贯理性的。（参见练习题。）

因此，并非所有的子博弈完美均衡（并非所有的纳什均衡）都是序贯理性的。是否存在这样一些博弈，其序贯理性的行为策略并不构成子博弈完美均衡？答案是肯定的。下面就是这样一个例子，它进一步提醒我们，在信念和策略之间建立一种合适的联系是非常重要的！

图 7-34 所描绘的博弈叫做“硬币匹配”（matching pennies）。每位参与人都有一枚硬币，而且放在手心里的时候可以选择正面朝上或者反面朝上。如果两枚硬币的朝向相同，即相互匹配，则参与人 1 获胜，赢得参与人 2 的硬币；如果两枚硬币的朝向相反，即不匹配，则参与人 2 获胜，赢得参与人 1 的硬币。参与人 1 先行动，但是手掌不摊开，直到参与人 2 也做好选择。于是，参与人 2 必须在不知道参与人 1 作何选择的情况下选择他自己的硬币是正面朝上还是反面朝上。①

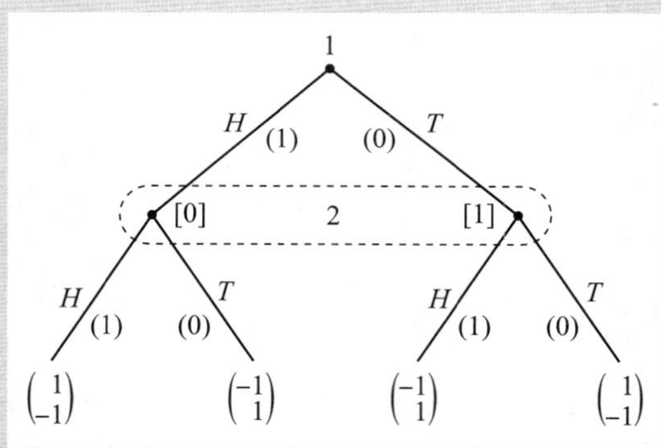

图 7-34　序贯理性评价并非序贯均衡

参与人 2 的信念不是利用贝叶斯法则从策略中得到的。

① 实际上，参与人是同时做出选择。因此，这个扩展式博弈等价于参与人同时做选择的策略式博弈（如 7.2 节中“击球手—投球手对决”的策略式博弈；在博弈论的文献中，更为人所熟知的是“硬币匹配”博弈。）在这个意义上，任何策略式博弈都能被模型化为一个扩展式博弈，其中每位参与人以某种固定的（但任意的）顺序行动一次，而且没有参与人知道之前参与人所做的选择。

该博弈唯一的纳什均衡（也是唯一的子博弈完美均衡）是两位参与人随机选择正面朝上或背面朝上，每种选择的概率各为1/2。然而，考虑图中所描绘的评价——两位参与人都以概率1选择正面朝上，而且参与人2的信念是认定参与人1以概率1选择背面朝上。尽管这个评价不是纳什均衡，但是是序贯理性的，因为参与人1得到了他的最高可能收益，而且依照参与人2的信念，当到达他的信息集时，参与人1已经以概率1选择了背面朝上。于是，通过选择正面朝上，再一次依照他的信念，参与人2的收益被最大化了。

所以，序贯理性评价不必是纳什均衡。显然，这个例子的困境在于参与人2的信念并不是通过贝叶斯法则从策略中得到的。

把序贯理性和之前讨论的联系信念与策略的三大原理（贝叶斯法则、独立性和共同信念）结合起来，便可得到 Kreps and Wilson（1982）提出的一个重要的均衡概念。

定义 7.22　序贯均衡

对于一个有限的扩展式博弈而言，如果它的一个评价是一致且序贯理性的，则称这个评价是一个序贯均衡。

因为一致性评价必须满足贝叶斯法则（你会在一道练习题中要求证明为什么），图7-34的“硬币匹配”博弈唯一的序贯均衡就是每位参与人以概率1/2选择正面朝上。

把序贯均衡概念应用到一个结论不那么显而易见的例子中，更能体现其启发性。

例题 7.7

7

考虑一个“硬币匹配”博弈的变体，称之为“复杂的硬币匹配”。有3位参与人，每个人都有一枚硬币。参与人的目标如下：参与人3希望同参与人1的选择匹配，参与人1的希望正好相反。参与人2的作用是“帮助”参与人3尽可能地与参与人1的选择匹配。我们可以把参与人2和参与人3看做是与参与人1博弈的团队成员（尽管他们是独立选择的）。赌资是4美元。

参与人2怎么帮助参与人3猜出参与人1的选择（是正面朝上还是反面朝上）呢？答案就蕴涵在尚未明确的（博弈的）具体规则之中。博弈规则如下：参与人1将硬币放在掌心遮起来，可能正面朝上也可能反面朝上。参与人2的做法也是如此。参与人1和参与人2向一个裁判展示其硬币（但是要小心，不要让参与人3看到），接着裁判告诉参与人3，参与人1和参与人2的硬币是否匹配，然后参与人3必须决定选择正面朝上还是反面朝上。如果参与人3的选择与参与人1相匹配，则参与人1向参与人2和参与人3各支付2美元。否则，参与人2和参与人3各向参与人1支付2美元。为了使这个博弈更有趣，我们允许参与人1和参与人2在轮到他们行动时选择退出。退出成本是2美元。如果参与人1退出，他必须付给参与人2和参与人3各1美元。整个博弈如图7-35所示。你能验证该图是与上述描述相符的。

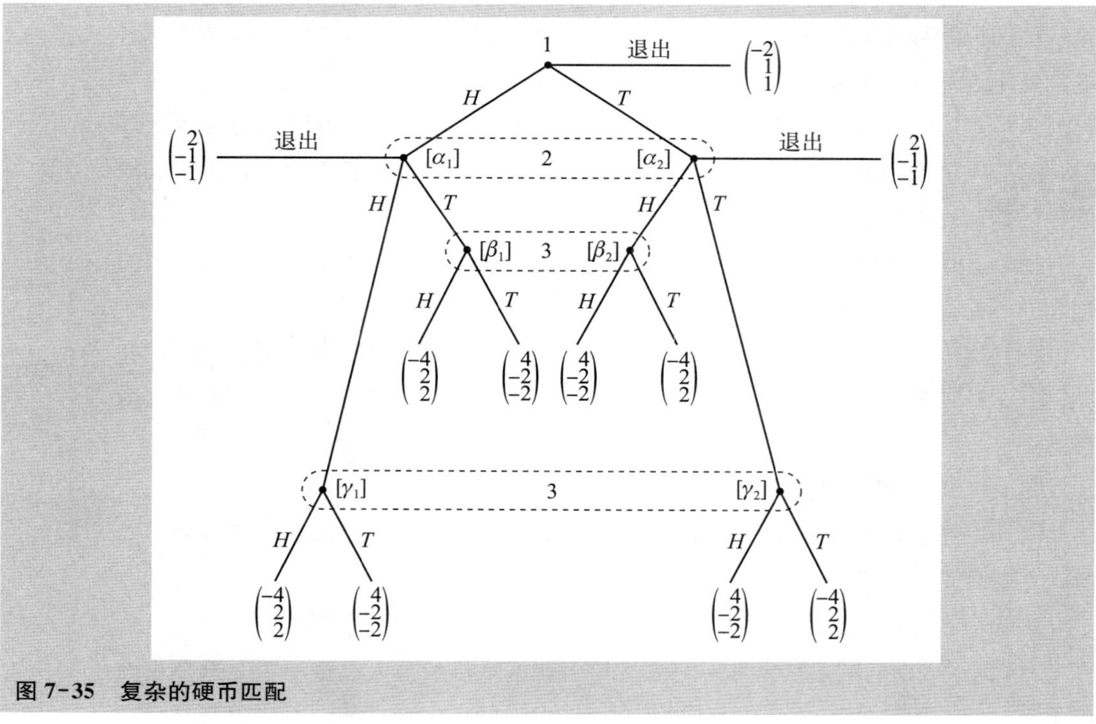

图 7-35　复杂的硬币匹配

这个博弈存在多个序贯均衡，我们现在仅介绍其中一个计算方法便可达到启发的作用，本章练习题会要求你把其他均衡也找出来。

在图中，我们用 α_i 表示参与人 2 的信念，用 β_i 和 γ_i 表示参与人 3 的信念。为了表述方便，我们把参与人 3 以 β_i 表示的信息集记做 3 的 β 信息集，另一个称为 3 的 γ 信息集。

令 x 和 y 分别表示参与人 1 和参与人 2 选择正面朝上的概率，令 $\bar{x}$ 和 $\bar{y}$ 分别表示他们选择反面朝上的概率。令 z_β 和 z_γ 分别表示参与人 3 在他的 β 和 γ 信息集上选择正面朝上的概率。

于是，向量（α_1，β_1，γ_1；x，$\bar{x}$，y，$\bar{y}$，z_β，z_γ）是博弈的一个评价。现在，我们要去找到一个序贯均衡，其中 x，$\bar{x}$，y，$\bar{y}$，z_β，z_γ 是严格介于 0 和 1 之间的，而且参与人 1 和参与人 2 不会选择退出。当然，无法保证这样的均衡一定存在。但是，如果存在，我们就会找到它。

假设 x，$\bar{x}$，y，$\bar{y}$，z_β，z_γ 严格介于 0 和 1 之间，且 $x+\bar{x}=y+\bar{y}=1$。因此，到达每个信息集的概率都为正，而且由于评价是一致性的，足以保证信念是利用贝叶斯法则得出的（参见练习题）。于是，对一致性来说，必有：

$$\alpha_1=x,\quad \beta_1=\frac{x\bar{y}}{x\bar{y}+y\bar{x}},\quad 且\quad \gamma_1=\frac{xy}{xy+\bar{y}\bar{x}} \tag{E.1}$$

这仍是运用序贯理性的条件。

给定每位参与人的信念和其他参与人的策略，序贯理性要求每位参与人的策略在其每个信息集上都是收益最大化的。但是请回忆一个重要的事实，即如果一位参与人在任何数量的选择之间进行混合，而且参与人最大化他的收益，则他必须在这些选择之间无差异。我们利用这一事实来决定参与人的策略。

利用（E.1），直接计算出如下结果：

$$v_1(H|I_1)=y(-4z_\gamma+4(1-z_\gamma))+\overline{y}(-4z_\beta+4(1-z_\beta)) \quad (E.2)$$

$$v_1(T|I_1)=y(4z_\beta-4(1-z_\beta))+\overline{y}(4z_\gamma-4(1-z_\gamma))$$

$$v_2(H|I_2)=x(2z_\gamma-2(1-z_\gamma))+\overline{x}(-2z_\beta+2(1-z_\beta))$$

$$v_2(T|I_2)=x(2z_\beta-2(1-z_\beta))+\overline{x}(-2z_\gamma+2(1-z_\gamma))$$

$$v_3(H|I_{3\beta})=\frac{x\overline{y}}{x\overline{y}+y\overline{x}}(2)+\frac{y\overline{x}}{x\overline{y}+y\overline{x}}(-2)$$

$$v_3(T|I_{3\beta})=\frac{x\overline{y}}{x\overline{y}+y\overline{x}}(-2)+\frac{y\overline{x}}{x\overline{y}+y\overline{x}(2)} \quad (E.3)$$

$$v_3(H|I_{3\gamma})=\frac{xy}{xy+\overline{x}\,\overline{y}}(2)+\frac{\overline{x}\,\overline{y}}{xy+\overline{x}\,\overline{y}(-2)}$$

$$v_3(T|I_{3\gamma})=\frac{xy}{xy+\overline{x}\,\overline{y}}(-2)+\frac{\overline{x}\,\overline{y}}{xy+\overline{x}\,\overline{y}(2)}$$

这里，（E.2）给出了参与人1在他的信息集 I_1 选择正面朝上的收益，（E.3）给出了参与人3在他的信息集（用 $I_{3\beta}$表示）选择反面朝上的收益。

现在，根据上述关系，必然得到如下无差异方程：

$$v_1(H|I_1)=v_1(T|I_1)$$

$$v_2(H|I_2)=v_2(T|I_2)$$

$$v_3(H|I_{3\beta})=v_3(T|I_{3\beta})$$

$$v_3(H|I_{3\gamma})=v_3(T|I_{3\gamma})$$

因为我们假设在均衡中没有参与人选择退出，所以 $\overline{x}=1-x$ 且 $\overline{y}=1-y$。记住这个式子，我们可以利用上面最后两个无差异方程解出 x 和 y，得到 $x=\overline{x}=y=\overline{y}=1/2$。给定这个结果，从前面两个无差异方程可以得到 $z_\beta=z_\gamma=1/2$。

因为参与人3在每个信息集上恰好有两种选择，而且他在这两种选择之间无差异，则其行为在每个信息集上都是收益最大化的。仍需要检验的是，参与人1和参与人2最大化了他们的收益。为此，我们必须检验选择退出不会更好。事实也正是如此。如果退出，参与人1和参与人2得到负收益，而选择正面朝上或反面朝上都能得到0收益。

因此，评价（α_1，β_1，γ_1，x，$\overline{x}$，y，$\overline{y}$，z_β，z_γ）在每个分支上都是1/2，这是一个序贯均衡。

注意，在这里序贯均衡的计算中，每位参与人得到的收益为0。参与人3实际上并没有从参与人2那里获得帮助，因为没有参与人2，博弈就是参与人1和参与人3之间标准的

“硬币匹配”博弈。本章练习题会要求你找出所有其他的序贯均衡，而且你会发现，参与人 2 和参与人 3 在其他均衡中表现更佳。 □

我们从这个例子中获益良多，仔细考察一下评价 $(\alpha_1, \beta_1, \gamma_1; x, \bar{x}, y, \bar{y}, z_\beta, z_\gamma)=(1, 0, 0; 1, 0, 0, 0, 0, 0,)$ 会很受启发，其中参与人 1 以概率 1 选择正面朝上，参与人 2 以概率 1 选择退出，参与人 3 以概率 1 选择反面朝上。

尽管参与人 1 确定选择正面朝上，参与人 3 有可能与他相匹配，但他置参与人 2 的选择于不顾，还是选择了反面朝上，所以这个评价看起来有点不可思议，但它是序贯理性的，而且满足贝叶斯法则！为了理解序贯理性，留意一下，因为参与人 2 退出，所以参与人 1 一定会在他的信息集上最大化其收益。而且，给定参与人 2 的信念（相信参与人 1 选择正面朝上的概率为 1）和参与人 3 的策略（无论如何都选择反面朝上），即参与人 3 肯定不会与参与人 1 相匹配，参与人 2 也在他的信息集上实现了最大化。于是，对参与人 2 来说，退出赌局是最优的。为了证实贝叶斯法则，只需留意，联合行为策略所能达到的唯一的单结信息集是参与人 2 的信息集，而且他的信念的确是根据贝叶斯法则从策略中得到的。

尽管这个评价满足贝叶斯法则，而且是序贯理性的，但它并非一个序贯均衡。事实上，它并非一致性的。从直觉来看，参与人 3 的信念有点儿问题。在正式地证明评价如何违背定义 7.20 中的一致性条件之前，先从直觉上来理解会有所帮助。回忆一下一致性包含的三大原理：贝叶斯法则、独立性和共同信念。显然，我们认为独立性意味着 β_2 和 γ_2 中的一个必须为 0。（然而，在既定评价中，二者均为 1。）

令 $b_1(b_2)$ 表示在参与人 3 的 β 信息集的左（右）决策结，$g_1(g_2)$ 表示在参与人 3 的 γ 信息集的左（右）决策结。给定策略，但在策略执行之前，考虑一下参与人 3 所面临的问题：“决策结 g_1 相对于 b_2，其达到的可能性有多大？”我们需要讨论的参与人 3 的答案是：“与 b_2 相比，决策结 g_1 具有无限可能”。①

理由如下。从图 7-35 来看，问题可重新表述为：“给定参与人 2 选择正面朝上，那么，（相对于选择反面朝上来说，）参与人 1 选择正面朝上的可能性有多大？”但是根据独立性，参与人 3 从参与人 2 所选的策略中并没有获得任何关于参与人 1 的策略选择的信息。因此，上述问题的答案一定与以下问题的答案相同，即“给定参与人 2 选择退出，参与人 1 选择正面朝上较之选择反面朝上的可能性有多大？”后一个问题的答案一定是：给定参与人 2 选择退出，参与人 1 选择正面朝上（较之选择反面朝上）具有无限可能，因为这正是所提策略的应有之意。因此，根据独立性之意，初始问题的答案必然相同——g_1 较 b_2 具有无限可能。

一个类似的分析表明，问题“决策结 b_1 与决策结 g_2 相比，其可能性有多大？”

---

① 我们说一个事件较另一个事件有无限可能，只是意味着，在二者之一发生的条件下，一个事件的概率为 1，而另一个事件的概率为 0。例如，给定参与人的策略，在博弈开始之前，我们说参与人 1 选择正面朝上较反面朝上具有无限可能，因为前者的概率为 1，后者的概率为 0。

的答案必然是前者较后者具有无限可能。(做出讨论。)

最后，考虑参与人3的问题：“决策结 g_1 与决策结 b_1 相比，其可能性有多大?”尽管我们没法肯定3的答案，但可以确定只存在两种可能：g_1 比 b_1 的可能性更大（并不一定是无限可能的）或更小。如果可能性更大，因为 b_1 较 g_2 具有无限可能，因此，g_1 也较 g_2 具有无限可能。但是，这就等于说 $\gamma_1=1$ 且 $\gamma_2=0$。于是，在这种情况下，$\gamma_2=0$。

另外，如果 b_1 至少与 g_1 具有同样的可能，因为 g_1 较 b_2 有无限可能，则 b_1 较 b_2 有无限可能必然成立。但是，这就等于说 $\beta_1=1$ 且 $\beta_2=0$。

因此，独立性意味着 $\gamma_2=0$，或者 $\beta_2=0$。由此可以得出结论：既定的评价并不满足独立性。

这种直觉上的描述并能成为对“评价不满足一致性”的一种正式证明，它只是在你认识这个困境本质的时候提供一点启示。我们将通过证明以下结论来正式地证明评价不满足一致性——因此它不是一个序贯均衡。

论断　如果 $(\alpha_1, \beta_1, \gamma_1, x, \bar{x}, y, \bar{y}, z_\beta, z_\gamma)$ 是复杂的“硬币匹配”博弈的一个一致性评价，则信念必须满足以下不等式：

$$(\alpha_1)^2\beta_2\gamma_2=(\alpha_2)^2\beta_1\gamma_1$$

在我们证明这个论断之前，需要注意，当 $\alpha_1=1$ 时（正如我们正在分析的情况），方程意味着 β_2 和 γ_2 其中之一必定为0(恰如我们用独立性所证明的那样)。因此，证明这个论断就是要证明既定的序贯理性评价是不一致的，因此不是一个序贯均衡。

论断的证明： 如果 $(\alpha_1, \beta_1, \gamma_1, x, \bar{x}, y, \bar{y}, z_\beta, z_\gamma)$ 评价是一致性的，根据定义7.20，则存在一个行为策略 x^n，$\bar{x}^n$，y^n，$\bar{y}^n$，z_β^n，z_γ^n 的完全混合序列分别收敛于 x，$\bar{x}$，y，$\bar{y}$，z_β，z_γ，与之相关的由贝叶斯法则所归纳出的信念 α_1^n，β_1^n，γ_1^n 分别收敛于 α_1，β_1，γ_1。

现在，因为沿此序列，所有的行为策略概率都严格为正，对所有的 n 而言，我们得到如下等式：

$$\left(\frac{x^n}{\bar{x}^n}\right)^2\frac{\bar{x}^n y^n}{x^n\bar{y}^n}\frac{\bar{x}^n\bar{y}^n}{x^n y^n}=1$$

但是根据贝叶斯法则，对于所有的 n，我们得到下列表达式：

$$\frac{\alpha_1^n}{\alpha_2^n}=\frac{x^n}{\bar{x}^n}$$

$$\frac{\beta_2^n}{\beta_1^n}=\frac{\bar{x}^n y^n}{x^n\bar{y}^n}$$

$$\frac{\gamma_2^n}{\gamma_1^n}=\frac{\bar{x}^n\bar{y}^n}{x^n y^n}$$

因此，我们可以把这些表达式代入等式，并重新整理，得到对所有的 n 而言，有

$$(\alpha_1^n)^2\beta_2^n\gamma_2^n=(\alpha_2^n)^2\beta_1^n\gamma_1^n$$

随着 n 趋向无穷大，对两侧取极限，便可得到想要的结论。 ■

我们用下面的定理来结束本节。该定理一方面表明了序贯均衡概念整体的连贯性，另一方面表明了序贯均衡的确是对逆向归纳向一般扩展式博弈的扩展。

定理 7.7 （Kreps 和 Wilson）序贯均衡的存在性

每个完美回忆的有限扩展式博弈都拥有至少一个序贯均衡，而且，如果评价是一个序贯均衡，则行为策略 b 是一个子博弈完美均衡。

我们在这一章中探讨了许多思想和观点，从占优均衡到纳什均衡，一直到序贯均衡。在此期间，我们希望能使读者认识到博弈论的博大精深，并领略博弈论对于解决理性参与人策略性问题的强大威力。

在下一章中，我们将充分利用本章所阐明的博弈论思想来理解信息不对称的一些重要经济后果。

7.4 练习题

7.1 将古诺模型和伯川德模型表示为相关的策略式博弈。

7.2 对于重复剔除严格劣策略来说，证明策略集合是嵌套的（nested）；如果博弈是有限的，则剔除程序在有限轮次中结束。你能给出所必需的剔除次数的（紧的）上限吗？

7.3 对于重复性剔除（弱或严格）劣策略而言，我们的程序是在每一轮次剔除所有可能的劣策略。可能有人认为每轮仅有部分劣策略被剔除。在这个意义上，我们能改变劣策略被剔除的顺序。

（1）利用以下博弈证明，弱的劣策略被剔除的顺序会影响余下的结果。

	L	M	R
U	2，1	1，1	0，0
C	1，2	3，1	2，1
D	2，−2	1，−1	−1，−1

（2）证明：在一个有限博弈中，当剔除严格劣策略时，剔除的顺序无关紧要（不影响结果）。

7.4 我们已经证明了一个纯策略可能严格占优于另一个纯策略。混合策略也可能严格占优于纯策略，而且可能也严格占优于其他混合策略。为了证明这一点，考虑以下双人博弈。

	L	M	R
U	3，0	0，−3	0，−4
D	2，4	4，5	−1，8

（1）以理服己，参与人 2 的纯策略 L 或 R 都不占优于他的纯策略 M。

（2）证明：纯策略 M 严格劣于参与人 2 各以 1/2 概率选择 L 和 R 的混合策略。

7.5 考虑一下在 7.2.1 节末尾处所讨论的“猜平均数”博弈。

（1）证明：不存在严格占优的纯策略。

（2）找出一个严格占优于 100 的混合策略。

（3）证明：99 并非严格劣策略。

（4）证明：对于 N 位参与人中的每个人来说，重复剔除严格劣策略得到了 1 这个唯一的选择，而且需要 99 个轮次的剔除。

（5）证明：当有3位参与人时，一位参与人应用重复性弱占优程序，则对于每位参与人 i 来说，$W_i^1=\{1, 2, \cdots, 14\}$，$W_i^2=\{1, 2\}$ 且 $W_i^3=\{1\}$。

7.6 证明：在重复性弱占优下保留下来的策略在重复性严格占优下也会继续存在。

7.7 如果参与人的收益之和总是0，则称这种双人博弈为“零和博弈”（zero-sum game）。在一个双人的零和博弈中，当参与人1选择 $x\in X$ 且参与人2选择 $y\in Y$ 时，令 $u(x, y)$ 表示参与人1的收益；则参与人2的收益为 $-u(x, y)$。X 和 Y 都是纯策略的有限集合。根据这个博弈，回答以下问题。

（1）证明**最小最大化定理**（minimax theorem）。即存在一对混合策略 m_1^*，m_2^*，使得

$$\max_{m1\in M1}\ \min_{m2\in M2} u(m_1,m_2)=u(m_1^*,m_2^*)$$
$$=\min_{m2\in M2}\ \max_{m1\in M1} u(m_1,m_2)$$

解释这个结论。

（2）证明：纳什均衡是可互换的（interchangeable），因为如果（m_1^*，m_2^*）和（$\overline{m}_1$，$\overline{m}_2$）是两个纳什均衡，则（m_1^*，$\overline{m}_2$）和（$\overline{m}_1$，m_2^*）也是纳什均衡。由此得出结论：在双人零和博弈中，如果存在多重纳什均衡，则任何参与人都不知道对方正在使用哪个均衡策略。

（3）证明：在每个纳什均衡中，参与人1的收益（同理，参与人2的收益）都是相同的。这个收益数被称为博弈的**值**（value）。

7.8 只要 N 维向量（$\pi(1)$，…，$\pi(N)$）是（1，…，N）的一个排列（permutation），如果每位参与人 i 都具有相同的纯策略集合，且 $u_{\pi(i)}(s_{\pi(1)}, \cdots, s_{\pi(N)})=u_i(s_1, \cdots, s_N)$，则博弈是**对称**（symmetric）的。证明：一个有限的对称博弈拥有一个对称的纳什均衡——在此纳什均衡中，每位参与人选择相同的策略。

7.9 证明一个对称的双人零和博弈的值为0。

7.10 计算下列博弈的纳什均衡集。

（1）

	L	R
U	1，1	0，0
D	0，0	0，0

再证明，该博弈存在两个纳什均衡，但只有一个均衡是没有参与人选择的弱的劣策略。

（2）

	L	R
U	1，1	0，1
D	1，0	−1，−1

证明存在无限多个纳什均衡，其中只有一个均衡是没有参与人选择的弱的劣策略。

（3）

	L	l	m	M
U	1，1	1，2	0，0	0，0
C	1，1	1，1	10，10	−10，−10
D	1，1	−10，−10	10，−10	1，−10

证明存在唯一的由重复剔除弱的劣策略决定的策略。

7.11 两位猎人在森林里猎鹿。他们分头行动，且各有两种策略可选：猎鹿（S）或猎兔（R）。如果他们都选择猎鹿，则狩猎将会成功，各自获得收益9。如果一人选择猎鹿，而另一个选择猎兔，则猎鹿的猎人空手而归，而猎兔的猎人收益为9。如果他们都选择猎兔，则各自收益为7。博弈描述如下，计算这个“猎鹿博弈”所有的纳什均衡。你认为哪个均衡最可能实现？为什么？

	S	R
S	9，9	0，8
R	8，0	7，7

7.12 对于一位参与人 i 和其他参与人的任意混合策略而言，如果 i 在一个博弈中的纯策略

7

排序与另一个博弈中的排序一致，则把这两个具有相同策略集合但收益不同的博弈称为**策略性等价**（strategically equivalent）。再次考虑上述猎鹿博弈，但假设当另一位参与人猎鹿时，参与人1的收益减少了 $\alpha \geqslant 0$，博弈变为

	S	R
S	$9-\alpha$，9	0，8
R	$8-\alpha$，0	7，7

（1）证明这个博弈与“猎鹿博弈”是策略性等价的。

（2）从一位参与人的收益中减去一个常数而使另一位参与人的策略保持不变，证明“猎鹿博弈”与下述纯协调博弈是策略性等价的。

	S	R
S	1，1	0，0
R	0，0	7，7

你认为在纯协调博弈中，哪个均衡最可能出现？为什么？将答案与练习题7.11进行比较。（如果答案不同，根据两个博弈的策略性等价，想一想为什么。）

7.13　考虑足球场上的罚球。有两位参与人：守门员和前锋。前锋有两种策略：踢守门员的右侧（R）或左侧（L）；守门员也有两种策略：左移（L）或右移（R）。令 $\alpha(\beta)$ 表示双方都选择 $L(R)$ 时罚球结束的概率。假设 $0<\alpha<\beta<1$。也就是说，前锋踢守门员左侧的技巧更纯熟。收益矩阵如下。

		前锋	
		L	R
守门员	L	α，$1-\alpha$	0，1
	R	0，1	β，$1-\beta$

（1）在分析该博弈之前，简略地回答以下问题。

a. 如果前锋踢守门员左侧比右侧的技巧更纯熟，你预计他踢守门员左侧会更经常得分吗？

b. 如果前锋踢守门员左侧从而得分的能力提高（即 α 减少），这将如何影响前锋踢守门员左侧得分次数的百分比？当他踢守门员右侧时，会影响他得分次数的百分比吗？

（2）找到唯一的纳什均衡。

（3）再次回答（1）中的问题。在此基础上，通过比较前锋踢右侧得分与踢左侧得分次数的比例，进而判断他踢左侧与右侧的相对得分能力，这种做法是否明智？

（4）一旦得知当两位参与人选择 L 或 R 时射门得分的次数比例，你就可以正确地推断出参与人踢左侧或右侧的得分能力。

（5）如果你只了解前锋的选择，你能正确推断出参与人踢左侧较右侧的得分能力吗？如果不能，你能从中推断出什么？

（6）如果你只了解守门员的选择，你能正确推断出参与人踢左侧较右侧的得分能力吗？如果不能，你能从中推断出什么？

7.14　三家企业从一个湖中取水用于生产。每家企业有两种纯策略：净化污水（P）或倾倒未处理的污水（D）。如果0或1家企业选择 D，则湖水仍是纯净的；但如果2家或3家企业选择 D，则湖水被污染，每家企业蒙受的损失为3。净化水的成本是1。计算这个博弈所有的纳什均衡。

7.15　证明：每个有限博弈都存在一个纳什均衡，其中没有参与人会赋予弱占劣纯策略正概率。

（1）证明每个有限博弈都有一个纳什均衡 m，对于每位参与人 i 而言，m_i 不是弱占劣的，用这个证明来改善上述结论。

（2）考虑第4章介绍过的伯川德博弈，以此来证明（1）的结论是以有限性为条件的。

7.16　证明：在一个有限策略式博弈中，经过重复性弱占优而保留下来的策略集是非空的。

7.17　考虑下述策略式博弈。两国必须同时决定各自的行动路线。国家1必须决定是保留还是销毁武器。国家2必须决定是否暗中监视国家1。如

果国家2能证明国家1保留了武器，对于国家1来说，是一桩国际性丑闻。收益矩阵如下：

	监视	不监视
保留	−1，1	1，−1
销毁	0，2	0，2

（1）每位参与人都有一个严格占优策略吗？

（2）每位参与人都有一个弱占优策略吗？

（3）找出一个纳什均衡，其中没有参与人会选择弱占优策略。

7.18 重新考虑上题的两国博弈。现在假设国家1可能有两种类型：攻击性或非攻击性。国家1知道他自己的类型，而国家2不知道，但它相信国家1是攻击性的概率为 $\varepsilon>0$。攻击性类型的国家非常看重保留武器。如果它这么做，而且国家2暗中监视到攻击性类型，则会引发战争。如果引发战争，攻击性类型的国家获胜，并证实是因为间谍活动才导致的战争，而国家2损失惨重。当国家1是非攻击性时，收益如上一题所示。国家1的两种可能类型相关的收益矩阵如下。

国家1是攻击性的

概率 ε

	监视	不监视
保留	10，−9	5，−1
销毁	0，2	0，2

国家1是非攻击性的

概率 $1-\varepsilon$

	监视	不监视
保留	−1，1	1，−1
销毁	0，2	0，2

（1）在任意的贝叶斯-纳什均衡中，攻击性类型的国家1必须采取何种行动？

（2）假设 $\varepsilon<1/5$，找出唯一的贝叶斯-纳什均衡。（你能证明它是唯一的吗？）

7.19 社区由两种类型的人组成：好人和坏人。其中 $\varepsilon>0$ 的人是坏人，其余 $1-\varepsilon>0$ 的人是好人。坏人被警察通缉，好人则不会。每个人都能决定开什么颜色的汽车，红色或蓝色。红车比蓝车速度快。所有人都偏好快车而不是慢车。警察每天都要决定仅拦下红车，还是仅拦下蓝车，或什么车都不拦。他们不能拦下所有车。每个人必须决定开什么颜色的车。没人希望自己被拦下，警察也不希望拦下好人。如果被警察拦下，坏人总是试图逃脱；如果坏人开红车，则更可能逃脱。与这种情况相联系的收益矩阵如下。

把这当成一个贝叶斯博弈，回答下列问题。

（1）假设 $\varepsilon<1/21$，找出这个博弈的两个纯策略贝叶斯-纳什均衡；

（2）假设 $\varepsilon>1/16$，证明：对警察来说，“不拦车”严格劣于一个混合策略。

坏人的概率是 ε

	红车	蓝车
拦红车	5，−5	−10，10
拦蓝车	−10，15	10，−10
不拦	−10，15	−10，10

好人的概率是 $1-\varepsilon$

	红车	蓝车
拦红车	−1，−1	0，−0
拦蓝车	0，5	−1，−6
不拦	0，5	0，0

（3）假设 $\varepsilon=1/6$，找出唯一的贝叶斯-纳什均衡。（你能证明它是唯一的吗？）

7.20 （1）假设 p 是不完全信息博弈的一个普遍先验（common prior），其中的每种联合类型向量都具有正概率。证明：如果某位参与人的某个类型赋予了另一位参与人 i 为某类型 t_i 的概率为正，则所有的参与人（不管他们的类型如何）也都会赋予参与人 i 的类型 t_i 以正概率。

（2）给出一个3人的不完全信息博弈，其中参与人的信念不是由一个赋予每种联合类型向量正概率的普遍先验得到的。

7

（3）给出一个两人的不完全信息博弈，其中参与人的信念不是由一个赋予每种联合类型向量正概率的普遍先验得到的，而且每位参与人（不管其类型如何）都对其他参与人的每种类型赋予正概率。

7.21 我们的不完全信息博弈允许参与人对其他参与人的收益具有不确定性，但是对其他参与人的纯策略集合具有不确定性会怎样？证明：仅仅通过收益的不确定性就能刻画出关于一位参与人的纯策略集合的不确定性。

7.22 证明：例题 7.3 的伯川德博弈还存在着其他的贝叶斯-纳什均衡。

7.23 在本题的贝叶斯博弈中，我们允许每位参与人的类型有无限多种，而且一位参与人对于其他参与人类型的信念由一个概率密度函数给出。收益公式和贝叶斯-纳什均衡的定义都类似于有限类型的情况，用积分替代类型并加总。

考虑一个**一价密封（投标）拍卖**（first-price sealed-bid auction），其中竞价者同时出价，出价最高者赢得标的物，成交价格恰好等于他们的出价。假设有两个竞价者，他们从 $[0, 1]$ 均匀分布中独立选择对标的物的评价。参与人的类型可视做参与人对标的物的评价。如果赢得标的的参与人对标的物的出价为 b，评价是 v，则其收益是 $v-b$；如果参与人没能赢得标的，则收益为 0。

（1）将上述问题表述为一个贝叶斯博弈，并找出相关的策略式博弈，需要注意的是，相关的策略式博弈有无限多位参与人。

（2）令 $b_i(v)$ 表示类型 v 的参与人 i 的出价。证明：对于所有的 i 和 v，存在一个贝叶斯-纳什均衡，其中 $b_i(v)=\alpha+\beta v$。确定 α 和 β 的值。

7.24 修正上一题中的一价密封拍卖，使得竞价失败者也要支付其出价（但不能获得标的）。这个修正的拍卖叫做**全支付拍卖**（all-pay auction）。

（1）证明：对于所有的 i 和 v，存在一个贝叶斯-纳什均衡，其中 $b_i(v)=\gamma+\delta v+\phi v^2$。

（2）与一价拍卖相比，参与人的出价有何不同？出价差异背后的直觉是什么？

（3）证明：对卖者来说，一价拍卖和全支付拍卖在拍卖之前的期望收益相同。

7.25 详细描述一下“买卖二手车”博弈和简化的“拿硬币”博弈中每位参与人两种不同的纯策略，计算出与这四对策略相联系的收益。

7.26 列出图 7-12 和图 7-14 的扩展式博弈中两位参与人所有的纯策略。此外，用矩阵图描绘与之相关的策略式。

7.27 在图 7-36 中，一家保险公司（C）必须决定向司机（D）提供廉价的还是昂贵的汽车保险业务。

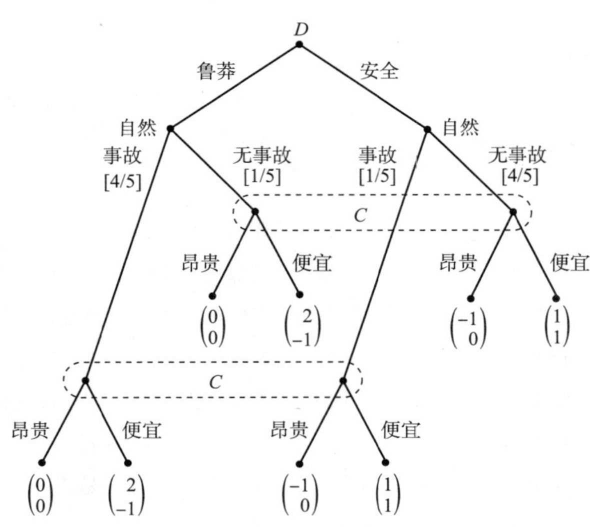

图 7-36 保险博弈

公司无法观察到司机是小心谨慎的还是粗心鲁莽的，但是能看到司机是否曾经出过事故。事故的概率取决于司机是安全驾驶还是鲁莽驾驶。如果司机安全驾驶，则出事故的概率是1/5；如果他鲁莽驾驶，出事故的概率是4/5。如果司机安全驾驶，他将不愿购买昂贵的保险。这种情形被模型化为一个扩展式博弈，如图7-36所示。事故的概率被模型化为自然的随机化，由图中括号里的数字给出。司机的收益是每个收益向量中上面的数字。如在收益向量（2，—1）中，司机的收益是2。

（1）是否存在一个纳什均衡，其中司机以概率1安全驾驶？

（2）找出最大化司机安全驾驶概率的纳什均衡。

7.28 推导出如图7-37所示博弈的逆向归纳策略。

（1）哪些博弈包含了多重逆向归纳策略？

（2）证明：如果一个有限完美信息博弈具有以下性质，即没有参与人在任何一对终点结之间无差异，则逆向归纳策略是唯一的。

（3）给出一个完美信息有限博弈的例子，其中逆向归纳策略不是唯一的，但收益向量是唯一的。

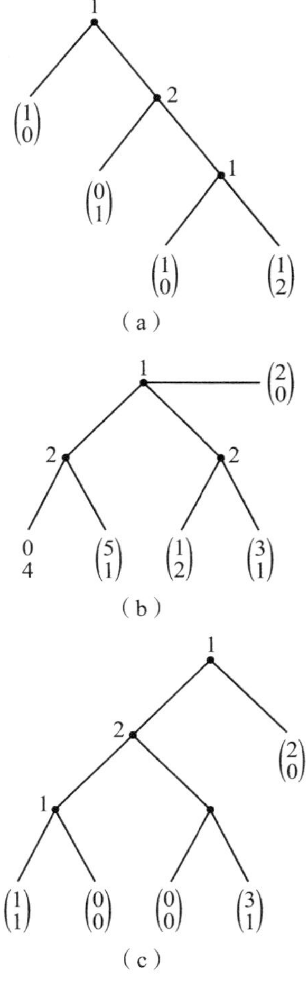

图7-37

7.29 以下博弈引自Reny（1992），被称为“要么拿走，要么放弃”。一个裁判有N美元，他把1美元放在桌上。参与人1可以拿走1美元，或者放弃。如果他拿走，博弈结束；如果他放弃，裁判在桌上再放1美元。参与人2现在有机会选择拿走还是放弃这2美元。如果他拿走2美元，博弈结束；否则，裁判在桌上再放上1美元，又轮到参与人1来选择拿走还是放弃这3美元。博弈以这种方式继续，只要参与人放弃拿钱，裁判就增加1美元，而参与人轮流选择是否拿走裁判放在桌上所有的钱。如果最后一个行动的参与人选择放弃N美元，博弈结束，参与人得不到任何钱。假设N是公开信息。

（1）无须多虑，如果你处在参与人1的地位，你会如何参与该博弈？如果N非常大（如100万美元）或非常小（如5美元），结果会有何不同？

（2）计算逆向归纳策略，这些对你有意义吗？

（3）证明逆向归纳策略构成一个纳什均衡。

（4）证明逆向归纳策略的结果在任何纳什均衡中都是唯一的。本博弈中的纳什均衡是唯一的吗？

7.30 考虑图7-38中无收益的扩展式博弈。假设博弈的结局可能是一方获胜且一方失败，也可能是平分秋色。也就是说，只有三种可能的收益向量：（0，0）、（1，—1）、（—1，1）。把这些收益以某种方式分配给终点，构造四个不同的博弈。

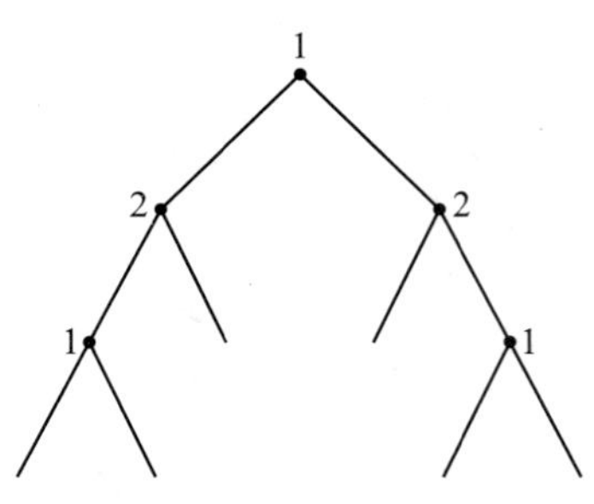

图 7-38

（1）证明：在每种情况下，要么其中一位获胜，要么二者平局。

（2）你能把这个结论推广到某些众所周知的室内游戏中吗（拼字游戏、跳棋、象棋）？

7.31　令 Y 表示某扩展式博弈的决策结的一个有限子集。证明：Y 包含一个在 Y 中没有严格跟随者的结。

7.32　给出一个具有不完美信息且有完美回忆的有限博弈，其中没有"最后"的信息集。也就是说，对于每个信息集，都有一个结点 x 位于其中，对某些行动 a 来说，$(x, a)\in X$ 不是终点结。

7.33　找出图 7-17 中博弈的所有的子博弈完美均衡。

7.34　证明：对每个扩展式博弈而言，博弈本身都是一个子博弈。

7.35　证明：如果 s 是扩展式博弈的一个纯策略纳什均衡，则在 s 到达的每个子博弈中，它都引出了一个纳什均衡。

7.36　证明：在每个完美信息的博弈中，每个结都定义了一个子博弈。

7.37　回答下列问题：

（1）证明：每个完美信息的有限的扩展式博弈都至少存在一个纯策略子博弈完美均衡。

（2）给出一个有限扩展式博弈的例子，其中没有纯策略子博弈完美均衡。

7.38　完成定理 7.6 有关子博弈完美均衡存在性的证明。

7.39　找到图 7-26（a）博弈的所有子博弈完美均衡。

7.40　根据图 7-39 所示的博弈，回答下列问题：

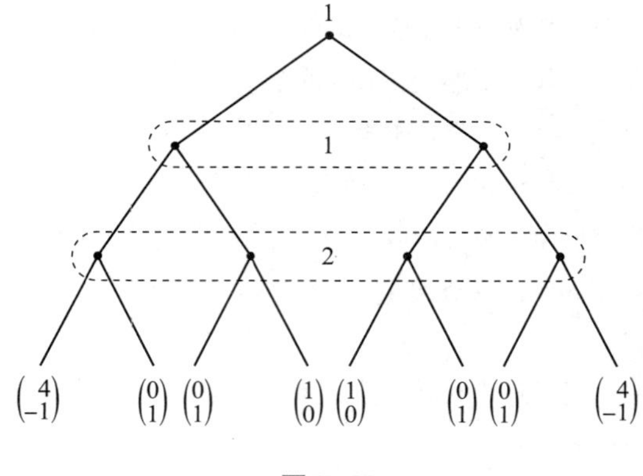

图 7-39

（1）计算出博弈的一个纳什均衡。

（2）证明该博弈没有行为策略的纳什均衡。

（3）得出如下结论，即该博弈不存在子博弈完美均衡。

（4）存在性不成立的原因何在？

7.41　证明：对于有限的扩展式博弈，如果一个行为策略 b 是完全混合的，则

（1）到达每个信息集的概率为正。

（2）当且仅当 p 是利用贝叶斯法则从 b 得到的，评价（p，b）才是一致的。

7.42　回答下列问题：

（1）证明：给定图 7-29 所描述的行为策略，独立性原理意味着 α 必须等于 1/3。

（2）证明：给定图 7-30 和图 7-31 所描述的行为策略，一致性意味着在两种情况下，信念必须满足 $\alpha=\beta$。

7.43　证明：如果一个评价是一致的，则它满足贝叶斯法则，甚至在每个子博弈中都满足贝叶斯法则。（初始评价引出了每个子博弈的评价。当每个子博弈都被看做是博弈本身时，引出的子博弈的评价满足贝叶斯法则，那么初始评价被认为在每个子博弈都满足贝叶斯法则。）

7.44　考虑图 7-27 的博弈。令 b 表示参与人

7

1 选择 L 且参与人 2 选择 m 的行为策略。证明：对于每个信念体系 p 来说，评价（p，b）都不是序贯理性的。找出所有序贯理性评价。

7.45 找出图 7-35 中博弈的所有序贯理性评价。

7.46 （1）在某类扩展式博弈中，自然首先先验地选择参与人的类型，随后每位参与人同时被告知他自己的类型，然后同时采取行动。如果每个具有普遍先验的贝叶斯博弈都具有与此类扩展式博弈等价的策略集和收益函数（或支付函数），请证明：具有普遍先验的贝叶斯博弈是扩展式博弈的子集。

（2）考虑一个双人贝叶斯博弈，每位参与人有两种类型，四种类型向量出现的机会均等。画出（1）所描述的扩展式博弈（无须标明收益）。

（3）证明贝叶斯博弈的一个贝叶斯-纳什均衡会引出（1）所描述的扩展式博弈的一个序贯均衡，反之亦然。

7.47 考虑图 7-40 中的扩展式博弈。一个进入者必须在两个时期分别决定是否进入市场。市场已被一个在位者所占据，他可能是“弱”的，也可能是“强”的。弱的在位者不能把价格降得足够低以驱逐试图进入的进入者，而强的在位者可以做到。自然选择强在位者的概率为 1/4。在位者的收益是每个收益向量中上面的数。如在收益向量（8，0）中，在位者得到收益 8，进入者得到收益 0。

（1）找出一个非子博弈完美的纳什均衡。

（2）找出一个联合行为策略 b，它构成一个子博弈完美均衡，但不构成任何序贯理性评价的一部分。

（3）找到一个评价（p，b），它是序贯理性的且满足贝叶斯法则。

7.48 考虑图 7-41 中的扩展式博弈。参与人 1、2 和 3 都能选择向下（d）或横跨（a），且参与人 1 还能选择左（l）或右（r）。

（1）找出所有的子博弈。

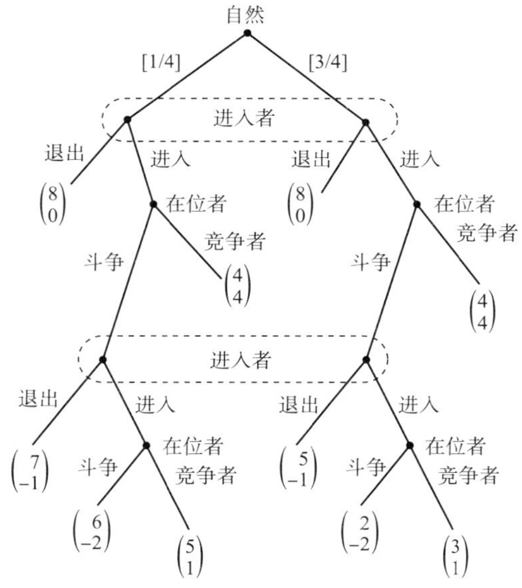

图 7-40

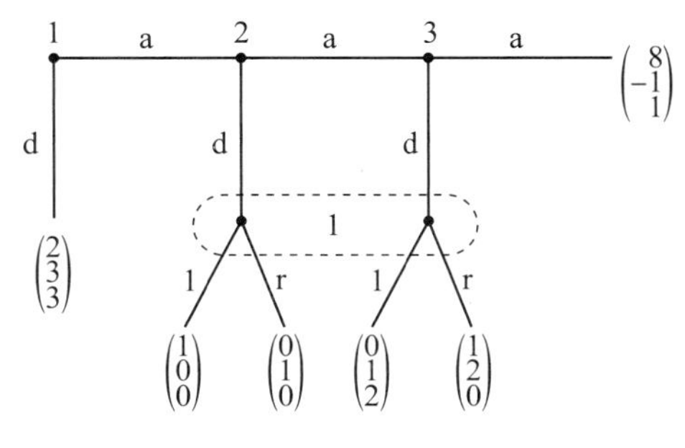

图 7-41

（2）找到一个纯策略子博弈完美均衡 b，使得（p，b）对于任何信念体系 p 都不是序贯理性的。

（3）找到一个评价（p，b），它在每个子博弈下都是序贯理性的，且满足贝叶斯法则。

7.49 考虑图 7-42 中的扩展式博弈。

（1）找到一个子博弈完美均衡，其中参与人 1 选择“退出”的概率为 1。

（2）证明不存在序贯理性评价，其中参与人 2 在他的每个信息集选择“退出”的概率为 1。

（3）找到一个满足贝叶斯法则的序贯理性评价。

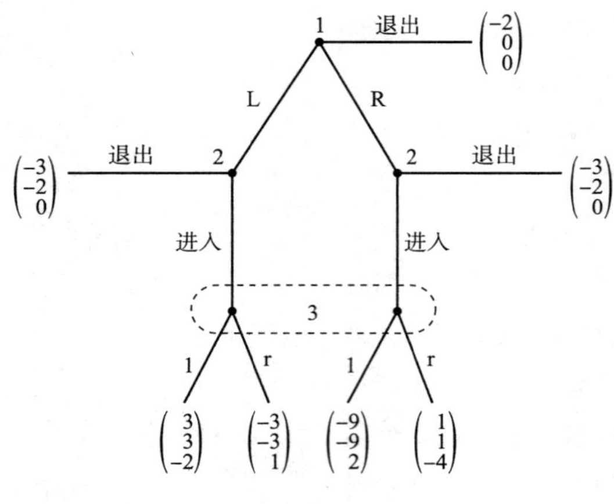

图 7-42

第8章 信息经济学

在新古典的消费者理论和厂商理论中，消费者对他们所购买的商品的重要特征（诸如质量和耐用性等）拥有完全的信息，厂商对其产量也了如指掌。因此，我们可以分别研究消费者的需求理论和生产者的供给理论，然后利用市场出清的价格将它们联系起来进行分析。

有些人认为，把消费者理论和生产者理论从完全信息的情形扩展到不完全信息的情形易如反掌，这和新古典模型中分析消费者和生产者在不确定条件下的决策行为差不多，能得出一些不完全信息条件下的需求和供给理论，然后简单综合一下，就会构建出市场均衡的理论。遗憾的是，只有在供需双方面临的不确定性外生给定且不受所涉及的代理人的控制时，这种方法才能奏效。

当然，像质量和耐用性这样的因素都不是外生变量，它们最终都是由生产者选择的。如果消费者在购买之前不能直接观察到产品的质量，那么生产者为了自身利益可能会只生产劣质商品。当然，一旦消费者了解这些后也会推断出这一结果，进而采取相应的行动。因此，在不完全信息条件下，如果不明确考虑主体的策略性机会，就无法得出一个充分的市场均衡理论。值得注意的是，这些策略性机会与经济主体之间的信息分布密切相关。

信息不对称（asymmetric information）的一种表现形式是不同的行为人拥有不同的信息。我们会看到，信息不对称下出现的策略性机会通常会导致无效率的市场结果，这是**市场失灵**（market failure）的一种形式。在信息不对称的情况下，福利经济学第一定理不再成立。

信息不对称对市场效率的影响是本章探讨的重点。为了使分析简洁明了，我们将在一个特定的市场（保险市场）上来扩展对这一主题的讨论，通过对保险市场模型的详尽分析，你将会了解学者们在同样信息不对称的其他市场上构建经济模型的方法，希望这能够有助于你在自己感兴趣的领域进行类似的应用。

8.1 逆向选择

8.1.1 信息与市场效率

我们来考虑一下汽车保险市场，在这个市场中，保险公司向众多消费者出售保险。

我们假定消费者之间除了发生交通事故的外生概率不同之外，其他条件都是相同的。假设消费者 i 出现交通意外的概率是 π（$\pi_i \in [0, 1]$）（$i=1, 2, \cdots, m$），不同的消费者发生意外是相互独立的[①]，除此之外，其他都一样。每位消费者都拥有初始财富 w，但是如果发生意外会损失 L 美元，他们都拥有一个关于财富的、连续的、单调递增的、严格凹的冯·诺伊曼-摩根斯坦效用函数，消费者的目标是期望效用最大化。

市场上的各家保险公司也是相同的，每家保险公司都只提供全额保险。也就是说，当消费者发生意外时，保险公司承诺支付给消费者 L 美元的赔偿；如果没有出事故，则无须支付。在这里，我们假设保单是一件大宗商品，它不能被分割开来进行购买和销售，同时我们假定提供这种保险的成本为零。因此，如果这份保险以 p 美元出售，并由消费者购买，那么保险公司此次销售的期望利润是 $p-\pi_i L$，保险公司追求利润最大化。

对称信息

如果保险公司知道每位消费者出事故的概率，就不存在信息不对称问题了。在这种所有信息都公开的情况下，竞争性的（瓦尔拉斯）结果是什么呢？

任何特定商品的价格都受外部环境的影响，知道这一点对于我们了解竞争结果十分重要。比如，同样一把伞在晴天和雨天就是两件完全不同的商品。因此，它们的市场价格也不一样。

不同状态下会有不同的消费者出现意外，上述结论在这一情形下依然成立。消费者 i 发生交通事故的状态不同于消费者 j 发生交通事故的状态，因此，当消费者 i 发生事故时，保险公司支付给他的 L 美元也不同于消费者 j 发生事故获得的 L 美元。使不同的消费者获得补偿的保单实际上可以看做是不同的商品，因此保险公司会索取不同的价格。

假设当消费者 i 发生事故时保险公司会支付给该消费者 L 美元，而 p_i 表示消费者购买的保单的价格。为了方便起见，我们将此称为第 i 份保单。我们希望能够求出保单 i（$i=1, 2, \cdots, m$）的竞争性均衡的价格 p_i^*。

我们先考虑保单 i 的供给，如果 $p_i<\pi_i L$，保险公司出售保险会带来期望损

① 在这里，我们认为“撞到一棵树上”和“撞到另一辆车上”是完全不同的。

失。因此，在这种情况下，保单 i 的供给为零；如果 $p_i>\pi_iL$，保险公司会有正的期望利润，保险公司会无限地供给这种保单；如果 $p_i=\pi_iL$，保险公司每出手一份保单都会收支相抵，因此它们愿意向市场供给任意数量的保单。

从需求方面看，如果 $p_i<\pi_iL$，厌恶风险的消费者至少会购买一份保单 i，我们已经通过第 2 章的分析得出了这个结论。第 2 章证明了，当市场上有精算公平的保单（$p_i=\pi_iL$）时，风险厌恶的消费者会严格偏好于全部投保（或全保险，fully insure），而不是不投保。同样的分析也表明，如果 $p_i>\pi_iL$，消费者最多只会购买一份保单 i（记住保单不能被分割）。

当我们综合考虑保单的需求和供给时，市场均衡的结果为 $p_i=\pi_iL$。在这种情形下，每位消费者会购买一份保单，这份保单实际是由一家保险公司供给的（任何一家保险公司都会供给这份保单）。其他保险公司的供给都为零，因为当价格 $p_i=\pi_iL$ 时，所有保险公司的期望利润都是零。

我们得出的结论是：当人们可以免费获取信息时，存在唯一的竞争性均衡。在这种均衡状态下，每份保单的均衡价格 $p_i^*=\pi_iL$（$i=1, 2, \cdots, m$）。注意，在竞争性均衡中，所有保险公司的期望利润都是零，所有的消费者都选择完全保险。

我们希望证明竞争的结果是帕累托最优的，也就是说，除非有其他消费者（或保险公司）的福利受损，否则该消费者（或保险公司）的境况就不会得到改善。通过构建一个恰当的纯交换经济并借助福利经济学第一定理就可以得到这个结论。练习题 8.1 会要你证明这个问题，此处只是直接给出结论。

在这一背景下，一种配置是在每种状态下，总财富向消费者和保险公司的一种分配。如果在每种状态下，消费者的总财富恰好等于分配的总财富，那么这种配置就是可行的。

我们认为，从帕累托最优意义上讲，没有其他可行的配置占优于竞争性配置。利用反证法，假设确实存在一种可行的配置在帕累托最优意义上占优于竞争性配置。为了不失一般性，我们假设有一种配置占优于竞争性配置。在此配置中，无论事故发生与否，每位消费者的财富都是相同的（见练习题 8.6）。因此，占优的结果保证了消费者都拥有财富。只有当每位消费者 i 的 $\overline{w}_i\geqslant w-\pi_iL$ 时，这种配置才会占优于竞争性配置。

因为每位消费者的财富是确定的，我们假设，根据占优配置的含义，在任何条件下，任何两位消费者之间都不存在财富的转移。（见练习题 8.6。）因此，在每种状态下，财富转移只发生在消费者与保险公司之间。

考虑一个具体的消费者和保险公司，在占优配置下，这些保险公司向消费者提供保险。总体而言，他们从消费者那里获得的期望利润是：

$$(1-\pi_i)(w-\overline{w}_i)+\pi_i(w-L-\overline{w}_i)=w-\pi_iL-\overline{w}_i \tag{8.1}$$

由于 $\overline{w}_i-w$ 是消费者 i 在不发生交通事故的情况下的财富水平，$\overline{w}_i+L-w$ 是在发生交通事故时的财富水平，因此，配置的可行性便意味着这些财富的增加应该被保险公司总财富的变动所抵消。

但我们已经知道（8.1）等号右边是小于或等于零的，令 EP_i^j 表示公司从消费者 i 那里获得的期望利润，之前已经证明，对每位消费者 i 来说，他们在占优配置中有：

$$w-\pi_i L-\overline{w}_i=\sum_j EP_i^j\leqslant 0 \tag{8.2}$$

在竞争性配置中，每家保险公司的期望利润为零，于是，在占优配置中，保险公司的期望利润必定是非负的。因此，对于每家保险公司 j 来说，一定有：

$$\sum_i EP_i^j\geqslant 0 \tag{8.3}$$

对（8.2）中的所有 i 和（8.3）中的所有 j 进行加总，可以看出对于每个 i 和 j 而言，每个不等式必定取等号。因此，无论是在占优配置策略中还是在竞争性的配置策略中，每位消费者的不变财富和每家保险公司的期望利润应当是相等的，但是这与占优配置策略的定义相矛盾。这样，我们就完成了对竞争性配置的有效性证明。

不对称信息和逆向选择

下面回到更加现实的场景中。保险公司并不知道每位消费者发生意外的概率，尽管它可以（并且实际上已经在）利用消费者的历史记录来辅助预测消费者发生意外的概率。为了使分析简便，我们将使用更为极端的方法，假设保险公司只知道消费者发生事故的概率分布，除此之外就再无其他的信息可用。

设区间 $[\underline{\pi},\overline{\pi}]$ 包含了所有消费者发生事故的概率，F 是定义在区间 $[\underline{\pi},\overline{\pi}]$ 上的累积分布函数，代表了保险公司掌握的信息。这种设定确保了消费者是有限多个或是一个连续统。用到连续统是为了方便我们举例说明，我们也假设端点 $\underline{\pi}$ 与 $\overline{\pi}$ 也同样满足函数 F。[①] 设 $\pi\in[\underline{\pi},\overline{\pi}, F(\pi)]$ 表示事故发生概率小于或等于 π 的消费者的比率。其他方面与前面的叙述一致，每家保险公司同样只出售全额保险。

信息不对称的影响是十分显著的。尽管保险公司可能会按不同的价格将保单卖给不同的消费者，但是在均衡状态下，要价必须相同。原因也很简单，为了理解这一点，假设消费者 i 支付的均衡价格大于消费者 j 支付的价格。由于两位消费者实际上都购买了一份保单，那么每份保单出售获得的期望利润必定是非负的，否则出售亏本保单的保险公司无法实现利润最大化。从事故发生的概率来看，消费者 i 和 j 对于保险公司而言是一样的。因此，出售给消费者的保单也必然会获得正的期望利润，进而每家公司都希望向市场尽可能多地供应这类保单，而在均衡状态下，这

① 如果存在有限多位消费者和有限个事故概率，那么这意味着 F 中的 $\underline{\pi}$ 和 $\overline{\pi}$ 都具有正的概率。更一般地，F 中所有形如 $[\underline{\pi}, a)$ 与 $(b, \overline{\pi}]$ 的非闭区间都具有正的概率。

样的情形不会出现。这个矛盾证明了如下结论：对于所有的消费者，市场上的全额保单存在唯一的均衡价格。

令 p 表示这种全额保单的价格，现在我们要做的是求出它的均衡价格 p^*。

由于正的期望利润会带来无限的供给，而负的期望利润会导致零供给，我们很自然地猜想是 $p^*=E(\pi)L$，其中 $E(\pi)=\int_{\underline{\pi}}^{\overline{\pi}}\pi \mathrm{d}F(\pi)$ 表示事故发生的期望概率。这样一个价格旨在使得保险公司获得零期望利润。但事实真是这样的吗？

可能并非如此！注意，如果保单的价格很高，那么只有那些出事概率较高的消费者才会选择购买。最后导致保险公司低估了事故发生的概率，因为它是用非条件期望概率$E(\pi)$而不是用实际购买保单的消费者的期望概率来进行估计的。平均而言，低估使公司的利润严格为负。为了得到 p^*，我们必须考虑上述情形。

对于任何一个事故发生的概率 π，只有当投保带来的期望效用大于不投保带来的期望效用时，也就是说，只有当下式成立时，消费者才会以价格 p 来购买保险①：

$$u(w-p)\geqslant \pi u(w-L)+(1-\pi)u(w)$$

进行整理，并定义函数 $h(p)$，我们发现只有当下式成立时，消费者才会选择购买：

$$\pi\geqslant\frac{u(w)-u(w-p)}{u(w)-u(w-L)}\equiv h(p)$$

当满足下列条件时，我们称 p^* 为信息不对称条件下的竞争性均衡价格：

$$p^*=E(\pi|\pi\geqslant h(p^*))L \tag{8.4}$$

其中，表达式 $E(\pi\mid\pi\geqslant h(p^*))=\left(\int_{h(p^*)}^{\overline{\pi}}\pi\mathrm{d}F(\pi)\right)/(1-F(h(p^*)))$ 是以 $\pi\geqslant h(p^*)$为条件的期望事故概率。

只有当消费者发生事故的概率是 $\pi\geqslant h(p)$ 时，消费者才会以价格 p 购买保单。因此（8.4）以实际购买保单的消费者发生事故的概率为条件，确保保险公司出售每份保单都会获得零期望利润。保单的供给可设定为等于消费者的需求量。因此，上述条件确实描述了保险市场的均衡。

我们不禁要问，这种均衡存在吗？也就是说，必定存在一个满足（8.4）的价格吗？回答是肯定的，我们来解释其中的原因。

令 $g(p)=E(\pi\mid\pi\geqslant h(p))L$ 是定义在区间 $[0,\overline{\pi}L]$ 上的一个函数，其中 $\overline{\pi}$ 表示所有消费者中发生事故的最高概率。条件期望的定义很明确，因为对于每一个 $p\in[0,\overline{\pi}L]$，有 $h(p)\leqslant\overline{\pi}$。此外，由于公式 $E(\pi\mid\pi\geqslant h(p))\in[0,\overline{\pi}]$，函数 g 把区间 $[0,\overline{\pi}L]$ 映射到其自身。最后，我们知道 $h(p)$ 关于 p 是严格递增的，那么

① 为了简化，我们假设那些是否购买保单都无所谓的消费者实际上会购买保单。

8

g 关于 p 是非递减的，因此，g 是把一个闭区间映射进其自身的非递减函数。本章练习题会要求你证明这个结论：即使 g 不是连续的，它也必定经过一个不动点 $p^* \in [0, \bar{\pi}L]$。[①] 根据 g 的定义，这个不动点就是均衡点。

解决了存在性的问题后，我们开始讨论均衡的性质。首先，有理由认为均衡是唯一的。事实上，我们可以很容易地构建具有多重均衡的例子，但是那些多重均衡未必是有效的。

比如，考虑 F 在 $[\underline{\pi}, \bar{\pi}]=[0, 1]$ 上均匀分布的情形。由于 h 是严格递增的，那么 $g(p)=(1+h(p))L/2$ 是严格递增且严格凸的，本章练习题会要求你证明最多存在两个均衡点。任意均衡价格 p^* 都满足 $p^*=(1+h(p^*))L/2$。不过，由于 $h(L)=1$，所以 $p^*=L$ 总是一个均衡点，并且可能是唯一的均衡点。但是当 $p^*=L$ 时，(8.4) 告诉我们，对于那些购买保险的消费者来说，其事故发生的期望概率满足 $E(\pi \mid \pi \geqslant h(L))=1$。因此，在这个均衡条件下，除了那些必然出现意外的人以外，其他的消费者均不会投保。即便对这些投保的消费者来说，他们必须全额支付全部损失 L 后才会获得保单，从而也只是在形式上拥有保险。因此，他们的财富（进而效用）和不购买保险的时候完全相同。

这个结果在极端情况下显然是无效的。对称信息条件下的竞争结果会带给每位消费者（除了那些必定发生事故的消费者）更高的效用，同时也使每家保险公司的期望利润为零。此处的信息不对称导致了保险市场的显著失灵，甚至市场上没有交易发生，更谈不上帕累托改进了。

为了理解价格为什么不能产生一个有效率的均衡，我们来考虑一个使得保险公司期望利润为负值的价格。在其他条件不变的情况下，你可能认为提高价格会带来期望利润的增加。但是，在保险市场上，其他条件不会一直保持不变。通常情况下，每当保单的价格上升时，消费者购买保险获得的效用水平就会下降，而不投保的效用则保持不变。对某些消费者而言，他们会认为购买保险不值得，因此选择不投保。但是当价格提高时，哪些人还会继续购买保险呢？只有那些不投保会带来更大期望损失的消费者才会选择继续购买，这些消费者恰好就是那些出事故概率很高的人。因此，只要保险的价格上升，那些继续购买保险的消费者群体发生事故的风险（一般来说）要更大。

这就是**逆向选择**（adverse selection）的一个例子，逆向选择对期望利润有负面影响。在前面的例子中，如果逆向选择对期望利润的负面影响超过了更高的保险价格带来的正面影响，就根本无法得到任何有效的均衡，保险公司和风险相对较低的消费者之间的互惠交易便很难发生。

结论显而易见，由于信息不对称和逆向选择的存在，竞争的结果未必是有效率

---

① 当然，如果 g 是连续的，我们就可以运用定理 A1.11（即布劳威尔不动点定理）。练习题要求你证明，如果存在有限数量的消费者，则 g 不可能是连续的。

的。事实上，最终的结果也确实是无效率的。

自由市场的优势之一是它的“演化”能力，人们可能了解到，保险市场会不断进行自身调节来应对逆向选择。实际上，现实中的保险市场运营得要比我们想象的好得多，下一节会分析背后的原因。

8.1.2　发信号

如果你就是上面提到的那个陷入无效均衡的低风险消费者，保险的均衡价格如此之高，以至于你根本不会购买。如果有办法能让某家保险公司相信你是一个低风险的消费者，保险公司就会按一个你能接受的价格向你出售保单。

事实上，消费者总有一些方法可以同保险公司进行诚信沟通，使保险公司了解他们的风险程度，我们把这种行为称为**发信号**（signalling）。在现实的保险市场中，消费者能够通过购买不同类型的保险把自己同其他类型的消费者区分开来。在前面的分析中，由于我们假设只存在一种类型的保险，进而排除了这种可能性。现在要将不同类型的保险纳入我们的分析中。

为了使分析简化，假设只存在两种可能的事故概率 $\underline{\pi}$ 与 $\bar{\pi}$，其中 $0<\underline{\pi}<\bar{\pi}<1$。同时再假设发生事故概率为 $\underline{\pi}$ 的消费者所占的比率为 $\alpha(\alpha\in(0,\ 1))$，我们可以称这些消费者为低风险消费者，把其余那些发生事故概率为 $\bar{\pi}$ 的称为高风险消费者。

我们知道，消费者试图选择不同的保单来将自己与其他的消费者区分开来，为了用模型来说明这个论点，我们在这里将采用博弈论的分析方法。

考虑下面的扩展式博弈，我们称之为**保险发信号博弈**（insurance signalling game），分析涉及两位消费者（低风险和高风险）和一家保险公司。

①首先由自然决定哪位消费者会向保险公司申请购买保单。保险公司选择低风险消费者的概率是 α，选择高风险消费者的概率是 $1-\alpha$。

②接下来轮到被选择的消费者行动。他会选择一份保单（B，p），这份保单由下面两项内容构成：保额 $B\geqslant 0$，即事故发生时，保险公司支付给他的补偿金；保险费 $0\leqslant p\leqslant w$，即无论事故发生与否，他必须支付给保险公司的费用。[①]

③最后一步轮到保险公司行动。保险公司不知道自然选择的是哪位消费者，但是知道被选择消费者的保单。保险公司可以接受或者拒绝消费者保单的条款。

图 8-1 给出了这个扩展式博弈。在分析这个博弈的时候，我们可将保险公司视作众多竞争性公司中的一家，把被选择的消费者看做是从所有消费者中随机挑选出来的，其中低风险消费者的比例是 α，高风险消费者的比例是 $1-\alpha$。

---

① 注意我们所使用的保单术语略有变化，它现在指的是保额—保费组合（B，p），而不是简单的保费。我们将 p 限制在 w 之下，以确保消费者不会破产。

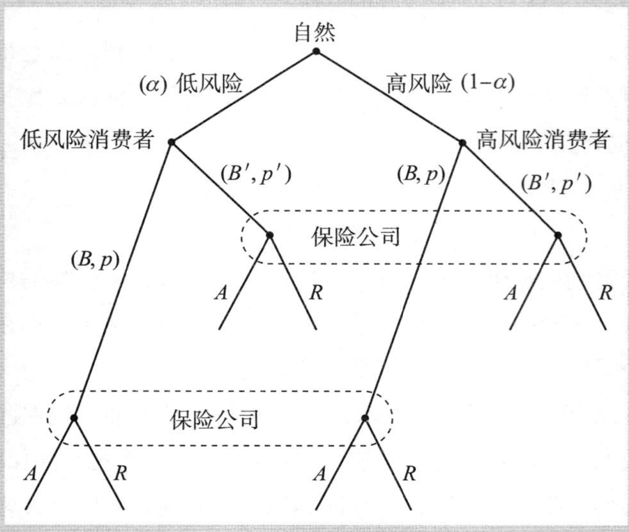

图 8-1　保险发信号博弈

一个发信号扩展式博弈的树状图，除了只有两种保单与（B，p）可供无数消费者选择外，这个图是完备的。事实上，存在着无数多种（B'，p'）可供选择的保单。

低风险消费者选择的纯策略由保单 $\psi_l=(B_l,\ p_l)$ 表示，而高风险消费者选择的纯策略由保单 $\psi_h=(B_h,\ p_h)$ 表示。

保险公司的纯策略是必须对消费者选择的保单做出反应，要么是 A（接受），要么是 R（拒绝）。对于每份保单（B，p），保险公司的纯策略是一个反应函数 σ，其中 $\sigma(B, p)\in\{A, R\}$。注意，σ 只和保单本身有关，并不依赖于提交保单的消费者的风险程度。这证实了前面的假设，即保险公司并不知道提交保单的消费者的风险程度。

一旦消费者选择了保单，保险公司就可以形成对该消费者发生事故概率的信念。令概率 $\beta(B, p)$ 表示保险公司关于选择保单（B，p）的是低风险消费者的信念。

我们希望确定这种博弈的纯策略序贯均衡。[①] 不过这里存在一个纯技术难题：序贯均衡的定义要求博弈是有限次数的，但是这里的博弈是无限次的。在一个保单的连续统内，消费者可以任选其一。

序贯均衡的定义要求博弈的次数必须有限，只是因为无限次博弈的持续性条件很难确定。正如后面的练习题要求你证明的，当消费者的选择集被限制在任意一个有限的保单集合内的时候，博弈的次数就变为有限的了，此时每个满足贝叶斯法则的评估（assessment）同样也满足一致性条件。因此，在每个有限的保险发信号博弈中，当且仅当一种评价满足序贯理性与贝叶斯法则时，这种评估才是序贯均衡的。

记住这一点之后，接下来我们用序贯理性和贝叶斯法则来定义（无限次）保险发信号博弈的序贯均衡。定义如下。

① 回顾第 7 章关于序贯均衡的讨论，我们在这里使用序贯均衡的概念是因为我们坚持如下观点：保险公司的行为在每个信息集上都是理性的，而且消费者也知道这一点。

定义 8.1　发信号博弈纯策略序贯均衡

如果评估 $(\psi_l, \psi_h, \sigma(\cdot), \beta(\cdot))$ 满足下列条件，那么它就是一个保险发信号博弈的纯策略均衡：

1. 给定保险公司的策略 $\sigma(\cdot)$，假设保单 ψ_l 使低风险消费者的期望效用实现了最大化，保单 ψ_h 使高风险消费者的期望效用实现了最大化。

2. 保险公司的信念满足贝叶斯法则。也就是说：

(a) 对于所有的保单 $\psi=(B, p)$，有 $\beta(\psi)\in[0, 1]$；

(b) 如果 $\psi_l\neq\psi_h$，那么 $\beta(\psi_l)=1$，且 $\beta(\psi_h)=0$；

(c) 如果 $\psi_l\neq\psi_h$，那么 $\beta(\psi_l)=\beta(\psi_h)=\alpha$。

3. 给定保险公司的信念 $\beta(B, p)$，对于每份保单 $\psi=(B, p)$，保险公司的反应函数 $\sigma(\psi)$ 都最大化了它的期望利润。

条件（1）和（3）保证了这个评估是序贯理性的，而条件（2）则保证了保险公司的信念满足贝叶斯法则。由于我们仅仅关注纯策略，贝叶斯法则变得相当简单。如果在均衡中，不同的风险类型选择了不同的保单，通过观察低（高）风险消费者选择的保单，保险公司就能推断出与其交易的消费者的风险等级。这就是条件 2(b)。不过，如果两种风险类型的消费者在均衡时选择了同样的保单，观察到这个保单后，保险公司的信念与之前的一样，不会改变，这就是条件 2(c)。

一个基本的问题是：低风险消费者能将自己与高风险消费者区分开并由此获得一个更有效率的结果吗？这里明显不能给出一个肯定的回答。因为我们注意到消费者的风险类型与保单的选择之间并没有直接的关系。也就是说，在保单上少花钱并不能减少事故发生的概率。从这种意义上来说，消费者所发送的信号（即他们选择的保单）是非生产性的。

话虽如此，可低风险消费者仍会尝试通过如下方式来说明他是低风险的消费者：相对于高风险消费者，他们更愿意接受由于赔偿金减少而导致的收益下降。当然，为了使信号产生效果，风险类别必须能够显示在保险收益水平 B 与保费 p 之间的边际替代率上的差异。我们稍后就要证明，边际替代率之间的这种重要差异确实存在。

8

博弈分析

首先，为了便于对每种风险类型下保单 (B, p) 的期望效用加以界定，令：

$$u_l(B,p)=\underline{\pi}u+(w-L+B-p)+(1-\underline{\pi})u(w-p)$$

以及

$$u_h(B,p)=\bar{\pi}u(w-L+B-p)+(1-\bar{\pi})u(w-p)$$

分别代表低风险和高风险消费者的期望效用。

下面的事实很容易验证。

事实：

(a) $u_l(B, p)$ 与 $u_h(B, p)$ 关于 (B, p) 是连续的、可微的且严格凹的，

它们关于 B 是严格递增的，关于 p 是严格递减的；

(b) 随着 B 小于、等于或大于 L，会有 $MRS_l(B, p)$ 分别大于、等于或小于 $\underline{\pi}$。另外，随着 B 小于、等于或大于 L，会有 $MRS_h(B, p)$ 大于、等于或小于 L；

(c) 对于所有 (B, p)，有 $MRS_l(B, p)<MRS_h(B, p)$。

这些事实中的最后一项经常被称作**单交性质**（single-crossing property），从字面意思就可以看出，它意味着两类消费者的无差异曲线至多有一个交点。同样重要的是，这一事实也揭示了，当面对同一份保单时，不同风险类型之间对应不同的边际替代率。

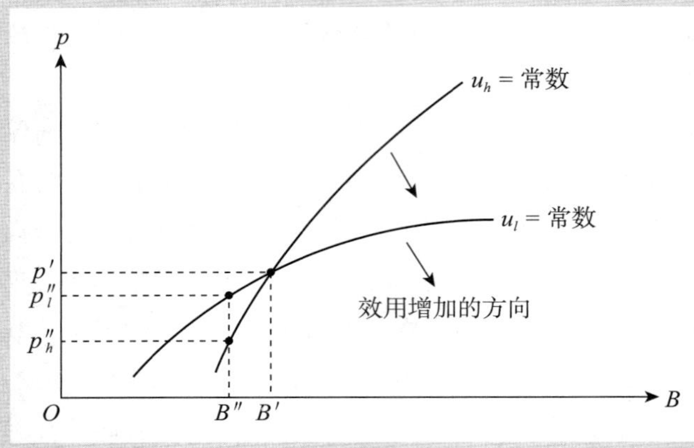

图 8-2 单交性质

从保单 (B', p') 开始，保险收益减少为 B''。为了保证低风险消费者福利不变，价格必须下降为 P''_l；为了保证高风险消费者福利不变，价格必须继续下降为 P''_h。

图 8-2 说明了事实（a）和事实（c）。根据事实（c），较陡的无差异曲线属于高风险消费者，而较平坦的则属于低风险消费者。边际替代率的不同表明，对于一份给定的保单 (B', p') 来说，与高风险消费者相比，低风险消费者更乐于接受因赔偿费减少而导致的收益下降（降为 B''）。这里，收益减少对低风险消费者来说影响不大，因为他发生意外事故的概率较低。

保险公司希望获得最大的期望利润。如果它知道了这位消费者是低风险的，就会接受任何满足 $p>\underline{\pi}B$ 的保单 (B, p)，因为这种保单能带来正利润；同理，如果 $p<\underline{\pi}B$，保险公司就会拒绝出售；如果 $p=\underline{\pi}B$，接受保单或者拒绝出售对于公司来说是无差异的。在保险公司知道消费者是高风险的情况下，如果 $p>\bar{\pi}B$，它就会出售保单；如果 $p<\bar{\pi}B$，它就会拒绝出售。

图 8-3 描述了保险公司的两条零利润曲线。在知道了消费者是低风险类型以后，曲线 $p=\underline{\pi}B$ 代表了那些使保险公司的期望利润为零的保单 (B, p)；当知道消费者是高风险类型时，曲线 $p=\bar{\pi}B$ 包含了那些使保险公司的期望利润为零的保单。这两条曲线在我们的分析中将扮演重要的角色。从图中可以看出，低风险的零

利润曲线的斜率是 $\underline{\pi}$，而高风险的零利润率曲线的斜率是 $\bar{\pi}$。

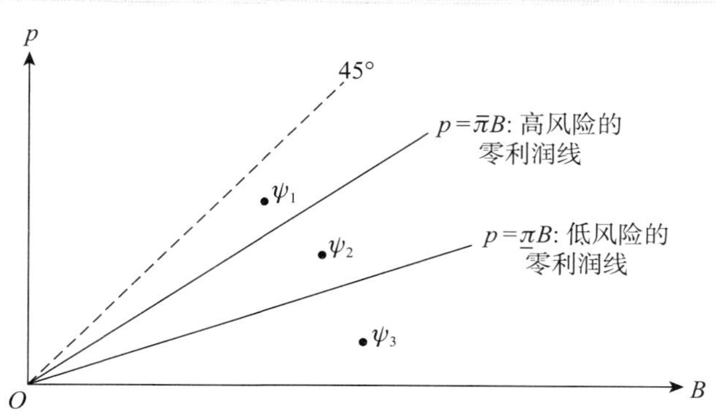

图 8-3　零利润曲线

保单 ψ_1 在两种风险类型的消费者身上都获得了正的利润，保单 ψ_2 从低风险消费者身上获得了正利润，从高风险消费者身上获得了负利润；保单 ψ_3 从两种风险的消费者身上都获得了负利润。

当保险公司能识别出消费者的风险类型时，其竞争均衡状况如何？现在是回头探讨这一问题的好时机。前面证明了，在全额保险的唯一的竞争性均衡价格中（其中 $B=L$），低风险消费者的均衡价格等于 $\underline{\pi}L$，而高风险消费者的均衡价格等于 $\bar{\pi}L$。图 8-4 描述了这一结果。保险公司从每位消费者身上得到的利润为零，每位消费者都购买全额保险。另外，根据事实（b），每位消费者的无差异曲线都与保险公司各自的零利润曲线相切。

回到前面未讨论完的博弈问题中。我们以自然作出的选择为条件，通过给每位消费者的期望效用设定下界来分析序贯均衡的特征。保险公司最悲观的信念是：它面对的是一位高风险消费者。因此，当保险公司认为他们是高风险消费者时，消费者的效用应当以他们能够获得的最大效用为下界，这也是下面引理的内容。

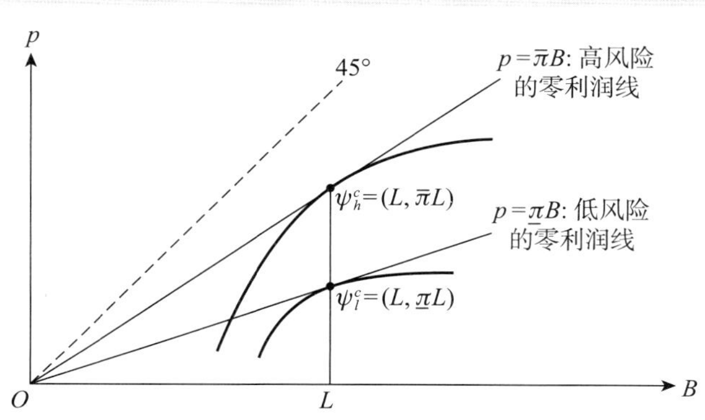

图 8-4

竞争性结果 ψ_l^c 与 ψ_h^c 分别代表了当保险公司知道消费者的风险类型时，低风险和高风险消费者在竞争性均衡中所选择的保单，竞争性结果是有效率的。

8

引理 8.1

令 $(\psi_l, \psi_h, \sigma(\cdot), \beta(\cdot))$ 为一个序贯均衡，给定自然选择的消费者类型，u_l^* 和 u_h^* 分别代表低风险消费者和高风险消费者的均衡效用，那么

1. $u_l^* \geqslant \tilde{u}$，并且
2. $u_h^* \geqslant u_h^c$

其中，在约束条件 $p=\bar{\pi}B\leqslant w$ 下，$\tilde{u}_l \equiv \max_{(B,p)}$，并且 $u_h^c \equiv u_h(L, \bar{\pi}L)$ 代表了完全信息时高风险消费者在竞争性均衡下的效用。

证明： 考虑一份位于高风险的零利润曲线上的保单 (B, p)，使得 $p>\bar{\pi}B$，我们希望证明：在均衡条件下，保险公司必须接受这份保单。

为了说明这一点，注意，在保险公司接受了这一保单后，给定其信念 $\beta(B, p)$，保险公司的期望利润是：

$$p-\{\beta(B,p)\underline{\pi}+(1-\beta(B,p))\bar{\pi}\}B\geqslant p-\bar{\pi}B>0$$

因此，提供保单严格优于拒绝提供保单，因为如果拒绝提供保单，保险公司将获得零利润。我们得出结论：保险公司会接受位于高风险零利润线上的所有保单 (B, p)。

因此，对于所有满足 $\bar{\pi}B<p\leqslant w$ 的保单，低风险消费者从中获得的效用为 $u_l(B, p)$，而高风险消费者获得的效用为 $u_h(B, p)$。由于每种风险类型的消费者都最大化其期望利润，对于所有满足 $\bar{\pi}B<p\leqslant w$ 条件的保单，下面的不等式必定成立：

$$u_l^* \geqslant u_l(B,p)，并且 \tag{P. 1}$$

$$u_h^* \geqslant u_h(B,p) \tag{P. 2}$$

u_l 和 u_h 的连续性意味着不等式（P. 1）与（P. 2）实际上对于满足弱不等式 $\bar{\pi}\beta\leqslant p\leqslant w$ 的所有保单都必定成立。因此，不等式（P. 1）与（P. 2）也可以改写成：

$$u_l^* \geqslant u_l(B,p)，对于所有 \bar{\pi}\beta\leqslant p\leqslant w \tag{P.3}$$

$$u_h^* \geqslant u_h(B,p)，对于所有 \bar{\pi}\beta\leqslant p\leqslant w \tag{P. 4}$$

由于效用关于价格 p 是递减的，不等式（P. 3）等价于（1）。另外，由于全额保险能够使高风险消费者获得最大的效用，没有其他保险比全额保险更好，不等式（P. 4）也将等价于（2）。 ■

图 8-5 说明了引理 8. 1。从图中得出的该引理的一个结论是：高风险消费者在均衡条件下一定会购买保单。这是因为如果不这样做，他的效用将会是 $u_h(0, 0)$，根据严格的风险厌恶特性，他的效用会严格小于 u_h^c（即均衡效用的下限）。

尽管低风险消费者也在图 8-5 中表现出类似的情况，但同样的结论不再成立，我们可用图 8-5 说明这一点。在 $MRS_l(0, 0)>\pi$ 的情况下，$u_l(0, 0)<\tilde{u}_l$。但是在类似的情形中，当 $MRS_l(0, 0)<\pi$ 时，我们会有 $u_l(0, 0)\geqslant\tilde{u}_l$。在后一种情况下，低风险消费者在均衡条件下会选择不购买保险（即提出一个会被拒绝的方案），

这并不违背引理 8.1。

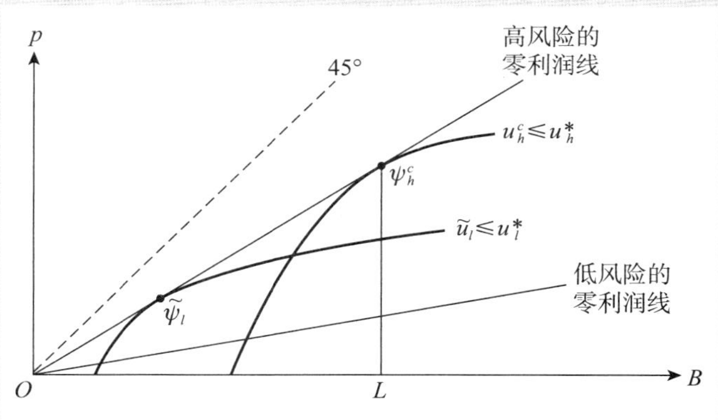

图 8-5　下界

由于在均衡中保险公司会接受所有位于高风险零利润线上的保单 (B, p)，因此低风险消费者会获得不低于 $\tilde{u}_l = u_l(\tilde{\psi}_l)$ 的效用，高风险消费者会获得不低于 $u_h^c = u(\psi_h^c)$ 的效用。注意，尽管在图形中 $\tilde{\psi}_l \neq (0, 0)$，但是 $\tilde{\psi}_l = (0, 0)$ 也是有可能的。

这个引理可以被用于每一个序贯均衡中，我们现在把均衡分为两类：分离均衡与混同均衡。

如果不同类型的消费者选择了不同的保单，这种均衡就被称为**分离均衡**（separating equilibrium）。消费者以这种方式将自己与其他的消费者区分开来，而且保险公司可以根据消费者选择的保单来对他们加以识别；相反，如果两种不同风险类型的消费者选择了相同的保单，这种均衡就被称作**混同均衡**（pooling equilibrium）。此时，保险公司无法根据消费者选择的保单来识别他们的风险类型。归纳起来，我们有如下定义：

定义 8.2　分离的与混同的发信号均衡

如果 $\psi_l \neq \psi_h$，则纯策略序贯均衡 $(\psi_l, \psi_h, \sigma(\cdot), \beta(\cdot))$ 是一个分离均衡，否则便是混同均衡。

在消费者的风险类型只有两种的情况下，纯策略序贯均衡要么是个分离均衡，要么是个混同均衡。因此，我们可以通过分析得出分离均衡和序贯均衡的特征。我们先从前者开始分析。

分离均衡

在分离均衡中，如果由自然做出了选择，基于保险公司能够识别，两种风险类型的消费者会选择不同的保单。当然，一种风险类型的消费者可以通过模仿均衡时另一种风险类型的消费者的行为来冒充身份。[①] 我们需要掌握的一个重要的概念

① 还有一些别的方式冒充其他消费者的身份，例如，消费者可以选择一个在均衡中不被任何一类消费者接受的保单，但他不会选择那种可能会使保险公司认为他是一个高风险消费者的保单。

是：在分离均衡中，两类消费者必定都没有动力去模仿对方的行为。基于这一点，我们下面就可以对纯策略序贯分离均衡条件下所提出和接受的保单进行描述。

定理 8.1　分离均衡的特征

在某一分离均衡下，当且仅当满足下列条件时，保单 $\psi_l(B_l, p_l)$ 与 $\psi_h(B_h, p_h)$ 分别会被低风险和高风险的消费者所选择，并被保险公司所接受：

1. $\psi_l \neq \psi_h = (L, \bar{\pi}L)$；

2. $p_l \geqslant \underline{\pi} B_l$；

3. $u_l(\psi_l) \geqslant \bar{u}_l \equiv \max_{(B,p)} u_l(B, p)$ 约束条件为 $p = \bar{\pi}B \leqslant w$；

4. $u_h^c \equiv u_h(\psi_h) \geqslant u_h(\psi_l)$。

证明：首先假设 $\psi_l = (B_l, p_l)$ 与 $\psi_h = (L, \bar{\pi}L)$ 满足条件（1）至（4），我们必须为保险公司构建一个策略 $\sigma(\cdot)$ 与信念 $\beta(\cdot)$，使得评估（ψ_l，ψ_h，$\sigma(\cdot)$，$\beta(\cdot)$）成为一个序贯均衡，它显然是一个分离均衡，下面的识别条件是充分的：

$$\beta(B,p)=\begin{cases}1, \text{如果}(B,p)=\psi_l \\ 0, \text{如果}(B,p)\neq\psi_l\end{cases}$$

$$\sigma(B,p)=\begin{cases}A, \text{如果}(B,p)=\psi_l \text{ 或者 } p\geqslant\bar{\pi}B \\ R, \text{其他}\end{cases}$$

一方面，根据信念 $\beta(\cdot)$，ψ_l 以外的任何保单都将使保险公司确信它面对的消费者是高风险消费者的概率为 1。另一方面，当消费者选择的是 ψ_l 时，保险公司将确信它面对的是一位低风险消费者。因此，保险公司的信念满足贝叶斯法则。

此外，给定这些信念，保险公司的策略最大化了自身的期望利润，因为根据这些策略，当且仅当保险公司获得非负的期望利润时，它才会选择出售某种保单。

例如，保险公司接受消费者提出的保单 $\psi_l = (B_l, p_l)$，因为一旦消费者提出来，它会使保险公司确信它面对的是低风险消费者的概率是 1。因此，接受这个保单，保险公司获得的期望利润是 $p_l - \underline{\pi} B_l$。根据（2），$p_l - \underline{\pi} B_l$ 是非负的。类似地，消费者提出的保单 $\psi_h = (L, \bar{\pi}L)$ 也会被接受，因为它使保险公司确信它面对的是高风险消费者的概率为 1。在这种情形下，保险公司接受这份保单的期望利润是 $\bar{\pi}L - \bar{\pi}L = 0$。

所有其他的保单（B，p）都会使得保险公司相信它面对的是高风险消费者的概率为 1，保险公司接受这些保单获得的期望利润是 $p - \bar{\pi}B$。因此，在保险公司信念给定的条件下，当它们获得非负的期望利润时，这些保单也会被接受。

我们已经说明了，给定任意保单（p，B）以及保险公司的信念，保险公司的策略最大化了它的期望利润。接下来需要证明的是，当保险公司的策略给定的时候，两类消费者都会选择使其效用最大化的保单。

为了完成这部分的证明，我们要说明，没有别的保单能比 ψ_l 给低风险消费者带来更高的效用，同样也没有保单能比 ψ_h 给高风险消费者带来更高的效用。我们注意到，由于保险公司接受保单（0，0），这等同于保险公司拒绝接受保单（无论是哪一种保单被拒绝）。两类消费者为了实现效用的最大化将会选择购买保险公司愿意出售的保单。因此，我们可以将注意力转移到下面用 $\mathcal{A}$ 表示的保单集合上，即

$$\mathcal{A}=\{\psi_l\}\cup\{(B,p)\mid p\geqslant\bar{\pi}B\}$$

因此，这足以证明，对于所有 $(B, p)\in\mathcal{A}$ 并且 $p\leqslant w$，会有

$$u_l(\psi_l)\geqslant u_l(B,p)\text{，并且} \tag{P.1}$$

$$u_h(\psi_h)\geqslant u_h(B,p) \tag{P.2}$$

但是（P. 1）由（3）得出，（P. 2）由（1）、（3）、（4）得出。另外，在所有不比公平保单更好的保单中，$(L, \bar{\pi}L)$ 对高风险消费者都是最优的。

我们现在考虑它的逆命题，假设 $(\psi_l, \psi_h, \sigma(\cdot), \beta(\cdot))$ 是保险公司接受的均衡保单的一个分离均衡，我们必须证明（1）、（2）、（3）、（4）均成立，下面依次证明。

1. 分离均衡的定义要求 $\psi_l\neq\psi_h$。为了理解 $\psi_h\equiv(B_h, p_h)=(L, \bar{\pi}L)$，回忆一下，引理 8.1 表明 $u_h(\psi_h)=u_h(B_h, p_h)\geqslant u_h(L, \bar{\pi}L)$。由于保险公司接受了消费者提出的保单，它将获得非负利润，因此我们必然得出 $p_h\geqslant\bar{\pi}B_h$，因为在分离均衡中，当高风险消费者选择保单 ψ_h 后，保险公司认为这类消费者是高风险的概率为 1。但正像我们在前面已经讨论过的，这两个不等式意味着 $\psi_h=(L, \bar{\pi}L)$（见图 8-4）。

2. 低风险消费者选择的均衡保单为 (B_l, p_l)，然后保险公司根据贝叶斯法则，认为这类消费者属低风险的概率为 1。接受此保单获得的期望利润是 $p_l-\underline{\pi}B_l$。根据假设，保险公司接受了这份保单，因此，它这么做的期望利润必定是非负的。

3. 由引理 8.1 中的（1）推导而来。

4. 根据保险公司的策略，它接受并选择出售保单 ψ_l。由于高风险消费者的均衡效用是 $u_h(\psi_h)$，必有 $u_h(\psi_h)\geqslant u_h(\psi_l)$。 ■

图 8-6 说明，根据定理 8.1，这些保单可以在分离均衡中出现。高风险消费者和低风险消费者各自获得的保单为 $\psi_h^c\equiv(L, \bar{\pi}L)$ 和 $\psi_l=(B_l, p_l)$，它们（这些保单）必定位于阴影区域内。

低风险保单集合有一些重要特征需要格外注意。保险公司会接受位于低风险的零利润曲线之上的保单；位于穿过其均衡保单的高风险消费者的无差异曲线之上的保单，能保证他们没有动力去模仿低风险消费者的行为；位于低风险消费者的代表效用水平 $\tilde{u}_l$ 的无差异曲线之下的保单，也使得低风险消费者没有动力去模仿高风险消费者的行为。

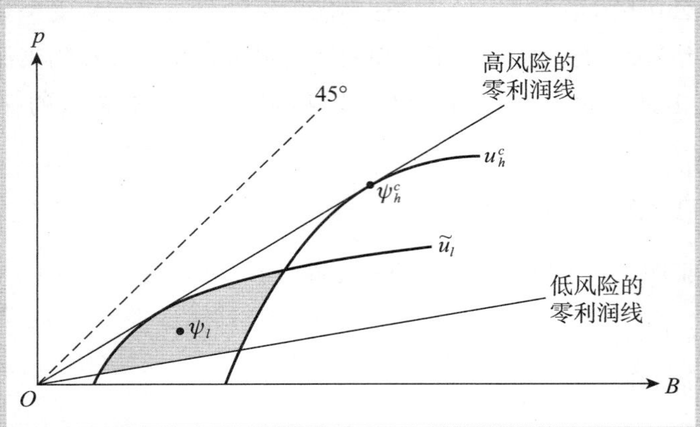

图 8-6　潜在的分离均衡

在分离均衡中，两类消费者选择被保险公司接受的保单，高风险消费者的选择必定是 ψ_h^c，低风险消费者的选择必定是 ψ_l，它们都位于阴影区域内。此时，$MRS_l(0，0)>\pi$，其他情况下也会出现类似的图形。注意 $MRS_l(0，0)>\underline{\pi}$ 总是成立的。

定理 8.1 将我们的注意力集中在两类消费者都提出可被接受的保单的均衡上，引理 8.1 使其仅成为对低风险消费者施加的限制。当 $MRS_l(0，0)\leqslant\pi$ 时，存在分离均衡，在分离均衡中，低风险消费者选择的保单被保险公司拒绝。本章练习题将要求你证明每一种均衡在收益上都等价于某一分离均衡，而在后一种均衡中，低风险消费者的选择会被接受。最后，我们可以证明，即使 $MRS_l(0，0)\leqslant\pi$，图 8-6 中的阴影区域总是非空的，这需要用到 $MRS_l(0，0)>\underline{\pi}$ 这一事实。结果，纯策略序贯均衡总是存在的。

我们现在已经分析了可能出现在分离均衡的保单的特征，我们可以评估把选择的保单作为风险信号所带来的影响。一方面，我们注意到，由于分离均衡总是存在，允许被选择的保单作为风险的信号从某种意义上来说是有效的，这确实可以使低风险消费者把自己与高风险消费者区分开来。

另一方面，均衡结果在效率方面还能略有改善。例如，当 $MRS_l(0，0)\leqslant\pi$ 时，存在分离均衡。在分离均衡中，低风险消费者选择保单（0，0），高风险消费者选择保单（L，πL）。也就是说，只有高风险消费者才会投保。同时，无论消费者为高风险的概率有多大，均衡的结果都是存在的。[①] 因此，一个坏苹果的存在，即使出现的概率比较低，也会影响结果。正如在信息不对称的竞争性均衡中，不需要发送什么信号。

尽管存在着同无信号模型一样没有效率的均衡，但是当存在信号发送时，总会存在均衡，均衡时低风险消费者会接受某种保险。其中，那个对低风险消费者最有利但对保险公司最不利的保单在图 8-7 中标注为 $\bar{\psi}_l$。

① 在第二种解释中，我们忽略了高风险消费者在人口中所占的比率。

在每个分离均衡中，高风险消费者选择的都是保单 ψ_h^c，得到的效用也相同，因此，在分离均衡中，均衡的结果（$\bar{\psi}_l$，ψ_h^c）是帕累托有效的，它使保险公司获得了零利润。无论消费者是低风险的概率有多大，这个结果也反映在图 8-7 上。因此，即使在不完全信息条件下唯一的竞争性均衡是不出售保单给低风险消费者（当 α 足够小的时候才会发生），但当发信号变得可能时，低风险消费者就会获得保险，市场的效率也会得到改善。

现在我们把注意力转移到第二类均衡上。

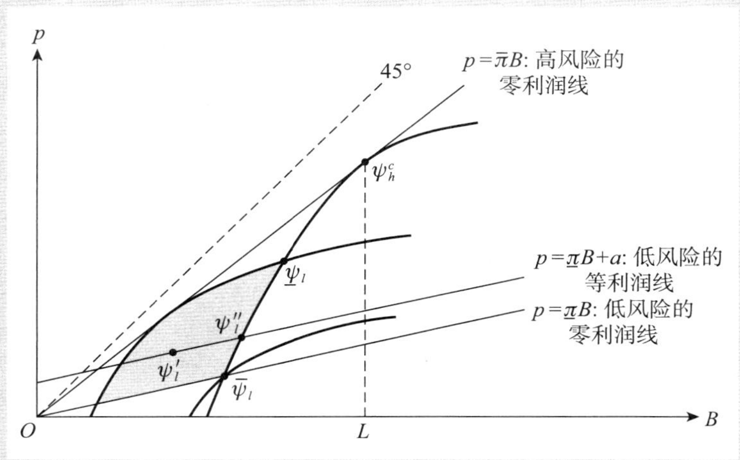

图 8-7　分离均衡

当且仅当 $\psi_l \neq \psi_h$ 且位于阴影区域内时，这一组保单（ψ_l，ψ_h^c）才是分离均衡的结果。注意（ψ''_l，ψ_h^c）帕累托优于（ψ'_l，ψ_h^c）。这组保单对高风险消费者与保险公司而言是无差异的（ψ'_l与ψ''_l位于同样的低风险等利润曲线上，利润为$a>0$）。但根据事实（b），低风险消费者偏好 ψ''甚于 ψ'。结果，在分离均衡中，只有那些位于 $\bar{\psi}_l$ 与$\underline{\psi}_l$ 之间的 ψ_l 的均衡才不会被其他分离均衡所占优。

混同均衡

回忆一下混同均衡的概念，当两类消费者选择相同的保单时，这种均衡就被称作混同均衡。此时，保险公司不能区分消费者的类型。结果是，低风险消费者容易被当做高风险消费者，而高风险消费者容易被看做低风险消费者。公平地说，在这样的均衡中，高风险消费者会装扮成低风险消费者。

为了描述混同均衡的特征，我们先来考虑一下保险公司的行为。如果在均衡中两种类型的消费者选择的是同一种保单，那么保险公司无法通过观察保单来了解消费者发生意外事故的概率。结果，如果消费者选择的是（B，p），保险公司出售该保单会获得期望利润为：

$$p-(\alpha\underline{\pi}+(1-\alpha)\bar{\pi})B$$

其中，α 表示消费者是低风险的概率。

我们令

$$\hat{\pi}=\alpha\underline{\pi}+(1-\alpha)\overline{\pi}$$

那么，如果 $p>\hat{\pi}B$，则保险公司会接受这一保单；如果 $p<\hat{\pi}B$，则保险公司不接受；当 $p=\hat{\pi}B$ 时，保险公司接受与否是没有差异的。

正因为如此，满足 $p=\hat{\pi}B$ 的保单集合（B，p）在分析混同均衡时就显得十分重要。图 8-8 描述了这类保单的集合，它们位于从原点发出的射线上，这些射线被称为混同的零利润线。

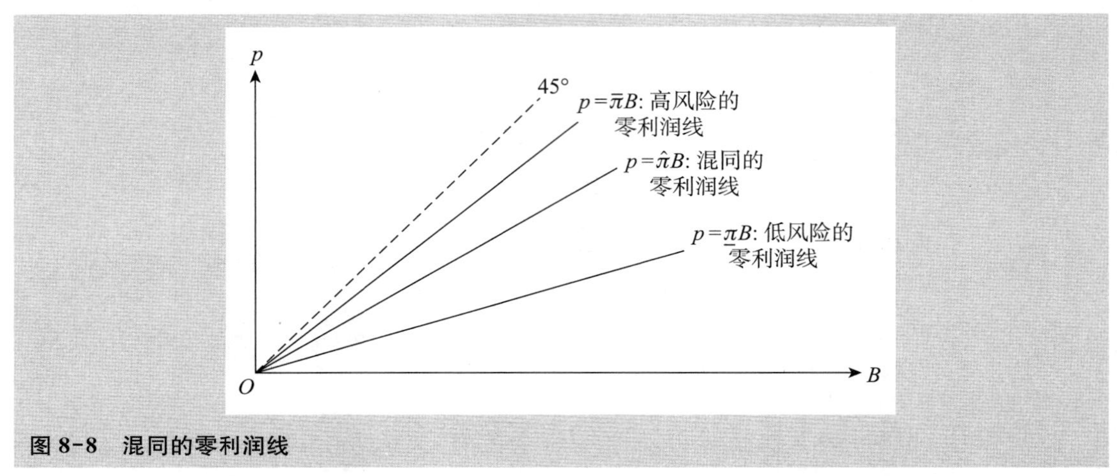

图 8-8　混同的零利润线

现在假设（B，p）是满足混同均衡的保单，根据引理 8.1，必有：

$$u_l(B,p)\geqslant\tilde{u}_l\text{，并且}$$
$$u_h(B,p)\geqslant u_h^c \tag{8.5}$$

而且，正如引理引发的讨论所指出的那样，保险公司一定会接受这份保单。因此，它一定位于混同的零利润线上或上方，所以我们一定会得出：

$$p\geqslant\hat{\pi}B \tag{8.6}$$

满足前面三个不等式的保单由图 8-9 中的阴影区域表示，我们现在来证明这些保单正是混同均衡结果中的那些保单。

定理 8.2　混同均衡的特征

当且仅当 $\psi'(B'，p')$ 满足不等式（8.5）和（8.6）时，它才是某一混同均衡的结果。

证明： 定理之前的讨论已经表明，保单（B'，p'）必定满足不等式（8.5）和（8.6），这样 ψ' 才是某个混同均衡的结果。这也足以证明逆命题是成立的。

假设保单 $\psi'(B'，p')$ 满足不等式（8.5）和（8.6），我们必须定义保险公司的信念 $\beta(\cdot)$ 与策略 $\sigma(\cdot)$，使得（ψ'，ψ'，$\sigma(\cdot)$，$\beta(\cdot)$）构成一个序贯均衡。

8

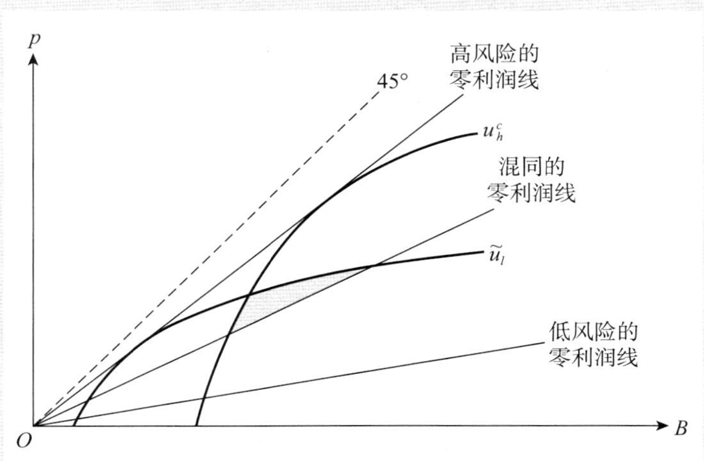

图 8-9　混同均衡

阴影区域描述了构成混同均衡的保单的集合。

我们将使用定理 8.1 的证明中用到的函数：

$$\beta(B,p)=\begin{cases}\alpha，当(B,p)=\psi'\text{时}\\0，当(B,p)\neq\psi'\text{时}\end{cases}$$

$$\sigma(B,p)=\begin{cases}A，当(B,p)=\psi'\text{或}\ p\geqslant\bar{\pi}B\ \text{时}\\R，其他\end{cases}$$

一方面，正如在定理 8.1 的证明中所说的那样，保险公司会把高风险消费者对均衡保单的任何偏离都考虑在内。因此，像 $\sigma(\cdot)$ 所描述的，只有当 $p\geqslant\bar{\pi}B$ 时，接受保单（B，p）$\neq\psi'$才是利润最大化的。

另一方面，当均衡保单 ψ'被选择时，由于该选择是由两类消费者共同做出的，进而贝叶斯法则要求保险公司的信念保持不变。因为$\beta(\psi')=\alpha$，信念确实满足贝叶斯法则。给定这些信念，根据（8.6），它能够带来非负的期望利润，所以，接受保单 ψ'会使保险公司实现利润最大化。

因此，保险公司的信念满足贝叶斯法则，给定这些信念，接受消费者提供的保单能够使期望利润达到最大。我们还需要证明，在保险公司的策略给定的条件下，两种类型的消费者都最大化了他们的效用。

通过选择，（高风险或低风险的）消费者获得了保单 ψ'。当偏离到（B，p）$\neq\psi'$后，如果保险公司拒绝出售保单（即 $p<\bar{\pi}B$），消费者获得保单（0，0）；如果保险公司接受（即 $p\geqslant\bar{\pi}B$），则消费者获得保单（B，p）。因此，对于风险类型 $i=l$，h 的消费者来说，当满足下列条件时，保单 ψ'是最优的。

$$u_i(\psi')\geqslant u_i(0,0)，且$$

$$u_i(\psi')\geqslant u_i(B,p)，对于所有\ \bar{\pi}B\leqslant p\leqslant w。$$

8

但是，这些不等式是由（8.5）推导出来的（见图 8-9）。因此，$(\psi', \psi', \sigma(\cdot), \beta(\cdot))$是一个序贯均衡。■

如图 8-9 所示，存在许多潜在的混同均衡。讨论消费者是低风险的概率 α 的改变是如何影响混同均衡的，是很有启发性的工作。

其他条件不变，当 α 下降时，由于混同的零利润线斜率变大，图 8-9 中的阴影区域会收缩。最终，阴影部分会完全消失。因此，如果消费者为高风险的概率足够大，那么将不会存在混同均衡。

随着 α 的增加，混同的零利润线斜率下降，图 8-9 中的阴影区域会不断扩大。图 8-10 说明，当 α 足够大时，会存在一些混同均衡，其中两类消费者的境况比他们在各自的分离均衡中的要好，也包括低风险的消费者，对高风险消费者来说倒不足为奇。这对低风险消费者来说之所以可能，原因在于他们把自己从高风险消费者中区分出来的成本很高。

有效的分离要求低风险消费者选择那些高风险消费者认为不比 ψ_h^c 更好的保单，这限制了低风险消费者的选择空间，使得他们的效用水平降到不存在高风险消费者时的水平之下。当 α 足够高且结果只有混同均衡时，这很像没有高风险消费者时的情形。一方面，在混同均衡中，低风险消费者的成本是单位收益（即 $\bar{\pi}$）略有增加的边际成本，它高于或等于保险公司了解其风险类型时所支付的成本（即$\underline{\pi}$），该成本随着 α 趋于 1 而逐渐变小。另一方面，低风险消费者将自己与高风险消费者区分开来的成本不等于零。

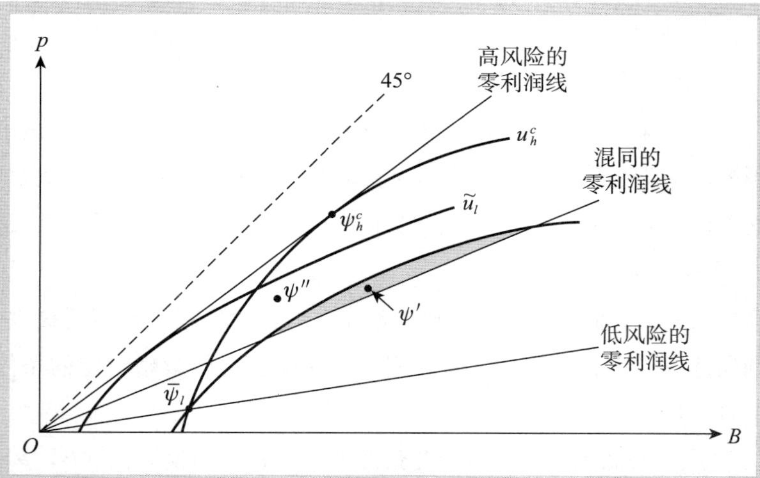

图 8-10 混同均衡可能优于分离均衡

对于消费者而言，最好的分离均衡是获得保单 $\psi_l=\bar{\psi}_l$ 且 $\psi_h=\psi_h^c$。两类风险类型的消费者都严格偏好阴影区域内的混同均衡的结果 $\psi_l=\psi_h=\psi'$，而其他的混同结果如 $\psi_l=\psi_h=\psi''$则不具备这一特点。

读者们可能已经注意到了，定理 8.1 和定理 8.2 的证明中都有一个不太令人满意的部分。在每种情况中，当构建一个均衡评估时，指派给保险公司的信念都很极端。

回想一下这两个定理的证明，我们构建保险公司的信念是为了说明每种对均衡的偏离都是由高风险消费者造成的，尽管这没什么疑义，可是否合理就另当别论了。

在继续分析之前我们应当明确，对于保险的发信号博弈来说，我们在证明定理8.1和定理8.2时构建的信念与序贯均衡的定义是一致的。接下来需要讨论的是，我们是否想对保险公司的信念附加额外的限制。

精炼

在定理8.1和定理8.2的证明中，为保险公司指派的信念合理吗？为了理解这些信念可能并不合理，我们考虑图8-11中描述的一个典型的混同均衡保单 ψ'。

根据定理8.2的证明中所构建的均衡，如果消费者选择保单 ψ''，保险公司会相信消费者发生交通事故的概率很高，进而拒绝出售。但是根据均衡保单 ψ'，这些信念有意义吗？注意，当选择均衡保单时，低风险消费者获得的效用为 u_l^*，高风险消费者获得的效用为 u_h^*。此外，$u_l^* < u_l(\psi'')$，且 $u_h(\psi'') < u_h^*$。因此，一方面，无论保险公司接受还是拒绝 ψ''，高风险消费者选择这个保单 ψ' 比选择均衡保单时的情况要糟。另一方面，如果保险公司接受保单 ψ''，低风险消费者的境况在 ψ'' 下比（均衡保单）ψ' 下的要好一些。简单地说，若给定的 ψ' 是均衡保单，则只有低风险消费者有动力去选择保单 ψ''。

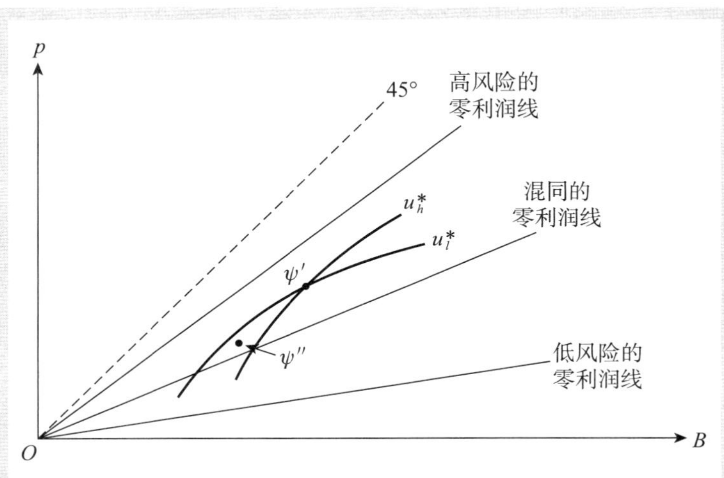

图8-11　保险公司的信念合理吗？

如果 ψ' 是一个混同均衡的结果，只有低风险消费者才会偏好保单 ψ''，它也位于低风险的零利润线之上。由于保单 ψ'' 处在混同的零利润线上或其上方，且 $MRS_l(\psi') < MRS_h(\psi')$，这个保单 ψ'' 总会存在。

记住这一点之后，认为保险公司相信它面对的是高风险消费者似乎不太合理。事实上，坚信它面对的是低风险消费者要更合理一些。相应的，我们应当为保险公司的信念附加如下限制：它适用于所有的序贯均衡，而不只是混同均衡。

定义 8.3 （Cho 和 Kreps）直觉标准

对于每一份保单 ψ（$\psi \neq \psi_l$ 或 ψ_h），序贯均衡（ψ_l，ψ_h，$\sigma(\cdot)$，$\beta(\cdot)$）使低风险消费者和高风险消费者获得的均衡效用分别是 u_l^* 和 u_h^*。如果下列条件成立，它就满足直觉标准：

如果 $u_i(\psi) > u_i^*$ 且 $u_j(\psi) > u_j^*$，那么 $\beta(\psi)$ 赋予风险类型 i 的概率为 1，使得：

$$\beta(\psi)=\begin{cases}1, & \text{当 } i=l \text{ 时}\\ 0, & \text{当 } i=h \text{ 时}\end{cases}$$

将注意力限制在满足直觉标准的序贯均衡会显著减少均衡保单的数量。事实上，我们有如下定理。

定理 8.3 直觉标准均衡

存在唯一的一对保单组合（ψ_l，ψ_h），它满足符合直觉标准的序贯均衡。另外，这个均衡对于低风险消费者来说是最好的分离均衡（如 $\psi_l = \bar{\psi}_l$ 且 $\psi_h = \psi_h^c$，见图 8-7）。

证明：我们首先讨论不满足直觉标准的混同均衡。实际上，在前面定义 8.3 对图 8-11 的讨论中，我们已经完成了这项工作。那里，我们证明了如果 ψ' 是一个混同均衡结果，那么保单 ψ'' 只会被低风险消费者所偏爱。它严格位于低风险的零利润线之上（见图 8-11）。因此，如果消费者选择这份保单且满足直觉标准，那么保险公司必定认为它面对的是低风险消费者。由于 ψ'' 严格位于低风险的零利润线上，保险公司也必定会接受它（根据序贯理性）。但这也意味着低风险消费者可以通过从 ψ' 偏离到 ψ'' 来改善它的福利，这与原命题（不存在满足直觉标准的混同均衡）相矛盾。

我们现在假设（ψ_l，ψ_h，$\sigma(\cdot)$，$\beta(\cdot)$）是一个满足直觉标准的序贯均衡，于是，根据定理 8.1，保险公司必定会接受低风险消费者选择的保单，而且消费者的均衡效用 u_h^* 一定不会小于 u_h^c（见图 8-12）。

8

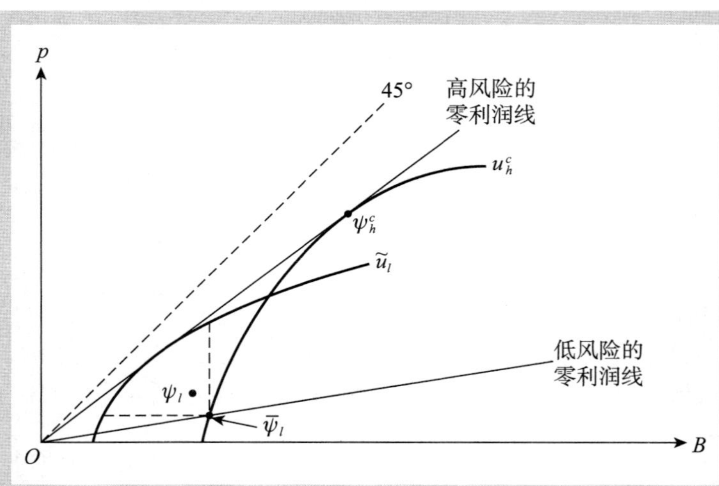

图 8-12 低风险消费者可以得到 $\bar{\psi}_l$

接下来，根据反证法，假设低风险消费者的均衡效用 u_l^* 满足 $u_l^*<u_l(\bar{\psi}_l)$。令 $\bar{\psi}_l=(\bar{B}_l,\ \bar{p}_l)$，对于正的且较小的 ε，考虑保单 $\psi_l^\varepsilon\equiv(\bar{B}_l-\varepsilon,\ \bar{p}_l+\varepsilon)$。由于 $u_l(\cdot)$ 是连续的，对于足够小的 ε，下列不等式成立（见图 8-12）：

$$u_h^*\geqslant u_h^c>u_h(\psi_l^\varepsilon)$$

$$u_l(\psi_l^\varepsilon)>u_l^*$$

$$\bar{p}_l+\varepsilon>\underline{\pi}(\bar{B}_l-\varepsilon)$$

前两个不等式同直觉标准一道意味着，保险公司看到保单 ψ_l^ε 就会相信它面对的是低风险的消费者。第三个不等式与评价的序贯理性性质表明，保险公司一定会接受保单 ψ_l^ε，因为它能带来正的期望利润。

因此，低风险消费者选择这个保单能获得期望效用 $u_l(\psi_l^\varepsilon)>u_l^*$，但是 u_l^* 不可能是低风险消费者的均衡效用。这个矛盾证实了低风险消费者的均衡效用必定至少是 $u_l(\bar{\psi}_l)$。所以，我们已经证明了两种类型消费者的均衡效用必定满足：

$$u_l^*\geqslant u_l(\bar{\psi}_l)，并且\ u_h^*\geqslant u_h(\psi_h^c)$$

现在，这些不等式意味着两种类型消费者提出的保单都被保险公司接受，因此，定理 8.1 的前提假设得以满足。但根据定理 8.1，在序贯均衡中，只有下列条件满足时，这两个不等式才成立（见图 8-7）：

$$\psi_l=\bar{\psi}_l，并且\ \psi_h=\psi_h^c$$

剩下还需要证明的是，存在一个满足直觉标准的分离均衡。我们现在就来构建这样的均衡。

令 $\psi_l=\bar{\psi}_l$，$\psi_h=\psi_h^c$，用一种与直觉标准兼容的方式来定义保险公司的信念 $\beta(\cdot)$。考虑下面的保单集合（见图 8-13）：

$$A=\{\psi\mid u_l(\psi)>u_l(\bar{\psi}_l)\ 且\ u_h(\psi)<u_h(\psi_h^c)\}$$

这是一个只被低风险消费者所偏好的均衡保单构成的集合，我们现在以如下方式定义 $\sigma(\cdot)$ 和 $\beta(\cdot)$：

$$\beta(B,p)=\begin{cases}1，当(B,p)\in A\cup\{\psi_l\}时\\0，当(B,p)\notin A\cup\{\psi_l\}时\end{cases}$$

$$\sigma(B,p)=\begin{cases}A，当(B,p)=\psi_l\ 或者\ p\geqslant\bar{\pi}B\ 时\\R，其他\end{cases}$$

根据反证法，我们可以直截了当地判定保险公司的信念符合直觉标准，此外，你可以沿用定理 8.1 的相关证明过程得出下面的结论，即评估 $(\bar{\psi}_l,\ \psi_h^c,\ \sigma(\cdot),\ \beta(\cdot))$ 构成了一个分离均衡。■

8

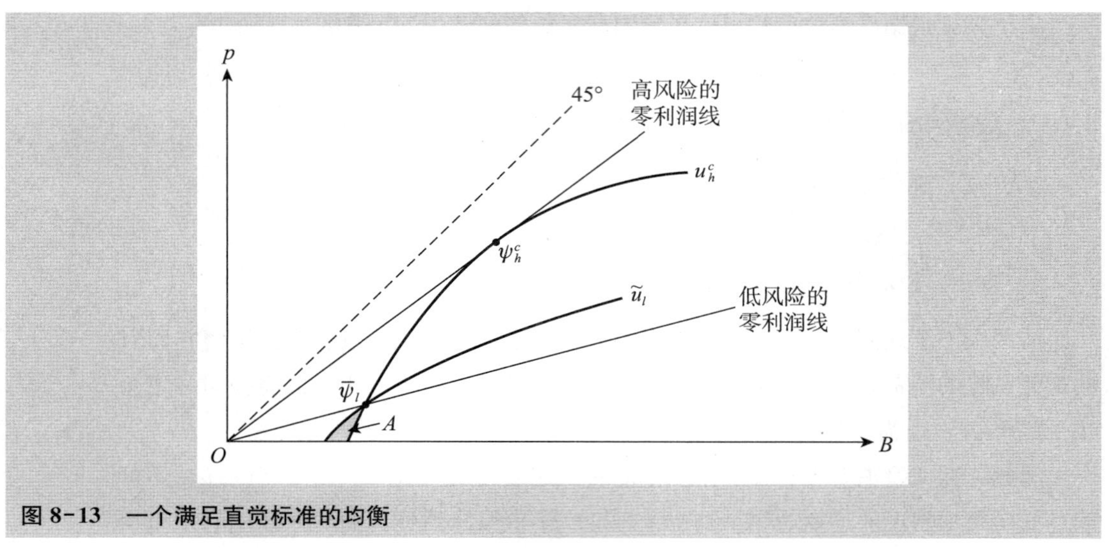

图 8-13　一个满足直觉标准的均衡

对满足直觉标准的保险公司的信念附加限制条件，其内在合理性意味着对低风险消费者最有利的分离均衡可能是发信号博弈最有可能的结果。正如我们前面讨论的，在信息不对称条件下，这个特定的结果能够优于竞争的结果。因此，发信号确实是改善这一市场效率的一种方式。

在信息不完全的条件下，还存在另一种改善竞争性结果的效率的途径。在现实的保险市场上，这种方法其实更值得采纳。

8.1.3　筛选

（如上一节的模型所言，）在大多数消费者购买汽车保险的时候，他们并不是向保险公司提供一份保单然后等待答复，相反，通常是保险公司向消费者提供一些可供选择的保单目录，消费者只需从中做出选择。通过向消费者提供保单目录，保险公司能够借助跟踪消费者的选择来（隐蔽地）对消费者进行筛选，从而促使高风险消费者与低风险消费者做出不同的选择。我们现在就来分析这个模型。

我们也将这种情形表示为一种扩展式博弈，尽管只用一家保险公司来说明发信号的重要特征是可能的，但是这与需要对两家保险公司显示的信号进行筛选还是有细微差别，因此我们需要在模型中增加一家保险公司。①

同前面一样，有两位消费者（低风险消费者和高风险消费者），他们出现的概率分别是 α 和 $1-\alpha$。当然，你也可以这么理解：有许多的消费者，其中低风险消费者所占的比率是 α。

现在考虑包含两家保险公司和两位消费者的“保险筛选博弈”，图 8-14 给出了它的扩展式。

① 信号模型也可以包含两家保险公司，这不会改变分析结果。

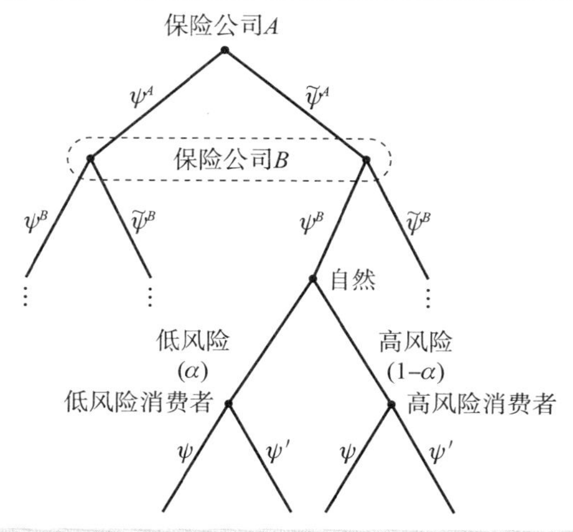

图 8-14　保险筛选博弈

注意，与图形不同，保险公司实际上有一个关于行为的连续统，因此这个博弈会一直持续下去。

- 两家保险公司首先行动，它们在一个包含有限多保单的列表中同时进行选择；
- 接着是自然行动，自然决定保险公司面对的是哪种类型的消费者，低风险消费者被选择的概率是 α，高风险消费者被选择的概率是 $1-\alpha$；
- 最后行动的是被选择的消费者，消费者从保险公司提供的保单列表中选择一个保单。

眼下，由于消费者的可能类型只有两种，于是我们可以将保险公司列出的保单最多限定在两种之内。这样保险公司 $j=A$、B 的纯策略是提供一组保单 $\Psi^j=(\psi_l^j, \psi_h^j)$。我们用 ψ_l^j 来表示保险公司 j 在列表中为低风险消费者准备的保单，而 ψ_h^j 是为高风险消费者准备的保单。不过，请记住，由于保险公司并不能识别消费者的风险类型，所以低风险（或高风险）消费者无须选择这个保单。消费者从两家保险公司提供的保单中选择能给自己带来最大效用的保单。

8

消费者 $i=l$，h 的纯策略是一个选择函数 $c_i(\cdot)$，函数对每一组保单（ψ^A，ψ^B）、保险公司、保单中的某一种或零保单（null policy）等情况都进行了详细的说明。因此，即便零保单不会出现在保险公司的列表中，我们还是应当给予消费者有从任何一家保险公司选择这种保单的权利。这只是一种允许消费者不选择保单的方式，这种方式很方便。因此，$c_i(\psi^A, \psi^B)=(j, \psi)$，其中 $j=A$ 或 B，$\psi=\psi_l^j$，ψ_h^j 或（0，0）。

图 8-14 清楚地表明，唯一的非单一的信息集属于保险公司 B。注意，无论消费者使用哪种策略，这个信息集都一定是可实现的。因此，我们有足够的信息来分析该博弈的子博弈完美均衡。本章练习题会要求你证明这种博弈是有限的（以便于应用序贯均衡的定义），其中，序贯均衡结果的集合与子博弈完美均衡结果的集合

等同。

我们同样可以把纯策略的子博弈完美均衡分为两类：分离均衡与混同均衡。在分离均衡中，两类消费者做出了不同的选择；而在混同均衡中，他们做出了相同的选择。

定义 8.4　分离与混同的筛选均衡

如果 $\psi_l \neq \psi_h$，其中 $(j_l, \psi_l)=c_l(\psi^A, \psi^B)$ 且 $(j_h, \psi_h)=c_h(\psi_A, \psi_B)$，则纯策略子博弈完美均衡 $(\psi^A, \psi^B, c_l(\cdot), c_h(\cdot))$ 是一个分离均衡；否则，它是一个混同均衡。

注意，在混同均衡中，尽管两类消费者必须选择相同的保单，但是他们并不需要从同一家保险公司购买。

博弈分析

我们将对保险筛选博弈的子博弈完美均衡的特征加以说明，这个分析的一个重要的动力是一种被称作**“撇脂”**（cream skimming）的现象。

当一家保险公司提供一种能将低风险消费者从其竞争对手那里吸引过来的保单，进而在其他保险公司提供的保单集合中获得了策略性优势的时候，就会出现撇脂现象。这个“猎头”保险公司只获得最好的消费者（奶脂），而将不好的消费者留给了竞争对手。均衡时，两家公司都必须确保另外一家不会用这种方式争夺它的优质客户。为了将“撇脂”作为一种策略来考虑，我们至少需要两家保险公司。也正因如此，要求我们在模型中放进第二家保险公司。

我们先给出一个在分析纯策略子博弈完美均衡中用到的引理。

引理 8.2

在每种纯策略子博弈完美均衡中，两家保险公司均获得零期望利润。

证明：该结论的证明与第 4 章对伯川德竞争模型的证明如出一辙。

首先需要注意的是，由于每家保险公司都可以通过提供一组零保单（其中 $B=p=0$）来确保获得零利润，因此两家保险公司在均衡时必定获得非负的期望利润。这足以说明，没有一家公司会获得严格为正的期望利润。

使用反证法。我们假设 A 公司获得正的期望利润，并且 B 公司的期望利润不高于 A。令 $\psi_l^*=(B_l^*, p_l^*)$ 与 $\psi_h^*=(B_h^*, p_h^*)$ 分别表示均衡中低风险消费者和高风险消费者选择的保单。我们可将两家保险公司的总期望利润写成：

$$\Pi \equiv \alpha(p_l^* - \underline{\pi} B_l^*)+(1-\alpha)(p_h^* - \underline{\pi} B_h^*)>0$$

显然，Π 严格大于 B 公司的期望利润。

现在，我们考虑两种情形。

情形 1　$\psi_l^*=\psi_h^*=(B^*, p^*)$。考虑 B 公司的如下变化：B 提供一组保单 $\{(B^*+\varepsilon, p^*), (B^*+\varepsilon, p^*)\}$，其中 $\varepsilon>0$。显然，两类消费者都严格偏好 B 公司提供的保单 $(B^*+\varepsilon, p^*)$，并且，如果 ε 足够小，B 公司的期望利润将会无限

接近于Π，且大于均衡时的期望利润，但这同均衡假定相矛盾。

情形 2 $\psi_l^*=(B_l^*,\ p_l^*)\neq\psi_h^*=(B_h^*,\ p_h^*)$。均衡要求没有消费者能通过改变保单来获得更大的收益，这一点同他们选择不同保单的事实以及单点交叉的性质共同意味着，至少有一位消费者严格偏好自己的选择甚于他人的选择，例如

$$u_l(\psi_l^*)>u_l(\psi_h^*)\text{，或者} \tag{P. 1}$$

$$u_h(\psi_h^*)>u_h(\psi_l^*) \tag{P. 2}$$

假设不等式（P. 1）成立，考虑 B 公司下面的变化，其中 B 提供一组保单 $\psi_l^\varepsilon=(B_l^*+\varepsilon,\ p_l^*)$ 与 $\psi_h^\varepsilon=(B_h^*+\beta,\ p_h^*)$，且 $\varepsilon,\ \beta>0$。

每位消费者 $i=l,\ h$ 显然严格地偏好 ψ_i^ε 甚于 ψ_i^*，此外，我们要求 ε，β（$\varepsilon,\ \beta>0$）任意小，以使下面两式成立：

$$u_l(\psi_l^\varepsilon)>u_l(\psi_h^\beta)\text{，并且} \tag{P. 3}$$

$$u_h(\psi_h^\beta)>u_h(\psi_l^\varepsilon) \tag{P. 4}$$

为了理解这一点，注意，根据（P. 1），只要 ε，β 足够小，（P. 3）式就成立，只要 β 固定且选择的 ε 足够小，不等式（P. 4）也同样成立。

由于 $\beta(\beta>0)$ 固定，我们有：

$$u_h(\psi_h^\beta)>u_h(\psi_h^*)\geqslant u_h(\psi_l^*)=\lim_{\varepsilon\to 0}u_h(\psi_l^\varepsilon)$$

在均衡中，高风险消费者除了自己的选择不会偏好其他人的保单，所以，此弱不等式成立（见图 8-15）。

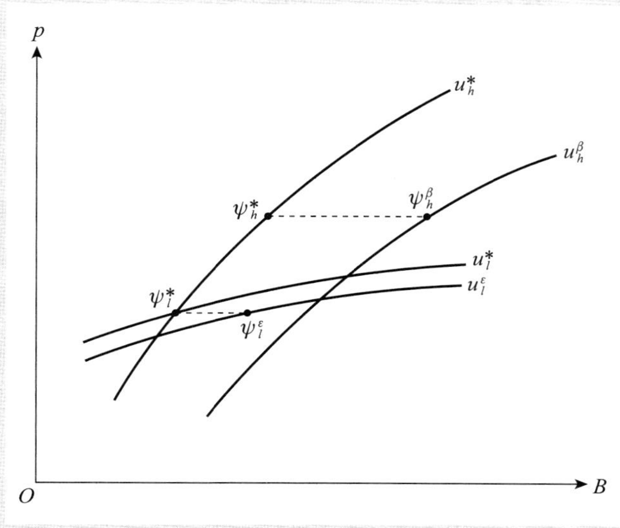

图 8-15

一个困难的情形：图形给出了（P. 1）中最困难的情形。其中，$u_l^*\equiv u_l(\psi_l^*)>u_l(\psi_h^*)$ 成立，但是如果 $u_h^*\equiv u_h(\psi_h^*)=u_h(\psi_l^*)$，那么（P. 2）式不成立。对于每个 $\beta>0$，存在充分小的 $\varepsilon(\varepsilon>0)$ 使得 $u_h^\beta\equiv u_h(\psi_h^\beta)>u_l^\varepsilon\equiv u_h(\psi_l^\varepsilon)$。当保单 ψ_l^ε 与 ψ_h^β 可选择时，ψ_l^ε 是低风险消费者的最佳选择，而 ψ_h^β 是高风险消费者的最佳选择。

8

但是不等式（P.3）和（P.4）意味着，随着B公司的变动，低风险消费者会选择 ψ_l^{ε}，而高风险消费者会选择 ψ_h^{β}。如果 ε、β 充分小，这会使B公司获得的期望利润无限接近于 Π，而且该利润大于B公司均衡时的期望利润，但这又是一个矛盾。

如果（P.2）式成立，一个相似的证明也会出现矛盾，因此我们可以得出如下结论：在每个子博弈完美均衡中，保险公司必定获得零期望利润。

混同均衡

你可能认为撇脂现象的存在会削弱混同均衡。实际上，当我们用同样的方式来对待两类消费者时，这种情形对于撇脂现象来说的确是合理的。我们能证明这个直觉判断是正确的，撇脂的确减少了混同均衡发生的可能性。

定理 8.4　混同均衡的不存在性

在保险筛选博弈中，不存在纯策略的混同均衡。

证明： 我们仍然使用反证法来证明。

假设在子博弈完美均衡中，两类消费者都选择了保单 $\psi^*=(B^*, p^*)$。根据定理8.2，两家保险公司的总的期望利润一定等于零。因此，

$$\alpha(p^*-\underline{\pi}B^*)+(1-\alpha)(p^*-\bar{\pi}B^*)=0 \tag{P.1}$$

首先考虑 $B^*>0$ 的情形。（P.1）式意味着：

$$p^*-\underline{\pi}B^*>0 \tag{P.2}$$

同时 $p^*>0$，那么 ψ^* 就不会位于图8-16的坐标轴上。由单交性质可知，存在一个区域 R（见图8-16），使得 ψ^* 是 R 中保单的极限。设 ψ' 是 R 中非常接近 ψ^* 的保单。

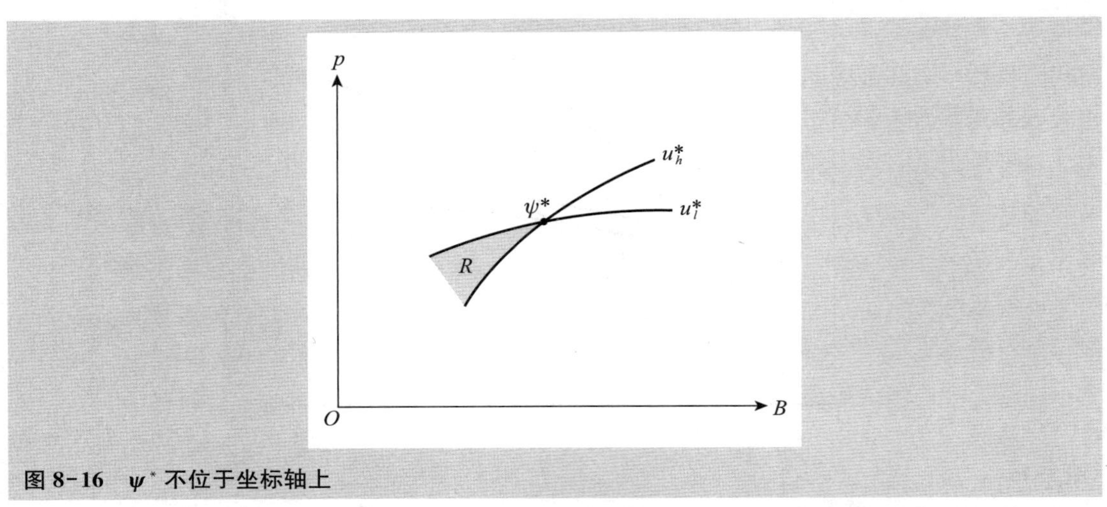

图 8-16　ψ^* 不位于坐标轴上

现在假设保险公司A在均衡中提供的保单为 ψ^*，如果B公司只提供保单，高风险消费者会从第一家保险公司中选择保单 ψ^*（或者选择一个对他来说无差异的

保单），而低风险消费者会从 B 公司选择保单。如果充分接近 ψ^*，那么根据（P. 2），B 公司会从撇脂变动中获得严格正的期望利润，因此在均衡中必须也获得严格为正的期望利润。但这与定理 8.2 矛盾。

现在考虑 $B^*=0$ 的情形。根据（P. 1），这同时也意味着 $p^*=0$。因此 ψ^* 是零保单，如图 8-17 所示。现在两家公司都可以通过提供单个保单（L，$\bar{\pi}L+\varepsilon$）（这里 ε 大于 0 且充分小）获得正的期望利润。由于保险公司可从两类消费者中获得严格正的期望利润（该保单都处在高风险与低风险的零利润线之上），因此它最终获得的期望利润也严格为正，并且高风险消费者必定在零保单的上方选择这种保单。最后推出的矛盾完成了定理 8.4 的证明。■

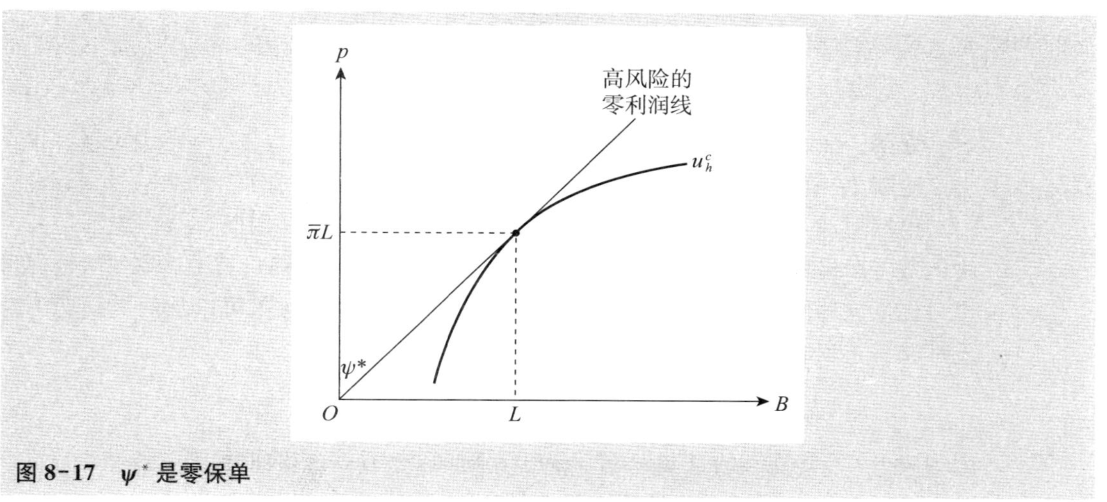

图 8-17　ψ^* 是零保单

注意撇脂对先前结论的重要性，这是竞争性筛选模型的典型特征。在该模型中，市场一方的多个主体通过提供一系列供消费者选择的合同，去吸引市场另一方竞争者的客户。

分离均衡

正如我们现在所要证明的，筛选模型的竞争本质也会对分离均衡产生重要的影响。

定理 8.5　分离均衡的特征

如图 8-18 所示，在一个纯策略分离均衡中，假设 ψ_l^* 与 ψ_h^* 分别是低风险消费者和高风险消费者选择的保单，那么 $\psi_l^*=\bar{\psi}_l$ 且 $\psi_h^*=u_h^c$。

在保险筛选模型中，唯一可能的分离均衡恰好也是 8.1.1 节的保险发信号博弈中对消费者来说最好的那个分离均衡。根据定理 8.4，这是博弈中唯一可能的均衡。

8

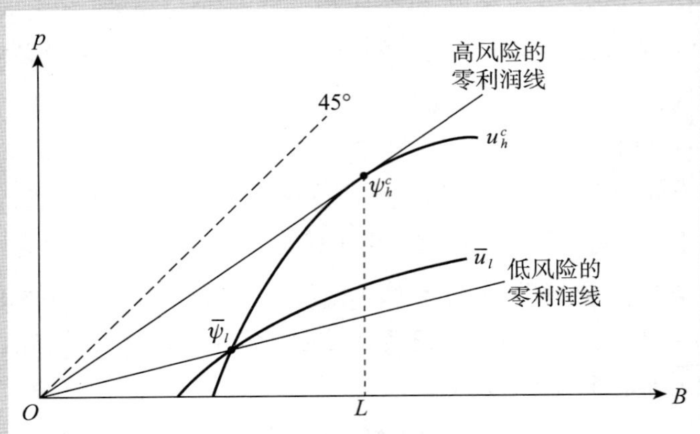

图 8-18　唯一可能的分离均衡

它恰好与 8.1.2 节的保险发信号博弈中对消费者来说最好的分离均衡相同。

证明：证明由一系列论断展开。

论断 1：高风险消费者必定至少获得效用 u_h^c（见图 8-18）。

根据引理 8.2，两家保险公司必定都获得零期望利润，因此，这一定不是高风险消费者严格偏好保单（L，$\bar{\pi}L+\varepsilon$）甚于 ψ_h^* 的情形。否则，其中一家保险公司可以只提供这种保单，并获得正的期望利润。（注意，这个保单可以从两类消费者身上都获得正利润。）但这意味着，对于所有 $\varepsilon>0$，

$$u_h(\psi_h^*)\geqslant u_h(L,\bar{\pi}L+\varepsilon)$$

因为 $u_h(\cdot)$ 是连续的且 $\psi_h^c=(L，\bar{\pi}L)$，随着 $\varepsilon\to 0$，对右边取极限，该结论成立。

论断 2：ψ_l^* 必定位于低风险的零利润线上。

注意，根据论断 1，ψ_h^* 必定位于高风险的零利润线上或线下，这样保险公司从高风险消费者身上获得的利润非正。因为根据定理 8.2，保险公司的总利润为零，这意味着 ψ_l^* 位于低风险的零利润线上或线下。

使用反证法，我们假设 $\psi_l^*=(B_l^*，p_l^*)$ 位于低风险的零利润线的上方，那么 $p_l^*>0$。但是这也意味着 $B_l^*>0$，否则低风险消费者会选择零保单（零保单总是可选择的）。因此，如图 8-19 所示，ψ_l^* 严格位于低风险的零利润线上方，而不是位于图 8-19 中的纵轴上。

因此，图 8-19 中出现了区域 R。由于保险公司只出售在区域 R 内的保单，因此它不会出售保单给高风险的消费者，而只有低风险消费者才能从它那里买到保单。这是因为，与保单 ψ_l^* 相比，这种保单更受低风险消费者偏爱；但是对高风险消费者而言，它严格劣于保单 ψ_l^*（它本身并不优于 ψ_h^*）。由于保单都位于低风险的零利润线上，所以，这种变动结果使保险公司能获得严格正的期望利润。由于这个矛盾，我们得到了想要证明的结论。

8

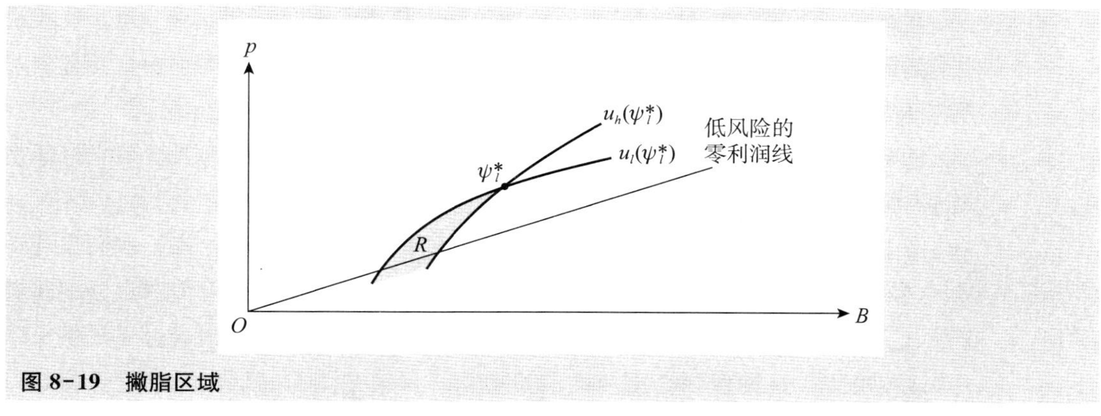

图 8-19　撇脂区域

论断 3： $\psi_h^*=\psi_h^c$。

根据论断 2 和定理 8.2，ψ_h^* 必定位于高风险的零利润线上，但是根据论断 1，$u_h(\psi_h^*)\geqslant u_h(\psi_h^c)$。把它们放在一起，可得 $\psi_h^*=\psi_h^c$（见图 8-18）。

论断 4： $\psi_l^*=\bar{\psi}_l$。

如图 8-20 所示，论断 2 足以证明，ψ_l^* 不可能位于低风险的零利润线上严格低于 $\bar{\psi}_l$（如 ψ''）或高于 $\bar{\psi}_l$（如 ψ'）的位置。

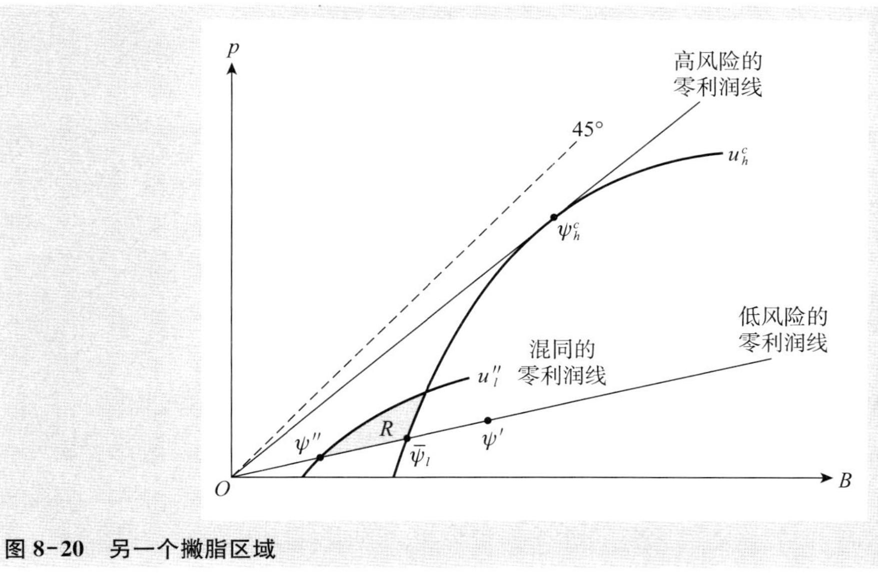

图 8-20　另一个撇脂区域

于是，首先假设 $\bar{\psi}_l^*=\psi'$，高风险消费者严格偏好 ψ' 甚于 ψ_h^c，所以他不会选择 ψ_h^c，这同论断 3 相反。

接下来假设 $\psi_l^*=\psi''$。低风险消费者在均衡中获得效用 u''_l（见图 8-20）。此时会出现区域 R。保险公司不会出售保单 ψ_h^c 给高风险消费者。令保险公司只提供严格位于区域 R 内的保单，而只有低风险的消费者才会购买这个保单。此时保险公司获得严格正的期望利润。这个矛盾证明了论断 4，这样，我们也完成了所有的证明。 ■

8

注意，定理 8.5 并没有断言存在分离的筛选均衡。它与定理 8.4 一道，仅仅说明了如果纯策略的子博弈完美均衡存在，那么这种均衡必定是分离均衡，而且消费者选择的保单是唯一的。

从减少均衡数量方面来看，撇脂是筛选模型中一个很有效的工具。但它可能是太过严格了，以至于有些时候根本不存在纯策略子博弈完美均衡。

图 8-21 画出了一种不存在纯策略均衡的情形。为了理解这一点，我们仅需证明，（如定理 8.5 描述的那样）并不存在使低风险消费者和高风险消费者分别获得保单 $\bar{\psi}_l$ 与 ψ_h^c 的均衡。实际情况也确实如此，由于保险公司都可以通过只提供保单 ψ' 来改变决策，这种保单会由两类消费者购买（较之均衡的保单，它更受偏好）。因为 ψ' 严格位于混同的零利润线的上方（考虑到两类消费者都会购买保单 ψ'，该线正是相应的零利润线），所以该保险公司会获得严格正的期望利润。但这同定理 8.2 矛盾。

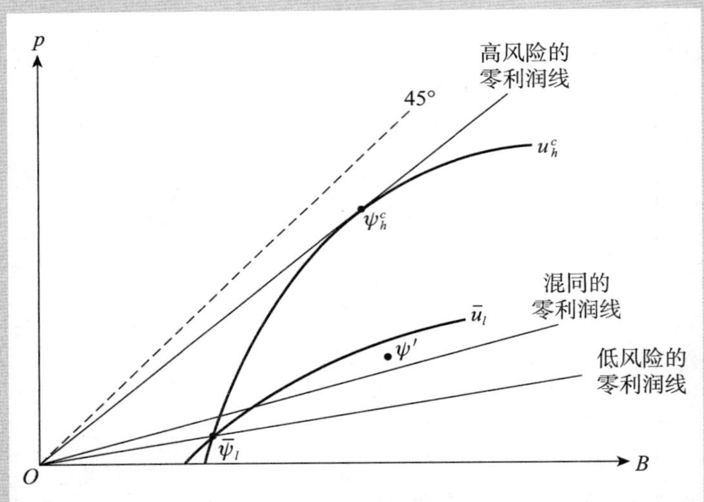

8

图 8-21 无均衡存在

对于低风险消费者和高风险消费者来说，可选择的最好的保单分别是 $\bar{\psi}_l$ 与 ψ_h^c。提供保单 ψ' 对两类消费者都有吸引力，并给保险公司带来了正利润，因为该保单位于混同的零利润线之上。在这种情形中，不存在纯策略子博弈完美均衡。

因此，当 α 充分接近 1 时，混同的零利润线会和无差异曲线 $\bar{u}_l$ 相交（见图 8-21），筛选模型说明纯策略的子博弈完美均衡并不存在。[①] 你可以证明，在行为策略中总是存在子博弈完美均衡，但此处不会深入探讨这个问题。我们注意到，当信息不对称的程度不算严重的时候，特别是当高风险消费者所占的比例很小时，该模型

① 即便混同均衡零利润线与无差异曲线 $\bar{u}_l$ 不相交，均衡也不一定存在。可能存在一组保单，其中一份对低风险消费者具有吸引力并使其获得正利润，另一份对高风险消费者具有吸引力（使他们不选择第一份保单）并获得负利润，这样，最终总的期望利润严格为正。

就不存在纯策略的子博弈完美均衡。

接下来讨论一个被忽视多时的问题：汽车保险的存在对消费者的驾驶行为有什么影响?

8.2 道德风险与委托—代理问题

保险公司并不傻，它们清醒地知道，一旦消费者买了汽车保险，可能就不会再像以前那样小心驾驶了。而且，消费者谨慎驾驶的动力会随着投保额的增加而下降。不幸的是，对于保险公司来说，它们不能观察到消费者在安全驾驶方面所付出的努力。因此，它们必须对保单的结构加以设计，使得这些保单能促使消费者付出一个合适的努力水平。

当代理人（消费者）采取的行为涉及委托人（如保险公司）的利益，而这种行为又不能被委托人所观察时，就涉及**道德风险**（moral hazard）的问题。**委托—代理问题**（principal-agent problem）是指委托人设计出一个激励方案，促使代理人采取恰当的行动。现在我们就在保险市场中深入探讨这些问题。

为简单起见，我们考虑的模型中只涉及一家保险公司和一位消费者。消费者一旦发生意外事故，会招致不同程度的财产损失。损失有 L 种水平，依照事故的严重程度不同，损失从 1 美元到 L 美元不等。当然也存在不发生事故的可能性，为了方便，把这种情形理解为事故发生造成的损失是 0 美元。

设事故造成 $l\in\{0,1,\cdots,L\}$ 损失的概率为 $\pi_l(e)(\pi_l(e)>0)$，其中 e 表示消费者为安全驾驶付出的努力水平。正如前面所讨论的那样，人们很自然地认为这个概率将会受到消费者付出的努力程度的影响。对于每一种固定的努力水平 e，有 $\sum_l \pi_l(e)=1$。

为了简化分析，假设消费者只有两种可能的努力水平。我们设 $e=0$ 代表低的努力程度，$e=1$ 代表高的努力程度。为了反映出高的努力程度会降低消费者发生严重（代价高昂的）事故的可能性这一思想，我们做出下面的假设。

假设 8.1 单调似然率

$\pi_l(0)/\pi_l(1)$ 关于 $l\in\{0,1,\cdots,L\}$ 是严格递增的。

单调似然率性质认为，在观察到事故损失 l 的前提下，与高努力水平相比，低努力水平出现的相对概率会随着损失 l 的增加而提高。因此，人们更愿意打赌说，当观察到的事故损失很高时，消费者付出的努力程度会很低。

在前面的模型中，消费者有一个关于财富的严格递增且严格凹的冯·诺伊曼-摩根斯坦效用函数 $u(\cdot)$，其中初始财富 $w>L$。此外，$d(e)$ 代表消费者努力水平 e 带来的负效用。因此，对于一个给定的努力水平 e，消费者关于财富的冯·诺

8

伊曼-摩根斯坦效用是 $u(\cdot)-d(e)$，这里 $d(1)>d(0)$。[①]

我们假设保险公司可以观察到事故损失 l，但并不能观察到消费者为避免事故发生所做出的努力。因此，保险公司只能将赔偿金与损失额联系在一起。设 B_l 代表当事故损失为 l 时保险公司向消费者支付的赔偿金。因此，每份保单都可以表示为一个向量（p，B_0，B_1，…，B_L），其中 p 代表支付给保险公司的价格，如果消费者发生损失为 l 美元的事故，保险公司保证消费者会获得 B_l 美元的赔偿金。

这里有一个有趣的问题：保险公司会给消费者提供何种类型的保单呢？保单的效率特征又是怎样的呢？

8.2.1 对称信息

为了了解消费者（为避免事故）所付出的努力的不可观察性的影响，我们先来看一下保险公司能观察到消费者努力水平的情形。

此时，保险公司可以提供这样一份保单：消费者所付出的努力水平只有达到一个特定的程度，保险公司才会支付给他赔偿金。实际上，保险公司能够选择消费者的努力水平。

因此，保险公司希望求解下列问题：

$$\max_{e,\ p,\ B_0,\ \cdots,\ B_L} p-\sum_{l=0}^{L}\pi_l(e)B_l \tag{8.7}$$

约束条件为

$$\sum_{l=0}^{L}\pi_l(e)u(w-p-l+B_l)-d(e)\geqslant\bar{u}$$

其中 $\bar{u}$ 表示消费者的保留效用。[②]

根据最大化问题（8.7）式，保险公司选择一份保单和一个努力水平来实现期望利润的最大化，约束条件为这份保单至少能使消费者获得其保留效用。因此，消费者会愿意接受该保单的条款，并且愿意付出所要求的努力水平。

求解最大化问题（8.7）最容易的方法是，假设 e（$e\in(0,1)$）是固定的，然后构造一个关于变量 p，B_0，B_1，…，B_L 的拉格朗日函数。函数形式如下：

$$\mathcal{L}=p-\sum_{l=0}^{L}\pi_l(e)B_l-\lambda\left[\bar{u}-\sum_{l=0}^{L}\pi_l(e)u(w-p-l+B_l)+d(e)\right]$$

一阶条件为：

---

① 所有分析都满足这样的一般化情形，即效用函数采用 $u(w,e)$ 形式，其中对于任意财富水平 w，$u(w,0)>u(w,1)$。

② 由于消费者总是能选择不购买保险，$\bar{u}$ 必定至少与 $\max_{e\in(0,1)}\sum_{l=0}^{L}\pi_l(e)u(w-l)-d(e)$ 相等。但是，如果其他保险公司也向消费者出售保单的话，$\bar{u}$ 就可能严格大于它。

$$\frac{\partial \mathcal{L}}{\partial p}=1-\lambda\left[\sum_{l=0}^{L}\pi_l(e)u'(w-p-l+B_l)\right]=0 \tag{8.8}$$

$$\frac{\partial \mathcal{L}}{\partial B_l}=-\pi_l(e)+\lambda\pi_l(e)u'(w-p-l+B_l)=0,\ \forall l\geqslant 0 \tag{8.9}$$

$$\frac{\partial \mathcal{L}}{\partial \lambda}=\bar{u}-\sum_{l=0}^{L}\pi_l(e)u(w-p-l+B_l)+d(e)\leqslant 0 \tag{8.10}$$

其中，如果 λ 不等于 0，则（8.10）式将取等式。

注意，第一个条件（8.8）式是多余的，因为它可以由（8.9）式的 $L+1$ 个方程推导出来。因此，前面是一个包含 $L+3$ 个未知数的、至多由 $L+2$ 个独立方程组成的方程组。

等式（8.9）意味着 $\lambda>0$ 且 $\forall l\geqslant 0$，

$$u'(w-p-l+B_l)=1/\lambda$$

因此，对所有 $l=0$，1，…，L 来说，B_l-l 必定为常数。

因为 $\lambda>0$，与约束条件相关的一阶条件必定以等式的形式成立，由此推出：

$$u(w-p-l+B_l)=d(e)+\bar{u},\forall l\geqslant 0 \tag{8.11}$$

由于只有 $L+2$ 个独立的方程和 $L+3$ 个未知量，不失一般性，我们可设 $B_0=0$。因此，在（8.11）中令 $l=0$ 会得出一个只包含 p 的方程①，并且由此可以计算出 p。此外，对于所有的 $l=0$，1，…，L 来说，B_l-l 是常数，并且 $B_0-0=0$。于是，对于所有的 $l=\{0, 1, \cdots, L\}$，我们必有：

$$B_l=l$$

因此，对于任意固定的努力水平 $e(e\in(0, 1))$，对称信息的解在各个损失水平上都能够为消费者提供全额保险。这并不令人惊奇，一方面，因为消费者是严格的风险厌恶者而保险公司是风险中性者。这只是一个关于风险分担的有效率的例子。此外，保险公司索要的价格使消费者在所要求的努力水平上从保单中获得的效用与其保留效用相等。

由于我们已经确定了每一努力水平上最优的保单，那么实现最优的努力水平也是应有之义。给定 $e(e\in(0, 1))$，对于每个 l，最优赔偿金水平为 $B_l=l$，所以，利用（8.11），最优价格 $p(e)$ 可以由下式间接地求出：

$$u(w-p(e))=d(e)+\bar{u} \tag{8.12}$$

因此，保险公司选择 $e(e\in\{0, 1\})$ 以最大化：

$$p(e)-\sum_{l=0}^{L}\pi_l(e)l$$

① 实际上，一开始就很明显地设 $B_0=0$ 是没有害处的，因为 B_0 的变化总能被价格 p 和保额水平 B_1，…，B_L 的相应变化所抵消，并且不会改变消费者的效用或保险公司的利润。

注意一下高努力与低努力之间的权衡取舍。一方面，因为 $d(0)<d(1)$，(8.12) 式意味着付出低努力水平就允许保险公司索要高价格以增加利润；另一方面，高努力减少了事故造成的期望损失（由单调似然率性质可知，见练习题），也增加了期望利润。在任何特定的情形下，人们必定会去分析哪种努力水平对保险公司最有利。

不管何种努力水平对保险公司最有利，这里更重要的是，利润最大化的保单总是包含了全额保险。这一点很重要，它意味着这里的结果是帕累托有效的。前面已经得到了这个结论，这里就不再给出证明。

8.2.2 不对称信息

现在，我们将注意力转到一种更为有趣的情形中：消费者选择的努力水平不能被保险公司观察到。保险公司会继续寻找那些能使期望利润最大化的保单。可如果保险公司不能观察到消费者选择的努力水平，那它又如何去选择最优的保单呢？

以下面的方式来考虑这个问题。保险公司必定对消费者避免事故付出的努力水平有一个主观心理预期，然后在此基础上设计一份保单。但是由于无法观察到消费者的努力水平，保险公司必须确保保单的性质对于那些自愿选择公司所期望的努力水平的消费者来说是最优的。

这给保险公司的最大化问题有效地施加了一个额外的约束条件。（必然）选择的保单与努力水平不仅要能使消费者至少获得保留效用水平，而且还要能使消费者自愿地选择保险公司所期望的努力水平。因此，保险公司面临的问题是：

$$\max_{e,p,B_0,\cdots,B_L} p-\sum_{l=0}^{L}\pi_l(e)B_l \tag{8.13}$$

约束条件为：

$$\sum_{l=0}^{L}\pi_l(e)u(w-p-l+B_l)-d(e)\geqslant\bar{u} \tag{8.14}$$

与

$$\sum_{l=0}^{L}\pi_l(e)u(w-p-l+B_l)-d(e)\geqslant\sum_{l=0}^{L}\pi_l(e')u(w-p-l+B_l)-d(e') \tag{8.15}$$

其中 e，$e'\in\{0, 1\}$ 并且 $e\neq e'$。

新的约束条件为 (8.15)，在推荐保单给定的情况下，它保证该努力水平能最大化消费者的期望效用，所以能确保保险公司在计算其利润时所考虑的避免事故发生的努力水平 e 与消费者实际所选择的水平相同。

我们将沿用之前求解该问题时所惯用的方法，即我们首先固定努力水平 e，然后为这一特定的努力水平确定最优的保单形式。一旦完成了两种努力水平下的（这项）工作，那么，确定使保险公司利润最大化的最优保单及其相关的努力水平就易如反掌了。

$e=0$ 时的最优保单

假设我们希望促使消费者付出较低水平的努力。在具有这种功效的所有保单中，哪个对保险公司最有利呢？尽管可以通过拉格朗日函数方法来求解，但另一种方法更加简单。

回想一下，如果没有激励约束（8.15），那么通过选择满足下列条件的 p，B_0，…，B_L，就可以确定 $e=0$ 时的最优保单：

$$\begin{aligned}&u(w-p)=d(0)+\bar{u}\\&B_l=l,\ l=0,\ 1,\cdots,L\end{aligned}\tag{8.16}$$

现在，在问题中考虑了激励约束，也不能增加保险公司的最大化利润。因此，如果（8.16）的解满足激励约束，那它就必定是所要找的最优保单。不过，（8.16）的解显然满足（8.15）。给定满足（8.16）的保单，当 $e=0$ 时，激励约束简化为：

$$d(0)\geqslant d(1)$$

根据假设，该式（严格）成立。

因此，若要使消费者（按照能使保险公司利润最大化的方式）付出较低的努力程度，就要求保险公司提供一份与消费者的努力程度可被观察时相同的保单。

$e=1$ 时的最优保单

假设我们现在希望促使消费者付出较高的努力水平。为了找出对保险公司来说最优的保单，我们将考虑（8.13）中将努力水平固定在 $e=1$ 时的最大化问题。于是，这就变成了一个基于选择变量 p，B_0，B_1，…，B_L 的最大化问题。而且，由于 $e=1$，在激励约束（8.15）中，我们有 $e'=0$。

针对这个问题构造的拉格朗日函数为：

$$\begin{aligned}\mathcal{L}=&\,p-\sum_{l=0}^{L}\pi_l(1)B_l-\lambda\Big[\bar{u}-\sum_{l=0}^{L}\pi_l(1)u(w-p-l+B_l)+d(1)\Big]\\&-\beta\Big[\sum_{l=0}^{L}\pi_l(0)u(w-p-l+B_l)+d(0)\\&-\Big(\sum_{l=0}^{L}\pi_l(1)u(w-p-l+B_l)-d(1)\Big)\Big]\end{aligned}\tag{8.17}$$

其中 λ 与 β 分别是对应约束（8.14）和（8.15）的乘子。

一阶条件是：

$$\frac{\partial\mathcal{L}}{\partial p}=1-\lambda\Big[\sum_{l=0}^{L}(\pi_l(1)+\beta(\pi_l(1)-\pi_l(0)))u'(w-p-l+B_l)\Big]=0\tag{8.18}$$

$$\frac{\partial\mathcal{L}}{\partial B_l}=-\pi_l(1)+[\lambda\pi_l(1)+\beta(\pi_l(1)-\pi_l(0))]u'(w-p-l+B_l)=0,\ \forall\, l\tag{8.19}$$

$$\frac{\partial \mathcal{L}}{\partial \lambda}=\bar{u}-\sum_{l=0}^{L}\pi_l(1)u(w-p-l+B_l)+d(1)\leqslant 0 \tag{8.20}$$

$$\frac{\partial \mathcal{L}}{\partial \beta}=\sum_{l=0}^{L}(\pi_l(0)-\pi_l(1))u(w-p-l+B_l)-d(0)+d(1))\leqslant 0 \tag{8.21}$$

其中，如果 $\lambda\neq 0$ 且 $\beta\neq 0$，则（8.20）式和（8.21）式取等号。

和前面的问题一样，这些条件中的第一个条件（8.18）是由（8.19）给出的 $L+1$ 个式子推导出来的。该式同样是多余的，因而我们可以假设 $B_0=0$ 而又不失一般性。

现在，（8.19）式可以改写为：

$$\frac{1}{u'(w-p+B_l-l)}=\lambda+\beta\left[1-\frac{\pi_l(0)}{\pi_l(1)}\right] \tag{8.22}$$

我们现在证明 λ 与 β 都不为零。

假设 $\beta=0$，那么（8.22）意味着等式左边关于 l 是不变的，因此可以推断出 $w-p+B_l-l$ 关于 l 也是不变的。但这个结论并不成立，因为（8.21）式的左边可以简化为 $d(0)-d(1)$，它是严格为负的。因此得出结论：$\beta\neq 0$。

为了证明 $\lambda\neq 0$，首先注意一下，单调似然率性质意味着存在一个 l，使得 $\pi_1(0)\neq\pi_l(1)$。由于 $\sum_l\pi_l(0)=\sum_l\pi_l(1)=1$，必定存在满足 $\pi_l(0)>\pi_l(1)$ 且 $\pi_{l'}(0)\neq\pi_{l'}(1)$ 的 l 与 l'。结果是，（8.22）式中括号内的那一项要么为正，要么为负（不等于零）。

如果 $\lambda=0$，由于 $\beta\neq 0$，所以（8.22）等式右侧不取零值。但是等式左边严格为正，因此 $\lambda\neq 0$。这个讨论证明了 $\lambda>0$。

实际上，$\lambda\neq 0$ 和 $\beta\neq 0$ 意味着约束条件（8.20）与（8.21）在最优解处都是束紧的。因此，消费者会降低他的保留效用，而且付出努力程度的高低是没有差别的。

为了更深入地分析 $e=1$ 时的最优保单，先证明 $\beta>0$ 是大有裨益的。假设 $\beta<0$，单调似然率性质意味着（8.22）式的右侧关于 l 是严格递减的，因此 $u'(w-p+B_l-l)$ 关于 l 同样严格递减，于是，B_l-l 进而 $u(w-p+B_l-l)$ 关于 l 也是严格递减的。但是后者与单调似然率性质一道意味着 $\sum_l(\pi_l(1)-\pi_l(0))u(w-p+B_l-l)<0$（见练习题 8.13），由于 $d(0)<d(1)$，这与（8.21）式相矛盾。因此，我们得出 $\beta>0$。

现在，由于 $\beta>0$，单调似然率性质意味着（8.22）式右边是严格递减的，这使得 $u'(w-p+B_l-l)$ 是严格递增的。因此，最优保单必定具有如下特征：

$$l-B_l\ \text{关于}\ l\ \text{是严格递增的}(l=0,1,\cdots,L)。 \tag{8.23}$$

回忆一下，前面我们不失一般性地假设 $B_0=0$。因此，限制条件（8.23）表明，最优的高努力保单并不提供全额保险，而是确定了一个可推断的支付，该支付随着损失程度的增加而增加。

当然，这是出于直觉上的判断，为了激励消费者付出高努力，保单设计中一定要有能够吸引消费者的地方。当 $l-B_l$ 是严格递增时，就存在一个促使消费者付出高努力的正效用的收益。即

$$\sum_{l=0}^{L}(\pi_l(1)-\pi_l(0))u(w-p-l+B_l)>0$$

根据（8.23）和单调似然率性质，这个和严格为正（再次参见练习题 8.13）。当然，高努力会产生效用成本，即 $d(1)-d(0)>0$。选择最优保单的设计要使高努力带来的效用收益恰好等于效用成本。

最优保单与效率

正如我们前面看到的，对不同的保险公司来说，最优保单是不同的，这要看它想诱使消费者付出的是高努力还是低努力。从整体上来说，最大化问题（8.13）的解只是两种努力程度中能带来更大期望利润的那个。

一方面，现在假设，在信息对称的情形下，保险公司要求消费者所付出的最优努力水平是较低的。准确地说，这个（完全）保单在信息不对称的情形下也是最优的，原因在于，这个保单带来了和信息对称情形下一样的期望利润。而且当 $e=1$ 时，由于在信息不对称情形下存在一个附加的限制条件，所以最大化的期望利润在信息不对称情形下并不比信息对称情形下的更高。因为信息对称的结果是帕累托有效的，所以，此情形下的信息不对称结果也是帕累托有效的。

但另一方面，假设在信息对称的情形下，保险公司所要求的消费者最优的努力水平较高。可能的情况是，当保险公司诱使消费者在信息不对称的情况下付出高努力的时候，它获得的期望利润很低。这是由于在信息对称和信息不对称两种情形下，低水平努力所对应的期望利润是相等的。在信息不对称的情形下，通过提供全额保险促使消费者付出低努力对保险公司来说可能是最优的，但这个最优可能不是帕累托有效的。因为与对称信息下的解相比，此时消费者获得的效用不变（等于 $\bar{u}$），但保险公司的利润却更低。

因此，信息不对称的影响在帕累托无效率的结果中再次显现出来。

8.3 信息和市场绩效

市场参与者之间的信息分布对均衡有着深远甚至惊人的影响，在本章中我们的确已经看到了，信息不对称可能造成市场失灵，使互惠的交易无从发生。从规范的角度来看，无法实现帕累托有效的市场结果最令人头疼。

在这一章里，我们对某一市场（保险市场）进行了深入细致的分析，其中大部分出自 Rothschild and Stiglitz（1976）与 Wilson（1977）。观察到的这些问题也同样出现在其他一些市场，逆向选择也出现在二手车市场和劳动力市场，见 Akerlof（1970）和 Spence（1973）。道德风险也出现在雇主—雇员关系、医患关系，甚至夫妻关系中，参见 Grossman and Hart（1983）与 Holmstrom（1979a，1982）。

在本章的大部分内容中，我们都将注意力集中在问题及其表现形式方面，只是偶尔谈及可能的治理措施。在结束这一章之前，我们应当注意到，这些信息问题通常只能缓解而无法根除。如果遇到逆向选择问题，发信号与筛选能派上用场；如果是道德风险，需要重新设计合约来激励代理人去实现帕累托有效的结果。

信息不对称条件下的市场分析遇到了一些新问题，这也给经济学家们带来了更大的挑战。简单且行之有效的办法不多，这倒是为分析家们的创造力、洞察力与逻辑推理能力提供了大显身手的舞台。

8.4 练习题

8.1 考虑一下 8.1 节中的保险模型，把两家保险公司都看做每种状态下具有财富禀赋 $\bar{w} \geqslant L$ 的风险中性的消费者，其中 L 是 m 个厌恶风险的消费者中的一个发生意外时遭受的财产损失。再假设风险中性者的数量大于风险厌恶者的数量。证明：由 8.1 节推导出的竞争性均衡也是这种交换经济下的一个竞争性均衡。

8.2 假设在信息不对称下的保险模型中，消费者发生事故的概率是财富的函数，即 $\pi = f(w)$。此外，假设不同消费者拥有不同的财富水平，且 $f' > 0$。这种情况下必定会出现逆向选择的问题吗？

8.3 在 8.1 节的保险模型中，许多消费者可能有相同的事故概率，我们也允许保险价格因人而异。证明：在信息对称的条件下，均衡的保单价格只和事故发生的概率有关，而同购买保单的特定个人无关。

8.4 用一个存在逆向选择的保险模型来回答下面的问题：

(a) 当市场上的消费者数量有限时，消费者发生事故的概率的分布函数 F 是一个阶跃函数。证明：g：$[0, \bar{\pi}L] \to [0, \bar{\pi}L]$ 也是阶跃函数且是非递减的函数。

(b) 证明：g 必定经过一个不动点。

(c) 更一般地，证明：一个把一单位区域映射进它自身的非递减函数也必定经过一个不动点。（注意，该函数不必是连续的，根据 Tarski（1955）的研究，这是不动点理论的一个特例。）

8.5 在分析存在逆向选择的保险模型时，我们认为当事故概率的分布函数均匀分布在 $[0, 1]$ 时，模型至多有两个竞争性的均衡价格。你可以这样来证明这道题。假设 f：$[a, b] \to [a, b]$ 是连续的，且 $f'' > 0$。

(a) 用微积分的基本定理证明，如果 $f(x^*) = x^*$ 且 $f'(x^*) \geqslant 1$，那么对于每一个 $x > x^*$，有 $f(x) > x$。

(b) 用和 (a) 类似的方法证明，如果 $f(x^*) = x^*$ 且 $f'(x^*) \leqslant 1$，那么对于每一个 $x < x^*$，有 $f(x) > x$。

(c) 由 (a)、(b)，证明：f 至多有两个不动点。

(d) 证明：当事故概率的分布函数的值域是 $[0, 1]$，在存在逆向选择的保险模型中，至多有两个竞争性的均衡价格。

8.6 假设有两个状态（1和2），状态1发生的概率是 π，w_i 表示消费者在状态 i 时的财富水平。

（a）如果消费者是严格风险厌恶的，且 $w_1 \neq w_2$。证明：保险公司可提供一种使该消费者的财富在两种状态下都相同的保单，消费者的福利得到改善，使保险公司获得正的期望利润。

（b）假设市场上有多位消费者和多家保险公司，存在一个可以使消费者的财富在两种状态下都相同的可行配置，再假设在这个配置中，一些消费者会为其他人投保。证明：存在一个可以使消费者得到同样财富以及使保险公司获得相同期望利润的配置，在该配置中，没有消费者为其他人投保。

8.7 （Akerlof）考虑如下二手车市场。市场上有很多旧车的卖者，他们都有一辆需要出售的旧车，车的特征由待售车的质量刻画。令 θ($\theta \in [0, 1]$）表示旧车的质量，并且 θ 在 $[0, 1]$ 服从均匀分布。如果特征为 θ 的卖者以价格 p 出售（质量为 θ 的）旧车，他的效用是 $u_s(p, \theta)$；如果不出售，他的效用为0。如果买者以价格 p 购买质量为 θ 的旧车，他获得的效用是 $\theta - p$；如果选择不购买，他的效用为0。关于旧车的质量存在信息不对称，卖者了解他们要出售的旧车的质量，但是买者并不了解。假设市场上并没有足够的旧车来满足所有买者的潜在需求。

（a）证明：在信息不对称下的竞争性均衡中，必定有 $E(\theta \mid p) = p$。

（b）证明：如果 $u_s(p, \theta) = p - \theta/2$，那么每个 $p \in (0, 1/2]$ 都是均衡价格。

（c）求 $u_s(p, \theta) = p - \sqrt{\theta}$ 时的均衡价格，用语言描述一下这个均衡。具体来说，在该均衡中有哪些车被交易。

（d）求 $u_s(p, \theta) = p - \theta^3$ 时的均衡价格，在本例中共有多少个均衡？

（e）前面这些结果是帕累托有效的吗？尽可能地描述出帕累托改进的条件。

8.8 证明：在保险发信号博弈中，假设消费者有有限多个保单可供选择，当且仅当评估满足贝叶斯法则时，它才具有一致性。证明：序贯均衡满足贝叶斯法则，并且还满足序贯理性。

8.9 分析：在保险发信号博弈中，限定保额 B 等于 L，假设低风险消费者在高风险竞争价格前严格偏好全额投保甚于不投保，

（a）证明：当注意力仅限于获得零利润的保险公司时，存在唯一的一个序贯均衡。

（b）证明：在所有的序贯均衡中，不存在分离均衡。这符合直觉吗？

（c）证明：存在使保险公司获得正的利润的混同均衡。

8.10 考虑保险发信号博弈。

（a）证明：该博弈存在分离均衡。在该均衡中，当且仅当 $MRS_l(0, 0) \leqslant \pi$ 时，低风险消费者提出的保单被保险公司拒绝。

（b）给定一个分离均衡，该均衡中低风险消费者提出的保单被保险公司拒绝，在不改变每位参与者的均衡支付的前提下，构造一个分离均衡，使该保单被接受。

（c）继续考虑只有一家保险公司和两位消费者的情形，假设低风险消费者在高风险竞争价格面前严格偏好于不投保甚于完全投保。证明：当 α（消费者为低风险的概率）足够小时，信息不对称情形下的唯一的竞争性均衡是：保险公司不会向低风险者提供保险，但会向高风险者提供全额保险。

（d）回到一般性的保险发信号博弈中，证明：每个分离均衡都帕累托占优于（c）中描述的竞争性均衡。

8.11 考虑一个保险的筛选模型，假设保险公司的保单目录中只有有限的保单可供选择。证明：当且仅当存在一些使形成的评估成为序贯均衡的信念时，联合策略是一个子博弈完美均衡。

8.12 考虑一下筛选模型博弈。

（a）假设只有一家保险公司，而不是两家，画一个图来说明对低风险消费者有利的且能给保险公司带来非负利润的唯一的混同合约。

（b）证明：在所有对低风险消费者有利的且能给保险公司带来非负利润的混同合约目录中，满足（a）的混同合约并不能使低风险消费者的效用达到最大化。在所有这些合约目录中，求能给消费者带来最大效用的混同合约。

（c）哪些合约能给保险公司带来利润最大化？

8.13　考虑一下保险的道德风险模型。在该模型中，消费者选择付出或高或低的努力程度（$e=0$，1）以避免事故的发生。仍然用 $\pi_l(e)$（$\pi_l(e)>0$）表示发生事故造成 l 美元损失的概率。证明：如果单调似然率成立且 $\pi_l(0)/\pi_l(1)$ 关于 l 是严格递增的，那么对于每一个递增的实数序列 $x_1<x_2<\cdots<x_L$ 而言，有 $\sum_{l=0}^{L}\pi_l(0)x_l>\sum_{l=0}^{L}\pi_l(1)x_l$ 成立。

8.14　考虑存在道德风险的保险模型。

（a）证明：在信息对称的条件下，和高努力相比，付出低努力水平的消费者需要为利润最大化的保单支付更高的价格。

（b）令消费者的保留效用为 $\bar{u}$，当没有保单可供选择的时候，消费者付出带来效用最大化的努力水平时获得的保留效用 $\bar{u}$ 最大。假设市场上信息不对称，如果保险公司诱导消费者付出高努力，那么它就不能获得正的期望利润。证明：如果没有合意的保单，消费者会付出低的努力水平。

8.15　再次考虑存在道德风险的保险模型。令消费者的冯·诺伊曼-摩根斯坦效用函数为 $u(w)=\sqrt{w}$，初始财富 $w_0=100$ 美元。假设有两种损失水平，分别是$l=0$与 $l=51$ 美元，同样的有两种努力水平，分别是$e=0$与$e=1$。函数 $d(e)$ 表示消费者努力的负效用函数，其中$d(0)=0$，$d(1)=1/3$。最后，下面的支付矩阵给出了损失的概率，矩阵的行代表努力水平，列代表损失水平。

	$l=0$	$l=51$
$e=0$	1/3	2/3
$e=1$	2/3	1/3

举例来说，当消费者付出高努力时，消费者发生 51 美元损失的概率是 1/3。

（a）证明表中给出的概率满足单调似然率性质。

（b）假设只有一家保险公司，并且消费者唯一的选择是为自己投保，求消费者的保留效用。

（c）如果没有保险可选，消费者付出的努力水平是多少？

（d）证明：如果信息是对称的，提供一个诱使消费者付出高努力的保单对保险公司来说是最优的。

（e）证明：如果信息是不对称的，满足（d）的保单不会使消费者付出高努力。

（f）求信息不对称时最优的保单。

（g）比较保险公司分别在信息对称和信息不对称情形下的利润，同时比较这两种情形下消费者的效用水平。说明信息对称条件下的解帕累托占优于信息不对称下的解。

8.16　考虑下面的委托—代理问题，公司的所有者或雇主（委托人）从市场上雇用一名工人（代理人），工人可选择低努力 $e=0$ 或高努力 $e=1$，最终收益 r 对雇主来说是不确定的，但是如果工人付出高努力，获得高收益 r 的可能性大一些。特别地，当劳动者付出低努力时（即 $e=0$），有：

$$r=\begin{cases}0，\text{概率为 } 2/3\\4，\text{概率为 } 1/3\end{cases}$$

当消费者付出高努力时（即 $e=1$），那么

$$r=\begin{cases}0，\text{概率为 } 1/3\\4，\text{概率为 } 2/3\end{cases}$$

消费者关于工资 w 和努力水平 e 的冯·诺伊曼-摩根斯坦效用函数为 $u(w,e)=\sqrt{w}-e$。当公司的收益为 r 且劳动者的工资是 w 时，公司的利润是 $\pi=r-w$。工资合约（w_0，w_4）约定了不同收益水平下工人的工资水平，如果收益 $r\in\{0,4\}$，工人的工资水平 $w_r\geqslant 0$。工人在工作中选择能给自己带来最大期望效用的努力水平，当然也可以选择辞职（他仅有的其他选择），这时他获得（w，e）$=$（0，0）。

求出在下面两种情况下能给公司带来最大期望利润的工资合约 $(w_0, w_4)\in[0,\infty)^2$。

（a）雇主可以观察到工人的努力水平，因此

8

在合约的设计中也能考虑劳动者的努力水平，求出工人在期望利润最大化的工资合约下会付出的努力水平。

(b) 雇主不能观察到工人的努力水平，因此合约不能基于努力水平而设计，求出工人在期望利润最大化的工资合约下会付出的努力水平。

8.17 管理者虽然不能观察到工人的努力水平e，但是可以看到工人的产出水平，劳动者有n种努力程度$e_1<\cdots<e_n$可供选择，分别会带来n种不同的产出水平$y_1<\cdots<y_m$。产出水平受工人的努力程度的影响，$p(y \mid e)$表示给定工人的努力程度e，产出水平是y的概率。当工人付出的努力为e而获得工资为w时，他的冯·诺伊曼-摩根斯坦效用函数为$u(w, e)$，该函数关于w严格递增、关于e严格递减。注意，这里的工资w是工人获得的全部补偿。

假设$p(\cdot \mid \cdot)$严格满足单调似然率性质，对于每一个$i=1, 2, \cdots, m$，$\frac{p(y_{i+1} \mid e)}{p(y_i \mid e)}$严格递增。

(a) 管理者希望向工人提供一份能最大化自己的期望利润的工资合约，而工人的唯一其他选择是待在家里，工资为零。单位产出的价格固定为1美元（工资也用美元表示）。将管理者的最优化问题用公式表示出来。（工人的工资受哪些因素影响?）

(b) 假设最优工资合约的结果是工人选择了努力水平$e_i>e_1$。证明：工资合约关于产出有时候是严格递增的（对于某个$y_i<y_j$，$w(y_i)<w(y_j)$必定成立），你可能在练习题8.13中发现一些有用的结论。

第9章 拍卖与机制设计

在大多数现实中的市场上，卖者对市场需求的了解有限（不具备完全的知识），通常只掌握少量统计信息，只有买者才会对自己在特定价格水平上的需求情况一清二楚，而本章将会在这种更典型的状况下重温垄断问题。

也许上述因素发生的最简单的情形就是一件物品的拍卖。此时，卖者显然不知道买者的估价，但是对估价的分布略知一二。在卖家出售商品的时候，有几种标准的拍卖形式可供选择——一价拍卖、二价拍卖、荷式拍卖、英式拍卖。每种拍卖给卖者带来的收益相同吗？如果不同，哪种最好？对卖者而言，是否存在一种谈不上标准的但效果更好的销售机制？为了回答此类问题，我们将介绍并运用一些新的工具，它们都源于机制设计理论。

机制设计是关于恰当制度的设计如何以及何时能实现特定目标的一般理论。当设计者实现特定目标所需要的信息源自他人的时候，这种理论尤为适用。成功地设计一项机制的关键在于，它能使信息持有者主动将信息披露给设计者。本章会对机制设计理论做一个初步的介绍，分析将以收益最大化的销售机制的设计为起点，然后考虑有效的资源配置问题，不管是哪一种情形，设计问题都会受到信息的约束——必须对拥有私人信息的代理人进行激励，从而使他如实地披露信息。

9.1 四种标准的拍卖

卖者想出售一件商品，有 N 位买者，他希望尽可能地卖个高价，怎样才能实现这个目标呢？一种可能是举行一场拍卖。已知的拍卖种类繁多，但我们主要考虑以下四种标准的拍卖。[①]

● **一价密封（投标）拍卖（或一级价格密封拍卖，第一价格密封拍卖，first-price sealed-bid）**：每位竞价者向卖者提交一个密封的竞价，出价（或叫价）最高的

① 除非特别注明，我们始终假设所有拍卖中竞价的平局都是被随机打破的，每个平局的投标人成为赢者的可能性相等。

人获胜并（为拍卖标的）支付此价格。

● **二价密封（投标）拍卖（或二级价格密封拍卖，次高价格密封拍卖，second-price sealed-bid）**：每位竞价者向卖者提交一个密封的竞价，出价（或叫价）最高的人获胜，但（为拍卖标的）支付第二高的价格。

● **荷式拍卖（Dutch auction）**：卖者从一个高价开始，然后逐渐降价，第一个举手的竞价者以当前的价格赢得拍卖标的。

● **英式拍卖（English auction）**：卖者从低价（可能是零）开始，然后逐渐提高价格，每位竞价者想退出拍卖时可发出信号。一旦某位竞价者退出，此后便不能再重新参与竞拍。当竞价者只剩下一名时，他就是赢家，并支付当时的价格。

对卖者来说，我们能判断出（四种拍卖方式）哪种是最好的吗？要回答这个问题，我们必须从一个模型开始。

9.2　独立私人价值模型

一个风险中性的卖者想把一件不可分割的商品卖给 N 个风险中性的买者中的一个。卖者对商品的估价是零欧元。[①] 买者 i 对商品的估价 v_i 的取值范围为 $[0, 1]$，分布函数和密度函数分别为 $F_i(v_i)$ 和 $f_i(v_i)$。[②] 我们将假设买者的估价相互独立，每个买者只知道自己的估价，不了解别人的估价。然而，密度函数 f_1，…，f_N 是公开的信息，所有的卖者和买者都对此心知肚明。特别是，尽管卖者并不了解买者的具体估价，但他知道每个估价取值的概率分布。如果买者 i 的估价是 v_i，那么，如果他赢得拍卖并支付 p，其收益（即冯·诺依曼-摩根斯坦效用）是 v_i-p；如果买者没有赢得拍卖但必须支付 p，则其收益变为 $-p$。[③]

这就是“独立私人价值”模型。**独立**（independent）是指每个买者的私人信息（在这里指每个人的估价）与其他买者无关。**私人价值**（private value）是指，一旦一个买者利用他的私人信息对商品进行估价，即便后来他了解了其他买者的私人信息，该估价也不会受到影响，即每个买者的私人信息足以决定他的估价。[④]

本章始终假设，独立私人价值模型较好地代表了垄断者的行为。现在我们可以研究一下卖者的利润与拍卖方式之间的关系。注意，卖者自身的生产决策以及私人价值为零，因此，利润的最大化就等价于收益的最大化。

在我们确定每种标准拍卖中卖者的收益之前，必须先了解不同拍卖方式中买者的竞价行为。下面我们从一价拍卖开始分析。

---

① 这等同于假设商品已经被生产且它对卖者的使用价值为零。

② 回想一下，$F_i(v_i)$ 表示当 i 的估价小于或等于 v_i 的概率，且 $f_i(v_i)=F'_i(v_i)$。后面的关系也可以表示为 $F_i(v_i)=\int_0^{vi} f_i(x)\mathrm{d}x$。我们有时候说 F_i，有时候说 f_i，这是由于其中一个决定了另外一个。

③ 尽管这种结果对以上四种拍卖的任何一种都是不可能的，但在有些拍卖（如全支付拍卖，all-pay auction）中，不管你是否赢得拍卖标的，你都必须支付一笔费用。

④ 存在更一般化的模型，在这些模型中，持有私人信息的买者潜在地取得附加的关于商品估价的信息，他们想了解另外一个买者的私人信息，但在此我们不考虑这样的模型。

9.2.1 一价密封拍卖中的竞价行为

为了理解一价拍卖中的竞价行为，出于简化分析的目的，我们假设买者是事前对称的。即假设所有的买者 $i=1, \cdots, N$，对所有的 $v\in[0, 1]$，有 $f_i(v)=f(v)$。

显然，确定卖者收益的主要困难是确定买者（现在我们称其为竞价者，bidders）的竞价方式。但是请注意，如果你是竞价者，由于倾向以低价而非高价赢得拍卖，所以，当其他人出低价时，你想出低价；当其他人出高价时，你也想出高价。当然，由于密封竞价的规则使然，你并不知道其他人提交的价格。不过，你的最优竞价取决于其他人的竞价方式。因此，竞价者处于一种策略环境中，即每位竞价者的最优行为和其他人的行为有关。这样为了决定竞价者的行为，我们将使用第 7 章中的博弈论工具。

让我们从竞价者 i 的角度考虑投标的问题。假设竞价者 i 的估价是 v_i，给定估价，i 必须提交一个密封竞价 b_i。因为 b_i 总体上依赖于 i 的估价，我们用 $b_i(v_i)$ 表示竞价者 i 在估价为 v_i 时的竞价。现在竞价者必须准备为每个潜在估价 $v_i\in[0, 1]$ 提出竞价$b_i(v_i)$，于是，我们可以把每位竞价者 i 的**策略**（strategy）看成一个竞价函数 b_i：$[0, 1]\to\mathbb{R}_+$，此函数将他的每个估价映射到一个（可能不同的）非负竞价之中。

在讨论收益之前，有必要先关注一下投标策略的自然分类。估价高的竞价者出价也高，这似乎是天经地义的，于是，我们将注意力集中在严格递增的竞价函数上。另外，由于竞价者是事前对称的，自然可以假设估价相同的人会提交相同的竞价。记住这一点之后，我们将集中精力寻找一个严格递增的竞价函数 $\hat{b}$：$[0, 1]\to\mathbb{R}_+$，此函数对于每个使用它的竞价者都是最优的，假设其他竞价者也使用这个竞价函数，即我们希望在严格递增的竞价函数中寻找一个对称的纳什均衡。

现在我们假设找到了一个由严格递增的竞价函数 $\hat{b}(\cdot)$ 给出的对称的纳什均衡。在其他竞价者也使用同样的竞价函数 $\hat{b}(\cdot)$ 的情况下，根据定义，对一个估价为 v 且提交的竞价为$\hat{b}(v)$ 的竞价者 i 来说，它一定是收益最大化的。正因为如此，我们可以进行一个意义非常的练习，尽管乍看起来有点令人费解。

这种奇怪但有用的练习是：想象竞价者 i 不能参加拍卖，他安排自己的一个朋友为他出价。这个朋友知道均衡竞价函数 $\hat{b}(\cdot)$，但不知道竞价者 i 的估价。现在，如果竞价者 i 的估价是 v，他想要朋友代表他提交竞价 $\hat{b}(v)$。一旦竞价者 i 让朋友参拍并告知其估价，他的朋友就可以代劳了。显然，i 没有动力向朋友谎报估价，也就是说，估价为 v 的竞价者 i 可以从 $r\in[0, 1]$ 区间内选出任意一个值报告给朋友，报告了真实的估价 v 之后，他就实现收益了的最大化。原因在于，报告估价 r 会使他的朋友代他提交竞价 $\hat{b}(r)$，如果 i 自己参加拍卖，他会提交竞价 $\hat{b}(v)$。

我们来计算竞价者 i 的期望收益，即在给定其他竞价者使用竞价函数 $\hat{b}(\cdot)$ 的条件下，估价为 v 的竞价者 i 向朋友报告一个任意估价 r 取得的收益。为了计算这个期望收益，有必要先关注下面两个问题。第一，只有当竞价者提交的竞价是最高的时，他才能赢得拍卖。也就是说，对于所有竞价者 $j\neq i$，当 $\hat{b}(r)>\hat{b}(v_j)$ 时，竞价者 i 赢得拍卖。由于 $\hat{b}(\cdot)$ 是严格递增的，这只会发生在 r 超过所有其他 $N-1$ 位竞价者的估价的情形。用 F 代表与 f 相关的分布函数，它出现的概率就是 $(F(r))^{N-1}$，我们用 $F^{N-1}(r)$ 表示。第二，只有当竞价者赢得拍卖时，他才会发生支付，所付的数额为 $\hat{b}(r)$。因此，给定其他竞价者的竞价函数 $\hat{b}(\cdot)$，估价为 v 的竞价者 i 向朋友报告估价 r 的期望收益为：

$$u(r,v)=F^{N-1}(r)(v-\hat{b}(r)) \tag{9.1}$$

正如我们之前提到的那样，由于 $\hat{b}(\cdot)$ 是一个均衡，当竞价者 i 的估价是 v 时，他的期望收益最大化的竞价一定是 $\hat{b}(v)$。所以，当 $r=v$（即竞价者如果报告估价）时，(9.1) 一定会是收益最大化的。因此，令 (9.1) 右侧部分对 r 求微分，当 $r=v$ 时，它一定等于零，微分得：

$$\frac{\mathrm{d}F^{N-1}(r)(v-\hat{b}(r))}{\mathrm{d}r}=(N-1)F^{N-2}(r)f(r)(v-\hat{b}(r))-F^{N-1}(r)\hat{b}'(r) \tag{9.2}$$

当 $r=v$ 时，令上式右侧等于零，整理得：

$$(N-1)F^{N-2}(v)f(v)\hat{b}(v)+F^{N-1}(v)\hat{b}'(v)=(N-1)vf(v)F^{N-2}(v) \tag{9.3}$$

仔细观察 (9.3) 的左侧，可以发现它正好是 $F^{N-1}(v)\hat{b}(v)$ 关于 v 的导数。于是，我们可以将 (9.3) 重新写成：

$$\frac{\mathrm{d}F^{N-1}(v)\hat{b}(v)}{\mathrm{d}v}=(N-1)vf(v)F^{N-2}(v) \tag{9.4}$$

(9.4) 对于所有的 v 都必然成立，它必具有如下形式：

$$F^{N-1}(v)\hat{b}(v)=(N-1)\int_0^v xf(x)F^{N-2}(x)\mathrm{d}x+\text{常数}$$

注意，估价为零的竞价者出价也一定是零，于是，我们可以得出结论：上式中的常数项必然为零。因此，一定有：

$$\hat{b}(v)=\frac{N-1}{F^{N-1}(v)}\int_0^v xf(x)F^{N-2}(x)\mathrm{d}x$$

上式可以写成更简洁的形式：

$$\hat{b}(v)=\frac{1}{F^{N-1}(v)}\int_0^v x\,\mathrm{d}F^{N-1}(x) \tag{9.5}$$

有关（9.5）式中的竞价函数有两点需要注意的地方：第一，正如我们所做的假设，它关于 v 是严格递增的（见练习题 9.1）；第二，它是唯一的。因此，我们证明了如下结论。

定理 9.1　一价拍卖的对称均衡

如果 N 名竞价者具有来自共同分布 F 的独立的私人价值，只要私人价值为 v，那么竞价

$$\hat{b}(v)=\frac{1}{F^{N-1}(v)}\int_0^v x\,\mathrm{d}F^{N-1}(x)$$

构成一个一价密封拍卖的对称纳什均衡，而且，它也是唯一的对称纳什均衡。[1]

例题 9.1

假设每位竞价者的估价在区间 [0，1] 上均匀分布，那么 $F(v)=v$ 且 $f(v)=1$。因此，如果有 N 名竞价者，则每个人使用竞价函数：

$$\begin{aligned}\hat{b}(v)&=\frac{1}{v^{N-1}}\int_0^v x\,\mathrm{d}x^{N-1}=\frac{1}{v^{N-1}}\int_0^v x(N-1)x^{N-2}\mathrm{d}x\\&=\frac{N-1}{v^{N-1}}\int_0^v x^{N-1}\mathrm{d}x=\frac{N-1}{v^{N-1}}\frac{1}{N}v^N=v-\frac{v}{N}\end{aligned}$$

所以，通过提交一个小于其估价的竞价，每名竞价者隐蔽了他的竞价。注意，随着竞价者的数量增加，竞价者的竞价会不断提高。■

因为 $F^{N-1}(\cdot)$ 是一位竞价者的 $N-1$ 位竞争对手中的最高竞价的分布函数，定理 9.1 显示的竞价策略表明，每位竞价者以自己的估价作为最高竞价，提交一个第二高的估价作为竞价。但是，由于竞价者有着相同的严格递增的竞价函数，进而具有最高估价就等同于拥有最高竞价，还等价于赢得拍卖。因此，我们说：

在一价密封拍卖的唯一对称均衡中，每位竞价者以赢得拍卖为条件，出价等于第二高竞拍者的估价的期望值。

9

一个人应该以赢得拍卖为条件提交竞价的观点，在一价拍卖中是非常符合直觉的，因为投标的特点是：只有赢得拍卖时，他的投标才有意义。其他拍卖也会呈现出这种特征，所以，该思想应该被视为策略分析的一个基本观点。

分析了一价拍卖之后，再来介绍荷式拍卖中的行为就比较容易了。

---

① 严格地说，我们并没有说明这是一个均衡。我们只是证明了，如果存在一个对称均衡，那它一定是这样的。本章练习题要求你证明这的确是一个均衡。你可能也想知道非对称均衡的问题，可以证明这种均衡并不存在，但此处不会给出证明。

9.2.2　荷式拍卖中的竞价行为

在荷式拍卖中，每位竞价者独自决策，“我将在什么价格水平上举手示意我愿意按这个价格购买物品呢?”此外，出价最高的竞价者赢得拍卖并支付这个价格。因此，用“竞价”取代之前提到的“价格”，我们会发现，这种拍卖等价于一价拍卖。于是，有：

定理 9.2　荷式拍卖的对称均衡

如果 N 位竞价者具有来自共同分布 F 的独立私人价值，那么，当价格达到 $\frac{1}{F^{N-1}(v)}\int_0^v x\,\mathrm{d}F^{N-1}(x)$ 时，他会举手示意。只要竞价者的估价是 v，上述价格就会构成一个荷式拍卖的对称的纳什均衡，而且，对称纳什均衡是唯一的。

很明显，一价拍卖和荷式拍卖会给卖者带来相同的事后收益（例如，对于每次拍卖估价为 v_1，…，v_N 的竞价者）。

现在，我们转向对二价密封拍卖的分析。

9.2.3　二价（投标）拍卖中的竞价行为

人们可能想知道，我们为什么还要浪费时间去考虑二价拍卖呢? 一价密封拍卖肯定能为卖者带来更高的收益，难道不是这样吗? 毕竟，在一价拍卖中，卖者获得最高的竞价，而在二价拍卖中，他只获得了第二高的竞价。

听起来很有道理，但它忽略了至关重要的一点：竞价者在两个拍卖中提交的价格是不同的。在一价拍卖中，竞价者有动力提高竞价以增加赢得拍卖的概率，但也有降低竞价以减少（赢得拍卖后）所需支付的意图。在二价拍卖中，第二种效应是不存在的，因为当一位竞价者赢得拍卖时，他支付的数量独立于竞价。因此，我们会认为竞价者在二价拍卖中会比在一价拍卖中报更高的价格。进而，二价拍卖为卖者提供比一价拍卖更高的期望收益。当我们意识到竞价行为会随着拍卖方式而变化的时候，“哪种拍卖方式能产生更高收益”这个问题就不再那么一目了然了。

幸运的是，对二价拍卖中竞价行为的分析非常简单。不同于对一价拍卖的分析，我们无须把注意力限制在对称竞价者的情形中。也就是说，允许密度函数 f_1，…，f_N（竞价者的估价可以独立地从此函数中得出）存在差别。①

考虑估价为 v_i 的竞价者 i，用 B 代表其他竞价者的最高出价。当然，由于出价是密封的，i 并不知道 B 的大小。如果竞价者 i 要赢得拍卖，他的竞价将是最高的，B 会是第二高的出价。于是，i 将为拍卖标的支付 B。实际上，竞价者 i 必须为拍卖标的支付的价格是其他竞价者提交的最高竞价 B。

现在，由于竞价者 i 的估价是 v_i，当他的估价大于他必须支付的价格时（如 $v_i>$

① 事实上，甚至可以取消独立性假设。

B)，他会严格地想赢得拍卖；当 $v_i < B$ 时，他会严格地想输掉拍卖；当 $v_i = B$ 时，他对于赢或输是无所谓的。竞价者 i 能否以这样一种方式竞价：即使他不知道 B，也能保证他在 $v_i > B$ 时赢得拍卖、在 $v_i < B$ 时输掉拍卖？答案是肯定的，只要恰好以估价 v_i 作为竞价，他就能做到这一点。

当 $v_i > B$ 时，竞价者 i 通过出价 v_i 成为最高的出价者，并赢得拍卖；当 $v_i < B$ 时，他不是最高的出价者，将输掉拍卖。因此，无论其他竞价者的出价是多少，对于 i 来说，以估价作为竞价可使其收益最大化（回忆一下，B 是其他竞价者竞价的最高价）。另外，由于竞价者严格偏好赢得拍卖，竞价低于其估价会有输掉拍卖的风险，而竞价高于估价时会有赢得拍卖但支付价格高于估价的风险，此时以估价来出价将是弱占优的竞价策略。因此，我们可以陈述如下。

定理 9.3　二价拍卖均衡

如果 N 位竞价者具有独立的私人价值，那么，对二价密封拍卖中的每一位竞价者来说，以估价作为竞价是唯一的弱占优的竞价策略。

这一定理将引出英式拍卖。

9.2.4　英式拍卖中的竞价行为

与之前考察的拍卖相比，在英式拍卖中，一位竞价者必须要做出的决策有很多。例如，当价格很低且没有人退出时，他必须决定自己在哪个价位上退出拍卖。如果有其他竞价者先行退出了，在余下的（积极的）竞价者给定的情况下，他必须要决定自己在哪个价位上退出拍卖，凡此种种。尽管如此，英式拍卖和二价拍卖之间还是有着密切的联系。

如同在二价拍卖中那样，在英式拍卖中，不管哪位竞价者留了下来，对于一位竞价者来说，在价格达到其估价时退出拍卖都是一个占优的竞价策略。原因很简单：在博弈的历史和现价 $p < v_i$ 给定的情况下，一个估价为 v_i 的竞价者 i 在价格达到他的估价 v_i 之前一直参与竞价并没有坏处。这样做最坏的结果就是在价格真的达到他的估价时才退出。如果他在价格为 p 时退出拍卖，收益为零。不过可能出现的情况是，其他竞价者在价格达到 v_i 之前就都退出了而只有他坚持到了最后。此时，竞价者 i 会以一个严格低于 v_i 的价格赢得拍卖，有正的收益，于是，由于笑到了最后，他的境况会有严格的改善。因此，我们得到以下结论。

定理 9.4　英式拍卖均衡

如果 N 位竞价者具有独立的私人价值，那么竞价者在价格达到他的估价时退出拍卖，这对英式拍卖中每位竞价者来说都是唯一的弱占优的竞价策略。[①]

给定这个结论，我们很容易发现估价最高的竞价者会在英式拍卖中获胜。但是

① 正如在二价拍卖中那样，这种弱占优的结果并不依赖于投标人估价的独立性。即使这些估价是相关的，结论也依然成立。不过，估价是私人的——这一点很重要。

他将为拍品支付的价格是多少呢？当然，这取决于最后一个竞争者退出拍卖时的价格。但留到最后的对手将是有第二最高估价的竞价者，和其他竞价者一样，当价格等于他的估价时，他退出拍卖。结果，有最高估价的竞价者赢得拍卖，支付估价第二高的价格。因此，我们发现英式拍卖等同于二价拍卖。特别是，英式拍卖和二价拍卖带给卖者的事后收益完全相同。

9.2.5　收益比较

因为一价拍卖和荷式拍卖有相同的事后收益，而二价拍卖和英式拍卖有相同的事后收益，剩下的只需要对一价拍卖和二价拍卖的收益进行比较了。显然，这些拍卖不一定有相同的事后收益。例如，一方面，当最高估价很高而次高估价很低的时候，进行一价拍卖会比二价拍卖带来更多的收益；另一方面，当第一高与第二高的价格非常接近时，二价拍卖会比一价拍卖有更高的收益。

当然，当卖者必须在两种拍卖方式中选择一种时，他并不知道竞价者的估价，只知道他们的竞价是其估价的函数，并了解竞价者估价的分布，于是卖者可以计算出与每种拍卖相关的期望收益。这样，问题就变为："（一价或是二价拍卖）哪种带来期望收益最高"？由于对一价拍卖的分析涉及对称的竞价者，我们在此必须假设对称性，以便对它们的期望收益进行比较。因此，接下来，$f(\cdot)$ 表示每位竞价者估价的共同密度函数，$F(\cdot)$表示相关的分布函数。

让我们从一价拍卖（FPA）的期望收益 R_{FPA} 开始考虑。一价拍卖是价高者得，而有最高估价的竞价者出价最高，如果 v 是 N 位竞价者中的最高估价，则卖者的收益是 $\hat{b}(v)$。因此，如果最高估价是按照密度函数 $g(v)$ 分布的，那么，卖者的期望收益可以写成：

$$R_{FPA}=\int_0^1\hat{b}(v)g(v)\mathrm{d}v$$

对于有着共同密度函数 f 和分布函数 F 的 N 个独立随机变量来说，其最大值的密度函数 g 是 NfF^{N-1}①，我们有：

$$R_{FPA}=N\int_0^1\hat{b}(v)f(v)F^{N-1}(v)\mathrm{d}v \tag{9.6}$$

我们已经看到，在二价拍卖中，由于每位竞价者会按照估价来出价，卖者得到的价格等于 N 位竞价者中第二高的估价。因此，如果 $h(v)$ 是次高估价的密度函数，那么，二价拍卖中卖者的期望收益 R_{SPA} 可以写成：

$$R_{SPA}=\int_0^1 vh(v)\mathrm{d}v$$

① 为了弄明白这一点，注意当且仅当所有 N 个估价是 v 时，最高估价小于或等于 v 的概率是 $F^N(v)$。因此，最高估价的分布函数是 F^N。因为密度函数是分布函数的导数，该结论成立。

由于有着共同密度函数 f 和分布函数 F 的 N 个独立随机变量中第二高估价的密度 h 是 $N(N-1)F^{N-2}f(1-F)$①，于是，我们有：

$$R_{SPA}=N(N-1)\int_0^1 vF^{N-2}(v)f(v)(1-F(v))\mathrm{d}v \tag{9.7}$$

我们现在来比较这两个收益，根据（9.6）和（9.5），我们有：

$$\begin{aligned}R_{FPA}&=N\int_0^1\left[\frac{1}{F^{N-1}(v)}\int_0^v x\,\mathrm{d}F^{N-1}(x)\right]f(v)F^{N-1}(v)\mathrm{d}v\\&=N(N-1)\int_0^1\left[\int_0^v xF^{N-2}(x)f(x)\mathrm{d}x\right]f(v)\mathrm{d}v\\&=N(N-1)\int_0^1\int_0^v[xF^{N-2}(x)f(x)f(v)]\,\mathrm{d}x\,\mathrm{d}v\\&=N(N-1)\int_0^1\int_x^1[xF^{N-2}(x)f(x)f(v)]\,\mathrm{d}v\mathrm{d}x\\&=N(N-1)\int_0^1 xF^{N-2}(x)f(x)(1-F(x))\mathrm{d}x\\&=R_{SPA}\end{aligned}$$

其中，第四个等式由交换积分次序得到（如由 $\mathrm{d}x\mathrm{d}v$ 变成 $\mathrm{d}v\mathrm{d}x$），最后一个等式由（9.7）推导出来。

例题 9.2

每位竞价者的估价在 [0，1] 上均匀分布，使得 $F(v)=v$ 且 $f(v)=1$。一方面，一价拍卖的期望收益是：

$$\begin{aligned}R_{FPA}&=N\int_0^1\hat{b}(v)f(v)F^{N-1}(v)\mathrm{d}v=N\int_0^1\left[v-\frac{v}{N}\right]v^{N-1}\mathrm{d}v\\&=(N-1)\int_0^1 v^N\mathrm{d}v=\frac{N-1}{N+1}\end{aligned}$$

另一方面，二价拍卖带来的期望收益是：

$$\begin{aligned}R_{SPA}&=N(N-1)\int_0^1 vF^{N-2}(v)f(v)(1-F(v))\mathrm{d}v\\&=N(N-1)\int_0^1 v^{N-1}(1-v)\mathrm{d}v\\&=N(N-1)\left[\frac{1}{N}-\frac{1}{N+1}\right]=\frac{N-1}{N+1}\end{aligned}$$ ■

显然，无论竞价者估价的共同分布如何，一价拍卖和二价拍卖所带来的期望收

① 理解这一点的一个方法就是把概率密度看成概率。那么，一个特定的投标人估价为 v 的概率是 $f(v)$，剩下其他 $N-1$ 个竞价者的估价高于这个估价的概率是 $(N-1)F^{N-2}(v)(1-F(v))$。由于有 N 个竞价者，则次高估价是 v 的概率为 $N(N-1)f(v)F^{N-2}(v)(1-F(v))$。

益相等！因此，我们可以陈述如下：

如果 N 位竞价者有来自共同分布 F 的独立私人价值，那么，所有四种标准拍卖方式（一价拍卖、二价拍卖、荷式拍卖和英式拍卖）带给卖者的期望收益相等。

这种收益等价性结论可能在某方面解释了“为什么在实践中全部四种拍卖都可以看到”的问题。如果其中一种拍卖（平均来说）能带来更高的收益，且可以预期，那么这种拍卖方式将会很流行。但是，这些拍卖带来相同期望收益背后的原因是什么？我们接下来就会对这个原因进行深入的剖析。

9.3 收益等价性定理

为了解释四种标准拍卖的收益等价性，我们必须先找到一种能将这些拍卖放到一个单一框架中的方法。基于这样的想法，我们来定义直销机制的概念。[①]

定义 9.1　直销机制（direct selling mechanism）

直销机制是由 N 个概率指派函数 $p_1(v_1, \cdots, v_N), \cdots, p_N(v_1, \cdots, v_N)$ 和 N 个成本函数 $c_1(v_1, \cdots, v_N), \cdots, c_N(v_1, \cdots, v_N)$ 组成的一个集合。对 N 位竞价者报告的每个估价向量 $(v_1, \cdots, v_N)$ 而言，$p_i(v_1, \cdots, v_N) \in [0, 1]$ 表示竞价者 i 得到拍卖标的的概率，$c_i(v_1, \cdots, v_N) \in \mathbb{R}$ 表示竞价者 i 必须向卖者支付的金额。概率之和 $p_1(v_1, \cdots, v_N) + \cdots + p_N(v_1, \cdots, v_N)$ 总是小于或等于 1。

直销机制运行如下：由于卖者不知道竞价者的估价，他会要求他们同时报告这些估价，他拿到这些报告 $(v_1, \cdots, v_N)$ （未必是真实的）之后，再按照概率 $p_i(v_1, \cdots, v_N)(i=1, \cdots, N)$ 把拍卖标的分配给其中的一位竞价者，以剩余的概率保留拍卖标的，从每位竞价者（$i=1, \cdots, N$）那里获得支付 $c_i(v_1, \cdots, v_N)$。我们在这里假设整个直销机制（概率指派函数和成本函数）是公共信息，并且在报告的估价向量给定的条件下，卖者必须执行机制中的条款。

这里有几点值得注意。第一，尽管概率之和 $p_1(v_1, \cdots, v_N) + \cdots + p_N(v_1, \cdots, v_N)$ 永远不会超过 1，但我们允许这个和小于 1，但因为我们允许卖者保留拍卖标的；[②] 第二，一位竞价者的成本可能为负；第三，甚至当竞价者没有得到拍卖标的时（例如，当一位竞价者赢得拍卖的概率为零时），他的成本也可能为正。

显然，卖者的收益和竞价者提交的报告有关。能诱使他们如实报告其估价吗？如果不能，他们会怎样行动？这些都是非常重要的问题，但暂时先把它们搁在一旁。我们先来介绍一种非常重要且特别的直销机制。在这种机制下，竞价者发现如实地报告自己真实的估价是符合自身利益的。我们把这些机制称为激励相容的。在

---

① 这里的介绍源自 Myerson（1981）的研究。

② 这个叙述比我们目前所需的更一般化，因为在四种标准拍卖的任意一种中，卖者从来不会保留拍卖标的。然而，这对我们以后的学习会有帮助。

介绍正式的定义之前，先引入一个小的概念。

考虑一个直销机制（$p_i(\cdot)$，$c_i(\cdot))_{i=1}^N$。假设竞价者 i 的估价是 v_i，他考虑报告的估价是 r_i。如果所有其他竞价者总是如实地报告他们的估价，则 i 的期望收益是：

$$u_i(r_i,v_i)=\int_0^1\cdots\int_0^1(p_i(r_i,v_{-i})v_i-c_i(r_i,v_{-i}))f_{-i}(v_{-i})\mathrm{d}v_{-i}$$

其中，$f_{-i}(v_{-i})=f(v_1)\cdots f(v_{i-1})f(v_{i+1})\cdots f(v_N)$，以及 $\mathrm{d}v_{-i}=\mathrm{d}v_1\cdots\mathrm{d}v_{i-1}\mathrm{d}v_{i+1}\cdots\mathrm{d}v_N$。

对每个 $r_i\in[0,1]$，令

$$\bar{p}_i(r_i)=\int_0^1\cdots\int_0^1 p_i(r_i,v_{-i})f_{-i}(v_{-i})\mathrm{d}v_{-i}$$

并且

$$\bar{c}_i(r_i)=\int_0^1\cdots\int_0^1 c_i(r_i,v_{-i})f_{-i}(v_{-i})\mathrm{d}v_{-i}$$

因此，$\bar{p}_i(r_i)$ 是 i 报价 r_i 时赢得拍卖的概率，$\bar{c}_i(r_i)$ 是 i 的期望支付，两者都是以其他竞价者如实地报告他们的估价为条件的。因此，当竞价者 i 的估价为 v_i 且报价为 r_i 时，他的期望收益可以写成：

$$u_i(r_i,v_i)=\bar{p}_i(r_i)v_i-\bar{c}_i(r_i) \tag{9.8}$$

此时，所有其他竞价者都如实地报告了各自的估价。

现在可以阐述**激励相容直销机制**（incentive-compatible direct selling mechanism）的定义了。

定义 9.2　激励相容直销机制

如果当其他竞价者总是如实报告他们的估价时，每位竞价者 i 总是能通过如实报告自身估价而实现期望收益的最大化，则该直销机制就是激励相容的。即如果对每位竞价者 i 来说，他的每个估价 $v_i\in[0,1]$，当 $r_i\in[0,1]$，$r_i=v_i$ 时，由 (9.8) 定义的 $u_i(r_i,v_i)$ 实现了最大化，那么这个直销机制就是激励相容的。我们因此说，对每个总是如实报告估价的竞价者来说，它是一个贝叶斯-纳什均衡。[①]

9

留意一下定义中没有提到的内容。它没有说，不管其他人如何报告，如实地报告对一位竞价者是最好的；它只是说，只要其他竞价者如实报告，一位竞价者没有比如实地报告更好的做法了。因此，尽管如实报告在一个激励相容机制中是一个贝叶斯-纳什均衡，但它对所有的参与者来说未必就是一个占优策略。

你可能会奇怪，这些内容是怎么与四种标准的拍卖联系到一起的。我们现在将

① 事实上，这会是我们在第 7 章中的贝叶斯-纳什均衡的结果，但是在那里我们把注意力限制在有限类型空间。

说明，四种标准拍卖中的每一种都可以被等价地视为一种激励相容的直销机制。事实上，理解激励相容的直销机制不仅是理解四种标准拍卖之间联系的关键，也是理解收益最大化的拍卖的一把钥匙。

考虑一个有对称竞价者的一价拍卖。我们想构建一个“等价”的直销机制，在其中，“说真话”是一个均衡。为了做到这一点，我们将使用一价拍卖的均衡竞价函数 $\hat{b}(\cdot)$。这种做法背后的思想很简单。与竞价者提交的竞价是将估价代入均衡的竞价函数中计算所得这种方法不同，现在要求竞价者提交他们的估价，然后卖者会为他们计算出均衡竞价。回忆一下，由于 $\hat{b}(\cdot)$ 是严格递增的，当且仅当一位竞价者有最高估价时，他才能在一价拍卖中赢得拍卖。

现在考虑下面的直销机制，$\hat{b}(\cdot)$ 是（9.5）中给出的一价拍卖均衡竞价函数：

$$p_i(v_1,\cdots,v_N)=\begin{cases}1，如果对所有的\ j\neq i，v_i>v_j\\0，其他\end{cases}$$

并且 (9.9)

$$c_i(v_1,\cdots,v_N)=\begin{cases}\hat{b}(v_i)，如果对所有的\ j\neq i,v_i>v_j\\0，其他\end{cases}$$

仔细观察这个机制，注意，有最高估价的竞价者得到拍卖标的并为其支付 $\hat{b}(v)$，这和他在一价拍卖均衡中的结果一样。所以，如果竞价者如实报告他们的估价，那么有最高估价 v 的竞价者将赢得拍卖并向卖者支付 $\hat{b}(v)$。因此，如果这个机制是激励相容的，卖者将得到与一价拍卖所得相同的事后收益。

为了证明这个机制是激励相容的，我们需要说明“讲真话”是一个纳什均衡。假设其他竞价者都如实地报告他们的估价，剩下一位竞价者的估价为 v。我们必须证明，这位竞价者除了向卖者如实地报告估价之外没有更好的做法了。假设这位竞价者考虑报告的估价为 r，对所有其他竞价者 j 而言，当且仅当 $r>v_j$ 时，该竞价者赢得拍卖标的并支付 $\hat{b}(r)$。由于其他 $N-1$ 位竞价者的估价是服从 F 的独立分布，进而该事件出现的概率是 $F^{N-1}(r)$。于是，当这位竞价者的真实估价是 v 时，他通过报告估价 r 取得的期望收益是

$$F^{N-1}(r)(v-\hat{b}(r))$$

但这恰好是（9.1）中的收益，我们已经知道，当 $r=v$ 时，（9.1）实现了收益的最大化。因此，直销机制（9.9）的确是激励相容的。

回顾一下已经完成的分析。我们从一价拍卖的均衡开始，构建了一个激励相容的直销机制。在此机制中，由讲真话均衡所产生的赢得拍卖的竞价者及其获得的事后支付都是相同的。特别是，它带给卖者的事后收益也相同。而且，这种构建直销

机制的方法十分普遍。的确，从四种标准拍卖任何一种的均衡开始，我们都能构建出一个类似的激励相容的直销机制，其中在事后赢得拍卖的竞价者及他们的事后支付都是一样的（本章练习题会让你来构建这样一种机制）。

实际上我们已经证明了，四种标准拍卖中都等价于某种激励相容的直销机制。正因为如此，我们才能通过研究后者来考察前者。

9.3.1 激励相容的直销机制：特征描述

激励相容机制非常重要，对我们来说，知道如何识别它十分有益。下面的结论提供了一个完整的描述，它表明，一个直销机制如果满足了两个条件就是激励相容的：第一，它必须是出价更高的竞价者赢得拍卖的期望概率也更高；第二，竞价者期望支付的成本必须以某种特定方式与他赢得拍卖的期望概率联系在一起。

定理 9.5 激励相容直销机制

对每位竞价者 i 来说，当且仅当满足以下条件时，一个直销机制 $(p_i(\cdot), c_i(\cdot))_{i=1}^N$ 是激励相容的：

（ⅰ）$\bar{p}_i(v_i)$ 关于 v_i 是非递减的；以及

（ⅱ）对每个 $v_i \in [0, 1]$ 而言，有 $\bar{c}_i(v_i)=\bar{c}_i(0)+\bar{p}_i(v_i)v_i-\int_0^{v_i}\bar{p}_i(x)\mathrm{d}x$。

证明： 假设机制是激励相容的，我们必须表明（ⅰ）和（ⅱ）成立。

为了证明（ⅰ）成立，根据激励相容的特点，对所有 r_i，$v_i \in [0, 1]$，有：

$$\bar{p}_i(r_i)v_i-\bar{c}_i(r_i)=u_i(r_i,v_i)\leqslant u_i(v_i,v_i)=\bar{p}_i(v_i)v_i-\bar{c}_i(v_i)$$

等式的右侧同时加减 $\bar{p}_i(v_i)r_i$，意味着：

$$\bar{p}_i(r_i)v_i-\bar{c}_i(r_i)\leqslant[\bar{p}_i(v_i)r_i-\bar{c}_i(v_i)]+\bar{p}_i(v_i)(v_i-r_i)$$

仔细观察方括号中的那一项，它就是 $u_i(v_i, r_i)$，即竞价者在真实估价为 r_i 而报价为 v_i 时的期望收益。根据激励相容的原理，这个收益必定不大于 $u_i(r_i, r_i)$，也就是他报告其真实估价 r_i 时的收益。因此：

$$\begin{aligned}\bar{p}_i(r_i)v_i-\bar{c}_i(r_i)&\leqslant[\bar{p}_i(v_i)r_i-\bar{c}_i(v_i)]+\bar{p}_i(v_i)(v_i-r_i)\\&\leqslant u_i(r_i,r_i)+\bar{p}_i(v_i)(v_i-r_i)\\&=[\bar{p}_i(r_i)r_i-\bar{c}_i(r_i)]+\bar{p}_i(v_i)(v_i-r_i)\end{aligned}$$

也就是：

$$\bar{p}_i(r_i)v_i-\bar{c}_i(r_i)\leqslant[\bar{p}_i(r_i)r_i-\bar{c}_i(r_i)]+\bar{p}_i(v_i)(v_i-r_i)$$

该式可重写为：

$$(\bar{p}_i(v_i)-\bar{p}_i(r_i))(v_i-r_i)\geqslant 0$$

9

所以，当 $v_i > r_i$ 时，一定有 $\bar{p}_i(v_i) \geqslant \bar{p}_i(r_i)$，这样我们可以得出结论：$\bar{p}_i(\cdot)$ 是非递减的。因此，(ⅰ) 成立（也可以参考练习题 9.7）。

为了证明（ⅱ）成立，注意，当竞价者 i 如实地报告其估价时，他的期望收益一定是最大的。当 $r_i = v_i$ 时，$u_i(r_i, v_i)$ 关于 r_i 的导数必为零。[①] 计算这个导数得：

$$\frac{\partial u_i(r_i, v_i)}{\partial r_i} = \bar{p}'_i(r_i)v_i - \bar{c}'_i(r_i)$$

当 $r_i = v_i$ 时使上式等于零，于是有：

$$\bar{c}'_i(v_i) = \bar{p}'_i(v_i)v_i \tag{P.1}$$

由于 v_i 是任意选取的，对每个 $v_i \in [0, 1]$，(P.1) 必定成立。因此：

$$\begin{aligned}\bar{c}_i(v_i) - \bar{c}_i(0) &= \int_0^{v_i} \bar{c}'_i(x)\mathrm{d}x = \int_0^{v_i} \bar{p}'_i(x)x\,\mathrm{d}x \\ &= \bar{p}_i(v_i)v_i - \int_0^{v_i} \bar{p}_i(x)\mathrm{d}x\end{aligned}$$

这里，第一个等式由微积分基本定理得到，第二个等式来自 (P.1)，第三个等式由分部积分法则得出。因此，对每位竞价者 i 以及每个 $v_i \in [0, 1]$，有：

$$\bar{c}_i(v_i) = \bar{c}_i(0) + \bar{p}_i(v_i)v_i - \int_0^{v_i} \bar{p}_i(x)\mathrm{d}x \tag{P.2}$$

（ⅱ）得证。

我们现在必须证明其逆命题同样成立。假设 (ⅰ) 和 (ⅱ) 都成立，我们需要证明，当 $r_i = v_i$ 时，$u_i(r_i, v_i)$ 关于 r_i 是最大化的。为了证明这一点，将 (ⅱ) 代入 (9.8)，得：

$$u_i(r_i, v_i) = \bar{p}_i(r_i)v_i - \left[\bar{c}_i(0) + \bar{p}_i(r_i)r_i - \int_0^{r_i} \bar{p}_i(x)\mathrm{d}x\right] \tag{P.3}$$

这可以重写为：

$$u_i(r_i, v_i) = -\bar{c}_i(0) + \int_0^{v_i} \bar{p}_i(x)\mathrm{d}x - \left\{\int_{r_i}^{v_i} (\bar{p}_i(x) - \bar{p}_i(r_i))\mathrm{d}x\right\}$$

其中，无论 $r_i \leqslant v_i$ 还是 $r_i \geqslant v_i$，这个表达式总是成立的。[②] 因为根据 (ⅰ)，$\bar{p}_i(\cdot)$ 是非递减的，对所有 r_i 和 v_i，大括号中的积分是非负的。因此：

---

① 此处我们忽略了两点。第一点是，$u_i(r_i, v_i)$ 关于 r_i 是不是可微的。尽管不必是处处可微，但激励相容意味着它必须差不多处处可微并且我们的分析非常严谨，此处我们就不纠缠于具体的细节了。第二点是，在两个非内点值 $v_i = 0$ 或 1 处的一阶条件。严格地说，导数在这些边界点的取值不一定为零，但由于这两个值发生的概率均为零，从而将其忽略了也没有什么大碍。

② 回忆数学中的做法，当 $a < b$ 时，$\int_b^a f(x)\mathrm{d}x = -\int_a^b f(x)\mathrm{d}x$。

$$u_i(r_i,v_i)\leqslant-\bar{c}_i(0)+\int_0^{v_i}\bar{p}_i(x)\mathrm{d}x \tag{P.4}$$

但是，根据（P. 3）会得出（P. 4）的右侧等于 $u_i(v_i,\ v_i)$，于是：

$$u_i(r_i,v_i)\leqslant u_i(v_i,v_i)$$

因此，当 $r_i=v_i$ 时，$u_i(r_i,\ v_i)$ 关于 r_i 的确是最大化的。

定理（9.5）第二部分说明，如果一个直销机制是激励相容的，则概率指派函数和成本函数之间一定有某种联系。特别是，它表明一旦确定了概率指派函数，并选择了以零估价为条件的竞价者的期望成本，那么期望成本函数的余下部分也就确定了。换句话说，在激励相容条件下，一个以估价为条件的竞价者的期望支付完全取决于当其估价为零时他的期望支付以及他的概率指派函数。这个观察结果对于理解下面的结论至关重要。

定理 9.6 收益等价性

如果两个激励相容的直销机制有相同的概率指派函数，并且两个机制对每个拥有零估价的竞价者是无差异的，那么，两个机制为卖者带来的期望收益也相同。

证明：卖者的期望收益是

$$\begin{aligned}
R&=\int_0^1\cdots\int_0^1\sum_{i=1}^N c_i(v_1,\cdots,v_N)f(v_1)\cdots f(v_N)\mathrm{d}v_1\cdots\mathrm{d}v_N\\
&=\sum_{i=1}^N\int_0^1\cdots\int_0^1 c_i(v_1,\cdots,v_N)f(v_1)\cdots f(v_N)\mathrm{d}v_1\cdots\mathrm{d}v_N\\
&=\sum_{i=1}^N\int_0^1\left[\int_0^1\cdots\int_0^1 c_i(v_i,v_{-i})f_{-i}(v_{-i})\mathrm{d}v_{-i}\right]f_i(v_i)\mathrm{d}v_i\\
&=\sum_{i=1}^N\int_0^1\bar{c}_i(v_i)f_i(v_i)\mathrm{d}v_i\\
&=\sum_{i=1}^N\int_0^1\left[\bar{c}_i(0)+\bar{p}_i(v_i)v_i-\int_0^{v_i}\bar{p}_i(x)dx\right]f_i(v_i)\mathrm{d}v_i\\
&=\sum_{i=1}^N\int_0^1\left[\bar{p}_i(v_i)v_i-\int_0^{v_i}\bar{p}_i(x)\mathrm{d}x\right]f_i(v_i)\mathrm{d}v_i+\sum_{i=1}^N\bar{c}_i(0)
\end{aligned}$$

其中，第四个等式根据 $\bar{c}_i(v_i)$ 的定义得来，第五个等式由定理 9.5 的（ⅱ）部分给出。

因此，卖者的期望收益只取决于概率指派函数以及竞价者估价为零时的期望支付的数量。在竞价者的估价为零时，其期望收益完全由其估价为零时的期望支付所决定，自然可以得到我们想要的结论。■

四种标准拍卖的期望收益相等，而收益等价性定理为这种看似巧合的结论提供了解释。我们现在已经知道了其中的原委：在竞价者对称条件下，四种标准拍卖都有相同的概率指派函数（即拍卖标的被分配给有最高估价的竞价者），并且在每一种拍卖中，估价为零的竞价者的期望效用也等于零。

收益等价性定理大有用处，也适用于那些和四种标准拍卖有相同期望收益的其他拍卖形式。比如，一价全支付拍卖。在此拍卖中，出价最高的竞价者将赢得拍卖，但是每一位竞价者都将支付等于其竞价的金额。此外，在竞价者对称的条件下，他会产生与四种标准拍卖相同的期望收益。本章练习题会让你对这些其他形式的拍卖进行说明。

9.3.2 效率

在结束本节之前，我们暂时将注意力转到四种标准拍卖的分配属性上。前面多次提到，这些拍卖中的胜者都是那些估价最高的竞价者。也就是说，这些拍卖都是有效率的。在荷式拍卖和一价拍卖中，这个结论取决于竞价者的对称性。如果没有对称性，一价拍卖中的不同竞价者会使用不同的严格递增的竞价函数。如果一位竞价者使用了比另一位竞价者更低的竞价函数，即便他的估价更高，也可能被另一个人打败。

9.4 设计一个收益最大化机制

到目前为止，我们已经对四种标准的拍卖（包括它们的均衡、期望收益以及它们之间的关系）有了充分的了解。但是，这些产生同样大小的期望收益（在竞价者对称性条件下）的拍卖是否实现了卖者期望收益的最大化？或者是否存在一个更好的销售机制？如果存在一个更好的销售机制，它会是什么形式的？竞价者提交密封的竞价吗？他们是否序贯地竞价？两者结合会怎样？拍卖是最好的销售机制吗？

9.4.1 显示原理

找到一种能最大化收益的销售机制显然困难重重。在销售方式可以任意选择的情况下，我们该从哪里开始呢？重要的一点是回想一下，我们怎样从一个一价拍卖均衡中构造出一个激励相容的直销机制，以及一价拍卖的结果是怎样恰好在直销机制的讲真话均衡中得以重复的。我们已经证明，此类构建方式可以用在任何一种销售程序中，也就是说，给定任意一种销售程序和纳什均衡，此间的每位竞价者都用一种策略把它的估价反映到收益最大化的行为中，这样我们就可以构建一个等价的激励相容直销机制。这种必不可少的概率指派和成本函数将每个估价向量映射入概率和成本的函数中，这是在最初的销售程序中，每位竞价者根据均衡策略都会经历的。如此构造，这种直销机制是激励相容的，每位竞价者获得标的物的概率相同，期望成本相等，卖者的期望收益也一样。

因此，如果某一销售程序给卖者带来的期望收益等于 R，那么某些激励相容的直销机制也可以做到这一点。但是这意味着，在所有可能的销售机制中，没有哪个能比收益最大化的激励相容的直销机制为卖者带来更多的收益。因此，我们可以把寻找一个收益最大化的销售程序限定在可控的激励相容的直销机制集合之内。这种方法能使我们在没有任何损失的同时简化了分析。

把机制集合缩小到激励相容的直销机制集合上，这个简单却十分重要的技巧正是所谓的**显示原理**（revelation principle）的一个例子。在机制设计理论中，这个原理会被频繁地使用。在本章 9.5 节提及的在私人信息背景下获得有效结果的问题中，我们也会再次提到它。

9.4.2 个体理性

我们现在必须要对一个附加的限制加以考虑。由于竞价者的参与是完全自愿的，给定其估价，没有竞价者的期望收益是负的；否则，他只需退出该销售机制即可。因此，我们必须把注意力局限在符合**个体理性**（individual rational）的激励相容的直销机制上，即无论他的估价是多少，在讲真话的均衡中，机制都会带给竞价者一个非负的期望收益。

在一个激励相容机制中，估价为 v_i 的竞价者 i 在讲真话均衡中将获得的期望收益是 $u_i(v_i, v_i)$。因此，如果这一收益总是非负的，即如果对所有 $v_i \in [0, 1]$ 而言，有：

$$u_i(v_i,v_i)=\bar{p}_i(v_i)v_i-\bar{c}_i(v_i)\geqslant 0$$

那么，一个激励相容的直销机制就是个体理性的。

然而，根据激励相容的特征，定理 9.5（ⅱ）告诉我们，对每个 $v_i \in [0, 1]$，有：

$$\bar{c}_i(v_i)=\bar{c}_i(0)+\bar{p}_i(v_i)v_i-\int_0^{v_i}\bar{p}_i(x)\mathrm{d}x$$

因此，当且仅当满足以下条件时，一个激励相容的直销机制才是个体理性的。条件是，对每个 $v_i \in [0, 1]$ 来说，有：

$$u_i(v_i,v_i)=\bar{p}_i(v_i)v_i-\bar{c}_i(v_i)=-\bar{c}_i(0)+\int_0^{v_i}\bar{p}_i(x)\mathrm{d}x\geqslant 0$$

而上式成立的条件是：

$$\bar{c}_i(0)\leqslant 0 \tag{9.10}$$

因此，当且仅当每位竞价者估价为零时，其期望成本非正，那么，一个激励相容的直销机制就是个体理性的。

9.4.3 最优销售机制

现在，我们已经把寻找最优销售机制的任务简化为在所有个体理性的激励相容直销机制 $p_i(\cdot)$ 和 $c_i(\cdot)$（$i=1, \cdots, N$）中最大化卖者的期望收益。由于定理

9.5 表述了所有激励相容销售机制的特征，并且由于当且仅当 $\bar{c}_i(0)\leqslant 0$ 时，一个激励相容直销机制才是个体理性的，所以，我们的任务缩小为对下述问题的求解：选择一个直销机制，使下式实现最大化：

$$R=\sum_{i=1}^{N}\int_0^1\left[\bar{p}_i(v_i)v_i-\int_0^{v_i}\bar{p}_i(x)\mathrm{d}x\right]f_i(v_i)\mathrm{d}v_i+\sum_{i=1}^{N}\bar{c}_i(0)$$

服从的约束条件为：

（ⅰ）$p_i(v_i)$ 关于 v_i 是非递减的；

（ⅱ）对每个 $v_i\in[0,1]$ 而言，有 $\bar{c}_i(v_i)=\bar{c}_i(0)+\bar{p}_i(v_i)v_i-\int_0^{v_i}\bar{p}_i(x)\mathrm{d}x$；

（ⅲ）$\bar{c}_i(0)\leqslant 0$。

其中，卖者期望收益的表达式源于定理 9.6 证明中的激励相容特征。

对卖者的期望收益的表达式进行重新整理会有助于我们的分析：

$$\begin{aligned}R&=\sum_{i=1}^{N}\int_0^1\left[\bar{p}_i(v_i)v_i-\int_0^{v_i}\bar{p}_i(x)\mathrm{d}x\right]f_i(v_i)\mathrm{d}v_i+\sum_{i=1}^{N}\bar{c}_i(0)\\&=\sum_{i=1}^{N}\left[\int_0^1\bar{p}_i(v_i)v_if_i(v_i)\mathrm{d}v_i-\int_0^1\int_0^{v_i}\bar{p}_i(x)f_i(v_i)\mathrm{d}x\,\mathrm{d}v_i\right]+\sum_{i=1}^{N}\bar{c}_i(0)\end{aligned}$$

通过交换二重积分中的积分顺序（即由 $\mathrm{d}x\mathrm{d}v_i$ 到 $\mathrm{d}v_i\mathrm{d}x$），我们得到：

$$\begin{aligned}R&=\sum_{i=1}^{N}\left[\int_0^1\bar{p}_i(v_i)v_if_i(v_i)\mathrm{d}v_i-\int_0^1\int_x^1\bar{p}_i(x)f_i(v_i)\mathrm{d}v_i\mathrm{d}x\right]+\sum_{i=1}^{N}\bar{c}_i(0)\\&=\sum_{i=1}^{N}\left[\int_0^1\bar{p}_i(v_i)v_if_i(v_i)\mathrm{d}v_i-\int_0^1\bar{p}_i(x)(1-F_i(x))\mathrm{d}x\right]+\sum_{i=1}^{N}\bar{c}_i(0)\end{aligned}$$

通过用 v_i 替换积分中的虚拟变量 x，上式可以等价地写成：

$$\begin{aligned}R&=\sum_{i=1}^{N}\left[\int_0^1\bar{p}_i(v_i)v_if_i(v_i)\mathrm{d}v_i-\int_0^1\bar{p}_i(v_i)(1-F_i(v_i))\mathrm{d}v_i\right]+\sum_{i=1}^{N}\bar{c}_i(0)\\&=\sum_{i=1}^{N}\int_0^1\bar{p}_i(v_i)\left[v_i-\frac{1-F_i(v_i)}{f_i(v_i)}\right]f_i(v_i)\mathrm{d}v_i+\sum_{i=1}^{N}\bar{c}_i(0)\end{aligned}$$

最后，回顾前面的论证：

$$\bar{p}_i(r_i)=\int_0^1\cdots\int_0^1 p_i(r_i,v_{-i})f_{-i}(v_{-i})\mathrm{d}v_{-i}$$

我们可以把卖者的期望收益写为：

$$\begin{aligned}R=&\sum_{i=1}^{N}\int_0^1\cdots\int_0^1 p_i(v_1,\cdots,v_N)\left[v_i-\frac{1-F_i(v_i)}{f_i(v_i)}\right]f_1(v_1)\cdots f_N(v_N)\mathrm{d}v_1\cdots\mathrm{d}v_N\\&+\sum_{i=1}^{N}\bar{c}_i(0)\end{aligned}$$

或者

$$R=\int_0^1\cdots\int_0^1\left\{\sum_{i=1}^{N}p_i(v_1,\cdots,v_N)\left[v_i-\frac{1-F_i(v_i)}{f_i(v_i)}\right]\right\}f_1(v_1)\cdots f_N(v_N)\mathrm{d}v_1\cdots\mathrm{d}v_N$$

9

$$+\sum_{i=1}^{N}\bar{c}_i(0) \tag{9.11}$$

因此，我们的问题变为：在约束条件（ⅰ）至（ⅲ）下最大化（9.11）式。眼下，我们先来关注（9.11）中的第一项，也就是：

$$\int_0^1\cdots\int_0^1\left\{\sum_{i=1}^{N}p_i(v_1,\cdots,v_N)\left[v_i-\frac{1-F_i(v_i)}{f_i(v_i)}\right]\right\}f_1(v_1)\cdots f_N(v_N)\mathrm{d}v_1\cdots\mathrm{d}v_N \tag{9.12}$$

显然，如果对估价 v_1，…，v_N 的每个向量而言，大括号中的项都是最大化的，那么（9.12）也将是最大化的。现在，由于 $p_i(v_1, \cdots, v_N)$ 是非负的，而且它们的和小于或等于 1，预示 $N+1$ 个数值 $p_1(v_1, \cdots, v_N)$，…，$p_N(v_1, \cdots, v_N)$，$1-\sum_{i=1}^{N}p_i(v_1, \cdots, v_N)$ 也是非负的，其和为 1。因此，上式大括号中的和可以重新写为：

$$\sum_{i=1}^{N}p_i(v_1,\cdots,v_N)\left[v_i-\frac{1-F_i(v_i)}{f_i(v_i)}\right]+\left(1-\sum_{i=1}^{N}p_i(v_1,\cdots,v_N)\right)\cdot 0$$

这恰好是以下 $N+1$ 个数的加权平均：

$$\left[v_1-\frac{1-F_1(v_1)}{f_1(v_1)}\right],\cdots,\left[v_N-\frac{1-F_N(v_N)}{f_N(v_N)}\right],0$$

但是，如果方括号的各项中有一项是正的，那么大括号中的和就不会大于方括号里各项中的最大值；如果方括号中的项全部为负，则大括号中的和不超过 0。现在假设方括号项中的任意两个都不相等，那么，如果我们定义：

$$p_i^*(v_1,\cdots,v_N)=\begin{cases}1，如果对所有 j\neq i，v_i-\dfrac{1-F_i(v_i)}{f_i(v_i)}>\max\left(0,v_j-\dfrac{1-F_j(v_j)}{f_j(v_j)}\right)\\[2ex] 0，其他\end{cases} \tag{9.13}$$

它一定是如下这种情形：

$$\sum_{i=1}^{N}p_i(v_1,\cdots,v_N)\left[v_i-\frac{1-F_i(v_i)}{f_i(v_i)}\right]\leqslant\sum_{i=1}^{N}p_i^*(v_1,\cdots,v_N)\left[v_i-\frac{1-F_i(v_i)}{f_i(v_i)}\right]$$

因此，如果方括号中各项互不相同的概率为 1，则对所有激励相容的直销机制 $p_i(\cdot)$，$c_i(\cdot)$ 来说，下式成立：

$$R=\int_0^1\cdots\int_0^1\left\{\sum_{i=1}^{N}p_i(v_1,\cdots,v_N)\left[v_i-\frac{1-F_i(v_i)}{f_i(v_i)}\right]\right\}f_1(v_1)\cdots f_N(v_N)\mathrm{d}v_1\cdots\mathrm{d}v_N$$

$$+\sum_{i=1}^{N}\bar{c}_i(0)$$

$$\leqslant\int_0^1\cdots\int_0^1\left\{\sum_{i=1}^N p_i^*(v_1,\cdots,v_N)\left[v_i-\frac{1-F_i(v_i)}{f_i(v_i)}\right]\right\}f_1(v_1)\cdots f_N(v_N)\mathrm{d}v_1\cdots\mathrm{d}v_N$$
$$+\sum_{i=1}^N\bar{c}_i(0)$$

眼下我们先假设方括号中各项互不相同的概率为 1，我们将引入有关竞价者分布的假设来确保上述假设成立。[1]

约束条件（ⅲ）意味着每个 $\bar{c}_i(0)\leqslant 0$，我们也可以说，对所有激励相容的直销机制 $p_i(\cdot)$，$c_i(\cdot)$ 来说，卖者的收益不会大于下式的上限：

$$R\leqslant\int_0^1\cdots\int_0^1\left\{\sum_{i=1}^N p_i^*(v_1,\cdots,v_N)\left[v_i-\frac{1-F_i(v_i)}{f_i(v_i)}\right]\right\}f_1(v_1)\cdots f_N(v_N)\mathrm{d}v_1\cdots\mathrm{d}v_N \tag{9.14}$$

现在我们将构建一个能获得这个上限的激励相容的直销机制。因此，这个机制会最大化卖者的收益，因而对卖者来说是最优的。

想构建这个最优机制，设概率指派函数为（9.13）中的 $p_i^*(v_1, \cdots, v_N)$，$i=1, \cdots, N$。为完成这个机制的构建，我们必须定义成本函数 $c_i^*(v_1, \cdots, v_N)$，$i=1, \cdots, N$。但是约束条件（ⅱ）要求，对每个 v_i 而言，竞价者 i 的期望成本 $\bar{c}_i^*(v_i)$ 和赢得拍卖的概率 $\bar{p}_i^*(v_i)$ 之间有以下联系：

$$\bar{c}_i^*(v_i)=\bar{c}_i^*(0)+\bar{p}_i^*(v_i)v_i-\int_0^{v_i}\bar{p}_i^*(x)\mathrm{d}x$$

由于 $\bar{c}_i^*$ 和 $\bar{p}_i^*$ 分别是 c_i^* 和 p_i^* 的平均值，这就要求：如果上述关系对估价 $v_1, \cdots, v_N$ 的每个向量都成立，那么平均值之间的关系就成立。也就是说，如果我们将 c_i^* 定义如下，则（ⅱ）一定成立。对每个 $v_1, \cdots, v_N$，

$$c_i^*(v_1,\cdots,v_N)=c_i^*(0,v_{-i})+p_i^*(v_1,\cdots,v_N)v_i-\int_0^{v_i}p_i^*(x,v_{-i})\mathrm{d}x \tag{9.15}$$

为了完成对成本函数的定义并服从约束条件（ⅲ），对所有的 i 和所有的 $v_2, \cdots, v_n$ 来说，我们将设 $c_i^*(0, v_{-i}, \cdots, v_{-i})=0$。这样，供我们选择的收益最大化激励相容的直销机制如下：对每个 $i=1, \cdots, N$ 和每个 $v_1, \cdots, v_N$，

$$p_i^*(v_1,\cdots,v_N)=\begin{cases}1\text{，如果对所有 } j\neq i\text{，}v_i-\dfrac{1-F_i(v_i)}{f_i(v_i)}>\max\left(0,v_j-\dfrac{1-F_j(v_j)}{f_j(v_j)}\right)\\ 0\text{，其他}\end{cases} \tag{9.16}$$

并且

[1] 此假设在（9.18）中给出。

$$c_i^*(v_1,\cdots,v_N)=p_i^*(v_1,\cdots,v_N)v_i-\int_0^{v_i}p_i^*(x,v_{-i})\mathrm{d}x \tag{9.17}$$

我们构造的这个机制满足约束条件（ⅱ）和（ⅲ），并且达到了（9.14）中收益的上限。为了证明这一点，只需要把 p_i^* 代入（9.11），并回想一下，对每个 i，有 $\bar{c}_i^*(0)=0$。结论是：卖者的收益为它们的最大可能值：

$$R=\int_0^1\cdots\int_0^1\left\{\sum_{i=1}^N p_i^*(v_1,\cdots,v_N)\left[v_i-\frac{1-F_i(v_i)}{f_i(v_i)}\right]\right\}f_1(v_1)\cdots f_N(v_N)\mathrm{d}v_1\cdots\mathrm{d}v_N$$

因此，如果我们能证明（9.16）中所定义机制的概率指派函数满足约束条件（ⅰ），那么这个机制就正是我们苦苦寻觅的那个。

遗憾的是，（9.16）所定义的 p_i^* 未必满足约束条件（ⅰ）。为了确保其一定满足这个条件，我们需要对竞价者估价的分布施以限制。考虑下面的假设，对每个$i=1$，…，N，有：

$$v_i-\frac{1-F_i(v_i)}{f_i(v_i)}\text{是关于 } v_i \text{ 严格递增的} \tag{9.18}$$

对于多数分布函数（包括均匀分布函数）来说，这个假设都是成立的。此外，本章练习题会要求你证明，只要每个 F_i 是任意的凸函数（而不仅仅是均匀分布函数时），该假设都成立。[①] 注意，除了确保约束条件（ⅰ）成立之外，这个假设也保证了以下各个数值 $v_1-(1-F_1(v_1))/f_1(v_1)$，…，$v_N-(1-F_N(v_N))/f_N(v_N)$ 互不相同的概率为 1，这是我们一直在用但始终没有证明的条件。

现在让我们看看为什么（9.18）就意味着条件（ⅰ）被满足呢？考虑某个竞价者 i 以及其他竞价者的估价的固定向量 v_{-i}。设 $\bar{v}_i>\underline{v}_i$ 且 $p_i^*(\underline{v}_i, v_{-i})=1$。那么，根据 p_i^* 的定义，对所有 $j\neq i$，$v_i-(1-F_i(v_i))/f_i(v_i)$ 一定为正，并且它严格大于 $v_j-(1-F_j(v_j))/f_j(v_j)$。因此，由于 $v_i-(1-F_i(v_i))/f_i(v_i)$ 是严格递增的，且对所有 $j\neq i$ 来说，$v_i-(1-F_i(\bar{v}_i))/f_i(\bar{v}_i)$ 为正且严格大于 $v_j-(1-F_j(v_j))/f_j(v_j)$，这意味着 $p_i^*(\bar{v}_i, v_{-i})=1$。所以，我们已经证明：如果 $p_i^*(v_i, v_{-i})=1$，那么对所有的 $v'_i>v_i$，有 $p_i^*(v'_i, v_{-i})=1$。但是，由于 p_i^* 取 0 或 1，对于每个 v_{-i}，$p_i^*(v_i, v_{-i})$ 关于 v_i 是非递减的。这反过来就意味着 $\bar{p}_i^*(v_i)$ 关于 v_i 是非递减的，因此约束条件（ⅰ）确实得到满足。

终于大功告成了，现在我们可以做如下陈述。

定理 9.7　最优销售机制

如果 N 位竞价者具有独立的私人价值，竞价者 i 的估价由满足（9.18）的连续正密度函数 f_i 得出，则由（9.16）和（9.17）定义的直销机制会给卖者带来最

① 当该假设不成立时，我们构建的机制就不是最优的。最优机制肯定是能构建出来的，但是我们在这里不会这么做。因此，增加假设的目的仅仅是为了简化分析。

大可能的期望收益。

9.4.4　对最优销售机制的深入考察

我们想看看能否够通过研究细节从而简化对最优销售机制的描述。这个机制由两部分构成：拍卖标的配置的方式（p_i^*）以及决定支付的方式（c_i^*）。

最优机制的标的配置部分一目了然。给定报告的估价 v_1，…，v_N，拍卖标的将分配给那个 $v_i-(1-F_i(v_i))/f_i(v_i)$ 值严格最大且为正的竞价者 i；如果不是这样，卖者会保留拍卖标的。尽管简单，但也值花点时间来解释这个配置计划。

我们将讨论的是，$v_i-(1-F_i(v_i))/f_i(v_i)$ 代表着边际收益 $MR_i(v_i)$，这是卖者通过增加拍卖标的分配给估价为 v_i 的竞价者 i 的概率而从中取得的收益。为了不用过多符号就能证明这个结论，我们将提供一个直观的讨论。考虑增加拍卖标的分配给估价为 v_i 的竞价者 i 的概率所带来的效应，这将使卖者为了保持效用不变而增加 v_i 的成本。一方面，由于 v_i 的密度函数是 $f_i(v_i)$，作为这种改变的结果，卖者的收益以速率 $v_if_i(v_i)$ 增加；另一方面，激励相容性使得商品被分配给估价为 v_i 的竞价者 i 的概率与所有更高估价 $v'_i>v_i$ 的评估成本之间建立起联系。的确如此，根据约束条件（ⅱ），提高低估价者赢得标的的概率一对一地减少了所有高估价被评估的成本。由于存在大量高于 v_i 的 $1-F_i(v_i)$ 估价，收益总的减少量是 $1-F_i(v_i)$。因此，卖者收益共增加了 $v_if_i(v_i)-(1-F_i(v_i))$，但这是由于估价的密度函数 $f_i(v_i)$ 等于 v_i 而产生的总效应。因此，与每个 v_i 相关的边际收益是 $MR_i(v_i)=v_i-(1-F_i(v_i))/f_i(v_i)$。

配置规则现在具有极强的意义。如果 $MR_i(v_i)>MR_j(v_j)$，卖者能够通过减少将拍卖标的分配给竞价者 j 的概率以及增加将拍卖标的分配给竞价者 i 的概率而增加收益。显然，只要边际收益为正，卖者就可以通过将所有概率（例如，概率为 1）分配给有最高边际收益 $MR_i(v_i)$ 的竞价者而使收益最大化。如果边际收益都为负，卖者将竭尽全力地将所有竞价者获得拍卖标的的概率减少至 0，这也就是说，卖者将保留拍卖标的。

机制的支付部分不那么直观。为了对事情的进展有一个更清晰的了解，假设（诚实地）当报告的估价是 v_1，…，v_N 时，竞价者 i 没有得到拍卖标的，即 $p_i^*(v_i,v_{-i})=0$。根据机制，竞价者 i 必须要支付多少呢？从（9.17）来看，答案是：

$$
\begin{aligned}
c_i^*(v_i,v_{-i}) &= p_i^*(v_i,v_{-i})v_i-\int_0^{v_i}p_i^*(x,v_{-i})\mathrm{d}x \\
&= 0\cdot v_i-\int_0^{v_i}p_i^*(x,v_{-i})\mathrm{d}x
\end{aligned}
$$

但是回想一下，根据（9.18）的假设，$p_i^*(\cdot,v_{-i})$ 是非递减的。这样由于 $p_i^*(v_i,v_{-i})=0$，则对每个 $x\leqslant v_i$ 来说，必有 $p_i^*(x,v_{-i})=0$。因此，上面的积分

必定为 0，从而有：

$$c_i^*(v_i, v_{-i}) = 0$$

所以，我们已经证明了，根据最优机制，如果竞价者 i 没有赢得拍卖标的，他就无须支付任何成本。

现在假设竞价者 i 确实赢得了拍卖标的，即 $p_i^*(v_i,\ v_{-i})=1$，根据（9.17），他要支付：

$$\begin{aligned} c_i^*(v_i, v_{-i}) &= p_i^*(v_i, v_{-i})v_i - \int_0^{v_i} p_i^*(x, v_{-i})\mathrm{d}x \\ &= v_i - \int_0^{v_i} p_i^*(x, v_{-i})\mathrm{d}x \end{aligned}$$

由于 p_i^* 取值为 0 或 1，它关于 i 的估价是非递减且左连续的，$p_i^*(v_i,\ v_{-i})=1$，因此，对竞价者 i 必定存在一个最大估值 $r_i^* < v_i$，使得 $p_i^*(r_i^*,\ v_{-i})=0$。注意，r_i^* 通常和 v_{-i} 有关，因此写成 $r_i^*(v_{-i})$ 会更简单明了。注意，根据 $r_i^*(v_{-i})$ 的定义，对每个 $x > r_i^*(v_{-i})$，有 $p_i^*(x,\ v_{-i})=1$；对每个 $x \leqslant r_i^*(v_{-i})$，有 $p_i^*(x,\ v_{-i})=0$。但是这意味着：

$$c_i^*(v_i, v_{-i}) = v_i - \int_{r_i^*(v_{-i})}^{v_i} 1\mathrm{d}x = v_i - (v_i - r_i^*(v_{-i})) = r_i^*(v_{-i})$$

因此，当竞价者 i 赢得拍卖标的的时候，他支付的价格为 $r_i^*(v_{-i})$，这个价格与其自身的报价无关。而且，给定（没有得到拍卖标的的）其他人的报价，他支付的价格是其能报告的最高估价。

把这些结论放在一起，我们可以用以下方式重新表述（9.16）和（9.17）定义的收益最大化的销售机制。

定理 9.8　简化的最优销售机制

如果 N 位竞价者具有独立的私人价值，竞价者 i 的估价取自连续的正的密度函数 f_i，并且每个 $v_i-(1-F_i(v_i))/f_i(v_i)$ 都是严格递增的，那么下面的直销机制将为卖者带来最大可能的期望收益。

对每个报告的估价向量 v_1，…，v_N，卖者将拍卖标的配置给 $v_i-(1-F_i(v_i))/f_i(v_i)$ 值严格最大且为正的竞价者 i。如果没有这样的竞价者，卖者将保留拍卖标的，竞价者也无须支付；如果存在这样一位竞价者 i，那么只有这位竞价者向卖者支付数量 r_i^*（其中 $r_i^*-(1-F_i(r_i^*))/f_i(r_i^*)=0$ 或者 $\max_{j\neq i} v_j-(1-F_j(v_j))/f_j(v_j)$），这取决于哪个值最大。因此，在其他没有得到拍卖标的人的报价给定的情况下，竞价者 i 的支付 r_i^* 是他可以报告的最大估价。

如我们所知，该机制是激励相容的，即讲真话是一个纳什均衡。但是事实上，此机制中讲真话的激励比它更强。实际上，对每位竞价者来说，如实地向卖者报告估价是一个占优策略。即使其他竞价者没有如实地报告他们的估价，竞价者 i 也没有比向卖者如实地报告自己的估价更好的做法了。本章练习题会让你来证明这一点。

这个机制的一个缺点是：在实施中，卖者必须知道竞价者估价取值的分布函数 F_i。这与标准拍卖形成了对比。在标准拍卖中，卖者无须了解竞价者的任何信息就可以实施拍卖。然而，这种最优机制与我们现在考察的四种标准拍卖之间是有联系的。

9.4.5　效率、对称性以及与四种标准拍卖的比较

在这种最优销售机制中，拍卖标的的归属并不总是有效率的。有时候即便估价最高的竞价者也不能赢得拍卖。实际上，出现在最优销售机制中的无效率有两种形式。第一，结果可能是无效率的，因为卖者有时保留拍卖标的——即便他对拍卖标的的估价是零，而所有竞价者的估价都为正。当每位竞价者 i 的估价 v_i 使得 $v_i-(1-F_i(v_i))/f_i(v_i)\leqslant 0$ 时，就会出现这种情况。第二，即使卖者确实将拍卖标的分配给了竞价者中的某一位，但也有可能没有把它卖给估价最高的那位竞价者。为了证明这一点，考虑有两位竞价者 1 和 2 的情形。如果竞价者是非对称的，那么对某个 $v\in[0,1]$，有 $v-(1-F_1(v))/f_1(v)\neq v-(1-F_2(v))/f_2(v)$。让我们假设，对这个特定估价 v 而言，$v-(1-F_1(v))/f_1(v)>v-(1-F_2(v))/f_2(v)>0$。因此，当两位竞价者的估价都是 v 的时候，竞价者 1 将获得拍卖标的。但根据连续性，即使竞价者 1 的估价稍稍降低到 $v'<v$，只要 v' 足够接近于 v，不等式 $v'-(1-F_1(v'))/f_1(v')>v-(1-F_2(v))/f_2(v)>0$ 仍将成立。因此，尽管竞价者 1 的估价严格低于 2 的估价，但他仍将赢得拍卖。

无效率的存在并不意外。毕竟卖者是一个寻求最大利润的垄断者。在第 4 章中我们看到，垄断者会将产出限定在低于有效产出的水平，以便收取高价。同样的情况在这里也会出现。但是，由于拍卖标的只有一个且不可分割，卖者有时候根据报价向量，通过保留拍卖标的来限制供给，但是这只解释了第一种无效率。我们在第 4 章中对垄断进行粗略观察时并没有发现这里的第二种无效率，原因是，那一章假设垄断者不能将一个消费者同另一个消费者区分开来。因此，垄断者不得不向所有消费者索取同样的价格。但是在此处，我们假设卖者能够区分竞价者 i 和竞价者 j，卖者知道 i 和 j 的估价分布函数分别是 F_i 以及 F_j。增加的这条信息使得垄断者能对竞价者进行价格歧视，从而提高利润。

可以通过假设竞价者是对称的方式来消除第二种无效率。在对称的假设下，四种标准拍卖带给卖者的期望收益相同，这也让我们可以将标准拍卖与最优销售机制加以比较。

对称性是如何影响最优销售机制的呢？如果竞价者是对称的，那么对每位竞价者 i 来说，$f_i=f$，并且 $F_i=F$。因此，最优销售机制如下：如果报告估价向量是 $(v_1,\cdots,v_N)$，在其他没有赢得拍卖的竞价者的报价给定的情况下，有最高正值

$v_i-(1-F(v_i))/f_i(v_i)$ 的竞价者 i 将得到拍卖标的并向卖者支付 r_i^*，这是他所能报告的最高估价。如果没有这样的竞价者 i，卖者会保留拍卖标的，也就没有支付行为发生。

再多花点时间仔细琢磨一下。由于我们假设 $v-(1-F(v))/f(v)$ 关于 v 是严格递增的，拍卖标的实际上被授予有严格最高估价 v_i 的竞价者 i，条件是 $v_i-(1-F_i(v_i))/f_i(v_i)>0$，也就是 $v_i>\rho^*\in[0,1]$，其中：

$$\rho^*-\frac{1-F(\rho^*)}{f(\rho^*)}=0 \tag{9.19}$$

（本章练习题会要求你证明这个 ρ^* 是存在且唯一的。）

那么，竞价者 i 在赢得拍卖之前，他的报价能有多高呢？除非其报价（严格地）最高且严格高于 ρ^*，否则就不会得到拍卖标的。所以，他在没有赢得拍卖的时候可能报告的最高估价是其他竞价者的最高估价和 ρ^* 二者中较大的那个。因此，当竞价者最终实际得到了拍卖标的时，他的支付要么是 ρ^*，要么是其他竞价者报告的最高估价，总之是二者中较大的那个数值。

总结一下，最优销售机制如下：报告估价严格最高且严格高于 ρ^* 的竞价者将获得拍卖标的，并支付 ρ^* 和其他竞价者最高报价中较大的那个数值。

需要注意的是，我们可以使用一个保留价格为 ρ^* 的二价拍卖来模拟这种最优直销机制。也就是说，在这种拍卖中，有最高竞价且竞价严格高于保留价格的竞价者会获胜，他将支付第二高的出价或保留价格二者中较大的那个值。如果没有高于保留价格的竞价，卖者会保留拍卖标的，没有支付发生。之所以是最优的，是因为整个过程和一个标准的二价拍卖相似，在有保留价格的二价拍卖中，以自己的估价作为竞价是一个占优策略。

特此说明。

定理 9.9　对称条件下的最优拍卖

如果 N 位竞价者具有独立的私人价值，每个估价取自同一连续的正的密度函数 f，并且 $v-(1-F(v))/f(v)$ 是严格递增的，那么一个有保留价格 ρ^* 且满足 $\rho^*-(1-F(\rho^*))/f(\rho^*)=0$ 的二价拍卖会最大化卖者的期望收益。

其他三种标准拍卖的结果也是这样的吗？对卖者来说，增加一个恰当的保留价格是否也会使这些拍卖是最优的？答案是肯定的，这一点留作练习题。

9

因此，现在我们已经走了一圈。四种标准拍卖（一价拍卖、二价拍卖、荷式拍卖、英式拍卖）在对称性条件下会带来相同的收益。而且，通过给每种拍卖增加一个合适的保留价格，卖者就将最大化他的期望收益。难怪这些拍卖会很流行！

9.5　配置有效率的机制的设计

现在我们将注意力从利润最大化转向配置效率（allocative efficiency），关注的基本问题是：当重要信息为社会中的个体所私有时，如何实现帕累托有效的结果？这样的信息可能包括个人偏好、生产成本、收入，等等。

就像在第6章那样，我们用 X 表示社会状态的集合，这样就可以顾及更广泛的情形。为了使问题简化，假设 X 是有限的。此外，X 的组成可能代表着一个交换经济或生产经济中的资源配置、竞选职位的候选者，等等。我们也引入了一种被称为“货币”的商品，它的作用很快就会显现出来。个体关心的是社会状态 $x \in X$ 和拥有的货币数量。因此，社会状态不能完整地概括与个人效用息息相关的那些内容。对任何既定的社会状态而言，一个个体可以用他的货币去购买合意的商品，这些商品独立于社会状态，并且对社会状态也没有影响。①

社会中有 N 维个体。为了描述出他们可能持有重要的私人信息这一思想，我们为每个个体引入一个可能的“类型”集。用 T_i 代表个体 i 的有限类型集合。正如在第7章中对贝叶斯博弈的分析那样，我们还引入有关博弈者类型的概率。特别是，这里假设有一个共同的事先设定的 q，其中 $q(t)>0$ 代表 N 维个体类型向量为 $t=(t_1, \cdots, t_N) \in T=\times_{i=1}^{N} T_i$ 的概率。而且，我们假设这些类型是独立的，进而有 $q(t)=q_1(t_1)\cdots q_N(t_N)$。因此，一个个体的类型并不能提供任何关于其他个体类型方面的信息。②

9.5.1　拟线性效用与私人价值

在本章的剩余部分中，我们把个人偏好的定义域限定在能用拟线性的效用函数来表示的范围之内。也就是说，如果个体 i 有 m 美元，$x \in X$ 是社会状态，当他的类型是 $t_i \in T_i$ 时，他的冯·诺依曼-摩根斯坦效用为：

$$v_i(x, t_i)+m$$

由于我们把 m 解释为货币，$v_i(x, t_i)$ 被正确地解释为用美元表示的估价——这是当个体 i 的类型为 t_i 时，他对社会状态 x 的估价。此外还需要注意的是，个体 i 对社会状态 $x \in X$ 的估价只同自身的类型 t_i 有关，而同其他个体的类型无关。因而，每个个体都有私人价值。因此，就像在9.2节中介绍的那样，这是一个独立的私人价值模型。③ 下面来看一个例子。

例题 9.3

9

小镇中有 N 个个体，州政府决定在这新修建一个游泳池（S）或者一座桥（B），小镇必须决定选择哪一个，因此存在两种社会状态 S 和 B，进而社会状态集是 $X=\{S, B\}$。小镇

① 也可以将“货币”解释为一种个体直接购买的单独商品，但是我们将坚持“货币”的解释。

② 此处的分析并不是建立在空间类型有限这一基础之上的。特别是，当（例如）每个 T_i 是一个欧几里得的多维数据集，而 i 的类型是 t_i，并且概率密度是 $q_i(t_i)$ 的时候，我们所有的公式和结论也都是有效的。

③ 事实上，9.2节中的单一商品模型本身就是一个拟线性的独立私人价值模型的特例。

上的每个个体有拟线性的偏好，且拥有关于对游泳池和桥的估价的私人信息 t_i。具体来说，个体 i 对游泳池（S）和桥（B）的估价给定为：

$$v_i(x,t_i)=\begin{cases}t_i+5, \text{如果 } x=S \\ 2t_i, \text{如果 } x=B\end{cases}$$

此处，每个个体的类型 t_i 取值 1，2，…，9 的可能性相等，并且类型在个体之间是独立的。

因此，每个个体可能严格地偏好游泳池甚于桥（即 $t_i\in\{1, 2, 3, 4\}$），或者严格地偏好桥甚于游泳池（即 $t_i\in\{6, 7, 8, 9\}$）。只有个体本人知道自己属于哪种情况以及偏好哪种社会状态。一个个体的类型越极端，他就会越偏好某一种社会状态。 □

拟线性是一个强假设。它意味着不管社会状态和个体类型如何，不同个体之间有着相同的效用替代比率。它的优点是能非常容易地对有效的社会状态加以描述，为了尽可能清楚地证明这一点，假设个体没有私人信息，即假设个体之间没有类型之分，那么个体 i 的效用函数就可以简单化为 $v_i(x)+m$。尽管个体既关心社会状态也关心他们拥有的货币数量，但结果表明，他们最终拥有的货币数量与判断哪种社会状态属于帕累托有效没多少关系。实际上，我们有如下结论：

在拟线性偏好下，当且仅当一种社会状态 $\hat{x}\in X$ 使个体效用的非货币部分之和达到最大时，该社会状态才是帕累托有效的，即当且仅当它是下式的解：

$$\max_{x\in X}\sum_{i=1}^{N}v_i(x) \tag{9.20}$$

我们来看一下这个结论正确的原因。假设社会状态 $x\in X$，且 $y\in X$，满足：

$$\sum_{i=1}^{N}v_i(y)>\sum_{i=1}^{N}v_i(x) \tag{9.21}$$

我们想证明存在帕累托改进的可能性。也就是要证明，通过将社会状态由 x 变为 y，可以实现帕累托改进。

即使（9.21）成立，可由于在社会状态从 x 转变为 y 的过程中某些个体的效用可能会下降，因此，仅仅将社会状态由 x 转变为 y 不一定能导致帕累托改进。关键在于，令效用增加的个体向效用减少的个体进行收入转移，从而使后者得到补偿。这里，个体之间收入转化为效用的共同比率非常关键。

9

对每个个体 i，将收入的转换率 τ_i 定义如下：

$$\tau_i=v_i(x)-v_i(y)+\frac{1}{N}\sum_{i=1}^{N}(v_i(y)-v_i(x))$$

如果 $\tau_i>0$，那么个体 i 得到 τ_i 美元；如果 $\tau_i<0$，个体 i 被征税 τ_i 美元。τ_i 的总和为零，所以的确意味着收入转移是在 N 个个体之间进行的。

在将社会状态由 x 变为 y 并进行收入转移之后，个体 i 的效用变化是

$$v_i(y)+\tau_i-v_i(x)$$

根据 (9.21)，上式严格为正。因此，在社会状态转变后，每个个体的境况都严格地变好了。这证明社会状态 x 不是帕累托有效的，证实了 (9.20) 结论的“仅当”部分。[①] 练习题 9.26 会让你证明结论中的“如果”部分。

9.5.2 事后的帕累托有效

经济学家在考虑帕累托有效时通常分为几个阶段，在个体确定其类型之前的事前阶段，每个个体仅知道自己类型的中期阶段，以及所有类型为全部个体所知的事后阶段。

一般来说，不确定性越大，互惠保险的范围就越大。因此我们预期，事前帕累托有效意味着中期帕累托有效，也意味着事后帕累托有效。此处我们只关注后者，即事后帕累托有效。

由于个体对社会状态的偏好是个体类型 t_1，…，t_N 的函数，实现事后帕累托有效的结果通常要求社会状态依存于个体类型。记住这一点之后，定义一个配置函数 x：$T \to X$，于是，对每个个体类型向量来说，一个配置函数对应 X 中的一种社会状态。[②]

和 (9.20) 中的结论类似，一个配置函数的事后帕累托有效结果是用最大化个人效用之和来表示的，因此有如下定义：

定义 9.3　事后的帕累托有效

如果对每个 $t \in T$ 来说，$\hat{x}(t) \in X$ 是下式的解：

$$\max_{x \in X} \sum_{i=1}^{N} v_i(x, t_i)$$

则一个配置函数 $\hat{x}$：$T \to X$ 是事后帕累托有效的。其中，最大化是涵盖所有社会状态的。给定 $t \in T$，我们也说 $\hat{x}(t)$ 是一个事后有效的社会状态。

因此，如果对每个类型向量 $t \in T$，社会状态 $\hat{x}(t)$ 最大化了给定 t 时个体事后的效用之和，那么 $\hat{x}$：$T \to X$ 就是事后帕累托有效的。

9.5.3 直接机制、激励相容以及显示原理

我们感兴趣的问题是：尽管个体效用是个私人信息，是否总能实现一个事后有效的配置？我们怎样实现这个目标？实际上，这种可能性微乎其微。比如，一方面，我们会要求这些个体逐一公布他们的类型（当然他们可能会撒谎），然后可能会问某个个体是否认为另一个人会撒谎（谎报了类型），接着对那些被多人怀疑的个体进行惩罚（征税），这样做的目的是鼓励人们说真话；另一方面，我们可能根本不会要求个体报告其类型，但会要求他们直接投票给他们想实现的社会状态。可

---

① 我们明确假设这些个人的转移支付是负的，也就是个人需要纳税，他们也有足够的收入来缴税。

② 我们没有像第 6 章中的 6.5 节那样，把它称为一个社会选择函数，因为我们不要求 $x(\cdot)$ 的值域是整个 X。

是使用什么样的投票系统呢？复数规则还是随机打乱的两两对决的多数票？投票是秘密进行的还是公开进行并有排序？就像你感觉到的那样，类似的问题可以连绵不断、无尽无休。在实现目标的过程中，设计一个制度或者机制有无限种可能。

幸运的是，和单一物品收益最大化的情况一样，**显示原理**（revelation principle）正好能派上用场，它允许我们将研究限制在激励相容的直接机制集合中。在进一步讨论显示原理的第二种应用之前，有必要先了解两个定义。它们是定义 9.1 和定义 9.2 向更一般情形的扩展。

定义 9.4　直接机制

一个直接机制包含一个概率指派函数的集合，即对每个 $x\in X$，都有一个 $p^x(t_1, \cdots, t_N)$ 以及 N 个成本函数 $c_1(t_1, \cdots, t_N), \cdots, c_N(t_1, \cdots, t_N)$。对于由 N 个个体报告的每个类型的向量 $(t_1, \cdots, t_N)\in T$ 来说，$p^x(t_1, \cdots, t_N)\in[0, 1]$ 表示社会状态是 $x\in X$ 的概率，$c_i(t_1, \cdots, t_N)\in\mathbb{R}$ 表示个体 i 的成本，即他必须支付的数量。由于必有某种社会状态被选择，因此我们要求对每个 $(t_1, \cdots, t_N)\in T$，有 $\sum_{x\in X}p^x(t_1, \cdots, t_N)=1$。

定义 9.1 和定义 9.4 非常相似，除了以下一点外不需要做进一步的说明，这一点是说，当以下几个条件成立时，定义 9.4 等价于定义 9.1：（ⅰ）只有单独一件拍卖标的可提供；（ⅱ）有 $N+1$ 个个体，即 N 位竞价者和一个卖者；（ⅲ）社会状态由 $N+1$ 种配置构成，要么其中一位竞价者最终得到物品，要么卖者最终保留了物品（见练习题 9.28）。

给定一个直接机制 $(p, c_1, \cdots, c_N)$，像 9.3 节那样，有必要将 $u_i(r_i, t_i)$ 定义为，当个体 i 的真实类型是 $t_i\in T_i$，而报告的类型是 $r_i\in T_i$ 时他获得的期望效用，这里我们假设其他个体总是如实地报告其类型。即：

$$u_i(r_i,t_i)=\sum_{t_{-i}\in T_{-i}}q_{-i}(t_{-i})\Big(\sum_{x\in X}p^x(r_i,t_{-i})v_i(x,t_i)-c_i(r_i,t_{-i})\Big)$$

其中，$q_{-i}(t_{-i})=\Pi_{j\neq i}q_j(t_j)$。和前面一样，我们通过定义下式来简化上式：

$$\bar{p}_i^x(r_i)=\sum_{t_{-i}\in T_{-i}}q_{-i}(t_{-i})p^x(r_i,t_{-i})$$

及

$$\bar{c}_i(r_i)=\sum_{t_{-i}\in T_{-i}}q_{-i}(t_{-i})c_i(r_i,t_{-i}) \tag{9.22}$$

那么，

$$u_i(r_i,t_i)=\sum_{x\in X}\bar{p}_i^x(r_i)v_i(x,t_i)-\bar{c}_i(r_i) \tag{9.23}$$

定义 9.5　激励相容的直接机制

如果当其他个体总是如实地报告自己的类型时，一个个体通过如实地报告自己的类型而实现期望效用的最大化，那么这个直接机制就是激励相容的。即如果对每

个个体 i 和该个体的每种类型 $t_i \in T_i$ 来说，当 $r_i = t_i$ 时，(9.23) 中定义的 $u_i(r_i, t_i)$ 关于 $r_i \in T_i$ 是最大化的，则此机制是激励相容的。或者再换一种说法，如果对每个总是如实地报告其类型的个体来说，一种机制构成了贝叶斯-纳什均衡，那么它就是激励相容的。①

有了这些定义之后，有必要简单讨论一下显示原理怎样令我们将搜寻范围缩小到激励相容的直接机制的集合上。假设我们打算为社会中参与博弈的个体设计某种（也许相当复杂的）扩展式博弈，个体最终的收益由他们从某种社会状态获得的效用以及最终的收入分配来定义。由于他们选择的策略可能同各自的类型有关，得到的任何"均衡"（比如，纳什均衡、子博弈精炼纳什均衡以及序贯均衡）都是策略式博弈的一个贝叶斯-纳什均衡。假设在这样一个贝叶斯-纳什均衡中，一种事后有效的社会状态总是必定发生。于是我们会说，给定的扩展形式博弈（机制）成功地实现了一个事后有效的结果。根据显示原理，一个直接的激励相容的机制也能具有同样的效果，下面就来具体说明一下。不是让个体自己来实施策略，而是设计一种新的（直接）机制：在他们报告自己的类型后，为他们实施其策略。因此，如果其他个体总是如实报告，那么从你的角度来看，就好像你正在与他们进行最初的扩展式博弈。但是在博弈中，对你来说，在采取行动时执行以你的真实类型为条件的策略是最优的。因此，在新的直接机制中，如实报告自己的类型对你来说是最优的，从而那些同样的行动会以你的利益最优的方式实施。因此，新的直接机制是激励相容的，总是产生同样的事后有效的社会状态，并且收入分配情况和原有制度一样。这都是它能给出的结论！

从术语表述上来说，给定任意报告类型 $t \in T$ 的向量，如果一个激励相容的直接机制为一种事后有效的社会状态集指派的概率为 1，我们就称此机制是事后有效的。即当类型向量是 t 时，对每个 $t \in T$ 来说，如果 $p^x(t) > 0$，则意味着 $x \in X$ 是事后有效的。

9.5.4　维克瑞-克拉克-格罗夫斯机制

我们现在引入机制设计理论中最重要的直接机制之一：维克瑞-克拉克-格罗夫斯（Vickrey-Clarke-Groves，VCG）机制。正如我们将看到的，该机制在我们发展出来的理论中扮演了核心角色。尤其是，它将解决到目前为止讨论的事后有效配置的问题。

VCG 机制有一个有趣的特征：它可以被认为是二价拍卖的一般化。回顾在单一拍品的二价拍卖中，出价最高的竞价者获胜并支付第二高的竞价。如我们所知，对每位竞价者来说，以估价作为竞价是一个占优策略，因此有最高估价的竞价者将

① 由于此处的类型空间 T_i 是有限的，所以我们在第 7 章中的贝叶斯-纳什均衡的定义也同样适用；如果类型空间无限，我们就只能把讲真话均衡定义为贝叶斯-纳什均衡。

获胜并支付第二高的竞价。这个拍卖有时候会被描述为一个获胜者“为其外部性付费”的拍卖。原因是，如果获胜者没有出现拍卖，那么有第二高估价的竞价者可能就会胜出。因此，获胜的竞价者（由于他的出现）阻止了第二高估价的成功，进而施加了一种外部性。当然，他恰好为物品支付了大小等于这个外部性的货币量，从而最终结果是有效率的。

如下所示，“为外部性付费”这个观点很容易推广到我们现在的情况。令 $\hat{x}$：$T\to X$ 为一个事后有效的配置函数，即对每个 $t\in T$，令 $\hat{x}(t)$ 代表下式的一个解：

$$\max_{x\in X}\sum_{i=1}^{N}v_i(x,t_i)$$

因为 X 是有限的，所以这样的解总是存在。如果解有多个，任选其一。进而事后有效的配置函数 $\hat{x}(\cdot)$ 是定义明确的，在本章的剩余部分，它将保持不变。

在事后有效可以实现的假设下，想一下每个个体 i 施加给其他个体的外部性。计算个体 i 的外部性的方法是，思考他的出现给其他人的总效用造成的变化。

当个体 i 出现且类型向量为 $t\in T$ 以及社会状态是 $\hat{x}(t)$ 的时候，其他人的总效用是[①]：

$$\sum_{j\neq i}v_j(\hat{x}(t),t_j)$$

这个结论够简单的了。不过，当个体 i 没有出现的时候，其他人的总效用是多少呢？如果我们假设没有 i，答案也是一目了然的。即如果社会只包含 $N-1$ 个个体 $(j\neq i)$，社会状态的选择是以一种与剩下的人相关的事后有效的方式进行的。

对每个 $t_{-i}\in T_{-i}$，令 $\tilde{x}^i(t_{-i})\in X$ 是下式的解：

$$\max_{x\in X}\sum_{j\neq i}v_j(x,t_j)$$

即在没有个体 i 的社会中，$\tilde{x}^i$：$T_{-i}\to X$ 是一个事后有效的配置函数。

现在，计算个体 i 的出现给其他人的总效用带来的变化变成了一个简单的问题。很明显，当类型向量是 $t\in T$ 时，个体 i 不出现与出现相比，其他人所获得的效用之差为：

$$\sum_{j\neq i}v_j(\tilde{x}^i(t_{-i}),t_j)-\sum_{j\neq i}v_j(\hat{x}(t),t_j)$$

将这种差异称为个体 i 施加的外部性。

注意，个体的外部性总是非负的，并且通常为正的，因为根据定义，当个体 $j\neq i$ 的类型向量是 t_{-i} 时，$\tilde{x}^i(t_{-i})\in X$ 最大化了个体 $j\neq i$ 的效用之和。你应该相

① 我们可以大胆地忽略个人可能拥有的收入，因为我们最终只是对不同结果间的效用差异感兴趣，因此个人收入总是被遗忘。换句话说，即便假设初始收入为零，这对于计算效用也是没有影响的。

信，在单一物品的情形下，除非你是估价最高的那个个体（他的外部性是第二高的估价），否则，其他每个人的外部性都是零（本应如此）。

现在来考虑下面这个重要的机制，这是以维克瑞、克拉克和格罗夫斯的名字命名的 VCG 机制，他们在这个机制的发展中分别做出了重要的贡献。[①]

定义 9.6 维克瑞-克拉克-格罗夫斯机制

每个个体同时向设计者报告他的类型。如果报告的类型向量是 $t\in T$，选择的社会状态为 $\hat{x}(t)$。此外，每个个体 i 被评估有如下货币成本：

$$c_i^{VCG}(t)=\sum_{j\neq i}v_j(\widetilde{x}^i(t_{-i}),t_j)-\sum_{j\neq i}v_j(\hat{x}(t),t_j)$$

即每个个体以报告的类型为基础为外部性付费。c_i^{VCG} 被称为 VCG 成本函数。

VCG 机制背后的关键思想是：定义个体成本进而使每个个体将其外部性内部化，而外部性是由个体的报告所反映的他对社会中其他人施加的影响。让我们回到例题 9.3 中，来看看 VCG 机制到底是一种什么样的机制。

例题 9.4

考虑例题 9.3 中的情形。如果报告的类型向量是 $t\in T$，那么当 $\sum_i v_i(B,\ t_i)>\sum_i v_i(S,\ t_i)$ 时，修建桥对小镇来说是有效率的。[②] 给定 v_i 的定义，这会得出下面的事后有效配置函数。对每个 $t\in T$，有：

$$\hat{x}(t)=\begin{cases}B，如果\sum_{i=1}^{N}(t_i-5)>0\\ S，其他\end{cases}$$

根据 VCG 机制，如果报告的类型向量是 $t\in T$，那么社会状态是 $\hat{x}(t)$，接下来需要描述个体 i 必须支付的成本 $c_i^{VCG}(t)$。想一下个体 i 施加给其他人的外部性。举例来说，假设其他人报告了高类型，比如，对所有 $j\neq i$，有 $t_i=9$。那么，如果至少存在两个其他个体，不管 i 如何报告，他们都会修建桥。的确如此，无论 i 有没有出现，桥都会被建造。因此，在这个例子中，个体 i 的外部性及其成本为零。与之类似，无论 i 的出现是否改变结果，它的外部性和成本都将为零。记住了这一点之后，我们说，给定报告 t，当个体 i 的出现将社会状态从 x' 改变为 x 时，他在类型向量为 $t\in T$ 的情况下对选择社会状态 $x\in\{S,\ B\}$ 是至关重要的。例如，如果 $\sum_{j=1}^{N}(t_j-5)>0$ 并且 $\sum_{j\neq i}(t_j-5)\leqslant 0$，个体 i 在 $t\in T$ 情况下对 B 是关键的，因为第一个（严格）不等式意味着当他在场时社会状态是 B，第二个（弱）不等式意味着当他不在场时社会状态是 S。此时，i 的外部性和成本是 $c_i^{VCG}(t)=\sum_{j\neq i}(t_j+5)-\sum_{j\neq i}2t_j$，即他不在场时其他人的总效用与他在场时其他人的总效用之间的差额。将这些放在一起，$c_i^{VCG}(t)$ 可表示为：

9

① 见 Vickrey (1961)，Clarke (1971) 与 Groves (1973)。

② 我们假设如果两个和相等，将修建游泳池。

$$c_i^{VCG}(t)=\begin{cases}\sum_{j\neq i}(5-t_j)\text{，如果在 } t\in T \text{ 情况下，} i \text{ 对 } B \text{ 是关键的}\\ \sum_{j\neq i}(t_j-5)\text{，如果在 } t\in T \text{ 情况下，} i \text{ 对 } S \text{ 是关键的}\\ 0\text{，其他}\end{cases}$$

□

到目前为止，一切顺利。但是 VCG 机制真的会实现一个事后有效的结果吗？在构建过程中，该机制基于报告的类型向量选择了一个事后有效的结果。可是，个体会谎报类型，一旦这么做，从实际的类型向量来看，结果往往就不是事后有效的了。因此，若想使这一机制发挥作用，必须引导个体如实报告其类型。下一个结论证明，VCG 机制确实做到了这一点。

定理 9.10　讲真话在 VCG 机制中是占优策略

在 VCG 机制中，对每个个体来说，如实地报告其类型是一个弱占优策略。因此，VCG 机制是激励相容且事后有效的。

证明：我们须证明，对任意个体 i，如实报告是一个弱占优策略。假设其他人报告 $t_{-i}\in T_{-i}$，报告未必是真实的。再假设个体 i 的类型是 $t_i\in T_i$，并且他报告 $r_i\in T_i$。i 的效用将是①：

$$v_i(\hat{x}(r_i,t_{-i}),t_i)-c_i^{VCG}(r_i,t_{-i}) \tag{P. 1}$$

注意，$\hat{x}(\cdot)$ 和 $c^{VCG}(\cdot)$ 是 i 的报告类型为 r_i 时的估价，而 $v_i(x,\ \cdot)$ 是 i 的真实类型为 t_i 时的估价。必须证明，当个体 i 说真话（即 $r_i=t_i$）时，（P. 1）是最大化的。

把 $c_i^{VCG}(r_i,\ t_{-i})$ 的定义代入（P. 1），i 的效用可以写为：

$$\begin{aligned}&v_i(\hat{x}(r_i,t_{-i}),t_i)-c_i^{VCG}(r_i,t_{-i})\\&=v_i(\hat{x}(r_i,t_{-i}),t_i)-\Big(\sum_{j\neq i}v_j(\widetilde{x}^i(t_{-i}),t_j)-\sum_{j\neq i}v_j(\hat{x}(r_i,t_{-i}),t_j)\Big)\\&=\sum_{j=1}^{N}v_j(\hat{x}(r_i,t_{-i}),t_j)-\sum_{j\neq i}v_j(\widetilde{x}^i(t_{-i}),t_j)\end{aligned} \tag{P. 2}$$

因此，我们须表明，条件 $r_i=t_i$ 使第二个等式（P. 2）的右侧实现了最大化。要了解其中的原因，注意一下，r_i 只出现在第一个求和符号中，因此它足以说明，对所有 $t_{-i}\in T_{-i}$，有：

$$\sum_{j=1}^{N}v_j(\hat{x}(t_i,t_{-i}),t_j)\geqslant\sum_{j=1}^{N}v_j(\hat{x}(r_i,t_{-i}),t_j) \tag{P. 3}$$

但是根据 $\hat{x}(t_i,\ t_{-i})$ 的定义，对所有 $x\in X$，有：

$$\sum_{j=1}^{N}v_j(\hat{x}(t_i,t_{-i}),t_j)\geqslant\sum_{j=1}^{N}v_j(x,t_j)$$

① 我们可以大胆地将 i 的初始收入水平放在一旁，因为它只是在所有的效用计算中增加了一个常数。

9

由于对所有 $r_i \in T_i$ 来说，$\hat{x}(r_i, t_{-i}) \in X$，因此，(P.3) 成立。 ■

为了检验你对这一证明以及 VCG 机制的理解，你应该试着自己去证明（在有和没有这个证明的帮助下），在例题 9.4 明确定义的 VCG 机制中，讲真话是一个占优策略。

下面做几点说明。第一，由于每个个体的成本 $c_i^{VCG}(t)$ 总是非负的，所以该机制永远不会有赤字出现，通常都有盈余。

第二，有人可能因此而怀疑，是否有个体想通过不参与这个机制来避免支付的发生。为了正确地解决这个问题，我们必须详细说明个体不参与这个机制的后果是什么。一个明显的设定是，假设 VCG 机制照常使用，但只适用于那些参与者。记住这一点之后，我们可以证明，所有个体都参与是一个均衡。

一方面，如果所有个体都参与该机制并如实报告其类型（一个占优策略），当类型向量为 t 时，个体 i 的收益是：

$$v_i(\hat{x}(t), t_i) - c_i^{VCG}(t) = \sum_{j=1}^{N} v_j(\hat{x}(t), t_j) - \sum_{j \neq i} v_j(\tilde{x}^i(t_{-i}), t_j) \qquad (9.24)$$

另一方面，如果个体 i 选择不参与，他避免支付成本 $c_i^{VCG}(t)$，但是社会状态变成 $\tilde{x}^i(t_{-i})$，即对参与机制的 $N-1$ 个报告了其向量的个体来说，这是一个事后有效的社会状态。因此，如果个体 i 选择不参与机制，他的效用将是：

$$v_i(\tilde{x}^i(t_{-i}), t_i) \qquad (9.25)$$

根据 $\hat{x}(t)$ 的定义，

$$\sum_{j=1}^{N} v_j(\hat{x}(t), t_j) \geqslant \sum_{j=1}^{N} v_j(\tilde{x}^i(t_{-i}), t_j)$$

由于 $\tilde{x}^i(t_{-i}) \in X$，重新整理上式，我们得到：

$$\sum_{j=1}^{N} v_j(\hat{x}(t), t_j) - \sum_{j \neq i} v_j(\tilde{x}^i(t_{-i}), t_j) \geqslant v_i(\tilde{x}^i(t_{-i}), t_i)$$

所以，(9.24) 中的 i 参与机制获得的效用超过 (9.25) 中他不参与机制时获得的效用，从而自愿参与 VCG 机制对所有个体来说是一个均衡。

第三，讲真话在 VCG 机制中的主导地位似乎与第 6 章中的定理 6.4（Gibbard-Satterthwaite 定理）有所抵触。的确如此，函数 $\hat{x}(\cdot)$ 以一种没有个体会因说谎而有所得的方式将类型向量（这些类型向量影响个体效用函数）映射到社会选择中，即 $\hat{x}(\cdot)$ 是讲真话的机制。此外，我们也没有就 $\hat{x}(\cdot)$ 的范围作任何假设，这个范围可能是所有的 X（如果不是，就简单地将那些不在范围内的 X 元素去掉）。在那种情形中，$\hat{x}(\cdot)$ 是一个讲真话的社会选择函数，但绝对不是独裁的！（例如，考虑单一物品的情形。）不过与第 6 章的情形相比，余下的保证没有冲突，因为我们在这里将偏好的定义域限定在拟线性的情形中。这种限制也让我们免于得出一个与 Gibbard-Satterthwaite 定理相左的结论。

9.5.5 实现预算平衡：期望的外部机制

我们知道，不管个体报告的类型向量如何，其成本总是非负的（有时是正的），进而 VCG 机制总是产生盈余。可这对机制所产生的收益有什么影响呢？二者有关系吗？事实上是有的。

例如，假设社会中除了参与 VCG 机制的 N 个个体之外，再无其他个体存在，产生的收益要么被再分配，要么被消耗掉。

如果收益被消耗掉，包含社会状态以及个体拥有的货币数量的整体结果就显然不是事后帕累托有效的。因此，无论消耗多少收益都不会是正确的选择。唯一同我们的目标一致的选择是在 N 个个体中重新分配收益，但这也有点问题。

如果收益被重新分配给个体，那么成本 $c_i^{VCG}(t)$ 就不再是一个准确的成本了。由于没有将重新分配的收益考虑在内，他们高估了实际成本。因此，一旦个体将分享的收益也考虑在内，我们并不清楚如实地报告类型是否仍然是一个占优策略。当然，如果个体谎报其类型，选择的社会状态通常不是事后有效的。这是一个很严重的（潜在）问题。幸运的是，由于个体效用是拟线性的，并且个体类型是独立的，只要对收益加以小心分配，这个问题就可以解决。

在找到解决方案之前，我们需要注意，如果产生的收益在 N 个个体中重新分配，则所有人的实际（净）收益之和为零。例如，如果只有两个人，其中一个人最终付了 1 美元，必定是另一个人得到了，因为这 1 美元不可能人间蒸发。因此，我们真正在找的是成本之和总是为零的那种机制，这样的机制被称为预算平衡 (budget-balanced)。

定义 9.7　预算平衡的成本函数

不管报告的类型向量如何，如果成本函数 c_1，…，c_N 之和为零，即如果对每个 $t \in T$ 来说，有 $\sum_{i=1}^{N} c_i(t) = 0$，那么它们就是预算平衡的。如果一个直接机制的成本函数是预算平衡的，我们称这个机制也是预算平衡的。

因此，一个预算平衡的机制不只是没有浪费钱，它还是自给自足的，不需要从外界取钱。现在我们将对 VCG 成本加以调整，以使其产生一个预算平衡的机制。

当报告的类型向量是 $t \in T$ 时，个体 i 的 VCG 成本（$c_i^{VCG}(t)$）是它的外部性，因此，根据（9.22）中的公式：

9

$$\begin{aligned}\bar{c}_i^{VCG}(t_i) &= \sum_{t_{-i} \in T_{-i}} q_{-i}(t_{-i}) c_i^{VCG}(t_i, t_{-i}) \\ &= \sum_{t_{-i} \in T_{-i}} q_{-i}(t_{-i}) \Big(\sum_{j \neq i} v_j(\tilde{x}^i(t_{-i}), t_j) - \sum_{j \neq i} v_j(\hat{x}(t), t_j) \Big) \end{aligned} \tag{9.26}$$

当 i 的类型是 t_i 时，该式的值是他的期望外部性。结果，这些期望外部性能以一种传递了事后效率和平衡预算的方式对成本进行定义。

定理 9.11　预算平衡的期望外部机制

考虑一种机制，当报告的类型向量是 $t \in T$ 时，$\hat{x}(t)$ 被选为事后有效的社会状态，个体 i 的成本是：

$$\bar{c}_i^{VCG}(t_i)-\bar{c}_{i+1}^{VCG}(t_{i+1})$$

其中 $\bar{c}_i^{VCG}(t_i)$ 由（9.26）定义，并且当 $i=N$ 时，$i+1=1$。那么，我们称之为预算平衡的期望外部机制是激励相容的、事后有效的以及预算平衡的。而且，在讲真话的均衡中，不管类型是什么，每个个体都是自愿参加的。

在预算平衡的期望外部机制中，成本函数可以描述如下：让 N 个人按顺时针的顺序围坐在圆桌旁，给定他的报告类型为 t_i，机制要求每个个体 i 向他右侧的人支付他的期望外部性 $\bar{c}_i^{VCG}(t_i)$。[①] 像这样的机制有时候也被称为期望外部机制。[②] 有两点需要强调。第一，$\bar{c}_i^{VCG}(t_i)-\bar{c}_{i+1}^{VCG}(t_{i+1})$ 是当报告的类型向量是 $t\in T$ 时个体 i 的实际成本，这并不是他的期望成本；第二，由于个体 i 向一个人支付他的期望外部性，同时接受另一个人的期望外部性，他的期望成本要小于他的期望外部性。因此，在新机制中，他的期望成本比在初始 VCG 机制中的要低。

证明：机制很明显是预算平衡的。（你知道为什么吗？）而且，如果每个个体总是如实地报告其类型，那么，当报告的类型向量是 $t\in T$ 时，所选择的事后有效的社会状态为 $\hat{x}(t)$。因此，这证明了如实地报告是一个贝叶斯-纳什均衡，并且每个个体都自愿参与。

当个体 i 的类型是 t_i，而他报告的是 r_i，且其他个体都如实报告各自类型时，令 $u_i^{VCG}(r_i,\ t_i)$ 表示他在 VCG 机制中的期望效用，那么，

$$u_i^{VCG}(r_i,t_i)=\sum_{t_{-i}\in T_{-i}}q(t_{-i})v_i(\hat{x}(r_i,t_{-i}),t_i)-\bar{c}_i^{VCG}(r_i)$$

由于第一项（加总项）是个体 i 从社会状态得到的期望收益，第二项连带负号是给定其报告时的期望成本。我们已经知道，在 VCG 机制中讲真话是一个贝叶斯-纳什均衡（事实上它是一个占优策略）。因此，当 $r_i=t_i$ 时，$u_i^{VCG}(r_i,\ t_i)$ 关于 r_i 是最大化的。

在新机制中，当 i 报告 r_i 且其他人（尤其是个体 $i+1$）如实地报告时，i 的期望成本是：

$$\bar{c}_i^{VCG}(r_i)-\sum_{t_{i+1}\in T_{i+1}}q_{i+1}(t_{i+1})\bar{c}_{i+1}^{VCG}(t_{i+1})$$

因此，当个体 i 在新机制中报告 r_i 且其他所有人都如实地报告时，他的期望效用是：

$$\sum_{t_{-i}\in T_{-i}}q(t_{-i})v_i(\hat{x}(r_i,t_{-i}),t_i)-\bar{c}_i^{VCG}(r_i)+\bar{c}_{i+1}$$

这里 $\bar{c}_{i+1}=\sum_{t_{i+1}\in T_{i+1}}q_{i+1}(t_{i+1})\bar{c}_{i+1}^{VCG}(t_{i+1})$ 是一个常数，这个最后的表达式等于：

---

① 一个人向另一个个体就其外部性进行支付，这使得新的成本函数变得简单。但是支付任意数量的他人的期望外部性都能做到这一点，参见练习题 9.29。

② 参见 Arrow（1979）以及 d'Aspremont 和 Gerard-Varet（1979）。

$$u_i^{VCG}(r_i, t_i) + \bar{c}_{i+1}$$

并且当 $r_i = t_i$ 时，它关于 r_i 也是最大化的。因此，在新机制中，讲真话是一个贝叶斯-纳什均衡。

而且，由于 $\bar{c}_{i+1}$ 总是非负的（因为它等于个体 $i+1$ 的事前期望 VCG 成本），个体 i 在新机制中的境况至少和以前一样好，因为不管自身的类型是什么，他都认为成本会略有下降。于是，无论其类型如何，所有个体都愿意参与到 VCG 机制之中，这个结论也适用于新的机制。■

仔细看一下，定理 9.11 并没有说在新的预算平衡机制中讲真话是一个弱占优策略。它只是说，讲真话是一个贝叶斯-纳什均衡。因此，当我们调整 VCG 机制的成本函数时，尽管得到了一个平衡的预算（并且是最高效率的），但却失去了占优策略均衡优良的特性。[①]

例题 9.5

继续例题 9.3 和例题 9.4，假设只有两个人，即 $N=2$。正如练习题 9.30 要求你证明的那样，对这两个人，定理 9.11 中的成本公式得到了预算平衡的成本函数，并且可以等价地描述为下表：

如果你的报告类型是	1	2	3	4	5	6	7	8	9
你向另一个个体支付	$\frac{10}{9}$	$\frac{2}{3}$	$\frac{1}{3}$	$\frac{1}{9}$	0	0	$\frac{1}{9}$	$\frac{1}{3}$	$\frac{2}{3}$

让我们来了解表格中各项数据是如何得到的。定理 9.11 后的“圆形围坐”意味着表格第二行中的项就是期望的 VCG 成本，即 $\bar{c}_i^{VCG}(t_i)$。具体来说，第二行第四项是 $\bar{c}_1^{VCG}(4)$，即当个体 1 报告类型是 $t_1=4$ 时，他的期望 VCG 成本。通过报告 $t_1=4<5$，他对建游泳池而言仅仅是关键的一位，甚至仅仅是在个体 2 报告 $t_2=6$ 时他才是重要的。在这种情形中，他的 VCG 成本（即他的外部性）是 $\bar{c}_1^{VCG}(4, 6)=6-5$（见例题 9.4）。由于个体 2 如实报告，并且 $t_2=6$ 的概率是 1/9，从而个体 1 的期望外部性是 $\bar{c}_1^{VCG}(4)=\frac{1}{9}\times(6-5)=\frac{1}{9}$（如表中所示）。

注意，一个人报告的情形越极端，他对另一个人的支付越高。这与下面的思想是一致的：对于正确的激励而言，个体将支付他们的外部性（但是记住，表中的支付量并不是一个个体的成本，因为每个个体也得到另一个个体的支付）。的确，一个个体的报告越极端，他越可能实现其期望的目标，或者（等价的）另一个个体越不可能实现其期望的目标。当他们的报告非常极端时，要求多支付能让他们讲真话。

因此，当 $N=2$ 时，对于小镇来说，预算平衡的期望外部机制如下：两个个体被要求报告他们的类型，并根据上表向另一个人进行支付。如果报告的总和超过了 10，就修建桥；否则，

① 实际上，有的定理声称，在更加广泛的情形中，二者不可能同时实现。参见 Green and Laffont（1977），以及 Holmstrom（1979b）。

9

将修建游泳池。这个机制是激励相容的和事后有效的，并且是自愿参与的。 □

能否设计出一个机制来确保在拟线性效用及独立私人价值情况下实现事后有效的结果呢？定理9.11为这个问题提供了一个肯定的答案。我们花了很长时间来回答这个问题。不过还有一些重要的情形我们没有分析，现在是关注它们的时候了。

9.5.6 产权、外部选择与个体理性约束

到目前为止，我们一直在隐含地假设：一方面，个体不会被迫放弃他们的收入；另一方面，他们没有对社会状态的产权。当我们考虑个体是否愿意参与机制时，这些假设就出现在我们的分析中。[①] 的确，我们假定当一个个体选择不参与机制时，有两件事是真的。第一，他的收入没有变，隐含着他不能被迫放弃收入。第二，剩余个体的可得社会状态集合也没有变，隐含着个体本身对社会状态没有控制力，即没有对社会状态的产权。

"没有对社会状态的产权"这个假定有时候非常有意义。例如，当机制是一个拍卖，参与的 N 个个体是竞价者时，很自然地假设，如果一位竞价者决定不参与拍卖，他就对标的的提供性不会产生任何影响。但是，我们将卖者算为参与机制的个体中的一员会怎样呢？如果卖者选择不参与机制，物品对于竞价者仍然可得，这个假设通常没有意义。[②] 或者，考虑这样一种情形，企业所有者拥有某种技术，能（以某个成本）生产出消费者可能会认可的产品。还是在这种情形下，对于只有消费者自身与同时拥有消费者和企业所有者这两种情况来说，社会状态集合是不同的。或者说，假设一个人有意解散合伙关系（比如，一家律师事务所、一段婚姻），其中每个合伙人都对共同拥有的财产拥有产权。为了涵盖诸如此类的重要情形，我们必须将模型一般化。

引入关于社会状态的产权的关键是，个体的参与决策更为灵活。为了能保持正确的方向，考虑如下情形：有一位拥有物品的卖者和一位潜在的买者，卖者对物品的估价为 $v_s\in[0,1]$，这一点只有卖者自己知道；买者对物品的估价为 $v_b\in[0,1]$，这一点也只有买者自己清楚。如果我们想把物品的产权赋予卖者，就不能强迫他将物品交易出去。因此，只有当卖者期望从机制中得到的效用至少为 v_s 时，他才会参与交易，因为不参与机制并自己保留物品获得的效用也是 v_s。这个例子值得我们注意的地方是，不参与机制对卖者的价值与其私人类型 v_s 无关。现在我们就把这个思想引入我们更一般的模型中。

对每个个体 i 以及每个 $t_i\in T_i$ 来说，令 $IR_i(t_i)$ 表示当个体 i 不参与机制且类型为 t_i 时的期望效用。因此，在上面的例子中，令个体1为卖者，对每个 $v_s\in[0,1]$，

---

① 一如既往，参与（机制）就意味着一个遵守其结果的承诺。

② 注意，在我们对拍卖的处理中，卖者参与拍卖总是比不参与时境况更好。从而该问题在此刻也会出现，但是得到了很好的处理。

9

我们有 $IR_1(v_s)=v_s$；令个体 2 为买者，对每个 $v_b\in[0, 1]$，我们有 $IR_2(v_b)=0$。

定义 9.8　个体理性

如果对每个个体 i 以及每个 $t_i\in T_i$ 来说，当其他人都参与机制并如实报告自己的类型时，个体 i 通过参与机制以及如实报告其类型 t_i 取得的期望收益至少是 $IR_i(t_i)$，那么这个激励相容直接机制就是个体理性的。

等价地，对每个 i 和每个 $t_i\in T_i$ 来说，如果下面的个体理性约束条件得到满足，那么一个激励相容直接机制 p，c_1，…，c_N 也是个体理性的：

$$\sum_{x\in X}\bar{p}_i^x(t_i)v_i(x,t_i)-\bar{c}_i(t_i)\geqslant IR_i(t_i)，对所有的\ i\ 和\ t_i\in T_i$$

因此，如果一个激励相容直接机制是个体理性的，那么，无论个体的类型是什么，它对每个自愿参与机制的个体都是最优的，因为个体参与机制时的期望效用至少会与不参与时的一样高。

定义 9.8 中的个体理性约束条件是附加的限制，是激励相容约束和任何其他利益约束（如事后有效约束）之外的条件。$IR_i(t_i)$ 数值越高，构建一个激励相容、事后有效的机制就越困难。因为对社会状态的产权通常会增加 $IR_i(t_i)$，产权的存在造成了一定的困难。

注意，通过定义 $IR_i(t_i)=\min_{x\in X}v_i(x, t_i)$，我们总能回到对社会状态没有产权的模型中，因为给定对我们每个个体的零初始收入的无害假定，这是当一个个体的类型是 t_i 时，他能期望得到的最小效用。

最后，了解一下引入函数 $IR_i(t_i)$ 的一个好处。它们允许我们将个体“外部选择”的可能性纳入模型中——即使他们对社会状态本身没有产权。例如，假设一个个体有机会参与几个机制中的一种，并且在任何一个机制中都没有对社会状态的产权——比如，一位竞价者考虑参加几种拍卖中的一种。如果你正在设计其中一种机制，$U_i^k(t_i)$ 是个体 i 在他的类型是 t_i 时参与任何一个其他机制 $k=1$，…，K 取得的期望效用，那么只要 i 参与你的机制的期望效用至少是 $\max_k U_i^k(t_i)$ 时，他就会自愿参与。因此，为了正确地评价 i 参与（你的机制的）决策，我们定义 $IR_i(t_i)=\max_k U_i^k(t_i)$。

现在让我们再次回到例题 9.3 中，把产权因素也涵盖进来。

9

例题 9.6

重新考虑例题 9.3，但是假设小镇自身必须融资来修建桥或者游泳池，什么都不修建（即“不修建”(D)）是可选的第三种社会状态。对于桥和游泳池来说，效用和之前的一样，但是我们必须为不修建任何设施这种社会状态指定效用。假设个体 1 是镇上唯一的工程师，他将是修建桥或者游泳池的人。对社会状态 D，他的效用是

$$v_1(D,t_1)=10$$

而对每个其他个体 $i>1$，

$$v_i(D,t_i)=0$$

你可能将 $v_1(D,\ t_1)=10$ 视为工程师修建桥或者游泳池的（机会）成本。因此，如果工程师不是被强迫修建的（例如，如果他有对社会状态 D 的产权），那么机制必须给他一个至少为10的效用，因为他可以通过不修建任何设施来保证实现这个效用。因而，对每个 $t\in T$，我们有 $IR_1(t_1)=10$ 以及对 $i>1$，有 $IR_i(t_i)=0$。正如我们现在所证明的，不考虑产权时，运行良好的期望外部机制将不再起作用。

注意，修建设施总是有效率的，因为如果什么都不修建，总效用等于10；然而，如果修建游泳池，效用会严格大于10（假设工程师不是唯一的个体）。例题9.5中描述的期望外部机制不再起作用，因为工程师有时可能会拒绝修建。例如，如果工程师的类型是 $t_1<4$，那么不管报告类型是什么，期望外都机制将意味着，要么修建桥，要么修建游泳池。个体2对工程师的支付不超过10/9。因此，即使忽略工程师必须给个体2的支付，如果工程师拒绝修建，他的期望效用将严格小于10，因为当 $t_1<4$ 时，$\max(t_1+5,\ 2t_1)+10/9<10$。因而工程师行使其不修建的权利，境况会严格变好。所以，在期望外部机制下，只要 $t_1<4$，由于违背了工程师的个体理性约束，结果都是低效率的。 □

在例题9.6中遇到的困难能得到补救吗？也就是说，是否总能够设计出一个激励相容、事后有效、预算平衡且个体理性的直接机制呢？一般来说，答案是“不能”（我们稍后将回到例题9.6的特定情形中）。不过，我们可以对“什么时候可能”以及“什么时候不能”设计出这样的机制有一个基本完整的理解，先来给出“能设计出这种机制”时需要的条件。[①]

9.5.7 IR-VCG机制：期望剩余的充分性

对每个个体 i，令 $U_i^{VCG}(t_i)$ 表示个体在VCG机制的讲真话（占优策略）均衡中类型为 t_i 时的期望效用，从而，

$$U_i^{VCG}(t_i)=\sum_{t_{-i}\in T_{-i}}\sum_{x\in X}q_{-i}(t_{-i})v_i(\hat{x}(t_i,t_{-i}),t_i)-\bar{c}_i^{VCG}(t_i)$$

正如我们目前所知的那样，该机制既不必是预算平衡的，也不必是个体理性的。

先尽可能以简单的方式实现个体理性，也就是通过给每位个体一定数量的货币，以便无论他们的类型是什么，都会愿意参与VCG机制。令 ψ_i 表示发给每个个体 i 的参与补贴。什么时候这个补贴能大到个体总是选择参与VCG机制的程度呢？当然，答案一定是这样的：

$$对每个\ t_i\in T_i,\ U_i^{VCG}(t_i)+\psi_i\geqslant IR_i(t_i)$$

或者，等价地：

① 本章剩余部分大量来自 Krishma and Perry（1998）。另一个很好的探讨可在 Williams（1999）中找到。

9

$$\text{对每个 } t_i \in T_i\text{，}\psi_i \geqslant IR_i(t_i) - U_i^{VCG}(t_i)$$

或者，最终如下：

$$\psi_i \geqslant \max_{t_i \in T_i}(IR_i(t_i) - U_i^{VCG}(t_i))$$

因此，为了使个体 i 不管是什么类型都愿意参与 VCG 机制，我们必须给他的最小参与补贴（它可能为负）是：

$$\psi_i^* = \max_{t_i \in T_i}(IR_i(t_i) - U_i^{VCG}(t_i)) \tag{9.27}$$

我们现在用这些最小参与补贴来定义一个新的机制，称为个体理性 VCG 机制，或者简称 IR-VCG 机制。在 IR-VCG 机制中，每个个体报告其类型，不管报告什么类型，都给他 ψ_i^* 美元。如果报告的向量是 t，社会状态是 $\hat{x}(t)$，个体 i 必须另外支付其维克瑞成本 $c_i^{VCG}(t)$。因此，总体上看，个体 i 的成本是 $c_i^{VCG}(t) - \psi_i^*$。

由于参与补贴 ψ_i^* 的发放与个体报告的类型无关，进而对一个人的说谎动机没有影响，于是，如实报告仍然是一个占优策略。而且，通过构建，IR-VCG 机制是个体理性和事后有效的。因此，IR-VCG 机制是激励相容、事后有效且个体理性的。唯一的问题是，它可能不是预算平衡的。为了实现预算平衡，我们不妨使用与定理 9.11 同样的技巧，也就是让人们围坐在圆桌旁，每个人将给定其类型下自己的期望成本支付给坐在右侧的人。但是有一个问题：由于 VCG 成本与参与补贴相互抵消，个体 i 现在的期望成本可能为负。他可能不用向右侧的人付钱，反而有可能会从他那里（这个人也在向右侧的人支付自己的期望成本）拿走一些钱。对 i 及其右侧的人来说，这个额外的损失可能会导致一个违反个体理性约束的结果。如果是这样，我们的“圆桌”技巧平衡了预算，但却使机制不再是个体理性的。因此，如果平衡预算确实可能，那么，当某些个体的期望收益为负时，想做到这一点就需要一种比定理 9.11 描述的还要复杂的方法。

如果在讲真话均衡中事前期望收益非负，即如果 $\sum_{t \in T} q(t)\left(\sum_{i=1}^{N} c_i(t)\right) \geqslant 0$，那么一个有成本函数 c_1，…，c_N 的激励相容直接机制能产生期望剩余。注意，一方面，VCG 机制产生期望剩余是因为对每个 i 和每个 t，$c_i^{VCG}(t) \geqslant 0$；另一方面，IR-VCG 机制能否产生期望剩余还不好说，因为它在 VCG 机制的期望剩余数值基础上减少了参与的补贴量。现在我们可以得出如下结论，该结论不仅对我们目前考虑过的特定机制成立，对任何激励相容的机制均成立。

定理 9.12　实现平衡预算

假设一个成本函数为 c_1，…，c_N 的激励相容的直接机制产生期望剩余。对每个个体 i 和每个 $t \in T$ 来说，用以下成本函数取代成本函数 c_i：

$$c_i^B(t) = \bar{c}_i(t_i) - \bar{c}_{i+1}(t_{i+1}) + \bar{c}_{i+1} - \frac{1}{N}\sum_{j=1}^{N} \bar{c}_j$$

其中 $\bar{c}_i(t_i)$ 由（9.22）所定义，$\bar{c}_i=\sum_{t\in T}q(t)c_i(t)$，并且当 $i=N$ 时，$i+1=1$。那么得到的有相同概率指派函数的机制是预算平衡的，并且仍然是激励相容的。此外，每种类型的个体都弱偏好新机制于初始机制。因此，如果初始机制是个体理性的机制，则新的预算平衡机制也是个体理性的。

同预算平衡的期望外部机制类似，定理 9.12 定义的成本函数 c_i^B 也可以有更简单的描述。让 N 个人按从 1 到 N 的顺序顺时针围坐一周。如果个体 i 报告 t_i，他向其他每个人支付一笔固定的数量 $\bar{c}_{i+1}/N$，并向他右侧的个人再额外支付 $\bar{c}_i(t_i)$。情况就是如此！

当报告向量是 t 时，如果你想了解互相支付的货币数量，就会发现最终个体 i 的净成本是 $c_i^B(t)$。再说一遍，这种考察成本函数的方法的长处是，预算“明显”平衡了。原因在于，N 个个体仅仅是相互支付，从而没有货币流出系统（因此没有收益产生），也没有货币流入系统（因此没有损失产生）。因此，预算必然平衡。现在让我们证明定理 9.12。

证明：首先，我们已经注意到，成本函数 c_1^B，…，c_N^B 是预算平衡的。（为了证明能更直接一些，把它们加进来！）

其次，给定成本函数 c_i^B，当个体 i 报告 r_i 且其他人如实报告时，i 的期望成本是：

$$\bar{c}_i^B(r_i)=\sum_{t_{-i}\in T_{-i}}q_{-i}(t_{-i})c_i^B(r_i,t_{-i})$$

根据 $c_i^B(r_i, t_{-i})$ 的定义进行替换，得到：

$$\begin{aligned}\bar{c}_i^B(r_i)&=\sum_{t_{-i}\in T_{-i}}q_{-i}(t_{-i})\Big(\bar{c}_i(t_i)-\bar{c}_{i+1}(t_{i+1})+\bar{c}_{i+1}-\frac{1}{N}\sum_{j=1}^{N}\bar{c}_j\Big)\\&=\bar{c}_i(r_i)-\Big(\sum_{t_{i+1}\in T_{i+1}}q_{i+1}(t_{i+1})\bar{c}_{i+1}(t_{i+1})\Big)+\bar{c}_{i+1}-\frac{1}{N}\sum_{j=1}^{N}\bar{c}_j\\&=\bar{c}_i(r_i)-\bar{c}_{i+1}+\bar{c}_{i+1}-\frac{1}{N}\sum_{j=1}^{N}\bar{c}_j\\&=\bar{c}_i(r_i)-\frac{1}{N}\sum_{j=1}^{N}\bar{c}_j\end{aligned}\qquad\text{(P. 1)}$$

因此，当个体 i 报告为 r_i 时，他的期望成本与初始成本相差一个固定的常数。

给定初始的成本函数 c_i，当个体类型为 t_i 而报告成 r_i 且其他所有人都如实报告时，令 $u_i(r_i, t_i)$ 表示此时个体 i 获得的期望效用，令 $u_i^B(r_i, t_i)$ 表示与新成本函数 c_i^B 类似的数量。由于概率指派函数不变，（P. 1）的结果以及（9.23）中的公式意味着：

$$u_i^B(r_i,t_i)=u_i(r_i,t_i)+\frac{1}{N}\sum_{j=1}^{N}\bar{c}_j\qquad\text{(P. 2)}$$

当 $r_i=t_i$ 时，$u_i(r_i, t_i)$ 关于 r_i 是最大化的，进而 $u_i^B(r_i, t_i)$ 也一样。因此，我

们得出结论：新机制是激励相容的。

最后，初始机制产生期望剩余的假设（准确地说）意味着：

$$\sum_{j=1}^{N}\bar{c}_j \geqslant 0$$

因此，在有新的成本函数的讲真话均衡中，在 $r_i=t_i$ 时估计（P. 2），发现每类个体的期望效用至少同旧成本函数中的一样高。 ■

定理 9.12 有几处需要注意的地方。第一，它从激励相容的初始成本函数中得到了明显的预算平衡的成本函数；第二，我们不仅实现了预算平衡，而且同时保证了不管个体是什么类型的，他们在新机制的讲真话均衡中的境况至少和在旧机制中的一样好。因此，无论类型怎样，如果个体愿意参与旧机制，那么他们也会愿意加入新机制。[①] 因此，定理 9.12 的直接含义如下。

定理 9.13　IR-VCG 期望剩余：充分性

假设 IR-VCG 机制运行得到一个期望剩余，即假设：

$$\sum_{t\in T}\sum_{i=1}^{N}q(t)(c_i^{VCG}(t)-\psi_i^*)\geqslant 0$$

那么，以下直接机制是激励相容、事后有效、预算平衡且个体理性的：每个个体报告其类型。如果报告的类型向量是 $t\in T$，那么社会状态是 $\hat{x}(t)$，个体 i 支付成本：

$$\bar{c}_i^{VCG}(t_i)-\psi_i^*-\bar{c}_{i+1}^{VCG}(t_{i+1})+\bar{c}_{i+1}^{VCG}-\frac{1}{N}\sum_{j=1}^{N}(\bar{c}_j^{VCG}-\psi_j^*)$$

其中 $\bar{c}_j^{VCG}(t_j)$ 由（9.26）所定义，$\bar{c}_j^{VCG}=\sum_{t_j\in T_j}q_j(t_j)\bar{c}_j^{VCG}(t_j)$ 是个体 j 的事前期望的 VCG 成本。

定理 9.13 的证明非常简单。因为 IR-VCG 机制是激励相容、事后有效且个体理性的，因此，如果它能产生期望剩余，根据定理 9.12 调整它的成本函数 $c_i^{VCG}(t)-\psi_i^*$，就会得到一个激励相容、事后有效、预算平衡且个体理性的机制。现在你只需要证明，得到的机制恰恰就是定理 9.13 所定义的机制（自己证明一下）。

9

定理 9.13 说明，就符合我们全部要求（即激励相容、事后有效、预算平衡且个体理性的）的机制的存在而言，IR-VCG 机制中期望剩余的存在是一个充分条件，并且定理 9.13 还明确地构造了一个这样的机制。

例题 9.7

根据定理 9.13 来重新考虑一下例题 9.6。只有两个个体，其中一个是工程师。我们从例

① 一方面，定理 9.12 仍然为真，甚至当私人价值的假设不成立时（即当 v_i（x，t）既依赖于 t_{-i} 也依赖于 t_i 时），证明和此处给出的一样。另一方面，此处给出的证明主要是建立在“类型在个人之间是独立的”这一假设之上的。

题 9.6 中知道，预算平衡的期望外部机制不是个体理性的。特别是当工程师的类型较低时，其不参与机制时的境况反而会更好。因此，工程师的参与补贴 ψ_1^* 必须严格为正。让我们检验一下，此处 IR-VCG 机制能否产生期望剩余。根据（9.27），

$$\psi_1^* = \max_{t_1 \in T_1}(IR_1(t_1) - U_1^{VCG}(t_1))$$

由于对所有 $t_1 \in T_1$，$IR_1(t_1)=10$，我们有

$$\psi_1^* = \max_{t_1 \in T_1}(10 - U_1^{VCG}(t_1)) = 10 - \min_{t_1 \in T_1} U_1^{VCG}(t_1)$$

因此，我们必须计算针对工程师类型的最小期望 VCG 效用。不难证明，工程师的类型越高，他在 VCG 机制中的境况越好（见练习题 9.32）。因此，最小值出现在 $t_1=1$ 的位置，他在 VCG 机制中的期望效用是：

$$U_1^{VCG}(1) = (1+5) - \frac{10}{9}$$

不管 2 报告的类型如何，游泳池都会修建，当其类型为 $t_1=1$ 时，他的期望 VCG 成本是 $\bar{c}_1^{VCG}(1)=10/9$（见练习题 9.33）。因此，

$$\psi_1^* = 10 - U_1^{VCG}(1) = 10 - 6 + \frac{10}{9} = \frac{46}{9}$$

类似地，由于对所有 $t_2 \in T_2$，$IR_2(t_2)=0$，并且 $\bar{c}_2^{VCG}(1)=20/9$（见练习题 9.33），

$$\psi_2^* = 0 - U_2^{VCG}(1) = 0 - \left((1+5) - \frac{20}{9}\right) = -\frac{34}{9}$$

因此，

$$\psi_1^* + \psi_2^* = \frac{4}{3}$$

正如练习题 9.33 要求你证明的那样，此处的 VCG 机制的事前期望收益是 $50/27 > 4/3$。因此，IR-VCG 机制产生了期望剩余，从而即便考虑到工程师的个体理性约束，也能确保结果是事后有效的。练习题 9.33 要求你明确给出一个机制来实现这个目标。 □

9.5.8 IR-VCG 期望剩余的必要性

到目前为止，在我们对拟线性模型的分析中，始终假设每个个体的类型集合是有限的，这么做仅仅是为了简化分析。即使类型的集合变成无限的（比如，实数区间（$T_i \in [0, 1]$）或实数区间的产物（$T_i \in [0, 1]^K$）），这些分析也不会有实质性的变化。

但我们现在想证明，对于一个激励相容、事后有效、预算平衡且个体理性机制的存在来说，IR-VCG 机制中的期望剩余不仅是一个充分条件，还是一个必要条件。而且为了能做到这一点，必须放弃空间类型有限这一假设。因此，我们将竭尽

所能地做出符合目标的、最简单的假设。我们将假设每个个体的类型空间 T_i 是单位区间 [0，1][①]，并继续假设社会状态集合 X 是有限的。

我们的目的再简单不过了，希望能给读者一个清晰的认识，即无须考虑类型空间的无限性所带来的优良技术细节[②]，就可以证明在有限的区间中，IR-VCG 机制中的期望剩余也是事后有效机制设计中的必要条件。很偶然的是，除了对类型的加总现在是区间形式而 $q_i(t_i)$ 现在是概率密度函数之外，符号多半还能保持原样。因此（举例来说），给定一个直接机制 p，c_1，…，c_N，对每个个体 i 和类型 $t_i\in$ [0，1]，对每个 $x\in X$，我们现在有：

$$\bar{p}_i^x(t_i)=\int_{T_{-i}}p_i^x(t_i,t_{-i})q_{-i}(t_{-i})\mathrm{d}t_{-i}$$

以及

$$\bar{c}_i(t_i)=\int_{T_{-i}}c_i(t_i,t_{-i})q_{-i}(t_{-i})\mathrm{d}t_{-i}$$

而不是（9.22）中它们的有限加总。因此，当个体类型为 t_i 而报告成 r_i 且其他人如实报告时，i 从中获得的期望效用是：

$$u_i(r_i,t_i)=\sum_{x\in X}\bar{p}_i^x(r_i)v_i(x,t_i)-\bar{c}_i(r_i)$$

这与（9.23）中的类型集合有限时的情况完全相同。

现在假设直接机制 p，c_1，…，c_N 是激励相容的，这意味着在 $r_i=t_i$ 时，$u_i(r_i，t_i)$ 关于 r_i 是最大化的。假设一旦需要，函数都是可微的，这对每个个体 i 和每个 $t_i\in(0，1)$ 来说会得到如下一阶条件：

$$\left.\frac{\partial u_i(r_i,t_i)}{\partial r_i}\right|_{r_i=t_i}=\sum_{x\in X}\bar{p}_i^{x\prime}(t_i)v_i(x,t_i)-\bar{c}'_i(t_i)=0$$

所以，

$$\bar{c}'_i(t_i)=\sum_{x\in X}\bar{p}_i^{x\prime}(t_i)v_i(x,t_i)\tag{9.28}$$

因此，如果两个机制 p，c_{A1}，…，c_{AN} 和 p，c_{B1}，…，c_{BN} 有相同的概率指派函数，那么 A 机制中期望成本的导数 $\bar{c}'_{Ai}(t_i)$ 必须满足（9.28），B 机制中期望成本的导数 $\bar{c}'_{iB}(t_i)$ 也必须满足（9.28）。因而，对所有的 i 及所有的 $t_i\in(0，1)$，有：

$$\bar{c}'_{Ai}(t_i)=\sum_{x\in X}\bar{p}_i^{x\prime}(t_i)v_i(x,t_i)=\bar{c}'_{Bi}(t_i)$$

即期望成本函数的导数必须相同。但是，只要利用微积分的基本定理，就知道这些期望成本函数之间必定只相差一个常数，因为：

① 我们也可以允许类型空间是欧式多维集，但是此处还不打算这么做。

② 例如，概率指派函数或成本函数的可测性、连续性或可微性。

$$\bar{c}_{Ai}(t_i)-\bar{c}_{Ai}(0)=\int_0^{t_i}\bar{c}'_{Ai}(s)\mathrm{d}s=\int_0^{t_i}\bar{c}'_{Bi}(s)\mathrm{d}s=\bar{c}_{Bi}(t_i)-\bar{c}_{Bi}(0)$$

为了得到这个结论，我们假设机制可微，期望成本的导数是性状良好的，以便微积分的基本定理可以适用。事实上，这些假设对于结论不是必要的，（例如）只要 $\partial v_i(x, t_i)/\partial t_i$ 存在且对每个 $x\in X$，它在 $t_i\in[0, 1]$ 上是连续的即可。此外，还应注意，由于（9.28）只和期望概率 $\bar{p}_i^x$ 有关，这足以使两个函数有相同的概率指派函数。我们得出以下结论，但不予以证明。

定理 9.14　成本差为常数

假设对每个个体 i，$\partial v_i(x, t_i)/\partial t_i$ 存在，且对每个 $x\in X$，它在 $t_i\in[0, 1]$ 上是连续的。如果两个激励相容的机制有相同的期望概率指派函数 $\bar{p}_i^x$，那么对每个 i 来说，他在两个机制中的期望成本函数相差一个常数（这个常数可能和 i 有关）。

从这个结论出发，我们立即能得到一个广义的收益等价结论。该结论有必要提及一下，它将定理 9.6 进行了一般化。

定理 9.15　广义的收益等价性定理

假设对每个个体 i，$\partial v_i(x, t_i)/\partial t_i$ 存在，且对每个 $x\in X$，它在 $t_i\in[0, 1]$ 上是连续的。如果两个激励相容的机制有相同的期望概率指派函数 $\bar{p}_i^x$，当类型为零时，每个个体在两个机制中是无差别的，则两个机制会产生相同的期望收益。

我们将定理 9.15 的证明留作练习（见练习题 9.35）。定理 9.14 的另一个直接得出的结论如下。假设对每个 $t\in T$，有唯一的事后有效的社会状态。那么任何两个事后有效、激励相容的机制都有相同的概率指派函数。从而根据定理 9.14，由于 VCG 机制是激励相容、事后有效的，任何其他激励相容、事后有效的机制一定有相同的期望成本函数，与 VCG 期望成本（即期望外部性）只相差一个常数。实际上，如果回想一下我们构建的所有事后有效的机制，期望成本均只同 VCG 期望成本相差一个常数，这个事实是我们下一个结论的基础。

当存在有限多种社会状态时，对每个 $t\in T$，存在唯一的事后有效社会状态，这是个强假设。[①] 幸运的是，还有很多具有同样效果的弱假设。

定理 9.16　满足效率及个体理性的最大收益

假设对每个个体 i，$\partial v_i(x, t_i)/\partial t_i$ 存在，且对每个 $x\in X$，它在 $t_i\in[0, 1]$ 上是连续的。另外，假设对每个个体 i 以及每个 $t_{-i}\in T_{-i}$（对所有可能是有限多的 $t_i\in T_i$）来说，给定 (t_i, t_{-i})，存在唯一的、事后有效的社会状态，那么，在所有激励相容、事后有效且个体理性的直接机制中，IR-VCG 机制产生的事前期望收

① 的确，如果每个 $v_i(x, t_i)$ 关于 t_i 都是连续的，那么唯一性就意味着 $\hat{x}(t)$ 一定是常数。即不管类型向量是什么，一定存在唯一的事后有效的社会状态。但是在那种情形中，一开始并不存在问题，因为哪种社会状态是事后有效的是确定无疑的。

益最大。

证明：由于对每个 $t_{-j} \in T_{-j}$，对所有（但有限多）的 $t_j \in T_j$，给定（t_j，t_{-j}），存在唯一的事后有效的社会状态，期望概率指派函数 $\bar{p}_i^x(t_i)$ 由事后有效唯一地决定。那么考虑某个激励相容、事后有效、个体理性的直接机制，其成本函数为 c_1，…，c_N。根据上面陈述的事实，它的期望概率指派函数必定与 IR-VCG 机制中的一致。因此，依据定理 9.14，期望成本函数与 IR-VCG 机制中的期望成本函数 $\bar{c}_i^{VCG}(t_i)-\psi_i^*$ 将相差一个常数。[①] 所以，对某些常数 k_1，…，k_N 和每个个体 i 及每个 $t_i \in T_i$，有：

$$\bar{c}_i(t_i)=\bar{c}_i^{VCG}(t_i)-\psi_i^*-k_i \tag{P. 1}$$

现在，由于两个机制中概率指派函数相同，而且成本函数为 c_i 的机制是个体理性的，(P. 1) 表明，以 VCG 机制开始并通过给予每个个体 i 参与补贴（$\psi_i^*+k_i$）对机制进行调整，从而使它不仅是事后有效的，也是个体理性的。但是根据定义，参与补贴 ψ_i^* 是这类补贴中最小的，因此，对所有 i，一定有 $k_i \geqslant 0$。所以，根据 (P. 1)，

$$\bar{c}_i(t_i)\leqslant\bar{c}_i^{VCG}(t_i)-\psi_i^*$$

这样，无论个体的类型是怎样的，他的成本函数为 c_i 的机制中支付的成本要少于 IR-VCG 机制中的支付，从而，IR-VCG 机制产生了一个至少相同的期望收益。 ■

现在可以证明我们一直想探究的结论。

定理 9.17 IR-VCG 期望剩余：必要性

假设对每个个体 i 而言，$\partial v_i(x, t_i)/\partial t_i$ 存在，且对每个 $x \in X$ 来说，它在 $t_i \in [0, 1]$ 上是连续的。此外，假设对每个个体 i 以及每个 $t_{-i} \in T_{-i}$，对所有（也可能是有限多）的 $t_i \in T_i$ 来说，给定（t_i，t_{-i}），存在唯一的事后有效的社会状态。如果存在一个激励相容、事后有效、预算平衡、个体理性的直接机制，那么，IR-VCG 机制会产生一个期望剩余。

证明：一方面，如果存在这样的机制，由于它是预算平衡的，则其期望收益为零；另一方面，根据定理 9.16，IR-VCG 机制会产生至少一样多的事前期望收益。因此，IR-VCG 机制产生的事前期望收益一定非负。 ■

我们可以应用定理 9.17，根据 Myerson and Satterthwaite（1983）的研究得到一个重要的关于不可能性结论的特殊形式。

① 记住，我们所有的公式（包括定义 ψ_i^* 的公式）都必须从关于类型的加总调整为关于类型的积分。除此之外，它们是一样的。

9

例题 9.8

考虑一个买者和一个卖者。卖者拥有一件不可分割的商品，买者和卖者关于商品都有拟线性偏好和私人价值。有两种社会状态 B（买者得到商品）和 S（卖者得到商品）。为方便起见，引入 $i=b$ 代表买者，$i=s$ 代表卖者。买者的类型 t_b 及卖者的类型 t_s 均匀且独立地取自 $[0, 1]$。对每个个体 i，t_i 是他对商品的估价。因此，（举例来说）有 $v_b(B, t_b)=t_b$ 和 $v_b(S, t_b)=0$，对卖者也是一样。一方面，由于卖者总能选择不参与机制来自己留有物品，因此卖者拥有对物品的产权，并且 $IR_s(t_s)=t_s$；另一方面，$IR_b(t_b)=0$，因为不参与机制带给买者的效用为零。

我们想知道，是否存在一个激励相容、事后有效、个体理性的直接机制。根据定理 9.13 和定理 9.17，当且仅当 IR-VCG 机制产生期望剩余时，答案会是："存在"。下面让我们来检验一下吧。

首先，算出 VCG 成本函数。如果买者的类型是 t_b，那么当 $t_b>t_s$ 时，商品分配给买者是有效率的。在这种情形下，买者的外部性是 t_s-0，一方面，因为没有买者时，卖者保留商品并从中取得效用 t_s；但是有买者时，买者得到商品，卖者从社会状态中得到的效用为零；另一方面，如果 $t_b<t_s$，买者的外部性为零，不管他是否出现，卖者都会自留商品。从而，

$$c_b^{VCG}(t_b,t_s)=\begin{cases} t_s, \text{如果 } t_b>t_s \\ 0, \text{如果 } t_b<t_s \end{cases}$$

当 $t_b=t_s$ 时，没有必要指出物品归谁，因为该事件发生的概率为零，对期望成本没有任何影响。实际上，根据我们已知的情况，卖者在类型给定的情况下的期望成本是：

$$\bar{c}_b^{VCG}(t_b)=\int_0^{t_b} t_s \mathrm{d}t_s=\frac{1}{2}t_b^2$$

类似地，由于在 VCG 机制中，买者和卖者是对称的①，所以

$$\bar{c}_s^{VCG}(t_s)=\frac{1}{2}t_s^2$$

因此，如果个体的类型是 t_i，他在 VCG 机制中的期望效用是 $U_i^{VCG}(t_i)$，那么

$$U_b^{VCG}(t_b)=\int_0^{t_b} t_b \mathrm{d}t_s-\bar{c}_b^{VCG}(t_b)=t_b^2-\frac{1}{2}t_b^2=\frac{1}{2}t_b^2$$

第一行中的积分是，当社会状态有效率时，买者期望从赢得拍卖中得到的效用。类似地，根据对称性，有：

$$U_s^{VCG}(t_s)=\frac{1}{2}t_s^2$$

---

① 卖者拥有商品的事实在 VCG 机制中发挥作用，似乎不存在卖者对社会状态的产权。

一方面，当 VCG 机制的期望收益超过参与补贴之和 $\psi_b^* + \psi_s^*$ 时，IR-VCG 机制产生了期望剩余。VCG 机制的期望剩余是：

$$\int_0^1 \bar{c}_b^{VCG}(t_b)\mathrm{d}t_b + \int_0^1 \bar{c}_s^{VCG}(t_s)\mathrm{d}t_s = \int_0^1 \frac{1}{2}t_b^2\mathrm{d}t_b + \int_0^1 \frac{1}{2}t_s^2\mathrm{d}t_s$$

$$= \frac{1}{6} + \frac{1}{6} = \frac{1}{3}$$

另一方面，

$$\begin{aligned}\psi_b^* &= \max_{t_b \in [0,1]}(IR_b(t_b) - U_b^{VCG}(t_b)) \\ &= \max_{t_b \in [0,1]}(0 - \frac{1}{2}t_b^2) = 0\end{aligned}$$

并且，

$$\begin{aligned}\psi_s^* &= \max_{t_s \in [0,1]}(IR_s(t_b) - U_s^{VCG}(t_s)) \\ &= \max_{t_s \in [0,1]}\left(t_s - \frac{1}{2}t_s^2\right) = \frac{1}{2}\end{aligned}$$

从而

$$\psi_b^* + \psi_s^* = \frac{1}{2} > \frac{1}{3}$$

因此，我们得出结论：在这种情形下，不存在一个激励相容、预算平衡且个体理性的机制。 □

例题 9.8 给了我们一些启示。第一，例子为罢工中令人困惑的现象及协商谈判中的分歧提供了解释。罢工的令人困惑之处在于，（有人设想）不管最终达成什么样的协议，通过不罢工原本也都是可以达成的，后者还省时省力。但是例子中的结论表明，这种“直觉”是错误的。有时候，没有哪个机制能确保事后效率，也就必定会出现无效率的情况，而这种无效率的例子之一就与罢工有关。

第二，例子阐明了产权问题。在法学和经济学中非常有名的一个成果是“科斯定理”，该定理大致表述了如果一个人唯一的兴趣是帕累托有效，产权的归属是无关紧要的——比如，是赋予河流下游的渔场以法定净水的权利，还是授予上游钢厂向河流中倾倒废弃物的法定权利，双方会通过给另一方适当的转移支付来达成一个帕累托有效的协议。我们的分析揭示了很重要的一点，即当双方拥有关于偏好的私人信息时，科斯定理可能会失灵。如果没有个体拥有对社会状态的产权，我们发现效率总是有可能实现的。然而，当产权被指定给某一方（就像买者－卖者的例子）时，不能保证一个有效的协议始终会存在。

第三，产权可能阻碍效率，这个事实为共有资产的私有化提供了重要借鉴（例如，政府出售近海采油权或者将发射频率卖给商业通信公司（移动电话、电视、无线电频谱））。如果政府的目标是效率，只要可能，设计一个私有化机制来有效率地分配标的就是非常重要的。其中的原因在于，从本质上讲，是分配创造了产权。如果分配是无效率的，并且存在私人信息，产权的确立可能不可避免地导致了持续、潜在的大量效率损失。

第四，这个例子还表明，所有权中对称性的缺失可能在不可能性结论中起作用。例如，在没有产权的情形下，产权是对称的，此时有可能构建一个自愿参与的、事后有效的、预算平衡的机制。本章练习题会要求你继续探究这一思想（也可以参见 Cramton et al.，1987）。

关于这一点，有个疑问，“当不存在一个激励相容、事后有效、预算平衡且个体理性的机制时，我们该做些什么呢?”这是一个很好也很重要的问题，但我们不会将它引入机制设计中。不过，一个答案是选择退而求其次。我们在所有激励相容机制中，寻找那些从中期角度（即从那些知道自己的类型但不知道其他人类型的个体的角度）或者从事前角度都无法进行帕累托改进的机制。这种方法的一个极好的例子可在 Myerson and Satterthwaite（1983）的研究中找到。

机制设计理论博大精深、用途广泛且意义非凡，我们这里也只是略述皮毛。在存在私人信息的资源配置问题中，希望能使你领略到它的用处。

9.6 练习题

9.1　证明：(9.5) 中的竞价策略是严格递增的。

9.2　用两种方法证明：在有 N 位对称的竞价者（每个人的估价分布是 F）的一价拍卖中，对称均衡竞价策略可以写成：

$$\hat{b}(v)=v-\int_0^v\left(\frac{F(x)}{F(v)}\right)^{N-1}\mathrm{d}x$$

第一种方法要用到我们正文中的解和部分积分法；第二种方法会用到如下事实：当 $r=v$ 时，$F^{N-1}(r)(v-\hat{b}(r))$ 关于 r 是最大化的。然后运用包络定理得出结论 $\frac{\mathrm{d}(F^{N-1}(v)(v-\hat{b}(v)))}{\mathrm{d}v}=F^{N-1}(v)$，对两边求由 0 到 v 的积分。

9.3　本题将指导你完成证明：(9.5) 中的竞价函数实际上是一价拍卖下的一个对称均衡。

(a) 回忆一下 (9.2)，有：

$$\frac{\mathrm{d}u(r,v)}{\mathrm{d}r}=(N-1)F^{N-2}(r)f(r)(v-\hat{b}(r))-F^{N-1}(r)\hat{b}'(r)$$

利用 (9.3)，证明，

$$\begin{aligned}\frac{\mathrm{d}u(r,v)}{\mathrm{d}r}&=(N-1)F^{N-2}(r)f(r)(v-\hat{b}(r))\\&\quad-(N-1)F^{N-2}(r)f(r)(r-\hat{b}(r))\\&=(N-1)F^{N-2}(r)f(r)(v-r)\end{aligned}$$

(b) 利用 (a) 部分的结果进行推导：当 $r<v$ 时，$\mathrm{d}u(r,v)/\mathrm{d}r>0$；当 $r>v$ 时，$\mathrm{d}u(r,v)/\mathrm{d}r<0$；因此，当 $r=v$ 时，$\mathrm{d}u(r,v)/\mathrm{d}r=0$，$u(r,v)$ 实现了最大化。

9.4　本章始终假设卖者和所有竞价者都是风险中性的。在本题中，我们将探讨如果竞价者是风险规避者时会有什么后果。

有 N 位竞价者参与一场一价拍卖。每位竞价者的估价按照分布函数 F 独立取自区间 $[0, 1]$，有连续且严格为正的密度函数 f。如果一位竞价者的估价为 v，且他以一个 $b<v$ 的竞价赢得拍卖标的，那么他的冯·诺伊曼-摩根斯坦效用是 $(v-b)^{\frac{1}{\alpha}}$，其中 $\alpha \geqslant 1$ 固定不变且适用于所有竞价者。因此，当 $\alpha>1$ 时，竞价者是风险规避的，当 $\alpha=1$ 时，竞价者是风险中性的。（你知道原因吗？）给定风险规避参数 α，令 $\hat{b}_\alpha(v)$ 代表当竞价者的估价为 v 时他的（对称）均衡竞价。以下内容将引导你找出 $\hat{b}_\alpha(v)$ 并揭示它的一些含义。

(a) 假定所有其他竞价者的竞价函数为 $\hat{b}_\alpha(\cdot)$，令 $u(r, v)$ 表示竞价者估价为 v 而竞价为 $\hat{b}_\alpha(v)$ 时的期望效用。证明：

$$u(r,v)=F^{N-1}(r)(v-\hat{b}_\alpha(r))^{\frac{1}{\alpha}}$$

为什么当 $r=v$ 时，$u(r, v)$ 关于 r 一定是最大化的？

(b) 利用 (a) 来证明，当 $r=v$ 时，以下函数关于 r 是最大化的：

$$[u(r,v)]^\alpha=[F^\alpha(r)]^{N-1}(v-\hat{b}_\alpha(r))$$

(c) 利用 (b) 来证明：对于 $N-1$ 位竞价者参与的一价拍卖来说，竞价者是风险规避的且估价服从 $F(v)$ 形式的独立分布，等价于竞价者是风险中性的且估价服从 $F^\alpha(v)$ 形式的独立分布。利用风险中性情形下的解（见练习题 9.2）证明：

$$\hat{b}_\alpha(v)=v-\int_0^v\left(\frac{F(x)}{F(v)}\right)^{\alpha(N-1)}\mathrm{d}x$$

(d) 证明：当 $\alpha \geqslant 1$ 的时候，$\hat{b}_\alpha(v)$ 是严格递增的。这有什么意义呢？论证一下，当竞价者变得更加厌恶风险时，卖者从一价拍卖中获得的收益会增加。

(e) 利用 (d) 的分析，结合风险中性情形下标准拍卖的收益等价性结论证明：当竞价者是风险规避者时，同二价拍卖相比，一价拍卖带给卖者的收益更多。因此，当竞价者是风险规避者时，这两种标准拍卖不再有相同的收益。

(f) 当竞价者的风险规避程度无穷大时（即随着 $\alpha \to \infty$），对卖者的收益会产生什么影响？

9.5 在私人价值模型框架下讨论：对于竞价者来说，即使其估价的联合分布相关，在二价拍卖中以估价进行竞价仍是一个弱占优策略。

9.6 利用二价拍卖、荷式拍卖与英式拍卖的均衡来为它们构建激励相容的直销机制，要求在这些机制中，标的物的事后分配和卖者的事后支付都不变。

9.7 假设 $\bar{p}_i(v_i)$ 和 $\bar{c}_i(v_i)$ 在每个 $v_i \in [0, 1]$ 上都是可微的，在此条件下证明定理 9.5 的第 (i) 部分。

9.8 在一价全支付拍卖中，竞价者同时提交他们的密封竞价。最高竞价者获得拍卖标的，但每位竞价者都要向卖者支付与其竞价等量的货币。考虑拥有对称竞价者的独立私人价值模型，这些竞价者的估价遵从分布函数 F 并有密度函数 f。

(a) 求出唯一的对称均衡竞价函数，并解释。

(b) 竞价者的竞价是高于还是低于一价拍卖下的竞价？

(c) 求出卖者期望收益的表达式。

(d) 证明：无论是否应用收益等价性定理，卖者的期望收益都与一价拍卖中的相同。

9.9 假设只有两位竞价者。在二价全支付拍卖中，两位竞价者同时提交密封竞价。最高竞价者赢得拍卖，两位竞价者都要支付第二高的竞价。

(a) 求出唯一的对称均衡竞价函数，并解释。

(b) 竞价者的竞价是高于还是低于第一价格全支付拍卖下的竞价？

(c) 求出卖者期望收益的表达式。

(d) 证明：无论是否应用收益等价性定理，卖者的期望收益都恰好与一价拍卖中的相同。

9.10 对一价拍卖做以下改动。收集了密封的竞价之后，最高竞价者支付其竞价，但只有当掷硬币的结果是正面朝上时才获得拍卖标的。如果结果是背面朝上，卖者保留拍卖标的并赢得较高竞价者的竞价。假设竞价者是对称的。

(a) 求出唯一的对称均衡竞价函数，并解释。

（b）竞价者的竞价是高于还是低于一价拍卖下的竞价？

（c）求出卖者期望收益的表达式。

（d）证明：无论是否应用收益等价性定理，卖者的期望收益都恰好是标准一价拍卖中期望收益的一半。

9.11　假设所有竞价者的估价在［0，1］上均匀分布，构建一个收益最大化的拍卖，其保留价格是多少？

9.12　再次考虑估价都在［0，1］上均匀分布的情形。一个与前一问题有相同保留价格的一价拍卖对卖者来说是最优的吗？利用收益等价性定理证明你的论断。

9.13　假设竞价者的估价为独立同分布的，每个估价都在［1，2］上均匀分布。构建一个卖者收益最大化的拍卖。

9.14　存在 N 个具有独立私人价值的竞价者，其中竞价者 i 的估价在 $[a_i，b_i]$ 上均匀分布。证明下述机制是一个收益最大化、激励相容的直销机制：每位竞价者报告其估价。在给定估价为 v_1，…，v_N 的情况下，如果 v_i 严格大于以下形式的 $N-1$ 个数值：对 $j\neq i$，$\max[a_i，b_i/2+\max(0，v_j-b_j/2)]$，那么竞价者 i 赢得拍卖并支付 $N-1$ 个数值中与最大值等量的金额给卖者，其他竞价者不支付任何金额。

9.15　直销机制方提供了一个自由分布的最优拍卖，它涉及拥有独立私人价值的两个非对称竞价者 1 和 2。竞价者 i 在［0，1］上严格为正且连续的估价密度函数为 f_i，其分布函数为 F_i。假设对于 $i=1，2$，$v_i-(1-F_i(v_i))/f_i(v_i)$ 是严格递增的。

拍卖如下：在第一阶段，每位竞价者同时提交一个密封的竞价；在第二阶段开始前，竞价被公开披露；在第二阶段，竞价者必须同时宣布他们是否愿意以其他人披露的密封竞价购买标的。如果其中一个人说"愿意"而另一个人说"不愿意"，那么，回答"愿意"的人进行交易；如果他们都愿意或都拒绝，那么卖者保留标的，不进行支付。注意卖者可以在不知道竞价者估价分布的情况下进行这种拍卖。

（a）考虑竞价者的如下策略：在第一阶段，当他的估价为 v_i 时，竞价者 $i\neq j$ 提交其密封竞价 $b_i^*(v_i)=b_i$，这里 b_i 为下式的解：

$$b_i-\frac{1-F_j(b_i)}{f_j(b_i)}=\max\left(0,v_i-\frac{1-F_i(v_i)}{f_i(v_i)}\right)$$

（尽管这样一个 b_i 未必总是存在，但是如果函数 $v_1-(1-F_1(v_1))/f_1(v_1)$ 与 $v_2-(1-F_2(v_2))/f_2(v_2)$ 有相同的值域，那么它总是存在。因此，我们此处假设两个函数值域相同。）

在第二阶段，当且仅当竞价者的估价大于其他竞价者第一阶段的竞价时，他才会说愿意。

证明：这些策略构成了拍卖的一个均衡。（而且注意，尽管卖者未必了解估价的分布，但每位竞价者需要了解其他竞价者的估计分布以实施其策略。因此，这种拍卖形式将信息负担由卖者转给竞价者。）

（b）（ⅰ）证明：在此均衡中，卖者的期望效用实现了最大化。

（ⅱ）结果总是有效率的吗？

（c）（ⅰ）证明：当且仅当竞价者的估价高于其他人的竞价时，对每位竞价者来说，以估价作为竞价并说"愿意"也是一个均衡。

（ⅱ）在这种均衡中，结果总是有效率的吗？

（d）试证明在第二种均衡情形下，卖者的收益没有实现最大化。

（e）遗憾的是，这种拍卖有多个均衡解。选择任意两个严格递增的函数 g_i：$[0，1]\to\mathbb{R}_2$，$i=1，2$，具有相同的值域。假设在第一阶段中，估价为 v_i 的竞价者 $i\neq j$ 提出竞价 $\bar{b}_i(v_i)=b_i$，这里的 b_i 是 $g_i(b_i)=g_i(v_i)$ 的解，当且仅当其估价严格大于其他竞价者的竞价时，他才会在第二阶段回答"愿意"。证明这是拍卖的一种均衡，同时证明当且仅当 $g_i=g_j$ 时，结果总是有效率的。

9.16　证明：当每个 F_i 都是凸函数时，条件

9

(9.18) 得到满足。F_i 的凸性是必要条件吗？

9.17 考虑有 N 个可能的非对称竞价者的独立私人价值模型。假设我们的注意力始终集中在有效的、个体理性的、激励相容的直销机制上，即那些总将标的分配给估价最高的竞价者的机制。

(a) 概率指派函数是什么？

(b) 成本函数是什么？

(c) 在这些成本函数中，哪些能使销售者的收益最大化？

(d) 分析并得出以下结论：在有效的、个体理性的、激励相容的直销机制中，二价拍卖最大化了卖者的期望收益。(其他三种标准拍卖会产生什么结果？)

9.18 如果 p_i 只取 0 或 1，则称一个直销机制 $p_i(\cdot)$ 与 $c_i(\cdot)$（其中 $i=1, \cdots, N$）是确定的。

(a) 假设存在一个独立的私人价值模型。直销机制的概率分布函数为 $p_i(v_i, v_{-i})$，对于每个 v_{-i} 而言，该函数关于 v_i 都是非递减的。证明：对每个激励相容的确定的直销机制来说，总存在另一个有相同概率指派函数的激励相容的直销机制（并且因此也是确定的），其成本函数具有如下性质：只有竞价者接受标的并确定获胜时，他才进行支付，且支付的货币数量独立于他的报价。此外，证明：可以选择这个新机制，使得卖者的期望收益与原有拍卖中的相等。

(b) 如何才能把这个结论用到具有对称竞价者的一价拍卖中，其中，竞价者的支付和他的竞价有关吗？

(c) 如何才能把这个结论用于具有对称竞价者的完全支付的一价拍卖中，其中，竞价者无论是否赢得拍卖都将进行支付？

9.19 证明：在我们本章中推导的最优直销机制中，对每位竞价者来说，如实报告其估价是一个弱占优策略。

9.20 在每位竞价者的密度函数 f_i 连续、严格为正且 $v_i-(1-F_i(v_i))/f_i(v_i)$ 严格递增的条件下，

(a) 证明：最优销售机制意味着卖者以严格为正的概率保留拍卖标的。

(b) 证明：存在一个 $\rho^* \in [0, 1]$，满足 $\rho^*-(1-F(\rho^*))/f(\rho^*)=0$。

9.21 证明：当竞价者对称的时候，一旦选择了一个合适的保留价格，一价拍卖、荷式拍卖或英式拍卖对卖者来说都是最优的。接着证明：对于四种标准拍卖来说，最优保留价格实际上是相同的。

9.22 有人雇你来研究一种特定的拍卖，拍卖标的是一件单一且不可分的物品。你发现有 N 位竞价者参与此次拍卖，每位竞价者都有私人价值 $v\in[0, 1]$，估价独立且取自共同的密度函数 $f(v)=2v$，它的累积分布函数为 $F(v)=v^2$。一方面，你所知的所有拍卖规则是“价高者得”。但你不知道，他必须支付多少，或者没有赢得拍卖的竞价者是否也必须要付费。另一方面，你还知道拍卖存在一个均衡，每位竞价在均衡时会采用相同的严格递增的竞价函数（函数的具体形式不详），并且没有竞价者的支付会高于其竞价。

(a) 哪位竞价者会在拍卖中获胜？

(b) 证明：当一位竞价者的估价为零时，他的支付为零，且他赢得该物品的概率也为零。

(c) 利用 (a) 和 (b)，证明卖者的期望收益一定是 $1-\dfrac{4N-1}{4N^2-1}$。

9.23 到目前为止，我们一直假定卖者只有一件物品出售。但是接下来，我们会假设卖者出售两件相同的物品。进一步讲，尽管有两件相同的物品出售，但我们假设每位竞价者都只想拥有它们中的一件（他并不关心是哪一件，因为它们是同质的）。假设有 N 位竞价者，竞价者对单件物品的估价 v 按照共同密度函数 $f(\cdot)$ 独立分布于区间 [0, 1] 上。所以，如果一位竞价者的估价恰为 $\dfrac{1}{3}$，那么他最多愿意付出 $\dfrac{1}{3}$ 去获取两件物品中的一件。

假设卖者采用了下述形式的拍卖来出售这两件物品：每位竞价者首先要提交一个密封投标竞价，竞价最高的两个人获胜并且支付第三高的竞

价，输家不必付款。

(a) 试论证，在这种拍卖中，竞价者的最优竞价策略就是按估价来出价。

(b) 给出卖者预期收益的表达式。你可能需要用到如下事实，即第三高竞价 v 的密度函数 $g(v)$ 的表达式如下：$g(v)=\frac{1}{6}N(N-1)(N-2)f(v)(1-F(v))^2F^{N-3}(v)$。

9.24　再次考虑练习题 9.23 中描述的情形，但现在假设卖者使用一个不同的拍卖机制出售这两件物品，机制如下：卖者随机地把 N 位竞价者平均分到两个独立的房间（假设 N 是偶数），并且每个房间采用标准的一价拍卖。

(a) 两个房间里的每位竞价者会采用什么样的竞价函数（注意竞价者的个数）?

(b) 假设每位竞价者的竞价均在 [0，1] 上均匀分布，从而对于所有 $v\in[0,1]$，$f(v)=1$，且有 $F(v)=v$。

(ⅰ) 试给出作为竞价者总数（N）的函数的卖者期望收益；

(ⅱ) 通过将 (ⅰ) 中的结果与练习题 9.23 (b) 部分的答案进行比较，证明当卖者同时拍卖两件物品时，他的期望收益高于他将竞价者分开并分别拍卖两件物品情形下的期望收益。

(ⅲ) 如果卖者在每个房间里采用二价拍卖的形式，预期收益会有什么不同吗?

(ⅳ) 利用 (ⅲ) 的答案，为 (ⅱ) 的结论提供一个直观的（尽管可能不完整）解释。

9.25　假设有 N 位竞价者，竞价者 i 的估价都独立地在 $[a_i, b_i]$ 上均匀分布。

(a) 证明：卖者可以通过采用以下形式的拍卖机制实现期望收益的最大化：首先，卖者为每位竞价者 i 选择一个有可能不同的保留价格 ρ_i（你必须为每位竞价者 i 指定一个最优估价 ρ_i）。每位竞价者的保留价格是公共信息。竞价者被要求提交密封竞价，有最高正竞价的竞价者赢得拍卖。只有获胜者需要进行支付，支付的数量是自身的保留价格加上第二高的竞价（除非第二高的竞价为负）。若第二高的竞价为负，他只需支付保留价格。

(b) 证明：在 (a) 所描述的拍卖形式下，每位竞价者都有一个弱占优竞价策略。

9.26　为 (9.20) 的结论提供一个前提条件。特别是，证明如果 $\hat{x}\in X$ 是

$$\max_{x\in X}\sum_{i=1}^{N}v_i(x)$$

的解，那么在 N 个个体中不存在 $y\in X$ 和转移支付 τ_i，使得至少有一个不等式 $v_i(y)+\tau_i\geqslant v_i(x)$ 对个体 i 是严格成立的。

9.27　利用与 (9.20) 中类似的论证，证明定义 9.3 中事后帕累托有效的定义的合理性。转移支付可能同整个类型向量有关。

9.28　证明：在下述条件下，定义 9.4 等价于定义 9.1：

(ⅰ) 只有一件标的供拍卖；

(ⅱ) 参与者有 $N+1$ 个个体，包含 N 位竞价者和 1 位卖者；

(ⅲ) 拍卖结果有 $N+1$ 种配置方式，最终要么 N 位竞价者中的一位获得拍卖标的，要么卖者保留拍卖品。

9.29　考虑定理 9.11 描述的“圆圈”机制。与之前的给定个人类型，通过支付自己的期望外部性给右侧的人来定义新的成本函数的方式不同，这里我们假定，个人按相同的份额将自己的期望外部支付给其他每个个体，证明定理 9.11 中的结论仍然成立。

9.30　考虑例题 9.3 至例题 9.5。

(a) 证明：针对预算平衡的期望外部机制，定理 9.11 给出的成本公式所推导的成本函数可以等价地由下表来描述。

如果你的报告类型是	1	2	3	4	5	6	7	8	9
你向另一个个体支付	$\frac{10}{9}$	$\frac{2}{3}$	$\frac{1}{3}$	$\frac{1}{9}$	0	0	$\frac{1}{9}$	$\frac{1}{3}$	$\frac{2}{3}$

(b) 我们知道，例题 9.5 所描述的机制是激励相容的。但是，通过直接计算，试证明：当个

体 1 的类型是 $t_1=3$，并且个体 2 总是如实报告其类型时，则个体 1 的最优策略就是如实报告自己的类型。

(c) 当小镇包含 $N=3$ 位个体时，试构建一个类似于 (a) 中的表格。

9.31 考虑例题 9.3。把社会状态“什么也不修建”(D) 添加到社会状态集中，所以 $X=\{D, S, B\}$。假设对每个个体 i，$v_i(D, t_i)=k_i$ 独立于 t_i。

(a) 试论证：关于 k_i 的一个解释是，它代表了 i 为修建游泳池或桥梁而必须放弃的闲暇时间的价值。（比如，除了 $k_1>0$，k_i 值可能全为零，这里个体 1 是小镇上唯一的工程师）。

(b) 假如个体对其闲暇时间拥有产权，那么中期的个体理性约束条件是什么？

(c) 什么时候修建游泳池是有效率的？什么时候修建桥梁是有效率的？

(d) 在个体对闲暇时间拥有产权和不拥有产权的情况下，分别给出事后有效机制存在的充分条件。对两种情况下的机制进行描述，并说明产权的存在使事后有效的实现变得更加困难。

9.32 考虑例题 9.3 至例题 9.7，并假设 VCG 机制适用于这些情况。在不作任何明确计算的情况下，证明每个个体 i 在讲真话均衡中的期望效用是其类型的非递减函数。

9.33 考虑例题 9.7。

(a) 分别计算工程师 $i=1$ 及另一个体 $i=2$ 的期望 VCG 成本（它们是各自类型的函数）。论证例题 9.5 表格第二行中的估价对工程师来说是有效的。为什么它们对于另一个个体 $i=2$ 是无效的？证明 $i=2$ 的期望 VCG 成本可以由下面的表格给出。

t_2	1	2	3	4	5	6	7	8	9
$\bar{c}_2^{VCG}(t_2)$	$\frac{20}{9}$	$\frac{16}{9}$	$\frac{13}{9}$	$\frac{11}{9}$	$\frac{10}{9}$	$\frac{10}{9}$	$\frac{11}{9}$	$\frac{13}{9}$	$\frac{16}{9}$

(b) 计算 VCG 机制的事前期望收益。

(c) 利用定理 9.13 明确地给出一个激励相容、事后有效、预算平衡且个体理性的机制。

(d) 因为工程师修建的机会成本是 10，所以修建些东西总是有效率的。因此，存在一种类似于 (c) 部分中的机制并不会让人感到意外。只不过我们在这里假设 $k=13$，如果 $t_1=t_2=1$，那么既不修建桥梁也不修建游泳池就是有效率的。通过重新计算对参与补贴和个体的期望 VCG 成本，判断 IR-VCG 机制的运行是否会产生盈余。

9.34 直接证明：在 VCG 机制、预算平衡的期望外部机制、IR-VCG 机制以及定理 9.13 定义的机制中，任何两个机制的期望成本函数都只相差一个常数。

9.35 试证明定理 9.15。提示：先证明当个体类型为零时，如果两种机制对他是无差异的，那么当类型为零时，他在两种机制中的期望成本一定相同。

9.36 再次考虑例题 9.8。假设不可分割的拍卖标的是一家由两个合伙人共同拥有的企业，这两个合伙人的偏好和私人信息与例题 9.8 中的完全相同。在这里，我们把两个合伙人称为个体 1 和个体 2。假设个体 i 拥有的企业份额为 $\alpha_i\in[0, 1]$，并且 $\alpha_1+\alpha_2=1$。所有权份额的重要性在于，它们会以下述形式转化为个体理性效用：对于 $i=1, 2$，对于所有的 $t_i\in[0, 1]$，

$$IR_i(t_i)=\alpha_i t_i$$

因此，每个个体 i 都对这家企业拥有 α_i 比例的所有权。现在假设合伙关系将解除。

(a) 在所有权份额 α_i 满足什么条件的时候，合伙关系才可以用一种激励相容、事后有效、预算平衡且个体理性的机制来解除？分别对对称和非对称的所有权份额产生的影响加以评述。

(b) 你能将 (a) 中的结论推广到有 N 个合伙人的情形吗？

数学附录

A1 集合与映射

A1.1 逻辑学基础

经济学文献中的重要思想常被表述为**定理**（theorems）。定理只不过是由其他命题演绎出的一个命题，对于这些，你在数学课上应该已经耳熟能详了。定理为长篇大论的假设和重要结论提供了一种简洁而又严谨的表达式，也有助于立刻给出所提出结论的范围和局限。然而定理必须被证明，而证明过程包含了定理中的命题按符合逻辑规则的方式建立合法性的内容。下面我们将介绍一些逻辑语言和简单的逻辑规则。

A1.1.1 必要性与充分性

必要性（necessity）与**充分性**（sufficiency）是基本的逻辑概念。用日常语言来讲，当你陈述"A 对 B 是必要的（或 A 是 B 的必要条件）"，这是什么意思？当你说"A 对 B 是充分的（或 A 是 B 的充分条件）"，又是什么意思？花点儿时间思考这两个命题的不同含义是值得的。

考虑任意两个命题 A 和 B。当我们说"A 对 B 是必要的"，这意味着，由于 B 成立或为真，则 A 也必定成立或为真，因为 B 为真要求 A 为真。所以，只要 B 为真，我们可知 A 也必定为真。换句话说，我们可以说"如果 B 为真，则 A 为真"，或者简单地说"B 蕴涵着 A"（$A \Leftarrow B$）。因此，在"A 对 B 是必要的""如果 B 则 A""B 蕴涵着 A"这些短语中，日常语言和逻辑语言是等价的。

已知"$A \Leftarrow B$"是一个真命题。如果 A 不为真会怎么样呢？因为 A 对 B 是必要的，当 A 不为真时，则 B 也不会为真。但这是否意味着"B 不为真"对"A 不为真"是必要的呢？或者说，"非 A 蕴涵着非 B"（$\sim B \Leftarrow \sim A$）呢？原命题的后一种表达式被称为**对置**（contrapositive）形式。命题中观点的对置逆转了真命题的寓意方向。

我们来看一个简单的例证。令 A 代表"x 是一个小于 10 的整数"；B 代表"x 是一个小于 8 的整数”。显然，A 对 B 是必要的，因为“x 是一个小于 8 的整数”蕴涵着“x 是一个小于 10 的整数”。如果我们给出这两个命题的对置形式，命题$\sim A$ 变为“x 不是一个小于 10 的整数”，命题$\sim B$ 变为“x 不是一个小于 8 的整数”。请注意：“$\sim A \Leftarrow \sim B$”是错的。x 的值可能恰好是 9。我们必须逆转寓意方向以得到一个为真的对置命题。因此，恰当的对置命题应为“x 不是一个小于 10 的整数”蕴涵着“x 不是一个小于 8 的整数”，或$\sim B \Leftarrow \sim A$。

必要性的概念与充分性的概念截然不同。当我们说，“A 对 B 是充分的”，意思是，只要 A 成立，B 必成立。可以表述为，“当且仅当 B 为真，则 A 才为真”，或者说“A 蕴涵着 B”（$A \Rightarrow B$）。也就是说，只要命题 $A \Rightarrow B$ 为真，则其对置命题$\sim B \Leftarrow \sim A$ 也为真。

“$A \Rightarrow B$”与“$A \Leftarrow B$”两种寓意可能都为真。当这种情况成立时，我们说“A 对 B 是必要且充分的”，或者说“当且仅当 B 为真，则 A 为真”，或者表示为“A iff B”。如果 A 对 B 是必要且充分的，我们则说命题 A 与 B 是等价的，写成“$A \Leftrightarrow B$”。

为简要地证明这一点，假设 A 和 B 为如下命题：$A \equiv$“X 是黄色的”，$B \equiv$“X 是一个柠檬”。显然，如果 X 是一个柠檬，则 X 是黄色的。这里，A 对 B 是必要的。同时，正因为 X 是黄色的并不意味着它一定是柠檬，它也可能是一个香蕉，所以 A 对 B 并不是充分的。重新假设命题如下：$A \equiv$“X 是一种酸味的黄皮水果”，$B \equiv$“X 是一个柠檬”。这时，B 蕴涵着 A，或者说 A 对 B 是必要的。如果 X 是柠檬，则它必然是黄色的、酸味的水果。与此同时，A 蕴涵着 B，或者说 A 对 B 是充分的。因为如果 X 是黄色的、酸味的水果，则它一定是柠檬。因为 A 对 B 是必要且充分的，则柠檬与酸味的黄皮水果之间必然是等价的。

A1.1.2　定理与证明

数学定理通常具有一种隐含或等价的形式，即一个或多个命题以特殊方式联系在一起。假设定理“$A \Rightarrow B$”。A 被称为**前提**（premise），B 被称为**结论**（conclusion）。证明一个定理，就是要在给定前提为真的情况下，证实其结论的有效性。这里有几种方法可用。

在**构造性证明**（constructive proof）中，我们先假设 A 为真，然后演绎出它的各种后果，利用它们来证明 B 也必然成立。这种方法简单直接，有时也被称为**直接证明**（direct proof）。还有一种方法是**对置式证明**（contrapositive proof）。在对置式证明中，我们假设 B 不成立，然后再证明 A 不成立。这种方法利用了前面提到的“$A \Rightarrow B$”与“$\sim B \Leftarrow \sim A$”之间逻辑等价性的关系，其本质是对原命题的对置命题的构造式证明。最后，还有一种是**反证法**（proof by contradiction）或**归谬法**（reductio ad absurdum）。其策略是，假设 A 为真，且 B 不为真，然后试图从中推导出逻辑矛盾。这种方法依赖于以下事实，即如果 $A \Rightarrow \sim B$ 是错的，则 $A \Rightarrow B$ 必是对的。有时候，反证法可能非常有效，但与其他两种方法不同的是，反证法不涉及 A 与 B 之间的构造性推理链，因此很少被用于证明前提与结论之间的关系。

如果我们断言 A 对 B 是必要且充分的，或者说 $A\Leftrightarrow B$，我们必须给出“两个方向”的证明。也就是说，在得到对论断的完整证明之前，$A\Rightarrow B$ 与 $B\Rightarrow A$ 都必须被证实。

西方有种说法“用例子证明相当于没有证明”。假设命题 $A\equiv$ “x 是个学生”，$B\equiv$ “x 是红头发”，我们断言 $A\Rightarrow B$。显然，找到一个红头发的学生并把他指给你看，这并不能让你信服。例子对于解说有益，但对证明无用。在本书中，我们从不会通过提供一个例子来试图证明什么，例子只是用来解释观点的。我们偶尔也会给出一些定理而不加以证明。要求读者不加怀疑地相信一些东西只是为了鼓励大家去探索超出本书范围之外的知识，这才是我们的本意。

最后，有一种与上述例子和证明的传统说法相反的观点也值得注意。引用 100 个例子也无法证明某种性质总是成立，但引用一个反例就能驳倒该性质总是成立的说法。例如，为了驳倒有关学生头发颜色的断论，你只需要指出一个棕色头发的学生便可做到。反例证明，论断不可能总为真，因为你至少能找到一种论断不成立的情况。

A1.2 集合论基础

A1.2.1 符号与基本概念

集合论的语言和方法已经堂而皇之地出现在微观经济学理论中。毫无疑问，集合的概念以及许多集合运算的基本规则都已为人所熟知。不过，由于我们将反复遇到这些问题，最好的办法就是对一些基础知识简单地进行回顾。

集合（set）是任意元素的合集（collection）。集合可通过列举其元素来定义，如 $S=\{2,4,6,8\}$；或通过描述其中的元素来定义，如 $S=\{x \mid x$ 是大于 0 小于 10 的正偶数$\}$。当我们希望表示出集合的成员或包含在集合内这样的关系的时候，常用符号 $\in$。例如，如果 $S=\{2,5,7\}$，则称 $5\in S$。

如果集合 S 的每个元素也是另一个集合 T 的元素，则称 S 是 T 的**子集**（subset）。记做 $S\subset T$（S 被包含在 T 内）或者 $T\supset S$（T 包含 S）。如果 $S\subset T$，则 $x\in S\Rightarrow x\in T$。

如果两个集合恰好包含同样的元素，则称两个集合为**相等集**（equal sets）。只要 $x\in S\Rightarrow x\in T$ 且 $x\in T\Rightarrow x\in S$，则可写成 $S=T$。于是，当且仅当 $S\subset T$ 且 $T\subset S$ 时，S 与 T 是相等集。例如，如果 $S=\{$整数，$x \mid x^2=1\}$ 且 $T=\{-1,1\}$，则 $S=T$。

如果集合 S 不包含任何元素，则 S 是**空的**或说它是一个**空集**（empty set）。例如，如果 $A=\{x \mid x^2=0$ 且 $x>1\}$，则 A 是空的。我们用符号 $\varnothing$ 来表示空集，写成 $A=\varnothing$。

在一个全集（universal set）U 中，一个集合 S 的**补集**（complement）是 U 中

所有不在 S 中的元素，记作 S^C。如果 $U=\{2, 4, 6, 8\}$，且 $S=\{4, 6\}$，则 $S^C=\{2, 8\}$。更一般地讲，对于一个全集 U 中的两个集合 S 与 T，我们将**集合差**（set difference）$S \setminus T$ 或 $S-T$ 定义为包含在集合 S 中但不在 T 中的所有元素。于是，我们可以将 U 中集合 S 的补集视作集合差 $S^C=U \setminus S$。

对集合的基本运算是**并**（union）与**交**（intersection）。它们分别相当于“或”与“和”的逻辑概念。[①] 对于两个集合 S 与 T，我们把 S 与 T 的并集定义为 $S \cup T \equiv \{x \mid x \in S \text{ 或 } x \in T\}$；$S$ 与 T 的交集定义为 $S \cap T \equiv \{x \mid x \in S \text{ 且 } x \in T\}$，如图 A1-1 所示。

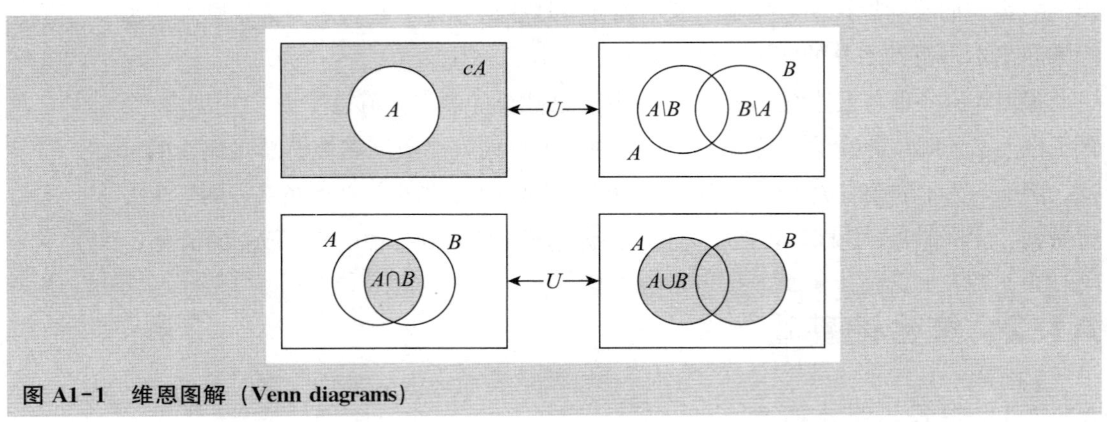

图 A1-1　维恩图解（Venn diagrams）

有时我们想检验由任意数量的其他集合所构造的集合。我们可以用一些记号诸如 $\{S_1, S_2, S_3, \cdots\}$ 来表示我们所关注的所有集合的集合，但更一般的方法是把从 1 开始的必要数量的（可能是无限的）整数汇集到一个集合 $I \equiv \{1, 2, 3, \cdots\}$ 中，称之为**指数集**（index set）。这些集合的汇总更简单地表示为 $\{S_i\}_{i \in I}$，我们把其中所有集合的并集记作 $U_{i \in I} S_i$，其中所有集合的交集记作 $\bigcap_{i \in I} S_i$。

两个集合 S 与 T 的乘积是以 (s, t) 形式表示的“有序对”的集合，其中第一个元素是 S 中的一个成员，第二个元素是 T 中的一个成员。S 与 T 的乘积被表示为：

$$S \times T \equiv \{(s, t) \mid s \in S, t \in T\}$$

一个为人所熟知的集合乘积是“笛卡儿平面”（Cartesian plane），就是你日常作图的平面。它是由实数集合所构建的乘积集合的直观表现形式。实数集合用特殊符号 $\mathbb{R}$ 来表示，且可被定义为

$$\mathbb{R} \equiv \{x \mid -\infty < x < \infty\}$$

如果我们形成集合的乘积：

$$\mathbb{R} \times \mathbb{R} \equiv \{(x_1, x_2) \mid x_1 \in \mathbb{R}, x_2 \in \mathbb{R}\}$$

① 在日常语言中，词汇“或”可能有两种意思。一种是排他的（exclusive）“或”，意为“二者任选其一，而不是都选”。在数学中，“或”被用作包含性（inclusive）意思，意为“二者任选其一，或者都选”。

则集合内的任意点（任何数字对）都能用笛卡儿平面上的一点来识别，如图 A1-2 所示。集合有时被称为“二维欧几里得空间”（two-dimensional Euclidean space），通常表示为$\mathbb{R}^2$。

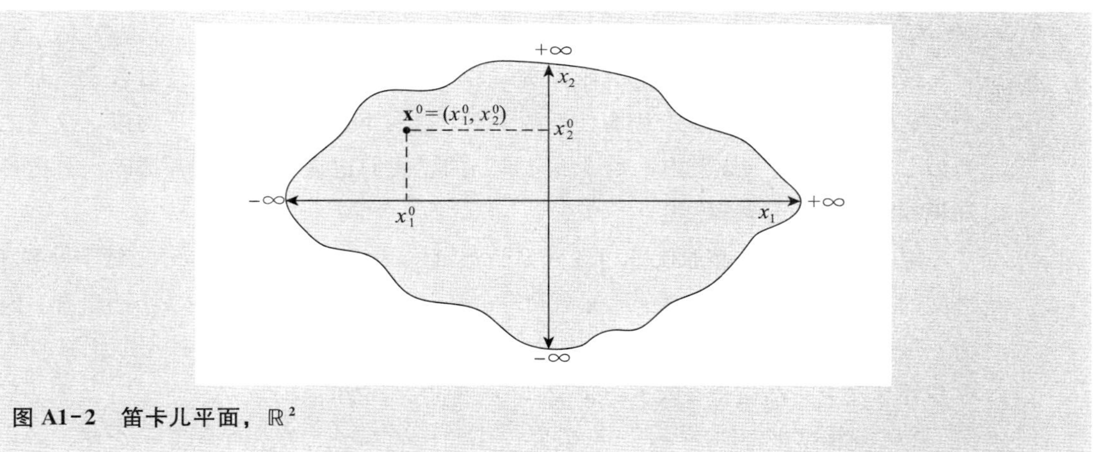

图 A1-2 笛卡儿平面，$\mathbb{R}^2$

更一般地，任何 n 元组（n-tuple）或**向量**（vector）正好是一个 n 维有序元组（x_1，…，x_n），并且能被看做是 n 维欧几里德空间或“n 维空间”中的一个“点”。如前，n 维空间被定义为集合的乘积

$$\mathbb{R}^n \equiv \underbrace{\mathbb{R}\times\mathbb{R}\times\cdots\times\mathbb{R}}_{n\text{ 倍}} \equiv \{(x_1,\cdots,x_n)\mid x_i\in\mathbb{R},i=1,\cdots,n\}$$

我们通常用**粗体**来表示向量或$\mathbb{R}^n$上的点，如 $\mathbf{x}\equiv(x_1,\ \cdots,\ x_n)$。

通常，我们想把精力集中在$\mathbb{R}^n$的一个子集中，称之为“非负象限”（non-negative orthant），记作$\mathbb{R}^n_+$，这里

$$\mathbb{R}^n_+ \equiv \{(x_1,\cdots,x_n)\mid x_i\geqslant 0,i=1,\cdots,n\}\subset\mathbb{R}^n$$

我们用表达式 $\mathbf{x}\geqslant\mathbf{0}$ 来表示$\mathbb{R}^n_+$中的向量，其中每个分量 x_i 都大于或等于零。我们用表达式 $\mathbf{x}\gg\mathbf{0}$ 来表示其中每个分量都严格为正的向量。更一般地，对于$\mathbb{R}^n$中任意两个向量 $\mathbf{x}$ 和 $\mathbf{y}$，当且仅当 $x_i\geqslant y_i$（$i=1$，$\cdots n$）时，我们称 $\mathbf{x}\gg\mathbf{y}$。如果 $x_i>y_i$（$i=1$，…，n），则称 $\mathbf{x}\gg\mathbf{y}$。

A1.2.2 凸集

凸集差不多是微观经济理论中每个领域的基本组成部分。在理论工作中，凸性是最常见的假设，以保证分析是数学上可处理的，而且结论是明确且“性状良好的”。你将看到一种非常简单且直观的考虑凸集的方式。一旦掌握了这种思想，你就会理解凸集在理论中是何等的普遍。随后，你将开始领会凸集的重要性以及它在微观经济学某些基本的最优化问题中的作用。此刻，我们从凸集的正式定义开始，随后试图更深刻地领会该定义。

定义 A1.1　$\mathbb{R}^n$ 中的凸集

如果对所有的 $\mathbf{x}^1 \in S$，$\mathbf{x}^2 \in S$ 而言，下式对区间 $0 \leqslant t \leqslant 1$ 内所有的 t 都成立：

$$t\mathbf{x}^1 + (1-t)\mathbf{x}^2 \in S$$

则 $S \subset \mathbb{R}^n$ 是一个凸集。

这个定义并非乍看上去那么令人费解，你很快就会了解它所表达的含义。基本上，它所说的是，如果集合中有任意两个点，这两个点所有的加权平均值（权重之和为 1）也位于同一集合内，则该集合是凸的。我们把这个定义掰开揉碎，再把各知识点汇总到一起来解读它。

定义中所用的这类加权平均被称为**凸组合**（convex combination）。对于 0 和 1 之间的某个数 t 来说，如果 $\mathbf{z} = t\mathbf{x}^1 + (1-t)\mathbf{x}^2$，则称 $\mathbf{z}$ 是 $\mathbf{x}^1$ 与 $\mathbf{x}^2$ 的一个凸组合。因为 t 介于 0 和 1 之间，所以（$1-t$）也是如此，而且权重之和 $t+(1-t)$ 总等于 1。在某种意义上，凸组合 $\mathbf{z}$ 就是介于 $\mathbf{x}^1$ 与 $\mathbf{x}^2$ 两点之间的一个点。

为了更清楚地理解这一点，我们举一个简单的例子。考虑两个点 $x^1 \in \mathbb{R}$，$x^2 \in \mathbb{R}$，这里 $x^1=8$，$x^2=2$，如图 A1-3 所示。凸组合 $z = tx^1 + (1-t)x^2$ 可以被乘出且重写为

$$z = x^2 + t(x^1 - x^2)$$

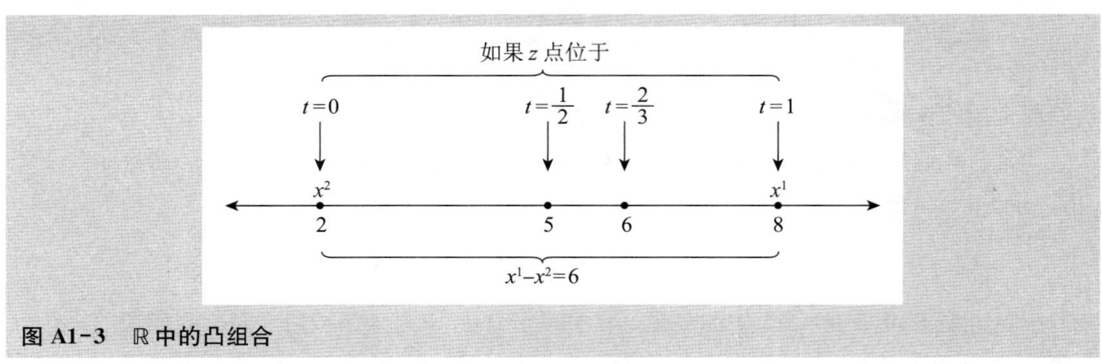

图 A1-3　$\mathbb{R}$ 中的凸组合

如果我们把 x^2 视做“起点”，差值（x^1-x^2）视作从 x^2 到 x^1 的“距离”，则该表达式说明 z 是一个位于点 x^2 加上 x^2 与 x^1 之间距离 t 倍的点（t 小于等于 1）。如果我们假设 t 取值为 0，则在我们的例子中，$z=x^2=2$。如果 t 取值为 1，则 $z=x^1=8$。极端值 0 和 1 使得任意两点的凸组合恰好与其中一个点重合。介于 0 和 1 之间的 t 值将使得凸组合取两点之间的某个值。如果 $t=1/2$，则 $z=x^2+(1/2)(x^1-x^2)=2+3=5$，恰好是 x^1 与 x^2 距离的中点。如果 $t=2/3$，则 $z=x^2+(2/3)(x^1-x^2)=2+4=6$，位于 x^1 与 x^2 距离的三分之二处。你可以看到，只要我们选择 $0 \leqslant t \leqslant 1$ 区间的 t 值，凸组合总是严格介于两点之间，或者与其中一个点重合。

凸集定义中的第二部分指的不仅仅是两个点的某些凸组合，而是那些点的所有凸组合。从例子中的实线来看，需要注意的是：对于某个介于 0 和 1 之间的 t 值来

说，x^1，x^2 以及介于它们之间的每个点都能被表示为 x^1 与 x^2 的凸组合。因此，x^1 与 x^2 的所有凸组合是位于 x^1 与 x^2 之间的整条线段，包括这两个端点。

这些基本的思想对于两维点的集合同样适用。考虑 $\mathbb{R}$ 中的两个向量 $\mathbf{x}^1=(x_1^1$，$x_2^1)$ 和 $\mathbf{x}^2=(x_1^2$，$x_2^2)$。当我们形成向量的凸组合时，我们必须仔细观察标量乘法（scalar multiplication）与向量加法（vector addition）的规则。当一个向量乘上一个标量时，乘积为向量，其中向量的每个分量（component）都乘上这个标量。当两个向量相加时，和为向量，其中每个分量都是两个向量相应分量之和。所以 $\mathbf{x}^1$ 与 $\mathbf{x}^2$ 的凸组合为

$$\begin{aligned}\mathbf{z}&=t\mathbf{x}^1+(1-t)\mathbf{x}^2\\&=(tx_1^1,tx_2^1)+((1-t)x_1^2,(1-t)x_2^2)\\&=(tx_1^1+(1-t)x_1^2,tx_2^1+(1-t)x_2^2)\end{aligned}$$

在图 A1-4 中，$\mathbf{x}^1$ 与 $\mathbf{x}^2$ 的坐标分别为（x_1^1，x_2^1）和（x_1^2，x_2^2）。它们的凸组合 $\mathbf{z}$ 的横坐标是 $tx_1^1+(1-t)x_1^2=x_1^2+t(x_1^1-x_1^2)$，或者说 x_1^2 加上 $\mathbf{x}^1$ 与 $\mathbf{x}^2$ 横坐标距离的 t 倍。同理，$\mathbf{z}$ 的纵坐标是 $tx_2^1+(1-t)x_2^2=x_2^2+t(x_2^1-x_2^2)$，或者说 x_2^2 加上 $\mathbf{x}^2$ 与 $\mathbf{x}^1$ 纵坐标距离的 t 倍。因为每个坐标都是各自横、纵坐标之间距离的 t 倍，所以点 z 必定位于连接 $\mathbf{x}^2$ 与 $\mathbf{x}^1$ 之间的弦的距离的 t 倍。随着 t 的变动，我们将（在横轴上的 x_1^1 与 x_1^2 之间，在纵轴上的 x_2^1 与 x_2^2 之间）来回移动 $\mathbf{z}$ 的坐标，以保持 $\mathbf{z}$ 的横坐标和纵坐标始终处于 $\mathbf{x}^1$ 与 $\mathbf{x}^2$ 各自横纵坐标之间距离的 t 倍。随着 t 的变动，我们将继续描述连接 $\mathbf{x}^1$ 与 $\mathbf{x}^2$ 之间弦上不同位置的向量。如前所述，对于 0 和 1 之间的某个 t 值来说，弦上的任何点都能被描述为 $\mathbf{x}^1$ 与 $\mathbf{x}^2$ 的一个凸组合。因此，$\mathbf{x}^1$ 与 $\mathbf{x}^2$ 的所有凸组合的集合恰好是连接 $\mathbf{x}^1$ 与 $\mathbf{x}^2$ 的弦上所有点的集合（包括端点）。

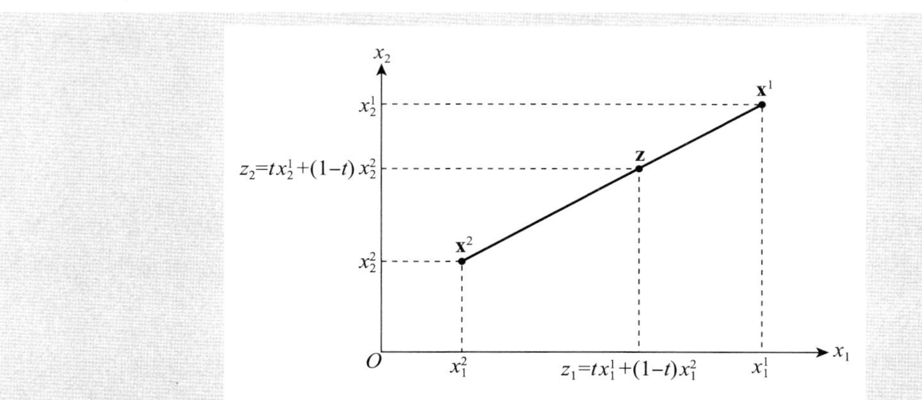

图 A1-4 $\mathbb{R}^2$ 中的一些凸组合

现在再回过头来看一下凸集的定义。仔细研读，你将明白我们所说的，如果一个集合包含集合中每对点的凸组合，则该集合是凸的。因此，我们就得到了一个非常简单、直观的判断凸集的规则：当我们用一条直线连接集合中的任意两点时，当

且仅当该直线完全位于这个集合之内时，该集合是凸的。凸集与非凸集的例子如图A1-5所示。注意：凸集均是“性状良好的”。它们没有孔洞、没有断点、在边界上没有令人不愉快的曲率。它们是完美的集合。

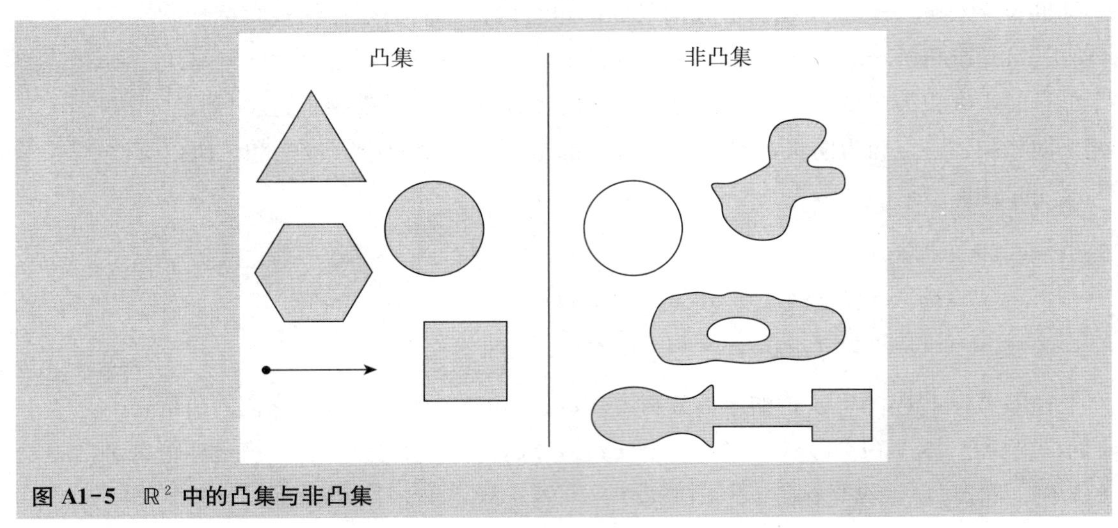

图 A1-5　$\mathbb{R}^2$ 中的凸集与非凸集

在结束对凸集的讨论之前，对那些由凸集所构成的集合来说，有一条简单但重要的性质要提醒大家注意。

定理 A1.1　凸集的交集是凸集

设 S 与 T 是 $\mathbb{R}^n$ 中的凸集，则 $S\cap T$ 也是凸集。

证明：设 S 与 T 是凸集。令 $\mathbf{x}^1$ 与 $\mathbf{x}^2$ 是 $S\cap T$ 中任意两点。因为 $\mathbf{x}^1\in S\cap T$，$\mathbf{x}^1\in S$ 且 $\mathbf{x}^1\in T$。因为 $\mathbf{x}^2\in S\cap T$，$\mathbf{x}^2\in S$ 且 $\mathbf{x}^2\in T$。令 $\mathbf{z}=t\mathbf{x}^1+(1-t)\mathbf{x}^2$，$t\in[0, 1]$，是 $\mathbf{x}^1$ 与 $\mathbf{x}^2$ 的任意凸组合。因为 S 是一个凸集，$\mathbf{z}\in S$；因为 T 是一个凸集，$\mathbf{z}\in T$；同时 $\mathbf{z}\in S$ 且 $\mathbf{z}\in T$，$\mathbf{z}\in S\cap T$。由于在 $S\cap T$ 中任意两点的每个凸组合也在 $S\cap T$ 中，所以 $S\cap T$ 是一个凸集。 ■

A1.2.3　关系与函数

我们已经看到，可以用任意一个有序对 (s, t) 把元素 $s\in S$ 与另一个元素 $t\in T$ 联系起来。集合 S 与 T 不一定包含数字；它们可包含任何事物。有序对的任何合集都构成了集合 S 与 T 之间的一个**二元关系**（binary relation）。

一个二元关系的界定就是指定一对元素之间存在的某种有意义的关系。例如，令 S 表示城市的集合｛华盛顿、伦敦、马赛、巴黎｝，T 表示国家的集合｛美国、英国、法国、德国｝。“谁是谁的首都”的表述定义了两个集合所包含要素的关系｛（华盛顿，美国），（伦敦，英国），（巴黎，法国）｝。如该例子所示，在 $S\times T$ 上的一个二元关系 $\mathcal{R}$ 总是 $S\times T$ 的子集。当 $s\in S$ 承载了与 $t\in T$ 的特定关系时，我们用以下两种方式中的一种来表示 $\mathcal{R}$ 中的关系：或者写成 $(s, t)\in\mathcal{R}$，或者更一

般地简写成 $s\mathcal{R}t$。

许多常见的二元关系都包含在一个集合与其自身的乘积中。例如，令 S 表示封闭的单位区间 $S=[0,1]$，如图 A1-6 所示，则二元关系 $\geq$ 包含 S 中所有满足以下条件的有序数对，即数对中第一个数大于或等于第二个数。当一个二元关系是集合 S 与其自身乘积的子集时，我们称它是在集合 S 上的一个关系。

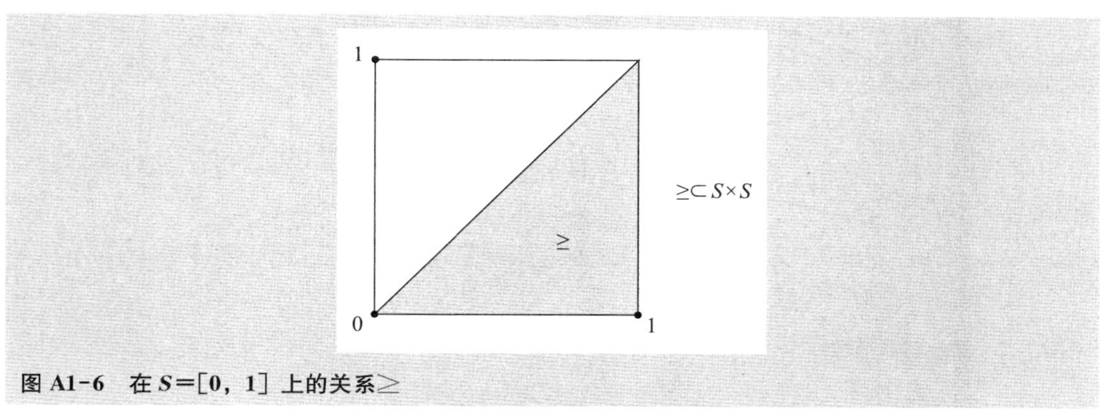

图 A1-6 在 $S=[0,1]$ 上的关系 $\geq$

通过要求二元关系具备一定的性质，我们可以在某个集合上构建更多的二元关系结构。

定义 A1.2 完备性

对于 S 中所有的要素 x 和 y 来说，如果 $x\mathcal{R}y$ 或 $y\mathcal{R}x$，则关系 $\mathcal{R}$ 在 S 上是完备的。

假设 $S=\{1,2,\cdots,10\}$，并考虑“大于”所定义的关系。这种关系是不完备的，因为我们能轻易找到某个 $x\in S$ 和 $y\in S$，使得 $x>y$ 和 $y>x$ 都不成立：例如，我们可以选取 $x=y=1$ 或 $x=y=2$，等等。完备性的定义并不要求元素 x 和 y 有区别，所以不能阻止我们选择相同的 x 和 y。因为没有整数小于或大于其本身，所以关系“大于”是不完备的。然而，由命题“至少一样大”所定义的 S 上的关系是完备的：对于任意两个整数，不管相同与否，其中一个总是至少与另一个一样大——这正好符合完备性的要求。

定义 A1.3 传递性

对于 S 中的任意三个元素 x，y 与 z，如果 $x\mathcal{R}y$ 和 $x\mathcal{R}z$ 意味着 $x\mathcal{R}z$，则关系 $\mathcal{R}$ 是可传递的。

所考虑的两种关系都是可传递的。如果 x 大于 y 且 y 大于 z，则 x 必然大于 z。同理，由命题“至少一样大”所定义的关系也是可传递的。

尽管**函数**（function）是一类十分常见的特殊关系。具体来说，函数是把一个集合中的每个元素与另一个集合中单独且唯一的元素相关联的一种关系。我们称函数 f 是从一个集合 D 到另一个集合 R 的**映射**（mapping），记做 $f: D\to R$。集合 D 被称为**定义域**（domain），R 被称为映射的**值域**（range）。如果 y 是定义域中的 x 点映射到值域中的点，可记做 $y=f(x)$。为了表示定义域中的一组点 B 映射到值域中的点 A

的整个集合，可记做 $A=f(B)$。图 A1-7 为图示说明。图 A1-7（a）不是一个函数，因为值域中不止一个点被指派给定义域中的点，如 x_1。图 A1-7（b）描绘了一个函数，定义域中的每个点都被指派给值域中的某个唯一的点。

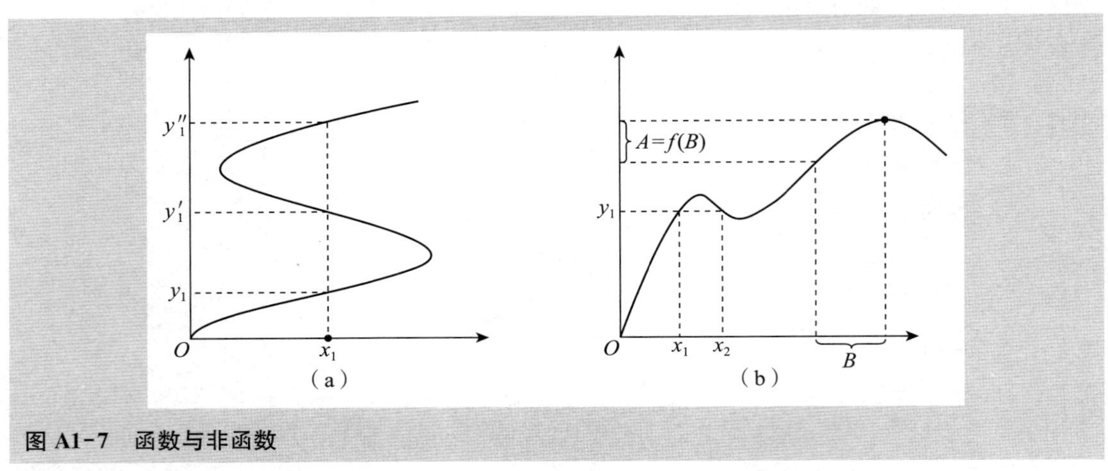

图 A1-7　函数与非函数

f 的**映像**（image）是定义域中的点映射到值域中的点的集合，也就是 $I\equiv\{y \mid y=f(x)$，对于某个 $x\in D\}\subset R$。$S\subset I$ 点的集合的**逆像**（inverse image）被定义为 $f^{-1}(S)\equiv\{x \mid x\in D,\ f(x)\in S\}$。函数 f 的图形很常见，它是有序对 $G\equiv\{(x,y) \mid x\in D,\ y=f(x)\}$的集合。其中的某些观点如图 A1-8 所示。在图 A1-8（a）中，令 $R=\mathbb{R}$，$D=\mathbb{R}$，绘出函数 $y=\sin(x)$ 的曲线图。正弦函数取值既不大于 1 也不小于 -1。因此，它的映像是区间 $I=[-1,\ 1]$ 所构成的值域的子集。在图 A1-8（b）中，考虑由 $y=\frac{1}{2}x$ 所给出的函数 f：$[0,\ 1]\to[0,\ 1]$。这里，我们把定义域与值域都限制在单位区间内。再次表明，映像是值域 $I=\left[0,\ \frac{1}{2}\right]$的一个子集。

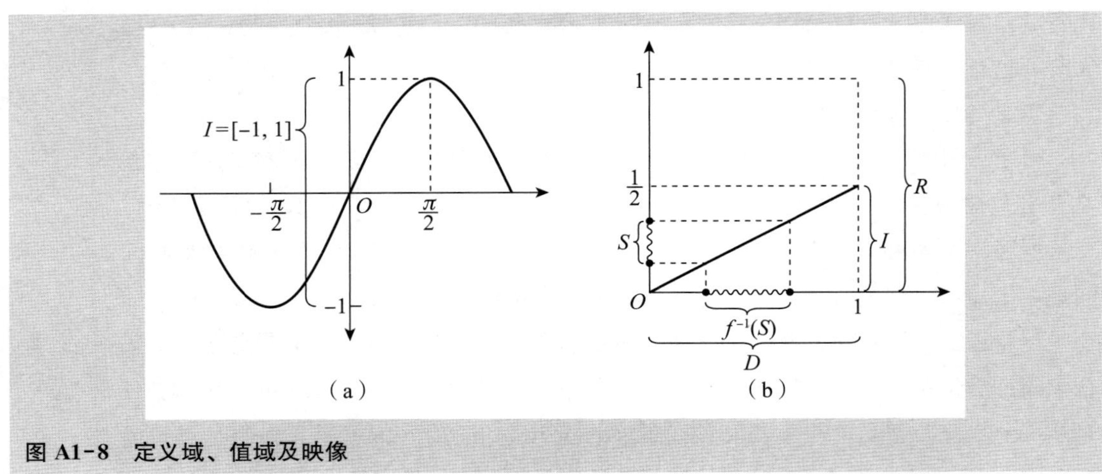

图 A1-8　定义域、值域及映像

函数的定义并没有禁止定义域中的多个元素被映射到值域中的同一个元素上。

例如，在图 A1-7（b）中，x_1 和 x_2 都被映射到 y_1，映射仍满足函数的基本条件。然而，如果值域中的每个点都被指派给定义域中至多一个点，则函数被称为一一对应的或单射的（one-to-one）。如果映像等同于值域——即值域中的每个点都被定义域中某个点所映射——则函数被称为**满射的**（onto）。如果一个函数是单射且满射的，则**逆函数**（inverse function）f^{-1}：$R \to D$ 存在，且它也是单射且满射的。

A1.3　拓扑学初步

拓扑学是对集合与映射的基本性质的研究。在本节中，我们会介绍一些基本的拓扑学思想，并用它们来确定某些关于集合的重要结论以及从一个集合到另一个集合的连续函数。尽管这里所讨论的许多观点大都可以推广到任意类型的集合中，但我们还是把讨论范围限制在集合中（也就是包含实数或实数向量的集合）。

开始时，我们先简单介绍一下度量和度量空间的概念。**度量**（metric）是对距离的一种衡量。**度量空间**（metric space）是所定义的集合内各点之间距离概念的集合。实线$\mathbb{R}$与一个度量距离的适当函数一起，构成了度量空间。一个这样的距离函数，或度量，是绝对值函数。对于$\mathbb{R}$中的两个点 x^1 和 x^2，它们之间的距离，记做 $d(x^1, x^2)$，由下式给出：

$$d(x^1, x^2) = |x^1 - x^2|$$

笛卡儿平面$\mathbb{R}$也是一个度量空间。在平面上定义距离的自然概念源自毕达哥拉斯（Pythagoras）。如图 A1-9 所示，在$\mathbb{R}^2$ 中选择任意两点 $\mathbf{x}^1 = (x_1^1, x_2^1)$ 和 $\mathbf{x}^2 = (x_1^2, x_2^2)$。构建连接两点的直角三角形。如果水平直角边的长度为 a，垂直直角边的长度为 b，毕达哥拉斯告诉我们，直角三角形的斜边——点 $\mathbf{x}^1$ 与 $\mathbf{x}^2$ 之间的距离——等于$\sqrt{a^2+b^2}$。a^2 是两点的 x_1 分量之间差值的平方，b^2 是两点的 x_2 分量之间差值的平方。因此，直角三角形斜边的长度或 $d(\mathbf{x}^1, \mathbf{x}^2)$ 是

$$d(\mathbf{x}^1, \mathbf{x}^2) = \sqrt{a^2+b^2} = \sqrt{(x_1^2 - x_1^1)^2 + (x_2^2 - x_2^1)^2}$$

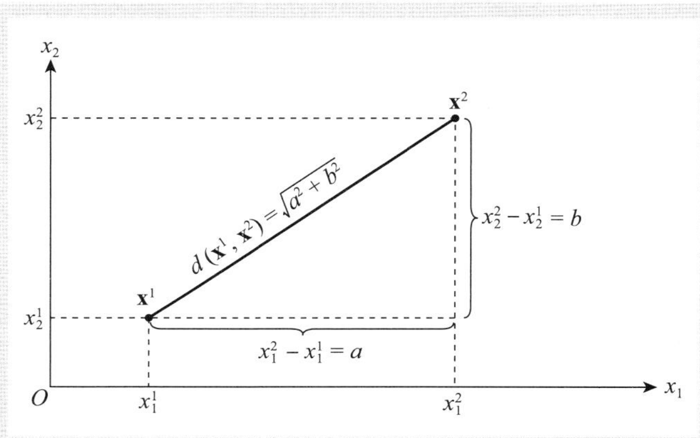

图 A1-9　平面上的距离

乍一看，很难断定这两个距离公式实际上可被视做同一个公式的特例。对于$\mathbb{R}$中的x^1与x^2，绝对值$|x^1-x^2|$可被表达为(x^1-x^2)与其自身乘积的平方根。因此，可以写成$d(x^1, x^2)=|x^1-x^2|=\sqrt{(x^1-x^2)(x^1-x^2)}$。对于$\mathbb{R}^2$中的$\mathbf{x}^1$与$\mathbf{x}^2$，如果我们能先用向量减法法则以得到差值$(x^1-x^2)=(x_1^1-x_1^2, x_2^1-x_2^2)$，随后应用向量乘法法则（·）把这个差值乘以其自身，我们就能得到：

$$
\begin{aligned}
(\mathbf{x}^1-\mathbf{x}^2)(\mathbf{x}^1-\mathbf{x}^2) &= (x_1^1-x_1^2, x_2^1-x_2^2)\cdot(x_1^1-x_1^2, x_2^1-x_2^2) \\
&= (x_1^1-x_1^2)^2+(x_2^1-x_2^2)^2 \\
&= (-1)^2(x_1^2-x_1^1)^2+(-1)^2(x_2^2-x_2^1)^2 \\
&= (x_1^2-x_1^1)^2+(x_2^2-x_2^1)^2
\end{aligned}
$$

请注意：这个向量乘积产生了一个**标量**（scalar），它恰好与我们之前用毕达哥拉斯公式计算出的根值相同。因此，毕达哥拉斯告诉我们，可以用两点间差值的乘积的平方根来衡量两点之间的距离，此刻是在平面上两点向量差值的向量乘积。线上的点的情况也类似，因此$\mathbb{R}^2$中的$\mathbf{x}^1$与$\mathbf{x}^2$可以写成$d(\mathbf{x}^1, \mathbf{x}^2)=\sqrt{(\mathbf{x}^1-\mathbf{x}^2)\cdot(\mathbf{x}^1-\mathbf{x}^2)}$。

$\mathbb{R}^n$上任意两点间的距离只是这些思想的一种简单扩展。一般来说，对于$\mathbb{R}^n$中的$\mathbf{x}^1$与$\mathbf{x}^2$，

$$
\begin{aligned}
d(\mathbf{x}^1, \mathbf{x}^2) &\equiv \sqrt{(\mathbf{x}^1-\mathbf{x}^2)\cdot(\mathbf{x}^1-\mathbf{x}^2)} \\
&\equiv \sqrt{(x_1^1-x_1^2)^2+(x_2^1-x_2^2)+\cdots+(x_n^1-x_n^2)^2}
\end{aligned}
$$

我们可将其概括为表达式$d(\mathbf{x}^1, \mathbf{x}^2)\equiv\|\mathbf{x}^1-\mathbf{x}^2\|$。我们把这个公式称为**欧几里得度量**（Euclidean metric）或**欧几里得范数**（Euclidean norm）。十分自然地，利用这个公式来衡量距离的度量空间被称为**欧几里得空间**（Euclidean spaces）。

一旦我们有了一个度量，就能精准地了解彼此"靠近"点的含义。如果取任意点$\mathbf{x}^0\in\mathbb{R}^n$，我们可把与$\mathbf{x}^0$的距离小于$\varepsilon>0$的点集定义为以$\mathbf{x}^0$为中心、以$\varepsilon$为半径的开球；把与$\mathbf{x}^0$的距离小于等于$\varepsilon$的点集定义为以$\mathbf{x}^0$为中心、以$\varepsilon$为半径的闭球。注意，任何以$\varepsilon$为半径的球都是一个点集，正式定义如下：

定义 A1.4　开球与闭球

1. 以$\mathbf{x}^0$为中心、以$\varepsilon>0$（ε是实数）为半径的ε开球，是$\mathbb{R}^n$中点的子集：

$$B_\varepsilon(\mathbf{x}^0)\equiv\{\mathbf{x}\in\mathbb{R}^n \mid \underbrace{d(\mathbf{x}^0, \mathbf{x})<\varepsilon}_{\text{严格小于}}\}$$

2. 以$\mathbf{x}^0$为中心、以$\varepsilon>0$为半径的ε闭球，是$\mathbb{R}^n$中点的子集：

$$B_\varepsilon^*(\mathbf{x}^0)\equiv\{\mathbf{x}\in\mathbb{R}^n \mid \underbrace{d(\mathbf{x}^0, \mathbf{x})\leqslant\varepsilon}_{\text{小于或等于}}\}$$

图 A1-10 提供了一些开球和闭球的例子。在实线上，以x^0为中心、以ε为半径的开球恰好是开放区间$B_\varepsilon(x^0)=(x^0-\varepsilon, x^0+\varepsilon)$。相应的闭球是封闭区间$B_\varepsilon^*(x^0)=[x^0-\varepsilon, x^0+\varepsilon]$。在$\mathbb{R}^2$上，开球$B_\varepsilon(\mathbf{x}^0)$是一个圆盘——由围绕点$\mathbf{x}^0$且半径为$\varepsilon$的圆的内部的

点集构成。平面上相应的闭球是 $B_\varepsilon^*(\mathbf{x}^0)$ ——由圆内及边缘的点集构成。在三维空间中，开球$B_\varepsilon(\mathbf{x}^0)$是由半径为 ε 的球体内部的点集构成，闭球 $B_\varepsilon^*(\mathbf{x}^0)$ 是由球体内部和表面的点集构成。在$\mathbb{R}^4$ 及更高维度中，形成几何直觉非常困难，但思想是一样的。

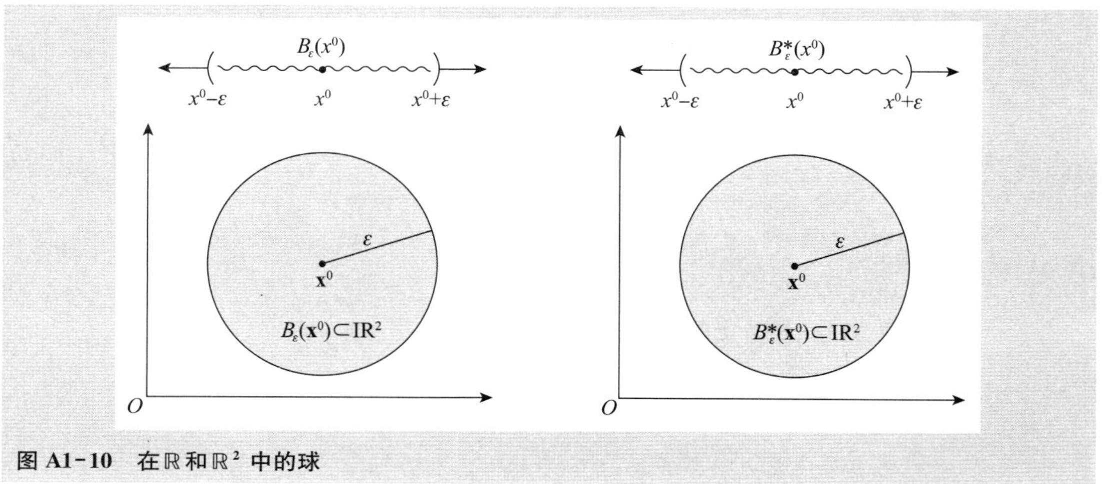

图 A1-10　在$\mathbb{R}$和$\mathbb{R}^2$ 中的球

我们对实线上的开区间与闭区间之间的差异有了很好的直观感受。ε 球的概念使我们能规范化这种差异，并将其用于更高维度的空间。我们利用球来定义开集与闭集，并确定与开集和闭集有关的一些重要结论。

定义 A1.5　$\mathbb{R}^n$ 中的开集

对于所有的 $\mathbf{x}\in S$，如果存在某个 $\varepsilon>0$ 使得 $B_\varepsilon(\mathbf{x})\subset S$，则 $S\subset\mathbb{R}^n$ 是一个开集。

这个定义表明，围绕一个集合中的任意点，我们都能画出某个开球（无论其半径有多小），使得球内所有的点都完全处于集合之内。这种规范化方式体现了实线上常见的开区间的本质特征。因为开区间（a，b）包括 a 与 b 之间的每个点，但不包括 a 与 b 本身，我们可以在这个区间上选择任意一点 x，无论 a 与 b 多接近，总能找到某个微小且为正的 ε，使得开球（这里是开区间）$B_\varepsilon(x)=(x-\varepsilon, x+\varepsilon)$ 完全包含在区间（a，b）之内。因此，实线上的每个开区间都是一个开集。同样，根据这个定义，开圆盘与开球体都是开集。更一般地说，任何开球都是开集。

为理解这个观点，令 S 表示以 $\mathbf{x}^0$ 为中心、以 ε 为半径的开球，如图 A1-11 所示。如果我们取 S 中的其他任意一点 $\mathbf{x}$，通过认真选择合适的半径，总可以围绕 $\mathbf{x}$ 画出一个开球，其点均位于 S 之内。因为 $\mathbf{x}$ 在 S 中，且已知 $d(\mathbf{x}^0, \mathbf{x})<\varepsilon$。因此，$\varepsilon-d(\mathbf{x}^0, \mathbf{x})>0$。如果我们令 $\varepsilon'=\varepsilon-d(\mathbf{x}^0, \mathbf{x})>0$，则 $B_{\varepsilon'}(\mathbf{x})\subset S$ 总是成立，而无论我们选取的 $\mathbf{x}$ 如何接近圆的边缘。以下是一个基本定理。

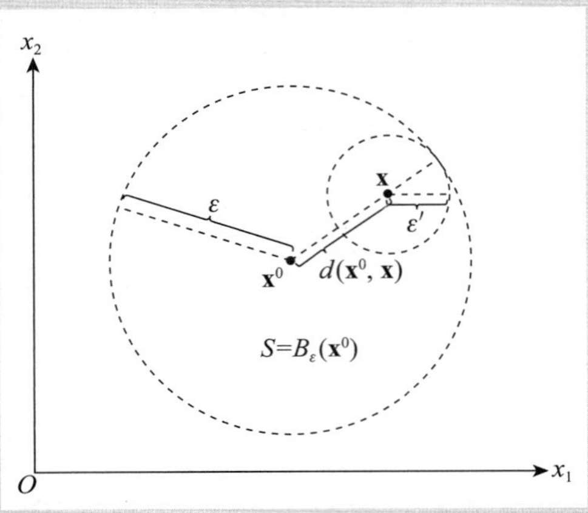

图 A1-11 开球是开集

定理 A1.2 $\mathbb{R}^n$ 上的开集

1. 空集 $\varnothing$ 是一个开集；
2. 整个空间 $\mathbb{R}^n$ 是一个开集；
3. 开集的并集是一个开集；
4. 任何有限数量的开集的交集是一个开集。

证明： 定理中的第二个很难证明。简单来说，如果我们选取 $\mathbb{R}^n$ 中的任意点和任意 $\varepsilon>0$，根据开球的定义，集合 $B_\varepsilon(\mathbf{x})$ 当然是全由 $\mathbb{R}^n$ 中的点所构成的。于是，$B_\varepsilon(\mathbf{x})\subset\mathbb{R}^n$，所以 $\mathbb{R}^n$ 是开集。同理，定理中的第一个（空的）为真。如果在 $\varnothing$ 中没有点，则下述说法显然为真，即“对于 $\varnothing$ 中的每个点，我们都能找到一个 ε，……”满足开集的定义。

定理中的后两个值得详细论证一下。这里将给出（3）的证明，（4）的证明留做练习题。

对于所有的 $i\in I$，令 S_i 是一个开集（这里 I 是某个指数集），我们必须证明 $\bigcup_{i\in I}S_i$ 是一个开集。令 $\mathbf{x}\in\bigcup_{i\in I}S_i$，对于某个 $i'\in I$，则 $\mathbf{x}\in S_{i'}$。因为 $S_{i'}$ 是开集，对于某个 $\varepsilon>0$，$B_\varepsilon(\mathbf{x})\subset S_{i'}$。因此，$B_\varepsilon(\mathbf{x})\subset\bigcup_{i\in I}S_i$，这表明 $\bigcup_{i\in I}S_i$ 是开集。 ■

开集有一条有趣且有用的性质，它们总可以被精确地描述为不同开集的一个并集。只需沉思片刻（也许更久），你会确信这一点。假设我们从某个开集开始。因为集合是开集，我们能在集合中选取每个点，且用一个开球来“围绕”该点，所有这些点都包含在集合之内。这些开球中的每一个其本身都是开球，如图 A1-11 所示。现在考虑所有这些开球的并集。根据定理 A1.12，这个开球的并集必定是某个开集。你能想到开始分析的集合中的一个点不在开球的并集之内吗？你能想到开球的并集中的一个点不在我们初始的集合之内吗？如果两个问题你都能给出否定的回答，你便能确信两个集合是相同的！开集的特性如此重要，足以保证该定理的至高地位。

定理 A1.3 每个开集都是开球的并集

设 S 是一个开集。对于每个 $\mathbf{x}\in S$，选择某个 $\varepsilon_{\mathbf{x}}>0$，使得 $B_{\varepsilon_{\mathbf{x}}}(\mathbf{x})\subset S$，则

$$S=\bigcup_{\mathbf{x}\in S}B_{\varepsilon_{\mathbf{x}}}(\mathbf{x})$$

证明：我们对相关的思想已经有所了解，所以这个定理证明起来就容易多了。设$S\subset\mathbb{R}^n$是开集。对于每个 $\mathbf{x}\in S$，都存在某个 $\varepsilon_{\mathbf{x}}>0$，使得 $B_{\varepsilon_{\mathbf{x}}}(\mathbf{x})\subset S$，因为 S 是开集。我们不得不证明 $\mathbf{x}\in S$ 意味着 $\mathbf{x}\in\bigcup_{\mathbf{x}\in S}B_{\varepsilon_{\mathbf{x}}}(\mathbf{x})$，而且我们必须证明：$\mathbf{x}\in\bigcup_{\mathbf{x}\in S}B_{\varepsilon_{\mathbf{x}}}(\mathbf{x})$ 意味着 $\mathbf{x}\in S$。

如果 $\mathbf{x}\in S$，根据围绕 $\mathbf{x}$ 的开球的定义，则 $\mathbf{x}\in B_{\varepsilon_{\mathbf{x}}}(\mathbf{x})$。但是 $\mathbf{x}$ 在包含这个开球的任何并集中，因此，特别地，我们必然得到 $\mathbf{x}\in\bigcup_{\mathbf{x}\in S}B_{\varepsilon_{\mathbf{x}}}(\mathbf{x})$，这完成了证明的第一部分。

现在，如果 $\mathbf{x}\in\bigcup_{\mathbf{x}\in S}B_{\varepsilon_{\mathbf{x}}}(\mathbf{x})$，则对于某个 $\mathbf{s}\in S$，有 $\mathbf{x}\in B_{\varepsilon_{\mathbf{s}}}(\mathbf{s})$。但我们选择每个 ε 球，使得它完全被包含在 S 之内。因此，如果 $\mathbf{x}\in B_{\varepsilon_{\mathbf{s}}}(\mathbf{s})\subset S$，我们必然得到 $\mathbf{x}\in S$。这就完成了证明的第二步。■

我们用开集来定义闭集。

定义 A1.6 上的闭集

如果集合 S 的补集 S^c 是一个开集，则 S 是一个闭集。

值得花点儿时间来了解一下这个定义是如何“起作用”的以及如何给出同我们直觉相符的结论。为了理解起作用的机理，考虑一个最简单的例子。我们知道，在实线上的一个闭区间是（或应该是）一个闭集。闭区间满足闭集的定义吗？考虑图 A1-12 中的区间 $[a, b]=\{x \mid x\in\mathbb{R}, a\leqslant x\leqslant b\}$。现在考虑两个集合 $A=\{x \mid x\in\mathbb{R}, -\infty<x<a\}$ 和 $B=\{x \mid x\in\mathbb{R}, b<x<+\infty\}$。$A$ 与 B 在 $[a, b]$ 的两侧都是开区间。因为开区间是开集，则 A 与 B 是开集。根据定理 A1.2，开集的并集是开集，所以 $A\cup B=\{x \mid x\in\mathbb{R}, -\infty<x<a \text{ 或 } b<x<+\infty\}$ 是一个开集。但 $A\cup B$ 是集合 $[a, b]$ 在$\mathbb{R}$中的补集。因为 $[a, b]^c$ 是一个开集，根据闭集的定义，$[a, b]$ 是一个闭集，这正是我们想证明的。在更高维度的空间中，所有闭球都是闭集。在 $\mathbb{R}^2$ 中，闭圆盘是闭集；在 $\mathbb{R}^3$ 中，闭球体也是闭集。

图 A1-12 闭区间是闭集

大体来说，如果在$\mathbb{R}^n$ 中的一个集合不包括它边界上的任何点，则该集合是开的；如果包括所有边界上的点，则该集合是闭的。确切地讲，如果每个以 $\mathbf{x}$ 为中心的球既包括 S 内的点也包括不在 S 内的点，则点 $\mathbf{x}$ 被称为在$\mathbb{R}^n$ 中的一个集合 S 的

一个**边界点**（boundary point）。集合 S 的所有边界点的集合被表示为 ∂S。如果一个集合不包含任何其边界点，则集合是开的；如果它包含其所有边界点，则它是闭的。再进一步分析，我们可界定集合内部点的含义。如果存在某个以 $\mathbf{x}$ 为中心的 ε 球，它完全包含在 S 之内，或者说，如果存在某个 $\varepsilon>0$ 使得 $B_\varepsilon(\mathbf{x})\subset S$，则点 $\mathbf{x}$ 被称为 S 的一个**内部点**（interior point）。一个集合 S 的所有内部点的集合被称为 S 的**内部**（interior），记作 $int\ S$。以这种方式思考，我们可以理解以下观点，即如果一个集合除了内部点之外不包括其他东西，或者说$S=int\ S$，则该集合是开的。相对而言，如果一个集合包括它的内部点加上所有的边界点，或者说 $S=int\ S\cup\partial S$，则该集合是闭的。图 A1-13 展示了关于 $\mathbb{R}^2$ 中集合的上述部分观点。正如在定理 A1.2 中我们指出了开集的性质一样，这里我们也指出了闭集的相应特性。至此，有关开集和闭集的讨论即将完成。

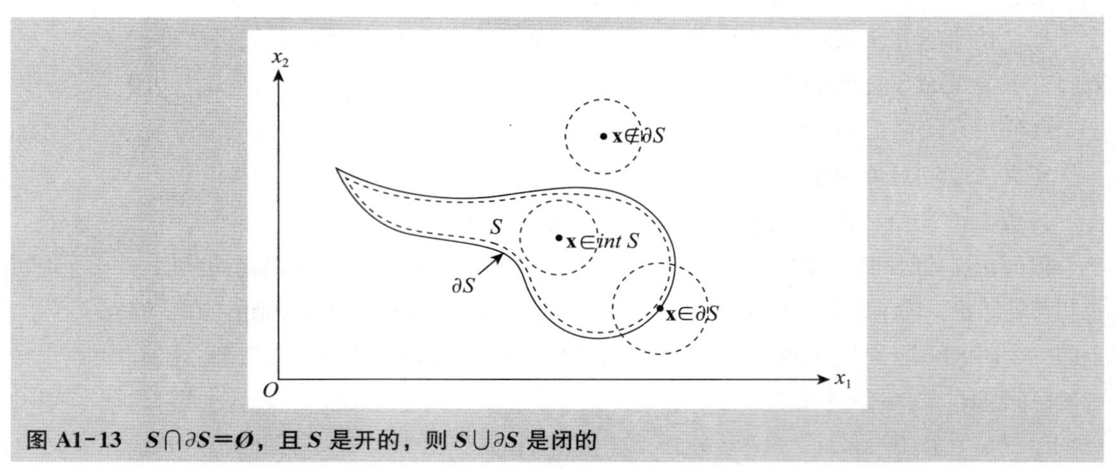

图 A1-13　$S\cap\partial S=\emptyset$，且 S 是开的，则 $S\cup\partial S$ 是闭的

定理 A1.4　$\mathbb{R}^n$ 上的闭集

1. 空集 $\emptyset$ 是一个闭集；
2. 整个空间 $\mathbb{R}^n$ 是一个闭集；
3. 任何有限数量的闭集的并集是一个闭集；
4. 闭集的交集是一个闭集。

证明：空集和整个空间 $\mathbb{R}^n$ 是 $\mathbb{R}^n$ 中唯一两个既开又闭的集合。在定理 A1.2 中，我们已经证实了它们是开的。为了理解它们也是闭的，注意一下，它们在 $\mathbb{R}^n$ 中是彼此的补集。因为 $\emptyset=\{\mathbb{R}^n\}^c$，且 $\mathbb{R}^n$ 是开的，那么，根据定义 A1.6，$\emptyset$ 必定是闭的。同理，因为 $\mathbb{R}^n=\emptyset^c$，且 $\emptyset$ 是开的，则 $\mathbb{R}^n$ 必定是闭的。

我们再来介绍一下性质 3 的证明，把性质 4 的证明留作练习题。对于所有的 $i\in I$，令 S_i 表示 $\mathbb{R}^n$ 中的闭集，这里 I 是某个有限指数集。我们想证明 $\bigcup_{i\in I}S_i$ 是一个闭集。因为 S_i 是闭的，根据定义 A1.6，它的补集 S_i^C 是开集，根据定理 A1.2，交集 $\bigcap_{i\in I}S_i^C$ 也是开的，因为有限多个开集的交集是开集。帝摩根定律（De Morgan's Law）（练习题 A1.4）告诉我们，集合并集的交集的补集等同于该合集内集合补集的

附录

并集，即 $(\bigcap_{i\in I}S_i^C)^C=\bigcup_{i\in I}S_i$。因为$\bigcap_{i\in I}S_i^C$ 是开集，则根据闭集的定义，$\bigcup_{i\in I}S_i$ 是闭集。 ■

另一个重要的概念是**有界集**（bounded set）。简单地讲，如果一个集合被“密封”在一个球内，则该集合是有界的。以下定义是更精确的表述。

定义 A1.7　有界集

在$\mathbb{R}^n$ 上的一个集合S，如果它完全被包含在某球内（开球或闭球），则 S 被称为有界的。也就是说，对于 $\mathbf{x}\in\mathbb{R}^n$，如果存在某个 $\varepsilon>0$，使得 $S\subset B_\varepsilon(\mathbf{x})$，则 S 是有界的。

根据这个定义，如果围绕一个集合，我们总能画出某个 ε 球，则该集合是有界的。如果我们把分析限制在以原点（origin）$\mathbf{0}\in\mathbb{R}^n$ 为中心的球上，该概念就变得更为直观了。从这个视角来看，如果存在某个有限距离 ε，使得 S 中的每个点到原点的距离都不超过 ε，则 S 是有界的。

图 A1-14 中的开球 $B_{\varepsilon'}(\mathbf{x}^0)$ 是一个有界集，因为它能完全被包含在以 $\mathbf{x}^0$ 为中心、以 $\varepsilon=\varepsilon'+1$ 为半径的球内。或者，我们可以说 $B_{\varepsilon'}(\mathbf{x}^0)$ 是有界的，因为 $B_{\varepsilon'}(\mathbf{x}^0)$ 中没有一个点到原点的距离超过 ε'。注意，在实线 $(a, b)\subset\mathbb{R}$ 上的每个开区间也都是有界集。在图 A1-14 中，我们能把开区间 (a, b) 完全包含在以 $x\in\mathbb{R}$ 为核心、以 $\varepsilon=|x-(a-1)|$ 为半径（如例）的球内。

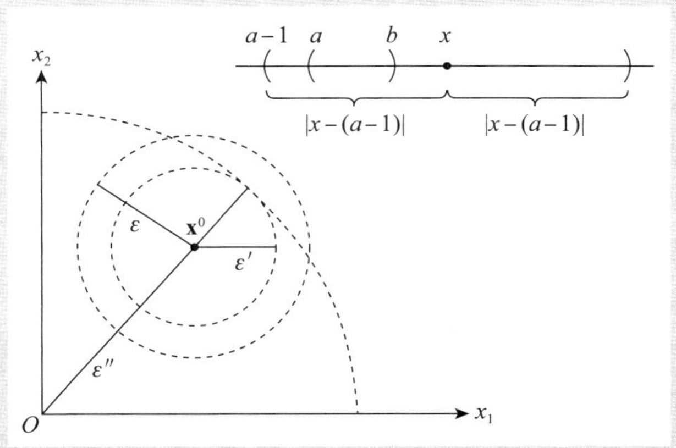

图 A1-14　在$\mathbb{R}$与$\mathbb{R}^2$ 中的有界集

有一些特定的术语是用来说明实线上的有界集的。设 $S\subset\mathbb{R}$是任意的实数非空集。假设对任意实数 l（l 在或不在 S 内均可）而言，对于所有的 $x\in S$，总有 $l\leqslant x$，则 l 被称为数集 S 的**下界**（lower bound）。例如，如果 $S=\{4, 6, 8\}$，正如数字 4 是 S 的下界一样，数字 1 也是 S 的下界。同理，对任意实数 u（不管它是否在 S 之内）来说，对于所有的 $x\in S$，总有 $x\leqslant u$，则 u 被称为 S 的**上界**（upper bound）。在我们之前的例子中，正如 $8\in S$ 是 S 的上界一样，$27\notin S$ 也是 S 的上界。如果数集 $S\subset\mathbb{R}$ 有下界，则 S 是**下有界的**（bounded from below）；如果它有上界，则称它是**上有界的**（bounded from above）。区间（$-\infty$，4）是上有界的，但不是下有界的。根据定义 A1.7，任何上有界和下有界的数集当然是有界的。（一定要明白其中的原因）

我们已经了解到，任何实数的子集 S 一般都有众多的下界和上界。这些下界之间的最大数被称为 S 的**最大下界**（greatest lower bound，$g.l.b.$）；这些上界之间的最小数被称为 S 的**最小上界**（least upper bound，$l.u.b.$）。实数体系的基础公理可被用于证明：对于 $\mathbb{R}$ 的任何有界子集，总会存在一个最大下界和一个最小上界。

看一下图 A1-15 所绘的开区间（a，b）与闭区间 [a，b]。从图形上看，非常直观且易于证明，在 $\mathbb{R}$ 中的任何闭的子集都将包含其 $g.l.b.$ 或 $l.u.b.$。相比之下，在 $\mathbb{R}$ 中的任何开的子集都不包含其 $g.l.b.$ 或 $l.u.b.$。在图 A1-15（a）中，对开区间（a，b）来说，a 是 $g.l.b.$，b 是 $l.u.b.$，且它们都不包括在该区间之内。在图 A1-15（b）中，对闭区间 [a，b] 来说，a 是 $g.l.b.$，b 是 $l.u.b.$，且它们都包括在该区间之内。这个结论值得留作未来参考。

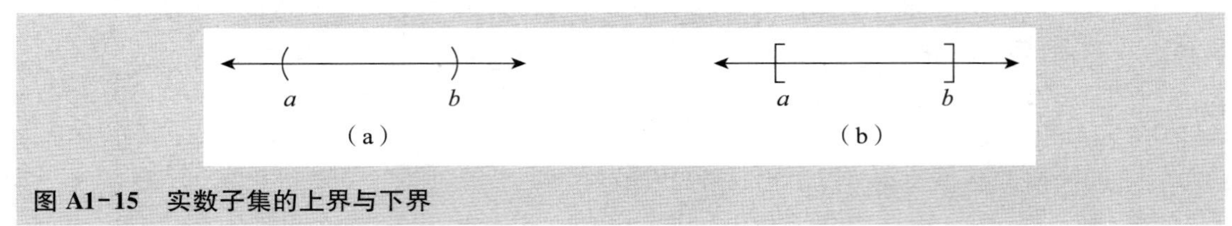

图 A1-15　实数子集的上界与下界

定理 A1.5　实数子集的上界与下界

1. 设 S 是 $\mathbb{R}$ 中的一个有界开集，且 a 是 S 的 $g.l.b.$，b 是 S 的 $l.u.b.$，则 $a\notin S$ 且 $b\notin S$。

2. 设 S 是 $\mathbb{R}$ 中的一个有界闭集，且 a 是 S 的 $g.l.b.$，b 是 S 的 $l.u.b.$，则 $a\in S$ 且 $b\in S$。

证明： 我们将在深思熟虑之后指明此定理的证明方式，这里只提供两种情况中的 $g.l.b.$ 部分的证明，而把 $l.u.b.$ 的证明留作练习题。

设 $S\subset\mathbb{R}$ 是开的，且 a 是 S 的 $g.l.b.$。定理断言 $a\notin S$。我们将假设 $a\in S$，并推导出一个矛盾的结论。

设 $a\in S$。因为 $a\in S$ 且 S 是开的，则存在某个 $\varepsilon>0$，使得开球 $B_\varepsilon(a)\subset S$，因为这对于开集中所有的点都成立。具体来说，单个点 $a-\frac{1}{2}\varepsilon\in S$。但因为 $a-\frac{1}{2}\varepsilon<a$ 且 $a-\frac{1}{2}\varepsilon\in S$，$a$ 不可能是 S 的一个下界。因为我们已经发现 S 中至少存在一个点小于 a，它不是下界，故而也不可能是最大下界。依照假设 $g.l.b.$，a 在 S 之内，我们推导出一个矛盾的结论。因此，我们必然得出 $a\notin S$ 的结论，如定理所示。

为了证明定理中闭集的情况，设 $S\subset\mathbb{R}$ 是闭的且有界的，令 a 是 S 的 $g.l.b.$。

根据下界的定义，对于所有的 $x\in S$，有 $a\leqslant x$。如果对于某个 $x\in S$，有 $a=x$，则 $a\in S$，证毕。因此，假设 a 严格小于 S 中的每个点。

对于所有的 $x\in S$，如果 $a<x$，则 $a\notin S$，因此 $a\in S^C$。因为 S 是一个闭集，它的补集是开集。如果 $a\in S^C$ 且 S^C 是开的，根据开集的定义，则存在某个 $\varepsilon>0$，使得开球$B_\varepsilon(a)=(a-\varepsilon,\ a+\varepsilon)$ 内所有的点都包含在 S^C 中。对于所有的 $x\in S$ 且 $B_\varepsilon(a)\subset S^C$，如果$a<x$，则区间 $(a-\varepsilon,\ a+\varepsilon)$ 内的每个点也必然严格小于 S 中的每个点。[如果情况并非如此，对于某个 $x\in S$，我们将得到 $x\leqslant a-\varepsilon<a$，这与 a 是 S 的下界的论断相矛盾；或者我们得到 $x\in B_\varepsilon(a)\subset S^C$，这与 $x\in S$ 相矛盾。] 特别地，对于所有的 $x\in S$，点 $a+\frac{1}{2}\varepsilon\in(a-\varepsilon,\ a+\varepsilon)$ 且 $a+\frac{1}{2}\varepsilon<x$。但是，$a+\frac{1}{2}\varepsilon$ 是 S 的一个下界，且 $a+\frac{1}{2}\varepsilon>a$，所以 a 不是 S 的最大下界，这与我们的初始假设相矛盾。因此，我们必然得出 $a\in S$ 的结论。 ■

我们已经讨论了闭集和有界集。$\mathbb{R}^n$ 闭的且有界的子集被称为**紧集**（compact sets），这些集合在经济中的应用非常广泛。为便于今后参考，我们需注意以下结论。[①]

定义 A1.8 海因-博雷尔（Heine-Borel）紧集

$\mathbb{R}^n$ 上的集合 S 是闭的且有界的，则是紧的。

$\mathbb{R}$ 中的任何开区间都不是紧集。它可能是有界的，如我们所见，但它不是闭的。类似地，在 $\mathbb{R}^n$ 中的开球不是紧的。然而，在 $\mathbb{R}$ 中的每个闭的且有界的区间都是紧的，在 $\mathbb{R}^n$中的每个半径有限的闭球也都是紧的。所有的 $\mathbb{R}^n$ 都不是紧的，因为尽管它是闭的，但它不是有界的。

A1.3.1 连续性

最后要考虑的一个拓扑学概念是连续性。在多数经济应用中，我们假设所处理的函数是连续的，或者当我们不愿意简单地假设函数连续时，我们想要发现它们是不是连续的。在任何这两种情况中，最好能充分理解函数连续的含义以及连续函数所具有的性质。

直观来看，我们知道连续函数是什么。在图 A1-16（a）中的函数是连续的，而图 A1-16（b）中的函数不是连续的。大体而言，如果在定义域中一个的“微小变动”并不会引起值域内出现一个“大的跳跃”，那么函数就是连续的。不过，我们可以更精准地对其进行描述。对于类似图 A1-16 中那样的简单函数来说，以下连续性的定义你应该已经从单变量微积分课程中学过了。

---

① 紧性实际上是一个拓扑的性质。然而，海因-博雷尔定理（Heine-Borel theorem）表明，对于 $\mathbb{R}^n$ 中的集合，紧性等同于闭的且有界的。

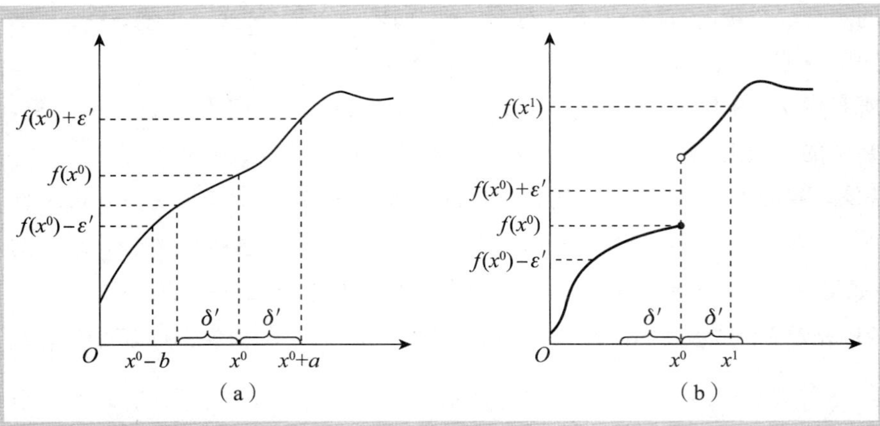

图 A1-16　连续性和非连续性

如果对于所有的 $\varepsilon>0$，存在一个 $\delta>0$ 使得 $d(x, x^0)<\delta$，这意味着 $d(f(x), f(x^0))<\varepsilon$，则函数 $f: \mathbb{R}\to\mathbb{R}$ 在 x^0 点是连续的。如果函数在定义域上的每个点都是连续的，则将其称为一个连续函数。

要花点儿时间来理解这个定义的内容，它们同我们对图 A1-16 中这类函数的直觉是相符的。一方面，先考虑图 A1-16（a），依据之前的定义，我们会明白为什么函数在 x^0 点不连续。定义要求，对于任意 $\varepsilon>0$，我们都能找到某个 $\delta>0$，使得只要点 x 位于与 x^0 的距离 δ 之内，它的映像 $f(x)$ 都将位于与 $f(x^0)$ 的距离 ε 之内。假设我们选取 $\varepsilon'>0$。略思片刻，你就知道不存在这样的 $\delta>0$ 满足该条件。为了理解这个观点，请注意，在与 x^0 任何正数距离 δ 之内（如 δ'），在 x^0 右侧将存在一些点（如 x^1）。每个如 x^1 的点都被 f 映射到曲线上半部分的点（如 $f(x^1)$），它与 x^0 映像 $f(x^0)$ 的距离超过 ε'。因为我们已经找到至少一个 $x^0\in\mathbb{R}$ 和 $\varepsilon>0$，使得满足条件的 $\delta>0$ 并不存在。所以在给定的定义之下，函数并不连续。

另一方面，在图 A1-16（a）中的函数显然满足定义。为了确信这一点，考虑如下推理。假设我们选取 $x^0\in\mathbb{R}$ 和 $\varepsilon>0$，如 ε'。点 $f(x^0)+\varepsilon'$ 与 $f(x^0)-\varepsilon'$ 分别由点 x^0+a 与 x^0-b 映射而成。现在，如果对于这个 $\varepsilon'>0$，我们选择 δ 作为 $a>0$ 和 $b>0$ 中较小的一个，在这种情况下，较小的值是 a，我们可以确信在 x^0 每一侧距离 $\delta'=a$ 之内的每个点的映像都被映射到与 $f(x^0)$ 的距离不超过 ε' 的一个点！因此，f 满足在 x^0 点连续性的定义。

我们所考虑的连续性的定义能很好地刻画所检验的简单函数的特征。它以精确的逻辑方式把握了直觉告诉我们的有关连续函数的表现。然而，稍加仔细观察，我们就会发现能用更简洁且不失准确的方式表达这个思想，所用的语言也能使这些思想更容易应用到五花八门而不是简单之极的函数中。

连续性的简单定义从本质上告诉我们：如果对于所有的 $\varepsilon>0$，都存在一个 $\delta>0$，使得与 x^0 的距离小于 δ 的任意点（因此也是与 x^0 的距离小于 δ 的每个点）都

被 f 映射到与 $f(x^0)$ 距离小于 ε 的值域中的某个点，则函数在定义域中点 x^0 处是连续的。现在我们知道了该如何刻画定义域中与 x^0 的距离小于 δ 的整个点集的特征，这恰好是以 x^0 为中心、以 δ 为半径的开球 $B_\delta(x^0)$。用集合符号表示，我们把由 $B_\delta(x^0)$ 中的点映射到值域中的点集记作 $f(B_\delta(x^0))$。类似地，如果 $f(x^0)$ 是点 x^0 的映像，我们可以把与 $f(x^0)$ 的距离小于 ε 的值域中的点集表示为以 $f(x^0)$ 为中心、以 ε 为半径的开球 $B_\varepsilon(f(x^0))$。$B_\delta(x^0)$ 中的每个点都被 f 映射到与 $f(x^0)$ 的距离不超过 ε 的某个点，这种说法等价于，在 $f(B_\delta(x^0))$ 中的每个点都位于集合 $B_\varepsilon(f(x^0))$ 内，或者 $f(B_\delta(x^0))\subset B_\varepsilon(f(x^0))$。图 A1－17 再现了图 A1－16（a），表明这些集合如何对应于更熟悉的术语。

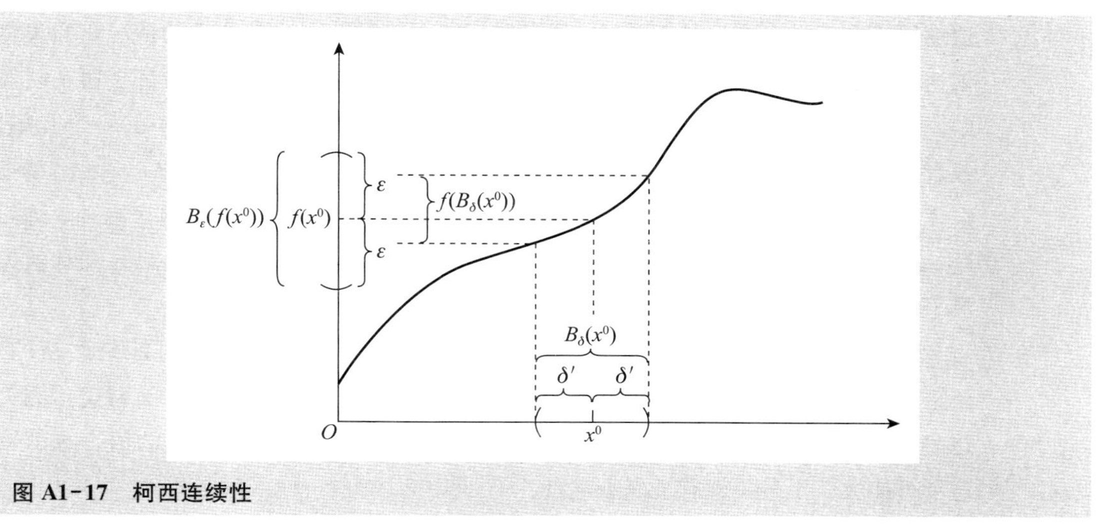

图 A1－17 柯西连续性

图 A1－17 大有用处，但是我们需要依赖图背后的直觉，并把这些有关连续性的思想在两个方向加以扩展。首先，我们需要一个连续性的定义，适用于定义域为 $\mathbb{R}^m$ 而不仅仅是 $\mathbb{R}$ 的函数；其次，我们需要考虑那些定义域是 $\mathbb{R}^m$ 的子集而不是整个空间的函数。①

之前的分析中隐含地假设了 f 的定义域是整个 $\mathbb{R}$。如果情况属实，我们便可确信，对于任何 $x^0\in\mathbb{R}$ 和任意的 $\delta>0$，球 $B_\delta(\mathbf{x}^0)$ 都被完全包含在 f 的定义域之内，使得 $f(B_\delta(\mathbf{x}^0))$ 是良好定义的。然而，当某个函数 f 的定义域 D 只是 $\mathbb{R}^m$ 的一个子集时，我们便无须考虑在 $\mathbb{R}^m$ 内与 $\mathbf{x}^0$ 的距离为 δ 的所有点，而只关注在 D 内与 $\mathbf{x}^0$ 的距离为 δ 的点（即 $B_\delta(\mathbf{x}^0)\cap D$）。下面的定义从两个方向对连续性的概念进行了一般化处理。

定义 A1.9 （柯西）连续性

令 D 是 $\mathbb{R}^m$ 的一个子集，且 f：$D\to\mathbb{R}^n$。如果对于每个 $\varepsilon>0$，都有一个 $\delta>0$，

① 例如，$f(x)=\sqrt{x}$ 定义域等于 $\mathbb{R}_+\subset\mathbb{R}$。

使得

$$f(B_{\delta}(\mathbf{x}^{0})\cap D)\subset B_{\varepsilon}(f(\mathbf{x}^{0}))$$

则函数 f 在点 $\mathbf{x}^{0}\in D$ 处是连续的。

如果函数在每个点 $\mathbf{x}\in D$ 处都是连续的，则它被称为是一个连续函数。

这个连续性定义完全着眼于映像（在定义域内一个开集的映像）中的一个集合与映像中的另一个开集合之间的关系。在连续性映射下，当我们在映像与定义域之间来回变动时，如果能知道集合的何种性质（如果有这种性质的话）会保持不变，那就太好了。直觉告诉我们，连续型函数若是足够“正则”（regular）且可预测的，在从定义域变动到值域的过程中，它的基本性质（如开性和闭性）都会保持不变。遗憾的是，直觉也有失灵的时候。除了随后要提到的一个非常特殊的情况，当集合被连续函数映射时，我们不能想当然地认为定义域中集合的每个性质都会留在映像中。特别是，一个连续函数总能把一个定义域中的开集映射到值域中的一个开集，或者把闭集映射到闭集中，这两种说法都不正确。例如，连续函数 $f(x)=a$ 就把定义域中的每个点（即定义域中每个点的开集）都映射到值域中的单个点 a。练习题 A1.25 要求读者证明，单个点是闭集，而不是开集。这样看来我们的直觉就失灵了。

如定义 A1.9，当我们允许一个函数的定义域是 $\mathbb{R}^{m}$ 的某个（可能是严格的）子集 D 时，就 $\mathbb{R}^{m}$ 中的开球而言，对定义域中的开集进行定义就没什么意义，因为这些开球可能部分或全部在 D 之外。我们需要提出并使用一种合适的语言来解释这种可能性。于是，就有了以下观点。

定义 A1.10　D 中的开集

令 D 是 $\mathbb{R}^{m}$ 的一个子集，S 是 D 的一个子集。如果对于每个 $\mathbf{x}\in S$，都存在一个 $\varepsilon>0$，使得 $B_{\varepsilon}(\mathbf{x})\cap D\subset S$，则 S 在 D 中是开的。

倘若对于集合 D 中的每个点来说，其附近所有的点，要么在 D 之内，要么在 D 之外，则集合 D 是开的。注意，如果 $D=\mathbb{R}^{m}$，这就与我们在 $\mathbb{R}^{m}$ 中的开集定义一致。还需注意的是，D 在 D 中总是开的。

如前，我们依照开性来定义闭性。

定义 A1.11　D 中的闭集

令 D 是 $\mathbb{R}^{m}$ 的一个子集，S 是 D 的一个子集。如果 S 在 D 中的补集 $\{\mathbf{x}\in D\mid \mathbf{x}\notin S\}$ 在 D 中是开的，则 S 在 D 中是闭的。

一般而言，当我们在连续的映射下从定义域变动到值域时，没法确定将会发生什么；可当我们改变方式（从值域到定义域）时，就能确定将会发生什么了。实际上，在函数的连续性、值域中集合的性质以及定义域中它们逆像（inverse images）的性质之间存在一种密切的关系。随后的定理确定了函数连续性与其逆映射（inverse mapping）所保留的集合基本性质之间的一系列等价关系。

定理 A1.6 连续性与逆像

令 D 是$\mathbb{R}^m$ 的一个子集。下述条件是等价的：

1. $f: D\rightarrow\mathbb{R}^n$ 是连续的；

2. 对于$\mathbb{R}^n$ 中的每个开球 B，$f^{-1}(B)$ 在 D 中是开的；

3. 对于$\mathbb{R}^n$ 中的每个开集 S，$f^{-1}(S)$ 在 D 中是开的。

证明：我们将证明（1）⇒（2）⇒（3）⇒（1）。

（1）⇒（2）。假设（1）成立，且令 B 是$\mathbb{R}^n$ 中的一个开球。选择任意 $\mathbf{x}\in f^{-1}(B)$。显然，$f(\mathbf{x})\in B$。因为 B 在$\mathbb{R}^n$ 中是开的，则存在一个 $\varepsilon>0$，使得 $B_\varepsilon(f(\mathbf{x}))\subset B$。而且，根据 f 的连续性，存在一个 $\delta>0$，使得 $f(B_\delta(\mathbf{x})\cap D)\subset B_\varepsilon(f(\mathbf{x}))\subset B$。因此，$B_\delta(\mathbf{x})\cap D\subset f^{-1}(B)$。因为 $\mathbf{x}\in f^{-1}(B)$ 是任意的，我们可得出结论：$f^{-1}(B)$ 在 D 中是开的，故（2）成立。

（2）⇒（3）。假设（2）成立，且 S 在$\mathbb{R}^n$ 中是开的。根据定理 A1.3，S 可被写成开球 $B_i(i\in I)$ 的并集，使得 $S=\bigcup_{i\in I}B_i$。因此，$f^{-1}(S)=f^{-1}(\bigcup_{i\in I}B_i)=\bigcup_{i\in I}f^{-1}(B_i)$。因为根据（2），每个集合 $f^{-1}(B_i)$ 在 D 中都是开的，$f^{-1}(S)$ 是 D 中开集的并集。因此，根据练习题 A1.28，$f^{-1}(S)$ 在 D 中也是开的。由于 S 是$\mathbb{R}^n$ 中的一个任意开集，故（3）得以证明。

（3）⇒（1）。假设（3）成立，并选择 $\mathbf{x}\in D$ 且 $\varepsilon>0$。因为 $B_\varepsilon(f(\mathbf{x}))$ 在$\mathbb{R}^n$ 中是开的，（3）意味着 $f^{-1}(B_\varepsilon(f(\mathbf{x})))$ 在 D 中是开的，这意味着存在一个 $\delta>0$，使得 $B_\delta(\mathbf{x})\cap D\subset f^{-1}(B_\varepsilon(f(\mathbf{x})))$。但这意味着 $f(B_\delta(\mathbf{x})\cap D)\subset B_\varepsilon(f(\mathbf{x}))$。因此，$f$ 在 $\mathbf{x}$ 处是连续的。因为 $\mathbf{x}$ 是从 D 中任意选取的，故而（1）成立。证毕。■

这是一个非常一般化且解释力极强的定理。如果我们掌握了开集的逆像或值域中开球的一些信息，就能利用这个定理推断出所涉及的函数是不是连续的。出于同样的原因，如果我们知道所涉及的函数是连续的，也可以利用这个定理来了解开球的逆像及值域中的开集所必定具有的一些性质。然而，当定义域中的集合被映射到值域中的集合时，如果我们能说出定义域中的集合会发生什么变化就更好了。就像之前提醒过的那样，我们不能随心所欲地得偿所愿，但还是能说出一些东西。特别地，如果 S 是定义域中的一个紧的子集，而且如果 f 是一个连续函数，则可以证明，在 f 值域中的映像集合 $f(S)$ 也是一个紧集。这至少是一个直观上很有吸引力的结论！遗憾的是，证明之途无比漫长。这是一个重要的结论，值得记下来以备将来参考。感兴趣（且有能力）的读者可查阅相关的证明文献。

定理 A1.7 一个紧集的连续映像是一个紧集

如果 D 是$\mathbb{R}^m$ 的一个紧的子集，且 $f: D\rightarrow\mathbb{R}^n$ 是一个连续函数，则 D 在 f 下的映像，即 $f(D)$，是$\mathbb{R}^n$ 的一个紧的子集。

证明：参见 Royden（1963）对其完整的证明。■

最后，我们引入序列的概念。

定义 A1.12 $\mathbb{R}^n$ 上的序列

在 $\mathbb{R}^n$ 上的序列是把某个正整数的无限子集 I 映射到 $\mathbb{R}^n$ 的一个函数。我们用 $\{\mathbf{x}^k\}_{k\in I}$ 来表示一个序列，其中，对于每个 $k\in I$，有 $\mathbf{x}^k\in\mathbb{R}^n$。

对于所有足够大的 k 来说，如果一个序列 $\{\mathbf{x}^k\}$ 的成员都任意接近于 $\mathbb{R}^n$ 中的一个特定点，我们就说序列**收敛**（converge）于这个点。正式表述如下：

定义 A1.13 收敛序列

如果对于每个 $\varepsilon>0$，序列 $\{\mathbf{x}^k\}_{k\in I}$ 都收敛于 $\mathbf{x}\in\mathbb{R}^n$，则存在一个 $\bar{k}$，使得 $\mathbf{x}^k\in B_\varepsilon(\mathbf{x})$ 对于所有的 $k\in I$ 都超过 $\bar{k}$。

例如，一方面，在 $\mathbb{R}^1$ 中，序列 1，1/2，1/3，…收敛于 0，尽管 0 可能不是这个序列的成员。另一方面，序列 1，2，3，…并不收敛于任何实数。因此，并非所有的序列都是收敛的。的确如此，甚至其成员有界的序列也不一定是收敛的。例如，序列1，−1，1，−1，…是有界的，但并不收敛。另外，如果我们仅考虑该序列中第奇数个成员，我们能得到（子）序列 1，1，1，…，它显然收敛于 1。从这个例子能归纳出一个重要结论。我们需要更多的定义为该结论做些铺垫。

定义 A1.14 有界序列

对于所有的 $k\in I$，如果存在某个 $M\in\mathbb{R}$，有 $\|\mathbf{x}^k\|\leqslant M$，则序列 $\{\mathbf{x}^k\}_{k\in I}$ 在 $\mathbb{R}^n$ 上是有界的。

定义 A1.15 子序列

如果 J 是 I 的一个无限子集，则 $\{\mathbf{x}^k\}_{k\in J}$ 是序列 $\{\mathbf{x}^k\}_{k\in I}$ 在 $\mathbb{R}^n$ 上的子集。

现在我们来表述如下重要结论。

定理 A1.8 有界序列

在 $\mathbb{R}^n$ 中的每个有界序列都有一个收敛的子序列。

证明： 参见 Royden（1963）的证明，或参考任何一本好一点的**实分析**（real analysis）教材中的论证。 ■

我们可以用序列来定义开集与闭集。在本节结束之际，我们提出一个结论，留待读者自己证明。

定理 A1.9 序列、集合与连续函数

令 D 是 $\mathbb{R}^n$ 的一个子集，且 f：$D\rightarrow\mathbb{R}^m$，则：

1. 对于每个 $\mathbf{x}\in D$，如果 $\{\mathbf{x}^k\}_{k=1}^{\infty}$ 收敛于 $\mathbf{x}$，则存在某个 $\bar{k}$，对于所有的 $k\geqslant\bar{k}$，有 $\mathbf{x}^k\in D$。当且仅当上述条件成立时，D 才是个开集。

2. 当且仅当 D 中的每个序列 $\{\mathbf{x}^k\}_{k=1}^{\infty}$ 的点都收敛于某个 $\mathbf{x}\in\mathbb{R}^n$ 时，则 D 是闭的；$\mathbf{x}\in D$ 时，情况也如此。

3. 只要 $\{\mathbf{x}^k\}_{k=1}^{\infty}$ 在 D 中收敛于 $\mathbf{x}\in D$，则 $\{f(\mathbf{x}^k)\}_{k=1}^{\infty}$ 收敛于 $f(\mathbf{x})$。当且仅当上述条件成立时，f 是连续的。

A1.3.2 一些存在性定理

作为本节的收官，我们来考虑某些强有力的拓扑学结论，其中的每个结论在微观经济理论中都有着重要应用。所有这些结论都可以归属于“存在性定理”一类。一个存在性定理详细规定了一些条件，如果这些条件被满足，则保证某些情况存在。在探讨存在性定理时，有两点值得关注。第一，这些定理中的条件通常是充分的，而非必要的。这意味着，当定理的条件存在时，主题的存在性将得以保证。同时，在许多情况下，即使条件没有得到满足，主题可能仍然成立，只不过没法一般地、先验地确定。第二，尽管这些定理使我们确信某些情况存在，但这些情况可能是什么样子的？或者我们在哪里可以找到它们？它们没有给我们提供任何线索！因而在构建严格的“抽象”论点中，它们提供了强有力的且常常是不可或缺的联系，但在解决“实际”问题方面，它们提供的帮助微乎其微。

我们考虑的第一个定理是最优化（optimisation）理论的一个基本结论。在经济学中，许多问题都会涉及在某子集上所定义的一个函数的最大化或最小化。随后几节会考察如何用微积分技术来识别和刻画这类问题的解，我们特别关注的是，把$\mathbb{R}^n$中的向量映射到$\mathbb{R}$中数值的这类函数的最大化或最小化问题。此类函数被称为**实值函数**（real-valued functions），而且我们会在下一节中详细地检验此类函数。但在此处，我们能利用一点儿所学的拓扑学来构建一个最广为应用的存在性定理——维尔斯特拉斯定理（Weierstrass theorem）。这个定理详述了确保一个函数的最大值与最小值存在的充分条件。

定理 A1.10 （维尔斯特拉斯）极值存在性

令 $f: S\to\mathbb{R}$ 是一个连续的实值函数映射，这里 S 是$\mathbb{R}^n$一个非空紧子集。那么，存在一个向量 $\mathbf{x}^*\in S$ 和 $\tilde{\mathbf{x}}\in S$，使得对于所有的 $\mathbf{x}\in S$ 来说，有：

$$f(\tilde{\mathbf{x}})\leqslant f(\mathbf{x})\leqslant f(\mathbf{x}^*)$$

证明：既然 f 是连续的且 S 是紧的，据定理 A1.7 可知，$f(S)$ 是一个紧集。因为 f 是实值的，有 $f(S)\subset\mathbb{R}$。$f(S)$ 是紧的，则它是闭的且有界的。根据定理 A1.5，任何闭的且有界的实数的子集都包含它的最大下界（$g.l.b.$）（称其为 a），以及它的最小下界（$l.u.b.$）（称其为 b）。根据映像集的定义，一定存在某个 $\mathbf{x}^*\in S$，使得 $f(\mathbf{x}^*)=b\in f(S)$，以及某个 $\tilde{\mathbf{x}}\in S$，使得 $f(\tilde{\mathbf{x}})=a\in f(S)$。结合 $g.l.b.$ 与 $l.u.b.$ 的定义可知，对于所有的 $\mathbf{x}\in S$ 来说，$f(\tilde{\mathbf{x}})\leqslant f(\mathbf{x})$ 且 $f(\mathbf{x})\leqslant f(\mathbf{x}^*)$。

■

定理 A1.10 的含义如图 A1-18 所示。在图 A1-18（a）和（b）中，$f: \mathbb{R}\to\mathbb{R}$ 是一个连续的实值函数。在图 A1-18（a）中，子集 $S=[1, 2]$ 是闭的、有界的，因此是紧的。因为 f 是连续的，一个最小值 $f(\tilde{x})$ 和一个最大值 $f(x^*)$ 将分别与映射集 $f(S)$ 中的 $g.l.b.$ 与 $l.u.b.$ 一致。不过，为了了解可能出错的地方，看一下图 A1-18（b）。这里，我们令定义域的子集为 $S'=(1,2)$，它不是紧的。它是有界的，但不是闭的。显然，在这种情况下，f 在 S' 上没有最小值或最大值。因为是开的，我们能越来越接近开区间的端点，但永远不会到达那里。这些变动被分别映射到 f 的较低值或较高值，而不会达到最小值或最大值。

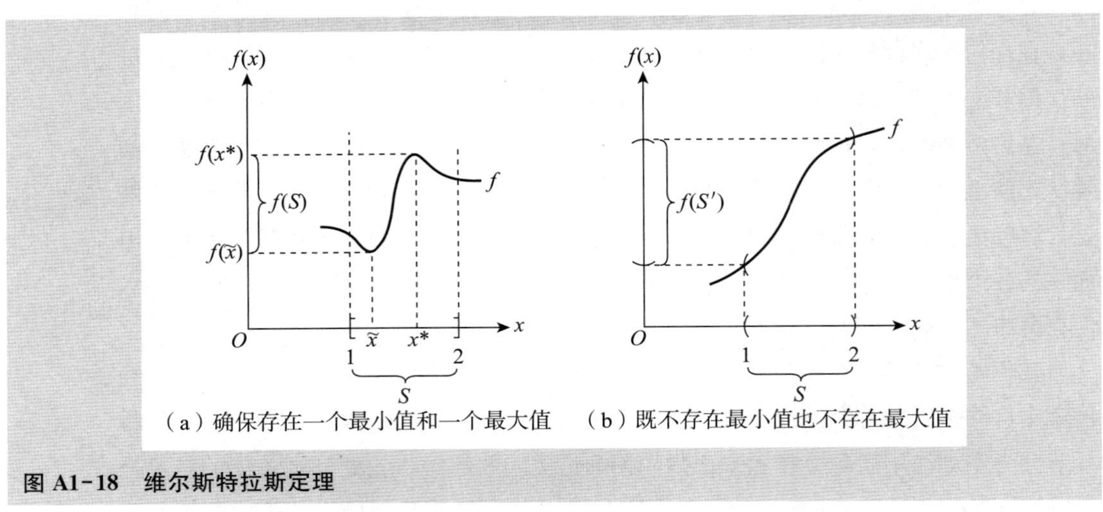

（a）确保存在一个最小值和一个最大值　（b）既不存在最小值也不存在最大值

图 A1-18　维尔斯特拉斯定理

接下来让我们把注意力转到另一种一般的方法，来确定一个变量数和方程数相同的联立方程组是否有（至少一个）解的问题。因为我们所遇到的方程组未必都是线性的，所以我们希望找到一个变量 $\mathbf{x}=(x_1,\cdots,x_n)$，它能同时解出 n 个可能是非线性的方程。

$$
\begin{aligned}
&g_1(x_1,\cdots,x_n)=0\\
&\quad\vdots\\
&g_n(x_1,\cdots,x_n)=0
\end{aligned}
\tag{A1.1}
$$

如果每个函数的定义域 g_i 都是 $\mathbb{R}^n$ 的一个子集 S，显然我们能找到一个解 $(x_1,\cdots,x_n)\in S$。（A1.1）方程组的一种等价写法是定义 $f_i(x_1,\cdots,x_n)=g_i(x_1,\cdots,x_n)-x_i$。于是（A1.1）变为：

$$
\begin{aligned}
&f_1(x_1,\cdots,x_n)=x_1\\
&\quad\vdots\\
&f_n(x_1,\cdots,x_n)=x_n
\end{aligned}
\tag{A1.2}
$$

令 $f: S\to\mathbb{R}^n$，它由 $f(\mathbf{x})=(f_1(\mathbf{x}),\cdots,f_n(\mathbf{x}))$ 所界定。当且仅当 $f(\mathbf{x}^*)=\mathbf{x}^*$ 时，我们看到 $\mathbf{x}^*\in S$ 是方程（A1.1）与（A1.2）的一个解。这样的一个向量被称为函数 f 的一个**不动点**（fixed point）。之所以使用“不动点”这个词，原因在于，如果这样的一个点存在，则当函数从定义域变动到值域时，该点不受扰动或“不变动”。函数 f 只取了 $\mathbf{x}^*$ 这个点，并恰好把它映射回它本身。

假设我们碰到了（A1.1）这种形式的方程组。一个基本的问题就是：这些方程是否互相一致？比如，整个方程组是否有解？如之前所见到的那样，这个问题与下述问题等价，即对于由（A1.2）所定义的向量值函数 f 来说，是否存在一个不动点？许多意义深远的、关乎微观经济体系一致性的问题都可以被重新表述为不动点存在性的问题来加以回答。把竞争性经济视作相互关联的市场体系的观点已经被证明与这种方法具有逻辑一致性。著名的最小最大化定理以及博弈论中的纳什均衡存在性定理也通过这种方式来论证。在很多情况中，某种形式的不动点定理都扮演了重要的角色。就诸如（A1.2）这类方程组的解的存在问题而言，某一特别基础的定理给出了充分条件。

定理 A1.11　布劳威尔不动点定理

令 $S\subset\mathbb{R}^n$ 是一个非空的、紧的凸集。令 $f: S\rightarrow S$ 是一个连续函数，则在 S 中至少存在一个 f 的不动点。也就是说，至少存在一个 $\mathbf{x}^*\in S$，使得 $\mathbf{x}^*=f(\mathbf{x}^*)$。

证明：我们把对布劳威尔定理的证明限制在一种特殊情形下——S 是 $\mathbb{R}^n_+$ 上的单位单形（unit simplex），即 $S=\{(x_1, \cdots, x_n)\in\mathbb{R}^n_+ \mid \sum_{i=1}^n x_i=1\}$。很容易就得出这个集合是非空的、紧的且凸的。（我们就来检验这个集合！）对于 $i=1, \cdots, n$ 和 $\mathbf{x}=(x_1, \cdots, x_n)\in S$，令 $f_i(\mathbf{x})$ 表示向量 $f(\mathbf{x})$ 中的第 i 个坐标。随后，因为 $f(\mathbf{x})\in S$，$f(\mathbf{x})$ 的 n 个坐标总和为 1，即对于每个 $\mathbf{x}\in S$，有 $\sum_{i=1}^n f_i(\mathbf{x})=1$。考虑下述断论，对于每个 $k=1, 2, \cdots$，都存在 n 个点，$\mathbf{x}^{1,k}, \cdots, \mathbf{x}^{n,k}\in S$，所有这些点都在一个 $1/k$ 球内，例如

$$x_i^{i,k}\geqslant f_i(\mathbf{x}^{i,k}),\quad i=1,2,\cdots,n \tag{P.1}$$

我们暂且把这个论断的证明搁在一旁，主要关注的不是它说了什么，而是其中蕴涵了什么。该论断表明，利用第 i 个点的第 i 个坐标弱大于在 f 下其映像的第 i 个坐标的性质，无论你心中的半径多么小，在 S 中始终会存在 n 个点，它们都位于你所规定的半径构成的球内。

该论断蕴涵着什么？显然，它意味着，在 S 中存在 n 个点序列，$\{\mathbf{x}^{1,k}\}_{k=1}^{\infty}, \cdots, \{\mathbf{x}^{n,k}\}_{k=1}^{\infty}$，使得对每个 k 来说，（P.1）都成立。因为 S 是紧的，故它是有界的。因此，根据定理 A1.8，存在一个共同的子列（subsequence），每个序列均收敛于此。（为什么是共同的？把 $\{(\mathbf{x}^{1,k}, \cdots, \mathbf{x}^{n,k})\}_{k=1}^{\infty}$ 想成 S^n 中的一个单一序列。）而且，因为在序列中的第 k 个点与其他点的距离在 $1/k$ 之内，子序列一定收敛于同一个点 $\mathbf{x}^*\in\mathbb{R}^n$。（试证之！）又因为 S 的紧性意味着 S 是闭的，故有 $\mathbf{x}^*\in S$。概言之，存在一个系数为 $k=1, 2, \cdots$ 的无穷子集 K，使得每个子序列 $\{\mathbf{x}^{1,k}\}_{k\in K}, \cdots, \{\mathbf{x}^{n,k}\}_{k\in K}$ 均收敛于 $\mathbf{x}^*\in S$。随着 $k\in K$ 趋向于无穷，对（P.1）中的不等式两侧取极限：

$$x_i^*=\lim_{k\rightarrow\infty, k\in K} x_i^{i,k}\geqslant\lim_{k\rightarrow\infty, k\in K} f_i(\mathbf{x}^{i,k})=f_i(\mathbf{x}^*),\quad i=1,2,\cdots,n$$

其中的第二个等式源于 f 的连续性。因此 $\mathbf{x}^*=(x_1^*,\cdots,x_n^*)\in S$ 满足：

$$x_i^*\geqslant f_i(\mathbf{x}^*),\quad i=1,2,\cdots,n \tag{P. 2}$$

因为 $\mathbf{x}^*$ 和 $f(\mathbf{x}^*)$ 都在 S 之内，它们的坐标之和为 1（即（P. 2）两侧之和都是 1）。但是，只有当（P. 2）中每个不等式实际上取等式时，这种情况才成立。因此，我们已经证明了 $\mathbf{x}^*=f(\mathbf{x}^*)$，如题所愿！

（P. 1）意味着 f 有一个不动点，因此它足以证明（P. 1）。我们下面只考虑了 $n=3$ 这种特殊情况，但证明中所用到的思想可以推广到任何维度。因此，这里给出的证明提供了一种方法，借此以理解布劳威尔定理在一般意义上是成立的。

现在开始，我们令 $n=3$。因此，$S=\{(x_1,x_2,x_3)\in\mathbb{R}_+^3\mid x_1+x_2+x_3=1\}$ 是 $\mathbb{R}^3$ 中的单位单形，如图 A1-19 中三角形平面所示。针对目前 $n=3$ 的特殊情况重写（P. 1），我们想证明，对于每个 $k=1,2,\cdots$，都存在三个点，$\mathbf{a}$，$\mathbf{b}$，$\mathbf{c}\in S$，它们都在一个 $1/k$ 球内。

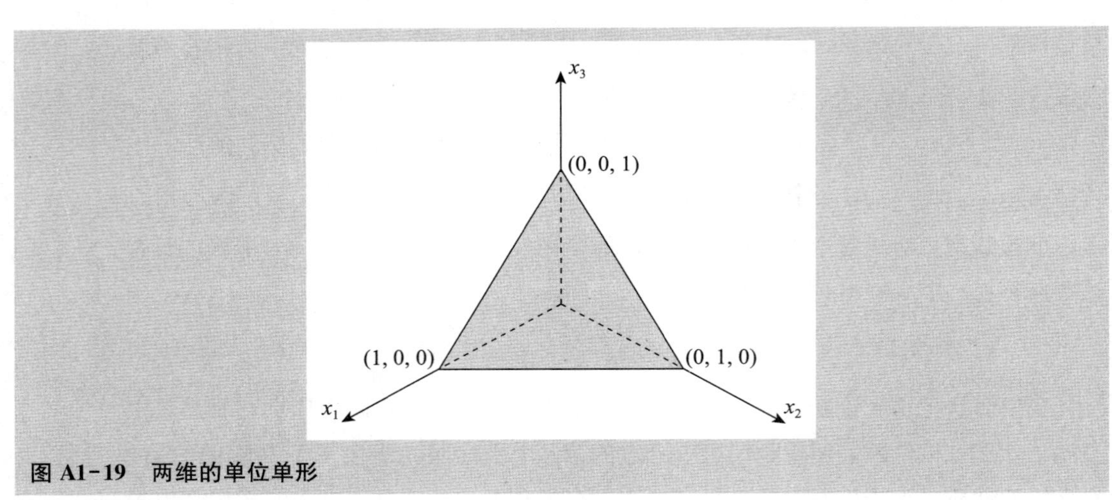

图 A1-19　两维的单位单形

因此，

$$a_1\geqslant f_1(\mathbf{a}) \tag{P. 3}$$

$b_2\geqslant f_2(\mathbf{b})$ 及

$c_3>f_3(\mathbf{c})$

我们在这里已将 $\mathbf{a}$，$\mathbf{b}$，$\mathbf{c}$ 对 k 的依存关系取消了。

于是，如图 A1-20 所示，固定 k 并把等边三角形 S 分割成更小的等边三角形，选择的细分方式刚好使每个小三角形都放入一个 $1/k$ 球内。[①] 如果在细分区域中的一个顶点是 f 的不动点，我们就可以取 $\mathbf{a}=\mathbf{b}=\mathbf{c}$ 作为不动点（而我们正是这么做的）。因此，可以假设在细分区域内并无顶点是 f 的固定点。如果我们能证明，在细分区域

① 这是完全可行的。例如，把原始三角形的三个边都分割成 $1/k$ 个相等的区间，并用平行于三角形各边的线把"对面"区间标志连接起来。

中的小三角形的顶点 **a**，**b**，**c** 至少有一个必定会满足（P. 3），则命题得证。

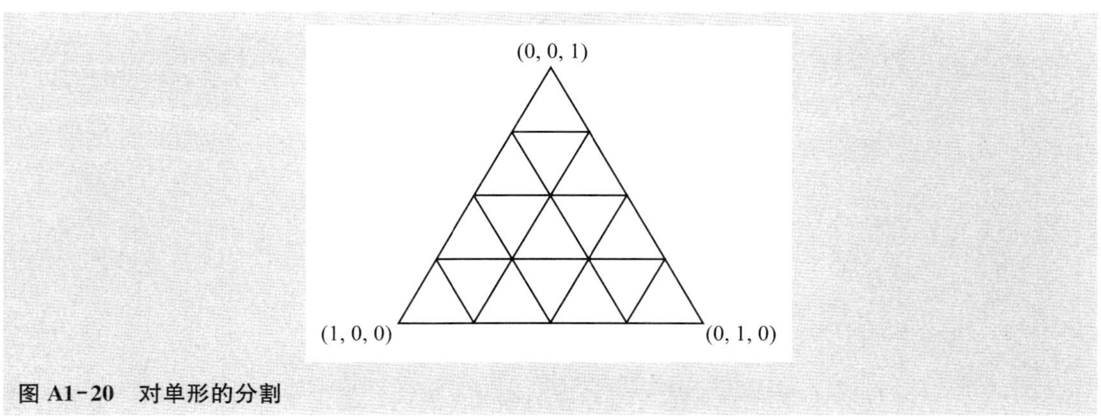

图 A1-20 对单形的分割

以图 A1-20 为例，我们给细分区域中的每个顶点指派或“标注”一个数字——1、2 或 3。必须遵守以下规则：

$$\text{只要 } x_i > f_i(\mathbf{x})\text{，顶点可被指派标签 } i \tag{P. 4}$$

例如，如果 $\mathbf{x}=(1/4, 1/4, 1/2)$ 是一个顶点且 $f(\mathbf{x})=(0, 2/3, 1/3)$，则我们可以指派给 **x** 标签 1 或 3，但不是 2。如果在细分区域中每个顶点的标注都满足（P. 4），则这种标注形式被称为可行的。正如刚才所见，一个细分区域可能有多个可行的标注方式。但是，我们能确定至少存在一个可行的标注吗？答案是肯定的，因为我们已经假设没有一个顶点是 f 的不动点。于是，对于任何顶点 **x**，至少有一个 $i\in\{1, 2, 3\}$ 必定满足 $x_i > f_i(\mathbf{x})$（你明白其中的原因吗?），因此，每个顶点至少存在一个可行标注。

图 A1-21 是一个有关可行性标注的代表性例子。注意，不管函数 f 如何，初始三角形 S 的顶点（1，0，0）、（0，1，0）和（0，0，1）必须分别被指派标签 1、2 和 3。而且，底边的任何顶点（即任何是顶点（1，0，0）与（0，1，0）的凸组合的顶点）都必须被指派标签 1 或 2，且不能被指派标签 3，因为它的第三个坐标是 0。同理，一方面，左边顶点的标签必须是 1 或 3，右边顶点的标签必须是 2 或 3；另一方面，原则上，在三角形 S 内部的顶点被指派的标签可能是 1，2 或 3。

我们的目的是要证明，对于任何可行的标注方式，必定至少存在一个小三角形会被完全标注（completely labelled），即必定有顶点被标为 1，2 和 3 的小三角形。如果真是这样，比如，有某个小三角形的顶点已经具有标签 1，2 和 3，那么根据（P. 4），有：

$$a_1 > f_1(\mathbf{a})$$
$$b_2 > f_2(\mathbf{b})\text{，及}$$
$$c_3 > f_3(\mathbf{c})$$

故而满足（P. 3），证毕。

附录

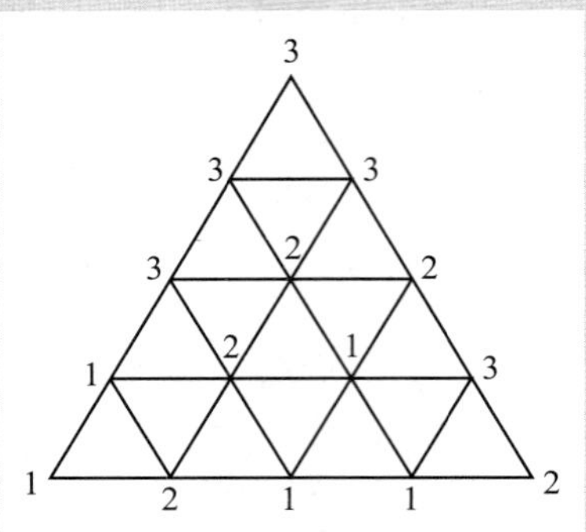

图 A1-21　一个典型的可行标注

我们该如何证明在任何可行标注的细分区域内，必定至少有一个小三角形会被完全标注呢？我们将采用一种仔细的计数观点。具体而言，固定一个可行的标注，如图 A1-21 所示。现在把细分区域内的每个小三角形都当做拼图中的一块。把拼图块打散，但保持它们顶点的标签不变，如图 A1-22 所示。每块拼图都有三个标签，对应于其三个顶点。选取一块拼图，并计数“1－2 边缘”的个数，也就是说，它所包含的一个端点标记为 1、另一个端点标记为 2 的边缘。例如，标签 1，2，3 的拼图块具有一个 1－2 边缘，标签 1，1，2 的拼图块有两个 1－2 边缘，标签 1，1，3 的拼图块有 0 个 1－2 边缘。

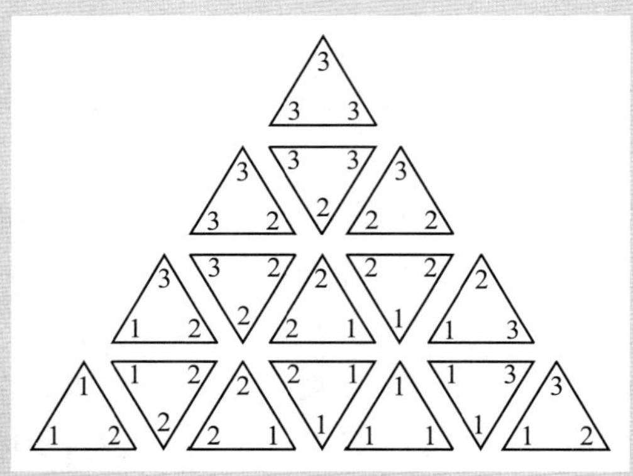

图 A1-22　分解图

我们认为，1－2 边缘的总数一定为奇数。（数一下图 A1-22 中 1－2 边缘的数量来证实一下这个断论。）为了理解其中的缘由，我们先沿着大三角形 S 的底边数一数 1－2 边缘的数量。回到图 A1-21，并从三角形底边左侧的顶点开始移动到右侧，同时数一下1－2边缘的个数。① 注意：我们首次遇到 2 时，1－2 边缘的数量从 0 变到 1。总之，我们可能在一行内遇到一个数字 2，在这种情况下，我们 1－2 边

附录

① 1－2 标签出现的顺序并不重要。具体来说，沿着大三角形底边的一个小三角形的左端点是 2、右端点是 1 边缘被当做一个 1－2 边缘。

缘的总数并没有变化。只要我们遇到一个标签为 1 的顶点，我们的计数将增加到 2。但如果我们这么做，问题并没有结束。最终必定遇到一个标签为 2 的顶点，因为最右侧的顶点有标签 2。因此，如果我们的 1—2 边缘数量达到 2，并不会止步不前。它必定会达到 3，届时顶点标签为 2。同样的逻辑意味着我们的计数不会终止于偶数，因为当前一个顶点的标签为 2 且目前的顶点标签为 1 时，我们对 1—2 边缘的计数恰好变为偶数。因此，必定存在至少一个以上的 1—2 边缘，因为最后端点的标签是 2。由于计数不能止于偶数，所以它必定会止于奇数。也就是说，沿着三角形底边，存在奇数个 1—2 边缘。

1—2 边缘还能出现在其他地方吗？正如我们已经观察到的那样，它们不能出现在大三角形的另外两个边。因此，它们唯一还可能出现的地方就是在 S 内部，而且我们断言，在 S 内部，1—2 边缘的总数是偶数。为了理解其中的缘由，请看图 A1-22，你要看到任何内部边缘都有一个与其临近的、具有相同标签的孪生点。这是因为在 S 中任何内部边缘的两个端点和它的孪生边缘实际上具有相同的两个端点，因此被指派相同的标签组。故内部 1—2 边缘会成对出现，进而这类边缘必有偶数个。

总而言之，当细分区域被分解成小拼图块时，沿着 S 底边的 1—2 边缘的总数是奇数（在图 A1-22 中此类边缘有 3 个），而且 S 内部的 1—2 边缘总数是偶数（在图 A1-22 中此类边缘有 12 个）。因为此类边缘不可能再出现在别的地方，所以它们的总数一定是奇数。

最后一步需要证明的是，看看所有分离的小三角，如果存在奇数个 1—2 边缘，则必定存在奇数个完全标注的三角形。（一定至少是 1！）为什么？让我们用别的方法再数一下（1—2 边缘的数量）。如果关注的只是那些没有被完全标注的三角形，会有多少个 1—2 边缘？它们中的某些没有 1—2 边缘，但是其他的都恰好有两个 1—2 边缘，因为它们的标签必须是 1，1，2 或 1，2，2（画出这样标签的三角形并数一数 1—2 边缘）。因此，在没有完全标注的三角形之间，1—2 边缘的总数是偶数。但是，因为我们知道总共存在奇数个 1—2 边缘，因此必须存在奇数个完全标注的三角形，因为每个三角形都恰好有一个 1—2 边缘。[①] ■

当 S 是一个非空的闭区间 $[a, b]$ 时，图 A1-23 画出了布劳威尔定理的情况。简单地说，如果 f 是一个从 $[a, b]$ 到其自身的连续映射，布劳威尔定理保证，在 $[a, b]\times[a, b]$ 的正方形内，f 的曲线图将与 45°线至少相交一次。在所给出的图示中，f 与 45°线相交了三次。这是警告你，在布劳威尔定理中，当定理条件被满足时，该定理只提及了不动点的存在性，而不涉及其唯一性。实际上，图 A1-23 可被当成一个反例用以打消你企图自己构建任何此类“定理”的念头。

① 单形的一个可行标注的细分区域必须有奇数个完全标签的三角形，这个事实被称为斯波纳引理（Sperner's lemma），而且它能被推广到任何数量的维度。

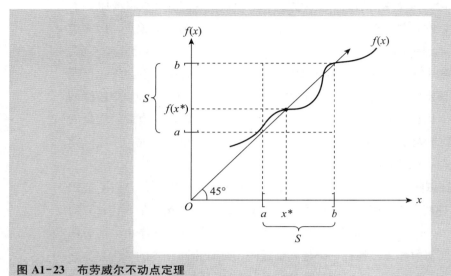

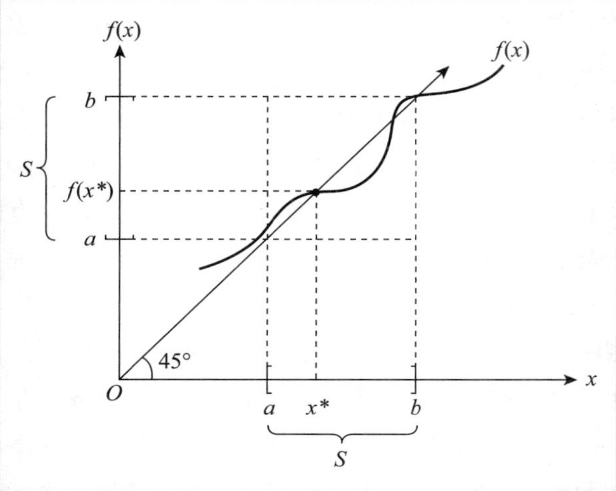

图 A1-23　布劳威尔不动点定理

我们留给读者一个简单常见的思想实验，你可以在清晨练习或者琢磨一下。有一杯咖啡，你可以把咖啡中的分子想象成$\mathbb{R}^3$中的点，把杯子中所有分子的集合想象成$\mathbb{R}^3$中一个紧的凸集。现在，举起杯子，缓慢地摇动它，使得咖啡以一种“连续”的方式被扰动，但不要溅出杯子！然后停下来再让分子恢复静止。布劳威尔定理说的是，在你的杯子中，至少有一个分子恰好停在它开始的位置上！

A1.4　实值函数

实值函数是微观经济理论中经常遇到的一种函数，最熟悉的莫过于消费者的效用函数、企业的生产函数和成本函数，等等。它的正式定义如下：

定义 A1.16　实值函数

如果D是任意一个集合且$R\subset\mathbb{R}$，则$f: D\to R$是一个实值函数。

简单地说，如果f把其定义域的元素映射到实线上，则f是实值的。如果定义域是$\mathbb{R}^n$的一个子集，则一个实值函数会把$\mathbb{R}^n$中的向量映射到$\mathbb{R}$中的点上。函数$y=ax_1+bx_2$，$y=\sqrt{z^2+w^2}$以及$y=\sum_{i=1}^{n}a_ix_i^2$都是实值函数的例子，因为在每种情况下，方程左侧都是一个实数。当然，实值函数的类别五花八门。本节将介绍一些特殊类型的实值函数，并对它们的重要性质加以探讨。

附录

在有代表性的经济应用中，实值函数在其定义域内会有规则地上升或下降，因而被称为增函数和减函数。有必要对这些词汇再仔细地加以界定，以供未来参考之用。我们在这里将重点区分三种类型的增函数。

定义 A1.17　增函数、严格递增的函数和强递增函数

令$f: D\to\mathbb{R}$，这里D是$\mathbb{R}^n$的一个子集。如果$\mathbf{x}^0\geqslant\mathbf{x}^1$，就有$f(\mathbf{x}^0)\geqslant f(\mathbf{x}^1)$，

则 f 是递增的；此外，只要 $\mathbf{x}^0 \gg \mathbf{x}^1$，不等式就严格成立，则说 f 是严格递增的；只要 $\mathbf{x}^0$ 和 $\mathbf{x}^1$ 是不同的，且 $\mathbf{x}^0 \geqslant \mathbf{x}^1$，就有 $f(\mathbf{x}^0) > f(\mathbf{x}^1)$，则说 f 是强递增的。

审视这些定义并回忆我们在向量关系中所使用的符号$\geqslant$和$\gg$。只要向量 $\mathbf{x}=(x_1, \cdots, x_n)$ 中的一个或多个元素 x_i 的增加不会引起函数值的减少，我们就把函数定义为递增的；只要 $\mathbf{x}$ 中所有元素的增加都能引起函数值严格增加，则我们把函数称为严格递增的。只要一个或多个 x_i 的增加引起函数值严格增加，则我们把函数定义为强递增的。

减函数的定义也一样，而且我们也对它们做出类似的区分。

定义 A1.18 减函数、严格递减函数和强递减函数

令 $f: D \to \mathbb{R}$，这里 D 是 $\mathbb{R}^n$ 的一个子集。如果 $\mathbf{x}^0 \geqslant \mathbf{x}^1$，就有 $f(\mathbf{x}^0) \leqslant f(\mathbf{x}^1)$，则 f 是递减的。此外，只要 $\mathbf{x}^0 \gg \mathbf{x}^1$，不等式就严格成立，则说 f 是严格递减的。只要 $\mathbf{x}^0$ 和 $\mathbf{x}^1$ 是不同的，且 $\mathbf{x}^0 \geqslant \mathbf{x}^1$，就有 $f(\mathbf{x}^0) < f(\mathbf{x}^1)$，则说 f 是强递减的。

A1.4.1 相关集合

前面说过，函数代表着两个集合之间的一种特殊关系。我们也强调过，函数的图形是一个相关的集合，它有时候为解出函数提供了一种简单直观的方式。还有一些与函数有关的集合已成为工具箱和经济词典中的基本内容。和图形类似，某些集合有着非常简单的几何形式，往往提供了一个等价但简单的思考和处理函数的方式，这对于值域是实线的某个子集的实值函数来说，尤其如此。我们之前定义了一些相关集合，确立了它们与函数的关系以及它们彼此之间的关系，接下来要考虑一些特殊的实值函数以及它们相关集合的特殊性质。

水平集（或水平曲线）无疑是一个大家耳熟能详的概念，虽说有时候名字可能叫得不一样。在微观经济学中，一些熟悉的对象（如无差异曲线、等产量线、等利润线等）都是实值函数的水平集。水平集是一个函数定义域中所有元素的集合，该函数把它们都映射到值域内同一个数字或同一“水平”。因此，根据定义，当同一水平集中的任意两个元素被嵌入函数本身时，它们在值域中将得到相同的值。正式表述如下：

定义 A1.19 水平集

给定实值函数 $f: D \to R$，当且仅当 $L(y^0)=\{x \mid x \in D, f(x)=y^0\}$ $(y^0 \in R \subset \mathbb{R})$ 时，$L(y^0)$ 是 f 的一个水平集。

请注意，这些水平集都是位于函数定义域中的集合。在映像中的任何值都可以构建一个水平集，所以用这些定义域中的集合就能完整地表示出这个函数，从而使函数表达所需要的维度减少一个，这也正是你常在无差异曲线、等产量线等图形中所看到的水平集的特征：水平集能让我们研究包含了三个变量的函数，因为它能把这些集合聚焦到简单的二维平面上，而通常这种三变量函数需要用笨拙的三维图像描述。对于三变量函数 $y=f(x_1, x_2)$，它的某些水平集如图 A1-24 所绘。

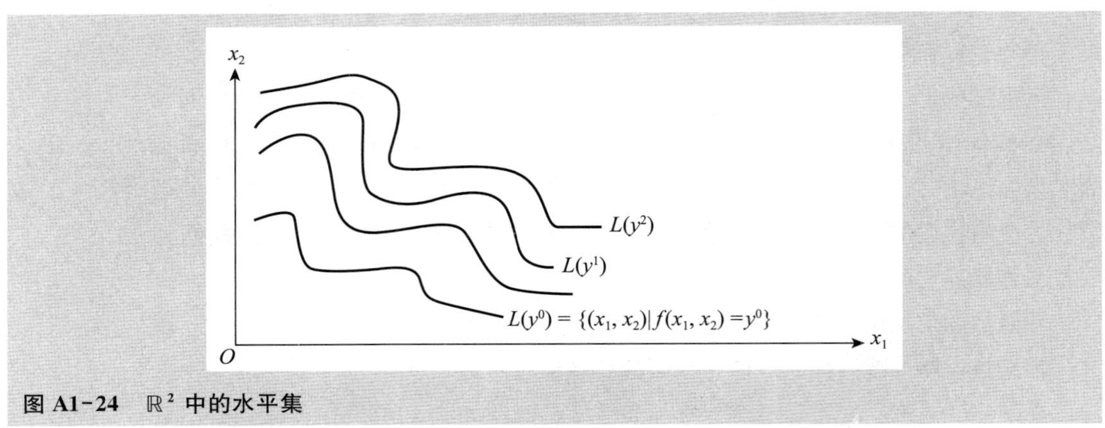

图 A1-24　$\mathbb{R}^2$ 中的水平集

有必要关注一下水平集的另一个性质。之前看到，当且仅当映射 $f: D\to R$ 为定义域中的每个元素在值域中都指派了单独一个数的时候，f 就是一个函数。因此，一个函数的两个不同的水平集永远不可能彼此交叉或相交。如果它们相交，则意味着在它们交点处，两个不同的数字被指派给定义域中的同一个元素，这显然违反函数的定义。

最后，我们还应该对符号有所了解。就水平集而言，出于许多目的，习惯上是相对于定义域中的特定点（而非值域中的特定点）而言的。因为实值函数是将其定义域内的任意点 $\mathbf{x}^0$ 映射到值域中的某个点或水平 $f(x^0)=y^0$。用这种方式定义水平集，只是出于记号上的方便。因此，为了同之前的定义保持一致，我们可以相对于点 $\mathbf{x}^0$ 来定义一个水平集，随着映射到值域中，定义域中所有点都映射到值域中同一个水平。正式的表述如下：

定义 A1.20　相对于某个点的水平集

如果 $\mathcal{L}(\mathbf{x}^0)=\{x \mid \mathbf{x}\in D, f(\mathbf{x})=f(\mathbf{x}^0)\}$，则 $\mathcal{L}(\mathbf{x}^0)$ 是相对于 $\mathbf{x}^0$ 的一个水平集。

考虑图 A1-25 中 $f(\mathbf{x})=y^0$ 的水平集。对于 $f(\mathbf{x})$ 来说，因为点 $\mathbf{x}^0$ 位于 y^0 水平集上，我们知道 $f(\mathbf{x}^0)=y^0$。我们对定义域中其他的点，如 $\mathbf{x}^1$ 与 $\mathbf{x}^2$ 了解多少呢？如果 $f(\mathbf{x})$ 是一个严格递增的函数，我们知道 $f(\mathbf{x}^1)>f(\mathbf{x}^0)$ 且 $f(\mathbf{x}^2)<f(\mathbf{x}^0)$。这是显而易见的，因为向量 $\mathbf{x}^1$（$\mathbf{x}^2$）的各坐标都严格大于（小于）$\mathbf{x}^0$ 的坐标，而且一个严格递增的函数会给有更大（更小）分量的向量指派一个更大（更小）的数字，这是非常直观的。但是我们了解 $L(y^0)$ 同一侧的类似 $\mathbf{x}^1$ 或 $\mathbf{x}^2$ 的其他点（如 $\mathbf{x}^3$ 或 $\mathbf{x}^4$）吗？显然，不管函数是递增的还是递减的，类似 $\mathbf{x}^3$ 与 $\mathbf{x}^4$ 的点必定引致一个函数值，该值与 y^0 的关系同点 $\mathbf{x}^1$ 和 $\mathbf{x}^2$ 给出的关系是相同的。如果 $f(\mathbf{x})$ 是严格递增的，则 $f(\mathbf{x}^1)$ 和 $f(\mathbf{x}^3)$ 必定都大于 y^0，而 $f(\mathbf{x}^2)$ 和 $f(\mathbf{x}^4)$ 必定都小于 y^0；如果 $f(\mathbf{x})$ 是严格递减的，则 $f(\mathbf{x}^1)<y^0$，$f(\mathbf{x}^3)<y^0$，且 $f(\mathbf{x}^2)>y^0$，$f(\mathbf{x}^4)>y^0$。这也是一目了然的，原因在于，例如 $\mathbf{x}^3$ 与 $L(y^0)$ 的其他点（如 $\mathbf{x}^5$）的关系类似于 $\mathbf{x}^1$ 与 $\mathbf{x}^0$ 的

关系。因为 $\mathbf{x}^0$ 和 $\mathbf{x}^5$ 都在 $L(y^0)$ 上，我们知道 $f(\mathbf{x}^0)=f(\mathbf{x}^5)=y^0$，进而，此处得出的结论与之前确定 $\mathbf{x}^3$ 和 $\mathbf{x}^5$ 给出的函数值的大小类似，都要取决于 $f(\mathbf{x})$ 是严格递增的还是递减的。如果 $f(\mathbf{x})$ 是严格递增的，则 $f(\mathbf{x}^1)>f(\mathbf{x}^0)=y^0$，$f(\mathbf{x}^3)>f(\mathbf{x}^5)=y^0$。如果 $f(\mathbf{x})$ 是严格递减的，则 $f(\mathbf{x}^1)<f(\mathbf{x}^0)=y^0$，且 $f(\mathbf{x}^3)<f(\mathbf{x}^5)=y^0$。

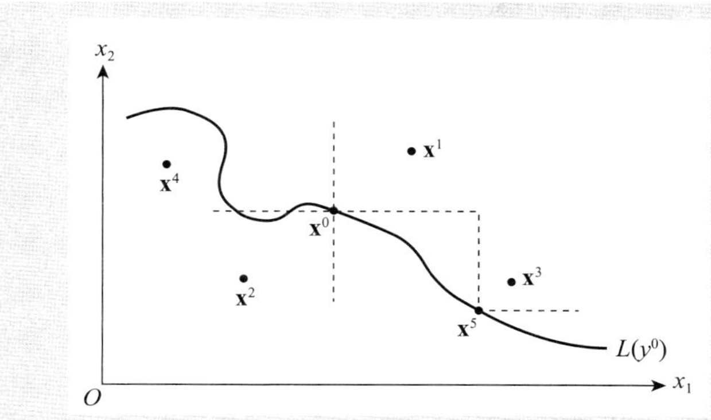

图 A1-25 相对于点 $\mathbf{x}^0$ 的一个水平集

按照这样的思路，我们能另外再定义一些集合，并以有效的方式对函数的定义域进行划分。

定义 A1.21 上优集与下劣集

1. $S(y^0)\equiv\{\mathbf{x}\mid\mathbf{x}\in D,\ f(\mathbf{x})\geqslant y^0\}$ 被称为水平 y^0 的上优集（或上等值集，superior set）。

2. $I(y^0)\equiv\{\mathbf{x}\mid\mathbf{x}\in D,\ f(\mathbf{x})\leqslant y^0\}$ 被称为水平 y^0 的下劣集（或下等值集，inferior set）。

3. $S'(y^0)\equiv\{\mathbf{x}\mid\mathbf{x}\in D,\ f(\mathbf{x})>y^0\}$ 被称为水平 y^0 的严格上优集（或严格上等值集，strictly superior set）。

4. $I'(y^0)\equiv\{\mathbf{x}\mid\mathbf{x}\in D,\ f(\mathbf{x})<y^0\}$ 被称为水平 y^0 的严格下劣集（或严格下等值集，strictly inferior set）。

上优集包括 D 中所有赋予函数的值等于或大于 y^0 的那些点，而严格上优集包括赋予函数的值严格大于 y^0 的那些点；下劣集包含了所有赋予函数的值小于或等于 y^0 的那些点，而严格下劣集包括所有赋予函数的值严格小于 y^0 的那些点。因为水平集本身包括了所有赋予函数的值等于 y^0 的点，这些集合显然相关。以下定理明确阐释了这些关系。定理的证明留作练习题。

定理 A1.12 上优集、下劣集及水平集

对于任何 $f: D\rightarrow R$ 且 $y^0\in R$：

1. $L(y^0)\subset S(y^0)$；
2. $L(y^0)\subset I(y^0)$；
3. $L(y^0)=S(y^0)\cap I(y^0)$；

4. $S'(y^0) \subset S(y^0)$；
5. $I'(y^0) \subset I(y^0)$；
6. $S'(y^0) \cap I(y^0) = \emptyset$；
7. $I'(y^0) \cap I(y^0) = \emptyset$；
8. $S'(y^0) \cap I'(y^0) = \emptyset$。

图 A1-26 显示了两个不同函数的上优集和下劣集，两个函数分别是递增的与递减的。当 $f(\mathbf{x})$ 递增时，$s(y^0)$ 将总是处于水平集 $L(y^0)$ 的位置或之上，且 $I(y^0)$ 将总是处于水平集 $L(y^0)$ 的位置或之下。如果 $S'(y^0)$ 不为空，则它总是严格位于水平集$L(y^0)$之上，且 $I'(y^0)$ 将总是严格位于水平集 $L(y^0)$ 之下。当 $f(\mathbf{x})$ 递减时，$S(y^0)$ 将总是处于水平集 $L(y^0)$ 的位置或之下，而 $I(y^0)$ 将总是处于水平集 $L(y^0)$ 的位置或之上。如果 $S'(y^0)$ 不为空，那么，它将严格位于水平集 $L(y^0)$ 之下，而$I'(y^0)$将严格位于水平集 $L(y^0)$ 之上。

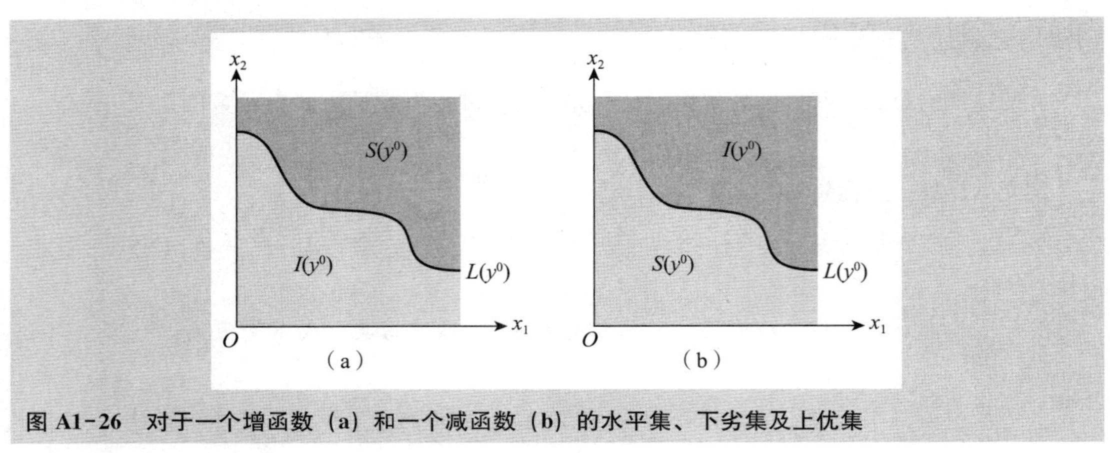

图 A1-26　对于一个增函数（a）和一个减函数（b）的水平集、下劣集及上优集

A1.4.2　凹函数

本节的其余部分我们将主要关注那些定义域是凸集的实值函数，这实际上也就是随后的工作，而且即便不明确地介绍这些内容，读者也往往能够理解。但目前，我们还是应该小心翼翼地把这些假设和符号说清楚。

假设 A1.1　凸集的实值函数

该假设贯穿本节，只要 $f: D \to R$ 是一个实值函数，我们将假设 $D \subset \mathbb{R}^n$ 是一个凸集。当我们选取 $\mathbf{x}^1 \in D$ 和 $\mathbf{x}^2 \in D$ 时，令 $\mathbf{x}^t \equiv t\mathbf{x}^1 + (1-t)\mathbf{x}^2 (t \in [0, 1])$ 表示 $\mathbf{x}^1$ 与 $\mathbf{x}^2$ 的凸组合。由于 D 是一个凸集，所以我们知道 $\mathbf{x}^t \in D$。

在经济学中，我们经常碰到凸定义域上的凹实值函数。凹函数定义如下。

定义 A1.22　凹函数

对于所有的 $\mathbf{x}^1$，$\mathbf{x}^2 \in D$ 来说，如果下式成立，则 $f: D \to R$ 是一个凹函数：

$$f(\mathbf{x}^t) \geqslant tf(\mathbf{x}^1) + (1-t)f(\mathbf{x}^2) \quad \forall t \in [0,1]$$

大体来说，依据这个定义，如果 f 在两点凸组合上的值不小于两个值的凸组合，那么 f 就是凹的。该定义精确地对应着函数图形的一个简单的几何性质。

我们来看一下图 A1-27 中描绘的简单的单变量凹函数。在图形上任取两点（x^1，y^1）和（x^2，y^2），画出连接这两点的弦。根据之前对凸集的讨论可知，当我们构造定义域中的元素 x^1 与 x^2 的任何凸组合时，会得到一个点 x^t，它位于 x^1 和 x^2 之间的距离的某个比例上。如果我们构造值域中相应元素 $y^1=f(x^1)$ 与 $y^2=f(x^2)$ 的（相同的）凸组合，将得到一个点 $y^t=tf(x^1)+(1-t)f(x^2)$，也是位于 $f(x^1)$ 和 $f(x^2)$ 之间距离的相同比例上。倘若画出点（x^t，y^t），它必定位于连接点（x^1，$f(x^1)$）与（x^2，$f(x^2)$）的直线弦上。（x^t，y^t）的横坐标是 x^1 与 x^2 的凸组合，纵坐标是 f 在 x^1 与 x^2 所产生数值的同样的凸组合。因为 f 是凹的，（x^t，$f(x^t)$）的高度（纵向距离）必定不会小于弦（x^t，y^t）的高度（纵向距离）；也就是说，我们必有 $f(x^t) \geqslant y^t = tf(x^1)+(1-t)f(x^2)$。这里，$x^t$ 所对应的曲线的高度严格大于该点所对应的弦的高度，所以符合条件。

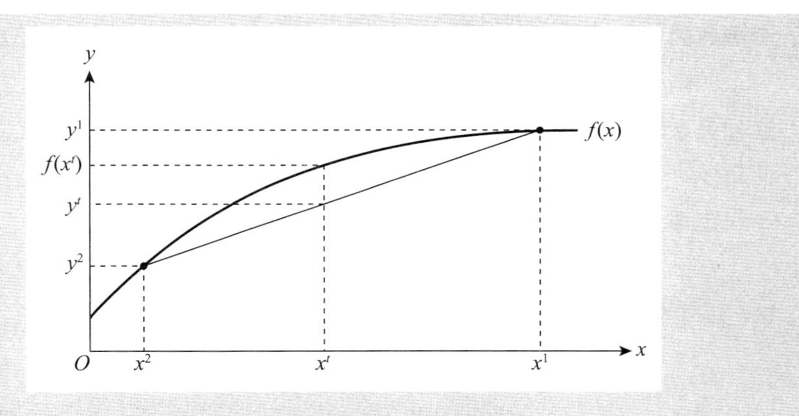

图 A1-27 凹函数

如果我们现在考虑 $t \in [0, 1]$ 的所有值，就可以追溯出横坐标上介于 x^1 与 x^2 之间的每个点。对于 t 的每个值，同样的观点也将成立。x^t 的每个值到曲线图形的高度（纵向距离）大于（或等于）到弦的高度。这表明了一个非常简单且直观的规则：对于图形上的每对点，当且仅当连接它们的弦处于曲线（图形）的水平之内或之下时，函数就是凹的。

当凹性不成立时，会发生什么？为了理解这一点，考虑图 A1-28 中的函数。该函数在区域 $[0, x^1]$ 和 $[x^2, \infty]$ 上是凹的，通过在图形上画出两点之间的弦，你能很容易地看到弦位于这些区域之内。然而，它在区域 $[x^1, x^2]$ 是非凹的。这里，我们能在（x^1，$f(x^1)$）与（x^2，$f(x^2)$）之间画出一根弦，并找到一个 t（如 $t=1/2$）使得图形上点的凸组合（x^t，y^t）严格位于点（x^t，$f(x^t)$）之上。因为我们在定义域中已经找到了两个点和至少一个 $t \in [0, 1]$ 使得 $f(x^t) < tf(x^1)+(1-t)$

$f(x^2)$，凹性的定义不再满足。

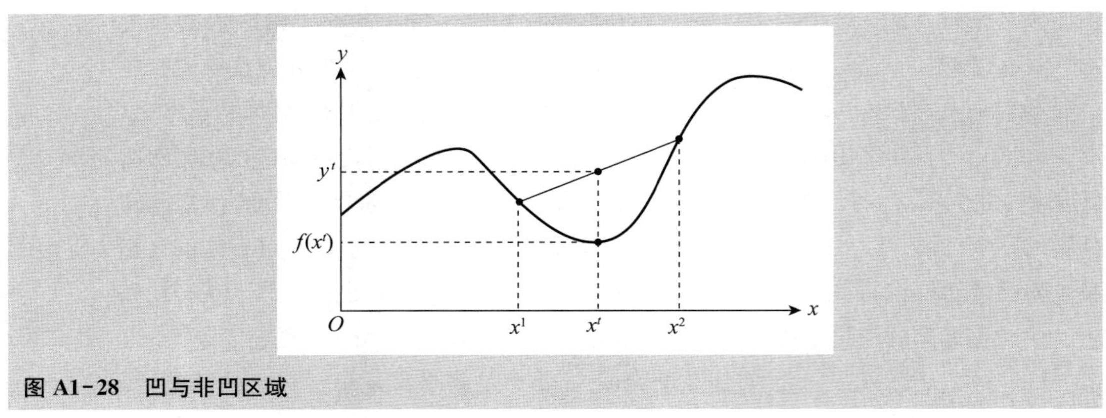

图 A1-28　凹与非凹区域

再来看图 A1-27 和图 A1-28。你能看出图 A1-27 中的凹函数与图 A1-28 中的非凹函数有什么区别吗？注意一下图 A1-27 中曲线以下的区域和图 A1-28 中曲线以下的凹区域，把这两个区域同图 A1-28 中的非凹部分之下的区域作比较。按照之前的看法，所有曲线上凹区间以下的点似乎都是"性状良好的"，特别是，在两个函数的凹区域之下的点集都是凸集。图 A1-28 非凹区域以下的点集不是凸集。一个凹函数和它下面的点集之间的这种关系实际上是一种非常一般性的亲密关系。这种关系对所有的凹函数都成立，而不仅仅是对于单变量函数成立。这一性质是如此重要，足以将其表述为一个定理。

定理 A1.13　一个凹函数图形及其之下的点形成一个凸集

令 $A\equiv\{(\mathbf{x}, y) \mid \mathbf{x}\in D, f(\mathbf{x})\geqslant y\}$ 是图形 $f: D\rightarrow R$ "上及之下"（on and below）的点集，其中 $D\subset\mathbb{R}$ 是凸集且 $R\subset\mathbb{R}^n$。则：

$$f \text{ 是一个凹函数} \Leftrightarrow A \text{ 是一个凸集。}$$

我们很快还将接触到几个类似的定理，它们在某类函数与相关的凸集之间建立了一种等价关系。有些定理我们不会提供证明，还有一些将留作练习题。养成对这些关系的直觉非常重要，我们现在就将证明这个定理。为了使论证尽可能地清晰明了，我们将采用一种扩展的、轻松的方法。

证明：（扩展的）由于定理确定了函数凹性与集合 A 凸性之间的一种等价性，于是，我们将不得不把定理拆开，并在"两个方向"上分别给出证明。我们必须给出证明：f 凹性$\Leftrightarrow A$ 凸性，以及 A 凸性$\Leftrightarrow f$ 凹性。

第一部分：f 凹性$\Rightarrow A$ 凸性。

假设 f 是一个凹函数，于是，对 $\mathbf{x}^t\equiv t\mathbf{x}^1+(1-t)\mathbf{x}^2$ 并根据凹函数的定义，有：

$$f(\mathbf{x}^t)\geqslant tf(\mathbf{x}^1)+(1-t)f(\mathbf{x}^2)\text{，对于所有的 } \mathbf{x}^1,\mathbf{x}^2\in D\text{，且 } t\in[0,1] \quad \text{(P.1)}$$

取任意两点 $(\mathbf{x}^1, y^1)\in A$ 和 $(\mathbf{x}^2, y^2)\in A$，根据 A 的定义，

附录

$$f(\mathbf{x}^1)\geqslant y^1 \text{ 且 } f(\mathbf{x}^2)\geqslant y^2 \tag{P.2}$$

为了证明 A 是一个凸集，我们须证明，对于所有的 $t\in[0,1]$，凸组合（$\mathbf{x}^t$，y^t）$\equiv(t\mathbf{x}^1+(1-t)\mathbf{x}^2$，$ty^1+(1-t)y^2$）也在 A 内。根据假设，D 是一个凸集，我们知道，对于所有的 $t\in[0,1]$，有 $\mathbf{x}^t\in D$。于是，我们只需要证明，对于所有的 $t\in[0,1]$，$f(\mathbf{x}^t)\geqslant y^t$ 来确定（$\mathbf{x}^t$，y^t）$\in A$。这种证明很容易。从（P.2）可知，$f(\mathbf{x}^1)\geqslant y^1$ 和$f(\mathbf{x}^2)\geqslant y^2$。把第一个式子乘以 $t\geqslant0$，第二个式子乘以（$1-t$）$\geqslant0$，得到 $tf(\mathbf{x}^1)\geqslant ty^1$ 和（$1-t$）$f(\mathbf{x}^2)\geqslant(1-t)y^2$，$\forall t\in[0,1]$。把后两个不等式加在一起，可得：

$$tf(\mathbf{x}^1)+(1-t)f(\mathbf{x}^2)\geqslant ty^1+(1-t)y^2$$

利用（P.1），并记住 $y^t\equiv ty^1+(1-t)y^2$，得到：

$$f(\mathbf{x}^t)\geqslant y^t$$

于是，（$\mathbf{x}^t$，y^t）$\in A$，因此 A 是一个凸集。

自此完成了证明的第一部分，并确定 f 凹性$\Rightarrow A$ 是一个凸集。随后我们需要证明第二部分。

第二部分：A 凸性$\Rightarrow f$ 凹性。

现在我们假设 A 是一个凸集，因此，必须证明 f 是一个凹函数。证明的策略是，在 f 的定义域D 中任选两点，但它们是集合 A 中的两个特殊点。即 A 中的这两个点对应于其定义域中的那两个点，它们在曲线 f 上，而不是在它之下。如果我们能利用集合 A 的凸性来确定 f 必须满足在其定义域中这两点的一个凹函数的定义，就将一般性地证明这个论断，因为在定义域中的这两个点是任意选取的。

选择 $\mathbf{x}^1\in D$ 和 $\mathbf{x}^2\in D$，并令 y^1 和 y^2 满足

$$y^1=f(\mathbf{x}^1)\text{和 } y^2=f(\mathbf{x}^2) \tag{P.3}$$

因为对每个 i 而言，点（$\mathbf{x}^1$，y^1）和（$\mathbf{x}^2$，y^2）都满足 $\mathbf{x}^i\in D$ 且 $f(\mathbf{x}^i)\geqslant y^i$，故它们在 A 内。现在由这两个点形成一个凸组合（$\mathbf{x}^t$，y^t），因为 A 是一个凸集，所以，对所有的$t\in[0,1]$来说，（$\mathbf{x}^t$，y^t）也处于 A 内。因此：

$$f(\mathbf{x}^t)\geqslant y^t \tag{P.4}$$

$y^t\equiv ty^1+(1-t)y^2$，我们可以用它来替代（P.3）中的 y^i，写成：

$$y^t=tf(\mathbf{x}^1)+(1-t)f(\mathbf{x}^2) \tag{P.5}$$

结合（P.4）和（P.5），我们得到 $f(\mathbf{x}^t)\geqslant tf(\mathbf{x}^1)+(1-t)f(\mathbf{x}^2)$，$\forall t\in[0,1]$，因此 f 是一个凹函数。

我们已经在两个方向（$\Rightarrow$和$\Leftarrow$）上分别确定了这些断论，证毕。 ■

我们现在在考虑凹函数的时候，有了两种等价的方法：一种是对任意两点的凸

组合取函数值，另一种是根据函数图形描绘集合“形状”。每一种方式都完整地定义了一个凹函数。

根据凹函数的定义，图 A1-29 是凹的。定义或定理 A1.13 并没有排除函数图形中的线性部分，其下面的集合仍然是凸的。在 x^t 点，函数值恰好等于 $f(x^1)$ 和 $f(x^2)$ 的凸组合，因此不等式 $f(x^t)\geqslant tf(x^1)+(1-t)f(x^2)$ 依然成立。从几何图形上来看，点 $(x^t, f(x^t))$ 只是恰好在连接 x^1 与 x^2 的弦上，而不是严格高于它，这也没什么大不了的。

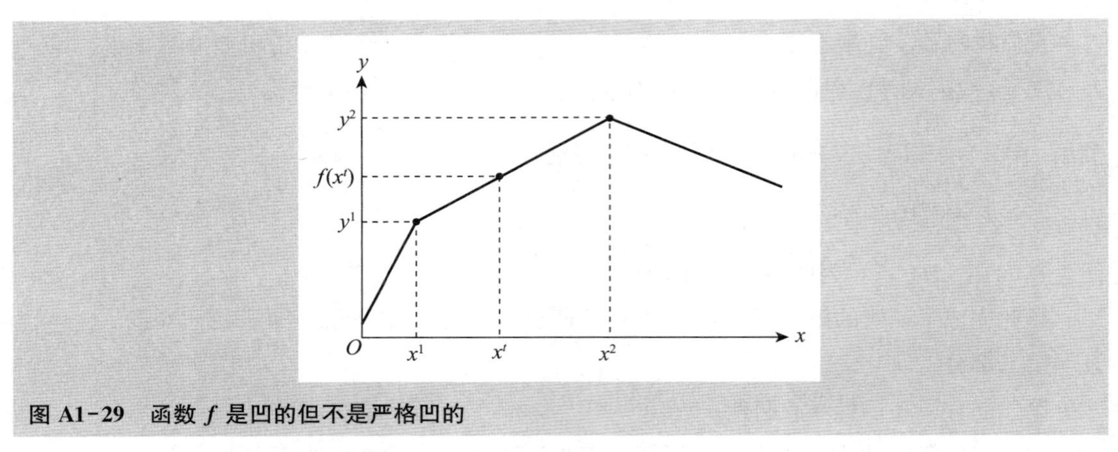

图 A1-29　函数 f 是凹的但不是严格凹的

有时候，将函数图形中的线性部分排除是很方便的。严格凹性就排除了这种可能。

定义 A1.23　严格凹函数

对于 D 中所有的 $\mathbf{x}^1\neq\mathbf{x}^2$ 来说，当且仅当下式成立时，$f: D\rightarrow R$ 是一个严格的凹函数。

$$f(\mathbf{x}^t)>tf(\mathbf{x}^1)+(1-t)f(\mathbf{x}^2)\text{，对于所有的 } t\in(0,1)\text{。}$$

要格外留意一下凹函数与严格凹函数在定义上微小但重要的差别。首先，$f(\mathbf{x}^t)$ 的严格凹性要求严格大于（而不是像凹函数所要求的“大于或等于”）$f(\mathbf{x}^1)$ 与 $f(\mathbf{x}^2)$ 的凸组合；其次，对位于 $(0, 1)$ 开区间内（而不是之前的 $[0, 1]$ 闭区间）的所有 t 而言，严格不等式必定成立。这个结论意义非凡，因为如果 t 取 0 或者 1，$\mathbf{x}^t$ 的凸组合将等于 $\mathbf{x}^2$ 或 $\mathbf{x}^1$，定义中的严格不等式不再成立。

从几何图形来看，这些修正只是要求函数的图形要严格高于连接图形上任意两点的弦（除了两个端点本身），用它们可将函数图形上的直线部分排除在外。

A1.4.3　拟凹函数

凹性（不管严格还是不严格的）是对函数施加的一个较强的假设。很多时候，理论工作的一个目标就是识别并以尽可能最弱的约束来保证结论的成立。拟凹性（quasiconcavity）就是一条相关的但更弱的性质，它往往能确保我们达到同样的研究目的。

定义 A1.24 拟凹函数①

对于 D 中所有的 $\mathbf{x}^1$ 和 $\mathbf{x}^2$ 来说，当且仅当下式成立时，f：$D\to R$ 是拟凹的。

$$f(\mathbf{x}^t)\geqslant\min[f(\mathbf{x}^1),f(\mathbf{x}^2)]，对于所有的 t\in[0,1]。$$

不可否认，这个定义乍看上去有点啰唆。它的意思是，如果我们在定义域上任选两点并构造这两点的任意凸组合，函数值一定不会小于这两点的函数值中的最小值。拟凹函数的另一种描述方式是利用它们的水平集。

假设我们有 $y=f(x_1, x_2)$，在其定义域中任选两点 $\mathbf{x}^1$ 与 $\mathbf{x}^2$。每个点都对应一个函数值，而且每个值都位于函数定义域平面的某个水平集上。当我们构造两点的任意凸组合时，会得到一个点 $\mathbf{x}^t$，它位于连接 $\mathbf{x}^1$，$\mathbf{x}^2$ 的弦上的某个位置。这个函数在点 $\mathbf{x}^t$ 处也有个值，$\mathbf{x}^t$ 因此也位于某个水平集上。现在考虑水平集是如图 A1-30 所给出的函数。在每种情况下，我们都假设 $f(\mathbf{x}^1)\geqslant f(\mathbf{x}^2)$。

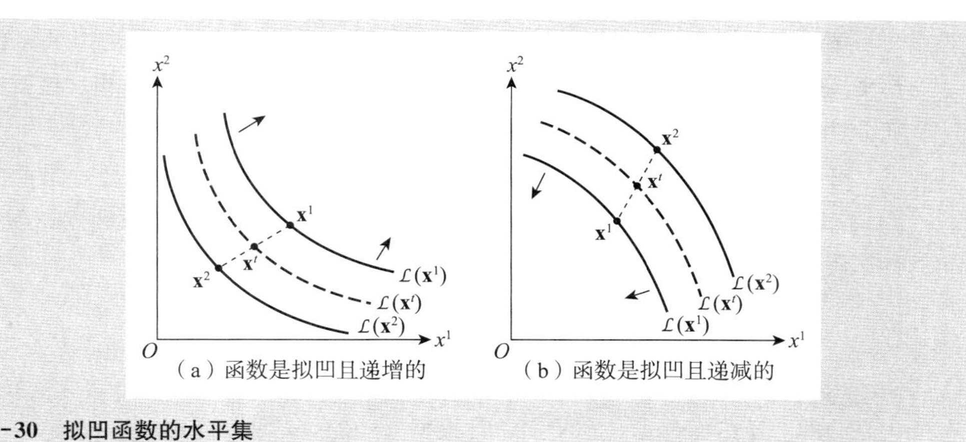

（a）函数是拟凹且递增的　（b）函数是拟凹且递减的

图 A1-30 拟凹函数的水平集

当 $f(\mathbf{x})$ 是一个增函数时，只要相对于两点的任意凸组合的水平集 $\mathcal{L}(\mathbf{x}^t)$ 总是在 $\mathcal{L}(\mathbf{x}^1)$ 与 $\mathcal{L}(\mathbf{x}^2)$ 之间最低的水平集之内或之上，则函数是拟凹的，如图 A1-30（a）所示；当 $f(\mathbf{x})$ 是一个减函数时，只要相对于两点的任意凸组合的水平集 $\mathcal{L}(\mathbf{x}^t)$ 总是在 $\mathcal{L}(\mathbf{x}^1)$ 与 $\mathcal{L}(\mathbf{x}^2)$ 之间最高的水平集之内或之下，则函数是拟凹的，如图 A1-30（b）所示。

在图 A1-30 中的水平集出于充分的理由被画成良好弯曲的。除了已经注明的要求水平集的相对定位之外，拟凹性还要求上优集中的行为要非常规范，就像你已经猜到的那样，这些集合必须是凸的。

定理 A1.14 拟凹性与上优集

对于所有的 $y\in\mathbb{R}$ 来说，当且仅当 $S(y)$ 是一个凸集时，f：$D\to\mathbb{R}$ 是一个拟

附录

① 运算符 $\min[a, b]$ 只是意味着"a 和 b 中较小的一个"。如果 $a>b$，则 $\min[a, b]=b$；如果 $a=b$，则 $\min[a, b]$ 等于 a 和 b。

凹函数。

证明：充分性：首先，我们想证明，如果 f 是拟凹的，则 $S(y)$ 对于所有的 $y\in\mathbb{R}$ 是一个凸集。先令 y 是 $\mathbb{R}$ 中的任意点，且 $S(y)$ 是相对于 y 的上优集。$\mathbf{x}^1$ 与 $\mathbf{x}^2$ 是 $S(y)$ 中任意两点。(如果 $S(y)$ 是空的，那么我们的工作就立即完成了，因为空集是凸的。) 我们需要证明，如果 f 是拟凹的，则形如 $\mathbf{x}^t\equiv t\mathbf{x}^1+(1-t)\mathbf{x}^2$ 的所有点都在 $S(y)$ 中。

因为 $\mathbf{x}^1\in S(y)$，$\mathbf{x}^2\in S(y)$，根据上优集的定义，我们知道 $\mathbf{x}^1$ 与 $\mathbf{x}^2$ 都在 D 内，且满足：

$$f(\mathbf{x}^1)\geqslant y \text{ 且 } f(\mathbf{x}^2)\geqslant y \tag{P. 1}$$

现在考虑任意的 $\mathbf{x}^t$。因为假设 D 是一个凸集，我们知道 $\mathbf{x}^t\in D$。如果 f 是拟凹的，则：

$$f(\mathbf{x}^t)\geqslant\min[f(\mathbf{x}^1),f(\mathbf{x}^2)]\geqslant y \tag{P. 2}$$

第一个不等式是拟凹的定义，第二个不等式源于 (P. 1)。但是如果 $\mathbf{x}^t\in D$ 且 $f(\mathbf{x}^t)\geqslant y$，则 $\mathbf{x}^t$ 满足 $S(y)$ 内涵的要求，因此 $S(y)$ 必为一个凸集。这就完成了充分性的证明。

必要性：我们还需证明，对于所有的 $y\in\mathbb{R}$，如果 $S(y)$ 是一个凸集，则 $f(\mathbf{x})$ 是一个拟凹函数。为了展开分析，令 $\mathbf{x}^1$ 与 $\mathbf{x}^2$ 是 D 中的任意两点。不失一般性，假设我们已经做好标注使得

$$f(\mathbf{x}^1)\geqslant f(\mathbf{x}^2)$$

根据假设，对于所有的 $y\in\mathbb{R}$，$S(y)$ 是一个凸集，因此 $S(f(\mathbf{x}^2))$ 无疑必定也是凸的。显然，$\mathbf{x}^2\in S(f(\mathbf{x}^2))$，且根据 (P. 3)，$\mathbf{x}^1\in S(f(\mathbf{x}^2))$。于是，对于 $\mathbf{x}^1$ 与 $\mathbf{x}^2$ 的任意凸组合，必定也有 $\mathbf{x}^t\in S(f(\mathbf{x}^2))$。根据 $S(f(\mathbf{x}^2))$ 的定义，这意味着 $f(\mathbf{x}^t)\geqslant f(\mathbf{x}^2)$。但鉴于 (P. 3)，这告诉我们：

$$f(\mathbf{x}^t)\geqslant\min[f(\mathbf{x}^1),f(\mathbf{x}^2)]$$

因此 $f(\mathbf{x})$ 是拟凹的，证毕。 ■

这个定理在拟凹函数和凸上优集之间建立了一种等价性。假设一个函数是拟凹的，就等同于假设上优集是凸的，反之亦然。然而，需要注意的是，迄今为止我们并没有谈及将水平集中出现“线性部分”的可能性排除的问题。拟凹性的定义及定理 A1. 14 与图 A1-31 描述的可能性相同。这里，$\mathbf{x}^1$ 与 $\mathbf{x}^2$ 位于同一个水平集的平直部分。连接两点的弦与水平集的线性部分等同，以至所有的凸组合也将位于这段线性部分上。此时 $f(\mathbf{x}^1)=f(\mathbf{x}^2)=f(\mathbf{x}^t)$，因此，不等式 $f(\mathbf{x}^t)\geqslant\min[f(\mathbf{x}^1),f(\mathbf{x}^2)]$ 成立，但是将取等式，于是，严格拟凹的性质自然而然地将这种情况排除了。

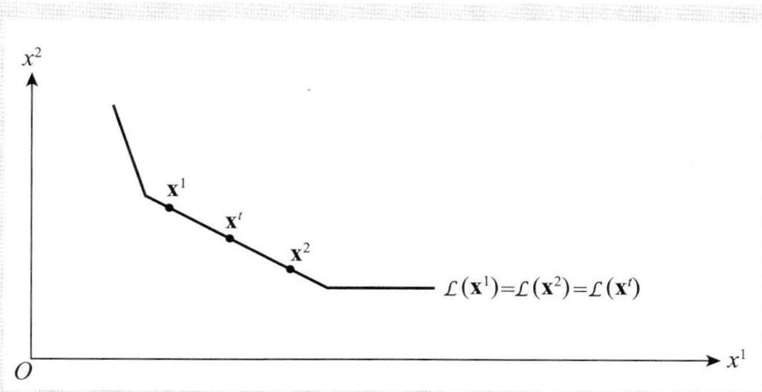

图 A1-31 拟凹性和水平集中的线性部分

定义 A1.25 严格拟凹函数

对于 D 中所有的 $\mathbf{x}^1 \neq \mathbf{x}^2$，当且仅当对于所有的 $t \in (0, 1)$，有 $f(\mathbf{x}^t) > \min[f(\mathbf{x}^1), f(\mathbf{x}^2)]$，则函数 $f: D \to R$ 是严格拟凹的。

我们再次要求 t 在开区间内，且不等式是严格的。开区间的限制避免了定义变得空洞、无意义。我们要求不等式严格成立，这就杜绝了同一水平集内两点的凸组合也位于那个水平集中，如图 A1-31 所示。相反，如图 A1-32 所示，这种凸组合必须严格高于水平集。于是，拟凹函数必定有上优集，而且边界上没有平直部分。

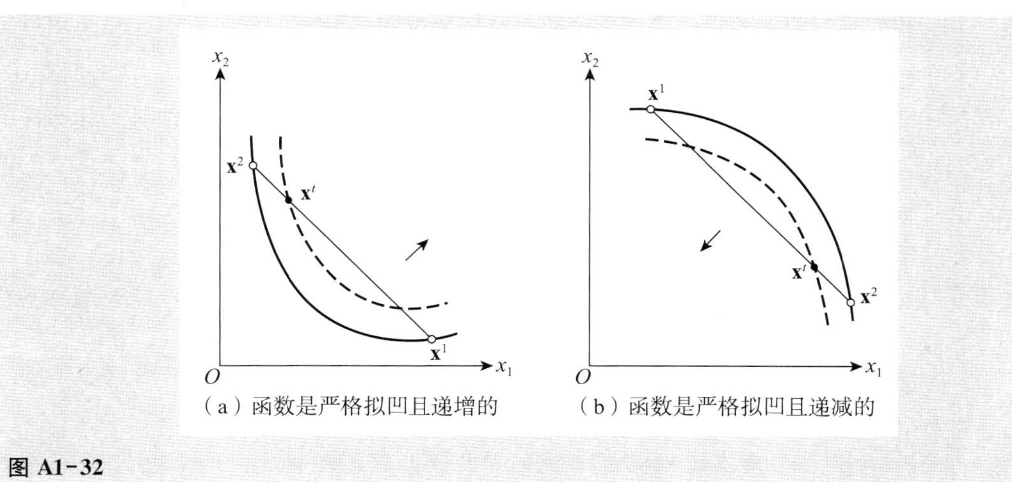

图 A1-32

通过说明拟凹性是比凹性更弱的限制，我们开始讨论拟凹函数。由此推理，如果一个函数是凹的，它也将满足拟凹函数的所有性质。事实也的确如此，下面将给出这一论断的正式表述并给出证明，将它作为对拟凹性讨论的总结。（不过，需要注意的是，论断的逆命题并不成立。一个拟凹函数不一定是凹的。）

定理 A1.15 凹性意味着拟凹性

凹函数总是拟凹的，严格凹函数总是严格拟凹的。

证明： 定理声称，如果 f 是（严格）凹的，则 f 也是（严格）拟凹的。我们将给出有关凹性的一个富有建设性的证明，其他部分则留作练习题。

假设 $f: D\to\mathbb{R}$ 是凹的。在 D 中任选 $\mathbf{x}^1$、$\mathbf{x}^2$，不失一般性地假设：

$$f(\mathbf{x}^1)\geqslant f(\mathbf{x}^2) \tag{P.1}$$

根据凹性的定义可知，对于 $\mathbf{x}^t\equiv t\mathbf{x}^1+(1-t)\mathbf{x}^2$，必有：

$$f(\mathbf{x}^t)\geqslant tf(\mathbf{x}^1)+(1-t)f(\mathbf{x}^2)，对于所有的 t\in[0,1] \tag{P.2}$$

在右侧提取出因子 $t\geqslant 0$，重新整理，把（P.2）等价地表述为

$$f(\mathbf{x}^t)\geqslant f(\mathbf{x}^2)+t(f(\mathbf{x}^1)-f(\mathbf{x}^2))，对于所有的 t\in[0,1] \tag{P.3}$$

现在考虑（P.3）右侧的乘积项。我们知道，$t\geqslant 0$，而且根据（P.1），有 $f(\mathbf{x}^1)-f(\mathbf{x}^2)\geqslant 0$，所以最后一项是非负的，而且可能严格为正。在每种情况下，整个右侧部分加在一起必定大于或等于 $f(\mathbf{x}^2)$。与此同时，我们根据（P.1）得知，$f(\mathbf{x}^2)=\min[f(\mathbf{x}^1), f(\mathbf{x}^2)]$。因此，将（P.1）和（P.3）结合在一起，有：

$$f(\mathbf{x}^t)\geqslant \min[f(\mathbf{x}^1),f(\mathbf{x}^2)]，对于所有的 t\in[0,1]$$

所以，f 满足拟凹函数的定义。 ■

A1.4.4 凸函数和拟凸函数

我们最后要考虑的一类实值函数是凸函数和拟凸函数。我们之前已经使用过与集合有关的“凸性”，现在来讨论函数的“凸性”，二者在词汇上可能会引起混淆，故而有必要对这两种“凸性”加以区分。本质上讲，一个函数的凸性只是其凹性的“另一面”。前面已经对凹性作过详细的说明，而且也了解了镜像这一十分重要的概念，这就使本节的分析变得简单了。我们先从一些定义开始。

定义 A1.26 凸函数与严格凸函数

1. 对于 D 中所有的 $\mathbf{x}^1$，$\mathbf{x}^2$ 来说，当且仅当下式成立时，$f: D\to R$ 是一个凸函数。

$$f(\mathbf{x}^t)\leqslant tf(\mathbf{x}^1)+(1-t)f(\mathbf{x}^2)，对于所有的 t\in[0,1]$$

2. 对于 D 中所有的 $\mathbf{x}^1\neq\mathbf{x}^2$ 来说，当且仅当下式成立时，$f: D\to R$ 是一个严格凸函数。

$$f(\mathbf{x}^t)< tf(\mathbf{x}^1)+(1-t)f(\mathbf{x}^2)，对于所有的 t\in(0,1)$$

考虑 $f: D\to R$，这里 $D\subset\mathbb{R}$。凸函数的定义要求任意两点凸组合的函数值不大于 $f(x^1)$ 与 $f(x^2)$ 值的相应的凸组合。从几何图形来看，这要求连接 $(x^1, f(x^1))$ 与 $(x^2, f(x^2))$ 弦上的点 $(x^t, tf(x^1)+(1-t)f(x^2))$ 的位置不低于点 $(x^t, f(x^t))$。图 A1-33 给出了一些凸函数与非凸函数的例子。如图所示，一个凸函数可能在其图形上有“线性部分”。和前面一样，这需要用严格凸性来排除这种情况。

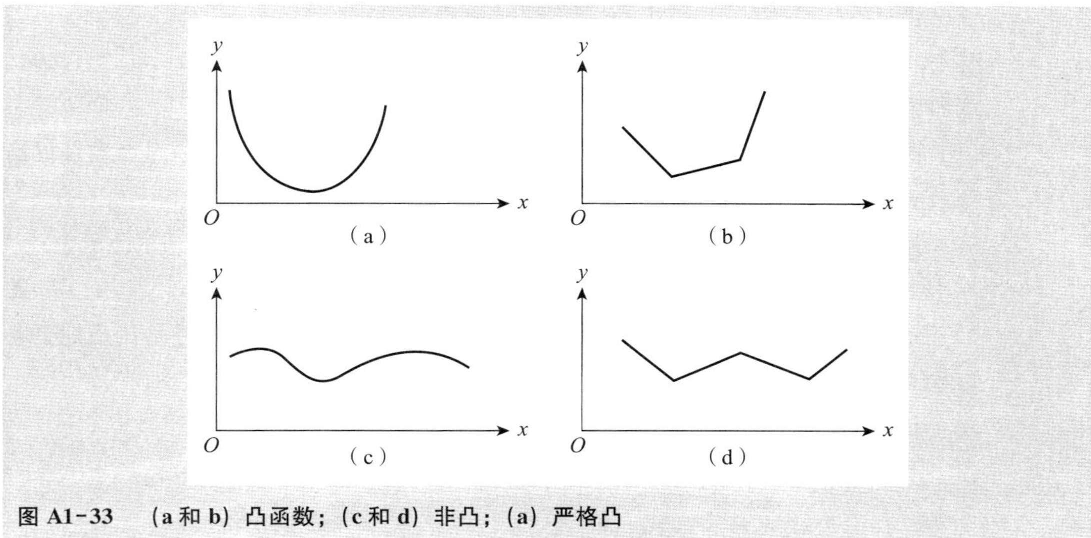

图 A1-33 (a 和 b) 凸函数；(c 和 d) 非凸；(a) 严格凸

凹函数与凸函数紧密相关。之前我们就说过，一个是另一个的“另一面”。更确切地说，在一个函数的凹性与其函数负数的凸性之间存在着等价关系。

定理 A1.16 凹函数与凸函数

当且仅当 $-f(\mathbf{x})$ 是一个（严格）凸函数时，$f(\mathbf{x})$ 是一个（严格）凹函数。

证明：只需对定义稍加处理，就能完成证明。我们将证明充分性，必要性留给读者自己证明。

如果 $f(\mathbf{x})$ 是凹的，那么对于 D 中所有的 $\mathbf{x}^1$，$\mathbf{x}^2$ 来说，有 $f(\mathbf{x}^t)\geqslant tf(\mathbf{x}^1)+(1-t)\cdot f(\mathbf{x}^2)$，且 $t\in[0, 1]$。把该式的两侧都乘以 -1，可得 $-f(\mathbf{x}^t)\leqslant t(-f(\mathbf{x}^1))+(1-t)\cdot(-f(\mathbf{x}^2))$，因此 $-f(\mathbf{x})$ 是凸的。 ■

不过，凹性要求图形之下的点形成一个凸集，凸性则要求函数图形本身及其之上的点是一个凸集。

定理 A1.17 一个凸函数图形本身及其之上的点形成一个凸集

令 $A^*\equiv\{(\mathbf{x}, y)\mid \mathbf{x}\in D, f(\mathbf{x})\leqslant y\}$ 是函数 $f: D\rightarrow R$ 图形“本身及之上”的点集，这里 $D\subset\mathbb{R}^n$ 是一个凸集，且 $R\subset\mathbb{R}^n$，则

f 是一个凸函数 $\Leftrightarrow A^*$ 是一个凸集。

证明：根据定理 A1.16，当且仅当 $-f(\mathbf{x})$ 为凹时，$f(\mathbf{x})$ 为凸；根据定理 A1.13，当且仅当下面的集合是一个凸集时，$f(\mathbf{x})$ 才为凸：

$$A\equiv\{(\mathbf{x},y)\mid \mathbf{x}\in D,-f(\mathbf{x})\geqslant y\}$$

注意，因为 y 既可能是一个正实数，也可能是一个负实数，所以，我们可以把集合 A 重新写成：

$$A\equiv\{(\mathbf{x},-y)\mid \mathbf{x}\in D,-f(\mathbf{x})\geqslant -y\}$$

$$\equiv\{(\mathbf{x},-y)\mid\mathbf{x}\in D,f(\mathbf{x})\leqslant y\}$$

因此，我们已经证明，当且仅当集合 $A\equiv\{(\mathbf{x},\ -y)\mid\mathbf{x}\in D,\ f(\mathbf{x})\leqslant y\}$ 为凸时，$f(\mathbf{x})$为凸。

最后，需要注意的是，当且仅当 A^* 为凸集时，A 为凸集，这是因为当且仅当 $(\mathbf{x},\ -y)\in A$时，有 $(\mathbf{x},\ y)\in A^*$。

由此我们得出结论：当且仅当 A^* 是一个凸集的时候，$f(\mathbf{x})$ 是一个凸函数。

■

一个函数也可能是拟凸的。正如这个名称所表明的那样，拟凸性是比凸性更弱的条件。随后的定义在形式上我们非常熟悉，但需要特别注意其中的细节。

定义 A1.27　拟凸函数与严格拟凸函数[①]

1. 对于 D 中所有的 $\mathbf{x}^1$，$\mathbf{x}^2$ 来说，当且仅当下式成立时，函数 f：$D\to R$ 是拟凸的。

$$f(\mathbf{x}^t)\leqslant\max[f(\mathbf{x}^1),f(\mathbf{x}^2)],\ \forall t\in[0,1]$$

2. 对于 D 中所有的 $\mathbf{x}^1\neq\mathbf{x}^2$ 来说，当且仅当下式成立时，函数 f：$D\to R$ 是严格拟凸的。

$$f(\mathbf{x}^t)<\max[f(\mathbf{x}^1),f(\mathbf{x}^2)],\ \forall t\in(0,1)$$

这些表达式看起来又是非常啰唆。幸运的是，我们也了解了拟凸函数的水平集和其他相关集合，所得结论基本上与之前得到的结论相反。对于一个拟凸函数来说，其下劣集是凸集。如果拟凸函数是递增的，其下劣集就是水平集之下的点集；如果拟凸函数是递减的，其下劣集就是水平集之上的点集。图 A1-34 给出了这一结论，详细陈述如下。我们定理的证明留作练习题。

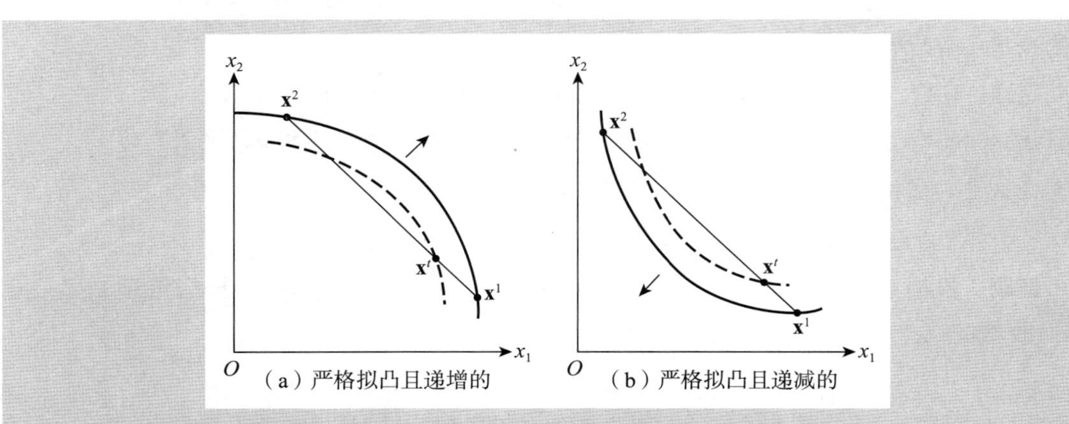

图 A1-34　拟凸函数具有凸的下劣集。严格拟凸函数在其水平集中没有线性部分

① 运算符 max[a，b] 只是意味着"a 和 b 中较小的一个"。如果 $a>b$，则max[a，b]$=a$；如果 $a=b$，则max[a，b]等于 a 和 b。

定理 A1.18　拟凸性与下劣集

对所有的 $y\in\mathbb{R}$，当且仅当 $I(y)$ 是一个凸集时，$f: D\rightarrow R$ 是一个拟凸函数。

像我们已经看到的那样，在一个函数的凹性与该函数负数的凸性之间存在一种等价关系。在拟凹和拟凸函数之间也有类似的等价性。

定理 A1.19　拟凹函数与拟凸函数

当且仅当 $-f(\mathbf{x})$ 是一个（严格）拟凸函数时，$f(\mathbf{x})$ 是一个（严格）拟凹函数。

证明：我们还是只证明充分性。如果 $f(\mathbf{x})$ 是拟凹的，则 $f(\mathbf{x}^t)\geqslant\min[f(\mathbf{x}^1),f(\mathbf{x}^2)]$。两边同乘以 -1，得到

$$-f(\mathbf{x}^t)\leqslant-\min[f(\mathbf{x}^1),f(\mathbf{x}^2)]=\max[-f(\mathbf{x}^1),-f(\mathbf{x}^2)]$$

因此，$-f(\mathbf{x})$ 是拟凸的。必要性的证明一样容易。■

最后，我们用图 A1-35 概括了之前研究的实值函数间的一些重要关系。

f 是凹的	$\Leftrightarrow$	图形之下的点集是凸的
f 是凸的	$\Leftrightarrow$	图形之上的点集是凸的
f 是拟凹的	$\Leftrightarrow$	上优集是凸集
f 是拟凸的	$\Leftrightarrow$	下劣集是凸集
f 是凹的	$\Leftrightarrow$	f 是拟凹的
f 是凸的	$\Leftrightarrow$	f 是拟凸的
f 是（严格）凹的	$\Leftrightarrow$	$-f$ 是（严格）凸的
f 是（严格）拟凹的	$\Leftrightarrow$	$-f$ 是（严格）拟凸的

图 A1-35　小结

A1.5　练习题

A1.1　集合交与并的操作遵守交换律和分配律。对于并集来说，交换律表明 $S\cup T=T\cup S$，对于交集来说，交换律表明 $S\cap T=T\cap S$。交集的分配律表明，对三个集合 R，S 与 T 来说，$R\cap(S\cap T)=(R\cap S)\cap T$；对并集来说，$R\cup(S\cup T)=(R\cup S)\cup T$。利用类似图 A1-1 的图形来证明这些规律。

A1.2　以下结论在直觉上是“显而易见的”，请给出每个结论的证明。

(a) $S\subset(S\cup T)$。

(b) $T\subset(S\cup T)$。

(c) $(S\cup T)\subset S$。

(d) $(S\cap T)\subset T$。

A1.3　帝摩根定律告诉我们：

$$(S\cap T)^C=S^C\cup T^C$$

$$(S\cup T)^C=S^C\cap T^C$$

证明该定律。

A1.4　将帝摩根定律扩展到任意数量集合的情况中。证明：对于任意指数集 I，下式成立：

$$(\bigcap_{i\in I}S_i)^C=\bigcup_{i\in I}S_i^C$$
$$(\bigcup_{i\in I}S_i)^C=\bigcap_{i\in I}S_i^C$$

A1.5　令 A 与 B 是凸集。用反例来证明 $A\cup B$ 不一定是一个凸集。

A1.6　把定理 A1.1 扩展到任意数量的凸集的情况中。

A1.7　画出以下集合。如果集合是凸的，请给出证明；如果它不为凸，则给出反例。

(a) $\{(x, y) \mid y=e^x\}$。

(b) $\{(x, y) \mid y\geqslant e^x\}$。

(c) $\{(x, y) \mid y\geqslant 2x-x^2;\ x>0,\ y>0\}$。

(d) $\{(x, y) \mid xy\geqslant 1;\ x>0,\ y>0\}$。

(e) $\{(x, y) \mid y\leqslant \ln(x)\}$。

A1.8　令 S 表示地球上所有人的集合。关系 $\mathcal{R}$ 被定义为“爱”。$\mathcal{R}$ 是完备的吗？是可传递的吗？

A1.9　令 A 与 B 表示定义域 D 中的两个集合，并假设 $B\subset A$。请证明：对于任意映射 f：$D\rightarrow R$，都有 $f(B)\subset f(A)$。

A1.10　令 A 与 B 表示定义域 D 中的两个集合，并假设 $B\subset A$。请证明：对于任意映射 f：$D\rightarrow R$，都有 $f^{-1}(B)\subset f^{-1}(A)$。

A1.11　考虑函数 $f(x)=x^2$。描绘出映像集，并确定在下述条件下，函数是单射的还是满射的。

(a) $D=\mathbb{R}$，$R=\mathbb{R}$。

(b) $D=\mathbb{R}$，$R=\mathbb{R}_+$。

(c) $D=\mathbb{R}_+$，$R=\mathbb{R}$。

(d) $D=\mathbb{R}_+$，$R=\mathbb{R}_+$。

A1.12　图 A1-8（a）所描述的函数存在反函数吗？图 A1-8（b）中的函数呢？为什么？

A1.13　令 f：$D\rightarrow R$ 为任意映射，B 是值域 R 中的任意集合。证明 $f^{-1}(B^C)=(f^{-1}(B)^C)$。

A1.14　对于任意映射 f：$D\rightarrow R$ 和值域中的任意两个集合 A、B，证明：

$$f^{-1}(A\cup B)=f^{-1}(A)\cup f^{-1}(B)$$
$$f^{-1}(A\cap B)=f^{-1}(A)\cap f^{-1}(B)$$

A1.15　令 $\{A_i\}_{i\in I}\subset R$ 是 f 值域中任意（有限或无限）集合的合集。扩展你在前一道练习题中的证明，以证实：

$$f^{-1}(\bigcup_{i\in I}A_i)=\bigcup_{i\in I}f^{-1}(A_i)$$
$$f^{-1}(\bigcap_{i\in I}A_i)=\bigcap_{i\in I}f^{-1}(A_i)$$

A1.16　令 S 与 T 是凸集。证明下面的每一个都是凸集。

(a) $-S\equiv\{\mathbf{x} \mid \mathbf{x}=-\mathbf{s},\ \mathbf{s}\in S\}$。

(b) $S-T\equiv\{\mathbf{x} \mid \mathbf{x}=\mathbf{s}-\mathbf{t},\ \mathbf{s}\in S,\ \mathbf{t}\in T\}$。

A1.17　令 $A_i\subset\mathbb{R}^m$（$i=1, \cdots, n$）是一个凸集。证明下面的每一个都是凸集。

(a) $\bigcap_{i=1}^N A_i$。

(b) $\times_{i=1}^n A_i$（笛卡儿积）。

(c) $\sum_{i=1}^n A_i\equiv\{\sum_{i=1}^n a_i \mid a_i\in A_i,\ i=1, \cdots, n\}$（集合的和）。

(d) $\sum_{i=1}^n \alpha_i A_i\equiv\{\sum_{i=1}^n \alpha^i a_i \mid \alpha^i\in\mathbb{R},\ a_i\in A_i\}$（集合的线性组合）。

A1.18　令 $f^i(\mathbf{x})=\mathbf{a}^i\cdot\mathbf{x}+b^i$，$\mathbf{a}^i\in\mathbb{R}$，$b^i\in\mathbb{R}$，且考虑不等式 $f^i(\mathbf{x})\geqslant 0$（$i=1, \cdots, n$）。令 $\Omega=\{\mathbf{x} \mid f^i(\mathbf{x})\geqslant 0,\ i=1, \cdots, n\}$ 是这 n 个线性不等式解的集合。证明 Ω 是一个凸集。

A1.19　我们有时用 $\|\mathbf{x}\|=\|\mathbf{x}-\mathbf{0}\|$ 来表示从 $\mathbb{R}^n$ 中的原点到点 $\mathbf{x}$ 的距离。考虑任意向量 $t\mathbf{x}$，这里 $t\geqslant 0$ 是一个非负标量。证明 $\|t\mathbf{x}\|=t\|\mathbf{x}\|$。

A1.20　考虑任意一个开区间 (a, b)。证明：

$$(a,b)=B_\varepsilon\left(\frac{a+b}{2}\right)$$

其中 $\varepsilon=\dfrac{b-a}{2}$。

A1.21　证明定理 A1.2 的第 4 部分。无限多个开区间的交集也是开集吗？

A1.22　考虑 $\mathbb{R}^n$ 中的任意两点 $\mathbf{x}^1$ 与 $\mathbf{x}^2$。令 $B_\varepsilon(\mathbf{x}^1)$ 表示以 $\mathbf{x}^1$ 为中心的任意开球。

(a) 令 $Z\equiv\{\mathbf{z} \mid \mathbf{z}=t\mathbf{x}^1+(1-t)\mathbf{x}^2,\ t\in[0, 1]\}$ 是 $\mathbf{x}^1$ 与 $\mathbf{x}^2$ 所有凸组合的集合。证明 $B_\varepsilon(\mathbf{x}^1)\cap Z\neq\varnothing$。

(b) 令 $Z^*\equiv\{\mathbf{z} \mid \mathbf{z}=t\mathbf{x}^1+(1-t)\mathbf{x}^2,\ t\in(0,

附录

1)} 是排除了 $\mathbf{x}^1$ 与 $\mathbf{x}^2$ 的 Z 的子集。证明 $B_\varepsilon(\mathbf{x}^1)\cap Z^*\neq\varnothing$。

A1.23 证明定理 A1.4 的第 4 部分。

A1.24 考虑 $\mathbb{R}$ 中形式为 $[a, +\infty]$ 和 $[-\infty, b]$ 的区间。证明它们都是闭集。形式为 $[a, c)$ 和 $(-c, b]$ 的区间（c 是有限的）也是闭集吗？

A1.25 令 $S\subset\mathbb{R}$ 是由一个单点组成的集合，$S=\{s\}$。证明 S 是一个闭的凸集。

A1.26 令 $(a, b)\subset\mathbb{R}$ 为任意的开区间。证明其补集 $(a, b)^C=(-\infty, a]\cup[b, +\infty)$。由此得出结论：每个开区间的补集都是两个闭集的并集。

A1.27 任意实数的闭集都拥有一个非常特别的性质：它能被看做是（可能是无限的）简单的闭区间的并集的一个交集。具体来说，对于任意闭集 $S\subset\mathbb{R}$、某些实数 $a_i<b_i$ 和某个指数集 I，有：

$$S=\bigcap_{i\in I}((-\infty,a_i]\cup[b_i,+\infty))$$

给出对这个论断的证明。

A1.28 令 D 表示 $\mathbb{R}^n$ 的一个子集。对于 D 中的开集与闭集，证明定理 A1.2 和 A1.4 的相似性。例如，定理 A1.2 第 3 部分的类似表达是“D 中开集的并集是 D 中的一个开集”。其他情况相似。

A1.29 完成以下证明。

(a) 证明：$[0, 1)$ 在 $\mathbb{R}_+$ 而非 $\mathbb{R}$ 内是开的。

(b) (a) 部分证明了在 $\mathbb{R}_+$ 中的开集在 $\mathbb{R}$ 内并不一定是开的。不过请证明，在 $\mathbb{R}_+$ 中的闭集在 $\mathbb{R}$ 中也是闭的。

(c) 更一般地，证明：如果 D 是 $\mathbb{R}^n$ 的一个子集且 D 在 $\mathbb{R}^n$ 中是开的（闭的），当且仅当 $S\subset D$ 在 $\mathbb{R}^n$ 中是开的（闭的）时，则 $S\subset D$ 在 D 中也是开的（闭的）。

A1.30 证明：如果 b 是 $S\subset\mathbb{R}$ 的 $l.u.b.$ 且 S 是一个开集，则 $b\notin S$。证明：如果 b 是 $S\subset\mathbb{R}$ 的 $l.u.b.$ 且 S 是闭的，则 $b\in S$。

A1.31 令 $\alpha_1>0$，$\alpha_2>0$，$\beta>0$ 都是实数。考虑由$\Omega\equiv\{\mathbf{x}\in\mathbb{R}^2_+\mid\alpha_1x_1+\alpha_2x_2\leqslant\beta\}$ 给出的 $\mathbb{R}^2$ 中的点的子集。证明 Ω 是一个凸集。在平面中画出 Ω 的草图。如果 $x_1=0$，x_2 能取的最大值是多少？如果 $x_2=0$，x_1 能取的最大值是多少？把这些点标注在你所画的草图中。（看上去眼熟吗？）证明 Ω 是有界的。

A1.32 集合 $S^{n-1}\equiv\{\mathbf{x}\mid\sum_{i=1}^n x_i=1，x_i\geqslant 0，i=1，\cdots，n\}$ 被称为 $(n-1)$ 维的**单位单形**。

(a) 画出 $n=2$ 时的该集合。

(b) 证明 S^{n-1} 是一个凸集。

(c) 证明 S^{n-1} 是一个紧集。

A1.33 证明定理 A1.6 在闭集情况下的类似表达，即证明以下命题是等价的：

ⅰ. f：$D\rightarrow\mathbb{R}^n$ 是连续的。

ⅱ. 对于 $\mathbb{R}^n$ 中的每个闭球 B，在 f 之下 B 的逆映像在 D 中是闭的。

ⅲ. 对于 $\mathbb{R}^n$ 中每个闭的子集 S，在 f 之下 S 的逆映像在 D 中是闭的。

A1.34 证明：对于值域 $\mathbb{R}^n$ 中的每个紧集 T 来说，当且仅当 $f^{-1}(T)$ 在定义域 $D\subset\mathbb{R}^m$ 中是紧的，则 f：$D\rightarrow\mathbb{R}^n$ 是连续的。

A1.35 为了帮助你确信定理 A1.10 的条件是充分但不是必要的，介绍一个类似图 A1-18 的简单例子。这里 f 是实值且连续的，$S\subset D$ 不是紧的，然而 S 的最小值与最大值都存在。举例说明，S 不是紧的，f 也不是连续的，而 f 在 S 上的最小值与最大值都存在。

A1.36 每个**超平面**（hyperplane）都把 $\mathbb{R}^n$ 分成两个“半空间”：超平面“中与之上”（on and above）的点集为 $H^+=\{\mathbf{x}\mid\mathbf{a}\cdot\mathbf{x}\geqslant\alpha\}$，超平面“中与之下”（on and below）的点集为 $H^-=\{\mathbf{x}\mid\mathbf{a}\cdot\mathbf{x}\leqslant\alpha\}$。证明：这两个半空间每一个都是闭的凸集。

A1.37 举例证明以下情况，使你自己确信：对于一个不动点的存在来说，布劳威尔定理的条件是充分但不必要的。

(a) S 是紧的、凸的，f 是非连续的，且 f

的一个不动点存在。

(b) S 是紧的、非凸的，f 是连续的，且 f 的一个不动点存在。

(c) S 是非紧的、凸的，f 是连续的，且 f 的一个不动点存在。

(d) S 是非紧的、非凸的，f 是非连续的，且 f 的一个不动点存在。

A1.38 令 $f(x)=x^2$ 并假设 $S=(0, 1)$。证明：f 没有不动点，尽管它是从 S 到 S 的连续映射。这与布劳威尔定理矛盾吗？理由何在？

A1.39 利用布劳威尔定理证明，方程式 $\cos(x)-x-\frac{1}{2}=0$ 在区间 $0\leqslant x\leqslant \pi/4$ 内有一个解。

A1.40 画出以下函数的一些水平集：

(a) $y=x_1x_2$。

(b) $y=x_1+x_2$。

(c) $y=\min[x_1, x_2]$。

A1.41 证明定理 A1.12。记住性质 3、性质 6～8 以证明$A\subset B$且 $B\subset A$。

A1.42 令 $D=[-2, 2]$，且 f：$D\rightarrow R$ 为 $y=4-x^2$。仔细画出这个函数。利用凹函数的定义证明 f 是凹的。论证集合 A 是一个凸集。

A1.43 完成定理 A1.15 的证明。

A1.44 证明定理 A1.18。

A1.45 完成定理 A1.16 和定理 A1.19 的证明。

A1.46 考虑任意一个线性函数 $f(\mathbf{x})=\mathbf{a}\cdot\mathbf{x}+b$，$\mathbf{a}\in\mathbb{R}^n, b\in\mathbb{R}$。

(a) 证明：每个线性函数都是既凹又凸的——尽管它既不是严格凹也不是严格凸的；

(b) 证明：对于每个线性函数都既是拟凹又是拟凸的——尽管都不是严格拟凹（或拟凸）的。

A1.47 令 $f(\mathbf{x})$ 是一个凹（凸）的实值函数。令$g(t)$是一个单变量的递增凹（凸）函数。证明：复合函数 $h(\mathbf{x})=g(f(\mathbf{x}))$ 是一个凹（凸）函数。

A1.48 令 $f(x_1, x_2)=-(x_1-5)^2-(x_2-5)^2$。证明：$f$ 是拟凹的。

A1.49 用“是”或“否”来回答下述问题，并证明你的答案。

(a) 假设 $f(x)$ 是一个单变量的增函数。$f(x)$ 是拟凹的吗？

(b) 假设 $f(x)$ 是一个单变量的减函数。$f(x)$ 是拟凹的吗？

(c) 假设 $f(x)$ 是一个单变量函数，且存在一个实数 b 使得函数在区间 $(-\infty, b]$ 递减，在区间 $[b, +\infty)$ 递增。$f(x)$ 是拟凹的吗？

(d) 假设 $f(x)$ 是一个单变量函数，且存在一个实数 b 使得函数在区间 $(-\infty, b]$ 递增，在区间 $(b, +\infty]$ 递减。$f(x)$ 是拟凹的吗？

(e) 现在你应该能够提炼出“递增”或“递减”的单变量拟凹函数的特征。

A2 微积分与最优化

A2.1 微积分

A2.1.1 单变量函数

如果函数 $y=f(x)$ 是连续的、“平滑”的，既无断点也无弯折，基本上就可以说它是**可微的**（differentiable）。图 A2-1（b）中的函数处处可微，而图 A2-1（a）中的函数在 x^0 处不可微。因此，可微性是比连续性还要严格一点的条件。它能让我们放开手脚，在分析中大胆运用熟悉的微积分工具，因此备受青睐。

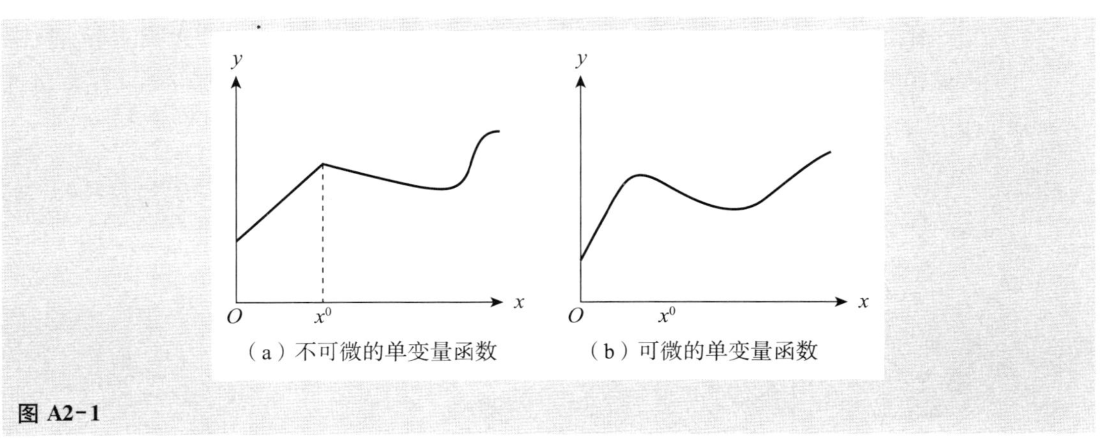

图 A2-1

导数（derivative）$f'(x)$ 无疑也是一个大家耳熟能详的概念。导数也是函数，指在 x 的每个值上的 $f(x)$ 的斜率或瞬时变化率。因此，导数有时候可以写成

$$\frac{\mathrm{d}y}{\mathrm{d}x}=f'(x) \tag{A2.1}$$

该式表明，x 每变化一单位 $\mathrm{d}x$，$f'(x)$ 就给出 y 变化的（瞬时）数量 $\mathrm{d}y$。如果（一阶）导数是一个可微函数，我们可以再对其求导，得到初始函数的二阶导数

$$\frac{\mathrm{d}^2 y}{\mathrm{d}x^2}=f'(x) \qquad \text{(A2.2)}$$

倘若一个函数有连续的导数 f'，f'，…，f^n，就称它为 n 阶（次）连续可微的，或 C^n 函数。图 A2-2 回顾了微分的某些法则。

对于常数 α：$\frac{\mathrm{d}}{\mathrm{d}x}(\alpha)=0$

对于和：$\frac{\mathrm{d}}{\mathrm{d}x}[f(x)\pm g(x)]=f'(x)\pm g'(x)$

幂法则：$\frac{\mathrm{d}}{\mathrm{d}x}(\alpha x^n)=n\alpha x^{n-1}$

积法则：$\frac{\mathrm{d}}{\mathrm{d}x}[f(x)g(x)]=f(x)g'(x)+f'(x)g(x)$

商法则：$\frac{\mathrm{d}}{\mathrm{d}x}\left[\frac{f(x)}{g(x)}\right]=\frac{g(x)f'(x)-f(x)g'(x)}{[g(x)]^2}$

链式法则：$\frac{\mathrm{d}}{\mathrm{d}x}[f(g(x))]=f'(g(x))g'(x)$

图 A2-2　微分法则

正如导数 $f'(x)$ 给出了 x 每变化一单位时 $f(x)$ 的（瞬时）变化率，二阶导数 $f'(x)$ 给出了 x 每变化一单位时 $f'(x)$ 的变化率。即 $f'(x)$ 给出了函数斜率的变化比率。因此，二阶导数与函数 f 的**曲率**（curvature）有关。

比如，在图 A2-3 画出的凹函数中，函数斜率随着 x 的增加而递减的事实反映了该函数“向下倾斜”的事实，也就是说，函数的二阶导数是非正的。（注意，直线 l_0 的斜率 $f'(x^0)$ 大于直线 l_1 的斜率 $f'(x^1)$。）

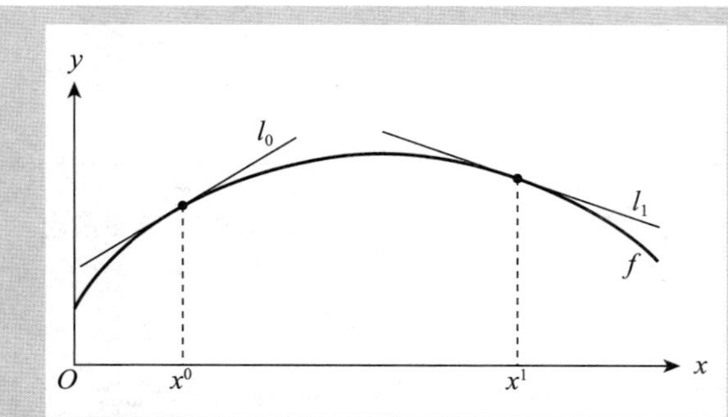

图 A2-3　曲率与二阶导数

从图 A2-3 可知，当函数的二阶导数总是非正的时候，该函数必定是凹的。我们稍后就把这种效应表述为一个定理，读者也可以自己画出一些凹函数来证实一下。

图 A2-3 要表现的内容可不止这些。我们注意到，两条切线 l_0 与 l_1 完全位于

函数 f 之上（有时候可能不是严格位于函数之上）。我们先关注 l_0，它是通过点（x^0，$f(x^0)$）的斜率为 $f'(x^0)$ 的一条直线。因此，这条直线的方程是

$$l_0(x)=f'(x^0)(x-x^0)+f(x^0)$$

现在称线 l_0 高于函数 f，也就是说，对所有的 x，$l_0(x)\geqslant f(x)$。这也就是说，对所有的 x，有：

$$f(x)\leqslant f(x^0)+f'(x^0)(x-x^0)$$

因此，这个不等式似乎源自 f 的凹性。

结合之前的观察，定理 A2.1（我们陈述了但未证明）以两种方式刻画了单变量凹函数的特征：一种是函数的二阶导数，另一种是函数的一阶导数及其切线。

定理 A2.1　凹性及一阶、二阶导数

令 D 是一个非退化的实数区间，f 在此区间内是二次连续可微的。下面所描述的性质 1 至性质 3 是等价的：

1. f 是凹的；
2. $f''(x)\leqslant 0$，$\forall$ 非端点 $x\in D$；
3. 对于所有的 $x^0\in D$，$f(x)\leqslant f(x^0)+f'(x^0)(x-x^0)$，$\forall x\in D$；此外，
4. 如果 $f''(x)<0$，$\forall$ 非端点 $x\in D$，则 f 是严格凹的。

如果一个函数的负数是凹的，则该函数是凸的。因此，定理 A2.1 也给出了凸函数的一个特征。只需简单地用“凸”来替换“凹”并扭转所有不等式的含义即可。有人可能会认为，性质 4 的逆命题是真的，也就是说，如果 f 是严格凹的，则其二阶导数必须处处严格为负。练习题 A2.20 会要求读者证明，这种情况并不成立。

A2.1.2　多变量函数

我们在后文会经常用到多变量的实值函数，所讨论的思想也极容易一般化。

在单变量情形下，把函数的导数想成“随着 x 的变化，y 的斜率或变化率”非常容易。这里 y 值，进而 y 的任意变化或增量，仅取决于单一变量 x 的值。然而，在 n 变量的实值函数中，y 取决于所有 n 个变量 x_1，…，x_n 的值。因此，很难单独地想象 y 的斜率或变化率。但可以非常自然地把其想象成随 x_1 变化的斜率、随 x_2 变化的斜率，等等（所有和 y 有关的 n 个变量变化的斜率）。一个包含 n 个变量的函数可以被想成有 n 个局部斜率（partial slope），每个斜率给出的仅仅是一个只有 x_i 单独变化时导致 y 将出现的变化率。每个局部斜率被称为偏导数。正式一点地说，同一般导数的定义类似，每个偏导数都被定义为其中一个变量的变动所引起的函数值的增量与变量本身变化量比率的极限值。

定义 A2.1　偏导数

令 D 是 $\mathbb{R}^n$ 的一个子集，并假设 f：$D\to\mathbb{R}$。如果 $\mathbf{x}$ 是 D 的一个内部点，则 f

在 $\mathbf{x}$ 处关于 x_i 的偏导数被定义为：

$$\frac{\partial f(x)}{\partial x_i} \equiv \lim_{h \to 0} \frac{f(x_1, \cdots, x_i + h, \cdots, x_n) - f(x_1, \cdots, x_i, \cdots, x_n)}{h}$$

有时候也用其他符号来表示偏导数。其中最常用的就是 $\partial y / \partial x_i$ 或 $f_i(\mathbf{x})$。

偏导数有些重要的问题需要注意一下。首先，像之前指出的那样，每个变量 x_i 都会对应一个偏导数，所以共有 n 个偏导数。其次，和单变量导数的情况类似，每个偏导数本身就是一个函数。具体来说，每个偏导数都是一个和各个变量 x_1，…，x_n 取值有关的函数。最后，需要注意的是，偏导数被定义在定义域中的每个点上，用以度量当一个变量 x_i 变化而其他 $n-1$ 个变量不变时，函数值变化多少。于是，为了计算出关于 x_i 的偏导数，我们可以简单地对 x_i 取一般的导数而使其他所有变量 $x_j (j \neq i)$ 保持不变。考虑下面这个双变量函数的例子。

例题 A2.1

令 $f(x_1, x_2) = x_1^2 + 3x_1x_2 - x_2^2$。这是一个双变量的函数，因此将存在两个偏导数。我们将 x_2 视作不变，通过对 x_1 微分，就可以得到 x_1 的偏导数，得：

$$\frac{\partial f(x_1, x_2)}{\partial x_1} = 2x_1 + 3x_2$$

我们把原函数的第二项（3 与 x_2 的乘积项）当作常数处理。函数的第三项没有 x_1，故而该项可作为常数处理。因为常数的偏导数为 0，所以它对偏导数表达式毫无影响。

用相同的原则可以对原函数求 x_2 的微分，这次把所有 x_1 出现的项当作常数。因此，对 x_2 的偏导数是：

$$\frac{\partial f(x_1, x_2)}{\partial x_2} = 3x_1 - 2x_2$$

请注意，在这个例子中，每个偏导数都是 x_1 和 x_2 的函数。因此，在 x_1 与 x_2 的不同值上，每个偏导数的取值都是不同的。在点（1，2）处，它们的值分别为 $f_1(1, 2) = 8$，$f_2(1, 2) = -1$。在点(2，1）处，它们各自的值分别为 $f_1(2, 1) = 7$，$f_2(2, 1) = 4$。 □

容易看到，每个偏导数都告诉我们，当我们单独改变一个变量而使其他变量保持不变的时候，函数是上升还是下降。但这也只是提供了当我们沿着 n 个向量中一个变量的方向变动时函数值的变化情况，有时候我们还想知道，从定义域中特定点朝其他方向变动时函数值的变动情况（上升还是下降）。

因此，在 f 的定义域中固定一点 $\mathbf{x} = (x_1, \cdots, x_n)$，假设我们想了解的是，当我们从 $\mathbf{x}$ 沿方向 $\mathbf{z} = (z_1, \cdots, z_n)$ 变动时，f 值如何变动。对于 $t \in \mathbb{R}$，函数定义为：

$$g(t) = f(\mathbf{x} + t\mathbf{z})$$

它将有助于我们分析这个问题。注意，当 $t=0$ 时，$g(t)$ 的取值是 $f(\mathbf{x})$，而且随着 t 从 0 不断增加，$\mathbf{x}+t\mathbf{z}$ 沿着 $\mathbf{z}$ 方向变动。于是我们感兴趣的是：$g'(0)$ 的值到底是正、负还是零？

现在就提供一个计算 $g'(0)$ 的富有启发性的说明。首先，根据定义，$g'(0)$ 是 t 变动 1 单位时 f 的变化率。t 每变动 1 单位，f 定义域中的第 i 个坐标以 z_i 的速度增加。而且在定义域中的第 i 个坐标每变动 1 单位，f 的变化率恰好是 $f_i(\mathbf{x})$，即在 $\mathbf{x}$ 处 f 的第 i 个偏导数。因此，第 i 个坐标的变动会引起 t 的单位变动，而由此导致的 f 的变动率就是 $f_i(\mathbf{x})z_i$。f 的总的变动率是 n 个坐标中的每一个变化所导致的全部变动之和。即：

$$g'(0)=\sum_{i=1}^{n} f_i(\mathbf{x})z_i$$

右侧一项就是 f 在 $\mathbf{x}$ 处沿方向 $\mathbf{z}$ 的**方向导数**（directional derivative）。[①] 用向量符号表示会更紧凑一些。

在这么做之前，先提一下与向量有关的一些习惯上的约定。除非特别说明，本书的所有向量都应该是**列**（column）向量。尽管 $\mathbf{x}$ 是列向量，但我们还是把它写成 $\mathbf{x}=(x_1, \cdots, x_n)$，这就避免了频繁使用如 $\mathbf{x}=(x_1, \cdots, x_n)^T$ 这样的转置符号所带来的诸多不便。

记住这些表达上的简化后，将前面 n 个偏导数汇聚到一个**行**（row）向量 $\nabla f(\mathbf{x})\equiv(f_1(\mathbf{x}), \cdots, f_n(\mathbf{x}))$ 中。行向量 $\nabla f(\mathbf{x})$ 是 f 在 $\mathbf{x}$ 处的**梯度**（gradient）。于是，f 在 $\mathbf{x}$ 处沿方向 $\mathbf{z}$ 的导数可被写成：

$$g'(0)=\nabla f(\mathbf{x})\mathbf{z} \tag{A2.3}$$

请注意，一方面，f 对于 x_i 的偏导数只是 f 在方向 $(0, \cdots, 0, 1, 0, \cdots, 0)$ 上的方向导数，其中 1 恰好出现在第 i 位，因此，所有的偏导数都只是一种特殊的方向导数；另一方面，(A2.3) 告诉我们，f 在任何方向上的变化率都是由偏导数向量决定的，即由 f 的梯度决定。因此，把梯度 ∇f 当成类似于单变量函数的导数很有帮助。和前面一样，梯度本身就是一个函数，它把定义域中的每个 $\mathbf{x}$ 都映射到一个包含 n 个“局部斜率”的向量中。同样地，我们也可以对这些导数再继续求导，得到一些类似二阶导数的结果。

考虑函数的一个偏导数，如对 x_1 的偏导数。我们首先看到：

$$\frac{\partial f(x_1,\cdots,x_n)}{\partial x_1}$$

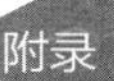

是 n 个变量的函数。原则上，任何 x_i 的变动都将影响该式的取值，因此，$f_1(\mathbf{x})$ 本身存在 n 个偏导数。

① 严格地讲，为了使这种计算正确，f 必须是连续可微的。

计算（一阶）偏导数 $f_1(\mathbf{x})$ 的 n 个偏导数并非难事。简单地把其他变量当作常数，并用熟悉的单变量微分法则便可计算给定变量的偏导数。求出的导数（本身也是 n 变量的一个函数）被称为**二阶偏导数**（second-order partial derivative）。当 $f_1(\mathbf{x})$ 对 x_i 微分时，结果就是 f 对 x_1 与 x_i 的二阶偏导数，记做：

$$\frac{\partial}{\partial x_i}\left(\frac{\partial f(\mathbf{x})}{\partial x_1}\right) \quad 或 \quad \frac{\partial^2 f(x)}{\partial x_i \partial x_1} \quad 或 \quad f_{1i}(\mathbf{x})$$

f 关于 x_1 的偏导数对每个 $x_i(i=1, \cdots, n)$ 有 n 个偏导数，可以把它们排列成一个梯度向量，只不过这个向量是对 x_1 的偏导数 $f_1(\mathbf{x})$ 的梯度。我们可以把这个梯度向量写成：

$$\nabla f_1(\mathbf{x})=\left(\frac{\partial^2 f(\mathbf{x})}{\partial x_1 \partial x_1}, \cdots, \frac{\partial^2 f(\mathbf{x})}{\partial x_n \partial x_1}\right)\equiv(f_{11}(\mathbf{x}),\cdots,f_{1n}(\mathbf{x}))$$

现在，在我们初始的梯度向量 $\nabla f(\mathbf{x})$ 中有 n 个一阶偏导数。对 f_1 重复这个过程，得到 n 个梯度 $\nabla f_i(\mathbf{x})$，$i=1, \cdots, n$。从本质上看，我们这么做是在求原函数“梯度的梯度”。请简单地记住，在 n 维梯度向量中的每个偏导数本身又有 n 个偏导数。如果我们把所有的 $\nabla f_i(\mathbf{x})$ ——每个都是二阶偏导数的向量——彼此堆叠起来排列成一个矩阵，会得到：

$$\mathbf{H}(\mathbf{x})=\begin{pmatrix} f_{11}(\mathbf{x}) & f_{12}(\mathbf{x}) & \cdots & f_{1n}(\mathbf{x}) \\ f_{21}(\mathbf{x}) & f_{22}(\mathbf{x}) & \cdots & f_{2n}(\mathbf{x}) \\ \vdots & \vdots & & \vdots \\ f_{n1}(\mathbf{x}) & f_{n2}(\mathbf{x}) & \cdots & f_{nn}(\mathbf{x}) \end{pmatrix}$$

注意，$\mathbf{H}(\mathbf{x})$ 包含了原函数所有可能的二阶偏导数，它被称为函数 $f(\mathbf{x})$ 的**海塞矩阵**（Hessian matrix）。现在回忆一下梯度与一阶导数之间的相似性。需要记住的是，海塞矩阵是通过对梯度求梯度而得到的，我们可以把 $\mathbf{H}(\mathbf{x})$ 看做类似于单变量函数的二阶导数。

关于二阶偏导数有一个重要的定理，我们将来会用到它。该定理是说，对偏导数求微分的顺序无关紧要。下面给出这个定理，但不提供证明。

定理 A2.2　扬格定理（Young's Theorem）

对于任意二次连续可微函数 $f(\mathbf{x})$，

$$\frac{\partial^2 f(\mathbf{x})}{\partial x_i \partial x_j}=\frac{\partial^2 f(\mathbf{x})}{\partial x_j \partial x_i} \qquad \forall i \text{ 和 } j$$

附录

尽管不提供证明，但通过下面的例题，其中的道理一看便知。

例题 A2.2

考虑函数 $f(x_1, x_2)=x_1x_2^2+x_1x_2$。它的两个一阶偏导数分别是：

$$\frac{\partial f}{\partial x_1}\equiv f_1(\mathbf{x})=x_2^2+x_2,\ \frac{\partial f}{\partial x_2}\equiv f_2(\mathbf{x})=2x_1x_2+x_1$$

如果我们对 f_1 求关于 x_2 的导数，有：

$$\frac{\partial^2 f}{\partial x_2\partial x_1}\equiv f_{12}(\mathbf{x})=2x_2+1$$

对 f_2 求关于 x_1 的导数，有：

$$\frac{\partial^2 f}{\partial x_1\partial x_2}\equiv f_{21}(\mathbf{x})=2x_2+1$$

显然，对于任意的 $\mathbf{x}$ 来说，$f_{12}=f_{21}$，这也正是扬格定理所讲的内容。 □

和二阶导数类似，海塞矩阵也是一个函数。它把定义域中的每个 $\mathbf{x}$ 映射成 $n\times n=n^2$ 个二阶偏导数，而且海塞矩阵 $\mathbf{H}(\mathbf{x})$ 中每个元素的取值通常在每个 $\mathbf{x}$ 上都是不同的。扬格定理告诉我们，海塞矩阵是对称的。读者很容易就能发现，和单变量的情况非常相似，f 的二阶偏导数矩阵也应该提供曲率的信息。情况的确如此，下面我就来探讨一下。

在单变量情形下，定理 A2.1 表明，一个凹函数的曲率可用其二阶导数来表示，也可用函数与其切线的关系来表示。同样的结论在多变量情形下仍然成立。理解这一点的一个捷径是先来看一下下面的结论。

定理 A2.3 单变量与多变量的凹性

令 f 是界定在 $\mathbb{R}^n$ 的凸子集 D 上的一个实值函数。对于每个 $\mathbf{x}\in D$ 和每个非零的 $\mathbf{z}\in\mathbb{R}^n$ 而言，当且仅当函数 $g(t)=f(\mathbf{x}+t\mathbf{z})$ 在 $\{t\in\mathbb{R}\mid \mathbf{x}+t\mathbf{z}\in D\}$ 上为(严格) 凹时，f 是（严格）凹的。

证明： 我们仅证明一个方向的凹情形，其余的留待练习题 A2.21 中由读者自己证明。假设 f 是一个凹函数。令 $\mathbf{x}\in D$ 且 $\mathbf{z}\in\mathbb{R}^n$。我们必须证明 $g(t)=f(\mathbf{x}+t\mathbf{z})$ 在 $C=\{t\in\mathbb{R}\mid \mathbf{x}+t\mathbf{z}\in D\}$ 上是凹的。

因此，选择 t_0，$t_1\in C$，$\alpha\in[0,1]$。我们须证明

$$g(\alpha t_0+(1-\alpha)t_1)\geqslant\alpha g(t_0)+(1-\alpha)g(t_1) \tag{P.1}$$

首先请注意，C 是一个凸集，使得 $\alpha t_0+(1-\alpha)t_1\in C$，因此 g 被限定于此。为确定不等式成立，我们仅需应用 g 的定义：

$$\begin{aligned}g(\alpha t_0+(1-\alpha)t_1)&=f(\mathbf{x}+(\alpha t_0+(1-\alpha)t_1)\mathbf{z})\\&=f(\alpha(\mathbf{x}+t_0\mathbf{z})+(1-\alpha)(\mathbf{x}+t_1\mathbf{z}))\\&\geqslant\alpha f(\mathbf{x}+t_0\mathbf{z})+(1-\alpha)f(\mathbf{x}+t_1\mathbf{z})\\&=\alpha g(t_0)+(1-\alpha)g(t_1)\end{aligned}$$

这里不等式源自 f 的凹性。(注意：对于 $i=1$，2，因为 $t_i\in C$，所以 $\mathbf{x}+t_i\mathbf{z}\in D$。)

■

定理 A2.3 实际上表明，要检验一个多变量函数是不是凹的，要就定义域中的每个点 $\mathbf{x}$ 和每个方向 $\mathbf{z}$，对由经过 $\mathbf{x}$、沿方向 $\mathbf{z}$ 的直线上的 f 的取值所定义的一个单变量函数是否为凹加以充分检验。定理 A2.1 刻画了一个单变量的凹函数，于是，我们可以把定理 A2.1 和 A2.3 结合起来刻画多变量的凹函数。

而在此之前，先介绍一些矩阵代数中的术语对后面的研究会大有裨益。如果一个$n\times n$矩阵 A 中的所有向量 $\mathbf{z}\in\mathbb{R}^n$ 均满足：

$$\mathbf{z}^T A\mathbf{z}\leqslant 0$$

则该矩阵被称为**半负定的**（negative semidefinite）。对于所有非零的 $\mathbf{z}$，如果不等式严格成立，则 A 被称为负定的(negative definite)。① 如果$-A$ 是半负定的（或负定的），则矩阵 A 被称为**半正定的**（positive semidefinite）（或**正定的**，positive definite）。考虑把半负定性当成非正实数矩阵的推广。实际上，对于一个 1×1 的矩阵来说，当且仅当其单个的元（entry）是非正的时候，该矩阵是半负定的。

定理 A2.4　多变量中的斜率、曲率和凹性

令 D 是$\mathbb{R}^n$ 的一个内部非空的凸子集，f 在其内部是二阶连续可微的。下面描述的性质 1～性质 3 是等价的：

1. f 是凹的。
2. $\mathbf{H}(\mathbf{x})$ 对 D 内所有的 $\mathbf{x}$ 都是半负定的。
3. 对于所有的 $\mathbf{x}^0\in D$，有：$f(\mathbf{x})\leqslant f(\mathbf{x}^0)+\nabla f(\mathbf{x}^0)(\mathbf{x}-\mathbf{x}^0)$，$\forall\,\mathbf{x}\in D$。

此外，

4. 对于 D 中所有的 $\mathbf{x}$，如果 $\mathbf{H}(\mathbf{x})$ 是负定的，则 f 是严格凹的。

证明：因为 f 是二阶连续可微的，对 D 内的集合来说，定理容易证明。连续性要考虑边界点，于是，固定 $\mathbf{x}\in intD$ 且 $\mathbf{z}\in\mathbb{R}^n$。对所有的 $t\in C$，令 $C=\{t\in\mathbb{R}^n \mid \mathbf{x}+t\mathbf{z}\in D\}$ 且 $g(t)=f(\mathbf{x}+t\mathbf{z})$。请注意，$g$ 从 f 那里继承了二次连续可微性。

现在，假设 1 成立，这保证了 f 是凹的。而根据定理 A2.3，g 在C 上也是凹的。注意，因为 $\mathbf{x}$ 位于 D 的内部，C 是一个非退化区间，所以根据定理 A2.1，得：

$$g''(t)\leqslant 0\quad \forall\, t\in C \tag{P.1}$$

$$g(t)\leqslant g(t_0)+g'(t_0)(t-t_0)\quad \forall\, t,t_0\in C \tag{P.2}$$

为了用上这些结论，我们必须计算出 g 关于 f 的一阶和二阶导数。

现在，$g'(t)$ 是 f 在点 $\mathbf{x}+t\mathbf{z}$、沿方向 $\mathbf{z}$ 的方向导数。因此，

$$g'(t)=\nabla f(\mathbf{x}+t\mathbf{z})\mathbf{z} \tag{P.3}$$

为计算 $g''(t)$，最简单的方法是把 $g'(t)$ 写成

① 如果 a_{ij} 表示A 中第i 行第j 列，则 $\mathbf{z}^T A\mathbf{z}=\sum_{i=1}^{n}\sum_{j=1}^{n} z_j a_{ij} z_i$。

$$g'(t)=\sum_{i=1}^{n}f_i(\mathbf{x}+t\mathbf{z})z_i$$

随后对求和式的各项微分。现在，$f_i(\mathbf{x}+t\mathbf{z})$ 关于 t 的导数正是 f_i 在点 $\mathbf{x}+t\mathbf{z}$、沿方向 $\mathbf{z}$ 的方向导数，可写成：

$$\sum_{j=1}^{n}f_{ij}(\mathbf{x}+t\mathbf{z})z_j$$

把每一项乘以 z_i，并对 i 求和，得到：

$$g''(t)=\sum_{i=1}^{n}\sum_{j=1}^{n}z_if_{ij}(\mathbf{x}+t\mathbf{z})z_j$$

上式可写成：

$$g''(t)=\mathbf{z}^T\mathbf{H}(\mathbf{x}+t\mathbf{z})\mathbf{z} \tag{P.4}$$

现在，注意 $0\in C$。随后，根据（P.1），我们必有 $g''(0)\leqslant 0$。根据（P.4），它意味着

$$\mathbf{z}^T\mathbf{H}(\mathbf{x})\mathbf{z}\leqslant 0$$

但由于 $\mathbf{z}$ 与 $\mathbf{x}$ 是任意的，这意味着 $\mathbf{H}(\mathbf{x})$ 对于所有的 $\mathbf{x}$ 都是半负定的。这样，我们就证明了 1⇒2。

请注意，命题 4 也同时被证明了。因为如果 $\mathbf{H}(\mathbf{x})$ 对于所有的 $\mathbf{x}$ 都是负定的，则不管选择什么样的 $\mathbf{z}$ 和 $\mathbf{x}$，只要 $\mathbf{z}$ 是非零的，则对于所有的 t，有 $g''(t)<0$。所以根据定理 A2.3，f 必须是严格凹的。

为了理解 1⇒3，我们须利用（P.2）。选择任意的 $\mathbf{x}^0\in D$，且令之前的 $\mathbf{z}$ 由 $\mathbf{x}^0-\mathbf{x}$ 给出。（回忆一下，$\mathbf{z}\in\mathbb{R}^n$ 是任意的。）则 0，$1\in C$。因此，（P.2）蕴涵着：

$$g(0)\leqslant g(1)-g'(1)$$

但利用（P.3）和 g 的定义，这只是表明：

$$f(\mathbf{x})\leqslant f(\mathbf{x}^0)+\nabla f(\mathbf{x}^0)(\mathbf{x}-\mathbf{x}^0)$$

由于 $\mathbf{x}$ 与 $\mathbf{x}^0$ 都是任意选取的，故命题 3 成立。于是，1⇒3。2⇒1 和 3⇒1 的证明类似，我们将其留作练习题。■

根据定理可知，当且仅当一个函数的海塞矩阵在定义域的所有点上都是半负定的时候，该函数才是凹的；因此，当且仅当一个函数的海塞矩阵在定义域的所有点上都是半正定的时候，该函数才是凸的。与此同时，我们还知道，海塞矩阵在定义域上是负（正）定的，则函数是严格凹（凸）的，但逆命题并不成立。

有多种检验方法可直接用于矩阵 $\mathbf{H}(\mathbf{x})$，以判定函数的凹性、凸性、拟凹性或拟凸性。众所周知，这个领域的规则极其复杂，其最重要的应用出现在随后考虑的最优化问题中。因此，把这些检验的细节推迟到那个时候再讲不失为一个明智的

做法。

函数的凹/凸性与其二阶偏导数之间的关系非常符合直觉，现在有必要提一下。在单变量情形下，一个函数为凹（凸）的必要且充分条件是其二阶导数的递增（或递减）。我们注意到，在多变量情形下，所有“自身的”二阶偏导数的符号提供了凹性或凸性的必要但非充分条件。证明留作练习题。

定理 A2.5　凹性、凸性及自身的二阶偏导数

令 $f: D \to R$ 为二阶可微的函数。

1. 如果 f 是凹的，则对于 D 内部所有的 $\mathbf{x}$，有 $f_{ii}(\mathbf{x}) \leqslant 0$，$i=1, \cdots, n$；
2. 如果 f 是凸的，则对于 D 内部所有的 $\mathbf{x}$，有 $f_{ii}(\mathbf{x}) \geqslant 0$，$i=1, \cdots, n$。

A2.1.3　齐次函数

齐次实值函数经常出现在微观经济学应用中。在本节中，我们简要地考虑此类函数，并利用微积分工具确立一些重要的函数性质。

定义 A2.2　齐次函数（homogeneous functions）

如果下式成立，则实值函数 $f(\mathbf{x})$ 被称为齐次的。

$$f(t\mathbf{x}) \equiv t^k f(\mathbf{x}),\ t>0$$

两种特殊情况值得注意：对于所有的 $t>0$，如果 $f(t\mathbf{x}) \equiv tf(\mathbf{x})$，则 $f(\mathbf{x})$ 是一次（阶）齐次的或线性齐次的；如果 $f(t\mathbf{x}) \equiv f(\mathbf{x})$，则 $f(\mathbf{x})$ 是零次（阶）齐次的。

当所有变量同时且以相同比例增加时，齐次函数会表现出非常规律的一面。例如，当函数是一次齐次的时候，所有变量增加 2 倍或者 3 倍，则函数值也将增加 2 倍或 3 倍。当函数是零次齐次时，所有变量同比例变化但函数值将保持不变。

例题 A2.3

函数

$$f(x_1, x_2) \equiv A x_1^{\alpha} x_2^{\beta},\quad A>0, \alpha>0, \beta>0$$

是著名的**柯布-道格拉斯**（Cobb-Douglas）函数。把所有的变量乘以相同的因子 t，观察最后的结果，以此来检验该函数的齐次性。我们发现

$$f(tx_1, tx_2) \equiv A(tx_1)^{\alpha}(tx_2)^{\beta} \equiv t^{\alpha} t^{\beta} A x_1^{\alpha} x_2^{\beta} = t^{\alpha+\beta} f(x_1, x_2)$$

根据定义，柯布-道格拉斯函数是 $\alpha+\beta$ 次齐次的。如果选择了合适的参数，使得 $\alpha+\beta=1$，则它是线性齐次的。 □

齐次函数的偏导数也是齐次的。以下定理清晰地说明了这个结论。

定理 A2.6　齐次函数的偏导数

如果 $f(\mathbf{x})$ 是 k 次齐次的，则它的偏导数是 $k-1$ 次齐次的。

证明：假设 $f(\mathbf{x})$ 是 k 次齐次的，则

$$f(t\mathbf{x})\equiv t^k f(\mathbf{x}) \quad \forall t>0 \tag{P. 1}$$

等式左侧对 x_i 求微分，得：

$$\begin{aligned}\frac{\partial}{\partial x_i}(f(t\mathbf{x}))&=\frac{\partial f(t\mathbf{x})}{\partial x_i}\frac{\partial tx_i}{\partial x_i}\\&=\frac{\partial f(t\mathbf{x})}{\partial x_i}t\end{aligned} \tag{P. 2}$$

等式右侧对 x_i 求微分，得：

$$\frac{\partial}{\partial x_i}(t^k f(\mathbf{x}))=t^k\frac{\partial f(\mathbf{x})}{\partial x_i} \tag{P. 3}$$

因为（P. 1）是一个恒等式，（P. 2）必定等于（P. 3），因此

$$\frac{\partial f(t\mathbf{x})}{\partial x_i}t=t^k\frac{\partial f(\mathbf{x})}{\partial x_i}$$

两边同除以 t 后，对 $i=1$，…，n 和 $t>0$ 而言，有：

$$\frac{\partial f(t\mathbf{x})}{\partial x_i}=t^{k-1}\frac{\partial f(\mathbf{x})}{\partial x_i}$$

得证！ ■

一次齐次函数有一个经常使用的特性。如果 $f(\mathbf{x})$ 是一次齐次的，定理表明，它的偏导数将满足：

$$\frac{\partial f(t\mathbf{x})}{\partial x_i}=\frac{\partial f(\mathbf{x})}{\partial x_i},\ \forall t>0$$

这说明当所有变量以相同比例增加（或减少）时，其全部 n 个偏导数都将保持不变。我们以柯布-道格拉斯函数来证明这个结论。

例题 A2.4

令 $f(x_1, x_2)\equiv Ax_1^\alpha x_2^\beta$，并假设 $\alpha+\beta=1$，这意味着函数是线性齐次的。函数关于 x_1 的偏导数是：

$$\frac{\partial f(x_1,x_2)}{\partial x_1}=\alpha Ax_1^{\alpha-1}x_2^\beta$$

把 x_1 与 x_2 同时乘以因子 t，并在（tx_1，tx_2）取偏导数的值。可以得到

$$\begin{aligned}\frac{\partial f(tx_1,tx_2)}{\partial x_1}&=\alpha A(tx_1)^{\alpha-1}(tx_2)^\beta\\&=t^{\alpha+\beta-1}\alpha Ax_1^{\alpha-1}x_2^\beta\end{aligned}$$

$$=\frac{\partial f(x_1,x_2)}{\partial x_1}$$

这正是我们想要的结果！因为 $\alpha+\beta=1$ 且 $t^{\alpha+\beta-1}=t^0=1$。 □

最后，**欧拉定理**（Euler's theorem）——有时被称为**加总定理**（adding-up theorem）——用一种有趣的方式完整地刻画了齐次函数的性质。当且仅当一个函数总能用自身的偏导数和齐次的次数来表示的时候，则该函数是齐次的。

定理 A2.7 欧拉定理

对于所有的 $\mathbf{x}$，当且仅当下式成立时，$f(\mathbf{x})$是 k 次齐次的

$$kf(\mathbf{x})=\sum_{i=1}^{n}\frac{\partial f(\mathbf{x})}{\partial x_i}x_i$$

证明：为了展开分析，有必要定义一个关于 t 的函数，并指出该函数的一些性质

$$g(t)\equiv f(t\mathbf{x}) \tag{P. 1}$$

具体来说，对于固定的 $\mathbf{x}$，对 t 求微分，得到①：

$$g'(t)=\sum_{i=1}^{n}\frac{\partial f(t\mathbf{x})}{\partial x_i}x_i \tag{P. 2}$$

在 $t=1$ 处，上式等于

$$g'(1)=\sum_{i=1}^{n}\frac{\partial f(\mathbf{x})}{\partial x_i}x_i \tag{P. 3}$$

现在来证明必要性。假设 $f(\mathbf{x})$ 是 k 次齐次的，使得对于所有的 $t>0$ 和任意 $\mathbf{x}$，有 $f(t\mathbf{x})=t^kf(\mathbf{x})$。我们根据(P. 1) 可以得到 $g(t)=t^kf(\mathbf{x})$。求微分，有 $g'(t)=kt^{k-1}f(\mathbf{x})$。再求 $t=1$ 处的值，得到 $g'(1)=kf(\mathbf{x})$。因此，通过利用（P. 3），

$$kf(\mathbf{x})=\sum_{i=1}^{n}\frac{\partial f(\mathbf{x})}{\partial x_i}x_i \tag{P. 4}$$

必要性得证。

为了证明充分性，假设（P. 4）成立，然后在 $t\mathbf{x}$ 处取值，得：

$$kf(t\mathbf{x})=\sum_{i=1}^{n}\frac{\partial f(t\mathbf{x})}{\partial x_i}tx_i \tag{P. 5}$$

把（P. 2）两侧乘以 t，与（P. 5）比较，可以发现 $tg'(t)=kf(t\mathbf{x})$。将（P. 1）代

① 假设还不是十分明白，请记住：因为 $g(t)\equiv f(tx_1,\cdots,tx_n)$，$t$ 乘以所有 n 个变量，所以它的影响分别通过每个变量进入其中。为得到 $g(\cdot)$ 对 t 的导数，我们不得不把 t 的变化通过所有分别的路径对 $f(\cdot)$ 的影响加总。而且为了计算每个影响，我们必须应用**链式法则**。于是 $g'(t)=\sum_{i=1}^{n}\frac{\partial f(tx_1,\cdots,tx_n)}{\partial x_i}\cdot\frac{\partial(tx_i)}{\partial t}$。但是$\frac{\partial(tx_i)}{\partial t}=x_i$，因此得到(P. 2) 的结论。

入可得：

$$tg'(t)=kg(t) \tag{P. 6}$$

现在考虑函数 $t^{-k}g(t)$。如果我们将此式对 t 求微分，得到 $\mathrm{d}/\mathrm{d}t\ [t^{-k}g(t)]=t^{-k-1}[tg'(t)-kg(t)]$。鉴于（P. 6），这个偏导数必定为 0，因此我们得出结论：对于某些常数 c 来说，有 $t^{-k}g(t)=c$。重新整理，把该式写成 $g(t)=t^{k}c$。为了找出 c，计算 $t=1$ 处的值，并注意 $g(1)=c$。于是，利用定义（P. 1），得到 $c=f(\mathbf{x})$。现在我们知道 $g(t)=t^{k}f(\mathbf{x})$。再次将（P. 1）代入，我们可得出结论：对于任意 $\mathbf{x}$ 来说，有：

$$f(t\mathbf{x})=t^{k}f(\mathbf{x})$$

证毕！ ■

我们应该再次审视一下欧拉定理对线性齐次函数的含义。对于 $k=1$，欧拉定理告诉我们，能根据其偏导数写出 $f(\mathbf{x})$：

$$f(\mathbf{x})=\sum_{i=1}^{n}\frac{\partial f(\mathbf{x})}{\partial x_i}x_i$$

下面用柯布-道格拉斯形式的函数来证明这个结论。

例题 A2.5

令 $f(x_1,\ x_2)=Ax_1^{\alpha}x_2^{\beta}$，并再次假设 $\alpha+\beta=1$。函数的偏导数为

$$\frac{\partial f(x_1,x_2)}{\partial x_1}=\alpha Ax_1^{\alpha-1}x_2^{\beta}$$

$$\frac{\partial f(x_1,x_2)}{\partial x_2}=\beta Ax_1^{\alpha}x_2^{\beta-1}$$

把第一个式子乘以 x_1，第二个式子乘以 x_2，然后相加，并利用 $\alpha+\beta=1$ 的事实，得到

$$\begin{aligned}\frac{\partial f(x_1,x_2)}{\partial x_1}x_1+\frac{\partial f(x_1,x_2)}{\partial x_2}x_2&=\alpha Ax_1^{\alpha-1}x_2^{\beta}x_1+\beta Ax_1^{\alpha}x_2^{\beta-1}x_2\\&=(\alpha+\beta)Ax_1^{\alpha}x_2^{\beta}\\&=f(x_1,x_2)\end{aligned}$$

这正是欧拉定理的结论。 □

A2.2 最优化

本节致力于把微积分方法应用到最优化问题中，优化是微观经济理论中最常见的问题。在简要回顾了我们熟知的那些单变量微积分的结论后，我们将会看到这些结论在多变量情况中的扩展应用。有些最优化问题会涉及理论经济学中常遇到的各种约束条件，随后，我们将对一些有助于解决这些最优化问题的技术加以探讨，不

过，考察只会点到为止，不会深究这个领域中那些高深莫测的数学要点。我们不会把这一节写成是仅仅帮助你掌握所用技巧的指导手册，而是力求去理解技巧背后的深刻内容。我们的目标是：对单变量情形先有一个系统的理解，然后从中形成对一些复杂但有力的方法的作用机理的直觉，并将其用于实践。我们先从对熟悉的背景内容的回顾开始。

考虑一个单变量函数 $y=f(x)$，假设它是可微的。当我们说，该函数在 x^* 处取了一个**局部最大值**（unique local maximum），意思是指，对于 x^* 附近的所有 x 来说，有 $f(x^*)\geqslant f(x)$；当我们说，该函数在 x^* 处取得了一个**全局最大值**（unique global maximum），意思是指，对于函数定义域中的所有 x 来说，$f(x^*)\geqslant f(x)$。对于 x^* 某领域中所有的 $x\neq x^*$ 来说，如果 $f(x^*)>f(x)$，则函数在 x^* 取了唯一的局部最大值；对于定义域中所有的$x\neq x^*$ 来说，如果 $f(x^*)>f(x)$，则函数在 x^* 取得了唯一的全局最大值。类似地，对于 $\tilde{x}$ 某领域中所有的 $x\neq\tilde{x}$ 来说，只要$f(\tilde{x})\leqslant f(x)(f(\tilde{x})<f(x))$，则函数在 $\tilde{x}$ 取得了一个**局部最小值**（unique local minimum）；对于定义域中所有的 $x\neq\tilde{x}$ 来说，只要$f(\tilde{x})\leqslant f(x)(f(\tilde{x})<f(x))$，则函数在 $\tilde{x}$ 取得了一个**全局最小值**（unique global minimum）。

图 A2-4 给出了各种类型的最优值。函数在 x^1，x^3 和 x^5 取得了局部最大值；在 x^3 取得了全局最大值。然而，在 x^3 的全局最大值并不是唯一的。在 x^1 与 x^3 的局部最大值被称为**内部最大值**（interior maxima），因为 x^1 与 x^3 处于定义域 D 的内部，而不是在其“边界上”。诸如 x^5 处所取得的最大值被称为**边界最大值**（boundary maxima）。同样，在 x^0，x^2 和 x^4 存在局部最小值，在 x^4 存在全局最小值。在 x^2 与 x^4 处的极值是内部最小值，在 x^0 处的极值是边界最小值。

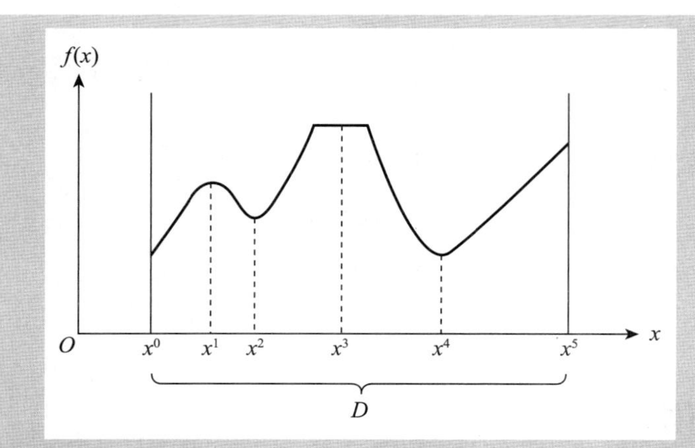

图 A2-4　全局与局部最优值

用微积分方法解决单变量函数的最大化（或最小化）问题对你来说是小菜一碟。在微积分课堂上，你可能了解了用“一阶和二阶导数进行检验”的逻辑，然后用它们来求解不同函数的最优值。其中的重点是，应用这些检验并掌握计算函数最优值的方法。不过，在理论经济学中，我们实际上倒是很少去计算最优值，相反，通常只想刻画它们的特征——详细说明最优值成立所必需的条件，然后用这些条件而不是具体数字来分析问题。

为完整起见，对任意一个单变量的、二次连续可微函数的最优化问题，我们先来介绍一下它的**一阶必要条件**（first-order necessary conditions，FONC）和**二阶必要条件**（second-order necessary conditions，SONC）。这个定理的几何内容包含在图 A2-5 中。

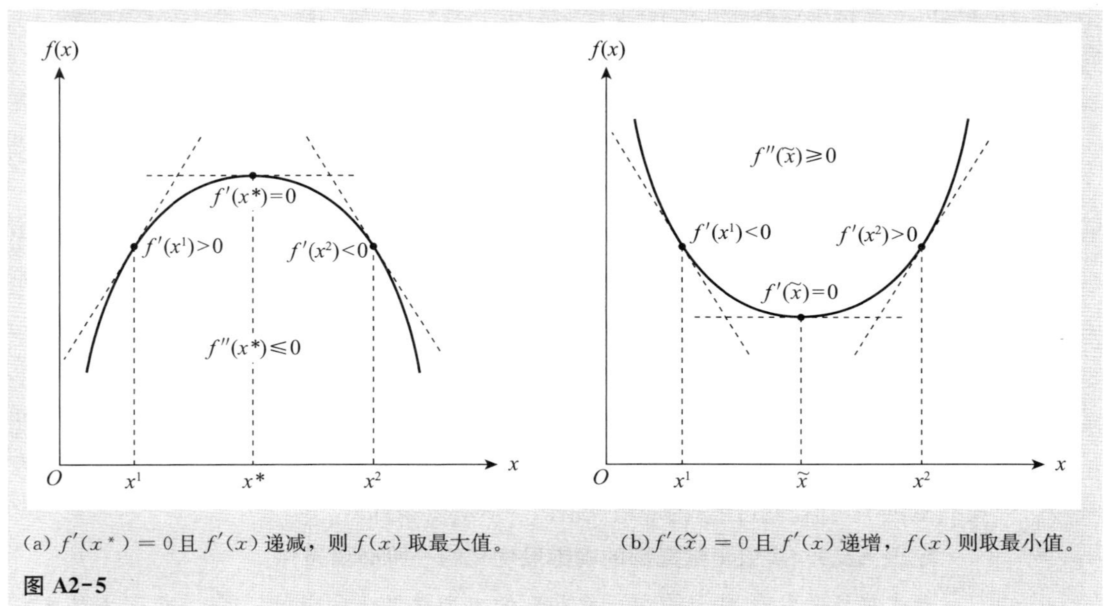

(a) $f'(x^*)=0$ 且 $f'(x)$ 递减，则 $f(x)$ 取最大值。 (b) $f'(\tilde{x})=0$ 且 $f'(x)$ 递增，$f(x)$ 则取最小值。

图 A2-5

定理 A2.8　单变量情形下的局部的内部最优值的必要条件

令 $f(x)$ 是一个单变量的二次连续可微函数。在以下条件下，$f(x)$ 将存在一个局部的内部最优值。

1. 在 x^* 取最大值 $\Rightarrow f'(x^*)=0(FONC)$

$$\Rightarrow f''(x^*)\leqslant(SONC)$$

2. 在 $\tilde{x}$ 取最大值 $\Rightarrow f'(\tilde{x})=0(FONC)$

$$\Rightarrow f''(\tilde{x})\geqslant 0(SONC)$$

A2.2.1　多变量实值函数

单变量情形下多数直觉和熟悉的术语都可以沿用到多变量的实值函数中。假设 $D\subset\mathbb{R}^n$，且令 f：$D\rightarrow R$ 是一个 n 变量的、二次连续可微的实值函数。如果朝任意方向偏离 $\mathbf{x}^*$ 的微小变动都不能引起函数值的增加，则该函数在 $\mathbf{x}^*$ 处就取得局部的最大值。在 $\mathbb{R}^n$ 中，某个以 $\mathbf{x}^*$ 为中心的 ε 球（$B_\varepsilon(\mathbf{x}^*)$）包含了我们所选择的尽可能接近 $\mathbf{x}^*$ 的所有点。因此，对于所有 $\mathbf{x}\in B_\varepsilon(\mathbf{x}^*)$，只要存在某个 $\varepsilon>0$ 使得 $f(\mathbf{x}^*)\geqslant$

$f(\mathbf{x})$，则函数在 $\mathbf{x}^*$ 处就取得一个局部的最大值。对于定义域中所有 $\mathbf{x}$，如果 $f(\mathbf{x}^*)\geqslant f(\mathbf{x})$，则函数在 $\mathbf{x}^*$ 处取得一个全局最大值。如果存在某个 $\varepsilon>0$，使得 $f(\mathbf{x}^*)>f(\mathbf{x})$，$\forall\,\mathbf{x}\in B_\varepsilon(\mathbf{x}^*)$（$\forall\,\mathbf{x}\in D$），$\mathbf{x}\neq\mathbf{x}^*$，则最大值是唯一的局部（全局）最大值。同理，当且仅当 $f(\tilde{\mathbf{x}})\leqslant f(\mathbf{x})$，$\forall\,\mathbf{x}\in B_\varepsilon(\tilde{\mathbf{x}})$（$\forall\,\mathbf{x}\in D$），$\mathbf{x}\neq\tilde{\mathbf{x}}$，则函数在 $\tilde{\mathbf{x}}$ 处取得一个局部（全局）最小值。如果不等式严格成立，则最小值是唯一的。

现在就把单变量函数的最大值与最小值的一阶和二阶必要条件推广到多变量函数极值的判定中。对于各种向量 $\mathbf{x}$ 与 $\mathbf{z}$，我们已经清楚如何利用函数 $g(t)=f(\mathbf{x}+t\mathbf{z})$ 把多变量函数的问题简化成单变量函数的问题，这些技巧在这里也同样适用。

关键是要注意：如果多变量函数 f 在 $\mathbf{x}^*$ 处实现了最大化，则对于任意向量 $\mathbf{z}$，单变量函数 $g(t)=f(\mathbf{x}^*+t\mathbf{z})$ 也将在 $t=0$ 处实现最大化。于是，我们可以对函数 g 使用单变量函数的一阶和二阶必要条件，进而又会得出 $\mathbf{x}^*$ 点的关于函数 f 的梯度与海塞矩阵的条件。

和想象中一样，单变量函数在最优值处的偏导数为零类似于多变量函数在最优值处的梯度向量为零。这非常符合我们的直觉，因为它简单地表明了，如果 f 在 $\mathbf{x}^*$ 处实现了最大化，那么在保持其他元素不变的情况下，通过增加或减少任意 x_i，f 的函数值不可能进一步增加。

因此，单个的一阶条件方程 $f'(\mathbf{x}^*)=0$ 刻画了单变量函数的最优化，可将其推广到 n 个一阶条件的联立方程组 $\nabla f(\mathbf{x}^*)=0$，用于刻画 n 变量函数的最优值。这为我们提供了实值函数任意内部最优值的一阶必要条件。

定理 A2.9　实值函数局部的内部最优化的一阶必要条件

如果可微函数在 $\mathbf{x}^*$ 处取得一个局部的内部最大或最小值，则 $\mathbf{x}^*$ 是下述联立方程组的解，

$$\frac{\partial f(\mathbf{x}^*)}{\partial x_1}=0$$

$$\frac{\partial f(\mathbf{x}^*)}{\partial x_2}=0$$

$$\vdots$$

$$\frac{\partial f(\mathbf{x}^*)}{\partial x_n}=0$$

证明： 假设 $f(\mathbf{x})$ 在 $\mathbf{x}^*$ 处取一个局部的内部极大值，我们想证明 $\nabla f(\mathbf{x}^*)=0$。这里给出的证明并不是最简单的，但当我们考虑二阶条件时，这种证明将大有用处。首先任选一个向量 $\mathbf{z}\in\mathbb{R}^n$，对于任意标量 t，构建出一个熟悉的单变量函数：

$$g(t)=f(\mathbf{x}^*+t\mathbf{z}) \tag{P. 1}$$

仔细回忆一下有关函数 g 的几个问题。首先，对于 $t\neq0$，$\mathbf{x}^*+t\mathbf{z}$ 只是某个不同于 $\mathbf{x}^*$ 的向量，因此，$g(0)$ 恰好是在 $\mathbf{x}^*$ 处的 f 值。对于每个 t，因为 $g(t)$ 恰好

附录

是 f 的某个值，而且 $t=0$ 时，$g(t)$ 的值是 $f(\mathbf{x}^*)$，则 f 必然在 $t=0$ 处取得一个局部的极大值，因为我们已经假设 f 在 $\mathbf{x}^*$ 处取极大值。根据定理 A2.8，我们知道，如果 $g(t)$在 $t=0$ 处取局部的极大值，则 $g'(0)=0$。和之前一样，我们能用链式法则对(P.1) 求微分，对于任意 t，有：

$$g'(t)=\sum_{i=1}^{n}\frac{\partial f(\mathbf{x}^*+t\mathbf{z})}{\partial x_i}z_i$$

如果我们求该式在 $t=0$ 处的值，并应用条件 $g'(0)=0$，则 g 在 0 点的局部极大值意味着：

$$\begin{aligned} g'(0)&=\sum_{i=1}^{n}\frac{\partial f(\mathbf{x}^*)}{\partial x_i}z_i \\ &=\nabla f(\mathbf{x}^*)\mathbf{z} \\ &=0 \end{aligned}$$

对于$\mathbb{R}^n$ 中的每个向量 $\mathbf{z}$（特别是，对于每个 n 单位向量），上式都必然成立，这意味着 f 的每个偏导数都必定为 0，或者

$$\nabla f(\mathbf{x}^*)=\mathbf{0}$$

得证！ ■

例题 A2.6

令 $y=x_2-4x_1^2+3x_1x_2-x_2^2$。为了找到这个函数的一个临界点（critical point），取其各个偏导数：

$$\frac{\partial f(x_1,x_2)}{\partial x_1}=-8x_1+3x_2$$

$$\frac{\partial f(x_1,x_2)}{\partial x_2}=1+3x_1-2x_2$$

我们将在向量（x_1^*，x_2^*）处得到一个临界点，这里两个方程同时等于 0。为了找到 x_1^* 与 x_2^*，设定每个偏导数等于 0：

$$\frac{\partial f(x_1^*,x_2^*)}{\partial x_1}=-8x_1^*+3x_2^*=0$$

$$\frac{\partial f(x_1^*,x_2^*)}{\partial x_2}=1+3x_1^*-2x_2^*=0 \tag{E.1}$$

由该方程组解出 x_1^* 与 x_2^*。

求解的方法有多种。“最原始”的是解出一个方程中的 x_1^*，把它代入另一个方程中，进而从第二个方程解出了 x_2^*。一旦解出了 x_2^*，再把它代回原方程中，解出 x_1^*。方程组是（便于处理的）线性的，我们还可以小小地发挥一下。首先，把（E.1）重写成

$$-8x_1^*+3x_2^*=0$$
$$3x_1^*-2x_2^*=-1$$

或者写成矩阵形式，如

$$\underbrace{\begin{pmatrix}-8 & 3\\ 3 & -2\end{pmatrix}}_{A}\begin{pmatrix}x_1\\ x_2\end{pmatrix}=\begin{pmatrix}0\\ -1\end{pmatrix} \tag{E. 2}$$

如果我们求 **A** 的逆（invert），可得

$$\mathbf{A}^{-1}=\frac{1}{|\mathbf{A}|}\begin{pmatrix}-2 & -3\\ -3 & -8\end{pmatrix}=\begin{pmatrix}\frac{-2}{7} & \frac{-3}{7}\\ \frac{-3}{7} & \frac{-8}{7}\end{pmatrix}$$

因为行列式（determinant）$|\mathbf{A}|=16-9=7$。如果我们在（E. 2）两侧同乘以 $\mathbf{A}^{-1}$ 并重新整理，得：

$$\begin{pmatrix}x_1^*\\ x_2^*\end{pmatrix}=\begin{pmatrix}\frac{-2}{7} & \frac{-3}{7}\\ \frac{-3}{7} & \frac{-8}{7}\end{pmatrix}\begin{pmatrix}0\\ -1\end{pmatrix}=\begin{pmatrix}\frac{3}{7}\\ \frac{8}{7}\end{pmatrix}$$

于是，函数在 $x_1^*=3/7$ 和 $x_2^*=8/7$ 处达到一个临界点。然而，我们仍不知道是否已找到了最大值或最小值。为此，我们不得不再审视一下二阶条件。□

A2.2.2 二阶条件

从直觉上看，多变量情形下的二阶条件与单变量时的完全相同。一旦我们找到 $\nabla f(\mathbf{x})=\mathbf{0}$ 的点，如果函数是"局部凹的"，我们就知道得到了一个最大值；如果函数是"局部凸的"，就是一个最小值。定理 A2.4 指出，曲率取决于 f 的海塞矩阵的正负定性质。直观感觉，如果 $\mathbf{H}(\mathbf{x})$ 是半负定的，则函数在 $\mathbf{x}$ 附近将是局部凹的；如果 $\mathbf{H}(\mathbf{x})$ 是半正定的，则函数在 $\mathbf{x}$ 附近将是局部凸的。于是，直觉给出的局部内部最优化的二阶必要条件如下：

定理 A2.10　实值函数的局部内部最优化的二阶必要条件

令 $f(\mathbf{x})$ 是二次连续可微的。

1. 如果 $f(\mathbf{x})$ 在 $\mathbf{x}^*$ 处达到一个局部的内部最大值，则 $\mathbf{H}(\mathbf{x}^*)$ 是半负定的。
2. 如果 $f(\mathbf{x})$ 在 $\tilde{\mathbf{x}}$ 处达到一个局部的内部最小值，则 $\mathbf{H}(\tilde{\mathbf{x}})$ 是半正定的。

证明： 证明直接来自定理 A2.9 的证明。回忆一下，我们定义的函数

$$g(t)=f(\mathbf{x}+t\mathbf{z})$$

对于 $\mathbf{z}\in\mathbb{R}^n$ 且 $\mathbf{x}$ 是 f 的一个临界点。我们观察到，如果 f 在 $\mathbf{x}$ 处达到临界点，则

g 在 $t=0$ 处达到临界点。进一步观察，对于任意 t，有：

$$g'(t)=\sum_{i=1}^{n}\frac{\partial f(\mathbf{x}+t\mathbf{z})}{\partial x_i}z_i$$

再次对 t 求微分，并运用链式法则，得到二阶导数：

$$g''(t)=\sum_{j=1}^{n}\sum_{i=1}^{n}\frac{\partial^2 f(\mathbf{x}+t\mathbf{z})}{\partial x_i\partial x_j}z_iz_j \tag{P. 1}$$

现在，假设 f 在 $\mathbf{x}=\mathbf{x}^*$ 处被最大化。又根据定理 A2.8，必有 $g''(0)\leqslant 0$。在 $\mathbf{x}^*$ 及 $t=0$ 处计算(P. 1) 的值，这就是说：

$$g''(0)=\sum_{j=1}^{n}\sum_{i=1}^{n}\frac{\partial^2 f(\mathbf{x}^*)}{\partial x_i\partial x_j}z_iz_j\leqslant 0$$

或者说 $\mathbf{z}^T\mathbf{H}(\mathbf{x})\mathbf{z}\leqslant 0$。因为 $\mathbf{z}$ 是任意选择的，这意味着 $\mathbf{H}(\mathbf{x}^*)$ 是半负定的。同理，如果 f 在 $\mathbf{x}=\tilde{\mathbf{x}}$ 处被最小化，则 $g''(0)\geqslant 0$，因此 $\mathbf{H}(\tilde{\mathbf{x}})$ 是半正定的。证毕！ ■

定理 A2.9 和定理 A2.10 意义非凡且用途甚广。我们能用它们来刻画一个（内部）最优值——只要存在。二者均为必要条件，由此可以得出如下命题：“如果 $\mathbf{x}^*$ 最大化了 $f(\mathbf{x})$，则 $f_i(\mathbf{x}^*)=0$，$i=1$，…，n，且 $\mathbf{H}(\mathbf{x}^*)$ 是半负定的”。这些条件有助于我们找出特定函数的潜在最大值（或最小值），但为了证实它们确实最大化（或最小化）了函数，我们还需要充分条件。

充分条件允许我们做出如下命题：“如果在 $\mathbf{x}$ 处满足这些条件，则 $\mathbf{x}$ 最优化了函数”。有了这样的条件，我们就能解出 $\mathbf{x}$，而且知道函数在这里被最优化了。最优值的充分条件可以推导出来，不过，正像有些人怀疑的那样，它们比必要条件严格得多。简单来说，内部最优化的充分条件如下：(1) 对于 $i=1$，…，n，如果 $f_i(\mathbf{x}^*)=0$ 且 $\mathbf{H}(\mathbf{x}^*)$ 在 $\mathbf{x}^*$ 处是负定的，则 $f(\mathbf{x})$ 在 $\mathbf{x}^*$ 处取得一个局部最大值；(2) 对于 $i=1$，…，n，如果 $f_i(\tilde{\mathbf{x}})=0$ 且 $\mathbf{H}(\tilde{\mathbf{x}})$ 在 $\tilde{\mathbf{x}}$ 处是正定的，则 $f(\mathbf{x})$ 在 $\tilde{\mathbf{x}}$ 取得一个局部最小值。充分条件要求所涉及的点是一个临界点，而且要求曲率条件以严格形式成立（用来把那些被误认为是最优点的拐点排除）。例如，当 $\mathbf{H}(\mathbf{x}^*)$ 是负定的时候，在围绕 $\mathbf{x}^*$ 的某个球中，函数将是严格凹的。

临界点的确定非常容易。我们简单地令所有的一阶偏导数等于 0，然后求解出包含 n 个方程的方程组，但判定海塞矩阵是负定还是正定通常就要费点事了。

判定海塞矩阵定性的各种检验的关键是，看矩阵在某一点（或区间）所形成的子矩阵的行列式符号。这些行列式被称为海塞矩阵的**主子式**（principal minors）。根据 $\mathbf{H}(\mathbf{x})$ 在点 $\mathbf{x}$ 处的第 1 个到第 n 个主子式，有行列式：

$$D_1(\mathbf{x})\equiv|f_{11}|=f_{11}$$

$$D_2(\mathbf{x})\equiv\begin{vmatrix}f_{11} & f_{12}\\ f_{21} & f_{22}\end{vmatrix}$$

$$\vdots$$

$$D_i(\mathbf{x}) \equiv \begin{vmatrix} f_{11} & \cdots & f_{1i} \\ \vdots & & \vdots \\ f_{i1} & \cdots & f_{ii} \end{vmatrix}$$

$$\vdots$$

$$D_n(\mathbf{x}) \equiv \begin{vmatrix} f_{11} & \cdots & f_{1n} \\ \vdots & & \vdots \\ f_{n1} & \cdots & f_{nn} \end{vmatrix}$$

这里，它可被理解为 f_{ij} 在 $\mathbf{x}$ 处的取值。每个主子式都是海塞矩阵 $\mathbf{H}(\mathbf{x})$ 最后$(n-i)$（$i=1, \cdots, n$）行与列被删除之后而得到矩阵的行列式。随着我们沿着海塞矩阵的主对角线（principal diagonal）向下移动，便可得到这些子矩阵，故而它们被称为主子式。

下述定理给出了对海塞矩阵主子式来说需满足的条件，以确保海塞矩阵的定性可判定。

定理 A2.11　海塞矩阵负定与正定的充分条件

令 $f(\mathbf{x})$ 二次连续可微，且令 $D_i(\mathbf{x})$ 是海塞矩阵 $\mathbf{H}(\mathbf{x})$ 的第 i 阶主子式。

1. 如果 $(-1)^i D_i(\mathbf{x})>0$，$i=1, \cdots, n$，则 $\mathbf{H}(\mathbf{x})$ 是负定的；

2. 如果 $D_i(\mathbf{x})>0$，$i=1, \cdots, n$，则 $\mathbf{H}(\mathbf{x})$ 是正定的。

如果条件 1 对定义域中所有的 $\mathbf{x}$ 都成立，则 f 是严格凹的。如果条件 2 对定义域中所有的 $\mathbf{x}$ 都成立，则 f 是严格凸的。

特别地，该定理表明，如果海塞矩阵主子式的符号从负号开始，交替改变，则函数将是严格凹的。如果海塞矩阵的主子式始终是正的，则函数将是严格凸的。

证明：一个完整的一般性证明会用到定理 A2.4 的性质 4，问题进而被简化为：如果一个矩阵的主子式交替地改变符号，则相应的二次型（quadratic form）是负定的；如果主子式都是正的，则相应的二次型是正定的。这在线性代数中是一个众所周知的结论。关于这一点，感兴趣的读者可以参考任何标准的教科书。例如，参见 Hohn（1973）。这里，我们给出双变量情形下的简单证明。

假设 $y=(x_1, x_2)$ 二次连续可微，其海塞矩阵的一阶与二阶主子式分别为：

$$D_1(\mathbf{x}) \equiv |f_{11}| = f_{11}$$

$$D_2(\mathbf{x}) \equiv \begin{vmatrix} f_{11} & f_{12} \\ f_{21} & f_{22} \end{vmatrix} = f_{11}f_{22}-(f_{12})^2 \tag{P.1}$$

附录

其中用到了如下事实：$f_{12}=f_{21}$。对于 $\mathbf{z}=(z_1, z_2)\neq(0, 0)$，$\mathbf{z}^T\mathbf{H}(\mathbf{x})\mathbf{z}$ 可写成：

$$\mathbf{z}^T\mathbf{H}(\mathbf{x})\mathbf{z} = \sum_{j=1}^{2}\sum_{i=1}^{2} f_{ij}z_iz_j = f_{11}(z_1)^2 + 2f_{12}z_1z_2 + f_{22}(z_2)^2 \tag{P.2}$$

如果我们可以证明：只要（P. 1）中的那些主子式的符号从负号开始交替改变，就有$\mathbf{z}^T\mathbf{H}(\mathbf{x})\mathbf{z}<0$；或者，只要主子式的符号都为正，就有 $\mathbf{z}^T\mathbf{H}(\mathbf{x})\mathbf{z}>0$。那么，定理就得以“证明”。

因为（z_1，z_2）是非零向量，至少 z_1 与 z_2 其中之一非零。假设 $z_2\neq0$。注意：我们能把（P. 2）右侧加上并减去同一项而不改变等式。加上并减去 $(f_{12})^2(z_2)^2/f_{11}$后，有：

$$\mathbf{z}^T\mathbf{H}(\mathbf{x})\mathbf{z}=f_{11}(z_1)^2+2f_{12}z_1z_2+\frac{(f_{12})^2(z_2)^2}{f_{11}}+f_{22}(z_2)^2-\frac{(f_{12})^2(z_2)^2}{f_{11}}$$

从前几项中提出 f_{11}，从后两项中提出 $(z_2)^2$，得到：

$$\mathbf{z}^T\mathbf{H}(\mathbf{x})\mathbf{z}=f_{11}\left((z_1)^2+2\frac{f_{12}}{f_{11}}z_1z_2+\left(\frac{f_{12}}{f_{11}}\right)^2(z_2)^2\right)+\left(f_{22}-\frac{(f_{12})^2}{f_{11}}\right)(z_2)^2$$

第一项是一个平方项，把第二项通分，可写成

$$\mathbf{z}^T\mathbf{H}(\mathbf{x})\mathbf{z}=f_{11}\left(z_1+\frac{f_{12}}{f_{11}}z_2\right)^2+\left(\frac{f_{11}f_{22}-(f_{12})^2}{f_{11}}\right)(z_2)^2 \qquad \text{(P. 3)}$$

假设（P. 1）中主子式的符号是从负号开始交替改变的，则（P. 3）中的第一个乘积项是非负的，最后一个乘积项是严格负的（因为 $z_2\neq0$，而且根据假设，与 z_2 相乘的表达式的分子和分母有相反的符号）。因此，$\mathbf{z}^T\mathbf{H}(\mathbf{x})\mathbf{z}<0$。同理，如果（P. 1）中主子式都是正的，则（P. 3）中的两项都是非负的，而且有一项为正，因此 $\mathbf{z}^T\mathbf{H}(\mathbf{x})\mathbf{z}>0$。 ■

我们现在打算陈述一下局部内部最优值的一阶与二阶充分条件。这些条件直接源于已有的结论，因此不需要进一步证实。我们只是把这些线索汇聚在一起，简洁地写出条件，以利于将来参考之用。

定理 A2. 12　实值函数局部的内部最优值的充分条件

令 $f(\mathbf{x})$ 为二次连续可微的。

1. 如果 $f_i(\mathbf{x}^*)=0$ 且 $(-1)^iD_i(\mathbf{x})>0$，$i=1$，…，n，则 $f(\mathbf{x})$ 在 $\mathbf{x}^*$ 处达到一个局部最大值；

2. 如果 $f_i(\tilde{\mathbf{x}})=0$ 且 $D_i(\tilde{\mathbf{x}})>0$，$i=1$，…，$n$，则 $f(\mathbf{x})$ 在 $\tilde{\mathbf{x}}$ 处达到一个局部最小值。

例题 A2. 7

现在来检验一下上一个例题中找到的临界点是否为最大值或最小值。我们有：

$$f(x_1,x_2)=x_2-4x_1^2+3x_1x_2-x_2^2$$

且发现：

$$\frac{\partial f}{\partial x_1}=-8x_1+3x_2 \text{ 和 } \frac{\partial f}{\partial x_2}=1+3x_1-2x_2$$

计算二阶偏导数，

$$\frac{\partial^2 f}{\partial x_1^2}=-8$$

$$\frac{\partial^{\partial} f}{\partial x_1 \partial x_2}=3$$

$$\frac{\partial^2 f}{\partial x_2 \partial x_1}=3$$

$$\frac{\partial^2 f}{\partial x_2^2}=-2$$

而且形成海塞矩阵

$$\mathbf{H}(\mathbf{x})=\begin{pmatrix}-8 & 3\\ 3 & -2\end{pmatrix}$$

之前，我们找到了一个临界点 $\mathbf{x}^*=(3/7, 8/7)$。检验主子式，我们发现

$$D_1(\mathbf{x})=|-8|=-8<0$$

$$D_2(\mathbf{x})=\begin{vmatrix}-8 & 3\\ 3 & -2\end{vmatrix}=16-9=7>0$$

因为这些主子式的符号从负号开始，然后交替变化，定理 A2.12 告诉我们，$\mathbf{x}^*=(3/7, 8/7)$ 是一个局部的最大值。 □

你可能已经注意到，在这个例子中，海塞矩阵完全独立于 $\mathbf{x}$。因此，不管我们在何处对主子式取值，都能得到相同的结果（符号交替变化）。在定理 A2.11 中，我们认识到，这足以保证所涉及的函数是严格凹的。现在在一个三维空间上设想一下这种严格凹函数的图形。如果它有任何凸起，那么似乎可能只有一个凸起，而且必须是一个最高点。

的确如此。从图 A2-5 看，直觉上清晰无比：一个凹（凸）函数的任何局部最大值（最小值）也必然是全局最大值（最小值）。这种直觉也能扩展到多变量情形中。在（无约束的）多变量最优化问题中，当函数为凹或者凸时，局部的和全局的最优值相同。和以往相同，我们仅考虑凹函数的情形。

定理 A2.13 （无约束的）局部—全局定理

令 f 是 D 上一个二次连续可微的实值函数。以下命题是等价的，其中 $\mathbf{x}^*$ 是 D 的一个内部点。

1. $\nabla f(\mathbf{x}^*)=\mathbf{0}$；
2. f 在 $\mathbf{x}^*$ 处取得一个局部的最大值；
3. f 在 $\mathbf{x}^*$ 处取得一个全局的最大值。

证明： 显然，3⇒2，而且根据定理 A2.9，2⇒1。因此，只需证明 1⇒3。

假设 $\nabla f(\mathbf{x}^*)=\mathbf{0}$；因为 f 是凹的，定理 A2.4 意味着，对于定义域中所有的 $\mathbf{x}$，有：

$$f(\mathbf{x})\leqslant f(\mathbf{x}^*)+\nabla f(\mathbf{x}^*)(\mathbf{x}-\mathbf{x}^*)$$

但这两个关系结合起来又意味着，对于所有的 $\mathbf{x}$：

$$f(\mathbf{x})\leqslant f(\mathbf{x}^*)$$

因此，f 在 $\mathbf{x}^*$ 处达到一个全局最大化。 ■

定理 A2.13 表明，在凸性或凹性情况下，任何局部最优值也是全局最优值。不过需要注意的是，在定义域中，仍可能会有不止一个点能达到最低（最高）值。如果我们想让实现函数最高或最低值的点是唯一的，就必须施加严格凹性或严格凸性的条件。

定理 A2.14　严格凹性/凸性与全局最优值的唯一性

1. 如果 $\mathbf{x}^*$ 最大化了严格凹函数 f，则 $\mathbf{x}^*$ 是唯一的全局最大值点，即 $f(\mathbf{x}^*)>f(\mathbf{x})\ \forall\,\mathbf{x}\in D，\mathbf{x}\neq\mathbf{x}^*$。

2. 如果 $\tilde{\mathbf{x}}$ 最小化了严格凸函数 f，则 $\tilde{\mathbf{x}}$ 是唯一的全局最小值点，即 $f(\tilde{\mathbf{x}})<f(\mathbf{x})\ \forall\,\mathbf{x}\in D，\mathbf{x}\neq\tilde{\mathbf{x}}$。*

证明： 再次用严格凹函数来证明此定理。同样是假设一个相反的论断，然后推出矛盾之处。

如果 $\mathbf{x}^*$ 是 f 的一个全局最大值，但不是唯一的，则存在某个其他的点 $\mathbf{x}'\neq\mathbf{x}^*$，使得 $f(\mathbf{x}')=f(\mathbf{x}^*)$。严格凹性要求，对于所有的 $t\in(0,1)$，有：

$$f(\mathbf{x}^t)>tf(\mathbf{x}')+(1-t)f(\mathbf{x}^*)$$

因为 $f(\mathbf{x}')=f(\mathbf{x}^*)$，这要求：

$$f(\mathbf{x}^t)>tf(\mathbf{x}')+(1-t)f(\mathbf{x}')$$

或者，简单地写成：

$$f(\mathbf{x}^t)>f(\mathbf{x}')$$

然而，这与"$\mathbf{x}'$是 f 的一个全局最大值"的假设相矛盾。因此，一个严格凹函数的任意全局最大值都必定是唯一的。 ■

定理 A2.15　全局最优值唯一性的充分条件

令 $f(\mathbf{x})$ 在其定义域 D 内部是二次连续可微的，并假设 $\mathbf{x}^*$ 与 $\tilde{\mathbf{x}}$ 是 D 的内部点。

1. 如果 $f(\mathbf{x})$ 是严格凹的，且 $f_i(\mathbf{x}^*)=0，i=1，\cdots，n$，则 $\mathbf{x}^*$ 是 $f(\mathbf{x})$ 唯一

* 此处原文为 $\mathbf{x}\neq\mathbf{x}^*$，疑有误。——译者注

的全局最大值。

2. 如果 $f(\mathbf{x})$ 是严格凸的，且 $f_i(\tilde{\mathbf{x}})=0$，$i=1$，…，$n$，则 $\tilde{\mathbf{x}}$ 是 $f(\mathbf{x})$ 唯一的全局最小值。

证明： 该定理有着极大的直觉吸引力。和往常一样，我们仅处理严格凹函数的情况，把严格凸函数的情形留给读者自己证明。

如果 f 是严格凹的，则根据定理 A2.13，$\nabla f(\mathbf{x}^*)=\mathbf{0}$，$f$ 在 $\mathbf{x}^*$ 处取得全局最大值。定理 A2.14 意味着 $\mathbf{x}^*$ 是唯一的全局最大值。■

A2.3 有约束的最优化

我们在前面只是对使函数达到局部最优值的点进行了简单刻画，那时候我们能以任何喜欢的方式自由地选择变量 $\mathbf{x}$。可在经济学中，这近乎为一种奢望。稀缺性是经济生活中无处不在的事实——我们甚至可以把经济学定义为对稀缺性下的行为的研究。稀缺性是经济变量取值时的最常见约束，参与者则被描绘成在约束下寻求最优（在一定意义上，都与目前的问题有关），这是我们经常碰到的一类问题。于是，需要对我们的最优化技术进行修正，并进而对此情形下用以描述最优值的术语进行改造。基本的约束有三种：等式约束、非负约束，以及更一般地，任何形式的不等式约束。我们将依次考虑涉及这些约束条件的问题，并推导出解决此类问题的方法。下面的讨论局限于最大化问题，稍加修改（如果有的话）就可以用于最小化问题。

A2.3.1 等式约束

当 x_1 与 x_2 必然满足某种特定的关系时，我们将其写成隐函数形式 $g(x_1, x_2)=0$，选择 x_1 与 x_2 以最大化 $f(x_1, x_2)$。这个问题的正式表述如下：

$$\max_{x_1,x_2} f(x_1,x_2) \quad \text{服从} \quad g(x_1,x_2)=0 \tag{A2.4}$$

此处，$f(x_1, x_2)$ 被称为**目标函数**（objective function）或**最大化目标**（maximand）。x_1 与 x_2 被称为**选择变量**（choice variables），通常被写在运算符“max”之下，以提醒我们是在求 x_1 与 x_2 的值。函数 $g(x_1, x_2)$ 被称为**约束**（constraint），它联合规定了选择变量的值，使得我们所考虑的这些问题的解是可行的或是容许的。满足约束的所有 x_1 与 x_2 的集合有时被称为**约束集**（constraint set）或**可行集**（feasible set）。

附录

求解这类问题的一种方式是代换法。如果约束函数允许我们根据其中一个变量 x_i 求解出另一个，那就可以把双变量的有约束问题简化为无约束的单变量（即减少一个变量）问题。例如，假设 $g(x_1, x_2)=0$，把 x_2 单独放在式子的一侧，如：

$$x_2=\tilde{g}(x_1) \tag{A2.5}$$

我们可以把这个式子直接代入目标函数，而且它保证 x_2 承载了与 x_1 所必需的关系。通过这种方式，有约束的双变量最大化问题可以被重写成无约束的单变量问题：

$$\max_{x_1} f(x_1, \tilde{g}(x_1)) \tag{A2.6}$$

现在，可以用通常的做法来求解这个最大化问题。普通的一阶条件要求我们设定全导数（total derivative）$\dfrac{\mathrm{d}f}{\mathrm{d}x_1}$等于 0，并解出最优的 x_1^*。在这一过程中，我们必须要记住，x_1 现在以两种方式影响着 f：在 f 中通过自身那一项而产生“直接”的影响；通过 x_2 那一项产生“间接”的影响。于是，当我们对（A2.6）求微分时，必须谨记 f 有两个偏导数，进而还必须要记得使用链式法则。铭记这些内容之后，我们来求出 x_1^*，这里：

$$\frac{\partial f(x_1^*, \tilde{g}(x_1^*))}{\partial x_1} + \underbrace{\frac{\partial f(x_1^*, \tilde{g}(x_1^*))}{\partial x_2}\frac{\mathrm{d}\tilde{g}(x_1^*)}{\mathrm{d}x_1}}_{\text{链式法则}} = 0$$

在求出 x_1^* 后，把它代回约束（A2.5），并求出 $x_2^* = \tilde{g}(x_1^*)$。假设相应的二阶条件也被满足，组合（x_1^*，x_2^*）是有约束问题的解。

遗憾的是，很容易就能够想到，在有些情形下，约束关系异常复杂，把一个变量表示成另一个变量好似登天。更有甚者，许多有趣的问题往往涉及两个以上的选择变量和一个以上的约束条件，代换法并不太适用于太复杂的问题。在一些情形中，代换法可能产生不必要的繁复。换句话说，用这种方法求解几乎是不可能的。幸运的是，还存在另一种更好的方法，它能处理的问题也更加广泛。

A2.3.2 拉格朗日方法

拉格朗日方法（Lagrange's method）是求解约束最优化问题的绝佳方式。在本节中，我们将集中精力来学习这个方法，并探讨它在诸如（A2.4）这类相对简单的问题中的适用性。一旦掌握了这些原理，便可以将其直接扩展到更一般的情形中。

拉格朗日方法源于一个简单的问题：如何利用已知的无约束的多变量最优化函数来解决有约束的多变量函数的最优化问题？我们知道，求解无约束问题比较容易，只需先找出一阶偏导数，然后令其等于零，再对方程组求解。拉格朗日的洞见是：假设总是存在某个能用寻常方法求解的无约束问题，这就为我们提供了一个用于求解有约束最优化问题的工具。

为了理解这种观点，让我们再来考虑前面的问题：

$$\max_{x_1, x_2} f(x_1, x_2) \quad 服从 \quad g(x_1, x_2) = 0$$

假设我们把约束方程乘以一个新的变量 λ，虽然只是信手拈来，但后面会证明它非常有用。如果从目标函数中减去这个乘积项，会构造出一个新函数，称为拉格朗日方程或简称为**拉格朗日式**（Larangian），记作 $\mathcal{L}(\cdot)$。这个新函数有三个而不是两个变量：x_1，x_2 及 λ：

$$\mathcal{L}(x_1,x_2,\lambda)\equiv f(x_1,x_2)-\lambda g(x_1,x_2)$$

现在，如果 $\mathcal{L}(\cdot)$ 只是一个普通（无约束）的三变量函数，如何确定它的临界点呢？我们将取其三个偏导数，并令它们为零，得：

$$\frac{\partial\mathcal{L}}{\partial x_1}=\frac{\partial f(x_1^*,x_2^*)}{\partial x_1}-\lambda^*\frac{\partial g(x_1^*,x_2^*)}{\partial x_1}=0 \tag{A2.7}$$

$$\frac{\partial\mathcal{L}}{\partial x_2}=\frac{\partial f(x_1^*,x_2^*)}{\partial x_2}-\lambda^*\frac{\partial g(x_1^*,x_2^*)}{\partial x_2}=0 \tag{A2.8}$$

$$\frac{\partial\mathcal{L}}{\partial\lambda}=g(x_1^*,x_2^*)=0 \tag{A2.9}$$

这里有三个方程、三个未知数 x_1，x_2 和 λ。拉格朗日方法断言，如果我们能找到同时求出这三个方程的解 x_1^*，x_2^* 和 λ^*，就得到了约束为 $g(x_1, x_2)=0$ 的 $f(x_1, x_2)$ 的一个临界点。

假设我们能求出（A. 27）～（A. 29）的解 x_1^*，x_2^* 和 λ^*。有些非常重要的东西需要注意。因为（A. 29）的解 x_1^* 与 x_2^* 必须满足约束 $g(x_1^*, x_2^*)=0$，证明它们使 $f(x_1, x_2)$ 与约束条件下的数值一样大（或小）稍微有点儿困难，但仍能做到。

考虑我们构造的函数 $\mathcal{L}(\cdot)$ 并对其求全微分，记住 λ 是函数的一个完备变量（full-fledged variable）：

$$\mathrm{d}\mathcal{L}=\frac{\partial\mathcal{L}}{\partial x_1}\mathrm{d}x_1+\frac{\partial\mathcal{L}}{\partial x_2}\mathrm{d}x_2-\frac{\partial\mathcal{L}}{\partial\lambda}\mathrm{d}\lambda$$

根据假设，x_1^*，x_2^* 和 λ^* 满足一阶条件（A. 27）～（A. 29），是 $\mathcal{L}$ 的一个最优解，因此这里 $\mathrm{d}\mathcal{L}$ 的取值必定为 0。把一阶条件代入其中，则对于所有的 $\mathrm{d}x_1$，$\mathrm{d}x_2$ 和 $\mathrm{d}\lambda$，有：

$$\begin{aligned}\mathrm{d}\mathcal{L}=&\frac{\partial f(x_1^*,x_2^*)}{\partial x_1}\mathrm{d}x_1+\frac{\partial f(x_1^*,x_2^*)}{\partial x_2}\mathrm{d}x_2-g(x_1^*,x_2^*)\mathrm{d}\lambda\\&-\lambda^*\left[\frac{\partial g(x_1^*,x_2^*)}{\partial x_1}\mathrm{d}x_1+\frac{\partial g(x_1^*,x_2^*)}{\partial x_2}\mathrm{d}x_2\right]=0\end{aligned} \tag{A2.10}$$

附录

为了使你相信，拉格朗日函数的一个最优解的一阶条件的解也能最优化约束条件为 $g(x_1, x_2)$ 的目标函数 $f(x_1, x_2)$，我们不得不证明：在 $(x_1^*, x_2^*, \lambda^*)$ 处，目标函数 f 的全微分也等于 0——至少对所有满足约束方程 g 的所容许的 $\mathrm{d}x_1$ 与 $\mathrm{d}x_2$ 而言如此。本质上，我们想证明：对于所有的 $\mathrm{d}x_1$，$\mathrm{d}x_2$ 和 $\mathrm{d}\lambda$ 来说，$\mathrm{d}\mathcal{L}=0$ 意味着

对于所容许的 dx_1 与 dx_2，有 $df=0$。

我们即刻能做的一件事情是把问题简化，再次注意一下（A2.9），它告诉我们，约束条件在 x_1^* 和 x_2^* 处得以满足，因此 $g(x_1^*, x_2^*)=0$。这意味着（A2.10）中第三项为 0，于是我们的问题简化为如下证明：对于所有的 dx_i，下式意味着对于满足约束 g 的那些 dx_i 来说，有 $df=0$：

$$
\begin{aligned}
d\mathcal{L}=&\frac{\partial f(x_1^*,x_2^*)}{\partial x_1}dx_1+\frac{\partial f(x_1^*,x_2^*)}{\partial x_2}dx_2\\
&-\lambda^*\left[\frac{\partial g(x_1^*,x_2^*)}{\partial x_1}dx_1+\frac{\partial g(x_1^*,x_2^*)}{\partial x_2}dx_2\right]=0
\end{aligned}
\tag{A2.11}
$$

接下来，必须要考虑一下 dx_1 与 dx_2 的可能值。再来看约束方程，显然，如果 $g(x_1, x_2)$ 必须始终等于 0，则在 x_1 与 x_2 变化之后，它还必定等于 0。换句话说，x_1 与 x_2 允许发生的变化就是那些不会导致约束函数 $g(x_1, x_2)$ 的值发生改变的变化。令 dx_1 和 dx_2 分别代表 x_1 与 x_2 偏离 x_1^* 与 x_2^* 的“容许的变化”，说 g 值无变化，也就是说全微分 dg 必须等于 0。记住这些之后，我们能识别出使 $dg=0$ 的变化 dx_1 和 dx_2，做法是对约束方程求全微分并令其为 0。这么做了之后，可得出隐函数关系：

$$
dg=\frac{\partial g(x_1^*,x_2^*)}{\partial x_1}dx_1+\frac{\partial g(x_1^*,x_2^*)}{\partial x_2}dx_2=0 \tag{A2.12}
$$

当 x_1^* 与 x_2^* 所允许发生的变化分别在 dx_1 和 dx_2 之内时，上述关系必定成立。

把（A2.11）和（A2.12）结合在一起就得到结论。如果我们只考虑满足（A2.12）的那些变量的变化，则（A2.11）的第三项必须为 0。因此，在（x_1^*，x_2^*）处，对于所有满足约束的 dx_1 和 dx_2，（A2.11）变为，

$$
d\mathcal{L}=\frac{\partial f(x_1^*,x_2^*)}{\partial x_1}dx_1+\frac{\partial f(x_1^*,x_2^*)}{\partial x_2}dx_2=0
$$

这正是我们想要的结果。拉格朗日函数的无约束最优化的一阶条件的解（x_1^*，x_2^*，λ^*）确保了满足约束的 x_1^* 与 x_2^* 的微小变化不会引起目标函数 f 的值增加或减少。因此，我们一定是依约束条件而达到了目标函数的最大值或最小值。

概括一下要点：我们已经证明了，如果对于所有的（dx_1，dx_2，$d\lambda$），（x_1^*，x_2^*，λ^*）是 $d\mathcal{L}(x_1^*, x_2^*, \lambda^*)$ 的解，则对于所有满足约束的 dx_1 和 dx_2 而言，$df(x_1^*, x_2^*)=0$。换句话说，给定变量必须满足约束，且任何偏离（x_1^*，x_2^*）的变动都必须是沿着约束进行的，则（x_1^*，x_2^*）是 f 的一个临界点。于是，一阶条件（A2.7）～（A2.9）刻画了符合约束的目标函数临界点的特征。无论临界点是有约束的最大化还是最小化，都不能只由一阶条件单独决定。为了区别两者，要求我们了解目标函数的“曲率”和约束关系在临界点的情况，后面会考察这些问题。

例题 A2.8

考虑一下之前曾经讨论过的那类问题，并用拉格朗日方法求解。假设我们的问题是：

$$\max_{x_1,x_2} -ax_1^2-bx_2^2 \quad 服从 \quad x_1+x_2-1=0 \tag{E.1}$$

这里 $a>0$，$b>0$。

首先，构造拉格朗日方程：

$$\mathcal{L}(x_1,x_2,\lambda)\equiv -ax_1^2-bx_2^2-\lambda(x_1+x_2-1)$$

然后令所有的一阶偏导数等于 0：

$$\frac{\partial\mathcal{L}}{\partial x_1}=-2ax_1-\lambda=0 \tag{E.2}$$

$$\frac{\partial\mathcal{L}}{\partial x_2}=-2bx_2-\lambda=0 \tag{E.3}$$

$$\frac{\partial\mathcal{L}}{\partial \lambda}=x_1+x_2-1=0 \tag{E.4}$$

为了解出 x_1，x_2 及 λ，我们注意到，(E.2) 和 (E.3) 意味着：

$$2ax_1=2bx_2$$

或

$$x_1=\frac{b}{a}x_2 \tag{E.5}$$

通过把 (E.5) 代入 (E.4)，

$$x_2+\frac{b}{a}x_2=1$$

或

$$x_2=\frac{a}{a+b} \tag{E.6}$$

要解出 x_1，把 (E.6) 代入 (E.5)，得：

$$x_1=\frac{b}{a+b} \tag{E.7}$$

为了解出 λ，我们可以把 (E.6) 或 (E.7) 分别代入 (E.3) 或 (E.2)。不管哪种方式，都能得到：

附录

$$-2b\left(\frac{a}{a+b}\right)-\lambda=0$$

或

$$\lambda = \frac{-2ab}{a+b} \tag{E. 8}$$

因此，(E. 2) 到 (E. 5) 的解是以下三个值：

$$x_1 = \frac{b}{a+b}, \quad x_2 = \frac{a}{a+b}, \quad \lambda = \frac{-2ab}{a+b} \tag{E. 9}$$

在 (E. 9) 中，只有 x_1 与 x_2 是问题 (E. 1) 的备选解。我们已经获得的额外信息——拉格朗日乘子的值——只是“附带的”。我们把 x_1 与 x_2 的值代入 (E. 1) 的目标函数中，可得到符合约束的目标函数的值：

$$y^* = -a\left(\frac{b}{a+b}\right)^2 - b\left(\frac{a}{a+b}\right)^2 = \frac{-(ab^2+ba^2)}{(a+b)^2} \tag{E. 10}$$

记住，单从一阶条件来看，我们不能说出这是否就是约束条件下目标函数的一个最大值或最小值。 □

拉格朗日法适用的范围远比我们介绍的广泛。对函数来说，无论有多少个变量和约束条件，只要后者的数量少于前者，该方法就能派上用场。

假设有一个包含 n 个变量的函数，面临 m 个约束，这里 $m<n$。我们的问题是：

$$\begin{aligned} \max_{x_1,\cdots,x_n} f(x_1,\cdots,x_n) \quad \text{服从} \quad & g^1(x_1,\cdots,x_n)=0 \\ & g^2(x_1,\cdots,x_n)=0 \\ & \vdots \\ & g^m(x_1,\cdots,x_n)=0 \end{aligned} \tag{A2. 13}$$

为了解出这个问题，把每个约束方程 g^j 乘以一个不同的拉格朗日乘子 λ_j，并从目标函数 f 中将其减去，这就构造了一个拉格朗日方程。对于 $\mathbf{x}=(x_1, \cdots, x_n)$ 和 $\boldsymbol{\lambda}=(\lambda_1, \cdots, \lambda_m)$，我们得到了一个 $n+m$ 个变量的函数：

$$\mathcal{L}(\mathbf{x},\boldsymbol{\lambda}) = f(\mathbf{x}) - \sum_{j=1}^{m} \lambda_j g^j(\mathbf{x}) \tag{A2. 14}$$

一阶条件再次要求在最优点处 $\mathcal{L}$ 所有的一阶偏导数都等于 0。因为 $\mathcal{L}$ 有 $n+m$ 个变量，将有 $n+m$ 个方程组成的方程组来决定 $n+m$ 个变量 $\mathbf{x}^*$ 和 $\boldsymbol{\lambda}^*$：

$$\begin{aligned} \frac{\partial \mathcal{L}}{\partial x_i} &= \frac{\partial f(\mathbf{x}^*)}{\partial x_i} - \sum_{j=1}^{m} \lambda_j^* \frac{\partial g^j(\mathbf{x}^*)}{\partial x_i} = 0 \quad i=1,\cdots,n \\ \frac{\partial \mathcal{L}}{\partial \lambda_j} &= g^j(\mathbf{x}^*) = 0 \quad j=1,\cdots,m \end{aligned} \tag{A2. 15}$$

从原则上讲，这些方程可解出 $n+m$ 个变量 $\mathbf{x}^*$ 和 $\boldsymbol{\lambda}^*$。所有的解变量 $\mathbf{x}^*$ 都是 (A2. 13) 中有约束最优化问题的备选解。

拉格朗日方法精巧灵活也大有用处。实际上，它为我们提供了一种算法，用以在各种各样的实际问题中识别有约束的最优解。不过，这看似随意的阐释有很多先决条件。第一个问题是：（A2.4）或（A2.13）中的约束最优化问题的解是否存在？在很多时候，这个问题都会有一个显而易见的答案。如果目标函数是实值函数而且是连续的（它必定是可微的），如果由约束方程所定义的约束集是紧集，那么维尔斯特拉斯定理（定理 A1.10）将保证目标函数在约束集上的最优值必定存在。

不过，即便这个问题得到解答，在拉格朗日方法中还有一个更微妙的问题有待探讨。例如，我们如何知道只是"信手拈来"的拉格朗日乘子存在呢？更确切地说，我们如何知道存在一个$\boldsymbol{\lambda}^*$，使得$\mathcal{L}(\cdot, \boldsymbol{\lambda}^*)$的临界点与约束集上$f$的约束最优值相同呢？当然，想回答这个问题，还必须要满足其他一些条件。

事实上，的确有这样一些条件，它们主要与约束集的要求有关。在简单的双变量、单约束问题中，这些条件可归结为：要求约束方程的至少一个偏导数严格地不等于零。当我们在下一节中考察这个简单问题的几何图形时，这种限制的合理性就一目了然了。一般情况下，它可被扩展为要求m个约束方程的梯度向量$\nabla g^j(j=1, \cdots, m)$是线性独立的。

出于完备性和便于参考的原因——如果不是为了启蒙的缘故——我们将用拉格朗日定理来阐明这些问题。证明过程涉及的方法超出了本书的难度，故而被省略。感兴趣的读者可以在任意一本介绍多变量微积分的教材中找到证明过程。

定理 A2.16　拉格朗日定理

令$f(\mathbf{x})$和$g^j(\mathbf{x})$$(j=1, \cdots, m)$是在某定义域$D\in\mathbb{R}^n$上连续可微的实值函数。令$\mathbf{x}^*$是$D$的内部点，并假设$\mathbf{x}^*$是$f$的一个最优值（最大值或最小值），其约束为$g^j(\mathbf{x}^*)=0(j=1, \cdots, m)$。如果梯度向量$\nabla g^j(\mathbf{x}^*)$$(j=1, \cdots, m)$是线性独立的，则存在$m$个单独的数$\lambda_j^*(j=1, \cdots, m)$，使得：

$$\frac{\partial\mathcal{L}(\mathbf{x}^*, \boldsymbol{\lambda}^*)}{\partial x_i}=\frac{\partial f(\mathbf{x}^*)}{\partial x_i}-\sum_{j=1}^{m}\lambda_j^*\frac{\partial g^j(\mathbf{x}^*)}{\partial x_i}=0\quad i=1,\cdots,n$$

A2.3.3　几何解释

刻画约束最优化问题的拉格朗日解的特征的条件还有一种几何解释，这种方法尽管应该在中级经济学课程上就已经熟悉了，不过还是值得花些时间来学习一下。[①]

再次考虑问题（A2.4）。从几何学上，我们能用水平集来表示目标函数，即对于值域中的某个y^0，有$L(y^0)\equiv\{(x_1, x_2)\mid f(x_1, x_2)=y^0\}$。（请记住：对于函数可能取的每个$y$值来说，都存在一个这样的集合。）根据定义，集合中所有的点都必须满足方程：

① 对于更多的几何直觉，参见图 A2-12 和对它的讨论。

$$f(x_1, x_2) = y^0$$

如果我们改变 x_1 和 x_2，而且仍保持在该水平集上，dx_1 与 dx_2 必定会使得 f 值在 y^0 处不发生改变。因此它们必须满足：

$$\frac{\partial f(x_1, x_2)}{\partial x_1} dx_1 + \frac{\partial f(x_1, x_2)}{\partial x_2} dx_2 = 0 \tag{A2.16}$$

这是通过对水平集方程的两侧求全微分而得到的。此外还要记住，常数 y^0 的全微分等于 0。沿着函数任何水平集上的任意点，该式都必定成立。

我们能推导出这些水平曲线中任何一条在任意一点的**斜率**（slope）表达式。在平面上，对于满足（A2.16）的 dx_1 与 dx_2，当 dx_2 的变动超过 dx_1 的变动时，水平曲线的斜率将“上升”。通过解出（A2.16）中的 dx_2/dx_1，穿过点（x_1，x_2）的水平集的斜率将为

$$\left.\frac{dx_2}{dx_1}\right|_{\text{along}L(y^0)} = (-1)\frac{f_1(x_1, x_2)}{f_2(x_1, x_2)} \tag{A2.17}$$

符号 $|_{\text{along}\cdots}$ 是用来提醒你，我们所考虑的是 dx_1 与 dx_2 非常特殊的那类变化。因此，正如图 A2-6 所描绘的，穿过任意点（x_1，x_2）的水平集的斜率由 f 在（x_1，x_2）点的一阶偏导数的（负）比率给出。

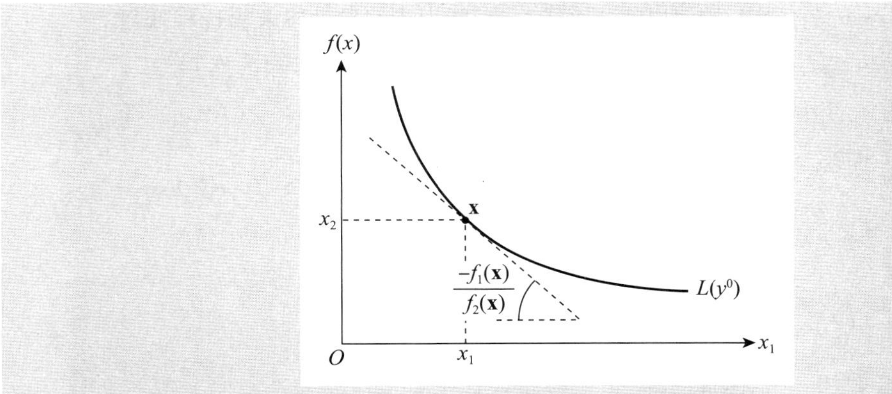

图 A2-6　一个水平集的斜率

根据相同的标记，当把 g 画在同一个平面上时，假设约束 g 如图 A2-7 所示。我们能把约束函数也想成是一种水平集，它是所有（x_1，x_2）的集合，使得：

$$g(x_1, x_2) = 0$$

和前面一样，对这个方程两侧求全微分，推导出沿着约束线上任意点的约束集的斜率。记住，零（常数）的微分是零。对于满足约束的任意（x_1，x_2），且对于沿着约束的任何变化 dx_1 与 dx_2 来说，下列关系必定成立：

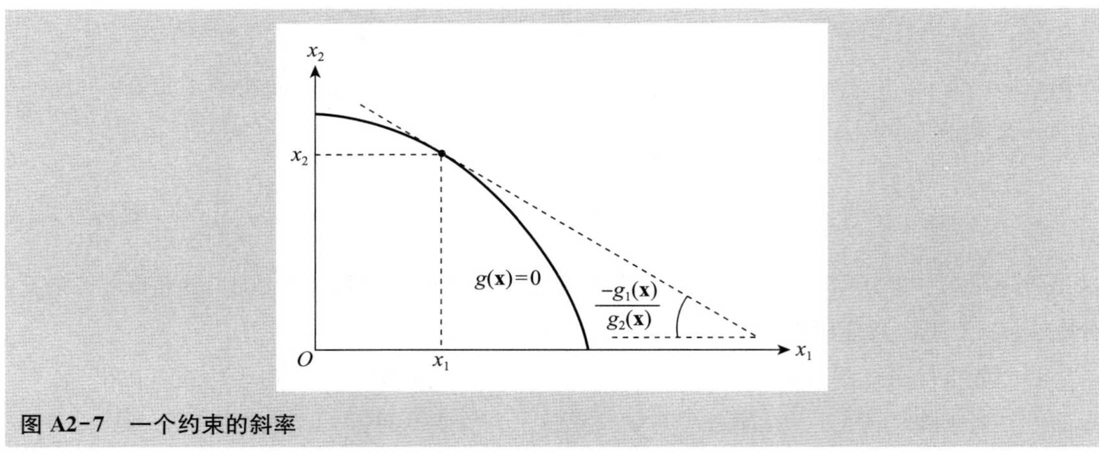

图 A2-7　一个约束的斜率

$$\frac{\partial g(x_1,x_2)}{\partial x_1}\mathrm{d}x_1+\frac{\partial g(x_1,x_2)}{\partial x_2}\mathrm{d}x_2=0$$

通过重新排列各项，在点（x_1，x_2）处约束的斜率为：

$$\left.\frac{\mathrm{d}x_2}{\mathrm{d}x_1}\right|_{\text{along } g(\cdot)=0}=(-1)\frac{g_1(x_1,x_2)}{g_2(x_1,x_2)} \tag{A2.18}$$

现在，让我们回忆一下问题（A2.4），并审视（A2.7）～（A2.9）给出的拉格朗日函数的临界点的一阶条件。根据拉格朗日方法，这些条件决定了问题的解（x_1^*，x_2^*），加上一个“附带”的拉格朗日乘子 λ^*。因为我们只是想求出选择变量的值，而对拉格朗日乘子本身没什么兴趣，同时，可以将 λ^* 剔除，然后重写（A2.7）～（A2.9），并得到只有 x_1^* 与 x_2^* 的表达式。把（A2.7）～（A2.9）简单地重新排列，可得到：

$$\frac{\partial f(x_1^*,x_2^*)}{\partial x_1}=\lambda^*\frac{\partial g(x_1^*,x_2^*)}{\partial x_1}$$

$$\frac{\partial f(x_1^*,x_2^*)}{\partial x_2}=\lambda^*\frac{\partial g(x_1^*,x_2^*)}{\partial x_2}$$

$$g(x_1^*,x_2^*)=0$$

为了便于讨论，假设 $\lambda^*\neq0$。用方程第一项除以第二项，消掉变量 λ^*，只留下两个条件来决定两个变量 x_1^* 和 x_2^*：

$$\frac{f_1(x_1^*,x_2^*)}{f_2(x_1^*,x_2^*)}=\frac{g_1(x_1^*,x_2^*)}{g_2(x_1^*,x_2^*)} \tag{A2.19}$$

$$g(x_1^*,x_2^*)=0 \tag{A2.20}$$

这两个条件说明了什么呢？再来审视一下（A2.17）和（A2.18），并考虑第一个条件（A2.19）。（A2.19）的左侧是经过（x_1^*，x_2^*）的目标函数的水平集的斜率乘以-1；右侧是约束函数的水平集的斜率乘以-1。上述条件表明，x_1 与 x_2 的解将是一个点——在该点，目标函数水平集的斜率和约束水平集的斜率相等（尽管这并非全部）。第二个条件（A2.20）告诉我们，我们也必须位于约束方程的水平集上。约束上的目标函数水平集的斜率和约束水平集的斜率相等的点，根据定义，也是约束与水平集之间的切点。

受约束的目标函数最大值的情况如图 A2-8（a）所示。显然，根据拉格朗日无约束最优化的一阶条件（A2.7）～（A2.9），f 沿着约束的最高值是由（A2.19）和（A2.20）所确定的切点给出的。正如图 A2-8（b）所示，同样的原则也适用于最小化问题。

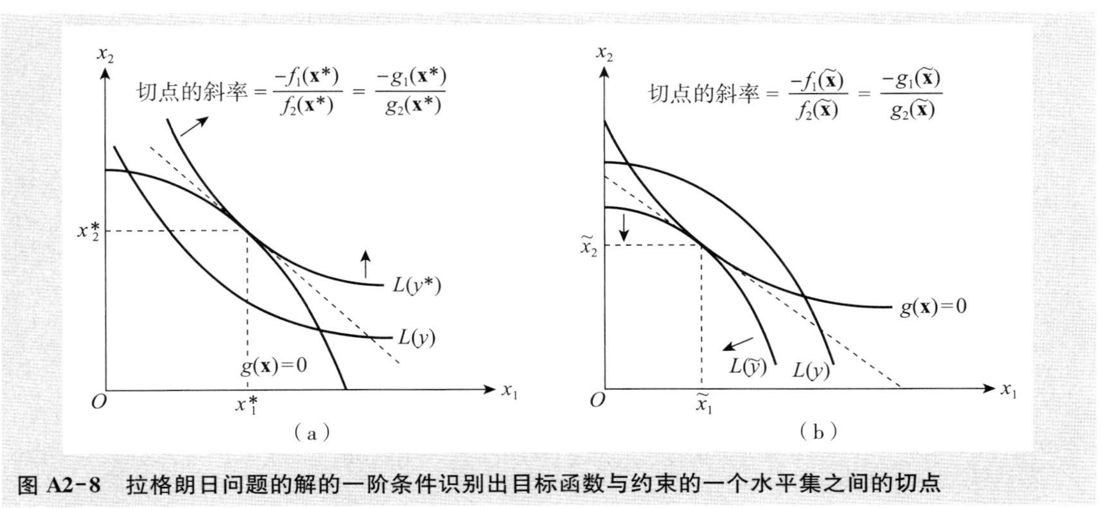

图 A2-8 拉格朗日问题的解的一阶条件识别出目标函数与约束的一个水平集之间的切点

A2.3.4 二阶条件

就背后的思想而言，拉格朗日问题的二阶条件与一阶条件是一致的。开始时，人们会做如下推理：如果（$\mathbf{x}^*$，$\boldsymbol{\lambda}^*$）满足无约束函数 $\mathcal{L}$ 最大值的二阶条件，那么由此可知，我们得到了受约束的 f 的一个局部最大值。事实上，这是一个正确的推测，而且能证明它是一个更严格的条件——强于为了知道我们已经处于一个受约束的最优值所需的条件。实际上，利用由约束关系施加给问题的有关 $\mathbf{x}$ 之间的相互关系，就可以减少曲率条件的“维数”。想了解最大值，真正需要知道的是，目标函数的二阶微分在一阶条件的解的位置沿着约束线是递减的。

假设有两个变量和一个约束，利用从约束中得到的（x_1 和 x_2 之间的）关系，很容易推导出这个问题的条件。假设我们把 x_1 视为自由取值的变量，并把 $x_2(x_1)$ 视作由约束施加给 x_2 的条件值。于是，我们就可以把约束看成恒等式：

$$g(x_1, x_2(x_1)) \equiv 0$$

这里，我们把约束方程看做由 x_1 定义的 x_2 的一个隐函数。该式对 x_1 求微分，并解出 $\mathrm{d}x_2/\mathrm{d}x_1$，会得到一个我们熟悉的关系式：

$$\frac{dx_2}{dx_1}=\frac{-g_1}{g_2} \tag{A2.21}$$

这是在（x_1，x_2）平面上约束关系的斜率。令 $y=f(x_1, x_2(x_1))$ 表示受约束的目标函数的值，我们得到了一个由单变量 x_1 表示的 y 的函数。函数对 x_1 求微分，得到：$\frac{dy}{dx_1}=f_1+f_2(dx_2/dx_1)$。将（A2.21）代入，得到：

$$\frac{dy}{dx_1}=f_1-f_2\frac{g_1}{g_2} \tag{A2.22}$$

再求一次微分（一定要牢记 x_2 是 x_1 的函数，而且 f_i 与 g_i 都取决于 x_1——要么直接由 x_1 决定，要么通过 x_2 间接地产生影响），于是，我们得到一个二阶导数：

$$\begin{aligned}\frac{d^2y}{dx_1^2}=&f_{11}+f_{12}\frac{dx_2}{dx_1}-\left[f_{21}+f_{22}\frac{dx_2}{dx_1}\right]\frac{g_1}{g_2}\\&-f_2\left\{\frac{g_2[g_{11}+g_{12}(dx_2/dx_1)]-g_1[g_{21}+g_{22}(dx_2/dx_1)]}{g_2^2}\right\}\end{aligned} \tag{A2.23}$$

单变量最大值的二阶必要条件要求：在满足一阶条件的点的位置，二阶导数小于或等于 0。充分条件要求：在该点，不等式严格成立。一阶条件（A2.7）～（A2.9）要求 $f_1=\lambda g_1$ 且 $f_2=\lambda g_2$。扬格定理告诉我们，$f_{12}=f_{21}$ 且 $g_{12}=g_{21}$。把这些代入（A2.21），并利用一些代数方法，可把（A2.23）重新写为：

$$\frac{d^2y}{dx_1^2}=\frac{1}{(g_2)^2}[(f_{11})-\lambda g_{11}(g_2)^2-2(f_{12}-\lambda g_{12})g_1g_2+(f_{22}-\lambda g_{22})(g_1)^2] \tag{A2.24}$$

现在仔细考察一下括号中涉及 λ 的各项。回想一下，在我们求出一阶条件（A2.7）～（A2.9）的时候，我们发现，拉格朗日函数对 x_i 的一阶偏导数是：

$$\mathcal{L}_i=f_i-\lambda g_i$$

于是 $\mathcal{L}$ 的二阶偏导数为：

$$\begin{aligned}\mathcal{L}_{11}&=f_{11}-\lambda g_{11}\\\mathcal{L}_{12}&=f_{12}-\lambda g_{12}\\\mathcal{L}_{22}&=f_{22}-\lambda g_{22}\end{aligned} \tag{A2.25}$$

显然，括号中涉及的各项恰好是拉格朗日式对 x_i 的二阶偏导数。现在，整个括号内的项都可以被视为这些二阶偏导数加上约束的一阶偏导数。对训练有素的读者而言，括号项中的二次表达式可以被重新整理成一个对称矩阵的行列式。假设我们形成对称矩阵：

附录

$$\overline{\mathbf{H}}\equiv\begin{pmatrix}0 & g_1 & g_2\\ g_1 & \mathcal{L}_{11} & \mathcal{L}_{12}\\ g_2 & \mathcal{L}_{21} & \mathcal{L}_{22}\end{pmatrix}$$

这个矩阵被称为拉格朗日方程的**加边海塞矩阵**（bordered Hessian matrix），因为它包括二阶偏导数，以及一个由约束方程的一阶偏导数和一个 0 所增加的边。如果求它的行列式（例如，沿最后一列展开），我们发现：

$$\overline{\mathbf{D}} \equiv \begin{vmatrix} 0 & g_1 & g_2 \\ g_1 & \mathcal{L}_{11} & \mathcal{L}_{12} \\ g_2 & \mathcal{L}_{21} & \mathcal{L}_{22} \end{vmatrix} = -[\mathcal{L}_{11}(g_2)^2 - 2\mathcal{L}_{12}g_1g_2 + \mathcal{L}_{22}(g_1)^2] \tag{A2.26}$$

把（A2.24）、（A2.25）和（A2.26）结合起来，受约束的目标函数的二阶偏导数可依照拉格朗日方程加边海塞矩阵的行列式而写成：

$$\frac{d^2y}{dx_1^2} = \frac{(-1)}{(g_2)^2}\overline{D} \tag{A2.27}$$

因此，沿约束条件的目标函数的曲率——由二阶偏导数的符号 d^2y/dx_1^2 表示——可直接由拉格朗日方程的加边海塞矩阵的行列式的符号来推断（假设 $g_2 \neq 0$）。因为（A2.27）中的行列式乘以了 -1，则行列式的一个符号总是与另一个符号相反，因此必须小心处理它们的顺序。现在是陈述双变量、单约束问题的充分条件的时候了。

定理 A2.17　双变量、单约束最优化问题的一个局部最优值的充分条件

如果（x_1^*，x_2^*，λ^*）是一阶条件（A2.7）～（A2.9）的解，而且，在（x_1^*，x_2^*，λ^*）处取值时，如果（A2.26）中 $\overline{D}>0(<0)$，则（x_1^*，x_2^*）是受 $g(x_1, x_2)=0$ 约束的 $f(x_1, x_2)$ 的一个局部最大值（最小值）。

例题 A2.9

我们来看一下，在例题 A2.8 中得到的临界点是一个最小值还是一个最大值。回到之前，很容易看出 $\mathcal{L}_{11}=-2a$，$\mathcal{L}_{12}=0$，$\mathcal{L}_{21}=0$，$\mathcal{L}_{22}=-2b$。从约束方程可知，$g_1=1$，$g_2=1$。构建加边海塞矩阵，其行列式是：

$$\overline{D} = \begin{vmatrix} -2a & 0 & 1 \\ 0 & -2b & 1 \\ 1 & 1 & 0 \end{vmatrix} = 2(a+b) > 0 \tag{A2.28}$$

这里，对于 x_1，x_2 的所有值，因为 $\overline{D}>0$，则它必定也是例题 A2.8 中一阶条件的解（E.9）。因此，（E.10）中目标函数的值是约束下的最大值。 □

在具有 n 个变量和 $m<n$ 个约束条件的情形下，二阶充分条件再次告诉我们，如果目标函数在满足一阶条件的点的二阶微分小于 0（大于 0），我们将得到一个最大值（最小值）。二阶微分的符号可再次被简化为拉格朗日式的加边海塞矩阵的定性。在多变量、多约束情况下，加边海塞矩阵是对 $\mathcal{L}$ 的二阶偏导数矩阵加了个边而形成的一个对称矩阵，所加的边是约束条件的所有一阶偏导数和一定数量的 0。于

是，对定性的检验就涉及检查这个（看似庞大的）加边矩阵的恰当主子式的符号：

$$\overline{\mathbf{H}}=\begin{pmatrix} 0 & \cdots & 0 & g_1^1 & \cdots & g_n^1 \\ \vdots & & \vdots & \vdots & & \vdots \\ 0 & \cdots & 0 & g_1^m & \cdots & g_n^m \\ g_1^1 & \cdots & g_1^m & \mathcal{L}_{11} & \cdots & \mathcal{L}_{1n} \\ \vdots & & \vdots & \vdots & & \vdots \\ g_n^1 & \cdots & g_n^m & \mathcal{L}_{n1} & \cdots & \mathcal{L}_{nn} \end{pmatrix}$$

沿着主对角线向下移动而得到的子矩阵的行列式便是它的主子式，这里我们感兴趣的是从第 $2m+1$ 个开始到第 $n+m$ 个为止的 $n-m$ 个主子式，比如，$\overline{\mathbf{H}}$ 的行列式，即主子式：

$$\overline{\mathbf{D}}_k=\begin{vmatrix} 0 & \cdots & 0 & g_1^1 & \cdots & g_k^1 \\ \vdots & & \vdots & \vdots & & \vdots \\ 0 & \cdots & 0 & g_1^m & \cdots & g_k^m \\ g_1^1 & \cdots & g_1^m & \mathcal{L}_{11} & \cdots & \mathcal{L}_{1k} \\ \vdots & & \vdots & \vdots & & \vdots \\ g_k^1 & \cdots & g_k^m & \mathcal{L}_{k1} & \cdots & \mathcal{L}_{kk} \end{vmatrix}, \quad k=m+1,\cdots,n \tag{A2.29}$$

我们可把一般情形中最优值的充分条件概括如下。

定理 A2.18　受等式约束的局部最优化的充分条件

令目标函数为 $f(\mathbf{x})$，且 $m<n$ 个约束为 $g^j(\mathbf{x})=0$，$j=1$，…，m。令拉格朗日函数由（A2.14）给出，($\mathbf{x}^*$，$\boldsymbol{\lambda}^*$）是（A2.15）中的一阶条件的解。则：

1. 当在（$\mathbf{x}^*$，$\boldsymbol{\lambda}^*$）处取值时，如果（A2.29）中 $n-m$ 个主子式的符号交替变化——从正的 $\overline{D}_{m+1}>0$ 开始，随后 $\overline{D}_{m+2}<0$，……，则 $\mathbf{x}^*$ 是受约束的 $f(\mathbf{x})$ 的一个局部最大值。

2. 当在（$\mathbf{x}^*$，$\boldsymbol{\lambda}^*$）处取值时，如果（A2.29）中 $n-m$ 个主子式的符号均为负——$\overline{D}_{m+1}<0$，$\overline{D}_{m+2}<0$，……，则 $\mathbf{x}^*$ 是受约束的 $f(\mathbf{x})$ 的一个局部最小值。

A2.3.5　不等式约束

在一些经济应用中，我们面临的往往是不等式约束的最大化或最小化问题，而非（或附加）简单的等式约束。例如，大多数经济问题中，一个常识性约束是要求经济变量非负（此时才有意义），于是，需要对拉格朗日分析进行修正，以适应此类问题以及对选择变量更复杂的不等式约束的问题。

附录

为了给随后复杂的问题提供一个直觉，我们从最简单的（可能的）问题开始：最大化一个选择变量受非负约束的单变量函数。可以把这个问题正式地写成：

$$\max_x f(x) \quad 服从 \quad x\geqslant 0 \tag{A2.30}$$

和前面一样，我们感兴趣的是推导出关于解 x^* 的特征的条件。记住，解的相关区域是非负的实线，稍加留意会发现，三种情况中的任何一种看起来都可能发生。这三种可能性如图 A2-9 所示。

我们来分别考虑这三种情形，并尝试着给出每种情形下的解的特征。在情形 1 中，（全局）最大化点在 x^1。但 $x^1<0$ 并不可行，因为它违反了非负约束。显然，受 $x\geqslant 0$ 约束的 f 的最大值在可行集的边界 $x^*=0$ 处取得。这里，我们说约束是紧的。在 x^* 点，x^* 有两个事实：x^* 等于 0 且 f 的斜率为负。于是，$x^*=0$ 和 $f'(x^*)<0$ 这两个条件就刻画了此情形下的解的特征。在情形 2 中，全局最大值只是勉强取得而已。函数恰好在可行集边界上的点 $x^*=0$ 上被最大化。对 x 的约束也是紧的，但它实际上没起作用。又有两个条件刻画了这种情形中的解：$x^*=0$ 和 $f'(x^*)=0$；只有情形 3 对应着我们之前遇到的问题。最大化点发生在可行集内部 $x^*>0$ 点处。约束是非紧的，因为解严格位于可行集内部，我们说，该问题有一个内部解。此情形下的解同样可由两个条件刻画：$x^*>0$ 和 $f'(x^*)=0$。

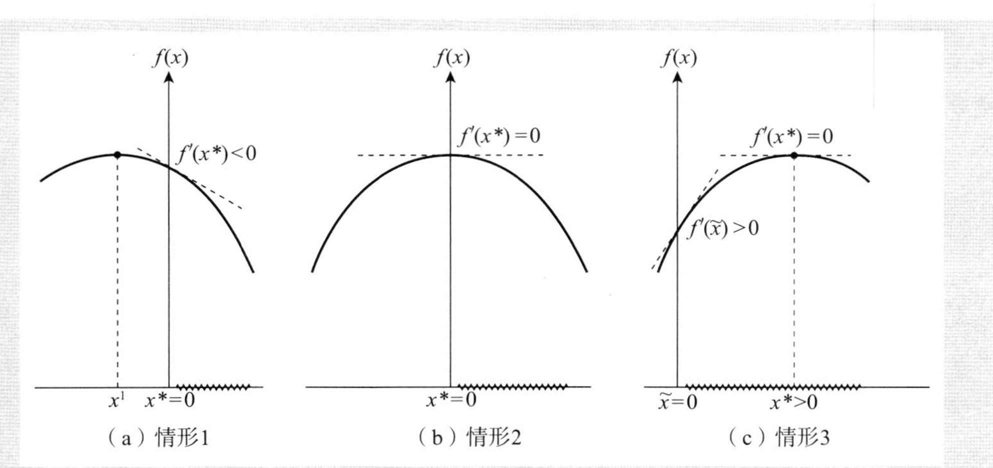

图 A2-9 非负约束的最大化的三种可能性

(a) 情形 1，约束是紧的；(b) 情形 2，约束是紧的但不相关的；(c) 情形 3，约束不是紧的。

此时此刻，我们的问题是：是否存在一个能概括所有三种可能情形的条件集呢？再说一遍，三种可能性为：

情形 1：$x^*=0$ 且 $f'(x^*)<0$

情形 2：$x^*=0$ 且 $f'(x^*)=0$

情形 3：$x^*>0$ 且 $f'(x^*)=0$

它们之间存在共同点吗？仔细观察。在每种情形中，把两个条件相乘，乘积总是为 0！于是，在所有三种情形中，有：$x^*[f'(x^*)]=0$。

不过，仅有这点还远远不够。再看看情形 3。显然 $\tilde{x}=0$ 在可行区域内没有给出函数的最大值。这里，$f'(\tilde{x})>0$，所以，随着我们从边界开始不断增加 x（一直到了可行区域内)，函数值也会不断增加。然而，尽管是一个最小值而不是最大值，但在$x\geqslant 0$的约束下，乘积$\tilde{x}\ [f'(\tilde{x})]=0$。我们要求函数随着$x$增加非递增的，这样就排除了这种多余的可能性。

总之，我们识别出了三个条件，用来刻画简单的非负约束的最大化问题的解的特征。如果x^*是（A2.30）的解，则以下三个条件必定成立：

$$\begin{aligned}&\text{条件 1：} f'(x^*)\leqslant 0\\ &\text{条件 2：} x^*[f'(x^*)]=0\\ &\text{条件 3：} x^*\geqslant 0\end{aligned}\tag{A2.31}$$

请注意，这三个条件在一起排除了刚刚描述的“最小化”问题。在$\tilde{x}=0$处，尽管$\tilde{x}f'(x)=0$，但由于$f'(\tilde{x})>0$，条件1还是无法满足。

例题 A2.10

考虑以下问题：

$$\max_{x} 6-x^2-4x \quad \text{服从} \quad x\geqslant 0$$

求微分，得到$f'(x)=-2x-4$。从（A2.31）可知，x^*必须满足：

1. $-2x^*-4\leqslant 0$
2. $x^*[-2x^*-4]=0$
3. $x^*\geqslant 0$

有时候，想求出这些条件的解会困难重重。通常起作用的一种“拇指规则”是把焦点集中于乘积式（2）。先对其求解，随后确信其他条件也得到满足。这里，我们把（2）式乘以-1，并提出2，得到：

$$2x^*[x^*+2]=0$$

满足该式的唯一值是$x=0$和$x=-2$。然而，条件3排除了$x=-2$，只留下$x=0$作为备选值。确信$x=0$也满足条件1，我们得到$0-4=-4\leqslant 0$，因此解必定为$x^*=0$。 □

$x\geqslant 0$约束下的$f(x)$的最小值条件也容易推导。推导如前，不同的是，如果函数在可行集的边界上是递减的，则会有点小麻烦。我们可以要求在这一点的导数是非负的，这样就能将麻烦排除。如果x^*是受非负约束的最小化问题的解，则：

$$\begin{aligned}&\text{条件 1：} f'(x^*)\geqslant 0\\ &\text{条件 2：} x^*[f'x^*]=0\\ &\text{条件 3：} x^*\geqslant 0\end{aligned}\tag{A2.32}$$

（A2.31）与（A2.32）可以按非常合理的方式推广到任何非负约束的任意变量实值函数的最优化情形中。在多变量情形中，对每个变量来说，这三个条件必然都分别成立——多变量函数的偏导数被单变量导数所替代。下述定理看起来非常直观，证明留作练习题。

定理 A2.19 受非负约束的实值函数最优化的必要条件

令 $f(\mathbf{x})$ 是连续可微的。

1. 如果在 $\mathbf{x}\geqslant\mathbf{0}$ 的约束下，$\mathbf{x}^*$ 最大化了 $f(\mathbf{x})$，则 $\mathbf{x}^*$ 满足：

$$(\text{i})\ \frac{\partial f(\mathbf{x}^*)}{\partial x_i}\leqslant 0,\qquad i=1,\cdots,n$$

$$(\text{ii})\ x_i^*\left[\frac{\partial f(\mathbf{x}^*)}{\partial x_i}\right]=0,\qquad i=1,\cdots,n$$

$$(\text{iii})\ x_i^*\geqslant 0,\qquad i=1,\cdots,n$$

2. 如果在 $\mathbf{x}\geqslant 0$ 的约束下，$\mathbf{x}^*$ 最小化了 $f(\mathbf{x})$，则 $\mathbf{x}^*$ 满足

$$(\text{i})\ \frac{\partial f(\mathbf{x}^*)}{\partial x_i}\geqslant 0,\qquad i=1,\cdots,n$$

$$(\text{ii})\ x_i^*\left[\frac{\partial f(\mathbf{x}^*)}{\partial x_i}\right]=0,\qquad i=1,\cdots,n$$

$$(\text{iii})\ x_i^*\geqslant 0,\qquad i=1,\cdots,n$$

A2.3.6 库恩-塔克条件

现在来考察一下具有一般不等式约束的最优化问题。例如，

$$\max_{(x_1,x_2)\in\mathbb{R}^2} f(x_1,x_2)\ 及\ g^1(x_1,x_2)\leqslant 0,\ g^2(x_1,x_2)\leqslant 0 \tag{A2.33}$$

这样的问题常被称为**非线性规划**（non-linear programming）问题。在线性规划问题中，一个受线性不等式约束的线性函数被最优化。而在（A2.33）中，对目标函数的形式和约束关系并无此类限制。因此，你应该明白，线性规划是非线性规划问题的一种特殊情况，而用以处理一般的非线性规划问题的方法大都要从早前对线性问题的研究中汲取灵感。

我们想推导出（x_1^*，x_2^*）是（A2.33）的解的必要的一阶条件。具体来看，假设 f，g^1 和 g^2 在每个坐标 x_1 与 x_2 上都是严格递增的。因为例题仅涉及两个变量，可以在平面中画出约束集。图 A2-10 的阴影区域是满足这两个约束条件的点集。因为 f 是递增的，随着我们从原点向外移动，它的水平集的值不断增加。图 A2-11 描绘了这样一种情形——f 在 $\mathbf{x}^*=(x_1^*，x_2^*)$ 点上被最大化，此刻两个约束条件都是紧的，且都等于 0。

需要注意的是，在 $\mathbf{x}^*$ 处，f 的水平集并不会同满足等式约束的任何一条约束线相切。我们对 $\mathbf{x}^*$ 处 f 的水平集的斜率通常能了解多少？首先，它一定比在点 $\mathbf{x}^*$ 的 g^1 水平集的斜率略陡峭。否则，在 $\mathbf{x}^*$ 的左上角将会存在其他可行点，使得 f 取更大的值。（在继续分析之前，你一定要理解这一点！）。同理，在点 $\mathbf{x}^*$，f 水平集的斜率一定比该点 g^2 水平集的斜率略平缓。既然 f，g^1 和 g^2 的水平集在点 $\mathbf{x}^*$ 处

的斜率分别是：

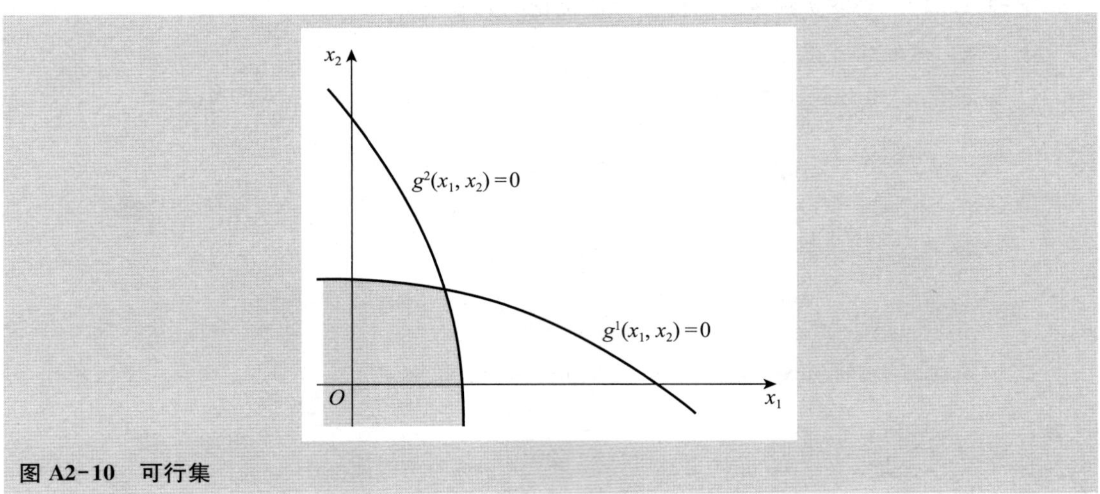

图 A2-10　可行集

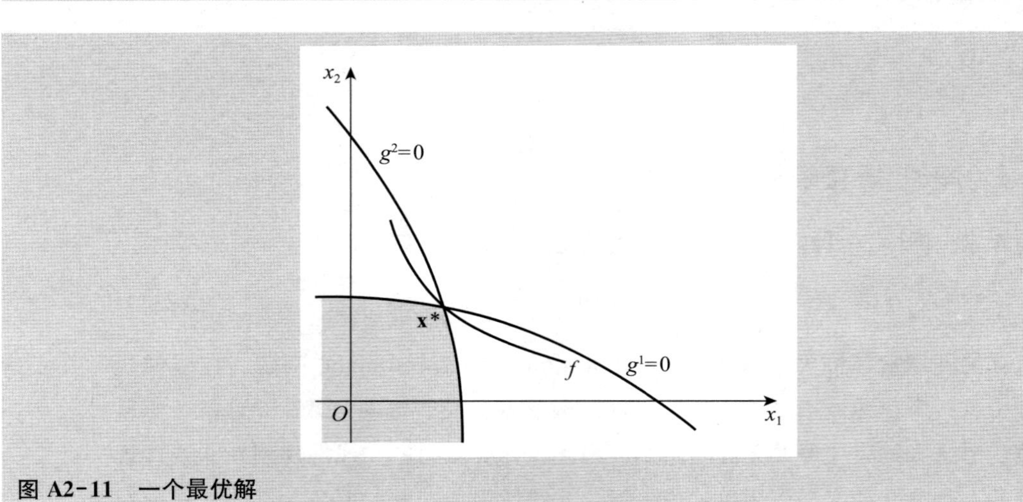

图 A2-11　一个最优解

$$-\frac{\partial f(\mathbf{x}^*)/\partial x_1}{\partial f(\mathbf{x}^*)/\partial x_2},\ -\frac{\partial g^1(\mathbf{x}^*)/\partial x_1}{\partial g^1(\mathbf{x}^*)/\partial x_2},\ \text{及}\ -\frac{\partial g^2(\mathbf{x}^*)/\partial x_1}{\partial g^2(\mathbf{x}^*)/\partial x_2}$$

刚才我们已经证明：

$$-\frac{\partial g^1(\mathbf{x}^*)/\partial x_1}{\partial g^1(\mathbf{x}^*)/\partial x_2}\leqslant-\frac{\partial f(\mathbf{x}^*)/\partial x_1}{\partial f(\mathbf{x}^*)/\partial x_2}\leqslant-\frac{\partial g^2(\mathbf{x}^*)/\partial x_1}{\partial g^2(\mathbf{x}^*)/\partial x_2}$$

将其乘以－1 并取倒数，上式可等价地写成：

$$\frac{\partial g^1(\mathbf{x}^*)/\partial x_2}{\partial g^1(\mathbf{x}^*)/\partial x_1}\leqslant-\frac{\partial f(\mathbf{x}^*)/\partial x_2}{\partial f(\mathbf{x}^*)/\partial x_1}\leqslant-\frac{\partial g^2(\mathbf{x}^*)/\partial x_2}{\partial g^2(\mathbf{x}^*)/\partial x_1} \tag{A2.34}$$

现在，我们再回忆一点向量的几何学。向量（z_1，z_2）是从原点到点（z_1，z_2）的直线部分，其斜率为 z_2/z_1。因此，（A2.34）的第一项是向量$\nabla g^1(\mathbf{x}^*)=(\partial g^1(\mathbf{x}^*)/\partial x_1,\ \partial g^1(\mathbf{x}^*)/\partial x_2)$ 的斜率，它是 g^1 在 $\mathbf{x}^*$ 点的梯度；第二项是梯度向量

$\nabla f(\mathbf{x}^*)=(\partial f(\mathbf{x}^*)/\partial x_1, \partial f(\mathbf{x}^*)/\partial x_2)$ 的斜率；第三项是梯度向量$\nabla g^2(\mathbf{x}^*)=(\partial g^2(\mathbf{x}^*)/\partial x_1, \partial g^2(\mathbf{x}^*)/\partial x_2)$ 的斜率。

因此，（A2.34）表明，梯度向量$\nabla f(\mathbf{x}^*)$ 的斜率介于梯度向量$\nabla g^1(\mathbf{x}^*)$ 与$\nabla g^2(\mathbf{x}^*)$ 的斜率之间。因为梯度向量与其水平集垂直①，因此这种情形如图 A2-12 所示，这里我们画出的梯度向量看起来像是以 $\mathbf{x}^*$ 为原点。

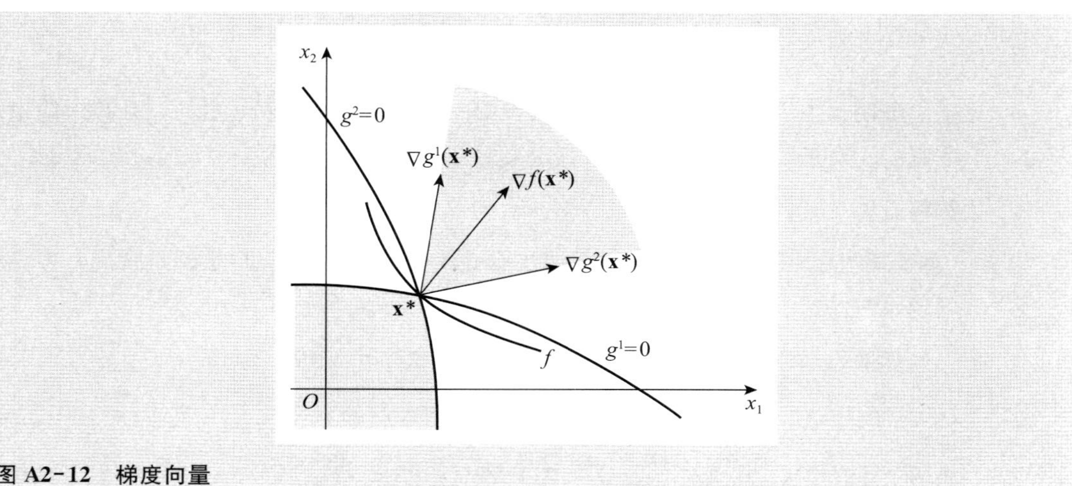

图 A2-12 梯度向量

在图 A2-12 中，右上角阴影的圆锥体是所有向量的集合（再次把 $\mathbf{x}^*$ 想象成原点），可将其表达成$\nabla g^1(\mathbf{x}^*)$ 和$\nabla g^2(\mathbf{x}^*)$ 的一个非负的线性组合。$\nabla f(\mathbf{x}^*)$ 显然位于这个集合之内，因此，我们可得出结论：如果 $\mathbf{x}^*$ 是（A2.33）的解，则存在实数 λ_1^*、λ_2^*，使得，

$$\frac{\partial f(\mathbf{x}^*)}{\partial x_i}-\sum_{j=1}^{2}\lambda_j^*\frac{\partial g^j(\mathbf{x}^*)}{\partial x_i}=0,\ i=1,2$$

$$\lambda_1^*\geqslant 0,\ \lambda_2^*\geqslant 0$$

当然，例子中的约束条件会取等式，即：

$$g^1(\mathbf{x}^*)=0 \quad 和 \quad g^2(\mathbf{x}^*)=0$$

总之，在最优解处，并非所有的约束条件都必须以等式（束紧）成立。下面的库恩-塔克定理给出了我们刚刚推导出的必要条件，也处理了有些约束条件在最优点处不是束紧的情形。定理表明，在最优点的位置，f 的梯度可被表示为与等式约束 j 相联系的 g^j 的梯度的非负线性组合。我们只介绍最大化问题的定理，因为任何最小化问题都能通过对相同约束下负的目标函数求最大化而得以解决。

定理 A2.20 不等式约束的实值函数最大值的（库恩-塔克）必要条件

令 $f(\mathbf{x})$ 和 $g^j(\mathbf{x})$ $(j=1, \cdots, m)$ 是定义在某个定义域 $D\in\mathbb{R}^n$ 上的连续实值

① 我们刚刚证明了梯度向量的斜率是它们水平集斜率的负倒数。因此，它们与其水平集垂直。

函数。令 $\mathbf{x}^*$ 是 D 的一个内部点，并假设 $\mathbf{x}^*$ 在 D 上最大化了 $f(\mathbf{x})$，其受到的约束为 $g^j(\mathbf{x})\leqslant 0(j=1, \cdots, m)$，而且 f 和每个 g^j 在一个包含 $\mathbf{x}^*$ 的开集上都是连续可微的。如果与在 $\mathbf{x}^*$ 处为紧的约束 j 相联系的梯度向量$\nabla g^j(\mathbf{x}^*)$是线性独立的，则存在唯一的向量 $\lambda^*\in\mathbb{R}^n$，使得$(\mathbf{x}^*, \lambda^*)$满足库恩-塔克条件：

$$\frac{\partial\mathcal{L}(\mathbf{x}^*,\lambda^*)}{\partial x_i}=\frac{\partial f(\mathbf{x}^*)}{\partial x_i}-\sum_{j=1}^{m}\lambda_j^*\frac{\partial g^j(\mathbf{x}^*)}{\partial x_i}=0,\ i=1,\cdots,n$$

$$\lambda_j^*\geqslant 0,\ g^j(\mathbf{x}^*)\leqslant 0,\ \lambda_j^* g^j(\mathbf{x}^*)=0,\ j=1,\cdots,m$$

证明：为了不失一般性，我们假设第一个 $K\geqslant 0$ 的约束是紧的，且其余约束是非紧的。对于 $j=K+1, \cdots, m$，定义 $\lambda_j^*=0$。因此，不管 $\lambda_1^*, \cdots, \lambda_K^*$ 的值如何，都将有 $\lambda_j^* g^j(\mathbf{x}^*)=0$，$j=1, \cdots, m$。定义 $B=\{\mathbf{b}\in\mathbb{R}^n \mid \mathbf{b}=\sum_{j=1}^{K}\lambda_j^*\nabla g^j(\mathbf{x}^*)$（对于某些$\lambda_1\geqslant 0, \cdots, \lambda_K\geqslant 0$）$\}$，请注意，$B$ 是凸的。也可证明 B 是紧的，参见练习题 A2.29。

如果$\nabla f(\mathbf{x}^*)\in B$，则对于某些 $\lambda_1^*\geqslant 0, \cdots, \lambda_K^*\geqslant 0$ 来说，$\nabla f(\mathbf{x}^*)-\sum_{j=1}^{K}\lambda_j^*\nabla g^j(\mathbf{x}^*)=0$。而且，这样的 λ_i^* 是唯一的，因为如果$\nabla f(\mathbf{x}^*)-\sum_{j=1}^{K}\hat{\lambda}_j\nabla g^j(\mathbf{x}^*)=0$ 成立，则两个等式相减，得到 $\sum_{j=1}^{K}(\lambda_j^*-\hat{\lambda}_j)\nabla g^j(\mathbf{x}^*)=0$。$\nabla g^1(\mathbf{x}^*), \cdots, \nabla g^K(\mathbf{x}^*)$ 的线性独立意味着 $\lambda_j^*=\hat{\lambda}_j(j=1, \cdots, K)$。因此，足以证明$\nabla f(\mathbf{x}^*)$ 包含在 B 之内。

令 $\mathbf{a}^*=\nabla f(\mathbf{x}^*)$。根据反证法，假设 $\mathbf{a}^*\notin B$，则两个闭的凸集 $A=\{\mathbf{a}^*\}$ 与 B 并不相交。根据定理 A2.24，存在 $\mathbf{p}\in\mathbb{R}^n$，对于每个 $\mathbf{b}\in B$，使得：

$$\mathbf{p}\cdot\mathbf{a}^*>\mathbf{p}\cdot\mathbf{b} \tag{P.1}$$

特别是，因为 $\mathbf{0}\in B$，而且 $\mathbf{p}\cdot\mathbf{a}^*>\mathbf{0}$，对于每个 $j=1, 2, \cdots, K$ 来说，$\mathbf{p}\cdot\nabla g^j(x^*)\leqslant 0$，因为如果这个式子对于某些 j 不成立，则对于足够大的 $\lambda>0$，通过设定 $\mathbf{b}=\lambda\nabla g^j(\mathbf{x}^*)$，使得(P.1) 将被违背。于是，我们得到：

$$\nabla f(\mathbf{x}^*)\cdot\mathbf{p}>0 \quad 和 \quad \nabla g^j(\mathbf{x}^*)\cdot\mathbf{p}\leqslant\mathbf{0},\ j=1,\cdots,K \tag{P.2}$$

因为$\nabla g^1(\mathbf{x}^*), \cdots, \nabla g^K(\mathbf{x}^*)$ 在$\mathbb{R}^n$ 中是线性独立的向量，第 j 行是$\nabla g^j(\mathbf{x}^*)$的$K\times n$矩阵G 的值域等于所有的$\mathbb{R}^K$。[①] 具体来说，如果 $\mathbf{w}\in\mathbb{R}^K$ 是列向量（$-1, -1, \cdots, -1$），则存在 $\mathbf{z}\in\mathbb{R}^n$ 使得$G\mathbf{z}=\mathbf{w}$。因此，特别地，

$$\nabla g^j(\mathbf{x}^*)\cdot\mathbf{z}<0 \quad j=1,\cdots,K \tag{P.3}$$

根据（P.2），我们可以选择足够小的 $\delta>0$，使得

$$\nabla f(\mathbf{x}^*)\cdot(\mathbf{p}+\delta\mathbf{z})>\mathbf{0} \tag{P.4}$$

因为 $\mathbf{x}^*$ 位于 D 内部，只要 $|\varepsilon|$ 足够小，$f(\mathbf{x}^*+\varepsilon(\mathbf{p}+\delta\mathbf{z}))$ 作为 ε 的函数就是定义

---

① 这是线性代数中的一个基本事实。不过用定理 A2.24 可以直接证明，读者可以试试看。

附录

明确的。而且，根据连续性，对于足够小的 $\varepsilon>0$，所有非紧的约束 $j=K+1$，…，m 都能被满足；对于足够小的 $\varepsilon>0$，所有紧的约束 $j=1$，…，K 也都被满足，因为对于每个这样的 j，（P.2）与（P.3）意味着：

$$\frac{\mathrm{d}g^j(\mathbf{x}^*+\varepsilon(\mathbf{p}+\delta\mathbf{z}))}{\mathrm{d}\varepsilon}=\nabla g^j(\mathbf{x}^*)\cdot(\mathbf{p}+\delta\mathbf{z})<0$$

因此，对于足够小的 $\varepsilon>0$，$\mathbf{x}^*+\varepsilon(\mathbf{p}+\delta\mathbf{z})$ 是可行的，而且必定得到一个不大于最大值（$\mathbf{x}^*$）的 f 值。这样的话，必定有：

$$\left.\frac{\mathrm{d}f(\mathbf{x}^*+\varepsilon(\mathbf{p}+\delta\mathbf{z}))}{\mathrm{d}\varepsilon}\right|_{\varepsilon=0}\leqslant 0$$

但是根据（P.4），

$$\left.\frac{\mathrm{d}f(\mathbf{x}^*+\varepsilon(\mathbf{p}+\delta\mathbf{z}))}{\mathrm{d}\varepsilon}\right|_{\varepsilon=0}=\nabla f(\mathbf{x}^*)\cdot(\mathbf{p}+\delta\mathbf{z})>0$$

这与我们想要的结论相矛盾。 ■

定理 A2.20 的库恩-塔克条件只是局部最优化的必要的一阶条件。当目标函数是凹或拟凹函数时，充分条件才有效。感兴趣的读者可以参见 Luenberger（1973）或 Arrow and Enthoven（1961）关于这个问题的讨论。就我们的目的而言，定理 A2.20 的必要条件足矣。

库恩-塔克定理常会增加一些非负的约束，由下式给出：

$$x_1\geqslant 0,\cdots,x_n\geqslant 0$$

每个非负约束都能写成一个约束函数 g^j，故定理 A2.20 仍然适用于这种情形。的确如此，如果上述非负约束是唯一的约束，则定理 A2.20 可简化成定理 A2.19，参见练习题 A2.30。

对于 $j=1$，…，m，$\lambda_j^*\nabla g^j(\mathbf{x}^*)$ 这个结论被称为**互补松弛性**（complementary slackness)。意思是，如果一个约束是松弛的，则与它相关的拉格朗日乘子必须为 0；如果一个拉格朗日乘子为正，则与其相关的约束必须是紧的。练习题 A2.33 将要求读者证明，当第 j 个约束被放松时，拉格朗日乘子 λ_j^* 可被解释为目标函数的边际增量。

在定理 A2.20 中的线性独立性条件是各种可行的**约束品性**（或约束规范，constraint qualification）之一。想理解某些此类品性是必要的，考虑以下最大化问题：$f(x)=x$，约束为 $g(x)=x^3\leqslant 0$，其中 $D=(-\infty,\ \infty)$。在这个例子中，$x^*=0$，$\nabla g(\mathbf{x}^*)=0$，$\nabla f(x^*)=1$。因此，定理 A2.20 的结论不适用。当然，这与定理本身并不矛盾，因为对应于单个紧约束的向量的 $\{\nabla g(x^*)\}$ 单元集并非线性独立。因此，我们不能简单地将约束品性拿掉。练习题 A2.31 提供了几种约束品性，每个都能在不改变结论的前提下取代定理 A2.20 中给出的线性独立条件，除非涉及拉格朗日乘子唯一性的问题。

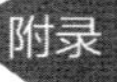

A2.4 最优性定理

考虑如下最大化问题：

$$\max_{\mathbf{x}\in\mathbb{R}^n} f(\mathbf{x},\mathbf{a}) \quad \text{s.t.} \quad g^j(\mathbf{x},\mathbf{a})\leqslant 0,\ j=1,\cdots,m \tag{A2.35}$$

这里 $\mathbf{x}$ 是一个选择变量的向量，$\mathbf{a}=(a_1, \cdots, a_l)$ 是一个参数向量——它可能进入目标函数、约束条件，或二者都有。

本节将坚持以下假设和符号不变。参数集合是 $\mathbb{R}^l$ 中 A 的一个子集，每个 g^j：$\mathbb{R}^n\times A\to\mathbb{R}$。令 S 表示满足所有约束的 $(\mathbf{x}, \mathbf{a})\in\mathbb{R}^n\times A$ 集合，即 $g^j(\mathbf{x}, \mathbf{a})\leqslant 0$，$j=1, \cdots, m$。对于每个 $\mathbf{a}\in A$，我们假设，至少存在一个 $\mathbf{x}\in\mathbb{R}^n$，使得 $g^j(\mathbf{x}, \mathbf{a})\leqslant 0$，$j=1, \cdots, m$。目标函数 f 被定义在包含 S 的 $\mathbb{R}^n\times A$ 的一个子集 D 上，即 f：$D\to\mathbb{R}$。

暂且假设，对于每个 $\mathbf{a}\in A$，至少存在一个（A2.35）的解 $\mathbf{x}(\mathbf{a})$。那么，对于参数向量 $\mathbf{a}$，目标函数的最大值为 $f(\mathbf{x}(\mathbf{a}), \mathbf{a})$。这定义了一个新函数的 $V(\mathbf{a})$，被称为值函数（value function）。每当最大值存在时，值函数可正式表述为：

$$V(\mathbf{a})=\max_{\mathbf{x}\in\mathbb{R}^n} f(\mathbf{x},\mathbf{a}) \quad \text{s.t.} \quad g^j(\mathbf{x},\mathbf{a})\leqslant 0,\ j=1,\cdots,m$$

单一（紧）约束 g 下的目标函数 f 的最大值可如图 A2-13 所示。

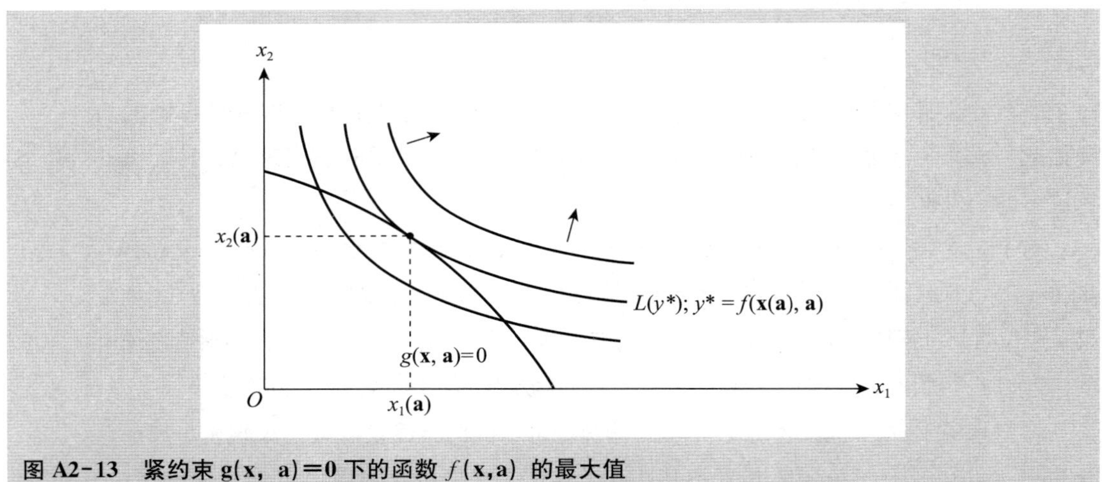

图 A2-13 紧约束 $\mathbf{g}(\mathbf{x}, \mathbf{a})=0$ 下的函数 $f(\mathbf{x},\mathbf{a})$ 的最大值

附录

显然，（A2.35）的解将以某种方式和参数向量 $\mathbf{a}\in A$ 相关。解会随着 $\mathbf{a}$ 的变化而连续变化吗？最大值 $V(\mathbf{a})$ 会随着 $\mathbf{a}\in A$ 而连续变化吗？下面就将回答这两个问题。

为了确保值函数或参数向量 $\mathbf{a}$ 解的连续性，我们不仅需要目标函数 f 是连续的，还要求 $\mathbf{a}$ 的微小变化对 $\mathbf{x}$ 的可行值的集合只会有微小的影响。基本上，有两种方式使得上述结论不成立。$\mathbf{x}$ 的可行值的集合可能剧烈收缩或扩张。g^j 函数的连续性确保当 $\mathbf{a}$ 只是微小变动时，剧烈的扩张不会发生。为了达到这一目的，需要附加一个条件。两个条件都包含在如下定义中。

定义 A2.3 约束连续性

如果每个 g^j：$\mathbb{R}^n \times A \to \mathbb{R}$ 都是连续的，而且对满足约束 $g^1(\mathbf{x}, \mathbf{a}) \leqslant 0$，…，$g^m(\mathbf{x}, \mathbf{a}) \leqslant 0$ 的每个 $(\mathbf{x}^0, \mathbf{a}^0) \in \mathbb{R}^n \times A$ 以及 A 中每个收敛于 $\mathbf{a}^0$ 的序列 $\mathbf{a}^k$ 而言，在 A 中都存在一个收敛于 $\mathbf{x}^0$ 的序列 $\mathbf{x}^k$ 使得对于每个 k，$(\mathbf{x}^k, \mathbf{a}^k)$ 都满足约束，则称其满足约束连续性。[①]

定理 A2.21 最大值定理

假设 S 是紧的，f：$D \to \mathbb{R}$ 是连续的，且满足约束连续性。则：

（1）对于每个 $\mathbf{a} \in A$，（A2.35）都存在一个解，因此值函数 $V(\mathbf{a})$ 被定义在所有的 A 上。

（2）值函数 V：$A \to \mathbb{R}$ 是连续的。

（3）假设 $(\mathbf{x}^k, \mathbf{a}^k)$ 是在 $\mathbb{R}^n \times A$ 上的一个序列，它收敛于 $(\mathbf{x}^*, \mathbf{a}^*) \in \mathbb{R}^n \times A$。如果对于每个 k，当 $\mathbf{a} = \mathbf{a}^k$ 时，$\mathbf{x}^k$ 是（A2.35）的一个解，则当 $\mathbf{a} = \mathbf{a}^*$ 时，$\mathbf{x}^*$ 是（A2.35）的一个解；

（4）如果对每个 $\mathbf{a} \in A$，（A2.35）的解都是唯一的，且由函数 $\mathbf{x}(\mathbf{a})$ 给出，则 $\mathbf{x}$：$A \to \mathbb{R}^n$ 是连续的。

证明：根据定理 A1.10，（1）即刻可证，因为 S 的紧性和每个 g^j 的连续性意味着，对于每个 $\mathbf{a} \in A$，满足 m 个约束 $g^1(\mathbf{x}, \mathbf{a}) \leqslant 0$，…，$g^m(\mathbf{x}, \mathbf{a}) \leqslant 0$ 的 $\mathbf{x} \in \mathbb{R}^n$ 集合是紧的，也因为我们自始至终假设它是非空的。

接着我们来证明（3）。利用反证法，假设（3）不成立。则当 $\mathbf{a} = \mathbf{a}^*$ 时，$\mathbf{x}^*$ 并不是（A2.35）的一个解。这意味着存在某个 $\hat{\mathbf{x}} \in \mathbb{R}^n$，使得 $(\hat{\mathbf{x}}, \mathbf{a}^*) \in S$ 且 $f(\hat{\mathbf{x}}, \mathbf{a}^*) > f(\mathbf{x}^*, \mathbf{a}^*)$。因为 $\mathbf{a}^k$ 收敛于 $\mathbf{a}^*$，适用于 $(\hat{\mathbf{x}}, \mathbf{a}^*)$ 的约束连续性意味着，在 $\mathbb{R}^n$ 中存在一个序列 $\hat{\mathbf{x}}^k$ 收敛于 $\hat{\mathbf{x}}$，对于每个 k，使得 $(\hat{\mathbf{x}}^k, \mathbf{a}^k)$ 满足约束条件。f 的连续性意味着（参见定理 A1.9）$f(\hat{\mathbf{x}}^k, \mathbf{a}^k)$ 收敛于 $f(\hat{\mathbf{x}}, \mathbf{a}^*)$ 且 $f(\mathbf{x}^k, \mathbf{a}^k)$ 收敛于 $f(\mathbf{x}^*, \mathbf{a}^*)$。因为 $f(\hat{\mathbf{x}}, \mathbf{a}^*) > f(\mathbf{x}^*, \mathbf{a}^*)$，进而有：

$$f(\hat{\mathbf{x}}^k, \mathbf{a}^k) > f(\mathbf{x}^k, \mathbf{a}^k)\text{，对于所有足够大的 } k$$

但是这与以下事实矛盾，即当 $\mathbf{a} = \mathbf{a}^k$ 时，$\mathbf{x}^k$ 是（A2.35）的解。这就完成了（3）的证明。

为了证明（2），假设 $\{\mathbf{a}^k\}_{k \in I}$ 是 A 中的一个序列，收敛于 $\mathbf{a}^* \in A$。根据定理 A1.9，这足以证明 $V(\mathbf{a}^k)$ 收敛于 $V(\mathbf{a}^*)$。于是，对某个 $\varepsilon > 0$，存在 I 的一个无限子集 I'，使得对每个 $k \in I'$，存在一个（A2.35）的解 $\mathbf{x}^k$，当 $\mathbf{a} = \mathbf{a}^k$ 时，有 $V(\mathbf{a}^k) = f(\mathbf{x}^k,$

① 这个定义等价于对应（correspondence）理论中上半连续性与下半连续性的概念。

$\mathbf{a}^k$)。因为每个（$\mathbf{x}^k$，$\mathbf{a}^k$）都在紧集 S 中，定理 A1.8 意味着序列 $\{\mathbf{x}^k, \mathbf{a}^k\}_{k\in I'}$ 有一个收敛于（$\hat{\mathbf{x}}$, $\hat{\mathbf{a}}$）的子序列 $\{\mathbf{x}^k, \mathbf{a}^k\}_{k\in I''}$，这里 I'' 是 I' 的一个无限的子集。因为 $\{\mathbf{a}^k\}_{k\in I}$ 收敛于 $\mathbf{a}^*$，子集 $\{\mathbf{a}^k\}_{k\in I''}$ 也收敛于 $\mathbf{a}^*$。因此，根据 f 的连续性，$\{V(\mathbf{a}^k)=f(\mathbf{x}^k, \mathbf{a}^k)\}_{k\in I''}$ 收敛于 $f(\hat{\mathbf{x}}, \mathbf{a}^*)$。但是，因为对于 $k\in I''$，当 $\mathbf{a}=\mathbf{a}^k$ 时，每个 $\mathbf{x}^k$ 都是（A2.35）的解，（3）意味着，当 $\mathbf{a}=\mathbf{a}^*$ 时，$\hat{\mathbf{x}}$ 是（A2.35）的解。因此，$V(\mathbf{a}^*)=f(\hat{\mathbf{x}}, \mathbf{a}^*)$，这样我们可得出结论：$\{V(\mathbf{a}^k)\}_{k\in I''}$ 收敛于 $V(\mathbf{a}^*)$。但这与以下事实相矛盾，即对于每个 $k\in I'\supseteq I''$，存在一个 $\varepsilon>0$，使得 $V(\mathbf{a}^k)$ 不在 $V(\mathbf{a}^*)$ 之内。

为了证明（4），假设 $\{\mathbf{a}^k\}_{k\in I}$ 是 A 中的一个收敛于 $\mathbf{a}^*\in A$ 的序列。根据定理 A1.9，这足以表明 $\mathbf{x}(\mathbf{a}^k)$ 收敛于 $\mathbf{x}(\mathbf{a}^*)$。根据反证法，假设 $\mathbf{x}(\mathbf{a}^k)$ 不收敛于 $\mathbf{x}(\mathbf{a}^*)$。则对于某个 $\varepsilon>0$，存在 I 的一个无限子集 I'，使得对于每个 $k\in I'$，$\mathbf{x}(\mathbf{a}^k)$ 不在 $\mathbf{x}(\mathbf{a}^*)$ 的 ε 之内。对于每个 k，定义 $\mathbf{x}^k=\mathbf{x}(\mathbf{a}^k)$。证明过程和（2）类似，且把它留作练习题。■

如果（A2.35）的解始终唯一，且目标函数、约束条件和解在参数 $\mathbf{a}$ 上都是可微的，则存在一个强有力的定理，用以分析参数向量 $\mathbf{a}$ 的变化对值函数 $V(\mathbf{a})$ 的影响，这就是著名的**包络定理**（Envelope theorem）。为了使符号简单，我们将在一个约束条件下证明该定理（例如，$m=1$）。本附录的练习题会让你把结论推广到多约束的情形中。

定理 A2.22　包络定理

考虑只有一个约束条件的问题（A2.35），（$\mathbf{x}$，$\mathbf{a}$）是 $\mathbb{R}^n\times A$ 的一个开集 $W\times U$ 上的点，假设目标函数 f 和约束函数 g 在该点是连续可微的。对每个 $\mathbf{a}\in U$，假设 $\mathbf{x}(\mathbf{a})\in W$ 是（A2.35）的唯一解，它在 U 上的 $\mathbf{a}$ 点是连续可微的，而且对于每个 $\mathbf{a}\in U$，约束 $g(\mathbf{x}(\mathbf{a}))\leqslant 0$ 是紧的。令（$\mathbf{x}(\mathbf{a})$，$\lambda(\mathbf{a})$）是定理 A2.20 中库恩-塔克条件的解。最后，令 $V(\mathbf{a})$ 是与问题相关的值函数。那么，包络定理表明，对于每个 $\mathbf{a}\in U$，有：

$$\frac{\partial V(\mathbf{a})}{\partial a_j}=\frac{\partial \mathcal{L}}{\partial a_j}\bigg|_{\mathbf{x}(\mathbf{a}),\lambda(\mathbf{a})} \qquad j=1,\cdots,m$$

等式右侧表示拉格朗日方程对参数 a_j 的偏导数在点（$\mathbf{x}(\mathbf{a})$，$\lambda(\mathbf{a})$）处的取值。

包络定理说的是，当一个参数变化时（进而假设整个问题必须被再次最优化），通过将问题的拉格朗日式对参数求偏导数，然后在原问题的一阶库恩-塔克条件的解处求导数的值，就可以推导出目标函数最优值的总效应，过程简单无比。尽管我们将定理的陈述限定在单约束的情形，但无论约束条件有多少，该定理均适用——只不过要满足一般的限制条件，即约束数量少于选择变量的数量。有鉴于定理的重要性，以及看起来不是那么的一目了然，下面就给出该定理的一个深入的证明。

证明：首先构造出最大化问题的拉格朗日函数：

$$\mathcal{L}\equiv f(\mathbf{x},\mathbf{a})-\lambda[g(\mathbf{x},\mathbf{a})]$$

根据假设，$\mathbf{x}(\mathbf{a})$ 与 $\lambda(\mathbf{a})$ 满足定理 A2.20 中给出的一阶库恩-塔克条件，又因为约束是紧的，所以，对于每个 $\mathbf{a}\in U$，我们有：

$$\frac{\partial f(\mathbf{x}(\mathbf{a}),\mathbf{a})}{\partial x_i}-\lambda(\mathbf{a})\frac{\partial g(\mathbf{x}(\mathbf{a}),\mathbf{a})}{\partial x_i}=0, \qquad i=1,\cdots,n$$

$$g(\mathbf{x}(\mathbf{a}),\mathbf{a})=0 \tag{P. 1}$$

$\mathcal{L}$ 对于参数 a_j 的偏导数为：

$$\frac{\partial \mathcal{L}}{\partial a_j}=\frac{\partial f(\mathbf{x},\mathbf{a})}{a_j}-\lambda\frac{\partial g(\mathbf{x},\mathbf{a})}{\partial a_j}$$

如果我们在点（$\mathbf{x}(\mathbf{a})$，$\lambda(\mathbf{a})$）处取值，可得到：

$$\left.\frac{\partial \mathcal{L}}{\partial a_j}\right|_{\mathbf{x}(\mathbf{a}),\lambda(\mathbf{a})}=\frac{\partial f(\mathbf{x}(\mathbf{a}),\mathbf{a})}{\partial a_j}-\lambda(\mathbf{a})\frac{\partial g(\mathbf{x}(\mathbf{a}),\mathbf{a})}{\partial a_j} \tag{P. 2}$$

如果我们能证明最大值函数关于 a_j 的偏导数等于（P.2）的右侧，就证明了这个定理。

直接令 $V(\mathbf{a})$ 对 a_j 求微分。因为 a_j 通过它和每个变量 $x_i(\mathbf{a})$ 的关系而直接和间接地影响 f。一定要记住使用链式法则。得到：

$$\frac{\partial V(\mathbf{a})}{\partial a_j}=\sum_{i=1}^{n}\underbrace{\left[\frac{\partial f(\mathbf{x}(\mathbf{a}),\mathbf{a})}{\partial x_i}\right]\frac{\partial x_i(\mathbf{a})}{\partial a_j}}_{\text{链式法则}}+\frac{\partial f(\mathbf{x}(\mathbf{a}),\mathbf{a})}{\partial a_j}$$

现在，返回一阶条件（P.1）。重新排列第一项，得到：

$$\frac{\partial f(\mathbf{x}(\mathbf{a}),\mathbf{a})}{\partial x_i}\equiv\lambda(\mathbf{a})\frac{\partial g(\mathbf{x}(\mathbf{a}),\mathbf{a})}{\partial x_i}, \quad i=1,\cdots,n$$

将其代入括号中的求和项，可以把 $V(\mathbf{a})$ 的偏导数重写为：

$$\frac{\partial V(\mathbf{a})}{\partial a_j}=\lambda(\mathbf{a})\sum_{i=1}^{n}\left[\frac{\partial g(\mathbf{x}(\mathbf{a}),\mathbf{a})}{\partial x_i}\frac{\partial x_i(\mathbf{a})}{\partial a_j}\right]+\frac{\partial f(\mathbf{x}(\mathbf{a}),\mathbf{a})}{\partial a_j} \tag{P. 3}$$

最后的“伎俩”是：再回到一阶条件（P.1）并审视方程组中第二个恒等式。因为$g(\mathbf{x}(\mathbf{a})$，$\mathbf{a})\equiv0$，我们能将这个恒等式的两侧对 a_j 求微分，而且它们必然相等。因为常数 0 的导数为 0，可得：

$$\sum_{i=1}^{n}\underbrace{\left[\frac{\partial g(\mathbf{x}(\mathbf{a}),\mathbf{a})}{\partial x_i}\frac{\partial x_i(\mathbf{a})}{\partial a_j}\right]}_{\text{链式法则}}+\frac{\partial g(\mathbf{x}(\mathbf{a}),\mathbf{a})}{\partial a_j}\equiv0$$

重新整理，有：

$$\frac{\partial g(\mathbf{x}(\mathbf{a}),\mathbf{a})}{\partial a_j}\equiv-\sum_{i=1}^{n}\left[\frac{\partial g(\mathbf{x}(\mathbf{a}),\mathbf{a})}{\partial x_i}\right]\frac{a x_i(\mathbf{a})}{\partial a_j}$$

把减号移入括号内，我们能用恒等式的左侧替代（P.3）中的整个求和项，得到：

$$\frac{\partial V(\mathbf{a})}{\partial a_j}=-\lambda(\mathbf{a})\frac{\partial g(\mathbf{x}(\mathbf{a}),\mathbf{a})}{\partial a_j}+\frac{\partial f(\mathbf{x}(\mathbf{a}),\mathbf{a})}{\partial a_j} \tag{P. 4}$$

（P. 4）的右侧与（P. 2）的右侧相同。因此：

$$\frac{\partial V(\mathbf{a})}{\partial a_j}=\frac{\partial \mathcal{L}}{\partial a_j}\bigg|_{\mathbf{x}(\mathbf{a}),\lambda(\mathbf{a})}$$

得证！ ■

例题 A2. 11

让我们来看看能否证明包络定理。假设有 $f(x_1, x_2)\equiv x_1x_2$ 和一个简单的约束 $g(x_1, x_2)\equiv 2x_1+4x_2-a$。面临的问题如下：

$$\max_{x_1,x_2} x_1x_2 \quad \text{s. t.} \quad 2x_1+4x_2-a=0$$

我们想知道目标函数的最大值如何随着（单个的、标量）参数 a 而变化。下面会用两种方式来证明：首先，我们将推导出显函数 $V(a)$ 并对其求微分以得到答案；随后，我们将利用包络定理来看看，能否得到相同的结果。

为了构造 $V(a)$，我们必须先解出用参数表示的选择变量的最优值。随后，我们将其代入目标函数中（如（A2.36）那样），以得到 $V(a)$ 的一个表达式。* 请注意：这个问题稍稍不同于（A2.35），因为我们并没有要求选择变量具有非负性。因此，无需库恩-塔克条件，只是利用简单的拉格朗日方法即可。构造拉格朗日函数：

$$\mathcal{L}=x_1x_2-\lambda[2x_1+4x_2-a]$$

其一阶条件为：

$$\begin{aligned}\mathcal{L}_1&=x_2-2\lambda=0\\ \mathcal{L}_2&=x_1-4\lambda=0\\ \mathcal{L}_\lambda&=a-2x_1-4x_2=0\end{aligned} \tag{E. 1}$$

对方程组求解，得到 $x_1(a)=a/4$，$x_2(a)=a/8$，$\lambda(a)=a/16$。通过把 x_1 与 x_2 的解代入目标函数，可形成最大值函数。于是，

$$V(a)=x_1(a)x_2(a)=\left(\frac{a}{4}\right)\left(\frac{a}{8}\right)=\frac{a^2}{32}$$

对 $V(a)$ 求 a 的微分，这将告诉我们目标函数的最大值如何随着 a 而变化。由此，可得：

$$\frac{\mathrm{d}V(a)}{\mathrm{d}a}=\frac{a}{16}$$

现在，让我们用包络定理来证明这个问题。定理告诉我们，为了理解函数的最大值如何

附录

* 原书没有（A2.36）式，疑为公式（A2.35）之后的那个值函数。——译者注

随着参数而变动，只需对最大化问题的拉格朗日式求关于参数的导数，并在一阶条件（E.1）的解处取值。利用包络定理，我们首先得到：

$$\frac{\mathrm{d}V(a)}{\mathrm{d}a}=\frac{\partial\mathcal{L}}{\partial a}=\lambda$$

随后我们能求该式在（E.1）的解处的值，这里 $\lambda(a)=a/16$。从而得出

$$\frac{\mathrm{d}V(a)}{\mathrm{d}a}=\lambda(a)=\frac{a}{16}$$

检验该解。

除了证实包络定理"起作用"之外，这个例题也让我们深刻理解了那些"附带"变量（拉格朗日乘子）的意义，本附录的练习题会进一步探究。 □

尽管此时我们的注意力都集中在最大化问题及其相关的值函数上，但是，显然可以用类似的方式构建出最小化问题的值函数，而且包络定理也同样适用。

A2.5 分离定理

在结束这一个数学附录之前，最后再来审视一下所谓的"分离"定理。这种思想用几何方法来看非常简单。图 A2-14 展示了 $\mathbb{R}^2$ 中两个不相交的凸集——A 与 B。显然，我们可在它们之间画一条线。可以说，这样一条线"分离"了两个集合。如果我们把这条线想象成方程，

$$p_1x_1+p_2x_2=I$$

这里 p_1，p_2 与 I 都是正的常数，则每个点 $(a_1,\ a_2)\in A$ 都使得

$$p_1a_1+p_2a_2>I$$

而且每个点 $(b_1,\ b_2)\in B$ 都使得

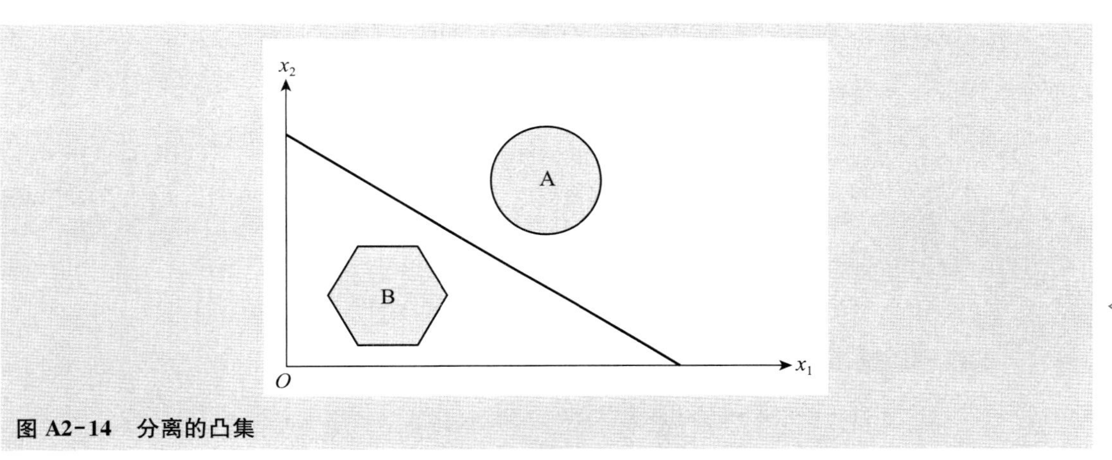

图 A2-14 分离的凸集

$$p_1b_1+p_2b_2<I$$

因此，如果 $\mathbf{p}=(p_1, p_2)$，则我们看到“分离”的几何概念可用解析法表达为

$$\mathbf{p}\cdot\mathbf{a}>\mathbf{p}\cdot\mathbf{b}\text{，对于每个 }\mathbf{a}\in A\text{ 和每个 }\mathbf{b}\in B$$

现在想象 $\mathbb{R}^3$ 中两个不相交的凸集，比如一个球体和一个箱体，而且球体完全在箱体之外。显然，我们能再次分离这两个集合，这次用的是一个平面，而且有相同的解析表达式来描绘这种情形，只不过这里是用 $\mathbb{R}^3$ 中所有的向量。

下面的分离定理把这种思想推广到任意数量维度。我们将给出两个定理，第二个定理直接归纳了第一个，并允许集合（如 A 与 B）是开的且彼此“相切”。

定理 A2.23　第一分离定理

假设 C 是 $\mathbb{R}^n$ 的一个闭的凸子集，它不包括原点 $\mathbf{0}$。则存在一个长度为 1 的向量 $\mathbf{p}\in\mathbb{R}^n$ 和 $\alpha>0$，使得：

$$\mathbf{p}\cdot\mathbf{c}\geqslant\alpha\text{，对于每个 }\mathbf{c}\in C$$

证明： 如果 C 是空的，那就没什么好证明的。因此，假设 C 是非空的。考虑最小化问题。

$$\min_{\mathbf{c}\in C}\|\mathbf{c}\| \tag{P.1}$$

如果闭集是有界的，它就应该是紧的。因为 $\|\mathbf{c}\|$ 是 $\mathbf{c}$ 的一个连续实值函数，我们可应用定理 A1.10 并得出结论：（P.1）存在一个解。但 C 不必是有界的。选择任意 $\mathbf{c}^0\in C$，并考虑以下问题：

$$\min_{\mathbf{c}\in C'}\|\mathbf{c}\| \tag{P.2}$$

这里 $C'=\{\mathbf{c}\in C:\ \|\mathbf{c}\leqslant\|\mathbf{c}^0\}$。因为 C' 是闭的和有界的，（P.2）有一个解 $\hat{\mathbf{c}}$。但 $\hat{\mathbf{c}}$ 也是(P.1）的一个解，因为如果存在某个 $\mathbf{c}'\in C$ 满足 $\|\mathbf{c}'\|\leqslant\|\hat{\mathbf{c}}\|\leqslant\|\mathbf{c}^0\|$，这与 $\hat{\mathbf{c}}$ 是（P.2）的解相矛盾。

因为 $\hat{\mathbf{c}}$ 是（P.1）的解，而且因为 C 是凸的，则对于每个 $\mathbf{c}\in C$，我们有：

$$\|\alpha\mathbf{c}+(1-\alpha)\hat{\mathbf{c}}\|^2=\alpha^2\mathbf{c}\cdot\mathbf{c}+2\alpha(1-\alpha)\hat{\mathbf{c}}\cdot\mathbf{c}+(1-\alpha)^2\hat{\mathbf{c}}\cdot\hat{\mathbf{c}}$$

在 $\alpha\in[0, 1]$ 内的 $\alpha=0$ 处，上式被最小化。因此，根据定理 A2.19，这个 α 的二次函数是可微的，当在 $\alpha=0$ 处取值时，它对 α 的偏导数是非负的。即对于每个 $\mathbf{c}\in C$，有：

$$2\alpha\mathbf{c}\cdot\mathbf{c}+2(1-2\alpha)\hat{\mathbf{c}}\cdot\mathbf{c}-2(1-\alpha)\hat{\mathbf{c}}\cdot\hat{\mathbf{c}}\geqslant 0,\ \alpha=0$$

附录

也就是说，对于 $c\in C$，

$$2\hat{\mathbf{c}}\cdot\mathbf{c}-2\hat{\mathbf{c}}\cdot\hat{\mathbf{c}}\geqslant 0$$

或者对于每个 $\mathbf{c}\in C$，等价于：

$$\hat{\mathbf{c}} \cdot c \geqslant \hat{\mathbf{c}} \cdot \hat{\mathbf{c}} = \|\hat{\mathbf{c}}\|^2$$

因为 $\hat{\mathbf{c}} \in C$ 和 $\mathbf{0} \notin C$ 意味着 $\hat{\mathbf{c}} \neq \mathbf{0}$，我们可得出结论：

$$\hat{\mathbf{c}} \cdot \mathbf{c} \geqslant \|\hat{\mathbf{c}}\|^2 > 0，对于每个 \mathbf{c} \in C$$

因此，集合 $P = \hat{\mathbf{c}} / \|\hat{\mathbf{c}}\|$ 及 $\alpha = \|\hat{\mathbf{c}}\| > 0$。我们有：

$$\mathbf{p} \cdot \mathbf{c} \geqslant \alpha，对于每个 \mathbf{c} \in C$$

得证！■

定理 A2.24　第二分离定理

假设 A 与 B 是 $\mathbb{R}^n$ 中不相交的凸子集，则存在一个长度为 1 的向量 $\mathbf{p} \in \mathbb{R}^n$，使得：

$$\mathbf{p} \cdot \mathbf{a} \geqslant \mathbf{p} \cdot \mathbf{b}，对于每个 \mathbf{a} \in A 和每个 \mathbf{b} \in B$$

此外，如果集合 A 与 B 是闭的，而且至少有一个集合是有界的，则可以选择一个 $\mathbf{p} \in \mathbb{R}^n$，使得对于某个 $\alpha > 0$，有：

$$\mathbf{p} \cdot (\mathbf{a} - \mathbf{b}) \geqslant \alpha，对于每个 \mathbf{a} \in A 和每个 \mathbf{b} \in B$$

证明：让我们先从定理的第二部分开始。假设 A 与 B 都是闭的，且其中一个是有界的。把 C 定义为集合差 $A-B$，它由所有形式为 $\mathbf{a}-\mathbf{b}$ 的点组成，这里 $\mathbf{a} \in A$ 且 $\mathbf{b} \in B$。不难证明 C 是凸的。(试试看！) 再花点儿功夫便可证明 C 也是闭的（参见练习题 A2.37）。而且，因为 A 与 B 是不相交的，C 并不包含原点 $\mathbf{0}$。因此，我们可应用定理 A2.23 并得出结论：存在一个长度为 1 的向量 $\mathbf{p} \in \mathbb{R}^n$ 和 $\alpha > 0$，对于每个 $\mathbf{c} \in C$，使得 $\mathbf{p} \cdot \mathbf{c} \geqslant \alpha$。但是，根据 C 的定义，这意味着：

$$\mathbf{p} \cdot (\mathbf{a} - \mathbf{b}) \geqslant \alpha，对于每个 \mathbf{a} \in A 和每个 \mathbf{b} \in B$$

证毕！

现在，我们转回定理的第一部分：A 与 B 都不必是闭的或有界的。再次令 $C = A-B$，情形仍然是 $\mathbf{0} \notin C$ 且 C 是凸的，但 C 不再需要是闭的。因此，我们不能直接诉诸定理 A2.23。相反，令 $\overline{C}$ 是 C 内点的收敛序列的所有极限之集合。集合 $\overline{C}$ 是闭的且凸的。(说服你自己！) 而且 $\overline{C}$ 包含 C，因为 C 中的每个点 $\mathbf{c}$ 都是常数序列 $\mathbf{c}$，$\mathbf{c}$，…的极限。如果 $\mathbf{0} \notin \overline{C}$，就可使用定理 A2.23，就像 C 为闭集时我们所做的那样。因此，假设 $\mathbf{0} \notin C$，根据练习题 A2.38，足以证明 $\mathbf{0}$ 是 $\partial \overline{C}$ 的一部分和 $\overline{C}$ 的边界，因为存在一个长度为 1 的向量 $\mathbf{p} \in \mathbb{R}^n$，对于每个 $\mathbf{c} \in C$，使得 $\mathbf{p} \cdot \mathbf{c} \geqslant 0$，而且从 C 的定义也能得到想要的结论。因此，仍需证明的是 $\mathbf{0} \in \partial \overline{C}$。

假设根据反证法，$\mathbf{0} \in \overline{C}$ 但 $\mathbf{0} \notin \partial \overline{C}$。于是，根据边界的定义，$\mathbf{0} \in \overline{C}$ 并非 $\overline{C}$ 之外任何点序列的极限。因此，存在 $\varepsilon > 0$，使得以 $\mathbf{0}$ 为中心的 ε 球 $B_\varepsilon(\mathbf{0})$ 被包含在 $\overline{C}$ 之内。(想想为何必须如此。) 令 $\mathbf{e}_i$ 表示 $\mathbb{R}^n$ 中第 i 个单位向量，并表示 $\mathbf{1}$ 的 n 维向量。

选择足够小的$\delta>0$，对于每个$i=0$，1，…，n，使得$\delta\mathbf{e}_i$和$-\delta\mathbf{1}$都在$B_\varepsilon(\mathbf{0})\subset\overline{C}$内。根据$\overline{C}$的定义，对每个$i=0$，1，…，$n$，存在一个$C$中的点序列$\{\mathbf{c}_i^k\}_{k=1}^{\infty}$，使得：

$$\mathbf{c}_0^k\to-\delta\mathbf{1}\text{ 且 }\mathbf{c}_i^k\to\delta\mathbf{e}_i\text{，对于 }i=1,\cdots,n \tag{P.1}$$

对每个k，令C^k是$\mathbf{c}_0^k$，$\mathbf{c}_1^k$，…，$\mathbf{c}_n^k$所有凸组合的集合。也就是说，$C^k=\{\mathbf{c}\in\mathbb{R}^n\mid\mathbf{c}=\sum_{i=0}^n\lambda_i\mathbf{c}_i^k$，对于某些非负的$\lambda_0$，$\lambda_1$，…，$\lambda_n$，其总和为1$\}$。集合$C^k$是闭且凸的（请检验!），而且$C^k$包含在$C$内，因为$C^k$中的每个点都是凸集$C$内的点的一个凸组合。因此，$0\notin C^k$。这样我们可诉诸定理A2.23以得出结论：存在一个长度为1的向量$\mathbf{p}^k\in\mathbb{R}^n$，对于每个$\mathbf{c}\in C^k$，使得$\mathbf{p}^k\cdot\mathbf{c}\geqslant0$。特别地，对于每个$k=1$，2，…，

$$\mathbf{p}^k\cdot\mathbf{c}_i^k\geqslant0\text{，对于 }i=0,1,\cdots,n \tag{P.2}$$

因为序列$\{\mathbf{p}^k\}$是有界的，定理A1.8意味着它有一个收敛的子序列$\{\mathbf{p}^k\}_{k\in K}$，这里$K$是指数1，2，…的一个无限子集。令$\hat{\mathbf{p}}$表示这个子序列的极限，且$\|\hat{\mathbf{p}}\|$是长度为1的向量的极限。随着$k\in K$趋向无穷，取（P.2）式的极限，并利用（P.1），得到：

$$\hat{\mathbf{p}}\cdot(-\delta\mathbf{1})\text{和 }\hat{\mathbf{p}}\cdot(\delta\mathbf{e}_i)\geqslant0\text{，对于 }i=1,\cdots,n \tag{P.3}$$

（P.3）中最后的n个不等式意味着$\hat{p}_i\geqslant0(i=1,\cdots,n)$。结合（P.3）中第一个不等式，这蕴涵着$\hat{\mathbf{p}}=\mathbf{0}$，这同$\hat{\mathbf{p}}$长度为1的事实相矛盾。证毕！ ■

这里提供的两个分离定理用途广泛。读者可能想了解其他一些类似的定理，例如，在一个凸集边界上的点能从该集合分离出来吗？练习题A2.39将探讨这个问题。

A2.6 练习题

A2.1 求以下函数的微分。判断在点$x=2$处，函数是递增、递减还是常数？把各函数在点$x=2$处按照局部凹、凸或线性进行分类。

(a) $11x^3-6x+8$。

(b) $(3x^2-x)(6x+1)$。

(c) $x^2-(1/x^3)$。

(d) $(x^2+2x)^3$。

(e) $[3x/(x^3+1)]^2$。

(f) $[(1/x^2+2)-(1/x-2)]^4$。

(g) $\int_x^1 e^{t^2}\,\mathrm{d}t$。

A2.2 求出下列函数的一阶偏导数：

(a) $f(x_1,x_2)=2x_1-x_1^2-x_2^2$。

(b) $f(x_1,x_2)=x_1^2+2x_2^2-4x_2$。

(c) $f(x_1,x_2)=x_1^3-x_2^2-2x_2$。

(d) $f(x_1,x_2)=4x_1+2x_2-x_1^2+x_1x_2-x_2^2$。

(e) $f(x_1,x_2)=x_1^3-6x_1x_2+x_2^3$。

(f) $f(x_1,x_2)=3x_1^2-x_1x_2+x_2$。

(g) $f(x_1,x_2,x_3)=\ln(x_1^2-x_2x_3-x_3^2)$。

A2.3 令$g(x_a,x_b)=f(x_a+x_b,x_a-x_b)$，这里$f$是一个双变量的可微函数，如$f=f(x_u,x_y)$。请证明：

$$\frac{\partial g}{\partial x_a}\frac{\partial g}{\partial x_b}=\left(\frac{\partial f}{\partial x_u}\right)^2-\left(\frac{\partial f}{\partial x_v}\right)^2$$

A2.4 证明 $y=x_1^2x_2+x_2^2x_3+x_3^2x_1$ 满足方程

$$\frac{\partial y}{\partial x_1}+\frac{\partial y}{\partial x_2}+\frac{\partial y}{\partial x_3}=(x_1+x_2+x_3)^2$$

A2.5 找出下列函数的海塞矩阵并构建二次型$\mathbf{z}^T\mathbf{H}(\mathbf{x})\mathbf{z}$。

(a) $y=2x_1-x_1^2-x_2^2$。

(b) $y=x_1^2+2x_2^2-4x_2$。

(c) $y=x_1^3-x_2^2+2x_2$。

(d) $y=4x_1+2x_2-x_1^2+x_1x_2-x_2^2$。

(e) $y=x_1^3-6x_1x_2+x_2^3$。

A2.6 证明：一个凸函数的二阶自偏导数一定总是非负的。

A2.7 对 x_2 求偏导数，完成例题 A2.4。

A2.8 假设 $f(x_1, x_2)=\sqrt{x_1^2+x_2^2}$。

(a) 证明 $f(x_1, x_2)$ 是一次齐次的。

(b) 根据欧拉定理，我们应该得到 $f(x_1, x_2)=(\partial f/\partial x_1)x_1+(\partial f/\partial x_2)x_2$，证明该式。

A2.9 假设 $f(x_1, x_2)=(x_1x_2)^2$ 和 $g(x_1, x_2)=(x_1^2x_2)^3$。

(a) $f(x_1, x_2)$ 是齐次的，它是几次齐次的？

(b) $g(x_1, x_2)$ 是齐次的，它是几次齐次的？

(c) $h(x_1, x_2)=f(x_1, x_2)\ g(x_1, x_2)$ 是齐次的，它是几次齐次的？

(d) $k(x_1, x_2)=g(f(x_1, x_2), f(x_1, x_2))$ 是齐次的，它是几次齐次的？

(e) 请证明：只要 $f(x_1, x_2)$ 是 m 次齐次的，$g(x_1, x_2)$是 n 次齐次的，则 $k(x_1, x_2)=g(f(x_1, x_2), f(x_1, x_2))$ 是 mn 次齐次的。

A2.10 在 $D\subset\mathbb{R}^n$ 上的一个实值函数 h 如果能被写成 $g(f(\mathbf{x}))$ 的形式，则它被称为**位似的**(homothetic)。这里 g：$\mathbb{R}\to\mathbb{R}$是严格递增的，且 f：$D\to\mathbb{R}$是一次齐次的。请证明：如果可微函数 h：$D\to\mathbb{R}$是位似的，则对于每个 $\mathbf{x}\in D$ 和每个 i 与 j，

$$\frac{\partial h(t\mathbf{x})/\partial x_i}{\partial h(t\mathbf{x})/\partial x_j}$$

在 $t>0$ 处是常数。这说明函数 h 的水平集有何特征？

A2.11 令 $F(z)$ 是单变量 z 的增函数。构造复合函数 $F(f(\mathbf{x}))$，证明：当且仅当 $\mathbf{x}^*$ 是 $F(f(\mathbf{x}))$ 的一个局部最大值（最小值）时，$\mathbf{x}^*$ 也是 $f(\mathbf{x})$ 的一个局部最大值（最小值）。

A2.12 假设 $f(\mathbf{x})$ 是一个凹函数，且 M 是 $\mathbb{R}^n$ 中所有点的集合——给出了 f 的全局最大值。证明 M 是一个凸集。

A2.13 令 $f(\mathbf{x})$ 是一个凸函数。证明：当且仅当 $f(\mathbf{x})$ 在 $\tilde{\mathbf{x}}$ 处达到一个全局最小值时，$f(\mathbf{x})$ 在 $\tilde{\mathbf{x}}$ 处也达到一个局部最小值。

A2.14 证明：如果 $f(\mathbf{x})$ 是严格凸的，且如果 $\tilde{\mathbf{x}}$ 是 $f(\mathbf{x})$ 的一个全局最小值，则 $\tilde{\mathbf{x}}$ 也是 $f(\mathbf{x})$ 唯一的全局最小值。

A2.15 检验例题 A2.6 中的计算，通过利用代入法来求解一阶偏导数的方程组。求 $x_1^*=3/7$ 和 $x_2^*=8/7$ 处的函数值并找出 y^*。通过求出在其他任何点的函数值并与 y^* 做比较，证实我们在例题 A2.7 中发现的结论。

A2.16 找出下列情形中的临界点。

(a) $f(x_1, x_2)=2x_1-x_1^2-x_2^2$。

(b) $f(x_1, x_2)=x_1^2+2x_2^2-4x_2$。

(c) $f(x_1, x_2)=x_1^3-x_2^2+2x_2$。

(d) $f(x_1, x_2)=4x_1+2x_2-x_1^2+x_1x_2-x_2^2$。

(e) $f(x_1, x_2)=x_1^3-6x_1x_2+x_2^3$。

A2.17 证明严格凸函数情形中的定理 A2.15。

A2.18 令 $f(\mathbf{x})$ 表示定义在$\mathbb{R}^n_+$上的实值函数，并考虑矩阵：

$$\mathbf{H}^*\equiv\begin{pmatrix}0 & f_1 & \cdots & f_n\\ f_1 & f_{11} & \cdots & f_{1n}\\ \vdots & \vdots & & \vdots\\ f_n & f_{n1} & \cdots & f_{nn}\end{pmatrix}$$

这是一种不同于我们在书中所看到的加边海塞矩阵。这里，二阶偏导数矩阵是由一阶偏导数和一个 0 加边所形成的方阵，该矩阵的主子式是如下行列式：

$$D_2=\begin{vmatrix}0 & f_1\\ f_1 & f_{11}\end{vmatrix}$$

$$D_3=\begin{vmatrix}0 & f_1 & f_2\\ f_1 & f_{11} & f_{12}\\ f_2 & f_{21} & f_{22}\end{vmatrix},\quad \cdots$$

$$D_n=|\mathbf{H}^*|$$

Arrow and Enthoven（1961）利用这些主子式的符号来构建以下几个有用的结论：

（i）如果 $f(\mathbf{x})$ 是拟凹的，这些主子式的符号交替变化如下：$D_2\leqslant 0$，$D_3\geqslant 0$，…。

（ii）如果对于所有的 $\mathbf{x}\geqslant\mathbf{0}$，这些主子式（取决于 $\mathbf{x}$）符号交替变化，从严格负的符号开始 $D_2<0$，$D_3>0$，则在非负象限上 $f(\mathbf{x})$ 是拟凹的。而且可以证明：如果对于所有的 $\mathbf{x}\gg\mathbf{0}$，那些主子式有着相同的符号交替变化模式，则 $f(\mathbf{x})$ 在（严格）正象限上是严格拟凹的。

（a）函数 $f(x_1, x_2)=x_1x_2+x_1$ 在 $\mathbb{R}^2_+$ 上是拟凹的，证实它的主子式符号如（ii）那样交替变化。

（b）令 $f(x_1, x_2)=a\ln(x_1+x_2)+b$，其中 $a>0$。对于 $\mathbf{x}\gg\mathbf{0}$，这个函数是严格拟凹的吗？它是拟凹的吗？对于 $\mathbf{x}\geqslant\mathbf{0}$，但函数不等于 0，它又如何？请证明。

A2.19 令 $f(x_1, x_2)=(x_1x_2)^2$。$f(\mathbf{x})$ 在 $\mathbb{R}^2_+$ 上是凹的吗？它在 $\mathbb{R}^2_+$ 上是拟凹的吗？

A2.20 证明：定理 A2.1 和定理 A2.4 的性质 4 的逆命题不为真。通过证明 $f(x)=-x^4$ 在 $\mathbb{R}$ 上是严格凹的，但其二阶导数并非到处严格为正。

A2.21 完成定理 A2.3 的证明。

A2.22 完成定理 A2.4 的证明。

A2.23 利用定理 A2.4 的第 2 部分来证明定理 A2.5。具体来说，当 $\mathbf{z}$ 是 $\mathbb{R}^n$ 中一个 n 单位向量时，考虑乘积项 $\mathbf{z}^T\mathbf{H}(\mathbf{x})\mathbf{z}$。

A2.24 找出下列各方程的局部极值，并把它们的驻点按照最大值、最小值或既非最大又非最小值来分类。

（a）$f(x_1, x_2)=2x_1-x_1^2-x_2^2$。

（b）$f(x_1, x_2)=x_1^2+2x_2^2-4x_2$。

（c）$f(x_1, x_2)=x_1^3-x_2^2+2x_2$。

（d）$f(x_1, x_2)=4x_1+2x_2-x_1^2+x_1x_2-x_2^2$。

（e）$f(x_1, x_2)=x_1^3-6x_1x_2+x_2^3$。

A2.25 求解如下问题，说出在该解点处的函数最优值。

（a）$\min_{x1,x2} x_1^2+x_2^2 \quad \text{s. t.} \quad x_1x_2=1$。

（b）$\min_{x1,x2} x_1x_2 \quad \text{s. t.} \quad x_1^2+x_2^2=1$。

（c）$\max_{x1,x2} x_1x_2^2 \quad \text{s. t.} \quad x_1^2/a^2+x_2^2/b^2=1$。

（d）$\max_{x1,x2} x_1+x_2 \quad \text{s. t.} \quad x_1^4+x_2^4=1$。

（e）$\max_{x1,x2,x3} x_1x_2^2x_3^3 \quad \text{s. t.} \quad x_1+x_2+x_3=1$。

A2.26 画出 $f(x)=6-x^2-4x$。找到函数的无约束（全局）最大值的点，并计算在该点处的函数值。比较该值与函数受非负约束 $x\geqslant 0$ 时取得的最大值。

A2.27 在最小化 $x\geqslant 0$ 约束下的 $f(x)$ 过程中，可能出现三种情况：约束可能是紧的、紧的但无关的或非紧的。构建三个类似图 A2-9 的图形来阐明这三种情况。证明：（A2.32）中的三个条件解释了三种情况。构建第四种情况以表明书中暗指的“麻烦的”情况，并解释为何它能被（A2.32）中的条件所排除。

A2.28 陈述适用于以下最小化问题的库恩-塔克定理。

$$\min_{x1,x2} f(x_1,x_2) \quad \text{s. t.} \quad g(x_1,x_2)\leqslant 0$$
$$\text{和} \quad x_1\geqslant 0, x_2\geqslant 0$$

A2.29 在定理 A2.20 的证明中，我们用到了以下事实，即 $\mathbb{R}^n$ 中的有限个向量的非负线性组合的集合是一个闭集。本练习题将引导读者来证明这个事实。令 $\mathbf{a}^1$，…，$\mathbf{a}^N$ 是 $\mathbb{R}^n$ 中的向量，且 $B=\{\mathbf{b}\in\mathbb{R}^n \mid \mathbf{b}=\sum_{i=1}^N \lambda_i\mathbf{a}^i\}$，对于某些 $\lambda_1\geqslant 0$，…，$\lambda_N\geqslant 0\}$。假设 $\mathbf{b}^1$，$\mathbf{b}^2$，…是 B 中收敛于

$\mathbf{b}^*$ 的点序列。我们希望证明 $\mathbf{b}^*$ 在 B 中。

(a) 证明：B 中的任意 $\mathbf{b}$ 总能被写成 $\mathbf{a}^i$ 的一个最小的非负线性组合，这里的“最小”意味着由 λ_i 所给出的 $\mathbf{a}^i$ 的正权重数不能再减少了。

(b) 证明：对每个 $k=1, 2, \cdots$ 和每个 i，如果 $\mathbf{b}^k = \sum_{i=1}^N \lambda_i^k \mathbf{a}^i$，非负序列 $\{\lambda_i^k\}_{k=1}^\infty$ 是有界的，则 $\mathbf{b}^*$ 在 B 中。

(c) 对于每个 $k=1, 2, \cdots$ 和某个 i，假设 $\mathbf{b}^k = \sum_{i=1}^N \lambda_i^k \mathbf{a}^i$，非负序列 $\{\lambda_i^k\}_{k=1}^\infty$ 是无界的。

(i) 把 $\mathbf{b}^k$ 除以求和式 $(\lambda_1^k + \cdots + \lambda_N^k)$，并得出结论：$\sum_{i=1}^N \beta_i^* \mathbf{a}^i = \mathbf{0}$（零向量），对于某些非负的 $\beta_1^*, \cdots, \beta_N^*$，其总和为 1。

(ii) 证明：存在 $\beta_{i'}^* > 0$ 和 k，使得

$$\frac{\lambda_j^k}{\beta_j^*} \geqslant \frac{\lambda_{i'}^k}{\beta_{i'}^*} > 0\text{，对于所有的 } j\text{，使得 } \beta_j^* > 0$$

(iii) 从 (i) 和 (ii) 中得出以下结论，对于这里识别出的 i' 与 k，存在：

$$\mathbf{b}^k = \sum_{i=1}^N \lambda_i^k \mathbf{a}^i = \sum_{j \neq i'} \left(\lambda_j^k - \beta_j^* \frac{\lambda_{i'}^k}{\beta_{i'}^*}\right)\mathbf{a}^j$$

使得 $\sum_{i=1}^N \lambda_i^k \mathbf{a}^i$ 并没有表示 $\mathbf{b}^k$ 是 $\mathbf{a}^i$ 最小的非负线性组合。

(d) 从 (a) 至 (c) 中得出以下结论：因为在序列 $\mathbf{b}^1, \mathbf{b}^2, \cdots$ 中的每一项都能被写成 $\mathbf{a}^i$ 的一个最小的非负线性组合，在那些线性组合中的权重序列必然是有界的，因此 $\mathbf{b}^*$ 在 B 中。

A2.30 证明：当仅有的约束 $x_1 \geqslant 0, \cdots, x_n \geqslant 0$ 时，定理 A2.20 可简化成定理 A2.19。

A2.31 令 $f(\mathbf{x})$ 和 $g^j(\mathbf{x})$ $(j=1, \cdots, m)$ 是在某定义域 $D \in \mathbb{R}^n$ 上的实值函数。令 $\mathbf{x}^*$ 是 D 的一个内部点，并假设 $\mathbf{x}^*$ 在 D 上最大化了 $f(\mathbf{x})$，其面临的约束是 $g^j(\mathbf{x}) \leqslant 0 (j=1, \cdots, m)$。假设在最优点 $\mathbf{x}^*$ 处，f 和每个 g^j 都是连续可微的，而且约束 $j=1, \cdots, K$ 是紧的，约束 $j=K+1, \cdots, m$ 是非紧的。如果对于某些 $a_j \in \mathbb{R}$ 和 $\mathbf{b}^j \in \mathbb{R}^n$，$g^j(\mathbf{x}) = a_j + \mathbf{b}^j \cdot \mathbf{x}$。否则，约束 j 是非线性的。考虑以下约束品性条件的合集。

(i) $\nabla g^1(\mathbf{x}^*), \cdots, \nabla g^K(\mathbf{x}^*)$ 是线性独立的；

(ii) 没有 $\nabla g^1(\mathbf{x}^*), \cdots, \nabla g^K(\mathbf{x}^*)$ 的凸组合是零向量；

(iii) 存在 $\mathbf{z} \in \mathbb{R}^n$，对于每个 $j=1, \cdots, K$，使得 $\nabla g^j(\mathbf{x}^*) \cdot \mathbf{z} < 0$；

(iv) 存在 $\mathbf{z} \in \mathbb{R}^n$，对于每个 $j=1, \cdots, K$，使得 $\nabla g^j(\mathbf{x}^*) \cdot \mathbf{z} \leqslant 0$，对于非线性约束，不等式严格成立；

(v) 对于每个 $\mathbf{p} \in \mathbb{R}^n$，使得 $\nabla g^1(\mathbf{x}^*) \cdot \mathbf{p} \leqslant 0, \cdots, \nabla g^K(\mathbf{x}^*) \cdot \mathbf{p} \leqslant 0$，而且对于每个 $\delta > 0$，都存在 $\varepsilon > 0$ 和一个连续可微函数 $h: (-\varepsilon, \varepsilon) \to \mathbb{R}^n$，使得 $h(0) = \mathbf{x}^*$，$\nabla h(0)$ 是在 $\mathbf{p}$ 的 δ 之内，而且对于每个 $s \in (-\varepsilon, \varepsilon)$ 和每个 $j=1, \cdots, K$，都有 $g^j(h(s)) \leqslant 0$。

(a) 证明：(i) ⇒ (ii) ⇒ (iii) ⇒ (iv) ⇒ (v)。

(b) 证明：如果所有的约束都是线性的，则 (iv) 总会被满足。根据 (a) 得出结论：如果所有的约束都是线性的，则 (iv) 与 (v) 总会被满足。

(c) 以定理 A2.20 的证明为指南，证明：如果 (v) 成立，则存在所有非负的拉格朗日乘子 $\lambda_1^*, \cdots, \lambda_K^*$，使得：

$$\nabla f(\mathbf{x}^*) - \sum_{j=1}^K \lambda_j^* \nabla g^j(\mathbf{x}^*) = 0$$

无须证明 λ_j^* 是唯一的。请注意：根据 (a) 可以证明，当 (i) 至 (v) 中任何一个约束品性条件成立时，这种 λ_j^* 都存在。（当然，定理 A2.20 包括了以下情况，即当 (i) 成立时，而且在那种特殊情况中，λ_j^* 是唯一的。）因此你可以一般化定理 A2.20。

附录

A2.32 Arrow and Enthoven (1961) 考虑了拟凹规划问题

$$\max_{\mathbf{x}} \quad f(\mathbf{x}) \quad \text{s.t.} \quad g(\mathbf{x}) \leqslant 0 \quad \text{和} \quad \mathbf{x} \geqslant \mathbf{0}$$

其中 $f(\mathbf{x})$ 是拟凹的，$g(\mathbf{x})$ 是拟凸的。

(a) 证明：如果 $\mathbf{x}^*$ 是一个局部最大值，则它也是一个全局最大值。

(b) 证明：如果 $f(\mathbf{x})$ 是严格拟凹的，则全局最大值是唯一的。

A2.33 考虑一个最大化问题，其中目标函数为 $f(x_1, \cdots, x_n)$，且存在 m 个形式为 $g^j(x_1, \cdots, x_n)-a_j=0(j=1, \cdots, m)$ 的约束。这里，没有一个 a_j 进入目标函数，而且每个 a_j 只进入一个约束中。在诸如此类的问题中，a_j 被称为对第 j 个约束的约束常量（constraint constant）。在包络定理的假设下，证明：我们可以把与每个约束相关的拉格朗日乘子解释为相关约束常量的每次变动对目标函数最大值的影响。在 m 个不等式 $g^j(x_1, \cdots, x_n)\leqslant a_j$ 约束下重复此练习题，并再次证明：第 j 个约束的拉格朗日乘子是值函数对 a_j 的导数。因此，我们可以把第 j 个拉格朗日乘子解释为放松第 j 个约束的边际值。

A2.34 考虑非线性规划问题

$$\max_{x_1,x_2} f(x_1,x_2) \quad \text{s.t.}$$
$$g(x_1,x_2)-a\leqslant 0$$

显然，增加 a 不能减少 f 的最大值，因为可行集增加。通过诉诸包络定理和库恩-塔克定理，以另一种方式来证明。（当然，第二种证明不如第一种好，因为它既不够简单，又需要一些额外的假设。）

A2.35 完成定理 A2.21 的证明。

A2.36 把包络定理推广到多约束的情形中。假设（局部地，对所有 $\mathbf{a}\in U$）某些约束总是紧的，其余约束总是非紧的。

A2.37 假设 A 与 B 是 $\mathbb{R}^n$ 的闭子集，且 A 是有界的。

(a) 证明 $A-B$ 是闭的。

(b) 令 A 为 $\mathbb{R}^2$ 的子集，弱低于横轴；令 B 为 $\mathbb{R}^2$ 的子集，弱高于由 $y=1/x$ 所定义的正象限内的双曲线。证明 A 与 B 是闭的，但 $A-B$ 不是闭的。

A2.38 假设 A 是 $\mathbb{R}^n$ 的闭凸集，而且 $\mathbf{a}^*$ 是 A 边界上的一个元素。

(a) 利用集合边界的定义来证明，存在一个点的序列 $\mathbf{a}^1$，$\mathbf{a}^2$，…不包括在 A 之内，但它收敛于 $\mathbf{a}^*$。

(b) 对于每个 k，利用定理 A2.23 来确定存在一个长度为 1 的向量 $\mathbf{p}^k$，它满足：

$$\mathbf{p}^k\cdot\mathbf{a}\geqslant\mathbf{p}^k\cdot\mathbf{a}^k\text{，对于每个 }\mathbf{a}\in A$$

(c) 通过考察一个收敛序列 $\{\mathbf{p}^k\}_{k=1}^{\infty}$ 得出结论：存在一个长度为 1 的向量 $\hat{\mathbf{p}}\in\mathbb{R}^n$，使得：

$$\hat{\mathbf{p}}\cdot\mathbf{a}\geqslant\hat{\mathbf{p}}\cdot\mathbf{a}^*\text{，对于每个 }\mathbf{a}\in A$$

A2.39 重复练习题 A2.38，而无须假设 A 是闭的。在 (b) 部分中，使用定理 A2.24 而不是定理 A2.23。

提示与答案

第1章

1.2 利用定义。

1.4 利用无差异关系来开始本题的证明，考虑任意三点：$\mathbf{x}^i \in X$，$i=1, 2, 3$，其中 $\mathbf{x}^1 \sim \mathbf{x}^2$，且 $\mathbf{x}^2 \sim \mathbf{x}^3$。我们想表明：$\mathbf{x}^1 \sim \mathbf{x}^2$ 且 $\mathbf{x}^2 \sim \mathbf{x}^3 \Rightarrow \mathbf{x}^1 \sim \mathbf{x}^3$。根据～的定义，$\mathbf{x}^1 \sim \mathbf{x}^2 \Rightarrow \mathbf{x}^1 \succsim \mathbf{x}^2$ 且 $\mathbf{x}^2 \succsim \mathbf{x}^1$；同样，$\mathbf{x}^2 \sim \mathbf{x}^3 \Rightarrow \mathbf{x}^2 \succsim \mathbf{x}^3$ 且 $\mathbf{x}^3 \succsim \mathbf{x}^2$。根据偏好的传递性，$\mathbf{x}^1 \succsim \mathbf{x}^2$ 且 $\mathbf{x}^2 \succsim \mathbf{x}^3 \Rightarrow \mathbf{x}^1 \succsim \mathbf{x}^3$，得证！

1.16 (a) 假设存在某个可行的组合 $\mathbf{x}'$，有 $\mathbf{x}' \sim \mathbf{x}^*$，根据 B 为凸以及偏好严格凸的事实，能得出一个矛盾；(b) 假设不是这样，根据严格单调的性质能得出一组矛盾。

1.22 利用类似练习题（1.11）中使用的方法消去拉格朗日乘子，将 $(n+1)$ 个条件减少为 n 个条件。

1.23 对第（2）部分来说，参见公理 5′，注意，集合 $\mathbf{x}\succsim$ 恰好是函数 $u(\mathbf{x})$ 的上优集，再回忆一下定理 A1.14。

1.27 画出无差异图。

1.28 就（a）而言，做相反的假设，即倒数是负的。

1.29 列出所有的一阶条件，仔细检查选择 x_0^*。利用约束条件，找出一个等比级数，它收敛吗？

1.32 随意假设存在任意必要的导数。

1.33 罗伊等式。

1.41 定理 A2.6。

1.46 欧拉定理以及任意的需求函数 $x_i(\mathbf{p}, y)$。

1.47 (a) 从 $e(\mathbf{p}, 1)$ 的定义出发，约束条件乘以 u，然后利用齐次性。令 $\mathbf{z} \equiv u\mathbf{x}$，并将目标函数写成关于 $\mathbf{z}$ 的选择的函数。

1.52 将每个不等式单列开来，将其中一个写成如下形式：

$$\frac{\partial x_i(\mathbf{p}_i, y)/\partial y}{x_i(\mathbf{p}, y)} \leqslant \frac{\bar{\eta}}{y}$$

不等式两边求积分（从 $\bar{y}$ 到 y），并求对数。

1.54 (b) $v(\mathbf{p}, y) = A^* y \prod_{i=1}^{n} p_i^{-\alpha_i}$，其中，$A^* = A\prod_{i=1}^{n} \alpha_i^{\alpha_i}$。

1.60 利用斯勒茨基方程。

1.63 没有提示。

1.66 (b) u^0 必定等于 $v(\mathbf{p}^0, y^0)$，对吗？重新整理一下分母部分。

1.67 (a) 你需要支出函数并估计出 u^0；(b) $I = (u^0 - 1/8)/(2u^0 - 1)$；(c) 如果你能证明支出函数关于价格和效用是乘法可分的，那么剩下的就水到渠成了。

第2章

2.3 应该是柯布-道格拉斯形式的。

2.9 用图形说明。

2.10 $\mathbf{x}^2$ 显示偏好于 $\mathbf{x}^1$。

2.12 (a) 用 GARP 证明，除非 $\phi(\mathbf{x}^j)$ 为

0，否则就会存在一个由互不相同的 k_1，…，k_m 所定义的最小序列 $\phi(\mathbf{x}^j)$，使得 k_1，…，k_m 不等于 j，这样，k_1，…，k_m，j 就是定义了 $\phi(\mathbf{x}^k)$ 最小化问题的可行序列；（b）利用（a）即可；（c）回想一下，每个 $\mathbf{p}^k \in \mathbb{R}^n_{++}$；（e）拟凹函数的最小值也是拟凹的。

2.13 令 $\mathbf{x}^0 = \mathbf{x}(\mathbf{p}^0, 1)$，$\mathbf{x}^1 = \mathbf{x}(\mathbf{p}^1, 1)$。考察一下，对 $t \in [0, 1]$ 而言，有 $f(t) \equiv (\mathbf{p}^0 - \mathbf{p}^1) \cdot \mathbf{x}(\mathbf{p}^1 + t(\mathbf{p}^0 - \mathbf{p}^1), (\mathbf{p}^1 + t(\mathbf{p}^0 - \mathbf{p}^1)) \cdot \mathbf{x}^0)$。证明：如果在 $(\mathbf{p}^0, 1)$ 处 $\mathbf{x}^0$ 显示偏好于 $\mathbf{x}^1$，则 f 在 $[0, 1]$ 处达到唯一的最大值 0。

2.14 在每个赌局中，A 中都有一些结果的概率为 0。

2.16 记住，A 中的每个结果也是 $\mathcal{G}$ 中的一个赌局，赋予该结果的概率为 1。

2.17 公理 G4。

2.19 同一赌局存在两个不同的无差异的概率还违反了其他哪些公理？

2.28 风险厌恶的。

2.32 对定义加以整理会得出一个微分方程，求解 $u(w)$。

2.33 如果用初始的财富水平来标示效用函数，那么对两种不同的财富水平，它们的效用函数之间必定存在什么样的关系？

2.34 $u(w) = w^{\alpha+1}/(\alpha+1)$。

2.38 （a）$x_0 = x_1 = 1$；（b）行为人面临两个约束，$x_0 = 1$，$x_1^H = 3/2$，$x_1^L = 1/2$；（c）确定性条件下的未来收入等于不确定情形下收入的预期值。

第 3 章

3.16 先找出 $MRTS_{ij}$，并将其写成 $r = x_j/x_i$ 的函数，两边取对数，结果就一目了然了。

3.17 （a）先取对数

$$\ln(y) = \frac{1}{\rho}\ln\left(\sum_{i=1}^{n}\alpha_1 x_i^{\rho}\right)$$

注意，$\lim_{\rho\to 0}\ln(y) = 0/0$，故而适用洛必达法则，运用法则得出 $\lim_{\rho\to 0}\ln(y)$，然后求出 $\lim_{\rho\to 0} y$ 的表达式；

（b）这一题很难，可以参见 Hardy，Littlewood and Polya（1934），定理 4。

3.20 利用定义和生产函数的性质。

3.23 对第二部分，令 $\mathbf{z}^2 = \Delta\mathbf{z}^1 \geqslant \mathbf{0}$。

3.32 $cy \equiv atc(y)y$。

3.43 方程（3.3）和（3.4）。

3.45 从一阶条件开始。

3.50 定义：

$\pi_v(p, \mathbf{w}, \bar{\mathbf{x}}) \equiv \max_{y,\mathbf{x}} py - \mathbf{w}.\mathbf{x}$ s. t. $f(\mathbf{x}, \bar{\mathbf{x}}) \geqslant y$

该函数有时候被称为可变利润函数（variable profit function），注意，$\pi_v(p, \mathbf{w}, \bar{\mathbf{x}}) = \pi(p, \mathbf{w}, \bar{\mathbf{w}}, \bar{\mathbf{x}}) + \bar{\mathbf{w}} \cdot \bar{\mathbf{x}}$，$\pi_v$ 具有定理 3.7 中的全部性质，π_v 和 $\pi(p, \mathbf{w}, \bar{\mathbf{w}}, \bar{\mathbf{x}})$ 关于 p 和 $\mathbf{w}$ 的偏导数相等。

3.55 $K^* = 5\sqrt{w_f/w_k}$。

第 4 章

4.1 练习题 1.65。

4.2 试着构造一个反例。

4.9 在（b）部分中，$q_1 = 215/6$，$q_2 = 110/6$，$p = 275/6$。

4.13 $p_1^* = p_2^* = 80/3$。

4.14 利用对称性。

4.15 （c）J^* 是小于或等于 $1 + \sqrt{2k}$ 的最大整数。

4.18 （a）令 $\eta(y) = \eta$ 为常数，其中 $\eta \neq 1$；（b）令 $\eta = 0$；（c）从头开始，令 $\eta(y) = 1$；（d）根据泰勒定理，对任意的 t_0 而言，有 $f(t) \approx f(t_0) + f'(t_0)(t - t_0) + (1/2)f''(t_0)(t - t_0)^2$。整理之后，将表达式 $CV + y^0$ 视为函数 $y^0[t+1]^{1/(1-\eta)}$，再利用泰勒定理估计它在 $t_0 = 0$ 处的值。

4.19 在（b）中，$v(p, y) = \ln(1/p) + y - 1$；对（d）看看练习题 4.18 会不会有所帮助。

4.20 练习题 4.18.

4.25 （a）$p_1 = p_2 = 4$；（b）看看结尾的部分。

4.26 在一组类似图 4-2 的图形中仔细标出

来；(d) 对消费者来说会有什么不同吗？(e) 进一步假设每个人都是相同的，但还是有很多需要留意的地方。

第5章

5.2 令直接效用函数对价格（小幅上涨）求导，并运用罗伊等式。

5.10 不用数学，只需想清楚它对帕累托有效性及既定问题的求解有什么意义。

5.12 使用 x_2 作为计价物。对于 (b)，记住消费和价格都是非负的。

5.15 推导出消费者的需求函数。

5.16 函数 $u^2(\mathbf{x})$ 是里昂惕夫形式的函数。

5.17 x_1 的相对价格必为 $\alpha/(1-\alpha)$。

5.18 (a) $\mathbf{x}^1=(10/3, 40/3)$。

5.19 计算出 $\mathbf{z}(\mathbf{p})$。弄清楚，如果 $\mathbf{p}^*$ 是一个瓦尔拉斯均衡，则 $\mathbf{p}^* \gg \mathbf{0}$。求解出超额需求的方程组。

5.20 (b) 记住，每种商品的总需求必等于总的禀赋。假设 $\bar{p}$ 是商品 x_1 的市场出清的价格水平，但 $\bar{p} \neq p^*$。推导出一个矛盾的结果。

5.21 考察一下，商品1的价格为正时商品2的超额需求。再看一下，商品1的价格为0时商品2的超额需求。

5.22 (a) 先证明，如果 $u(\cdot)$ 严格递增且拟凹，则对 $\alpha>0$ 而言，$v(\mathbf{x})=u(x_1+\alpha\sum_{i=1}^n x_i, \cdots, x_n+\alpha\sum_{i=1}^n x_i)$ 是严格递增和拟凹的；接着证明，如果 $u(\cdot)$ 强递增且拟凹，则对 $\varepsilon\in(0, 1)$ 而言，$v(\mathbf{x})=u(x_1^\varepsilon, \cdots, x_n^\varepsilon)$ 是强递增和严格拟凹的。将二者结合在一起，对 (c) 来说，选择的均衡价格总是非负的，且总和为1，进而包含在一个紧集中。因此，任何一个这样的序列都有一个收敛的子序列。

5.23 参考假设5.2中强凸性的定义。

5.26 $(p_y/p_h)^*=4\sqrt{2}$，他每天会工作8小时。

5.27 为了证明梯度的比例性，假设它们不是这样的。令 $\mathbf{z}=(\nabla u^i(\bar{\mathbf{x}}^i)/\|\nabla u^i(\bar{\mathbf{x}}^i)\|)-(\nabla u^j(\bar{\mathbf{x}}^j)/\|\nabla u^j(\bar{\mathbf{x}}^j)\|)$，证明 $u^i(\bar{\mathbf{x}}^i+t\mathbf{z})$ 和 $u^j(\bar{\mathbf{x}}^j-t\mathbf{z})$ 在 $t=0$ 处关于 t 都是严格递增的。你可能会用到柯西-施瓦兹不等式，它告诉我们，对任意两个向量 $\mathbf{v}$，$\mathbf{w}$ 而言，有 $\mathbf{v}\cdot\mathbf{w}\leqslant\|\mathbf{v}\|\cdot\|\mathbf{w}\|$，当且仅当两个向量互成比例的时候，不等式取等式成立。

5.38 仔细看一下书中的证明，构建出每一类中状况最差成员的联盟，给每个联盟成员自身类型的“平均”配置。

5.39 (b) 根据效用函数和禀赋，说明它们对如下各项的含义：(1) 盒中的；(2) 镜状区域内的；(3) 契约线上的。(d) 考虑联盟 $S=\{11, 12, 21\}$，求出 S 中的消费者所偏好的一个可行的商品配置。

5.40 对禀赋进行平等分配，这是一个免于嫉妒的配置。引用定理5.5并考虑导致WEA的 $\mathbf{x}^*$。利用定理5.7，证明 $\mathbf{x}^*$ 也是免于嫉妒的。

5.41 (b) 参考上一题。

5.42 练习题5.40中有公平配置的定义。

5.43 (a) 无差异曲线必定相切，所有物品都被分配。(b) 没有一般性。

5.46 联系练习题1.65和练习题4.1 [实际上，该问题只讲了故事的一半，它源于Antonelli定理，即当且仅当偏好相同且位似时，$\mathbf{z}(\mathbf{p})$ 独立于禀赋的分配，并像单一消费者超额需求方程组那样变化。参见Shafer和Sonnenschein (1982) 提供的证明]。

第6章

6.2 证明 *VWP* 和 *IIA* 一道意味着 *WP*。

6.4 这个证明在问题的主干中被提及：假设对所有的 $k=1, 2, \cdots, m$ 而言，我们想 $u(x^k)=a_k$，其中 x^k 是 X 中的互不相同的元素。令 $2\varepsilon>0$ 是任意一组（不同的）x^k 的最短欧式距离。令 $\|\cdot\|$ 代表欧氏距离，如果对每个 k 而言，我们有 $\|x-x^k\|\geqslant\varepsilon$，则定义 $u(x)=0$；如果对某个 k 而言，我们有 $\|x-x^k\|<\varepsilon$，则定义 $u(x)=(1-\frac{\|x-x^k\|}{\varepsilon})a_k$（根据三角不等式，这样的 k 最多只

有一个）。证明：$u(\cdot)$ 是连续的，对每个 k，有$u(x^k)=a_k$。

6.5 （c）我们对 X 做了哪些假设？有关社会偏好又增加了哪些假设？有关个体偏好方面增加的那些假设起作用了吗？

6.8 （b）注意，对于足够小的 $\varepsilon>0$，有 $u^j-\varepsilon<u^j<\alpha+\varepsilon<u^i$，现在应用 HE。

6.9 （e）考虑改变个体 2 在（a）中的偏好结构，使得他和个体 3 的相同，这样社会对 x 和 z 之间的偏好会有什么变化呢？

6.11 （a）如果 $\mathbf{x}^*\gg\mathbf{0}$ 上有一个 WEA，必定存在 n 个价格（p_i^*，…，p_n^*），使得每个 $(\mathbf{x}^i)^*$ 都最大化了行为人 i 在预算集上的效用。仔细观察这些一阶条件，记住，在 WEA 中，行为人 i 的拉格朗日乘子等于收入的边际效用，$\partial v^i(\mathbf{p}^*,\mathbf{p}^*\cdot\mathbf{e}^i)/\partial y$。接下来，注意，$W$ 必定是严格凹的，因此，如果我们拥有关于 $i\in\mathcal{I}$ 的权重集 α^i 以及成员的 n 向量 $\theta=(\theta_1,\cdots,\theta_n)$，使得 $\alpha^i\nabla u^i((\mathbf{x}^i)^*)=\theta$ 且 $\mathbf{x}^*$ 满足约束，那么，$\mathbf{x}^*$ 就在约束下最大化了 W。如果在 WEA 上，我们为行为人 i 所选择的α^i 等于收入的边际效用的倒数，那会有什么变化？向量 θ 有何用途？把所有的部分都综合到一起。

6.12 （b）三人—三方案的例子源于 Sen (1970a)。首先，令 xP^1yP^1z，zP^2xP^2y，zP^3xP^3y。在博达规则下确定 x 对 z 的次序。接下来，令 2 和 3 的偏好保持不变，但假设 1 的偏好变为 $x\overline{P}^1z\overline{P}^1y$。现在再对 x 和 z 做同样的比较，并给出你的结论。

6.13 为什么（x，y）和（z，w）不可能是同一组呢？如果 $x=z$，对于所有 i，利用 U 并假设 xP^ky，wP^jx 以及 yP^iw。利用 L^* 和 WP 证明：不满足传递性。如果 x，y，z，w 各不相同，令 xP^ky，zP^jw，并假设对所有的 i，有 wP^iz 和 yP^iz。后面的就交给你了。

附录

6.15 （b）和（c），参考练习题 A2.10 中的有关定义；（e）

$$E(w,\mathbf{y})=\left(\sum_{i=1}^{N}\frac{1}{N}\left(\frac{y^i}{\mu}\right)^{\rho}\right)^{1/\rho}$$

6.16 否，否，否，是。

6.17 否，是。

6.19 利用反证法并改变偏好的单调性，使得所有的偏好都是严格的，而且 x 处于 n 个排序的顶端。

第 7 章

7.3 （b）先证明，如果一个策略在某一回合是严格劣的，则在每个后续的回合中，该策略仍然会被某个余下的策略所占优。

7.5 （c）99 在什么时候会是一个最优反应？按下列步骤找出 W_i^1：第一步，证明如果 14 会导致一个平局，那么 15，16，…，100 要么失败，要么也是个平局；第二步，证明：如果其他人选择的数都严格大于 14，那么，选择 14 就将胜出；第三步，证明：只有平均数的 1/3 严格小于 14 的时候，选择 14 才会输。根据第二、三步，如果选择 14 会输，那么选择 15，16，…，100 也会输。

7.7 （a）利用纳什均衡的存在性定理。

7.8 利用一个在证明纳什均衡存在性时用过的不动点函数，证明参与人 1 的策略 $m^*\in M_1$ 的存在性，该策略在 $m\in M_1$ 上最大化了 $u_1(m,m^*,\cdots,m^*)$，接着再使用对称性。

7.9 参考练习题 7.7 中（c）对博弈值的定义，参考练习题 7.8 关于对称博弈的定义。

7.21 参与人会选择一个严格劣策略吗？

7.22 不要排除弱的劣策略，所有这些在纯策略中都是均衡吗？证明：在每个贝叶斯-纳什均衡中，高成本的企业 2 的利润为 0。

7.32 允许信息集之间相交一次。

7.42 3 对 2 的信念会受到 1 的选择的影响吗？

第 8 章

8.1 回忆一下，不同状态下的财富代表着不同的商品，并且有不同消费者出事故的状态也是不同的。证明第一福利定理，并推导出 8.1 节的竞争性结果在上述情形下是有效率的。

8.5 （c）假设至少存在三个不动点，令 x^* 代表位于其他两个不动点之间的那个不动点。想一下，$f'(x^*)\geqslant 1$ 和 $f'(x^*)\leqslant 1$ 分别意味着什么？

8.7 （a）假设不是这样的，二手车的需求会等于供给吗？

8.12 （c）这不是一个混同合约。

8.13 首先，通过把和写成 $\sum_{l=k}^{L}\left(\frac{\pi_l(0)}{\pi_l(1)}-1\right)\pi_l(1)^*$ 的形式，并使用反证法，证明：对所有的 $k>0$，有 $\sum_{l=k}^{L}(\pi_l(0)-\pi_l(1))>0$。最后，对每一组实数序列 $\{a_l\}_{l=0}^{L}$，$\{b_l\}_{l=0}^{L}$（其中，$b_{-1}\equiv 0$），应用如下等式：$\sum_{l=0}^{L}a_lb_l\equiv\sum_{k=0}^{L}(\sum_{l=0}^{L}a_l)(b_k-b_{k-1})$。

8.16 （a）利用如下事实：雇主（所有者）是风险中性的，而雇员（工人）是风险厌恶的。

8.17 （a）由于管理者只能观察到产出水平，看不到努力程度，因此，工资只能和产出有关。令 $w(y)$ 表示产出水平为 y 时的工人工资，管理者的问题如下：

$$\max_{e,w(y1),\cdots,w(ym)}\sum_{i=1}^{m}p(y_i\mid e)(y_i-w(y_i))$$

其中，$e\in\{e_1,\cdots,e_n\}$，并且每个 $w(y_i)\in\mathbb{R}$，服从的约束条件是：

$$\sum_{i=1}^{m}p(y_i\mid e)u(w(y_i),e)\geqslant\sum_{i=1}^{m}p(y_i\mid e_i)\,u(w(y_i),e_j)\text{，对所有的 }j=1,\cdots,n$$

以及

$$\sum_{i=1}^{m}p(y_i\mid e)u(w(y_i),e)\geqslant u(0,e_1)$$

（b）令 $e^*>e_1$ 代表工人在最优解处所选择的努力水平。利用反证法，假设工资合约是非递增的，即对所有的 i，有 $w(y_i)\geqslant w(y_{i+1})$。于是，根据单调似然率的性质和练习题 8.13，有：

$$\sum_{i=1}^{m}p(y_i\mid e^*)u(w(y_i),e^*)\leqslant\sum_{i=1}^{m}p(y_i\mid e_1)u(w(y_i),e^*)$$

这是因为函数 $u(w(y),e^*)$ 关于 y 是非递增的。不过，由于 $u(w,e)$ 关于 e 是严格递减的，我们有：

$$\sum_{i=1}^{m}p(y_i\mid e_1)u(w(y_i),e^*)<\sum_{i=1}^{m}p(y_i\mid e_1)u(w(y_i),e_1)$$

将两个不等式放在一处，得出：

$$\sum_{i=1}^{m}p(y_i\mid e^*)u(w(y_i),e^*)<\sum_{i=1}^{m}p(y_i\mid e_1)u(w(y_i),e_1)$$

这违反了激励相容约束。得证！

第 9 章

9.3 注意（9.3）对所有的 v 均成立，其中也包括 $v=r$。

9.7 对竞价者 i 而言，激励相容的一阶条件和二阶条件各是什么？由于一阶条件对所有的 v_i 都必定成立，则它可能被微分。把导数代入二阶条件中。

9.13 我们的结论和在［0，1］上的取值有关吗？

9.15 （b）引致的直销机制是什么？

9.17 （b）利用定理 9.5，别忘了个体理性。

9.19 你可能用到假设：每个 $v_i-(1-F_i(v_i))/f_i(v_i)$ 都是严格递增的。

数学附录 A1

A1.2 利用子集、并集和交集的定义。

A1.3 先从第一个开始。任选一个 $x\in(S\cap T)^c$，如果 $x\in(S\cap T)^c$，则 $x\notin S\cap T$。如果 $x\notin S\cap T$，则 $x\notin S$ 或 $x\notin T$。（记住，这是一个包含的“或”）。如果 $x\notin S$，则 $x\in S^c$；如果 $x\notin T$，则有 $x\in T^c$。由于 $x\in S^c$ 或 $x\in T^c$，所以，$x\in S^c\cup T^c$。

* 原式为 $\sum_{l=k}^{L}\left(\frac{\pi_l(0)}{\pi_i(1)}-1\right)\pi_l(1)$，疑有误。——译者注

鉴于 x 是任意选择的，于是，结论对于所有的 $x \in (S \cap T)^c$ 都成立。进而，$x \in (S \cap T)^c \Rightarrow x \in S^c \cup T^c$，并且我们已经证明了 $(S \cap T)^c \subset S^c \cup T^c$。为了完成定理中第一部分的证明，现在你必须说明 $S^c \cup T^c \subset (S \cap T)^c$。

A1.13 先令 $x \in f^{-1}(B^c)$。根据逆映射的定义，$x \in D$ 且 $f(x) \in B^c$。利用 B 在 R 上的补集的定义，有 $x \in D$ 且 $f(x) \notin B$。再次利用逆映射的定义，$x \in D$ 且 $x \notin f^{-1}(B)$。根据 $f^{-1}(B)$ 在 D 上的补集的定义，$x \in D$ 且 $x \in (f^{-1}(B))^c$，所以，$f^{-1}(B)^c \subset (f^{-1}(B))^c$。

A1.18 令 $\Omega^i = \{\mathbf{x} \mid \mathbf{a}^i \cdot \mathbf{x} + b^i \geqslant 0\}$，利用练习题 A1.17 的（b）。

A1.21 在第三部分后为你的证明建立一个模型，接着考察一下 $\bigcap_{i=1}^{\infty} A_i$，其中 $A_i = (-1/i, 1/i)$。

A1.22 先画图。

A1.24 看一下每个集合的补集。

A1.25 利用定理 A1.2 来刻画一下 S 在 $\mathbb{R}$ 中的补集。

A1.26 对第一部分，画一个类似图 A1-12 的图形并利用你在练习题 A1.24 中学到的知识；第二部分非常简单。

A1.27 开始时注意一下，S 的补集是开的，然后利用定理 A1.3。$\mathbb{R}$ 上的开球是开区间，利用你在练习题 A1.26 中学到的知识。

A1.31 以原点为中心画一个球。

A1.32 （c）你必须证明它是有界且闭的。对于前者，以原点为中心画一个球；对于后者，定义集合 $F_0 \equiv \left\{\mathbf{x} \in \mathbb{R}^n \mid \sum_{i=1}^{n} x_i = 1\right\}$，$F_i \equiv \{\mathbf{x} \in \mathbb{R}^n \mid x_i \geqslant 0\}$，其中 $i=1, \cdots, n$。你要明白，每个集合的补集都是开集。注意，$S^{n-1} = \bigcap_{i=1}^{n} F_i$，将它们结合在一起。

A1.38 仔细观察 S。

A1.39 检查 $f(x) = \cos(x) - 1/2$ 的映像。

A1.40 为 y 选一个值，为 x_1 选一些值，解出 x_2 的值。画出 x_1 和 x_2。

A1.46 在（b）中，记住如下结论可能有用：$\mathbf{x}^1$，$\mathbf{x}^2$ 是可标注的，使得 $f(\mathbf{x}^1) \geqslant f(\mathbf{x}^2)$，并且 $t f(\mathbf{x}^1) + (1-t) f(\mathbf{x}^2) = f(\mathbf{x}^2) + t(f(\mathbf{x}^1) - f(\mathbf{x}^2))$。

A1.49 是，是，否，是。找个凸集。（e）是不是假设"$f(x)$ 是连续的"，会有不同的结果。

数学附录 A2

A2.1 （g）$f'(x) = -\exp(x^2) < 0$。

A2.2 （a）$f_1 = 2 - 2x_1$，$f_2 = -2x_2$；（e）$f_1 = 3x_1^2 - 6x_2$，$f_2 = -6x_1 + 3x_2^2$。

A2.3 链式法则。

A2.5 （a）$\mathbf{H}(\mathbf{x}) = \begin{pmatrix} -2 & 0 \\ 0 & -2 \end{pmatrix}$。

A2.11 利用递增函数和局部最优的定义。

A2.19 严格拟凹意味着拟凹。

A2.24 （a）$\mathbf{x}^* = (1, 0)$ 是一个极大值；（b）$\mathbf{x}^* = (1, 0)$ 是一个极小值。

A2.25 （a）$(1, 1)$ 和 $(-1, -1)$；$f(1, 1) = f(-1, -1) = 2$；（b）$(-\sqrt{1/2}, \sqrt{1/2})$ 以及 $(\sqrt{1/2}, -\sqrt{1/2})$；（c）$(\sqrt{a^2/3}, \sqrt{2b^2/3})$ 以及 $(\sqrt{a^2/3}, -\sqrt{2b^2/3})$；（d）$((1/2)^{1/4}, (1/2)^{1/4})$；（e）$(1/6, 2/6, 3/6)$。

A2.37 利用如下事实：A 中的序列是有界的，因此有收敛的子序列。

译后记

本书是国际上最流行的一本研究生阶段的高级微观经济学教科书，也是学习高级微观经济理论的最佳入门读本。在经济学的各个学习阶段中，由初级过渡到中级相对简单，而从中级迈向高级的过程往往非常“痛苦”。除了理论知识，还要做一些数学上的预备，而正是这种抽象和逻辑严密的演绎方式，使得高级微观常常让人望而生畏。

与斯密写就《国民财富的性质和原因的研究》时所使用的归纳和历史的方法不同，李嘉图偏爱抽象演绎法，小穆勒更是明确强调了逻辑与数学——作为先验正确的工具——在经济研究中的重要意义。从那以后，经济学的发展逐渐摆脱了早期道德哲学的传统，不断向工程学方向演进。进入 20 世纪之后，除了像奥地利学派这样的少数“异端”之外，主流经济学已经非常依赖和强调数学的叙述方式，作为培养专业经济学人才的高级微观经济学教科书当然也不例外。斯密的方法只有在初级经济学的教科书中才能见到。这里，我们不想强调数学在经济理论中的必要性，只是说这种表述方式会使很多人误以为高级经济理论已经变得越来越抽象化、“黑板化”，乃至于丧失道德内容的“贫困化”。

与其他高级微观经济学教材不同，本书对数学的运用恰到好处（尽管从数学附录开始也不啻为一种上佳的学习方式）。比如，在“一般均衡”的内容里，作者除了像其他教科书那样用数学方法证明一般均衡的存在性之外，还把它同斯密“看不见的手”的论断背后的逻辑关系介绍得一清二楚，这使得计划经济与市场经济在效率方面孰优孰劣的答案呼之欲出，还体现了哈耶克在 20 世纪 30 年代“社会主义论战”特别是其经典的《知识在社会中的利用》一文的核心思想。寥寥数语，却令人回味无穷！数学方法始终围绕着经济理论展开并为理论服务的写作宗旨一目了然。本书的其他特色还有很多，这里不再一一赘述，相信读者在阅读中会有更真实、深刻的感受。

本书的翻译历时半年，初译的分工如下：谷宏伟负责前言、目录以及第 1、2、3 章；张嫚负责第 4、8、9 章；王小芳负责第 5、6、7 章及数学附录。最后，谷宏伟在初译的基础上，对全书做了统一的校对（当然也要对书中最终遗漏的问题负责)。翻译过程也是我们学习的过程，我们的翻译工作是在繁重的教学工作之余进行的，受时间和能力的双重约束，必定有一些不当甚至错误的地方，恳请读者原谅。希望我们的译本能够为读者在短时间内了解高级微观经济理论提供便利。如果对某处译文感到费解，你可以很容易地找到这本书的原版或影印版来参考。实际上，要想更扎实、准确地掌握高级微观经济理论，读原版、读论文是必不可少的功课。

感谢中国人民大学出版社的信任，感谢崔惠玲女士的热心帮助和耐心等待，她的鼓励和鞭策以及诸位优秀编辑们的出色工作是本书最终得以出版的重要保障。感谢王根蓓老师在前一版中所付出的努力，我们都曾经读过那本书并从中受益。最后，如果读者发现了书中翻译上的不当之处，可以通过 admicro3@126. com 与我们联系，以便将来改进。

中国人民大学出版社经济类引进版教材推荐

双语教学用书

为适应培养国际化复合型人才的需求，中国人民大学出版社联合众多国际知名出版公司，打造了“高等学校经济类双语教学用书”，该系列聘请国内外著名经济学家、学者及一线教师进行审核，努力做到把国外真正高水平的适合国内实际教学需求的优秀教材引进来，供国内外读者参考、研究和学习。

中国人民大学出版社将陆续修订出版该系列丛书中的经典之作，以飨读者。想要了解更多图书具体信息，可扫描下方二维码。

高等学校经济类双语教学用书书目

经济科学译丛

20 世纪 90 年代中期，中国人民大学出版社推出了“经济科学译丛”系列丛书，引领了国内经济学汉译的第二次浪潮。“经济科学译丛”出版了上百种经济学教材，克鲁格曼《国际经济学》、曼昆《宏观经济学》、平狄克《微观经济学》、博迪《金融学》、米什金《货币金融学》等顶尖经济学教材的出版深受国内经济学专家和读者好评，已经成为中国经济学专业学生的必读教材。

中国人民大学出版社将陆续修订出版该系列丛书中的经典之作，以飨读者。想要了解更多图书具体信息，可扫描下方二维码。

经济科学译丛书目

金融学译丛

21 世纪初，中国人民大学出版社推出了“金融学译丛”系列丛书，引进金融体系相对完善的国家最权威、最具代表性的金融学著作，将实践证明最有效的金融理论和实用操作方法介绍给中国的广大读者，帮助中国金融界相关人士更好、更快地了解西方金融学的最新动态，寻求建立并完善中国金融体系的新思路，促进具有中国特色的现代金融体系的建立和完善。

中国人民大学出版社将陆续修订出版该系列丛书中的经典之作，以飨读者。想要了解更多图书具体信息，可扫描下方二维码。

金融学译丛书目

图书在版编目（CIP）数据

高级微观经济理论：第三版 /（美）杰弗里·A. 杰里，（美）菲利普·J. 瑞尼著；谷宏伟，张嫚，王小芳译. --北京：中国人民大学出版社，2024.1

（经济科学译丛）

ISBN 978-7-300-31809-7

Ⅰ. ①高… Ⅱ. ①杰… ②菲… ③谷… ④张… ⑤王… Ⅲ. ①微观经济学 Ⅳ. ①F016

中国国家版本馆 CIP 数据核字（2023）第 123914 号

"十三五"国家重点出版物出版规划项目

经济科学译丛

高级微观经济理论（第三版）

杰弗里·A. 杰里
菲利普·J. 瑞尼 著

谷宏伟 张嫚 王小芳 译

Gaoji Weiguan Jingji Lilun

出版发行	中国人民大学出版社		
社　　址	北京中关村大街 31 号	**邮政编码**	100080
电　　话	010－62511242（总编室）		010－62511770（质管部）
	010－82501766（邮购部）		010－62514148（门市部）
	010－62515195（发行公司）		010－62515275（盗版举报）
网　　址	http://www.crup.com.cn		
经　　销	新华书店		
印　　刷	涿州市星河印刷有限公司		
开　　本	787 mm×1092 mm　1/16	**版　　次**	2024 年 1 月第 1 版
印　　张	33.75 插页 2	**印　　次**	2025 年 1 月第 2 次印刷
字　　数	755 000	**定　　价**	108.00 元

尊敬的老师：

您好！

为了确保您及时有效地申请培生整体教学资源，请您务必完整填写如下表格，加盖学院的公章后邮件发给我们，我们将会在 2-3 个工作日内为您处理。

请填写所需教辅的开课信息：

采用教材			□中文版 □英文版 □双语版
作　者		出版社	
版　次		ISBN	
课程时间	始于　年　月　日	学生人数	
	止于　年　月　日	学生年级	□专 科　□本科 1/2 年级 □研究生　□本科 3/4 年级

请填写您的个人信息：

学　校			
院系/专业			
姓　名		职　称	□助教 □讲师 □副教授 □教授
通信地址/邮编			
手　机		电　话	
传　真			
official email(必填) (eg:XXX@ruc.edu.cn)		email (eg:XXX@163.com)	
是否愿意接受我们定期的新书讯息通知：　□是　□否			

系 / 院主任：__________（签字）

（系 / 院办公室章）

___年___月___日

资源介绍：

教材、常规教辅（PPT、教师手册、题库等）：请访问 www.pearsonhighered.com/educator（免费）

100013　北京市东城区北三环东路 36 号环球贸易中心 D 座 1208 室

电话：(8610)5735 5169

传真：(8610)5825 7961

Please send this form to：copub.hed@pearson.com

Website: www.pearson.com